KB152339

“[illegible] 기 시작했다.”

헨[illegible] 소로의 일기 중 이 말로 시작하는 지적인 부분은 그 자체만으로 소로를 미국의 판테온에 올려놓는다. 고향인 콩코드의 변두리에 위치한 작은 숲에서 “뜻을 품고” 살고자 한 소로의 시도는 1854년 『월든』이 세상에 나온 후로 독립적인 사람들과 삶의 길을 찾는 사람들에게 시금석이 되어 왔다.

그러나 소로에게는 월든 호숫가에서 잠시 살며 시도한 실험보다 훨씬 더 많은 이야기가 있다. 이웃에 사는 랠프 월도 에머슨을 중심으로 모인 활기찬 지적 클럽의 일원으로서 소로는 박물학을 열렬히 연구하고, 손과 근육을 부려 노동하고 발명을 했으며, 급진적인 정치 행동을 실천하는 등 많은 자취를 남겼다. 여러 책이 소로의 성격과 업적을 다양하게 다뤘지만, 로라 대소 월스가 말하듯 “소로는 어느 책 하나에 온전히 담길 수 없을 정도로 공상적이고, 장난기 넘치고, 다재다능하고, 다면적인 사람이었다”. 그가 태어난 지 200년이 지나고 완결적인 전기가 마지막으로 나온 지 두 세대가 지난 시점에, 월스는 소로의 심오하고 감동적인 복합성을 새롭게 보여 준다.

출간된 글과 미출간된 글을 모두 포함하는 방대한 소로 저작을 바탕으로 월스는 기벽과 모순이 가득한, 생생하게 살아 숨 쉬는 소로를 그려 낸다. 이 평전에 따르면 소로는 형의 갑작스러운 죽음으로 넋이 나간 젊은이, 야심 찬 하버드 대학생, 『월든』의 말미에서 보여 주듯 황홀경에 빠져 우주의 재생력을 찬양하는 몽상가다. 우리는 인간의 자유와 노동의 가치를 믿고서 비타협적으로 노예제 폐지를 주장한 사람, 자연 속에서 사회를 발견하고, 나아가 자신과 깊이 얽혀 있는 사회 속에서 그 자신의 본성을 발견한 고독한 산책자를 만나게 된다. 그리고 무엇보다 소로는 환경 운동의 시대가 오기 오래전에 인간의 무분별함 속에서 미래 세대의 비극을 보았다.

“내가 찾는 소로는 그 어느 책에도 담겨 있지 않았고, 그것이 이 책을 쓴 이유다”라고 월스는 말한다. 그 결과, 헨리 데이비드 소로가 콩코드의 거리를 활보한 이후로 어디에서도 볼 수 없었던 소로, 우리뿐 아니라 모든 시대를 위한 소로가 탄생했다.

헨리 데이비드 소로

헨리 데이비드 소로
Henry David Thoreau: A Life

로라 대소 월스 지음
김한영 옮김

2020년 9월 14일 초판 1쇄 발행

펴낸이 한철희
펴낸곳 (주)돌베개
등록 1979년 8월 25일 제406-2003-000018호
주소 (10881) 경기도 파주시 회동길 77-20 (문발동)
전화 (031) 955-5020
팩스 (031) 955-5050
홈페이지 www.dolbegae.co.kr
전자우편 book@dolbegae.co.kr
블로그 imdol79.blog.me
트위터 @Dolbegae79
페이스북 /dolbegae

주간 송승호
편집 김서연 · 남미은
디자인 민진기 · 이연경
마케팅 심찬식 · 고운성 · 한광재
제작 · 관리 윤국중 · 이수민 · 한누리
인쇄 · 제본 상지사

ISBN 978-89-7199-596-9 03300

이 도서의 국립중앙도서관 출판예정도서목록(CIP)은 서지정보유통지원시스템 홈페이지(http://seoji.nl.go.kr)와 국가자료종합목록 구축시스템(http://kolis-net.nl.go.kr)에서 이용하실 수 있습니다. (CIP제어번호: CIP2020032919)

· 책값은 뒤표지에 있습니다.

헨리 데이비드 소로

Henry David Thoreau: *A Life*

로라 대소 월스 지음
김한영 옮김

돌베개

Henry David Thoreau: a life by Laura Dassow Walls
Licensed by The University of Chicago Press, Chicago, Illinois, U.S.A.
© 2017 by The University of Chicago. All rights reserved.

Korean translation copyright © 2020 Dolbegae Publishers
License arranged through KOLEEN AGENCY, Korea.
All rights reserved.

이 책의 한국어판 저작권은 콜린 에이전시를 통해 저작권자와 독점 계약한 돌베개에 있습니다.
신 저작권법에 의해 한국 내에서 보호를 받는 저작물이므로 무단 전재와 무단 복제를 금합니다.

먼저 간 화가이자 시인,

리처드 본 대소(1939~1967)에게

"내 뮤즈가 되어 주소서, 나의 형제여."

차례

1부 성장

2부 월든의 탄생

3부 삼림천이

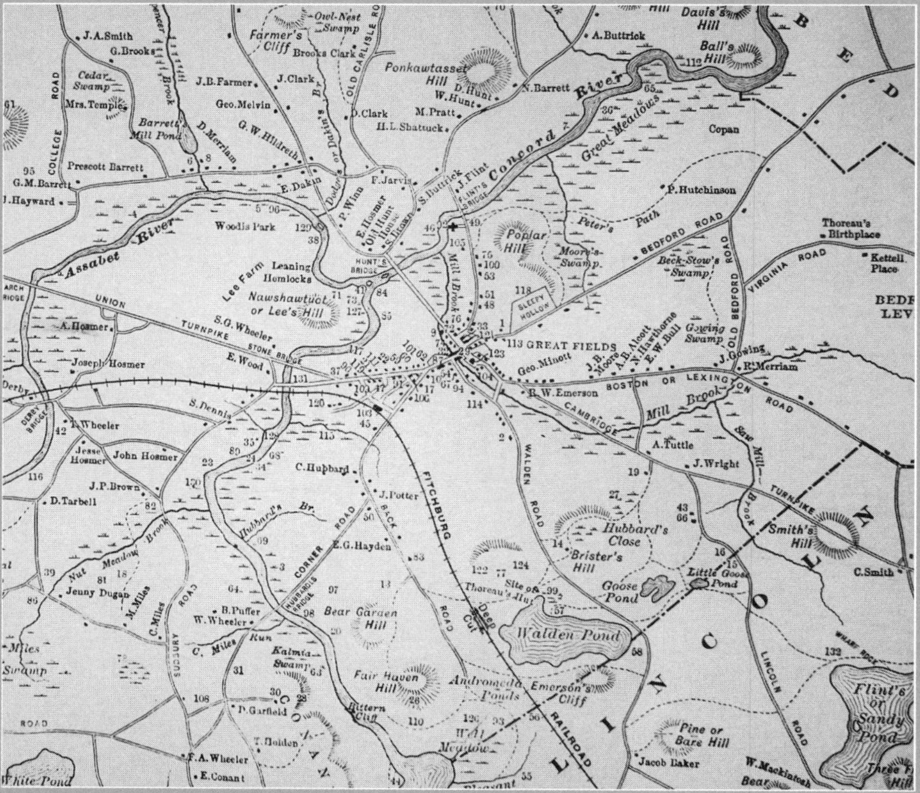

허버트 W. 글리슨이 1906년에 제작한 매사추세츠주 콩코드 지도. 월든 호수와 피치버그 철도를 포함해 콩코드 중심지와 인근 지역을 자세히 보여 준다.

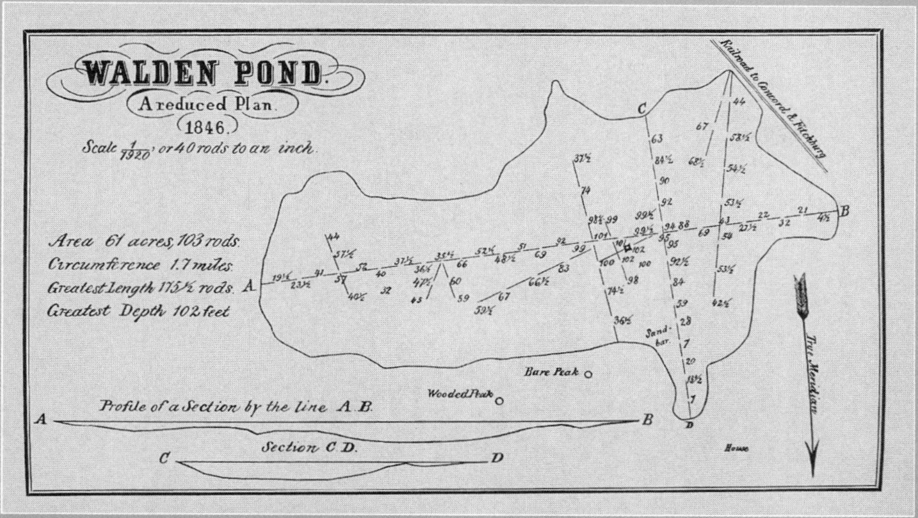

〈월든 호수: 축소된 계획〉Walden Pond: A reduced Plan(1846)은 『월든』(1854)의 「겨울 호수」편에 실려 있다.

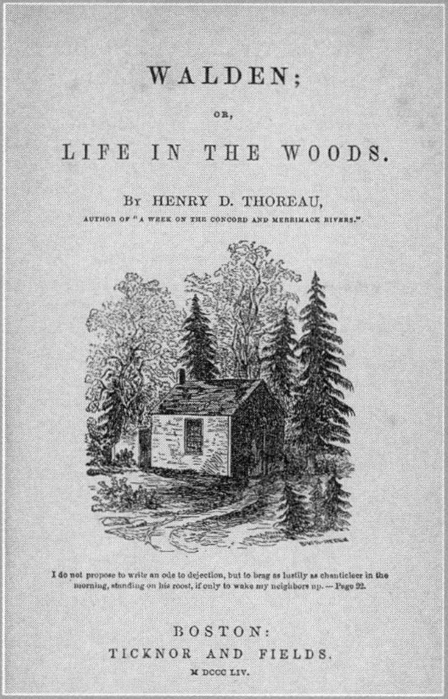
WALDEN;

OR,

LIFE IN THE WOODS.

BY HENRY D. THOREAU,

AUTHOR OF "A WEEK ON THE CONCORD AND MERRIMACK RIVERS."

I do not propose to write an ode to dejection, but to brag as lustily as chanticleer in the morning, standing on his roost, if only to wake my neighbors up. — Page 92.

BOSTON:
TICKNOR AND FIELDS.
M DCCC LIV.

『월든』의 속표지. 소피아 소로가 그린 오빠의 집과 "나는 낙담의 시를 쓰지 않을 것이다"라는 소로의 모토가 함께 새겨져 있다. 위키 오픈 소스.

1856년의 헨리 데이비드 소로. 벤저민 D. 맥스햄이 매사추세츠주 우스터에서 찍은 은판사진으로, 이 사진은 소로가 친구 티오필러스 브라운에게 준 복사본이다. 소로협회 및 월든숲프로젝트 제공.

엘런 수얼 오스굿(1822~1892). 헨리 소로가 청혼한 유일한 여성이다. 미국골동품협회 제공.

1854년 12월, 리케슨이 소로를 처음 만났을 때 그린 그림. "나는 〔소로가〕 지금 내 눈앞에 있는 사람처럼 작고 볼품없는 모습이 아니라 더 건장하고 우람한 사람일 것이라고 상상했다." 『대니얼 리케슨과 그의 친구들』*Daniel Ricketson and His Friends*(Boston, 1902), p. 12.

미국의 풍경화가 프레더릭 에드윈 처치가 1853년에 그린 〈카타딘산〉Mt. Ktaadn. 1846년 소로는 카타딘산에 매혹되어 정상 가까이까지 갔다. 1857년 다시 정상에 오르려고 시도했지만 실패로 끝났다. 예일대학교 미술관 제공.

〈허밋 호수에서 본 터커먼 협곡〉Tuckerman's Ravine from Hermit Lake. 시인 윌리엄 컬런 브라이언트가 편집한 『그림 같은 아메리카』*Picturesque America*(뉴욕, 1872)에 실렸다. 1858년 7월 소로와 에드 호어, H. G. O. 블레이크, 티오필러스 브라운은 워싱턴산 정상 아래 터커먼 협곡에서 나흘간 캠핑을 했다. 협곡의 가장자리가 "마치 화산 분화구의 테두리 같다"라고 소로는 기록했다(*J*, 11: 33).

〈위스콘신강 어귀에서〉At the Mouth of the Wisconsin. 윌리엄 컬런 브라이언트가 편집한 『그림 같은 아메리카』에 실린 그림이다. 1861년 5월 24일, 헨리 소로와 호러스 만은 프레리 두 치엥 바로 아래에 있는 이곳을 지나갔다.

헨리 데이비드 소로 일가의 주요 가계도

흰색은 헨리와의 관계

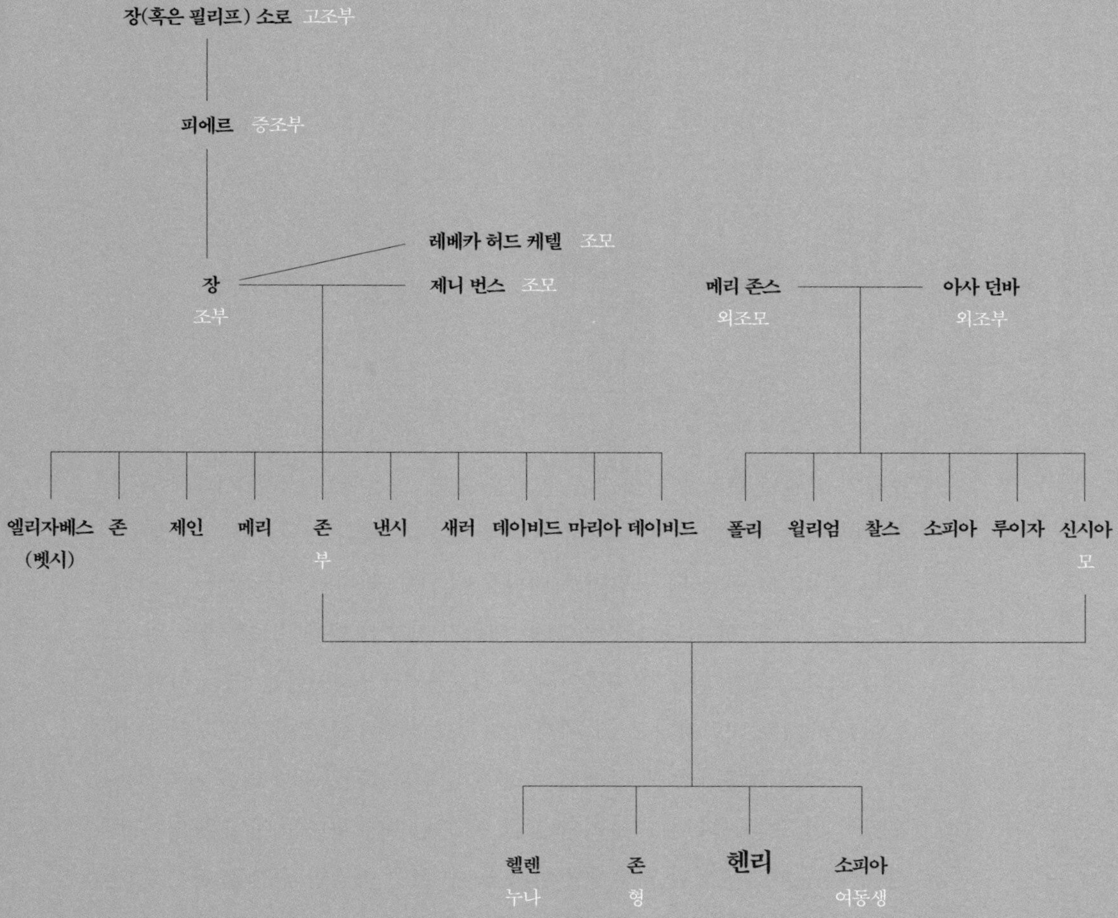

• 당시에는 아버지의 이름을 아들에게 물려주는 관습이 있었다.

한국어판 출간에 부쳐

소로가 오늘날 한국 독자에게 무슨 말을 할 수 있을까? 특정한 시대와 특정한 장소에 얽매여 있던 한 작가가 한국같이 먼 이국의 사람들과, 그것도 그들의 모국어가 아닌 다른 언어로 대화를 나누는 게 과연 가능할까? 아무래도 어려운 일일 것 같다. 하지만 그런 대화가 가능한 것은 소로가 우리의 보편적 인간 조건을 다루기 때문이다. 우리는 누구나 태어나는 순간 이미 만들어진 세계로 내던져지고, 그 세계에서 적당한 위치를 찾아 그로부터 가정과 공동체를 이루기 위해 투쟁해야 하며, 질병과 죽음 등 우리를 제약하는 운명적 선고를 견뎌 내고 우리의 꿈을 꼭 붙잡아야 한다는 사실을 말이다. 다른 한편 소로가 인간 역사에서 다시 볼 수 없는 특별한 순간을 환히 밝히고 있다는 점도 그런 대화를 가능하게 한다. 근대산업이 출현한 뒤로 토지에 기초한 전통문화가 사실상 하룻밤 사이 지구상에서 자취를 감추고 말았다. 오늘날 모든 국제공항은 여행객으로 붐비고, 고속도로는 자동차로 가득하며, 우리 손안에서는 휴대전화가 쉴 새 없이 딩딩 울린다. 모든 사람이 모든 것을 공유하는 미래, 소로가 두려워하며 예견했던 바로 그 미래가 당도한 것이다. 그의 눈앞에서 근대산업이 뉴잉글랜드를 휩쓸고 있었다. 소로는 자신의 세계가 무너지고 변하는 것을 지켜보며 트라우마를 경험했다. 그 충격은 벌채와 도시화에 맞서 대지와 재결합할 것을 촉구하는 자연 에세이부터, 우리는 서로 연결된 존재이니 설혹 사회적 인습에 맞서게 될지라도 타인에 대한 불평등을 영속화하지 말아야 한다고 강조하는 정치 에세이까지 그의 모든 글에 짙게 배어 있다.

소로의 가장 뛰어난 통찰은 자연과 사회가 사실은 둘이 아니라 하나라는 생각이었다. 도덕적 관심의 울타리 안에 노예, 가난한 자, 보호 구역에 갇힌 사람까지 모든 인간이 들어와야 하고, 더 나아가 우리와 함께 사는 동식물 그리고 우리의 시야 밖에서 사는 야생동물까지 포함되어야 한다는 것이다. 그렇게 해서 오늘날 소로는 시민 정부라는 세계적 이상과 지구 환경 윤리, 두 개념의 정점에 위치한다. 특히 환경 윤리는 우리의 공원과 숲을 "교육과 여가를 위해서만 쓸 영원한 공유재산"으로서 보호해야 한다는 그의 요구에서 비롯했다.[1] 소로는 근대성의 혜택, 심지어 기술의 혜택조차 모두 거부하라고 요청하지는 않았다. 어쨌든 그 자신도 기계를 발명하지 않았던가. 소로의 요청은 우리의 기술을 인간에게 적합한 크기로 유지하고 인간의 통제 아래 두자는 것이었다. 그는 말했다. "우리가 철도 위를 달리는 것이 아니라, 철도가 우리를 타고 달린다."[2] 그리고 우리에게 이렇게 가르쳤다. 그 차이를 알고자 한다면 잠시 도구를 내려놓고, 우리가 도구를 사용하지 도구가 우리를 사용하는 것이 아니라는 점을 확인할 때까지 우리의 기술에서 멀찍이 물러나 있으라고.

소로는 무엇보다 **작가**로서, 말이 세계를 실제로 움직일 수 있다는 일념으로 이 일을 추구했다. 그가 월든 호수로 옮겨 가 긴 성찰에 들어간 것은 자연의 기본 진실에 비추어 자신의 직관이 옳은지 시험하기 위해서였다. 그에게 자연이 지닌 기본적 진실이란 삶 그 자체의 생물학적 필요를 의미하는 동시에 정신적 차원에서 좋은 삶, **의식적** 삶을 의미했다. 자연 세계와 그 정신적 의의라는 이중의 의미를 표현하고자 그는 새로운 방식의 글쓰기를 고안했다. 소로 자신이 말했듯 낚싯대 하나로 물고기 두 마리를 낚는 식으로 그는, 살아서 꽥꽥거리고 예측하기 힘들며 종종 저항하기까지 하는 물질적 사실, 그리고 우리 자신과 우리를 둘러싼 드넓은 우주와 관련하여 그 물질적 사실에 깃들어 있는 더 깊은 의미를 동시에 낚아 올렸다.

소로에게 더 넓은 우주를 본다는 것은 우주를 일종의 언어로, 즉 "은유에 기대지 않고 모든 사물과 사건을 말하는 언어"[3]로서 이해한다는 뜻이었다. 이 언어를 인간의 말로 번역하기 위해 소로는 수천 년 동안 축적되어 뉴잉글랜드 지식인인 자신에게 전달된 전 세계 어휘를 참고했다. 여기에는 고대 그리스어와 라틴어는 말할 것도 없고 독일어, 프랑스어, 에스파냐어, 이탈리아어 같은 근대 유럽어와 함께, 뉴잉글랜드 지역의 토착어까지 포함되었다. 예를 들어 『메인 숲』에서 소로는 페놉스코트족의 전통문화에 경의를 표하고 그 문화를 후대에 전하기 위해 부족의 단어들을 소개했다. 소로의 글을 주의 깊게 읽으면 그가 단어 선택에 얼마나 신중했는지 알게 된다. 소로는 항상 (그가 좋아한 어원학적 말장난으로) 실제 사물 속에 깊이 박혀 있는 '뿌리'를 상기시켰다. 일례로, "**의도적으로** 산다"to live deliberately는 자신의 선택을 신중히 **저울질한다**weigh는 의미로, 이 말은 **천칭**scales에 해당하는 라틴어 **리브라**libra에 기원을 두고 있다. 또한 『월든』의 첫 장에 나오는 "경제"economy를 공부한다는 말은 자신의 **가정**household(oikos)을 의식적으로 돌보면서 **관리한다**manage(nemein)는 의미다. 실제로 직접 자신의 집을 짓고 자신의 작은 농장을 일구었기에 소로는 일상의 아주 작은 경작 행위에 영적 은유를 입히고 그러한 단어를 통해 영혼과 육체, 하늘과 땅이 한데 엮인 살아 있는 전체를 그려 낼 수 있었다.

소로는 대담한 1인칭 시점으로 『월든』을 썼지만, 동시에 인간 소통의 신비에 강하게 이끌렸다. 그는 말의 뿌리를 예리하게 주시하는 능력을 토대로 자신의 언어를 구체적 현실에 고정해 역설적으로 자신의 언어를 보편화할 수 있었다. 그는 이렇게 말한다. "내 콩을 여물게 하는 저 태양은 우리 지구와 같은 행성들을 동시에 비춘다." 따라서 멀리 떨어진 독자와 대화하려면 그 방식은 모두가 공유하는 육체적이고 감각적인 세계를 통하는 것이어야 할 것이다. "별은 저마다 경이로운 삼각형의 꼭짓점이다!" 우리가 똑같이 경험하는 것을 가리킴으로써 소로는 그 자신의 마음과 우리의 마음을 삼각형으로 잇고 기적을 만들어 낸다. "우리가 서로의 눈을 통해 생각을 들여다보는 것보다 더 큰 기적이 일어날 수 있을까?"[4] 소로를 읽다 보면 이런 기적이 모든 페이지에서 일어난다. 그가 말했듯 모든 책 읽기는 일종의 번역, 즉 상상으로 우리 자신을 들어 올려 타인의 세계 속으로 들어가는 일, 정신의 기적을 구현하는 일이다. 우리는 같은 태양 아래 같은 행성에 발을 디딘 채, 호수가 바람에 잔물결로 화답하듯 마음이 생각에 잠겨 일렁이는 것을 들여다보고, 하루의 날씨와 계절의 순환에 따르며 별 아래 모든 것을 지휘하는 진북True North에 함께 이끌리는 존재들이니.

소로는 아시아 문헌, 특히 방금 번역되어 나온 힌두 경전과 불교·유교 서적을 읽으면서 이런 통찰이 옳다는 것을 확인했다. 그는 그 글들을 가슴에 새기고 먼 과거로부터 들려오는 목소리에 귀를 기울이며 이윤을 위해 원칙을 내팽개치는 근대 세계에서 어떻게 원칙을 지키며 살아갈지를 깨우쳤다. 기독교만이 아니라 세계의 모든 종교가 똑같은 영적 진리를 말한다는 사실은 소로의 종교적 믿음에 기본 교의가 되었다. 『월든』의 모든 페이지에서 별처럼 빛나는 그 믿음은 아시아 문헌을 읽고 깊이 깨달은 것이다. 따라서 소로를 한국어판으로 읽는다는 것은 끝없는 번역 과정을 처음부터 되풀이하는 일이다.

소로는 이 문학적 교훈을 깊이 숙고하면서도 다른 한편으로는 어릴 적 본 뉴잉글랜드라는 세계가 소규모 농장과 가내수공업 경제(예를 들어, 자신의 가족이 운영하는 연필 공장)에서 자본 집약적 농장과 대규모 공장 체제로 어떻게 변해 가는지를 기록했다. 공장에서 생산한 제품들이 석탄 연료로 움직이는 증기 기관차와 증기선에 실려 대륙을 가로질렀다. 그 세계를 거부할 때 소로는 오직 자신의 내면과 과거를 바라보고, 지구의 한구석에 자신을 고립시키는 방법을 선택할 수도 있었다. 하지만 그는 그러지 않았다. 소로는 바깥으로도 눈을 돌려 두 발이 갈 수 있거나 철길이 놓여 있는 곳이면 어디든 찾아가 드넓은 세계가 어떻게 변하고 있는지를 눈으로 직접 보았다. 또한 미래의 독자이자 자신의 후손인 우리를 보았고, 우리가 직면할 것처럼 보이는 위험에서 멀찍이 떨어진 곳으로 우리를 인도하고자 했다. 소로 시대의 철도와 증기선은 우리의 고속도로와 비행기가 되었고, 대량 유통되던 그의 신문은 우리의 인터넷이, 그의 전신선은 우리의 휴대전화가 되었다. 하지만 소로는 근본적으로 바뀐 것은 전혀 없으며, 갈수록 정교한 수단을 통해 조금도 개선되지 않은 목적을 추구할 뿐이라고 생각할 것이다. 그는 슬픈 어조로 이렇게 말할 것이다. 우리가 사는 사회를 일용품이 판치는 시장으로 바꾸지 말라는 그의 경고에 귀를 기울이는 사람이 예나 지금이나 너무 드물다고. 소로는 노예를 비인간적으로 대하고, 메인 숲을 파괴하고, 야생동물의 털가죽과 거북의 껍질을 벗겨 유행하는 모자, 값비싼 모피 코트, 세련된 빗을 만들어 파는 것에 항의했다. 바로 그곳에서 우리는 세계적 불평등, 지구 생태계 파괴, 여섯 번째 대멸종Sixth Extinction을 목격하고 있다.

하지만 모든 글은 희망의 제스처다. 모든 작가는 미래의 독자를 향해 희망을 노래한다. 그들이 없으면 책도, 시도, 소설도 존재할 수 없어서다. 소로는 미래를 내다본 작가였다. 생이 끝날 무렵 세상이 그의 글을 차츰 받아들이며 인정하자 소로는 자신이 떠나도 그가 쓴 책은 살아남아 다가올 시대에 청중을 만나리라고 예감했다. 이제 한국의 독자들이 그의 글을 읽게 된다면, 소로는 인류에 대한 자신의 믿음 그리고 우리 모두의 미래에 대한 믿음이 헛되지 않았음에 깊이 안도할 것이다. 그리고 우리 모두에게 당부할 것이다. 계속 글을 쓰고, 계속 꿈을 꾸고, 잠깐이라도 서로의 눈을 통해 생각을 들여다보는 기적을 위해 계속 노력하라고.

로라 대소 월스

일러두기

- 이 책은 Laura Dassow Walls의 *Henry David Thoreau: a life*(2017)를 우리말로 옮긴 것이다.
- 본문의 각주 •는 옮긴이가 독자의 이해를 돕고자 단 것이다. 지은이의 주는 모두 미주로 처리했다.
- 본문과 인용문의 굵은 글씨는 지은이가 강조한 원문 그대로다. 본문에 '〔원문대로〕'라고 적힌 부분은 인용한 원저작물의 표기가 오기이더라도 지은이가 동일하게 옮겼다는 의미로 쓴 것이다. 또 인용한 문장 속에서 대괄호(〔 〕)에 넣은 내용은 지은이의 부연 설명이다. 단, 옮긴이가 설명을 덧붙인 경우에는 중괄호({ }) 안에 넣었다.
- 단행본 출간물과 전집 등은 겹낫표(『 』), 논문·에세이·시·소설 등 개별 작품은 홑낫표(「 」), 잡지·신문 등 정기간행물은 겹화살괄호(《 》), 그림·영화·공연물·노래·강연문·연설문 등은 홑화살괄호(〈 〉)를 써서 표기했다. 소로의 저작을 표기할 때도 이 기준에 따랐으며, 단순한 원고 상태의 글은 큰따옴표(" ")로 표기했다.
- 소로의 저작 표기 시 처음 나올 때는 작품명 전체를 썼으나 되풀이해 언급될 경우 원서의 방식대로 약칭으로 표기했다. 예를 들어, 『콩코드강과 메리맥강에서 보낸 일주일』을 『일주일』로 약칭했다.
- 외국의 인명, 지명, 작품명 등은 국립국어원의 외래어 표기법과 용례를 따르되, 이미 굳어진 일부 표현은 익숙한 것을 따랐다. 또한 원문처럼 단어별로 띄어 쓰되 '세인트폴'처럼 표준국어대사전에 한 단어로 등재되어 있는 경우에는 붙여 썼다. 한편 고유명사 뒤에 오는 '-시', '-주', '-가', '-산', '-강', '-만', '-호' 등은 붙여 썼다.
- 도량형 표기는 마일, 인치, 피트, 에이커, 갤런, 파운드, 화씨 등을 원서 그대로 썼다. 참고로, 1마일은 약 1.6킬로미터, 1인치는 약 2.54센티미터, 1피트는 약 30.5센티미터, 1에이커는 약 4.4제곱미터, 1갤런은 약 3.8리터, 1파운드는 약 0.4킬로그램, 화씨 1도는 섭씨 약 -17.2도다.

들어가는 말

우리는 얼마나 푸릇푸릇한 철학자이며 실험주의자인가!
내 독자 중에는 인간의 전 생애를 살아 본 사람이 단 한 명도 없다.
— 헨리 데이비드 소로, 『월든』

소로를 찾아가는 사람은 저마다 하나씩 이야기를 품고 간다. 내 이야기는 동네 서점에서 시작한다. 그 서점의 서가에서 내가 책 한 권을 뽑아 든 이유는 단 하나, 어릴 적 아버지의 서재에서 훔쳐 가지고 다니던 자그마한 초록색 책을 닮아서였다. 내가 훔친 책은 랠프 월도 에머슨의 책이었고, 첫머리에 이런 글귀가 있었다. "모든 사람에겐 공통된 정신이 있다. 그 정신의 역사를 서술한 것이 인간의 역사다." 이상주의에 빠져 들떠 있던 10대에게 이 메시지는 맑은 종소리와도 같았다. 그리고 그 서점에서 두 번째 초록색 책이 내 눈앞에 나타났다. 『월든과 시민 불복종』*Walden and Civil Disobedience*이라는 이중의 제목이 붙은 책이었다. 책을 펼치자 먼저 이런 글이 눈에 들어왔다. "나는 이 행성에서 약 30년을 살았다. 그런데 나보다 나이 많은 그 누구에게서도 가치 있거나 심지어 진심 어린 충고조차 들어 보지 못했다." 일리 있는 말이었다. 우리는 입버릇처럼 말했다. 서른 살이 넘은 사람은 신뢰하지 마라. 어른들의 세계는 미친 게 분명하니까. 매일 오후 나는 신문을 들고 현관으로 나가 머리기사를 읽었다. 베트남에서 병사가 몇 명 죽었는지, 마지막에 일어난 폭동의 불길이 어디서 타오르고 있는지, 나의 영웅 중에 누가 어제 혹은 그제 암살을 당했는지. "여기 삶이 있다." 새로 만난 초록색 책은 이렇게 말하고 있었다. "내가 거의 처음 접하는 실험이다. 사람들이 해 본 실험은 나에게 아무런 도움이 되지 않는다."[1] 그 순간 다시 한번 종이 울렸다! 나는 그 책을 샀고, 학교에 가져갔다. 다음번 축구 대회가 열릴 때 나는 운동장으로 가는 행렬에서 슬쩍 빠져나와 근처 잔디밭으로 갔다. 『월든』을 펼친 나는 선생님들이 제목을 볼 수 있게 책을 높이 치켜들었다. 선생님들은 나를 내버려 두었고, 그날 이후 나는 거기서 울려 나오는 다른 북소리에 맞춰 걷기 시작했다.

지금 나는 내가 10대일 때 독립적 사고를 할 수 있도록 사유의 공간을 열어 준 그 인물로 돌아가, 그가 어떻게 자신을 위해 그런 공간을 열어젖혔는지 알아보는 것으로 이 전기를 시작하고자 한다. "사람은 관계들의 묶음이자 그 뿌리에 맺힌 마디이며, 세계는 그로부터 피어난 꽃과 과일"이라고 에머슨은 말했다.[2] 소로의 뿌리는 매사추세츠주 콩코드에 있었고, 1970년의 시애틀과는 아주 먼 1817년에 태어났다. 하지만 만일 소로가 천수를 누렸다면 내 할머니와 악수를 했을지도 모른다. 우리의 세계는 그렇게 가깝고, 여러 면에서 그의 꽃과 과일을 공유하고 있다. 200년 전 미국의 민주주의는 아직 거칠고 실험적이고 불확실했으며, 미국에 뿌리내린 삶이 한 세대에서 다음 세대로 갓 전달된 콩코드에서는 더 그랬다. 소로는 그 책임을 누구보다도 무겁게 느꼈다. 대학 생활을 마치고 고향으로 내려온 그는 이제 독학으로 민주주의의 뿌리를 하나하나 다시 들여다보기 시작했다. 아무리 봐도 독립혁명American Revolution은 불완전해 보였다. 불평등이 만연하고 물질주의가 팽배했으며, 미국 경제는 전적으로 노예제에 의존하고 있었다. 하지만 정말 어처구니없게도 당시의 어른들은 그런 상태에서 이득을 보는 데 안주할 뿐 변화를 꾀하려 하지 않았다. 어른들은 절대 믿을 수 없는 존재였으니, 직접 팔을 걷어붙이고 실험에 착수하는 수밖에 없었다.

마을 외곽의 월든 호숫가에 집을 지을 때 소로는 이미 성년이 되어 "초월주의자"라 불리는 급진주의 지식인 서클에 속해 있었다. 그런 이름이 붙은 까닭은 그들이 일상의 삶을 "초월"하는 고귀한 이상을 믿어서였다. 그들의 리더는 에머슨이었다. 에머슨은 1834년 콩코드에 들어와 살기 시작했는데, 그때 소로는 하버드에서 공부하고 있었다. 졸업 후 고향에 돌아오니 이 새로운 이웃이 미국의 지적 독립을 선언하고 있었고, 심지어 그의 집은 반노예제 운동의 온상이 되어 있었다. 소로는 새로운 운동에 참여하고 에머슨을 스승으로 삼았지만, 1844년 무렵에 가서는 에머슨이 답을 전부 아는 것은 아닐지 모른다는 회의적인 생각이 들었다. 그를 고심하게 만든 딜레마는 어떻게 하면 독립혁명을 죽은 역사로 보지 않고 살아 있는 경험으로 받아들여 현실의 삶 속에서 완고한 인습과 안이한 습관을 전복하고, 또 전복할 수 있는가였다. 월든 호수로 이사한 목적은 두 가지였다. 하나는 그곳을 작가의 은신처로 삼아 자신의 천직인 영적 구도자, 철학자, 시인의 삶을 사는 것이었고, 다른 하나는 그곳을 무대로 삼아 내면의 의식 혁명을 모두에게 펼쳐 보이고 그렇게 자신의 항거를 일종의 공연 예술로 승화하는 것이었다.

『월든』에서 소로는 독자들에게, 인생이라는 실험을 시도할 때는 남들(저자인 소로까지 포함하여)에게서 조건을 물려받기보다는 자기 힘으로 조건을 만들어야 한다고 촉구했다. 월든의 세계에서 돌아와 다시 한번 마을에서 대가족의 일원이 되었을 때도 소로는 삶이란 더 높은 진리를 탐구하는 것이라는 자신의 믿음을 미국인의 평범한 삶 속에 세우고자 노력했다. 사람들은 흔히 소로가 "자연"으로 돌아갔다고 말하지만, 그가 돌아간 곳은 더 정확히 말하자면 당시만 해도 모두에게 열려 있던 "공유지"—숲, 들판과 산봉우리, 작은 호수와 블루베리 덤불, 강, 초원, 근처 언덕으로 이어지는 오솔길, 대서양 연안에 길게 펼쳐진 해변 등—였다. 그의 글에서 우리는 지형과 분수령*을 이용해 공유지를 탐사하고, 우리가 공유하는 자연과 지식의 유산을 끝없이 확장해 광활한 우주와 맞닿을 수 있다. 콩코드강과 메리맥강에서 노를 저을 때 소로는 태고의 시간을 여행했고, 케이프 코드 해안을 걸을 때는 지구 반대편까지 뻗어 있는 거친 대양에 발을 담그고 철벅거렸으며, 카타딘산 능선에서는 별이 총총한 우주 공간에 서서 차갑고 성긴 행성의 공기를 들이마셨다.

바로 이런 관점—태고의 시간, 행성의 공간—이 하버드 시절부터 줄곧 소로의 사상을 구축했다. 그는 적어도 여섯 개 언어로 책을 읽었다. 그에게 문학은 곧 **세계**문학일 정도로, 최초의 문자언어—호머, 베르길리우스, 성경, 인도와 중국의 고대 경전, 고대 영시—부터 독일의 최신 철학과 과학, 프랑스어로 쓰인 신대륙의 역사, 영국의 가장 진보한 낭만주의 시, 스코틀랜드의 활기 넘치는 산문에 이르기까지 넓고 다양했다. 소로는 수백 권의 책에서 좋은 문장을 발췌하여 노트 수십 권을 가득 채웠고 시, 역사, 과학, 인류학, 여행담, 탐험기 등으로 자신만의 작은 도서관을 만들어 나갔다. 이 왕성한 호기심 덕분에 소로는 배경지식을 아주 조금만 활용해도 머나먼 시공간에 즉시 가닿을 수 있었다. 그는 들판에서 일하는 농부들을 보면서 베르길리우스의 「농경시」Georgics를 떠올렸고, 북극 탐험가들의 책을 읽으면서 뉴잉글랜드의 겨울을 분석했으며, 아일랜드 노동자들을 통해 월든 호수에서 『바가바드기타』를 보았다. 1840년대와 1850년대에 소로는 북부인들의 행동과 남부의 노예제 영속화를 연결 지어 사회운동에 더 깊이 헌신하는데, 그가 실천한 유명한 저항운동은 여기서 시작했다. 예를 들어 그는 납세를 거부한 죄로 감방에서 밤을 보냈고, 「시민 불복종」이라는 에세이를 썼으며, "매사추세츠의 노예제"를 맹렬히 비난했고, 존 브라운의 반란** 을 열

* 강물이 갈라지는 경계를 뜻한다.

** 존 브라운은 1856년부터 노예제 폐지 운동을 벌인 인물로, 1859년 노예들의 반란을 계획하고 병기 창고를 습격하다 체포되어 처형되었다. 그의 죽음은 노예해방을 원하는 사람들에게 커다란 정신적 자극을 주었다.

렬히 지지했다. 남북전쟁Civil War이 막 일어나고 죽음이 소로의 목소리를 앗아 갔을 때 친구들은 그를 애도했을 뿐 아니라 그가 시작했으나 끝내 완성하지 못한 그 모든 일이 물거품이 되는 것을 진심으로 슬퍼했다.

내가 이 책을 쓰기 시작할 때만 해도 **인류세**Anthropocene는 새로운 용어였다. 인간이 지질학적 힘이 되어 지구 자체를 변화시키기 시작했다고 과학자들은 말하고 있었다. 글을 쓰는 중에 나는 소로의 일생이 비록 물리적으로는 짧았지만 미국에 인류세가 도착한 것을 목격하고 기록하기에는 충분한 시간이었음을 깨달았다. 소로가 태어난 곳은 식민지 시대의 농장, 다시 말해 농업과 토지에 기초한 자급자족경제였다. 토지는 두 세기 동안 영국계 미국인 사회를 떠받쳐 주었고, 그전에는 1만 1,000년 동안 아메리카 원주민 사회를 지탱해 주었다. 빙하가 녹은 뒤로는 인간이 소로의 풍경을 빚어냈다. 그가 눈 감은 해인 1862년에는 산업혁명이 그의 세계를 다시 빚었고, 철도가 놓인 콩코드는 작은 농장과 수공예업체가 옹기종기 모인 경제 공동체에서 벗어나 산업화된 농장과 공장이 연결되며 거대한 네트워크를 형성하는 지역 중심지로 변모했다. 그가 사랑한 숲들은 깨끗이 벌목되었고, 그가 젊은 시절에 배를 타고 오르내리던 강들은 방적 공장에 동력을 공급했다. 1843년 소로는 철도가 월든 호숫가로 밀고 들어오는 것을 보면서도 그곳에 집을 지었다. 그가 월든을 떠날 무렵에는 여객열차와 화물열차가 하루에 20대 이상이나 시끄러운 소리를 내며 그 집을 지나쳤다. 이에 대한 대응으로 소로는 이웃들에게 "간소하게 살라"라고 설파했다. 중국, 유럽, 서인도제도에서 쏟아져 들어오는 최신 장치와 물건을 구입하려고—그의 표현을 빌리자면, 고약하고 유해한 잡초처럼 무분별하게 성장하는 경제를 먹여 살리려고—남들과 똑같이 돈벌이에 목을 맬 것이 아니라, 신중하게 내적 존재와 더 큰 공동체를 계발하고 교육·미술·음악·철학을 통해 물질적 성장보다는 정신적 성장을 추구하라고 요청한 것이다. 그가 "사람은 혼자 사는 데 필요한 물건이 적으면 적을수록 부유한 것이다"라고 썼을 때, 이 말은 금욕주의자의 절제를 의미하는 것이 아니라, 진정한 부란 겉으로 드러나는 부가 아니라 내면의 부이며, 인생 그 자체, 심지어 삶의 아주 단순한 행위까지 예술형식으로 바꾸고자 하는 열망이라고 새롭게 정의한 것이었다. 그와 아주 가까웠던 한 친구는 이렇게 말했다. "소로라는 사람이 있다. 햇빛과 견과 한 줌만 있으면 더는 바라지 않는 사람."[3]

소로의 가족은 그의 부친이 작은 연필 공장을 세운 뒤로부터 곤궁에서 벗어나 어엿한 중산층이 되었다. 기계를 좋아했던 소로가 부품을 발명하고 공정을 개선한 덕분에 가족의 사업은 더 크게 번창했다. 소로는 하숙집을 운영하는 가족에게 다달이 하숙비를 내며 살았고, 자신의 생활비를 벌기 위해 일일 노동을 했으며, 후에는 1인 측량 회사를 차려 사유지 측량 일을 하러 다녔다. 측량 일을 하지 않을 때는 사유지의 경계를 넘나들며 도보 여행을 했고 글을 썼으며, 출판과 강연으로 돈을 벌어 여행 경비를 충당했다. 삶과 노동이 자연에 더 가까워질수록 소로는 과학에 강하게 끌렸는데, 공학적 관심으로 인해 만물의 작동 방식이 항상 그를 사로잡은 탓이었다. 자연에 숨어 있는 "관계들의 묶음"을 이해하고자 노력한 끝에 소로는 생태학이 출현하기 훨씬 전에 그 분야의 개척자가 되었다. 하지만 자연과학을 더 깊이 이해할수록 그는 이성만으로는 알 수 없는 것, 즉 그가 "야생"이라 부른 것을 더 강하게 갈구했다. 유명한 에세이 「산책」Walking에서 소로는 자신의 신념을 이렇게 선언했다. "야생에는 이 세계가 보존되어 있다." 말년에 그는 자연nature(인간의 본성human nature을 포함하여)을 관찰하면서 꽃이 언제 피는지, 월든 호수의 얼음이 몇 월 며칠에 녹는지, 언제 단풍이 드는지, 눈이 며칠에 몇 인치 내렸는지를 일지에 세세히 기록했다. 그는 꽃을 보면 그달의 며칠인지를 오차 범위 이틀 이내에서 알아맞힐 수 있다고 자랑했다. 오늘날의 과학자들은 그가 남긴 엄밀한 기록을 활용해 기후 변화로 점점 더 빨라지는 봄, 갈수록 꾸물거리는 가을, 더 짧아지는 겨울을 추적할뿐더러 월든의 식물 공동체에 일어난 구성의 변화를 조사하고 있다.[4]

하지만 이미 과학자들이 입증했듯이, 소로가 기록한 자연의 시간적 조화는 어그러지고 그의 꽃 달력은 엉망이 되었다. 따라서 소로의 기록은 인류세의 도래를 비추는 거울이 되어 그가 믿었던 모든 것이 전복될 수 있음을 경고한다. 소로는 "자연"을 부활과 재생의 영원한 기초로 믿었다. 그에게 자연은 노예제, 전쟁, 환경 파괴 등 인간이 저지른 모든 파괴의 흔적을 어루만지며 치유해 주는 신성한 힘이었다. 그는 『월든』의 끝부분에서 우주의 재생력을 황홀하게 그려 냈고, 말년에 다윈의 『종의 기원』*Origin of Species*을 읽을 때는 진화론 관점에서 자연이란 "부단히 이어지는 **새로운** 창조", 다시 말해 모든 곳에서 매일 끊임없이 작동하는 창조의 원리임을 한순간에 통찰했다. 인간의 온갖 행동 그리고 인간이 산업의 엔진을 돌리기 위해 땅에서 파낸 고대의 화석연료 때문에 그런 자연의 과정이 근본적으로 망가질 수 있다는 사실—대기와 대양의 화학 작용을 바꾸고, 극지방을 녹이고, 겨울을 추방하고, 생명 그 자체를 죽일 수 있다는 사실—은 소로 시대에는 아직 예측하기 힘든 일이었다. 과연 소로의 믿음은 적어도 그가 알고 있던 자연이 종말을 맞은 뒤에도 계속 살아남을 수 있을까?

나는 그럴 수 있고 그렇게 되리라고 생각한다. 소로는 자연의 과정이 조금만 변해도—겨울이 조금만 더 춥거나, 비가 조금만 더 많이 내려도—인류가 멸망할 수 있으며, 우리는 그렇게 아무것도 보장해 주지 않는 야생의 자연에 기대 살고 있다는 생각에 도달했다. 그래서 소로는 "뜻을 품고" 사는 삶, 즉 우리가 내리는 선택의 도덕적 결과를 인지하고 반성하는 삶을 강조했다. 「시민 불복종」에서 소로는 우리가 내리는 선택이 우리의 환경—정치적 환경과 자연환경—을 만든다고 주장한다. 작고 사소해 보이는 선택을 포함해 **모든** 선택이 중요하다는 것이다. 그 선택의 종합이 결국 지구라는 저울에 올라간다. 이 행성은 월든 호수처럼 살아 있는 듯 섬세하고 예민해서 아주 작은 변화도 즉시 감지하고 그 변화를 소리와 형태로 표현한다. 이를 바탕으로 소로는 강한 낙관론을 품을 수 있었다. 그래서 마을이 커지고 오래된 나무가 잘려 나가는 동안에도, 소로는 묘목을 심고 어린 숲에서 즐거움을 누렸다. 영국 정착민들이 뉴잉글랜드의 동물—비버, 늑대, 곰과 퓨마, 무스와 사슴, 야생 칠면조 등—을 일소하다시피 해도 여전히 충분한 수가 남아 있으니, 야생은 모든 곳에 펼쳐져 있고 언제든 다시 씨를 뿌려 빈 틈을 메울 것이라고 확신했다. 그의 마지막 미완성 원고 "야생 열매"Wild Fruits와 "씨앗의 확산"The Dispersion of Seeds은 아주 작은 씨앗들이 어떻게 바람을 타고 날아가거나 조그마한 생명체에 실려 나가 세상을 바꾸어 놓는지 생생히 묘사한다. 우리 인간은 생명 유지에 필수적인 흐름을 거스르는 대신 그 흐름과 함께하는 방법을 배우기만 하면 된다. 소로가 끝내 완성하지 못한 책들에는 생활 공동체 건설에 관한 내용이 담겨 있다. 소로는 자신의 말이 씨앗처럼 사람들에게 날아가 뿌리를 내리고 잎을 틔우리라는 믿음을 간직한 채 눈을 감았다. 오늘날 우리도 소로처럼 생명의 미래를 믿고 그 믿음에 따라 행동한다면 그는 우리에게 계속 말을 걸 것이다.

헨리 사이들 캔비는 1939년에 출간한 소로의 전기에서, 자신이 그 책 대신 쓸 수 있었던 것이 다섯 권이나 된다고 말했다. 창조적 예술가 소로, 콩코드의 신비한 판Pan신 소로, 성공한 시골뜨기 소년 소로, 근대과학과 싸운 초월주의자 소로, 사회와 싸운 개인주의자 소로.[5] 캔비도 인정했듯 소로는 어느 책 하나에 온전히 담길 수 없을 정도로 공상적이고, 장난기 넘치고, 다재다능하고, 다면적인 사람이었다. 그를 가장 잘 아는 친구들도 그의 진짜 초상을 그려 볼 엄두조차 내지 못했다. 하지만 시대가 바뀔 때마다 각 세대는 자기들의 방식으로 소로를 되살리고자 했다. 이 전통과 같은 맥락에서 나 역시 소로를 우리 시대에 맞게 되살리고자 한다. 나는 기본적으로 소로와 그의 친구들이 남긴 일기, 편지, 저작에 근거해 이야기를 풀어 나갈 것이다. 하지만 그 기록에는 많은 틈이 있다. 소피아 소로가 마지막까지 남은 가족 구성원의 "슬픈 의무"에 따라 가족의 편지를 불태웠다는 이야기에 이르렀을 때 내 입에서는 탄식이 흘러나왔다![6] 하지만 많은 것이 남아 있었다. 실제로 이 전기가 두 권으로 불어날 위기에 처했을 때 나는 이 책이 더 많은 독자에게 다가가려면 어려운 선택을 해야 한다는 사실을 깨달았다. 그래서 소로의 방대한 일기에 있는 내밀한 이야기들을 전부 담아내지 못했다. 그랬다면 내용이 넘쳐흘러 책은 두 권으로 나와야 했을 것이다. 또한 소로의 많은 책과 에세이를 비평한 내용도 넣지 못했는데, 그랬다면 분량이 몇 백 쪽 더 늘어났을 것이다. 다행히 소로의 저작을 다양하고 풍부하게 해석한 저술은 모든 도서관에 이미 존재한다.[7]

대신 나는 소로가 **작가로서** 살았던 생애를 추적하고자 한다. 무엇보다 소로는 자신의 삶 자체로 확장된 형태의 저술을, 즉 살아 숨 쉬는 열린 책을 완성해 냈다. 나는 독자들이 소로의 말에서 직접 영감을 얻고, 소로가 자신의 삶을 어떻게 적었는지를 스스로 확인해 보기 바란다. 관심 있는 독자라면, 이전에 나온 전기들을 찾아 읽고 그 속에서 새로운 사건들과 미묘한 의미를 발견할 것이다. 소로의 전기를 쓴 어느 작가가 말했듯 전기 작가들은 "서로를 상쇄하거나 완전히 밀어내는" 것이 아니라 특별한 강조점, 정보, 통찰을 제시해 "헨리 소로라는 이름의 난해하고, 복잡하고, 재능이 풍부한 인간이자 작가"에 관한 대화를 계속 이어 나가는 사람이다. 나 역시 이 말에 전적으로 동의하며, 나의 노력도 그 대화가 이어지는 데 도움이 되길 희망한다.[8]

이 책과 가장 밀접한 전기는 다음과 같다. 알려진 사건과 문서를 연대기적으로 망라한 월터 하딩의 『헨리 소로의 나날』*The Days of Henry Thoreau*, 소로가 살고, 읽고, 쓰는 동안 그의 정신이 어떻게 변화했는지를 자세히 추적하여 지적인 전기로서 불가결하다고 인정받고 있는 로버트 D. 리처드슨의 『헨리 데이비드 소로: 정신의 삶』*Henry David Thoreau: A Life of the Mind*, 자연 속에서 펼쳐진 소로의 삶을 깊고 지혜로운 필치로 그려 낸 영적 전기로 유명한 데이비드 로빈슨의 『자연의 삶: 소로의 세속적 초월주의』*Natural Life: Thoreau's Worldly Transcendentalism*. 모두 다 모범적인 전기이니만큼 나는 이 세 권으로부터 많은 것을 배웠다. 이 밖에도 책의 뒷부분에 내가 참고하고 인용한 수많은 글을 미주로 담았는데, 이 역시 훨씬 더 길어질 수 있었다. 소로의 글은 모두 자전적이라서 그의 저작을 연구할 때는 그의 생각을 삶의 배경에 비추어 보아야 한다. 소로와 그의 시대를 연구하는 진정한 학자라면 누구나 그 배경을 폭넓게 탐구하고 싶을 것이다.[9]

하지만 내가 찾는 소로는 어느 책에도 담겨 있지 않았고, 그것이 이 책을 쓴 이유다. 소로가 태어나고 200년이 지난 오늘날까지 우리는 두 명의 소로를 발명했다. 둘 다 은둔자이지만, 서로 철저히 대립한다. 한 명은 자연을 대변하고 다른 한 명은 사회정의를 대변한다. 하지만 역사 속의 소로는 은둔자가 아니며, 소로 본인의 기록이 보여 주듯이 그의 사회적 행동주의와 자연보호 사상은 한 뿌리에서 나왔다. 다시 말해 소로는 자연에서 사회를 발견하고 자기 마을과 인간의 마음을 비롯한 모든 곳에서 자연을 발견했다. 따라서 다른 사람들은 분열을 보는 반면에 나는 에머슨이 말한 "관계들의 묶음"과 "뿌리에 맺힌 마디"를 본다. 소로의 삶과 글이 꽃이고 과일이라면 그 자양분은 뿌리에서 올라왔다. 소로가 그린 삶의 궤적에는 그가 걷고 연구한 그 땅의 기나긴 시간, 심지어 지질학적 역사와 더불어 이미 지구적인 망에 포함되어 있던 그의 가족·마을·국가의 사회사가 포함되어 있다. 소로는 이렇게 뒤얽혀 있는 서사를 몸소 구현한 사람이었고, 그랬기에 그가 눈감았을 때 그의 벗들은 소로의 가장 진실한 기념비는 콩코드 자체라고 말했다. 사실 그는 마을 사람들과 마찰을 빚은 적도 많았지만, 항상 그들 곁에 머물고 종종 그들 속에 있으면서 따끔한 침으로 정신을 일깨우는 등의 역할을 마다하지 않았다. 그의 모든 말이 이런 관계를 반영한다. 소로의 사상은 시대를 앞선 것이었고, 그 때문에 그의 목소리는 억눌리고 검열을 당할 때가 많았다. 실제로 너무 많이 억압을 당해 나는 소로가 그럼에도 불구하고 용기를 내어 계속 목소리를 냈다는 사실에 놀라곤 했다.

요컨대 소로는 시끄러운 냉소와 왁자지껄한 인습 속에서도 사람들이 귀를 기울이고 들을 수 있는 목소리를 찾기 위해 평생토록 분투했다. 두말할 필요도 없이 소로는 효심 깊은 아들, 충실한 친구였을 뿐 아니라 웃고 울고 춤추고 노래하고 사람들을 놀리며 좌중을 휘어잡는 활기 넘치고 카리스마 있는 사람이었다. 하지만 기이하게도 세상 사람들은 신경과민 같은 상태에 사로잡혀 헨리를 얼음장처럼 차갑고, 염세주의에 찌들고, 고슴도치처럼 가시를 세우고, 까다로운 은둔자처럼 숨어 지내고, 이따금 세상과 완전히 담 쌓고 사는 성마른 잔소리쟁이로 폄하해 왔다. 물론 소로는 차갑고, 염세적이고, 때론 은둔자가 되고 싶어 하고, 심지어 까탈스러운 잔소리꾼이 되기도 했다. 나는 바로 이런 특징을 드러내고, 더 나아가 설명할 수도 있기를 희망한다. 내가 던지고자 하는 진짜 질문은 이것이다. 그런 면을 가진 소로가 어떻게 세계적 명성을 획득한 작가, 심오한 시의 형태로 자연을 묘사한 자연과학자, 공익의 이름으로 강자와 맞서 싸울 수 있는 가장 강력한 도구를 약자의 손에 쥐여 준 정치적 활동가, 우리 모두에게 위대한 삶의 실험을 권유한 정신적 구도자가 될 수 있었는가. 소로는 충실한 벗을 여럿 사귀었는데 그들은 소로를 성인이 아니라, 어쩌면 그보다 더 귀한 어떤 존재로 보았다. 벗들에게 소로는 온전한 삶을 영위한 인간적 존재였다.

용어에 관하여

인디언이란 말은 남북 아메리카를 침략한 유럽인들이 원주민 부족과 민족을 뭉뚱그려 일컫는 말로, 현재 논란에 휩싸여 있지만 마땅하게 대체할 용어가 나타나지 않았다. 나는 기존에 알려진 이름이 있는 한에서는 부족의 이름을 구체적으로 언급했다. 요즘 많은 사람이 선호하는 이 방식에는 원주민의 문화적 지속성과 정치적 주권을 위해 계속되는 투쟁에 경의를 표한다는 의미가 담겨 있다. 이 책에서 내가 화자로서 이야기할 때는 **토착민**indigenous이나 **원주민**Native이라는 단어를 썼지만, 소로와 그 시대 사람들의 말을 인용할 때는 그들이 그랬듯 **인디언**이라는 용어를 썼다. 그러지 않는다면 시대착오일뿐더러 소로의 시대가 갖고 있던 한계를 무시하게 된다. 심지어 소로조차 그 한계에서 자유롭지 않았다. 그 역시 특정한 인디언을 뛰어넘어 복수의 인디언Indians을 지적으로 독립된 개인들, 미국의 미래에 꼭 있어야 하는 존재로 생각하게 되기까지 고군분투했다.

대문자 **자연**Nature• 과 소문자 **자연**nature에는 다음과 같은 차이가 있다. 자연이란 말은 흔히 쓰는 자연과는 다르게, 종종 신성한 이상을 표현하는 초월적이고 보편적인 용어로 쓰이곤 했다. 에머슨도 이 차이를 고수했고, 당연히 소로도 여러 곳에서 에머슨의 용법을 따랐다. 나는 신성한 본질을 가리킬 때는 대문자 자연을 쓰고, 세속적 용도일 때는 소문자 자연을 쓸 것이다.

• ‘Nature’는 대자연으로 옮겼다.

서장

풀바닥 강의 땅

독일에는 이런 말이 있다.

당신을 더 훌륭하게 이끄는 것은 진실뿐이다.

—

헨리 데이비드 소로, 1837년 10월 22일

타하타완의 화살촉

1837년 9월 말 일요일 저녁, 아직은 젊은 헨리 소로에게 절대로 잊을 수 없는 일이 일어났다. 한 달 동안 헨리는 고민을 거듭하다가 마침내 새 일기장에 그 일을 적었다. 그럴 만한 일이었을까? 그럴 수도 있고 아닐 수도 있었지만 일단은 기록해 놓기로 했다. 한 달 전 헨리와 형 존은 온종일 인디언 유물을 찾아다니다가 저녁에 노을을 보려고 강둑으로 어슬렁거리며 걸어갔다. 영감에 사로잡힌 헨리는 과장된 몸짓을 섞어 가며 불쑥 "그 야만의 시대에 바치는 화려한 찬사"를 늘어놓았다. "'나쇼턱 위에 그들의 천막집, 부족이 모여 회의를 하는 곳이 있었어.' 내가 말했다. '저기 클램셸 언덕 위에는 그들이 축제를 여는 마당이 있었지.'" 존과 헨리처럼 인디언들도 얼마나 여러 번 그 시간에 바로 그 자리에 서서 머스케타퀴드강 위로 지는 노을을 바라보며 앞서간 조상의 영혼과 대화했을까. 헨리가 외쳤다. "'여기,' 나도 외쳤다. '이 자리에 타하타완Tahatawan*이 서 있었어. 이 부근에 (현재로 넘어와서) 타하타완의 화살촉이 있을 거야.'" 강둑에 앉은 뒤 헨리는 '장난이나 쳐 볼까' 하는 생각에 손을 내밀어 잡히는 대로 돌멩이 하나를 집어 들었다. 그런데, 오, 이것 봐! 그건 "정말 완벽한 화살촉이 될 수 있었다. 인디언이 방금 제작한 것처럼 날카로웠다!!!"[1]

이건 두 형제가 그저 인디언 놀이를 한 가벼운 이야기다. 하지만 헨리

* 머스케타퀴드강 곧 콩코드강 유역에 살던 인디언 부족 추장의 이름이다.

는 현실의 물건을 손에 쥐었고, 그 순간 소로의 철부지 상상이 어른스러운 진실을 움켜잡았다. 단단하고 날카로운 그 화살촉은 과거의 유물이 아니라 어느 노인에게서 직접 건네받은 현실의 물건처럼 느껴졌다. 마치 타하타완이 그의 곁에 나타나 어떤 선택을 권유하는 것 같았다. 이 일을 미신이라 여겨 가볍게 넘어가든지 아니면 사실로 받아들이든지 둘 중 하나를 선택하라고. 이 일을 일기에 적으면서 헨리는 둘 중 하나를 선택했다. 그 모든 것을 사실로 **만들겠다**고. 이렇게 선택한 순간부터 헨리는 가족, 친구, 이웃과는 다른 길을 걷기 시작했다. **작가**의 길로 나아간 것이다. 그것은 작가의 이중적 의식이 시작되어, 생활하는 자아와 글을 쓰는 자아가 분리되고, 이중의 시각—현재와 과거, 백인과 인디언, 문명과 야생, 인간과 자연—이 열린다는 의미였다. 그 간극을 넘나드는 것, 이것이 애초 그 놀이의 요점이었다. 그런 놀이는 보통 유년기와 함께 끝이 난다. 하지만 소로는 마침 제때 그 돌날의 가장자리를 손가락으로 더듬었고, 시간의 간극이 텅 하고 닫히는 것을 느꼈다. 현재와 과거가 겹치면서 하나가 되었고, 소로는 양쪽에 걸쳐 서서 두 개의 현실이 하나로 합쳐지는 것을 보았다.

강둑에서 노을을 바라보던 그 일요일에는 그 정도까지는 아니었다. 그러나 한 달이 지난 후 일기장을 펼쳐 에머슨의 부름에 답할 때 소로는 그 결심에 성큼 다가갔다. 에머슨은 이렇게 묻고 있었다. "'너는 지금 무엇을 하고 있는가? 일기를 쓰고 있는가?' 그래서 나는 오늘 첫 일기를 쓴다." 그것이 시작이었다. 하지만 작가가 된다는 것은 어떤 일일까? 처음에 소로는 주저했다. 그의 앞날은 창창했다. 이 작은 실험에서 그는 화살촉 이야기를 변형시켜 **자신이 직접 이야기**하듯 했고, 약간 바보 같다는 생각이 들기도 했지만 한편으로 가슴 깊이 경외감을 느꼈다. 다음 단계가 결정적이었다. 소로는 자신이 화살촉 이야기를 "지어내고" 있다는 것을 알았다. 마치 그 화살촉이 정말로 인디언의 손에서 만들어졌거나 "제작된" 양 말하고 있다는 것을. 하지만 자신이 이야기를 지어내고 있다는 것을 안다는 바로 그 이유로, 그 이야기는 소로에게 사실적으로 다가와 그를 이야기 속으로 끌어들였다. 과연 그게 사실일 수 있을까? 에머슨은 그럴 수 있다고 말했다. 그래서 첫 일기를 마칠 때 소로는 에머슨의 말을 옮겨 적었다. "당신을 더 훌륭하게 이끄는 것은 진실뿐이다."[2]

소로는 사물이 말을 하게 하는 법, 작가로서의 길을 배우고 있었다. 하지만 살아 있는 인디언들은 어디 있었을까? 타하타완이 사람들과 함께 건설한 도시 나쇼바는 킹 필립 전쟁* 때 지도에서 사라졌다. 1675년 영국 사람들 사이에 공포가 확산되자 식민 정부는 기도하는 인디언Praying Indians** 을 모두 부락에 감금하라고 명령했다. 나쇼바에 살던 주민 58명은 콩코드에 있는 존 호어*** 하우스(현재 올컷의 오처드 박물관Alcott's Orchard House)로 강제 이주를 당하고, 그곳에서 호어와 함께 방책을 세우고 새집과 일터를 건설했다. 호어는 콩코드 주민들에게 나쇼바족은 평화롭고 부지런하니 아무 위협이 되지 않는다고 강조했다. 일전에 인근에서 대학살이 벌어질 때 콩코드 병사 몇 명이 살해당하긴 했지만. 그러던 중 어느 일요일에 육군 대령 한 사람이 교회로 와서 그 사건을 빌미로 인디언에 대한 증오심을 부추겼다. 콩코드 주민들은 그 말을 듣고도 침묵했다. 반박하는 사람이 없자 대령과 그의 군대는 폭도 "100~200명"을 이끌고 존 호어의 집으로 가서 문을 부수고, 안에 있던 인디언 58명(대부분 여성과 아이였다)의 옷과 신발, 접시와 식량을 약탈한 뒤 그들을 보스턴항에 있는 디어 아일랜드Deer Island 수용소로 끌고 갔다. 인디언들은 조개와 해초를 먹으며 길고 비참한 겨울을 보냈

* 1675년에 북미 지역의 원주민 왐파노아그 부족과 플리머스에 식민지를 세운 영국인이 땅을 두고 벌인 전쟁. 킹 필립은 부족의 지도자를 가리킨다.
** 기독교로 개종한 북미 인디언이나 선교사가 건설한 촌락에서 살던 인디언을 말한다.
*** 변호사이자 인디언 선교사로, 킹 필립 전쟁 때 식민지 매사추세츠에서 민병대 지도자 겸 인디언 연락책으로 활동했다. 마을의 목사인 조지프 롤런드슨의 아내 메리 롤런드슨과 자녀들이 니프묵 인디언 전사들에게 붙잡혔을 때 롤런드슨 목사의 부탁을 받고 협상자로 나서 인질을 구해 냈다.

고 그런 뒤 노예로 팔려 갔다.[3] 타하타완과 그의 부족은 그렇게 사라졌다.

전해 오는 이야기는 그러했다. 하지만 많은 원주민이 살아남아 콩코드의 일상에 합류했다. 예를 들어, 그중 한 명인 톰 더블릿은 1676년에 메리 롤런드슨이 석방되도록 하는 데 일조했다.* 하지만 1734년에 마지막 후손인 새러 더블릿은 나이 들어 앞이 안 보이자 가문의 마지막 남은 땅을 팔아 요양비를 마련했다. 콩코드 원주민의 토지는 세대가 바뀔 때마다 1에이커씩 야금야금 시장에서 사라졌다. 하지만 이들 원주민은 계속 살아남아 자신들의 관습과 혈연관계로 이어진 공동체를 조용히 유지해 나갔다. 어떤 이들은 옛날 방식으로 사냥을 하고 물고기를 잡는 농부가 되었다. 멜빌의 『모비딕』*Moby-Dick*을 읽은 사람이라면 기억하겠지만, 많은 원주민이 바다로 가서 고래 잡는 선원이 되었다. 어떤 이들은 공장이나 가공업체에서 노동자로 일했다. 또 어떤 이들은 바구니, 빗자루, 돗자리 등을 엮어 단골손님을 중심으로 도붓장사를 했다.[4] 특히 『월든』의 첫머리에는 어느 "유명한 변호사"가 바구니 파는 인디언을 돌려보내는 이야기가 나온다. 소로에 따르면, 그 이야기의 교훈은 바구니를 그만 엮으라는 것이 아니라 "바구니를 팔 필요가 없게 하라는 것", 즉 근대적 시장을 전복하자는 것이었다. 하지만 이 아이러니에는 더 깊은 의미가 담겨 있다. 그 변호사는 존 호어의 후손이자 콩코드의 주요 가문을 이끌던 가장, 새뮤얼 호어였다. 1813년 호어는 인디언을 살해한 혐의로 기소된 세 남자를 변호 중이었다. 이 재판에서 피의자들이 사형을 면할 수 있었던 데에는 인디언을 사냥하고 죽여도 되는 짐승이라고 보는 대중의 편견이 크게 작용했다.[5] 이렇게 인디언을 야수로 보았다면, 소로의 이웃들은 타하타완의 부족을 그들 사이에서 조용히 살아가는 농부와 노동자로 인정하지 않았을 것이다. 하지만 소로도 알고 있었듯 그들은 거기 존재했고, 지금도 많은 이가 그곳에서 살고 있다.

* 존 호어가 인디언과 협상을 벌일 때 두 명의 원주민 가이드가 동행했다.

사유지와 공유지

하지만 진짜 짐승은 영원히 사라졌다. 1855년 소로는 식민 시대의 어떤 글을 통해 콩코드를 개척한 영국인들이 처음 마주친 풍경을 자세히 알게 되었고 경탄과 실망을 동시에 느꼈다. 초원의 풀은 더 높이 자라 있고 산딸기 나무는 더 크고 두꺼웠으며 숲을 이룬 나무는 첫 가지의 높이가 30피트를 넘을 정도로 거대해 사이사이에 탁 트인 공간이 있었다. 야생에는 "사자"라고 불리던 퓨마, 곰, 무스, 사슴, 호저, 늑대, 비버, 담비, 너구리, 스라소니, 오소리가 있었고, 멧닭과 칠면조, 흰기러기와 백조가 있었다. "이야, 정말 멋진걸!" 소로는 감탄을 연발했다.[6] 1855년에는 모두 사라졌지만, 소로에게 대지는 황폐해 보이지 않았다. 남아 있는 동물—마멋과 사향쥐, 거북이와 개구리, 올빼미와 매와 작은 새들—만 해도 따라잡기 어려울 정도로 많았고, 농부들의 파종과 수확 주기도 마찬가지였다. 메인주를 여행할 때 소로는 과거로 여행하는 느낌에 사로잡혔고, 그 놀라운 대조는 그에게서 강렬하고 창조적인 생각을 이끌어 냈다. 길들이기와 야생. 비록 양극단인 듯해도 소로는 이 둘을 다 사랑하고 양쪽 모두를 갈망했다. 어쨌든 영국인들이 머스케타쿼드 계곡을 완전히 다른 세상으로 바꿔 놓았다는 사실로부터 벗어날 수는 없었다.

시작은 좋지 않았다. 영국인들은 머스케타쿼드강의 울창하고 질퍽질퍽한 토양에 진저리 치면서 저지대를 포기했다. 많은 사람이 북쪽으로 몇 마일 올라가 높은 지대에 첼름스퍼드라는 마을을 건설했다. 남은 사람들은 바꿀 수 있는 것들은 개량하고 그럴 수 없는 것들에는 적응했다. 그들은 강바닥을 준설해 배수를 개선하고 물방아용 저수지 곁에 옹기종기 집을 짓느라 인디언들의 밭을 갈아엎었으며 고지대는 방목을 하거나 목재와 땔감을 조달할 공유지로 남겨 두었다. 그들은 뉴잉글랜드의 길고 혹독한 겨울을 날 수 있도록 헛간을 만들어 가축을 보호했으며 낮은 지대에 무성하게 자란 풀을 잘라 건초를 만들어 겨우내 가축을 먹였다. 봄이 오면 거름을 수레에 실어 들판으로 날랐고, 척박해 보이는 땅은 습지와 초원에서 퇴비를 실어와 비옥하게 만들었다. 한 가정에서 1년 동안 쓰는 땔감이 적어도 스무 다발은 됐고 이 수요를 충족할 삼림의 양이 최소 20에이커였으므로 콩코드의 약 3분의 1은 숲으로 남아 있어야 했다. 두 세기 동안 드넓은 삼림지대가 그런 상태로 남아 있었다. 가장 큰 것은 월든 호수 주변의 숲으로, 건조하고 자갈이 많은 빙하 퇴적토 위에 소나무와 참나무가 자라고 있기는 했지만 그 외에는 식물이 거의 없었다. 영국인들은 이 숲을 보고 '윌드'Weald나 '포레스트'forest라는 단어를 떠올렸고,* 그래서 중앙에 있는 깊고 푸른 호수에 "월든"이라는 이름을 붙였다. 소로는 자기 가문의 한 분파가 영국의 새프런 월든이라는 마을에 기원을 두고 있다는 걸 알고 기뻤다. 이름이 같다니. 분명 이 월든 호수는 자신의 가문과 관계가 있었다.[7]

이 누더기처럼 이어 붙은 풍경을 봐서는 그 어떤 사유지에도 식민지 가족에게 필요한 모든 자원이 있을 리 없었다. 그래서 이민자들은 미국의 숲 한가운데에 그 모든 것이 복잡하게 뒤얽혀 있는 16세기의 영국식 공동부락 같은 것을 형성해야 했다. 한 가족 소유의 자원들이 군데군데 떨어져 있고(이쪽에 밭, 저쪽에 숲, 소택지 한두 곳), 정말 중요한 초원과 방목지는 공동체의 공유지로 정해 모든 사람이 공동으로 관리했다. 가장 부유한 사람들이 마을 운영에 필요한 돈을 내고 그 대가로 땅을 받았다. 그중 한 명인 토머스 플린트는 런던의 상인으로 월든 호수 옆의 땅 750에이커를 받은 뒤 런던으로 돌아갔다. 죽기 전 그는 아들들에게는 재산을, 자기 소유의 호수에는 "자신의 완벽한 양키** 성Yankee surname"을 물려주었다. "플린트 호수라니!" 헨리 소로는 코웃음을 쳤다. 플린트가 그 호수에 대해 뭘 안다고! "우리의 명명법은 어설프기 짝이 없다."[8]

* 모두 '삼림'을 뜻하는 영어 단어다.

** 남북전쟁 이전에는 뉴잉글랜드 이주민을 가리키는 말이었다.

그 결과로 탄생한 사유지와 공유지의 복잡한 체계 안에서 농부들은 권리와 경계를 조절하고 유지하면서 긴밀하게 협동해 나가야 했다. 콩코드는 오늘날과 같은 "농장"—상업적 농업을 할 수 있는 널찍한 땅—이 연속으로 펼쳐지는 것이 아니라 혼합 농업의 특징을 띠게 되었다. 가축, 곡물, 삼림이 아슬아슬하게 균형을 이루며 뒤섞여 있었고, 물의 사용권과 범람 문제로 이웃 간에 종종 소송이 벌어졌다. 미국의 황무지를 정복하고 그 위에 정착한 유럽인들과 달리 영국의 이주민들은 고국의 전근대적 농업을 도입해 머스케타퀴드의 풍경을 그들 자신의 풍경으로 바꾸어 나갔다. 타하타완의 사람들은 땅 위에서 땅과 함께 살았고 원하는 방향으로 자연을 조금씩 밀고 당기면서 대지의 다양한 계절과 자원에 맞춰 물 흐르듯 이동하며 살았다. 반면 영국인들은 한곳에 정착해 모든 것을 소유하고 경작지를 나눠 소유권을 부여하고 수백 년도 버틸 것 같은 튼튼한 참나무 목재로 집과 헛간을 지었다. 그 목재들은 비록 세월의 힘 앞에 조금씩 녹아내리고 있었지만 소로가 그 안에서 살고 연구하고 그에 대해 글도 쓸 정도로는 오래갔다.

소로는 이 200년 된 체계가 허물어지는 마지막 순간을 목격했다.[9] 그가 1845년에 월든 호수로 갔을 때 변화의 바람이 모든 곳을 휩쓸고 있었다. 새로운 철도가 월든의 가장 아름다운 협곡을 똑바로 가로질렀고, 인근에 있는 오래된 자급자족 농장들은 세계 시장에 밀려 파산 지경에 이르렀다. 소로의 이웃 가운데 모닥불로 요리와 난방을 하거나, 그 지역에서 나는 참나무로 집을 짓거나, 직접 수확한 곡물로 '라이 엔 인준'rye 'n' Injun 빵••• 을 만들어 먹거나, 집에서 짠 '린지울지'linsey-woolsey•••• 옷을 입는 사람은 거의 없었다. 이제 그들은 난로 위에서 요리하고, 석탄으로 난방하고, 메인주의 잣나무로 집을 짓고, 그들의 식림지에서 나무를 베어 철도 연료를 공급하고, 그 자리에 영국에서 들여온 풀을 심어 그 건초로 신품종 소를 먹이고,

••• 호밀 가루와 옥수숫가루를 섞어 찐 빵.

•••• 아마사나 면사와 양모사를 사용하여 성글게 짠 직물.

그 소를 도살해 보스턴 시장에 내다 팔거나 고기를 포장해서 서인도제도로 보냈다. 그들의 식료품실에는 중국차, 노예가 생산한 설탕, 대초원에서 난 흰 밀가루, 열대 오렌지와 파인애플이 가득했다. 또한 그들이 입은 옷은 조지아산 면직물, 중국산 비단, 캐나다산 모피, 영국산 모직물이었다.

월든 호수에 울려 퍼지는 열차의 기적 소리는 구세계의 종말과 새로운 그 무엇의 탄생을 알리는 종소리였다. 그 정체는 아직 아무도 알지 못했다. 오늘날 지질학자들은 이 시대, 즉 화석연료가 세계경제를 극단으로 몰고 간 시대를 인류세라고 부른다. 따라서 소로가 본 것은 지질학적으로 한 시대의 끝이자 다음 시대의 시작이었으며, 그가 느꼈던 불안은 오늘날에도 모든 곳에 살아남아 신문의 표제를 물들이며 그가 보여 주었던 미래를 쉽게 그려 보지 못하도록 우리의 상상을 가로막고 있다. 소로는 지반이 흔들리는 것을 보았고 그 변화를 목격한 사람으로서 세상에 경보를 발령하기로 결심했다. 월든 숲Walden Woods의 깊은 곳, 철로 옆에 지은 감시탑에서 세상 사람들에게 경적을 울려 더 나은 길을 가리키기로.

머스케타쿼드의 기원

소로는 어떤 미국 작가보다도 큰 관심을 받았다. 콩코드의 세 강이 만나는 에그 록Egg Rock 뒤편에 솟아오른 나쇼턱 힐에서 소로의 이름을 지운다면, 또는 부드럽게 흐르는 "풀바닥"Grass-Ground이란 의미를 가진 머스케타쿼드 강이나, 타하타완의 화살촉을 집어 들었던 "여기!"에서 소로의 그림자를 지운다면, 그는 얼마나 다른 사람이 될까? 뉴욕시로 이사해 다른 작가들과 똑같이 시장경제에 얽매이며 떠돌아다닐 때 소로 자신이 그 사실을 깨달았다. 반면에 가장 작은 것들—예컨대 풀밭 사이로 길게 흐르는 모래흙의 자태, "바람에 옷깃이 날릴 때마다 하얗게 내비치는 뉴잉글랜드의 속살"—로 돌아오자 그의 광시곡이 되살아났다. "여기는 나의 집, 나의 고향 땅, 나는 뉴잉글랜드 사람. 대지여, 나의 뼈와 근육은 그대의 흙으로 이루어졌다. 태양이여, 그대에게 나는 형제이니. (…) 내 몸은 그 근원인 흙으로 기꺼이 돌아갈 테니." 그리고 소로는 그보다 먼저 왔다 간 사람들을 결코 잊을 수 없었다.[10] 인디언이 날 때부터 갖고 있던 땅에 대한 권리를 소로는 예술을 통해 나눠 가졌고 이 권리가 그 자신을 비롯한 이민자들이 정신적으로 부활할 수 있게 했다. 소로가 대지와 깊이 관계하기를 갈망했기에 『월든』은 소외, 정착, 부활을 노래하는 미국의 위대한 우화가 될 수 있었다.

소로는 그곳의 독특함을 통해 더 깊고 더 보편적인 진실을 구체적으로 드러냈다. 월든 호수를 예로 들어 보자. 그가 말했듯 다행스럽게도 호수는 깊고 맑아 상징으로서 손색이 없었다. 소로가 월든 호숫가가 아니라 언덕 너머의 샌디 호수, 즉 고리타분한 양키 성을 가진 넓고 얕은 "플린트" 호수에 오두막을 지었다면 『월든』은 다른 책이 되었을 것이다. 모래흙이 없었다면 드넓은 콩밭도 없었을 테고, 호수가 꽁꽁 얼어붙는 뉴잉글랜드의 겨울이 없었다면 영혼을 녹이는 봄의 해동도 없었을 터이며, 딥 컷(월든을 관통하는 철로의 둑)을 가로지르는 철로가 없었다면 소로의 창조 우화는 다른 형태를 찾아야 했을 것이다. 소로를 이해하려면, 그가 있는 곳이 어디인지 그곳이 어떻게 그런 모습을 갖추게 되었는지 이해해야만 한다.

월든 호수는 깊다. (소로가 측정한 바에 따르면) 수심이 102피트에 달해 매사추세츠의 천연 호수 중 가장 깊고, 가장자리가 가파른 "투명하고 짙푸른 우물"이자 "소나무와 참나무 숲 한가운데 자리한 사철 끊이지 않는 샘"이다. 월든 호수는 자립적인 호젓한 느낌을 풍기고 "절벽에 둘러싸인" 모습이 언뜻 보면 권곡호a mountain tarn*와 비슷하다. 월든은 바다 쪽으로 밀려가던 빙하 표면에서 떨어져 나온 거대한 얼음덩어리가 그 자리에서 서서히 녹아 얼음처럼 차가운 호숫물이 되고 바닥에 둥근 자갈이 섞인 퇴적물이

* 뒤에는 벽이 있고 양옆 경사면이 가파른 우묵한 계곡에서 빙하가 녹아 형성된 호수.

층층이 쌓인 구혈호수kettle pond다. 처음에 월든은 호수가 아니라 흙투성이 얼음덩어리였다. 이 지역에 살던 최초의 부족이 구전으로 남긴 기억에 따르면, "옛날 옛적에 인디언들이 여기 있던 언덕 위에서 의식을 행하고 있었는데, 그 언덕은 지금 이 연못의 깊이만큼이나 하늘 높이 솟아 있었다."•[11] 지질학자들의 설명에 따르면 이 묘사는 꽤 정확하다고 한다.

그때의 월든을 그려 보면서 빙하의 가장자리로 걸어가 주위를 둘러보자. 대략 1만 3,000년 전까지 콩코드는 두께가 1마일에 달하는 얼음 아래 짓눌려 있었고, 그 거대한 얼음이 거의 1만 년 동안 지표면을 긁고 문질렀다. 그런 뒤 가장 최근의 빙하기가 끝나 얼음이 북쪽으로 서서히 물러나고, 다시 찾아온 해빙기가 60만 년 동안 북아메리카를 빛었다. 빙하에서 녹은 물이 얼음 표면으로 쏟아졌고 얼음에 협곡을 만들어 모래와 진흙과 돌을 흘려보냈으며, 그 퇴적물이 얕은 샌디 호수와 널찍한 페어헤이븐 베이Fair-haven Bay••를 만들었다. 협곡에 걸쳐 있던 다른 얼음덩어리들도 그렇게 녹아 화이트 호수와 구스 호수를 비롯한 수많은 구혈호수를 형성했다. 후퇴하는 빙하가 약 1,000년 동안 북쪽의 배수로를 막은 탓에 빙하에서 녹은 물이 침니沈泥와 함께 커다란 빙하호들로 흘러들고, 고운 회색 침적토가 가라앉아 넓고 평평한 바닥을 이루었다. 영국인 이주자들은 그 고대의 호수 중 하나의 가장자리로 이끌려 들어가서는, 빙하가 밀어 올린 높은 빙퇴석의 능선에 굴을 파고 은신처를 마련했다. 빙하는 콩코드의 풍경을 으스러뜨렸지만, 페어헤이븐 힐과 에머슨 클리프Emerson's Cilff 같은 바윗덩어리까지는 손을 대지 못했다. 소로는 바로 그런 봉우리에 자리를 잡고 앉아 서쪽으로 굽이치는 능선과 계곡을 바라보았다. 빙하가 단단히 뭉친 빙력토를 깎아 내는 과정에서 길쭉한 언덕—나쇼턱, 펀카타셋—과 그보다 작은 빙퇴구•••가 다

• 인디언들이 불경한 언행을 해서 그 산이 갑자기 가라앉았다는 내용이 『월든』에서 이 문장 뒤에 나온다.

•• 서드베리강 중간에 있는 호수.

수 형성되었다. 구스 호수를 나비처럼 보이게 하는 낮은 언덕도 그중에 하나다.[12]

이렇게 얼음, 바위, 물이 소로의 세계를 빚어냈다. 얼음은 갈고 문지르고 밀어젖혔고, 바위는 그 얼음에 저항했으며, 물은 부드럽게 어루만지고 넓게 펼쳤다. 그 결과 소로가 시인했듯 장대하지 않고 볼 것이 별로 없는 "변변찮은 규모"의 풍경이 탄생했다. 하지만 그 땅에는 놀라운 것들이 곳곳에 숨어 있다. 모래흙 평지 위로 험준한 암봉이 솟아 있고, 넓은 계곡에 점점이 흩어져 있는 탁 트인 호수들이 보석처럼 반짝거린다. 가파른 산비탈은 숨겨진 호수로 뛰어들거나 습기를 머금은 깊은 골짜기로 미끄러져 들어간다. 그 산골짜기 샘에서 시작된 시내가 굽이굽이 흐르면서 오목한 연못들을 채우고 찻잎 색깔의 즙을 우려낸다. 느리게 구불구불 흘러가는 강들이 풀로 덮인 습지대들로 퍼져 나가 그 모든 것을 하나로 엮는데, 이 습지대에 그득한 검은 퇴비는 봄 홍수가 남기고 간 양분을 잔뜩 머금으며 해마다 재충전된다.

얼음이 북쪽으로 물러나자 남쪽에서 초목이 밀고 올라가 사초, 풀, 관목이 어우러진 툰드라의 풍경을 창조했다. 소로는 구혈호수 주변에서 크랜베리, 황새풀, 백산차나무 등을 보면서 그 자취를 탐험했다. 나무들이 서서히 위세를 떨치기 시작했다. 1만 1,000년 전쯤에는 가문비나무, 전나무, 버드나무가 탁 트인 삼림을 이뤄 콩코드에 맨 처음 출현한 사람들의 사냥감인 순록과 마스토돈••••에게 좋은 서식 환경을 제공했다. 최초의 사람들은 물고기를 잡고 식량을 수집하고 테네시에서 메인에 이르는 넓은 교역망을 건설했다. 기후가 따뜻해지면서 상록수는(소로가 사랑한 신비하고 은밀한 솔송나무 등 몇몇 상록수는 결코 사라지지 않았지만) 대부분 목질이 단단한 수종으로 대체되었다. 영양을 가득 품은 도토리가 달린 참나무, 기름진 견과를

••• 구스 호수를 양분하다시피 하는 타원형의 빙하 퇴적물 언덕.

•••• 코끼리와 비슷하게 생긴 화석동물.

맺는 히커리나무*, 개암나무와 호두나무, 자작나무와 너도밤나무가 우위를 점했고, 햇볕 잘 드는 산지에는 소나무가, 그늘진 잡목림에는 솔송나무가 터를 잡았다. 오래전 사라진 마스토돈 대신 사슴과 칠면조가 번성했고, 봄이 되면 회유성 어류가 버드나무로 만든 어살에 가득 걸려들었다. 이 환경에 적응한 사람들은 숲에 불을 내 사슴이 좋아하는 새싹을 틔우고, 노간주나무와 솔송나무를 억제하고, 맛있는 견과류를 얻기 위해 목질 단단한 수종을 보호했다. 그들은 항아리를 빚어 곡물을 저장하고, 껍질이 단단한 조롱박을 재배해 그 바가지로 물을 담아 나르고, 민물조개를 마음껏 먹고, 거대한 패총에 대합조개 껍질을 남겼다. 약 2,000년 전에 다람쥐가(그리고 어쩌면 인간도) 미시시피 계곡에서 앨러게니 산맥을 넘어 밤을 갖고 온 이후로 사람들은 밤나무를 심기 시작했다.

1,000년 전 극적인 변화가 일어났다. 기후가 계속 따뜻했고 그 덕분에 길고 뜨거운 여름을 좋아하는 새로운 작물들이 서쪽과 남쪽에서 들어왔다. 농업이 시작되면서 인구가 열 배로 증가했다. 맨 처음 당도한 유럽인들은 토착민들이 옥수수, 콩, 호박을 재배하고 잘 정돈되지 않은 언덕에 공동으로 식목을 하고, 토양을 보충하고, 모두 합치면 결국 완전 단백질이 되는 음식을 섭취하고 있다는 것을 발견했다. 인디언들은 농장을 울타리 안에 붙박아 두지 않고 계절 따라 더 좋은 장소로 옮겼으며 그렇게 뉴잉글랜드의 엄밀한 계절 변화를 활용했다. 여름에 그들은 가벼운 이동식 천막에서 살고, 작물을 재배하고, 온난한 산지에서 야생딸기를 채집했다. 가을이 되면 숲에서 너도밤나무 열매와 도토리를 수집하고, 온화한 해안지대로 이동해 아늑한 원형 움막집을 짓고, 개펄에서 조개를 잡아먹으며 혹독한 겨울을 넘겼다. 다시 봄이 오면 물고기를 따라 상류로 이동하며 어살로 청어와 연어를 잡았다. 대지에는 식량이 풍부했다. 부들과 수련, 크랜베리, 달래, 야생벼가

* 북아메리카산 가래나무과 식물.

자랐고 견과와 도토리가 10여 종이나 되었으며 거북이, 민물조개, 사향뒤쥐와 비버, 사슴과 칠면조가 어디에나 풍부했다. 소로는 클램셸 힐 위에서 상상의 나래를 펼쳤다. 수천 년 동안 쌓이고 쌓여 거대한 둔덕이 된 조개무지 위에서 그 모든 것으로 만찬을 차려 마음껏 즐기는 상상을. 1만 1,000년 동안 토착민들은 이렇게 변화하는 풍경에 적응하고, 필요에 맞게 환경을 개조하고 소중히 가꾸며 자신들의 문화와 예술성을 담아 낼 물리적 표현을 만들었다. 개별 문화에 따라 정교하게 다듬은 이야기와 노래로 그들은 하나의 역사로 묶이고 서로 연결되었으며, "창조된 세계 안에서 그들이 차지하는 위치를 규정하고 그럼으로써 풍부한 영적 의미를 부여한 제의력祭儀曆을 통해"[13] 대지와 하나가 될 수 있었다. 소로의 세계에서 그 사람들은 숲 못지않게 오래된 존재였다.[14]

영국인들의 도착

소로는 이에 대해 아는 바가 거의 없었다. 사실 우리도 소로보다 더 많이 알지는 못한다. 영국인들이 도착할 무렵 원주민 세계는 너무나 혼란스러웠고, 그들이 어떻게 살고 있었는지 분명하게 알려주는 기록도 남아 있지 않았다. 청교도가 플리머스항에 도착하기 직전인 1616년경 해안 지역에서 시작된 유행병이 내륙으로, 머스케타퀴드 유역은 물론이고 그 너머로까지 번져 원주민 인구가 대략 90퍼센트나 줄었다. 소로도 레뮤얼 섀턱의 『콩코드의 역사』*History of Concord*(콩코드 200주년을 기념하려고 1835년에 쓴 책)를 통해 이 사실을 잘 알고 있었다. 최초의 영국인들은 이 "대량 사망"을 신의 섭리로 돌리고, 신이 유행병을 퍼뜨려 문명이 안착할 여지를 주었다고 믿었다.[15]

타하타완은 얼마 안 되는 생존자 중 한 사람이었다. 비록 "왕"이나 "왕자"는 아니었지만, 지도자였다. 그의 부족은 상황에 따라 모이고 흩어지는 느슨한 혈연집단을 이루고 살았다. 각각의 집단은 가장이 지배했고 그 위로는 각 부족으로부터 권위를 인정받은 추장이 이끌었다. 그들의 본거지는 "두 강을 낀 언덕"이란 뜻을 지닌 나쇼턱 힐 위의 천막집이었다. 그들은 두 강 중에 큰 것을 머스케타쿼드강, 즉 풀바닥 강이나 습지-풀밭 강이라 불렀는데, **머스케타쿼드**는 **모스키토**mosquito라는 단어와 같은 어근에서 파생했다.* 소로는 묘사의 정확성 때문에 이 이름을 좋아했고, 그 사행천蛇行川이 "모기만큼씩 흘러간다"라고 즐겨 말했다. 너무 느리게 흐르는 나머지, 호손이 농담으로 말했듯이, 어느 쪽으로 흐르는지를 알 수가 없다. 나쇼턱 힐은 북쪽 지류인 어새벳강—"마시는 시냇물"이라는 뜻인데, 흐름이 활기차고 강하고 깨끗하기 때문이다—과 느긋하게 흐르는 남쪽 지류 서드베리 강 사이에 위치해 있으며, 이곳에서 두 강이 만나 콩코드강을 이루어 간다. 서드베리강은 콩코드의 메인 거리 뒤에서 큰 웅덩이를 이루는데, 이 때문에 배가 드나들기 편하다. 머스케타쿼드 인디언은 강둑 위나 한때 호수 바닥이었던 평지의 무른 모래흙에 옥수수를 심었다. 영국인들이 큰 들판Great Field이라 불렀던 이 지대는 지금도 매사추세츠의 곡창지대로 손꼽힌다. 인디언들은 밀 브룩강에 어살을 설치해 봄에는 청어를 잡고 여름에는 연어를 잡았다. 그리고 1년에 한두 번씩 큰 나무 밑에서 자라는 덤불에 불을 내 숲속의 공간을 유지하고 높은 언덕에서 블루베리가 굵게 자랄 수 있도록 했다.

타하타완은 새로 온 영국인들에 대해 아주 많이 알고 있었다. 1620년 필그림이 매사추세츠만에 도착했을 때 1세기 이상 유럽인과 거래해 온 아메리카 원주민은 그들을 환영하고 몇 가지 유럽 언어로 물품을 거래했다. 1634년이 되자 영국인이 드디어 내륙으로 진출하기 시작했다. 모피 거래로 돈을 벌겠

* '모기'를 뜻하는 '모스키토'라는 단어는 '작다'라는 의미의 어근을 갖고 있으며, 머스케타쿼드강이 조금씩, 느리게 흐르기 때문에 이런 이름이 붙었다는 의미다.

다는 꿈에 부풀어 있던 사이먼 윌러드라는 사람이 인디언 교역로를 따라 머스케타퀴드 유역까지 들어왔다. 전염병이 휩쓸고 간 계곡은 텅 비고 잡초만 무성했다. 새로운 마을을 건설하기에 완벽한 장소였다. 윌러드는 피터 벌클리라는 부자와 손을 잡았고, 1635년 최초의 영국인 무리가 머스케타퀴드로 이주해 그곳에 "콩코드"라는 낙관적인 이름••을 붙였다. 벌클리는 어살을 소유하고 있었는데 그 어살로 물길을 막아 그 수력을 활용해 옥수수를 빻는 방앗간에 동력을 공급하고 나중에 어린 헨리 소로가 좋아할 방앗간용 저수지millpond를 탄생시켰다. 윌러드는 나쇼턱 힐에 있는 타하타완의 동네 곁으로 이주하고 그 자리에 모피 교역소를 세웠다. 내륙과 연결되는 완벽한 위치였다. 세 강이 고속도로 역할을 했고, 그 고속도로를 따라 인디언들이 사슴 가죽, 비버와 담비의 모피를 카누에 가득 싣고 찾아왔다.

인디언에게는 풍요로웠던 그 땅이 영국인에게는 황폐해 보였다. 영국인들은 밀 브룩강을 따라 펼쳐진 남향의 언덕에 굴을 파고 거처를 만들어 첫 겨울을 보냈다. 고대 빙하호의 잔존물인 그 언덕은 넓고 푸른 초원이 펼쳐져 있었지만 실망스럽게도 그 습지에서는 옥수수가 자랄 수 없었다. 그들은 인디언과 물물교환을 해서 사슴고기와 너구리고기를 얻었지만 양고기만큼 좋아하지는 않았고, 옥수수와 호박이 주재료인 낯선 인디언 음식에 불평을 늘어놓았으며, 아끼는 양과 소가 죽고 늑대가 자신들의 돼지를 잡아먹는 것을 보며 공포에 떨었다. 이듬해에 그들은 널찍한 집들(일부는 아직도 서 있다)을 지었다. 나중에 그 영국인들은 태평양 연안까지 대장정을 시작했고, 미국 최초의 서부 개척자를 자임했다. 콩코드는 미국의 명백한 운명America's Manifest Destiny의 출발점이자 말 그대로 서부•••의 시작이었다.[16]

1637년에 영국인들은 머스케타퀴드 인디언들과의 관계를 공식화했다. 그해 5월 타하타완 추장, 스콰우 족장Squaw Sachem과 그녀의 남편 위바코웻,

•• 콩코드concord는 '화합'과 '조화'를 의미한다.

••• 당시 '서부'는 오늘날과 같은 행정구역상의 구분이 아니라 미개척지를 의미한다.

그리고 나탄콰틱은 한 무리의 인디언을 이끌고, 제스로 나무Jethro's Tree가 굽어보는 마을 광장에서 콩코드의 영국인 지도자들을 만났다. 이 나무는 소로의 시대에도 푸르게 살아 있었다. 공식적으로 거행된 의례에서 머스케타퀴드 사람들은 유용한 물건—자귀, 괭이, 칼, 무명천, 셔츠—을 받고, 왐펌 wampum 한 뭉치를 덤으로 받았다. 왐펌은 뉴잉글랜드 해안에서 만든 조가비 염주로, 아메리카 원주민들이 기록용으로 사용한 것을 영국인들은 통화로 전용해 사용하고 있었다. 말 그대로 미국 최초의 화폐인 셈이다. 그렇게 영국인들은 이 새로운 세계에서 물건에는 가치만 있는 것이 아니라 **가격**도 있다는 것을 원주민들에게 가르쳤다. 또한 영국인들은 자신들이 6평방마일의 땅을 정정당당하게 구입하는 것이라고 믿었다. 하지만 인디언의 전체적인 경제체제는 **생태적**이었고, 대지와 떼려야 뗄 수 없을 정도로 긴밀히 얽혀 있었다. 인디언들은 경작, 낚시, 사냥, 제철음식 채취 같은 사용권을 주고 그 대가를 받은 것이라 믿고 있었다. 땅은 소유할 수 없는 것이었고 그래서 팔 수도 없었다. 이 사실은 그들의 장소 이름에 기록되어 있다. 그들의 지명은 소유권을 표시하는(예를 들어 "플린트의 호수") 것이 아니라 생태적 관계를 나타내는 이정표였다. 원주민의 지명을 알면 그 땅의 생김새와 계절 변화의 패턴을 알 수 있었다.[17] 소로는 인디언의 지명을 찾아내고 이용해서 장소에 대한 토착민들의 지식을 되살리고자 노력했다.

타하타완과 그의 부족에게 찾아온 비극은 제스로 나무 아래서 시작되었다. 땅을 "판" 후에도 그들은 그 땅을 떠나지 않고 이전처럼 영국인들과 함께 살아갔다. 하지만 윌러드의 교역소는 세 강 연안의 모든 인디언에게 돈을 가르치고 있었다. 교역을 하면 비버와 사슴의 대가로 일용품이 왔고, 이런 장사는 인디언에게 동물을 죽이고 영국인 경제에 일조하고 싶은 욕구를 강하게 자극했다. 비버의 개체 수가 급격히 줄자 대지에 광범위한 변화가 찾아왔다. 비버가 만든 댐들이 썩고 무너져서 습지대가 들판으로 변했으며, 추수감사절의 주식인 야생 칠면조가 완전히 사라지고 사슴마저 자취를 감췄다. 소로는 콩코드에서 한 번도 사슴을 보지 못했고, 농사짓는 친구 조지 미노트에게서 그의 어머니가 어렸을 때 사슴을 봤다는 말을 듣고는 크게 놀랐다. 원주민의 식량원이 사라지는 동안에도 영국인은 문제없이 잘 먹었다. 오히려 식량 사정은 이전보다 더 좋아졌는데, 사슴이 사라지면서 사슴을 잡아먹던 퓨마, 스라소니, 늑대 같은 포식자가 함께 사라진 탓에 소와 돼지를 더 잘 키울 수 있어서였다. 영국인은 야생에 의존하는 공동체가 무너지면 즉시 교역망을 확대해 생태적 다양성이 아직 살아 있는 다른 공동체로 진출했다. 아메리카 원주민이 수천 년 동안 빚고 관리해 온 생태적 공동체들은 허물어지고 그들의 생활방식도 해체되었다. 예를 들어 사슴 가죽이 사라지자 원주민은 영국인의 옷감과 담요가 필요했고, 그걸 사려면 돈이 있어야 했다. 도끼, 칼, 괭이, 주전자, 그리고 물론 총—사냥뿐 아니라 자기방어 때문에 갈수록 총이 더 긴요해졌다—도 마찬가지였다. 심지어 화살촉도 돈으로 살 수 있는 상품이 되었다.

이 모든 격변 속에서도 타하타완의 사람들은 놀라운 적응력을 보였다. 영국인과 거래를 시작한 지 7년밖에 안 된 1644년에 그들은 기독교로 개종하고 영국 왕의 백성이 되겠다고 청원했다. 영국인들은 좋은 징조라고 생각했다. 더구나 1636~1637년에 끔찍한 피쿼트 전쟁Pequot War*을 치른 터였다. 영국은 현지의 인디언을 영국식으로 교화하고 그들에게 기독교 신학을 가르쳐 가며 잘 보호하라고 지방정부들에 명령했다. 총기가 개화의 도구라고 주장하는 내용의 책을 옹호하던 존 엘리엇 목사는 1646년에 일련의 설교를 통해 인디언이 솔선수범하게 할 필요가 있다고 강조했다. 타하타완과 그의 가족은 기독교로 개종한 인디언이었고, 그들은 자신들의 마을을 짓게 해 달라고 청원하고 있었다. 영국 청교도는 인디언이 그들의 종교의식인 파우와우powwow와 그들의 게임—슬픔을 표현하는 늑대 울음소리, 거짓말, 절

* 동부에 살던 피쿼트 인디언과 코네티컷 지역에 정착한 청교도가 토지소유권을 두고 벌인 전쟁.

도, 일부다처, 그 밖의 모든 갈등—을 포기하지 않으면 동의하지 않겠다고 고집했다. 또한 머리를 "영국인처럼 단정하게" 하고, 시간을 아껴 쓰고, 빚을 갚고, 집에서 기도를 올리고, 식사 전후에 감사 기도를 드리고, 영국인의 집을 방문할 때는 항상 문을 두드리라고 요구했다. 머스케타퀴드 사람들은 모든 조건에 동의하는 대가로 작은 땅을 요구했다. 구체적으로 동쪽 지역인 링컨 인근이나, 플린트 호수와 월든 사이에 있는 땅이었다.

영국인들은 선뜻 결정하지 못했다. 하지만 월든은 모두에게 열려 있는 공유지였고 인디언들이 이미 그곳에 살면서, 나중에 소로가 거닐게 될 월든 호숫가에 길을 내고 그가 일굴 콩밭에 화살촉을 남기고 있었다. 여러 해가 지나고 1654년 드디어 콩코드에서 북서쪽으로 몇 마일 거리에 "기도하는 마을" 나쇼바를 세워도 좋다는 승인이 떨어졌다. 타하타완과 그의 가족은 그곳으로 이주했고, 1660년에는 그의 아들인 존 타하타완이 나쇼바의 지도자가 되었다. 타하타완은 선교사가 되어 존 엘리엇과 함께 자주 인디언의 지역 이곳저곳을 여행했다.[18] 하지만 이웃에 사는 모든 인디언이 그를 받아들인 건 아니었다. 많은 이가 영국인을 의심하며 옛 방식을 고수했다. 그들은 영국인의 접근을 허락하지 않았고, 그러려면 총을 쓸 수밖에 없었다. 타하타완은 총 대신 책을 택했다. 그의 일족은 전사가 아니라 책을 읽고 쓰는 사람이 되었고, 능숙한 언어능력을 활용해 영국 경제에 편입될 수 있기를 바랐다. 나쇼바에서 그들은 옥수수를 심고, 사과 과수원을 가꾸고, 소와 돼지를 길렀다. 또한 영국식 옷을 입고, 머리를 짧게 자르고, 기도를 올리고 찬송가를 부르고, 단추와 브로치를 만들어 팔았다. 머스케타퀴드 사람들은 두 세계 사이에 끼여 어느 쪽에도 인정받지 못한 채 자신들만의 틈새 공간을 만들어 냈지만, 두 세계의 갈등으로 그 공간은 20년밖에 지속하지 않았다. 이것이 타하타완의 화살촉이 전하는 이야기였다.

혁명의 시기

소로에게 주위를 둘러본다는 것은 과거를 돌아보고, 과거를 통해 배운 눈으로 미래를 내다본다는 의미였다. 그 과거에는 다른 사람들이 알지 못하는 사건들이 포함되어 있다. 하지만 그의 이웃들은 독립혁명이라는 과거에 대해서는 아주 잘 알고 있었다. 사실 혁명은 콩코드의 독특한 정체성, 콩코드가 세상에 보여 준 위대한 역할의 핵심이었다. 소로의 세대는 독립혁명을 생생한 기억으로 간직한 마지막 세대였다. 독립전쟁Revolutionary War이 일어난 이래로 콩코드의 정신적 지주 역할을 해 온 에즈라 리플리 목사는 아직 긴 양말과 반바지 차림으로 마을을 돌아다니고 있었다. 어렸을 때 소로는 할머니가 전해 주는 이야기를 들으며 전율을 느꼈는데, 할머니는 왕당파Tory인 것을 부끄러워하지 않았지만 두 명의 애국파Patriots* 와 연달아 결혼하고 그들을 땅에 묻은 이력이 있었다. 콩코드의 토박이 주민들은 자기 부모가 어떻게 미국의 독립을 쟁취했는지 똑똑히 알고 있었다. 그 유산을 물려받은 아들딸들은 유산과 함께 아름답고도 무시무시한 질문을 물려받았다. **당신**은 미국의 독립을 누리고 살 자격을 어떻게 얻었는가? 콩코드는 자부심이 유달리 강해 이웃 지역 렉싱턴이 당황할 지경이었는데, 영국인들이 처음 발포를 하고 미국인들이 처음 피를 흘린 곳은 사실 렉싱턴이었기 때문이다. 콩코드가 독립혁명 50주년을 기념하고 어린 헨리가 그 행사를 구경하던 1825년만 해도 그 일은 가슴 아픈 주제였다.**

콩코드 주민은 자신들이 목숨을 바쳐 자유를 수호하기로 맹세하고 하나가 되어 저항한 것을 자랑스러워했다. "우리 선조는 생명과 재산을 바쳐

* 독립전쟁 시대에 영국 본국과 아메리카 식민지 사이의 중상주의 체제에 반대하여 독립을 추구한 식민지인 그룹.

** 이 문제로 주민들 사이에 갈등이 있었고 소로의 가족 안에서도 갈등이 있었다. 본문 1장의 뒷부분 참조.

손에 넣은 정당한 유산을 우리에게 남겨 주었다. 이 유산을 우리는 우리의 자식에게 똑같이 정당하게 물려주기로 결심했다. 우리는 어떤 위험도 두렵지 않고, 어떤 어려움에도—심지어 죽음에도—굴하지 않을 것이다."[19] 1775년에 마을은 식량, 무기, 화약, 군수품이 저장된 군부대였다. 식민지 주민은 그 전쟁이 길고 절박하리라 예상했다. 1775년 4월 19일 마침내 반란군을 진압하기 위해 당도한 영국인들은 콩코드로 진격하며 가게를 강탈했고, 그사이 폴 리비어와 윌리엄 도스는 말을 타고 콩코드로 달려가 경보를 울렸다. 붉은 코트를 입은 800명의 영국군이 4월의 태양 아래서 무기를 번쩍이며 그들을 진압하러 다가오자 윌리엄 에머슨 목사는 콩코드의 민병들에게 외쳤다. "우리 땅을 지킵시다! 죽어도 이곳에서 죽읍시다!" 전 지역에서 모인 농부, 기술공, 소매상인은 콩코드 강변에서 영국군에 맞서 응전했고, 그 순간 식민지 개척자에서 미국인으로 변신했다.

소로의 눈길이 닿는 모든 곳에 혁명이 살아 숨 쉬고 있었다. 불같은 에머슨 목사의 손자 랠프 월도 에머슨은 콩코드 탄생 200주년 기념식에서 엄숙하게 연설을 했고, 2년 뒤인 1837년 7월 4일 소로는 합창단과 함께 서서 에머슨의 〈콩코드 찬가〉를 불렀다. 다른 곳이 아닌 바로 **이곳**에서 미국인이 발포한 "총성이 전 세계에 울려 퍼졌도다." 바로 옆에 있는 목사관 올드맨스에는 에머슨 목사가 살았고, 이제는 리플리 목사가 살고 있으며, 랠프 월도 에머슨이 위대한 책 『자연』*Nature*을 집필해 전 세계에 **지적** 총성을 울려 퍼지게 한 그곳이었다. 마을 광장 위쪽 올드 힐 공동묘지Old Hill Burying Ground로 올라가면 영국군의 발자취를 밟아 볼 수 있고 그 모든 것을 내려다볼 수 있었다. 그리고 고개를 숙이면 콩코드에서 노예로 살다 간 "아프리카 원주민" 존 잭의 비석을 볼 수 있었다. 콩코드의 외톨이 왕당파 대니얼 블리스가 세운 그 비석에서 소로는 다음과 같은 비문을 보고 콩코드의 위선에 일순간 분노했을지 모른다.

노예의 땅에서 태어났지만
자유로운 영혼을 타고났고,
자유의 땅에서 태어났지만
노예로 살았노라.

소로는 자신이 "세계에서 가장 존경할 만한 곳에서, 마침 제때에" 태어났다는 놀라움을 진정시킬 수 없었다.[20] 자유가 어떻게 노예제와 공존할 수 있는지, 과거가 어떻게 현재에 도전할 수 있고, 현재의 행동이 어떻게 미래를 변화시킬 수 있는지를 묻기에 그보다 더 좋은 곳이 또 있을까? 소로가 나쇼턱에서 일몰을 바라보고 타하타완의 화살촉을 매만지는 동안 다음과 같은 단순한 질문이 그의 미래를 결정했다. 타하타완의 화살은 어느 방향을 가리키는가? 과거를 가리키는가, 미래를 가리키는가? 이 질문에 답하기 위해 그는 평생 여행을 했으며, 그 모든 여행은 그의 고향, 풀바닥 강이 있는 땅으로 이어졌다.

HENRY DAVID THOREAU

A Life

1부

성장

1장

콩코드의 아들딸

미노트, 리, 윌러드, 호스머, 메리엄, 플린트
그들이 소유한 땅은 그들의 노고에
건초, 옥수수, 뿌리, 대마, 아마, 사과, 양털, 숲으로 답례했다.
이 지주들은 저마다 자기 농장 한가운데를 걸으며 말했다.
"이것은 나의 것, 내 자식의 것, 내 이름의 것.
나의 나무들 사이에서 서풍은 얼마나 달콤하게 속삭이는가?"

—

랠프 월도 에머슨, 「하마트레이아」Hamatreya

콩코드에 정착하다

에머슨은 콩코드의 오래된 이름들에서 시를 발견했다. "미노트, 리, 윌러드, 호스머, 메리엄, 플린트." 콩코드의 작가 중 실제로 콩코드에서 태어난 사람은 소로뿐이지만, 그의 이름은 나오지 않는다. 소로의 가족은 뉴잉글랜드의 겨울을 백 번이나 견뎌 낸 집에서 거주해 온 이웃들 사이에서는 새로운 이주자였다. 소로라는 이름 자체가 신기했다. 프랑스풍의 이국적인 그 이름은 혁명의 불안정한 파도에 떠밀려 뉴잉글랜드의 마을과 산업의 중심지로 들어온 유럽 이민자들의 이름 가운데 하나였다. 헨리의 강직한 고모 마리아는 자신의 아버지 장 소로가 저지에서 보스턴으로 이주한 상인이라고 주장했지만, 그 가문을 잘 아는 프랭클린 샌번에 따르면 장은 저지의 사략선—전시에 적의 상선을 나포할 수 있는 허가를 받은 민간 무장선—선원으로, 배가 뉴잉글랜드 해안에서 난파했을 때 구조되어 보스턴으로 보내졌지만 미국에 머물 생각은 없었다고 한다.[1] 그해는 1773년이었고, 두 사람은 이 연도에 대해서는 동의한다. 장은 고작 19세였다. 의도가 어떠했든 그는 보스턴 항구에서 새로운 삶으로 뛰어들었고, 이내 애국파편에 서서 싸우기 시작했다.

모험적인 차남에게 저지로 돌아가는 것은 선택할 수 있는 방도가 아니었을지 모른다. 소로 일가—"티에로"Tiereau 혹은 토로Toraux나 사우로Thau-reaux—는 1685년 구교를 신봉하는 프랑스에서 도망쳐야 했던 위그노 교도*였다. 프랑스 용기병이 자신들의 고향 푸아투를 탄압하자 헨리의 고조할아버지[2]는 어린 아들 피에르를 둘러업고 근처의 저지섬으로 탈출했다. 저지는 영국의 보호령이자 위그노 난민의 피난처였다. 여기서 소로 일가는 개신교 신앙을 유지하고 프랑스의 말과 전통을 지키며 국제적 위그노 문화권의 일부로서 고국에 돌아갈 수 있을 때까지 자신들의 정체성을 보존했다. 피에르의 많은 자식 중 일부는 소로라는 성을 가지고 런던과 뉴질랜드, 심지어 덴버로 이주했지만, 넷째 아들 필리프는 저지에 남아 세인트헬리어항에서 포도주 상인으로 성공했다. 바다를 건너서 우연인지 아니면 의도적인 것인지는 몰라도 보스턴에 상륙한 사람은 피에르의 둘째 아들 장이었다.

장도 집으로 편지를 썼을 테지만, 때는 전시였다. 소로가에 남아 있는 편지는 단 세 통으로 그의 동생 피에르 소로가 1801년부터 저지에서 보낸 것들이다. 마리아 고모는 이 편지들을 소중히 간직하다가 헨리에게 물려주었고, 헨리는 그 내용을 일기에 옮겨 적었다. 그의 프랑스인 종조부가 남긴 소중한 유물이자 헨리 자신의 과거와도 연결된 가느다란 실이었다.[3] 소로는 "프랑스 출신"이라는 것에 자부심을 느꼈고 그런 점에서 양키 이웃들과는 달랐다. 노년에 소로는 프랑스가 신세계에 이룩한 토대를 오랫동안 조사한 끝에, 결국 "영국인의 **뉴**잉글랜드 역사가 시작되기 전에 그 땅은 **뉴**프랑스"였음을 입증할 수 있었다. 소로의 친구들은 그가 "철자 아르r를 프랑스식 억양으로 강하게" 발음해 "그의 말에서는 항상 강조, 거친 **후음**burr이 들렸다"라고 말했다.[4]

헨리의 할아버지 장 소로는 키는 작지만 다부지고 힘이 세서 당밀이 가득 든 혹스헤드 통hogshead**을 한 손으로 일으켜 세웠다. 처음에는 돛을 만드는 제범製帆 공장에서 일했고, 다음에는 보스턴의 통 제조업자 밑에서 일했다. 영국인들이 보스턴항을 막자 제조업자는 일꾼들에게 일을 줄 수가 없었고 그 바람에 장은 전장으로 나가 보스턴항 요새화 작전에 투입되었

* 종교개혁기부터 프랑스혁명기까지의 프랑스 칼뱅파 신교도.

** 238~530리터들이 큰 통.

다.[5] 하지만 노련한 선원이었던 그는 전쟁의 진원지인 보스턴 앞바다에서 곧 사략선 선원이 되었다. 한동안 장은 같은 위그노 교도인 폴 리비어("리부아"Rivoire)의 지휘 아래 캐슬 아일랜드(곧 인디펜던스 요새Fort Independence로 개명되었다)에 주둔했고, 리비어가 '미네르바'Minerva호를 나포했을 때에는 전리품을 나눠 갖기도 했다.[6] 사략선이 없었다면 독립전쟁은 아주 다르게 흘러갔을 것이다. 1776년 4월까지 사략선들은 영국의 식민지 점령에 꽤 방해가 될 정도로 보스턴 연안에서 영국 상선을 많이 나포했다. 2년 뒤 미국과 프랑스가 동맹을 맺고 프랑스 항구들이 미국에 개방되었을 때 장은 위험한 대서양 횡단에 참여했다. 1779년 11월, 존 애덤스•••가 프리깃함•••• '라 상시블'La Sensible호를 타고 영국과 평화 협상을 하기 위해 프랑스로 건너갈 때 그랜드뱅크스 연안에서 미국의 사략선 한 척을 만났다. 프리깃함은 예포를 쏘았다. 사략선이 프리깃함의 이름을 판독하지 못하고 있을 때, 한 젊은 선원이 프리깃함의 제일사장第一斜檣•••••으로 달려나가 "라 상시블!"이라고 크게 외쳐 사태가 악화되는 것을 막았다. 헨리는 뿌듯해하며 일기에 이렇게 적었다. "그 선원이 바로 소로였다."[7]

전시에 사람들이 얻은 재산은 대부분 사치품을 사는 데 탕진하거나 고삐 풀린 인플레이션을 만나 물거품처럼 사라졌지만, 장은 재산을 잘 관리해 미국에서 가장 분주한 항구의 중심지인 롱 워프에 가게를 낼 수 있었다. 그의 손자는 스노 선장이라는 사람을 만나고 기뻐했다. 스노는 "어부들이 '잘 차려입고 소로의 가게에 갔다'라고 말한 것을 기억하고 있었다. 할아버지를 기억하고 있다니!"[8] 재산이 늘수록 가족도 늘어났다. 1781년에 장은 제인 "제니" 번스와 결혼했다. 그녀의 어머니 새러 오로크는 보스턴 퀘이커 교인

••• 미국의 2대 대통령(1797~1801년 재임). 1776년 독립선언서를 기초했고, 1777년 프랑스에 사절로 건너가 독립을 위한 원조를 요청하고 독립혁명을 지도했다.

•••• 상중上中 두 갑판에 포를 장비한 목조 쾌속 범선.

••••• 이물(선수)에서 앞으로 튀어나온 돛대 모양의 둥근 나무.

으로, 스코틀랜드 이민자의 청혼을 처음에는 거절했지만 남자의 설득에 마음을 돌리고 제니를 낳았다.[9] 장과 결혼한 제니는 프린스 거리의 집에서 열 명의 자녀를 낳았고 그중 여덟 명이 성인이 되었다.[10] 1787년 위그노의 관습에 따라 그들은 가장 먼저 태어난 아들에게 아버지와 똑같은 이름인 '존'을 주었다. 존도 그 관습을 따라 둘째 아들에게 프랑스 어원을 지닌 이름 "헨리"를 주었다. 존의 누이 중 네 명은 성인이 되어 헨리의 삶을 미혼의 고모들로 가득 채워 주었다. 엘리자베스(벳시) 소로와 새러 소로는 콩코드 마을 광장에서 하숙집을 운영했고, 제인 소로와 마리아 소로는 보스턴에 살면서 자주 콩코드에 내려와 오랫동안 머물렀다. 다섯 번째 누이, 낸시는 케일럽 빌링스와 결혼해 메인주 뱅고어시에 정착했고, 그때부터 그들의 집은 콩코드의 가족들에게 사실상 제2의 집이 되었다.

가족 이야기는 이 초기의 흔적 조금밖에 없다. 보스턴 지역은 아직 시골이라 존의 기억에 따르면 가족은 "이웃집 우유를 먹었는데, 그 이웃은 매일 소 떼를 몰고 공유지를 오가곤 했다". "흑인 여자들이 맨머리에 큰 바구니를 이고 다니며" 뜨거운 김이 모락모락 나는 삶은 풋옥수수를 팔았고, "신사들이 가던 길을 멈추고 하나씩 사서 거리에서 먹었다". 장 소로는 동이 트기 전에 일어나서 가게 문을 열기 전 존과 함께 아침을 먹었다. 아버지는 비스킷의 아랫부분을 먹고 아들은 윗부분을 먹었다.[11] 밝은 기억만 있는 것은 아니었다. 미래에 소로와 한동네에 살게 될 한 여자는 보스턴에서 보낸 유년 시절을 다음과 같이 회고했다. 그녀의 어머니는 신앙심이 깊은 장 소로를 항상 존경했다. "그들이 치즈를 만들 때면, 앓고 있던" 그가 말을 타고 집에 와서 "유장乳漿*을 마시곤 했다". 어느 날 그는 마편초가 어디서 자라느냐고 물었다. "그 약초가 필요한데, 기침 때문에 시럽을 만들려고 한다"라는 말에 그녀의 어머니는 당장 달려 나가 마편초를 뜯어 왔다.[12] 기침은 불길

* 젖 성분에서 단백질과 지방을 빼고 남은 부분.

한 징조였다. 수많은 뉴잉글랜드 사람처럼 장 소로도 폐결핵의 저주에서 빠져나오지 못했다. 이 잠행성 질병에 걸린 사람은 이유도 모른 채 시름시름 앓았다. 비극이 잇따라 발생했다. 먼저, 상속권 주장을 위해 스코틀랜드로 건너간 제니의 부친이 그곳에서 갑자기 사망했다. 1796년에는 제니가 열 번째 아이인 데이비드를 낳고 6주 만에 사망했다.[13] 한동안 장이 혼자 여덟 아이를 돌보며 롱 워프에서 가게를 운영했다.

1년 뒤 장 소로는 콩코드의 레베카 허드 케텔과 결혼했다. 양쪽의 문제가 일시에 해결되었다. 장의 자식들은 새어머니를 갖게 되었고, 레베카는 미망인의 곤궁에서 벗어났다. 두 사람은 교회에서 만났거나(그녀도 신앙심이 깊었다), 아니면 장사를 하다가 만났을지도 모른다. 왜냐하면 레베카의 언니가 디컨 존 화이트와 결혼했는데, 화이트는 마을 광장의 분주한 네거리에, 콩코드에서 가장 장사가 잘되는 가게를 소유하고 있었기 때문이다. 1799년 장은 그 옆집을 구입했고(현재 콜로니얼 여인숙Colonial Inn의 북쪽 언저리에 해당한다), 1800년 가족을 이끌고 그 집으로 이사했다. 어린 존은 곧 렉싱턴 중등학교에 들어갔고 재혼한 부부는 제일교구교회First Parish Church에 등록했으며 교회 문을 두드리면 에즈라 리플리 목사가 반갑게 맞이하며 차를 대접해 주었다.[14] 소로 가족은 콩코드에서 가장 훌륭한 가문에 속했다. 어느 면으로 보나 행복과 번영만이 그들을 기다리는 듯했다.

기대는 몇 달 만에 사라졌다. 가족 전통에 따라 장 소로는 정기적으로 보스턴의 거리를 순찰했는데, 심한 폭풍우가 몰아치던 어느 날 감기에 걸렸고 그 감기가 폐결핵으로 발전했다. 장은 몇 주 뒤인 1801년 3월 7일 47세의 나이로 눈을 감았다.[15] 친아버지를 잃은 여덟 아이는 의붓어머니 레베카의 손에 맡겨지고, 레베카는 다시 미망인이 되었다. 불행 중 다행으로 장은 콩코드와 보스턴의 집 그리고 1만 2,000달러에 달하는 현금과 채권을 포함하여 도합 2만 5,000달러에 달하는 막대한 재산을 남겼다. 하지만 1804년 독실한 레베카가 세상을 떠났을 때 그 집들은 저당이 잡혀 있었고 돈은 모두 사라지고 없었다. 레베카의 오빠이자 찰스타운의 상인인 조지프 허드가 재산을 관리했는데 자신의 변호사 비용과 사적 용도로 다 써 버린 탓에 장 소로의 아이들은 끝 모를 곤궁 속에서 자라야 했다. 아버지가 떠나자마자 14세에 가장이 된 존은 학교를 그만두고 집요한 채권자들을 기술적으로 처리하면서 아버지처럼 상인으로서 성공하기를 꿈꾸었다.

한동안 존은 디컨 화이트의 가게에서 점원으로 일하다 1807년 세일럼으로 넘어갔다. 세일럼은 중국 도자기, 비단과 면, 가구, 향신료가 들어오는 세계적인 항구였고, 존은 거기서 건물류dry-goods* 무역을 배웠다. 중국 무역은 성공의 지름길이었다. 물건을 수입하려면 큰돈이 들었다. 1808년 스물한 번째 생일이 지나 성년이 된 존은 상속권을 담보로 1,000달러를 빌려 자신의 가게를 열고, 광둥에 다녀온 적이 있어 중국 무역을 잘 아는 아이작 허드 2세와 동업을 했다. 존이 광장에 노란색 가게를 열었을 때 온 가족은 분명 희망에 부풀었겠지만 어쩐 일인지 허드와의 동업은 틀어졌다. 존이 동업을 깨려 하자 허드가 소송을 제기했다. 존은 소송에서 이겼지만 분쟁의 와중에 가게를 잃고 말았다.[16] 존의 누이 낸시는 이미 케일럽 빌링스와 결혼해 뱅고어시市로 올라갔는데, 빌링스는 그곳에서 자신의 가게를 열었다. 희망이 사라진 존은 그들을 따라가 잠시 "〔주로〕 인디언들에게 물건을 팔았다". 한편 그의 이웃 모제스 프리처드는 존이 갖고 있던 재고를 구입해 광장 맞은편에 초록색 가게를 열었다. 1812년 미국이 영국에 전쟁을 선포하자 창고에 쌓여 있던 재고품 가격이 폭등했고, 프리처드는 우체국 겸업을 시작했다. 20년 동안 초록색 가게는 콩코드의 중심이었으며, 장부상 손님이 200명이나 되어 광고를 낼 필요조차 없었다.[17] 존은 가슴이 아팠을 것이다.

케일럽과 낸시는 노력한 만큼 성공했다. 그들의 딸 레베카는 훗날 조지 대처와 결혼했는데, 나중에 대처가 헨리 소로를 초대해 메인 숲Maine

* 차·커피·곡물같이 물기 없는 식품들.

Woods을 탐험하게 한 것이 소로의 삶이 변하는 계기가 되었다. 하지만 존 소로는 뱅고어에 머물지 않았다. 아직 돌봐야 할 미혼의 여동생이 넷이나 됐고, 버지니아 로드변에 있는 조너스 미노트 대위의 농장과 이웃한 곳에 작은 농지를 구입해 둔 것도 있었다. 존이 미노트의 의붓딸 신시아를 만난 것은 정확히 언제였을까? 아마 담장 너머로나 교회에서 가벼운 대화를 나눴을 것이다. 그는 뭔가에 이끌린 듯 콩코드로 돌아왔다. 키 크고 세련되고 "예쁘고 활기차고 (…) 노래하는 목소리가 힘차고 듣기 좋은" 여성 때문이었을 것이다. 미노트 대위를 도와 버지니아 로드 농장을 운영하고, 에즈라 리플리 목사의 제일교구교회에서 일요일마다 큰소리로 노래하는 그 아가씨.[18]

신시아 던바는 존과 거의 같은 시기에 콩코드에 왔지만 오게 된 경위는 아주 달랐다. 존의 애국파 아버지가 난바다를 항해하고 있을 때 신시아의 어머니 메리 존스 던바는 왕당파이자 거부인 아버지 엘리샤 존스와 애국파이자 유머 있고 다정한 남편인 아사 던바 목사 사이에 벌어진 집안싸움에 시달리고 있었다. 메리의 아버지는 맹렬한 왕당파답게 애국파의 폭동에 강경하게 반대했으며 충돌이 격화되자 사병私兵을 모집해 웨스턴의 사유지를 방어했고 전투에서 패하자 이미 대륙군이 점령한 보스턴으로 달아났다. 보스턴에 갇힌 엘리샤 존스는 자신이 건설한 모든 것이 미국 사람들에 의해 파괴되는 것을 지켜보았다. 그는 갑자기 쇠약해지더니 1776년 3월 조지 워싱턴이 영국군을 보스턴 외곽으로 막 쫓아내던 순간에 눈을 감았다. 존스 대령은 그렇게 "죽음 덕분에 추방을 면했"지만, 열네 명의 아들은 대부분 추방 덕분에 죽음을 면했고, 영국군에 합류하거나 캐나다로 달아났다. 존스 가문은 모든 것을 잃었다. 막대한 재산—매사추세츠주 곳곳에 있던 농장, 저택, 토지—은 남김없이 몰수당했다.[19]

메리는 어떻게 되었을까? 1772년 메리와 아사 던바 목사는 화려한 결혼식을 올린 뒤 세일럼에 정착하고, 아사 던바는 제일연합교회First Congregational Church의 목사가 되었다. 생지옥이 열렸을 때 메리는 남편과 함께 웨스턴에 있는 가족의 사유지로 달려갔다. 미망인이 된 어머니를 보살피고 왕당파 오빠들을 도울 요량이었다. 1년 전 운명의 날인 1775년 4월 19일에 영국인들에게 렉싱턴으로 가는 지름길을 알려 주어 퇴각하는 영국군을 지원하게 해 준 사람이 바로 그녀의 오빠 스티븐이었다. 다음으로 그녀의 다른 오빠 조사이어가 보스턴의 영국군에게 식량을 갖다 준 죄로 체포되어 투옥되었다. 77년 후 헨리 소로는 할머니가 교도소에 있는 형제에게 익은 체리를 갖다준 뒤 무슨 일이 벌어졌는지를 회고했다. "왕당파는 칼을 숨겨 음식과 함께 들여보냈고, 수감자들은 쇠살대를 자른 뒤 웨스턴으로 도망쳤다. 그리고 사과술 공장에 숨었다. 그들이 그녀의 후드 달린 망토를 입고 공장에서 기다리고 있다는 말이 메리의 귀에 들어왔다. 온몸이 덜덜 떨렸다." 메리는 "늙은 볼드윈의 보안관 전용 말"을 붙잡아 가족 마차를 거기에 맨 다음 오빠에게 달려갔다. 이 마차로 조사이어는 다른 탈옥수 두 명과 함께 포틀랜드까지 쉬지 않고 달려갔고, "그곳에서 말을 저당 잡히고 감자 2부셸* 을 구한 뒤 볼드윈에게 말을 되찾으려면 어디로 가서 돈을 갚아야 할지를 편지로 알려 주었다." 볼드윈이 말을 찾았는지에 대한 기록은 존재하지 않는다.[20]

소로의 외할아버지 아사 던바는 애국파를 지지했지만, 반역 행위를 한 아내를 감싸 주었다. 던바는 달변가였던 게 분명하다. 아내와 자신에게 의심의 눈초리가 쏠리자 그는 결백을 주장했고 모든 사람이 그를 믿었다.[21] 건강이 나빠져 세일럼의 목사직에서 물러나야 했을 때 그는 변호사로 새롭게 출발했다. 1782년 아사 던바는 가족을 이끌고 뉴햄프셔주 변경의 킨시市

* 약 네 자루.

로 이사했다. 조카가 감독교회 목사Episcopal minister로 재직하고 있는 곳이었다. 처음 몇 년간 가족은 번창했다. 아사는 프리메이슨 로지Masonic Lodge** 의 설립 회원(그리고 1대 마스터)이 되었고, 처음에는 시 서기관으로, 다음에는 시 행정 위원으로 선출되었다. 따라서 1787년 5월 28일 메리가 여섯째 아이 신시아를 낳았을 때 그 가정은 꽤 부산하고 북적댔을 것이다.[22] 그러나 한 달도 안 되어 아사가 병에 걸리고 자리에 누운 지 이틀 만에 숨을 거뒀다. 마을 사람들은 충격에 빠졌고, 프리메이슨의 예를 갖춰 성대한 장례를 치러 주었다.

메리 존스 던바는 이제 돈도 없고 일가친척도 없이 아이들만 잔뜩 딸린 미망인이 되었다. 하지만 이번에도 영리하게 그녀는 시의 허가를 받고 집을 여인숙으로 개조했다. 손님 접대는 아이들이 했다. 카운티의 중심지인 킨시는 보스턴으로 가는 사람들이 즐겨 머무는 기착지였고, 메리의 여인숙은 시내 중심의 대로변에 있었다. 조너스 미노트 대위는 그 길을 정기적으로 여행했다. 뉴햄프셔에 사유지를 갖고 있는 콩코드의 농부 미노트 대위는 독립전쟁이 일어나기 전부터 그 직함을 갖고 있었다. 실제로 영국인들에게, 미국 민병대는 "**경보가 발령하면 1분 만에** 무기와 탄약을 갖추고 달려와 응전할 것"이라고 경고한 사람이 바로 미노트였다. 하지만 진짜 경보가 났을 때 정작 그의 민병대는 뒤늦게 도착했고, 그러자 사람들은 미노트가 내심 왕당파를 지지해 꾸물거린 것은 아닌가 하고 의심했다. 아이러니하게도 이 실패 때문에 시의 상징인 콩코드민병대Concord Minutemen가 탄생했다.[23] 1792년부터 홀아비로 살아온 미노트는 1798년 담력 있는 여성 메리 존스 던바와 결혼했다. 메리는 가족을 이끌고 버지니아 로드에 있는 미노트의 농장 주택으로 이사했고, 신시아 던바는 열한 살에 유년기를 접어야 했다.

신시아는 콩코드의 그레이트 필즈 동쪽 언저리에서 느꼈던 고요함을

** 프리메이슨의 기초 구성단위.

오랫동안 잊지 못했다. 여름밤에 들리는 것이라고는 "소들이 음매 하는 소리나 거위들이 꽥꽥거리는 소리", 간혹 조 메리엄이 가축에게 휘파람을 부는 소리뿐이었다. "그녀{신시아}는 한밤중에 일어나 문간에 앉아 있곤 했다. 식구들은 모두 잠들어 있고, 세상에서 나는 소리라곤 뒤쪽 시계의 재깍거림뿐이었다." 전하는 이야기에 따르면 버지니아 로드란 이름은 "올드 버지니아"Old Virginia 때문에 붙었다 한다. 해방 노예였던 올드 버지니아는 콩코드 외곽에 통나무집을 짓고 직접 오솔길을 내어 마을까지 오갔다. 굴곡졌던 버지니아 로드는 오늘날엔 자동차가 씽씽 달릴 만큼 똑바로 펴져 공원과 쇼핑몰을 연결하고 있지만 당시에는 "구불구불하고 사람의 왕래가 적어" 길 위에 이끼가 수북하고 돌벽에서 떨어진 돌들이 굴러다니는 "낡은 옛길"이었다. 1798년 그 농장은 이미 150년이나 된 것이었으며, 수십 년 전 세련된 스타일로 지은 농장의 저택은 이미 한 세대를 키워 내 독립시킨 뒤였다. 이제 그 낡은 집이 다시 사람으로 채워졌고, 현재까지도 미국에서 가장 오래된 농장으로 남아 있는 그 집의 바통을 새로운 세대가 이어받았다.[24]

신시아는 또한 그 추운 금요일인 1810년 1월 19일을 기억하고 있었다. "부엌에 있는 사람들은 (…) 불 앞에 바짝 붙어 있었지만, 하디 아줌마가 불가에서 설거지한 그릇이 씻자마자 얼어붙을 정도로 날씨가 추웠다. 남자들이 여기저기에 불을 크게 피워 실내를 간신히 따뜻하게 유지했다."[25] 그날 밤 신시아의 부엌을 따뜻하게 해 준 사람 가운데 잭 개리슨이란 사람이 있었다. 그는 뉴저지에서 도망쳐 얼마 전 마을로 들어온 노예였다. 그는 곧 결혼해 근처에 자신의 농장을 일굴 터였다. 그리고 종종 헨리 소로와 함께 일할 예정이었다. 하지만 그날 밤 존 소로는 신시아의 불 옆에 있지 않았다. 아직 자기 가게를 정리하지 못했고, 앞으로도 얼마 동안 뱅고어에서 인디언들에게 물건을 팔면서 모험을 할 시간이 필요했다. 하지만 1811년에는 존이 콩코드에 있었고 두 사람의 로맨스는 추수철을 지나 긴 겨울에도 식을 줄을 몰랐다. 1812년 2월에 이미 신시아는 헬렌을 임신하고 있었다. 석 달 뒤인 5월 11일에 에즈라 리플리 목사는 제일교구교회에서 신시아 던바와 존 소로의 결혼식을 주례했다. 10월 22일 헬렌 루이자 소로가 태어났을 때 그녀의 부모는 버지니아 로드의 농장 저택에 살면서 농장을 관리하고 있었으며, 존은 마을에 있는 조사이어 데이비스의 상점에서 점원 일을 겸하고 있었다. 미래는 불확실한 일들로 가득했지만 그때부터 계속 존 소로와 신시아 소로는 부부로서 앞길을 헤쳐 나갔다.

존과 신시아 부부의 신혼 시절

나중에 사람들은 존 소로를 조용한 사람으로 기억했다. 그는 야심이 없고 너무 점잖아 현금이 궁한 공화국 초기에 성공하려면 반드시 해내야 하는 물건 값 흥정조차 차마 하지 못했다. 하지만 실패를 되풀이할 때마다 앞으로 도약했다. 그는 자신의 가게를 냈고 그 일이 실패하자 메인주에서 다시 노력했다. 이제는 콩코드로 돌아와 또다시 미래를 바라보고 있었다. 한편 신시아는 어릴 때부터 인간을 날카롭게 관찰하면서 성장한 여성이었다. 두 사람을 모두 알고 있던 호러스 호스머는 항상 이렇게 주장했다. 신시아는 "대단히 까다로워서 어떤 것이든 더 나은 것을 얻을 수 있으면 그보다 못한 것은 절대로 받아들이지 않는 여성이었다. 그런 그녀가 존 소로에게는 만족했다." 존에게는 뭔가가 있었다. 호스머의 말에 따르면, 그는 "어깨를 으쓱하는 동작부터 코담뱃갑에 이르기까지 프랑스인다웠다. (…) 건강하고, 호리호리하고, 교양 있고, 본데 있게 자랐으며, 천성이 신사이고, 마음씨와 언어가 순수해 그의 아내는 즉시 그의 가치를 알아보았다". 신시아는 역시 그녀답게 "두려워하지 않고 자신의 마음을 고백했다."[26] 혹 존을 알아보는 사람은 드물었을지라도 굽힐 줄 모르는 신시아는 모두가 알아보았다. 그녀는 남편보다 머리 하나만큼 더 컸고 재치와 일화에 풍자까지 곁들이는 말솜씨로 당대에 이름을 떨친 이야기꾼이었으며, 뉴잉글랜드 사람이 "재능"이라 부르는, 활발함이라는 능력을 타고난 여성이었다.

세련된 존과 대담한 신시아가 설령 농장에서 조용히 살기를 고대했다 해도 세상이 그들을 가만히 놔두지 않았다. 결혼하고 5주가 지난 1812년 6월 18일 미국은 영국이 미국의 무역을 약탈하고 상업을 교살하는 데 대한 보복으로 전쟁을 선포했다. 그 후 2년 반 동안 영국은 수입을 가로막고 해안 지역을 혼돈에 빠뜨렸다. 영국 함대는 미국의 항구들을 마구 습격했으며, 급기야 백악관을 불태우고, 미국 국가에도 표현되어 있듯 볼티모어를 공격했다. 북쪽에 사는 소로 일가는 공포의 나날을 보냈다. 영국이 메인주 반환을 요구하면서 1814년 가을 뱅고어를 침략하고 항구에 있던 배를 모두 불태웠기 때문이다. 한 번의 타격으로 뱅고어의 운송 체계와 경제적 토대는 잿더미가 되었다. 첫째 아들을 임신한 낸시 고모는 그 공격에서는 살아남았지만, 결국 케일럽을 낳다가 사망했다. 영국군은 매사추세츠만에서도 선박을 쉴 새 없이 공격했지만 인디펜던스 요새의 대포 덕분에 보스턴은 무사했다. 아버지 장이 그랬듯 존 소로도 항구의 병참기지로 달려가 병사들에게 채소류를 공급했다.[27]

한편 버지니아 로드 농장에서는 헬렌이 생후 5개월일 때 큰 불행이 찾아왔다. 1813년 3월 20일, 조너스 미노트 대위가 밤중에 갑자기 사망해 신시아의 어머니 메리는 다시 한번 미망인이 되었다. 전과 마찬가지로 재난은 어머니와 아이들의 몫이었다. 영국의 관습법과 미국의 법률적 관행에 따르면 여성은 동산을 물려받을 수 없기 때문에 한 달도 안 되어 부동산을 제외한 미노트의 전 재산이 경매로 팔려 나갔다. 농장 주택은 폐가처럼 휑뎅그렁해졌다. 메리는 침대 커버와 초록색 테두리가 있는 도자기 일부를 간신히 되사들였다. 부동산—농장, 식림 용지, 집과 딴채—으로 말하자면, "미망인의 몫 3분의 1"widow's thirds* 관습에 따라 65세의 메리는 죽거나 재혼할 때

* 남편이 유언장을 남기지 않고 사망했을 때에 미망인이 상속받을 부동산의 범위를 규정한 관습.

까지 사망한 남편의 부동산 중 3분의 1을 사용할 권리를 갖게 되었다. 현존하는 법률 문서는 그 구체적 의미를 괴로우리만치 자세히 명시하고 있다. 메리와 그녀의 가족은 농장 주택의 동쪽 언저리와 함께, 전면에 있는 거실과 침실 그리고 그 위에 있는 다락방을 사용할 수 있고 전면 현관과 모든 뒷문 중 절반만 사용해 드나들 수 있으며 화덕, 우물, 뒷마당, 숲의 절반, 일출이 보이는 2층 침실, 즉 손자 헨리가 태어날 방을 사용할 수 있었다.[28]

메리는 그 모든 것을 털고 걸어 나갔다. 그녀는 휘파람을 멋지게 불어 가축을 모으는 조 메리엄에게 부동산에 대한 모든 권리를 129달러에 저당 잡히고, 사위인 존의 고용주이자 그 가게의 주인인 조사이어 데이비스에게 렉싱턴 로드의 집을 임대해 미혼인 아들 찰스와 딸 루이자와 함께 "레드 하우스"로 이사했다. (여러 해가 지난 뒤 길 건너에 에머슨의 사과 과수원이 들어섰다.) 나중에 메리는 저당금을 갚았고, 그 덕에 신시아와 존은 미망인의 몫인 농장 주택으로 돌아올 수 있었다. 그때까지 그들은 어디에 있었을까? 헨리는 부모가 보스턴으로 나가 살았다는 인상을 받았다. 1815년 어느 시점에 그곳에서 존은 첫아들 존(1814년 7월 5일생)을 "무릎 위에" 앉히고 뱅고어의 친척들에게 편지를 썼기 때문이다. 한편 메리는 리플리 목사에게 자선을 간청하는 편지를 써 보냈다. 그녀를 대변하는 한 편지에서 리플리 목사는 다음과 같이 강조했다. 그녀는 "크나큰 불행"을 만나 고인이 된 남편의 농장 주택에서 곤궁하게 생활하며, "좋은 시절을 모두 보내고 이제 미망인으로서 오랫동안 홀몸으로 자식을 키워야 하는 부담이 너무나도 버겁게 느껴진 나머지 본인의 절박한 사정뿐 아니라 친구들의 조언에 따라 프리메이슨 공제조합의 선행과 자선에 기댈 생각을 하게 되었다 합니다".[29] 조합원들은 기부금을 모았다. 그들의 도움으로 메리는 나중에 태어난 손자 헨리가 할머니 이야기를 모아 일기에 쓸 정도로 오래 살았다. 1830년 메리가 세상을 떠났을 땐 루이자 이모와 찰스 삼촌도 존과 신시아 곁으로 돌아왔다.

하지만 농장 주택으로 돌아온 것은 아니었다. 전쟁이 끝나고 상업이

다시 활기를 띠었지만, 버지니아 로드에 사는 존은 농장 일을 보면서 마을의 가게까지 관리하느라 시간을 쪼개야만 했고, 어린아이 둘이 더 태어나자 '미망인의 몫'은 비좁게 느껴지기 시작했다. 수확이 좋았다면 잘 헤쳐 나갔을지 모른다. 하지만 1816년 봄에 파종한 작물이 모두 죽고 말았다. 5월에 농부들은 영하로 떨어지는 날씨를 가리키며 봄이 "거꾸로 간다"라고 원망했다. 6월 초에는 북극의 한랭전선이 내려와 오하이오에서부터 뉴잉글랜드 전역은 물론이고 남쪽으로 뉴저지에 이르기까지 모든 땅을 꽁꽁 얼렸고 펜실베이니아 북부의 다섯 카운티에 눈발까지 뿌렸다. 사과나무는 열매를 맺지 않았고 옥수수, 감자, 채소는 까맣게 얼어 죽었다. 한 역사가는 이렇게 기록했다. "누구도 예상치 못한 일이었다. 사람들은 겨울옷을 걸친 채 거뭇거뭇한 들판과 밭을 바라보거나 낙담한 얼굴로 불가에 둘러앉았다."[30] 그 한파에 살아남았거나 다시 파종한 것들은 7월과 8월에 또다시 된서리를 맞았고, 마지막으로 9월 28일에 살인적인 서리가 내려 남아 있는 작물을 모두 앗아 갔다. 그런 뒤에야 날씨는 따뜻해져 폐허가 된 거무스름한 들판을 조롱했다. 가축에게 먹일 것조차 남아 있지 않아 돼지와 소를 도살했고, 과잉 공급으로 가격이 폭락했다가 겨울이 다가올 즈음 천정부지로 뛰어올랐다. 뉴잉글랜드는 아직 지역 중심의 농업경제라서 흉년이 든다는 것은 굶주린다는 것을 의미했다.

그 해괴한 날씨는 범세계적이었다. 1816년은 "여름이 없는 해"로 악명이 자자했다. 당시에는 이 지구적 재난을 설명할 길이 없었지만, 이젠 1815년 인도네시아에서 탐보라 화산이 폭발한 결과임이 밝혀졌다. 1,300년 만의 가장 큰 분화였다. 이듬해 봄, 높은 하늘에 이상한 안개가 나타나 햇빛이 뿌옇기만 하고, 일몰이 유난히 붉고, 태양의 흑점들이 육안으로 보였다. 이 기이한 광경을 콩코드의 신문은 "거의 모든 대화의 주제"라고 표현했다. 세계 평균기온이 화씨로 1.5도나 떨어졌다. 겉보기에는 작은 수치 같지만, 유럽은 물론 북미와 중국 등 거의 모든 나라의 들판이 푸른빛에서 잿빛으로 뒤

바뀌기에는 충분했다. 뉴잉글랜드 인구 중 약 20만 명이 농장을 팔거나 버리고 서쪽으로 이주했다.[31]

그 엄혹한 1816년 가을에 신시아는 셋째 아이를 임신했다. 누구도 겪어 보지 못한 힘든 상황에서 검소하기로 유명한 신시아마저 가족을 먹이고 자신의 건강을 건사하기가 쉽지 않았던 게 분명하다. 나중에 헨리에게 전해준 이야기에 따르면, 그녀는 "존이 가게로 걸어 들어갈 때까지 옷을 새로 사 입히지 못하고 아버지의 낡은 옷으로 만들어 입혔다"라고 했고, 그 말에 헨리는 곤궁한 시절에는 시골 소년들이 허수아비의 옷을 훔쳐도 된다고 말했다. 그런 검소함 덕분에 그들은 겨울을 날 수 있었고, 1817년 7월 12일에 신시아는 건강한 사내아이를 낳았다. 그들은 아기에게 헨리라는 이름을 주었지만, 불과 6주 뒤 존의 동생 데이비드가 스물한 살 성년을 넘기자마자 사망했다. 그래서 10월 12일, 아기를 제일교구교회로 데려가 세례를 받게 할 때 부부는 가풍에 따라 데이비드란 이름을 되살렸다. 에즈라 리플리 목사는 그들의 둘째 아들 데이비드 헨리 소로에게 세례를 베풀었다. 놀랍게도—적어도 가족의 말에 따르면—어린 헨리는 "울지 않았다".[32]

헨리 소로의 전기를 맨 처음 쓴 작가는 "그가 북적이는 도시 밖에서 태어나 시골의 맑은 공기를 첫 숨에 들이켜고 쾌적한 황갈색 들판에서 자란 것은 멋진 일"이라고 생각했다. 실제로 그건 멋진 일이었지만, 헨리가 자란 곳은 쾌적한 황갈색 들판이 아니었다.[33] 존과 신시아는 1년을 더 버텼지만, 1817년에도 세계의 기후는 별로 나아지지 않았다. 1818년 3월 파종기가 다가올 때 그들은 농장을 완전히 포기했다. 젊은 가족은 한동안 레드 하우스의 절반을 임대해 살았다. 나머지 절반에서는 외할머니 메리 존스가 가난을 품위 있게 견디면서 생의 말년을 보내고 있었다. 헨리는 생후 14개월에 새러 고모가 그곳에서 걸음마를 가르쳐 주었던 것을 기억했다. 가족은 재기하려고 노력했고, 존도 불안한 재정을 정리하고 다음 이사를 계획했다. 그 전해 8월에는 보스턴의 프린스 거리에 있는 주택의 지분을 포기함으로써 유산을 저당 잡히고 빌린 돈을 마침내 해결했다. 또한 1818년 9월에는 버지니아 로드 농장 주택의 지분을 팔아 그 집을 얻느라 빌린 돈도 갚았다. 아마 그가 결혼식 때 받은 금반지를 판 것도 이 무렵이었을 것이다.[34]

새 출발을 할 시점이었다. 존은 자신이 가장 잘 아는 사업에 다시 뛰어들기로 했다. 가게를 열기로 한 것이다. 1818년 10월 가족은 북쪽으로 10마일 거리에 있는 조용한 시골 첼름스퍼드의 마을 교회 옆에 집과 가게를 임대했다. 교회 다락에는 온 마을의 화약이 저장되어 있었다. 그 시절에는 어떤 가게라도 고객을 끌어들이려면 럼주를 팔아야 했다. 호러스 호스머가 말했듯이, "교회당은 춥고 설교는 길었기" 때문에 신도는 물론 목사마저 럼주를 한 모금씩 들이켰다. 신망 높은 리플리 목사가 도움의 손길을 내밀어, 존은 "오랫동안 좋은 평판을 유지해 왔으며 성실한 데다 상점을 능숙하게 경영하고 품행이 올바른 사람"이라고 보증했다.[35] 그 덕에 존은 주류 판매 허가를 따냈고, 11월 15일에 개업해 식료품과 알코올을 팔았다. 그날 신시아는 손님을 기다렸고 존은 간판에 페인트를 칠했다.

존과 신시아는 2년 반 동안 첼름스퍼드에서 살았다. 그들은 마을 사람들에게 다락에 쟁여 둔 화약을 찾아가라고 끝까지 다그치기도 했지만, 그 외에도 몇몇 이야기를 보면 젊은 가족은 분명 활기를 되찾았다. 이곳에서 1819년 6월 24일에 소피아가 태어나, 2년 터울 아이가 도합 넷이 되었다. 네 아이 모두 별 탈 없이 자랐지만, 이때 막 걸음마를 배우던 헨리 때문에 가족은 몇 번이나 가슴을 쓸어내렸다. 한번은 헨리가 계단에서 떨어져 정신을 잃었고 "물을 두 양동이나 퍼붓자 정신이 돌아왔다". 또 언젠가는 도끼를 가지고 놀다가 발가락 일부가 잘려 나갔다. 소에게 받히기도 하고, "병아리를 품은 암탉에게 공격당해 나자빠지기도 했다". 하지만 더 대단한 사람들은 존과 신시아였다. 그들은 시험 삼아 암소 한 마리를 데려왔다. 신시아가 우유를 짜려고 하자 소가 통을 걷어찼다. 이것을 본 이웃은 신시아가 도시 여자라 그렇다고 비웃었지만, 그가 젖을 짜겠다고 나서자 이번에는 암소가

"그를 걷어찼다. 약이 오른 그는 벗겨진 소가죽 신발로 암소를 몇 대 때리고 돌아갔다". 존이 집에 왔을 때 암소는 "젖이 많이 불어 있었다". 그는 "얕보이지 않으려고 위협적인 모습으로 다가갔지만", 암소의 발길질에 "턱을 정통으로 맞아" 나가떨어지고 코가 부러졌는데, "지금도 코가 비뚤어진 것이 보인다". 존이 암소를 몰고 판매자에게 가는 동안 행인들은 그의 얼굴에서 피가 흐르는 것을 보고는 암소 뿔에 받히지 않으려고 담장을 기어 넘어 반대쪽으로 피신했다. 맨발로 어디든 갈 수 있는 유년기였다. 거칠고, 대범하고, 흙이 가까이에 있고, 어디에나 동물이 있었다. 그 시절에는 가축이 자유롭게 돌아다녔다. 헨리는 소가 호박 냄새를 맡고 집 안으로 들어와 어슬렁거리던 것을 잊지 못했다.[36]

그곳에 계속 머물렀다면 헨리 소로는 랠프 월도 에머슨에게 최초의 수업을 받았을지도 모른다. 1825년 에머슨은 일시적으로 앞이 안 보이는 안정피로眼睛疲勞를 치료하려고 첼름스퍼드의 한 농장에서 가을과 겨울을 보내고, 그동안 첼름스퍼드의 학교에서 아이들 30~40명을 가르쳤다. 여러 해가 지난 뒤 에머슨은 정겨운 어조로 다음과 같이 회고했다. "소박하고 꾸밈이 없는 땅, 메리맥강에 씻긴 모래 들판", 대지는 사과나무로 덮여 있고, "서리 내린 아침이면 밤나무 숲에 다갈색 밤톨이 떨어져 융단처럼 펼쳐지는 곳". 첼름스퍼드의 농부들은 "자유의 원작자"이지만, 또한 "모두 성경에 능통하고 연애소설 따위는 읽지 않는 정통 칼뱅파 신도"로, 한편으로는 설교에 의지하고 다른 한편으로는 가난과 노동에 의지하면서 주민 회의를 통해 평생 교육을 받는 사람들"이었다.[37] 그 원인이 가난인지, 칼뱅주의인지, 혹은 주민 회의에서 보인 비타협적 태도인지는 분명하지 않지만, 소로의 목가적 유년은 오래가지 않았다. 1821년 3월 가족은 다시 집을 옮겼는데, 이번에는 보스턴 남쪽 끝에 있는 10피트 높이의 "포프 하우스"Pope's House였다. 이곳에서 존은 교직에 뛰어들었고, 헨리는 학교를 다니기 시작했다. 겨울이 다가오는 9월에 가족은 핀크니 거리 4번지에 있는 "휫웰 하우스"Whitwell's

House로 이사해 1823년 3월까지 머물렀다.[38] 첼름스퍼드 시절과 정반대로, 보스턴 도심에서 보낸 2년은 헨리 소로의 기억에 거의 아무런 흔적도 남기지 않았다.

기억이 나는 것은 소나무 사이로 반짝이는 맑고 잔잔한 물의 정경이었다. 할머니 메리 존스의 집을 방문했을 때 소로 가족은 월든 호수로 소풍을 갔다. 과거를 돌아보던 헨리는 바로 이 순간부터 자신의 삶이 시작되었다고 회상했다. "다섯 살에 이곳에 온 뒤로 23년 만에 나는 보스턴에서 외진 시골의 이 호수로 다시 왔다. (…) 이 숲의 정경이 오랫동안 내 꿈에 얼비쳤다." 성인이 되기 전에도 그의 정신은 "그 달콤한 고독"을 갈망했다. "그 속삭이는 침묵 속에서 의미 있는 소리가 귀에 들릴 것만 같았다." 보스턴, "그 소란스럽고 얼룩덜룩한 도시"와는 달리, 여기 콩코드 외곽에서는 "햇빛과 그늘이 풍경에 변화를 주는 유일한 거주자"였다. 이 야생의 아이에게 정신의 탁아소가 되어 줄 곳이었다.[39]

콩코드를 고향으로

그 모든 것은 찰스 삼촌 덕분에 가능했다. 신시아의 오빠 찰스는 자라서 괴팍한 노총각이 되었다. 몇 주 또는 몇 달씩 사라져 "북쪽 버몬트의 농장에서 건초를 베거나 (…) 정처 없이 떠돌다가 메인주의 해안 마을을 지나고, 예고 없이 나타나 선술집에서 카드 묘기를 선보이고, 모자를 뱅글뱅글 돌리다 천장 높이까지 던진 뒤 정확히 머리로 모자를 받고, 레슬링 시합에서 억센 마을 농부들을 "메다꽂았다".[40] 1822년 10월에 찰스는 화이트 산맥 남쪽 기슭을 방랑하던 중 뉴햄프셔주 브리스톨에서 우연히 플럼바고plumbago 매장지를 발견했다. 검은 납이란 뜻의 플럼바고는 지금은 사라진 용어다. 찰스가 발견한 것은 번들번들한 석판질 형태의 탄소로 오늘날에는 흑연graphite이라 불린다. 흑연을 점토와 섞으면 쉿물을 담는 도가니를 만들 수 있다. 중

공업 시대가 열리면서부터 흑연 윤활유는 높은 열에 잘 견디는 성질 때문에 볼 베어링을 부드럽게 돌리는 용도로 쓰였다. 철의 시대가 시작되면서부터 흑연 페인트는 녹을 방지하고 화목 난로 표면에 윤기를 내는 데 활용했다. 하지만 그라페인graphein(그리스어로 "글을 쓰다")에서 파생되었다는 사실로 짐작할 수 있듯이, 흑연은 무엇보다 연필의 주성분이다.

찰스가 발견한 것은 검은 황금이었다. 그는 즉시 말뚝을 박아 채굴권을 확보하고 시험용 표본을 보냈다. 뉴욕에서 미첼 박사란 사람이 브리스톨 흑연의 높은 품질과 가치를 보증하고, "우리나라에서 그런 보물을 발견한 것"을 축하했다. 다트머스 대학에서 최초로 화학광물학과 교수가 된 제임스 프리먼 데이나는 찰스의 흑연이 미국에서 발견된 어느 흑연보다도 훨씬 우수하고, 영국 보로데일에서 나는 세계 최고의 흑연광 못지않게 곱다고 선언했다.[41] 콩코드로 돌아온 찰스는 비누와 양초를 만들어 파는 사이러스와 네이선 스토와 손잡고 광산을 운영하기 시작했다. 애석하게도 찰스는 채굴권을 단 7년밖에 확보하지 못했다. 도움이 필요했다. 마케팅 경험과 창의력이 있는 데다 모든 것을 내려놓고 새로운 사업에 즉시 뛰어들 수 있는 사람으로. 찰스는 존 소로를 불렀다. 1823년 3월 소로 가족은 콩코드 밀 댐Mill Dam 옆, 월든과 메인의 모퉁이에 있는 "브릭 하우스"Brick House로 이사했다. 찰스는 매부에게 사업을 맡겼다. 존은 '존 소로 앤드 컴퍼니'John Thoreau and Co.라는 이름으로 회사를 창업하고 밀 댐 저수지가 내려다보이는 월든 거리와 에버렛 거리의 모퉁이에 가게를 열었다. 품질이 뛰어난 이 희귀하고 순수한 흑연을 가지고 무엇을 해야 하는지를 존은 정확히 알고 있었다. 연필이었다. 이 예리한 통찰이 소로 가문을 일으켜 세웠다.

산업혁명에는 기계도 중요했지만 소통도 중요했다. 모든 사람이 깃촉펜과 잉크보다 편리한 것, 즉 값싸고 믿음직하고 휴대하기 좋은 필기도구를 원했다. 16세기에 영국의 보로데일 광산은 영국부터 시작해 유럽의 모든 나라에 흑연을 공급했다. 처음에는 간단히 흑연 막대기를 나무 케이스로 감싼 형태였다. 존 소로와 함께 연필을 만든 호러스 호스머는 미국 연필은 콩코드에서 시작되었다고 생각했다. 여자들이 뜨개바늘로 딱총나무 잔가지에서 심을 빼내고, 곱게 빻아 아교와 섞은 보로데일 흑연을 그 구멍에 채워 연필심을 만들었다는 것이다. 영국에서 수입한 연필의 가격이 터무니없이 높았기 때문에 그런 연필이라도 없는 것보다는 나았다. 콩코드의 가구 제작자 윌리엄 먼로는 다음 단계로 나아갔다. 1812년 전쟁의 도화선이 된 영국의 출항 금지 기간에 판매 감소를 경험하고서 먼로는 대체 상품을 찾기 시작했다. 그는 흑연을 망치로 빻고 숟가락 위에 올려 풀과 잘 섞은 뒤 그 반죽으로 연필심을 만들고 그 심을 삼목으로 에워쌌다. 그는 연필 30자루를 만들어 보스턴으로 갖고 갔다. 연필은 즉시 매진되었다.

먼로는 집으로 돌아오기 전에 5그로스*를 더 주문받았고, 1년 반 동안 연필 1,200그로스를 만들어 4,000달러라는 놀라운 순이익을 올렸다. 경쟁이 두려웠던 그는 아내를 제외한 모든 사람에게 제조법을 비밀로 했다. 하지만 전쟁이 끝나자 영국인들은 창고에 쌓여 있던 물건을 시장에 풀어놓았고, 그중에는 먼로가 도저히 만들 수 없는 연필도 들어 있었다. 그는 다시 캐비닛과 시계 만드는 일로 돌아갔지만 그 아찔했던 이윤율을 잊지 못하고 틈틈이 연필을 만지작거렸다. 먼로는 해답을 얻은 듯 1819년에 콩코드의 밀 댐 변에 연필 공장을 차렸다. 그리고 곧 켄터키까지 진출해 연필을 판매했다. 1825년 그는 배럿츠 밀로 공장을 이전해 한 달치 물량을 나흘 만에 생산해 냈다. 미국 최초의 연필 공장은 그렇게 탄생했다.[42]

진짜 수수께끼는 존 소로가 어떻게 그렇게 빨리 먼로를 따라잡을 수 있었는가다. 먼로처럼 그도 공정을 비밀로 유지했다. 하지만 먼로는 공정을 개발하는 데 몇 년을 들인 반면 소로의 연필은 단 7개월 만인 1823년 10월 매사추세츠 농업박람회에서 상을 받았다. 존은 모제스 프리처드에게 6그로

* 1그로스는 12다스.

스를 팔았고, 그때부터 프리처드의 가게는 지역의 주요 소매점이 되었다. 1824년 소로는 매사추세츠 농업학회에 자신의 연필을 보여 주었고, 10월에 《뉴잉글랜드 농부》*New England Farmer*로부터 찬사를 들었다. "존 소로 앤드 컴퍼니의 연필은 과거에 선보인 어떤 출품작보다도 우수하다." 이 놀라운 진전은 소로 가족의 공학적 마인드가 뛰어났음을 가리키기도 하지만 값싸게 모방했거나(먼로가 투덜거렸듯) 먼로의 사업 비밀을 누군가가 몰래 빼냈을 가능성을 가리키기도 한다. 2년 뒤 먼로는 반격에 성공했다. 새롭게 개선한 연필을 우아하게 포장해 은메달을 수상하고 많은 찬사를 받은 것이다. 곧 먼로는 세 종류의 연필—"최고 품질", "프리미엄", "일반용"—을 출시했다. 존도 제품의 질을 개선하지 않을 수 없었다. 경쟁 속에서 두 사람은 나란히 성공했고, 1830년대가 되자 "두 회사가 생산하는 연필은 연간 3,000그로스에서 6,000그로스"에 달했다. 먼로는 과잉생산이라며 안달했지만, 시장은 나날이 커지고 두 회사는 번창해 한동안 콩코드는 미국 연필 생산의 중심지가 되었다.[43]

요즘 기준으로 볼 때 초기의 미국 연필은 무척 조잡했다. 흑연을 빻아 월계수 열매, 고래 왁스 경랍**, 아교와 함께 섞고 열을 가한 뒤, 결이 고운 삼목 판에 길게 낸 홈 속에 그 혼합물을 다져 넣고 잘 말린 다음, 똑같은 삼목 조각으로 윗면을 덮고, 적당히 잘라서 모양을 냈다. 에드워드 에머슨은 그런 연필이 "기름투성이, 모래투성이에 잘 부러지고 비효율적"이라고 회고했다.[44] 하지만 존의 연필은 (그 밖에도 빨간색 연필과 파란색 연필, 난로 광택제, 흑연판, 월든의 흰 모래로 만든 사포, 대리석 무늬를 곱게 넣은 제본용 종이, 시계 수리용 문자판까지) 거침없이 팔려 나가 소로 가족은 존경받는 중산층에 진입했다. 존의 두 아들 중 가업에 뛰어든 사람은 헨리였다. 아버지처럼 그도 기계에 흥미를 느꼈고 몸을 써서 일하기를 좋아했다. 헨리가 개량한

** 향유고래의 머리 부분에서 얻은 기름을 냉각, 압착해서 얻은 고형분.

덕분에 한동안 소로 연필은 미국 최고가 되었고 예술가, 기술자, 측량사, 건축가, 목수, 작가 등 좋은 연필에 의존하는 사람들 모두에게 사랑을 받았다. 소로 본인의 작업 방법도 가족의 연필과 공진화했다. 연필을 팔아 글을 쓸 수 있는 자금을 마련하기도 했지만, 더 중요한 것은 연필 덕분에 바람이 불거나 무섭거나 혹독하게 추워도 자연 속으로 나아가 메모를 할 수 있었으니 말이다. 소로는 그 기록을 노트에 잉크로 옮겨 적었다. 말 그대로 소로의 작가 경력은 하찮은 연필에 달려 있었다. 실제로 연필은 소로의 일부분과도 같아서 여행 필수품 목록에는 연필이 포함되지도 않았다. 숨을 쉴 때 공기를 언급하지 않고 물을 마실 때 물을 언급하지 않듯이.

존은 잡화점에서 시시콜콜한 흥정을 하기에는 너무 점잖은 사람이었지만, "가게나 우체국에서 신문을 보며 앉아 있는 것을 좋아했으며", 마을 한복판에 들어앉아 모든 사람과 친근하게 지내며 여생을 보냈다. 사업가로서 그는 시장과 인간에 대한 지식에 기초해 사람들과 교류하고 그러면서도 유용하고 아름다운 것들을 만드는 일에 전념했다. 헨리는 아버지가 돈을 위해 "조악한 물건"을 만들지 않고, "**좋은** 물건을 만드는 방법"을 연구했다고 말했다.[45] 존은 음악을 사랑하고 플루트를 연주했다. 1800년경에 출판된 그의 우아한 플루트 악보집들에는 솜씨 좋은 필경사가 필사한 음악이 가득 담겨 있다. 또한 헨리의 서재에 있는 가장 훌륭한 책들에는 놀라울 정도로 가늘고 예쁜 초서체로 그의 이름이 적혀 있다. 호러스 호스머의 표현에 따르면, "비록 붓이나 조각칼을 잡아 보진 못했을지라도… 그는 미술가였다." 존은 마을의 정치를 멀리했고 콩코드의 엘리트들이 모인 소셜 서클Social Circle에 절대로 가입하지 않았지만 서클이 새로운 사업을 추진할 때는 항상 협력자로 나서서 도서관에 책을 기부하고, 미들섹스전문가제조업자협회Society of

Middlesex Husbandmen and Manufactures에 참가하고, 콩코드소방협회Fire Society(자원봉사자들이 운영한 소방서)의 간사를 역임하고, 관상수협회Ornamental Tree Society에 시간과 돈을 기부했다. 이 협회는 콩코드의 거리에 느릅나무, 플라타너스, 단풍나무를 가지런히 심어 "그 메마른 장소와 거리가 미래 세대에게 미소 짓고 꽃망울을 터뜨리게" 했다.[46]

존이 논쟁을 피했다면 신시아는 자유주의 사상을 당당히 옹호하면서 논쟁을 자초하는 편이었다. 그녀의 날카로운 눈과 통렬한 위트에 친구들은 즐거워했지만 인습적인 이웃들은 성을 냈다. 랠프 월도 에머슨은 그녀의 "심술궂은 위트"에 "예리한 날"이 있다고 말했지만, 그의 아들 에드워드는 신시아의 친절함을 잊지 않고 "특히 젊은 사람들에게 비단결 같은 마음씨를 보여 주었다"라고 말했다. 한 이웃은 신시아가 무언가를 비난할 때는 "진심으로 개혁을 바라는 마음에서였다"라고 힘주어 말했다. 그 개혁은 집에서부터 시작되었다. 그녀의 식탁은 멋졌고 음식이 풍부했지만 차, 커피, 설탕 같은 사치품은 멀리했다. 그러면서도 그녀는 딸들에게 피아노를 마련해 주고 영특한 작은아들에게는 하버드 교육을 받게 했다. 또한 부수입을 올리고자 하숙을 쳤지만 가난한 이웃에게는 보답을 바라지 않고 언제든 기꺼이 식탁에 한 자리를 마련해 주었다. 존처럼 그녀도 지역 봉사활동에 열심히 참여해, 콩코드여성자선협회Concord Female Charitable Society에 가입하고 협회 모임에도 정기적으로 참석했다. 그 자리에 모인 부인들은 가난한 가족에게 줄 옷과 리넨 제품을 만들고, 구두나 학교 교육, 무상 의료, 여분의 음식, 소량의 담배를 어느 주민에게 지원하면 도움이 될지 의논했다. 이 부지런한 모임(몇몇 남자는 몰인정하게도 이를 "**수다 떠는**chattable 협회"라고 불렀다)이 씨앗이 되어 미국 최초이자 가장 활동적인 반노예제 협회 중 하나인 콩코드여성반노예제협회Concord Female Anti-Slavery Society가 탄생했다.[47] 이렇게 노예제 폐지론은 대중매체와 강의실로 확산되기 이전에 어머니와 아내, 자매와 딸이 지역사회의 망을 한 땀씩 엮어 가던 그 난로 곁에 살아 숨 쉬고 있었다.

장녀 헬렌은 학구적인 여성으로 성장했다. 기품 있고 우아하고 정직하고 조용한 그녀는 가족의 도덕적 등불과 같았다. 헬렌은 가족 중 최초로 선생이 되었고 다른 형제들도 그녀와 같은 길을 갔다. 그녀는 사회적 불평등에 깊이 분노하고 미국에서 노예제를 몰아내는 일에 헌신했다. 또한 프레더릭 더글러스*와도 친구가 되었으며, 안타깝게도 젊은 나이에 세상을 떴을 때는 윌리엄 로이드 개리슨이 《해방자》*Liberator*에 송덕문을 기고하기도 했다. 막내 소피아는 어머니의 위트와 아버지의 상냥함을 모두 갖고 있었다. 그녀의 진지함, 말씨, 외모가 헨리를 빼닮았다고 많은 사람이 생각했다. 관심사도 비슷했다. 나중에 헨리는 흥미로운 것을 발견할 때마다 소피아를 불러 보여 주곤 했다. 소피아는 식물을 사랑해 햇빛과 꽃으로 집을 가득 채웠는데, 식당 옆에 있는 그녀의 온실은 동네의 자랑거리였다. 오빠처럼 그녀도 야생식물을 알고 있었으며, 어느 희귀한 야생화에 대해서는 오빠를 능가한 적도 있었다. 화가로서 훈련을 받지는 않았지만 소피아는 그 방면에서도 진정한 재능을 발휘했다. 그녀가 헨리의 월든 오두막을 그린 그림은 오빠의 책에 속표지로 쓰여 인기를 누렸다.

하지만 이 모든 것은 미래에 펼쳐질 이야기였다. 지금 가족의 스타는 존 2세였다. 존은 사람과 어울리기를 좋아하고, 대담하고, 카리스마가 있었다. 호러스 호스머는 존 2세가 "아버지의 판박이지만 밝은 면이 세상을 향해 있어 모두가 그 빛을 알아볼 수 있었다"라고 강조했다. 존은 강하고 날래기가 이를 데 없는 타고난 운동선수였으며, "공중제비를 돌고, 소년들과 씨름을 하고, 높이 점프하고, 물구나무선 채로 걷고, 휴식 시간에 잔디밭에서 웃고 소리치고 뒹굴며 전쟁놀이를 했다". 시시각각 재미있는 이야기를 풀어놓아 배꼽이 빠지도록 아이들을 웃겼고, "달걀에 고기가 차 있듯이** 좌중

* 도망 노예로서 훗날 연설가이자 작가가 된 유명한 노예해방론자.

** 「로미오와 줄리엣」에 언급된 "고기"meat를 갖다 쓴 표현으로 보인다. 이 고기는 달걀의 노른자를 말한다.

에 재미와 웃음을 가득 불어넣었다."[48] 하지만 존이 신나고 즐겁게 소년들의 게임에 빠져 있을 때 그의 어린 동생은 멀찍이 물러나 너무나도 침착하고 진지하게 구경하는 바람에, 호러스의 동생은 헨리가 "정말 이상하고 정나미가 떨어진다"라고 말할 정도였다. 어린 헨리는 모든 이의 수수께끼였다. 헨리는 모두에게 친절하고 자상했다. 아이들이 자신을 "재판관", "노처녀", "점잔 빼는 매부리코 학자"라고 부르거나 벽돌로 지은 교사 옆에 서서 그들의 장난을 지켜보는 자신에게 눈뭉치를 던져도 그는 개의치 않았다. 아이들이 매번 장난으로 헨리를 괴롭히거나 "윽박지를" 순 있었지만, 공부로는 헨리를 당해 낼 수 없었다. "열두 살에 헨리는 열여섯 살 아이들보다도 교과서 내용을 더 잘 이해했다."[49]

이 조용하고 주의 깊은 소년은 과연 무슨 생각을 하고 있었을까? 성인이 되었을 때 헨리는 자신이 중요한 문제라고 생각할 때는 본인의 입장을 썩 잘 변호할 줄 알았다고 기억했다. 이를테면 그는 감자에 싹이 돋은 것을 보고, 어머니가 가르쳐 준 대로 그 감자를 텃밭에 정해진 자기 자리에 심었다. 곧이어 존이 싹이 난 감자를 들고 왔고, 다음으로 소피아와 헬렌도 싹이 난 감자를 들고 와서 심으려 했다. 이것을 본 헨리는 그들이 **자신의** 감자를 훔쳤다고 큰소리로 외쳤고, 결국 "싹이 난 감자는 가장 먼저 발견한 나에게 돌아왔다". 감자는 "**나의** 텃밭에서 잘 자랐고, 내 손으로 직접 캐서 온 가족이 맛있게 먹었다". 또한 헨리는 자신이 창밖으로 흘러가는 구름을 바라보면서 "너울거리는 커튼 틈새로 상상의 나래를 펴고 들어가 그 너머에 있는 세계를 보는" 꿈 많은 아이였다고 회상했다. 그의 어머니는 친구에게 이런 이야기를 들려주었다. 헨리와 존이 아직 어려 바퀴 달린 침대***에서 잘 때, "존은 즉시 잠이 들었지만 헨리는 잠들지 않고 깨어 있을 때가 많았다. 어느 날 밤 아이가 잠자리에 들어서도 오랫동안 잠들지 않는 것을 보고 어머니

*** 쓰지 않을 때는 큰 침대 아래로 밀어 넣을 수 있는 바퀴 달린 작은 침대.

가 물었다. '헨리야, 왜 아직 안 자고 있니?' 그러자 헨리가 말했다. '엄마, 별을 보고 있었어요. 별들 사이로 하나님이 보이지 않을까 해서요.'"[50]

헨리의 여행이 항상 외로웠던 것은 아니다. 대학 시절 그는 "새벽에 하늘이 맑으면 형과 나는 언제나 페어헤이븐 힐로 산책을 갈 준비가 되어 있었다"라고 회상했다. 함께 가장 높은 바위산을 기어올라 "가장 먼저 비치는 아침 햇살을 맞곤 했다". 어릴 때부터 소로의 내면세계를 구축하고 장식한 것은 언제나 자연이었다. 친구 엘러리 채닝에 따르면, 함께 거닐 때 헨리는 가족이 살았던 집들에 관해서는 한 번도 얘기하지 않았지만 어떤 들판은 선명하게 기억했는데, 다른 맨발의 시골아이들처럼 헨리도 집에서 키우는 소를 몰고 그 들판으로 나가 풀을 뜯기고, 우유를 짜려고 다시 집으로 몰고 왔다는 것이다. 또한 종종 어릴 적 놀던 밀 댐과 댐 너머에 있고 지금은 풀밭이 된 저수지에 대한 기억이 조금씩 흘러나왔다.[51] 비록 물이 빠져 마른 지 오래됐지만, 겨울이면 "조금 큰 남자아이들에게는 스케이트장이 되고 꼬마들에게는 썰매장이 되었다". 가장 용감한 소년들은 얇아지고 있는 얼음판 위에서 누가 마지막으로 스케이트를 타는지 경쟁을 벌였다고 헨리의 친구들은 회고했다.[52] 소로는 자서전을 쓰진 않았지만(채닝은 소로가 과거에 대해 깊이 생각하는 것을 좋아하지 않았다고 말했다), 1837년경 회고록을 쓰기 위해 메모를 했다. "텃밭 가꾸기—닭—포도 서리—최초의 낚시 여행—스케이팅—야생딸기 따기—사냥—베어 가든 힐Bare Garden Hill 등등—반딧불이—인디언의 오두막—낡은 물방앗간—음악—친구와 단둘이 들판에서 보낸 스콴텀Squantum 축제—정원 담장 위에 앉아 먹던 버터 바른 빵—책과 독서—슬리피 할로Sleepy Hollow*—친구들의 성격—월든 방문—마차 타고 강연회 가기—자작나무 그네와 감자 굽기—."[53] 기회가 있었다면 이 모든 추억을 글로 썼을 것이다.

* 마을 광장 옆에 자연적으로 조성된 공원으로, 나중에 슬리피 할로 공동묘지가 들어선다.

소로에게 자연은 처음에는 가족이 함께하는 행사였다. 마을의 의사 조사이어 바틀릿 박사가 종종 마을 아이들을 이끌고 수영이나 낚시를 갔고, 여름날 오후에는 젊은 남녀가 짝을 지어 페어헤이븐 힐에 오르거나 월든 호숫가를 거닐었다.[54] 신시아와 존은 함께 긴 산책을 즐긴다고 마을 사람들에게 알려질 정도로 천생연분이었다(소문에 따르면 그들의 아이 중 한 명은 나쇼턱 힐에서 태어났다고 한다). 또한 신시아는 가끔 거창한 소풍 계획을 세우고 야외로 나가 모닥불에 음식을 요리하고 작은 주석 찻주전자에 물을 끓였으며, 해가 질 녘에야 온 가족을 이끌고 집에 돌아왔다고 한 이웃은 회상했다. 신시아는 "자연에서 큰 기쁨을 느꼈고 (…) 아이들의 눈과 귀를 훈련시켰다". 그녀는 아이들을 야외로 데리고 나가 새소리를 들려주고, "각양각색의 작은 날짐승이 터뜨리는 노랫소리에 맞춰 즐거움이나 애처로움을 나타내는 짧은 시를 지었다". 곧 사내아이들은 자기들끼리 나가 놀았다. 신시아는 이렇게 회고했다. "존과 헨리가 문을 쾅 닫고 달려올 때는 벤이나 조지프 호스머와 함께 왔으며, 남자아이들이 도시락을 갖고 월든이나 페어헤이븐 클리프, 에그 록이나 강 하류로 가서 밤늦도록 돌아오지 않을 거라는 걸 알고 있었다." 헨리와 소피아가 함께 산책하는 것을 호러스 호스머가 수십 년이 흐른 뒤 봤을 때 헨리는 노트를, 소피아는 스케치북을 들고 있어서, "그들은 아버지 어머니와 똑같이 자연과 예술을 사랑하는 사람, 어머니를 닮은 아들, 아버지를 닮은 딸"이라고 호스머는 생각했다.[55]

하지만 스케이트 경주와 소풍이 삶의 전부일 수는 없다. 어느 날 신시아는 존, 헨리, 어린 소피아를 데리고 포브 휠러 양이 운영하는 "유아 학교"를 찾아갔다. "맨발의 덩치 큰 사내아이들"이 신시아와 함께 들어서자 휠러 선생의 학생들은 깜짝 놀랐다. 그 시절 어머니들은 어린아이를, 동네에서 탁아소 같은 것을 운영해 생계를 유지하는 처녀나 과부에게 맡겼다. 이 "여선생님"들은 빵을 굽거나 물레를 돌리면서 아이들에게 ABC를 가르쳤다. 어린 헨리는 "낡을 대로 낡고 페인트도 칠하지 않은 그 집"의 휑한 방들에서 여러 날을 보냈다. 플라타너스가 그늘을 드리우고, 페인트를 칠하지 않은 의자와 걸상이 있고, 지친 아이들이 낮잠 자는 침대가 구석에 놓여 있고, 반쯤 먹은 사과들이 "햇볕 아래서 발끈 화내며" 그늘진 곳으로 되돌아가기를 기다리는 곳. 아이들은 휠러의 앞치마에 매달려 수업을 받았다. 헨리 소로는 자신이 휠러 선생에게 "누가 이 모든 땅의 주인이에요?"라는 질문을 던지며 선견지명을 드러냈다고 기억했다. 또한 나중에 어머니한테는 "보스턴이 콩코드 안에 있나요?"라고 물어보기도 했는데 이 역시 지리 과목의 메달감이었다. 만약 휠러 선생 집에 조금 더 오래 있었다면 "우등생에게 상으로 주는 책, 『헨리 로드 시장』*Henry Lord Mayor* 을 받았을 것이라고 그는 확신했다.[56]

작은 소년에게 콩코드는 분명 거대해 보였을 것이다. 밀 댐 옆에 산다는 것은 번창하는 공업단지 옆에 산다는 의미였다. 대장장이의 스프링 해머 소리가 쩌렁쩌렁 울려 퍼지고, 공장과 주조장鑄造場 사이사이에 나무 말뚝을 박아 그 위에 세운 상점들이 위태롭게 서 있었다. 이곳에서 헨리는 거대한 방앗돌이 호밀빵용 밀가루를 빻는 것을 구경하거나, 산더미처럼 쌓인 소가죽 너머로 역겨운 냄새를 풍기는 무두질 구덩이들을 살펴보거나, 주조장 화로에서 나오는 화끈한 열기를 느끼곤 했다. 주조장에서는 남자들이 녹인 놋쇠로 말썰매에 매달 종을 만들거나 길 건너 시계공이 쓸 부품들을 만들었다. 거리에는 분주한 상점들과 소란스러운 술집들이 있고, 상점들 앞에는 높이 쌓인 가죽 조각, 주인을 기다리는 말들, 일소가 짝을 지어* 서 있었다. 바로 그 거리에 소로의 옛집이 있었다. 헨리의 고모들, "소로 아가씨들"은 그 집을 하숙집으로 운영했고, 이웃한 새턱 상점에서 음식물을 조달해 수많은 파티를 열었다. 현관에 역마차가 있고 뒤편에 교도소가 있는 호화로운 미들섹스 호텔 옆 길모퉁이에는 몬테피오리 과자 가게가 거부할 수 없는 진열창을 펼쳐 놓고는 아이들을 유혹했다. 1년에 네 번 공판일이 오면 종소

* 두 마리씩 짝을 지어 수레를 끌거나 밭을 갈았다.

리에 맞춰 보안관들, 판사들, 변호사들이 미들섹스 호텔에서 출발해 공유지를 가로질러 법원까지 행진했다. 콩코드의 중심은 세계의 축소판이었고, 그런 곳을 자유롭게 배회한 어린 헨리는 교실에서 한 달 동안 배울 것보다 더 많은 것을 밀 댐 주변에서 하루 만에 흡수했을 것이다.[57]

때로는 세계가 콩코드로 왔다. 이를테면 혁명의 영웅인 라파예트 후작[••]이 고별 투어를 하던 중 마을을 통과했다. 이 행사는 의외로 흥미로웠다. 1824년 8월 31일, 콩코드의 명사들이 앞에 서고 그 뒤를 따라 늙은 라파예트가 콩코드 마을 광장에 들어서자 스물네 발의 예포와 종소리가 그의 도착을 알렸다. 제일교구교회 옆 천막 아래에 준비한 호화로운 환영회장으로 명사들이 안내에 따라 착석한 뒤 맛있는 음식을 먹으며 연달아 이어지는 연설을 들었다. 천막 주위의 공간은 공터로 남을 듯했지만, 위대한 영웅을 보고 싶어 모여든 마을 주민들이 차단벽을 넘어 밀고 들어왔다. 무장한 민병대가 사람들을 뒤로 밀자 군중은 성난 목소리로 외쳤다. 우리도 여기에 있을 권리가 있지 않은가? 비록 우리의 옷이나 행동거지가 세련되지 않고 거칠긴 해도 우리 아버지들이 혁명에서 싸우지 않았던가. 결국 그들이 무엇 때문에 싸웠던가. 천막 안 깊은 곳에 있던 라파예트 일행이 알아볼 수는 없었지만, 소외된 계층을 이용해 자신들의 이기적 목적을 달성하려는 "교활한 선동 정치가들" 때문에 오랫동안 곪아 온 노여움과 원한은 여전히 사라지지 않고 있었다.[58] 부유한 새뮤얼 호어와 권세를 쥔 존 키스—그의 아들들이 헨리의 소꿉동무였다—같은 신흥 엘리트에게 사람들이 그렇게 분개했다는 사실은 광장에 둘린 그 경계선이 인격 모독과 관련된다는 의미였다.

어린 헨리는 또한 1825년 4월 19일에 집 주변에서 열린 콩코드 전투Concord Battle[•••] 50년제를 목격했다. 논리적으로 보면 그 전투가 일어난

•• 프랑스의 사상가이자 장교이며, 미국 독립전쟁에 장군으로 참가했다.

••• 렉싱턴 콩코드 전투Battles of Lexington and Concord라고도 한다. 1775년 4월 19일에 일어난 이 전투가 '독립전쟁'의 포문을 열었다.

올드노스 다리Old North Bridge 옆이 역사의 현장이었다. 하지만 그 논리는 올드맨스에 거주하고 있는 에즈라 리플리의 반대에 부딪혔고, 지역의 상업적 이익을 고려할 때도 마을의 중심에 50년 기념탑을 세우는 안이 적절해 보였다. 그래서 다리 옆이 아니라 마을 광장에, 프리메이슨 지도자들이 예포 열세 발과 마을의 종들을 울린 뒤에 거대한 기념탑을 올릴 초석을 놓았다. 그런 다음 제일교구교회에서 명사들의 연설이 이어졌다(랠프 월도 에머슨도 이 자리에서 50년 전 민병대를 소집했던 할아버지 윌리엄을 기리며 축배사를 했다). 얼마 지나지 않아 밤늦은 시각에 마을의 체제 반대자들이 초석 위에 타르 통으로 20피트짜리 가짜 기념탑을 쌓아 올렸고, 다음 날 밤 무뢰한들이 거기에 불을 놓았다. 거대한 화톳불이 일자 아이들은 재미있어하고 부모들은 불안에 떨었다. 초석은 금이 가고 기념탑은 무너졌다. 그 불명예스러운 더미는 여러 해 동안 그 자리에 남아 사내아이들에게는 재미로 기어 올라가는 놀이기구가 되고, 부모들에게는 지역사회의 균열을 상기시키는 괴로운 흔적이 되었다.[59]

존 소로는 온화한 성격에 걸맞게 그런 갈등을 멀리했지만 신시아와 나머지 가족은 곧 두 편으로 나뉘어 팽팽히 대치했다.[60] 제일교구교회는 설립 당시부터 콩코드를 하나로 묶어 주었고 여전히 지방자치의 한 축을 담당하고 있었다. 콩코드의 모든 가구는 세금을 통해 리플리 목사에게 봉급을 주고 그의 교회당을 관리하게 했으며, 다른 교회를 허용하거나 고려하는 일은 없었다. 하지만 구시대의 청교도 정신은 세월이 흐르면서 자유주의의 물결에 씻겨 나갔다. 한때는 교회 신도라면 누구나 자신의 죄를 남김없이 고백해야 했지만 이젠 자신의 신앙만 공적으로 고백하면 되었다. 신시아는 1811년에 그렇게 했고, 헨리의 고모인 벳시, 제인, 마리아도 각기 다른 시점에 모두 그렇게 했다. 하지만 콩코드 바깥에서는 그런 자유주의의 물결에 반대하는 목소리가 거세지고 있었다. 보스턴에서 자유주의를 상징하는 윌리엄 엘러리 채닝 목사가 관용과 통합을 호소하는 순간에도, 복음주의 목사라이먼 비처(해리엇 비처 스토의 아버지)는 성인들을 소집해 죄인들을 몰아내고자 하는 운동을 주도했다. 리플리 목사는 결국 1826년 5월에 신도 통제권을 잃고 말았다. 불만을 품은 신도 아홉 명이 탈퇴해 더 보수적인 교회—삼위일체설에 기초해 그리스도의 완전한 신성을 주장하는 "삼위일체신론"Trinitarian교회—를 새로 설립한 것이다. 이에 대해 자유주의자들은 하나님은 단 하나의 무한한 존재일 수밖에 없다고 주장하는 "일위신론"Unitarianism의 기치 아래 결집했다.

벳시, 제인, 마리아 고모도 최초의 반대자 아홉 명에 속했다. 신시아는 깊이 고민했지만, 곧 삼위일체신론에 합류하고자 노력했다. 1827년 봄, 새 교회의 목사 대니얼 사우스메이드와 그의 아내 조안나가 콩코드에 왔을 때 신시아는 두 사람을 집으로 초대했다. 그 무렵 소로 가족은 다시 메인 거리 건너편으로 이사해 크고 우아한 섀턱 하우스에 살고 있었다. 신시아는 늘어난 지출을 충당하고자 하숙을 쳤다. 사우스메이드 부부는 최초의 손님 중 하나였는데, 봄이 다 가도록 난해한 신학적 토론이 저녁 식탁 위에서 펼쳐지고 그것도 모자라 거실까지 흘러들었다. 신시아는 흔들리기 시작했다. 그녀는 조안나 사우스메이드와 밀도 있는 대화를 나눌수록 신은 세 분이 아니라 한 분이며 그리스도는 신이 아니라 인간의 형상을 한 신의 현현이라는 믿음을 포기해서는 안 된다는 확신이 들었다. 삼위일체론자들은 그런 의심을 품는 것조차 용납하지 않았기에 신시아는 리플리 목사의 품으로 되돌아갔고, 목사는 그녀를 자랑스러워했다. 새로운 삼위일체신론교회는 저수지를 사이에 두고 제일교구교회와 나란히 섰고, 그 이후로 뉴잉글랜드 종교의 다양화를 상징하는 쌍둥이 첨탑이 되었다. 매사추세츠의 체제 반대자들은 국교제를 공식적으로 폐지하는 법안을 밀어붙였고, 1833년 11월 표결을 통해 매사추세츠 주민들은 이 법안을 통과시켰다. 그 뒤 매사추세츠주의 교회는 사적이고 자율적이 되었으며, 지역사회 통합이라는 오래된 역할을 내려놓았다.

소년 헨리는 진지하고 예리한 관찰력으로 이 모든 것을 흡수했다. 헨리는 신실한 가정에서 성장했다. 작은 소년에게 안식일은 실내에 갇힌 채 재미있는 책도 읽을 수 없고 창밖을 바라보며 노을이 지기를 고대하거나 하늘에 독수리 한두 마리가 나타나 자신의 생각을 "세속적인 일들로부터" 채가 주기만을 바라는 따분한 날이었다. 단식일은 슬리피 할로로 나가 야구 게임을 하면서 가족들이 얼마나 많이 예배를 올리는지 혹은 저녁 식사가 왜 "평범한 식사", "특별한 식사", "아무 음식도 없는 식사"로 나뉠 수 있는지를 고민하는 날이었다. 역사학자 로버트 그로스는 어린 소로가 가족 간의 종교적 갈등을 보면서 중요한 교훈 몇 가지를 얻었다고 생각했다. 첫 번째 교훈은 어떤 사람도 양심에서 우러나오는 주장을 권위자든 가족이든 다른 사람 앞에서 굽히지 말아야 한다는 것이고, 두 번째 교훈은 종교가 순수함을 추구하다가 "말 많은 성직자들과 적대하는 교회들의 전쟁터"로 전락했다는 것이다.[61]

헨리의 반응은 깊고 노골적이었다. 그는 종교를 완전히 거부했다. 진정한 교회란 건물 안에 있는 것이 아니고 어떤 제도에 매여 있는 것도 아니었다. 소로는 성경을 철저히 연구했고, 경계를 넘어 힌두교, 이슬람교, 불교 같은 주요 종교의 경전을 읽으며 영적 진리의 진정한 원천을 찾았다. 성난 독자들이 면전에 대고 『신약성경』을 흔들 때, 소로는 지금껏 뉴잉글랜드 사람들은 성경의 진리를 단 한 줄도 들어 보지 못했다고 쏘아붙였다. "이 땅의 어떤 성직자가 설교단에서 여기 담긴 문장을 단 하나라도 올바르게 읽었다면, 그 교회당은 즉시 돌 하나도 돌 위에 남지 않고 다 무너졌을 것이오."* 그러므로 종교는 새롭게 세워져야 하며, 그 기초에는 금이 간 초석이 아니라 "우리가 **진실**이라 부를 수 있고, 이것이야말로 틀림이 없다고 말할 수 있는 단단한 토대가 놓여야 한다".[62] 이 같은 탐구 정신에 이끌려서 소로는 예

* 누가복음 21장 6절: 너희 보는 이것들이 날이 이르면 돌 하나도 돌 위에 남지 않고 다 무너뜨려지리라.

배당이나 법원이 아니라 꿈속에서 너울거리던 호숫가 솔숲의 오두막으로 향했다.

2장

고등교육, 콩코드에서 하버드로

1826-1837

우리가 알기 시작할 때는 배운 것을 모두 잊을 때다.

—

헨리 데이비드 소로, 1859년 10월 4일

콩코드의 교육

콩코드는 학교가 훌륭하다고 자랑하길 좋아했다. 1647년부터 계속 콩코드 시민은 세금으로 모든 아이에게 무료 공교육을 받을 수 있게 했다. 포브 휠러의 수업이 따분해지자 헨리는 아침 9시 정각에 마을 광장의 문법학교에 가서 선생님께 고개를 숙여 인사하고 80개의 나무 책상 중 하나에 앉았다. 출석은 자발적이었고, 드문드문했다. 만일 모든 학생이 동시에 등교했다면 헨리는 자리를 차지하려고 싸워야 했을 것이다. 나이와 학력 구분 없이 남학생과 여학생이 한 교실에 가득 모여 매년 되풀이되는 교과과정—철자 쓰기와 문법, 부기를 할 수 있을 정도의 산수, 기초적 측량이 가능할 정도의 삼각법, 그리고 대학에 가기를 바라는 극소수 학생들을 위한 약간의 라틴어·그리스어 수업—중에서 각자 배울 수 있는 것을 습득했다.

마을의 교사들은 가르치는 일을 대학과 취업 사이에 잠깐 머무는 간이역쯤으로 여겼다. 교사들은 학생들보다 나이가 썩 많지 않았으며, 그저 배운 대로 낭송법을 활용해 가르쳤다. 학생들은 한 명씩 시구나 문단을 큰 소리로 읽은 뒤 책을 다음 사람에게 전달했고, 책상 줄을 따라 천천히 올라갔다 내려가는 수업에 귀를 기울였다. 토요일에는 아이들이 일어나 "작품을 발표"했는데 짧은 운문이나 웅변을 암송했다. 교실에는 화목火木 난로 한 대로 난방을 했는데, 추위를 막으려고 창문을 꼭꼭 닫아 놓아 연기와 악취가 실내에 가득 찼다. 아이들이 활기를 되찾을 수 있도록 하루에 두 번씩은 짤막하게 휴식 시간을 갖고 환기도 시켜야 했다. 무엇보다 끔찍한 것은 수업의 진짜 목표—교육이 아니라 훈련—였다. 교사들은 농장에서 자란 남자아이들은 권위의 한계를 시험받기 전까지는 복종을 배우지 못한다고 생각했다. 그래서 교사들은 모든 학생이 볼 수 있도록 선생님 책상 위에 긴 "나무 주걱", 즉 길이가 60센티미터쯤 되는 가늘고 납작한 막대기를 올려놓고 언제든 말 안 듣는 아이의 손바닥을 내리쳐서 이른바 "아주 큰 고통"을 안겨 줄 준비가 되어 있었다. 책상 안에는 "큰 잘못을 한 학생에게 쓸 쇠가죽 채찍"이 숨겨져 있어 난폭한 소년이 무례함을 보이거나 파괴적 행동을 하면 묶어 놓고 채찍질을 가할 수도 있었다.[1]

이런 교육으로는 새로운 공화국의 지도자를 길러 낼 수 없었고, 콩코드시의 원로들도 그 사실을 알고 있었다. 소로의 교사 에드워드 자비스는 권위주의에 따른 두려움이 상호 존중과 공손함으로 바뀌기를 바라면서 학교위원회에 합류하여 개혁 운동을 이끌었다. 몇 년 동안은 효과가 있었다. 한편 일부 시민은 다른 방안을 찾았다. 사립학교를 세워 개인에게 학비를 내게 하면 그 비용(학기당 5달러) 때문에 "저급한 문제아"가 걸러지고 콩코드에서 가장 뛰어난 아이들이 수준 높은 중등교육을 받게 되리라 생각한 것이다.[2] 결국 1822년, 대학에 진학할 남학생과 교사의 길을 원하는 남녀 학생을 전문적으로 가르치는 콩코드중등학교Concord Academy가 탄생했다. 교과과정은 완벽했다. 라틴어와 그리스어, 부수적으로 프랑스어와 이탈리아어, 영어 수사학과 작문법, 수학, 어느 정도의 화학과 자연철학*, 약간의 역사와 지리. 많은 교사가 오고 갔는데 1827년 9월에 학교 이사회는 1825년도에 하버드를 졸업한 피니어스 앨런을 고용했다. 앨런은 가르치는 일을 천직으로 여겼고, 83세에 폐렴으로 사망할 때까지 이 학교에 머물렀다. 그의 부고 기사를 쓴 사람은 그를 매사추세츠주 역사상 가장 연로한 교사로 추앙하고 경의를 표했다. 콩코드중등학교에 재직하는 동안 피니어스 앨런은 한 세대

* 자연철학은 근대과학의 전신이다.

에 속하는 콩코드 젊은이들의 지적 시야를 넓혀 주었는데 그중 한 사람이 헨리 소로였다.[3]

앨런은 판사와 상원의원 그리고 적어도 한 명의 유명 작가를 포함해 수많은 위인을 길러 냈지만, 학생들은 그를 위대한 스승으로 생각하지 않았다. 그중 한 명은 콧방귀를 뀌며 이렇게 말했다. “정말 형편없는 교사였고 최악의 학교였다.” 한 남학생이 나무 주걱을 잡아 앨런의 머리 위에서 두 동강을 내고 그의 금테 안경을 박살 낸 뒤로 훈육은 물 건너가고 학교는 “완전히 쓸모없는 기관이 되었다”. 소로도 이런 농담을 했다. “나는 콩코드중등학교든 다른 어느 학교에서든 주로 나 혼자 있을 때는 대학 교육에 적합했지만, 피니어스 앨런 교장의 후원을 받아 오히려 부적합해졌다.”[4] 하지만 앨런은 열심히 일했으며 모범적인 교사가 되기를 열망했다. 그는 지역신문에 기고한 어느 편지에서 후배들에게 온화하고 친절한 사람이 되기를 권유하면서, 성품과 의복을 단정히 하고 “아주 작은 문제에서도 양심적으로” 행동하고 악을 벌하기보다는 선을 장려하라고 타일렀다. 이렇게 그의 이상은 훌륭했지만, 앨런의 부고 기사는 두 가지 특징을 가지고 그를 칭찬했다. 온갖 정보를 담고 있는 “진정한 백과사전”이자 58년 동안 교직에 몸담으면서도 병으로 단 5일만 결근한 사람.[5]

본인이 암시했듯 소로의 진짜 교육은 다른 곳, 즉 중등학교에 다니는 동안 함께 성장하면서 결속과 우의를 다진 한 세대의 젊은 남녀들 사이에서 이루어졌다. 한 급우는 “그 모든 것이 참으로 즐거웠다!”라고 회고했다. “우리가 학창 시절에 어떻게 공부했는지, 오후나 쉬는 시간에 어떻게 낭떠러지와 사랑의 오솔길을 거닐거나 얕은 호수에서 스케이트를 탔는지를 떠올리면 (…) 우리는 우리가 특별한 그룹이라는 생각이 들었다.” 소로 역시 즐거웠던 일들을 넘치게 적었다. “수업 중에 일어난 재미있는 일들—헤엄치기—뱃놀이—베르길리우스[••]와 살루스티우스[•••]—텃밭 가꾸기—스콴텀 나들이—열매 줍기—책과 독서—해안 따라 걷기와 스케이트 타기—

음악—그리고 사교 모임—."[6] 소로와 친구들은 감수성이 같았다. 미국의 온갖 이념이 상업에 압도되는 현실을 걱정하고, 진정성을 갈망했으며, 인습과 유행의 명령을 경멸하고, 자신들만의 독립적인 길을 찾기로 결심했다. 바로 이들이 에머슨의 가르침에 그토록 열심히 귀를 기울인 활동적이고 희망에 부푼 신세대였다. 그들의 꿈과 이상이 형태를 갖춘 시기는 신문, 잡지, 책이 홍수처럼 쏟아져 개혁의 희망을 밝혀 준 그 순간이었다. 라이시움Lyceum****과 토론클럽, 도서관, 음악 그룹, 반노예제협회 등이 부상하는 세계 시장에서 경쟁적으로 새로운 사상의 세계를 활짝 열어젖힌 시대였다.[7]

콩코드중등학교는 콩코드가 이 새로운 시대로 들어서는 과정의 한 부분이었다. 오래된 합의가 쪼개지고 새로운 교회가 체제 반대자들을 환영하던 바로 그때, 피니어스 앨런은 콩코드에서 가장 유망한 젊은이들에게 새로운 세속적 지식의 구심점 역할을 했다. 바로 그 순간 중등학교를 설립한 바로 그 원로들이 콩코드 자체를 개조하는 일에 착수했다. 1825년 콩코드에서 가장 부유한 사람들이 밀 댐의 아슬아슬한 상점들과 시끄럽고 악취 나는 공장들을 없애겠다는 목표로 비공식 상공회의소를 결성했다. 그들은 방앗간을 부수고 댐을 개방한 뒤, 질퍽질퍽하고 모기가 들끓는 습지의 상류를 "되찾았다"redeemed(당시에는 이렇게 표현했다). 소로는 그곳을 좋아했지만 다른 사람들은 모두 유해하다고 생각하고 있었다. 유독한 공장과 가죽 염색장이 사라지고, 그 자리에 멋지고 높다랗고 새하얀 연방주聯邦州 스타일의 건물들이 들어섰다. 그곳에는 장인과 기공만 있는 것이 아니라 새롭게 번창하는 상업의 중심지에 자본을 대주는 은행과 보험중개업자가 그들과 한 공간에 있었다. 원로들은 비좁고 오래된 밀 댐 거리(악명 높은 병목 구간)를 넓혀

** 고대 로마의 시인(기원전 70~기원전 19)으로, 로마의 건국 이야기를 담은 서사시 「아이네이스」를 썼다.

*** 로마의 역사가, 정치가(기원전 86~기원전 35).

**** 강연, 공개 토론, 음악회 등을 여는 지역 문화회관

쾌적한 대로로 만들었고, 대로와 연결된 모든 거리에 관상수 협회가 느릅나무, 플라타너스, 단풍나무, 양물푸레나무를 심었다. 가늘고 여린 그 묘목들이 25년 동안 자라 우아한 아치형 회랑을 만들어 준 덕에 소로는 『가을의 빛깔』*Autumn Tints*에서 그 아름다움을 맘껏 찬미할 수 있었다.

그 결과 고전적이고 그림 같은 뉴잉글랜드 촌락이 탄생했다. 높고 무성한 가로수 아래 편리한 도심이 위치하고, 첨탑과 하얀 기둥을 가진 건물들이 그 대로를 따라 줄지어 섰으며, 아름다운 동네와 외진 농장이 그 외곽에 흩어져 있었다. 장 소로가 콩코드 중심부에 정착했을 때 그곳은 지저분하고 마구잡이로 형성된 식민지 시대의 상업, 산업, 정치의 중심이었다. 몇 년 후 그의 아들 존은 콩코드가 계획된 멋진 촌락으로 탈바꿈하는 것을 지켜봤지만, 시골 지역까지 개발이 된 건 아니었다. 1843년에 개발업자들이 마을을 관통하는 새 철로를 이용해 지역 개발을 끝냈을 때 콩코드는 진화의 정점에 도달해 시끄럽고 북적이는 보스턴과는 딴판인 조용하고 푸르른 주택도시로 바뀌어 있었다. 어떤 사람도 소 떼가 공유지에서 풀을 뜯던 시절을 떠올리지 못했다. 콩코드는 다시 한번 유행을 선도했고, 도시 설계자들이 구현한 상상—질서와 안정, 조용한 휴양지에서 이루어지는 상업의 모든 이점—에 이끌려 에머슨, 호손, 올컷 남매, 채닝, 샌번 같은 다른 유명 작가들이 콩코드로 모여들었다.

콩코드의 도시 설계자들은 교육이 단지 부자들만이 아니라 모든 시민에게 필수 불가결하다고 믿었다. 피니어스 앨런은 1828년 10월에 중요한 생각을 실행에 옮겨 콩코드중등학교토론클럽Concord Academic Debating Society을 만들었다. 중등학교 남학생에게 토론술, 즉 시민 민주주의의 기초인 정치 논쟁의 공격과 방어 기술을 익히게 하는 것이 그 목적이었다. 토론자들은 이를테면 화약이 인류에게 이익이 되는가 또는 미국은 영원히 자유국가로 존재할 수 있을까 같은 주제를 놓고 자웅을 겨뤘다. 토론클럽이 생긴 지 한 달이 지났을 때 헨리의 형인 존 소로 2세는 "좋은 소설이 좋은 역사보다 더 나을까?"라는 문제로 토론을 벌였다. 1년이 지났을 때 존의 남동생이 "좋은 작가가 되려면 좋은 즉흥 연설가보다 더 많은 재능이 필요한가?"라는 문제를 놓고 에버니저 록우드 호어와 맞붙어 찬성론을 폈다. 앨런은 소로에게 낮은 점수를 줬고, 그렇게 해서 열두 살에 미래의 매사추세츠 대법관과 맞붙은 최초의 논쟁은 패배로 기록되었다. 한 달 후 헨리는 형편없이 준비해서 왔지만, 상대편이 전혀 준비하지 않아 이기게 되었다. 그러나 그때도 그의 점수는 별반 나아지지 않았다. 협회 간사이자 교도소장의 아들인 조지 무어는 넌더리를 내며 말했다. "오늘 저녁에 우리가 한 그런 토론은 토론이라 부르기도 힘들다. 나는 두 번 다시 그런 토론을 이 건물에서 보거나 이 책에 기록하고 싶지 않다." 그런 뒤 헨리는 조지와 팀을 이루어(조지가 헨리에게 틀림없이 몇 가지 조언을 해 주었을 것이다) 복권의 유용성에 대해 반대 의견을 편 끝에 논쟁에서 승리했다. 하지만 젊은이들은 앨런의 통치에서 벗어나고 싶었던 게 분명하다. 1830년 1월, 그들은 독자적으로 새로운 토론회인 '상호 향상을 위한 남학생 토론클럽'Young Men's Society for Mutual Improvement을 열었다.[8]

하지만 새로 생긴 콩코드 라이시움이 훨씬 더 흥미로웠고, 곧 소로의 삶을 지배하는 새로운 구심점이 되었다. 이 문화 운동을 처음 조직한 사람은 조사이어 홀브룩이었다. 매사추세츠 주의 어느 학교 교장 선생님인 홀브룩은 화학과 지질학에 관한 한 강좌에 충격을 받고 나서 미국의 모든 노동자, 아니 모든 국민(!)이 과학적 지식, 아니 모든 것—일상의 삶과 연결되어 있어 **유용할** 수 있는 모든 예술, 문학, 역사—에 대한 지식(!)을 통해 깨달음에 이르는 모습을 상상했다. 홀브룩은 1826년 10월에 성명서를 발표한 뒤 십자군 같은 열정으로 이 운동을 지휘했다. 문화 강연을 통해 시민들은 저마다 알고 있는 것에 대해 서로 이야기하면서 지역의 지식과 공동체의 자원을 함께 나누고 인근 지역과의 네트워크를 확대해 서로 돕고 연사들도 교환했는데, 이 모든 사업의 목표는 "우리 국민의 도덕적·지적 취미를 향상하는 것"이었다.[9] 홀브룩은 1816년 11월에 우스터 부근의 공업 도시인 밀베리에서 처음으로 라이시움을 설립한 뒤 많은 도시를 여행하면서 가는 곳마다 새로운 라이시움을 설립했으며, 결국 그의 문화 운동은 전국적으로 퍼졌다.

이 "라이시움의 조니 애플시드"*가 1826년 10월 콩코드에 도착한 지 일주일 만에 콩코드토론클럽Concord Debating Club—앨런의 학생 토론클럽의 성인 버전—은 콩코드에 라이시움을 설립하는 문제를 논의하고 긍정적 결정을 내렸다. 12월 3일 수많은 콩코드 시민이 투표를 해서 콩코드 라이시움 설립을 만장일치로 결정했다. 한 달 후 신문에는 콩코드의 자부심을 공표하는 기사가 실렸다. "콩코드의 선조들은 제일선에 서서 시민적 자유와 정치적 자유를 대담하게 주장했으며", 콩코드 시민을 "악덕과 무지"에서 해방하는 일에 앞장섰다. 1년 회비 2달러는 먼 도시에서 와야 하는 강사들에게 절반이 지급되겠지만, 그 회비를 내는 콩코드 시민은 누구나 매주 강의와 토론을 번갈아 하는 강좌에 "여성 두 명을 데려올 수 있고, 기혼자라면 아이들까지 데려올 수" 있었다. 이 돈은 다른 도시에서 오는 연사들의 경비 외에도, 광물질을 보관하는 캐비닛, 과학 장비, 도서관—도서관은 (라이시움 관장 피니어스 앨런을 통해) 콩코드중등학교와 공립학교의 모든 학생이 이용할 수 있었다—에 쓰이며, 교사들의 수고비로도 지급된다.[10] 앨런의 학생은 누구나 라이시움 행사에 참가할 자격이 있었기 때문에 소로의 평생회원 자격은 열한 살에 시작되었다고 볼 수 있다.

그때부터 콩코드 주민들은 일주일에 한 번씩 중등학교에 모여 다음과 같이 정치적으로 민감한 문제에 관한 토론에 귀를 기울였다. 매사추세츠는 보스턴-올버니 간 철도를 건설해야 하는가(그렇다), 학교에서 체벌을 폐지해야 하는가(아니다), 조상 대대로 이 땅에서 살아온 인디언을 미시시피강

* 각지에 사과 씨를 뿌리고 다녔다는 미국 개척 시대의 전설적 인물.

바깥으로 몰아내는 것이 옳은 일인가(미결). 주민들은 지리와 역사, 정치, 신학, 과학에 관한 유용한 지식을 얻고자 꾸준히 좌석을 가득 채우며 라이시움 강연을 들었다. 1829년에 진행된 화학에 관한 한 강연에는 청중이 100명이나 모여들었다. 수십 년 동안 콩코드 라이시움은 전국에서 가장 크고 가장 활발한 회관 중 하나였다. 소로는 정기적으로 참석하고 순서에 따라 관장직을 몇 번 역임함으로써, 예를 들어 노예제 폐지와 같이 자신이 중요하게 생각하는 주제로 주민들의 관심을 돌려놓을 수 있었다. 또한 20년 동안 거의 스무 차례나 직접 강연해 청중 앞에서 자신의 사상을 시험했다. 소로가 어릴 때부터 그의 성장을 지켜본 청중은 그 높은 명성에 겁먹지 않고 자신들의 즐거움과 의심 그리고 종종 감사를 허심탄회하게 표현했다. 「시민 불복종」은 콩코드 라이시움에서 태어났고, 『월든』, 『메인 숲』*The Maine Woods*, 『케이프 코드』, 그리고 말년의 자연사 에세이들도 같은 곳에서 태어났다. 소로에게 라이시움은 말할 수 없이 중요했다. 라이시움이 있어 그는 마을과 결속하고 마을은 그와 결속했다. 소로가 더 폭넓은 독자들을 위해 글을 쓸 때마다 그가 마음의 눈으로 본 얼굴들은 그의 친구와 이웃의 얼굴이었다.

이 모든 것에 집안의 영향이 빠질 순 없었다. 존의 연필 공장 덕분에 소로 집안은 콩코드에서 상업적으로 성공했으며, 소로가의 어린이 세 명을 가르친 피니어스 앨런도 한동안 그 집에 머무를 정도로 하숙도 인기가 있었다. 하지만 가족의 영향은 그 이상이었다. 소로 가족은 중등학교 학생들과 가족들을 위해 종종 활기찬 파티를 열었고, 다른 곳에서 그런 파티가 열리면 항상 참석했다. 그들은 라이시움에 빠짐없이 참석했을뿐더러 강연자들에게 마을을 안내하고 그들을 집에 묵어가게 했다. 가족의 수도 늘어나고 있었다. 1830년 외할머니 메리 존스가 세상을 떠나자 활기차고 흥미로운 삼촌 찰스와 통통하고 다정한 이모 루이자가 들어와 평생 거주했다. 신시아는 언제나 하숙할 사람을 엄선했고, 전 미국에서 가장 새로운 생각으로 자기 자식들을 가르칠 만한 자질이 없거나 지역사회의 지적 발전에 도움이 될 만한 능력이 없는 사람은 하숙인으로 받아들이지 않았다.[11] 헨리 소로가 세계를 보기 위해 콩코드를 떠날 필요는 거의 없었다. 고향인 콩코드에 머물러 있기만 하면 세계가 그에게 다가왔다.

하버드의 초상

하지만 헨리 소로가 콩코드에서 얻을 수 없는 것이 하나 있었다. 바로 학위였다. 당장에는 학위를 따야 하는지가 명확하지 않았다. 가족은 헨리를 캐비닛 장인의 도제로 보낼까 생각하기도 했다. 몸을 써서 일하기를 좋아하는 아이였기 때문이다.[12] 하지만 피니어스 앨런의 학구적인 교과과정을 총명하게 이수해 나가는 것을 보고 새로운 가능성을 인정했다. 평소 두 아들을 자랑스러워하고 그들의 성공을 열망한 신시아는 적어도 한 명은 하버드에 보내야겠다고 결심했다. 하버드는 부친 아사 던바가 인생의 닻을 내린 곳이었다. 나중에 피니어스 앨런은 활기차고 카리스마 있는 장남 존이 아니라 조용하고 학문을 좋아하는 헨리를 하버드에 보내는 게 좋겠다고 제안하게 된다.

조지 프리스비 호어는 하버드에 들어가기가 어렵지 않다고 생각했다. 뭐, 그럭저럭 머리 좋은 열네 살 소년이라면야 2년 안에 시험 과목을 마스터할 수 있지 않을까? 하지만 교도소장의 아들 조지 무어는 마음을 단단히 먹고 매일 새벽 4시에 일어나 예습을 했으며, 1830년에는 여름 내내 자기 자신을 혹독하게 다그치며 라틴어를 복습하고, 제이콥스Jacobs의 『그리스어 독본』*Greek Reader*과 『신약성경』의 복음서*를 독파한 뒤 8월에 하버드 입학시험을 치렀다. 시험 과목은 라틴어와 그리스어, 대수학과 산수, 지리, 그리스어 『신약성경』이었다. 마침내 그는 단 한 과목, 살루스티우스에서만 재시험

* 마태복음, 마가복음, 누가복음, 요한복음을 가리킨다.

을 보는 조건으로 합격했다.[13] 반면 소로는 시험을 앞둔 여름에 자신의 첫 번째 보트 '로버'Rover호를 만들고, 강을 답사하느라 많은 시간을 보냈다. 1833년 8월 24일에 소로는 마차를 타고 케임브리지로 간 뒤 여러 강사로부터 전 과목 테스트를 치르는 고단한 하루를 보냈다. 여러 해가 지난 뒤 소로는 놀란 가슴을 쓸어내렸다. 퀸시 총장에게 이런 말을 들은 것이다. "한 과목만 더 미달이었다면 완전히 탈락했을 것이다. 자넨 간신히 합격했다네." 그리스어, 라틴어, 수학을 재시험하는 조건인데, 이는 하버드의 주요한 세 과목이었다! 하지만 그는 입학했고, 졸업도 해냈다. 비록 자신이 인정하듯이 "공부에 전념했어야 할 시간에 숲속을 헤매고 다니고, 고향의 호수와 강을 탐사"했건만.[14]

왜 하버드였을까? 콩코드에서 태어난 아이에게 그건 불가피한 선택이었다. 하버드는 마을에서 가장 뛰어난 소년들이 가장 열망하는 곳이었다. 1636년 콩코드보다 불과 1년 늦게 건립된 하버드는 이제 신학, 의학, 법, 교양 과목을 가르치는 교육의 중심지로 성장해 있었다. 콩코드와의 인연도 깊었다. 영국군에게 점령된 보스턴을 미국 군대가 포위 공격을 했을 때 하버드 교원과 학생이 피신한 곳이 바로 콩코드였다. 그때 학생이었던 에즈라 리플리 목사는 콩코드로 돌아와 뉴잉글랜드 선조가 세운 조합교회Congregational Church의 합리주의적·자유주의적 교파의 원리를 자랑스럽게 옹호했다. 이 때문에 하버드는 온갖 비판을 도맡아 받기도 했다. 1805년 대학이 자유주의의 상징인 헨리 웨어를 신학 교수로 임용하자(나중에 그는 소로도 가르친다) 정통 칼뱅파는 하버드를 공개적으로 공격하고, 경쟁 대학—앤도버, 다트머스, 프린스턴, 예일—으로 피신했다. 이 분열 덕분에 유니테리언파Unitarianism의 요새이자 콩코드 제일교구교회의 모선母船으로서 하버드의 지위는 더욱 공고해졌다.

하버드가 주 정부의 후원을 받는다고 해서 모두에게 개방되었던 것은 아니다. 여성은 아무리 재능이 있어도 단호히 배제되었다. 프리스비 호어는 입시 준비를 도와준 새러 올던 리플리에 대해 "학자로서 당대는 말할 것도 없고 전 시대에 걸쳐 가장 훌륭한 부류에 속한다"라고 말했다. 심지어 하버드 총장인 에드워드 에버렛은 리플리가 "하버드에서 어떤 교수직을 맡아도 잘 해낼 것"이라고 말했다. 물론 리플리는 그러지 못했고, 심지어 수업에도 참석할 수 없었다. 대신 그녀는 하버드 학생들, 예를 들어 입학 자격을 갖추려 하거나 수학, 그리스어와 라틴어, 독일어와 이탈리아어, 자연과학(이 분야에 특히 뛰어났다) 실력이 부족해 "정학"을 당한 학생들을 가르쳤다. 호어는 학생들이 케임브리지에 있을 때보다 그녀에게서 오히려 더 좋은 교육을 받는다고 생각했다.[15] 경이적 능력을 소유한 마거릿 풀러도 마찬가지였다. 풀러도 하버드 학생들을 가르쳤고, 리플리처럼 소로가 가장 존경하는 동료 중 한 명이 되었지만, 그것은 소로가 하버드 야드Harvard Yard를 떠나 지적인 여성을 인정해 주는 세계로 들어간 뒤에야 일어날 수 있는 일이었다.

또 다른 장벽은 비용이었다. 수업료, 기숙사비, 잡비를 합친 금액으로 1년에 약 200달러나 필요했지만, 노동자의 평균 일당이 1달러도 안 되는 시절이었기 때문에 숱한 서민에게 하버드 교육은 그림의 떡이었다. 가족 사업이 탄탄한 데다 하숙까지 치는 소로 가족조차 경제적으로 부담스러웠다. 헨리가 하버드에서 마지막 2년을 보낼 때 그의 가족은 쾌적하지만 비싼 섀턱 하우스를 포기하고 소로 아가씨들과 함께 마을 광장에 인접한 좁은 집으로 이사해 1835년 봄부터 1837년 봄까지 그곳에서 살아야 했다. 헨리 소로는 요컨대 장학생이었다. 4년간 소로는 해마다 제임스 펜 유산James Penn legacy 장학금을 받았다. 소액이지만 꼭 필요한 자금을 지원받았다. 불우하지만 열심히 공부하고, 좋은 성적을 유지하고, 문제를 일으키지 않는 학생에게 주어지는 장학금이었다. 또한 4년 중 3년 동안 열심히 공부한 끝에 졸업식장에서 우등상의 의미로 수여되는 상금을 당당히 거머쥐었다.[16] 대학이 교칙을 개정해 학생들이 13주 동안 학교를 떠나 교직으로 가욋돈을 벌 수 있게 되자 즉시 소로는 학습 과정이 뒤처지는 데도 불구하고 신청서를 제출해 승인을 받았다. 소로는 간신히 입학한 데다 간신히 **버티고** 있다는 사실을 한시도 잊을 수 없었다. 경솔하게 굴거나 게으름을 피울 여유도, 위험한 장난을 완충해 줄 스펀지도 그에겐 없었다.

입학시험을 치르고 일주일이 지난 1833년 8월 30일 헨리 소로는 아침 일찍 일어나 케임브리지행 역마차에 몸을 실었다. 마차는 덜컹거리며 렉싱턴의 언덕들을 넘고 포터 광장에 있는 우시장을 지나 "적막한 시골길을 달렸다. 그 길 끝에 대학 건물이 나타났다. 건물들은 오래돼 우중충했지만, 교정은 학생들과 신학기의 활기로 들떠 있었다." 뒤편 출입구에 도착한 소로는 붉은 벽돌로 지은 홀리스 홀Hollis Hall로 단출한 짐을 옮기고, 찰스 스턴스 휠러와 한방을 썼다. 두 볼이 발그레하고 링컨 출신의 농부 아들인 찰스는 소로와 좋은 짝이 되었다. 휠러는 조용하고 학구적이면서도 명랑했지만 그 이면에는 지적 야망이 불타고 있었다.[17] 카펫도 없이 휑한 방은 집과 같은 안락함이 전혀 느껴지지 않았다. 가구라고는 소나무 침대 틀, 세면대, 세숫대야, 들통, 식탁과 투박한 의자 두 개, 램프와 책상 하나가 전부였다. 학생들의 방은 개방식 화목 난로와 낡은 대포알로 난방을 했다. 날이 추우면 대포알을 빨갛게 달궈 스튜 냄비나 받침대 위에 올려놓았다가 밤에 더워지면 계단 아래로 굴렸는데, "학생감이 수면 중에 잠을 한 번만 깨도록" 정해진 시간에 굴리라고 학생들에게 권고했다. 학생들은 직접 불을 피우고, 물을 긷고, 구두닦이를 고용할 돈이 없으면 구두에 직접 광을 냈다.[18] 소로가 월든에서 겪을 가장 기본적인 생활도 이보다 궁벽하지는 않았다.

일과는 엄격했다. 학생들은 하절기에는 아침 6시, 동절기에는 6시 30분에 싸늘한 대학 예배당college chapel에서 예배를 보았고, 교수들이 출석과 학교 규율 위반을 감시했다. 검은색 코트를 입지 않고 출석한 학생은 점수를 깎였지만, 신기하게도 소로의 초록색 코트는 처벌을 면했다. 아마도 이 장학생이 다른 코트를 마련할 돈이 없다는 것을 퀸시 총장은 이해해 준 듯했다.[19] 예배가 끝나면 첫 수업인 암송이 시작되었고, 그다음에는 학교 식당에서 아침 식사를 했다. 학생들은 뜨거운 롤빵, 버터, 커피로 허기를 달랬고 가끔 전날 식탁 밑에 포크로 꽂아 둔 고기 한 조각으로 부족한 양을 보충했다. 그런 뒤 오전 수업이 진행되었고, 12시 30분이 되면 조잡하지만 풍족하게 점심을 먹었다. 그런 뒤 오후 수업에 들어갔는데, 토요일은 오후 수업이 없었다. 6시에 저녁 예배를 마치고 나면 학생들은 세 번째로 식당에 모여 차갑게 식은 롤빵과 차를 들었다. 식사 뒤에는 기숙사에 웃음과 노랫소리가 울려 퍼졌고, 8시에 종이 울려 소등을 알릴 때까지 즐거운 소란은 계속되었다. 일요일에도 수업이 있었고, 아침 예배와 저녁 예배에 참석해야 했다. 토요일 오후에만 교정 밖으로 나갈 수 있었는데, 그나마도 통금 시간을 넘기면 벌점을 받을 수 있었다. 이렇게 5주를 보내자 소로와 휠러는 통금 위반을 무릅쓸 정도로 향수병에 시달렸다. 두 학생은 걸어서 집으로 향했다. 먼 길일뿐더러 구두 때문에 물집이 잡힌 소로는 콩코드까지 마지막 2마일을 맨발로 움찔거리며 걸었다.[20] 소로는 가족에게 인사만 하고 즉시 케임브리지로 돌아와야 했다.

교과과정도 엄격했다. 하버드는 역사가 짧았다. 게다가 너무 귀족적이고 비싸고 편협하고 "시대에 뒤떨어져" 중하층 출신의 재능 있는 학생을 끌어들이지 못하는 데다 개혁에 너무 인색하다고 비판자들은 흉을 잡았다.[21] 규모도 매우 작아 고작 열두 명의 교수가 학생 200명을 가르쳤다. 학생 수는 다소 변동이 있었지만, 소로의 1837년 졸업반은 50명을 넘지 않았다. 하지만 다행히도 이 작은 집단 안에 빛나는 정신의 소유자들이 있었다. 리처드 헨리 데이나는 "선원으로서 2년"을 보낸 뒤 1837년 졸업반에 합류했고, 허레이쇼 헤일은 조기 졸업을 하고 윌크스 탐험대Wilkes Exploring Expedition에 들어갔다. 나중에 캐럴라인 힐리와 결혼한 찰스 달은 2세대 초월주의에 기여했다. 그 밖에도 존스 베리(1836년 졸업), 제임스 러셀 로웰(1838년 졸업) 같은 시인이 캠퍼스에 있었지만, 학년은 엄격히 구분되어 있었다. 소수의 학생이 학기마다 한 강의실에 모여 교수 열두 명이 가르치는 표준 강좌를 똑같이 들었기 때문에, 다른 관점에 대해서는 들을 기회가 거의 없었다. 하버드의 교수들은 학생들과 교류하지 않았다. 학생은 교수를 "천적"으로 여겼다. 학생이 교수에게 도움이나 조언을 받을라치면 밤에 그리고 몰래 받아야 했다. 강의실에 일찍 들어가거나 늦게까지 남아 질문하는 것은 중대한 범죄였고, 그러다 들키면 도편추방의 표적이 되었다. 하버드는 콩코드중등학교의 확대판이었다. 젊은이들이 만나 서로에게서 배우고 한 집단으로 굳게 결속해, 평생 가지는 않을지라도 평생 기억에 남을 경쟁과 우정을 주고받으며 작은 세계를 이루었다.[22]

여기에는 몇 가지 이점이 있었다. 에버렛 총장이 언급했듯이, "영리한 학생이든 그렇지 않은 학생이든 누구나 네 시간만 공부하면 그날의 과제를 끝낸 뒤 여러 시간 동안 "방해받지 않고" 자신의 취미를 즐길 수 있었다. 소로에게 이것은 시골 지역으로 걸어가 새를 관찰하거나 새의 둥지와 알을 찾아다닐 수 있다는 뜻이었다.[23] 월든에 살 때 소로는 젊은 박물학자에게 보낸 편지에서 당시의 추억을 아련하게 회고했다. 속이 빈 사과나무에 사는 족제비에게 매일 경의를 표했던 일, 그리고 친구들과 해마다 참을성 많은 딱따구리의 둥지를 약탈했는데 그 딱따구리는 "암탉처럼 꾸준히 알을 낳아 손실을 보충했지만, 같은 방 친구가 자귀로 둥지를 완전히 없애 버렸던" 일 등. 또한 그것은 소로가 미국에서 가장 좋고 엄청나게 큰 도서관에 매일 갈 수 있다는 뜻이었다. 임종 때 소로는 에드워드 에머슨에게, 하버드의 도서관은 아마도 "하버드가 선사할 수 있는 최고의 선물"일 거라고 일러 주었다. 그 산더미 같은 책 속에서 소로는 평생의 습관을 싹 틔웠다. 중요한 문장을 발췌해 노트에 적는 방식으로 꾸준히 읽은 책을 기록하기 시작한 것이다. 소로는 초서Chaucer부터 셰익스피어까지 영어로 된 시를 열렬히 사랑하고 열심히 파고들었다. 동급생 존 와이스는 소로가 "경쟁의 불꽃을 일으켜야 할 시간에 혼자 열정적으로 시에 빠져 있었다"라고 비웃었다.[24]

학생들은 서로 지지 않으려고 안간힘을 썼다. 하버드에는 경쟁을 부추기는 사회적 압박이 극심했다. 어떤 동급생은 소로가 "영리하고 쾌활했다"라고 기억했지만, 와이스는 그가 괴상한 옷차림에다 성격은 "차갑고 무뚝뚝했고", 악수를 하면 손이 "축축하고 냉담했으며", 눈은 "청회색에다 툭 튀어나왔고", 길을 걸어갈 때는 "인디언처럼 진지하게 성큼성큼" 앞서 걸었다고 회고했다. 소로는 그들 중 누구도 알아보지 못하는 천재성을 숨긴 채 이미 내면의 월든 호수 같은 데 살고 있었다.[25] 바이스는 조롱하기 바빴지만, 다른 친구들은 충직한 동급생들의 활발한 모임에 소로를 받아들였다. 중등학교 동창 스턴스 휠러와 헨리 보스(나중에 상급법원 판사가 된다) 그리고 샘 힐드레스가 그들이었다. 시인인 힐드레스는 친구들의 자선에 기대 생활할 정도로 가난했지만 웅변을 워낙 잘해 졸업하자마자 하버드의 새로운 웅변술 교수로 임용되었다. 힐드레스와 가장 친한 친구는 윌리엄 앨런으로, 소로는 에머슨의 『자연』을 맨 처음 베껴 쓴 소중한 필사본을 서명과 함께 앨런에게 헌정했다. 2학년 때의 룸메이트 제임스 리처드슨은 《하버디아나》*Harvardiana*에 시를 기고한 천사 같은 몽상가로 남북전쟁 때 병사들을 간호하다 사망했다. 그리고 메인주의 의사이자 자연을 사랑한 오거스터스 피보디, 보스턴대학의 법학 교수가 된 찰스 러셀, 대장장이의 아들로 조지아주에서 변호사가 된 찰스 라이스가 있었다. 이 재능 있는 학생들은 서로 책을 빌려 읽고, 하버드의 헤이스티푸딩클럽(1770학회)에서는 공식적으로, 한담을 나누는 자리에서는 비공식적으로 토론을 벌였으며, 유쾌한 편지, 걱정하는 편지, 그냥 바보 같은 편지를 번갈아 주고받았다.

존 셰퍼드 키스는 소로의 친구들과 처음 만날 때만 해도 초조하고 굉장히 위축된 모습으로 입학시험을 치르고 들어온 콩코드중등학교의 학생이었다. 소로는 정문에서 키스를 맞아 방으로 데려왔다. 그 순간 소로의 동급생들이 우르르 몰려와 두 콩코드 소년을 "온갖 웃기는 방식으로 놀리면서 고향에 대한 자부심을 은근히 깔아뭉개고 우리를 주눅 들게 했다. 하지만 나는 곧 나를 맞아 준 이 방의 주인이 나중만큼이나 이미 대학에서도 출중한 사람인 걸 알게 되었다". 키스는 이 "떠들썩한 4학년생들"에게 둘러싸여 임박한 시험에 대한 공포를 깨끗이 잊었고, 그 기숙사 방에서 소로와 그의 쾌활한 친구들에게 하버드대학 생활의 진상을 들었다. 가장 중요한 이야기는 악명 자자한 던킨 반란Dunkin Rebellion이었지만, 키스는 그저 "집에서 생각했던 것과는 근본적으로 달랐다"라고 무미건조하게 말했다.[26]

지금도 하버드는 1834년 봄에 일어난 던킨 반란을 하버드 역사상 가장 격렬한 학생 봉기로 기억한다. 소로와 동급생들은 신입생이었지만, 그렇다고 해서 폭동이나 그에 따른 처벌을 면하지는 못했다. 학생 반란은 하버드의 전통이었다. 1823년 대반란으로 커클랜드 총장은 개혁안을 제정했는데, 여기에는 공정하고 투명한 채점 방식이 포함되어 있었다. 하지만 1828년 대학 관리자들은 커클랜드를 사임시키고, 대학을 옥죄기 위해 조사이어 퀸시를 데려왔다. 퀸시는 정말로 대학을 옥죄었을 뿐 아니라 너무 옥죄는 바람에 사태를 악화시켰다. 소로가 학교에 들어왔을 무렵 학생들은 수업, 암송, 과제 하나하나에 점수를 매기고 아주 사소한 위반에도 감점을 부여하는 퀸시의 8단계 "상벌 제도"Scale of Merit에 항의하고 있었다. 퀸시는 교수들을 경찰처럼 부리며 학생들의 점수를 직접 관리했다. 하버드의 교수와 강사들은 매시간, 밤낮으로 학생들을 감시하고 판정하면서 점수를 매겼고, 구내에서 "무리"(두 명 이상만 모여도 '무리'였고, 이 때문에 첫날 선배들은 문을 닫아놓고 키스를 환대했다)를 이루는 등 교칙을 위반하면 벌점을 부과했다. 옷의 형태나 색깔이 규정과 달라도 벌점을 부과했다. 캠퍼스는 검정 일색이었다. 소로는 초록색 홈스펀 때문에 조롱을 당했지만, 제임스 러셀 로웰은 갈색 코트를 입고 예배에 출석했다는 이유로 벌점을 받았다. 가장 사소한 위반이라도 치명적일 수 있었다. 소로는 자신보다 2년 늦게 입학한 어느 학생이

예배 중에 호두를 깠다는 이유로 정학당한 것을 마음에 새겼다.[27]

대반란에 참가했던 마셜 터프츠는 "종교뿐 아니라 교육에서도 양심의 자유를 고려해야 하지 않을까?"라고 썼다.[28] 소로도 이 생각에 동의했고, 터프츠의 말은 슬로건이 되었다. 1834년 3월 소로는 동급생 대부분과 함께 퀸시의 상벌 제도를 폐지해 달라는 청원서에 서명했다. 그 제도는 진정한 배움이 아니라 "학생의 비열한 경쟁심"을 부추긴다는 이유였다. 소로가 걸어 들어간 곳은 성냥갑이었다. 2학년 학생 한 명이 그리스어 강사 크리스토퍼 던킨과 말다툼을 벌이는 순간 성냥개비에 불이 붙었다. 학생 몇 명이 불순종으로 처벌받자 캠퍼스는 폭발했다. 한밤중에 학생들이 던킨의 방 유리창에 돌을 던지고, 그의 가구를 때려 부수고, 종탑에 침입해 종을 울렸다. 퀸시는 마을 관헌을 불러 학생들을 조사했지만, 주동자는 확인되지 않았고 300달러에 이르는 피해액만 남았다. 퀸시는 2학년생을 거의 다 퇴교시켰고,[29] 그러자 전면적 폭동이 일어났다. 교실의 비품들이 화톳불로 변하고, 손이 닿는 덧문이 모조리 뜯겨 불 속으로 들어갔다. 예배당이 폭파되고, 반란의 나무Rebellion Tree에 퀸시의 인형이 매달려 있는 동안 캠퍼스 위로 검은 깃발이 펄럭였다. 이튿날 학생들은 깨진 유리 더미, 부서진 비품, 연기가 피어오르는 화톳불을 피해 조심스레 걸어 다녔다. 많은 학생이 영원히 떠났고, 재적생 수는 뚝 떨어졌다.

이 난리 통에 헨리 소로는 어디 있었을까? 나중에 과격하고 급진적인 설교자가 된 존 와이스는, 소로는 어디에도 없었다고 힐난했다. 하지만 꼭 그렇지는 않았다. 한 달 가까이 대청소가 계속되고 있을 때 소로의 반 학생들이 예배 시간에 "불쾌한 소음"을 냈다고 헨리 웨어 박사가 퀸시 총장에게 보고했다. 교수들은 신입생을 한 명씩 조사해 사악한 이단자를 색출하기로 가결했다. 심문을 담당한 교수들은 사우스캐롤라이나에서 온 조지프 휴거라는 학생과 자일스 헨리 휘트니를 고발했다. 하지만 휘트니는 무고함을 주장하면서 소로와 휠러에게 다시 물어 자신의 결백을 확인해 보라고 항변했다. 교수들은 거부했다. 결국 휘트니가 하버드에서 퇴교를 당하자 당황한 그의 아버지는 아들을 옹호하는 소로와 휠러의 편지를 제출하면서 청문회를 열어 달라고 청원했다. 애석하게도 그 편지는 현재 남아 있지 않다. 어쨌든 두 사람의 편지에도 불구하고 교수들은 마음을 바꾸지 않고 8대 2로 휘트니의 퇴교가 유효하다고 판결했다.[30]

요컨대 소로는 일선에 서서 동급생의 결백을 변호했고 이것이 거부당하자 편지를 써서 증언했다. 그렇지만 교수들은 편지를 읽고, 무시하고, 없애 버린 게 분명하다. 소로가 창문을 깨뜨리거나 교실을 파괴하지는 않았지만, 그가 보기에 친구가 부당하게 고발당해 처벌받을 때 그는 몸을 사리지 않고 친구를 옹호했다. 그보다 훨씬 더 사소한 일로도 학생들이 퇴교를 당하던 때였다.

그 후로도 3년 동안 소로는 동급생 중에 징계를 받을 만한 행동을 한 번도 하지 않은 열아홉 명에 속해 있었다. 무슨 생각이었는지 몰라도 그는 퇴교를 당하지 않도록 매사에 신중을 기했다. 단지 학생이기 때문에 복종했던 것은 아니다. "우리 어리석은 젊은이들이 난장을 치는" 동안 소로는 나타나지도 않았다고 비난한 와이스도, "화톳불을 피울 정도로 몸은 컸지만 무정부주의적 행동을 저지르고 나서 뒷일을 감당할 정도로 철이 들지는 않은 소년들이 앞뒤 가리지 않고 장난을 치는 것처럼 오래된 일도 없다"라고 마지못해 인정했다.[31] 던킨 반란은 열여섯 살의 소로에게 과격한 분노의 대가가 누구에게 돌아오는지 그리고 시민 불복종이라는 조심스러운 행동에도 얼마나 큰 용기가 필요한지 생각해 볼 기회가 되었다. 소로는 서서히 불타올랐다. 그는 계속해서 모범생으로 남았지만, 4학년이 되자 그의 태도를 미심쩍게 본 교수들은 벌로 그의 마지막 상금을 감액했다. 만일 소로가 교수들을 거리낌 없이 경멸했다면 무슨 일이 벌어졌을지는 상상에 맡기겠다.

그렇다면 과연 "하버드 교육"이 뭐길래 소로가 그렇게 열심히 공부하고 그의 가족이 그렇게 큰 희생을 치렀을까? "경쟁"에 대한 논란이 뜨거웠다는 사실에서 단서를 찾을 수 있다. 하버드는 등급을 매기는 방식으로 신사다운 행동에 보상을 주면서 괴상한 생각과 행동을 억제했다. 토론 훈련, 끝없는 암송, 연설을 통해 학생들은 저마다 자신의 실력을 동급생들과 끊임없이 비교할 수밖에 없었고, 따라잡을 능력이 안 되는 학생들은 노력하기를 그냥 포기했다. 실질적 훈련이 이루어지는 강의에서 학생들은 수업 내용을 자세히 받아 적었고, 방과 후 다시 써 가며 모조리 암기했다.[32] 퀸시의 상벌 제도는 반항적인 학생에게는 독단적이고 가혹하게 여겨졌지만, 학기말에는 각각의 학생이 정확히 어느 위치에 있는지, 누가 내 앞에 있고 뒤에 있는지를 알려 주었다. 하버드의 모든 상은 이 평가에 달려 있었다.

하버드 교육의 핵심은 오래전 사어死語가 된 고대 그리스와 로마의 언어에 완전히 몰입하는 것이었다. 요즘 같으면 누구도 이런 교육을 이해하지 못할 텐데, 당시에도 논란이 없지는 않았다. 한 대학원생은 다음과 같이 불평했다. 고대문학은 야만성의 대홍수로부터 문명을 구원한 방주였음이 분명하지만, "홍수가 빠져나간 뒤에도 방주에서 살아야 한다고 노아가 생각했다는 말은 어느 책에도 적혀 있지 않다".[33] 하지만 소로는 그 방주에서 살아야 했다. 일단 라틴어와 그리스어를 읽는 습관이 붙자 소로는 리비우스, 호라티우스, 세네카, 로마의 위대한 웅변가이자 도덕철학자 키케로를 읽으면서 열심히 진도를 따라잡았다. 그는 폭도 정치의 위협을 진정시킨 데모스테네스의 위대한 웅변들, 아리스토텔레스의 숭고의 시학을 잘 보여 주는 소포클레스의 잔인한 비극들, 그리스인의 성경이라 불릴 만큼 인간적 미덕의 보편성을 잘 보여 주는 호메로스의 『일리아스』*Ilias*를, 두말할 것도 없이 전부 고대 그리스어로 읽었다. 바로 이 교육이 소로의 정신을 근본적으로 형성했다. 덕분에 소로는 고대인의 기준으로 근대인을 평가할 줄 알았고, 자신이 쓰는 모든 말을 되새기면서 여러 언어, 여러 시대에 걸쳐 울리는 의미의 메아리를 들을 수 있었다.

소로는 한 걸음 더 나아가 언어를 자신의 특별 과제로 삼았다. 조지 티크너*가 근대 언어들을 하버드의 "살아 있는 문학의 축"으로 바꿔놓은 터였다. 소로는 가능한 한 모든 언어를 흡수했다. 반체제 인사로 고국에서 추방됐지만 자신이 사랑하는 이탈리아의 시를 "달콤하고 부드러운 음악처럼 들리도록" 아름답게 읽은 피에트로 바키 교수에게서 이탈리아어를 배웠고,[34] 네 학기 동안 프랑스어를 공부해 마침내 필수과목 시험을 통과했으며, 정치적 망명자인 헤르만 보쿰 교수에게서 독일어를 배웠고, 티 하나 없이 차려입고 분을 바른 프랑스 출신의 교수 프랑시스 살레에게서 에스파냐어와 포르투갈어를 맛보기로 배웠다. 소로는 위대한 티크너의 수업은 듣지 못했고, 그의 후임인 롱펠로의 수업도 결국 놓치고 말았다. 마지막 학기에 독일 북구 문학에 대한 시인의 취임 강의를 신청했지만, 받아야 할 수업이 너무 많아 이내 취소한 것이다. 졸업할 즈음 소로는 적어도 다섯 언어—라틴어, 그리스어, 이탈리아어, 프랑스어, 독일어—를 읽을 줄 알았고, 에스파냐어와 포르투갈어도 조금 읽었다. 그는 독학으로 매사추세츠 동부의 원주민 언어인 왐파노아그Wampanoag어를 공부했다. 어쩌면 동급생 허레이쇼 헤일에게서 영감을 받았을지 모른다. 헤일은 조기 졸업을 하기 전 하버드 야드에서 야영한 페놉스코트족Penobscot을 인터뷰하고 그 내용에 기초해 페놉스코트어에 관한 연구 논문을 발표했다.[35] 이때도 두 원주민 언어와 아메리카 원주민에게 깊이 매혹되어 있었던 소로가 그 연구에 동참했을 가능성이 있다.

수학 또한 하버드를 대표하는 과목이었고, 그런 면에서 소로는 운이 좋았다. 새로 부임한 벤저민 퍼스는 당대 최고의 수학자였을 뿐 아니라 측량

* 미국의 문학사가이자 교육가다.

및 실용 항해술의 주요한 이론가이자 실무자로, 곧 미국해안측량청US Coast Survey의 지휘자가 될 사람이었다. 하지만 다른 면에서 소로는 운이 나빴다고 할 수도 있다. 프리스비 호어가 웃으면서 말했듯이, 강의실에 앉은 어떤 사람도 퍼스의 강의를 이해하지 못했다. "그 교수는 분필을 손에 쥐고 날카로운 목소리로 강의를 시작했다. '만일 이렇다면', 그는 대수학 기호로 방정식 하나를 적고는 '이렇게 됩니다'라고 했다. 또 다른 방정식이나 공식을 적어 나갔고", 미친 듯이 즐겁게, 옷에 분필 가루를 묻히면서 어리둥절한 학생들을 남겨 두고 멀찌감치 앞서갔다. 하지만 만약 소로가 수학에 재능이 있었다면 저녁에 퍼스의 집에서 모이는 우등생 그룹에 합류했을 것이다. 『월든』에서 소로는 졸업할 때 "내가 항해술을 공부했다는 사실"을 알고 깜짝 놀랐다고 말했다. "항해술을 공부했다면, 뭐라도 알고 있어야 하지 않는가!"[36] 그럼에도 콩코드의 측량사로 성공한 경력은 퍼스 밑에서 시작되었다. 퍼스의 강의실에서 항해와 관련된 은유를 풍부하게 습득한 덕분이었다.

과학 과목이 있었다면 소로는 두각을 나타냈을 테지만, 하버드에는 제대로 된 과학 강좌가 없었다. 한 강사가 물리학과 천문학을 가르쳤는데, 실험적 증명이나 천체 관측은 단 한 번도 없이 학생들에게 시대에 뒤떨어진 프랑스 논문들을 줄줄이 암송하게 했다. 더 재미있는 것은 존 웹스터 교수의 화학 강의였다. 웹스터는 폭파하기를 좋아해 "로켓 발사기"Sky-Rocket Jack라는 별명을 얻었다. 한번은 그가 시범을 보이는 중에 구리 용기가 엄청난 힘으로 폭발하고 커다란 파편이 뒷줄로 날아갔다. 마침 결석을 했기에 망정이지 평소 같으면 그 자리에 앉아 있던 학생이 죽을 수도 있었다. 웹스터는 별로 개전의 정을 보이지 않았다. "총장님이 나를 불러 더 조심하라고 말씀하셨다. 학생이 죽었다면 내가 심히 유감스러웠을 거라고 하셨다. 당연히 그랬을 것이다."[37] 웹스터의 이런 태연함은 충격적 범죄의 전조였을지 모른다. 1849년 11월 어느 날 조지 파크먼 교수가 흔적도 없이 사라졌고, 일주일 뒤 의심 많은 한 수위가 웹스터의 화학 실험실 지하의 벽돌로 된 격실에서 신체의 일부분을 찾아냈다. 소로의 교수였던 사람은 살인죄로 기소되었고, 범죄를 자백한 뒤 교수형에 처해졌다.

소로에게 과학을 소개한 사람은 교수가 아니라, 하버드 도서관에서 일하는 소심하고 겸손한 사서 태디어스 윌리엄 해리스였다. 해리스는 여러 세대에 걸쳐 학생들에게 사랑을 받았다. 하버드가 자연사 과목에 빈자리가 있는데도 강사를 고용할 돈이 없었을 때 그는 자연사 필수 강좌를 맡기로 하고 하버드의 구식 교과서들로 학생들을 성실하게 가르쳤다. 자연사에 대한 열정이 대단했던 해리스는 미국에서 손꼽히는 곤충 표본을 수집하고 있었다. 1837년 5월 그는 소로와 친구들을 모아 하버드에 자연사학회Natural History Society를 설립하고, 학생들과 함께 케임브리지 주변 지역으로 현장 견학을 나가 식물, 새, 곤충을 연구했다. 학생들은 해리스가 "아름다움을 사랑하는 영혼"을 가졌고, 뭔가를 발견할 때마다 "마치 난생처음 보는 양" 열광했으며, 책을 기꺼이 대출해 주고 "백 마디 말로도 다 칭찬할 수 없을 정도로 친절하고 참을성 있게" 도와주었다고 회고했다. 한 학생은 해마다 봄이 되면 "실험실 옆 들판에서" 자라는 "평범하고 작은 난초"를 바라보는 해리스의 눈이 환하게 빛나곤 했으며, 1년에 한 번씩 학생들을 이끌고 성배가 부럽지 않을 만큼 열정적으로 자연을 탐사했다고 기억했다.[38] 따라서 소로가 딱따구리 둥지와 족제비 굴을 찾아다닌 것은 사회로부터 도피한 것이 아니라 그와 그의 친구들이 공유하고 있던 열정과 상호 교육의 표현이었다. 해리스는 1856년 눈을 감을 때까지 소로의 친구이자 스승으로 남았다.

하버드는 그리스와 로마의 연장으로서 역사와 철학을 가르쳤다. 하버드가 생각하는 그리스와 로마는 소멸한 문명이 아니라 예술·문화·역사의 살아 있는 표현, 다시 말해 미국이라는 신생 공화국을 통치하는 데 필요한 민주정치의 발판이었다. 소로가 하버드에 도착할 무렵에, 찰스 베크와 코닐리어스 콘웨이 펠턴이 이 신인문주의New Humanism 혁명을 이끌고 있었다. 라틴어 교수 베크는 튀빙겐 대학의 최신 학문을 소개한 독일계 이민자였다.

1834년 펠턴이 그리스문학 엘리엇 석좌교수가 된 덕분에 소로는 미국에서 가장 영향력 있는 학자 밑에서 가장 먼저 그리스어를 공부하는 학생이 될 수 있었다. 신인문주의자들은 여전히 하버드의 낡은 라틴어 교과서를 던져버리지 못했다. 로마 군단이 카르타고인에게 안긴 좌절보다 그 교과서가 여러 세대 학생들에게 더 큰 좌절을 안겼다고 펠턴은 농담을 했다. 하지만 그들은 우리가 그리스·로마에 **관해** 배워야 할 뿐 아니라 그리스어와 라틴어로 읽고 쓸 줄 알아야 하고, 결국에는 그리스인이나 로마인이 **되어야** 한다고 주장함으로써 새로운 전망을 열어 보였다. 잘 알려져 있다시피 펠턴은 로마 공화국의 엄격한 시민적 미덕으로부터 학생들을 데리고 나와 주정주의적主情主義的이고 낭만주의적인 헬레니즘을 만나게 해 주었다. 자아에서 근대성의 독소를 씻어 없애고 영혼을 개조해 평생에 걸친 자기 수양의 토대를 갖추게 하기 위해서였다. 로마보다는 아테네가 미국의 진실한 거울이며, 미국 민주주의에 더 깊고 진실한 과거가 되어 줄 수 있다는 것, 로마는 융성했다가 쇠한 반면 미국은 과거를 교훈 삼아 인류 역사의 모든 선례보다 오래 지속할 문학·문화·국가를 건설하리라는 것이 그의 믿음이었다.[39]

이 모든 것에 소로는 완전히 익숙했다. 콩코드의 원로들이 삐걱거리는 상점과 혐오스러운 공장을 깨끗이 없애고 그 자리에 하얀 기둥을 가진 세련된 신고전주의적 기념물들을 세웠을 때, 그들은 의도적으로 신고전주의의 가치를 목재와 페인트로 구현하고 있었다. 그 가치는 워싱턴 D.C.의 건축가들이 대리석과 화강암으로 구현한 것과 동일했다. 콩코드의 아들딸이 중등학교에서 라틴어와 그리스어를 흡수하고 리더십을 배운 것 자체가 새로운 세속적 문화 운동—고대인들의 신중하고 초시간적인 자기희생을 본으로 삼아 새로운 미국을 건설하고자 하는 시민운동—의 일환이었다. 『월든』에 등장하는 작은 순간의 이면에도 그와 똑같은 넓은 전망이 펼쳐져 있었다. 어느 일요일 아침, 소로가 "호메로스풍" 인간이라고 말한 프랑스계 캐나다 이민자 알렉 테리앙이 소로를 찾아온다. 그의 손에는 그리스의 성서 곧 『일리아스』가 들려 있었다. 테리앙의 요청으로 소로가, 슬퍼하는 파트로클로스를 아킬레우스가 질책하는 대목을 해석해 주자 테리앙이 말한다. "참 좋군요."[40] 이 단순한 구절에서 우리는 미국 민주주의의 미래가 인류의 가장 깊은 역사로부터 움터 나오는 것을 느끼게 된다.

월든 호숫가에서 그와 같은 장면을 구현하기까지는 하버드의 모든 자원이 들어갔다. 고전을 심도 있게 공부하던 하버드 시절에 소로는 세계 역사를 통과해 세계 진보의 꽃이라 하는 미국 헌법에 이르렀다. 다시 말해 미국 정치철학의 기초인 존 로크에 몰입했고, 다음으로 윌리엄 페일리의 『도덕 철학』*Moral Philosophy*과 스코틀랜드 학파의 상식 철학Common Sense philosophy에 깊이 빠졌으며, 연로하고 고결한 헨리 웨어 시니어의 명에 따라 페일리의 『기독교의 증거 개설』*A View of the Evdences of Christianity*을 읽고 감탄했다. 4학년 때 들은 웨어의 그리스어 『신약성경』 강의로 그 모든 것이 마무리되었다.[41] 졸업할 즈음 소로는 가장 정교하게 발달한 하버드 합리주의로 충만해 있었고, 조만간 강의실 바깥에서 그 합리주의를 전복시킬 작가 겸 지식인으로서 길을 나서고 있었다.

선생은 누구나 교육이라는 신비한 연금술 앞에서 좌절을 겪는다. 열 명이든 백 명이든 천 명이든 다른 학생들과 보조를 맞춰 걷다가 전혀 예상치 못하게—대개 아주 불현듯—한 학생이 툭 튀어나와 천재성을 꽃피운다. 하버드의 교수 중 누구보다 그 천재성의 열쇠를 쥐고 있는 듯 보이는 사람이 한 명 있었다. 소로에게 글쓰기를 가르친(혹은 가르치고자 노력한) 수사학·웅변술의 보일스턴 석좌교수인 에드워드 티럴 채닝은 무려 3년 동안 학기마다 소로에게 긴 장문의 과제들을 내고, 소로가 제출한 과제물을 일일이 검토하고 수정하면서, 퀸시의 무자비한 8단계 등급에 따라 점수를 매겼다. 소로가

3년 동안 일기를 썼다 하더라도 그 일기는 사라졌고, 집으로 편지를 썼다 해도 그 역시 사라졌으며, 용기를 내어 시를 썼다 해도 대부분 사라지고 말았다.[42] 남아 있는 것은 채닝에게 제출한 에세이뿐이다. 에세이는 실망스럽다. 단조롭고 모범적이고 생기 없고 인습적이어서 채닝은 충분히 만족시켰지만, 우리가 보기에는 답답하기 그지없다. 헨리 사이들 캔비의 간결한 표현을 빌리자면, 하버드는 "그의 작가적 재능을 거의 망쳐 놓았다".[43]

하지만 완전히 망쳐 놓은 것은 아니었다. 채닝은 학생들이 익숙한 사고방식을 버리고 자신의 창의성을 혹사시켜 어떤 것—어떤 것이든!—을 생각하고 말하게끔 주제를 제시했다. 채닝의 의도는, 학생들이 더 넓은 독서의 세계를 탐험하면서 자기 자신을 발견하게 하는 것이었다. 에머슨(그도 채닝의 학생이었다)은 이렇게 주장했다. "책을 잘 읽으려면 발명가가 되어야 한다." 문제는 채닝의 방법이나 주제가 아니라, 어린 학생의 독창성을 밟아 버리고 기를 죽이는 빈정거림이었다. 매주 그는 교실 앞으로 저자를 불러 앉히고서는 잘못 쓴 구절들을 큰 소리로 읽었다. 대개는 어느 학생을 그 무시무시한 의자에 앉혀 놓고 새된 목소리로 이렇게 말했다. "'불타는 아프리카 해안의 검은 아들'이라, 검둥이 말이로군." 그렇다고 학생이 인정하면, 채닝은 즉시 그 불쾌한 구절에 가위표를 치고 그 위에 "검둥이"라고 적어 학생을 끝없는 굴욕에 빠뜨렸다.[44] 이런 방법을 참고 견디려면 강인한 정신이 필요했으며, 그 결과 채닝은 학생들은 물론이고 미국 문학에까지 심대한 영향을 끼쳤다. 채닝의 자질구레한 잔소리를 무려 3년 동안 듣고 나면 감정적 과잉, 시시껄렁한 장식, 과장이 완전히 빠져나가고 그 자리에 온건하고 균형 잡힌 문체만 남았다. 사려 깊은 토의와 건전하고 지적인 정치적 판단을 할 줄 아는 시민이라면 세계 고전문학에 기초한 이런 문체를 구사할 줄 알아야 했다. 채닝의 학생은 문체로 대번에 알아볼 수 있다고, 어느 편집자는 말했다. 그의 불같은 조롱에 노출된 학생은 평생 그 얼얼함을 잊지 못했다.[45] 젊고 성실한 헨리 소로는 자신의 선생에게서 글쓰기를 너무나 잘 배운 탓에 거기서 자유로워지기까지 10년이라는 세월과 월든 호수라는 환경이 필요했다.

졸업하기 직전인 1837년 6월 소로는 드디어 특유의 기지를 드러내 보였다. 채닝이 낸 주제는 국가가 "야만적인지 개화했는지 판단할 수 있는" 기준을 정의하는 것이었다. 이번에도 어김없이 지루한 과제였지만, 소로의 반응은 지루하지 않았다. "한 국가는 문명이 개화했음에도 지혜가 부족할 수 있다"라고 스승에게 대든 것이다. "지혜는 교육의 결과이며, 교육은 인간의 내면에 있는 것이 타자Not Me와 접촉하면서 발현하거나 발달하는 것으로, 인공Art보다는 자연Nature의 손에 맡길 때 더 안전하다. 야만인도 현명할 수 있고, 실제로 종종 현명하다. 우리의 인디언은 도시 거주자보다 더 인간적이다. 인디언은 인간으로 살고, 인간으로 생각하고, 인간으로 죽는다."[46] 채닝은 이 제자의 대답에 만족했을까? 표현의 경제성, 마지막 문장의 간결한 대구법, 먼저 무게를 달아 본 뒤 문명의 부족함을 말하는 영리한 확신, 이 세 가지는 모두 채닝의 가르침에서 왔다. 하지만 건방진 말투는 온전히 소로의 것이었다. 철학은? 에머슨에게서 직접 가져왔다. 하버드의 단단한 껍질에 금이 가고 있었다.

하버드를 떠나다

신입생 소로의 출발은 좋았다. 첫 학기에는 수업을 거의 빼먹지 않고 모든 과목을 이수했다. 결석한 예배는 휠러와 함께 고향까지 걸어갔던 그 토요일의 아침때와 저녁때뿐이었다. 두 번째 학기가 끝났을 때는 퀸시의 귀한 점수를 차곡차곡 쌓은 덕에 50명 중에서 16등을 했고, 그해 말 신입생에게 배정된 상금 중 큰 몫인 25달러를 거머쥐었다. 그보다 많은 상금을 받은 학생은 단 두 사람이었다. 학년을 대표하는 시인 힐드레스와 독보적인 우등생 허레이쇼 헤일이 각자 30달러를 받았다. 던킨 반란이 일어난 그 악명 높은 학년도에 소로는 우등생으로 두각을 나타내고 헤이스티푸딩클럽에 회원으로 선출되었다. 소로와 함께 1차에 뽑힌 신입생은 단 일곱 명이었다. 일주일 뒤 열 명이 더 들어왔고, 이내 친한 친구들은 모두 회원이 되었다.

헤이스티푸딩클럽 회원으로 선출되고부터 소로의 세계는 빛을 보기 시작했다. 이 클럽은 혁명 직전에 연설을 더 훈련하고 싶은 학생들이 설립한 것으로, 학생들은 격주로 모여 공식 일정을 짜고 장시간 토론을 벌였다. 회원들은 다른 회원들 앞에서 강의를 하고, 시를 지어 큰 소리로 읽고, 서평을 돌려 보았다. 소로는 1년에 2달러씩 회비를 내고 모임에 대부분 참석했으며, 1834년 9월부터는 논쟁에도 뛰어들어 오랜 중등학교 친구인 휠러, 보스와 함께 언론의 자유에 대해 토론했다. 회원들은 갈수록 규모가 커지는 클럽의 도서관에서 책을 한 번에 두 권을 빌려 읽을 수 있었지만, 한 작가의 전집을 기증하면 더 많이 대출받을 수 있었다. 소로가 종종 서너 권을 가져간 것을 보면 어느 작가의 전집을 기증한 것이 분명하다. 이 도서관은 하버드 도서관에 비하면 초라했다. 대학 도서관은 소장 도서가 1840년 미국 최대 규모인 4만 1,000권을 넘어섰다. 하지만 클럽은 최신 과학 서적과 중요한 문학지는 물론이고 대담한 저작, 해외 서적, 금지 도서, 전위 문학 등을 제공하며 주요한 틈을 메워 주었다. 1837년 봄 소로는 괴테, 콜리지, 빅토르 쿠쟁의 책 등을 양껏 대출받았는데, 물론 초월주의Transcendentalism의 위대한 선언인 에머슨의 『자연』이 포함되어 있었다. 그는 4월에 이 책을 클럽에서 빌렸고, 손으로 쓴 필사본을 앨런에게 주고 나서 6월에 다시 한번 대출했다.[47]

2학년 내내 소로는 우등생 자격을 유지했고, 아이러니하게도 퀸시가 오류를 범한 덕에 반에서 6등으로 뛰어올랐다.[48] 에머슨은 1835년 2월에 소로의 시험을 감독했고 둘 다 서로에게 별다른 인상을 주지 못했지만 소로는 좋은 성적을 거둬 디튜어Detur상과 함께 특별 양장본 한 권을 받았다.[49] 학년이 끝날 무렵 소로는 11등으로 약간 떨어졌지만, 또다시 상금

25달러를 받기에는 부족하지 않았고 학예 발표회 무대에도 올랐다. 그날 소로는 카토가 카이사르에게 던지는 도전적 메시지를 그리스어로 번역하고 카토 역을 연기했다.[50] 전반적으로 소로는 자기 위치를 지키며 꾸준함을 유지했지만, 3학년 가을에 수업이 적어도 여덟 개 이상으로 늘어 과부하에 시달렸다. 퀸시가 자질구레한 위반(주로 단정함과 출결)을 이유로 소로의 점수를 깎고 여기에 수업 부담이 겹친 탓에 14등으로 떨어졌지만 그래도 꽤 좋은 성적이었다.

문제는 1835년 11월에 시작되었다. 감독위원회는 학생이 휴학하고 교직으로 돈을 벌 수 있게 하는 교칙을 통과시켰다. 이 당시 헨리의 가족은 8년 동안 살던 집을 포기하고 소로의 고모들까지 함께 새집으로 이사했는데, 그만큼 사정이 어려워졌다는 뜻이었다. 헨리는 지체하지 않고 교직을 신청했다. 12월 2일 그는 매사추세츠주 캔턴으로 달려가 유니테리언교회 목사인 오레스테스 브라운슨에게 면접을 보았다. 통하는 게 있었다. 가냘프면서도 강단 있고, 우울한 회색 눈에 키 크고 깡마르고 급진적인 이 하버드 3학년생은 브라운슨의 유명한 사발 커피를 마셔 가면서 한밤중까지 흐트러짐 없이 앉아 솔직하게 이야기했다. 브라운슨은 헨리 소로가 면접을 봤고 그 학기가 끝날 때까지 자신과 함께 살면서 일할 것이라고 하버드 감독위원회에 통보했다.[51] 며칠 후—정확한 날짜는 기록에 없다—소로는 오레스테스, 그의 아내 샐리, 그들의 네 아이가 사는 집으로 들어갔다. 낮에는 캔턴 문법학교에 가서 어린 학생 70명가량을 개인별 진도에 맞게 가르치고, 방과 후 브라운슨의 아이들을 가르치지 않을 때는 그와 함께 독일어를 공부하고 격렬한 대화를 이어 나갔다. 생각이 자유분방한 사람, 위인과 위인에 버금가는 유명인들을 수월하게 다루는 사람을 만난 것은 이번이 처음이었다. 브라운슨과 한 학기를 보내는 사이 하버드의 주술에 금이 가기 시작했다.

브라운슨은 버몬트주에서 농장 노동자의 아들로 태어나 어려서 부모를 잃고 가난하게 자란 사람이었다. 뉴욕주 북부에서 설교자, 작가, 편집자가 되고부터 급진 좌파를 공개적으로 지지하고 종교적 진리를 집요하게 추구했다. 소로를 만날 무렵 그는 칼뱅파 장로교에서 나와 무신론을 거친 뒤 유니테리언파에 이르렀고, 1844년 가톨릭으로 개종해 종교적 여정을 마무리했다. 1834년 그는 셋째 아들을 윌리엄 엘러리 채닝으로 명명했다. 〈신과 유사함〉이라는 위대한 설교에서, 우리 주변의 세계에서 신을 보기 위해 우리의 눈을 뜨게 하는 존재는 바로 우리 각자의 내면에 있는 신이라고 말한 목사의 이름을 딴 것이다. 보스턴으로 달려간 브라운슨은 채닝을 직접 만나 그의 설교가 자신을 무신론에서 구원했다고 말했다. 채닝은 격앙된 젊은 아웃사이더와 거리를 유지한 반면 그의 제자 조지 리플리는 브라운슨을 친구로 받아 주었다. 곧 두 사람은 유럽에서 들어온 최신 서적을 교환하고 세상을 구원할 계획을 세웠다. 1841년 리플리는 전 재산을 털어 유토피아 공동체 브룩팜Brook Farm을 설립했다. 에머슨과 소로는 거기 합류하지 않았지만, 브라운슨은 아들 오레스테스 2세와 이상주의적 구도자인 아이작 헤커를 브룩팜에 보냈다.

헨리 소로를 날개 밑에 품었을 당시 브라운슨은 1834년 7월에 있었던 논쟁 때문에 여전히 부글부글 끓고 있었다. 독립기념일 연설에서 브라운슨은 현재 미국의 평등은 서류상으로만 존재한다고 선언했다. "자유로운 국민이 없다면 자유로운 정부는 무력합니다." 정부는 국민을 이끌지 말고 따라가야 하며, 간섭하지 말고 국민이 정부를 이끌도록 자유롭게 둬야 한다는 것이었다. 여러 해가 지난 후 소로는 「시민 불복종」 첫머리에서 브라운슨에게 경의를 표했다. "가장 좋은 정부는 가장 적게 다스리는 정부이며, 누군가 말했듯이, 가장 좋은 정부는 전혀 다스리지 않는 정부다." 브라운슨은 계속해서 이렇게 외쳤다. "우리는 거론할 가치가 있는 어떤 측면에서도 평등하지 않습니다. 우리의 모든 학교가 부자를 제외하고 사실상 모두에게 닫혀 있는 마당에 우리가 평등하다고 말할 수 있습니까?" 수업료를 내고자 분투하는 소로 같은 학생에게 브라운슨의 말은 가슴 한복판을 찔렀다. 브라운슨에게 교육은 진정한 평등으로 가는 열쇠였고, 평등은 모든 사회악을 치료하는 열쇠였다. 그는 읽기·쓰기·계산하기가 아니라 진정한 교육, **"인격 형성**, 즉 우리 사회 전체의 도덕적·종교적·지적·신체적 훈련이자 수양"이었다.[52]

소로가 브라운슨과 함께 살고 있을 때는 바로 브라운슨이 획기적 저서 『사회, 기독교, 교회에 대한 새로운 견해』*New Views of Society, Christianity, and the Church*를 쓰고 있을 때였다. 얼마 안 있어 이 책은 에머슨의 『자연』과 함께 초월주의의 초석이 되었다. 소로는 하버드로 돌아오자마자 브라운슨이 추천한 최신 유럽 문학서와 철학서—괴테, 콜리지, 하이네, 쿠쟁, 콩스탕—를 읽기 시작했다. 그리고 여윳돈이 1달러도 안 남게 되었지만 소장용으로 브라운슨의 『사회, 기독교, 교회에 대한 새로운 견해』와 에머슨의 『자연』을 구입했다. 채닝이 정부가 후원하는 교육을 주제로 과제를 냈을 때, 소로는 다음과 같이 분출했다. "정부는 아이들이 무지 속에서 자라지 않도록 모든 어린이의 교육을 책임져야 한다는 것이 나의 주장이다. 첫째는 개인의 복지, 둘째는 사회의 복지를 위해 그렇게 되어야 한다. (…) 이 일은 도덕적 의무나 마찬가지다."[53]

거의 2년 후 교육자가 되기로 마음먹고 있을 때, 소로는 브라운슨에게 주목할 만한 편지를 써 보냈다. 그들이 함께 산 그 여섯 주가 "내 인생의 신기원, 새로운 생애의 아침"—도덕적·지적 탄생, 철학자로서 삶이 시작된 날—이었다고 말한 것이다. 브라운슨은 헨리의 형인 존을 우연히 만났을 때, 헨리에게 "진심 어린 안부"를 전해 달라고 부탁했다. 브라운슨은 이렇게 촉구했었다. "젊은이! 미래의 희망이 가득한 자들이여… 그날을 앞당기는 것은 바로 당신들이다. 당신의 아버지들은 훌륭한 일을 시작했지만, 그 일을 끝내는 것은 당신들이다."[54] 소로는 브라운슨의 외침을 가슴에 새겼다.

하버드로 돌아온 헨리는 완전히 다른 사람이었다. 졸던 학생이 깨어났다.

복귀는 험난했다. 겨울 학기 동안 결석해 점수를 따지 못하는 사이에 퀸시의 가혹한 계산법에 따라 그의 등수는 바닥으로 떨어져 있었다. 1836년 3월 20일 소로는 봄 학기를 맞아 교실로 돌아왔고, 잃어버린 시간을 만회하려고 수업을 최대한 늘렸다(총 여덟 과목을 추가했다). 하지만 4월에 그는 만성질환에 걸려 몸져누웠는데, 이것이 결핵의 첫 번째 발병인 듯하다. 급기야 5월 21일에는 집으로 와야만 했고, 여름 몇 주 동안 기력을 되찾아—또는 그의 가족이 자금을 마련해—학교로 돌아갈 수 있을지가 불투명했다. 가족들은 헨리가 자퇴해야 하는지를 놓고 논쟁을 벌였다. 또한 퀸시의 상벌제도가 병으로 결석한 소로에게 불리하다는 것과 병으로 쓰러지기 전에 어렵사리 쌓은 약간의 점수가 관리자의 무신경으로 계산되지 않은 것도 문제를 키우는 요인이 되었다. 그 결과 3학년 말에 이 장학생은 반에서 중간 이하 등수로 떨어졌다. 재능 있는 친구들이 다시 한번 학예 발표회 상금을 받을 때 소로의 이름은 찾아볼 수 없었다.

가족이 그의 미래에 대해 초조해하는 동안에 헨리는 기운을 내서 첫 번째보다 더 좋은 배를 만들고, 여기에 세네카족 추장의 이름을 따서 '레드 재킷'Red Jacket이라는 이름을 붙였다. 레드 재킷은 역사에 길이 남을 "미국 상원 연설"에서 인디언이 자신들의 종교를 방해받지 않고 신봉할 권리를 주장한 사람을 가리켰다. 소로의 반 친구들도 길고 수다스러운 편지로 그의 활력을 북돋아 주었다. 한 친구는 "여기는 모든 것이 다람쥐 쳇바퀴 돌 듯 똑같이, 웨어 박사의 설교처럼 지루하게 돌아가고 있다네"라며 소로를 안심시켰지만, 자신이 속한 화학 클럽에서 일어난 일을 흥분해서 이야기하는 바람에 그 말이 거짓인 게 들통났다. 학생들이 폭죽 터뜨리기 시험을 했을 때 그 소리를 듣고 보웬 강사가 부리나케 달려와 폭동을 진압하고 선동자를 퀸시에게 보내 처벌받게 했다. 다음으로 웹스터 교수가 화산 분화 시범을 보일 때 유독한 연기가 교실에 가득 차는 바람에 모두 대피하는 소동이 일어났다. 방과 후 두 학생이 "웃음 가스" 아산화질소를 합성했다. 한 모금에 목석같은 스턴스 휠러가 풀어지더니 춤을 추기 시작했고, 두 모금에 샘 힐드레스가 고래고래 소리를 지르며 셰익스피어와 대화했다. 정말 대단했다! 네가 없어서 정말 아쉬웠다. 1836년 7월 5일, 외로운 소로는 헨리 보스에게 편지로 유쾌한 이야기를 전한 뒤 조만간 학교로 돌아가겠다고 장담하면서, 자신의 "단짝" 휠러에게 말해 예전처럼 그와 한방을 쓸 수 있게 조치를 취해 달라고 부탁했다. 한 달 뒤, 소로처럼 병으로 집에서 쉬고 있는 또 한 명의 친구가 걱정하면서 안부를 묻고, 최근에는 어떤 흥미로운 인디언 유물을 발굴했느냐고 물었다. 헨리는 답장과 함께 "레드 재킷 항해일지 요약, 소로 선장"을 보냈다. 첫 항해에 심한 돌풍을 만나 돛대를 잃고 나쇼턱 강변으로 떠밀려 올라갔다. 그곳에서 놀란 원주민들을 만났는데, "악의나 공격성이 없어 보였고, 주로 농사에 의존해 살고 있었다." 헨리는 희소식으로 편지를 마무리했다. 건강이 좋아졌으니 곧 돌아갈 수 있을 것 같다. 그 전에 한번 놀러 와라.[55]

이 행복하고 정겹고 유쾌한 편지들을 통해 우리는 헨리를 하버드로 돌아오게 한 것이 공부만이 아님을 알 수 있다. 『월든』에서도 말했듯 대학 교육은 수업료가 들었지만 급우들과 어울리는 "훨씬 더 가치 있는 교육"은 돈이 들지 않았다. 그럼에도 불구하고 돈 문제는 여전했다. 수업료를 충당하기 위해 헨리는 아버지와 함께 뉴욕시로 가서 소로 연필을 팔 새로운 시장을 개척했다.[56] 1836년 9월 12일 그는 결국 케임브리지로 돌아와 있었다. 그날 학부생 200명, 졸업생 1,300명, 초대받은 손님 80명이 모여 하버드 200주년을 경축했다. 먼저 재학생과 졸업생이 유니테리언교회Unitarian Church까지 행진을 하고 모두 자리에 앉아 퀸시의 두 시간짜리 연설을 들었으며, 그런 뒤 하버드 야드로 나가 "건배, 헌주獻酒, 식사"를 계속했다. 통금 시간이 되자 학생들은 기숙사 방으로 자리를 옮겼다. 창을 밝힌 불빛들이 장관을 연출했다.[57]

그날 모시에 졸업생 네 명이 슬며시 빠져나와 인근 호텔에서 은밀한 모임을 가졌다. 모임을 소집한 사람은 메인주의 교구에서 방문한 프레더릭 헨리 헤지와 여름 내내 그 모임을 시작하기 위해 그와 편지를 주고받은 랠프 월도 에머슨이었다. 곳곳에서 새로운 사상이 끓어 넘치고 있었다. 브라운슨의 『사회, 기독교, 교회에 대한 새로운 견해』, 에머슨의 『자연』, 토머스 칼라일의 『의상 철학』*Sartor Resartus*이 갓 나왔고, 엘리자베스 피보디와 브론슨 올컷은 『한 학교에 대한 기록』*Record of a School*을 통해 새롭고 급진적인 방식으로 교육에 접근하기 시작했다. 헤지와 에머슨은 조지 리플리와 보스턴의 유니테리언파 목사인 조지 퍼트넘을 그 자리에 초대했다. 하버드가 200주년을 자축할 때 이 4인의 졸업생은 어떻게 하면 하버드를 뒤흔들고 미국을 완전히 새로운 지적 활동으로 이끌 수 있을지 논의했다. 모임은 순조로웠고, 네 사람은 일주일 뒤 보스턴에 있는 조지 리플리와 소피아 리플리의 집에서 두 번째 모임을 가졌는데, 특히 오레스테스 브라운슨, 아모스 브론슨 올컷, 시어도어 파커 그리고 에머슨의 새 제자 찰스 스턴스 휠러도 초대를 받아 자리를 같이했다. 이 모임은 4년 동안 이어지며 "초월주의자"라 불리는 지식인 및 개혁가들의 헐거운 그룹을 한데 묶어 주었다. 소로는 아직 초대받지 못했지만, 브라운슨이 이미 그의 정신에 불을 붙였고 모임에서 논의한 내용을 휠러에게서 전해 들었다. 하지만 초월주의가 하나의 운동으로 부상하기 훨씬 전부터 소로는 스스로 초월주의를 시험하고 있었다.

4학년 내내 소로는 이전 학년도에 잃어버린 시간, 점수, 수업을 만회하고자 맹렬히 공부했다. 하버드를 마무리하는 해였고, 부담은 무거웠다. 철학(자연철학, 도덕철학, 일반 철학)을 암송해야 했고, 채닝의 수사학 강의 외에도 과제가 있었고, 웨어의 따분한 신학 강의를 들어야 했으며, 해리스의 자연사와 식물학 수업, 해부학과 광물학 수업, 독일어와 이탈리아어, 기초적인 에스파냐어와 포르투갈어 수업, 의무적으로 해야 하는 웅변술 연습이 있었다. 웅변술 수업의 목적은 미래의 지도자에게 어떻게 커다란 실내를 자신의 목소리로 가득 채우고 창작할 때와 같은 신선한 에너지로 연설문을 읽어야 하는지를 가르치는 것이었다. 소로는 1년 내내 부지런히 공부해 마지막 학기에 2,285점이라는 경이로운 점수(일반적 누적 점수의 두 배)를 얻고, 퀸시의 변덕스러운 계산으로 무려 총 1만 4,397점에 도달했다. 물론 초반의 고지를 탈환하기에는 부족했지만, 41명 중 열아홉 번째 자리에 올라 졸업식에서 연설을 하고 상금 25달러를 받기에는 부족하지 않았다. 하지만 이것은 에머슨이 그를 위해 퀸시에게 편지를 쓴 뒤였다. 퀸시는 답장에서 소로가 교칙에 "무관심하고, 더 나아가 약간 과실이 있긴 하지만" 그를 위해 자신은 할 수 있는 모든 일을 했다고 말했다. 하지만 오래전부터 소로에게 어느 정도 관심이 있었고, 그래서 결함이 없다면 더 큰 상금을 받을 수 있겠지만 그보다는 작은 "10달러 혹은 많아야 15달러"밖에 줄 수 없다고 했다.[58] 요컨대 소로는 공부는 열심히 했지만 태도가 불량했다. 휠러가 대상으로 60달러를 받은 것과 대조적이었다. 하버드는 자유로운 헨리 소로를 아직은 용서하지 못했다.

졸업식에서 소로에게 주어진 역할은 "근대의 상업 정신이 일국의 정치·도덕·문학에 미치는 영향"을 주제로 하는 세 번의 연설 중 한 "컨퍼런스"를 담당하는 것이었다. 이는 전통적으로 4학년에게 주어지는 6주 휴가 기간에 준비를 해야 한다는 의미였다. 수업이 끝나자마자 헨리는 콩코드로 돌아왔다. 존과 신시아는 낡고 비좁은 공동주택에서 또다시 메인 거리의 우아한 파크먼 하우스로 방금 이사했다. 소로는 때마침 거행된 새로운 7·4혁명 기념비 제막식에 참석할 수 있었다. 12년에 걸친 논쟁 끝에 모든 사람이 올드맨스 뒤에 독립을 기념하는 화강암 오벨리스크를 세우자는 리플리 목사의 제안에 동의한 결과였다. 무더운 오후에 헨리 소로는 긴 행렬에 참여해 모뉴멘트 거리를 지나 올드노스 다리까지 걸어갔다. 유적지에 도착한 남녀노소 300명은 해가 쨍쨍 내리쬐는 풀밭에 모여—그 황량한 도로를 그늘진 길로 바꿔 줄 나무들은 아직 태어나지도 않았다—새뮤얼 호어의 기도와 연설을 듣고 에머슨의 〈콩코드 찬가〉를 한목소리로 불렀다. 노년에도 존 S. 키스는 "용감하게 죽거나 자식들에게 자유를 남겨 주려"* 했던 영웅들에 관한 마지막 연을 선명하게 기억했다.[59]

마지막 단어 "자유"는 헨리의 마음에도 각인된 듯하다. 연설 첫머리에서 현시대의 기조로 자유를 언급했기 때문이다. "완벽한 자유, 사상과 행동의 자유." 소로에겐 완벽히 자유로운 여름이었다. 7월 4일이 지나고 그와 휠러는 휠러가 초여름에 플린트 호수(즉 샌디 호수) 옆 가족 사유지에 (아마 소로의 도움을 받아) 지은 오두막으로 옮겨 갔다. 6주 동안 두 친구는 나뭇잎이 머리 위에서 바스락거리고, 여름 햇살이 드넓은 호수에 부딪혀 반짝거리는 동안 책을 읽고, 글을 쓰고, 헛소리를 지껄이며 강가에서 빈둥거렸고, 때가 되면 가족 농장으로 걸어가 식사를 했다. 휠러는 다른 대학 친구들도 이 오두막으로 데려왔다. 이듬해 여름에는 한 친구가 그 오두막에서 이렇게 장담했다. "아름답고 한적한 곳… 자연이나 자연의 신과 교감하면서 저급한 야망 따위는 모두 버리고 신의 목적에 전념할 수 있는 곳."[60] 헨리 소로도 그와 비슷한 장담을 했으리라. 월든 호수에서 펼쳐진 그의 실험은 찰스 스턴스 휠러와 생활하고 글을 쓴 이때, 이곳에서 탄생했다.

소로가 이 행복한 여름에 숙고한 주제, "상업 정신"은 모든 사람이 생각하는 주제였다. 공황 중에 졸업하고 직업을 찾아야 했던 불운한 1837학년도 졸업생들은 이 주제에 특히 더 예민했다. 그때까지 미국에서 일어난 경제 파탄 중 최악이었다. 서부 개척으로 거대한 투기에 불이 붙었지만, 5월에 뉴욕의 은행이 모두 문을 닫고 은행 폐쇄가 전국으로 확산되자 광풍은 돌연 중단되었다. 부동산 거품이 꺼지자 부동산 가치가 하룻밤 사이에 폭락했으며, 공장들은 문을 닫고, 굶주린 노동자들은 거리에서 폭동을 일으켰다. 1837학년도 졸업생들의 미래는 그 누구의 예상보다도 참담했기 때문

* 〈콩코드 찬가〉 4절에서 "dare to die, and leave their children free" 부분.

에, 동급생 세 명이 연단에 서서 경제 위기에 대해 연설할 때 졸업생들은 모두 숨을 죽이고 경청했을 것이다. 대장장이의 아들 찰스 라이스는 이 문제의 "정치적" 측면에 초점을 맞추고 선한 민주주의자의 입장에 서서 재난의 원인을 광포한 투기 그리고 성실하게 노동해서 성실하게 버는 정신이 탐욕으로 인해 타락한 것에서 찾았다. 헨리 보스는 문학적 측면을 끌어들여 진보적인 상업 예찬론을 썼다. 그 내용은 미국인의 넘치는 에너지를 전 세계에 공급하고 부와 사업을 모든 곳에 퍼뜨림으로써 미국의 모든 종교와 전 세계 모든 민족을 하나로 묶을 수 있다는 것이었다. 상업이 없으면 자유도, 참된 미국도 없다고 보스는 결론지었다.[61]

수백의 청중—매사추세츠주 주지사 에드워드 에버렛, 상하원 의원들, 하버드 감독회 위원들, 퀸시 총장, 그리고 젊고 반항적인 학생들을 가르친 교수들, 졸업하는 동급생들과 가족들, 그리고 그저 호기심에 이끌려 온 사람들—을 앞에 두고 "데이비드-헨리쿠스 소로"(졸업식 프로그램의 공식 언어는 라틴어였다)는 도덕적 문제에 정면으로 돌진했다. 그가 말했다. 상업은 도덕적 자유를 파괴한다. 하지만 자유가 우선이다. 상업이 자유를 낳는 것이 아니라 자유가 상업을 낳기 때문이다. "우주의 어느 별 관측소"에서 볼 때 상업 활동이 이루어지는 미국의 "벌집"이 자유처럼 보이겠는가? 아닐 것이다. "한 지역에서는 망치질과 도끼질을 하고, 빵을 굽고 술을 빚고, 다른 지역에서는 물건을 사고팔고, 환전하고, 연설을 할 것이다." 상업은 우리를 물질적 재화에 결박하고 그럼으로써 우리 인간을 자유롭게 하는 대신 노예처럼 구속하고 우리를 짐승으로 바꿔 놓는다. 인간으로 남으려면 이 물질적 욕망을 벗어던지고 이상향을 향해 자유롭게 걸어가야 한다.

바로 그 자리에서 소로는 『월든』의 기초를 드러내 보였다. "만물의 질서는 다소 역전되어야 한다. 일곱째 날에 땀 흘려 일하고 (…) 나머지 여섯 날은 사랑과 영혼의 안식일이 되어야 한다." 잭슨주의적 민주주의와 휘그주의적 격려*의 중간 지대에서 소로는 그 둘과 근본적으로 다른 제3의 길을 제시했다. 일부 청중은 그가 제시한 길이 현실과 동떨어진다며 비웃었다. 하지만 이제 곧 소로는 그 현실과 맞붙어 싸우고, 동급생들—그가 졸업 앨범 자필 서명란에 적었듯 너무 신성해서 말로 다 표현할 수 없을 만큼 절실한 마음으로 그가 사랑하는 친구들—이 투쟁하는 것 또한 지켜볼 터였다.[62] 소로는 나중에 이렇게 말하곤 했다. "대중은 조용히 절망적인 삶을 살아간다. 하지만 절망적인 일을 하지 않는 것이 지혜의 특징이다." 권위자들이 듣고 있으므로 결국 전 세계 사람들이 듣고 있는 것과 다름없는 그 자리에서 소로는 자신의 가장 신성한 책무를 분명히 밝혔다. 험난한 이 세상에서 어느 누가 그런 맹세를 지킬 수 있을까?

• 잭슨주의적 민주주의란 잭슨의 대중 민주주의를, 휘그주의적 격려란 자유와 계몽으로 나아가도록 이끄는 격려와 교육을 의미한다.

3장

초월주의 수련

1837-1841

그가 물었다.

"지금 무엇을 하고 있는가? 일기를 쓰고 있는가?"

—그래서 나는 오늘 첫 일기를 쓴다.

—

헨리 데이비드 소로, 1837년 10월 22일

「인생은 그런 것」

1837년 8월 31일, 제일교구교회에서 흘러나온 대범하고 새로운 목소리가 하버드 야드 위로 울려 퍼졌다. “자기 확신을 갖고서 모든 가치를 이해해야 한다. 학자는 자유로워야 한다. 자유롭고 용감해야 한다.” 청중이 교회를 가득 메웠고, 들어가지 못한 사람들은 올리버 웬들 홈스가 “미국의 지적 독립 선언서”라고 칭찬한 연설을 듣기 위해 열린 창문들 아래에 옹기종기 모여 있었다. 연사는 〈미국의 학자〉라는 연설로 스타가 될 사람, 랠프 월도 에머슨이었다.[1] 그 자리에서 퀸시 총장을 옆에, 파이베타카파Phi Betha Cappa* 회원, 교수, 학생, 일반 청중을 앞에 두고 에머슨은 헨리가 방금 졸업한 미국 교육의 초석, 하버드에 처음으로 일격을 날렸다.

소로는 거기 없었다. 전날 소로는 같은 무대에 서서 “완벽한 자유, 사상과 행동의 자유”를 주창하는 연설을 했다. 연설이 끝나자마자 그는 자신의 원칙을 실행에 옮겨 그 자리에서 사라졌다. “그 뒤로 자네를 전혀 볼 수가 없었지.” 그의 옛 룸메이트가 투덜거렸다. “난 (자네의 연설이) 아주 좋았다네.” 하지만 “퀸시 총장의 접견식에서도 우리 급우들의 저녁 파티에서도 자네를 만나” 작별인사를 할 수가 없었지. 소로와 그의 동급생들은 졸업식 다음 날 거행되는 파이베타카파 연설에 모두 참석하기로 되어 있었으므로, 그의 불참은 의도적이었다고 볼 수밖에 없다. 그 무렵 에머슨의 중재로 소로

* 대학 우등생들의 친목 클럽.

가 받을 상금이 늘어났고, 몇 달 동안 그는 『자연』의 마법에 걸려 있었다. 그런 소로가 왜 몇 시간 더 머물러 에머슨을 보고 그의 철학을 직접 듣지 않았을까? 소로 스스로도 똑같은 질문을 한 것이 분명하다. 몇 달 뒤 이렇게 답했으므로. "졸업식에 가는 사람은 적어도 그곳에서 동포를 발견할 거라고 생각"하지만 사람들은 완전히 행사에 매몰되어 있어서, "그는 별 볼 일 없는 사람들 속에 파묻혀 자신의 정체성을 잃어버리지 않으려고 연설자가 보이거나 들리지 않는 곳으로 피신하고 싶어진다."[2] 이런 식으로 에머슨—군중에 파묻혀 있고 졸업식에 매몰된 얼굴 없는 사람—을 보는 것은 소로의 계획에 들어 있지 않았다.

소로의 귀향은 어색했다. 「인생은 그런 것」Sic Vita은 고군분투하는 그의 자의식을 투영할 뿐 아니라 이상한 이야기도 달고 있다. 그해 5월 어느 날 아침 소로의 집에서 하숙하는 루시 잭슨 브라운은 누군가가 제비꽃과 수영꽃 다발을 밀짚으로 묶고 그 사이에 시 한 편을 꽂아 열린 창문 안으로 던진 것을 발견했다.

> 나는 헛된 노력을 동여맨 꾸러미
> 우연히 하나로 묶였다네,
> (…)
> 뿌리 잘린 제비꽃과
> 그 틈새에 섞인 수영꽃,
> 밀짚 한 가닥에 동여맨 다발
> 여린 가지들을 도르르 묶은,
> 그 법칙에
> 내가 묶여 있네.[3]

소로는 장난을 치고 있을 뿐, 진지하지 않다. 루시는 소로보다 나이가 두 배 많고, 얼마 전 남편에게 버림받았지만 그래도 자식들이 딸린 기혼자였다. 헨리는 집 주변에서 그녀를 도와주고, 이렇게 그리움과 장난기가 뒤섞인 어조로 편지를 써 보내면서 아들 노릇을 하곤 했다. 하지만 꽃말—소박함을 뜻하는 제비꽃, 재치 없음을 뜻하는 수영꽃—과 복잡하고 박식한 운문 형식을 결합한 이 기발한 시는 단순한 장난이 아니라 루시의 시숙인 랠프 월도 에머슨의 주목을 받고자 하는 노력이기도 했다. 뿌리도 없이 과거의 자아와 단절되어 있다는 느낌에 소로는 하버드 졸업생이자 기대를 한몸에 받는 젊은이로서 지금 이 새로운 정체성이 어색하고 불안하다고 고백하고 있었다. 그가 세례명 "데이비드 헨리"를 뒤집어 자신이 좋아하는 "헨리 데이비드"로 이름을 바꾼 것도 이 무렵이었다. 콩코드의 모든 사람이 그의 개명을 인정한 것은 아니었다. 지역의 한 농부는 방문자들에게 이렇게 소리쳤다. "그 아이 이름은 **데이**비드 헨리야. **데이**비드 헨리 말고는 어떤 이름도 아니지. 그 아이도 알고 있을걸!" 하지만 고향 사람들이 말했듯이, 그때부터 그는 "헨리"였다.[4]

당장에 헨리의 관심사는 생계유지였다. 졸업식 연설에서는 1주 1일 노동을 예언했지만, 대학을 갓 졸업한 이 젊은이는 다른 사람들처럼 1주에 6일을 일할 수밖에 없었다. 하지만 1837년 공황 때문에 힘들게 직업을 찾아다녀야 하는 친구들과 달리 소로는 최고 수준의 일자리를 쉽게 얻었다. 90명의 학생을 가르치고 연봉 500달러를 받는 콩코드센터 문법학교Concord's Center Grammar School의 교사 자리였다. 그는 마을에서 가장 열심히 일하고 가장 좋은 보수를 받는 사람이 되었다. 미국 교육자들에게 보내는 에머슨의 연설도 듣지 않고 그로부터 일주일이 흐른 9월 6일 수요일에 헨리 소로는 교단에 섰다.[5] 그는 교육을 민주주의의 가장 높은 시민적 사명으로 보았기 때문에, 거의 틀림없이 몇 년 동안은 거기 머물 계획이었을 것이다. 그런 사명은 마을 한복판에 벽돌로 지은 화려한 2층 건물 자체에도 반영되어 있었다.[6] 소로는 주랑 현관을 지나 계단식 교실에 들어간 뒤 자신의 책상 앞에 앉아 가게 주인, 은행 이사, 변호사, 농부, 제분업자, 마차 제작자, 구두장이의 자식들이 뒷문으로 줄지어 들어와서는 남녀가 서로 다른 구역에서 자기 자리를 찾아 앉는 것을 지켜보았다. 그는 아이들에게 읽기와 제대로 말하기, 올바르게 쓰기, 계산법, 간단한 지리, 역사, 자연철학을 가르쳤고, 더 나아가 헛간에서 가져온 거위 깃을 깎아 한두 페이지 정도 쓸 수 있는 필기도구를 만드는 법도 가르쳤다. 이 교실에는 장비가 잘 갖춰져 있었다. 칠판, 철자 카드, 천구의와 지구의, 세계지도, 문법 규칙을 개략적으로 보여 주는 벽보 등이 잘 갖춰져 있었다. 학생들은 나이와 학습 진도에 따라 그룹을 지어 책상에서 공부했고, 그러는 동안 소그룹들이 앞으로 나와 자신들이 공부한 것을 점검받았다.

소로가 이 학교에 다니던 시절부터 10년 동안 그를 가르쳤던 에드워드 자비스가 다른 사람들과 함께 이끈 교육개혁은 체벌보다는 모범과 호소를 통해 도덕적 향상을 이끌라는 것이었다. 그에 따라 고용될 당시 소로는 학생이 복종하지 않는다는 이유로 매를 드는 일은 없을 것이며 "그 대신 말로 타이르겠다"라고 분명히 말했다. 하지만 애석하게도 개혁가들은 다른 곳으로 떠나고 1837년 콩코드 교육위원회는 대단히 보수적인 위원 세 명으로 축소되어 있었다. 그중 한 명인 바질라이 프로스트는 하버드에서 소로를 가르친 적이 있고 분명 소로의 교육 방법에 찬성했을 테지만, 디컨 느헤미야 볼은 찬성하지 않았다. 볼은 교육위원회의 선임 위원이자 마을의 유력자였다. 소로가 근무를 시작하고 나서 두 번째 주에 볼이 뒤늦게 새 교사의 행동을 평가하겠다면서 학교에 들렀다. 이야기에 따르면, 디컨 볼은 "한 교시 내내 앉아 견실한 교육의 초석인 체벌을 기다리면서 불만을 키워 갔다"라고 한다.[7] 소로가 동의하지 않자 디컨은 그를 심하게 꾸짖었다. 교사는 매를 들어야 합니다. 그러지 않으면 학교가 망가져요.

소로는 자신의 삶을 영원히 바꿔 놓을 행동을 하고 말았다. 사실 그는 누구에게도 매질을 할 수 있는 사람이 아니었다. 심지어 모두에게 있는 쇠가죽 채찍도 그는 없었다. 하지만 나무 주걱은 갖고 있었는데, 그날 오후에 그걸 사용했다. 다양한 설명이 있다. 어떤 이는 그가 학생 한두 명을 때렸다 하고, 어떤 이는 열세 명이나 때렸다고 말한다. 기록상으로는 엘리자 제인 듀런트와 대니얼 F. 포터, 단 두 명이었다. 엘리자는 소로 집안의 하인이었고, 그 일이 일어난 뒤 곧 일을 그만두고 떠났다. 대니얼은 노인이 되었을 때도 그 일을 생생히 기억하면서 "지금까지 아프다!"라고 말했다. 그는 열 살이었고 다른 학교에서 막 전학을 왔는데, 그 학교에서는 공부를 다 했으면 책을 치우고 팔짱을 낀 채 조용히 앉아 있으라고 배웠다. 그런데 놀랍게도 소로가 그를 부르더니, 책을 치우고 아무것도 하지 않는다며 나무 주걱으로 그를 때렸다. "나는 너무 화가 나서 속으로 이렇게 말했지. '이다음에 커서 어른이 되면 채찍으로 복수를 해 주겠어. 늙은이, 두고 봐라.' 하지만", 포터는 껄껄 웃었다. "그 뒤로 복수할 마음이 싹 가셨다네. 정말, 헨리 소로는 누구보다 친절한 마음씨를 가진 사람이었거든." 그래서 소로가 매를 든 사람은 아마 여학생 제인과 남학생 대니얼 단 두 명이었지만, 그 둘로 충분했다. "야만적 복종"uncivil obedience 행위를 한 날 저녁 소로는 디컨 볼에게 가서 사의를 표명했다. 다음 날 소로는 학생들 앞으로 돌아와 폭력을 써서 벌을 주는 것은 자신의 양심에 어긋나는 일이라고 말했다. "그렇게 할 수밖에 없다면, 학교에 머물지 않겠다고 말했다."[8]

그렇게 해서 공립학교 교사로서 소로의 경력은 열흘 만에 막을 내렸다. 교육위원회는 짜증을 내면서 소로의 친구 윌리엄 앨런을 고용했고, 그래서 그 학기는 거의 공백 없이 재개되었다. 직업을 잃은 소로는 "-37년 출정의 전우"*인 헨리 보스에게 편지를 보내, 혹시 뉴욕주 버터너츠 인근에 빈자리가 있는지 알아봐 달라고 부탁했다. 버터너츠는 보스가 교사직을 구한 곳이었다. 그러면서도 헨리는 유머를 잃지 않았다. "펜도 고쳐 줘야 하

* 1837년 졸업자란 뜻이다.

고, 손도 잡아 이끌어 줘야 하고/누가 선생이 되려고 할까?" 미안하지만 버터너츠에는 자리가 없네, 보스가 답했다. 가족에게 헨리는 주로 "나 자신의 방식대로 할 수 있는 중등학교나 사립학교"를 알아보는 중이라고 말했다.[9] 하지만 중등학교는 말만 하면 금세 만들어지는 물건이 아니었다. 또 당시로서는 학년이 이미 시작했기 때문에, 그건 그저 말에 불과했다. 이 사건을 두고 온갖 소문이 돌았다. 소로는 쉽게 포기하는 젊은이일까? 너무 거만해서 그 좋은 직업을 걷어찬 것일까? 아니면 디컨 볼이 너무 간섭하길 좋아하고 잘못된 대의에 사로잡혀 있는 것일까? 소문은 무성한데 헨리는 잠잠했다. 여전히 불안정하고 하루아침에 양심의 순교자가 된 지금 그는 도움이 절실했다.

이제, 에머슨을 만날 준비가 되었다.

초월주의적 자기 수양

에머슨과 소로가 정확히 언제 만났는지는 명확하지 않다. 에머슨은 소로가 하버드를 졸업한 1837년에 그를 만났으며, 정확한 시기는 루시가 자신에게 소로의 「인생은 그런 것」을 보여 준 5월, 아니면 루시가 보여 준 소로의 일기 한 대목이 자신의 생각과 아주 비슷하다고 느낀 4월이라고 생각했다. 어쩌면 휠러와 소로가 샌디 호숫가에서 지내던 그 여름이었을지도 모른다. "저녁 식사를 당연시하고 환심을 사기 위해 해야 할 행동이나 말을 군주라도 된 듯 경멸하는 소년들의 태연자약함은 인간 본성에서 우러나오는 건강한 태도다"라고 에머슨은 고개를 끄덕이며 메모했다.[10] 한편 소로는 1837년 10월 22일을 자신의 두 번째 생일, 즉 작가로 다시 태어난 날로 신중하게 기념했다. 새 공책 첫 페이지 맨 위에 소로는 이렇게 적었다. "'너는 지금 무엇을 하고 있는가?' 그가 물었다. '일기를 쓰고 있는가?' 그래서 나는 오늘 첫 일기를 쓴다."[11] "그"가 에머슨이라는 것을 의심하는 사람은 거의 없다.

에머슨의 질문은 가볍고, 방금 실직한 젊은 하버드 졸업생에게 친절하게 손을 내미는 듯하다. 이 조용한 대화는 소로의 삶에 일어날 중대한 변화를 예고한다. 이날 그에겐 대화하는 사람이 생겼다. 그가 평생에 걸쳐 에머슨과 나눈 대화, 애정과 격려와 대립과 분노와 화해가 되풀이되는 그 대화로 인해 소로는 완전히 독창적인 위대한 작가가 될 수 있었다. 소로의 창의성은 혼자일 때가 아니라 협력 관계 속에서 실현되었다. 에머슨이 그의 창의성을 부추겨 천재성으로 피어나게 한 것이다.

소로의 다음 소원은 고독이었다. "나는 다락방을 찾는다. 거미가 있어도 방해가 안 되고, 바닥을 쓸 필요도 없고, 잡동사니를 정돈할 필요도 없다." 이 역시 에머슨의 충고로, 당시 에머슨이 집필하고 있던 「인간 수양」 Human Culture에 다음과 같은 구절이 있다. 첫째, "홀로 책상 앞에 앉아라. 당신이 거주하기 위해 갖춰야 할 설비 중에 당신만의 방이 있으면 충분하다. 비록 코트를 팔고 담요를 덮어쓸지라도". 둘째, "일기를 써라. 당신의 생각에 진실이 찾아오는 순간에 경의를 표하고 그 생각을 기록하라". 에머슨의 요점은 고독과 일기 쓰기가 상호 작용을 한다는 것이었다. 다시 말해, 고독은 헛된 공상을 위한 것이 아니라 펜을 손에 쥐고서 "중요한 어떤 사실들이 기억 속에 있는지" 탐구하는 생산적 습관을 위한 것이다. 아마 소로는 이미 일기를 쓰고 있었을 것이다. 정신적 자기 성찰은 뉴잉글랜드의 명예로운 전통이었다. 사람들은 일기를 친구나 가족들과 서로 돌려 보았으며, 채닝 교수는 하버드 학생들에게 일상의 추이를 기록하라고 격려했다. 하지만 채닝 교수의 도덕적 결산 방식은 소로의 상상력으로 스며들지 못했다. 반면 에머슨은 끝없이 밀려오는 인생의 파도가 어떻게 순간순간마다 문턱을 넘어 치고 들어오는지를 보라고 요청했다.[12] 그 외침에 대한 응답으로 소로는 기념비적인 인생의 작품을 빚기 시작했다. 펜을 들 수 있는 한 멈추지 않고 200만 단어가 넘는 글을 쓰며 서사적 여정을 이어 나간 것이다.

다락방을 확보하고 펜을 손에 쥐자 소로는 하버드 졸업생에서 초월주의의 도제로 변신했다. 핵심은 "자기 수양"self-culture이었다. 수양 즉 문화는 경작하다cultivate에서 나온 말로 식물이든 동물이든 정신이든 어떤 것을 성장하게 한다는 뜻이다. 셋 다 성장하긴 하지만, 인간만이 문화의 원리를 그 자신에게 적용할 수 있다. 어떤 존재가 인간이라는 것은 자신의 고유한 내적 힘을 찾고 그런 뒤 그 힘을 의식적으로 펼치고 유도하고 키울 줄 안다는 것을 말한다. 대개 그 힘은 동면해 있으며, 깨어난다는 것, 즉 완전한 인간이 된다는 것은 모든 피조물 가운데 인간만이 신의 본성을 내면에 지니고 있음을 안다는 것이다. 윌리엄 엘러리 채닝이 말했듯 "우리가 주변에서 신을 볼 수 있는 것은 신이 우리 안에 거주하기 때문이다".[13] 여러 해에 걸쳐 초월주의자들은 서로 다투고 여러 갈래로 나뉘어 나아갔지만, 모든 사람의 내면에 신의 원리가 거주하고 있다는 믿음만큼은 하나같이 굳게 고수했다. 이 통찰은 결국 철저히 개혁적이었다. 노예제는 어떤 희생을 치르더라도 폐지되어야 하고, 여성의 정치적·사회적 불평등은 종식되어야 한다는 의미였기 때문이다. 또한 그 믿음에 따르자면, 어린이는 죄인처럼 벌을 받거나 노동자처럼 훈련받아서는 안 되고, 내면에 존재하는 그 신의 정신을 펼치고 계발할 수 있도록 교육받아야 하며, 정신의 진리를 추구한다면 자연에서 직접 신의 지혜를 읽고, 에머슨이 『자연』에서 공언했듯이 "우주와의 본래 관계"를 즐길 수 있었다. 철학·신학·과학·법·거래·직업 등 모든 것을 개조하는 이 새로운 개념은 에머슨의 말을 빌리자면 "아직은 **문화**보다 더 적절한 이름을 갖지 못했다".[14]

나뭇잎 우거진 거리, 신고전주의 양식의 열주, 호수와 언덕 꼭대기에 이르는 다정한 오솔길이 있는 우아한 마을 콩코드는 에머슨의 눈에 이 새로운 문화 사업을 펼치기에 완벽한 장소로 보였다. 1835년 그는 붐비는 케임브리지 턴파이크로* 옆에 있는 하얀 저택을 매입하고 신부 리디언을 그

* 콩코드 남쪽을 지나는 도로.

집으로 데려왔다. 에머슨의 집은 곧 미국의 지적 문화의 중심이 되었다. 그가 의기양양하게 〈미국의 학자〉 연설을 한 바로 그날 저녁 에머슨 부부는 여러 사람과 함께 기차를 타고 콩코드로 돌아왔고, 그들 모두가 그 집에 머무르며 다음 날—그의 작은 초월주의 클럽이 마침내 친구들과 동조자들에게 모습을 드러낼 역사적인 날—에 열릴 성대한 파티에 참석했다. 그중에는 여성도 있었다. 마거릿 풀러와 엘리자베스 피보디가 있었고, 소로의 이웃인 엘리자베스 호어와 세라 올던 리플리도 있었다. 리디언은 완벽한 축제를 준비했다. 그녀가 심술궂게 지적했듯이, 초월주의자들도 잘 먹는 것을 좋아한다. "소고기, 정신주의자들이 매우 좋아하는 고상한 메뉴", 양고기와 케이퍼소스, 햄과 소혓바닥, 옥수수, "땅콩, 토마토, 마카로니, 오이, 상추, **애플소스**" 그리고 후식으로 커스터드와 배, 건포도와 견과류.[15] 하지만 헨리 소로는 그 파티에 없었다. 운명과도 같은 우연으로 그는 마침 이웃에 살고 있었다. 하지만 그는 그 지역 젊은이, 연필 제조업자 아버지와 하숙집 주인 어머니의 아들로서가 아니라 에머슨의 지적 동지로서 합류하고, 에머슨에게 직접 초대를 받을 참이었다.

그 초대는 오래 걸리지 않았다. 에머슨은 1837년 12월 6일 보스턴에서 〈인간 문화〉 강의 시리즈를 시작할 때 젊은 이웃에게 그 초대권을 줬다. 소로는 보스턴의 인상적인 메이소닉 템플Masonic Temple까지 19마일을 걸어가 에머슨이 그 자신의 졸업식 연설과 흡사한 표현으로, "사람들이 눈이 멀어 사방으로 뻗어 나가는 {신적인} 아름다움을 보지 못한다"라고 한탄하는 것을 들었다." 수학을 사랑하고 오래된 영시를 탐독하던 이 학생이, 에머슨이 "수학을 아는 사람이 동시에 셰익스피어를 사랑할 수는 없을까?"라고 묻는 것을 들었다. 꿈에서 월든 호수를 보던 이 젊은이가, 에머슨이 "고차원의 문화"는 **자연**으로 돌아가 인류를 깨우는 것이며 "정원을 다듬고 잔디로 덮는 것이 아니라" **야생**의 자연, 즉 "진저리나는 덤불, 황량한 습지, 민둥산이 펼쳐진 손대지 않은 풍경의 진실한 조화, 땅과 바다의 균형"으로 돌아가는 것이라고 외치는 것을 들었다. 소로는 매혹되었다. 그리고 에머슨도 매혹되었다. 어떤 사람이 에머슨에게 어느 젊은 이웃이 이 연설을 들으려고 보스턴까지 그 먼 길을 걸어왔노라고 일러 주었다. 에머슨은 그냥 넘어가지 않고 소로를 집으로 초대했다. 자기 가족과 친구들에게 〈인간 문화〉 강의를 직접 읽어 주고 있던 바로 그 집으로.[16]

1838년 2월에 소로와 에머슨은 어느덧 동료가 되어 있었다. 에머슨은 이렇게 썼다. "이런 젊은 친구가 있어 정말 기쁘다. 내가 만나 본 그 누구보다 자유롭고 올곧은 듯하다." 어느 고독한 오후에 소로가 찾아와, "진실함과 명료한 인식으로 밝은 햇살을 비춰 주었다. (…) 젊은이의 입에서 나오는 모든 말이 듣는 사람을 흥겹게 하지만, 그 의미는 진중하기가 이를 데 없다". 왜냐하면 그는 "뼛속까지 반골"이어서다.[17] 4월에는 두 사람이 나란히 산책을 했으며, 7월이 되자 소로의 변신은 완료되었다. 적어도 제임스 러셀 로웰은 그렇게 봤다. 로웰은 하버드에서 정학을 당해 한동안 콩코드로 "쫓겨나" 있었다. 그는 킬킬거리며 이렇게 썼다. "어젯밤에 소로를 봤다. 에머슨의 말투와 태도를 흉내 내는 것이 정말 재미있었다. 눈을 감으면 두 사람이 구분되지 않을 것이다." 소로가 에머슨과 비슷하다는 얘기는 과장이 섞이기는 했지만 평생 소로를 따라다녔다. 한 방문객은 소로가 "점점 에머슨의 만화 같은 코를 닮아 간다!"라고 외쳤다.[18] 10년 뒤 로웰은 공개적으로 소로가 에머슨의 가장 좋은 과일을 훔치는 소매치기라고 조롱했다. "저런, 망측하여라, 동료 시인이여. 당신에게도 좋은 과일이 있으니 / 이웃집 에머슨의 과수원은 그냥 내버려 둘 수 없을까?" 하지만 윌리엄 엘러리 채닝은 자기 수양에 모방은 필수적이라고 주장했다. "사상가가 되기 위해서는 위대한 사상가와의 연결이 필요하다."[19] 도제 수업이 끝나고부터 소로는 에머슨의 그늘을 벗어나 더 크게 성장하고자 고군분투할 터였다. 하지만 이 역설은 에머슨 철학의 요체였다. 위대한 스승이 독창성을 강조할 때 그 제자들이 어떻게 스승을 모방하지 않고 자기가 독창적이라고 선언할 수 있을까?

콩코드의 사회 문화

소로는 심술궂고 정감 있는 농담으로 에머슨의 가족 안에서 한자리를 차지했지만, 동시에 그 자신의 가족 안에서도 새로운 역할을 해내고 있었다. 그를 하버드에 보내기 위해 많은 것을 희생한 가족은 그 보답으로 영리한 언변 이상을 기대했다. 파크먼 하우스에 모여 살게 된 소로 가족은 이제 그의 부모, 그의 세 남매(멀리 나가 학생들을 가르치지 않을 때), 루이자 이모와 찰스 삼촌, 마리아 고모와 제인 고모(그들이 자주 방문해서 한 식구처럼 지낼 때), 마리아 고모의 친구인 프루던스 버드 워드와 그녀의 딸 프루던스를 포함할 정도로 규모가 커졌고, 루시 잭슨 브라운 같은 장기 거주자들, 다양한 단기 하숙인들, 숙식을 하는 하녀 한두 명도 그 집에 살았다. 게다가 연필 공장도 작업장이 하나씩 늘어났다. 거의 여자들로 이루어진 이 활발한 대가족은 모임과 전도 사업을 하고, 음식을 요리하고, 식탁을 차리거나 치우고, 텃밭을 가꾸고(이 일은 헨리가 도맡았다), 공장을 관리하느라(헨리는 이 일에도 한몫했다) 부산스러웠다. 세상에 갓 나온 신진 작가는 분명 고독이 간절했을 것이다. 헨리는 다락에 있는 방을 차지하고는 자신의 "높은 제국"upper empire이라 불렀으며, 그 방의 "투시 창"을 통해 일출을 구경하고 "만물의 (…) 참된 관계"를 보았다.[20]

그 높은 제국에서 소로는 1838년 4월 11일 콩코드 라이시움에서 난생 처음 하게 될 강의의 원고를 작성했다. 주제는 "사회"였는데, 다소 투덜대는 투였다. 인간은 "서로 어울리지 않고, 그냥 모이기만 한다"라고 그는 라이시움에서 말했다. 그 자신으로 말하자면 "삶이라는 '거대한 익살극'에서 한 배역을 맡았을 뿐"이었다.[21] 소로의 일기에는 그 "익살극"에 대한 단상이 곳곳에 적혀 있다. 이를테면 "일요일 풍경"이란 제목의 스케치에는 "여성 가장들"에 관한 묘사가 나오는데, "인간의 영혼을 시험하는 시대*에 태어난" 워드 부인은 자기 남편이 독립전쟁 때 대령이었다는 사실을 매번 강조했고

("왜냐하면 그 시대에 나는 너희보다 더 위대한 사람들과 대화를 했거든", 그녀는 이렇게 말하곤 했다), 마리아 고모는 "그가 갖고 있던 『스탈 부인의 독일론』 *Germany by De Stael*이라는 불명예스러운 외서를 마치 독사라도 되는 듯 멀리했다." 하지만 소로의 편지에서는 익살이 넘쳐흘렀다. 어느 날 존에게서 정체불명의 커다란 상자가 우편으로 당도했다. 상자를 개봉하는 명예가 헨리에게 주어졌다. "도대체 이게 뭘까? 어떤 사람들은 톤턴**산 청어라고 장담했다." 그는 카펫 위를 기어 다니며 구석구석 냄새를 맡았다. 청어는 아니었다. 가족들에게 알아맞히기 게임을 시키면서 그가 상자의 못을 하나씩 천-천-히 빼자 누군가 "그냥 뜯어내!"라고 소리쳤다. 마침내 내용물이 드러났다. 인디언 유골이었다. 그들은 유골을 만져 보고, 조사하고, 나눠 가지면서 흡족해했다.[22]

존은 밖에 나가 있을 때도 "집안 전체를 밝히는 빛, 모든 모임의 활력"이었다. 그가 들새 관찰을 기록한 멋진 앨범은 어느 장식품보다 거실을 아름답게 꾸며 주었다. 앨범 앞쪽은 다달이 신중하게 모은 정보로 시작하고, 반대쪽은 과학적 계보에 따른 기록으로 시작했으며, 사이사이에는 새로운 항목을 적을 공간이 많이 있었다. 헨리도 몇 개 추가했고, 프루던스 워드에게 식물학을 배우느라 바빴던 소피아도 말린 식물 표본 몇 개를 더했다. 관습에 따라 존은 새를 관찰하기 위해 총을 썼는데, 아이러니하게도 한 이웃이 붉은풍금새 수컷의 날개를 쏴서 떨어뜨렸을 때 소로 가족은 벌레를 먹여 가며 그 불쌍한 새를 살려 보려 했다. 다친 새는 벌레를 게걸스럽게 받아먹다가 사흘 만에 숨을 거뒀다.[23]

소로는 인디언 놀이를 하면서 존과 유대를 다졌다. 1836년 12월에 형제는 타하타완에게 바치는 기념물을 만들어 페어헤이븐 힐에 세웠다. 대학생 헨리는 유려한 라틴어로 기념물에 이렇게 새겨 넣었다. "타하타완의 절

* 토머스 페인의 『상식』에 나오는 구절로, 독립전쟁 시대를 말한다.

** 미국 매사추세츠주 남동부에 있는 도시.

벽: 자연의 아들, 이곳의 군주, 최후의 인디언, 타하타완이 짐승을 사냥하고, 이 강에서 낚시를 했노라." 형제는 "이 바위산이 그의 기념비가 될지어다"라고 선언했다. "오 인디언이여! 당신의 부족은 어디로 갔는가?" 이에 대한 답으로 헨리는 왐파노아그어로 시편 2장 8절을 적어 넣었다. "내게 구하라. 내가 이방 나라를 네 유업으로 주리니 네 소유가 땅끝까지 이르리로다."[24] 1837년 11월, 존이 호프웰에서 학생들을 가르치고 있을 때, 헨리는 공들여 쓴 편지에 다음과 같이 날짜를 적었다. "머스케타쿼드 202번의 여름—두 개의 달—백인이 당도한 이래 흘러간 열한 개의 태양. 타하타완—사키마우판Sachimaupan—그의 형제 추장Sachem—희망에 찬—호프웰—호프웰에서—희망에 차서—그들 모두가 건강하기를 희망하며."*** 헨리는 인디언을 가장하고 레드 재킷처럼 응답했다. "형제여, 부족 회의를 할 때 피우는 모닥불 곁에서 그대의 모카신**** 자국을 본 지도 여러 해가 되었구료. (…) 형제여. 나는 백인들이 어떻게 우리의 땅을 빼앗았는지를 생각하고 있다오." 콩코드 정치에 대한 소로의 정교한 풍자는 소외되고 쫓겨난 자들, 마을 회의에 대표를 보내지 못하는 자들을 대변하는 항의였다. "마을의 회의 장소에 타하타완의 자리는 없다오."[25] 인디언의 가면을 썼기에 헨리는 과거에서 돌아와 실체를 갖추고서 현재를 추궁하는 반대자의 목소리를 낼 수 있었다.

이 편지를 쓰는 도중에 헨리는 독립혁명의 마지막 생존자의 한 명인 애나 존스가 임종을 앞두고 있다는 사실을 알게 되었다. 그는 구빈원으로 걸어가 이 곤궁한 노파를 인터뷰했다. 그리고 그녀의 토막 난 기억들을 충실하게 기록했다. 그녀의 농가에 살았던 하버드 총장, 전시에 에머슨 목사가 한 설교들, 그녀의 연인이 들려주던 노래, 방앗간 주인 버트릭 씨를 생포한 영국군이 그를 지옥으로 보내겠다고 하자 버트릭 씨가, 마음대로 해라, 어차피 난 살날이 많지 않다고 대답한 일 등. 임종의 자리에서 흘러나온 이

*** 희망hope이라는 단어를 이용한 말장난이다.

**** 북아메리카 원주민의 뒤축 없는 신.

구전 역사는 결국 소로가 발표한 첫 번째 글, 애나 존스의 사망 기사가 되어 《자유민 신문》*Freeman's Gazette*에 실렸다. 아쉽게도 신문사는 소로가 받아 적은 정보의 대부분, 특히 기사를 마무리하면서 내놓은 주장을 삭제했다. "그러니 그녀의 종교가 진실이 아니었다고 누가 말할 수 있겠는가? 공허하고 인습적인 숱한 외양 속에서 꺼지지 않는 불꽃이 넘실대며 타오르지 않았다고?" 이 비범한 단평, 독선적인 자들에게 내보인 붉은 깃발은 소로의 초월주의가 수면 위로 떠오르고 있음을 예고했다.[26]

헨리가 자신의 역할과 목소리를 암중모색하는 동안 그의 집안 여자들은 각자의 위치를 찾아 나가고 있었다. 1833년 말 소로 가족에 합류한 워드 모녀는 집안에 급진적 노예제 폐지론을 소개하고, 노예제를 반대하는 윌리엄 로이드 개리슨이 펴내는 신문, 《해방자》에 글을 기고하곤 했다. 노예의 운명은 여성의 손에 달려 있다고 개리슨은 외쳤다. 프루던스는 콩코드 주민이 고루하고 소심해서 그렇게 "어려운 문제"에는 귀를 기울이지 못한다는 사실을 깨닫고는 친구들과 함께 사람들의 의식을 깨우기 시작했다. 1834년 콩코드에서 가장 뛰어난 시민 세 명이 미들섹스카운티반노예제협회Middlesex County Anti-Slavery Society를 결성하고, 1835년—폭도가 개리슨을 공격해 그의 신문사를 때려 부수고 그를 거의 죽일 뻔한 해—에는 헬렌과 소피아 소로가 노예제 폐지론에 동참했다. 엘리자베스 호어와 메리 무디 에머슨도 함께했고, 리디언과 월도(친구들은 에머슨을 이렇게 불렀다)를 끌어들였다. 요컨대 소로가 대학을 마치고 돌아와 보니 그의 집은 급진적 노예제 폐지론의 온상이 되어 있었다. 소로가 공립학교에 취직한 그 주에 반노예제 활동가인 앤젤리나와 세라 그림케가 콩코드 삼위일체신론교회에서 강연했는데, 그 자리에 참석한 프루던스는 두 여성이 웬만한 남성보다 낫다고 생각했다. 몇 주 후 콩코드 여성들—신시아, 헬렌, 소피아 소로, 워드 모녀, 리디언 에머슨—은 공식적으로 콩코드여성반노예제협회Concord Female Anti-Slavery Society를 설립했다.[27] 헨리 소로는 "높은 제국"에 몰입하느라 서명은 못했지만, 현관문을 열고 나오기만 하면 점점 거세지는 반노예제 바람의 한복판에 서게 되었다.

헨리는 또한 생계유지에도 골몰했다. 자신 또한 하숙인의 한 사람으로서 체면상으로나 의무상으로나 가족의 벌이에 힘을 보태야 했다. 학교에서 가르칠 수 없다면 최소한 연필 공장에서 일할 수 있었다. 헨리는 이 과제를 흥미로운 지적 문제intellectual problem로 변화시켰다. 미국의 연필은 왜 그리 끔찍할까? 어쨌든 글은 쓸 수 있지만 조잡하고, 잘 부러지고, 번들번들하고, 종이에 잘 긁혔다. 아직도 연필심의 재료는 곱게 간 흑연, 베이베리 왁스, 아교, 고래기름을 갠 따뜻한 반죽이었으며, 이 반죽을 삼나무 널조각에 새긴 가는 홈에 다져 넣고 다른 널조각으로 덮은 뒤 적당히 절단하고 마감했다. 하지만 프랑스에서 수입한 콩테 연필은 훨씬 더 훌륭했고, 천연 흑연을 잘라 만든 영국 연필과 달리 프랑스 연필에는 단단한 것에서 무른 것까지 여러 등급이 있었다. 소로는 프랑스인들의 방식을 알아내기로 했다. 일설에 따르면 그가 백과사전에서 독일의 연필 제작에 관한 항목을 읽고 단서를 발견했다지만 그런 항목이 어디 있는지는 확인되지 않았고 그때까지 독일인들이 그 비밀을 밝힌 것도 아니었다.

어떻게 했는지는 몰라도 헨리는 수를 찾아냈다. 어쩌면 그의 부친이 아이디어를 줬을지도 모르고, 어쩌면 흑연과 점토를 섞어 만든 도가니가 열에 잘 견딘다는 글을 어디선가 읽었을지도 모른다. 어쨌든 몇 달에 걸쳐 그는 방법을 알아냈다. 첫째, 적합한 점토를 사용한다(나중에 이 공장에서 일한 워런 마일스에 따르면, 소로 가족은 유리 직공이 수입하는 바이에른산 고운 점토를 사용했다 한다). 둘째, 비율을 다양하게 한다. 점토가 많이 들어갈수록 연필심은 단단해진다. 셋째, 흑연을 그때까지 누가 간 것보다 더 곱게 간다. 이 공정을 위해 헨리는 새로운 흑연 여과 장치를 만들었다. 공기의 흐름을 이용해 가장 고운 입자들을 걸러 내고 나머지는 재차 갈 수 있도록 바닥에 떨어뜨리는 높고 긴 통이었다. 넷째, 흑연-점토 혼합물을 틀에 넣어 형태를 만든 뒤 가마에 넣고 굽는다.[28] 그 결과 완전히 새로운 연필심이 탄생했다. 가마에서 구운 세라믹을 잘라 홈 안에 넣는 방식으로 1에서 4까지 경도가 다른 연필을 생산했다. 미술가, 측량사, 기술자 들은 이 연필에 비싼 가격을 지불했다. 소로 가족은 남색 연필을 제품 라인에 추가하고, 납작해서 잘 구르지 않는 목수용 연필 같은 다양한 형태와 크기의 제품도 추가했다. 사업이 성장함에 따라 파크먼 하우스 뒤편에 작업장이 하나씩 늘어 갔다. 사업 비밀을 지키기 위해 아버지와 아들은 아무것도 기록하지 않고 입을 꾹 다물었다. 몇 년 동안은 미국에서 그 누구도 이들보다 더 좋은 연필을 만들지 못했다.[29]

하지만 소로는 자신의 천직이 연필 만들기가 아니라 가르치는 것이라고 느꼈다. 그는 오레스테스 브라운슨에게 보내는 긴 편지에 자신의 교육철학을 자세히 적었다. 교육은 교사와 학생 양쪽 모두에게 즐거운 일이어야 하고, 훈육은 교실에서나 거리에서나 똑같이, 쇠가죽 채찍이 아니라 삶 그 자체를 통해 이루어져야 한다. "저는 쇠가죽 채찍을 부도체不導體에 비유하고 싶습니다. (…) 채찍을 매개로 해서는 단 한 톨의 진리도 전달할 수 없기 때문입니다." 그 불꽃을 전달하려면 교사도 학생이 되어 학생들과 함께, 학생들로부터 배워야 한다. 하지만 그런 교육은 "거의 존재하지 않는 높은 수준의 자유", 즉 자아를 해방할 자유를 전제로 한다. 브라운슨은 새로 준비하는 잡지 《보스턴 계간 평론》*Boston Quarterly Review*에 전념하느라 답장을 하지 못했고, 그래서 소로는 사람들과 계속 접촉하면서 여기저기서 일자리를 알아보았다.[30] 허사였다.

3월 중순이 되자 폭발할 지경에 이르렀다. 소로는 존에게 "우리, 서부에 회사를 차리고 회사와 연계해 학교를 세우면 어떨까?"라고 써 보냈다. 아니면 적어도 서부에서 함께 일자리를 찾아볼 수 있었다. 중등학교에서 그들을 가르친 선생님이 지금 켄터키에 있는데, "내가 들어갈 수 있는 학교를 10여 군데나" 적어 보내 주었다. 새 출발을 하기에 딱 좋은 시기였다. "**난** 어떤 일이 있어도 가겠어." 헨리는 자신이 할 수 있는 한 최대한으로 여기저기에 도움을 요청했다. 얼마 안 있어 조지 리플리, 랠프 월도 에머슨, 퀸시 총장에게서 추천서가 날아왔다. 그 정도면 인상적인 포트폴리오였다. 신시아가 서부로 떠날 두 아들의 짐을 싸느라 정신없이 바쁠 때, 버지니아에 좋은 자리가 있다고 퀸시가 알려 주었다.[31] 하지만 버지니아 취업은 불발이 되었고 존은 보스턴 근처 웨스트 록스베리의 일자리를 받아들였다. 그러자 헨리는 메인주로 눈을 돌렸다. 1838년 5월, 에머슨에게 100달러를 빌린 헨리는 친척들을 찾아다니며 일자리를 알아볼 심산으로 뱅고어로 향했다.

이 2주간의 모험은 헨리가 보스턴 지역을 벗어난 첫 번째 여행이었다. 5월 3일 한밤중에 소로는 포틀랜드행 여객선에서 "뱃전 너머로 고개를 뺀 채", 뱃멀미 때문에 달이 더 밝아 보인다고 호기롭게 외쳤다. 낯설고 분주한 도시에서 낯선 사람들에게 일자리를 구걸하는 것은 소로의 천성에 맞지 않았지만, 우편 마차를 타고 브런즈윅으로 가는 길에 그는 어색함을 잊고 차창 너머로 굽이치며 지나가는 마을에 흠뻑 빠져들었다. 마을들은 제각기 하나의 세계였고, 독자적으로 연구할 가치가 있었다. 그는 뱅고어의 친척들에 대해서는 아무 기록도 남기지 않았지만, 올드타운에서 늙은 인디언과 나눈 대화는 자세히 기록했다. 인디언은 거룻배에 앉아 "뱃전 밖으로 나온 판자에다 사슴 가죽으로 만든 모카신을 탁탁 털었다." 그는 "내가 만난 사람 중 가장 수다스러웠다—사냥과 낚시, 지나간 시대와 지금 시대 이야기를 했다. 그가 페놉스코트강을 가리키며 말했다—'상류로 2~3마일만 올라가면 아름다운 시골이 나온다네!'" 소로는 이 말을 절대 잊지 못했다.[32]

소로 학교

1838년 5월 17일에 소로는 집으로 돌아왔다. 여전히 무직이었다. 그해 봄 내내 먼 곳으로 나가 행운을 잡을 궁리를 하던 헨리는 결국 집에 눌러앉기로 마음을 정했다. 엘러리 채닝이 전하는 가족 이야기에 따르면, 젊은 헨리가 어머니에게 무슨 직업을 선택해야 하느냐고 묻자 신시아는 이렇게 대답했다 한다. "배낭을 메고 멀리 돌아다니다 보면 길이 보일 거야." 헨리의 눈이 그렁그렁해지며 눈물이 뺨을 타고 흐르자 헬렌이 헨리를 감싸 안고 입을 맞추며 말했다. "아니야, 헨리. 떠나지 마. 넌 집에 남아 우리 곁에 있어야 해."[33] 당분간 헨리는 그렇게 했다. 1838년 6월 중순 헨리 소로는 파크먼 하우스에 자신의 학교를 열었다.

그렇게 헨리의 고민은 마술처럼 해결되었다. 곧 학생 네 명이 생기고, 한 명은 예약을 했다. 소로는 학교 일과에 따라, 8시부터 12시까지는 수업을 하고, 점심을 먹고, 오후 2시부터 4시까지 다시 수업을 하고, 그런 뒤 그리스어 책 또는 영어 책을 읽거나 들판을 산책하며 변화를 주었다. 그러던 중 콩코드중등학교의 교사가 사임하자 이사회는 소로를 새 교사로 채용했다.* 9월 15일 그는 콩코드의 두 신문에 중등학생 모집 광고를 냈다. "남녀 학생 정수"를 모집하고, "영어로 된 일반 과목"과 "대학 입시 과목"을 가르치며 수업료는 분기당 6달러라는 것이 그 내용이었다. 초기 등록이 부진하자 가족은 걱정에 휩싸였다. 10월 초 헨리는 중등학교 교직만으로는 "수입이 충분하지 않다"라는 점을 인정하고 헬렌과 존의 의견에 따라 톤턴에서 일자리를 알아보았다. 하지만 중등학교의 학부모들—새뮤얼 호어, 존 키스, 변호사 네이선 브룩스—은 콩코드의 유력 인사였고, 곧 소문이 퍼졌다. 겨울철 4분학기가 끝날 무렵 교사 한 명이 더 필요해졌고, 2월 9일에 존이 동생의 학교에 합류했다. 연장자인 존이 지도교사 직함을 맡고, 헨리는 "고전학부"를 맡아 그를 보조했다. 소로 형제의 운영 아래서 콩코드중등학교는 곧 정원인 25명에 도달했다.[34]

이제 헨리는 자신이 꿈꿔 온 자유로운 교육 원칙을 마음대로 실행에

* 이후 소로는 자신이 운영하던 학교의 학생들을 이 중등학교로 편입시켰을 것으로 추정된다.

옮길 수 있게 됐고, "소로 학교"는 엄정한 지식과 부담스러운 교과과정에 혁신적인 초월주의 개념인 "문화"를 결합한 미국 초기의 중요한 교육 실험장이 되었다. 초월주의는 항상 종교운동으로 불려 왔지만, 자신들의 원칙을 맨 처음 가장 충격적으로 적용한 분야는 교육이었다. 교육은 각 개인의 내면에 신이 부여한 정신의 본질을 "발현"하거나 펼치는 것이다.[35] 에머슨이 초월주의 운동의 위대한 성명서 〈미국의 학자〉에서 밝혔듯이, 올바른 상태에서 학자란 "생각하는 사람"Man Thinking이다. 모든 인간은 영원히 학생이며, 만물이 존재하는 이유는 개개인의 잠재된 능력을 끌어내기 위해서다. 에머슨은 이렇게 선언했다. "세계를 아름답고 크게 만드는 주된 사업은 인간을 개량하는 것이다. 당신의 마음속에는 온전한 이성이 잠자고 있다."[36] 이 말이 야심 찬 교사에게 어떤 의미로 다가왔을까? 첫째, 교육은 인생을 바칠 수 있는 직업이다. 둘째, 이 혁명에 참여한다는 것은 교사 자신의 교육이 영원히 끝나지 않음을 의미한다. 다시 말해, 교사는 토론 집단을 찾고, 새로운 사상을 탐구하고 공유할 네트워크를 형성해야 한다. 이를테면 소로는 한 달에 두 번씩 에머슨의 집에서 교사들과 모임을 가졌다. 셋째, 여러 세대에 걸쳐 내려온 인습을 깨고 학생들에게 배움에 대한 사랑을 불러일으키려면 진정한 용기가 필요하다. 에머슨이 경고했듯이, 진정한 교사는 가르치지 않는다. 학생을 자극할 뿐이다. 실질적 배움은 학생 본인의 손에 달려 있다.

이러한 교육혁명을 설명해 주는 안내서는 드물었지만 소로에게는 그 중 최고의 안내서가 있었다. 1834년 브론슨 올컷이 엘리자베스 피보디의 도움을 받아 보스턴에 설립한 혁신적 학교 템플 스쿨Temple School에 대하여 피보디가 자세히 설명한 『한 학교에 대한 기록』이었다. 피보디 역시 위대한 교육개혁가로서 유럽의 진보적 교육자인 페스탈로치와 드 게랑도를 미국 독자들에게 소개하고, 유럽의 급진적 개념인 "유치원"을 널리 알렸으며, 보스턴에 서점을 열어 초월주의를 세상에 알리고 급진주의 서적과 잡지를 미국에 소개했다. 하지만 교육개혁은 쉽게 불붙지 않았다. 1839년 소로가 올컷을 만날 즈음 올컷의 템플 스쿨은 서서히 죽어가고 있었다. 1837년에는 올컷의 『어린이와 함께 복음서에 관해 이야기하기』*Conversations with Children on the Gospels*로 인해 그가 인간의 성human sexuality과 그리스도의 인간성 같은 금지된 주제를 학생들에게 제시한다는 사실이 밝혀지면서 세간에 물의를 일으켰다. 등록자 수가 급감하자 올컷은 학교를 이전했다. 그리고 흑인 아이 한 명을 무상으로 입학시킨 후폭풍으로 백인 부모들이 집단으로 아이들을 퇴교시키자 학생 수는 완전히 바닥으로 떨어졌다. 더욱더 놀랍게도, 소로 학교는 성공해 정원을 다 채우고, 콩코드 주류 사회로부터 전폭적 지지를 받고 있었다. 올컷과 달리 소로 형제는 소년·소녀와 유아를 모두 가르치고, 하버드 출신 헨리가 상급생 수업을 도맡았다. 다시 말해, 소로가 어려운 입시 과목—수학, 자연철학, 그리스어, 라틴어, 프랑스어—을 가르치고, 존이 "영어로 된 일반 과목"을 가르쳐 조화를 이루었다. 하지만 소로 가족은 인습적 수학에서 기계적 암기, 암송, 끝없는 반복 훈련, 훈련에 뒤따르는 체벌의 위협을 깨끗이 제거했다. 어떻게 그럴 수 있었을까?

그 과정은 입학생 면접과 함께 시작되었다. "우리 학교에 들어오고 싶단 말이지?" 존은 이렇게 면접을 시작하곤 했다. "왜 그러고 싶은 거니?" 라틴어, 그리스어, 수학을 배우고 싶어서라고 아이는 대답했다. 존이 말했다. "정말 그 과목들을 공부하고 싶다면 우리가 가르쳐 줄 수 있지. 학교 규칙에 잘 따르고 공부에 집중하겠다고 약속하면 돼. 만일 빈둥거리면서 장난을 치거나 다른 학생들이 공부하는 것을 구경하기만 한다면 우리는 너를 학생으로 여기지 않을 거다. 자, 우리 말에 따르겠다고 약속하겠니?" 학생이 규칙을 어기면 완전히 수긍할 수밖에 없는 도덕적 훈계로 그 약속을 상기시켰다. "특이한 학교였다"라고 호러스 호스머는 회상했다. "학생이 매를 맞거나 위협을 당하는 일이 전혀 없었고 군대식 징벌을 본 적도 없었다. 어떻게 그럴 수 있었는지 아직도 모르겠다." 헨리는 "엄격한" 반면 존은 "콩코드에서 가장 제멋대로인 아이들", 심지어 다른 학교에서 퇴학당한 아이들에게서도 "자발성과 호의를 이끌어 냈다." 보통 존은 못된 짓을 한 학생을 선생님 책상 앞으로 불러서는 그 학생만 들을 수 있는 낮은 목소리로 꾸짖었다. 한번은 호스머가 불려 나갔는데 그때 그에게는 벌이 아니라 새 책 두 권이 주어졌다. 헨리로 말하자면, 한 학생은 그가 문을 열고 급히 들어와서는 "즉시 특유의 이상한 방식으로" 수업을 시작했으며 그의 설명을 알아듣지 못하는 아이는 혼쭐이 났다고 기억했다. 프리스비 호어는 아이들이 소로를, 군인이라는 뜻으로 "훈련관 소로"라 불렀다고 회고했다. 아무렴, 그는 군인처럼 자세가 꼿꼿하고 자로 잰 듯한 보폭으로 성큼성큼 걸었다.[37]

토요일 오후가 되면 헨리는 큰 보폭으로 성큼성큼 걸으며 학생들을 이끌고 주말 견학 여행을 갔다. 학생들은 《자작농 신문》*Yeoman's Gazette*을 펴내는 신문사에 가서 신문이 어떻게 만들어지는지 보고, 총기 제작 공장에 가서 화승총의 부싯돌을 직접 만들어 보고 멀리 월든, 페어헤이븐, 슬리피 할로까지 걸어가 현장에서 식물학·지질학·자연사를 공부하고, 머스케타퀴드의 강들에서 배를 타기도 했다. 그 배는 중등학교에 근무한 후 첫해 봄에 헨리와 존이 새로 만든 배였다. 학생들은 청소와 방수 처리를 하며 힘을 보탰다. 가끔은 실용적인 수업도 했다. 예를 들어, 헨리는 학생들을 페어헤이븐으로 데려가 측량사들이 어떻게 일하는지를 보여 주고 학생들에게 측량 기구를 직접 다뤄 보게 했다. 한 학생은 그날을 다음과 같이 회고했다. 그레이트 메도스Great Meadows•에서 배를 몰던 중 헨리가 학생들을 강변에 내리게 했다. 그리고 물었다. "자, 주위를 둘러보아라. 과연 무엇이 인디언을 이곳으로 끌어들였을까?" 한 학생은 낚시라는 뜻으로 강을 가리켰고, 다른 학생은 사냥이라는 뜻으로 삼림을 가리켰다. "다른 건 없을까?" 학생들의 답을 촉구한 뒤 헨리는 근처 샘에서 시작하는 시내가 있고 은신처를 제공하는 산비탈이

• 콩코드의 드넓은 습지.

있다고 일러 주었다. 그런 뒤 삽으로 땅을 파면서 주거의 흔적을 찾기 시작했다. 모든 학생이 실망할 즈음 갑자기 삽이 돌에 부딪혔고, 이내 또 다른 돌에 부딪혔다. 곧 그 자리에서 불에 그은 돌들이 나왔는데, 학생들이 추측한 대로 그곳은 인디언이 모닥불을 피운 자리였다. 떠나기 전 헨리는 그 자리에 조심스럽게 뗏장을 얹으면서 "단순한 호기심 때문에 원주민의 가정 제단이 더럽혀지는 것을 원치 않는다"라고 말했다.[38]

학교 건물은 교실 두 개로 나뉘어 있었다. 존은 1층의 "낮은" 교실을 담당하고, 헨리는 위층에서 상급반을 가르쳤다. 형제 중 한 명이 문을 열고 아침 예배를 주관했는데, 성경을 읽는 대신 "학생들이 그날 수업을 위해 마음을 가다듬을 수 있도록" 즉흥 연설을 했다. 토머스 호스머는 헨리가 사계절의 아름다움을 이야기한 날에는 학생들이 너무 열중해 "교실 바닥에 핀 떨어지는 소리가 들릴 지경"이었다고 기억했다. 또 다른 날 아침 헨리는 학생들에게 이렇게 주문했다. 시계점에 들어가서 시계의 "바퀴, 톱니바퀴, 스프링, 케이스 부품"이 긴 의자 위에 주욱 펼쳐져 있는 것을 상상해 봐라. 그런 뒤 다시 학교로 돌아와서 그 부품들이 "정확히 조립되어 한 몸처럼 작동하면서" 시간의 흐름을 보여 주는 것을 머릿속으로 그려 보라. 여러분은 이런 일이 우연히 일어날 수 있다고 생각하는가? 아니면 "계획과 생각과 능력을 가진 누군가가" 있었다고 생각하는가? 헨리는 허사虛辭에 관한 연설을 하기도 했다. "자, 여러분이 어떤 사람과 이야기를 하는데, 그 사람이 주제와 아무 상관이 없는 말—이를테면 부트잭Boot-jack* —을 모든 문장, 모든 구절에 집어넣는다고 해 보자. 어떤 생각이 들겠는가?" 그 사람이 내 시간을 축내고 있다는 생각이 들지 않을까? 이어 헨리는 어떤 문장에 "부트잭"을 억지로 여러 번 집어넣은 예를 들려주었고, 어린 토머스는 그 교훈을 절대로 잊지 못했다.[39]

* 장화를 벗을 때 쓰는 기구.

쓰기는 이 학교 교과과정의 중심이었다. 모든 학생이 일주일에 한 번씩 작문 수업을 받았으며, 다른 수업은 하지 않고 반나절 동안 작문에 매달려야 했다. 헨리가 몇몇 글을 큰 소리로 읽으면 모두가 웃음을 터트리곤 했다. 하버드에서 채닝은 학생들을 당혹게 하는 불가해한 주제들을 내놓았지만, 헨리는 정반대로, 여러분이 아는 것, 눈앞에 있는 것에 관하여 쓰라고 주문했다. 그는 다른 학교의 교사인 누나 헬렌에게 이렇게 말했다. "그들 손으로 만질 수 있고 그들 머리로 생각할 수 있는 것, 그런 것이어야 아이들이 쓸 수 있어." 거리에서 스쳐 지나가는 것에 주목하고 불 속을 응시하고 "거미줄이 쳐 있는" 모서리를 눈여겨보면서 "철학적 관점—도덕적 관점—이론적 관점 등등으로 고찰하라". 또한 헨리는 그날의 생각과 활동을 일기에 적으라고 장려했다. 에드먼드 수얼이 열두 살 때 쓴 일기가 현존한다. "나는 오전에 공부를 한다. 기하·지리·문법을 공부한다. 오후에는 라틴어와 대수학을 읽고, 읽기 수업을 할 때 나온 표현의 뜻을 쓰거나 말한다." 호러스 호스머는 다른 쓰기 연습을 이렇게 회고했다. "뜻을 밝히기defining였지만, 더럽히기defiling라고 묘사하는 것이 정확할 듯하다. 학생들이 시를 자신들의 언어로 번역할 때면 주옥같은 시구들이 난도질을 당한 뒤 진흙 속으로 굴러갔다." 한 학생은 쿠퍼의 시 「거짓 경보」Needless Alarm를 네 단어—돌다리도 두드리고 건너라—로 번역했다. 그러자 "존 선생님이 자리에서 펄쩍 뛰며 좋아, 정말 **아주 좋아**라고 소리쳤다."[40]

정오가 되면 학생들은 점심을 먹으러 집으로 달려갔지만, 호러스의 집은 거의 2마일 밖에 있었다. 가끔 존이 그의 손을 잡아끌었다. 존 선생님은 "함께 식사하러 가자고 말씀하셨다. 당연히 나는 기쁜 마음으로 따라갔다. 내 정신이 온전한 동안에는 결코 그 점심들을 잊지 못할 것이다". 신시아와 아버지 존이 상석에 앉았고, 식탁에는 "과일과 채소, 푸딩과 파이가 그득했으며", 무엇보다도 방금 만든 빵과 버터가 일품이었다. "더위, 소음, 기름진 고기 등 불쾌한 것은 전혀 없었다. 나는 그 음식만큼이나 소로 부부를 사랑하게 되었다." 소로 형제는 멜론밭을 일구는 것으로도 유명했다. 한번은 호러스가 점심 식사를 하고 돌아와 보니 "책상 위에 퍼런 멜론이 한 조각 있었다". 인상 쓰면서 버릴 뻔했지만, 냄새에 이끌려 멜론을 먹었다. "뜻밖에 맛있어서 아주 기뻤다." 수박이 익으면 소로 형제는 여러 개를 큰 통에 담아 학교로 가져와 쉬는 시간—그들은 정해진 10분보다 훨씬 더 길게 연장하곤 했다—에 전교생과 나눠 먹었다.[41]

공개적으로는 많은 학생이 존을 더 좋아했다. 쉬는 시간이면 마치 학생 시절로 되돌아간 듯 아이들과 어울려 놀거나 둘러앉아 이야기를 들려줬기 때문이다. 이와 대조적으로 헨리는 아이들과 좀처럼 어울리지 않았고, "품위를 지키는 편"이었다고 한 학생은 회고했다. 다른 학생은 아이들이 달력에서 뱁새 그림을 오려 내 저들끼리 돌려 보면서 그림이 선생님과 꼭 닮았다고 킬킬거렸던 기억을 떠올렸다.[42] 하지만 어떤 학생들은 헨리의 조용한 스타일에 깊이 감화했다. 호스머 형제 중 한 명은 헨리가 아이들과 한데 어울리는 것은 피했지만 개개인에게는 관심을 쏟았다고 말했다. "선생님과 함께 산책을 하면서 좋은 이야기를 들으러 갈 때 아이들은 그의 손을 잡았다." 그에겐 "돈으로 환산할 수 없는 어떤 것", "교육에 대한 흥미, 맡은 일에 대한 열정"이 있었다.[43] 여러 해가 지난 후 그가 월든 호수로 소로를 찾아갔을 때 그의 은사는 학교 공부가 그의 인생에 어떤 도움이 되었느냐고 물었다. 프리스비 호어 역시 그를 평생의 친구, 학교를 떠난 후에도 계속 가르침을 준 스승으로 생각했다.

소로는 브라운슨에게 보낸 편지에서, 교실과 거리는 절대 분리되어서는 안 되며 소로 학교가 거둔 가장 큰 성공은 두 형제의 힘으로 학교와 지역사회를 통합한 것이라고 말했다. 왜 우리가 "남자와 여자가 되기 시작할 때 우리의 교육을 중단해야" 하느냐고 물었다. "이제 마을은 대학이 되어야 한다." 다시 말해, 주민들이 온전한 삶에 이를 수 있도록 다 같이 예술과 배움에 투자해 교양 교육을 추구하고, 소수 귀족의 마을이 아니라 "인간들이 모여 사는 고상한 마을"을 만들 수 있는 특별한 학교가 되어야 한다. 그 교실은 활짝 열려 있고 모든 사람을 환영한다.[44] 바로 이 목표를 소로는 절대 포기하지 않았다.

"사랑에는 치료약이 없네, 더 많이 사랑하는 것 외에는"

1839년 헨리 소로의 인생이 꽃을 피웠다. 지역사회에서 지위와 명예를 인정받는 자리에 올랐고, 필생의 모험을 계속했으며, 시와 에세이를 갈고 다듬어 초월주의자들이 창간한 새로운 문학지에 발표하고, 무엇보다도 사랑에 빠졌다, 두 번씩이나. 콩코드중등학교에서 학생을 가르치는 것은 존경받는 직업이 있다는 것 이상이었다. 10년 전 피니어스 앨런이 그랬듯 소로 선생도 콩코드 문화생활의 중심이 되었다. 새 시즌을 맞은 콩코드 라이시움의 첫 번째 회의에서 소로는 간사로 선출되었고, 그때부터 라이시움의 회의록을 훌륭한 필체로 자랑스럽게 써 내려갔다. 라이시움의 큐레이터가 사임하자 그 자리에 소로가 뽑혔다. 이로써 그는 한 시즌에 해당하는 6개월 동안 스물다섯 개나 되는 강의를 준비해야 했다. 강연자를 선정하고, 초대장을 보내 그들을 섭외하고, 일정과 여행 계획을 세우고, 회비를 걷고, 잃어버린 물건을 돌려주는 일 등을 빠듯한 예산으로 처리해야 했다. 이 일은 진정한 봉사로, 그 덕분에 소로는 『월든』에서 마을은 그냥 마을이 아니라 "대학"이 될 수 있다고 당당히 말할 수 있었다. 다음 연도에 라이시움 회원들은 감사의 의미로 소로를 간사와 큐레이터 자리에 다시 선출했다. 세 번째 해에도 큐레이터로 선출되었을 때 소로는 감격하면서도 공손히 사양했지만, 2년 뒤인 1842년 11월에 또다시 선출되었을 때는 거듭 사양하다가 마지못해 받아들였다.

이 모든 것으로 소로의 사교계는 급격히 팽창하고 있었다. 그는 며칠에 한 번씩 에머슨의 집에 들러 그 집에 꾸준히 드나드는 방문자들과 인사했는데, 이 시기에는 마거릿 풀러와 브론슨 올컷이 눈에 띄는 인물이었다. 1838년 2월에 에머슨은 풀러를 콩코드로 불러들이길 원했고, 그녀가 지내기에 적당한 집이 있는지 알아봐 달라고 소로에게 부탁했다. 실망스럽게도 그녀는 콩코드가 아닌 자메이카 플레인*을 선택했다. 올컷은 다행스러운 경우였다. 그는 1839년 4월 29일, 에머슨의 주례로 바텐더이자 미래의 교도소장 샘 스테이플스와 여관 주인의 딸인 루신다 웨슨이 결혼하는 자리에 때맞춰 도착했다. 올컷은 그 소박한 결혼식이 좋았고 영혼에서 울려 나오는 에머슨의 연설도 좋았다. 이는 산책과 대화로 채워 갈 나날들의 좋은 출발이었다. 에머슨이 라이시움에서 강연할 때면 소로는 큐레이터로서 당연히 그 뒤풀이 자리에 합류했다. 이틀 후 올컷은 "소로 부인들의 집"에서 최초의 공식적 "좌담회"를 열고 "지식, 기억, 희망, 선재성Pre-existence, 신앙, 영혼의 구성요소, 육화, 기적"에 관한 이야기를 시작했는데, 평상시 말을 잘하는 소로 가족이었지만, 너무 엄청난 주제에 어안이 벙벙하여 한마디도 하지 못했다. 실망한 올컷은 에머슨을 비난했다. "그 사람들은 우둔했고, 그들을 만난 것은 현명한 일이 아니었다." 하지만 1년 뒤 올컷은 가족을 데리고 콩코드로 이사해 곧 나무꾼으로서 일을 시작하고 큰딸 애나를 소로 학교에 보냈다. 올컷과 소로의 평생에 걸친 대화는 이렇게 시작되었다. 정말 기쁘게도, 이제 소로는 몇 발짝만 걸으면 농부 친구인 조지 미노트의 "스키타이"** 농장에도 갈 수 있고, 올컷 씨와 그 가족이 사는 "아테네" 전당에도 갈 수 있었다.[45]

게다가 헨리는 다시 시를 쓰고 있었다. 「인생은 그런 것」에서 그는 뿌리가 잘린 불확실한 존재였지만, 이제는 다른 목소리와 함께 이중창을 부르고 있었다. 파도치는 해변에서 노래 부르던 여인이 마침내 "멀리서 비슷한 영혼"의 목소리가 대답하는, 혹은 파도에 실려 밀려오는 소리를 들은 것만 같았다. 모든 고투가 눈 녹듯 사라졌다. "찌는 여름날 굼뜨게 흐르는 호수

* 보스턴시 안에 있는 마을.

** 옛날 흑해·카스피해 북방에 있던 나라의 이름.

위를 떠돌며 나는 거의 생을 멈추고 존재를 시작하네. (…) 나는 안개에 젖어 녹아 버렸네."[46] 그해에 세 번 헨리는 기쁨에 젖어 호수 위를 둥둥 떠다녔다. 처음에는 에드먼드 수얼, 다음에는 에드먼드의 누나 엘런, 마지막은 형 존과 함께였다.

1839년 6월 17일에 시추에이트시에 사는 캐럴라인 워드 수얼은 일곱 살 된 아들 에드먼드를 데리고 와서 동생 프루던스 워드, 어머니 워드 부인과 함께 일주일을 보냈다. 헨리는 즉시 이 소년에게 이끌렸다. "지난 며칠 사이에 나는 훼손되지 않은 순수한 마음을 만났다." 그 아이는 조금도 의식하지 않고서 "고결한 태도와 열의를 내비친다. (…) 그런 영혼을 어느 누가 사랑하지 않을 수 있을까?" 두 사람은 강에서 함께 배를 타고, 페어헤이븐 클리프와 월든 호수까지 산책했다. 소로 형제는 학생이나 방문객과 함께 자주 그렇게 했다. 하지만 이번에 헨리는 용기를 내어 시를 지었다. "아, 나는 최근에 부드러운 소년을 알게 되었네 / 그의 모든 용모가 미덕의 틀에서 나온 듯 아름답다네." 이 「헤아림」Sympathy이라는 시는 무의식적 공감, 너무나도 강렬한 그 감정에 의해 마치 두 개의 행성처럼 서로에게 끌려가는, 절대 있을 수 없는 우정을 슬프게 노래하고 있었다. 화자의 사랑이 의식으로 솟아오르자 두 사람은 어쩔 수 없이 "서로 손이 닿을 수 없게끔" 멀어지고, 혼자가 된 헨리는 그 소년이 아니라 "그에게 있는 미덕"을 사랑할 수밖에 없었다. 슬프게도, "그를 조금 덜 사랑했더라면, 그를 사랑할 수도 있었을 것"이라고 헨리는 덧붙였다.[47] 플라토닉한 열정의 고통이 이보다 더 밝게 타오른 적은 거의 없을 것이다.

수얼 가족은 이 시를 보고 기뻐했다. 에드먼드가 아주 자랑스러워하는 것을 보고 다섯 살 된 동생 조지가 시샘하자 조용하고 어린 동생들에게 틀림없이 공감했을 헨리는 사랑과 상실에 관해 쓴 다른 훌륭한 시, 「파랑새」Bluebirds에 서명해 아이에게 줬다. 에머슨도 「헤아림」을 아주 좋아하면서, "아직 시적이지 않은 미국의 숲에서 울려 퍼진 시 중 가장 순결하고 고상한 노래일 것"이라 평했다. 그는 새뮤얼 그레이 워드에게 사본을 보내면서 마거릿 풀러에게 보여 주라고 넌지시 권했고, 토머스 칼라일과 메리 무디 에머슨에게는 마침내 "진정하기 이를 데 없는 시를 쓰는" 진정한 시인, "뉴잉글랜드 지성의 가장 희귀한 산물"이 콩코드에 나타났다고 알렸다.[48] 하지만 1840년 3월에 에드먼드가 돌아와 하숙생이 되었을 때 헨리의 열정은 다 소진된 상태였다. 에드먼드의 착실한 일기에는 소풍 간 이야기가 생생하게 적혀 있지만 함께한 사람은 주로 존이었다. 다정한 형처럼 존이 이 진지한 소년을 돌봐 주었다.

엘런 데버루 수얼이 가족을 보러 도착한 것은 동생 에드먼드가 떠난 뒤 석 주가 흐른 7월 20일이었다. 그녀 역시 이 대가족의 일원이었기 때문에 헨리와 존은 이전에 가끔 그녀를 봤는데, 에드먼드는 붉은색 다리red bridge에 1830년과 1835년에 새겨진 존과 헨리 소로의 머리글자 사이에 누나의 머리글자가 있는 것을 발견하고, 헨리의 머리글자가 "아주 단정하고 깊게 새겨져 있었다"라고 기록했다.[49] 하지만 1839년에는 상황이 달랐다. 엘런은 이제 시추에이트시의 유니테리언 목사 에드먼드 퀸시 수얼의 교양 있는 딸이자 빼어난 미모를 지닌 17세의 젊은 여성이었다. 이 시절에 찍은 은판사진에서 그녀는 강렬한 매부리코와 깊숙이 자리 잡은 침착한 눈에, 차분하면서도 긴장된 자세로 새어 나오는 미소를 간신히 참고 있다. 헨리는 몽상가이자 에머슨의 근엄한 어릿광대답게 시를 쏟아 냈다. "나와 함께 산들거리는 풀밭을 거닐어 보오." 그는 엘런에게 바치는 첫 번째 시에서 그녀를 바람 속으로 초대했다. "푸른 나뭇잎 하나로 햇살을 가리고서,/태양이 잠자리에 들 때까지,/이 평화롭고 작은 초원에서/나는 왕, 그대는 왕비." 나흘이 지나자 불장난은 로맨틱해졌다. "우리의 빛이 모여 태양이 되면,/맑게 갠 여름 날씨가 펼쳐지네." 7월 25일에 그는 그녀의 동생에게 바친 시를 뒤집어 고통스러운 거리감을 완전히 극복한 시 한 줄을 썼다. "사랑에는 치료약이 없네, 더 많이 사랑하는 것 외에는."[50]

헨리와 엘런은 젊은 사람들이 휴가를 맞아 즐길 수 있는 일을 모두 즐겼다(물론 신시아나 프루던스의 보호하에). 월요일에 헨리는 그녀를 데리고 콩코드에서 전시 중인 기린을 보러 갔고, 화요일에는 어새벳강 상류로 노를 저어 갔다. "우리는 새벽을 밀어젖히며 올라갔네, / 여명이 앞에서 이끌어 준 덕분에" 학교가 쉬는 수요일에 존, 헨리, 엘런은 페어헤이븐 클리프를 넘어 페어헤이븐 베이까지 걸어갔다. 신시아, 존, 엘런, 헨리는 바질라이 프로스트 목사의 집에서 차를 마시고, 산딸기를 따고, 월든 호수까지 걸어갔다. 방문 기간이 거의 끝나 갈 때 엘런은 아버지에게 보내는 편지에서 의도적으로 보이는 중의법을 구사했다. "여기서 즐겁게 누린 일들을 절반도 설명할 수가 없습니다." 그날 저녁, 그녀의 연인은 새로 쓴 시들을 에머슨에게 보여 주고 있었다. 에머슨은 소로가 사랑의 영감에 사로잡혀 마침내 미국의 진정한 시인이 되었다고 그에게 말했다.

2주 동안 헨리는 엘런과 함께 모든 곳, 아니 거의 모든 곳을 돌아다녔다. 교회만큼은 그녀와 함께 가기를 거부했다. 목사의 딸에게는 불길한 신호였다. 또한 에머슨에게 새로 쓴 시들을 보여 준 다음 날 아침, 이모인 프루던스가 조카 엘런을 데리고 에이블 무어 대령의 멋진 정원을 산책할 때도 헨리는 그녀 곁에 없었다. 하버드에서 방학을 맞아 내려온 존 S. 키스가 마침 그곳에 있었는데, 엘런을 보고 즉시 이성을 잃었다. 키스는 엘런과 함께 집까지 걸어와 점심을 먹었고, 다시 보기를 희망하면서 자기 집으로 돌아갔다. 그녀를 그리워하던 키스는 그날 밤 파티에서 그녀를 발견했고, 그의 표현을 빌리자면 그녀에게 "달려가" 만찬석까지 호위하고 또다시 그녀를 집까지 바래다주었다. 이튿날 오후 그는 차를 마시는 자리에서 다시 그녀를 발견했고, 소로 형제로부터 그녀를 떼어 내 세 번째로 집까지 바래다주었다. 이렇게 자상한 배려가 또 있을까? 다음 날 오전 집으로 가는 마차가 렉싱턴에 당도할 때까지 엘런은 울음을 그치지 못했다. 시추에이트에 도착한 그녀는 프루던스 이모에게, 소로의 집에서 보낸 2주는 이제껏 살면서

보낸 그 어느 때보다 행복한 시간이었다고 편지를 써 보냈다.[51]

엘런이 떠나자 헨리의 일기는 막다른 골목에 부딪혔다. 잘난 척하는 키스는 무시할 수 있지만, 자신의 형 존과의 경쟁은 신중히 저울질해야 했다. 쾌활하고 외형적이어서 사람들과 잘 어울리고, 재치가 있고, 운동까지 잘하는 존, 하버드 교육을 받고 학교를 시작한 사람은 헨리인데도 지도교사가 된 존.[52] 형제가 대모험을 시작할 즈음에는 긴장이 끓어오르고 있었다. 지난봄 두 사람은 어부들이 쓰는 평배 형태로 '머스케타퀴드'호를 널찍하고 튼튼하게 만들었고, 이제 그 배로 콩코드강을 타고 내려가 메리맥강으로 들어가서는 상류에 있는 화이트 산맥의 워싱턴산을 오른 뒤 다시 배를 타고 집으로 돌아올 예정이었다. 여행을 앞두고 형제는 온 동네 사람을 불러 멜론 파티를 열었다. 키스는 실내 곳곳을 돌아다니며 "자질구레한 것까지 챙겨 짐을 꾸리는 것"을 도왔고, 헨리가 "모든 걸 완벽하게 준비했으니 운이 따라 줘서 날씨만 좋다면 멋진 여행이 될 것"이라고 단언했다. "다양한 맛이 나는 온갖 종류의 멜론이 푸짐하게" 차려진 식탁에 감탄한 다음 키스와 친구들은 식탁을 "맹렬히 공격"했고, 결국 "와인이든 무엇이든" 배가 터지도록 먹고 간신히 집으로 돌아갔다. 늦여름 멜론 파티는 소로 집안의 전통이 되었고, 몇 년 뒤 파티에 참석한 엘리자베스 호어는 이렇게 기록했다. 헨리는 "해바라기, 옥수숫대, 비트잎, 호박꽃으로" 식탁을 장식했다. 멜론은 열다섯 종류에 46개였고, 사과도 있었다. 모두 그가 자신의 밭에서 생산한 것이었다." 신시아는 더없이 즐거웠지만, 헨리는 파티를 끔찍이 싫어한다고 온 동네에 말하고 다녔던 터라 아들이 이렇게 직접 파티를 열자 왠지 사과라도 해야 할 것 같은 기분에 사로잡혔다.[53]

8월 31일 토요일은 새벽부터 날이 잔뜩 흐리고 이슬비가 내렸지만 오후가 되자 하늘이 개면서 온화한 여름 날씨로 바뀌었다. 형제는 야생 사과나무에 매어 둔 배를 끌러 탁 트인 콩코드강으로 밀고 나갔다. '머스케타퀴드'호에는 감자와 멜론을 비롯해 식량이 충분히 실려 있었다. 두 개의 돛대 중 하나는 텐트 버팀목 역할을 겸하고 면직 텐트는 돛 역할을 겸했으며, 담요로는 들소 가죽을 쓸 예정이었다. 배의 아래쪽은 초록색, 위쪽 테두리는 파란색으로 화사하게 칠을 한 탓에 강기슭에 모여 형제를 배웅하는 가족과 친구들에게 즐거운 풍경을 선사했다. 형제가 총을 치켜들고 연발 사격으로 작별을 고하자 주변 산들이 시차를 두고 메아리로 화답했다. 배가 독립혁명의 전쟁터인 올드노스 다리를 지날 때 형제는 전쟁의 아픔을 생각하며 묵상했고, 그레이트 메도스에서 희귀하고 눈부신 히비스커스를 발견했을 때는 큰 소리로 농부를 불러 그 꽃을 주고는, 다음 날 교회로 그걸 가져가 식물학자인 자신의 친구 프루던스 워드에게 전해 달라고 부탁했다. 그날 7마일을 이동한 형제는 빌레리카 마을 옆 둔덕에 텐트를 치고 허클베리를 따서 빵과 설탕과 함께 저녁으로 먹은 뒤 강물을 떠서 만든 뜨거운 코코아를 마시며 해가 지고 그림자가 길어지는 것을 바라보았다.

일요일 아침에는 모닥불 연기가 아침 안개와 뒤섞였지만 형제가 미들섹스 운하에 도착할 즈음에는 말끔히 걷혔다. 갑문에 이르러 배를 끌고 예선로*를 통과할 때 교회 가는 사람들이 그 모습을 마뜩잖게 바라보았다. 메리맥강의 빠른 물살에 잠시 떠내려간 형제는 상류 쪽으로 방향을 돌렸고, 첼름스퍼드에 이르러 그늘을 찾아 점심을 먹었다. 그런 뒤 야생 자두를 수집하고, 피나쿡 인디언의 잃어버린 고향인 위카석 아일랜드Wicasuck Island를 지나갔다. 길을 잃은 두 남자가 내슈아까지 태워 달라고 했지만 형제는 그들의 부탁을 거절했다. 저물녘 팅스버러에 도착한 형제는 강변의 참나무 아래서 야영했는데, 강물이 소용돌이치는 소리와 아일랜드 철도 노동자들이

* 말이 배를 끌고 지나다니던 운하.

"떠들썩하게 노는" 소리에 잠을 설치고 말았다.[54] 헨리의 말을 빌리자면, 그 날 밤 한 선원은 "사악한 운명"에 시달린 반면 다른 선원은 "평온하게 단잠을 자고" 다음 날 상쾌한 기분으로 활기차게 일어났다. 누가 누구인지 구태여 알아맞히려 할 필요가 있을까?

9월 2일 월요일, 새로운 주를 맞아 주민들이 바삐 움직이는 동안 형제는 붐비는 수로를 헤치고 올라갔다. 형이 물살이 느린 U자형 만곡부에 배를 대는 동안 동생은 배에서 뛰어내려 샘물을 긷고 시골 풍경을 기록했다. 형제는 운하용 보트를 불러 세워 배를 나란히 묶고는 함께 항해하며 선원들과 잡담을 나눴다. 얼마 후 그들은 배를 멈추고 오래된 인디언 주거지를 답사했다. 어부들이 잡초를 치고 모래톱을 허물 때 드러난 유적지로, 오랫동안 모래가 날아와 그 위에 둑이 형성된 것이었다. 내슈아의 폭포들과 공장들을 지나치는 동안 형제는 그 너머에 펼쳐진 와추세트산과 모내드녹산의 푸른 봉우리들을 황홀하게 바라봤지만 배를 멈추지는 않고 뉴햄프셔주 내슈빌 근처까지 올라가 깊은 협곡의 소나무 숲에서 야영했다. 잠이 들 무렵에 멀리서 시골 민병대를 소집하는 북소리가 들렸다.

새벽 3시에 형제는 다시 길을 나서, 동틀 무렵에는 숲, 목초지, 옥수수밭, 감자밭, 호밀밭, 귀리밭, 건초더미들을 지나며 이미 몇 시간째 노를 젓고 있었다. 크롬웰 폭포—인디언들이 네센키그Nesenkeag라 불렀던 폭포—근처의 갑문에서 순서를 기다리던 중 그들은 강둑에서 화살촉들을 줍고, 갑문 관리인에게 파묻힌 보물 이야기를 듣고, 한 시대의 종말을 목격했다. 얼마 후부터 그 지역의 화물은 운하가 아닌 철도로 운반될 터였다.[55] 정오에는 나그네 비둘기 한 떼를 구경하다가 그중 한 마리를 정확히 쏴 맞췄다. 그 녀석의 털을 뽑아 다람쥐 몇 마리와 같이 삶았는데, 가죽을 벗긴 앙상한 몸뚱이가 너무 역겨워 모두 내버리고 대신에 쌀을 먹었다. 베드퍼드에 도착한 형제는 폭포 위쪽 아늑한 자리를 골라 야영을 했는데 이튿날 아침 눈을 떠 보니 자신들의 텐트가 갑문으로 가는 일꾼들의 오솔길을 막고 있었다. 형제의 야영지가 사람들 눈에 노출된 유일한 때였다.

베드퍼드를 지나고부터 바위와 폭포 때문에 뱃길이 자주 끊겨 지금까지와는 달리 숨을 고를 수 있었다. 하지만 맨체스터는 서둘러 지나갔다. 공업도시의 새로운 토대를 닦느라 일대가 부산했기 때문이다. 다음 운하에서 형제는 다른 배에 묶여 편히 갈 계획을 세웠지만, 결국 '머스케타퀴드'호를 들어 그 배에 싣는 수밖에 없다는 걸 알고는 계획을 포기했다. 운하 입구에서 다른 배의 선원들이 형제를 놀리면서 경주를 신청했다. 형제는 돛을 올리고 신나게 노를 저으며 쏜살같이 운하를 통과하고는 선원들을 똑같이 놀려 주었다. 그날 저녁 보트 여행의 종착지에 도착한 형제는 훅세트봉Hooksett Pinnacle 바로 아래에 텐트를 쳤다. 몇 해 전 페놉스코트 인디언 무리가 야영을 했던 바로 그 자리였다. 농가를 찾아 식량을 구하러 떠났던 존이 농부의 아들 네이선 미첼과 함께 돌아왔다. 미첼이 그들과 함께 가고 싶어 했다. 형제는, 그래 같이 가자!, 했지만 네이선의 아버지는 허락하지 않았고 대신 농장을 구경시켜 주고 헛간에 그들의 장비를 보관하게 해 주었다. 그날 밤 헨리는 "친구와 다투는" 꿈을 꿨는데, 다행히 꿈속 현장에서 화해해 "이루 말할 수 없이 기쁘고 안심이 되었다".[56]

다음 날인 9월 5일 새벽 "불길한" 소리에 잠에서 깨어나 보니 면직 텐트 지붕에 빗방울이 떨어지고 있었다. 형제는 비를 맞으며 뉴햄프셔주 콩코드까지 10마일을 걸었다. "**신**콩코드", 형제는 그날 밤 그들을 묵어가게 해 준 친구들과 농담으로 그렇게 말했다. 다음 날 아침 형제는 승합마차를 타고 화이트 산맥의 코앞인 플리머스로 갔고, 여기서 페미게와셋 계곡을 따라 15마일 올라가 손턴의 제임스 틸턴 여관James Tilton's Inn에 당도했다.[57] 9월 7일에 형제는 필링(현재의 우드스턱)과 링컨을 통과한 뒤 프랜코니아로 가서 노치산Notch Mountain과 유명한 올드 맨Old Man(울퉁불퉁한 바위 형태로, 지금은 낙석으로 사라졌다)을 보았다. 8일에는 크로퍼드 하우스까지 걸어갔으며, 거기서 밤을 보낸 뒤 산을 오르기 시작해 그다음 날 워싱턴산 정상에 도착했다. 산 밑에서 형제는 승합마차를 타고 콘웨이로 간 뒤 이틀에 걸쳐 훅세트의 야영지로 왔던 길을 되돌아갔다. 이날은 미첼의 헛간에 장비를 보관한 다음 날로부터 일주일이 지난 9월 12일이었다. 그들은 오래 머물지 않고 즉시 배를 풀고는 어린 네이선이 자랑스럽게 생각하는 농장에서 제일 큰 수박을 바닥짐 용도로 쓰려고 구입한 뒤 집으로 향했다. 물살이 강하고 바람이 부드럽게 불어 준 덕분에 그들은 뉴햄프셔주 메리맥 북쪽에 있는 어느 섬까지 순조롭게 항해했으며, 거기서 텐트를 치고 마지막 야영을 했다.[58]

마지막 날인 9월 13일 금요일, 먼동이 트기 훨씬 전에 잠에서 깨어난 형제는 상쾌한 가을바람에 머리 위에서 나뭇잎이 바스락거리는 소리에 귀를 기울였다. 밤사이 계절이 바뀌어 있었다. 여러 해가 지난 후 헨리는 이렇게 적었다. "잠자리에 들 땐 여름이었는데, 깨어나 보니 가을이었다."[59] 콩코드까지는 50마일이었지만, 뒤에서 북풍이 밀어 준 덕분에 메리맥강을 쉽게 내려올 수 있었다. 형제는 상류로 올라갈 때 머물렀던 자리들을 지나치면서 그 시간을 기억의 갈피 속에 차곡차곡 간직했다. 정오에 그들은 오랜 친구인 갑문 관리인의 도움으로 미들섹스 운하를 다시 통과한 뒤 잔잔한 콩코드강으로 들어섰고, 어둠이 석양을 밀어낼 때까지 오랫동안 노를 젓자 "저녁 늦게 우리 배는 제가 태어난 항구의 애기부들에 몸을 비비고 있었고, 그 용골*은 콩코드의 진흙을 알아보았다".[60] 배에서 펄쩍 뛰어내린 소로 형제는 '머스케타퀴드'호를 야생 사과나무에 묶고, 집으로 향했다.

헨리는 여행하면서 연필로 메모를 했지만, 이듬해 여름이 돼서야 일기에 옮겨 적었다.[61] 그 여행은 문학적 수단이 아니라 여름날의 놀이였다. 하지만

* 선박 바닥의 중앙을 받치는 길고 큰 재목.

그 이야기를 들은 에머슨은 형제의 모험이 "싸늘하게 죽은 인습적" 교육에 대한 좋은 비평이 될 수 있다고 생각했다. 헨리와 존이 바람에 돛을 맡기고 메리맥강을 즐겁게 미끄러져 가던 바로 그때 에머슨은 바로 전날 느낀 권태에 몸서리치고 있었다. "우리는 10년이나 15년 동안 학교와 대학 교실에 갇혀 암기만 하고, 지긋지긋하게 많은 말을 외우고 학교를 나서지만, 실은 아는 게 하나도 없다"라고 그는 투덜거렸다. 우리는 숲에서 먹을 수 있는 뿌리를 찾지 못하고, 별을 보고 길을 알거나 해를 보고 시간을 알지 못한다. "마침내 나의 현명한 이웃 청년들이, 문장가처럼 열차에 몸을 싣고서 자신의 고삐를 남에게 내맡기는 대신 자기들이 손수 만든 배에 몸을 싣고 밤에는 텐트로 쓸 수 있게끔 직접 고안한 돛을 펼치고 메리맥강을 거슬러 올라갔으며, 물고기와 야생 딸기에 대한 지식에 의존해 한동안 생존했다."[62] 이건 훌륭한 이야기가 될 수 있었다. 한편 다음과 같은 소문도 돌 때가 됐다. 헨리 소로 같은 젊은 작가에게는 새로운 시와 급진적인 생각을 편견이나 검열에 가로막히지 않고 자유롭게 발표할 수 있는 곳이 필요하다.

에머슨과 친구들은 1832년부터 새로운 잡지를 창간할 생각에 부풀어 있었다. 1839년 5월에 그 주제가 다시 떠올랐을 때, 소위 문학의 중심지라 하는 보스턴에 문학지가 없다는 것은 절대로 자랑스러운 일이 아니었다.[63] 지금이 적기였다. 1839년 9월 18일 초월주의자들이 회의를 열어 자신들만의 잡지를 창간하는 일에 대해 논의했다. 에머슨은 없었지만, 그 자리에 참석한 올컷이 '다이얼'Dial이란 이름을 생각해 냈다. 해시계sundial의 바늘은 진실한, 천체의 시간을 영원히 가리키기 때문이었다. 한동안 잠잠했던 분위기를 깨고 10월 19일에 오레스테스 브라운슨이 초월주의의 양 갈래인 자신의 그룹과 에머슨의 그룹이 세력을 합치고 《다이얼》과 브라운슨의 《보스턴 계간 평론》을 합치면 좋겠다고 올컷에게 제안했다. 사람들은 손사래를 쳤다. 브라운슨의 전투적 독선으로 이미 초월주의자 그룹이 한 차례 분열했기 때문에 에머슨의 친구들은 그의 새 제안을 일거에 단호하게 물리쳐야 한다고 입을 모았다. 다음 날 아침 올컷은 마거릿 풀러를 마차에 태우고 에머슨의 집으로 달려가서는《다이얼》이라는 잡지는 있어야 하지만 브라운슨의 영향력은 배제해야 한다는 논지를 강력히 주장했다. 하루가 끝날 무렵《다이얼》이 탄생했다. 풀러가 편집을, 조지 리플리가 업무 관리를 맡고, 에머슨이 필요할 때 도움을 주기로 했다. 풀러가 잠재적 기고자들과의 계약을 생각하기도 전인 11월 중순 에머슨의 손에는 첫 번째 기고물이 들어와 있었다. 에드먼드 수얼을 향한 소로의 사랑의 애가,「헤아림」이었다.

《다이얼》의 위태로운 행보는 그 자체로 이야깃거리가 된다. 몇 달 동안 서로 떠밀다가 창간 계획은 결국 풀러, 에머슨, 그들의 가장 가까운 친구들에게 돌아갔다. 당연히 브론슨 올컷과 헨리 소로도 포함되었지만, 둘 다 자신의 기고문을 쓰느라 바빴다. 올컷은「오르페우스의 말」Orphic Sayings을 쓰고 있었고, 소로는 익명의 로마 풍자가에 관한 에세이,「아울루스 페르시우스 플라쿠스」Aulus Persius Flaccus를 마무리하는 중이었다. 1840년 7월 1일에《다이얼》 창간호가 나왔고, 여기에 소로의 시와 에세이가 모두 실렸다. 평론가들은 조롱과 적의로 새 문학지를 맞이했지만, 적어도 소로는 성공했다고 자부할 수 있었다. 1840년 7월 5일에「헤아림」이《보스턴 모닝 포스트》*Boston Morning Post*에 다시 실렸기 때문이다. 시에 파묻혀 보낸 여름이 1년 만에 첫 번째 결실을 맺은 것이다. 용기를 얻은 소로는 강 여행의 초고를 쓰면서 답사 여행의 문학적 가능성을 시험했다.

한편 존은 따로 계획을 세우고 있었는데 이즈음에는 엘런을 적극적으로 따라다니고 있었다. 9월 30일 존은 자신의 행동이 얼마나 어색한 것인지 모른 채 역마차를 타고 시추에이트로 가서 그녀가 사는 집의 문을 두드렸다. 엘런의 부모는 엘런에게 에드먼드와 조지를 맡겨 두고 보름간 나이아가라폭포로 여행을 떠나 집에는 임시로 고용한 하녀만 있었다. 엘런은 존을 돌려 보내지 않았고, 그가 왔었다고 부모에게 말하지도 않았다. 이 모든 것을 알고 있던 프루던스 이모에게 엘런은 하녀가 집에 있었다고 주장했지만, 하녀는 심부름을 가고 없었다("외부자"가 없을 때 존이 그 집을 방문했다는 것이 훨씬 더 재미있지 않은가!).

수얼 부부가 이웃에게서 그들이 집을 비웠을 때 딸이 젊은 신사분을 접대하고 있더라는 사실을 들어 알게 된 뒤로 분위기가 진정되기까지는 분명 시간이 얼마간 걸렸다. 존은 문제를 수습하고자 추수감사절에는 정중히 방문했고 그래서 엘런의 부모는 그를 직접 살펴볼 수 있었다. 뒤이어 크리스마스에 프루던스 이모는 두 형제를 대동하고 시추에이트를 방문했다. 둘 다 선물을 들고 왔다. 존의 손에는 엘런의 광물 수집품에 어울리는 남아메리카산 오팔이, 헨리의 손에는 존스 베리의 시집이 들려 있었다. 헨리의 선물은 형식상 가장 세련되고 원리상 가장 위험한 초월주의를 담고 있었다. 베리는 자신이 부활한 그리스도라고 선언한 뒤 하버드에서 퇴학당한 인물이었다. 아마 헨리는 존에게 리드를 완전히 빼앗긴 터라 더는 잃을 게 없다고 생각했을지도 모른다. 가을에 헨리는 침울한 필치로 한 에세이에 이렇게 적었다. "우리가 또다시 자연스럽게 만날 수 있을까 하는 의심에 우정이 하늘에서 내려 준 그 꾸러미—우리가 친구라 부르는 존재—에서 빠져나갈 때 그 우정은 이 세상 모든 애가의 원천이 된다. (…) 나의 열망은 손가락 사이로 모래처럼 새어 나갔으나 나의 친구는 나 자신보다 훨씬 더 행복하리라."[64]

문제가 수그러들던 중 6월에 엘런이 콩코드를 찾아왔다. 헨리는 그녀와 단둘이 오후를 보냈다. "그날 나는 자유로운 데다 사랑스럽기까지 한 젊은 아가씨와 내 배를 타고 노를 저었다. 그녀를 고물에 앉히고 나는 힘껏 노를 저었다. 그녀와 나 사이에는 하늘 외에는 그 무엇도 없었다." 그 순간은 오래가지 않았다. 7월 20일, 엘런의 대학 입학을 축하하는 첫 번째 날에 존은 마음을 굳게 먹고 행동에 돌입했다. 워드 모녀와 함께 시추에이트로 건너간 그는 프루던스 이모의 귀를 피해 엘런을 데리고 해변을 거닐다가 한참 뒤 청혼을 했다. 엘런은 그러겠노라고 대답했다. 다음에 일어난 일은 추측하는 수밖에 없다. 엘런이 일기장에서 몇 페이지를 가위로 도려냈기 때문이다. 즉시 후회가 밀려왔을 것이다. 엘런은 존이 아니라 헨리를 사랑한다고 말했다. 겁에 질린 어머니는 아버지를 생각해서라도 약혼을 취소하라고 주장했고, 엘런은 그 말을 따랐다. 이틀 뒤 존이 콩코드로 돌아왔을 때는 모든 상황이 종료되어 있었다. 헨리는 일기에 이렇게 썼다. "내가 일기를 적지 못한 그 이틀은 시리아의 어느 제국이 흥했다가 망할 수도 있는 영겁의 시간이었다. 그동안 얼마나 많은 페르시아 군대가 패하고 승리했을까? 밤하늘에 새로운 별들이 반짝이고 있다."[65]

이제 슬픔은 존의 몫이었다. 정말 우울했다. "오늘 밤은 쓸쓸하고, 눈물이 찔끔 나고, 기운이 없다." 그는 일기에 이렇게 적었다. "자살할 마음이 드는 건 분명 아니지만 (…) 이것이 내가 겪은 세계 중에 가장 지독하다는 생각이 드는 건 사실이다." 존은 자신이 "사랑에 배신당하는 일"은 있을 수 없다며 씁쓸한 농담을 시작했다. 정말 그래서가 아니라, "부엌 찬장"에서 이것저것 섞어 만든 "삭이기 힘든 혼합물"이 내게 잘 맞지 않아서이며, "몰인정한 일이 아니라, 거기에 들어간 것들이 틀림없이 나의 화학 실험실에서 부드럽게 흡수되지 않고 있다. 그래서 기분이 울적한 거다".[66]

존이 수다를 잘 떠는, 잘 알려진 그 재능 덕분에 실망을 털고 일어났다면, 헨리는 언어적 재능 덕분에 자신의 실망을 무를 수 있었다. 헨리는 존이 했던 것처럼 시추에이트로 달려가 구애를 할 만도 했으나 멀리서 시로 대신했다. 그리고 11월에 엘런에게 청혼하는 편지를 써 보냈다. 이 편지는 현존하지 않지만, 초고의 몇 글자가 그의 일기에 남아 있다. 그는 자신이 쓴 사랑의 시 「어새벳강」을 끌어들여 편지를 시작했다. 엘런이 좋아하는 어새벳강에서 새벽에 두 사람이 항해하는 모습을 묘사한 시였다. "생각해 보니 우리의 사랑의 태양은 소리 없이 떠올랐습니다. 아침 바다에서 해가 떠오르듯 말입니다. 배에 탄 우리는 열대 지방처럼 밝은 낮이 영원히 계속되는 바다를 항해하고 있었습니다. 당신이 절벽 위에 서 있을 때 그 태양이 바다에서 떠올라도 당신은 당황하거나 놀라지 않겠지요. 오히려 이 세상 모든 것과 함께 그와 하나가 되어 도움을 주겠지요."[67] 엘런도 그 시를 갖고 있었을 뿐 아니라 소중히 간직했다. 하지만 한 형제에게 실망을 안긴 그녀가 선뜻 다른 형제를 받아들일 순 없었다. 그녀의 아버지 역시 전통 있는 유니테리언교회 목사로서 딸을 초월주의자에게 보낼 생각이 없었다. 에머슨의 불명예스럽기 짝이 없는 〈신학대학 연설〉Divinity School Address을 보더라도 그건 불가능했고, 게다가 소로의 교사 수입도 넉넉함과는 거리가 있었다. 헨리의 청혼을 물리치는 엘런의 편지는 현존하지 않지만, 프루던스 이모에게 보낸 편지를 보면 그녀가 부친의 명령에 따라 헨리에게 "**짧고, 명료하고, 차갑게**" 써 보냈음을 알 수 있다.

> "그날 저녁 H.T. 씨에게 편지를 썼습니다. 이제껏 살면서 그렇게 쓰기 싫은 편지는 처음이었습니다. 두 형제와 함께하면서 그토록 즐거웠는데, 이젠 그분들과 자유롭고 즐거운 교제를 할 수 없다고 생각하니 견딜 수가 없네요. 제 편지는 정말 짧았습니다. 하지만 이젠 끝내고 싶습니다. (…) 완전히 끝났습니다. 다시 만날 때까지는 그들에게 아무 기별도 하지 않을 겁니다. (…) 지난번에 보낸 편지는 불살라 주세요.[68]

헨리의 반응은 알 수 없지만, 이것으로 그들의 이야기가 끝난 건 절대 아니었다.

엘런은 "내가 사랑했고, 소중한 추억으로 남을 수 있었을 교제가 끊어졌다"라며 슬퍼했지만, 곧 유니테리언교회 목사이자 신랑감으로 훨씬 더 적당한 조지프 오스굿에게서 청혼을 받았다. 엘런은 1844년 3월 20일 부친의 교회에서 오스궂과 결혼했고, 나중에 아이들에게 설령 외할아버지가 반대했어도 아이들 아버지와 결혼했을 것이라고 말했다. 나중에 헨리 소로는 가족의 가까운 친구가 되어 오스궂의 집을 몇 차례 방문했다.[69] 그들이 사는 목사관 현관에는 소로의 초상화가 걸려 있었고, 그의 책은 가족의 애독서가 되었으며, 에드먼드와 조지와 엘런이 받은 시들은 가족의 가보가 되었다. 헨리로 말하자면, 낭만적 사랑을 한 차례 시도한 뒤로는 그냥 만족하고 다시는 그런 일을 되풀이하지 않았다. 나중에 많은 여성—루시 잭슨 브라운, 리디언 에머슨, 메리 러셀—과 소중한 우정을 나누긴 했지만 다시는 누구에게도 청혼하지 않았다. 소피아 소로는 임종의 자리에서 말하기를, 엘런의 이름이 나오면 오빠가 "난 그녀를 항상 사랑했어"라고 했다고 한다. 하지만 이 문제에 대해 소로는 절대로 입을 열지 않았다.[70]

도제에서 장인으로

1840년 7월 4일 콩코드에서 윌리엄 헨리 해리슨을 지지하는 거대한 집회가 열렸다. 휘그당의 "통나무집"Log Cabin* 대통령 후보인 연로한 해리슨은 "티피카누와 타일러도"Tippecanoe and Tyler too"** 라는 영리한 슬로건에 힘입어 인디언 전쟁의 영웅으로 인기를 누리고 있었다(1811년 해리슨은 인디애나의 티피카누강에서 테쿰세Tecumseh 연합을 무너뜨렸는데, 실제로는 그리 대단한 전쟁이 아니었다). 콩코드의 모든 거리에는 인근 마을에서 온 "티피카누 클럽들", 플래카드, 깃발, 올드노스 다리 전쟁터에서 연단이 있는 슬리피 할로까지 행진하는 악대들로 넘쳐흘렀다. 소로 학교의 유일한 민주당 지지자 호러스 호스머는 외톨이가 된 기분이었다. 열렬한 휘그당 지지자인 존 소로

* "통나무집"과 "사과술"은 해리슨의 서민적 이미지를 강조하는 수사였다.

** 해리슨은 티피카누라고도 불렸으며, 타일러는 부통령 후보였다.

가 전교생에게 "사과술통 모형이 손잡이 끝에 달린 지팡이•••를 나눠 줬고 통나무집 메달, 가슴에 다는 핀, 등나무 줄기로 만든 통나무집 모자가 콩코드를 뒤덮고" 있었다. "올드 팁"Old Tip••••을 위한 이 유세 집회의 하이라이트는 빨간색, 파란색, 흰색으로 된 12피트 공을 밧줄로 끌어 장대하게 굴리고, 공이 굴러가는 동안 그 표면에 적힌 노래와 슬로건을 모든 사람이 제창하는 것이었다. "이 공이 굴러가는 모든 산마루 위로/콩코드 다리에서 퍼네일 홀Faneuil Hall•••••까지"라는 슬로건이 적혀 있었고, "잘 가시게, 불쌍한 반Van/당신은 우리 배를 이끌/선장이 아니네/우리는 올드 팁을 뽑겠네"라는 슬로건도 적혀 있었다. 헨리는 사람들이 그 공처럼 "장엄하고 품위 있게" 이동하지 않는 듯 보여 아쉬웠다.[71]

그 주에는 지성사적 측면에서 볼 때 중요한 사건도 일어났다. 《다이얼》이 소로의 시 「헤아림」과 최초의 장편 에세이 「아울루스 페르시우스 플라쿠스」를 싣고 세상에 첫선을 보인 것이다. 에머슨은 소로의 데뷔작 시가 "형편없는 창간호 전체를 구해 줄 정도로 뛰어났다"라고 보았다. 에세이로 말하자면, 에머슨이 풀러에게 "독특한 작품"이니 싣자고 건의했고 풀러도 그 말에 동의했다.[72] 《다이얼》은 출범이 쉽지 않았다. 그 이유 중 하나는 초월주의 클럽Transcendental Club의 일부 회원이 인쇄에 선뜻 동의하지 않아서였다. 헤지는 《다이얼》이 너무 급진적이라며 두려워한 반면 브라운슨은 너무 유하다며 조소를 지었다. 그래서 그들은 더 젊고 새로운 목소리—풀러, 소로, 올컷, 엘러리 채닝, 신시내티에서 작품을 쓰는 무명의 시인—를 불러

••• 민주당이 해리슨의 이미지를 깎아내리기 위해 "그 노인네는 통나무집과 사과술이 어울리는 후보"라고 공격하자 휘그당에서는 역으로 그 이미지를 적극 활용했다. 이때 휘그당이 돌린 캠페인 용품 중 하나가 서민들이 쓰는 지팡이였는데 손잡이 꼭대기에 작은 사과술통 모형이 달려 있었다.

•••• 팁Tip은 티피카누를 줄인 말이다. 즉 늙은 티피카누라는 뜻.

••••• 보스턴시의 시장市場 건물이자 공회당으로 독립전쟁 직전에 지역 유지들이 이곳에서 회동했다.

들였다. 이 무렵 소로는 어엿한 초월주의자로서 《다이얼》호에 승선할 준비가 되어 있었다. 1840년 5월 13일 에머슨의 집에서 열린 초월주의 클럽 모임에 소로가 처음 참석했다. 주제는 그에게 꼭 맞는 것이었다. "예언자와 서정시인의 영감, 시의 본질, 우리 시대, 우리나라에서 시적 영감이 고사하는 원인",[73] 올컷, 에머슨, 헤지, 그리고 연로한 회원 몇 명이 참석했고, 존 베리와 마거릿 풀러도 있었다. 분명 소로와 풀러는 그 자리에서 처음 대면했을 것이다.

《다이얼》에 대한 세평은 적의가 느껴질 정도로 거칠고 공격적이어서 미국 최초의 주요 문학지는 그로부터 4년 동안 영웅적으로 투쟁했지만 이 최초의 충격을 극복하지는 못했다. 《보스턴 타임스》*Boston Times*는 "진흙밭에 찍힌 오리 발자국이 {그보다는} 더 쉬운 의미를 전달할 것"이라고 비아냥했다. 특히 올컷의 「오르페우스의 말」은 차마 감당하기 힘든 조롱에 시달렸다. 헨리의 고아한 시는 다른 지면에도 인쇄되었지만, 그의 진정성 있는 에세이나 풀러가 "포괄적" 문학 비평이라 부른 것을 개인적 취미가 아니라 보편적인 미적 원리에 기초해 펼쳐 보이려 한 저자의 시도는 거의 주목받지 못했다. 8월에 《다이얼》 편집위원들이 모였을 때 시어도어 파커는 그 에세이가 "미련하다"라면서, 소로에게 장난 그만 치고 신문에 실을 수 있는 글을 쓰라고 말했다. 「페르시우스」는 생명이 넘치는 글이라고 에머슨이 반박하자 파커는 그렇긴 하지만 그 생명은 완전히 에머슨의 생명이라고 되받아쳤다. 또한 소로가 다음에 기고한 「스탠자」Stanzas를 보고는 풀러 역시 회의적으로 돌변해 마음에 들지 않는 구절을 많이 들춰냈다. 그녀의 빨간 연필이 승강이를 유발했다. 풀러가 첫 문장을 교정한 것을 보고 소로가 "펄쩍 뛰는" 바람에 에머슨이 조정에 나서 풀러에게 이렇게 간청했다. "우리의 과격한 양키는 과격한 시를 써야 한다."[74] 소로가 이기기는 했지만, 풀러가 완전히 진정한 후였다. 《다이얼》 2호에는 소로의 글이 전혀 없었고, 1841년 1월에 나온 3호에는 이 시 한 편만 실렸는데, 그 "과격한" 첫 문장은 원래 모습을 유지했다. 시인 소로의 위대한 이력은 출발선에서 삐거덕거렸다.

상황은 더 나쁘게 기울었다. 초월주의 클럽에 어렵사리 들어간 바로 그때 클럽이 양분된 것이다. 그해 9월 초월주의자들은 국민의 적대감이 커지는 상황에서 대담하게도 새롭고 더 자유주의적인 자신들만의 교회를 만들기 위해 회의를 두 번 더 열었다. 회원들은 더 심하게 분열되었다. 그런 교회가 기독교 교회일 수 있을까? 기독교를 뛰어넘는 새롭고 보편적인 원리를 그 교회가 잘 대변할 수 있을까? 분열이 깊어짐에 따라 공통의 기반은 눈 녹듯 사라지고, 초월주의자들은 다시는 모이지 않았다. 남은 것은《다이얼》그리고 풀러와 에머슨이 끌어모은 젊은 아방가르드 동인뿐이었다. 그 젊은 작가들은 생각이 비슷한 친구들과 사상과 시를 공유하기를 열망했다.[75] 몇 명 안 되는 모임이었지만 그래도 모임이어서 소로는 거기에 머물고 싶었다. 그는 길고 야심 찬 에세이 「서비스」The Service와 새로운 시 「와추세트」Wachsett•를 완성했다. 문체가 실험적이었고 여전히 거칠었지만, 그는 두 작품을 풀러에게 보냈다.

풀러는 받아들이지 않았다. 그녀는 소로에게 거절 편지 두 통을 보냈고, 두 통 모두 읽는 이를 망연자실하게 했다. 「서비스」는 생각이 풍부한 글이지만, 그 생각들이 "자연의 질서와 너무 동떨어져 끝까지 읽기가 **고통**스럽습니다. 생각이 하나의 줄기로 흐른다는 느낌이 전혀 없고, 연장을 써서 모자이크 무늬를 만드는 것 같고, 귀에 거슬리는 소리만 들리는군요." 「와추세트」에 대해서는 "자연에 대한 고상한 인식"이 엿보이고, 두세 곳에서는 "남성적인 생각"이 돋보이며, 한 대목에서는 "애조를 띤 음악"이 들린다고 인정했다. 하지만 역시 흐름이 부족했다. 생각들이 "너무 떨어져 있고" 시구들이 삶과 유리되어 "낯설고 불친절"하며 "부드러운 음악이 부족"했다. 저자는 "건강하고, 온건하며, 열린 눈으로 보고, 기량도 있고, 의도가 고상"하지

• 보스턴 인근에 있는 산의 이름.

만, "아직은 따스한 봄바람이 제 발로 찾아오기 힘든 다소 헐벗은 언덕과 같다"라고 그녀는 평했다.[76] 풀러가 「서비스」를 거절한 뒤로 소로는 그 글을 영원히 처박아두었고, 결국 그 에세이는 그가 죽고 나서 출간되었다. 그리고 거친 「와추세트」도 한참 후에 「와추세트로의 산책」A Walk to Wachusett이라는 에세이를 쓰고 그 안에 삽입할 때에야 비로소 먼지를 벗을 수 있었다. 풀러는 소로의 시를 단 두 편만 인정했다. 일찍이 쓴 추상적인 시 「인생은 그런 것」과 「우정」이었다.[77] 에머슨이 미국에서 가장 순수하고 고상하다고 칭찬한 시인이 문학지에 데뷔하고 2년이 흐르도록 발표한 작품은 단 네 편이었다.

평범한 작가 같았으면 좌절했을지 모른다. 하지만 풀러의 진정한 요점, 즉 소로의 재능이 그가 써낸 작품보다 훨씬 크다는 말은 소로에게 약이 되었다. 그는 분명 천재였지만, 아직 배워야 할 기술이 있었다. 바로 그것이 소로가 들을 필요가 있는 가르침이었고, 그 가르침을 소로에게 일러 준 사람이 풀러였다. 소로를 훈계하던 중 풀러는 이렇게 말했다. 「서비스」보다 훨씬 못한 에세이들이 《다이얼》에 실려 있다는 "에머슨 씨의 말은 사실입니다. 하지만 그 글들은 어조가 겸손하며, 조용하고 예절 바른 분위기가 있어 읽는 사람으로 하여금 그 존재를 받아들이게 합니다".[78] 풀러는 엄청난 문제를 제기하고 있었다. 소로가 시도하고 있는 일은 참고할 만한 모델이 아예 존재하지 않는 일이었다. 그는 혼자였다. 위대해질 잠재력이 있고 그 위대함에 이르려면 독창성의 경지로 뛰어올라야 한다는 것은 알고 있었지만 어떻게 도약해야 하는지는 알지 못했다.

「서비스」를 가혹하게 비평한 풀러의 편지가 헨리의 손에 들어온 것은 엘런의 퉁명스러운 거절 편지가 도착하고 2주밖에 지나지 않은 때였다. 그 후 몇 달 동안 긴장이 감돌았다. 헨리는 소심해졌다. 11월 초에는 라이시움 큐레이터 재선출 명단에서 자신의 이름을 뺐으며, 1841년 1월 초에는 제일 교구교회에서 공식적으로 탈회하고는 시가 교회를 지원하기 위해 부과하는 납세의 의무를 벗어던졌다. 『월든』에도 썼듯이 그는 사람들에게 말했다. "나, 헨리 소로는 내가 가입하지 않은 어떤 법인체의 회원으로도 여겨지는 것을 바라지 않습니다."[79] 결정적으로, 존이 앓아눕더니 좀처럼 회복하지 못했다. 뉴잉글랜드의 무서운 저주, 폐병에 걸린 것이다. 존이 쇠약해졌으므로 헨리가 "저학년"까지 맡을 수밖에 없었다. 존이 언제나 그의 삶을 환히 비춰 주는 빛이었다고 기억하는 호러스 호스머는 헨리의 수업이 괴롭기만 했다. "그는 절대로 학생들과 어울리지 않았다. 학생들은 그를 미워했다. 존이 아파서 헨리가 혼자 가르칠 때는 종소리가 조종弔鐘 소리 같았다."[80] 존의 병세가 깊어지자 겨울 학기를 끝으로 학교를 닫아야 한다는 사실이 고통스러우리만치 분명해졌다. 둘 다 실업자가 될 위기였다.

소로는 구명줄을 찾아야 했다. 1841년 3월 초 그는 잠재적 해법 하나를 거절했다. 웨스트 록스베리에서 진행되고 있는 유토피아 공동체, 브룩팜에 합류하는 것이었다. "그런 공동체로 말하자면, 나는 천국에 올라가기보다 독신자 지옥에 남겠다"라고 소로는 툴툴거렸다. 며칠 뒤 소로는 세계적으로 유명한 퍼킨스맹인학교Perkins School for the Blind에 교사 자리를 알아봤지만,[81] 가능성이 적어 다른 방도를 찾았다. 2월에 그는 농지를 약간 구입할까 생각했지만 봄이 다가오자 농부가 되고 땅 주인이 되면 자유가 없어진다면서 초조해했다. "쟁기로 땅을 판다는 것은", 그는 고개를 절레절레 흔들며 이렇게 적었다. "눈에 안 보이는 감옥을 파는 것과 다름없다." 그렇게 회의적이었으면서도 4월 16일에 그는 서드베리강에 인접한 오래된 농장을 실제로 구입했다. 하지만 농장 주인이 매물을 거둬들이면서 그 거래와 그의 희망은 물거품이 되었다.[82] 지역 농부들과 흥정하다 보니 현실이 보였다. "솔직히, 낡은 제도가 모든 곳에 완강히 남아 있어 깜짝 놀랐다. 어딜 가든 농장은 황폐하고 그렇게 방치되어 있어서 젊은 사람이 오래된 농지를 산다면 새로 일구는 수밖에 없다." 자신의 몸이 농사일을 견딜 수 있을지도 소로는 걱정거리였다. 그 역시 2월 내내 "기관지염"을 앓았는데 자칫하면 결핵

으로 발전할 수도 있었다.[83]

소로 학교는 4월에 처음으로 문을 닫았다. 일기에서 헨리는 스스로를 격려했다. "또다시 악천후를 만난다 해도 내 마음은 변하지 않으리./그늘 밑에서도 해가 비칠 때 사랑했던 것들을 믿고 사랑하리." 4월 20일경 소로는 입술을 꾹 다물고 삽으로 거름을 푸고 있었다. "오늘 나는 축사에서 두엄을 퍼내고 75센트를 벌었다. 만일 도랑 치는 인부가 자신이 어떻게 정직하게 살았는지를 곰곰이 생각한다면, 도랑 치는 삽과 잡초 치는 낫을 문장紋章에 새겨 후손에게 물려줄 것이다."[84] 우연히 바로 그 순간에 미래의 친구 너새니얼 호손이 브룩팜에서 그와 똑같은 일을 하고 그와 똑같이 낙관적인 생각을 하고 있었다. 호손은 엘리자베스 피보디의 동생이자 자신의 약혼녀인 소피아에게 이렇게 써 보냈다. "아침 식사를 마치자 리플리 씨가 네 갈래진 도구를 손에 쥐어 주더군요. 알고 보니 그 도구의 이름은 갈퀴였습니다. 그와 팔리 씨도 같은 무기로 무장했고, 우리 셋은 두엄더미를 용감하게 공격하기 시작했습니다. (…) 소중한 이여." 그러고는 이렇게 마무리했다. "나는 훌륭한 농사꾼이 될 것입니다. 내 마음속에서 최초의 아담이 되살아나는 느낌입니다."[85]

호손이 브룩팜에서 삽으로 흙을 파는 동안 에머슨은 소로의 해결책을 궁리하고 있었다. 이 집으로 들어와 살게. 에머슨도 리플리로부터 브룩팜에 합류하라는 초대를 받았지만 거절하고, 독자적으로 **그 자신의** 유토피아 공동체—즉 그의 가족과 마을—를 "건설하고 가꾸겠다"라고 말했다. 집에서는 이미 "몇 가지 가사와 사회적 실험"으로 혁신적인 "노동과 자립"을 실행하고 있었다. 이를테면 그의 집에서는 하인도 에머슨 가족과 동등하게 "공동식탁"에 앉아 식사를 했다. 그는 올컷 부부에게도 들어오라고 권유했고, 그렇게 되면 그들만으로도 독자적 유토피아 "협회"를 이룰 수 있었다. 에머슨의 계획은 그가 바라던 대로 실현되지는 않았다. 하녀는 공동 식탁에서 식사하겠다고 동의했지만, 요리사가 거부하자 중간에 낀 하녀는 요리사와 함께 식사하기로 결정했다. 올컷 부부의 이사로 말하자면, 브론슨은 찬성했지만 애비게일이 극구 반대했다. 하지만 부부는 이사하겠다는 생각을 굳혔고, 2년 후 자신들의 유토피아 공동체인 프루트랜드Fruitlands로 옮겼다.[86]

한편 에머슨은 헨리 소로의 마음을 돌리는 데 성공했다. 헨리는 4월 26일, 에머슨의 집에 들어가 "나와 함께 살고, 나와 함께 텃밭에서 일하고, 사과나무 접붙이기를 나에게 가르쳐 주기" 시작했다.[87] 이 관계는 2년 넘게 지속되었다. 소로는 에머슨의 숙식 정원사이자 잡역부로 일하면서 틈틈이 에머슨의 아이들을 가르치고 돌봐 주었다. 에머슨의 큰딸 엘런은 아직 유아였지만 소로는 큰아들 월도 2세와 매일 놀았고, 아이의 천진한 호기심에 깊이 매료되었다. 노동과 봉사의 대가로 소로는 에머슨의 서재를 자유롭게 드나들었고, 끊임없이 찾아오는 에머슨의 손님들을 무한정 만났으며, 마음껏 공부하고 글을 쓰고 돌아다닐 수 있었다. 기분이 즉시 밝아졌다.

이사한 날, 소로는 자신이 맡은 새로운 역할을 일기장에 스케치했다. "에머슨 씨의 집에서. 나에게 인디언의 매력은 구속받지 않고 자유롭게 자연 속에—자연의 손님이 아니라 자연의 거주자로—존재하고, 자연을 몸에 걸치고서도 편안하고 우아하다는 것이다." 그런 뒤 새로운 가능성을 고려하며 이렇게 덧붙였다. "산책은 위대한 예술이다."[88] 소로는 에머슨의 『에세이즈』*Essays*가 나오자 그 책을 필사했는데, 이때 「자기 신뢰」Self-Reliance에서 에머슨의 눈에 비친 그 자신, 인간 소로의 초상을 처음 보게 되었다. "여러 해에 걸쳐 쉼 없이 모든 직업을 차례로 시도해 보고, **협력과 도급과 행상을 마다하지 않고**, 학교를 운영하고, 설교를 하고, 신문을 편집하고, 시의회에 참석하고, 농지를 매입하고, 그러는 중에도 항상 고양이처럼 사뿐히 내려앉는 억센 젊은이는 (…) 예쁘장한 도시 청년 100명을 합친 것보다 더 가치 있다. 그는 자신의 삶과 나란히 걸어가고, '전문 분야에 매진'하지 않는 것을 부끄러워하지 않는다. 자신의 삶을 유예하는 대신 이미 자신의 삶을 살고 있기 때문이다." 여기 "나의 용감한 헨리"(에세이 원문을 인용한 구절)는 에머슨의 세계에서 "인디언" 거주자처럼 편안하고 품위 있게 그 세계에 녹아든다.[89] 소로는 에머슨의 세계로 운 좋게 이사한 덕분에, 풀러가 말했듯이, 도제에서 어엿한 장인으로 성장했다.

혜택은 양방향으로 이루어졌다. 5월 30일 에머슨은 칼라일에게 다음과 같은 편지를 보냈다. 요즘 그의 집에 "자네도 언젠가는 자랑스럽게 여길 시인이 거주하고 있다네. 선율과 창의력이 넘치는 고결하고 씩씩한 젊은이지. 낮에는 텃밭에서 그와 함께 일하는 덕분에 하루하루 건강하고 튼튼해지고 있다네". 일주일 뒤 소로는 해 질 녘에 에머슨을 배에 태우고 노를 저었다. 그날 낮에 먼지 날리는 도로에서 괴로워했던 에머슨에게, "나의 영웅 헨리 소로의 형상"으로 찾아온 "친절한 강의 신"이 "별빛과 달빛이 어슴푸레하게 비치는 강의 풍요로움"을 소개해 주었다. "죽음과 삶, 시와 산문이 그러하듯 그 사랑스럽고 신기한 세계는 저속하고 비열한 거리 및 상점들과 가까우면서도 아득히 멀었다."[90] 소로는 강의 신이 된 기분이었다. 며칠 전에는 배를 타고 월든 호수를 떠돌면서 플루트를 불고, 예쁜 새가 날아와 주변을 맴도는 것과 "잔물결 이는 수면 위로 달이 지나가는 것"을 구경했다. 그때 소로는 "상상력을 최대한 자유롭게 놓아줄 때 우리에게 주어진 생명의 방식을 그려 볼 수 있음"을 깨달았다. 8월에 그는 밤에 어새벳강을 항해하며 또다시 플루트를 불었는데, "나의 음악이 찰랑찰랑 소리를 내며 강물과 함께 흘렀고, 시냇물이 바위에서 바위로 떨어지듯 음표에서 음표로 음악이 흘렀다." 마거릿 풀러가 방문했을 때 소로는 밤에 그녀를 데리고 월든 호수로 나갔다. 풀러는 사랑하는 남동생 리처드에게 그날의 경험을 써 보냈다. 헨리가 그녀를 배에 태우고 노를 젓자 "부드러운 미풍이 호수에 파문을 일으키며 사과꽃 향기를 가득 머금고 불어왔다. 꿈을 꾸는 듯했다."[91]

소로의 플루트는 모두의 사랑을 받았다. 6월 7일 에머슨은 그를 페어 헤이븐 클리프로 초대하는 쪽지를 보냈다. "우리의 숙녀분들이 자네를 보면 대단히 기뻐할 테고, 자네가 플루트를 가져와 메아리치게 한다면 더욱 기뻐할 것이네." 그 "숙녀분들"은 리디언, 루시, 마거릿 풀러, 메리 러셀이었다. 메리 러셀은 리디언의 친구로 작은 학교를 운영하던 중 에머슨의 집에서 여름을 보내고 있었다. 그녀가 집으로 돌아간 뒤 헨리는 「동부의 아가씨에게」To Maiden of the East라는 시를 써 보냈다. "이 몸 어느 길로 가든지/오직 당신을 위해 걸으리."[92] 엘런 때와 사뭇 비슷했지만, 이번에는 둘 사이에 청혼이 오가지 않았다. 메리는 결국 헨리의 하버드 동문이자 초월주의 동조자인 마스턴 왓슨과 결혼했고, 소로는 평생 그 가족의 친구로 남으면서 플리머스에 있는 왓슨의 유명한 정원과 과수원을 여러 번 방문했다.

소로의 시는 아니더라도 그의 개성에 깊이 감명한 마거릿 풀러가 그해 가을 새로운 친구를 소로의 삶에 소개했다. 풀러의 남동생 리처드는 건물류 사업을 접고 하버드에 입학하려 하고 있었다. 마거릿 풀러는 헨리에게 동생의 그리스어 지도를 부탁했으며, 리처드는 근처에서 하숙을 하고 리디언의 소문난 고기파이로 몸을 튼튼히 했다. 이 처방이 효과가 있었는지 결국 리처드는 하버드에 들어갔다. 그는 대학에서 초월주의를 받아들이고 작가가 되긴 했지만 결국 변호사, 기독교인, 가정이 있는 남자로 변신해 안정되고 풍요로운 삶을 누렸다.[93] 「와추세트」에 대한 마거릿의 비평이 도착한 것은 1841년 10월 1일, 헨리가 리처드를 가르치고 있을 때였다. 마거릿 풀러는 "다양한 자연의 조화로운 힘"에 눈을 뜨고, 자연 앞에서 끊임없이 "너는 나의 것"이라 되뇌지 말라고 누나처럼 따뜻하게 충고했다. 풀러가 (자신이 소로에게 얼마나 깊이 공감하는지를 보여 주면서) 이어 썼듯이, "당신이 먼저 자연의 일부가 될 때 자연도 비로소 당신의 것이 되기" 때문이다. "연꽃을 찾아 황홀을 한 모금 들이켜 보라. (…) 나는 당신을 마음속 깊이 이해했다. 당신만큼은 수많은 젊은이가 그러듯 내 말을 곡해하지 않을 것 같았다." 헨리도 그녀를 깊이 신뢰하고 있었던 게 분명하다. "그 고독한 오두막으로 떠날 때는 나에게 꼭 알려 달라. 그리고 거기서 셰익스피어를 읽게 되면, 그에 대해서도 편지를 써 달라."[94] 풀러의 편지에 비추어 볼 때 헨리는 스스로에게도 고백하지 않았던 것을 풀러에게 털어놓은 듯하다. 멀리 떠나 호숫가에 살면서 늘 꿈꾸던 작가가 되고 싶다는 소망을.

에머슨의 지붕 아래서 소로는 무엇보다 작가로서 정체성을 다져 나갔다. 간혹 글을 발표하는 애호가가 아니라 문학에 전념하고 집중하는 전업 작가가 되고 싶었을뿐더러 그 생생한 모델인 에머슨을 매일 목격하고 있었다. 소로는 "시의 바다 한가운데" 있었으며, 가을 낙엽처럼 바스락거리는 소리가 그를 감싸고, 그 소리가 "시가 되어 차곡차곡, 멀리서 가까이서, 아지오코축Agiocochook[*]의 봉우리들처럼" 높이 쌓여 갔다고 말했다. 그 낙엽들 사이에 거친 와추세트산이 있었고, 그의 꿈을 극한까지 밀어붙일 새로운 시적 순환도 태동하고 있었다.[95] 보이지 않는 돌파구를 향해 맹렬히 나아가면서 소로는 1,000페이지가 넘는 엄청난 양의 일기장을 집어 들어 조각조각 찢고, 그중 "이삭 몇 개"를 골라 새로운 책을 짓고 나머지는 파기했다. 한편 에머슨은 새로운 미국 시 선집의 출판업자에게 소로를 추천하고 있었고, 소로는 「인생은 그런 것」, 「헤아림」, 「우정」—가장 훌륭하지만 모두 이전에 썼던 시 세 편—을 그에게 보냈지만, 출판업자는 소로를 무시했다. 에머슨은 다른 방안을 생각해 냈다. 소로가 하버드로 가서, 도서관을 샅샅이 뒤지고, 가장 훌륭한 영시—"옛날" 것에서부터 미국의 "새로운" 시까지—를 뽑아, 시에 완전히 몰입하고 시작 기법을 익히는 것이었다. 11월 말 소로는 케임브리지로 이사하고, 그의 오랜 친구 휠러와 한 방에 묵었다. 거기서 고대 및 중세 영시집을 잔뜩 대출받은 소로는 2주 뒤 규칙을 어기면서까지 책을 갖고 콩코드로 넘어왔다.[96]

* 미국 북동부에서 가장 높은 산.

천재성의 발현을 기대했다면 에머슨도 실망했을 것이다. 소로는 확실히 실망했다. "영국 시인들의 무미건조하기 짝이 없는 책을 넘길 때면" 그는 새 일기장에 이렇게 적었다. "믿을 수 없게도 내가 상상했던 그 신선하고 아름다운 창작 과정이 순식간에 오염된다." 창밖을 한번 내다보기만 해도 존 가워에서 시작되는 영국 시 전체가 "아주 천박해" 보였다. 슬픔에 사로잡힌 소로는 모든 책을 샅샅이 뒤져 "살아 있는 말"을 찾았다. 간혹 그런 말이 초서나 스코틀랜드 시인 가윈 더글러스의 시에서 나오긴 했지만, 이런 시를 쓴다는 것 자체가 쓸데없는 일이란 생각을 지우기에는 역부족이었다. 모든 시가 너무 유순하고 정중해 그중 하나라도 "어떤 산이든 서쪽 사면"이 있다는 것을 보지는 못하는 것 같았다. 심지어 "워즈워스도 치페와이Chippeway족에게는 너무나 유순하다". 소로는 그 책들에 있는 어느 시보다 겨울에 헐벗은 가지에서 자라는 이끼에게서 더 "일가친척 같은" 친밀함을 느꼈다. 야생을 향한 갈망이 소로를 문학사 전체로부터 고립시키기는 했어도 그에게 특이한 빛깔을 부여해 다른 많은 것을 벌충했다.[97]

1841년 크리스마스이브에 소로는 산더미처럼 쌓인 먼지투성이 책들과 자신의 시에서 들리는 바스락거리는 낙엽 소리에 둘러싸인 채 창밖을 바라보며 생각에 잠겼다. 그는 일기에 이렇게 적었다. "나는 당장이라도 떠나 호숫가에서 혼자 살고 싶다. (…) 하지만 친구들은 묻는다. 거기 가서 무엇을 하려고 하느냐? 계절의 추이를 지켜보는 것만으로도 일이 되지 않을까?" 새해가 되기 전 마지막 날, 소로는 곰곰이 생각하다가 자신에게 이렇게 맹세했다. "자연의 아름다움이 지닌 특성을 관찰하는 사람에게는 그 어떤 위해나 실망도 오지 않는다."[98] 이 고상한 단언은 그의 새로운 신념에서 우러나오고 있었다. 하지만 그 신념은 곧 가장 극복하기 어려운 시련에 부딪혔다.

4장

길을 잃다

1842-1844

우리는 길을 잃은 뒤, 다시 말해 세계를 잃어버린 뒤에야 우리 자신을 찾기 시작하고, 우리가 어디에 있는지, 우리의 관계가 얼마나 넓은지를 깨닫는다.

—

헨리 데이비드 소로, 『월든』

존 소로의 죽음

1841년 4월에 엘런 수얼은 친구 존 소로에 관한 슬픈 소식을 남겼다. "가엾게도, 그는 건강이 좋지 않고, 학교 일을 그만둬야 한다." 형제가 학교를 닫은 뒤 존은 한동안 뉴햄프셔로 여행을 갔고, 그가 돌아온 뒤 헨리는 에머슨의 집으로 이사했다. 1841년 여름부터 가을까지 존은 연필 공장에서 일하고 밭일을 하는 등 집 안팎에서 일손을 거들었지만, 미래는 여전히 불확실했다. 1842년 새해 첫날에도 상황은 여전했다. 에머슨의 집에서 살던 헨리는 스스로를 다독였다. "존에게 극단적으로 아픈 환자들을 기억하게 하되", 그는 일기에 이렇게 썼다. "그쪽이 그의 종착지라고 생각하지 않게 하자." 집에서 존은 여느 때처럼 평범한 토요일 오후를 보내고 있었다.[1] 가죽숫돌에 면도날을 갈다가 우연히 왼손 약지의 살갗을 베고 말았다. 상처는 피가 흘러나올 정도로만 깊었다. 대수롭지 않게 생각한 존은 찢어진 피부를 제자리에 놓고 천 조각으로 상처를 처맨 뒤 일과를 계속했다.

상처가 심하지 않아 아무도 잘못될 경우를 생각하지 않았다. 하지만 상처의 깊이는 파상풍 포자가 존의 몸속으로 들어오기에 충분했고, 그로부터 수십 년 후에야 의사들은 파상풍균이 동물의 똥이나 거름이 섞인 흙 속에 잠복할 수 있다는 사실을 밝혀냈다. 거름 주는 일은 존이 매일 하는 일이었다. 2~3일 뒤부터 손가락이 아팠다. 그다음 주 토요일이 되자 상처를 덮고 있던 피부가 "괴사"해 있었다. 걱정이 된 존은 바틀릿 박사를 찾아갔다. 바틀릿은 그를 안심시키고 상처를 치료한 다음 집으로 돌려보냈다. 하지만 잠복 세균에서 분비된 신경독소가 이미 그의 몸을 점령하고 있었다. 집으로 걸어가던 존은 온몸에 이상한 통증을 느끼고 간신히 문 앞까지 걸어왔다. 그가 의식을 잃고 쓰러질 때 헨리는 몇 블록 밖에서 글을 쓰고 있었다. "두 음표의 종지가 우리에게 똑같이 닥쳐올 만큼 그대, 나의 형제는 나와 똑같은가?"* 무언가 혹은 누군가가 전한 소식이 헨리를 집으로 이끌었다. 다음 날 아침 리디언 에머슨에게, 존이 일을 하다 손가락을 다쳤기 때문에 가족을 보러 가야겠다고 말했기 때문이다.[2] 아무도 이 상황을 심각하게 여기지 않았다. 하지만 그날 저녁—1월 9일 일요일—에 소로의 이웃 네이선 브룩스가 에머슨 집의 문을 두드렸다. 헨리, 빨리 집에 가보게. 존이 파상풍에 걸렸다네.

마지막은 빠르고 처참했다. 파상풍 신경독소는 근육수축을 일으키고, 턱 근육에서 시작된 경련—아관강직牙關強直, lockjaws이라고 한다—은 빠르게 온몸으로 퍼져 격렬하고 고통스러운 발작을 유발한다. 헨리는 집에 도착하자마자 존의 전담 간호사가 되었다. 월요일에는 보스턴으로 사람을 보내 다른 의사를 데려왔다. 의사가 도착했을 땐 존에게 죽음을 준비하라는 말밖에는 아무것도 할 수가 없었다. 한 친구는 존의 반응을 이렇게 회고했다. "'희망이 없습니까?' 그러자 의사가 대답했다. '네, 그렇습니다.' 넋이 나간 채 주위에 모여든 친구들에게 존은 침착하게 말했다. '아버지가 내게 준 컵, 그걸로 물 한 잔 마실 수 있을까?' 그러고는 친구들에게 작별 인사를 했다."[3] 발작은 저녁 내내, 밤새, 그리고 다음 날 아침까지 계속되었다. 1월 11일, 화요일 오후 2시에 존 소로는 스물여섯 나이로 헨리의 팔에 안겨 숨을 거뒀다.

한줄기 위안처럼 끝은 평화로웠다. 근육이 수축해 숨을 들이켜지 못하는 사이에 산소 부족으로 심장이 멈췄을 것이다. 리디언은 존에게 마지막까지 말할 힘이 남아 있었지만, 그와 헨리가 서로에게 무슨 말을 하는지는 정

* 헨리에게도 존과 비슷한 증상이 찾아왔다. 헨리의 증상은 심리적 요인에서 기인한 심신증이었다.

확히 알 수 없었다고 기록했다. 헨리는 끝내 그 내용을 밝히지 않았고, 한 친구에게 이렇게 말했다. "존은 아주 침착했고, 정신이 든 동안에는 항상 쾌활했다네. 착란 상태에서도 평온과 유쾌함을 끝까지 잃지 않았지." 그날 저녁 헨리는 에머슨의 집으로 건너가 랠프 월도 에머슨과 단둘이 만나 이야기를 나누었고 그 밖에는 누구와도 대화를 하지 않았다. 이튿날 아침, 다시 들른 헨리는 옷을 챙겨 나가면서 리디언에게 언제 돌아올지 모르겠다고 말했다. 바로 그때 리디언은 언니 루시에게 편지를 쓰고 있었고, 존이 죽었다는 "이상하고 슬픈 소식"을 전했다. 처음에는 "무서웠지만" 그가 침착하게 운명을 받아들인 덕분에 "무섭지 않고 오히려 아름다웠어. (…) 마치 순수한 영혼이 그대로 승천하는 것 같았어." 헨리가 떠난 후 그녀는 이렇게 덧붙였다. "그가 보여 준 감정, 평정심을 유지하려는 노력을 보면 그를 사랑하지 않을 수 없어. 그는 조금도 굴하지 않았지. 그의 모든 태도로 보아 분명 마음의 병과 결연히 싸우고 있었어."[4]

1월 16일 일요일에 장례식이 거행되었다. 바질라이 프로스트 목사의 설교는 존이 마치 헨리의 분신이라고 말하는 것 같아 기괴하게 들렸다. "그는 어려서부터 열정적으로 자연을 사랑했습니다. (…) 이 지역에 있는 언덕, 나무, 새, 눈에 띄게 아름다운 꽃 중에 그가 모르는 것은 하나도 없었고, 새로운 새나 꽃을 발견할 때마다 거기서 진실한 기쁨을 느꼈습니다." 존은 인간 사회에도 깊이 관여했다. "그는 모든 인간의 고통을 가슴으로 느끼고 소리쳐 그들을 대변했습니다. 가난한 주정뱅이, 노예, 무지한 자들, 타락한 자들에게 관심을 쏟는 것이 그에게는 매우 소중했습니다." 존은 음악을 사랑했다. "그가 좋아하는 플루트 소리는 항상 친구들의 목소리와 뒤섞여 분위기를 부드럽게 했습니다. 그 소리는 바로 그의 영혼을 상징하고, 그를 천국으로 인도하는 소리"였다. 천국으로 말하자면, 그의 치기 어린 "혁명적 견해"와 "초월주의적 시각"이 약간 불안한 건 사실이지만, 존의 "원칙과 종교적 심성은 한순간도 흔들리지 않았다"라고 차분하게 결론지었다. 콩코드의

진보적인 제일교구교회에서는 사람의 마음을 가장 중요한 문제로 여기는데, 존의 마음은 바르고 선했다.[5]

밝은 척하고 나약한 슬픔에 젖지 않으려는 투쟁의 결과로 기이한 평온함이 일주일 동안 계속되었다. 그러다 갑자기 헨리도 심한 강직 증상을 보이며 쓰러졌다. 가족들은 망연자실했다. 온몸에 격렬하고 제어되지 않는 경련이 일어났다. 보스턴에 나와 있던 에머슨은 소로 부부가 둘째 아들마저 잃을까 두려워하고 있다는 충격적인 소식을 듣고 집으로 달려왔다. "이상하고 설명할 수 없는 일이지만", 그는 형 윌리엄 에머슨에게 이렇게 써 보냈다. "증상이 분명해 보였고, 시간이 흐를수록 점점 심해졌어. 형도 짐작하겠지만 모든 사람이 놀랐고, 이 젊은이에게 한껏 기대하고 있는 나도 예외가 아니었지." 며칠이 지나자 증상이 완화되고 위기가 지나갔다. 하지만 헨리가 침대 밖으로 나오기까지는 한 달이 더 지나야 했으며, 봄이 다 가도록 우울증과 무기력에 빠져 아무것도 하지 못하고 집 안에서 앉아만 있었다. 누나 헬렌과 여동생 소피아는 과거의 헨리가 되살아나기를 바라면서 그를 바깥으로 내보내 자연 속을 거닐도록 했지만 소용이 없었다. 정확히 1년 전 헨리는 이렇게 적었다. 친구는 "둘이 하나로 합쳐진 것이 아니라 하나가 둘로 나뉜 것이다."[6] 존이 죽을 때 헨리의 절반도 함께 죽은 듯했다.

정신이 돌아온 헨리는 에머슨 부부에게도 잔인한 고통이 찾아왔음을 알게 되었다. 1월 24일, 아들 월도 2세가 성홍열 증상을 보이더니, 사흘 뒤 다섯 살 나이에 눈을 감았다. 아버지는 깊이를 알 수 없는 지독한 슬픔에 빠졌다. 열두 번 이상 모든 편지에 걸쳐 똑같은 말을 되풀이했다. "우리 소중한 아이가 죽었습니다." "우리의 어린 월도가 오늘 저녁에 사망했습니다." "앞으로 그 무엇을 다시 사랑할 수 있을까요?" 에머슨은 전에도 비극을 겪었지만,

이번에는 달랐다. 격심한 고통, 황망함, 끝 모를 상실감. 그의 모든 철학에 어두운 그림자가 드리우더니 위대하고 사색적인 에세이, 「경험」Experience에서 정점에 도달했다.[7] 이 쌍둥이 충격에 에머슨과 소로는 함께 넋을 잃었고 한층 더 가까워졌다. 소로는 특별한 책임감을 느껴 월도를 친자식처럼 사랑했다. 에머슨은 즐거운 기억 때문에 고통스러워하면서도 소로가 매일 월도와 어떻게 놀아 주었는지 돌이켜 보았다. "다양한 완구, 호루라기, 배, 장난감 총, 직접 만들거나 수리한 온갖 악기로" 아이의 마음을 사로잡았다. 소로는 월도가 황당한 질문, "우리가 속으로 자기 자신에게나 물어볼 그런 질문"을 할 때마다 무척 좋아했다. 에머슨은 월도가 "내 음악은 천둥을 춤추게 해요"라고 말한 순간 잠시 할 말을 잊고 말았다. 월도가 그렇게 말한 것은 아이가 버들피리를 불고 있을 때 마침 천둥이 쳤기 때문이다. 그 버들피리도 소로가 월도에게 만들어 준 작은 장난감이었다.[8]

거의 6주 동안 소로는 감히 일기장을 펼치지 못했다. 마침내 2월 20일에 그는 이렇게 적었다. "두 사람이 만나 가까워지기까지는 사소한 위험이 아니라 엄청난 위기를 겪을 수 있다." 그리고 다음 날 이렇게 적었다 "지난 한 달 사이에 몇 년이 흘러간 듯하다." 시간이 교란된 것 같았다. 소로는 현재로 복귀하지 못하고, 심지어 그 자신의 몸속으로 돌아오지 못했다. 그의 몸이 자연에 존재하는 다른 어떤 것보다 낯설게 느껴졌다. 자연 속을 걸어도 이 소원함은 깊어지기만 했다. "내가 나아가는 만큼 자연은 뒤로 물러선다"라고 그는 슬퍼했다. 자신이 지상을 떠나 공중에 떠도는 깃털처럼 어느 면과도 "거리를 가늠할 수 없이 멀리 떨어져 있고", 육체와 영혼이 함께 비틀거리며 "서툰 샴쌍둥이처럼 헛디디고 서로 방해한다. 육체와 영혼은 한 몸이 되어 걸어야 한다."[9] 하지만 어떻게? 그의 대답은 특별하고, 그의 소생에 중요했다. "한 몸이 되어 걷는 것"이란, 자연 "속으로" 걸어 들어가는 것, 즉 합일을 추구하여 자연을 뚫고 들어가려다 더 멀리 쫓아 버리는 것이 아니라 그보다 훨씬 더 모험적인 것, 즉 멈추는 것을 의미한다. 멈춰 섰을 때도 마음은 몸을 열고 감각을 맑게 한다. 소로는 이것을 소리 바깥에 있는 것에 귀를 기울이는 **경청**listening이라 불렀다. "나는 귀에 들리지 않는 자연의 소리를 항상 의식했다. 그 소리는 악곡의 전주와 같다." 진정한 경청을 위해서는 새로운 감각, 더 깊이 듣는 능력을 계발해야 한다. "그런 믿음과 기대 자체가 결국 귀가 되지 않을까?" 그는 다음과 같은 방향으로 나아가, "친구의 죽음도 그 삶 못지않게 우리를 깊이 고무한다"라고 스스로를 일깨웠다. "좋은 것이 언제까지나 우리 곁에 머물지는 않는다. 떠났다가 돌아오지도 않는다. 우리는 기다려야 할까? 그것이 우리보다 느릴까?"

아니, 느린 것은 우리다. 좋은 것이 앞에서 기다리는 동안 우리는 뒤에서 꾸물거린다. 존은 항상 앞서갔고, 여전히 헨리보다 앞에 있었다. 헨리는 존을 향해, 자신의 시 중 가장 가슴 아픈 시를 썼다.[10]

형제여, 그대는 어디에 거주하는가?
지금 그대에게 어떤 태양이 비추고 있는지?
진정 그곳에서 잘 지내고 있는지?
여기 지상에서 우리가 기원하듯이. (…)

헨리는 더 많은 질문을 쏟아 냈다. 어디서 그의 존재를 느낄 수 있는가? "가까운 시내를 따라가면/아직도 그대의 목소리가 들릴까? (…) 그대는 어느 새의 몸을 빌려/그대의 말을 내게 전할까?" 존이 사랑한 새들이 형제에게 말을 전해 주겠지만 아직은 아무 소리도 내지 않는다. "그들은 아직도 애도하고 있거나/아니면 잊었으리라."

하지만 또 다른 결말에서 헨리는 희망을 되살린다.

호수 위에서 나는 맴을 그린다
장난치듯이 즐겁게,

그대가 떠난 지금
나는 그대 뒤를 따라갈 수 있을까?

지금처럼 그때도, 나는 믿노라,
나는 항상 뒤처져 꾸물댔고,
그대는 항상 앞에서,
바람을 가르고 있었음을.[11]

"뒤처져 꾸물대는 것"이 마침내 "뒤를 따라가는 것"이 되었다. 이제부터는 존을 따라 숲으로 들어가거나 강을 여행하는 것이 영원히 "뒤로 멀어지는" 자연Nature을 쫓아가는 것이 아니라, 앞서간 사랑하는 사람의 흔적을 따라 자연Nature 속으로 **전진하면서** 그와 더 가까워지고 그가 보낸 메시지에 귀를 기울이는 것이 되었다. 스물다섯 살에 헨리는 시인으로서 자기 목소리를 찾고자 분투하면서, 두 형제가 사랑하고 함께했던 수많은 장소에서 형이 부르는 소리를 듣기 시작했다. 살아생전 존은 수줍은 동생보다 더 밝게 빛나는 존재였다. 죽어서 존은 그 동생의 뮤즈가 되었다. 자기 자신을 어떤 존재의 반쪽으로 느끼는 한 헨리는 존의 그림자를 벗어날 수 없었다. 이제 헨리는 더욱 성장하여 존이 남기고 간 부분을 채워야만 했다. 귀를 만들어 그의 말을 듣고, 목소리를 만들어 말을 해야 했다. 존의 죽음은 헨리 소로의 탄생이 되었다. 자연의 소리를 세상에 전하는 작가.

다시 한 주가 지나자 친구들에게도 편지를 쓸 수 있었다. 먼저 인정 많은 루시에게 안부를 전했다. "나에게 슬퍼할 권리나 있을까요? 경이를 멈춘 나에게?" 그 경이로움 덕분에 헨리는 에머슨이 거부한 것을 받아들일 수 있었다. 자연의 무심한 전진. 무슨 일이 있어도 겨울 얼음은 녹고, 아침 새들은 노래한다. 그는 이렇게 고백했다. "난 존을 다시 보고 싶지 않습니다. 그러니까, 죽은 존을 말입니다." 그 대신 "다른" 존, 이제부터 그가 노력해서

되어야 할 존을 보고 싶다는 뜻이었다. 슬퍼하는 에머슨에게 보낸 다음 편지는 더 믿음직했다. 비통에 빠진 친구에게 헨리는 초월주의의 냉정한 위로를 보냈다. “자연은 (…) 상실되지 않고 새로운 형식으로 다시 나타납니다.” 하지만 다음 구절에서는 밝게 돌아섰다. “들판의 모든 풀잎, 숲속의 모든 이파리도 제철이 되면, 피어날 때처럼 아름답게 생명을 떨굽니다.” 젊은 시절의 헨리에게서 성숙한 소로, 즉 한참 후 「가을의 빛깔」에서 자신의 죽음을 예견하는 그 소로가 갑자기 튀어나오다니 놀랍고 신기하다. 하지만 지금까지 그의 인생을 염려해 준 지적 아버지, 에머슨에게 헨리는 새로운 신념을 맹세하고 그 신념에 따라 살겠다고 진지하게 약속할 필요가 있었다. “이렇게 상상했으니 신들이 저에게 좋은 것을 깨닫게 해 줄 의무감을 느끼지 않을까요?”[12]

다른 이들에게는 자신이 그동안 괴로웠다고 고백했다. 더는 예전과 같은 사람이 아니며, 완전히 치유되기는 불가능할 듯하다고. 남은 생을 사는 동안 헨리는 존이 죽은 날이면 어김없이 악몽에 시달렸고, 존의 이름이 튀어나올 때마다 얼굴이 창백해지면서 슬며시 자리를 떴다. 하지만 처음 몇 달간은 그 중대한 경험과 맞붙어 싸웠고, 자기 자신을 근본적으로 개조해 충격에서 벗어났다. 에머슨과 비교하면 차이가 드러난다. 에머슨은 개인적으로 고통스러웠음에도 「경험」에서 월도가 죽은 뒤에도 변한 것은 없다고 공개적으로 선언했다. “나는 아름다운 재산을 잃었지만, 그뿐이었다. (…) 덧없는 것”, {에머슨은} 가을의 낙엽처럼 쉽게 이별을 고했다. “슬픔이 나에게 아무것도 가르쳐 주지 않고, 그로 인해 자연 속으로 한 걸음 더 들어갈 수 있는 것도 아니어서 슬프기만 하다.” 이와 대조적으로 소로는 “이 경험이 없었다면 아무것도 하지 못했을 테고”, 자기 자신이 새로워질 수 없었으리라고 공언했다.[13] 그 경험을 통해 소로는 다른 이들에게 깊이 공감할수록 그만큼 아픈 상처가 돌아올 수 있음을 배웠다. 그는 다른 사람의 고통을 자신의 고통인 양 느끼고 그 고통을 견딜 수 없으리만치 아프게 경험했다. 그런 충격에서 자신을 보호하기 위해 보호막을 세웠고, 그래서 남들에게는 그가 무뚝뚝하고 쌀쌀맞게 비쳤다. 이 무렵 에머슨은 엘리자베스 호어에게 말했다. "나는 헨리를 사랑하지만 그가 마음에 들진 않아. 그 친구의 팔을 잡기보다는 차라리 느릅나무 가지를 잡겠어."[14]

그러나 보이지 않는 곳에 깊은 공감이 있었기에 소로는 세계를 향해 마음을 온전히 열 수 있었다. 다른 이가 부당한 일을 겪으면 그는 잠을 이루지 못하고 격렬하게 분노했으며, 열정에 사로잡혀 정치적으로 항의하는 위대한 글을 썼다. 헨리와 존에게 그런 정신적 이상을 일러 준 것은 자연이었다. 그해 3월 소로가 말했다. "나는 지구의 영원한 푸르름 속에서 살고, 해마다 되풀이되는 자연의 소멸 속에서 죽는다." 이 수준에서 자연의 모든 존재와 현상은 떨림을 가진 종처럼 의미 있는 소리를 발했다. 그 의미를 분명히 표현할 수만 있다면 열망이 넘치는 시인으로서 헨리는 모두가 살아가는 공통의 세계와 모두가 들을 수 있는 공통의 언어에 도달할 수 있었다. 일주일 뒤 그는 희망에 기대어 말했다. "나에게는 '사적 소유'가 없다. 대중에게 봉사하는 특별한 능력이 있을 뿐. 내가 가진 사유재산은 그것뿐이다."[15] 소로는 자신을 죽음에 바치고 삶을 이어 갔다. 왜? 그의 사명은 무엇이었을까? 신들은 그에게 어떤 선을 실현하라고 명했을까?

"기쁨은 생명의 조건이다!"
: 새로운 친구, 새로운 모험

그 길은 에머슨이 열었을 것이다. 3월 중순 마거릿 풀러는 그에게 급박한 편지를 보냈다. 과로로 기진맥진해 금방이라도 쓰러질 것 같아 《다이얼》 편집을 그만두겠다고 통보한 것이다. 이 초월주의 문예지는 그녀의 보호 아래서 꾸준히 개선되었지만, 출판업자는 파산하고 말았다. 새로운 출판업자 엘리자베스 피보디가 회계 장부를 펼쳤을 때 구독자는 300명에 불과해 수익을 낼 수 있는 상황이 아니었다. 2년 동안 무급으로 일한 뒤 풀러는 에머슨에게 그가 즉시 인수하지 않으면 《다이얼》은 사라질 거라고 말했다. 실험적인 젊은 작가들에게 《다이얼》 출판을 맡기겠다는 희망을 어떻게든 붙잡고 싶었던 에머슨은 마지못해 수락했다. 7월 호에 실을 원고가 필요하던 차에 그는 우연히 매사추세츠주에서 발행한 자연사 보고서들을 접했다. 그는 울적한 헨리가 "나무 다루는 기술, 배 만드는 기술, 낚시하는 기술"을 활용해 자연사 서평을 쓴다면 활기를 되찾을 것이라 생각하고 보고서들을 소로에게 넘겼다. 이 과제는 가벼운 삼류 문학에 해당했지만 소로는 즉시 팔을 걷어붙이더니 한 달 만에 50페이지가량을 완성해 에머슨에게 보여 주었다. 에머슨은 "썩 마음에 들지는 않아" 하면서도 하는 수 없이 이 서평을 그 호에 포함했고, 그렇게 해서 소로의 글은 세상에 나왔다.[16]

「매사추세츠 자연사」는 평범한 서평이 아니었다. 소로는 자연사 보고서들 자체는 높이 평가하지 않았다. 그것은 매사추세츠가 가진 "자연의 보고"를 모아 놓은 데 불과했으며 그런 면에서 쓸모는 있지만 "일반 독자에겐 흥미롭지 않다"라고 보았다. 하지만 바로 그 점이 소로의 열정에 불을 붙였다. 그는 쌓여 있던 낡은 영시집을 옆으로 치우고 자신의 일기를 샅샅이 뒤져 가장 좋았던 순간들, 다시 느껴 보고 싶은 야생의 순간들을 찾아냈다. 그리고 외쳤다. "기쁨은 생명의 조건이다! 나비는 우연과 변화로 인해 날개에 수천 가지 빛깔을 띠고", 아비새는 "야단스러운 울음"으로 숲을 쩌렁쩌렁 울리며, 여우의 구불구불한 샛길은 "어떤 마음의 동요를 보여 주는 듯"하고, 물고기는 그의 공감을 불러일으키며, 뱀은 소리 없는 매력을 발산한다. 봄에 버드나무와 밤나무에 달린 꽃차례는 "식물로 피어난 작은 구세주"가 되어 그를 "구원하고", 여름에 푸르름을 자랑하는 잎과 겨울에 얼음을 뒤집어쓴 파리한 잎에는 "단 하나의 법칙이 흐른다".

정말이지 그 책은 무미건조했지만, 그 바탕에 있는 정신은 그렇지 않다는 것을 소로는 알고 있었다. 곤충에 관한 책은 하버드 도서관의 사서 태디어스 해리스가 직접 쓴 것이었다. 소로는 과학의 "조용한 용기"에, 그리고 하버드 스승의 참된 가르침에 찬사를 바쳤다. "자연은 가까이 들여다볼수록 신기하다. 자연의 초대에 응할 때 우리는 아주 작은 잎에 눈높이를 맞추고 곤충의 눈으로 거기서 평원을 보게 된다. 자연에는 살충제가 없고 모든 곳에 생명이 가득하다." 중요한 것은 아무리 무미건조한 사실을 마주치더라도 그 생명에 계속 주목하는 것이다. "어떤 사실의 가치를 과소평가하지 말자. 언젠가는 꽃을 피워 진리를 드러낼 테니." 소로의 새로운 모토이자 새로운 방법은 "**함께**하자"Let us였다. "자연이 **우리**를 초대하지 않는가?" 소로는 높은 곳에서 사람들에게 강의할 능력이 있는 사람이었다. 이제 그는 안내자 겸 동반자가 되어, 기쁨을 함께 나누자며 우리에게 손을 내밀었다.[17] 한 달 동안 그의 영감이 맺은 결실은 거칠고 불완전하지만 생명이 가득 뛰노는 『월든』의 원형이었다. 지금까지 소로가 쓴 그 무엇과도 달랐고, 여러 곳에 있는 글들은 과거에 **누가** 쓴 것과도 달랐다. 그날 저녁 소로가 에머슨에게 큰 소리로 읽어 준 것은 그의 손에서 최초로 탄생한 독창적 작품이었다.

에머슨이 그리 좋아하지 않았다는 사실은 그래서 더 의미가 깊다. 브론슨 올컷은 아주 마음에 들어 하면서, "아이작Isaac〔원문대로〕, 월턴Walton* 의 글에 필적한다"라고 선언했다. 그 글을 읽고 나서 너새니얼 호손은 소로가 "시를 제대로 아는 (…) 훌륭한 작가"라고 평가했다.[18] 에머슨이 좋아한 것은 새로 사귄 친구 찰스 킹 뉴컴을 졸라 얻어 낸 이상하고 어두운 이야기, 「두 명의 돌론」The Two Dolon이었다. 중세적 분위기가 흐르는 이 기괴한 판타지에서, 누가 봐도 월도(에머슨의 아들)임을 알 수 있는 소년이 드루이드교를 믿으며 동굴에 사는 은자에게 은밀히 추적을 당한다. 은자는 헨리와 기이할 정도로 비슷한데, 결국 소년을 제단 위에 올려놓고 가슴에 칼을 꽂아 그를 제물로 바친다. 오늘날 뉴컴의 긴장된 이야기는 거의 읽히지 않지

* 원래는 'Izaak Walton'이다. 영국의 수필가이자 전기 작가로, 주요 저서는 『조어대전』이다.

만, 이 작품이 너무 좋았던 에머슨은 2부를 써 달라고 뉴컴을 끝없이 괴롭혔다. 하지만 뉴컴의 천재성은 그게 다였고, 「두 명의 돌론」은 1부로 끝났다. 무시무시한 숲의 신에게 아들이 붙잡혀 제물이 되는 이 기이한 이야기를 통해 에머슨은 악귀들을 떨쳐 냈음이 분명하다. 7월 호가 인쇄될 즈음에는 에머슨 자신에게 무시무시한 강의 신일 수 있는 사람이 2층 골방으로 되돌아와 그 집의 잡역부이자 그 문예지의 편집 보조로 일하고 있었다.

소로는 점점 늘어나는 에머슨의 친구 및 동료의 모임 한가운데에 다시 섰다. 실제로 너무 많은 방문객이 문을 두드리는 바람에 에머슨의 요리사는 정문에 "여기는 호텔이 아닙니다"라는 문구를 써 붙였다. 에머슨의 딸 엘런은 그 "초월주의 시대"에 "온갖 종류의 방문객이 새로운 생각을 품고 집으로 찾아왔다"라고 회고했다. "돈이 모든 악의 근원이라고 생각하는 사람, 채식주의자, 면도칼이나 재단사를 불신하는 자연주의자, 철학자, 온갖 종류의 급진 개혁주의자."[19] 호손은 에머슨이 "언덕 꼭대기에 봉화를 피워 그의 지적 불꽃으로 인간의 몸을 한 말썽쟁이 요정들"을 끌어들이고 있다며 익살스럽게 웃었다. "박쥐와 올빼미를 비롯한 밤새 무리가 사람들 시선을 피해 거무스름한 날개를 퍼덕거리고 날아와 이따금 천상에서 내려온 봉황인 양 대접을 받는다." 호손은 재미있게 글을 마쳤다. "누추하고 작은 시골 마을에 이상한 옷을 입고 이상하게 행동하는 괴짜들이 그렇게나 득실거리는 것은 처음 보았다."[20]

그런데 호손도 그중 하나였다. 그는 브룩팜에서 8개월 동안 똥거름을 져 나른 뒤 사회와 다시 평범한 관계를 맺기로 결심했다. 약혼녀 소피아 피보디를 데려갈 장소를 물색하던 차에 마침 에즈라 리플리 목사가 올드맨스를 비워 두고 천국으로 이주한 것을 알게 되었다. 호손은 임대차계약서에 서명했고, 1842년 6월 신시아 소로와 엘리자베스 호어는 신혼부부를 위한 "장난감처럼" 낡은 회색 목사관을 "완전히 새롭고 화사하게" 꾸몄다. 그 무렵 헨리는 힘이 넘쳤는지 한 해 전부터 잭 개리슨의 아들, 존과 함께 너새니얼 호손과 소피아에게 줄 결혼 선물을 준비하고 있었다. 목사관으로 이어진 길옆에 약간의 땅을 일구고 거기에 강낭콩, 완두콩, 양배추, 호박을 심은 것이다. 신혼부부는 1842년 7월에 결혼식을 올리고 그날 오후에 올드맨스로 이사했다.

곧 에머슨과 소로가 호손을 공식적으로 방문했다. 어색했다. 위대한 작가 세 명이 꼿꼿이 앉아 서로 침묵을 깨뜨리려고 심오한 이야기를 던졌다. 하지만 소로가 다시 혼자 방문했을 무렵에는 그와 호손의 우정이 무르익었다. 처음에 호손은 이렇게 생각했다. "소로우 씨Mr. Thorow는"(콩코드 발음을 그대로 적었다) "특이한 사람이다. 정말 못생겼다. 코는 길고, 입은 야릇하고, 태도는 예의 바르지만, 상스럽고 다소 촌스럽다." 하지만 그의 추함은 "정직하고 유쾌한" 것이어서 그에게 아름다움보다 더 잘 어울린다고 평가했다. 에머슨의 집에서 "인디언같이 살고" 있는 이 새 친구는 자연을 "날카롭고 섬세하게 관찰할 줄 안다. 그는 진정한 관찰자로서, 내가 보기에 이는 독창적인 시적 재능 못지않게 귀한 능력이다."[21]

소로는 사랑하는 배, '머스케타퀴드'호를 호손에게 팔았다. "돈이 궁해서"라고 호손은 생각했지만, 소로는 슬픈 추억이 있는 이 물건과 기분 좋게 작별한 것이었다. 노를 시험해 본 뒤 호손은 7달러를 지불했고, 이튿날 아침 소로는 위대한 작가에게 노 젓기 수업을 해 주었다. 호손은 "소로우 씨"가 배를 다룰 땐 "잘 훈련된 군마처럼 말을 잘 들었지만" 자신이 그 배를 처음 몰았을 땐 좀처럼 의도한 방향으로 가지 않았다며 놀라워했다. 그는 배 이름을 '수련'Pond Lily으로 바꾸고, 곧 강을 따라 목가적으로 유람한 이야기를 일기장에 가득 적었다. 결국 그 낡은 낚싯배는 엘러리 채닝에게 넘어갔고, 채닝의 보호 아래 서서히 썩어 가다 명예롭게 은퇴했다. 겨울이 되어 뱃놀이가 스케이팅으로 바뀔 무렵 소피아 호손은 친구 세 명이 함께 얼음을 지치러 갔다고 기록했다. 소로는 "바쿠스처럼 열광적으로 춤추고 뛰어올랐으며", 호손은 외투로 몸을 감싼 채 "그리스 조각상처럼 당당하고 엄숙하게"

움직였고, 에머슨은 "녹초가 되어 똑바로 서 있지 못하고 구부정하게 지치다가 엉덩방아를 찧곤 했다". 호손 부부는 콩코드를 두 번 떠났는데 돌아올 때마다 헨리와 너새니얼은 금세 우정을 회복했다. 채닝은 그들이 함께 웃을 땐 "물주전자가 둘로 쪼개질 듯 쩌렁쩌렁했다"라고 말했다.[22]

정신의 "수상"prime minister 격인 에머슨에게 이끌려 온 또 다른 젊은 이상주의자는 마거릿 풀러의 남동생 리처드였다.[23] 그는 콩코드에서 풀러에게 개인지도를 받아 하버드에 편입했고, 1843년 7월에 멋진 여름방학을 그리며 케임브리지에서 에머슨의 집까지 먼 길을 걸어왔다. 리처드는 "나에게 아직 상상력이 살아 있는지"를 대략 점검받은 뒤 이튿날 아침 소로와 함께 배낭을 메고 30마일 밖의 서쪽 지평선에 오뚝 솟아 있는 와추세트산을 향해 출발했다. 그들은 이 여행을 문학적 소풍으로 기획했다. 리처드는 자신의 생각을 계속 기록했고, 헨리도 꾸준히 메모를 하면서 다음 에세이 「걸어서 와추세트까지」A Walk to Wachusett를 구상했다. 어릴 때부터 소로는 와추세트의 푸르스름한 윤곽을 하염없이 바라보곤 했다. 심지어 그 산에 대해 시를 쓰기도 했다. 마거릿 풀러에게 단호하게 퇴짜를 맞은 시였다. 이제 마거릿의 동생과 함께하는 이 도보 여행은 그녀가 추천한 방식에 따라 그 자체로 일종의 작법이 될 터였다. 당신이 더 깊이 자연의 것이 되기 전까지 자연은 당신의 것이 되지 않는다고 그녀는 말했다. "연꽃을 찾아 황홀을 한 모금 들이켜 보라."[24]

선선한 새벽 어스름에 출발한 그들은 잠시 멈춰 단단한 지팡이를 만들었고, 초원에서 풀 베는 사람들을 만나자 다시 멈춰 잡담을 나누었다. 소로는 서쪽으로 갈수록 시골 사람들의 "발음이 더 진솔하고 거칠어지는" 것을 느끼며 흥분했다. 그들은 "와태틱, 와추세트가 아니라 워태틱, 워추세트라고 말했다". 그날 저녁, 거친 서부의 여인숙에서 묵을 때 주인장이 콩코드의 신문을 건네준 것은 정말 실망스러웠다! 이튿날 아침 두 사람은 어슴푸레한 여명에 길을 나서 산기슭까지 남은 4마일을 걸어갔다. 산을 오르기 시작하자 나무들이 점점 작아지더니 정상에서는 완전히 사라졌다. 그들은 폐허가 된 낡은 전망대에서 베르길리우스와 워즈워스를 읽고, 산 아래 농장에서 가져온 신선한 우유를 마셔 가며 야생 블루베리를 목구멍으로 넘겼다. 저녁에는 그곳에서 해 지는 풍경을 바라보았다. 어둠이 서서히 대지 위로 밀려오는 동안 "모든 뉴잉글랜드 남자 중 우리 두 사람에게만 햇살이 내리쬐었다." 달이 뜨자 그들은 모닥불을 피웠는데 그 불빛에 사방 30마일이 보였다. 새벽에 매사추세츠 전체가 "마치 지도처럼 길고 넓게 우리 앞에 펼쳐졌다." 다시 동쪽으로 내려와 정오에 인간의 먼지투성이 주거지로 복귀한 그들은 하버드 마을에서 여장을 풀고 일몰을 감상한 뒤 밤을 보냈다. 다음 날 아침 두 사람은 작별 인사를 하고 헨리는 콩코드로, 리처드는 가족이 있는 곳으로 돌아갔다.[25]

에머슨의 집으로 돌아온 헨리는 존이 그 자신의 전리품—관찰한 새들, 수집한 표본들—을 기록해 놓은 "자연 노트"Nature Notes 앨범을 펼쳤다. 비탄에 젖어 있던 헨리는 그해 봄 오랫동안 건드리지 않았던 그 앨범을 꺼내, 존의 멋들어진 필체 옆에 구불구불하게 몇 글자를 적어 넣었다. 그런 뒤 6월 초에 놀라운 일이 일어났다. 산책을 하던 중 메추라기 새끼들이 나뭇잎 사이에 웅크리고 있는 것을 발견했다. 손으로 살며시 안아 들었는데 새들은 겁을 내지 않고 가만있었다. 헨리는 부드럽게 새끼들을 나뭇잎 사이에 갖다 놓았다. 그리고 우연히 한 마리가 둥지에서 떨어졌지만, 그가 다시 올려 줄 때까지 그 자리에 그대로 있는 것을 보고 감동했다. 그 광경을 존의 멋진 앨범에 기록하면서 헨리는 그 장면이 왜 그렇게 감동적이었는지를 애써 표현해 보았다. "그 순진하면서도 어른스러운 눈빛을 한동안 잊지 못할 것이다. 녀석들의 초롱초롱한 눈에는 스핑크스와 무녀의 명료한 지혜와 교활함이 있었다. 마음이 태어날 때 눈도 태어나는 것이 아니다. (…) 눈은 하늘과 똑같은 연대를 비춰준다."[26] 그 효과는 엄청나다. 헨리의 서툴고 모난 필적은 그 페이지를 가득 메웠고, 존의 단정한 목록에 회오리바람을 일으키면서 『월든』의 가장 아름다운 구절 중 하나, 아니 『월든』의 초석이 될 황홀한 순간을 아로새겼다. 소로는 그 힘없는 어린 새를 손에 쥐었고, 그 투명한 눈에서 우주의 지혜가 태어나는 것을 보았으며, 떨어진 새를 나뭇잎 사이에 다시 올려 주었고, 바로 그 손으로 눈부신 나날의 기록을 시작했기 때문이다.

헨리는 존의 앨범 중 비어 있는 몇 페이지에 「걸어서 와추세트까지」의 초고를 가득 적으면서, 그 도보 여행을 서사적 계시로 끌어올렸다. 그날 이후로는 천국이 그의 발아래 있을 것이라고 그는 선언했다. 즉, 지평선에서 와추세트를 바라볼 때마다 그의 눈은 "우리가 구름 사이에서 우유죽을 끓여 먹었던 바로 그 바위에" 머물 수 있고 "지상의 어느 한 곳도 하늘이 보이지 않을 만큼 낮진 않기 때문에 언제라도 그곳에 오를 수 있다"라는 것을 일깨워 주었다. 호손이 근대적인 새 문예지 《보스턴 문집》Boston Miscellany에 단편을 발표한 직후이니, 그 아름다운 여행기야말로 이 고급 대중지에 적합한 글이라고 소로에게 충고한 사람은 분명 호손이었을 것이다. 《다이얼》이 아니라 《보스턴 문집》에 그 글을 보내면 전국에 독자가 생길 테고 게다가 돈도 받을 것이다! 1843년 1월에 잡지 편집자들은 「걸어서 와추세트까지」를 게재했고, 소로는 더 넓은 세상에 이름을 알리게 되었다.[27] 하지만 출판계는 불확실한 세계라서 앞길이 유망해 보였던 새 잡지는 그다음 호를 내고선 폐간되었다. 소로가 누차 요구하고 에머슨과 피보디가 중재에 나섰지만 돈은 나오지 않았다. 그럼에도 소로는 자신의 목소리를 발견했고 청중도 함께 발견했다. 전업 작가로서 앞길이 펼쳐진 듯했다.

1842년 여름 에머슨은 또 다른 젊은 이상주의자를 자신의 세력권 안으로 끌어들였다. 엘러리 채닝이었다. 1839년 가을 에머슨은 우연히 받은 시 작품집에서 중요한 무명 시인을 알아보았다. 저자는 초월주의의 "교황"인 윌리엄 엘러리 채닝의 조카이자 그 가문의 말썽꾸러기였다. 1834년 엘러리 채닝은 하버드를 한 학기 만에 중퇴하고 보스턴을 떠나 일리노이주 평원에 자작自作 농장을 세웠는데, 에머슨은 그곳으로 열광적 찬사를 보냈다. "나는 미국에서 그렇게 음악으로 가득 차 있거나, 진실한 영감을 불러일으키는 시를 본 적이 없습니다."《다이얼》에 시를 발표하라는 제안에 엘러리가 동의하자, 에머슨은 과장을 곁들여 이 무명 시인을 소개하면서 마침내 미국에서 뮤즈의 목소리가 출현했다고 선언했다.[28] 그 후 거의 모든 호에 엘러리 채닝의 시가 실렸고, 에머슨은 그 시들을 모아 책으로 내는 것도 도와주었다. 바로 그 기간 동안 헨리 소로는 언젠가 에머슨의 위대한 시인이 되리라는 꿈을 꾸면서 열심히 노력하고 있었다.

엘러리 채닝은 1842년 여름에야 에머슨 앞에 나타났다. 그는 이미 초월주의 그룹의 일원이었다. 일리노이의 농장을 포기한 뒤 그는 마거릿 풀러의 여동생 엘런과 결혼했다. 신부의 가족으로서는 실망스러운 결혼이었다. 행복하지만 무일푼인 부부는 브룩팜에 합류할까를 고려했지만 결국 신시내티에 머물렀고, 그곳에서 엘러리는 에머슨을 직접 만나기로 결심했다. 마거릿이 에머슨의 집에서 7월을 보내려고 와 보니 동생의 남편이 어느새 헨리와 친구가 되어 있었다. 신혼부부가 어디서 살면 좋을까? 마거릿은 올드 맨스를 제안했다. 절대 안 된다, 호손 부부가 잘라 말했다. 에머슨은 엘러리, 헨리, 리처드 풀러가 농장 하나를 사서 함께 농산물을 생산하면 좋겠다고 생각했다. 플리머스에서 마스턴 왓슨이 했던 것처럼 수확한 작물을 외바퀴 손수레에 싣고 나가 거리에서 팔면 되지 않을까? 하지만 채닝 부부는 케임브리지에 있는 마거릿의 집으로 들어갔고, 얼마 후 엘러리는 에머슨의 동네에서 살기로 결심했다. 소로가 거리에 인접한 작고 붉은 오두막을 찾아냈다. 수리가 되어 있지 않고 너무 비쌌지만 엘러리 채닝은 보자마자 좋아했다. 1843년 4월 시인 채닝은 잡역부 소로에게 수리할 사항을 길게 적어 보냈다. 칠, 지하 저장고에 돌벽 쌓기, 새 계단 놓기, 우물 청소 및 복구, 변소 옮기기, 밭에 울타리 치기 등. 여러 명이 여러 주 동안 일해야 할 분량이었다. "오 사랑하는 소로!" 5월에 이사를 하면서 채닝이 소리쳤다. "자네 신세를 너무 많이 져서 나의 얕은 마음으로는 이 빚을 어떻게 갚아야 할지 모르겠군."[29]

엘러리 채닝은 편하기만 한 친구가 아니었다. 그는 때론 다정하고 재미있고 냉소적이었고, 때론 무뚝뚝하고 우울하고 까다로웠다. 마거릿 풀러는 "위대한 천재와 성미 고약한 꼬마가 나란히 종종걸음"치고, "그의 아름다움에서 개구쟁이의 기미"가 엿보인다고 말했다.[30] 호손은 이 젊은이야말로 에머슨이 "천재라 믿으면서 계속 선발"하고 있는 "색다르고 영특한 젊은이들"의 완벽한 사례라고 생각했지만, 그 역시 채닝을 거부할 수가 없었다. 채닝과 함께 있으면 이야기가 "분수처럼 재잘대며 흘러나왔다. 그의 말은 순간적인 물보라 같았고 (…) 그의 생각도 분수 바닥에 박힌 금광석처럼 물보라 사이에서 순간마다 어른거렸다."[31] 정말 먼 데까지 걸어갈 때는 소로의 도움을 받았지만, 채닝은 올드맨스에 틀어박혀 있는 호손을 몇 차례 불러내 '수련'호를 타고 낚시하러 갔다. 처음부터 두 사람은 가장 친한 친구이자 누구도 갈라 놓을 수 없는 길동무가 되어, "무명옷을 입은 한 쌍의 기사"처럼 자연 속에서 경건하게 살았다.[32]

이 바쁘고 사교적인 여름에 브론슨 올컷은 대서양을 건너갔다. 영국에 "새로움"Newness을 전파하고, 그 나라에서 가장 급진적이고 "활기찬 정신의 소유자들"을 미국으로 끌어들이고자 하는 바람이었다.[33] 미국에서는 학교를 경영하는 것조차 힘들었지만, 영국은 그를 예언자로 추앙했다. 올컷의 추종자들은 그의 템플 스쿨을 그대로 모방해 올컷 하우스Alcott House를 만들었을 뿐 아니라, 그를 너무나 열렬히 환영하는 바람에 올컷은 뉴 아메리칸 에덴New American Eden을 설립할 꿈을 꾸기 시작했다. 1842년 10월에 그는 영국인 제자 두 명을 데리고 콩코드로 돌아왔다. 한 명은 올컷 하우스의 교장인 헨리 라이트이고, 다른 한 명은 저널리스트이자 개혁가인 찰스 레인이었다. 그들은 에머슨의 안내를 받아 온 마을을 구경했는데, "그들이 항상 무리 지어 다닌다"라는 이유로 모든 사람이 그들을 "영국 사람들"이라 불렀다. 소로는 그들이 농장을 구입할 수만 있다면 즉시 새로운 유토피아 공동체를 세우겠다고 계획하는 말을 귀담아들었다. 소로의 가족은 그 말을 믿었거나 적어도 즐거워했다. 프루던스 워드는 "영국인들은 아주 호의적이었다"라고 적었고, 소로 가문의 여성들은 레인 씨—영국식 억양을 구사하는 올컷 그 자체—가 말하는 방식이 듣기 좋다는 데 모두 동의했다. "우리와 다른 생각을 가진 사람들이 가까이에서 산다는 건 (…) 즐거운 변화"였기 때문이다.[34]

6주 후 마을 사람들은 갑자기 할 이야기가 많아졌다. 1838년에 브론슨 올컷은 뉴잉글랜드무저항협회New England Non-Resistance Society의 창립회원이 되었다. 협회는 노예제를 찬성하는 폭도들이 노예제 폐지론자인 일라이자 러브조이를 살해한 사건을 계기로 설립되었다. 협회의 리더 윌리엄 로이드 개리슨은 《해방자》에 자신들의 원칙을 발표했다. 힘에 힘으로 저항하지 말아야 한다는 내용이었다. 이는 두려움이나 강압에 기초한 모든 제도를 거부한다는 의미였다. 전쟁과 투표를 하지 말아야 하고, 행정기관을 운영하지 말아야 하며, 죄인을 수감하지 말아야 하고, 물론 세금도 내지 말아야 한다. 올컷은 콩코드에 무저항운동을 들여왔다. 1841년 1월 라이시움은 무력 저항이 적절한지를 두고 토론을 열었다. 존과 헨리 소로는 적절하다고 주장한 반면에 올컷은 적절하지 않다고 주장했다.[35] 양심적 무저항주의자였던 올컷은 1840년 콩코드에 온 이후 납세를 거부했다. 관청은 이 문제를 계속 미뤄 두었지만, 1843년 1월 17일 새로 온 세금징수원, 샘 스테이플스(1839년 그가 결혼할 때 올컷이 증인이 되어 주었다)가 세금을 걷으러 마을에 나타났다. 올컷이 거부하자 스테이플스는 그를 미들섹스 카운티 교도소로 데려갔지만, 교도관이 한 명도 없었다. 교도관을 기다리는 동안 스테이플스는 그에게 식사를 제공하고 올컷은 자신의 의견을 진술했다. 스테이플스는 설득당하지 않았지만, 헬렌 소로에게는 이렇게 말했다. "〔그가 세금을 내지 않은 것은〕 단지 원칙 때문이었다고 믿습니다. 정말이지 그렇게 솔직하게 이야기하는 사람은 처음이었거든요." 두 시간 뒤 심부름꾼이 찾아와 새뮤얼 호어가 세금을 대신 냈다고 알려 와 스테이플스는 올컷을 풀어 주었다. "그렇게 해서 우리는 그의 부재로 인한 고통을 덜었고, 그는 자신의 원칙 때문에 당당히 고통받을 기회를 잃었다"라고 애비게일은 적었다.[36] 다음번에는 그의 가족이 평화를 지키고자 남편의 세금을 미리 납부했다.

적어도 그날은 평화가 완전히 지켜지지 않았다. 올컷 부인, 레인, 소로는 납세 영수증을 기다리며 저녁 식사를 했고 그때 공모를 꾀했다. 올컷이 교도소에 수감되었으니 레인과 소로가 "매사추세츠를 선동하겠다"라는 것이다. 하지만 늦은 저녁, 소로가 라이시움에 도착하니 올컷은 이미 자유의 몸이 되어 청중석에 앉아 있었다. "불꽃이 완전히 사그라들었다. 내가 아는 한 매사추세츠는 안전했다." 하지만 레인의 불꽃은 여전히 뜨겁게 타올랐다. 강연자는 미국평화협회American Peace Society에서 온 찰스 M. 스피어로, 한때 보편구제설Universalism을 설파한 사람이었다. 그가 강연을 마치자마자 레인이 벌떡 일어나 올컷의 체포에 격분을 금치 못한다고 외쳤다. 다음으로 올컷이 일어나 "〈나의 옥중기〉"를 말했고 그의 "연설을 듣는 동안 우리는 잠시 실비오 펠리코*를 잊었다". 짜증이 난 스피어 씨는 나중에 콩코드의 급진주의자들이 틀렸다고 주장했다. 자신이 펴내는 잡지에 "예수 그리스도는 세금에 찬성하는 본보기를 보였다"라고 투덜거린 것이다.[37] 하지만 레인은 끝나지 않았다. 이튿날 그는 올컷에 대한 정의로운 변론을《해방자》측에 발송했다. 내용은 이랬다. 문제는 세금이 부정한 목적에 사용되느냐 아니냐가 아니다. 어쨌든 그 일부는 교육에 쓰이는데, 그 자신보다 그런 지원에 더 열렬히 찬성하는 사람은 없을 것이다. 그런 것이 아니라, 납세에 반대하는 이유는 그런 것이 아니라 "도덕적 본능에 따른 것으로, 도덕을 아는 인간이라면 누구나 평화와 사랑을 짓밟는 힘과 권력의 파괴적 원리에 적극적으로든 소극적으로든 가담하지 않아야 한다". 주 정부가 잔인한 폭력을 사용할 때, 심지어—아니, **특히나**—다수의 의견이 그 폭력을 인가할 때, 극악무도한 정부가 된다.[38]

스피어 씨는 레인의 주장에 감동하지 않았지만, 헨리 소로는 달랐다. 당시 소로도 납세를 거부하고 있었다. 레인은 그해 12월 체포되었고 역마차에 실려 마을을 통과했다. 때마침 그를 본 스테이플스가 대신 내겠다고 했지만, 레인이 거부하자 철창 밖에서 스테이플스가 그에게 주먹을 날렸다. 밀린 세금을 내준 사람은 새뮤얼 호어의 아들 에버니저 록우드 호어였다. 석방된 레인은 "슬프고 언짢은 마음에" 머리를 수그리고 에머슨의 집으로 가서 자신의 고난을 자세히 이야기했다. 에머슨은 세금을 꼬박꼬박 내고 있던 터라 그의 말에 동조하지 않았다.[39] 3년 후 자기 차례가 되어 납세를 거부할 때 소로는 많은 시간을 들여 어떻게 "나의 옥중기"로 주 정부에 반대할지를 치밀하게 계획했다.

그해가 다 가도록 소로는 에너지가 넘쳐흘렀다. 와추세트 등반에서 돌아온

• 이탈리아 낭만주의 시대 문학가로 기관지《조정자》의 주필로 일했으며 대표작으로『나의 옥중기』*My Prisons*가 있다.

직후인 1842년 8월 그는 에머슨을 비롯해 저명인사 이웃들과 함께 콩코드 아테나이움Concord Athenaeum을 설립했다. 이 회원제 대출 도서관은 편리한 위치인 제일교구교회의 부속실에 자리 잡고 있었다.[40] 그해 11월 콩코드 라이시움이 소로를 다시 큐레이터로 선출하자 그는 임명을 수락하고 오레스테스 브라운슨을 비롯한 종교 지도자들—호러스 그릴리, 찰스 T. 잭슨, 시어도어 파커, 웬들 필립스—과 지역의 명사들—찰스 레인, 이프리엄 불(곧 콩코드 포도를 시장에 내놓고 명성을 얻을 참이었다), 바질라이 프로스트 목사, 그리고 물론 에머슨—을 초대했다. 그 시즌은 실속이 있어서 소로는 그해에 배정된 109.2달러 중에서 일반 비용, 인건비, 집세, 조명, 난방비로 정확히 100달러를 쓰고, 남은 9.2달러를 다음 해로 이월하게 된 것을 자랑스럽게 생각했다. 그는 기뻐서 소리쳤다. "100달러로 한 마을에 좋은 일이 얼마나 많이 이루어졌는가! 겨울 동안 그 돈으로 수준 높은 강연을 25회나 하고 공간, 연료, 조명을 조달했다. 그리고 주민 각자에게 적지 않은 혜택이 돌아갔다."[41]

소로도 프로그램에 참여해 4월 8일에 〈월터 롤리 경〉* 강연을 했다. 다 큰 어른들을 앉혀 놓고 연설하기는 처음이었다. 강연 여행을 떠난 에머슨이 축복의 말을 보내왔다. "올겨울 가장 밝은 별이 그날 밤 눈부시게 빛나기를!" 리디언은 헨리의 강연이 "나에게 큰 기쁨을 주었다"라고 화답했다. 다른 사람들도 헨리의 강연을 좋아했고, 콩코드 신문은 "극찬을 받아도 될 명강의"라고 논평했다. 리디언은 남편에게 이렇게 주장했다. "헨리는 능력 있는 강연자로 알려져야 해요. 힘닿는 데까지 그를 광고하셔야 합니다. 라이시움 강연을 몇 번만 더 하면 그 대가를 지불받아 그의 소박한 삶이 채워지고" 그와 청중이 동시에 "더 나아지고 행복해질 거예요." 정작 소로는 에머슨에게 유쾌한 편지를 써 보냈다. "원하신 대로 밝은 밤이었습니다."[42] 헨리

* 영국의 군인이자 탐험가, 작가. 엘리자베스 1세의 총애에 힘입어 북아메리카 식민 사업을 펼치다 실패해 제임스 1세 때 반역 혐의로 고국에서 처형당했다.

가 다룬 롤리는 에머슨류의 "미국의 학자"였으나 영국 왕실에 의해 처형을 당한 비극적 인물이었다. 그는 신세계의 자연을 탐험하고, "어린 가지"처럼 생기에 찬 산문을 쓰기도 했지만, 그의 진정한 시는 배와 함대에서 작전 중에 쓴 것들이며, 전체적으로는 바로 그 작품들이 작가로서 그의 영웅적 이상을 보여 주었다. 하지만 소로가 강연문을《다이얼》에 기고했을 때 이상하게도 에머슨은 그 글을 실어 주지 않았다.

라이시움 큐레이터를 맡은 소로는 토론 주제를 스스로 정할 수 있었고, 실제로 그 권한을 사용했다. 콩코드의 노예제반대운동은 여성들이 주도했고, 소로 가문의 모든 여자도 이 운동에 참여했다. 하지만 여성은 대중 앞에서 연설하는 것이 금지되어 있었다. 노예제 폐지론이 강력해지려면 남자들이 나서야 했는데, 소로는 웬들 필립스를 라이시움에 초대하는 것으로 자기 몫을 했다. 이는 급진 세력에 찬성한다는 의미였다. 급진 세력은 여권 문제를 놓고 보수파와 방금 분열한 상태였다. 그 분열은 소로 가문을 둘로 갈라놓았다. 마리아 고모와 제인 고모는 보수파의 편에 서서 여성의 선거권에 반대했고 신시아, 헬렌, 소피아는 여성도 이제는 모임에서 투표할 권리를 갖게 되었음을 뿌듯해 하며 비타협적 개리슨파로 남았다. 삼위일체신론교회와 제일교구교회는 급진파의 목소리를 억누르고자 급진주의자들이 연설하는 것을 금했다. 헬렌 소로는 격노해서 다시는 교회에 가지 않았다. 급진파는 교회 정책에 개의치 않고 1842년 10월 모임을 열 때 전국에서 가장 급진적인 연사, 프레더릭 더글러스를 불러들였다. 도망 노예 더글러스는 우레 같은 목소리로 노예제를 고발해 청중을 사로잡고 있었다. 윌리엄 로이드 개리슨과 웬들 필립스도 함께 왔다. 두 활동가는 더글러스의 자서전『프레더릭 더글러스가 살아온 이야기』*Narrative of the Life of Frederick Douglass*를 세상에 막 소개하려는 참이었다. 또한 애비게일 올컷의 오빠인 새뮤얼 메이 올컷도 함께 왔다. 개리슨과 메이는 올컷의 집에 머물렀고, 더글러스는 소로의 집에서 머물렀으며, 이때부터 더글러스와 헬렌 소로는 친구가 되어 편지를 주고받

왔다.[43]

이 1842년 10월 모임에서 누군가가—소로의 어머니나 누이, 또는 리디언 에머슨, 또는 헨리 소로 본인이—콩코드 라이시움에 필립스를 다시 강연자로 초대하자고 제안했다. 이건 멋진 선택이었다. 필립스는 설득력 있는 논리를 이용해 보수적인 청중을 의문에 빠뜨리는 법을 정확히 알고 있었기 때문이다. 하지만 필립스가 노예제에 대해 연설할 것이라는 소식이 라이시움 회원들에게 발표되자 존 키스 선생이 반대하고 나섰다. 라이시움은 "노예제나 노예제 폐지론 같은 난처하고 혼란스러운 문제"를 논할 자리가 아니라는 것이다. 키스는 강연을 취소하자고 제안했지만 표결에서 져, 결국 1842년 12월 21일 예정대로 웬들 필립스가 연단에 올랐다. 분명 필립스는 소로네 집에서 묵었을 테고, 헨리 소로가 큐레이터로서 그를 강당으로 안내하고 청중에게 소개했을 것이다. 그의 연설 내용은 기록되지 않았지만 마을의 반응을 보면 대강의 취지를 짐작할 수 있다. 콩코드 급진파를 이끄는 불굴의 리더, 메리 브룩스는 필립스에게 되돌아와 키스의 "추잡하고 뻔뻔스럽고 악의적인 헛소리"와 필립스가 이 나라의 역적이라는 키스의 비난을 논박해 달라고 간청했다.[44] 필립스는 돌아왔지만, 1년 안에 돌아오지는 못했다. 그 무대가 마련되기까지는 약 2년이 걸렸다.

소로는 문학의 전문가로서 신뢰를 얻고 있었다. 그가 마을 일에 뛰어들 수 있었던 것에는 그런 이유도 있었다. 마거릿 풀러가《다이얼》편집 일에서 물러나겠다는 뜻을 비쳤을 때 에머슨은 "이 작은 세계를 떠받치는 데 한쪽 어깨를 빌려줄 친절한 헤라클레스"를 찾아야 했다. 그는 소로를 발견했고, 소로는 에머슨을 도와 2호를 발행했다. 9월에 "달콤하고 부드러운 완벽한 날들"이 이어지는 동안 인쇄업자의 마지막 사본이 도착했고 에머슨은 그 사본을 친절한 헤라클레스에게 떠넘긴 뒤 호손과 이틀간의 도보 여행을 떠났다. 몇 주 뒤인 10월에《다이얼》을 받은 풀러는 대노했다. 테니슨에 관한 자신의 에세이가 터무니없는 오식誤植 때문에 엉망이 되어 있었던 것이다. 테니슨의 구절은 원래 "용감한 **유년**infancy의 깊은 마음 위에"였지만 "용감한 **불명예**infamy"로 바뀌어 있었다. 풀러가 따져 물었다. 어떻게 이럴 수 있는가? 더욱 화가 나는 것은 그녀가 이 평론을 테니슨에게 보여 줄 생각을 하고 있었기 때문이다. 그 실수와 몇 가지 다른 황당한 오류에 대해 에머슨은 그게 다 "헨리 T." 때문이라고 대답했다. 자신은 헨리 T.를 해고하고 다른 사람을 채용하고 싶지만 헨리가 아직 무직이라 그대로 놔두고 있는 것이라고.[45]

편집자로서 헨리의 한계와 시인으로서 헨리의 결함은 별개였다. 풀러는 지금까지 헨리의 거의 모든 시에 퇴짜를 놓았는데, 이제 에머슨이 기다렸다는 듯 그의 시들을 세상에 풀어놓았다. 1842년 10월 호《다이얼》에는 소로의 시가 여덟 편이나 실렸고, 많은 사람이 좋아하는 엘러리 채닝의 시는 단 한 편이 실렸다. 풀러는 이 때문에도 짜증이 났다. 그녀는 소로의 시는 아무리 좋아도 무딘 음악성 때문에 망가졌다고 불평했다. 반면 채닝의 「만가」Dirge는 읽으면 읽을수록 "더 아름다우며" 브룩팜에 있는 모든 사람이 그렇게 생각한다고 말했다. 정점에 달한 소로의 시인 경력은 이것으로 내리막을 타기 시작했다. 당황한 에머슨은 소로에게 편지를 보내 딱 부러지게 비판했다. 소로의 시에는 "정직한 사실성"과 "거친 힘"은 있으나 아름다움이 없다. "그 시들의 결점은 황금이 순수하게 흘러나오지 않고 찌꺼기와 섞인 채 거칠게 존재한다는 것일세. 타임과 마요나라가 아직 꿀로 변하진 않았네. 동화가 덜 되었어."[46] 시에 몰두한 지 5년 만에 소로는 망연자실했다. 에머슨은 소로의 시를 다시는 실어 주지 않았다. 소로는 1843년 4월 호를 편집할 때 자신의 걸작, 「연기」와 「아지랑이」가 포함된 시 세 편을 슬쩍 끼워 넣었다. 하지만 그 이후로 에머슨의 황홀을 든 시인은 계속 엘러리 채닝이었다.

에머슨은 소로에게 다른 어떤 일을 시켜야겠다고 생각하고 있었다. 오래된 외국 서적에서 아나크레온의 우아한 서정시와 아이스킬로스의 비극 『결박된 프로메테우스』*Prometheus Bound* 같은 귀한 문학작품을 선별하고 편집하고 번역하는 일이었다. 헨리가 이때 번역한 아이스킬로스의 비극은 하버드 학생들이 여러 세대에 걸쳐 자습서로 사용했고, 그 후에도 헨리는 테니슨의 달콤한 운문[47]보다 더 깊고 진실한 근대시를 널리 알리겠다는 바람으로 고대인들의 천재적 작품을 영어로 열심히 번역했다. 에머슨은 또한 전 세계의 윤리서와 종교 저작을 선별적으로 보여 주는 새로운 읽을거리, 「민족의 경전」Ethnical Scriptures을 선별하라고 요청했다. 그 시작으로 에머슨은 고대 인도의 학자 비슈누 샤르마가 동물우화를 모아 편찬한 『판차탄트라』*Panchatantra*에서 몇 편을 발췌했다. 그중 한 편의 이야기에서는 이렇게 물었다. "종교란 무엇인가? 생명이 있는 모든 것을 동정하는 것이다. (…) 철학이란 무엇인가? 세계와 완전히 분리되는 것이다." 1830년대부터 에머슨은 아시아의 종교 문헌에 깊이 빠져 고대 힌두 경전들, 공자의 가르침(논어), 조로아스터의 글, 『아라비안나이트』*Arabian Nights* 등을 두루 읽었는데, 그의 목적은 자신이 펴내는 잡지를 이국적 정서로 치장하려는 것이 아니라 고대의 존경할 만한 영적 전통을 미국에 되살리기 위함이었다. 그 문헌들에는 영원한 철학, 즉 개인의 도덕적 믿음과 행동을 이끌 수 있는 만인의 도덕적 진리가 담겨 있었다.[48]

에머슨의 서재에서 이 책들을 발견하고 소로는 완전히 매료되었다. 《다이얼》을 위해 그는 어렸을 때 좋아했던 책으로 돌아갔다. "현존하는 가장 오래된 저작에 속하는" 그 책은 그야말로 문명이 태어날 때 작성된 경전, 『마누법전』The Laws of Menu, 또는 Institute of Menu(메누 또는 마누Manu는 'mind', 'man'과 같은 어근에서 파생했다)이었다.* 소로는 거기 담긴 지혜로 아홉 페이지를 가득 채웠다. "모든 쾌락을 손에 넣기보다는 그것을 포기하는 게 더 낫다." "예술가가 자신의 작품에 들인 노력은 언제나 순수하다." "어떤 것이 아무리 관통하기 어렵고, 손에 넣기 어렵고, 다가가기 어렵고, 실행하기 어렵더라도 진실한 마음으로 자신을 바치면 다 이룰 수 있다." 그가 일기에 적은 이 말들은 "너와 나의 법칙이자 아주 먼 옛날로부터 거스를 수 없는 바람을 타고 불어오는 향기"였다. 소로는 뉴잉글랜드에서 그 자신의 인도를 발견했다. 고독과 침묵이 있는 곳에서는 이 법칙들이 항상 옳았기 때문이다. 그는 이렇게 말했다. "내 머릿속에는 범어가 있다."[49]

소로는 유교의 원리를 소개한 『논어』論語("지식이란 무릇 알면 적용하고, 모르면 모름을 인정하는 것이다.")와 『사서』四書의 구절도 발췌했다. "지극 정성을 다하는 것이 곧 하늘의 길이고, 그러기 위해 노력하는 것이 인간의 길이다." 다음은 붓다에 이르는 길—각성 또는 깨달음—이 네팔어로 적힌 『묘법연화경』妙法蓮華經이었다. 소로는 이 경전들을 근본 그 자체로 보았고, 동양의 오래된 지혜를 근대 세계에 부활시킬 꿈을 꾸었다. 그는 자신만의 구도의 길을 걷겠다고 맹세했다. "브라만은 이상적 인간이다."[50] 종교가 썰물처럼 빠져나가고 종교학자들이 "오래된 경전들을 난도질하고 있는" 이때, "더 오래된 책들의 질긴 유해들이 해안으로 천천히 밀려와 하나로 합쳐지는 것이 소로로서는 신기했다. 이 고대의 정신적 지혜를 올바르게 부활시키려면 먼저 그에 따라 사는 법을 찾아야 했다. 브라만이 되고, 깨달음을 얻고, 붓다가 되고자 노력해야 했다. 글에서, 그리고 삶에서도 스승이 되도록 자신을 완전히 바치고자 노력해야 했다. 소로는 나중에 첫 번째 제자에게 이렇게 말하곤 했다. "누구나 얼마간은 잠깐씩 요가 수도자가 된다."[51]

1842년이 다 가도록 소로의 통찰력은 계속 깊어지고 명료해졌지만, 그의 기분은 종종 걷잡을 수 없이 요동쳤다. 1843년 1월, 존의 1주기를 맞아

• 메누 혹은 마누는 법을 제정한 인류의 조상이다.

"기관지염"에 걸린 소로는 일기에 음울한 자아상을 그려 넣었다. "지금 나는 누구인가? 잔가지에 매달려 떨고 있는 시든 이파리처럼 병든 신경 한 다발이 시간과 영원 사이에 서 있구나." 하지만 지난날을 돌아보니 내실 있게 성장한 1년이 보였다. 독창적 에세이 두 편을 포함해 여러 작품을 발표하고, 콩코드 지역의 공적 업무에서 중요한 역할을 하고, 훌륭한 문예지의 공동 편집자 역할을 해내고, 평생 함께할 중요한 친구들을 사귀고 우정을 쌓았다. 일기에 신세 한탄을 쏟아 낸 그날, 소로는 리처드 풀러에게 따뜻하고 사랑 넘치는 편지를 쓰고, "중요한 일"에 쓰려고 보관하고 있던 물수리 깃털로 편지지 가장자리를 장식했다. 편지에서 헨리는 풀러가 새해 선물로 보내 준 뮤직박스*에 감사를 표했다. 음악 소리를 들으니 "우리 두 순례자가 어느 여름날 오후에 단둘이 즐겁게 노닐며 언덕과 골짜기를 걸어가는 듯하네." 그는 둘이서 와추세트까지 걸어간 행복했던 지난날을 떠올렸다. 리디언은 헨리가 새로운 물건에 "어린애처럼 기뻐하는" 것을 보고 감격했다. 헨리는 두 살도 안 된 이디스와 카펫 위에서 춤을 춘 뒤 어머니와 누이들에게 그 물건을 보여 주려고 달려 나갔다.[52]

그해 겨울 에머슨은 멀리 강연 여행을 떠나면서 가족과 재산을 소로에게 맡겼다. 엄청난 신뢰가 없다면 불가능한 일이다. 소로는 에머슨의 아이들에게 대리 아빠 노릇을 하며 3주를 지낸 뒤 에머슨에게 감사 편지를 보냈다. "거의 2년 동안 선생님의 집에서 기숙생으로 살았고, 여전히 여름 하늘 아래서 자유를 만끽하고 있습니다. (…) 태양이나 여름을 대가 없이 누리듯 제 삶을 자유롭게 누리고 있습니다." 그는 곁에 두기에 쉬운 사람이 아니었고,

* 뚜껑을 열면 음악이 나오는 상자.

처음부터 에머슨은 헨리의 "변함없는 위압적 태도"에 감탄이 나온다고 말했지만, 과연 그런 감탄이 얼마나 오래갈 수 있을까.** 그런 뒤 소로는 "저의 고집 때문에 선생님께서 가끔 괴로워한다"라고 인정했다. 하지만 에머슨이 없자 소로는 확연히 느긋해졌다. 리디언은 "아침을 먹고 나서 어린 딸들이 팝콘을 구워 달라고 조르자" 헨리가 마치 의식을 치르듯 팬을 불에 달구며 아이처럼 즐겁게 야단법석을 피웠다고 기록했다. 헨리도 아이들의 발전을 기록했다. "이디스는 인문과학과 자연과학의 진도가 마치 대로 위를 달리듯 정말 빠르고", 그를 "아빠"라 부르길 좋아했다. 이디스의 언니인 엘런은 "아침마다 '아빠가 혹시 오늘 밤에 오실**지도** 몰라'라고 외친다". 리디언에 대해서는 "기독교도가 되어야 한다는 그녀의 설득에 거의 넘어가고 있다"라고 말했다—실제로 리디언은 헨리의 "이단 신앙"에 대해 그와 이야기를 나눴는데, 그 후 헨리가 정말로 교회에 갔다며 놀라움을 감추지 못했다.[53]

리디언은 계속해서 초월주의자들을 접대했다. 한번은 그녀가 재미있게 바라보는 가운데 올컷과 레인은 "자연에 대한 사랑은 가장 미묘하고도 위험한 죄악"이며, 너무나 정교한 우상 숭배라서 그 죄인들은 저도 모르게 타락하게 된다고 선언했다. "헨리는 이 두 현명한 남자에게, 그들은 문제의 그 능력이 전혀 없고 그래서 그걸 판단할 수가 없다고 딱 잘라 말했다." 그러자 올컷은 자신들이 "T. 선생과는 다르게" **영적** 사랑으로 가득하다고 대답했다. 리디언은 입가에 미소를 지으며 "정말 말도 못하게 웃겼다"라고 말했다. "헨리는 용감하고 멋졌다. 그래서 항상 그를 좋아했는데, 점점 더 좋아지고 있다." 한편 헨리는 루시 브라운에게 써 보냈듯, 이 삶이 아주 행복하긴 한데 "쓸고 닦고 세금 내고 살림을 하는 온갖 일"이 이상하게 뒤범벅되어 있었다. 하지만 그는 미소 지으며 이렇게 덧붙였다. "발할라***에도 부

** 헨리와 에머슨 사이에 반어가 오가고 있다.

*** 북유럽 신화에 등장하는 장소로, 최고의 신 '오딘'을 위해 싸우다 살해된 전사들이 머무는 궁전이다.

억은 있겠지요."[54]

에머슨은《다이얼》까지 헨리의 손에 맡겼다. 자신감을 얻은 소로는 곧 그 호{1843년 4월 호}에 달려들었다. 올컷에 대한 레인의 에세이, 하이델베르크에서 열심히 공부하고 있는 찰스 스턴스 휠러의 보고서와 풀러, 리디아 마리아 차일드, 풀러의 친구 제임스 프리먼 클라크, 올컷과 없어서는 안 될 엘러리 채닝의 글, 그리고 "중세 암흑시대"Dark Ages에 관한 소로 자신의 에세이. "시로 말하자면", 그는 에머슨에게 딱 부러지게 말했다. "한동안은 전혀 쓸 생각이 없습니다. 머릿속에서 완전히 사라졌어요. 하지만 가끔은 그 천둥소리가 귓가에 맴돕니다." 그랬음에도 그는 앞에서 말한 시 세 편을 이번 호에 슬쩍 끼워 넣었다.[55] 에머슨은 알차고 특히나 세계주의적인 이번 호와 함께 주필로서의 첫해를 마무리하려고 3월에 돌아왔다. 그 무렵《다이얼》은 좋은 비평을 몇 건 받았고, 올컷의 말로는 영국에서 "대단한 예언서"로 인정받고 있었다. 하지만 피보디에겐 나쁜 소식이 더 많았다. 유료 구독자가 220명으로 떨어진 바람에 종잇값과 인쇄비조차 충당할 수 없었다. 에머슨이 괴로워하던 그 몇 주 동안 친구들은 저마다 다른 주장을 내놓았다. 레인과 올컷은 잡지 발행을 계속하라고 간청했다. 엘리자베스 호어는, 그만 접어라, 훌륭한 작가는 다른 데서도 얼마든지 작품을 발표할 수 있으니, 라고 말했다. 풀러는 1년만 더 버티면 멀리서 "또는 하다못해 미래에" 이 잡지를 읽을 "호의적인 독자들"이 나타날 것이라며 만류했다.[56]

소로는 손을 뗄 준비가 되어 있었다. 편집 조수가 무급이어서라기보다는 에머슨의 "기숙생"이라는 자기 처지를 점점 참을 수 없어서였다. 1843년 5월 1일 소로는 스태튼 아일랜드에 사는 형 윌리엄의 집에 가 있던 에머슨에게 편지를 보냈다. 건강이 전보다 좋아졌고 그 덕에 "강연과 글쓰기가 아닌 다른 방법으로 빚을 갚을 궁리를 하고 있습니다. (…) 행여 뉴욕에서 그 '다른' 방법 중 어느 것이라도 듣게 된다면 저를 위해 기억해 주시겠습니까?" 에머슨은 뉴욕을 싫어했지만, 월스트리트 지역이 초월주의에 약간이라도 귀 기울일 준비가 되었다고 생각하고 있었다. 그는 윌리엄과 상의하고 함께 계획을 세웠다. 우선 윌리엄의 아들 윌리의 공부를 헨리에게 맡긴다. 헨리가 아이에게 좋은 영향을 줄 것이다. 아이를 숲과 도시로 데려갈 수 있으니. 그 대가로 헨리에게는 숙식과 연봉 100달러를 지불한다. 헨리는 이 제안이 마음에 들었지만, 연봉 이외에 푼돈을 벌 방도는 없겠느냐고 물었다. 혹시 월스트리트에 있는 윌리엄의 법률사무소나 그 밖의 다른 사무실에서 사무원으로 일할 수는 없을까요? 적어도 작은 도서관을 운영할 수 있을 때까지라도? 그는 당장, 2주 후인 4월 1일에라도 출발할 수 있었다.[57]

콩코드에 사는 월도 에머슨의 기숙생이 월스트리트의 공증인 윌리엄 에머슨의 집으로 들어간다는 생각은 별로 가망이 없어 보일 수도 있다. 미래로 가서 멜빌의 「필경사 바틀비: 월 스트리트 이야기」를 읽을 수 있었다면, 소로는 더 신중했을 것이다. 하지만 그의 경력은 막다른 골목을 만난 상태였다. 스태튼 아일랜드에서 살면 적어도 에머슨의 세력권에서 벗어나 뉴욕의 문학 시장에 진입할 수 있었다. 소로는 기꺼이 도박에 뛰어들었다. 그는 콩코드 생활을 정리하고 미국의 상업 중심지 뉴욕에서 새 출발을 하기로 계획했다. 그것이 그의 두 번째 임사 체험이 되리라는 것은 꿈에도 모른 채.

스태튼 아일랜드에서

한편 호손도 친구를 위해 계속 자리를 알아보고 있었다. 1842년 10월에는 《뉴 먼슬리 매거진》*New Monthly Magazine* 주필에게 "그 사람은 내면에 좋은 평판을 받을 만한 자질이 가득하다"라고 말했다. 잡지는 폐간되고 편집자는 답을 하지 않았지만, 1843년 1월에 한 번 더 시도했다. 친구이자 《데모크라틱 리뷰》*Democratic Review*의 뉴욕판 발행자 존 오설리번이 그를 보러 올드맨스에 온 것이다. 호손은 오설리번의 잡지가 눈에 잘 띄게 전시되어 있는 아테나이움으로 소로를 초대해 그를 만나게 해 주었다. 그들은 올드맨스에서 함께

차를 마셨고, 그런 뒤 소로는 오설리번을 라이시움으로 인도했다. 소로는 오설리번에게 특별한 인상을 받진 않았지만, "글을 써서 보내면 그의 《데모크라틱 리뷰》에 실겠다고 나에게 말했을" 땐 가슴이 두근거렸다. "물론 기쁘게 그 일을 할 것이다."[58] 호손은 물론이고 브라이언트, 휘티어, 롱펠로, 로웰, 캐서린 세지위크 같은 미국에서 가장 유명한 작가들이 《데모크라틱 리뷰》에 작품을 발표했다. 사실 그 잡지는 초월주의에 공감하는 개혁적이고 자유주의적인 "영 아메리카"Young America 그룹의 기관지였다. "가장 좋은 정부는 가장 적게 통치하는 정부"라는 문구가 표지를 장식했다. 발행 부수도 3,500부나 돼서 거기에 글을 발표한다면 《다이얼》에 발표하는 것보다 열다섯 배나 많은 사람이 그의 글을 볼 수 있었다. 소로는 뉴욕에 갔을 때 이 제안을 잊지 않으려고 기억에 고이 접어 두었다. 또한 1842년 여름부터 쓰기 시작한 특별한 일기장도 잘 챙겼다. 페이지 수가 많아 "롱 북"Long Book이라 명명한 이 일기장에 소로는 1839년 존과 함께 강을 여행했던 이야기를 정리해 가며 필사하고 있었다. 그는 장기 계획을 세우고 있었다.

곧 소로는 리처드 풀러에게 이렇게 말하고 있었다. "나는 콩코드를 떠날 것 같네. 콩코드는 나의 로마, 그곳 사람들은 나의 로마인. 5월에 떠날 듯하네." 4월 초에는 호손의 집에 들러 풀러의 뮤직박스를 맡겼다. 뉴욕으로 가는 건 좋은 일이지만, "거친 자유"와 "고전적 교양"을 겸비한 소로가 그리울 거라고 호손은 생각했다. 소로는 "육체가 건강하지 않고, 도덕적으로나 지적으로도 마땅한 길잡이를 아직 발견하지 못했다". 에머슨이 다녀간 뒤 호손은 얼굴을 찌푸리며 덧붙였다. 에머슨은 "소로 씨를 집 안에 들이는 경험이 약간 불편했던 것으로 보인다". 어쩌면 소로는 "식탁과 난롯가에 장기 체류하는 손님"보다는 "탁 트인 야외에서 가끔" 보는 사람으로 만나는 게 더 좋을지도 몰랐다.[59]

떠날 날이 다가옴에 따라 작별 인사가 쌓여 갔다. 호손과 소로는 마지막으로 '수련'호를 몰고 강 상류로 나갔고, 부빙浮氷에 올라타서는 밧줄로 배를 단단히 묶고는 집까지 부빙을 몰아서 갔다. 프루던스 워드는 헨리에게 자연사를 연구할 때 쓰라고 작은 현미경을 줬고, 엘리자베스 호어는 펜과 잉크스탠드를 주면서 그 펜이 "네 목소리를 들을 수 없는 사람들에게 가끔이라도 너의 친절한 생각을 통역해 주기 바란다"라고 말했다. 에머슨은 필요한 물품과 새 옷을 사라고 20달러를 선불해 주고 여행 경비로 7달러를 더 빌려주었다. 그리고 윌리엄에게 걱정을 내비쳤다. "이제 우리의 용감한 젊은이가 새로운 집, 새로운 환경, 새로운 도시로 들어갑니다. 뉴욕 어디를 둘러봐도 그보다 더 진실하고 순수한 사람은 없을 겁니다." 만약 어린 윌리가 "자기를 돌봐 주고 가르쳐 주는 그의 능력을 잘 알아보기만 한다면 분명" 소로를 존경하게 될 것입니다.[60]

5월 6일 토요일, 헨리 소로는 윌리엄 에머슨의 아내 수전 헤이븐 에머슨과 함께 콩코드를 떠나 스태튼 아일랜드로 향했다. 두 사람은 파산한《보스턴 문집》측이 소로에게 지불해야 하는 돈을 받으려고 보스턴에 잠시 머물렀다. 단지 원칙의 문제 때문이 아니었다. 소로는 그 돈이 정말 필요했다. 하지만 이번에도 받아 내지 못했다. 배는 코네티컷주 뉴런던에서 낮은 조수 때문에 좌초했지만, 그 밖에 다른 사고는 일어나지 않고 긴 항해가 마무리되었다. 월요일 아침 10시, 소로와 에머슨 부인은 뉴욕시 배터리항에 내렸다. 부두에 내리자마자 "굶주린 마부들"이 그들을 에워쌌다. "살색 얼굴 아래에 대롱대롱 매달린 더러운 외투들이" 물결치듯 좌우로 요동쳤다. "마차 안 타세요?" "제 마차를 타시죠." 소로는 그들을 노려보고 거리를 유지하며 에머슨 부인을 호위했다. 그들과 그들의 짐이 스태튼 아일랜드 페리에 오를 때까지.[61]

두 사람은 곧 길고 낮은 갈색 지붕널을 인 집에 도착했다. 전면에 포도나무로 덮인 정자가 있고 텃밭과 그늘진 잔디밭이 주변을 둘러싸고 있어 월도 에머슨은 그 집을 "아늑한 곳"The Snuggery이라 불렀다.[62] 주변이 푸르고 목가적이었으며, 남쪽으로 바다까지 펼쳐진 숲이 내려다보였다. 언덕 위에 서면 뉴욕, 브루클린, 롱아일랜드, 샌디훅에서 뉴저지 하일랜드로 이어지는 해협, 그리고 대서양의 수평선 위로 하루 내내 지나가는 배들이 모두 보였다. 스태튼 아일랜드는 맨해튼의 법률사무소에서 일하는 윌리엄에게는 목가적 안식처였다. 윌리엄은 훤칠한 데다 리치먼드 카운티의 민사 법원 판사였다. 풀러는 그가 "동생과 완전히 딴판"이라고 생각했다. 즉 대단히 신사답고 두뇌가 명석하고 붙임성 있지만, 초월주의에는 애정이 조금도 없는 "순전한 사업가"였다.[63] 소로는 일곱 살 된 윌리를 가르치고, 걸음마 하는 찰스와 헤이븐을 돌봐야 했다. 일과는 엄격했다. 아침은 6시 30분, 점심은 정오, 저녁은 5시였으며, 아침 9시부터 오후 2시까지 윌리를 가르쳤다. 소로가 느끼기에 윌리엄 에머슨 부부는 "흠잡을 데 없고 친절"하지만 "실은 나와 전혀 맞지 않는" 사람이었다. 월도는 "아무리 작더라도… 혼자 꿈을 꾸고 글을 쓰고 연설을 할 수 있는" 그만의 방이 소로에게 있어야 한다고 주장했다. "헨리에겐 항상 그런 방이 있었으며, 앞으로도 있어야 합니다." 하지만 난방이 되지 않았고, 그래서 온기가 필요할 때면 서재나 지하의 거실을 두고 에머슨 판사와 저글링을 했다.[64]

쉬는 날이면 소로는 주변을 돌아다니며 "들려오는 두 가지. (…) 포효하는 바다와 웡웡거리는 도시의 소리"를 번갈아 탐험했다. 가장 먼저 섬의 자연사가 그를 끌어당겼다. 소향합과 백합나무, 어디서나 자라면서 우유 냄새를 풍기는 야생 마늘, 17년 만에 깨어나 시끄러운 소리—맴맴—로 하늘을 가득 채우는 매미들.[65] 소로는 텔레그래프 힐에서 출발해 뱃사람들이 살던 집 스너그 하버Snug Harbor, 그리고 1661년 최초의 정착민 위그노 교도가 상륙한 해안의 오래된 느릅나무까지, 스태튼 아일랜드를 두루 다녔다. 가장 끌리는 것은 바다였다. "저는 바다가 정말 좋습니다." 소로가 에머슨에게 말했다. "바다는 모든 것이 크고 풍부합니다. 해초, 물, 모래, 심지어 죽은 물고기까지. 말과 돼지는 피둥피둥하고 지독한 냄새를 풍깁니다. 해변에는 거대한 청어 그물이 펼쳐진 채 마르고 있고, 게와 말발굽 자국이 모래 위를 기어 다닙니다."[66] 소로는 사람들이 소를 이용해 배를 해변으로 끌어올리는 것을 구경했다. "소들이 큰 파도를 헤치고 배를 끌 때는 마치 샌디훅이 딸려 오는 것 같습니다." 또한 캡틴 스미스라는 어부와 친구가 되었다. 스미스는 청어의 일종인 "모스벙커"mossbonkers를 그물 가득 끌어 올려 1,000마리 단위로 팔았다. 이 물고기는 비료로 쓰여 아일랜드의 척박한 땅을 기름지게 했다. 해안에서는 이민자들을 실은 배가 근처 검역소에 정박해 있는 것을 볼 수 있었다. 아이들이 달리기를 하고 헤엄을 치는 동안 부모들은 팔다리를 뻗고 바람을 쐬면서 배가 깨끗해지길 기다렸다. "사람들은 하루나 이틀만 억류됐다가 곧장 도시로 올라갑니다. 대개는 여기에 **발도 들이지** 않아요."[67]

그 심정은 소로도 마찬가지였다. 배는 하루에 대여섯 번 오갔고, 배를 타려면 리치먼드 로드를 반 시간 걸어가거나 해변을 따라 거의 1마일을 걸어야 했다. 맨해튼 남쪽 끝에 도착하면 어느 방향으로 가든 딱딱한 보도를 다시 2~3마일 걸어야 했고, 비가 내릴 때만 승합마차를 탈 수 있었다. 소로는 부모에게 말했다. "온종일 훈련하듯 열심히 돌아다녀야 시내 몇 군데를 방문할 수 있습니다."[68] 처음 맞는 토요일에 그는 프루던스 워드의 형제인 조지를 방문해 은판사진 스튜디오를 차리는 일에 대해 들었고, 다음에는 에머슨의 젊은 친구 자일스 월도와 윌리엄 태펀을 만났다. 그들은 태펀의 아버지이자 노예제 폐지론자인 루이스 태펀이 운영하는 전국적인 산업 홍신소에서 사무원으로 일하고 있었다. "전국을 대상으로 하는 일종의 직업소개소"로, 고용인이 수천 명에 달하는 사업체라고 소로는 아버지에게 설명했다. 토요일은 일하는 날이라 두 사람은 헨리를 근처의 맥줏집으로 데려가 잠깐 이야기를 나눴다. 돌아오기 전에는 시내를 구경했다. 승객을 태우고 최초로 대서양을 횡단한 목조 여객 기선으로, 위험할 때는 몇 주 만에, 안전할 때는 며칠 만에 유럽에 닿는 '그레이트 웨스턴'Great Western호, 40마일 밖에서 물을 끌어와 도시의 인구 밀집을 가능하게 한 크로튼 급수소Croton Waterworks, 애서 듀랜드의 풍경화와 이매뉴얼 로이체의 출세작 〈사슬에 묶여 귀환하는 콜럼버스〉Return of Columbus in Chains(이제 곧 〈델라웨어강을 건너는 워싱턴〉Washington Crossing the Delaware이 세상에 나올 참이었다).[69] 근대를 이끄는 기술과 만날 때마다 가슴이 벅차올랐다. 사진술, 세계경제, 도시 팽창, 처음 보는 근대미술 등.

기계를 사랑하는 소로는 매혹되었지만, 콩코드를 그리워하는 소로는 소름이 끼쳤다. 포와 호손처럼 그 역시 군중을 보고 "주목해야 할 새로운 어떤 것"이라 생각했지만, 도시를 보면 볼수록 좋아하는 마음이 줄어들었다. 그는 이렇게 선언했다. "도시를 바라보고 있으면 내 눈이 부끄러워진다. 상상할 수 있었던 것보다 1,000배는 더 비열하다. 싫어하는 편이 나에겐 이득이 될 것이다." "100만 명의 사람이 한 사람에 비해 완전히 무가치하다는 것을 세계는 언제 알게 될까?" "요즘 수많은 사람과 사물이 너무 빠르게 내 머리를 스쳐 지나가서 내가 무엇을 봤는지 거의 기억나지 않는다."[70] 여행 중에 걸린 감기가 시내에서 돌아오자마자 "기관지염"으로 악화되어 일주일 동안 집 안에 있었지만 뉴욕을 혐오하는 증상에는 도움이 되지 않았다. 기관지염은 회복되었지만, 6월에 소로는 자신이 가족의 기대에 못 미치고 있다고 걱정하는 편지를 에머슨에게 써 보냈다. "저는 함께 지내는 좋은 사람들에게 특별히 도움이 되지 못하고 폐만 끼치는 것 같습니다." 윌리와도 마음이 잘 맞지 않았다. "그 아이에게만 그런 것이 아니라 모든 아이에게 그렇습니다." 하지만 그는 최선을 다했다. 7월에 "학생과는 잘 지내고 있습니다"라고 알렸고, 윌리엄 에머슨은 "우리는 모두 소로를 좋아하고 존중한다네. 그는 윌리엄에게 큰 도움이 되고 있어"라며 동생을 안심시켰다.[71]

문학적 발전을 위해서도 소로는 사람들의 호의에 힘입어 첫걸음을 내디뎠다. 에머슨은 헨리 제임스와의 만남을 열심히 주선했다. "독립적이고 생각이 올바른 사람", "아주 훌륭한 젊은이"가 있는데, 일단 소로의 "낡은 현학과 고루함"을 지나치고 나면 "심오한 정신과 도량이 넓은 인간성"을 보게 될 것이라고 장담했다. 제임스는 즉시 손을 내밀어 소로를 다정하게 초대했고, 소로는 건강이 회복되자마자 그를 보러 워싱턴 스퀘어를 방문했다. 그 집에서 소로는 이제 막 태어난 미래의 소설가, 헨리 제임스 2세와 아직 어린 미래의 철학자, 윌리엄을 봤을 것이다. 처음으로 소로는 뉴욕에서 진정으로 행복했다. "뉴욕에 가서 헨리 제임스를 만났다. 정말 마음에 드는 사람이다. (…) 새롭고 재미있으며, 항상 앞을 바라보며 전진하는 사람이다. 그 때문에 뉴욕이 친근하고 인간적으로 느껴졌다." 세 시간 동안 이야기를 나눈 뒤 제임스는 소로에게 "그 집을 자유롭게 드나들어도 된다"라고 말했고, 이후 소로는 적어도 한 번은 다시 방문했다. 하지만 제임스와 그의 가족은 갑자기 '그레이트 웨스턴'호를 타고 유럽으로 사라졌다. 에머슨은 "자네가 그를 좋아했기 때문에 더욱 마음이 아프네"라고 위로했고, 제임스에게 보낸 편지에서는 그를 잃어 "매우 실망스럽다"라고 말했다. 에머슨은 제임스가 가족을 데리고 콩코드로 이사 오기를 바라고 있었다.[72]

헨리 제임스를 금방 잃은 것은 연속해서 일어난 불운 중 하나였다. 하지만 행운도 찾아왔다. 상업거래소 도서관에 들어가 보니 하버드에서 자신을 가르친 헨리 맥킨이 거기서 일하고 있었다. 맥킨은 즉시 그에게 모든 도서를 열람할 수 있는 자격을 주었다. 두 번째 행운은 그 도서관 계단에서 당대를 주도하는 공상적 개혁가들을 만난 것이었다. "영국 사람들" 중 한 명인 올컷을 따라 콩코드에 왔고 지금은 뉴욕에서 살고 있는 헨리 라이트, 시대를 대표하는 푸리에주의자Fourierist* 앨버트 브리스번, 엘러리 채닝의 사촌 윌리엄 헨리 채닝이 그들이었다. 헨리 채닝은 뉴욕에서 푸리에주의를 설파하는 운동을 벌이면서 잡지 《현재》*Present*를 편집하고 있었다. 소로는 새로운

* 협동조합 중심의 사회를 주장한 공상적 사회주의자.

사회과학 원리에 따라 사회를 재조직하겠다는 그들의 "협동조합주의적"Associationist 구상이 미덥지 않았지만, W. H. 채닝을 존경하는 마음에 그의 집을 찾아가 "몇 시간 동안 즐거운 시간을 보내고 정말 흥미로운 문제, 즉 인류를 위해 무엇을 할 것인가를 논의했다." 그때부터 소로는 그들의 주장과 함께 얼굴을 찡그리며 그 반대 의견을 드러낸 사람의 자신감에 대해 적었다. 그 사람은 바로 채닝이었는데, 만약 채닝이 인간에게 실망하겠다고 마음을 먹는다면 즉시 그의 주장은 "패각상 단구처럼 균열이 갈 것"이다.[73] *

가장 큰 행운은《뉴욕 트리뷴》*New-York Tribune*의 주필 호러스 그릴리를 방문했을 때 찾아왔다. 그의 주간지**는 빠르게 전국에서 가장 크고 가장 영향력 있는 신문이 되고 있었다. 협동조합주의자이기도 했던 그릴리는 브룩팜을 지원하고 초월주의를 포함한 당대의 거의 모든 개혁 운동에 힘과 열정을 쏟아부었다. 그릴리는 에머슨을 존경하고《다이얼》을 선전해 온 사람답게 소로가 자신의 분주한 사무실을 방문하자 벌떡 일어나 진심으로 반갑게 맞아 주었다. 그는 외로운 소로에게 "이제 이웃이 되었군"이라고 인사했고, 그에 대한 답례로 소로는 그가 "모든 사람이 만나고 싶어 할 친절한 뉴햄프셔 남자"라고 말했다.[74] 첫 번째 장편 저작인 칼라일에 관한 에세이를 끝냈을 때 소로는 그 글을 그릴리에게 보냈으며, 그릴리는 그 글을《뉴욕 트리뷴》에 실어 주고 소로가 많은 원고료를 지불받도록 힘썼다. 그때부터 그는 소로의 친구이자 꾸준한 문학 대리인이 되어 소로의 작품을 세상에 알리고 개인적으로는 소로가 좌절하지 않고 계속 쓸 수 있게 기운을 북돋아 주었다. 실망도 많았지만 이 우정 하나로 스태튼 아일랜드의 모험은 가치가 있었다.

* 협동조합주의는 인간이 서로 신뢰하고 협력할 줄 안다는 전제를 믿는다.

** 1841년 주간지로 출발했고, 몇 년 후 일간지가 되었다.

최초의 큰 좌절은 존 오설리번이 소로의 에세이를 거절할 때 찾아왔다. 소로가 쓴 것은 J. A. 에츨러의 『모든 인간이 노동하지 않고 자연과 기계의 힘으로 이룰 수 있는 낙원』*The Paradise Within the Reach of All Men, without Labor, by Powers of Nature and Machinery*에 대한 공격적 평론이었다. 에머슨은 이 글을 《다이얼》에 싣고 싶었지만, 올드맨스에서 차를 마신 뒤 기분이 들떠 있던 소로는 그 글 「복락원」Paradise (To Be) Regained을 오설리번의 《데모크라틱 리뷰》에 보냈다. 영리하지만 위험한 결정이었다. 오설리번은 에츨러가 추진하는 공동체주의적 사회 개혁—소로가 가차 없이 난도질한 개혁—을 지지했기 때문이다. 뉴욕에서 에츨러는 모든 사회문제를 기술로 해결할 수 있는 새로운 세계를 봤다. 우리가 세계를 간단히 개조할 수 있는 마당에 왜 **우리 자신**을 굳이 향상시켜야 할까? 지구공학적 행성이라는 에츨러의 현기증 나는 관점에서 인간은 바람, 조수, 태양을 이용해 기계를 돌리고, 그 기계의 힘으로 산을 깎고 땅을 평평하게 하고 매끄럽게 포장하고, 운하와 도로를 건설하고, 밤하늘을 밝히고, 음악이 끊임없이 울려 퍼지게 할 수 있다. 그런데 왜 여기서 멈출까? 소로는 조소한다. 내친김에 "지구를 새로운 궤도로 밀어 넣어 하절기를 늘리고, 그래서 계절의 지루한 순환을 바꿔 주면" 어떨까? 또는 왜 지구에서만 전전긍긍할까? "지구를 떠나서 아무도 없는, 더 서부 같은 행성에 정착하면" 어떨까? 노동과 기계를 아는 사람이 보기에 에츨러는 세 가지 작은 요소를 빼먹고 계산하지 않았다. "시간, 인간, 돈"이다. 하지만 과학기술은 세 가지 모두를 필요로 한다. 어떤 마법을 부려도 에츨러의 공상적 세계는 실현되지 않을 것이다. 게다가 미래는 공학 문제가 아니라 **인간** 문제가 중요하다. "한 사람 한 사람의 노력이 없다면 어떤 결과도 나오지 않는다. (…) 세계를 개혁하는 이 문제에서 우리는 협동을 그다지 신뢰하지 않으며, 따라서 협동은 가장 먼저 이뤄야 할 것이 아니다."[75]

뉴욕의 거리와 사무실에서 태어나고 있는 비즈니스의 세계를 들여다보고 나니 소로는 초월주의적 신념이 더 강해졌다. 자연은 지름길을 허락하지 않는다. 개혁은 외부 환경이 아니라 내면의 자아에서 시작되어야 한다. 오설리번은 동의하기 힘들었지만 소로의 글이 활기차고 날카로운 것은 알아봤다. 그는 부드럽게 제안했다. 혹시, "약간 덧붙이거나 수정할" 생각은 없는가? 아니면 논란의 소지가 더 적은 글, 이를테면 개인적 자연 탐방기 같은 것을 보내 주지 않겠나? 어쨌든 이 잡지의 "'우리'는 크게 보면 어떤 보편적 동질성"을 필요로 하니까. 소로는 겸손하게 대답하면서도 주장을 굽히지 않았다. 결국 오설리번이 입장을 누그러뜨리고 11월 호에 소로의 에츨러 평론을 실었다. 또한 10월 호에는 소로의 인물 단평 「여인숙 주인」The Landlord을 실어 주었다. 여기에 등장하는 시골 여인숙 주인은 인간 본성을 사랑하는 마음에 모든 손님에게 음식과 잠자리를 내주는 사람으로, 소로는 풀러와 함께 와추세트 인근의 여인숙에서 묵었던 경험을 토대로 인간의 따뜻한 정을 묘사했다. 이 "대중적인" 자연 탐방기는 흥미로운 실험이긴 했지만 크게 좋아하는 사람은 없었다. 소로의 가족이 한 부 보내 달라고 하자 소로는 보내 줄 책이 없다, 한 부에 50센트인데 그 돈이 없다고 대답했다.[76]

여기가 뉴욕 문학 시장에서 거둔 성공의 정점이었다. 6월 초 소로는 "아직 덫을 놓은 것은 아니지만, 미끼를 달아 놓기는 했다"라고 희망적으로 말했다. 4개월 뒤에 그는 "내 미끼로는 쥐를 유혹하지 못할 것이다. 놈들이 너무 배가 불렀다"라고 인정했다.[77] 가족에게 소로는 암울한 상황을 자세히 설명했다. 그는 성과도 없이 뉴욕의 거리를 걸어 다니고 있다, 모든 출판사와 서점 문을 열고 들어가지만, 원고를 살 돈이 없다고 하거나, 하퍼 형제 같은 경우 돈은 있지만 출판 제국을 건설하는 중이라 무명작가에게는 기회를 주기가 어렵다고 한다. 에머슨에게는 무뚝뚝하게 말했다. "이곳의 문학 시장은 빈약하기만 합니다. 무엇을 쓰든 간에 돈을 받고 팔기는 불가능합니다." 대중잡지로 말하자면, "공짜 원고가 쌓여 있고 값을 쳐주지도 않습니다." 최고의 잡지 《니커보커》*Knickerbocker*는 초월주의를 원칙적으로 배제하지만, 그렇게 말하는 대신 잡지사가 가난하다는 핑계를 대고 소로를 돌려보냈다. 소로는 어머니에게 "월간지 《레이디스 컴패니언》*Ladies Companion*은 고료를 주기는 합니다만, 다정다감한 글은 쓸 수 없었습니다"라고 단호하게 말했다.[78]

다른 문제도 있었다. "기관지염"에서는 회복되었지만 더 음험한 병에 걸리고 말았다. 기면발작이 찾아왔다. 이 "악마"는 모계를 따라 출몰한다고 알려져 있었다. 찰스 삼촌은 문장 중간에 고개를 끄덕이면서 그건 가족의 농담이라고 말했지만, 헨리로서는 갈수록 절망적이었다. 그가 걱정하는 어머니에게 털어놓았다. "이 문제가 저의 글쓰기에 큰 방해가 되고 있어요. 요즘은 해 질 녘까지 눈을 부릅뜨고 지냈으면 탈 없이 하루를 잘 보냈다고 생각합니다." 한 달이 지나도 전혀 나아지지 않았다. "잠깐씩 쉬지 않으면 글을 쓰거나 읽을 수가 없습니다." 이제는 에머슨에게도, 눈을 뜨고 있을 수 없는 병자가 되었다고 밝힐 수밖에 없었다.[79]

그의 기면발작은 선천적일 수도 있고 잠복 결핵의 또 다른 증상일 수도 있었지만, 실은 정신적 갈등과 고통을 나타내고 있었다. 에머슨 판사의 집에서 소로는 대단히 불행했고, 맨해튼 거리에서 맞닥뜨린 장애물 때문에 완전히 좌절하고 말았다. 게다가 에머슨의 기대는 벗어날 수 없는 족쇄로 다가왔다. 한편으로 그는 미국 상업의 중심지에 초월주의를 전파하고 스스로 미국 전체에 명성을 떨쳐야 했다. 다른 한편으로 에머슨은 그가 《다이얼》의 한 기둥이 되어 주기를 바라고 있었다. 소로의 에츨러 논평은 뜨거운 쟁점을 날카롭게 풍자했고, 협동조합주의적 개혁의 홈그라운드에서 그들의 사내보를 통해 협동조합주의자들을 겨냥했지만, 그 이면에는 초월주의를 한 단계 끌어올려 전국적 쟁점으로 부각하려는 계산이 깔려 있었다. 이런저런 일로 투덜거리긴 했지만 소로는 이제 오설리번의 관심을 얻고, 그릴리의 관심까지 얻었다. 심지어 소로는 새로운 에세이를 쓰기 시작했다. 「겨울 산책」A Winter's Walk은 뉴잉글랜드의 혹독한 겨울과 그 아래 깊이 자연의 청교도적 심장에서 타오르는 형이상학적 불꽃에 바치는 몽롱하고 감성적이고 친밀한 러브레터였다. 오설리번과 그릴리는 즉시 그의 글을 낚아챌 테고, 그러면 그도 전국적 주목을 받을 수 있었다. 하지만 에머슨의 편지가 도착했다. "우리 《다이얼》은 이미 인쇄 중일세. 그러니 더 빠르면 좋겠지만 늦어도 6월 10일까지는 틀림없이 좋은 글을 보내 줘야 하네." 그렇게 해서 「겨울 산책」은 《다이얼》의 뒤쪽으로 밀려났다.[80]

설상가상으로 에머슨은 그 글을 싫어했다. "H.D.T.가 보낸 글은 고루하고 모순으로 가득 차 있네." 그가 뒤에서 흉을 봤다. "수사적 기술은 즉시 알아볼 수 있어. 명확한 단어와 생각을 피하고 그와 정반대가 되는 표현을 쓰는 것. (…) 장점이 많아도 나는 그 때문에 신경이 거슬리고 읽기가 싫어진다네."[81] 결국 에머슨은 정말 마음에 들지 않는 구절들을 삭제하고, 소로의 표현법을 다듬고, 그가 전하고자 하는 메시지를 좀 누그러뜨렸다. 이런 편집자의 간섭에 소로는 점점 시간이 지날수록 격노했지만, 그때는 아니었고 에머슨에게는 더더욱 아니었다. "저는 제가 원고를 그런 상태로 보냈는지 까맣게 몰랐습니다." 소로는 자세를 낮췄다. "인쇄본에 안타까운 실수들이 보입니다."[82] 그리고 에머슨이 새로운 과제를 짊어지웠을 때도(뉴컴이 제안한 대로 핀다로스Pindaros*를 번역하는 일), 소로는 거절하지 못했다. "핀다로스가 더 번역할 가치가 있다고는 생각합니다만…." 소로가 **힘없이** 말했다. 혹시 아이스킬로스의 『테베를 공략한 일곱 장군』*Seven Against Thebes*을 대신 보내 드리면 어떨지요? **뭔가**를 보내 달라고 에머슨은 간청했다. 10월에는 에머슨의 목소리에 힘이 들어가 있었다. "내가 말한 핀다로스 번역은 어떻게 되었나? 잘 번역해서 틀림없이 보내 주길 바라네." 소로는 요구에 응했고, 핀다로스는 《다이얼》의 마지막 두 호에 연재되었다. 아이스킬로스 번역

* 고대 그리스의 서정 시인(기원전 518~기원전 438).

은 시민 정부에 대한 저항을 극화한 작품으로, 결국 빛을 보지 못했다.[83]

에머슨이 소로의 자신감을 무너뜨리고 그의 경력을 고의로 방해하고자 했다면, 바로 이런 방법을 선택했을 것이다. 또한 소로에 대한 애정을 거두고 대신 다른 젊은이들을 극구 칭찬함으로써 자신의 목표를 앞당겼을 것이다. 그는 실제로 그렇게 했다. 에머슨이 보기에 찰스 뉴컴은 그렇게 매력적인 젊은이일 수가 없었으며, 엘러리 채닝은 그가 자기 옆집—소로가 수리해 준 그 집—에 살아서 행복하고, "꾸준하고 성실하며, 같이 어울리면 정말 유쾌해지는" 젊은이였다.[84] 한동안 에머슨의 새로운 "천재"는 벤저민 웨스트 볼이었다. 그는 "비범한 독자이자 앞길이 아주 밝은 젊은이"이며, "생각을 조금만 누그러뜨린다면 (…) 훌륭한 길동무가 될" 수 있었다.[85] 소로가 뉴욕에 도착한 날, 그를 맥줏집으로 데려간 두 젊은이, 윌리엄 태펀과 자일스 월도에게는 더 오래 심취했다. 에머슨은 소로에게 "혼자 아름답게 사색하는 젊은이" 태펀과 "워싱턴의 젊은 천재, 자일스 월도"를 만나 "아름다운 우정"을 맺으라고 간청했다.[86] 소로는 처음에 그들과 마음이 잘 통한다고 느꼈지만, 거기까지였다. 소로가 심문에 들어가자 자일스 월도는 움츠러들었다. 그는 풀이 잔뜩 죽어 "소로를 만나 이야기를 나누면서 내가 얼마나 형편없이 무지한지 알게 되었습니다"라고 에머슨에게 말했다. 태펀의 "더 고독하고 내성적인 생각"은 존경스러웠지만, 소로는 에머슨에게 신랄하게 말했다. "그들의 머리 위에서 하늘이 산산이 부서진다 해도 다이아몬드가 나오지는 않을 겁니다." 아마도 에머슨은 퉁명스럽게 대답했을 것이다. 자네가 잘못 본 것이라고.[87]

다른 방면에서도 곤란한 소식이 들려왔다. 5월 25일 브론슨 올컷과 찰스 레인은 하버드 마을 근처의 90에이커짜리 농장을 구입했다. 7월 초 그들은 즐거운 마음으로 유토피아 공동체, 프루트랜드를 설립했다. 루이자 메이 올컷이 회고했듯이, 그들은 부족한 실용적 지식을 이상주의로 보충하려 했지만 그렇게 되기는 거의 불가능했다. 레인은 소로가 합류해 주기를 바라면서, 아름답고 푸르른 그 풍경을 "고전적 아름다움의 수준으로 끌어올리려면 소로의 정신"이 꼭 필요하다고 써 보냈다. 소로의 실제 경험이 그들에게 도움이 될 수 있었다. 또한 눈치 빠른 레인은 이렇게 덧붙였다. "지금 당신의 처지가 썩 행복하지 않고 주거도 썩 편안하지 않다면 여기서 우리와 함께 사는 것이 더 행복하지 않을까 생각해 봅니다."[88] 하지만 소로는 움직이지 않았다. 그러던 중 해외에서 충격적인 소식이 날아왔다. 소로의 하버드 룸메이트이자 가장 신뢰하는 친구 찰스 스턴스 휠러가 독일 라이프치히에서 세상에 이름을 떨칠 연구에 정진하던 중 장티푸스에 걸려 갑자기 생을 마감한 것이다. 7월 21일, 누나 헬렌에게 쓴 편지에서 소로는 그 멋진 친구를 다음과 같이 기렸다. 휠러는 "언제나 근면하고 활기찬 친구로, 문학을 경건하게 사랑했으며, 정확하기로 유명했지". 그는 세상을 위해 좋은 일을 많이 하고 "다양한 직업과 취미를 가진 사람과 학자들을 연결하는 가교가 될" 사람이었는데, "살아남은 우리가 해야 할 일이 그만큼 많이 남게 되었다"라며 소로는 탄식했다.[89]

가을이 다가오자 소로는 자신을 채찍질했다. 그리고 다음과 같은 편지로 신시아를 안심시켰다. "저는 전보다 훨씬 더 많이 깨어 있답니다. 그 밖에도 전체적으로 튼튼해지고 있어요. 그래서 다시 문학에 도전해 볼까 합니다." 어떻게든 돈을 벌어 보려고 소로는 원고를 들고 《미국 농업가》*American Agriculturist*를 찾아갔다. 처음 찾아간 날에는 기록적 호우가 내리는 바람에 자일스 월도의 집에서 밤을 보냈다. 그의 외박을 윌리엄 에머슨이 워낙 걱정한 탓에 소로는 월도 에머슨에게 그 일을 축소해서 보고해야만 했다. 월도 에머슨이 답했다. "여기 시골도 모든 기회가 열려 있고 실제로 장기적이고 타당한 보상이 따른다면 얼마나 좋겠는가." 하지만 "풍족하고 여유 있다기보다는 북적대는 영국이나 궁색한 독일에 더 가까워 보이지. (…)" 그렇긴 해도 "드문 사례에 속아서는 안 된다"라고, 그는 도움이 되지 않는 말을 덧붙였다. 어쨌든 콩코드에 있는 소로의 친구들은 잘 지내고 있지 않은가. 에머슨의 위로는 칼날을 더 깊이 밀어 넣었을 뿐이다.[90] 소로가 집에 보낸 편지들은 처음에는 결연하다가 점차 그리움으로 물들더니 이내 향수에 젖어들었다. 처음에 소로는 에머슨의 가족을 그리워했지만, 점차 가족에게 보내는 고향을 그리워하는 길고 수다스러운 편지가 늘어 갔다. 한 편지에서 그는 일요일 저녁의 거실 풍경을 머릿속에 그렸다. 신시아는 "아마 초월주의에 관한 어떤 책을 골라" 열심히 읽고 있고, "아버지는 채마밭을 한 번 더 둘러본 뒤" 신문에 푹 빠졌으며, "헬렌 누나는 별일이 없나 하고 네 번째로 살금살금 거실에 들어왔고", 소피아는 언제나처럼 메인주의 사촌들 집에 가 있다. "하지만 루이자 이모는 틀림없이 어떤 좋은 모임이 있어서 방금 나갔겠지요." 10월에 처음으로 소로는 암시를 내비쳤다. "언제 돌아갈지 알 수가 없습니다."[91]

가족은 즉시 답장을 써 보냈다. 소로가 비참하다는 게 분명했기 때문에. 그의 일기장에 남아 있는 몇 페이지에서 절망을 엿볼 수 있다. "어제 뉴욕 시내를 걸었다. 살아 있는 진짜 인간은 한 명도 만나지 못했다." "박물관은 끔찍하다. (…) 자연의 카타콤이다." 10월 21일 자 일기는 거의 모든 내용이 어느 집을 묘사한 암담한 초상이었다. 윌리엄과 수전 에머슨의 집을 빗댄 게 분명하다. "아, 나는 어떤 부부들이 (지하 객실은 접이식 문 뒤에 가려져 있고) 방문자 카드 몇 장과 최신 간행물이 갖춰져 있는 주택의 채색된 마루 위에서 영위하는 공허하고 생기 없는 삶을 보았다." 거기 아이들은 "오두막에 사는 아이들처럼 진심으로 슬프게 울지는 않았다". 그 집은 사람이 사는 곳이 아니라 그냥 몸이 거주하는 곳이었다. "집 한가운데에 심장이 없었다."[92] 따뜻한 난로가 너무 그리웠던 소로는 집에 가서 추수감사절을 보내기로 결심했다. 그렇다면 라이시움에서 강연을 해라! 에머슨이 주문했다.

곧 소로는 콩코드로 돌아가서 에머슨과 오레스테스 브라운슨을 만나 차를 마시고, 브라운슨을 라이시움으로 인도하고, 옛 스승을 큐레이터들에게 소개하고, "선동가들"에 관한 브라운슨의 강연을 즐겁게 들었다. 추수감사절 전날은 "뉴욕에서 온 H. D. 소로" 차례였다. 그는 "고대 시인들"을 주제로 강연했다. 하지만 H. D. 소로는 더는 "뉴욕에서 온" 사람이 아니었다. 12월 2일에 에머슨은《다이얼》편집을 맡아 준 공으로 10달러를 지급했다. 소로는 그 돈으로 스태튼 아일랜드로 가서 짐을 꾸려 집으로 돌아왔다.

하지만 그는 다른 가능성 하나를 시험했다. 뉴욕으로 가는 길에 브룩팜에서 며칠을 보낸 것이다.[93] 결정을 내려야 할 순간이었다. 갑자기 할 일이 없어진 탓도 있지만, 뉴욕에 있을 때 새로운 사회과학의 원리에 따라 사회를 개조하자는 샤를 푸리에의 주장에 흥미를 느낀 까닭이었다. 2년이 지난 지금 브룩팜은 빚더미에 올라 있었고, 뉴욕에서—W. H. 채닝의 신간 잡지《현재》, 앨버트 브리스번의 잡지《방진》*Phalanx*을 통해—나오는 목소리들은 그 존재의 의미를 되묻는 쪽으로 모아지고 있었다. '브룩팜을 푸리에주의자들의 방진*으로 개조해야 할까?' 그렇게 된다면 브룩팜은 재정적 지원을 받아 목숨을 연명할 수 있었다. 또한 설립 취지인 초월주의 원리를 버린다는 것을 의미했다. 소로가 왜 브룩팜에 들렀는지는 확실하지 않다. 단순한 호기심이었을까? 아니면 그 결정에 어떤 영향을 미치기 위해서였을까? 어쨌든 초월주의자 소로는 날카로운 에세이를 통해 그들이 논의하던 공상적 사회 개혁을 비판하지 않았던가? 혹시 브룩팜에 들어가는 것을 고려해 보았을까?

만일 그랬다면, 그는 마음을 바꾼 것이다. 조지 브래드퍼드는 에머슨에게 걱정이 가득 담긴 편지를 써 보냈다. 친구 소로가 눈보라가 휘몰아칠 때 길을 나섰고, 참으로 유감스럽게 단 한 사람도 그를 기차역까지 태워 주겠

* 창병槍兵을 네모꼴로 배치한 밀집 대형.

다고 나서지 않았다. "다들 우리가 정말로 인정이 없고 무신경하다고 자책했습니다."(혹시 논쟁이 있었던 것은 아닐까?) 하지만 브래드퍼드를 정말 괴롭힌 것은 "허약한" 소로가 "그래서 감기에 걸리지 않았을까" 하는 두려움이었다. 소로는 괜찮았지만 다시는 돌아오지 않았다. 한 달 뒤 브룩팜은 공식적 표결을 거쳐 푸리에주의로 전향했다. 그 결정으로 브룩팜 회원들은 둘로 나뉘고 많은 사람이 농장을 떠났다. 브래드퍼드도 떠났으니, 그는 분명 소로의 편이었을 것이다. "우리는 헨리에게 아주 고마워하고 있습니다. 그는 자기 생각을 용감하게 지켰으며, 이곳에서 같은 신념을 가진 친구들이 깊이 동조했습니다."[94]

한편 또 다른 초월주의 유토피아인 프루트랜드는 붕괴를 눈앞에 두고 있었다. "지금 7월인데 그럭저럭 좋아 보이니, 12월에나 그들을 보러 갈 예정이라네." 에머슨은 엄연한 현실을 부정하고 이렇게 말했다. 레인은 그때까지 버티지 못했다. 그는 11월 말에 올컷 부부에게 배신감을 느낀 뒤 보스턴으로 물러났고, 거기서 12월 초에 소로에게 동정 어린 따뜻한 메모를 적어 보냈다. "부적절한 위치에서 겪은 모든 위험을 빨리 떨쳐 버리고 자네가 '집처럼' 느끼는 곳에 안착하는 것이 자네의 가장 친한 친구, 찰스 레인의 진정한 바람일세."[95] 이제 시도해 볼 장소는 단 한 곳, 소로가 "집처럼" 느낄 수 있는 곳, 바로 집이었다. 그는 파크먼 하우스로, 존과 신시아와 누이들에게로 돌아갔다. 거의 4년 만이었다. 12월 7일 월도 에머슨은 형 윌리엄에게 다음과 같이 편지를 보냈다. 소로가 봉급에 감사하다고 했으며 자기가 소중히 여기는 물건은 모두 가져왔다고 말했다. 그의 방에 뭐라도 남아 있으면 다 처분해도 된다고 했다. 그가 빌린 핀다로스의 책은 월도를 통해 돌려주겠다고 말했다. 그게 다였다. 5월에 희망을 가득 품고 떠난 소로가 12월에 패잔병이 되어 돌아왔다.

그렇다. 꼭 패잔병 같았다. 이 실패로 문학의 길은 끝이 난 듯 보였다. 하지만 끝이 난 것은 그가 1837년부터 에머슨의 놀라운 천재로서 추구해 온 문학일지도 몰랐다. 소로가 콩코드로 돌아왔다. 해지고 녹슬었지만 **고향**에 온 것이다. 뉴욕의 붐비는 비열한 거리, 추레한 사무실, 허울 좋은 응접실에서 소로는 결국 과거에 자신이 말하긴 했어도 완전히 믿지는 않았던 것을 알게 되었다. 콩코드가 정말로 그의 로마이고 그 주민들이 자신의 로마 시민이라는 것을. 그는 언젠가 이렇게 중얼거렸다. "패배는 신의 성공이다." 그는 타지에서 패배만 경험했다. 이제 성공은 가까운 곳에 있다는 것을 눈으로 확인할 때였다.

월든으로 가는 길

소로는 다시 힘차게 콩코드 생활에 뛰어들었다. 뉴욕의 뜨거운 여름날 그는 "오래전에 거닐었던 숲, 너무 신성해서 보석처럼 소중하게 기억하고 있는 오솔길"을 그리워했다. 이제 꿈에 그리던 신성한 땅에 돌아왔다. "어제는 얼음 위에서 스케이트를 타고 여우를 쫓아갔다." 여우는 허둥대며 달아나다가 결국 주문에 걸린 듯 웅크리고서 "새끼 늑대처럼 나를 향해 짖어댔다". 소로도 같은 주문에 걸렸는지 야생의 자연을 보기만 해도 저절로 흥이 났다. "자유로운 숲속 생활"이 법과 도덕에 매인 삶보다 훨씬 우월했다.[96]

하지만 그가 알던 집은 영원히 사라졌다. 1842년 1월 마을 지도자들은 보스턴-피치버그 철도가 경로를 바꿔 콩코드를 통과하게끔 열심히 로비를 벌였다. 1843년 4월 말 소로가 아직 이삿짐을 싸고 있을 때 거대 철도 회사 "로코모티브 데몬"Locomotive Demon이 보낸 기술자와 아일랜드 철도 노동자들이 콩코드의 숲을 가득 메웠다. 6월에 에머슨이 소로에게 알렸다. "온 마을에 아일랜드인들이 가득하고, 숲에서는 경위의經緯儀*와 붉은 깃발을 갖고 측량하는 기사들이 한 측점에서 다음 측점으로 몇 피트 몇 인치를 외쳐

* 천문학, 측지학, 항해 등에서 수평과 수직의 각도를 측정하는 데 사용하는 관측 기기.

대는 소리로 시끌벅적하다네." 8월이 되자 콩코드가 설립된 이래 아무도 발을 들이지 않았던 고요한 초원에 노동자들이 벌 떼처럼 몰려들어 일했고, 9월에는 "새벽부터 해 질 때까지 일하고 60센트나 50센트밖에 받지 못하는 가난한 아일랜드인들 때문에 온 마을 주민이 고통을 받는다"라며 에머슨이 초조해했다.[97] 아일랜드인 판자촌이 월든 호숫가를 따라 형성되었고, 숲속 오솔길에 들어서면 어디서나 노동자들과 마주쳤다. "온종일 폭발이 일어나고, 때로는 가슴 아픈 사고도 일어나지만", 철도가 들어서면 "무엇이 좋아지고 무엇이 나빠질까" 하고 물으면 애매한 예측만 늘어놓았다. 9월에는 월든에서 새로운 차량기지까지 18피트 상공에 다리가 놓이기 시작해 하루에 2로드**씩 늘어났다. "이제 우리의 운명은 결정되었다"라고 에머슨이 말했다. 자신만 해도 아직 집을 내놓지도 않았는데 철도 때문에 불시에 쫓겨나는 것은 아닌가 하며 걱정했다. 소로는 동생 소피아를 놀렸다. "나는 **네가** 아일랜드 바다에 떠밀려 사라지지 않기를 바란다."[98]

소로는 뉴욕의 거리에서 연민과 흥미를 동시에 느끼며 이민자들을 관찰했다. 농기계를 운반하는 노르웨이인 농부들, 손바닥만 한 햇볕을 쬐는 영국인 공장 노동자들, 검게 그을린 채 길거리에서 요리를 하는 가족들. 친구와 가족이 아일랜드 침입자에 대해 끊임없이 불평하자 소로가 결국 일침을 가했다. "그 일을 하는 아일랜드 사람의 억센 팔이 참나무나 단풍나무보다 더 가치 있습니다. 생각건대, 저는 길게 늘어선 아일랜드인들의 오두막, 돼지와 어린이를 편안하게 볼 수 있고, 햇볕에 탄 그들의 행복한 얼굴에서 여전히 나의 월든 숲과 페어헤이븐을 발견할 수 있을 듯합니다."[99] 적어도 호손은 거기서 자신의 월든을 발견했다. 10월 어느 날 산책을 하던 중 그는 월든에서 가장 아름다운 골짜기에 "작은 오막살이 마을"이 들어선 것을 발견하고 매혹을 느꼈다. 그 아일랜드인들의 집은 거친 판자와 흙으로 쌓아

** 2로드는 약 10미터다.

올린 담벼락 위에 지붕을 이고 있었는데, 개밋둑이나 다람쥐 둥지처럼 숲속에 폭 안겨 "자연이 빚은 작은 언덕"을 이루고 있었다. 하지만 이 그림 같은 마을 뒤에서는 "거대하고, 높고, 보기 흉한 철로 제방이" 월든 호수로 달려들어 인상을 찌푸리게 하고 있었다. 9월에 소로를 보러 온 마거릿 풀러 역시 "아일랜드 노동자들의 오두막은 지금 당장은 예뻐 보이지만, 그들의 철로는 콩코드와 어울리지 않는다"라고 우려했다. "철도가 들어서면 무엇이 좋아지고 무엇이 나빠질까?" 모든 사람이 걱정과 희망을 동시에 품었다.[100]

하지만 좋은 연필을 발명했던 기계공은 과학기술에 반대하지 않았다. 그해 봄 소로는 다시 가족의 연필 공장에서 일했다. 소로 연필은 잘 팔리고는 있었지만 여전히 모래가 섞여 있었고, 이 문제를 해결해 연필의 경도 구분을 좀 더 정교하게 할 필요가 있었다. 네모난 연필심도 문제였다. 연필심을 원통 모양으로 하면 심을 고르게 갈 수 있다. 첫 번째 문제에 달려든 소로는 공기의 흐름을 이용해 가장 고운 흑연 가루만 공중에 띄워 가려낼 수 있도록 분쇄 공정을 다시 개선했다. 이 비밀스러운 기술 덕분에 소로 가문은 미국 흑연 제조를 선도하게 되었다.[101] 두 번째 문제는 더 어려웠다. 지금까지는 나뭇조각 위에 네모난 홈을 파고, 흑연 반죽을 채운 뒤, 아교를 칠해 윗판을 덮었다. 오랫동안 기계로 실험을 한 탓인지 밤새 꿈속에서 축과 톱니바퀴가 돌아갔다.[102] 마침내 소로는 둥근 나무틀을 만들고, 한가운데에 구멍을 뚫고(흑연을 아끼기 위해 끝부분은 뚫지 않았다), 정확한 굵기의 원통형으로 심을 사출하고, 굳은 심을 구멍에 넣는 법을 알아냈다. 그의 새 기계가 실제로 대량생산에 쓰였는지는 알 수 없지만—현재 몇 자루밖에 안 남아 있는 소로 연필은 모두 심이 네모나기 때문이다—적어도 어느 정도는 생산했을 것이다. 소로 가족은 이제 모든 종류의 연필, 즉 색색의 그림용 연필, "다양한 품질과 가격의" 일반 연필, "매머드" 크기의 둥근 연필, "괘선용 또는 납작한 연필" 등 놀라울 정도로 다양한 패키지와 브랜드를 만들어 모든 욕구를 충족했다.

1844년 5월 중순 헨리 소로는 새로 개발한 연필을 시험했다. 에머슨이 그림 그리는 친구에게 몇 자루 보내면서 물었다. 이 그림 연필이 영국산만큼 좋다고 생각하는가? 그녀는 그렇다고 대답했다. "훌륭하다. 콩코드 예술과 화가들에게 잘 어울린다. 실제로 내가 본 콩코드산 연필 중 최고 수준이다." 분명 모든 친구에게 이 연필을 권하고 싶고, "나도 많이 사용하고 싶다. 혹시 경도 S보다 더 무른 SS.는 없는가? 또 H.H.는?"[103] 6월에 소로 가족은 리디언의 오빠인 과학자 찰스 T. 잭슨으로부터 추천장을 받았는데, 그는 가늘고 끝이 균일한 단단한 연필을 기술자들에게 추천했다. 또한 보스턴의 화가이자 판화가도 추천장을 써 줬는데, 그는 이 연필이 미국에서 최고이며 런던에서 만든 어느 제품에도 뒤지지 않는다고 장담했다. 소로 가족은 그 눈부신 보증서를 인쇄해 광고 전단을 만들고 경연에 출품하기 시작했다. 그 결과 1847년 매사추세츠자선기계공협회Massachusetts Charitable Mechanic Association는 "존 소로 앤드 선"John Thoreau and Son의 흑연 연필에 상장을 수여했고, 1849년에 세일럼자선기계공협회는 은메달을 수여했다.[104] 보스턴에서 서점을 운영하는 엘리자베스 피보디는 잘 만든 소로 연필을 한 타에 75센트를 받고 팔았다. 한동안 그 서점에 온 손님들은 헨리 소로의 글과 그 글에 밑줄을 칠 "존 소로 앤드 선"의 연필을 함께 구입할 수 있었다.

"헨리는 아마도 작가가 되진 못할 겁니다"라고 엘러리 채닝이 에머슨에게 비웃듯 말했다. "헨리는 제화공만큼이나 활동적이지요."[105] 하지만 밤새 꿈에서 축과 톱니바퀴를 돌리는 동안에도 소로는 자신의 시적 원리를 고수했다. 그가 새로 쓴 에세이는 첫 부분이 에머슨과 똑같았다. "참나무에서 도토리가 맺히고 덩굴에서 조롱박이 열리듯 인간은 자연스럽게 시를 맺는다." 하지만 이내 소로풍의 변형을 가했다. 진정한 시인은 "지구와 그 그루터기를 시 속에 엮어 짠다". **진정한** 천재(바로 그 자신 같은?)의 작품은 광을 내거나 금칠을 한 것이 아니라, "거칠게 깎여" 있는 상태에서도 "처음부터 본래의 광채"를 발한다. "그 광채는 파편이 떨어져 나가도 눈에 띈다. 그 실체의 필수적 성질이기 때문이다. 그 아름다움은 동시에 그 장점이며, 광택과는 충돌한다." 시는 결국 도토리나 조롱박과 같다기보다는, 돌을 쪼개 만든 화살촉과 흡사하다. 이상적인 시처럼 화살촉은 "시간의 흐름을 예견한다". 촉이 화석으로 변하고 나서도 여전히 강철처럼 날카로운 것을 보라.[106]

날카로운 도구, 날카로운 말. 웬들 필립스가 콩코드로 돌아오고 있었다. 다시 한번 존 키스는 필립스가 전에 한 연설은 "천박하고 유해하고 가증스러우며", 비정치적 주제로 연설을 한다는 조건이 없으면 그가 콩코드에 발을 들이지 못하게 해야 한다고 주장했다. 라이시움의 큐레이터들은 흔들리지 않았고, 1844년 1월 18일 필립스는 배신자의 연설로 또다시 콩코드 청중의 마음을 뒤흔들었다. 키스와 새뮤얼 호어는 노발대발하면서 마을 회의를 소집했고, 회의가 열린 제일교구교회에서 "어리석고" 무식한 콩코드 여자들을 사로잡은 그 거만한 "애송이"를 규탄하고 결의문을 채택하자고 제안했다. 누군가로부터 귀띔을 받은 필립스는 신도석 맨 뒷자리에 조용히 앉아 마을 설립자들의 말이 끝나기를 기다렸다. 마침내 그가 일어나 연설을 했다. "저는 비록 애송이지만 다양한 연령대, 우리의 존경하는 아버지들, 정치인, 시인, 철학자의 목소리를 반영하고 있습니다. 마지막 신사분께서는 우리가 옳은 일을 하면 얻게 될 삶, 자유, 행복을 위협하셨습니다. 현재 남부에서는 그런 상황이 합법적으로 벌어지고 있습니다." 하지만 "우리의 교회들은 침묵하고 있습니다". "어리석은 여자들과 애송이들"이 경보를 울리기 전까지 누가 이 끔찍한 진실을 들었는가? 이 모든 사건이 《해방자》에 보도되었다. 바질라이 프로스트는 필립스가 콩코드의 여성을 모두 홀렸다고 일갈했다.[107]

콩코드의 여성들이 마법에 홀렸다면 헨리 소로는 마녀 집회장 한가운데서 사는 셈이었다. 헬렌 소로는 콩코드여성반노예제협회의 부회장이었다. 진지하고 지적이며 도덕적인 그녀의 목소리는 항상 헨리에게 중요했는데, 집에 돌아온 헨리는 거실에 새 앨범이 전시된 것을 발견했다. 노예제 폐지를 외치는 가장 급진적인 정기간행물—《해방자》, 《자유의 선구자》*Herald of Freedom*, 《미국 반노예제 기치》*National Anti-Slavery Standard*—에서 반노예제 기사들을 오려 사우스캐롤라이나주 찰스턴에서 넘어온 오래된 장부에 하나하나 풀로 붙인 것인데, 노예를 거래했던 부끄러운 기록과 자유와 평등을 위해 전국에서 일어난 투쟁 이야기가 빠짐없이 담겨 있었다. 그녀의 남동생은 그 앨범을 넘기다가 분명 리디아 마리아 차일드의 『뉴욕에서 온 편지들』*Letters from New York*을 유심히 봤을 것이다. 그녀 역시 그 도시의 "공허하고 생기 없는 삶", 뉴욕 거리의 "불안하고 근심 어린 얼굴들" 위에 쓰여 있는 "낙담, 절망, 범죄, 자살"을 봤을 테니.[108] 바로 그 거리에서 헨리는 W. H. 채닝, 브리스번, 그릴리, 헨리 제임스 등 당대의 가장 훌륭한 개혁가들을 만나고 비교해봤다. 그리고 올컷과 레인이 유토피아 공동체를 설립하고 그 공동체가 눈앞에서 무너지는 것을 지켜보았고, 브룩팜이 푸리에주의자에게 넘어가는 순간 그들과 싸웠으며, 미국을 주도하는 개혁 잡지에서 사회공학의 환상을 비판했다. 이제 목소리를 높일 때가 되었다.

2월 중순 에머슨이 몇 가지 조언을 했다. 청중을 향해 일어나 그대의 생각을 "불꽃처럼" 펼쳐라. 불과 몇 주 전 보스턴에서 연설할 때 에머슨은 자신의 힘찬 웅변이 어떻게 집회자들을 일깨워 그들의 깊은 열망에 불을 지피는지를 몸소 느꼈다. 하지만 소로는 수사의 힘을 의심했다. 즉 웅변이 얼마나 "자연스러운" 것인지를 인정하지 않고, "기술이라는 단어를 불길한 의미로만" 들었다. 그리 놀랍지 않다. 에머슨이 〈젊은 미국인〉The Young American이란 강연에서 소리 높여 찬양한 것은 단지 바다를 빛나는 바다로 확장하는 과학기술이었다. "모든 주, 모든 영토를 가로질러 태평양의 파도에 이르기까지 이 윤택한 대륙은 온전히 우리의 땅입니다"라고 그는 외쳤다. "철로의 레일은 마술사의 지팡이입니다. 그 힘으로 땅과 바다의 잠자는 에너지를 깨울 수 있습니다." 이것이 왜 불길한가? 이 찬양은 사실상 에츨러의 메아리, 소로가《데모크라틱 리뷰》에서 풍자했던 바로 그 잘못된 기술과 의기양양한 산업의 판타지였다. 오설리번은 이 이데올로기에 그럴듯한 이름을 붙일 참이었다. '명백한 운명'이라는 이름을.[109]

한 달 뒤, 소로 차례가 되었다. 보스턴 아모리 홀Armory Hall이 2부로 계획한 강연회에 그를 초대한 것이다. 개리슨, 레인, 필립스, 애딘 발루(미국무저항협회의 창립자), 에머슨 같은 저명한 개혁가들이 강연자로 참석했다. 에머슨은 〈뉴잉글랜드 개혁가〉라는 강연을 마쳤는데, 여기서 그는 개혁의 양극단을 조롱했다. 거만한 체제 반대자들과 "외톨이 헌법 파기자들"* 은 그저 "나만의 왕국"을 주장하고, 공상주의자들은 "불확실한 협동조합"에 굽실거린다. 에머슨은 신성한 진리를 말하는 필립스 같은 사람을 옹호하면서도 중립을 유지했다. "사람들은 소리칩니다. '이 자리에 배신자가 왔다'라고 말입니다. 하지만 결국에는 그가 진실한 사람입니다. 나 역시 배신자입니다." 필립스는 올바른 개혁에 이르는 단 하나의 길, 신성한 천재성을 따르는 길을 보여 주고 있다고 에머슨은 덧붙였다. "그런 천재성을 따르는 것이 유일한 해방의 길입니다. (…) 우리는 {포도주 대신} 물을 마시고, 풀을 먹고, 법을 어기고, 감옥에 가지만, 모두 소용없는 일입니다."[110]

이제 소로가 처음으로 공개석상에서 선을 그었다. '거만한' 체제 반대자이자 외톨이 헌법 파기자로서 그리고 가까운 친구 두 명이 법을 거부하고 감옥에 가는 것을 지켜본 사람으로서, 그 역시 "배신자" 필립스를 지지했다. 하지만 소로는 에머슨의 온건한 중립, 즉 '그와 가까운 친구들'의 행동이 "모두 소용없는 일"이라는 그의 교묘한 입장을 비난했다. 극단주의라고? 소로가 되받아쳤다. "지금까지 나는 충분히 급진적인 급진주의자를 본 적이

* 헌법과 연방법을 파기하고 독자적으로 권리를 주장하는 사람들.

거의 없습니다." 그들은 "순수한 제도의 뿌리"를 만지작거릴 뿐 그들 **자신의** 뿌리는 건드리지 않고 있다. 얼마 전 윌리엄 헨리 채닝과 그의 협동조합주의자 친구들을 만난 직후 헬렌에게도 같은 말을 한 적이 있었다. "그들은 신앙을 원해. 개인적 고민과 감염된 대기를 혼동하지. 하지만 잠깐이라도 희망을 회복하고 개인의 **특수한** 불만이 해결된다면, 당장 그 공동체에서 뛰쳐나올 거야."[III] 이제 소로는 그 말을 보스턴의 청중에게 하고 있었다. 만일 사람에게 어떤 문제가 생기면,

> 그는 무엇을 합니까? 세상을 개선하는 일에 착수합니다. 여러분도 들어 보셨지요? 울로프족, 파타고니아 사람, 타타르인, 네즈퍼스족. 세계는 개선되고 있습니다. 돌이킬 수 없이, 빠른 속도로 변하고 있지요. 서부의 대초원, 고요한 남아메리카 팜파스, 뜨거운 아프리카 사막, 광활한 시베리아 평원, 인구가 조밀한 인도와 중국의 마을, 인더스강, 갠지스강, 히다스페스강 유역에 이 반가운 물결이 퍼지고 있다는 말이 들려옵니다.

하지만 거꾸로 생각해 보라고 그는 요구했다. 여러분은 정말로 이상주의적 공동체를 믿는가? 그렇다면 말이 아니라 행동을 보여 달라. 화려한 말보다는 행동이 더 확실하니까.

소로는 말을 이었다. 여러분도 잘 알다시피(그는 청중의 눈을 바라봤을까?), "이 강연자는 가난을 완전히 몰아내거나 가족의 유대를 해체하려는 것이 아닙니다. 오늘 당장 전 세계에서 정부를 몰아내고 살아가자는 것도 아닙니다. 단지 강연자는 강연을 하기로 한 것이고, 청중은 그들의 말을 듣겠다고 동의한 것입니다." 알다시피 강연자는 돈에 반대하는 연설을 하고도 연설의 대가를 받는다. 바로 **이것이** 우리가 기억해야 할 요점이다.[II2] 연설과 같은 그런 공허한 말이 아니라, 행동—상징적 행동이나 수사적 행동이 아니라, 진짜 행동—만이 진정한 진보를 가능하게 한다. 마을 위원회에 가

서 또다시 무의미한 결의안을 통과시키고 둘러앉아 차를 마시는 것은 삼가기 바란다. 대신 자신의 뿌리를 향해 파 내려가라. 그리고 자신의 삶을 근본적으로 어떻게 변화시켜야 할지 고민하라.

이건 새로웠다. 소로는 에머슨이 아니라 도덕적 행동을 실천하는 사람, 웬들 필립스와 프레더릭 더글러스를 바라보고 있었다. 또한 뉴햄프셔에서 발행되는《자유의 선구자》의 불같은 주필, 너새니얼 P. 로저스를 바라보고 있었다.《다이얼》은 이제 폐간까지 한 호만 남겨두고 있었는데, 소로는 마지막 기고문에서 로저스에게 경의를 표했다. 로저스의 글은 "그의 고향인 산악 지대에서 흐르는 급류처럼 때로는 맑게 반짝거리며 흐르고, 때로는 거품을 일으키며 기운차게 흐르지만, 언제나 전나무와 노르웨이 소나무의 정수가 관통한다." 에머슨의《다이얼》을 가득 채운 소심한 페이지 속에 소로는 로저스의 정의로운 "함성"war-whoop*을 던져 넣었다. "우리는 노예제를 반대하고 고발하고 조롱해야 하며, 그와 함께 노예제 찬성론을 몰아내야 한다. 그 피비린내 나는 제도와 함께 이 땅에서, 이 세계에서 몰아내어 홍해에 빠뜨려야 한다." 너무 광신적이라고 생각하는가? "**기다리고 지켜보라.**"[113] 로저스는 소로의 평론에 감격했다. 그는《자유의 선구자》의 그다음 호에서 물었다. 이 새로운 급진주의자가 어디서 나타났는가? "아마 독일인일 것이다. 이 나라에서 이런 글이 나올 리가 없다. 혹은 매사추세츠주 콩코드에서 나온 것이라면 그의 이름이 내 귀에 도달했을지 모른다." 미지의 저자에게 로저스는 간청했다. 더 써 달라![114] 그러나 안타깝게도 그는 소로를 만나지 못하고 1846년에 눈을 감았다. 물론 소로의 위대한 반노예제 글들도 읽지 못했다.

"잔인한 다이얼"의 끝은 해방이었고, 에머슨은 빼앗겼던 시간을 되찾았다. 그간 잡지를 계속 발행한 것은 다른 사람들을 위해서였다. 이제 그 사

* 북미 인디언의 함성.

람들이 독립해 "자신의 이름으로 글을 쓰고", 에머슨도 자신의 다음 책 『에세이, 제2편』*Essays, Second Series*을 마무리할 때가 되었다.[115] 《다이얼》의 몇몇 작가는 크게 돈을 벌진 못했어도 이름을 알리는 데는 성공했다. 올컷은 시집과 에세이집을 발표했고, 마거릿 풀러는 획기적 에세이 「위대한 소송」The Great Lawsuit을 확대해 「19세기의 여성」Woman in the Nineteenth Century을 완성하고 미국의 여권운동에 초석을 놓았다. 그렇다면 소로는? 그해 10월 소로는 에머슨의 새 책을 펼치고, 스승의 중요한 미국 시 평론서인 『시인』*The Poet*을 읽었다. 월트 휘트먼은 자신이 계속해서 보글보글 끓기만 하다가 마침내 이 에세이를 읽고 시원스럽게 끓어올랐다고 말했다. 그가 보낸 『풀잎』*Leaves of Grass*을 받았을 때 에머슨은 당장 책상으로 달려가 휘트먼에게 "위대한 경력이 시작된 것을 환영한다"라는 편지를 썼다. 소로는 그런 현기증 나는 예언을 받지 못했다. 생애 말년에 소로는 에머슨에게 혹평을 받은 뒤 시를 다 태워 버렸다고 프랭클린 샌번에게 말했다. 재가 남아서 사실을 확인시켜 줄 일이야 없겠지만, 그 이야기는 진실로 들린다. 만일 그랬다면, 가장 유력한 시기는 1844년 말, 즉 《다이얼》이 폐간되고 소로가 에머슨에게 저자 이름이 적힌 신간 증정본을 받은 뒤였을 것이다. 『시인』의 말미에서 소로는 에머슨의 결정적 말을 발견했다. "나는 내가 묘사한 시인을 찾아보았으나 지금껏 찾지 못했다."[116]

에머슨이 새 책을 마무리하는 동안 소로는 야외로 돌아다녔다. 1844년 4월은 유난히 따뜻하고 건조했다. 어느 날 아침 소로는 에드워드 호어—하버드 졸업을 앞둔 새뮤얼 호어의 아들—와 함께 콩코드강의 수원지까지 거슬러 올라가면서 캠핑과 낚시를 즐겼다. 그날 아침 물고기를 넉넉히 잡은 뒤 두 사람은 페어헤이븐 베이로 노를 저어 웰 메도 브룩Well Meadow Brook의 북

동쪽 구석에 상륙한 뒤 널찍한 그루터기 위에 모닥불을 피우고 그날의 만찬을 준비했다. 소로는 어렸을 때 신시아와 함께 소풍을 다니면서 수없이 모닥불을 피워 봤지만, 이번에는 불이 그루터기 주변의 마른풀에 옮겨붙더니 걷잡을 수 없이 번져 나갔다. 따뜻하고 건조한 서풍이 풀무 역할을 하는 바람에 불이 그들 뒤편에 있는 산골짜기로 번져 올라갔다. "이 불이 어디서 멈출까?" 호어가 당황해서 외쳤다. "마을까지 갈 거 같아!" 소로가 구슬프게 말했다. 어느새 "우리가 탄생시킨 그 괴물은 사납게 날뛰고 딱딱 소리를 내면서 숲을 영원히 망가뜨리려고" 언덕을 올라갔다. 호어는 경보를 발하기 위해 노를 젓기 시작했고, 소로는 마을을 향해 숲을 헤치고 달렸다. 첫 번째로 만난 농부는 돕기를 거부했다. "농부는 그건 자기와 상관없는 일이라고 말했다." 하지만 두 번째 농부는 소로와 함께 불이 난 곳으로 달려갔다. 도중에 벌목꾼 한 명과 마주쳤는데 도끼를 들고 달아나고 있었다. 농부가 다시 마을로 달려가는 동안 소로는 기진맥진해 쓰러지고 말았다. "폭이 반 마일이나 되는 산불 앞에서 내가 무엇을 할 수 있었을까?"[117]

소로는 1850년이 되어서야 그때 좌절했던 이야기를 쓸 수 있었다. 농부들이 숲을 개간하려고 작은 산불을 내는 것을 도운 뒤였다. 농부들이 그에게 올바른 방법을 보여 주었다. "불은 바람이 부는 반대 방향으로 천천히 피워야 한다." 하지만 1844년 그날에는 불이 바람을 타고 빠르게 번졌다. 소로는 불보다 먼저 페어헤이븐 클리프의 가장 높은 바위로 걸어 올라가, 불길이 자신을 집어삼킬 듯 다가오는 것을 지켜보았다. 다행히 마을 사람들이 무리 지어 도착하고 있었다. 날이 저물도록 소로는 이웃들과 함께 화염에 둘러싸인 채 괭이와 삽으로 도랑을 파고 맞불을 놓았다. 6년 후 그 일을 회상하면서 소로는 마을 사람들에게 의용소방대를 만들자고 제안했다. 북소리로 경보가 울리면 남자 40~50명이 특별히 화재 진압용으로 준비해 놓은 괭이와 삽(주민들은 농기구를 잃어버릴까 걱정해 선뜻 내놓지 않으니)을 수레에 싣고 현장으로 달려가 노련한 소방대장의 지휘에 따라 일사불란하게 화재를 진압하면 좋겠다.[118] 이 제안은 타당했다. 1850년, 소로가 마침내 과거에 자신이 저지른 행동과 마주했을 때 산불은 기관차 엔진에서 불꽃이 튀어 선로 주변 지역에서 늘 발생하는 문제였다. 소로가 불을 낸 그 땅도 한 번 더 불이 난 상태였다. 1850년대가 다 가도록 소로는 각별한 주의를 기울이며 산불과 재생이 콩코드의 소나무·참나무 생태계에 미치는 효과를 연구하고, 그 생태계가 실제로 산불이 빈번하게 일어난 결과임을 밝혀냈다. 어떤 산불은 자연적인 것이었고 어떤 산불은 그 숲을 수백 년 동안 관리해 온 원주민들이 잘 통제하면서 낸 것들이었다.

그러나 이 모든 것이 끔찍했던 그날의 기억을 정면으로 바라보는 데는 도움이 되지 않았다. 한 목격자의 기억에 따르면, "사람들은 소로의 부주의를 비난했지만, 즉시 달려와 자신이 한 일을 알리고" 사람들과 함께 불을 끄려고 노력했기 때문에 그에 대해서는 "좋게 생각"했다.[119] 하지만 모두가 그렇게 관대하진 않았다. 어떤 이들은 소로를 "빌어먹을 자식"이라 불렀고, 몇몇 사람은 보이지 않는 곳에서 그의 등에 대고 "타 버린 숲"이라 외쳤다. "그건 자기와 상관없는 일"이라고 말한 농부는 베고 묶어서 팔 수 있는 목재를 60코드* 나 잃어버렸다. 농부의 딸은 소로를 절대 잊지 못했다. "헨리 소로 이야기는 꺼내지도 마세요." 그녀는 이렇게 말하곤 했다. "그해 겨우내 더러운 앞치마나 드레스를 입고 학교에 가야 했어요. 시커멓게 탄 나무를 운반해 장작 통에 담아야 했으니까요." 《콩코드 프리먼》Concord Freeman은 "우리 두 시민의 부주의함"을 꾸짖었지만, 다른 한편으로는 그 불이 "주로 어린 숲, 관목, 낙엽을 태워 실제보다 더 심한 것처럼" 보였다고 지적했다. 그 신문은 300에이커가 탔다고 추정했지만 이는 과장된 수치였다. 그 지역의 삼림은 넓이가 대략 150에이커이며, 이는 총면적을 100에이커나 그 이상으로 본 소로의 추정에 더 가깝다. 공포에 사로잡힌 소로가 외친 것과는 달리

* 목재나 장작의 용적 단위로 1코드는 128입방피트다.

그 불은 마을까지 번질 수가 없었다. 숲은 가장 외곽에 있는 집으로부터 한참 멀리 떨어진 지점에서 끝났기 때문이다.[120]

그러나 피해는 실질적이고 오래갔다. 신문은 재정적 손실을 약 2,000달러—엄청난 액수—로 추산했고, 고발해야 한다는 이야기도 나왔다. 소로가 혼자였거나 새뮤얼 호어의 아들이 아닌 다른 누구와 함께 있었다면 법정에서 재판을 받았을지도 모른다. 하지만 다시 한번 콩코드의 유력 인사가 피해자들에게 조용히 보상을 해서 별 탈 없이 넘어갈 수 있었다. 숲이 망가진 것은 금세 잊혔지만, 소로의 평판이 망가진 것은 오래갔다. 그가 죽고 나서도 한참이 흐른 뒤 그의 미발표 일기에 묻혀 있던 1850년의 고해를 발굴해 《애틀랜틱》*Atlantic*에 실었을 때, 그에 대한 조롱이 다시 고개를 들었다. 목공을 상징하는 사람이 그렇게 부주의해 숲을 태워 먹다니! 환경 보호의 성인이 지구를 태우다니! 마을에서 아무짝에도 쓸모없는 녀석, 생계를 위해 열심히 일해야 할 시간에 낚시질이나 하고!

소로의 정신에 가해진 피해도 실질적이고 오래갔다. 솔직한 심정을 일기장에 적기까지 6년이 걸렸을뿐더러 진정한 뉘우침을 거부한 자신에게 스스로 유죄를 선고했다. 페어헤이븐 클리프의 바위에 혼자 무기력하게 앉아 불이 번져 올라오는 것을 바라볼 때 그는 "죄를 지은 사람 같은 심정이었다. 부끄러움과 후회밖에 들지 않았다". 하지만 비상종이 울려 마을 사람들이 나섰다는 것을 알게 된 순간 그는 과민해지고 방어적이 되었다. "이 숲의 주인이라고 말하는 이들은 누구이고 나는 그들과 어떤 관계인가? 나는 숲에 불을 일으켰지만 법을 어기진 않았다. 하물며 지금은 마치 번개가 쳐서 불이 일어난 것처럼 보인다. (…) 그래서 나는 곧 마음을 가라앉히고 일어서서 다가오는 화염을 바라보았다. 눈앞의 광경은 화려했고, 오직 나만이 그 광경을 즐기고 있었다." 물론 이 말은 감정적으로 공허하게 들리지만 그래도 일말의 진리를 담고 있다. 숲의 관점에서 볼 때 소로의 파괴 행위는 실제로 번개처럼 자연스럽고 철도처럼 비인격적이었다. 그의 행위는 숲의 재생 과정, 즉 정상적 생태 주기의 일부분을 촉발했다. 다시 말해, 죽은 나뭇잎과 덤불을 걷어 내고 영양분을 토양 속으로 되돌려 삼림천이森林遷移라고 하는 재생 사이클을 활성화한 것이다.

그날 이후 소로는 남들이 이해하지 못하는 진리를 알게 되었다. 인간은 자연과 분리될 수 없고 자연의 주기 속에 긴밀히 연결되어 있으며 스스로 변화를 촉발하지만 자신이 촉발한 변화에 상처를 입기 쉬운 존재라는 것을. 소로는 "그날 밤늦게 (…) 새까맣게 탄 황무지"를 지나 애초 모닥불을 피웠던 그루터기까지 거슬러 걸어갔다. 도착해 보니 물고기들이 완벽히 구워진 채 불탄 풀밭 위에 흩어져 있었다. 그 후 생을 다할 때까지 소로는 잔인하다 싶을 정도로 이 숲을 자주 찾아갔는데 그곳의 풍경은 매번 놀라웠다. "지난봄에 나는 100에이커의 땅에 불을 냈다. 흙이 까맣게 말라붙을 정도였다. 한여름에 와 보니 그 공간은 주변 지역보다 더 신선하고 더 무성한 초록으로 뒤덮여 있었다. 그러니 인간은 절망해야 하는가? 자연만큼 자주 시들고 말라 죽지는 않지만 인간도 새싹을 틔우는 땅이 아닐까?"[121] 소로는 자신 역시 땅에 떨어진 인간, 아담의 아들이라는 것을 절대 잊지 못했다. 그리고 이웃들은 그를 용서하지 않아도 자연은 이해할 수 없는 방식으로 기적과도 같이 그를 용서한다는 것을.

한 친구의 충직한 우정은 결코 흔들리지 않았다. 엘러리 채닝. 엘런과 결혼한 채닝은 계속 콩코드에 살았고 그사이 예쁜 딸도 얻었다. 그해 여름 채닝은 뉴욕에서 사업을 했는데 일을 마친 후 매사추세츠주 서부, 허드슨강 옆에 있는 피츠필드에서 소로와 만나기로 했다. 7월 중순에 소로는 지팡이 하나를 들고 순례자의 배낭에 책 몇 권과 옷 몇 벌을 담은 채 혼자 도보로 출발해 뉴햄프셔주 모내드녹산의 풍화된 바위 봉우리를 올랐다.[122] 정상에서 하룻밤을 보낸 뒤 그는 남동쪽으로 80마일 거리에 있는 그레이록산, 즉 "새들백"산으로 향했다. 그는 중간중간 산딸기를 따거나 농가에서 산 빵을 먹으며 코네티컷강을 따라 남쪽으로 언덕길을 터벅터벅 걸었다. 그렇게 며칠을 걸은 뒤 서쪽으로 방향을 튼 소로는 디어필드강을 거슬러 올라가 점점 높아지는 계곡들을 통과해 마침내 후삭Hoosac 산맥을 넘었다. 반대편 계곡으로 내려온 뒤에는, 폭풍이 불면 워낙 거친 바람이 그곳을 통과하기 때문에 "풀무"Bellows라고 불리는 긴 골짜기를 따라 그레이록을 올랐다.

오를 때는 발밑에 천둥이 치기도 했지만 얼마 지나자 태풍이 빠져나갔다. 산길이 오른쪽으로 꺾일 때 나침반이 가리키는 정면으로 정상이 보였다. "더 짧고 위험한 길"이었다. 정상을 향해 가다가 만난 어느 집에서 젊은 여자를 만났다. 그녀는 "말을 하는 중에도 열심히 태평하게 검고 긴 머리를 빗었는데, 머리를 빗을 때마다 어쩔 수 없이 고개를 갸웃거렸으며, 생기 있게 반짝이는 두 눈에는 내가 온 아래쪽 세상에 대한 호기심이 가득했다."[123] 잠시 머물고 싶었지만 그는 나침반이 가리키는 대로 빽빽한 철쭉 숲을 통과하고, 듬성듬성 자란 나무들을 지난 뒤, 수목한계선 너머의 정상에 도달했다. 갈증이 밀려와 말발굽으로 패인 작은 웅덩이들에서 허겁지겁 목을 축였다. "그 물은 깨끗하고 차갑고 샘물 같았다." 그는 야영지를 만들고, 쌀로 저녁을 지어 먹고, 모닥불 빛에 신문 조각을 비춰 읽으며 밤을 맞았다. 어두워진 뒤로는 너무 추웠기 때문에 폐허가 된 전망대에서 낡은 판자들을 가져와 몸을 덮었다.

새벽에 눈을 떠 보니 전망대 하단까지 차오른 안개바다가 그를 에워싸고 있었다. "난파된 어떤 세계의 파편을 타고, 꿈나라에서 내가 깎아 만든 조각배를 타고 한참을 떠다녔다." 그것은 "이 환상 속에서만 보이고 그래서 소리 내어 답례할 수 없는 자연의 호의"였다고 소로는 적었다. 해가 뜨고 안개가 황금빛으로 물들자 소로는 흔들렸다. 길고 검은 머리를 가진 그 여자 집으로 다시 가도 될까? 하지만 그는 서쪽에서 더 높은 봉우리들이 부르는 소리를 들었다. 산에서 내려오자 날씨가 흐리고 이슬비가 내렸다. 피치버그 역에서 채닝이 기다리고 있었다. 꼴이 부랑자 같군, 채닝은 생각했다. "그는 칼라 없는 셔츠만 걸치고, 찰스 에머슨의 것이었던 작은 가죽 바랑을 등에 메고 있었다. 들판에서 자고 나온 사람처럼 수염이 덥수룩했고 행색이 아주 초라했다."[124] 그날 그들은 허드슨강을 타고 올버니로 가는 증기선 갑판 위에서 밤을 보냈다. 소로는 뱃머리에 서서 "산봉우리들을 비추는 달빛"을 황홀하게 바라보았다. 한 승객이 그를 갑판 선원인 줄 알고 팔꿈치로 찔렀다. "이봐, 씹는담배 좀 빌려줄 수 있겠나?" 나중에 채닝은 갑판 위에서 그 남자가 버젓한 신사 숙녀 사이를 거닐면서 "그날의 식사인 빵 반 덩어리를 먹고 있는" 것을 보고 웃음을 참지 못했다.[125]

캐츠킬에 도착한 그들은 고급스러운 휴양 시설(나중에 마운틴 하우스 Mountain House라는 이름으로 유명해진 곳)을 지나친 뒤 카어터스킬 Kaaterskill 폭포 옆에 있는 방앗간 집에서 하룻밤 묵었다. 소로는 그 유명한 폭포—나이아가라보다 더 높고 더 거친 폭포*—는 기억하지 못하고, 회반죽 칠이 되어 있지 않은 그 집만 기억했다. 그 집은 깨끗하고 바람이 잘 통했으며, 복도 끝에서 끝까지 캐츠킬의 폭포 소리가 음악처럼 흘렀다. 밤에 소로는 자신만의 산중 호숫가에 그런 집을 짓고 사는 꿈을 꾸었다.[126] 사우스버크셔에서 두 사람은 배시비시 폭포에 잠깐 들렀고, 거기서 체스터까지 30마일을 걸어가서는 웨스턴 철도를 타고 파밍턴으로 간 뒤, 북쪽으로 터벅터벅 걸어 8월 1일 아침 콩코드에 도착했다. 소로는 몇 주 동안 콩코드에서부터 북쪽으로 모내드녹, 서쪽으로 그레이록까지 먼 길을 답파했다. 그의 두 발은 한 걸음 한 걸음 매사추세츠의 광활함을 알아 갔다. 그 행군을 통해 그는 신체적 지구력, 독립성을 위한 지략, 내적 강인함에 문학적 잠재력까지 자신의 능력을 두루 시험했다. 걷기는 글쓰기와 같은 말이 되고, 걸음의 기준

* 당시 그 지역 사람들이 흔히 하던 농담일 것이다. 실제는 그리 크지 않은 폭포다.

은 산문의 기준과 같은 말이 되고 있었다. 이 최초의 위대한 답사는 하나의 에세이로 세상에 나오지 않고, 대신 풍부하고 서정적인 글을 수도 없이 배출했다.

그들은 영국령 서인도제도에서 노예가 해방된 날로부터 10주년이 되는 날에 맞춰 콩코드에 도착했다. 축제가 열렸다. 콩코드는 지난 5월 보스턴에서 열린 반노예제 대회에 대표단을 보냈다. 신시아, 헬렌, 소피아 소로가 포함된 보스턴 대표단은 노예 소유주의 권력을 인정하는 헌법에 복종하기를 거부하면서 "아메리카합중국의 해산"을 요구했다. 2주 후 프레더릭 더글러스가 콩코드로 돌아왔고, 간사인 헬렌 소로는 분노에 찬 반노예제 회의를 기록했다. 기록에 따르면, 그 회의에서 바질라이 프로스트 목사의 주도로 마을의 아버지들이 탈퇴주의자들* 을 규탄했다. 그러자 더글러스가 불같이 항의하고 여자들이 일제히 일어나 노래를 불렀다. "노예 소유주를 편드는 어떤 합중국도 그 국민을 자유롭게 하지 못하네." 회의가 끝나자마자 그들은 훨씬 더 큰 회의를 계획했다. 8월 1일에 철도가 개통되면 도시에서 콩코드로 군중이 몰려올 터였다. 《해방자》는 부지런히 사람들을 독려하고, 주최자들은 연사를 섭외했다. 더글러스는 당연히 포함되었지만, 놀랍게도 이번에는 에머슨이 포함되었다. 이 순간까지 에머슨은 조직적인 노예제 폐지 운동에 대한 그 어떤 지지도 일단 보류하고 있었다.[127]

개막에 맞춰 소로가 도착했을 땐 모든 것이 엉망이었다. 군중이 거리로 쏟아져 나왔지만 모일 장소가 없었다. 분노한 프로스트 목사가 제일교구 교회의 문을 굳게 잠갔고, 삼위일체신론교회도 문을 닫아 버렸기 때문이다. 너새니얼과 소피아 호손이 올드맨스 뒤의 넓은 잔디밭을 제공했지만, 갑자기 폭풍우가 몰아치는 바람에 사람들은 비를 피할 곳을 찾아 뿔뿔이 흩어졌다. 도시에서 온 방문객들은 마을 청사로 몰려들었다. 자, 이제 누가 제일

* 노예를 해방시킨 자유 주들은 미연방美聯邦에서 탈퇴해야 한다고 주장한 사람들.

교구교회의 종을 울려 마을 사람들을 소집할 것인가? 교회 관리인은 거절했고 다른 대여섯 명도 허락 없이 종 치는 줄을 만지지 않으려고 이리저리 몸을 피했다. 그러자 "여행에서 돌아온 지 한 시간도 되지 않은" 소로가 사람들을 밀치고 들어가 "힘센 팔로" 줄을 붙잡았다. 마침내 종소리가 "즐겁게 울려 퍼지면서 사람들을 불러들였다".[128] 청사에 사람들이 모이자 에머슨이 일어나 두 시간 반 동안 연설을 했다. 노예제에 반대하는 그의 첫 번째 연설이자 위대한 연설이었다. 마거릿 풀러는 연설을 들으며 기쁨의 눈물을 흘렸다. 에머슨이 마침내 태도를 정했다. 초월주의의 에너지가 세상을 향해 뻗어 나가고 있었다. 소로도 그 대의에 동참해 에머슨의 연설을 인쇄하고 배포했으며, "협회(콩코드여성반노예제협회)의 활동가"가 되겠다고 정식으로 서명했다.[129] 그는 형식적인 회원 자격이 아니라 말과 행동으로 노예제 폐지 운동에 점점 더 깊이 관여했다.

그날 밤 집에 와 보니 흥미로운 편지가 그를 기다리고 있었다. 지난봄 젊은 종교적 구도자 아이작 헤커는 브룩팜의 농부 조지 브래드퍼드와 함께 브룩팜을 떠나 프루트랜드에 잠시 머문 뒤 면학을 위해 콩코드에 들렀다.[130] 헤커는 소로네 집에 묵었고, 이후 두 달 동안 그와 헨리는 친구가 되었다. 사실 헤커가 바란 것은 친구가 되는 것이 아니라 소로 밑에서 공부하는 것이었다. 소로는 "언어를 더 많이 알고" 언어에서 진정한 "기쁨"을 느끼며, 자유로운 시간도 더 많이 누리고 있었기 때문이다. 스승 브라운슨처럼 헤커도 가톨릭에 이끌렸고, 지금은 고향 뉴욕으로 돌아가 로마 가톨릭교회에서 곧 세례를 받을 예정이었다. 그는 소로에게 거창한 생각을 써 보냈다. 나와 함께 유럽에 가지 않겠나? "지구상에서 가장 공평한 지역을 여행해 보고 거기를 우리 것으로 만들어 보자. (…) 돈이 전지전능한 것이 아니라 허망한 그림자라는 것을 입증하게 될 거야. 드넓은 세상이 우리 앞에서 손짓하고 있어. 우리가 가면 기꺼이 맞아 주고 포용해 주겠노라고."[131]

소로는 내키지 않았다. 방금 매사추세츠를 두루 걸어 다녔고, 그에게는 그것이 세상을 아는 방법이었다. 결국 소로는 헤커에게, 그는 지금 다른 어떤 것, "세상 편력"이 아니라 "정진하는 브라만의 삶, 내면의 신전"이 필요하다고 말했다.[132] 채닝은 소로가 거절하다니 정신이 나갔다고 생각했고, 헤커는 그런 영웅적 답사에는 소로만이 동행자가 될 수 있다며 다시 한번 간청했다. 그의 계획이 더없이 낭만적이라 소로는 또다시 흔들렸다. "아주 먼 여행의 가치는 집에 머물러 있는 것과 맞먹는다." 그가 대답했다. "곧 떠날 예정이 아니라면" 다시 기별을 해 달라고 덧붙였다. 그는 차마 거절할 수가 없었다.[133] 하지만 승낙을 할 수도 없어서 결국 1845년에 헤커는 혼자 유럽으로 떠났다. 그는 2년 뒤 돌아와 바울회를 창립하고 스승 브라운슨과 함께 미국의 위대한 가톨릭 학자가 됐다.

소로가 소심한 이웃들을 밀치고 교회 종을 울렸을 때 한 목격자는 이 사람이 분명 마을의 "희생양"이 될 것이라고 생각했다. 하지만 실제로 그 "철면피한" 소로는 사람들과의 거리감 때문에 이상하게도 자유로움을 느꼈다. "내가 어떤 악마에게 씌웠길래 그렇게 훌륭한 행동을 했을까?"[134] 한때는 한 집안의 아들로서 착하게 행동하고자 애썼지만 이제는 바랑을 매고 순례자의 지팡이를 들고 누더기를 입은 구도자, 사람들에게 침을 쏴서 의식을 일깨우는 마을의 양심이었다. 이 무렵 에머슨은 이렇게 적었다. "헨리는 속이 꽉 찬 젊은이다. 자기 자신에게 사로잡혀 번민하는 사람이 아니다. 즉흥적으로 살고, 어제처럼 급진적이고 혁명적이지만 그러면서도 새로운 모습을 매일 보여 준다. 마을에서 유일하게 자유를 즐기는 사람." 다른 모든 "전도유망한 젊은이"처럼 소로도 불꽃이 가물거렸지만, 그래도 완전히 사그라들진 않았다. "현실적 능력이 있기에 그는 이 세상의 모든 왕국을 거절했다. 그에겐 사탄의 뇌물도 통하지 않는다." 소로도 화답하듯 이 세상이 아니라 "다른 세상에 그의 모든 예술이 있으며, 그의 연필은 다른 것을 일체 그리지 않고, 그의 잭나이프는 다른 것을 일체 깎지 않을 것"이라고 에머슨에게 말했다.[135]

앞에 펼쳐진 길이 선명해지고 있었다. 자신이 정확히 어디로 가야 하는지 소로는 알고 있었다. 이제 필요한 것은 단지 그 수단이었다.

HENRY DAVID THOREAU

—

A Life

2부

월든의 탄생

5장

월든, 그대인가?

1845-1847

아, 여기 월든 호수가 있네. 오래전 내가 발견했던
바로 그 숲속 호수. (…) 입가에 맴도는 말, 월든, 그대인가?

—

헨리 데이비드 소로, 『월든』

준비

에머슨이 옳았다. 철도는 모든 것을 바꿔 놓았다. 1844년 6월, 여객 수송이 시작되고 열차 넉 대가 동틀 무렵부터 땅거미가 질 때까지 매일 운행하자, 콩코드는 곧 보스턴의 외곽 지역이 되었다. 북으로 향하는 철로가 콩코드 마을 남서쪽 경계에 맞닿아 있어 새 콩코드역을 중심으로 통근 열차의 거점이 생겨났다. 하루아침에 인근 농지가 지도에 표시되고 택지로 팔려 나갔다. 존과 신시아를 포함해 소유지가 없던 사람들에게 새 터전이 생긴 것이다. 파크먼 하우스에 세 들어 산 지 6년이 지나자 이젠 내 집을 마련해야 할 때라고 신시아는 생각했다.

존은 회의적이었지만 신시아가 설복했다. 그녀는 철길 옆에 있는 4분의 3 에이커의 부지를 선택했다. 사람들이 농담 삼아 "텍사스"라고 부르는 허허벌판으로, 척박하고 멀리 떨어져 있는 데다 분쟁이 끊이지 않는 곳이라 연일 신문의 헤드라인을 장식하는 곳이었다. 신시아는 콩코드에서 견고하고 튼튼한 집을 하나 사서 그 부지에 옮겨 놓을 계획을 세웠다. 당시에는 노동력을 크게 아끼면서도 얼마 남지 않은 나무를 보존하려는 목적으로 으레 행하던 방식이었다.[1] 9월 10일 존 소로는 농지 개발자에게 25달러를 지불했고, 이틀 후에는 500달러를 융자받아 집과 물자를 구입했다.[2] 헨리는 지하 저장고를 파고 벽과 바닥에 돌을 깔았고, 목수와 함께 집을 개조했으며 집 주위로 둑을 쌓고 사과를 재배할 과수원을 마련했다.[3] 아일랜드 노동자들이 철로를 따라 위쪽으로 이동하자 샘 스테이플스는 철로 부근에 비어 있는 오두막들을 경매로 처분했고, 이때 소로 가족은 오두막 두 채를 구입하고 수리해서 집 뒤에 연필 공장 겸 상점을 마련했다. 1849년 초에 소로는 집 앞에 새로 난 길을 살펴보곤 했는데, 그 길은 철도 개발자 중 한 사람의 이름을 따라 벨냅 거리Belknap Street라고 불리기는 했지만, 사람들은 소로의 집을 항상 "텍사스 하우스"라고 불렀다. 소로 가족은 1845년 초에 이사해 1850년까지 그곳에서 살았다. 메인 거리로 다시 이사한 이후에도 그들은 텍사스 하우스를 계속 보유하고 새로 이주해 온 사람들에게 그 집을 세놓았다. 늘 그 지역을 좋아했던 소로는 말년에 이르러 14년 전 심은 사과나무에서 약 11배럴을 수확했었다고 자랑스레 말했다.[4]

땅 투기를 하는 사람들은 월든 숲도 주시했다. 1844년 9월 말 에머슨은 『에세이, 제2편』의 최종 원고를 넘기고 나서 탈고를 자축하기 위해 월든 호수를 거닐었다. 거기서 그는 와이먼 들판Wyman Field을 입찰하는 몇몇 사람과 마주쳤다. 와이먼 들판은 수풀이 무성한 곳으로, 그 옆에 난 월든 로드에는 월든 호숫가로 이어지는 샛길이 있었다. 어쩌다 보니 에머슨은 1에이커당 8달러 10센트를 지불하고서 잡목 숲 11에이커의 주인이 되어 집으로 돌아왔다. 다음 날 그의 친구들은 잡목 숲 근처에 솔숲이 없으면 아무 소용이 없는데, 머지않아 근처 솔숲은 다 베어 나갈 거라고 지적했다. 그래서 에머슨은 125달러를 주고 3~4에이커 정도를 더 사들였다(수종이 달라서 더 비쌌다). 결국 에머슨은 "월든 호숫가에 위치한 거의 14에이커에 달하는 땅과 물의 주인"이 되었다. "오두막이나 나무 꼭대기만큼 높은 탑"을 짓고 "늘 변치 않는 아름다움 속에서 낮과 밤을 보내기"에 딱 맞는 장소였다.[5] 이제 그는 토지에 대한 열병을 앓았다. 자신의 집 근처에 작은 집을 지어 루시 브라운에게 내줄 궁리를 하거나, 뉴욕시에서 《뉴욕 트리뷴》 사에 근무하면서 날로 수척해지는 엘러리 채닝에게 농장을 사 줄 궁리를 하거나 월든 숲을 좀 더 사 볼까 하는 생각을 했다. 1년 뒤 에머슨은 40에이커를 더 사들였다. 멀리 월든 호숫가부터 "에머슨 클리프"라 불리는 고지까지 뻗어 있는 땅이었다. 에머슨 클리프에서 북쪽으로는 모내드녹산, 서쪽으로는 와추세트산, 아래로는 서드베리강이 훤히 보였다. 에머슨은 브론슨 올컷이 "시인의 오두막"으로 안성맞춤이라 여긴 그 장소를 은둔처로 삼아 "시간이 넉넉할 때마다 펜과 책을 가지고" 갔다.[6]

이 생각은 새로운 것이 아니었다. 소로는 휠러와 전원에서 여름을 보낸 이후로 호수 옆 오두막에 살면서 플린트 호수가 내려다보이는 산막에서 글을 읽고 쓰는 것을 줄곧 꿈꾸어 왔다. 마거릿 풀러와 함께 꾸었던 이 꿈은 1841년 가을로 거슬러 올라간다.[7] 여름 별장, 작가의 오두막, 자연으로의 은둔은 당시 엄청난 유행이었다. 1843년 12월, 소로가 스태튼 아일랜드에서 짐을 꾸리는 바로 그 순간 그의 도시 친구들인 자일스 월도와 윌리엄 태펀은 뉴욕주 북부의 깊은 산속 통나무집으로 갈 채비를 하고 있었다. 눈이 펄펄 내리는 12월이었지만, 두 사람은 굴하지 않고 사냥과 자급자족으로 버틸 계획을 세웠다. 에머슨이 풀러에게 낙관적으로 쓴 것처럼 "자연 그대로의 땅에" 있을 때 꿈꾸는 말을 찾을 수 있다고 생각했다. 하지만 계획과는 달리 일이 순조롭게 풀리지 않았다. 통나무집은 너무 춥고 외풍이 심해 전혀 글을 쓸 수 없었다. 월도는 발에 동상을 입었고, 태펀은 너무 불 가까이에서 움츠리고 있다가 발이 데는 바람에 의사에게 진찰을 받아야 했다. 두 사람의 과감한 실험은 고작 6주 만에 실패로 돌아갔다.[8] 그도 그럴 것이, 찰스 레인은 프루트랜드의 실패를 겪은 뒤 여전히 괴로워하며 다음과 같이 썼다. "백인이 진정한 자연의 삶을 실험해 본다는 것은" 그저 "재미난 꿈에 지나지 않는다. 이를 실행하게끔 타고나지도 않았고 그런 자질도 없다". 정신적으로 진일보하려면 "어딘가 다른, 새로운 방향"을 바라봐야 한다.[9]

엘러리 채닝은 자기가 그 새로운 방향을 찾았다고 생각했다. 1845년 4월 말, 뉴욕시에서 고단하게 살던 채닝은 600달러를 들여 콩코드 펀카타셋 힐에 농장을 마련했다. 그리고 그해 9월 가족과 함께 그곳으로 이사했다. 채닝은 독신자 친구 소로에게 비슷한 계획을 제안했다. "내가 일전에

'가시덤불'이라 명명한 그 들판 말고는 지구상에서 자네에게 어울리는 곳은 어디에도 없어. 그러니 그리로 가서 오두막을 짓고 자네 자신에게 온전히 열중하는 수양을 시작하게. 자네에게 맞는 다른 대안이나 다른 희망은 생각나지 않아. 다른 누구도, 다른 무엇도 아닌 자네 자신에게 열중하게."[10] 소로는 이 문제를 두고 에머슨과 상의했다. 소로는 플린트 호숫가에 오두막 지을 장소를 발견했지만, 플린트가 허락하지 않았다. 이제 또 다른 기회가 찾아왔다. 1845년 초에 드디어 에머슨과 소로가 합의를 본 것이다. 에머슨이 아니라 소로가 월든 호숫가에 "시인의 오두막"Poet's lodge을 짓기로! 소로는—농장이란 없애기는 어렵고 손에 넣기는 쉽다고 분명 채닝에게 강조했을 것이다—공유지에 정주할 권리 외에는 아무것도 요구하지 않았다. 즉 경작 가능한 땅을 개간해서 일굴 권리를 보장받고, 나중에 에머슨에게 집을 되팔기로 합의했다. 당시 에머슨은 절벽에다 자신을 위한 시인의 오두막을 높다랗게 짓겠다는 계획을 세워 두고 있었다. 소로는 친절하게도 에머슨을 위해 몇 가지 설계안을 내놓았고, 올컷은 거기에다 자신이 고안한 타워형 디자인을 추가했다.[11] 넓은 숲은 각자 자신의 길을 개척할 수 있을 만큼 공간이 충분했다.

이런 계획을 진척하는 동안에도 소로는 텍사스 하우스를 공들여 완성하고 신작 에세이도 몇 편 마무리했다. 그러는 사이 노예제 폐지론이 또다시 마을을 들썩여 놓았는데, 이번 공방攻防은 사사로운 영역으로 흘러갔다. 1844년 11월 말 새뮤얼 호어는 매사추세츠주의 특사 자격으로 사우스캐롤라이나주 찰스턴을 방문했다. 매사추세츠주의 흑인 자유민을 실은 배가 찰스턴 항구에 정박했을 때 사우스캐롤라이나주에서 이들을 감금 조치한 사건이 있었고, 이에 대해 공식 항의하는 것이 호어의 임무였다. 호어는 이 외교 문제가 평화적으로 해결되리라 예상하고는 딸 엘리자베스를 데려갔다. 소로의 친구이자 에머슨의 여동생뻘인 엘리자베스는 가족의 친구들을 만나러 갈 예정이었다. 그런데 두 사람이 찰스턴항에 내리는 순간 그 지역 의

원들이 호어 부녀에게 도발을 멈추고 당장 떠나라고 명령했다. 호어가 거부 의사를 밝히자 해먼드 주지사는 집단 폭행을 가해도 좋다는 허가를 내렸다. 위협적인 한 주를 보낸 뒤 호어 부녀는 어쩔 수 없이 마차에 몸을 싣고 상행선을 타러 갔다. 집으로 돌아온 호어 부녀는 자신들이 당한 괴롭힘과 추방에 대해 누차 이야기했다. 콩코드는 분노로 들끓었다. 냉정함을 잃지 않는 프로스트 목사마저 발끈하여 복수심을 담은 결의안을 작성했다. 이 결의안은 "탈퇴와 독립성 그리고 매사추세츠주의 긍지를 너무 강조하고, 너무 뜨겁고 격렬"해서, 마을 회의를 개최한 위원회는 처음에는 결의안 낭독을 거부했다.[12] 에머슨도 탈퇴주의disunion를 잠시 보류하고 비밀리에 보복하는 방안을 고려했다. 보수적인 호어는 거센 여론을 진정시켜 보려 했지만, 마을의 급진주의자들은 기회를 놓치지 않았다. 그들은 라이시움 큐레이터들이 노예제와 텍사스 합병에 관한 냉엄한 현실을 마을에 전하기 위해 웬들 필립스를 세 번째로 초청해야 한다고 주장했다.

이에 동의한 큐레이터 새뮤얼 배럿은 2월 말에 필립스의 이름을 라이시움에 올렸다. 키스 집안에서 세 번째로 격렬히 반대했다. 이번에 목소리를 높인 사람은 소로의 영원한 라이벌이자 존 키스의 아들인 존 셰퍼드 키스였다. 키스는 돌아가신 아버지를 따라 보수당의 전통을 지키기로 결심했다. 프로스트 목사 편에 합류한 그는 지난해에 필립스 때문에 체면이 깎인 일에 여전히 속을 끓이고 있었다. 키스와 프로스트는 21표 대 15표로 패했다. 그러자 쿠데타나 다름없는 일이 벌어졌다. 보수주의자인 키스와 프로스트 그리고 라이시움 의장 체니가 모두 자신의 자리에서 물러난 것이다. 라이시움 회원들은 급히 표결로 새 큐레이터를 선출했는데 후보자가 배럿, 에머슨, 소로(그는 정중히 사양했다)로 세 명 모두 진보주의자였다. 에머슨은 종잇조각을 찢어 필립스에게 긴급히 방문해 달라는 메시지를 휘갈겨 썼다. 보스턴에서 전갈을 받은 필립스는 닷새 뒤인 3월 11일 콩코드 라이시움의 연단에 올랐다. 이번에는 텍사스 합병으로 야기되는 위험을 경고했다. 텍사스를 새 노예주奴隷州로 승인하면 노예제 옹호론자들이 의회에서 다수를 차지할 것이고, 그러면 법적 수단으로 노예제를 폐지하려는 희망이 사라진다고. 소로의 기록을 보면 필립스의 연설을 듣기 위해 5마일을 걸어온 여성도 있었다. 에머슨이 말했다. "지난 몇 주보다 어젯밤 두어 시간을 보내면서 더 값진 교훈을 얻었다."[13]

필립스가 두 번째 연설을 할 때까지 소로는 귀 기울여 듣기만 하고 침묵을 지켰다. 그러나 세 번째 연설을 듣고 나서는 필립스를 강하게 옹호하는 장문의 글을 써서 다음 날 아침《해방자》에 보냈다. 잡지 발행인 개리슨은 이 글을 1845년 3월 28일에 익명으로 실었다. 그의 연설은 얼마나 신선한가, "'신이여 매사추세츠주 연방을 구하소서'가 아니라, 신이여 이곳을 산산조각내소서", 그리하여 자기 이름을 입에 담아서는 안 되는 한 사내가 이곳에 발붙일 작은 땅마저 사라지게 하소서, 라고 외치다니. 그 사내는 바로 프레더릭 더글러스였다. 필립스가 청중에게 연설을 하고 있던 그 시각에 더글러스는 "자신의 삶을 쓰고, 자신의 이름을 말하고, 주인의 이름과 도망쳐 온 장소"를 종이에 적고 있었다. 콩코드에서 소로는, 자유의 기념비가 드리우는 바로 그 그늘 밑에서 겁에 질린 사람들이 이렇게 속삭인다고 적었다. "'그러지 않는 게 좋을 텐데!'"[14]

소로는 웬들 필립스의 다른 점도 좋아했지만, "개혁가에게 자유와 한결같은 지혜는 참으로 드문데, 그에겐 이 두 자산이 있어서 자신이 노예제를 폐지하기 위해서가 아니라 옳은 일을 하기 위해 태어났다고 당당히 선언하는 점"이 가장 좋았다. 예전에 소로는 뉴욕의 복잡한 거리에서 "100만 명이 한 사람만 못하다"라는 것을 세상 사람들이 언제쯤 알게 될지 의아해했다.[15] 소로는 그 "한 사람"이 필립스라고 여겼다. 그는 정의롭고 웅변적이며, 자신의 생각을 대중의 견해와 맞춰 보는 대신 자신만의 견고한 도덕적 기반을 숙고하고 다지며, "그 기반에 서서 온갖 여론에도 거뜬히 버티는" 사람이었다. 그런 사람에게는 누구나 쉽게 동조한다. 콩코드 사람들이 대부분 그렇게 동조하는 것을 소로도 보지 않는가? 하지만 어떻게 하면 동조하는 데 그치지 않고 더 큰 일을 할 수 있을까? 소로는 필립스의 말을 **듣는** 데서 그치거나, 훌륭한 지도자가 지나갈 때 곁에서 손짓으로 찬성만 하고 싶지는 않았다. 그는 필립스가 **되고** 싶었다. 품위와 용기, 진실성을 갖고 수많은 사람 앞에 홀로 서고 싶었다. 곧 그가 글로 표현하게 될 말을 빌리자면, "한 사람으로서의 다수"A majority of one*가 되고 싶었다.[16]

한편 소로는 자신의 라이시움 강연을 앞두고 있었다. 필립스가 연설한 지 2주가 흘렀다. 소로의 주제는 "콩코드강"이었다. 정치적 열기에 응하기보다는 자연으로 도피하는 것처럼 보였다. 하지만 이 연설은 더 큰 계획을 염두에 둔, "올바르게 **행동**"하기 위한 전환이었다. 그가 보기에 노예제 폐지는 달성하기만 하면 모든 것이 나아지는 단 하나의 대의가 아니었다. 노예제는 어떤 세계를 수탈하는 더 큰 병의 증상이었으며, 그 세계는 인간으로만 이루어진 것이 아니었다. 필립스와 더글러스를 옹호하는 글을 처음으로 썼던 그 노트에서, 소로는 빌레리카 댐 근처에서 쫓겨난 머스케타쿼드의 물고기를 옹호했다. "청어 떼에 불과하지만 순수함만으로 무장했네. 순수함은 정당한 대의명분. 나는 그대들 편에 서 있네. 그리고 누가 알겠는가. 쇠지레 하나가 저 빌레리카 댐을 부수는 데 어떤 힘을 발휘할지!" 〈콩코드강〉 연설문은 기록으로 남아 있지 않지만 그 초안에서 우리는 자연환경에 관심을 가지면 그 모든 정치적 폐단의 뿌리와 맞서게 된다는 소로의 확신을 확인할 수 있다. 소로의 연설문을 모은 비망록에는 당시 지역신문에 발표한 글이 실려 있다. "나는 종종 콩코드 강둑에 서서 강물이 흘러가는 것을 본다. 강물은 모든 진보의 상징이며 제도, 시간, 조물주가 만든 모든 것과 동일한

* 소로는 다수가 지배하는 체제가 무조건 정당한 것은 아니라고 생각했다. 다수에 속해 있더라도 개인은 공평한 것, 도덕적인 것 또는 옳은 것에 대해 다르게 믿을 수 있으며, 다수가 원한다 해도 완전히 불공평할 수 있고 도덕적으로 틀릴 수도 있다. 소로는 한 사람이 절대 다수에 속하지 않더라도 옳을 수 있으며, 다른 모든 사람보다 중요할 수 있다고 보았다.

법칙을 따른다. (…) 마침내 나는 그 가슴에 뛰어들어 강물이 나를 데려가는 곳으로 흘러가겠다고 마음을 정했다."[17] 더글러스와 필립스는 소로에게, 그 체계의 참된 "법"을 알고 정의를 향한 길을 알고자 한다면, 자신만의 도덕적 기반을 다질 필요가 있음을 일깨워 주었다. 하지만 그 기반이 어떤 것이어야 하는지는 누구도 일러 주지 않았다. 오롯이 홀로 터득해야만 했다.

3월 말, 봄이 되어 강물이 흐르고 있었다. 새로운 사업에 착수할 때가 되었다. 헨리 소로는 도끼를 빌려 들고 월든 호숫가 숲으로 걸어갔다. 그리고 집을 짓기 시작했다.

월든 호숫가에서
: 첫 시즌

소로는 자신의 집을 어디에 지을지 이미 구상해 놓았다. 산마루 초입에 자리 잡아 아래로는 물이 흐르고 뒤로는 비글로의 솔숲Bigelow's pine grove이 펼쳐지며, 아침 해가 남동쪽에서 햇살을 비추면 커다란 밤나무와 "높고 뾰족한 백송들"이 그늘을 드리우는 곳이었다. 그는 목재용으로 어린 소나무 몇 그루를 베어 단면이 6제곱인치가 되도록 켜고 나무껍질은 최대한 남겨 두었다. 샛기둥으로 쓸 목재는 두 면만 다듬고, 마룻널과 서까래로 쓸 목재는 한 면만 다듬었다. 각각의 목재에는 톱으로 장부*를 만들고 끌로 장붓구멍을 냈으며, 이음매를 단단히 조일 수 있도록 두 부분을 딱 맞게 만들었다. 정오가 되면 발아래 흩어진 소나뭇가지 더미에서 쉬었다. 두 손에서 나는 신선한 송진 냄새를 맡으며 버터 바른 빵을 먹었고, 포장지로 쓰인 신문지의 기사를 흥미롭게 읽었다. 지나가다 도끼질 소리를 듣고 찾아온 사람과 만났을 땐 일을 잠시 멈추고 소나무에서 떨어진 부스러기에 대해 한담을

* 한 부재의 구멍에 끼울 수 있도록 다른 부재의 끝을 가늘고 길게 만든 부분.

나눴다. 처음에는 호수에 얼음이 얼어 있었고, 도끼로 나무를 찍을 때마다 눈발이 흩날렸지만, 4월 1일이 되자 눈은 안개와 비로 바뀌고, 마지막 얼음이 녹아내렸다. 그때부터 해마다 소로는 언제 월든 호수의 얼음이 풀리는지, 언제 하늘이 열리고 바람이 부는지를 관찰하고 날짜를 기록했다.

4월 초 소로는 아일랜드계 철도 노동자 제임스 콜린스와 매매계약을 맺었다. 콜린스는 철도 공사 현장 부근으로 이주하려고 자신의 판잣집을 내놓았는데, 먼지를 뒤집어쓴 채 둔덕에 자리한 참나무 오두막이었다. 철로와 호수 사이에 위치한 예쁘장한 아일랜드 마을에 남아 있는 마지막 판잣집 중 하나였을 것이다. 1년이 지나면 그 마을의 옛터에는 우단담배풀이 웃자라 에머슨의 아이들이 아버지의 땅을 탐사하다가 멀리 월든 호수까지 와서는 그 풍경을 보고 겁을 먹게 된다. 소로는 그 집에 진흙이 발라져 있어 내부가 축축하고 "숨이 막힐 것"이라 생각했지만, 콜린스 부인이 램프를 높이 들고서 벽널들의 상태가 좋고 튼튼하다는 것을 보여 주자 말없이 그녀 뒤를 따랐다. 거래는 성사되었다. 그날 저녁 소로는 그곳으로 다시 와서 집값 4달러 25센트를 치렀고, 다음 날 아침 일찍 집을 넘겨받기 위해 돌아와선 이삿짐을 나르고 있는 콜린스 가족을 만났다. 커다란 보따리 하나에 돌돌 만 깃털 침대, 실크 양산, 금테 거울, 커피 분쇄기, 암탉 몇 마리 등 전 재산이 동여매 있었다. 소로는 판잣집을 해체하고, 마차로 숲길을 따라 널빤지들을 집터까지 옮긴 뒤 깨끗이 닦고는 탈색되도록 햇볕에 널어 두었다.[18]

5월 초가 되자 골조를 올릴 준비가 되었다. 소로는 친구들에게 도움을 청했다. 에머슨, 올컷, 채닝이 왔고, 그 얼마 전 브룩팜에서 나온 조지와 버릴 커티스가 왔으며, 언덕 너머 농장에 사는 "무시무시한 체제 반대자" 에드먼드 호스머와 그의 건장한 세 아들 존, 에드먼드, 앤드루가 찾아왔다. 그 무렵 소로는 지하 저장고를 완성했다. 삽으로 옻나무와 블랙베리 뿌리를 헤치고 모래흙을 파서 6제곱피트 넓이에 7피트 깊이로 구멍을 파고 시렁을 만들어 넣었다. 충분히 깊게 판 덕분에 겨울에도 감자가 얼지 않았다.[19] 소로와 친구들은 나무 하나를 통째로 저장고 바닥에 놓아 저장고의 지붕 마룻대를 받치는 왕대공으로 사용했다. 그 주변에 뼈대를 세우자 집의 형태가 갖춰졌다.* 소로는 바닥을 다져 마무리하고, 저장고에 작은 문을 달았으며, 호수에서 빙하 시기의 자갈을 수레에 가득 담아 와 언덕 사면이 있는 쪽에 굴뚝의 토대를 다졌다. 마지막으로, 콜린스 집에 있던 견고한 널빤지로 새 집의 마루를 깔고 지붕을 얹었다. 전부 대패질을 해서 가장자리를 반듯하게 했기에 겹쳐서 잇기만 하면 비를 막을 수 있었다. 마침내 폭 10피트, 길이 15피트, 높이 8피트의, 밝고 통풍이 잘되어 여름 날씨에도 충분히 살 수 있는 집이 완성되었다. 소로는 가을이 올 때까지 마무리 손질을 미루다가 굴뚝을 세우고, 지붕과 벽에 판자를 대고, 내부에 회반죽을 발랐다. 뉴잉글랜드의 매서운 겨울이 닥쳐와도 소로의 집은 비바람을 막아 주고 단열이 잘돼 그를 따뜻하게 해 주었다.

봄이 성큼 다가올 무렵 소로는 농장에도 관심을 돌려 쟁기 끌 소들과 소몰이꾼을 고용했다. 소로가 직접 쟁기를 잡고서 그들은 월든 로드 인근, 집 북쪽에 있는 "가시덤불" 2.5에이커를 갈아 고랑을 내고, 그 과정에서 블랙베리 넝쿨, 성요한풀, 양지꽃 등 "달콤한 야생 열매와 아름다운 꽃"들을 갈아엎었다. 소가 끄는 쟁기에 뽑혀 나온 고목 그루터기들을 일단 잘라 쌓아 올리자 겨울을 두 번 날 만큼 장작이 많이 모였다. 소몰이꾼은 그 그루터기 덕분에 두 번 따뜻해질 거라고 예언했다. 한 번은 나무를 팰 때, 다른 한 번은 나무를 땔 때. 다음으로 소로는 부드러운 모래흙에 강낭콩을 나란히 심었는데(소로의 계산에 따르면, 이랑이 총 7마일이었다), 주로 시장에 내다 팔기 위해서였다. 그런 뒤 자신이 소비할 목적으로 감자와 완두콩, 순무, 단옥수수, 옥수수를 심었다. 옥수수 종자는 호스머가 가져다줬다. 순무와 옥수수는 너무 늦게 심는 바람에 설익은 옥수수를 다람쥐와 새들에게 주는 것

* 이 지하 저장고는 보통의 집처럼 지상에 높이가 약 1미터인 입구가 있다.

에 만족해야 했다. 그는 이렇게 적었다. "대지에게 풀이 아닌 콩으로 말하게 하는 일"은 힘든 노동이지만 "저도 모르게 내 이랑들을 사랑하게 되고—애착이 생기고—그래서 안타이오스Antaeus**처럼 일을 할수록 새로운 힘과 건강을 얻는다".[20] 매일 호숫가에서 일을 마치면 철길을 따라 1마일 정도 떨어진 텍사스 하우스로 돌아갔다. 소로는 여전히 집 손질을 이어 가고 있었다.

이 시즌에 소로는 말이 아닌 몸으로 글을 쓰고 있었다. 그중에서도 가장 상징적인 사건이 봄에서 여름으로 바뀔 무렵 일어났다. 소로는 건초 나르는 마차를 빌린 다음 신중히 고른 책들, 필기구, 가구 몇 점—초록색 책상, 작은 테이블, 의자 세 개, 등나무 침대—을 싣고 월든 호숫가의 새 주소지로 향했다. 나중에 그는 이렇게 썼다. "천조"天朝***와 교역을 개시할 "근사한 항구이자 탄탄한 기반".[21] 1845년 7월 4일 금요일이었다. 처음에는 날이 흐렸지만, 짐을 풀고 정리를 끝낸 오후에는 해가 모습을 드러내 그만의 독립선언 현장을 환히 비추었다.

다음 날 아침 소로는 새 노트를 꺼내 화려한 글을 써 내려갔다. "어제 나는 여기 들어와 살기 시작했다."[22] 이 집을 보니 문득 지금까지 "꿈속에서 봤던 산가山家들이 떠올랐다. 영롱한 서광에 둘러싸인 집들". 그 전해에 산속에서 머물렀을 때 지낸 캐츠킬 폭포 옆의 그 방앗간 집, 그런 집이 그의 모델이었다. 산꼭대기에 있어 산들바람이 들어오고, 아래에는 투명한 물이 있어 하늘의 그림자나 바람의 글을 읽을 수 있는 곳. 여기 탁 트인 은신처에서 그는 마치 짝을 이룬 듯 호수와 어울리면서 사유하고 글을 쓸 수 있었다. "진정, 우리의 대화는 낯선 사람이 하는 말 같아서,/오직 숙련된 귀로만 밀려드는 말들을 포착할 수 있다,/그대의 조약돌 같은 입술 위에서 분절되고 사라지는 그 말들을." 이미 1838년에 소로는 「월든」이란 시에서 이렇게 말했다. 어릴 때부터 간직해 온 꿈이 마침내 실현되고 있는 이 아침, 그의 모

** 그리스 신화에 등장하는 거인으로, 발이 대지에 닿을 때마다 더욱 강해진다.
*** 중국을 가리키는 역사적·시적 이름.

든 삶이 이곳으로 그를 인도한 것 같다고. "월든, 그대인가?" 소로는 놀라서 묻는다. 노트에 적힌 그의 필체에서 황홀감이 용솟음친다.[23]

사람들은 월든 호숫가에 있는 그 은신처를 오두막이나 산막, 판잣집이라 불렀지만 소로는 견고함과 품위를 갖추고자 노력했다고 강조하면서 거의 언제나 집이라고 불렀다. 에머슨도 말하지 않았는가. "배운 사람은 판잣집에서 살지 못한다"라고.[24] 소로의 실험은 전적으로 소로의 특수성에 달려 있었다. 단지 "시간을 즐기려는" 목적으로 "시인의 오두막"을 지었다면, 소로가 그 집에 들어가는 것을 누구도 걱정하지 않았을 것이다. 하지만 **모든** 시간을 그곳에서 보낸다는 점이 그를 개척자—서부의 개척자가 아니라 내면의 개척자—로 만들었다. 이제 그는 "진취적이고 독립적인 사상가로서 스스로 발견한 것들을 삶에 적용해 보는 사람"이었다. 별채나 휴양지에서는 이미 확립된 자아만 수련할 수 있다. 소로는 새로운 자아를 구현할 집을 마련하고 싶었다. 따라서 그 집을 짓는 것은 자기 자신을 짓는 일이자, 말 그대로 바닥부터 지어 올리는 일이었다. 채닝은 그해 8월에 2주 동안 소로의 집에서 지내더니, 집이 너무 작아 "두 사람도 많을 정도"였다고 말했다. 실제로 그 집은 "소로가 직접 고안해서 월든 호수 옆에 남긴" 일종의 "오래가는 옷, 외투" 같았다.[25] 소로의 가족들이 보기에는 위험했고, 아무래도 불편할 것 같았다. 소로가 떠난 첫날 밤에 신시아와 소피아는 걱정이 되어 새벽까지 잠을 못 이루고 뒤척였다. 신시아는 먹을거리를 챙겼고 소피아는 그 음식을 월든 생활에 여념 없는 오빠에게 가져다주었다. 소피아가 말했다. 그는 "정말 받고 싶어 하지 않았다. 집 안이 정말 휑했다". 가족들은 그를 그리워했지만,[26] 그럼에도 소로를 아낌없이 지원해 주었고 그만의 방식으로 "실험"하는 것을 이해해 주었다.

하지만 소로는 정확히 어떤 이유로 월든 호수로 갔을까? 아직도 의문이 남아 있다. 어떤 면에선 쉽게 답을 내릴 수 있다. 글을 쓰려고 간 것이다. 월도 에머슨이 형 윌리엄에게 말했듯 헨리는 늘 글을 쓰고 몽상을 할 수 있는 자기만의 방이 있었고, "항상 그런 방이 있어야 했다". 그런데 이제는 모여 사는 주택의 작은 공간, 즉 골방이나 다락방이 아니라 삶 전체가 그런 집이 필요하다고 주장하고, 글쓰기가 드문드문 즐기는 취미 활동이 아니라 자신의 존재 자체를 이루는 중심이라고 선언했다. 이후로 그는 완전히 새로운 의미의 '작가'가 된다. 잠깐 살아 보고 그것을 글로 쓰는 것이 아니라 삶 자체가 곧 글쓰기가 되어 완전히 하나로 통합된 것이다.

이튿날 소로는 월든에서 하루를 꼬박 보내며 혼잣말로 이렇게 되뇌었다. "생명의 사실들, 생명을 있게 하는 사실들을 (…) 정면으로 마주하고 싶다. 그래서 나는 여기로 왔다. 생명! 그것이 무엇인지, 그것이 무엇을 하는지 누가 알까?"[27] 목적이 내포된 이 선언은 맹세와도 같았다. 생명 그 자체의 가능한 조건들을 "정면으로" 부딪치겠다는 신성한 약속이었다. 예리한 정신분석가였던 호손은 과거에, 소로가 "아직은 도덕적으로나 지적으로도 마땅한 길잡이를 아직 발견하지" 못했고, 그로 인해 "신체적 건강이 나빠질 수 있으며, 더 나아가 완전성과 신성을 함께 잃을 수 있다는 것을 깨닫지 못한 듯하다"라고 말한 바 있었다. 이제, 그때의 소로가 아니었다. 에머슨도 소로가 마치 아일랜드인 소작농 휴 웰런처럼 "모든 실수, 모든 돌멩이, 모든 씨앗을 잘 저장했다가 {작가의 밭에} 파종하는 것"을 보고 깊이 생각한 후에 친구의 큰 뜻을 짐작했다. 이것이 진정한 작가의 소명이라고 그는 생각했다. "그의 펜이 써 내지 못할 정도로 그렇게 놀랍고, 폭넓고, 미묘하고, 소중한 것은 없다. 그가 보기에 인간은 곧 알리는 능력이고, 우주는 곧 알려질 가능성이다." 어떤 것은 도저히 묘사할 수 없다고 소로에게 말해 보라. 그는 그렇지 않다고 대답할 것이다. 소로는 "신 그 자체를 말로 표현하거나 그렇게 하려고 시도할 것이다".[28]

"생명! 그것이 무엇인지 누가 알까? 생명이 어떻게 흘러갈지 누가 알겠는가?" 소나무 사이로 반짝이는 물이 보이는 창가, 초록색 책상에 앉아 소로가 이 말을 쓰고 있을 때 그는 자신의 실험이 성공할지 확신하지 못했다.

다만 시도는 해 봐야 한다고 생각했다. 말 그대로 그의 마지막 시도였다. “내가 지금 이 자리에 있지 않다면 예전보다 나빠졌을 것이다.” 그런 뒤 조심스럽게 덧붙였다. “이제 어떻게 될지 지켜보자.” 그의 의도는 다분히 종교적이었다. 집은 “백송으로 만든 (…) 사원이다”. 나무 그늘처럼 자연스럽고 안락해지도록 “영원히 순응하고 순응시켜야 한다”. 식사는 신성한 행위, 즉 “세상의 영성체 식탁에 앉아 (…) 성체를 드는 것”이다.[29] 글쓰기는 또 어떤가? 수백 년을 건너뛰어 이제 “글로 쓰인 말씀, 즉 **성서**를 경청할 때가 되었다”. 하루에 기차가 여덟 번 지나간다. 2년 후엔 적어도 스무 번은 지나갈 것이다.[30] 철도 노동자들의 집단 이주 덕분에 소로는 아일랜드인 노동자가 쓰던 판잣집을 재활용해 살 곳을 마련할 수 있었다. 세상이 변하고 있었다. 그는 여러 경전을 수집하고 분석하는 대신, 근대에 맞는 새로운 경전을 쓰기 시작했다.

모든 시간이 지금 이 시간 속에 포개져 들어왔다. 소로는 막 스물여덟 살이 되고 있었다. 월든 호수는 다섯 살 때부터 그의 꿈에 아련히 비쳤다. “오늘 밤 내 플루트는 월든 호수 위에 메아리를 일으키겠지만, 소나무 한 세대가 쓰러졌고 나는 그 그루터기를 패서 만든 장작으로 저녁을 요리했다.” 주위에서 자라고 있는 어린 소나무들 아래에서 글을 쓰는 동안에도 시간이 무너져 내렸다. 오래된 그루터기 장작 위에서 그의 성찬이 보글보글 끓고 있었고, 소로에게 가 닿은 존의 플루트 소리는 다시 생명을 얻어 호수에 울려 퍼졌다. “덜컹거리는 열차”마저 멀리 자취를 감추었다. “시간에도 깊이가 있다.” 그는 이렇게 생각했다. “서인도제도에서* 스스로를 해방한 한 사람의 생각. (…) 한 사람이 정신과 마음을 해방했고 그것이 수백만 노예의 족쇄를 깨뜨렸다.”[31]

* 이미 10년 전 영국령 서인도제도에서 노예가 해방된 것을 가리킨다.

소로가 꿈꾼 것은 사회에서 벗어나 호숫가에서 은거하는 것이었지만 곧 그럴 수 없음을 깨달았다. 오히려 그 어느 때보다 이목을 끌었다. 그의 집이 인적 많은 길목의 낮은 언덕에 자리 잡은 데다 바로 옆에 와이먼 골짜기 또는 "메기의 둥지"라고 알려진 유명한 낚시터가 있었다. 사람들이 길가에서 수군거렸다. "장터로 소를 몰고 가는 마을 사람이 내게 그 많은 생활의 편리를 어떻게 포기할 수 있었는지 물었다. 나는 그런대로 잘 지낼 수 있으리라 믿었다고, 농담이 아니라고 답했다." 나무 한 짐을 싣고 보스턴으로 가던 한 이웃은 고기, 차, 커피를 사거나 아픈 날을 대비해 돈을 비축하기가 힘들다고 불만을 토로하기도 했다. 지나가는 철도원은 이렇게 말했다. "선생님 생각에 동의합니다. 저도 제 자신에게 집중해서 살아야겠어요." 홀로 지내는 소로는 마치 자석 같았다. 그는 모든 사람을 반갑게 맞이했는데 특히나 숲에 머무는 것을 즐기는 아이들, "호수와 꽃을 들여다보고 자기만의 시간을 만끽하는" 젊은 여성들을 환영했다.[32]

물론 마냥 친절한 사람들만 있는 것은 아니었다. 그는 『월든』에서 이렇게 토로한 적이 있다. "대체 ○○ 부인은 내 침대 시트가 자기 것만큼 깨끗하지 않다는 걸 어떻게 아는가?" 그리고 숲속에서 겁에 질린 젊은 여성을 쫓는, 알고 보니 명망가의 자식이었던 두 악한과 소로가 맞닥뜨린 사건은 두고두고 회자되었다. 소로는 그 여성을 보호했고, 두 가해자가 처벌을 받을 때까지 대신 증언을 해 주었다.[33] 지나가는 사람 중에는 작물을 돌보는 그에게 "콩을 너무 늦게 심었군!" 하고 참견하는 이도 있었다. 월든 호수는 에머슨과 친구들의 전유물이 아니었다. 호러스 호스머는 이렇게 기억했다. "100년 동안 사냥꾼, 스포츠맨, 남자아이, 벌목꾼, 지주 등이 철마다 월든 호수를 찾았다." 남자들은 마을 선술집에서 오래 술을 마시다가 내기 수영을 하러 "**심지어 한밤중**"에 호수로 가곤 했다. 호수에는 방문객도 있었다. 월

콧의 식료품점에서 일한 호스머는 소로의 방문객에게 가져다줄 피크닉 바구니를 많이 준비했다. "온갖 사람들이 언제나 찾아왔죠." 그는 눈을 찡긋하며 말했다. "바구니는 보통 **2인분**으로 채워졌답니다."[34]

물론 호수는 소로의 가족에게도 개방되어 있었다. 프루던스 워드는 "헨리 T.는 온 마음을 다해 손님들을 맞이해. 조만간 그를 만나러 가지 않겠어?" 하고 친구에게 알렸다.[35] 소로의 가족은 매주 토요일 오후 소로를 찾아갔고, 소로는 일요일마다 집에 들렀다. 가족의 친구들은 신시아가 매주 집으로 찾아오는 아들을 보고 기뻐했다고 회상했다. 소로는 "가족의 오랜 요리사가 푸짐하게 차려 주는 음식을 맛있게 먹었고, 월든 호수에서의 금욕 생활에서 벗어나 마음껏 즐긴 것이 분명하다". 존 S. 키스는 후대 사람들에게 소로가 에머슨, 올컷, 호스머의 집에 가서 식사를 했다고 밝혔다. "침입자 같지는 않았다. 모든 걸 고려해 보면, 부끄러워하거나 소극적이라기보다는 오히려 자기중심적이었다."[36] 사람들은 애초 소로가 가족과 연을 끊고 친구 집에 드나드는 습관도 버릴 거라 생각했지만, 월도 에머슨의 아들 에드워드(월든 호수 시절에는 아기였다)는 사람들이 그렇게 예상했다는 것에 대해 놀라움을 금치 못했다. "해 질 녘에 나타나 친구들과 난롯가에 자리를 잡는 반가운 손님이었다. 그는 우정을 나누려고 왔지, 음식 때문에 온 것이 아니었다."[37]

이러한 이야기들로 미루어 볼 때 월든 호수는 분명 두메산골은 아니었다. 월든 호수는 200년간 그랬듯 콩코드의 일상에서 흔히 접할 수 있는 곳이었다. 거기로 옮겨 갔다고 해서 가족, 친구, 공동체의 굴레에서 벗어난 것은 아니었기 때문에 소로는 예전처럼 친밀한 관계를 유지하고자 노력했다. 가족 만찬 같은 경우, 소로가 한 상 가득 차린 푸짐한 음식을 거절한다면 분명 신시아의 마음이 상했을 것이다. 또한 소로는 여러 해 동안 그래 왔듯이 계속 마을의 일꾼으로 일했다. 그렇게 일하면서 그리 많지 않은 수입이지만 필요한 만큼 벌었다. 하루 일당으로 1달러면 충분했기에 그는 울타리를 세우고, 집에 칠을 하고, 목공 작업을 하고, 벽돌을 쌓아 굴뚝을 올리고, 종종 에머슨을 위해 이런저런 잡다한 일을 도맡았다. 에머슨은 울타리를 세우거나 지하실에 바닥을 깔거나 헛간에 수업용 교실을 마련할 때 도움을 요청했으나 소로가 글을 쓸 때는 방해하지 않았다. 한번은 소로가 케텔 하우스 뒤에 나뭇간을 지을 때였다. 갑자기 말이 놀라 등에 탄 소로를 넘어뜨리는 바람에 그는 복부에 심한 타격을 입었고, 그 후 몇 년 동안 무거운 짐을 들어 올리는 데 애를 먹었으며 이미 수락한 일거리를 줄여야 했다.[38] 어떤 의미에서는 마을 외곽의 호숫가로 이사한 것이 아무런 변화를 일으키지 않았다. 평소와 다를 바 없는 생활이 이어졌다.

그렇지만 어떤 면에서는 모든 것이 바뀌었다. 일찍이 그는 자급자족을 한다거나 자기 시간을 마음대로 쓰는 일이 없었다. 나중에 마을로 돌아갔을 때도 이 새로운 독립심을 잃지 않았다. 게다가 월든 호숫가에 살면서는 그 어느 때보다 주목을 많이 받았다. 북적이는 소로가의 아들일 때나 에머슨 집의 군식구일 때 그는 눈에 띄지 않았다. 하지만 홀로 호숫가에서, 그것도 큰길에서 훤히 보이는 집에서 보란 듯 소박하게 살기 시작하자 많은 사람의 구경거리가 되었다. 과연 소로가 이를 예상했을까? 뜻을 품고 살면서 삶의 본질적인 면들을 마주하겠다는 본래의 결심—호숫가에 막 정착했을 때의 가슴 뭉클한 발언—은 내면을 향한 여정을 시작하겠다는 계획이었지만, 그 여정을 가능케 한 상황에 예기치 않은 일이 발생하면서 그는 공개적으로 드러내 놓고 계획을 실천하기 시작했다. 월든 호숫가에서 지낸 2년, 2개월, 2일은 상징적 행위 예술이 되었다. 놀랍게도 소로는 무슨 일이 벌어지는지 단번에 알아차리고는 자신의 비전과 목표를 중심축으로 삼아 주위 상황을 충분히 이용했다. 그 시작은 지나가던 행인이 소로의 도끼질 소리를 듣고 궁금히 여겨 질문을 던졌을 때였다. 어쨌든 들을 사람이 없으면 알리는 사람이 다 무슨 소용이란 말인가? 심지어 신에게도. 소로가 다른 사람에게 자신을 설명하고 있다는 것을 자각한 순간, 『월든』의 조건이 갖추어졌다.

그러나 그 조건은 소로가 어쩔 수 없이 받아들인 환경에서 만들어진 것이다. 그가 선언한 실험은 순수한 의도와 진정성이 있어야 했고, 따라서 처음부터 그는 '종교적 은둔자hermit의 피정'이라는 종교 용어를 썼다. 사람들은 월든 호숫가에 있는 집을 "은둔처"hermitage라 불렀다. 하지만 이 경건한 길을 추구하는 곳이 광야가 아니라 마을 어귀에 있는—철학자 스탠리 카벨의 말마따나 "잘 보일 만큼만 딱 떨어진"—어중간한 곳이었기 때문에, 극도로 내성적인 은자 소로는 사람들의 이목에 맞서면서도 자신을 지킬 수 있는 대외적 페르소나를 만들어야만 했다. 역설적으로, 헨리는 에세이 「지주」The Landlord* 에서 그 자신이 찬양했던 바로 그 역할을 떠안는 처지가 되었다. 도롯가에 살면서 현관문에 자물쇠도 달지 않은 채 집을 열어 놓고 어떤 의도를 가진 방문객이든 반갑게 맞이하면서 좋은 이야기를 해 주는 역할. 하지만 여관 주인은 "여관만 지킬 뿐 양심을 지켜 주진 않는다"라고 그는 말했다.[39] 하지만 지금 소로는 여관 주인처럼 행동할 수 없었다. 그는 또한 마을 사람들에게 일침을 놓는 사람이자 대중의 양심을 지켜 주는 사람이었기 때문에 그가 하는 모든 행동은 설교였고, 만나는 모든 사람—길에서 우연히 만날 때도—에게 도전적으로 설명하고, 정당함을 주장하고, 개종시켜야 했다.

그때부터 헨리 소로는 자신의 의도와는 달리 가볍게 만날 수 없는 사람이 되었다. 소문이 퍼지면서 그가 예상할 수 없거나 통제할 수 없는 상황이 벌어졌고, 그런 상황이 그를 새로운 종류의 사람으로 변모시켰다. 근대 상업과 커뮤니케이션의 산물, 유명인으로. 소로를 만나는 것은 후손에게 전해 줄 큰 사건이 되었다. 그 결과 집에 와서 먹는 평범하고 애정 넘치는 점심 식사, 누군가에게 세탁물을 맡기는 일, 뉴스를 따라잡는 일, 맛있는 음식을 싸 오거나 아침 식사용으로 파이를 갖다 나르는 일 등이 그를 위선자라

* 1843년 《다이얼》에 발표한 에세이.

고 비난하게 하는 불씨로 계속 작용했다. 사랑하는 사람들과 식사를 하거나 빨래를 직접 하지 않았다고 해서 그토록 비난을 받은 미국 남성 작가는 없었다. 하지만 처음부터 지금까지 세상은 그런 비난을 이용해 소로에게 침묵을 강요해 왔다.[40]

이 모든 사태의 직접적 결과로, 소로는 월든에서 책을 한 권만 쓰기로 했던 계획을 바꿔 두 권을 쓰게 되었다. 그가 오랫동안 계획했던 첫 번째 책은 『콩코드강과 메리맥강에서 보낸 일주일』*A Week on the Concord and Merrimack Rivers*로, 세상을 일찍 떠난 존에게, 순수하기만 했던 자신에게, 그리고 그들이 함께 나눈 세계에 바치는 비가였다. 소로는 『일주일』에 담을 내용을 더 깊고 넓게 확장했고, 그 과정에서 산업혁명이 10년도 채 되지 않은 당시 뉴잉글랜드의 풍경을 자신이 어떻게 고쳐 쓰고 있는지를 더 잘 이해하게 되었다. 그 전에는 상업이 강을 따라 이루어졌으나 이제 그 배경은 길고 긴 철도로 바뀌고 있었다. 오랜 시간에 걸쳐 소로는 산업혁명의 흐름을 기록한 구절들을 "롱 북"에 모았고, 새로운 정보를 만날 때마다 단락을 추가해 가면서 모자이크를 완성하듯 조금씩 채워 나갔다. 호숫가 집의 '잉크스탠드' 곁에서 꾸준히 글쓰기에 몰두한 것은 헛된 일이 아니었다.[41] 1845년 가을에 첫 원고를 썼고, 1847년 봄에 책이 완성되었다. 에머슨은 그를 도와 책을 내 줄 출판사를 찾아다녔다. 월든 시절에 쓴 지극히 사적인 이 작품 속에 소로는 지난날에 쓴 가장 좋은 작품들, 30년간의 열정과 시를 모두 쏟아부었다.

두 번째 책인 『월든』에는 다른 이야기가 담겼다. 이 책의 탄생은 1845년 7월 5일, 그가 호숫가에서 첫 번째 아침을 맞이한 날로 거슬러 올라간다. 그날 소로는 새 일기장을 펼쳐 자신이 왜 이곳에 살려고 왔는지 선언했다. 요즘 독자들에게는 친숙한, 참신하고 재기발랄하고 상징적인 구절들이 페이지마다 유콘 강바닥의 황금처럼 빛이 난다.** 여기서 소로의 목소리는 완전

** 유콘강은 알래스카의 강으로 한때 이곳에서 금 채굴이 유행했다.

히 새롭다. 대담하고, 서정적이며, 간절하고, 예언자적이고, 반항적이다. 속삭이는 시인이 아니라 예언자의 목소리이며, 타인의 귀를 사로잡을 수 있는 법을 찾는—결국에는 가두연설을 할 테니까—교사의 목소리다. 그때부터 두 명의 소로가 존재했다. 한 사람은 조용하고 내성적이고 반성적이며 극히 개인적이고 이따금 우울하고 자주 병에 걸리는 소로였고, 다른 한 사람은 마치 새벽에 목청껏 우는 수탉처럼 자신만만하고 으스대고 확신에 차 있고 떠들썩하고 건강한 소로였다. 뒤에 속한 소로는 『월든』의 모토로 다음과 같이 외쳤다. "나는 낙담의 시를 쓰지 않을 것이다. 이웃들을 일깨울 수 있다면, 아침마다 홰에 올라 울어 대는 수탉처럼 기운차게 외치리라." 그때 이후 소로는 극단적 두 자아를 넘나들며 자신의 예술성을 마음껏 펼쳐 보였고, 새롭게 창조한 이 "소로"와 불안한 씨름을 계속했다. 이 거대한 도플갱어는 역청과 지저깨비가 묻어 있는 소나무 집에서 최초의 대화를 나눌 때 탄생했지만, 나중에는 그 소로가 성장해서 자신을 창조한 사람의 삶을 온 세상에 알렸다.

이 새로운 역을 맡는다는 것은 호숫가의 간소한 삶을 의식적으로 체계화해 세 가지 영역—집, 이웃, 자연—을 책임감 있게 관리한다는 의미였다. 소로의 집에는 필요한 것들만 갖춰졌을 뿐 그 이상은 없었다. 이 집의 자부심은 책상이 놓인 자리에 있었다. 녹색 칠이 된 소박한 소나무 책상은 소로가 1838년 여름부터 써 온 것으로, 소로는 이 책상을 월든 호수가 내다보이는 창가의 중앙에 놓았고 책상 위에는 노트를 올려놓았다. 현관문에 달지 않은 자물쇠가 이 책상에는 달려 있었고, 나무가 마모된 흔적은 주인이 매일 그 앞에 앉아 일했음을 말해 주었다. 의자 하나는 책상 앞에 놓았고, 다른 두 개는 삼각 테이블 옆에 두었으며 그 위에는 책을 몇 권 올려놓았다. 누군가와 이야기하고 싶을 때 소로는 항상 의자 하나를 문밖에 내다 놓았다. 손님이 여럿 찾아오면 문 옆에 있는 작고 튼튼한 등나무 침대에 앉을 수밖에 없었다. 이 간이침대는 중국식 소파 베드에서 떼어 낸 판에 다리와 다리 보강재를 못으로 박아 고정시킨 재활용품이었다. 소로는 이 간이침대를 평생 사용했다. 침대는 아이들이 타고 올라갈 수 있을 정도로 낮았지만, 나중에 기억하기로는 내려올 때 발이 땅에 닿지 않을 정도로는 높았다 한다. 단, 채닝에게는 그 침대가 너무 높았다. 첫해 여름에 보름 동안 머물 때 채닝은 거기가 무슨 2층 침대인 양 그 밑에서 잠을 잤다.[42]

소로가 원하는 것은 터무니없이 소박했다. 사치품이라고는 면도기 보관용 상자에서 떼어 낸 3인치짜리 거울뿐이었다. 목욕용품은 바가지와 세숫대야가 전부였다. 물은 전부 월든 호숫가에서 길어다 썼는데, 가능한 한 아침마다 호수에서 목욕을 했다. 여름에 호수 물이 너무 따뜻해 마시기 어려울 때는 언덕에 있는 차가운 브리스터 샘에서 물을 길어다 마셨다. 집 바깥에 변소가 있었는지는 기록에 남아 있지 않다. 주방의 경우, 첫해 여름에는 마당에 구덩이를 파고 그 주변에 돌을 깐 다음 불을 지펴 요리했다. 초기에 찾아왔던 한 방문객은 "메기, 옥수수, 콩 등을 구워" 땅 위에서 먹었고 생선은 간이 살짝 배어 "맛있었다"라고 회고했다. 거칠게 간 곡식은 호수 물로 반죽한 다음 돌 위에 펼쳐 진흙 화덕에 구웠다. 잠시 기다리면 이스트가 들어가지 않은 납작한 빵이 되었다. 굴뚝은 재활용 벽돌과 호숫가에서 주워 온 돌로 몸통을 세우고 표면에 호숫가의 백토를 발랐는데, 굴뚝을 완성한 뒤로는 화로에서 음식을 만들었다. 그리고 두 번째 겨울이 오기 전에는 난로를 설치했다. 주방용품으로는 주전자, 냄비, 프라이팬, 기름병, 당밀 보관용 단지가 하나씩 있었고, 접시 세 개, 칼 두 개, 포크 두 개, 스푼 하나, 컵 하나가 있었다.[43] 어찌 보면 손님들이 피크닉 바구니를 가져오는 것도 당연했다.

밝고 통풍이 잘되는 미완성 집은 여름을 나기에는 더할 나위 없었지만, 가을이 다가오자 소로는 값싼 판자를 한 짐 구해다가 일일이 대패질을 한 뒤 지붕과 측면에 덧대 비바람을 막았다. 나무껍질이 그대로 남아 있는 서까래와 마디가 많은 송판은 보기에는 즐거웠지만 외풍이 심해 편히 지낼 수가 없었다. 그래서 11월에는 마지못해 내부에 회반죽을 발랐고, 벽면이 마를 때까지 가족이 사는 집에 머물렀다. 12월 초에 돌아온 소로는 난로에서 장작불이 타오르고 그림자가 서까래 주변에 어른거리는 것을 보면서 "이제야 이 집에 거주한다"라는 느낌에 젖어 들었다. 마침내 "부엌, 침실, 객실, 거실"이 모두 갖추어졌다. 작지만 혼자 지내기에는 충분히 넓었다.[44]

『월든』의 가장 유명한 글귀 중 하나는 이 집에 의자 세 개가 있다고 언급하는 부분이다. "의자 하나는 혼자만의 시간을 위해, 둘은 우정을 위해, 셋은 사교를 위해." 소로를 자주 방문하는 사람들은 친한 친구들이었다. 농부 에드먼드 호스머, 시인 엘러리 채닝, 철학자 브론슨 올컷은 소로가 두 번째 겨울을 나는 동안 일요일마다 걸어서 찾아왔고, "땅과 물의 주인"인 에머슨도 이따금 방문했다. 프랑스계 캐나다인이자 나무꾼인 알렉 테리앙도 종종 찾아왔는데, 그는 "그의 개가 잡은 마멋으로 자신의 마지막 만찬을 만들었다".[45] 하지만 사교활동이 집에서만 이루어진 것은 아니었고, 야외로 나가서 친목을 다지기도 했다. 8월 말 토요일에는 갑자기 천둥 번개가 치며 비가 쏟아지는 바람에 근처 오두막으로 달려가 비를 피했다. 그 오두막에서 소로는 아일랜드인 존 필드와 아내 메리 그리고 메리의 무릎에 앉아 있는 "얼굴이 넓적한" 아들을 만났다. 이들을 알게 된 소로는 "정직하고 근면한" 존과 "용감한" 메리가 아메리칸 드림을 꼭 이루고 싶어 하더라는 글을 남겼다. 존을 고용한 베이커 농장Baker Farm의 주인은 1에이커당 10달러씩 땅값을 내고 1년간 경작하게 해서 존을 "수렁에 빠뜨렸다". 소작농에게 너무 버거운 짐을 지우는 나쁜 계약이라고 소로는 생각했다. 풍부한 식견에도 불구하고 존 필드는 아일랜드식 "수렁에 빠져" 옴짝달싹하지 못하고 있었다. "이 새로운 나라에서 구태여 낡은 나라의 방식을 모방하며 살겠다는 생각 때문

에", 그와 그의 후손은 발에 날개라도 돋아나지 않는 한 이 세계에서 날아오를 수가 없었다.[46]

그런 날개는 얻기가 힘들었다. 호숫가 끝자락에 휴 코일이라는 사람이 살고 있었다. 그의 아내는 마을에서 일했다. 코일은 아일랜드에서 미국으로 이주해 오기 전 워털루전투에서 싸운 "대령"이었지만, 미국에 와서는 콩코드에서 도랑 치는 인부가 되었다. 언젠가 소로는 그에게 말을 걸며 브리스터 샘에서는 더운 여름에도 시원한 물을 마실 수 있다고 일러 주었지만, 술에 찌든 늙은 코일은 힘이 없어 거기까지 걸어갈 수가 없었다. 얼마 후 코일은 월든 로드에서 쓰러져 숨을 거두었다. 마음이 아팠던 소로는 마을 사람들이 코일의 집을 불태워 없애기 전에 으스스하고 잡초가 무성한 그의 집을 오후 내내 유심히 살펴보았다.[47]

이런 경험을 하고 나서 소로는 월든 숲에 거주하는 다른 사람들에게 눈길을 돌렸다. 그들은 폐허가 된 집에서 폐인으로 살았다. 그들의 흔적은 알아보기가 어려웠지만 소로는 그 흔적을 찾아냈다. 휴 코일은 비정상적인 사람이 아니라 추방자, 술주정꾼, 부랑자가 모인 시골 빈민가에서 마지막으로 몸부림친 사람 중 하나였다.[48] 카토 잉그러햄이라는 사람도 있었다. 그는 "지주 덩컨 잉그러햄의 흑인 노예"로, 1795년 주인이 지은 작은 집을 노동의 대가로 받아 거기서 혼자 살았다. 월든 숲으로 이주한 여남은 노예 중 아마도 마지막 한 사람이었을 것이다. 남은 것이라고는 반쯤 찬 지하 저장고뿐이었는데, 구스 호수로 가는 길목에서 콩밭 너머를 살피면 그 저장고 구멍이 보였다. 또한 도공인 존 와이먼은 나중에 휴 코일이 들어와 살게 된 집에 코일보다 먼저 무단으로 정주했다. 와이먼은 월든 호숫가에서 미사질 점토를 파서 도자기를 만들었다. 그의 아들 토머스도 도공이었는데, 토머스는 소로의 집 아래에 있는 땅을 사들였다가(그래서 "와이먼 들판"이라 불렀다) 나중에 에머슨에게 팔았다.[49]

질파 화이트는 독립혁명 전까지 노예였다가, 자기 소유의 한 칸짜리 집을 짓고 자유를 선언했다. 그녀는 나중에 소로의 콩밭이 될 지역 근처에서 40년 넘게 "은둔자"로 살면서 아마포, 바구니, 빗자루, 깔개 등을 만들어 돈을 벌었다. 1813년 방화범이 집에 불을 지르는 바람에 키우던 닭, 고양이, 개 등이 죽고 말았다. 결국 집을 다시 지어 7년을 더 살다가 82세의 나이로 생을 마감했다. 소로는 나뭇잎을 걷어치우고는 화이트의 집 굴뚝에서 벽돌 몇 개를 꺼내 갔다. 브리스터 프리먼도 콩코드 지역의 노예였다. 그는 독립혁명에 가담한 적이 있으며 자신의 성을 프리먼으로 정해 독립을 선언했다. 프리먼은 자유인의 정체성을 확립하기 위해 월든 호수 북쪽의 언덕배기 땅 1에이커를 샀다. "브리스터 힐"이라 불린 이곳에 그는 과수원을 가꾸고 돼지를 키우면서 "가진 것에 만족하는" 흑인 아내 펜다와 가정을 꾸렸다. 매년 가을이면 소로는 프리먼의 과수원에서 "과즙이 풍부한 야생" 사과를 따다가 아삭아삭 씹는 즐거움을 누렸다.[50] 여기서 몇 걸음 더 옮기면 오래전에 죽은 이발사 존 브리드의 작은 집이 나왔다. 그의 집은 1841년에 동네 아이들이 불을 질러 다 타 버렸다. 그때 소로는 에머슨의 집에서 달려 나와 집이 불타는 것을 보았다. 다음 날 소로는 농장에서 일하는 브리드의 아들을 위로하려고 찾아갔다. 나중에 그 아들이 소로의 집으로 찾아와 자신의 어린 시절을 한탄했다. 코일처럼 브리드도 1824년에 월든 도로에서 술에 취한 채로 세상을 떠났다. 브리드의 아내는 콩코드여성자선협회에서 옷을 얻어다 입었는데, 그중에는 교회에 다니는 질파 화이트가 정기적으로 기부한 옷도 있었다.[51]

소로가 이웃의 황폐한 집과 지하 저장고를 탐사하는 과정에서 놀라운 사실이 드러났다. 얼마 전까지만 해도 이 땅은 과거에 노예였던 사람, 일용직 노동자, 이민자, 가난한 백인이 사는 작은 마을이었으며, 거의 모두가 무단 거주자였고 모두가 무일푼이었다. 하지만 그들에게는 집, 텃밭, 닭, 가족, 삶이 있었고 꿈이 있었다. 왜 도시에서 살지 않고 이곳에서 살았을까? 소로의 집 뒤에 있는 도로는 한때 보스턴과 뉴햄프셔를 잇는 그레이트 컨트리

로드였고, 뉴잉글랜드의 주요 도로 중 하나였다. 그런데 1785년에 렉싱턴과 찰스타운을 경유하는 지름길이 생기면서부터 그냥 월든 도로가 되었고, 길을 따라 마을을 멀리 벗어나도 돌이 많고 척박해 농사를 짓기 어려운 불모지밖에 나오지 않았다. 지주들은 무단 거주자들을 굳이 쫓아내려 애쓰지 않았고, 그래서 월든 숲은 홀로 남겨져 어떻게든 살 방편을 찾는 가난한 사람, 쫓겨난 사람, 버림받은 사람 등이 모여 사는 두 곳 중 하나가 되었다. 다른 한 곳인 그레이트 필즈의 변두리는 사정이 좀 나았다. 여기서는 자유 노예들이 여러 세대에 걸쳐 살았다. 이를테면 도축업자 피터 허친슨은 가족과 함께 살았고, 뉴저지에서 도망쳐 온 노동자 잭 개리슨은 아내 수전 로빈스와 딸 시저 로빈스, 처남 피터 로빈스와 그 가족과 함께 살았다. 개리슨의 딸들은 시내에서 일했고, 아들 존은 올드맨스에서 텃밭지기로 일했다. 소로가 월든에서 지내던 시절 그 동네는 여전히 생기가 넘쳤으며, 험프리 배럿의 땅을 무단 점유한 채 여러 가족이 서로 도우며 살았다.[52]

월든 마을은 쇠락하는 반면 콩코드 마을은 번성하는 이유가 무엇인지 소로는 궁금했다. "바구니, 마구간용 빗자루, 깔개, 말린 옥수수, 아마포, 도자기 등을 팔아서는 이 황무지가 장미꽃처럼 피어나 번창할 수 없는 걸까?" "물 사용권"은 없으며, 월든 호수라는 "좋은 항구는 아아 슬프게도, 완전한 미개발지"라고 소로는 익살스럽게 말했다.* 이제 다음 세대의 기초를 닦는 일은 그에게 달렸다. "지난봄에 세운 우리 집이 이 부락에서 가장 오래된 집이 될 것이다."[53] 역설적이게도 그의 생각은 옳았지만 그가 상상한 대로는 아니었다. 에머슨과 그의 후손들이 월든 호수 주변의 땅을 거의 다 사들였고, 미래 세대에게 양도된 땅은 공원이 되었다. 소로의 집이 사라지고 시간이 한참 흐른 뒤 그곳은 환경을 생각하는 새로운 세대의 기반으로서 영광을 누리게 되었다. 결국 월든 호수는 사람이 살지 않고 그대로 보존되었다.

* 『월든』에 따르면 소로에게 월든 호수는 "천조"와 교역을 개시할 "근사한 항구이자 탄탄한 기반"이었기에 나온 표현이다.

그 이유는 그럴 만한 가치가 있어서가 아니라 아예 가치가 없었기 때문이다. 소로는 월든이라는, 상업의 변두리에 있는 황무지 월든에서 새로운 가치 체계의 핵심을 꿰뚫어 보았던 것이다.

그 핵심을 꿰뚫어 본다는 것은 집을 벗어나고 동네를 벗어나 모든 것이 거주하는 가장 큰 세계, 즉 자연계로 책임감을 넓힌다는 의미였다. 혹은 그 자신이 속한 세계를 확장해 보니 그것이 자연계임을 깨달은 것일 수도 있다. 어느 쪽이든 소로는 강한 친밀감을 느꼈다. 그는 이렇게 썼다. "자연물 하나하나에는 달콤하고 부드러운 것, 가장 순수하고 신성한 용기를 불러일으키는 사회가 있다. 나는 내 **동족**이 존재한다는 것을 분명히 알게 되었다. 우리가 흔히 야생이라고 부르는 곳에도."[54] 매일 밤 그는 바람과 야생동물의 소리를 들으며 잠들었고, 매일 새벽 인간이 군림하지 않는 세상에서 눈을 떴다. 소로는 야영을 할 때에도 이런 것들을 경험했지만 지금은 단지 야영이 아니라, "야외"가 여름 바람에 실려 들어오는 곳에 살고 있었다. 소나무 향기와 새소리가 바람에 실려 벽 틈 사이로 밀려 들어오고 있었다.

소로의 첫 번째 "동족"은 집 아래에 둥지를 튼 쥐였다. "인간종을 한 번도 본 적 없는" 쥐는 그를 무서워하지도 않고 발밑에 떨어진 부스러기를 집어 들었다. "신발을 타고 바지 위로 올라와 날카로운 발톱으로 내 다리를 움켜쥐었다." 소로는 떨쳐 내지 않고 더 가까이 다가갔다. "내가 치즈 한 조각을 들고 있으면 쥐가 손가락 사이로 와서 치즈를 야금야금 먹어 치운다. 그러고 나서 얼굴을 쓱 문지르고는 파리처럼 발을 비빈다." 소로의 새 친구는 아직 야생성이 강해 조지프 호스머가 방문했을 때는 숨어 있었다. 그런데 호스머는 "플루트를 불면 숨어 있던 쥐가 나와서 듣는다"라는 소로의 말을 믿을 수밖에 없었다. 플루트의 선율이 바뀌자 쥐는 다시 자취를 감추었다.

어떤 사람은 소로의 문 뒤편에 쥐 그림을 그려 소로에게 작은 친구가 생긴 것을 기념했다.[55]

자연과 더 가까워진 소로는 새로운 방향으로 생각을 펼쳤다. 첫해 겨울 한밤중에 소로는 문에서 세 발짝도 채 안 되는 자리에서 토끼를 발견했다. "두려움에 떨고 있었지만 움직이진 않았다. 몸집이 작고 여위었으며 두 귀는 누더기 같았다. 코는 뾰족하고 꼬리는 빈약했으며 발은 가늘었다." 그가 굶주린 토끼에게 다가가자, "눈밭을 폴짝 뛰어올라 숲속의 거친 수풀로 달아났다. 야생의 자연 속으로 순식간에 사라진 것이다. (…) 나는 숲에 가로막혀 토끼를 찾을 수 없었다." 소로가 이제야 인식하게 된 야생동물들은 이미 그를 훨씬 더 강렬하게 인식하고 있었다. 오래지 않아 소로가 월든의 야생동물과 신비로운 관계를 맺고 있다는 이야기가 점점 퍼져 나갔다. 휘파람을 한 번 불면 마멋이, 한 번 더 불면 다람쥐 두 마리가, 또 한 번 더 불면 까마귀 두 마리와 여러 마리의 새가 나타난다고. 깜짝 놀란 목격자는 이렇게 기억했다. 그중 한 마리가 "소로의 어깨에 살포시 앉았다". 소로는 주머니에서 먹이를 꺼내 손으로 동물들에게 먹이고 부드럽게 쓰다듬은 다음, 낮고 기묘한 휘파람 소리를 내며 한 마리씩 보내 주었다. 그가 물속으로 손을 뻗으면 물고기가 도망가지 않는다. 그래서 조심스럽게 물고기를 움켜쥐고 물 밖으로 꺼낼 수도 있다.[56]

이런 이야기가 퍼지면서, 소로가 음악으로 온갖 생물을 길들이고 매혹하는 현대판 오르페우스 혹은 속세를 벗어나 새에게 전도하고 무서운 야생 늑대를 축복으로 길들이는 아시시의 성 프란체스코 같다는 말이 사람들 입에 오르내렸다. 하지만 양키 이웃들은 터무니없다고 생각했다. 마멋이 소로의 콩밭을 헤집어 놓고 갔을 때 소로는 한 시골 농부에게 마멋을 다치지 않게 하면서 붙잡을 방법이 뭔지 물어 보았다. 그러자 농부는 이렇게 대꾸했다. "그냥 총으로 쏴요. 거참 실없는 사람이구먼."[57] 마을 사람들은 소로가 마멋을 잡았다가 멀리 가서 놓아주는 것을 보고 낄낄거리며 웃었다. 그가 화젯거리였던 것은 분명하다. 월든 숲에서 자연과 조화를 이루며 살아간다는 말이 나돌고 있지만, 소로도 잘 알고 있었듯 조화 못지않게 갈등도 많았다. 숲에서 소박하게 산다고 해서 문제가 사라지는 것은 아니었다. 보기보다 골치가 아팠다. 집을 예로 들어 보면, 생활하는 데 가장 기본적인 것만 갖춘 이 간소한 집을 지을 때도 과정이 간단하지만은 않았다. 지주의 허락을 받고, 어린 소나무들을 잘라 내고, 나무 자를 도끼를 빌리고(올컷에게 빌린 것으로 보이지만, 그 도끼가 유명해졌을 땐 채닝과 에머슨이 서로 자기 도끼라도 주장했다), 또 도끼를 잘 손질해 돌려주어야 했다(소로는 전보다 더 날카롭게 해서 돌려줬다고 당당하게 말했다). 집의 골조를 세울 땐 도움을 청해야 했고, 판자를 구입해 벽에 덧대야 했다. 집이 단단히 "닫히지" 않는다는 것을 알게 되어서였다. 실제로 들쥐와 개미가 집 안에 출몰했고, 곧이어 말벌이 들이닥쳤다. 집을 짓는 과정은 수많은 조력자, 경쟁자, 험담꾼을 마주치는 일이었다.

생활하는 데 없어서는 안 될 음식을 구하는 건 더 힘든 일이었다. 콩을 심는 일을 통해 소로는 거의 모든 철학이 간과하고 있는 기본 사실, 즉 식물이야말로 인간의 모든 지적 활동의 토대라는 것을 사람들에게 가르쳤다.[58] 소로는 7마일에 달하는 콩밭에 진종일 달라붙어 일하고, 여러 가지 부수적인 일들, 이를테면 소 한 쌍을 몰면서 단단한 흙을 갈아엎고, 소를 몰 사람을 구하고, 쟁기를 빌리고, 파종할 씨앗을 구하고, 비를 고대하고(그렇지만 너무 많이 내리지 않기를 바라고), 호미질을 해서 풀을 매는(식물 입장에서는 날카로운 무기다) 등의 일을 처리해야 했다. 이를 지켜본 행인들은 소로가 거름을 주지 않는 것을 두고 비아냥거렸다. 거름을 주려면 분뇨 나르는 사람인 존 필드를 고용하는 일도 추가되었다. 게다가 콩에 싹이 나기 시작하면 할 일은 더욱 많아졌다. "나의 보조 일꾼은 메마른 땅에 물을 적시는 이슬과 비." 7월 초에 소로는 이렇게 말했다. "나의 적은 서늘한 날에 나타나는 벌레들과 거의 언제나 나타나는 마멋. 마멋은 1에이커의 8분의 1에 달하는 콩을 깨끗이 먹어 치운다." 콩은 강해서 마멋의 공격에는 잘 버티겠지만, 때가 되면 "또 다른 적을 만날 것이다".[59]

아무튼 마멋을 어떻게 해야 할까? 녀석들이 콩을 다 망가뜨리면 소로가 실험하는 경제 기반이 무너질 것이다. 알렉 테리앙이 했던 것처럼 마멋을 잡아먹어야 할까? 소로도 시도해 봤다. "어느 날 마멋을 잡으러 나갔다. 녀석이 내 콩밭을 다 망쳐 놓았다. (…) 그런 뒤 시험 삼아 먹어 보았다." 소로는 맛있게 먹긴 했지만, "마을 도살자(피터 허친슨이었다)가 마멋을 요리용으로 손질한다 하더라도" 장기적으로 볼 때 "바람직한 관행"은 아니라는 생각에 도달했다. 친구들이 증언하듯이, 소로는 식탁에 차려진 음식은 고기는 물론 무엇이든 잘 먹고 불평을 늘어놓지 않았다. 하지만 혼자 있을 때 소로는 새로운 윤리적 잣대를 들이대며 사사건건 따지고 들었다. 육식에 대한 **윤리**는 생각하지 않고 그냥 동물을 잡아먹을 수가 있을까? 나 역시 얼마간은 포식자이면서 타인의 야만성을 비난할 수 있을까? 인간과 자연이 조화를 이루는 것 중 그가 가장 좋아한 낚시 또한 딜레마였다. 소로는 물고기를 좋아했다. 하지만 호숫가에서 "신비롭고 영적인 삶"을 살아가는 데 물고기를 죽이고 잡아먹는 것도 포함시켜야 할까? 사과, 견과류, 딸기류만 먹으며 살 수 있을까? 생선을 먹고 싶어 하는 강한 욕구는 죄일까 아니면 신성한 것일까? 소로는 물고기를 잡아먹는 일을 멈추지 않았지만, 고민하기 시작했다. "낚시를 할 때면 약간 마음이 쓰인다." 그는 일기장에다 이렇게 토로했다. "차라리 낚시를 하지 않는 게 낫겠다는 생각이 든다."[60] 그의 고민은 시간이 흐를수록 깊어져, 『월든』에 실린 「더 높은 법칙들」Higher Laws에서는 채식주의를 옹호하는 방향으로 발전했다.

게다가 콩밭 고랑에서 일할 때는 쟁기의 날에 걸려 화살촉이 발견되기도 했다. 또한 소로의 옥수수밭은 원래는 인디언들이 파종을 하려고 갈아 놓은 고랑이었다고 사람들이 알려 주었다. 소로의 창조 활동은 오래된 터전에서 강제로 쫓겨난 사람들에 관한 기억마저 몰아내고 있는 셈이었다. 콩밭을 매다 쉴 때면 소로는 노예와 가난한 이민자들이 살았던 낡은 집과 지하 저장고를 떠올렸다. 자유를 얻고자 노력했지만 성공하지 못하고 목숨을 잃은 사람들이었다. 그들의 삶을 조사하는 동안 소로는 학대, 착취, 방화, 절도에 관한 이야기를 발견했지만 다른 한편으로는 희망과 투지와 용기의 이야기 그리고 브리스터 프리먼의 잘 가꾼 과수원이나 질파 화이트의 반항적 독립처럼 잠깐이지만 승리를 거둔 이야기도 발견했다. 누구든 문을 열어 놓고 간소하게 살아가는 월든 숲에서는 소로만 이웃들의 눈에 띈 것이 아니라 이웃들도 소로의 눈에 띄었다. 이웃한 사람들, 동물과 인간, 과거와 미래와 현재까지 **모두** 볼 수 있었다. 소로는 이 관계의 속성과 범위를 깨닫게 되면서 궁금증이 일었다. "소나무와 새는 무엇일까? 이 호수는 무얼 하고 있는 것일까? 조금 더 알아야 한다. 나는 언제고 준비가 되어 있다. (…) 만물은 나와 같이 제 뜻을 펼치고 있다."[61]

요컨대 소로는 단순하고 간소한 삶에서도 어떤 형태로든 다른 생물을 해치지 않고서는 자신의 이상적 비전을 쉽게 실현할 수 없음을 깨달았다. 깊게 얽힌 인간과 자연의 역사를 고려하면, 월든 숲 곳곳에서 뚜렷이 드러나는 오랜 역사적 갈등, 투쟁, 추방 문제를 단번에 해결할 방법은 없었다. 소로는 "마을의 야생 종족"을 돌보는 새로운 역할을 생각하기 시작했다. 이들은 공동체의 일원이지만 누구에게도 소속되지 않았으며, 오랫동안 방치되고 소외되어 왔다. 비록 마멋 문제를 해결하지 못하더라도 최소한 화해의 제스처를 취할 수는 있었다. "이 콩들은 내가 수확하지 않아도 누군가에게 유익하다. 어느 정도는 마멋을 위해 자란 게 아닐까?"[62] 당시에는 지금 우리가 사용하는 "생태"라는 단어가 없었음에도 소로의 사고는 시대보다 훨씬 앞서가고 있었다. 자연에 관여하더라도 군림하지 않는 생태적 관계를 형성하고, 소외와 불평등을 해소하기 위해 역사적 투쟁을 이어 가야 한다는 생각은 권력과 정의에 관한 그의 정치사상에 밑거름이 되었다.

소로는 호숫가의 삶을 처음 기록한 순간부터 시작해 이 모든 생각을

『월든』에 담았다. 그런데 『월든』의 비전이 가시적 현실로 구체화되는 일이 몇 개월 뒤 벌어졌다. 1846년 1월에 월든 호수는 소로의 몸무게를 안전하게 지탱할 만큼 단단히 얼어붙어 있었다. 소로는 콩코드중등학교에서 사용했던 측량 장비를 월든 호수로 가져와 약 1~2주 동안 혼자 또는 조수와 함께 매서운 추위를 견디며 호수를 조사했다. 생각보다 훨씬 힘든 일이었다. 먼저 호안선湖岸線을 따라 위치를 확인하는 깃발을 스무 개가량 세웠다. 그런 뒤 삼각대가 달린 나침반, 조사용 쇠사슬, 도끼, 다림줄, 무게를 재는 둥글고 단단한 돌, 눈금을 매긴 막대기 등 무거운 장비를 끌고 꽁꽁 언 호숫가를 건넜고, 두 개의 측량 다각점을 이용해 925피트의 기준선을 정했다. 그리고 그 두 다각점에서 오늘날 측량사들이 말하는 "교각 측정"을 시행했다. 한 번에 66피트씩 2,900피트에 달하는 호수 둘레의 길이를 쟀다. 그다음에는 다림줄을 호수 아래로 늘어뜨리기 위해 도끼와 얼음끌로 구멍을 100개 이상 뚫었으며, 각 지점마다 멈춰 서서 방위와 길이를 기록으로 남겼다. 마지막으로 그는 수집한 데이터 세트를 아주 섬세하고 정확한 소묘로 그려냈다.[63]

이 모든 일은 무모한 데다 실용적이지도 않았다. 누구도 호수에 대한 측량 정보를 필요로 하지 않았다. 게다가 조사를 하려면 꼼꼼히 들여다봐야 하고, 힘든 육체노동은 물론이고 수학 실력까지 집중해서 발휘해야 했다. 과학 장비와 전문 기술을 적용해야 하는 일도 뒤따랐다. 소로는 그 모든 일을 해냈다. 그는 과학 도구를 활용하여 놀라운 예술 작품을 만들어 냈다. 인치까지 정확하게 표시한 월든 호수의 실측도를 만든 것이다. 여기에는 호수의 길이, 폭, 깊이가 모두 포함되어 있었다. 그는 호수에 바닥이 있다는 것을 증명하려고—당시에 호수 바닥이 없다는 말이 떠돌았다—이 작업을 했다고 말했다. 소로는 가장 깊은 지점이 102피트라는 사실을 밝혀, 월든 호수가 매사추세츠주의 호수 중 가장 깊다는 것을 확인했다. 소로는 잘된 일이라 생각하며 『월든』에 이렇게 남겼다. "이 호수는 상징이 될 만큼 깊고 깨끗하다."[64] 상징하는 바가 무엇인지는 책 전체에 걸쳐 설명하지만, 1846년 봄에 그 핵심을 한마디로 설명했다. "가장 긴 가로 선과 가장 긴 세로 선은 가장 깊거나 가장 높은 지점에서 교차한다." 이는 역학뿐 아니라 윤리에도 적용되는 보편 법칙이었다. "이 원칙은 사람에게는 심장이고, 우주에는 태양이다. (…) 한 사람의 구체적이고 일상적인 경험과 삶의 크기, 인생의 굴곡을 총합해 그 길이와 너비를 선으로 그려 보라. 두 선이 교차하는 지점이 그 사람의 높이나 깊이가 될 것이다."[65]

『월든』은 여기서 두 가지 중요한 발견을 통해 본모습을 드러냈다. 하나는 월든 호수에 "단단한 바닥과 돌이 있다는 것이다. 이것은 **진실**이라 부를 수 있으며, 여기엔 오류가 없다고 말할 수 있다."[66] 호수 "바닥"에 대한 소로의 탐구는 기본적 사실에 대한 탐구이며, 그 "실제"와 직접 대면하기 위해 애초 호수를 조사했던 것이다. 그런데 그 기본적 사실을 밝히고 나면 그다음에는 어떻게 해야 할까? 이것이 두 번째 발견이었다. 사람들의 대답은 저마다 그 사람이 지닌 품성의 정확한 높이, 너비, 길이에 의존하는 동시에 그것을 드러낸다. 우리의 구체적 일상 경험, 인생의 굴곡이 새긴 교차점들은 우리가 이 세계에서 내리는 결정, 우리 행동의 기반이 된다. 그리고 우리의 모든 윤리적 행동의 총합이 우리가 함께 이루는 사회의 윤리가 된다.

극단을 향하여 1
: 교도소에 가다

1846년 1월, 바깥이 얼어붙어 있을 때 소로는 최초의 중요한 결론들을 내리고 있었다. 그리고 이내 이를 시험하는 일이 벌어졌다. 1년 전쯤 웬들 필립스는 콩코드 라이시움에서 텍사스 합병론을 맹렬히 비난했다. 하지만 이미 때는 늦었다. 1844년 대통령 선거에서 노예제를 옹호하고 텍사스 합병에 찬성하는 제임스 포크가 승리하고 텍사스 합병은 멕시코와의 전쟁을 의미한다고 주장한 헨리 클레이가 패배하자, 대통령직에서 물러나야 하는 존 타일러는 승리한 포크가 국가적 권한을 행사할 수 있다고 생각했다. 타일러는 퇴임하기 전에 합병안을 의회에 상정했고, 포크는 취임하자마자 이를 비준했다. 에머슨은 "멕시코가 우리를 해칠 것이다"라고 걱정하며 앞날을 비관했지만, 오레스테스 브라운슨은 수많은 민주당원을 대변하여 존 오설리번의 《데모크라틱 리뷰》에 "우리는 새로운 땅이 고갈되었다"라고 공표했다.[67] 미국은 영토가 더 필요했다. 1845년 7월에는 오설리번 역시 합병론에 찬성했다. "해마다 늘어 가는 우리 국민의 자유로운 발전을 위해 신이 마련해 준 이 대륙으로 뻗어 나가는 것이 우리의 명백한 운명을 달성하는 것이다." 명백한 운명은 기정사실이 되었다. 소로가 월든 호수에서 짐을 풀던 날 텍사스의 의원들은 합병에 승인하고 있었다. 제인 소로는 12월까지 합병에 반대하는 청원에 100명 넘는 사람의 서명을 모았지만, 때늦은 일이었다.[68] 이미 입법 절차가 진행 중이었다. 그리고 입안이 되자마자, 곧 1846년 2월에 텍사스 합병은 역사가 되었다. 제인 소로와 동료 청원자들은 어떻게 되었을까? 1846년 12월 8일, 대통령 연설을 하던 포크는 텍사스 합병에 반대하는 자들은 미국의 적에게 "도움과 편의"를 제공한 것이라고 발표했다. 반역죄를 선고하는 것과 다름없었다.

1846년 5월 13일 미합중국은 멕시코합중국에 전쟁을 선포했고, 뒤이어 힘겹고 잔혹한 전쟁이 시작되었다. 재커리 테일러 장군이 부대를 훌륭하게 이끌었지만 맹렬한 공격에도 격전이 계속되자, 후세의 역사학자들이 지적하듯 미국의 "운명"은 그렇게 "명백"하지 않았다.[69] 1848년 3월 마침내 평화조약이 맺어질 때 멕시코는 1500년대부터 통치하고 정착해 온 북반부 전체를 미국에 넘겨줘야 했다. 미국은 텍사스를 중심으로 북쪽으로는 콜로라도, 서쪽으로는 캘리포니아까지 뻗어 있는 에스파냐 가톨릭 제국을 갑자기 손에 쥐었다. 그리고 몇 달 만에 이 지역에서 금이 발견되었다. 그 후 골드러시가 이어져 캘리포니아에는 "포티나이너"forty-niners*, 즉 탐광자探鑛者

와 정착민이 대서양 연안 주에서 몰려와 에스파냐계 주민들을 위협하고 캘리포니아의 토착 부족들을 집단 학살했다. 한편 미국 수도에서는 새로 합병한 영토로 노예 지역이 확장되면서 남북 간의 아슬아슬한 힘의 균형이 깨지고 말았다. 내전과 멀어질 길이 점점 사라지고 있었다.

1846년 7월 말, 아마도 7월 23일 목요일의 화창한 오후였을 것이다. 월든 호수에서 나온 소로는 수선 맡긴 신발을 찾으러 시내로 걸어갔다. 그러다 해 질 무렵에 샘 스테이플스와 마주쳤다. 스테이플스는 앞으로 세금 징수 업무는 하지 않을 예정이어서 장부를 정리해야 했다. 소로는 1842년부터 세금을 내지 않았고, 스테이플스는 1843년에 올컷과 레인을 체포한 이후 소로를 볼 때마다 독촉했다. 그는 노년에 이르러 이렇게 회고했다. "네, 맞아요. 세금을 내라고 참 많이도 이야기했는데, 소로는 그럴 수 없다고, 세금을 내지 않겠다고 하더군요." 소로가 내지 않은 것은 인두세였는데, 20세 이상의 남성이면 누구나 1.5달러를 내야 했다. 심지어 스테이플스는 세금을 대신 내주겠다고 제안했다. "하지만 '아니다. 그럴 필요 없다' 하고 대답하더군요. 세금을 내지 않으면 교도소에 가는 수밖에 없다고 일렀더니, '지금 당장 가겠다' 하는 것이었습니다. (…) 나는 '그럼 따라오시게'라고 말하고서 소로를 교도소에 가뒀어요. 그는 소란 피우지 않고 잠자코 받아들였습니다."[70]

나중에 소로가 「시민 불복종」[71]에서 밝힌 바에 따르면, 교도소에 도착한 것은 해가 질 무렵이었고 감방 문을 잠글 시간이었다. 수감자들은 아직 교도소 마당에서 빈둥거리고 있었다. 스테이플스에게 이끌려 2층 감방으로 가는 동안 두 사람의 발자국 소리가 아래층 빈방으로 메아리치는 소리가 들렸다. 저녁에는 붙임성 있는 같은 방 수감자와 대화를 나눴다. 그는 담배를 피우다 깜빡 잠이 들어 헛간을 불태운 혐의로 체포되었고, 조용히 재판

• 1848~1849년의 골드러시에 들떠 캘리포니아로 몰려간 사람.

을 기다리는 중이라고 했다. 그러면서 하얗고 깨끗한 방과 옆 건물에 있는 미들섹스 호텔에서 제공되는 좋은 음식을 즐기고 있다고 덧붙였다.[72] 감방 동료가 잠자리에 들고 한참이 지났을 때 소로는 이중 창살이 달린 창가에서 서성거렸다. 여관 부엌은 북적거렸고 접시가 달그락거리며 부딪치는 소리, 마을에 울려 퍼지는 시계 종소리, 길거리를 오가는 사람들의 목소리가 들려왔다. 전하는 말에 따르면 에머슨이 창가에 있는 소로를 보고 "헨리, 자네가 왜 여기 있나?" 하고 외쳤고, 소로는 "에머슨 씨, 당신은 왜 여기 있지 않소?" 하고 되물었다고 한다.[73] 그러나 이런 일은 일어날 수 없었다. 소로가 수감된 방은 2층에 있었고, 건물 벽은 10피트 높이의 돌담인 데다 그 주변은 쇠창살이 둘러쳐 있었다. 그럼에도 이 일화에는 소로의 생각이 잘 반영되어 있다. "지금까지 살아온 동네를 더 자세히 들여다보는 계기였다. 나는 상당히 내부로 들어왔고, 이런 시설은 지금까지 본 적이 없었다." 소로는 그때 깨달았다. "내가 살고 있는 미국"을 더 자세히 살펴볼수록 실망감이 커졌다. 친구들과 이웃은 "여름날에만" 좋은 사람들이었고, 옳은 일을 한다는 명목으로 위험을 무릅쓰기에는 너무나도 소심했다. 소로는 교도소에 갔지만, 에머슨은 지금이나 앞으로도 교도소에 갈 리가 없다는 사실이 아마도 두 사람을 구분 짓는 가장 큰 차이일 것이다.[74]

그날 저녁 소로가 세금 체납의 대가를 치르고 있을 때, 베일을 쓴 한 여자가 샘 스테이플스의 집 현관문을 두드리고는 소로의 밀린 세금을 봉투에 담아 건네주었다. 그때만 해도 그 사람이 누구인지 아무도 몰랐다. 스테이플스는 집에 없었고 혼자 집을 보고 있던 그의 딸 엘렌은 방문객의 이름을 전하기에는 너무 어렸다. 스테이플스는 그 사람이 새뮤얼 호어라고 장담하곤 했는데, 그가 올컷을 위해 비슷한 행동을 한 적이 있기 때문이었다. 소로 가족의 이야기에 따르면, 소식을 들은 신시아가 놀라서 마리아 고모와 제인 고모에게 달려갔고, 두 고모가 이리저리 뛰어다니며 현금을 모았으며, 마리아가 그 돈을 들고 스테이플스의 집에 찾아가 전달했는데, "그러는 동안 다른 사람들은 가까운 곳에서 기다렸다"라고 한다. 학자들도 그 사람이 마리아 고모였을 거라는 이야기에 동의한 지 오래다. 분명한 사실은 그때가 늦은 시각인 데다 어두웠다는 것이다. 스테이플스는 집으로 돌아와 봉투를 확인했지만 서두를 필요는 없다고 생각했다. 그는 아침이 되기를 기다렸다가 식사를 마친 뒤 수감자들에게 가서 일과를 설명했다. 그런 다음 소로에게 떠나도 좋다고 허락했다. "오, 그는 순순히 따랐습니다." 스테이플스는 1891년 인터뷰에서 이렇게 말했다. 하지만 때에 따라서는 이야기를 부풀려, 소로가 자신의 저항을 일찍 끝내게 된 것에 "불같이 화를 냈다"라는 식으로 희화화하기도 했다.[75]

소로가 "누군가가 끼어들어 대신 세금을 냈다"라고 말한 것을 보면 화를 냈을 법도 하다. 그렇지만 올컷과 레인에게도 같은 일이 벌어졌음을 알고 있었기에 썩 놀라진 않은 듯하다. 오히려 교도소를 나왔을 때 괴리감을 느끼고 놀라워했다. "이웃들은 나를 보더니 고개를 돌려 서로 쳐다보았다. 마치 내가 먼 여행에서 돌아오기라도 한 듯이 대했다." 어쨌거나 소로는 전날 처리하지 못한 일들을 했다. 수선한 신발을 찾은 다음, "허클베리 채집대에 합류했다. 사람들은 내가 돌아와서 지휘하기를 목 빠지게 기다리고 있었다". 이 파티가 여느 때와 다름없었다면 소로는 건초 마차를 몰고, 아이들과 하인들은 웃으면서 그의 뒤를 따르고, 몇몇 어른은 그늘에서 지켜보다가 소로가 가져온 허클베리 나무에서 열매를 땄을 것이다. 그리고 실제로 30분쯤 지났을 때 소로는 페어헤이븐 힐에 있었다. 주변에서는 아이들이 노닐고, 허클베리가 7월의 따뜻한 햇살을 받아 달큰한 냄새를 풍겼다. 그곳에서 "국가는 전혀 보이지 않았다".[76]

소로는 허세를 덧달아 이렇게 결론지었다. "이것이 '나의 옥중기'의 전말이다."[77] 체포된 사건 자체는 사소했고, 소로도 잘 알고 있었듯 이야기의 진중함은 서민적인 샘 스테이플스와 동료 수감자들로 인해 반감되었다. 사실 미들섹스 카운티 교도소는 무시무시한 곳이었다. 교도소는 화강암으로 지은 3층 건물로, 독립전쟁 때 소로의 왕당파 외종조부가 탈옥에 성공한 뒤로 사람들이 시설을 개축하고 강화했다. 그리고 교도소인지라 절도범과 살인자도 수용하고 있었다. 올컷과 달리 소로는 실제로 투옥되었기 때문에 비록 하룻밤이기는 해도 "내부"에서 미국의 교도소 생활을 엿볼 수 있었다. 또한 올컷과 레인처럼 그의 저항 행위도 누군가 밀린 세금을 몰래 내주는 바람에 조용히 무력화되었지만, 두 사람의 경험을 토대로 소로는 다음에 어떤 조치를 취해야 하는지 알 수 있었다. 소로가 체포되었다가 풀려난 날, 올컷은 라이시움에서 분통을 터뜨렸는데, 이미 청중이 모여 있었던 덕분에 무저항에 관한 연설을 할 수 있었다. 다음 날 레인은 올컷을 열성적으로 옹호하는 글을《해방자》에 보냈다. 이를 본 소로는 두 가지 방법을 모두 쓰기로 했다. 라이시움에서 이웃들을 상대로 연설을 하는 한편, 자신의 행동을 설득력 있게 변호하는 글을 발표하기로 한 것이다. 그렇지만 글쓰기는 시간이 걸릴 터였다. 비현실적인 이야기를 하는 올컷이나 괴팍한 레인을 진지하게 받아들이는 마을 사람은 없었다. 하지만 소로는 콩코드에서 나고 자랐고, 그래서 사람들은 소로를 진지하게 받아들였다. 소로는 뜻하지 않게 모든 사람에게 노출되어 비난받기도 쉬운 존재가 되었다. 그는 논란거리였다.

이제 온 마을에서 소로에 관한 이야기가 오갔다. 존 S. 키스는 소로, 올컷, 레인이 "순교자가 될 어리석은 사람"이라고 일반적 견해를 표명했다. 바틀릿 박사의 열네 살 난 아들 조지는 월든 호수에 사는 소로를 방문한 적이 있었다. 조지는 소로가 교도소에서 나온 날 밤 자신의 아버지를 찾아와 조언을 구하던 장면을 기억했다. 마치 "시베리아로 추방된 사람을 보는 것" 같았다.[78] 소로의 일기에 있는 분노한 페이지를 보면 그가 그날 밤 어떤 말을 했는지 짐작할 수 있다. 문제는 나약한 인간성이 아니라 "제도"에 있다. "몰록 신이나 크리슈나 신처럼 무자비하고 실체도 없는 환영에 있는 것이다. 사람들이 맹목적으로 경외하기 때문이다." 자유를 보장하는 것이 아니라 빼앗는 국가라니 얼마나 역설적인가? "내가 자유를 주장하자 국가는 나를 감옥에 가두라고 선고했다." 하지만 소로는 스테이플스에 대해서는 비난을 자제했다. "나를 감금한 그 교도관 겸 순경은 한 인간이자 이웃이었다. (…) 올바르고 존경할 만한 사람 같았다." 문제는 그런 좋은 사람이 어떻게 악행을 저지를 수 있는가 하는 것이었다. 스테이플스는 소로가 가난해서가 아니라 원칙을 지키려고 그렇게 행동했음을 알고 있었다. 그럼에도 소로를 교도소에 가두었고, 유사 이래 가장 끔찍한 악행인 "멕시코 전쟁"을 치르고 있는 국가의 하수인 노릇을 했다. 그렇다면 누가 이러한 악행에 가담할까? 소로의 주변 사람들은 모두 품위와 선의를 갖고 있었다. 하지만 악행은 날마다 계속되고 아무런 제약을 받지 않았다. 소로는 "자제력을 잃은 사람은 누구에게나 쉽게 지배당한다"[79]라는 것을 깨달았다. 사람들이 인간처럼 행동하지 않고 돌처럼 행동하면서 자신도 모르게 벽돌이 되어 벽을 쌓는 데 쓰이고 있었다.

브론슨 올컷도 2주 전 스테이플스로부터 독촉을 받았다. 밀린 세금을 내지 않으면 힐사이드에 있는 올컷의 집을 매각하겠다고 한 것이다. 아내 애비게일 올컷의 남편이자 한창 자라고 있는 "어린 여성" 넷을 둔 아버지에게는 가혹한 말이었다. 올컷은 그때 느낀 울분을 일기장에 써 두었는데, 소로가 남긴 글과 내용이 비슷하다. 국가가 자유인에게 어떻게 강요하는지 보라. 심지어 우리 주머니에 직접 손을 댄다. "그렇게 한다면 나는 절대로 내 주머니를 국가가 마음대로 하게 놔두지 않을 것이다." 머지않아 소로는 올컷을 만나 대화를 나눈다. 그 자리에서 올컷은 분명 에머슨의 가혹한 비판을 소로에게 고했을 것이다. 올컷이 소로의 행동을 "시민의 권력에 따른 당당한 불복종"이라고 옹호하자 에머슨은 비웃으면서 소로의 행동이 "천박하고 비겁하며 상스럽다"라고 반박했다는 사실을.[80]

에머슨은 불쾌하고 혼란스러웠다. 일기라는 사적인 공간에서 에머슨은 치밀어 오르는 분노를 터뜨렸다. 처음에는 소로를 존경하고 싶은 충동에 사로잡혔다. "친구 소로가 세금을 내는 대신 감옥에 갔다. 〔워싱턴의 얼치기들은) 그 같은 행동을 꿈도 꾸지 못할 것이다. 노예 폐지론자들은 전쟁을 비난하고, 많은 시간을 들여 전쟁에 반대하지만, 세금은 낸다." 이는 명백한 위선이었다. 하지만 에머슨은 생각을 가다듬고 난 뒤, 그 **자신**도 세금을 내고 있으므로 소로의 비난에서 자유롭지 못하다는 데 생각이 미쳤다. 그는 신경을 곤두세우며 자신을 변호했다. 국가는 형편없는 짐승이지만 그 의도는 선하다. "우리는 납세를 거부해서는 안 된다." 노예 폐지론자들은 납세를 거부해도 괜찮다. 한 가지 이슈에 매달려 그 불만이 시정되기만을 바라는 운동가이기 때문이다. 그들은 "군중 앞에서 저항하다 감옥에 갈 만도 하다". 그러나 **당신**은 그렇지 않다. "당신은 만사가 불만이다. 당신은 시민이 아니다." "무턱대고 설쳐서는 안 된다." 에머슨의 분개는 급기야 통렬한 모욕으로 발전했다. "당신은 어떤 것에도 만족하지 않는다. 왕 한 사람과 백성 한 사람으로 구성된 군주제가 아니고야 어떤 정부가 당신 마음에 들까? 매사추세츠주에 항의하는 것은 기만적이다. 당신은 실제로는 인간의 조건과 싸우고 있다." 납세를 거부하는 행동은 무의미하다. 아니, 그보다 더 심하게도, 위선적이다! 진짜 위선자는 에머슨 자신이 아니라 **소로**다. "주에서 거둔 세금은 멕시코 전쟁에 들어가지 않는다. 하지만 당신이 외투, 설탕, 라틴어 책, 프랑스어 책, 독일어 책, 시계에 지불한 돈은 전쟁에 쓰인다. 돈을 내고 사야 하는 물건은 이뿐만이 아니다." 에머슨은 경멸을 조금도 숨기지 않고서 글을 끝맺었다. 소로는 시민이 아니다. 그는 진짜 국민과 함께 "어깨를 나란히 하고" 전쟁에 나갈 자격이 없다. "이 감옥행은 부질없기가 자살의 이전 단계다."[81]

소로가 교도소에 간 날로부터 나흘이 지났을 때 에머슨은 지루함을 참지 못하고 엘리자베스 호어에게 지역 소식을 전했다. "채닝 씨는 로마에서 16일을 보낸 뒤 돌아왔고, 소로 씨는 세금 납부를 거부하여 콩코드 교도소에서 하룻밤을 보냈습니다. 레인 씨는 콩코드에서 '프루트랜드' 농장을 팔기 위해 애쓰고 있고, 또 누구는… 지루한 역사는 여기까지만 하겠습니다.

아무것도 아닌 일들을 늘어놓으니 마치 거지 외투에서 실을 한 가닥씩 세고 있는 것 같군요. (…) 슬프게도 이렇게 보푸라기와 천 조각을 엮다 보면 삶이라는 기나긴 천이 되겠지요."[82] 하지만 에머슨이 그토록 혐오했던 소로의 행동이 미래에 영원한 횃불로 칭송받고 수많은 평화 혁명을 환히 비추며 세상을 뒤흔드는 변화를 가져왔다는 사실을 알게 된다면 에머슨은 아마 경악을 금치 못했을 것이다.

소로가 교도소에서 하룻밤을 보낸 것이 어떤 의미를 갖는지는 시간만이 알려줄 것이다. 소로는 당분간 자신의 생각을 혼자 간직했다. 콩코드의 이웃들로서는 그 후에 두 번 일어난 저항운동이 더 중요했다. 2년 전 소로는 매사추세츠주를 횡단하는 긴 여행에서 돌아와 콩코드에서 처음 열린 노예제 폐지를 기원하는 축제에 참석하고 교회 종을 울린 적이 있었다. 1846년 8월 1일, 교도소에서 나온 지 정확히 일주일이 된 날에 소로는 콩코드여성반노예제협회의 두 번째 축제인 서인도제도 노예 해방 기념회를 주최했다. 행사 주최자 중 한 사람—추정컨대, 콩코드중등학교 급우였던, 용감하고 솔직한 애나 휘팅—은 한껏 들떠《해방자》에 이렇게 기고했다. "나는 이 행사가 역대 최고라고 생각한다." 날씨는 완벽했고, 오전에는 구름이 끼어 시원했다. 소로의 작은 숲은 "그 어느 숲보다도 훌륭했다. 앉을 자리가 넉넉하고 음식도 푸짐했으며, 얼음처럼 차가운 물이 큰 통에 준비되어 있었다".[83]

연사 명부에 이름도 가득했다. 한 사람씩 소로의 집 현관으로 나와 연설했다. 소로가 뉴욕에서 만났던 사람인 윌리엄 헨리 채닝은 전년도에 예언했던 전쟁이 마침내 현실이 되었다고 진지하게 말했다. 차분하고 철학적인 에머슨은, "자세히 살펴보고 저울을 잘 조정해서 머리카락 하나라도 어느 한쪽 접시에 더 올라가게 해선 안 된다. 모든 필요가 공정하게 반영되도록 해야 한다. 그렇게 할 때 모든 것의 필요성이 드러난다"라고 말했다. 켄터키주에서 도망친 노예 루이스 헤이든은 "자유가 눈부시게 아름답다는 사실은 아무리 힘주어 말한다 해도 충분하지 않을 것이라고 더듬거리며 이야기해 감동을 주었다". 소로는 자신을 투옥한 사건에 대한 지지를 얻기 위해 브론슨 올컷도 초대했지만 그가 텃밭을 돌봐야 한다며 거절하는 바람에 가장 가까운 동맹자의 지원을 받지 못했다. 이 행사에서 소로가 한 말은 전혀 기록되지 않았고, 일기장에도 적혀 있지 않다. 다만 『월든』에서 소로는 그때의 소감을 에둘러 표현했다. "작은 집에 어찌나 많은 사람이 들어왔는지, 놀라울 따름이다. 지붕 아래에는 25~30명의 영혼과 육체가 있었고, 서로 한자리에 있었다는 것을 인식하지도 못한 채 자리를 뜨기도 했다."[84] 소로는 오랫동안 준비한 기념행사가 집 현관에서 펼쳐지는 것을 보며 황홀감을 느꼈다.

"25~30명"은 적은 수였다. 급진적인 노예 폐지론자들은 적대감과 무관심 속에서 소수 운동가들이 힘겨운 싸움을 벌이고 있었다.[85] 휘팅은 분명 조소를 머금고 이렇게 썼다. 콩코드 주민들은 모두 집에 붙어 있어야 한다. "새로운 자매인 텍사스와 끝도 없이 늘어나는 그 자식들에게 필요한 물자를 제공하느라 바쁘기 때문에." 휘팅은 과묵한 행사 주최자에게 동의하듯 이렇게 덧붙였다. "사람들은 빚을 갚을 마음은 없지만, 마지막 남은 한 푼을 국가에 기꺼이 갖다 바친다." 그녀는 비꼬는 말을 이어 간다. 무엇보다도 콩코드 사람들은 이 새로운 시대에 "자유라는 그 신성한 단어"를 찬양할 수나 있을까? 그 사람들 귀에 똑똑히 들리도록 자유라고 힘껏 외쳐 보라. 그러면 그들은 "이미 세상을 뜬 소중한 사람들을 추억으로 간직한 노인네 같은 눈길로 당신을 바라볼 것이다". 그렇지만 행사 참석자만큼은 다양했다. "여성과 아이가 꽤 있었고, 농부 두어 명, 정비공 여러 명, 상인 한 명, 변호사 한 명, 의사 두 명(동정심 많은 바틀릿 박사는 거의 확실히 포함되어 있었다)", 그리고 목사들이 있었다. 그날 행사의 끝은 합창 연주회였는데, 휘팅은 "훌륭했

다"라고 평하며 글을 마무리했다.[86]

음악이 숲속으로 잦아들고 참석자들이 남은 음식을 챙겨 떠났을 때 소로는 그곳에 왔던 사람들이 가진 인품의 길이, 너비, 깊이를 생각해 보았을 것이다. 물론 그 자신에 대해서도. 집 앞에서 개최한 이번 행사에서는 윌리엄 로이드 개리슨을 추종하며 탈퇴주의를 외친 사람부터 온건주의자인 에머슨 그리고 떨리는 목소리로 고통을 생생히 전달한 헤이든까지 노예 폐지론자의 다양한 입장과 됨됨이를 확인할 수 있었다. 특히 헤이든은 "어느 폭군의 농장에서 첫 번째 아내와 첫아기를 잃고 (…) 채찍을 맞으며 온종일 노동하고, 밤에도 백인의 얼굴을 한 악마나 집사의 변덕에 시달려야 했던 일을 회상했다. 이런 일들은 언제까지 계속될까?" 정말 언제까지일까? 세금 체납으로 투옥된 것이 무의미한 순교인지 무책임한 직무 유기인지 아니면 유치한 장난에 불과한지는 그 누구도—소로는 더더욱—알 수가 없었다.[87] 헤이든이 남부에서 채찍을 맞으며 무자비하게 학대당했던 생활과 비교하면 소로는 편안하게 교도소에서 하룻밤을 보낸 것이다. 이는 어떤 의미일까? W. H. 채닝의 〈반反연방〉No Union 연설이나 올컷의 〈무정부〉No Government 무저항 연설이 등짝에 채찍을 맞는 것을 막아 줄 수 있을까? 에머슨은 극단론자들이 "필요"를 재는 섬세한 저울의 균형을 깨뜨리면 안 된다고 경고하면서 사뭇 점잖은 어조로 극단주의를 비난했다는 것을 이제 온 마을 사람이 알고 있었다. 그가 비열하고 비겁한 것일까? 소로는 자신의 행동을 고수했지만 감정은 정제되지 않았고 머릿속은 복잡했다. 의견을 말하기 전에 생각을 세심하고 정교하게 다듬을 필요가 있었다. 기본이 되는 사실은 무엇이고 "진실"은 무엇일까? 소로가 시민들 앞에서 시민 정부에 대한 저항을 옹호하는 역사적 연설을 하기까지는 그 후로도 18개월이 더 걸렸다. 그동안 소로는 마음과 생각을 정리해야만 했다.

루이스 헤이든은 기록상 소로의 월든 집을 방문한 첫 번째 도망 노예였다. 다른 노예도 있었을 것이다. 신시아 소로의 집은 마을 안에 있는 언더

그라운드 레일로드*의 몇몇 정거장 중에서도 비교적 안전한 곳이었다. 소로는 북쪽으로 도주하는 노예들을 위해 기차표를 구입하고, 여비를 챙겨 주고, 콩코드에서 기차를 함께 탑승하거나(거리를 두고 앉아 망을 보았다) 웨스트 피치버그의 간이역까지 동행하는 등 정기적으로 그들을 도왔다. 오랫동안 전해 오는 말에 따르면 소로의 월든 집도 노예 은신처로 사용되었다는데, 사실 그리 와닿는 이야기는 아니다. 집에는 자물쇠도 없었으며 숨을 곳도 마땅치 않았다. 그렇지만 믿을 만한 사람들의 의견을 들어 보면, 소로가 도망 노예들을 집으로 데려와 어두워질 때까지 보살피다가 신시아의 집이나 다른 안전한 은신처로 데려다주었다고 한다.[88] 모두 비밀리에 불법으로 이루어진 데다, 심지어 반역죄에 해당하는 일이라 기록으로 남아 있지는 않다. 그렇지만 극히 드물게 개인의 일기 중에는 특정 사건을 언급한 부분이 있다. 1846년 말 애비게일 올컷은 "존"이 도착했다고 적었다. "그는 붙임성 있고 지적인 남자로, 메릴랜드에 있는 '속박의 집'에서 도망친 지 7주밖에 되지 않았다." 브론슨 올컷도 존이 힐사이드에 2주 동안 머물 때 있었던 일들을 기록했다. 그곳에서 존은 처음으로 자유를 음미하면서 장작을 잘라 쌓아 올렸고, "노예제라는 끔찍한 실체에 이미지와 이름을 제공해 주었으며, 흑인이 겪는 부당함을 아이들에게 인상적으로 가르쳐 주었다." 그 두 번째 겨울에 브론슨 올컷은 일요일 저녁에는 주로 월든 호수에서 소로와 함께 시간을 보냈다. 소로는 그때의 기억을 『월든』에 기록했다. "한 도망 노예가 북극성을 향해 나아가도록 도와주었다." 아마 그가 존이었을 것이다. 브론슨의 이야기에 따르면 존은 "다부지고 기민하고 지혜로우며 독립적인" 사람으로, 어느 일요일 저녁에 소로의 세 번째 의자에 앉아 친구들과 어울렸다고 한다.[89]

잭 개리슨, 프레더릭 더글러스, 루이스 헤이든, "존" 외에도 이름을 알

* 남북전쟁 이전에 노예 탈출을 도운 비밀 조직.

수 없는 이들이 얼마나 많았을까? 소로가 썼듯이, 폐허가 된 집들의 텅 빈 지하 저장고는 사라진 세대의 텅 빈 꿈을 의미했다. 조용한 월든 숲에서 소로는 새로운 아이러니를 곰곰이 생각했다. 미국의 떠오르는 세대는 미국의 바깥으로, 북극성을 향해 나아가야만 독립의 꿈을 실현할 수 있었다.

극단을 향하여 2
: 카타딘산에 가다

올컷은 이 시기의 소로에 대해 이렇게 썼다. "소로의 뮤즈는 걸어 다니는 뮤즈다. 발목 언저리에 날개가 달려 있어* 걸음걸음마다 운을 맞춘다. 여느 때처럼 서정적인 날에 빗방울이 후두둑 떨어질 때면 혈색 좋고 몸놀림이 빠른 비범한 천재는 숲을 헤집고 다니다가 안개와 수증기 속에서 모습을 드러낸다. 습기를 머금은 그의 머리에서 물방울이 뚝뚝 떨어진다." 지난 1년 동안 걸어 다니는 뮤즈에 이끌려 소로는 월든의 범위를 넓혀 놓았다. 첫해 여름 소로는 이렇게 썼다. "자신의 이웃이 누구인지 누가 알겠는가. 인간은 동심원 같은 체계, 즉 한 영역이 다른 영역과 겹쳐져 있는 동심원 체계 안에서 삶을 영위하는 것으로 보인다. 그 세계에는 우리가 상상했으나 알려지지 않은 종들이 거주하며, 우리 각자의 생각만큼이나 다양한 영역이 있다." 이제 월든 호수를 넘어 그의 범위를 넓힐 때가 되었다. 소로는 1838년 5월부터 메인주를 염두에 두고 있었다. 당시 그는 교사직을 찾고 있었는데, 그때 한 인디언이 페놉스코트강을 가리키면서 "2~3마일 더 올라가면 아름다운 지역이 있다!"라고 알려 주었다.[90] 소로는 이미 페놉스코트강을 알고 있었다. 페놉스코트족 사람들이 남쪽으로 내려와 콩코드강에서 야영하며 바구니를 만들곤 했기 때문이다. 여러 해 전 소로는 이렇게 쓴 적이 있었다.

* 그리스·로마 신화에는 발목에 날개가 달려 있는 신, 헤르메스가 있다.

"강가에 머물고 있는 페놉스코트족은 나에게는 로마에 온 브리튼인이다."[91] 이제 로마인이 북쪽으로 올라갈 차례였다.

소로는 메인주에 있는 사촌들과 가깝게 지냈고 갈 때마다 환대를 받았다. 1832년 소로의 사촌 레베카 빌링스와 조지 대처가 결혼했다. 대처는 메인주 뱅고어의 상인으로 강 상류 쪽에서 목재 사업을 하고 있어 그 지역과 벌목업에 대해 잘 알았다. 1846년 봄에 홍수가 나서 서쪽 지류인 웨스트 브랜치West Branch 상류가 물에 잠기고 댐이 약해지는 바람에 통나무들이 강 하류로 멀리 떠내려갔다. 그중 일부는 대처의 것이라 그는 강 상류로 가서 얼마나 피해를 입었는지 확인하기로 마음먹었고, 소로에게 함께 가자고 청했다. 소로는 카타딘산을 오르지 않고는 그 지역으로 접근하기가 거의 불가능하다고 주장했다. 곧 산을 오를 원정대가 꾸려졌다. 8월 31일 소로는 기차를 타고 포틀랜드로 간 다음 증기선을 타고 뱅고어로 이동했다. 뱅고어는 숲 가장자리에서 이루어지는 상업과 교역의 최일선 기지 같은 곳으로, 그 위쪽의 숲은 멀리 캐나다까지 이어졌다. 9월 1일 오전 11시, 사륜 짐마차에 대처는 여행용 가방과 2연발식 산탄총을 실었고 소로는 배낭을 실었다. 마차는 "이 목재 저장소, 이 닳아빠진 올드 뱅고어"를 덜거덕거리며 벗어나서 60마일 떨어진 상류 지역으로, 마타왐키그로 향했다.[92]

페놉스코트강은 메인주의 숲을 상업용 목재로 바꾸는 거대한 유기체 역할을 수십 년 동안 해 오고 있었다. 소로가 알고 있기로 강 유역에는 제재소가 250곳 있었고 생산되는 목재가 연간 2억 보드피트board feet**에 달했다.[93] 상류로 이동하는 여정에서 소로는 이 거대한 유기체를 강 하구부터 발원지까지 훑어볼 수 있었다. 그들은 몇 마일 더 이동해 스틸워터의 폭포선***에서 멈추었다. 제재소가 가장 밀집해 있는 곳이었다. 소로는 "메인주의 뾰족한 삼림"이 밤낮으로 "베이고, 잘게 잘리고, 표백제에 담기고, 깎이

** 목재의 계량 단위. 1피트평방, 두께 1인치를 말한다.
*** 고원과 해안평야의 경계선을 가리킨다.

고, 가늘게 쪼개지는 과정을 거쳐 판자, 물막이 판자, 욋가지, 지붕널로 바뀌는 모습"을 처음으로 봤다. 이 과정을 거친 나무들은 보스턴, 뉴헤이븐, 뉴욕 등으로 보냈다. 더 상류로 올라가서는 나루지기가 "장대"를 이용해 이 통나무에서 저 통나무로 옮겨 다니는 것을 봤다. 그는 떠다니는 통나무를 제재소 쪽으로 밀기도 하고 이따금 물속에 처박기도 했다. 그다음에 들른 곳은 올드타운의 강배 공장이었다. 여기서 소로는 이 지역의 독특한 배가 어떻게 만들어지는지 볼 수 있었다. 길고 견고한 이곳의 배는 카누를 닮았는데, 프랑스어 '부야저'voyageur라는 "매우 음악적"인 이름을 갖고 있었다.[94]

그곳에서 나룻배를 타고 상류로 올라가던 중 인디언 아일랜드Indian Island를 지나쳤다. 한때 자유롭게 수백 마일을 돌아다녔던 페놉스코트족이 섬에서 단 하나뿐인 보호 구역에서 살고 있었다. 마을 "풍경은 허름하고 황량하고 생기가 없었다. 보이는 것이라고는 뒤로 돌아앉은 집들과 장작 헛간뿐이었다". 소로가 사람이 살지 않는 듯하다고 생각하던 찰나 "키가 작고 추레한, 세탁부같이 생긴 인디언"이 카누에서 내려 한 손에는 가죽 한 다발을, 다른 한 손에는 빈 통을 들고 조그만 식료품점으로 향하는 것이 보였다. 누추함과 가난에 불쾌해져 소로는 이렇게 이야기했다. "거기에 그들의 역사가 쓰여 있었다." 소로는 "한때는 막강했던 이 부족"이 자신들의 땅에서 쫓겨나 이 작은 섬에 갇히게 된 잔인한 정치사를 그 순간에는 공감도 이해도 하지 못했다. 그가 본 것은 빠르게 "멸종"을 향해 가는 역사의 잔해뿐이었다.[95] 밀퍼드에서 하선한 그들은 마차를 타고 홀턴 밀리터리 로드를 달렸다. 도로와 함께 달리는 늦여름의 강은 온통 바위투성이에 급류였다. 곳곳에서 홍수 피해가 보였다. 집들이 쓰러지고, 커다란 통나무들이 성냥개비처럼 흩어져 있었는데, 주인의 낙인이 찍힌 통나무들이 각자 주인을 기다리고 있었다. 대처는 자신의 나무가 있는지 열심히 살펴보았다. 그날 밤에는 트리트의 금주禁酒 여관에 묵었다. 그 지역에서 가장 늙은 정착민의 집이었다. 소로는 건강하게 잘 가꾼 사과나무들에 값어치 없는 야생 사과가 주렁주렁 열려 있는 것을 눈여겨보았다.

다음 날 링컨의 산간벽지에서 그들은 인디언 가이드 한 명을 구하기 위해 걸어서 숲을 통과한 뒤 강 건너 섬의 인디언 판잣집들이 보이는 곳에 도착했다. 그곳에서 카누를 빌려 노를 저었다. 그들이 섬에서 만난 사람은 "몸집은 작지만 강단 있고 얼굴에는 주름이 가득한" 인디언 루이스 넵튠이었다. 그는 부족의 존경받는 원로로, 에머슨의 처남이자 미국의 지질학자 찰스 T. 잭슨이 1837년 카타딘산을 오를 때 길을 안내한 경험이 있었다. 넵튠은 다음 날 친구들과 함께 무스를 잡으러 체선쿡으로 갈 예정이라고 말했다. 얼마나 운이 좋은가! 소로와 대처는 그 자리에서 넵튠을 고용했고, 웨스트 브랜치 댐 옆에 있는 매코슬린의 농장에서 만나기로 약속했다. 소로는 산의 악령 포몰라Pomola가 산에 오르지 못하게 막을지도 모른다고 장난삼아 말했다. 카타딘은 "가장 높은 땅"이라는 뜻으로, 넵튠을 비롯해 인디언들은 모두 그 산을 신성한 곳으로 여겼다. 넵튠은 소로의 무례함을 농담으로 받아넘겼다. 그는 이런 이야기를 들려주었다. 산에 오르는 사람들은 반드시 산꼭대기에 럼주 한 병을 놔두고 내려와야만 한다. 그 덕분에 넵튠은 럼주 여러 병을 산꼭대기에서 몰래 가져오곤 했다. 그런데 마을에 돌아와 확인하면 병은 언제나 속이 텅 비어 있었다는 것이다. 소로는 자신의 무례도 넵튠의 농담도 이해하지 못했다.[96]

링컨 시내에 들어온 두 사촌은 말에게 물을 먹이고 탄약을 구입했다. 소로는 가게에서 파는 "서툴게 만든" 연필의 향을 맡아 봤다. 마타왐키그의 여관에 도착한 뒤 사촌들은 말을 타고 밀리터리 로드를 거닐며 느긋하게 오후를 보냈고, 그동안 소로는 정착민들의 개간 방법을 살펴보았다. 그곳 사람들은 나무를 베어 쓰러뜨리고 거기에 불을 지른 뒤 타고 남은 것들을 굴려 모아 다시 불을 질렀고, 아무것도 남지 않을 때까지 이 과정을 반복했다. 그리고 연기가 모락모락 나는 잿더미 사이에 감자와 순무를 심었다. 소로는 개척 정신이 투철한 농부답게 감자 줄기를 몇 개 뽑아 보고는 깊은 인상을 받았다. 정말 손쉬운 농사법이었다! 뉴욕이나 보스턴에 사는 굶주린 이민자들이 이 값싼 땅을 사서 "원하는 만큼 부유해진다면" 얼마나 좋을까? 여관으로 돌아온 소로는 메인주의 최신 지도를 펼쳐 경로를 확인했다. 그런데 지도는 "오류투성이"였다. 수십 년 동안 집중적으로 벌목이 이루어졌지만, 메인주의 내륙은 지도에 정확하게 표시되어 있지 않았다. 그러던 중 대처의 지인들이 도착했다. 처남인 찰스 로웰과 허레이쇼 P. 블러드는 "멋있다"라는 말을 꽤 듣는 사람이었다. 이튿날인 9월 3일 이른 아침, 네 사람은 짐을 어깨에 둘러메고 울타리를 뛰어넘어 행군을 시작했다. 여기서부터는 강이 그들의 도로였다. 다른 도로는 모두 이미 거쳐 왔기 때문이다. 소로는 전율을 느꼈다. 강의 양쪽에 "사람이 전혀 살지 않는 대자연이 펼쳐져 있고, 이런 자연이 캐나다까지 계속되었다". 말, 소, 운송수단이 전혀 없고, 오로지 강과 푸르른 나무뿐이었다. 소로는 말했다. "여기서는 누구도 제도와 사회를 탓할 수 없으리라. 다만 진정한 악의 근원과 맞닥뜨릴 뿐."[97]

야생의 길을 따라가다 처음 마주친 곳은 연기가 피어오르는 황무지였다. 나무는 모조리 베어져 있고, "숯처럼 시커먼 나무가 네다섯 그루씩 이리저리 겹쳐져 쓰러진 상태였다". 소로는 "보스턴과 뉴욕의 가난한 사람들이 겨울 한철 따뜻하게 나기에 충분한 양"이며, 이곳에서는 성가신 것을 가능한 한 빨리 제거한다는 생각도 했다. 그 이후에는 "사람이 살지 않는" 지역에서 몇몇 사람을 우연히 만났다. 소로 일행은 크로커의 오두막에서 휴식을 취했고, 하워드의 볼품없는 집에도 들렀으며, 조금 더 가서는 피스크의 집에 머물다 아이들에게는 책을, 어른들에게는 신문을 건네주고 떠났다. 강을 건너야 할 때는 나룻배 사공을 찾아다녔다. 사공은 작고 깔끔한 집에 살았는데 그 집에는 "수많은 책과 보스턴에서 방금 온 신부가 있었다". 강을 건너면서는 헛간을 지나쳤다. 그 헛간에는 겨울에 소를 먹이려고 여름 동안 준비한 건초더미가 가득 쌓여 있었다. 얼마 지나지 않아 벌목꾼들의 임시 숙소가 보였다. 틈새에 이끼가 낀 커다란 통나무 건물이었고, 지붕널은 삼나무이거나 가문비나무였으며, 엄청나게 큰 화덕이 있었다. 하긴 나무를 아낄 필요가 없는 곳이었다. 헤일의 농장에서는 빈터에 나가면 카타딘산이 보이기를 바랐지만 나무 태우는 연기가 짙게 에워싸고 있어 아무것도 보이지 않았다. 웨이트 부인은 점심 식사를 푸짐하게 차려 주었다. 부인은 돈 받기를 거절하면서 대화를 나누는 것으로 충분하다고 했다. 그 집을 떠나면서는 부인의 아들에게 그림책을 주었는데 작별 인사를 하는 동안에도 아이는 책 읽기에 푹 빠져 있었다.[98]

조지 매코슬린의 농장에 도착해서는 만나기로 약속했던 인디언들을 기다렸다. 22년 넘게 벌목꾼 겸 나루지기로 일한 "엉클 조지"는 이곳에 정착해 수백 에이커에 달하는 땅을 개간하고 농장을 지어 벌목꾼들에게 필요한 것들을 제공하는 사업을 하고 있었다. 저녁이 되자 식탁은 통밀케이크, 햄, 달걀, 감자, 우유, 치즈, 청어, 연어, 달달한 구운 과자로 넘쳐 났다. 디저트로는 뭉근하게 끓인 산딸기와 당밀로 단맛을 낸 차가 나왔다. 버터가 워낙 풍부해 사람들이 부츠에 버터를 발라 윤을 낼 정도였다. 또한 "길이가 4피트나 되는 통나무 여러 개가 찻주전자를 끓이는 데 쓰였다". 침실로 가는 길에 마주친 가공실에는 "신선한 우유와 압착한 치즈가 그득했다." 소로 일행이 잠에 빠져 있는 동안 지붕 위로 비가 쏟아졌고, 급기야 폭풍우가 몰아쳐 다들 잠이 깨고 말았다. 낮에는 인디언 가이드가 오기를 기다리며 농장을 둘러보았다. 소로는 뉴욕과 보스턴의 이민자 집단을 생각하며 엉클 조지에게 이 지역에는 왜 정착민이 많지 않은지 물어 보았다. 그러자 조지는 팔려고 내놓은 땅이 아니기 때문이라고 답했다. 땅을 소유한 회사는 마을이 생겨 과세 대상이 되는 것을 원치 않았고, 땅을 소유한 소수의 개인은 이웃이 생기는 것을 바라지 않았다. 인간은 문제를 일으키는 존재라는 생각에서였다.[99]

이는 분명 소로가 예상했던 구속되지 않은 자연이 아니었다. 인디언들도 실망스러웠다. 넵튠과 그의 친구는 끝내 모습을 드러내지 않았다. 다음 날 아침 매코슬린이 가이드를 자처하면서 아내가 혼자서는 우유를 짤 수 없다고 토로하는데도 단박에 무시해 버렸다. 매코슬린은 텐트, 담요, 딱딱한 빵 15파운드, 돼지고기 10파운드 등 필요한 물품을 챙겼다. 그런 다음 강 상류로 4마일 거리에 있는 토머스 파울러의 집에 찾아가, 젊은 토머스에게 배 몰이를 도와 달라고 요청했다. 배를 다루려면 두 사람이 필요했기 때문이다. 일행은 밀리노켓에 있는 토머스의 아버지 올드 파울러를 찾아가 평배를 빌렸다. 소로는 이 집이 이번 여행의 마지막 집일 것이라 확신하는 기록을 남겼다. 누군가가 첫 번째 육상운반로*를 통과해 다음 수로의 입구까지 배를 운반해 줄 말들을 잡으러 달려 나갔고, 그동안 파울러 부인은 늑대가 방금 양 아홉 마리를 죽였다고 알려 주면서 가지고 있는 철제 덫들을 보여 주었다. 덫은 늑대, 수달, 곰에 따라 크기가 달랐다. 2시쯤 말들이 준비되자 일행은 바퀴 자국이 깊게 패인 인디언의 육상운반로를 따라 쿼키시 호수를 향해 터벅터벅 걸었고, 말들은 0.25톤의 배가 실린 수레를 끌며 느릿느릿 따라왔다. 목적지에 다다르자 하늘에서 천둥 번개가 치고 폭우가 쏟아졌다. 일행은 평배를 뒤집어 그 아래서 비가 그치기를 기다렸고, 그동안 노받이 핀을 깎고 뱃노래를 불렀다. 밖에 서 있는 말들은 "비를 맞아 매끈매끈 윤이 났지만, 모두 의기소침하여 고개를 푹 숙이고 있었다".[100]

마침내 파란 하늘이 나타나 화창한 날씨를 예고했다. 일행 여섯 명은 짐을 꾸려 새로운 여정에 나섰다. 두 사공은 20피트짜리 배를 장대로 밀면서 빠르고 능숙하게 급류를 헤치고 나아갔다. 소로에게는 신나는 경험이었다. 쿼키시 호수에서 그들은 20마일 떨어진 카타딘산을 처음으로 잠깐 보았는데 산 정상은 구름으로 가려져 있었다. 호수의 수원에 이르러서는 댐을 살펴보았다. 이를 본 소로는 60제곱마일에 물을 흘려보내는 용도로 잘 설계된 댐이라고 기록했다. 댐 근처에서는 한 무리의 사람들이 봄 홍수로 입

* 수로와 수로를 잇는 육로를 말한다.

은 피해를 복구하고 있었다. 벌목꾼의 숙소에 들렀을 때는 요리사가 핫케이크와 달콤한 케이크를 차와 함께 내주었다. 한쪽에 에머슨이 1844년에 쓴 『서인도제도 해방에 관한 연설』*Address on West Indian Emancipation*이 손때 묻은 채로 놓여 있었다. 2년 전 에머슨이 인쇄와 배포를 감독했고, 성공을 거둔 책이었다. 알고 보니 대처—그 역시 노예제에 반대하는 운동가였다—가 예전에 이곳에 두고 간 것이었다. 대처는 이 책을 읽고 적어도 두 사람은 리버티당Liberty Party**으로 돌아섰을 것이라고 자랑스럽게 말했다. 소로는 심지어 이곳에서도 국가가 보인다고 생각했다. 하지만 소로는 이 지역이 "인간의 거주지로서는 **진정** 마지막"일 것이라고 다시 한번 장담했다.[101]

이번에는 소로의 생각이 어느 정도 옳았다. 해는 졌지만 소로가 주장한 대로 원정대는 달빛에 의지해 노스 트윈North Twin 호수를 5마일 정도 거슬러 올라갔다. 미국과 캐나다 사이의 고원에 있는 "고결하고 잔잔한 호수"였다. 매코슬린이 벌목꾼 시절에 묵었던 야영지로 길을 안내하는 동안 날은 점점 어두워졌다. 소로 일행은 서둘러 마른 나뭇가지를 모았고, 매코슬린은 나무 몇 그루를 잘라 길이 10피트, 높이 3~4피트로 모닥불을 지폈다. 그러고는 천막을 설치했는데 여기에 불꽃이 옮겨붙은 것을 뒤늦게 발견했다. 그들은 불 붙은 천막을 얼른 쓰러뜨렸고 타다 만 부분은 방수포 용도로 바닥에 그대로 두었다. 그런 다음 배를 뒤집어 그 아래에서 잠을 청했다. 차가워진 발은 모닥불 쪽으로 둔 채였다. 소로는 한밤중 잠에서 깨 모닥불에 나무를 던져 넣고선 저 멀리 호수에 비친 달을 바라보았다. 무스나 늑대를 볼 수 있기를 바라면서 광활한 적막 속에서 실개천이 졸졸 흐르는 소리에 귀를 기울였다. 마침내 새로운 세계에 발을 들여놓은 느낌이었다. 결코 잊지 못할 "근엄하면서도 친절한 대자연"이었다.[102]

동이 트기 전 길을 나섰고, 활활 타오르는 모닥불은 그대로 두었다. 가

** 미국에서 처음으로 노예제를 반대한 정당으로, 1839년 결성되었다.

치 있는 목재가 사라져 버린 이 축축한 숲에서는 이것이 관행이며, 남은 것들이 다 타든 말든 아무도 신경 쓰지 않는다고, 불에 대해 잘 아는 소로는 기록했다. 소로는 멜빌의 『타이피족』*Typee*을 읽었다. 일행이 노를 저어서 가는 동안 소로는 타이피족이 있는 남태평양의 어느 만으로 가고 있다고 상상했다. 상상 속 타이피족은 해변으로 가져올 코코넛과 빵나무 열매를 따기 위해 언덕으로 뛰어가고 있었다. 하지만 현실에서 그들이 탄 부야저는 친절한 인디언을 한 명도 만나지 못했다. 그들은 노를 저어 호수들과 그 사이사이의 통로들을 통과했다. 호수에는 "울타리 같은 것"이 쳐져 있었는데, 켜지 않은 생목재를 한 줄로 묶어 놓아 목재 유실을 방지하는 울타리였다. 그 덕분에 통나무들은 봄에 급류를 타고 하류에 있는 굶주린 제재소로 떠내려가지 않았다. 소로는 매번 어김없이 놀라며 "시골의 평범한 길조차 백인에게는" 너무나 아름답고 기상천외하다고 느꼈다. 움베디지스Umbedegis 호수의 물목에서 아침을 먹은 뒤, 소로는 토머스, 엉클 조지와 함께 오래된 벌목꾼 숙소의 잔해를 탐색했다. 부서진 대장간이 딸려 있었다. 이 깊은 곳에도 폐허와 유물이 있다니. "어디를 가든 그곳에 먼저 발을 디딘 사람이 있다."[103]

일행은 호수를 지나고 육상운반로를 통과하며 1마일씩 앞으로 나아갔다. 나무의 몸통에 오렌지색 광고판이 둘러쳐져 있는 것이 보였다. 보스턴의 대형 의류 상점 오크 홀Oak Hall을 광고하는 판이었다. 마침내 카타딘산 기슭에 도착했다. 죽은 무스의 뼈가 그곳이 야영지임을 말해 주고 있었다. 매코슬린은 이곳에 "송어가 바글거린다"라고 장담했다. 일행은 무스의 늘어진 갈비뼈를 더듬어 본 뒤 사냥꾼이 놔두고 간 자작나무 낚싯대를 잡았다. 낚싯바늘을 던지기가 무섭게 물고기가 달려 올라왔다. 소로는 낚싯바늘을 잃어버리고부터는 다른 사람들이 물가로 던져 주는 물고기를 잡았다. 반짝거리는 물고기들이 소로 주변으로 "소낙비처럼" 떨어졌다. 살아 있을 때 물고기들은 "아름다운 꽃 같았다. 소로는 자신의 감각을 믿을 수 없다는 듯 넋을 잃고 서 있었다. 이 보석들은 세상과 멀리 떨어진 아볼작나게삭Aboljacknagesac*의 물에서 분명 오랫동안 헤엄쳐 왔을 것이다! 기나긴 암흑의 시대에는 인디언들만이 이 빛나는 꽃들을 볼 수 있었을 것이다!" 매코슬린은 전리품을 프라이팬에 넣고 돼지고기와 함께 지글지글 볶았다. 배불리 먹고 나서 소로는 종을 식별하기 위해 지느러미 줄과 비늘을 세어 보았다. 나중에 그는 이 물고기가 "송어" 혹은 백송어이며, 학명은 류시시 풀켈리Leucisci pulchelli라고 일기에 기록했다. 잠이 들었을 땐 송어를 낚아 올리는 꿈을 꾸었다. 잠에서 깬 소로는 반신반의하며 다시 호수로 가서 낚싯줄을 던졌다. 그러자 "꿈이 실현되고 우화가 사실이 되었다." 카타딘산의 어스름한 능선 아래에서 소로는 달빛이 스러지고 동이 틀 때까지 송어를 잡았다.[104]

아침 6시, 송어를 배불리 먹은 여섯 남자는 개울 상류로 길을 나섰다. 일행은 소로가 카타딘의 최고봉이라 착각한 곳을 향해 나침반을 맞추고서 험한 시골길을 걸었다. 중간중간 블루베리를 따 먹었고 곰, 무스, 토끼의 배설물을 피해 갔다. 오후 4시쯤 되었을 때 더 위로 가면 물이 없을 것 같아 이동하기를 멈추고 그 자리에서 야영을 하기로 했다. 하지만 소로는 멈추지 못하고 혼자 계속 산을 올랐다. 전나무와 자작나무 뿌리를 잡고 몸을 위로 끌어 올리거나 이끼와 크랜베리가 엉겨 붙어 납작해진 위험천만한 가지 끝을 밟으며 기어올랐다. 발아래에 뚫려 있는 구멍들을 힐끗 보았더니 캄캄한 동굴이 입을 벌리고 있었다. "내가 여행한 곳 중 가장 위험하고 구멍이 많은 지역이었다." 마침내 수목한계선을 지나 산 중턱에 이르렀다. "말 없는 회색 바위들이 갖가지 형태와 크기로 흩어져 있었는데, 그 모습이 마치 해 질 녘 목초지에서 가만히 서서 되새김질을 하는 양 떼와 소 떼 같았다. 녀석들은

* '공터를 흐르는 개천'open-land stream이라는 의미이다.

나를 쳐다볼 때마다 매 또는 음매 울었다." 이 목가적 유머가 소로의 한계였다. 어둠이 내리기 시작하는데 머리 위로 보이는 것이라곤 구름뿐이었다. 하지만 몸을 돌리자 메인강이 한눈에 들어왔다. "넘실대는 잔물결이 아래로 굽이쳐 흐르고 있었다."[105]

돌아와 보니 친구들은 벼랑 끝에서 처량하게 웅크리고 있었다. 한 사람은 병이 나서 담요를 둘둘 말고 있었고 나머지는 저녁도 먹지 않고 앉아 있었다. 기나긴 밤이 지나도록 "어린 회오리바람의 둥지"에서 선잠을 잤다. 아침에 일어나 차가운 돼지고기와 비스킷으로 식사를 한 뒤 소로는 일행을 산등성이로 이끌었다. 곧이어 그는 사람들을 뒤에 남겨두고 거침없이 고원으로 올라갔다. 잘 보이지는 않았지만, 정상까지 몇 백 피트 남겨두고 있었다. 바위 사이를 통과하며—"마치 먼 옛날에 바위가 비처럼 쏟아져 내렸던 것만 같았다"—계속 오르자 정상이 나타났다. 구름이 치마폭처럼 그를 감쌌다. 이따금 바람이 불어 잠깐 해가 나타났지만, 곧이어 흐린 회색 빛이 그를 에워쌌다. 이곳은 구름 공장 같아서 "바람에 밀리면 밋밋한 바위에서 나가떨어질 수밖에 없었다". 소로는 이곳을 표현한 말들을 떠올려 보았다. 이 산은 프로메테우스가 죽지 못하고 형벌을 받는 코카서스, 카타딘의 "악령" 포몰라가 깃든 곳, 이곳을 오르는 모든 이에게 화를 내는 신이 있는 곳. 이것으로는 부족했다. 소로는 자신의 언어로 직접 표현해 보았다.

> 거대하고 압도적이어서 인간은 절대로 살지 못할 곳. 구경하기 위해 오르는 사람은 자신의 일부분이, 뭔가 중요한 장기가 느슨한 갈비뼈 사이로 사라지는 느낌을 받는다. 혼자인 것보다 더 고독해진다. (…) 광막하고 냉혹한 대자연은 인간을 곤경에 빠뜨린 채 홀로 남겨 둔다. 평원처럼 미소 짓지 않고, 인간을 좀도둑질한다. 대자연은 올 때가 되지 않았는데 왜 여기에 왔냐고 엄하게 꾸짖는 것 같다. 이 땅은 준비가 되지 않았다면서. 이 몸이 골짜기에서 미소 지은 것으로 충분하지 않더냐? 이 땅은 그대의 발을 위한

것이 아니요, 이 공기는 그대의 한숨을 위한 것이 아닐지니. (…) 부르지도 않은 곳에 나타나 나를 찾는 연유가 무엇인고? 내가 당신의 상냥한 어미가 아니라고 불평하는 이유는 또 무엇이란 말인고!

그는 더 머무를 수가 없었다. "여기서 기도는 할 수 있지만, 그 기도가 전해지지는 않을지니. 그대는 얼어붙거나 굶어 죽든지, 아니면 떨다가 숨이 멎을 터. 여기는 사원도, 제단도 아니므로 내 귀에 전달될 일은 없을지어다." 친구들이 아래에서 그를 기다리며, 산에서 벗어나 강으로, 집으로 돌아가기를 간절히 바라고 있었다. 하늘은 여러 날 동안 개지 않을 수도 있었다. 더는 지체할 수 없었지만 막상 떠나려니 마음을 다잡아야 했다.[106]

내려가 보니 친구들은 나무 하나 없는 목초지에서 크랜베리와 블루베리를 따 먹으며 기다리고 있었다. 그들은 산비탈에서 풍경을 바라보며 서로를 위로했고—구름과 안개가 없으면 산이라 할 수 있겠어?—쓰러진 통나무를 밟고 깡충깡충 뛰면서 길이 어디로 이어질지 모르는 채로 서둘러 하산했다. 토머스가 나무에 올라가 공터가 있는 방향을 알려 주었다. 공터에 새로운 발자국이 찍힌 걸로 보아 무스가 인기척을 느끼고 급히 달아난 게 분명했다. 얼마 지나지 않아 익숙한 지형지물이 보였고, 2시쯤에는 배를 댄 곳에 도착했다. 그들은 하류로 돌진했다. 장대는 부러졌고 비품은 바닥이 났으며 날씨는 예측할 수 없었다. 바위에 부딪히거나 늪에 빠지지 않기를 바랄 뿐이었다. 그날 밤 일행은 오크 홀의 육상운반로에서 야영을 했고, 다음 날 해가 뜨자마자 출발했다. 호수와 육상운반로를 몇 번 지나고 나니 아름다운 움베디지스 호수가 나타났다. 그곳에서 일행은 마지막 남은 돼지고기로 아침을 먹었다. 미끄러지듯 하류로 내려오는 동안 하늘이 맑게 개고 카타딘산이 모습을 드러냈다. 높고, 평온하고, 구름 한 점 없었다. 오후가 되어 그림자가 길어질 무렵 토머스의 집에 도착했다. 거기서 일행은 넵튠과 그의 친구가 자작나무 카누를 타고 강 상류로 노를 저어 가는 것을 발견했다. 넵튠이 조심스럽게 "'우리가 뭘 잡았는지 아시오?'" 하고 물었지만 소로 일행은 대답하지 않았다. 넵튠은 건강이 좋지 않다고 말했는데 보아하니 술에 잔뜩 취한 것 같았다. 토머스를 집에 남겨 두고 일행은 매코슬린의 집에서 하룻밤을 묵었다. 이튿날 뱅고어 사람 세 명과 소로는 계속해서 강 하류로 내려갔고, 다음 날인 9월 11일 오전 1시 30분 뱅고어에 도착했다. 세 시간 후 소로는 보스턴행 증기선에 올랐고, 날이 저물 무렵 월든 호숫가 집에 도착했다. 2주가 채 되지 않았지만, 그의 의식에 혁명이 일어나기에는 충분히 긴 시간이었다.

그 높은 카타딘산에서 소로에게 정확히 무슨 일이 일어났을까? 모든 것이 그의 예상을 빗나갔다. 심지어 야생의 자연조차 전혀 야생이 아니었다. 길이 끝나도 집들은 끝나지 않았고, 마지막 집이 나온 후에도 벌목꾼 숙소, 대장간, 댐, 통나무, 바퀴에 패인 산길, 심지어 광고판이 보였다. 자연 그대로의 숲이 벌목되었고, 잘린 나무는 빠짐없이 낙인이 찍혀 있었다. 그들의 운명은 하늘로 뻗어 오르는 것이 아니라 하류로 떠내려가 제재소에 가 닿는 것이었다. 늑대나 사슴은 보지도 못했다(보았더라도 살아 있는 것이 아니었다). 그가 만난 인디언들은 고매하지도, 친절하지도 않았다. 카타딘산도 그를 받아 주지 않았다. 바람과 안개로 못살게 굴다가 소로가 산 아래로 내려오자 그제야 미소를 지었다.

그럼에도 불구하고 그곳은 장엄하고 신선했다. 집으로 돌아와 책상에 앉은 소로는 글을 써 내려갔다. 페이지가 쌓이고 쌓이다가 바닥으로 흘러내렸다. 글이 그렇게 잘 쓰인 적이 없었고, 본인도 그걸 알고 있었다. 그에게 어떤 일이 벌어진 걸까? 돌이켜 생각해 보면 그에게 전환점은 바위가 많고 구름에 파묻혀 있던 카타딘산이 아니었다. 그곳에서 소로는 신의 계시에 대비했으며, 숭고한 자연이 쌀쌀맞게 대하리라는 것을 정확히 예상했다. 그가 훨씬 더 신기하고 놀라운 경험을 한 곳은 그 아래에 있는 평화로운 초원이었다. "걷다 보니 버려진 방목장인 듯 친숙하게 느껴지는 곳을 통과하고 있었다." 소로는 블루베리를 맛보면서 초원을 돌아다니다가 신기한 사실을 깨닫고는 생각이 송두리째 바뀌었다. 누구도 이 땅을 경작한 적이 없었다. "여기에서는 사슴이 풀을 뜯고 곰이 살금살금 숨어 다닌다. 자고새가 열매와 새싹을 먹으며 산다." 이 부드럽고 묘한 초록의 풀밭이 그의 허를 찔렀다. "이곳은 인간이 가꾼 땅이 아니었으며 누구도 손댄 적이 없는 세계였다. 잔디도 풀밭도 목초지도 삼림도 초원도 논밭도 황무지도 아닌, 지구라는 행성의 싱싱하고 자연스러운 표면이었다." "어머니 대지"도 아니었다. 그저 "광막하고, 아주 멋진 물질"이었다. 어떤 식으로든 인격화할 수 없는, "신이 이 세계를 창조할 때 꼭 맞는다고 여긴 것들의 표본이었다".

소로가 쓴 글에서 소로가 가장 힘주어 말하며 감정적으로 호소하는 부분은 다음과 같다.

> 박물관에 입장해서 끝도 없이 전시된 특별한 물건을 보는 것과 어느 별의 표면이나 그 본토에 있는 어떤 단단한 물질을 보는 것은 얼마나 다른가! 나는 내 몸에 경외를 느낀다. 나를 붙잡고 있는 이 물질이 아주 낯설어졌다. 나는 귀신과 유령이 두렵지 않다. 사실 나도 그중 하나다(내 몸은 어떨지 몰라도). 하지만 나는 몸이, 물질이 두렵다. 대면하기가 무섭다. 나를 장악한 이 막강한 존재는 대체 무엇인가? 신비할 따름이다! 자연 속에서 펼쳐지는 우리의 삶을 생각해 보라. 매일 물질을 만나고, 접촉한다. 바위, 나무, 볼을 스치는 바람! 견고한 대지! 현실 세계! 상식! 접촉! 접촉하라! 우리는 누구인가? 우리는 어디에 있는가?

어떤 이들은 이 글에서 공포와 소외만을 본다. 낯선 몸에 사로잡힌 유령이 되는 것은 분명 섬뜩한 일이다. 하지만 실존적 공포는 대단히 근원적이라서 소로는 여기서 마침내 자신의 한계점, 자신의 근본적 진리를 발견했다. 그는 겁내지 않고 포용했다. 나를 소유하고 있는 것을 **완전히 소유하리**

라. "어떤 단단한 물질", "나를 붙잡고 있는 이 물질", 이 "**현실** 세계", "바위, 나무, 볼을 스치는 바람"을![107] 우리를 둘러싸고 만지고 쓰다듬는 신비는 곧 우리이자 우리의 모든 것이다. 몸을 가진 모든 존재가 그러하듯 우리도 "본토에 존재하는 단단한 물질"이다. 그 신비에 대한 손을 뻗어 되만지고 몸으로 부딪히는 것이다. "**접촉하고 또 접촉하라**!" 그는 산에서 아무것도 갖고 나오지 않았다. 자신의 몸을 갖고 나왔을 뿐. 이제 소로는 자신의 몸이 바위, 나무, 바람 같은 이 행성의 물질—"별의 표면"—과 다름없다는 것을 깨달았다. 소로는 카타딘산에서 진리를 찾았다. 그 진리는 한없이 심오하지만 친근하고 익숙했다. 그리고 형언할 수 없을 정도로 지극히 원초적이었다.

물론 소로는 그 진리를 말로 표현했고, 이 별의 표면에 그를 붙잡아 두고 있는 물질만큼이나 원초적인 새로운 언어를 찾았다. 1846년 가을 내내 소로는 초원에서 조심스럽게 적은 메모—심지어 급류로 요동치는 배 위에서 휘갈겨 쓴 메모—를 긴 이야기로 확장했고, 이 글을 기반으로 삼아 대중 앞에서 강연을 하고 잡지에 발표해 큰 성공을 거두었다. 소로가 글에서 언급한 "그 냉혹한 숲의 설명할 수 없는 부드러움과 불멸의 삶", "무스, 곰, 순록, 늑대, 비버, 인디언"은 철도와 전보에 의존하는 삶을 생각하고 있는 미국 사람들에게, 그들의 집은 "바로 어제" 자란 나무로 지어졌으며, "그곳에서는 아직도 인디언이 사냥을 하고 무스가 뛰어다닌다"라는 것을 보여 주었다. 그는 콩코드의 익숙한 들판도 새로운 눈으로 보았다. "우리의 들판은 신만큼 오래되었으며, 우리가 보는 바위들도 신의 손에서 찍혀 나왔다." 카타딘산에서 갖고 온 진리 덕분에 소로는 주변의 물리적 세계와 더 깊은 동족 의식을 갖게 되었다. 그해 가을 그는 이렇게 말했다. "모든 물질은 어떤 면에서 인간과 동족이며, 같은 법칙의 지배를 받는다."[108] 호숫가에 서서 밤하늘을 올려다보면서 소로는 별이 "먼 친척"이라 여겼다. 어떤 별의 표면에서 있다는 것은 발아래에 하늘을 둔다는 뜻이었다. 소로는 월든의 범위가 인간의 경계를 넘어 머리 위에 떠 있는 저 별들에 가닿는다는 것을 알았다.

월든을 떠나며

『월든』에서 소로는 첫해를 묘사할 때와 마찬가지로 두 번째 해도 간략하게 서술하고 2년, 2개월, 2일이 하나로 통합된 연간 주기를 탄생시켰다. 하지만 실제로 두 번째 해는 소로의 실험에서 결정적으로 중요했다. 계절의 순환에 따라 한 번 더 생활을 해 보면서 전해와 어떻게 다른지를 비교하고 기반을 더 단단히 했기 때문이다. 예를 들어, 두 번째 해 여름에는 콩을 다시 심을지, 아니면 "성실·진리·검소·신의·신뢰·순수를 파종하고 이 땅에서 잘 자라는 것을 볼 수 있을지"를 두고 고민했다.[109] 소로는 이 일을 했지만, 그러면서도 작물을 심었다. 하지만 그가 심은 콩, 토마토, 호박, 옥수수, 감자 등이 6월 12일 밤에 된서리를 맞고 모두 죽어 버렸다. 이 일을 겪은 뒤 소로는 농사 실험을 단념하고, 그 시간에 "야생 종족"을 돌봤다. 그런 일의 하나로 월든에서 처음 한 작업이 야생 열매를 따서 상자에 모으는 것이었다. 소로는 빨간 허클베리 나무와 샌드체리, 철목나무, 서어나무, 팽나무의 씨앗을 모아 친구인 마스턴 왓슨에게 선물했다. 왓슨은 플리머스에 집을 짓고 80에이커에 달하는 주변 땅에 묘목장과 과수원을 만들고 있었다. 그리고 몇 달 후인 1846년 2월에 "동부의 아가씨" 메리 러셀과 결혼했다. 소로는 그들의 어린 과수원이 어떻게 성장할지 흥미를 갖고 지켜봤다. 거기도 엄연한 월든이었기에.

1846~1847년 겨울을 나는 동안 소로는 대자연을 향한 관심이 폭발했다. 세계와 "접촉"하겠다는 사명감으로 과학에서 새로운 수단과 방법을 찾아냈다. 카타딘산에서 멋진 송어 한 마리를 표본으로 삼아 지느러미 줄을 센 적이 있었고, 두어 달 전에는 강에서 다른 송어 한 마리를 잡아 자세히 조사하고 글로 생생히 묘사했으며, 일전에 자신이 「매사추세츠 자연사」 서평을 쓸 때 읽었던 보고서에 수록된 물고기와 대조해 보았다. 그 보고서를 쓴 사람의 아들이 하버드에서 새알 수집법에 대해 알고 싶다고 편지를 써

보내오자, 소로는 행복한 추억에 잠겨 그를 월든 호수로 초대했다.[110] 궁금한 사항은 늘어만 갔다. 얼음 자르는 인부들이 월든 호수에 왔을 때 호기심이 발동한 소로는 얼음에 구멍을 뚫고 수온을 측정했다. 그리고 물고기가 이렇게 차가운 물에서 어떻게 생존할 수 있는지 의문을 품었다. 같은 질문을 한 사람이 루이 아가시*였다. 그해 겨울 많은 사람이 주말마다 보스턴의 트레몬트 예배당에 모였다. 한 번에 5,000명이나 되는 사람들이 운집한 것은 "동물계에 존재하는 창조의 설계도"에 관한 아가시의 로웰 강연Lowell Lectures을 듣기 위해서였다. 사람들의 흥미를 끌려고 아가시는 물고기 비늘을 하나 그린 다음—청중들은 감탄한다—점차 물고기 형태로 빠르게 그려 나갔는데, 완성된 물고기는 마치 칠판 위에서 헤엄쳐 튀어나올 듯했다. 소로도 열정이 불타올랐다. 그는 눈이 녹자마자 그 비범한 사람에게 보낼 표본을 수집했다. 5월 3일에는 아가시의 조교 제임스 엘리엇 캐벗이 소로가 월든 호수에서 표본을 세 상자나 보낸 것에 아가시를 대신해 기쁨과 감사의 말을 보내왔다. 그 상자에는 작은 진흙거북—"정말 보기 드문 종이었습니다!"—과 서커, 퍼치, 도미, 송어가 있었다. 앞으로도 거북을 더 보내 주실 수 있을까요? 캐벗은 비용으로 5달러를 동봉했다.[111]

한동안 편지와 표본이 활발히 오갔다. 소로는 수집하고 포장하고 발송하는 일만 하지 않고, 엄청난 질문 공세로 "큰 피해"를 끼쳤다. 월든 호수에서 사는 강꼬치고기는 다른 강에서 사는 강꼬치고기와 왜 다른가? 메기도 지역마다 다른데, 왜 그런가? 서커sucker**는 대체 무슨 종인가? 퍼치perch는? 중고기는? 아가시는 질문을 좀 더 받고 싶었을까? "또한 밍크, 사향쥐, 개구리, 도마뱀, 거북, 뱀, 물여우, 거머리근육leeches muscles〔원문대로〕 등등이 있습니다. 더 정확히 말씀드리자면, 다 **여기** 있는 것들이지요." 아가시는 직접 와서 보고 싶었을까? 5월 말에 캐벗은 소로가 기여한 바에 대해, 특히 다

* 스위스 태생의 미국 고생물(해양생물) 학자이자 지질학자다.

** 잉어와 유사한 담수어.

양한 생물종을 새로 과학에 소개한 것에 대해 아가시가 "놀랍고 기쁘게 생각한다"라고 전했다. 소로가 보낸 "작은 여우"는 새로운 집에서 잘 적응하고 있었다. 아가시 교수의 뒤뜰에서. 마지막으로 아가시는 월든 집에서 소로와 함께 사는 동물이 "흰 배 생쥐"the white-bellied mouse라고 확인해 주었다. 아가시가 그때까지 보아 온 그 종의 첫 번째 표본이었다.[II2]

소로의 눈앞에 완전히 새로운 경력이 펼쳐지고 있었다. 적어도 에머슨은 그렇게 생각했다. 처남인 찰스 T. 잭슨이 미시간주의 지질을 조사할 과학 탐사대를 꾸릴 때 소로를 그 일원으로 추천한 것을 보면 알 수 있다. 5월 말 소로는 이 탐사대에 너무나 끼고 싶은 나머지, 『콩코드강과 메리맥강에서 보낸 일주일』을 펴낼 출판사에 자신이 "상당히 긴 시간 여행"[II3]을 떠날 참이니 얼른 인쇄를 끝내 달라고 재촉했다. 하지만 잭슨은 소로를 탐사대에 넣지 않고 미시간주로 떠나 버렸다. 당시에는 탐사 기회를 얻으려면 매우 치열한 경쟁을 통과해야 했다. 소로가 탐사대에 뽑혔다면 어땠을까? 이듬해 여름 아가시의 탐사대에 합류해 슈피리어 호수로 갈 수 있었을까? 만일 그랬다면 소로는 아가시가 이끄는 과학자 무리의 한가운데에, 미국 과학계의 토대 위에 서게 되었을 것이다. 나중에 이 무리에 들어온 윌리엄 제임스•••라는 청년은 1865년 아가시의 탐사대에 합류해 브라질로 떠났다.

그러나 이것은 소로가 나아갈 길이 아니었다. 그가 탐험하고 싶어 한 "여백"은 지도가 아니라 마음속에 있었다. 외부와 내부를 향한 두 가지 형태의 탐험은 놀라운 방식으로 하나가 되었다. 아가시의 조교 캐벗이 『바가바드기타』를 읽고 흥분해 에머슨에게 그 이야기를 한 것이 그 계기였다. 에머슨은 『바가바드기타』를 알고는 있었지만 실제로 본 적은 없었다. 1845년 6월에 『바가바드기타』가 콩코드에 들어왔다. 소로는 곧 그 경전을 읽기 시작했다. 그리고 교도소에 간 그해 여름 소로는 "그는 수도자가 될 수 없다.

••• 미국의 심리학자·철학자로 "의식의 흐름"이라는 용어를 맨 처음 쓴 사람이다. 빌헬름 분트와 함께 근대 심리학의 창시자로 일컫는다.

그의 행동에는 아직 생각이 남아 있기 때문이다"라는 『바가바드기타』의 구절을 일기장에 옮겨 적었다.[114] 그는 『바가바드기타』를 자신의 성서로 여길 만큼 가까이했다. 소로가 책상에 앉아 『바가바드기타』를 펼친 봄날 뉴잉글랜드 얼음 산업의 "왕"인 프레더릭 튜더가 월든 호수의 얼음을 캐러 아일랜드인 노동자들을 데려왔다. 채빙 인부들은 하루에 1,000톤가량 얼음을 잘라 갔다. 에머슨은 기겁했다. "이 일이 계속된다면 내가 가장 중요하게 여기는 것, 언젠가는 기쁜 마음으로 팔 수도 있는 내 부지가 튜더 때문에 망가지고 말 것이다." 반면 소로는 신이 났다. 인부들과 농담을 주고받았고 자신의 집에서 몸을 녹이게 했다. 그는 인부들이 "담청빛 도는 대리석으로 탑을 쌓아 올리는" 것을 보면서 인도의 "목마른 토착민"이 머지않아 자신의 샘물을 마시게 될 것이라고 상상했다. "아침이면 나는 『바가바드기타』라는 거대하고 우주적인 철학에 내 지성을 담근다." 그런 뒤 호숫가로 가면 "오, 나의 샘이 있다! 나는 그곳에서 브라만의 하인을 만난다. (…) 주인에게 바칠 물을 길러 온 것이다. 우리의 양동이는 말하자면 같은 샘에서 함께 삐거덕거린다. 월든의 순수한 호수 물이 갠지스의 신성한 강물과 섞인다". 세계무역이라는 근대의 기적—애초 『바가바드기타』를 소로에게 전해 준 그 기적—을 통해 그는 이제 인도의 신성한 경전과 새롭고 근대적인 뉴잉글랜드의 경전을 통합해 은혜를 갚고 싶었다. 『월든』의 지혜가 전 세계의 바다에 섞여 들 참이었다.[115]

소로는 자신의 집을 오래가게 지었다. 우리는 별난 노인이 소나무에 둘러싸인 집에 살면서 나이 들어가는 모습을 쉽게 그려 볼 수도 있다. 사실 소로는 미국의 대표적 은둔자로서 그의 지혜로운 삶은 아직도 유효하다. 하지만 살아 있는 인간 소로는 그곳을 떠났고, 몇 년이 지났을 때는 떠난 이유조차 잘 기억하지 못했다. "내가 왜 숲을 떠났을까? 잘 생각이 나지 않는다. 가끔은 다시 돌아가고 싶다. (…) 아마도 변화를 원했던 것 같다. 약간 침체되었던 것인지도 모른다. (…) 그곳에서 훨씬 더 오래 살았더라면 영원히 머물렀을지 모르지만, 누구라도 그런 조건을 천국으로 받아들이려 한다면 한 번 더 생각해 봐야 할 것이다." 그는 『월든』에서 이렇게 덧붙였다. 그에겐 "몇 개의 삶이 더 있으며, 월든에서의 삶에는 더 할애할 시간이 없었다."[116]

더 알기 쉽게 말하자면, 그가 월든을 떠난 것은 거절할 수 없는 누군가의 부름을 받아서였다. 바로 리디언 에머슨이었다. 월도 에머슨은 1년간 유럽에서 강연 여행을 할 계획을 세우고 있었다. 당시 유럽에서 초월주의가 인기를 끌고 있었는데 그 분야의 떠오르는 신예가 바로 월도 에머슨이었다. 8월 29일 리디언은 남편이 집을 비우는 동안 자신의 친구 한 사람을 들이려 했지만, 갑자기 마음을 바꿔 소로에게 자기 아이들과 한집에서 지내는 게 어떻겠느냐고 제안했다. 에머슨이 크게 호의를 베풀지 않았더라면 소로는 월든 호수에서 살 수 없었을지 모른다. 그래서 그들 내외가 도움을 청하자 곧바로 응한 것인지도 모른다. 일주일 뒤인 1847년 9월 6일 소로는 책과 가구를 마차에 싣고 현관문을 닫은 뒤 월든 호수를 떠났다. 그 뒤로는 다시 돌아오지 않았다. 9월 17일 에머슨은 그 집을 사서 자신의 소작농 휴 웰런에게 세를 놓았다. 그렇게 월든의 시대는 정리되었고, 10월 5일 소로, 리디언, 올컷 부부는 유럽으로 긴 여행을 떠나는 월도 에머슨을 보스턴항에서 배웅했다. 아바 올컷은 "숨이 넘어갈 듯" 울었지만, 리디언은 역시 그녀답게 눈물 한 방울 흘리지 않았다.[117] 에머슨이 배가 수평선 너머로 사라지자, 리디언과 소로는 콩코드로 돌아와 함께 살림살이를 시작했다. 은둔자 소로는 역사 속으로 사라졌다. 소로가 혼자 살아가는 일은 두 번 다시 일어나지 않았다.

6장

작가의 삶

1847-1849

하지만 어떻게 지상에서 연필을 만드는 내가
멀쩡한 정신으로 신들과 대화할 수 있을까?

—

헨리 데이비드 소로, 『콩코드강과 메리맥강에서 보낸 일주일』

"제 아빠가 되어 주시겠어요?"
: 소로, 에머슨의 집에서

훗날 소로는 자신이 그토록 월든을 떠나고 싶어 한 이유가 무엇이었는지 자문했지만, 어떤 의미에서 그는 단 한 번도 월든을 떠난 적이 없었다. 월든은 새로 탄생한 자아감에 달라붙어 남은 생애 내내 그와 함께했다. 독립적이고, 군중 속에 있을 때조차 고독하기를 추구하는 그 자아감은 소로의 천성과 맞닿아 있었다. 마을로 이사하고 몇 주가 지난 뒤 소로는 자기가 지금 졸업 연설을 통해 공표한 저항의 이상에 부합하는 삶을 살고 있다며 1937년 졸업반 친구들에게 자부심을 드러냈다. "흔히 말하는 직업이나 산업을 배제한 삶의 방식을 찾아냈다네. (…) 이렇게 부를 수 있는지는 모르겠지만 나의 상시직은 내 조건을 최상으로 유지하는 것, 그리고 천국과 지상에서 무슨 일이 닥치든 당당히 맞을 준비를 하는 걸세."[1] 월든에서 그는 천국을 만났다. 이제는 가정과 사회, 지상의 도전을 마주할 차례였다. 그가 월든에서 발견한 것이 진실이었다면, 그 진실은 어디를 가든 그와 함께할 터였다. 여기 에머슨의 집도 예외는 아니었다.

다시 한번 에머슨의 집 층계 끝에 있는 "예언자의 골방"에 작은 녹색 책상이 놓였다. 1847년 10월 5일부터 1848년 7월 30일까지 10개월 동안 소로는 그저 정원사나 심부름꾼이 아니라 실질적 가장으로서 이 북적이는 공동체를 책임졌다. 리디언, 에머슨의 세 자녀—여덟 살 된 엘런, 여섯 살 된 이디스, 세 살 된 에드워드(헨리의 편지에 등장하는 이름대로라면 엘리, 에디, 이디)—그리고 아이들의 이모인 루시 브라운과 상주 하인 애비와 알미라 스티븐스가 그 구성원이었다.[2] "타고난 은둔자인 제게 이런 생활은 공동체에 들어가는 것과 약간 비슷합니다." 나중에 소로는 에머슨에게 이렇게 털어놓았다. 하지만 이 새로운 실험은 "모두에게 이로운 일이었고, 저 또한 거기에 참여한 시간과—일시적이었든 영구적이었든—그 일을 후회하지는 않습니다."[3] 소로는 채마밭과 조경도 맡은지라 정원사 휴 웰런을 감독하는 일도 수행했다. 또한 에머슨의 복잡한 재정 문제도 살펴야 해서 그에 관해 끝도 없이 상의했으며,[4] 그 외에도 아이들과 매일 오랜 시간을 보냈다.

새로운 소식과 모험을 가득 담은 서신들이 대서양을 건너 오갔다. "저와 리디언은 살림을 썩 잘하고 있습니다." 소로는 월도 에머슨을 안심시켰다. "리디언은 정말 다정한 누이 같습니다. 엘런, 이디스, 에디, 브라운 이모는 언제나처럼 삶의 희극과 비극과 희비극을 수시로 상연하고요." 엘런과 이디스가 힐사이드에 있는 애나 올컷이 운영하는 학교에 가 있는 시간에 헨리는 어린 에디를 가르쳤다. 에디는 헨리의 어깨에 앉아 세상을 탐구했으며, 이제 "나무로 만든 것이든 백랍으로 만든 것이든 말 인형을 보면 아무리 새롭고 희귀한 종이라 해도 대번에 알아볼 수 있다"라고 소로는 월도에게 귀띔해 주었다. "어느 날에는 아주 진지하게, '소로 아저씨, 제 아빠가 되어 주시겠어요?'라고 묻더군요. 가끔은 장난으로 에디에게 난폭한 무법자처럼 굴기도 한답니다. **녀석**과 너무 정이 들지 않으려고, 또 녀석이 아빠를 너무 그리워하지 않도록 말입니다." 월도는 놀랐고, 고마웠다. "스파르타인이자 불교도인 헨리가 **자신을 한 수 접고 좋은 사람이자 아버지가 됐더군**." 그는 리디언에게 이렇게 말하면서, 헨리가 가족과 함께 있다고 생각하면 매일 위안이 된다고 덧붙였다.[5]

그해 가을의 가장 흥미진진한 얘깃거리는 소피아 포드가 헨리 소로에게 청혼한 일이었다. "쓰기 망설여집니다만, 그녀는 저와 결혼하기를 진심으로 원했습니다. 사람들 말로는요." 물론 청혼은 거절했다고 그는 서둘러 덧붙였다. "제 인생에 이런 어려움이 닥치리라고는 전혀 예상하지 못했습니다." 에머슨은 얼굴을 붉히며 답장을 보냈다. "편지에 민망한 얘기를 썼더군. 이 일은 둘 다 기억에서 지우도록 하지."[6] 포드(그녀는 당시 45세로, 소로보다 나이가 두 배 이상 많았다)는 에머슨 가족의 가정교사가 되기 전에는 올컷 가족과 함께 살았다. 월든에 살 때 소로가 했던 일 중 하나가 마을로 나와 에머슨의 헛간을 개축하는 일이었다. 포드가 거주하면서 아이들을 가르칠 수 있는 공간으로 만들어 주기 위해서였다. 포드는 건강 문제로 1년 만에 가정교사를 그만뒀지만 사람들에게 깊은 인상을 남겼다. 엘런은 아이들 모두가 그녀를 좋아했다고 기억했다. 루이자 메이 올컷은 포드가 여자아이들을 데리고 산책을 하다가 플린트 호수에 이르러 아이들의 옷을 벗긴 뒤 물속에 빠뜨린 일을 기억했다. "물고기들이 우리의 커다란 발 아래에서 미친 듯 도망쳤다. 맞은편으로 건너간 우리는 신발부터 차마 입에 담기 부끄러운 것들을 신고 입으며 즐거운 시간을 보냈고, 진흙투성이가 되어 흠뻑 젖은 채 뛰고 구르며 집으로 돌아왔다. (…) 우리는 미친 사람처럼 노래하고 고함을 질러댔다."[7]

자유로운 영혼을 가진 포드는 별난 행동으로 사람들을 놀라게 했다. 1849년 말 포드가 헨리 문제로 자살하려 한다는 소문을 듣고 마리아 고모는 벌벌 떨었다. 포드는 "앞뒤가 맞지 않는" 편지를 헨리에게 계속 보냈고, 헨리는 편지를 읽은 뒤 불에 태워 버렸다. 포드는 계속 학생들을 가르치고, 올컷 가족과도 연락을 이어 갔으며, 소로의 가족에게서 눈을 떼지 않았다. 1869년 그녀는 보스턴의 한 모임에서 헨리의 여동생 소피아에게 다가가, "저를 모르시겠지요, 소로 양"이라 말해 그녀를 소스라치게 했다. 1885년 포드가 사망한 뒤 루이자는 "소로를 앞세우고 자주 야생화를 탐색하러" 나갔던 그녀와의 수업이 너무나 행복했으며, 고인이 "평생토록 고매한 사유와 성스러운 삶을 열망했다"라는 내용의 헌사를 바쳤다.[8] 포드는 마지막까지 소로가 자신의 소울메이트이며, 나이 차이나 빅토리아 시대의 결혼 관념 따위가 중요하지 않은 사후 세계에서는 둘의 영혼이 함께하게 될 것이라고 주장했다.

그해 여름과 가을의 또 다른 중대사는 에머슨 가족의 여름 별장을 짓는 일이었다. 에머슨 소유의 절벽에 시인의 오두막을 짓겠다는 계획이 좌초하자 올컷은 버드나무 잔가지를 얼기설기 엮어 텐트를 만들면서 여름날들을 흥겹게 보냈다. 소로와 에머슨은 그 텐트가 마음에 들었고, 에머슨은 자신의 마당에 훨씬 더 큰 텐트를 만들어 달라고 올컷에게 의뢰했다. 1847년 7월에 세 사람은 마차를 몰고 에머슨의 월든 식림지植林地로 나가 기둥으로 쓸 어린 솔송나무 스무 그루를 베어 집으로 싣고 왔다. 에머슨은 이 나무들을 생각해 보라고 적었다. 그가 잠들어 있는 순간에도 쉬지 않고 성장했으며, 오랫동안 "다른 사람들이 울을 쳐서 보호하고 구매하고 소유해 온" 나무들, 그들이 이제 태양과 대지, 비와 서리를 그에게 나눠 줄 참이었다! 올컷이 나무를 벨 때 하필 옆에 있는 나무들을 덮치게 베는 바람에 소로가 쓰러지는 나무를 온몸으로 밀어 공터 쪽으로 넘어지게 했는데, 이 사실은 에머슨도 올컷도 언급하지 않았다.[9] 얼마 지나지 않아 올컷과 소로는 오두막의 바닥을 깔고 들보를 아홉 개 세웠다. 각기 아홉 뮤즈를 상징하는 것이었다고 올컷은 말했다. 그는 소로가 월든 오두막을 지을 때 사용한 방식처럼 일반적으로 목재를 활용해 가옥의 틀을 짜기보다는, 소로가 일일이 선별해서 갖고 온 곧은 가지와 굽은 가지를 교대로 엮고 끈으로 묶었다. 집이 형태를 갖춰 가는 동안 에머슨은 불안하게 바라보면서 저 집 같지 않은 구조물이 와르르 무너지면 어쩌나 걱정했다. 그는 리디언에게 "그 집을 와르르 홀Tumbledown-Hall이라 명명할까 한다"라며 농담을 했고, 풀러에게는 그 집이 "주주식 박공, 지붕창, 기타 등등을 갖춰 가며 내 옥수수밭 한가운데에서 걱정되리만큼 치수를 늘리고 있다"라고 적었다.[10]

1847년 가을이 저물기 전에 올컷의 작품이 그 얼개를 드러냈다. 그가 "실번"Sylvan* 양식이라 부른 그 건물은 전체적으로 신비한 곡선 형태를 이뤘다. 올컷은 낮에는 땀 흘려 일하고, 밤에는 내내 자기만의 건물을 완성하는 꿈을 꾸었다. 소로에게 그 꿈은 차라리 악몽이었다. 마리아 고모는 "빨리 지은 만큼 빨리 무너져 내릴" 것이라며 초조해했다. 그러면 큰일이었지만, 실은 그보다도 더 큰일이 일어났다. 사고로 서까래가 무너져 내렸는데 다행히 헨리는 근처에 있던 건초더미로 몸을 날려 간신히 목숨을 구했다.[11] 11월에 소로는 문제가 심각하다고, 에머슨에게 경고했다. 올컷이 공기로 지은 성에는 물리학과 수학의 기본 법칙의 토대가 필요합니다. 결국 소로는 올컷에게 소리를 질렀다. "'기하학을 공부한 적 없어요? 곡선과 직선의 관계, 미적분? 뉴턴과 라이프니츠의 책에 그 내용이 있다고요.' 올컷은 듣는 둥 마는 둥 했다." 하지만 그도 지나가던 길에 건물을 본 행인들의 조롱은 놓치지 않았다. 저렇게 괴상한 팔랑개비는 처음 보겠군. 그럼에도 분명 매력은 있었다. 소로조차 그 건물에 "아름다움의 자질"이 있다고 인정했다.[12] 겨울에도 건물은 완성되지 않았다. 하지만 다음 해 봄이 되자, 올컷은 짚과 이끼로 건물 지붕을 덮었다. 시인의 오두막은 비와 모기에 무방비 상태라 실제로 사용을 할 순 없었지만 여러 해를 멀쩡히 버티며 모두를 놀라게 했다. 아름답고 경이로운 2층짜리 예술 작품이었다. 그러니까, 몇몇 사람에게는 그랬다. 에머슨의 모친은 그 건물을 보고 코웃음을 치며 "폐가"라고 불렀다. 에머슨은 노임으로 올컷에게 50달러, 소로에게 31.5달러를 지불했고, 이후에도 여러 해 동안 올컷에게 보수 비용을 지급했다. 친구들은 가난한 올컷 가족을 도우려는 에머슨의 영리한 계획이었을지 모른다고 의심했다.[13]

이와 반대로 신중하고 정교하게 지어 올린 소로의 월든 오두막은 전혀 다른 운명을 맞았다. 헨리가 거처를 옮기고 3주가 지났을 때 에머슨은 그곳을 정원사 휴 웰런에게 임대했다. 웰런은 건물을 도로 쪽으로 옮겨 증축하고 과수를 심은 뒤 가족과 함께 거주할 계획이었다. 1월에 입주한 휴는 지

• '숲의', '나무가 우거진'이라는 뜻이다.

하실을 만들려고 구멍을 판 뒤 안쪽에 댈 석재를 구입했지만 일은 거기서 중단되었다. 휴는 아내와 싸우고선 다시는 돌아오지 않겠다고 맹세하며 콩코드를 떠났고, 돌을 덧대지 않은 지하실로 오두막의 한쪽 귀퉁이가 무너지고 말았다. 소로는 1월에 에머슨에게 보낸 편지에서 아직 보수가 가능하다고 말했다. 소로는 그 집이 새롭게 번창할 월든 공동체의 첫 번째 집이 되는 것을 상상했고, 여전히 에머슨이 그 집을 "누군가를 위한 집"으로 유지해 주기를 희망했다.[14] 하지만 에머슨은 쓰러지기 직전까지 그 집을 방치하다가 1849년 9월에 지역 농부에게 팔았고, 농부는 그 집을 몇 마일쯤 북쪽으로 옮겨 옥수수 창고로 썼다. 소로가 사랑했던 집은 거기서 천천히 낡아 가며 소로 사후에 이따금 소피아나 엘러리 채닝의 방문을 받다가 결국 1868년 소유주에 의해 철거되었고, 쓸 만한 널빤지 몇 장만 남아 창고를 짓거나 헛간을 보수하는 데 재활용되었다. 전하는 말에 따르면 널빤지 몇 장은 아직도 그 건물에 남아 있다고 한다. 그리고 나머지 재료는 분해되어 한때 그 오두막을 구성했던 자연력—태양과 대지, 비와 서리—으로 되돌아갔다.[15]

숲 역시 소실되었다. 기관차에서 튄 불꽃으로 월든 숲에 화재가 발생해 값나가는 목재가 훼손됐다. 11월에 소로는 에머슨에게 "루시퍼"Lucifer* 의 불꽃에 월든 들판 인근의 숲이 도로 쪽부터 맞은편 울타리 쪽까지 전소되었다고 전했다. 몇 년이 지난다 한들 그렇게 "엄청난 손실"은 복구되기 힘들었다. 이듬해 5월, 바로 그 루시퍼가 에머슨이 소유한 숲에 또 한 번 불을 질렀다. 분개한 에머슨은 철도 회사에 손해배상을 요구했고(철도 회사는 배상금을 지급했다), 유럽에서 집으로 돌아오자마자 불에 탄 토지를 팔아 버렸다.[16] 하지만 더 나쁜 일이 이미 진행되고 있었다. 철도가 놓인 뒤로 메인주의 저렴한 목재가 쏟아져 들어오자 콩코드의 지주들은 이제 쓸모가 없어진 월든 식림지를 현금화하거나 나무를 베어 기차 연료로 쓸 목탄이나 철로용

* 루시퍼는 사탄 또는 황린 성냥을 가리키며, 또한 화재의 원인을 제공한 철도 회사의 이름이 '로코모티브 데몬'Locomotive Demon(달리는 악마)이었다.

목재로 팔아 치우고 벌목한 땅에서는 간간이 한두 종의 호밀이나 영국 건초를 거둬들이고 있었다. 200년 동안 월든 숲은 귀한 대접을 받으며 유지되고 있었다. 소로는 월든 호수가 "우뚝 솟은 소나무와 참나무에 완전히 둘러싸여 있었으며", 포도 덩굴이 호수의 작은 만들을 활처럼 덮어 그 동굴 속으로 배가 지나다닐 수 있었던 때를 기억했다. 이제 그 나무들이 눈앞에서 쓰러지고 있었다. 『월든』이 출간되던 1854년 즈음에는 거의 숲 전체가 완전히 벌목되어 호수 기슭은 황무지가 되었다. "나무들 사이를 산책하며 그 틈새로 드러나는 호수의 풍경을 즐기는 일은 앞으로 오래도록 없을 것이다." 소로의 뮤즈는 목소리를 잃었다. "새들의 작은 숲을 베어 낸 마당에 어떻게 그들의 노래를 기대할 수 있을까?"[17]

1848년 겨울이 깊어질 때 리디언의 건강이 나빠지자 집안에 먹구름이 드리웠다. 헨리는 에머슨이 집에서 보내오는 따뜻하고 익살맞은 편지를 고대한다는 사실을 알고 있었기에, 외롭고 지친 그에게 이 소식은 알리지 않고 편지를 썼다. 1월에 에머슨은 사랑을 듬뿍 담아 헨리에게 답장을 써 보냈다. "누가 또는 무엇이 지나가든 그곳에는 바르고 침착하고, 누구에게도 속지 않는 사랑하는 헨리—그의 이름을 부를 권리가 있다면 말이야—가 서 있군. 영원히 그러하기를!" 에머슨의 애정에 헨리는 마음의 벽을 무너뜨리고 감사의 마음을 내보였다. "사랑하는 월도에게." 헨리는 그 전까지 단 한 번도 친근하게 에머슨의 이름을 부른 적이 없었다. "당신을 뭐라고 부르든, 저는 당신이라는 사람을 당신의 이름보다 더 잘 알고 있습니다." 갑작스러운 친밀감에 사로잡혀 그동안 억누르고 있던 걱정거리를 토해 내고 말았다. 소로는 리디언이 몇 주째 남편에게 알리지 않고 병상에 누워 있으며, 이제는 황달로 건강이 너무나 나빠지고 쇠약해져 편지 한 줄도 쓸 수 없게 되었다고 털어놓았다. "사프란처럼 노랗습니다." 리디언이 병상에 누워 있던 기나긴 겨울에 헨리는 힘껏 아이들을 돌봤고, 매일 밤 아이들에게 연간 아동 잡지 《다이아뎀》*Diadem*을 읽어 주었다. "모든 잡지를, 《다이아뎀》을 읽어 달라고 조릅니다. 에디는 시간이 되면 '뎀뎀 시간이야!'라고 소리치지요." 엘런은 제법 "지혜로운 비평"을 내놓고, 이디스는 책장을 너무 빨리 넘긴다고 항의했다. 그래서 그들은 《페니 매거진》*Penny Magazine*도 남김없이 읽었다. "첫 페이지부터 마지막 페이지까지 읽고, 다시 마지막 페이지부터 첫 페이지까지 읽었지요. 그래도 에디는 처음 볼 때처럼 오래 들여다보더군요."[18]

헨리가 안심시키는 말을 했지만 월도는 걱정으로 미칠 지경이 되었다. 영국의 사정이 좋지 않은 데다 강연을 해서 버는 돈도 기대한 금액에 미치지 못해 그 역시 경제적으로 힘겨워하고 있었다. 가정의 부채는 쌓여 갔고, 리디언에게는 몇 번이나 윌리엄에게 돈을 빌리라고 말해야 했다. "다시는 집을 떠나지 않겠소." 그는 자기가 집을 비워 그런 "곤혹과 고통이 몰려온" 것처럼 자책했다.[19] 그럼에도 그는 해외에서 최고의 시간을 보냈다. 에머슨은 유명 인사로 간주되어 대영제국의 위대한 인물들과 동등한 대접을 받았다. 또한 세계 역사를 최전선에서 목격했다. 그해 봄, 비용 걱정은 접어 둔 채 파리를 방문한 그는 1848년 혁명의 와중에 폭력이 난무하는 거리로 곧장 걸어 들어갔다. 그때 로마 공화국Roman Republic을 세우기 위한 싸움에 합류한 마거릿 풀러는 매혹적인 소식들로 《뉴욕 트리뷴》의 1면을 채우고 있었다. 에머슨은 그녀의 생사를 걱정하며 함께 집으로 돌아가자고 사정했지만, 그녀가 이미 이탈리아 저항군과 사랑에 빠져 자식까지 낳았다는 사실은 모르고 있었다.

세계 역사가 힘차게 전진하는 와중에 월도에게 가장 중요한 소식이 도착했다. 리디언이 건강을 되찾았다며 직접 편지를 써 보낸 것이다. 화창한 어느 봄날 헨리는 배나무를 심었다. "사랑하는 당신, 언젠가 당신이 이 나무에 맺힌 열매를 맛보겠지요. 그날이 빨리 오기를." 그녀는 편지를 쓰는 바로 그 순간에도 헨리가 에디와 한밤의 "잠자리 소동극"을 벌이고 있다고 전했다. "에디는 소로 아저씨가 책을 통째로 삼켰다가 그 책을 그 애(에디) 코에서 꺼낸 뒤 다시 아저씨(소로 아저씨)의 '판탈레츠'pantalettes 속에 넣었다고 말하더군요. 저는 당신에게 보낼 편지에 이렇게 적을 거라고 헨리에게 말해줬죠. 헨리가 판탈레츠 차림으로 유년 시절을 한 번 더 보내고 있다고요." 하나하나 사랑스러운 일화들이 어찌나 강하게 "나를 집으로 끌어당기는지", 미국의 떠오르는 문호로서 영국인들에게 지겹도록 경배를 받고 있던 그는 한숨지으며 집으로 돌아갈 날을 손꼽아 기다렸다.[20]

길고 바쁜 몇 달 동안 그 집에서 아버지와 남자의 역할을 대신하던 헨리의 마음은 어땠을까? 소로가 이 시기에 특별히 '생존 일지' 같은 것을 남기지는 않았으나, 우리는 그의 일기를 통해 그가 행복하고 만족스러운 시간과 정신적으로 몹시 괴로운 시간을 동시에 보냈음을 짐작할 수 있다. 병에 걸려 깊은 외로움 속으로 빠져들던 리디언은 멀리 떠나 있던 월도에게 너무나 소름이 끼쳐 간직할 수조차 없는 편지들을 보냈고, 월도는 절망하면서 "측광기가 난로 역할을 할 수는 없다오"라거나* "고독이란 놈이 나에게 달라붙어 좀체 떠나지 않는구려"라고 답장했다.[21] 소원한 에머슨—곁에 있을 때조차 멀게 느껴지는 에머슨—을 사랑하는 마음은 리디언과 헨리가 공유하는 감정이었다. 그 공통점은 예전부터 두 사람을 하나로 묶어 주었지만 이 시기에 맺은 유대감이 가장 강했다. 리디언을 향한 헨리의 사랑은 분명 그가 지금까지 가족이 아닌 여성에게 느낀 가장 깊은 감정이었다. 하지만 그는 혼란에 빠져 있어 둘의 관계가 정확히 무엇인지 꿰뚫어 보지 못했다.

1년 뒤 헨리는 그것이 "누이", 즉 "무한히 신뢰하고 순수하게 사랑할 수 있는 사람"에게 느끼는 사랑이었다고 주장했다. 리디언은 마치 젊은 시절에 만난 에드먼드 수얼처럼 상당히 매력적이지만 근본적으로는 얻을 수 없는

* 편지로는 외로움을 달랠 수 없다는 뜻이다.

상대였으며, 자신은 두 사람 모두에게 플라토닉한 반응을 보였다고 말이다. "나는 지금도 당신을 나의 누이로 생각합니다. (…) 어떤 이들은 혈연으로 이어진 가족이고 또 어떤 이들은 내 지인이지요. 하지만 당신은 나의 일부입니다. 나는 당신의 일부, 당신은 나의 일부라서 내가 어디서 끝나고 당신이 어디서 시작되는지 알 수 없지요." "나는 그대의 형제이자 그대의 누이입니다. 그대가 나의 누이이자 형제이듯이." 육체적인 매혹은 아니었다. 그에게 그녀의 몸은 "베일"에 지나지 않았고, 그 베일이 완전히 사라지자 두 사람은 순수한 영혼으로 하나가 되었다. "당신을 사랑할 때는 나의 세계가 다른 어떤 세계와 합쳐지는 느낌을 받지요. 두 하늘이 하나로 이어집니다. (…) {당신은} 나의 여성형." 실은 월도의 여성형이었지만, 그녀는 에머슨보다는 헨리와 영적 이상이 합쳐졌을 때 더 완벽한 하나가 되었다. 리디언이 그의 누이인지 어머니인지, 헨리 자신이 그녀의 형제인지 아들인지, 헨리는 도무지 알 수가 없었다. 그가 알 수 있는 것은 그녀가 생명을 주는 존재이며, 그녀의 눈에서 창조와 시작의 빛이 반짝인다는 것, 그녀는 다름 아닌 샛별이라는 것이었다.[22]

이 대목에서 소로의 성 정체성이 해소되기는커녕 문제로 떠오른다. 여기서도 마찬가지로, 그의 사고는 현대인이 듣기에 불안할 만큼 순수하고, 관습적인 젠더 역할로 정의할 수 없을 만큼 유동적이다. 소로는 낯빛 하나 바꾸지 않고 이렇게 쓸 수 있었다. "나는 여성을 사랑하는 것과 똑같이 남자를 사랑한다. 나에게 친구는 남자도 여자도 아닌 어떤 제3의 성인 듯하다." 이 "친구"들은 종종 남성이었다. 에머슨, 올컷, 채닝이 그랬고, 물론 앞으로 만나게 될 친구들도 있었다. 여성도 있었다. 리디언, 루시, 애나 러셀, 마거릿 풀러, 그리고 물론 엘런 수얼이 있었고, 청혼을 하는 바람에 그의 이상을 깨뜨린 것으로 여겨지는 소피아 포드가 그랬다. 모두 영민한 지성을 갖춘 이들이었고, 엘런을 제외하면 이미 결혼했거나 혼담이 오가기에는 너무 나이가 많거나 너무 어렸다. 그런 여성들에게 소로는 우정을 느꼈고, 심지어 리디언과는 순결하고도 신성한 어떤 관계를 유지했다. "사랑의 끝〔목적〕은 가정을 꾸리는 게 아니라 가정을 놓아 버리는 것"이라고 소로는 가설을 세웠다. 포드가 청혼할 무렵 소로는 이렇게 말했다. "시적인 우정이 얼마나 드문지 생각해 보라. 그 많은 남녀가 결혼을 한다는 건 충격적인 일이다." 남자들은 "자신의 천재성과 상의하지 않고 자연에" 너무 쉽게 굴복하는 듯했다. 이 말은 엘러리 채닝과 엘런 풀러의 좋을 것 하나 없는 결혼을 설명하기에 적절했다. "자연의 목적은 종의 증식이 아니라" 더 고귀한 것이라고 그는 말을 이었다. 연인들은 "더 고귀하고 순수한 삶을 위해 서로 끊임없이 자극"해야 한다. 우리가 꽃을 사랑하는 것은 개화 때문이지 씨앗 때문이 아니다.[23]

그는 우정을 향한 갈망을 표현할 때 자주 남성형 대명사를 사용했다. 늘 그런 것은 아니지만, 그가 육체적으로 끌리는 대상은 대개 남성이었다. 하지만 그와 같은 끌림을 행동으로 표현하거나 실천에 옮길 수 있다고 느꼈다는 증거는 존재하지 않는다. 대신 그는 에머슨이 말한 "사유와 자연의 독신자"가 되어, 미혼 남녀가 드물지 않은 마을에서 미혼인 고모, 삼촌, 형제자매와 함께 표면적으로는 눈에 띄지 않는 삶을 살았다. 소로는 "행위가 아니라 사고가 이웃들과 달랐다."[24] 그는 「더 높은 법칙들」이라는 글에서 그런 생각을 내비친다. 이 글에는 그 자신의 감각적이고 동물적인 자아와의 싸움이 담겨 있다. "본성을 극복하기란 쉬운 일이 아니지만, 그래도 반드시 극복해야 한다"라며 그는 격정적으로 글을 끝맺는다. 그렇다고 해서 소로의 의식 속에 억압만 있고 승화가 빈약했던 것은 아니다. 삶이 "순수성"을 얻으면 "영혼"이 "신체의 모든 부분과 기능에 스며들어 그것을 통제하고, 결국에는 가장 추잡한 관능을 순수함과 헌신으로 탈바꿈시킬" 수 있다고 그는 상상했다. 우리가 "생식 에너지"를 억제하고 통제할 때 그것은 "우리에게 활기와 영감을 준다". 그는 우리가 먹고 마시고 배설하는 등의 신체 기능을 왜 부끄러움 없이 말할 수 없는지 이해할 수 없었다. "순수한 사회에서는 (…) 성교라는 주제가 수치심 때문에 이렇게 자주 회피되는 일은 없을 것"이며,

암시나 눈짓을 수반하지 않고 "자연스럽게, 일상적으로 다뤄질 것"이라고 단언했다. 우리가 왜 몸이라는 신전을 부끄럽게 여겨야 할까? 그러는 대신, 우리 몸의 예술가, "신전"의 조각가이자 건축가가 되어서는 안 되는 걸까? 월트 휘트먼의 시가 세상에 나오기 전까지 그런 생각을 표현하는 일상 언어는 존재하지 않았다.[25]

소로는 한 친구에게, "내가 꿈에서 경험한 성교는 믿기 어려울 만큼 아름답고 눈이 부시게 순수했다"라면서, 그것은 "표현할 수 없는 기쁨"이자 "진정한 결혼"이라고 고백했다. 하지만 소로에게 그것은 한갓 꿈이었다. 그의 진정한 소명은 "아름다움과 예술"로 열정을 활짝 꽃피우는 것이었으며, 소로는 (당시 표현으로) "순결"을 통해 그 소명을 치열하게 지켜 냈다. 그가 만약 다른 시대와 다른 장소에서 그런 금욕적 사명을 느꼈다면 아마 수도원에서 살았을 것이다. 나중에 친구 아이작 헤커는 헨리에게 수사가 될 것을 강하게 권유했다. 또한 에머슨이 소로의 송덕문에 썼다가 삭제한 구절에서도 소로는 "금욕적 종교의 노수사"에 가장 가까운 사람이었다.[26] 소로에게 자신과 타인 사이에 가로놓인 가장 깊은 존재론적 절벽은 성 차이가 아니었고(잠시 타인의 눈을 들여다보는 것보다 더 위대한 기적이 무엇이겠느냐고 그는 썼다), 따라서 그건 성 차이를 옹호해서 설명할 수 있는 문제도 아니었다. 다른 시대, 다른 장소였더라면 그는 삶의 동반자가 될 남자를 만났을지도 모른다. 하지만 빅토리아시대의 콩코드에서 소로는 그런 문을 찾을 수 없었다. 남들과의 차이를 말로 표현하지 못한 채 예민하게 자각하며 그는 유동적 자아를 만들어 냈고, 그렇게 해서 좌절된 채 격렬하게 요동치는 에너지와 관능을 조심스레 보호했으며, 그 에너지를 강렬하게 승화시켜 예술가이자 예언자로서 헌신하는 삶에 쏟아부었다. 그는 『월든』에서 이렇게 썼다. "아자드"azad 즉 "종교적으로 독립된 자"는, 사이프러스처럼 결실을 맺지 않기에 사시사철 푸를 수 있는, "자유로운 사람"이 될 수 있다고.[27]

"책상 위에 강연 원고가 불어나고 있습니다" : 소로, 청중을 발견하다

1848년 3월, 그 고귀한 사명을 탐색할 기회가 생각지도 못한 순간에 찾아왔다. 전달자는 소로의 진정한 첫 번째 제자라 할 만한 해리슨 그레이 오티스 블레이크였다. 해리 블레이크는 우스터 인근에 살고 있었다. 1838년에 하버드신학대학을 졸업한 그는 에머슨이 관습적 기독교를 획기적으로 비판하는 〈신학부 강연〉The Divinity School Address을 구상하고 그 내용을 책으로 출판하는 것을 도왔다. 그 후 블레이크는 성직을 포기하고 학생들을 가르쳤으며, 우스터에서 하는 강연에 자주 에머슨을 초빙했다. 소로의 말은 블레이크의 귀를 사로잡았다. 여러 글 중에서도 특히 소로가 익명으로 쓴 「아울루스 페르시우스 플라쿠스」를 읽고 감명을 받아, 소로에게 팬레터를 써 보냈다. "'나는 아무것도 아니다'라고 말할 수 있는 사람의 영혼을 알고 싶습니다. 그의 말에 영감에 받아 더 진실하고 더 순수한 삶으로 나아가고 싶습니다."[28]

오히려 영감에 사로잡힌 소로는 예언자의 골방에 있는 녹색 책상 앞에 앉아 열과 성을 다해 답장을 썼다. "너무 오래전에 쓴 것이라 그 글의 저자와 지금의 제가 동일 인물이라고 말하기조차 어렵지만, 내 글이 당신에게 가닿았다고 하니 기쁘기 그지없습니다." 소로는 이렇게 편지를 시작했다. "사람이 사람에게 말한다는 것은 무의미한 일이 아니지요. 그것이 문학의 가치입니다." 이어지는 구절에서 그는 자신의 희망과 꿈과 철학을 되돌아보고, 조언을 해 주고, 지혜를 보여 주고, 고귀한 삶에 대한 염원을 드러낸다. 지금까지 소로에게서 이처럼 관대한 반응을 끌어낸 사람은 없었다. "당신을 만나야겠군요." 그는 이렇게 마무리한다. "어쩌면 당신이 나에게 계시를 전해 줄지도 모릅니다."[29] 정말 그랬다. 블레이크는 즉시 답장했다. 이후 두 사람은 평생 친구가 되어 서로를 자주 방문하고 함께 여행을 다녔다. 블레이크는 여러 차례 소로를 초청해 우스터에 있는 자신의 집 거실에서 강연을 하게 했다. 해리와 그의 아내 낸시가 강연을 듣고 대화를 나눌 친구들을 초대했다. 소로는 블레이크에게 50통이 넘는 편지를 썼는데, 마지막 편지는 임종을 앞둔 침상에서 쓴 것이다. 블레이크는 소로의 편지가 올 때마다 친구들을 불러 모아 함께 소로의 글을 읽고 사색했다. 그중에는 인근에 사는 철학적인 재단사 티오필러스 브라운도 있었다. 소로가 죽고 난 뒤 블레이크는 소로 저작물의 사후 집행인이 되었다. 슬프게도 블레이크가 소로에게 보낸 서신은 누군가 없애 버렸지만, 소로의 글을 소중히 보관한 블레이크는 일기 발췌본 네 권을 출판해 현대의 독자들에게 소로의 글을 처음 소개했고, 그 독자층은 오늘날까지 확장되었다. 실제로 문학의 가치는 그러하다.

그뿐 아니라 블레이크는 소로가 가장 필요로 하는 것을 그에게 주었다. 소로에겐 할 말이 있고 그 말을 들어 줄 청중도 있다는 확신. "책상 위에 강연 원고가 불어나고 있습니다." 소로는 기쁜 마음으로 에머슨에게 편지했다.[30] 그는 월든에 있던 미완성 상태의 작품을 전부 들고 왔다. 그 종이 뭉치에는 이미 완성한 『콩코드강과 메리맥강에서 보낸 일주일』 초고와 거의 완성 단계에 있는 『월든』 원고, 그리고 「크타든」Ktaadn* 초고가 있었다. 사실상 평생에 걸쳐 쓴 작품 대부분이었다. 그는 차례로 각각의 원고에 매달려 글을 다듬은 뒤 세상에 내보냈다. 월든에서 소로는 작가의 삶을 배웠다. 그리고 에머슨의 집에서도 여전히 그 삶을 이어 가고 있었다. 다양한 분위기와 관심사가 담겼고 각기 다른 단계에 있는 원고들이 그를 둘러싸고 제각기 목소리와 입장을 내세우며 하나의 문학적 생태계를 구성하고 있었다.

소로가 월든에서 끝낸 기획 중 하나는 작문에 관한 에세이라 할 수 있었다. 에머슨의 스코틀랜드인 친구, 토머스 칼라일의 현란한 과장법은 하버드에서 처음 접한 이래 줄곧 소로의 흥미를 끌었다. 칼라일은 채닝 교수가

* 카타딘산을 페놉스코트어 발음에 따라 표기했을 것이다.

지정한 모든 규칙을 깨고 마치 사금파리 위의 악마처럼 춤을 추었다. 칼라일에 관한 글에서 소로는 칼라일이 말하는 **내용**보다 **방식**, 즉 그의 "문체"에 주목했다. 소로는 문체란 "**철필**stylus, 즉 그가 사용하는 펜"과 같이, 말 그대로 정신이 빈 종이 위에서 전 세계를 만나게 되는 지점이라고 설명했다. 지금 성패의 열쇠를 쥔 것은 소로 자신의 펜, 소로 자신의 문체였다. 소로의 에세이 「토머스 칼라일과 그의 작품들」Thomas Carlyle and His Works이 최종 발표되었을 때 이 글은 헨리 소로가 하버드 졸업생처럼 말하기를 멈추고 목사와 교수뿐 아니라 농부와 기계공에게까지 말을 전하는 방법을 모색해 온 오랜 독학의 결실처럼 읽혔다. 나이 든 사람들은 칼라일의 "어리석음"과 "별난 헛소리"에 고개를 절레절레 흔들었지만, **젊은** 사람들은 그의 말을 이해했다. 사람들이 말하는 그의 광기는 곧 특출하고도 평범한 영어였다. 칼라일을 변호하다 보니 소로도 칼라일처럼 말할 수 있었다. "과장! 과장 없이 누군가의 미덕을 칭찬할 수 있었던가? 무한한 과장 없이 어떤 악이 존재하기라도 했던가? 우리는 스스로에게 자기 자신을 과장하지 않는가? 우리가 자기 자신을 있는 그대로 파악한단 말인가? 우리는 모두 위대한 사람 아닌가? (…) 벼락은 빛의 과장이리니."[31]

다른 무엇보다 칼라일은 철학을 문밖으로, 평범한 사람들 속으로 내쫓았다. 소로는 그를 노동하는 사람의 영웅으로 보았다. 칼라일은 그 자신이 한 명의 노동하는 사람으로서 런던의 안개와 매연을 헤치고 끼니를 벌어 가난한 이들에게 공짜로 나눠 주는 "문학가 영웅"이었다. "명확하거나 불명확한 부당함이 모두 바로잡힐 때까지" 쉬지 않을 사람이었다. 소로는 문학의 영웅인 칼라일과 이상주의 철학자인 에머슨의 중간에서 자신의 자리를 보았다. 두 사람 누구도 "그 시대의 인간"Man of the Age, 즉 평범한 "노동자"의 삶에 대해서는 말하지 않았다. 바로 거기가 소로의 자리였다. 소로는 들판을 개간하고, 망치를 휘두르고, 지하실에 돌벽을 쌓고, 변소를 비우고, 과수를 심을 줄 아는 일용 노동자였다. **노동하라!** 칼라일이 말했다. "**네가 무슨**

일을 할 수 있는지를 알라." 하지만 소로는—월든의 고요한 물을 바라보면서—이렇게 덧붙였다. 칼라일에게는 노동자의 소용돌이치는 마음을 가라앉혀 주고, 그래서 생각하고, 반성하고, "초원의 정수를 느끼게" 해 줄 수 있는 "호수 같은, 고요한 깊이"가 아쉽다. 네가 믿는 것을 말하라. 너의 **경험**을 말하라. "발 딛고 선 대지에서 무엇인가를 파내 그것을 보여 주어라."[32]

1846년 2월 4일 소로는 월든의 난롯불을 재 속에 묻어 두고 마을로 걸어가 토머스 칼라일에 관한 생각을 사람들에게 전했다. 이웃들은 예의를 갖춰 강연을 듣긴 했지만, 토머스 칼라일보다는 소로 본인에 관한 이야기를 듣고 싶다며 항의했다. 그는 호숫가에서 무엇을 하고 있는가? 외롭지 않은가? 두렵지 않은가? 무엇을 먹는가? 소로는 아직 대답할 준비가 되어 있지 않았다. 대신 그는 칼라일에 관한 글을 다듬어 뉴욕에 있는 호러스 그릴리에게 보냈다. 소로의 문학적 대리인이 되겠다는 그의 제안을 거의 3년이 지나 처음으로 시험해 볼 기회였다. 그릴리는 약속을 지키는 사람이었다. 그는 「칼라일」이 너무 길고, 일반 대중에게는 "완벽하리만치 훌륭하다"라고 우려했으면서도 글을 받고 얼마 안 있어 고급 잡지 《그레이엄 매거진》*Graham's Magazine*의 지면을 얻어 냈다. "명민하고 활력이 넘치는" 글로, "미국에서 그런 글을 쓸 수 있는 사람은 단 두 명"인데 그중 한 사람이 바로 이 작가라며 편집자를 설득한 것이다. 실제로 원고료를 지급하는 몇 안 되는 잡지라 글을 싣기에는 나쁘지 않은 곳이었다. 비록 소로의 에세이를 1847년 봄에야 실었고, 원고료도 까맣게 잊고 있다가 부아가 난 그릴리가 75달러짜리 청구서를 들고 직접 찾아가 편집자를 몰아붙인 끝에 겨우 지급하긴 했지만. 소로는 천군만마를 얻은 듯 마음이 벅차올랐다. 에머슨은 칼라일이 원고의 사본을 받을 수 있도록 조치했고, 멀리 떨어진 곳에 있던 에머슨의 친구는 소로의 "경탄할 만큼 관대한 태도를 알아보고, 느껴 마땅한 즐거움"을 느끼며 글을 읽었다.[33]

칼라일을 주제로 한 길고 묵직한 글이 소로의 이름을 빛내 주기는 힘들었다. 하지만 그릴리는 여기서 가능성을 발견했다. "자리 잡고 앉아서 에머슨에 관해 비슷한 글을 써 봐요." 이렇게 권한 뒤, 다음에는 호손에 관한 글을, 그다음에는 또 다른 사람에 관한 글을 써 보라고 권유했다. 그는 그 글에 편당 25달러를 지급하고, 그것을 각기 다른 잡지에 판 뒤, 나중에 그 글들을 모아 책으로 낼 생각이었다. 아주 훌륭한 계획이었다. 하지만 소로에게는 아니었다. 소로는 에머슨과 올컷에 관해 글을 써 본 뒤 친구들을 비평하는 글쓰기를 중단했다. 아니, 사실상 다른 사람에 관해 글 쓰는 것을 중단했다. 대신 소로는 자신이 다른 강연자들에게 바랐던 일을 할 생각이었다. "자신의 삶에 관해 많든 적든 단순하고 진실하게 얘기하는 것." 그에 따라 1년이 지난 1847년 2월, 소로는 다시 한번 월든의 난롯불을 재 속에 묻어 두고 마을로 내려가 연단에 서서 이웃들의 질문에 답했다. "어떤 분들은 제가 무엇을 먹는지, 고독하진 않은지, 두렵진 않은지, 병에 걸리면 어떻게 하는지 등을 알고 싶어 하셨지요. (…) 지난겨울 이곳에서 강연을 한 뒤 제가 그 질문에 답해 주기를 기대하신 분들이 있다고 들었습니다."[34] 강연은 즉각 반향을 일으켰고, 프루던스 워드는 강연이 "보기 드물게 탁월"하다고 생각했다. 헨리는 그다음 주에도 똑같은 내용으로 강연해 달라는 요청을 받았지만, 전혀 다른 내용으로 두 번째 강연을 했다. 그는 적절히 혼합하거나 순서대로 활용할 수 있는 세 가지 강연 주제를 갖추게 됐다. 그리고 그 내용은 결국 『월든』의 도입부가 되었다.

월든을 소재로 한 새로운 이야기에 고무적 반응이 이어졌다. 회의적인 이들조차 "강연 내내 이어지는 기지 넘치는 지혜에 매료되었다"라고 에머슨은 말했다. 애비게일 올컷은 농담으로 "올컷 씨는 우리가 월든 호숫가에 오두막을 짓고 콩, 책, 평화와 함께 정직하고 독립적으로 살아가기 전까지는 근심에서 벗어나지 못할 거라고 생각한다"라고 말한 뒤, 다시 진지하게 "그처럼 실험적이고 진실한 인간과 동시대를 살아간다는 것은 아주 큰 혜택"이라고 덧붙였다. 그녀조차 강연 내용이 유용하고 "사람들이 필요로 하던 것"이라 여겼다.[35] 이웃이 이웃에게 전하는, 웃음과 따끔함을 겨냥한 가시 돋친 사회 풍자, 『월든』이 윤곽을 잡아 가고 있었다. "비판적인 주부의 눈으로 지금 제집을 들여다볼 만큼 무자비한 청중은 없을 거라 믿습니다." 칙칙한 겨울이 끝나 갈 무렵이었다. 그때 그는 누구의 눈을 보고 있었을까? "첫 번째 봄날이 눈부시게 찾아오면 이를 기념하여 제집이 백합꽃처럼 하얗게 될 때까지 모래로 문질러 닦을 테니까요. 혹은, 세탁부 아줌마가 자기 옷을 가리키며 얘기하듯 '흰제비꽃'wiolet처럼 하얗게 될 때까지일 수도 있고요."[36] 월든에서 에머슨의 집으로 거처를 옮길 즈음 소로는 다시 일로 돌아가 그때의 강연 내용을 다듬고 있었다. 이것을 『콩코드강과 메리맥강에서 보낸 일주일』의 후속편이자 자신의 두 번째 책으로 내겠다는 계획 아래서.

헨리 소로의 겨울 강연은 콩코드의 일상을 빛나게 하는 특별한 사건이 되고 있었다. 일단 에머슨의 집에 자리를 잡고부터 소로는 「크타든」 원고를 꺼내 시험 삼아 강연을 준비했다. 1848년 연초에 이 강연도 순조롭게 끝냈다. 곧바로 소로는 잉글랜드에 있는 에머슨에게 소식을 전했다. "수많은 청중 앞에서 크타든 여행기의 일부를 읽었습니다." "청중은 큰 관심을 보였지요. 여러 가지 사실과 시 몇 편이 포함되어 있었습니다." 그의 충실한 지지자 애비게일과 브론슨 올컷은 이번에도 청중석에서 강연을 들었고, 브론슨은 야생적인 「코타던」Kotarden의 생생한 묘사를 마음에 들어 했다. 이 오기誤記는 소로의 입에서 페놉스코트어가 어떻게 발음됐는지를 말해 준다.[37] 월든 강연의 한 대목이 소로의 목표를 말해 주었다. "나는 깊이 있게 살기를, 삶의 모든 정수를 빨아들이기를 바랐습니다. (…) 삶을 한쪽 구석으로 몰아넣었지요. 거기서 삶이 만일 저열한 것이라면, 그 진정한 저열함을 전부 받아들이려 했고 (…) 만약 삶이 숭고한 것이라면 그것을 경험해 다음 여행 때 진실하게 설명할 수 있을 거라 생각했습니다."[38]

두 달 뒤 소로는 그 진실한 설명을 준비했다. 「크타든」을 팔아 "내 뿌리들에 거름을 주려면" 꼭 필요한 돈이 생기기를 바라면서, 제임스 엘리엇 캐벗—과거에는 아가시의 조수였고 현재는 새로 생긴《매사추세츠 계간 평론》*Massachusetts Quarterly Review* 잡지사에서 일하고 있었다—에게 원고를 보내면 원고료를 주는지 물어보았다.《다이얼》시절에는 대가 없이 원고를 보내곤 했던 소로지만, 이번에는 캐벗으로부터 원고료를 받기 어렵다는 대답을 듣자 그릴리에게「크타든」을 보냈고 그릴리는 즉각 25달러짜리 수표를 보내주었다. 최소한 그 정도 가치는 있는 글이라고, 그릴리는 말했다.《뉴욕 트리뷴》에 게재하기에는 너무 길고, "수백만 명이 보기에는 지나치게 고상"하긴 했지만 말이다.[39] 이번에도 그릴리의 예상은 적중했다. 두 달 뒤인 1848년 7월 호《유니언 매거진》*Union Magazine*에 앞으로 5개월간 실릴 글의 첫 번째 연재 분이 공개됐다. 그릴리가 보내온 다음 편지에는 50달러짜리 수표가 동봉되어 있었다. "내가 꽤나 한가하게 여기 앉아 있는 동안 당신이 내 몫까지 일했군요!" 소로는 놀라 답장했다. 그는 그 편지에 월든 생활에 관한 문단을 덧붙였다. 자신이 손수 지은 집에서 육체노동으로 1달러씩 벌어 가며 하루하루 소박하게 살고 있다는 내용이었다. 보는 눈이 날카로웠던 그릴리는 그 글이 훌륭한 이야기라는 점을 놓치지 않았다. 그는 1848년 5월 25일 자《뉴욕 데일리 트리뷴》*New-York Daily Tribune*에 "젊은 시인들을 위한 가르침"A Lesson for Young Poets이란 제목으로 그 문단을 실었다. 글은 입소문을 탔고 전국 각지의 신문에 재인쇄되었다. 소로는 순식간에 큰 주목을 받았다. "노여워 마십시오." 그릴리가 용서를 구했다. "아주 좋은 기회가 될 것"이고, 작가가 누구인지 아는 사람도 많지 않을 겁니다. 그릴리는 사과와 함께 또 한 번 25달러 수표를 동봉했다.「크타든」의 나머지 원고료였다.[40]

길은 열려 있었다. 그릴리는 어떻게 하면 소로를 전국 시장으로 내보내 맨 윗자리에 올려놓을 수 있는지 정확히 알았다. 짧은 글을 쓰세요, 그릴리가 강조했다. 사유의 끈을 놓지 말고 따라가면서 "문학적 삶"에 관한 에세이를 쓰면 됩니다. 그리고 제발, 홍보 좀 하시고! 원고 중에 짤막한 구절을 골라 이곳저곳에 게재합시다. "잡지에 글을 써서 대중에게 당신이 누구이고 어떤 사람인지 알려야 합니다. (…) 당신이 천사의 펜으로 글을 쓴다 한들 작가로서 알려지고 이야기되기 전까지 그 글은 상업적 가치나 금전적 가치를 갖지 못합니다."[41]

소로는 그릴리의 빈틈없는 사업 감각과 자신이 중요한 작가로서 상당한 금전적 가치를 갖고 있다는 솔직한 의견에 자신감을 얻어, 오랜 스승 에머슨이 영국에서 편지를 보내 가치 있지만 망해 가고 있는 다른 문학잡지를 대가 없이 도와주었으면 한다는 뜻을 전했을 때 그 제안을 당차게 거절할 수 있었다. 그 문학잡지란 일전에 소로가 원고료 지불을 거절당한 적이 있는《매사추세츠 계간 평론》이었다. 에머슨이 영국으로 떠나고 얼마 되지 않았을 때 그와 함께 잡지를 만들었던 오랜 동료 몇몇이 한자리에 모여《다이얼》의 부활에 관한 얘기를 나눈 적이 있다. 그렇게 시어도어 파커의 주도로 12월에 새로운 잡지를 창간했다. 하지만 1848년 5월 영국에 있던 에머슨은 급한 소식을 전해 받았다. 막 창간한 잡지가 위태로운 상황에 처했다는 내용이었다. 에머슨은 소로에게 편지를 보내 "즉시 나서서 구해 줘야 한다"라고 재촉했다. 하지만 소로는 그럴 생각이 전혀 없었다. 문제는 "좋은 글을 인쇄"하는 것이 아니라 좋은 글을 **쓸 수 있게** 하는 것이라고, 소로는 신랄하게 말했다. 누굴 위해 "잉크와 종이로 건널 수 없는 늪"을 더 만든다는 것인가요? "《매사추세츠 계간 평론》의 경우는 어떻습니까? (…) 저도 그 잡지를 읽었습니다만, 제가 뭘 더 할 수 있을지." 그리고 만약 누군가 그런 글을 썼다면 어떤 출판사든 그 글을 출판하려 할 것이다. "아무도 **그런 글**을 간절히 원하지 않았다면 창간하지 말았어야 합니다." 소로의 현재 상황은? "그릴리가 100달러를 보냈는데 원고를 더 쓰라고 합니다." 그렇군. "헨리의 편지에 대해서는 고마워하고 있어." 에머슨은 리디언에게 썼다. "그는 언제나 **절대** 옳고, **특히** 외고집이야."[42] 에머슨은 유럽을 떠나 집으로 돌아오자마자 파커의 잡지에 보내던 지원을 중단했다. 파커의 잡지는 3년 뒤 발행을 멈췄다. 소로는 단 한 번도 그곳에 글을 발표하지 않았다.

「시민 불복종」

소로는 이제 경력의 갈림길에 서 있었다. 그는 월든에서 신선한 원고 더미를 통째로 들고 왔다. 그릴리를 몇 년은 족히 만족시킬 분량이었다. 하지만 그가 에머슨의 조언을 따르지 않았다면, 그릴리의 조언이라고 따를 리 없었다. "책을 내기까지 10년은 걸릴 겁니다." 그릴리는 이렇게 경고하며 그동안 자신에게 짧은 글들을 써 보내 인지도를 구축하라고 강조했었다. 하지만 소로의 책상 위에는 아주 두꺼운 책이 될 『콩코드강과 메리맥강에서 보낸 일주일』 원고가 놓여 있었다. 그릴리에게 보낼 수 있는 짧은 글을 쓰기도 했지만, 결국은 보내지 않았다. 대표적으로 "시민 정부에 대한 저항"Resistance to Civil Government이 그랬다. 이 글은 나중에 "시민 불복종"이라는 제목으로 발표되어 그에게 세계적 명성과 악명을 안겨 주었다.

1848년 1월 26일, 마을회관에서 카타딘산 등반 이야기로 사람들을 즐겁게 해 주고 나서 3주가 지났을 때 소로는 다시 한번 라이시움 연단에 올랐다. 그리고 마침내 인두세를 내기보다 감옥에 가기로 한 이유를 설명했다(그 행동에 반대했던 에머슨은 마침 영국에 있었다). 소로는 새로운 강연을 〈정부에 대한 개인의 권리와 의무〉The Rights and Duties of the Individual in relation to Government라고 불렀고, 할 말이 너무나 많아서 3주 뒤 다시 가서 연설을 마쳤다. 소로와 함께 조세 저항을 한 브론슨 올컷은 "귀 기울이는 청중"을 향한 그의 "경탄할 만한 발표"를 상찬했다. 멕시코 전쟁, 캐롤라이나에서 추방된 새뮤얼 호어, 납세 거부에 따른 소로의 투옥, 그와 비슷하게 납세 거부로 올컷이 감옥에 가 있을 때 호어가 그의 세금을 대납한 사례는 "모두 적절했고, 숙고 끝에야 이뤄진 일이었으며, 합당했다. 소로의 발표에 큰 기쁨을 느꼈다".[43]

다른 이들의 반응은 단 하나만 기록에 남아 있다. 1년 뒤 엘리자베스 피보디는 소로에게 자신이 새로 창간하는 잡지 《에스테틱 페이퍼》*Aesthetic Papers*에 그 강연 원고를 게재해도 좋을지 물었다. 제대로 수정하기엔 시간이 너무 촉박했지만, 소로는 좋다고 답했다. 대신 창간호에 전문을 수록하고 다음 호로 넘겨선 안 된다고 못 박았다. 잡지는 창간호 이후 폐간되어 2호는 영원히 나오지 못했으니, 그의 신중함이 옳았던 셈이다. 그렇게 1849년 5월 14일에 「시민 정부에 대한 저항」이 세상에 발표되었지만, 이내 흔적도 없이 잊히고 말았다. 몇 안 되는 비평은 글에 대한 몰이해를 드러냈다. 한 비평가는 이렇게 비웃었다. 이 작가는 다른 모든 면에서는 『신약성경』에 호소하고 있지만, 납세와 권위에 대해서만큼은 추악한 가르침에 따르고 있다고. 다른 비평가는 이 괴상한 에세이 모음집에서 소로의 글이 "가장 기이하다"라고 생각했지만, 그래도 "자신의 생각을 분명하게 적고 있다"라고 썼다. 세 번째 비평가는 소로를 노골적으로 폄하하면서 "성실하게 기도해서 이 시대의 더 나은 국민이 되든지, 아니면 프랑스로 떠나 '시민 정부에 저항하라' 하는 그의 독트린을 다른 새빨간 공화주의자들에게 설파하는 게 낫겠다"라고 평했다. 그럼에도 소로의 에세이는 1866년 "시민 불복종"이라는 제목으로 재출간되어 뜨거운 찬사를 받고, 운동을 점화하고, 결국 소로에게 국제적 명성을 안겨 주었다.[44]

소로가 1846년 7월 체포된 이후 1848년 겨울 두 차례 강연을 하기까지, 자신이 믿는 사람들{시민} 손에 상처를 입었다는 의식은 민주주의의 핵심에 관한 질문으로 승화되었다. 개인에게 고결한 삶의 권리를 허용하지 않거나, 더 나아가 그것을 적극적으로 파괴하는 사회에서 어떻게 하면 그 권리를 주장할 수 있을까? 강연을 들은 올컷의 반응이 말해 주듯, 1848년 겨울, 소로는 친구들에게 직접 말했고 콩코드라는 구체적 정치 상황에 자신의 저항을 대입했다. 강연 원고는 유실되었지만 1849년 5월에 발표된 에세이를 보면 그 전과는 사뭇 달라진 것을 알 수 있다. 소로는 온갖 모순된 충동, 혼란스러운 반응, 나중에 삶으로 표출될 현장 경험을 소개하고 어느덧 그 경험을 뛰어넘어 일반화된 주장을 제시하고 있었다.

소로는《데모크라틱 리뷰》의 격한 모토, "가장 좋은 정부는 가장 적게 통치하는 정부"를 암시하는 구절, "가장 좋은 정부는 통치하지 않는 정부"로 글을 시작한다. 개리슨의 "무정부" 운동을 추종하면서 소로에게 평화적 저항을 알려준 올컷과 레인에게 동의한다는 고갯짓을 보낸 셈이다. 하지만 이후 소로는 방향을 급격히 선회해 그들이 말하는 '정부에 대한 거부'를 **거부**한다. "하지만 한 명의 시민으로서 현실적으로 말하자면, 자신을 무정부주의자라 부르는 이들과 달리 나는 정부를 단번에 폐지하기보다는, 일단 더 나은 정부를 만들어야 한다고 주장한다. 모든 사람이 어떤 종류의 정부가 존경할 만한 정부인지 알게 하는 것이 그런 정부를 갖는 첫 단계가 될 것이다."[45] 여기서 그는 시민 정부에 저항하는 사람은 애초 그 정부의 시민이라고 주장할 수 없다고 조소하는 에머슨에게 눈길을 돌린다. 그리고 깊이 숙고한 끝에 다음과 같은 답을 제시한다. 그가 정부의 필요성을 인정하는 것은 정확히 "시민으로서"이며, 마찬가지로 정부 역시 세금 고지서를 전달할 때마다 그를 시민으로 인정한다. 따라서 그가 발언할 권리—동시에 도덕적 의무—를 갖는 것은 **시민으로서**다. 바로 이 때문에 세금은 저항을 시작할 적절한 지점이 된다. 세금은 한 사람이 시민임을 나타내는 징표다. 또한 그렇기에 모든 세금 고지서는 시민에게 정확히 두 가지 선택지를 의미한다. 납부하거나 납부하기를 거부하거나. 어느 쪽이든 그것은 의식적인 행동이어야 한다. 즉 사고를 거치지 않은 습관의 산물이 아니라 의식적 사유의 산물, **양심**의 산물이어야 한다.

고속도로 통행세에 관해서라면 소로는 양심에 거리낌이 없었고, 기꺼이 세금을 납부했다. 하지만 인두세에 대해서는 그렇지 않았다. 인두세를 내는 사람에게만 투표권이 주어졌기 때문에, 인두세는 단순한 시민권의 징표가 아니라 시민권의 **도구**였다. 그런 이유로, 세금 가운데 극히 일부만 "권력 남용"에 사용되기 때문에 세금 납부는 비교적 무해한 일이라는 에머슨의 주장은, 논점을 놓치고 있다. "나는 내 돈이 사람을 사는 데 쓰이든, 사람을 쏘는 소총을 사는 데 쓰이든, 그 돈이 어디로 흘러가는지 추적하고 싶지도 않고, 그렇게 할 수도 없다. 돈 자체는 결백하다. 그보다 나는 {정부에 대한} 내 충성의 효과를 따지겠다는 것이다." 소로가 거부한 것은 바로 충성이었다. "나는 미국 정부처럼 노예의 정부인 조직을 잠시도 인정할 수가 없다."[46] 충성을 하게 되면 이 정부가 사람을 노예로 만들고, 멕시코인을 쏴 죽이고, 인디언의 땅을 강탈하도록 부추길 수밖에 없기 때문이다. 그런 일들은 소로가 구체적으로 지목한 세 가지 권력 남용으로, 세 가지 모두 국가가 후원하는 폭력을 뚜렷이 나타내고 소로의 도덕적 양심에서 벗어날 뿐 아니라 더 큰 공동체의 윤리적 양심까지 모독하는 행위였다. 따라서 양심에 따라 행동하고자 한다면 적어도 국가가 그 권력 남용을 멈출 때까지라도 국가에 대한 실질적 지지를 철회해야 한다.

여기까지는 올컷도 고개를 끄덕이며 동의할 만했다. 하지만 에세이를 발표할 때 붙인 제목 "시민 정부에 대한 **저항**"은 올컷의 생각을 뛰어넘었다. 올컷의 "무저항" 철학은 법에 복종할 것, 강압적인 힘에 신성한 사랑으로 답할 것을 요구했다. 이 지점에서 소로는 그런 복종이 아니라, 노예 감독관 코비의 채찍질에 복종하기를 거부함으로써 노예에서 자유인으로 자기 변혁을 감행한 프레더릭 더글러스의 이야기에 귀를 기울인다. "내가 저항하리라고는 전혀 예상하지 못했기 때문에 (…) 〔그는〕 나뭇잎처럼 몸을 떨었다. (…) 앞으로도 계속 저항할 생각인지 그가 내게 물었다. 나는 그렇다고, 무슨 일이 닥쳐도 그렇게 할 거라고 말했다."[47] 더글러스의 행동을 지지하면서 소로는 하버드의 필독서였던 윌리엄 페일리의 에세이, 「시민 정부에 대한 복종의 의무에 관하여」On the Duty of Submission to Civil Government를 언급한다. 더글러스를 끌어들여 페일리를 전복하고, 그렇게 해서 소로는 하버드가 전교생에게 주입하고 콩코드의 엘리트가 퍼뜨린 오류, 즉 궁극적 사회선社會善은 사회라는 기계가 부드럽게 작동하는 상태라는 개념을 날카롭게 비판한다. 소로가 에세이에 붙인 제목은 이 개념에 대한 반박을 표명하고 있다. 시민 정부라는 이름의 부드럽게 작동하는 기계장치가 불의를 자행한다면, 복종이 아니라 저항이 시민의 도덕적 의무다. "내가 만일 물에 빠진 사람이 붙잡고 있던 나무판자를 부당하게 빼앗았다면, 내가 빠져 죽는 한이 있더라도 그 판자를 돌려주어야 한다. 페일리에 따르면 그렇게 하기가 쉽지 않을 것이다. 하지만 그런 경우, 즉 그 판자를 되돌려 주기가 불편하다면 애초 살아야 할 사람이 제 목숨을 내놓게 된다. 미국 국민은 노예 소유를, 그리고 멕시코에서 벌이는 전쟁을 중단해야 한다. 설사 그로 인해 국민으로서 존재할 수 없게 될지라도."[48]

거기엔 대가가 따를 수 있다. 「시민 정부에 대한 저항」에서 가장 큰 호소력은 어쩌면 다른 곳에서 나올지 모른다. 바로, 구조적 폭력을 당하는 사람들의 고통에 깊이 공감하는 소로의 예민함이다. 특히 여기에는 콩코드에 거주하는 그의 친구들과 이웃들이 포함되어 있다. 소로는 그들이 어리석어서 또는 비겁해서 주저하는 것이 아니라, 그들과 가족이 입을 피해가 두려워서 머뭇거린다는 사실을 깨달았다. "그들은 기존의 정부가 제공하는 보호를 쉽게 포기하지 못하며, 정부에 대한 불복종이 가족과 자기 재산에 미칠 영향을 두려워한다." 소로는 그들의 취약성을 간파하고 자신이 유리한 위치에 있음을 인정했다. 그는 재산도, 부양할 가족도 없었다. 그가 잃을 것은 자신의 몸뚱이뿐이고, 그래서 위험을 떠안을 **의무**는 바로 그 자신에게 있었다. 이웃들과 달리 그에게는 "매사추세츠를 향한 충성, 그리고 자신의 재산과 생명에 대한 매사추세츠의 권리를 거부할 여유가 있었다". 역설적으로, 그는 가난했기 때문에 더 가치 있는 사람이 되었다. 불복종을 통해 그가 잃을 것은 많지 않았다. 하지만 애초 왜 그런 위험을 감수해야 한단 말인가? 도대체 왜 (소로는 누군가가 자신에게 질문하는 상황을 상상한다) "압도적인, 잔혹한 힘 앞에 당신 자신을 내놓아야 한단 말인가?" 에머슨은 소로의 행동이 자살을 향해 가는 발걸음이라 생각했다. 소로는 정부의 힘이 "전적으로 잔혹하기만 한 것이 아니라, 얼마간 인간적"이며, 따라서 개인의 "탄원이 가능하다"라고 답했다. (강제 구금의 형태를 통해) 자신의 신체를 폭력 앞에 내놓음으로써 소로는 단순한 관점을 지닌 이웃들의 눈앞에 국가가 자행하는 숨겨진 폭력을 드러냈고, 이를 통해 모두가 품고 있는 비밀스러운 공포를 지각 가능한 것으로 만들고, 따라서 행동으로 이어질 수 있는 것으로 만들었다. 소로는 이웃들에게 자신을 향한 반감은 방향이 잘못됐다고 말했다. 반감은 수감자가 아니라 간수를 향해야 한다. 하지만 이웃들은 **옳은 방향으로** 반감을 내비치기도 했으므로, 소로는 희망을 잃지 않았다. 정부의 힘은 그저 잔혹하기만 한 것이 아니라 인간적이기도 해서, 인간은 도덕적 결정을 내릴 수 있다. 더글러스가 그랬듯이, 인간은 폭력에 저항할 수 있다.[49]

그래서 결국에는 폭력을 가하는 사람도 저항할 수 있다. 여기서 소로는 시선을 돌려, 자신의 오랜 친구이자 "나와 같은 시민인 세금 징수원" 샘 스테이플스를 예로 든다. "누군가 그랬듯이 만일 세금 징수원이나 다른 공무원이 '그렇다면 나는 어떻게 해야 하는가?'라고 묻는다면, 그때 내 대답은 '정말 뭔가 하고자 한다면 공무원직을 그만두라'일 것이다. 국민이 충성을 거부할 때, 공무원이 자리를 내놓을 때, 혁명은 완수된다." 이제 시민이 아니라, 큰 권한을 가진 공무원이 갈림길에 선다. 부당한 법을 집행하거나 저항하거나. 두 가지 선택지 앞에서 도덕적 결단을 내려야 한다. 그 또한 한 명의 **인간**으로서 아무 생각 없이 기계장치의 부속품이 될 것이 아니라 양심을 선택해야 한다. 이것이 바로 소로의 가장 날선 명령이며, 그의 에세이는 이 명령으로 가득하다. "만일 그 불의가 (…) 당신에게 불의의 대리인이 되어 타인을 해치라고 요구하는 것이라면, 나는 그 법을 깨뜨리라고 말하고자 한다. 당신의 삶을 마찰력으로 바꾸어 그 기계장치를 멈추게 하라고. 나의 의무는 내가 비난하는 악행에 나 자신이 조금이라도 힘을 보태는 일이 없도록 조심하는 것이다."[50] 바퀴와 톱니를 상상한 발명자는 기계 제작법을 아는 것처럼 그걸 부수는 법도 알 것이다.

올컷이 자신의 삶을 마찰력으로 바꿔 그 기계장치를 멈추고자 했을 때 그의 가족이 어떤 대가를 치러야 했는지 소로는 목격했다. 올컷의 가족과 헨리 소로의 고초를 지켜보던 이웃들이 결국 공포에 질려, 가장 온건한 형태로 시민 불복종을 실천할 때 겪게 될 사소한 결과조차 무서워하게 된 것도 그 대가의 일부였다. 결국 요점은 이랬다. 어쨌든 정부는 필요하다. 올컷과 소로 같은 체제 반대자들을 처벌하기 위해서가 아니라, 그들의 가치를 평가하고, 윤리적 삶을 원하는 그들의 권리를, 또한 모든 시민의 권리를 보호하기 위해서. 소로는 진정으로 정의로운 국가를 상상하며 끝을 맺는다. 그런 정부는 "모든 사람에게 공평하고, 개인을 이웃으로서 존중하며, 간혹 국가를 등지고 살려는 사람이 있다 해도, 이를 국가의 평안과 배치되는 것으로 간주하지 않고" 간섭을 하거나 애써 포용하려 들지 않는다. "국가가 이런 종류의 열매를 맺고, 그 열매가 다 익어서 떨어질 때까지 기다려 준다면, 훨씬 더 완벽하고 영광스러운 국가로 나아갈 것이다. 나 역시 그런 국가를 상상으로 그렸을 뿐 아직 어디서도 보지 못했다."[51]

여기, 에세이 말미에 소로가 서두에서 요청한 "가장 좋은 정부"가 구체적 모습을 드러낸다. 올컷과 소로 같은 체제 반대자를 용인하는 데 그치지 않고, 그들에게서 실제로 열매를 발견하고, 그 열매가 무르익어 씨앗을 맺도록 놔두는 정부. 그 열매는 소로가 교도소에서 나와 사람들과 함께 들판에서 채집한 허클베리와 똑같은 **야생**의 열매다. 이어 소로는 허클베리를 채집하러 갔던 자신의 여정, 노예들이 재배한 설탕을 저녁 식탁에 올리기를 거부한 어머니의 사례부터 제국의 폭력에 희생된 그리스도의 위대한 순교까지 인간이 할 수 있는 행동의 범위를 제시한다. 순교자가 되거나 순교할 능력이 있는 시민은 거의 없다. 하지만 전혀 없는 것은 아니다. 그리고 그런 영웅적 반대자가 나타나면 그들은 광인이 아니라 구원자로 인정받아야 한다고 소로는 생각한다. 나중에 존 브라운을 공개적으로 지지할 씨앗들이 발아할 준비를 마친 채 숨을 고르고 있었다.

여기에는 또한 소로의 가장 놀라운 혁신이 담겨 있다. "저항"은 그저 자신을 방어하거나 동료 시민, 나아가 국가를 지키는 일에 국한되지 않는다. 저항은 "자유" 매사추세츠의 경제적 기반인 노예, 미국이 적으로 선언한 멕시코인, 그리고 문명 자체의 적이라고 선언된 인디언에 이르기까지 우리와 하나로 얽혀 있는 모든 생명을 지키는 일이다. 하지만 소로는 여기서도 한 걸음 더 나아갔다. 그는 월든 호숫가에 살면서 인간이 비인간과 얼마나 깊은 관계를 맺고 있는지 깨달았다. 노동력이나 식량을 제공하는 동물이든, 목재로 쓰이는 나무든, 댐 때문에 사라진 야생 물고기든, 숲과 목초지를 포함한 생태계든 예외는 없었다. 「시민 정부에 대한 저항」을 끝낸 바로 그 주에 소로는 『콩코드강과 메리맥강에서 보낸 일주일』을 마무리했다. "물고기가 울 때 누가 그 소리를 듣는가?" 그는 서두에서 이렇게 묻는다. "그들이 우리와 동시대에 살았음을 누군가의 기억은 잊지 않을 것이다." "무기라고는 순수함과 정당함밖에 없어서" 빌레리카 댐의 수력기계 속으로 내던져졌지만, "적어도 나는 그대들 편에 서 있네. 그리고 누가 알겠는가? 쇠지레 하나가 빌레리카 댐을 부수는 데 어떤 힘을 발휘할지."[52] 1849년 당시에 윤리적 공동체의 범위를 비인간 세계까지 확장한다는 것은 새롭고 충격적이고 우스꽝스러운 생각이었다. 하지만 소로는 이후의 삶을 이 혁명적 통찰에 바쳤다. 소로가 「시민 정부에 대한 저항」을 쓰는 과정에서 이끌어 낸 사유는 그가 세운 정치철학의 근간이 되었을 뿐 아니라 환경 윤리로 나아가는 길이 되었다.

정교하게 짠 바구니
:『콩코드강과 메리맥강에서 보낸 일주일』

소로가 에머슨의 문하생이었다가 조수, 친구, 라이벌로 성장하는 동안 그가 가장 애지중지한 프로젝트, 『콩코드강과 메리맥강에서 보낸 일주일』은 그의 손 밑에서 천천히, 꾸준히 불어나고 있었다. 몇 년 뒤 소로는 『월든』의 독자들에게 언젠가 "정교하게 짠 일종의 바구니"를 만든 적이 있다고 말하게 된다. 그의 첫 번째 책에 잘 들어맞는 이미지였다. 1839년 존과 함께 강을 따라 여행한 이야기에 자신이 느끼고 생각하고 경험한 모든 것—콩코드강의 물고기, 새벽 강에서 느낀 이슬의 감촉, 조리된 나그네비둘기passenger pigeon의 모습, 납세 거부, 인디언의 이름들, 우정에 관한 철학, 힌두 경전, 나쁜 꿈, 오래된 시, 산행—을 촘촘하게 엮어 바구니를 만든 것이다. "아래로는 지상에서 위로는 천국까지 나침반이 가리키는 모든 곳에서 다양한 영감이 나왔고", 각각의 영감은 그의 일기장에 적절히 자리 잡고 있다가 나중에 "키질"이 되어 처음에는 강연, 그다음에는 에세이들이 되었다. 그 에세이들은 "대 위에 놓인 조각상들"처럼 아름답게 보였다. 하지만 "이 조각상들은 손을 잡고 연결되어 있는 경우는 거의" 없었다.[53] 그건 바구니가 아니었다. 소로는 『일주일』이 딱딱하고 형식적인 조각상들을 모아놓은 갤러리가 되기보다는 유기적으로 짜인 전체가 되기를, 즉 여러 요소가 강에 의해 하나로 묶여 생명체가 되기를 바랐다.

축복과 활력이 넘치던 1839년 여름, 존과 헨리의 답사 여행은 애초 계획에 따르면 문학 기행이 아니라 청년들이 좋아할 법한 모험에 가까웠다. 하지만 이 신진 작가는 출발하는 순간부터 여행의 문학적이고 상징적인 의미를 찾고 있었다. 비록 그 의미는 1842년 1월, 존이 세상을 뜬 이후에야 구체화될 수 있었지만 말이다. 드디어 1842년 가을, 헨리는 먼저 간 형제를 향한 일종의 애가로서 함께했던 여행을 떠올렸다. 커다란 새 노트 "롱 북"에 파종이라도 하듯 드문드문 소중한 구절들을 뿌려 놓고 싹이 터 성장하길 기다렸다.[54] 월든 계획을 굳혀 갈 무렵 소로는 노트에 쓸 항목을 체계화하기 시작했다. 그때 그는 에머슨이 쓴 적 없는 책을 상상하고 있었다. 에세이를 하나씩 아름다운 조각상처럼 대에 올려놓고 맥락과 무관하게 나열하는 것이 아니라 성찰과 문학과 역사로 가득한 여행기, 살아 있는 책을 구상한 것이다.

마거릿 풀러가 어떻게 하면 그런 책을 쓸 수 있는지 보여 준 적이 있었다. 1843년 가을, 스태튼 아일랜드에 와서 소로를 봤을 때, 그녀는 여름에 오대호五大湖를 여행했던 일을 늘어놓았고, 그 기억을 엮어 자신의 첫 번째 저서를 펴낼 계획으로 들떠 있었다. 여행 중 온갖 일을 경험하며 얻은 사유, 관찰, 시, 논평, 인용구를 모아 "일종의 편지함"을 만들고자 했다. 그리고 1년 뒤 『1843년 호수에서 보낸 여름』*Summer on the Lakes in 1843*이 출간됐고, 1844년 여름에 그 책을 읽은 소로는 자신의 책을 어떻게 엮어야 할지 깨달았다.[55] 그는 2주에 걸쳐 이루어진 여행을 1주로 압축해, 토요일 점심에 출발해 금요일에 돌아오는 7일간의 천지창조 이야기로 만들고, 두 사람이 워싱턴산 정상에 오르는 대목에서 탐사 여행이 절정에 이르도록 했다. 월든에 집을 짓기 직전이자 월든에서 초고를 쓰기 시작한 날인 1845년 3월 소로는 콩코드 라이시움의 연단 위에서 이 설정을 시험해 보았다. 그리고 1년 뒤에는 그 일부를 강둑의 참나무 아래서 에머슨에게 소리 내어 읽어 주었다. 에머슨은 잔뜩 흥분해 소로에게 찬사를 보냈다. "아이작 월턴처럼 소박하고, 창포처럼 매콤하고, 마누처럼 넓고도 깊다."[56] 소로는 자신이 제대로 된 길에 들어섰다고 확신했다.

다시 1년이 지난 1847년 3월, 소로는 그 내용을 열광하는 올컷에게 읽어 주었다. 올컷은 소로의 글이 "그가 항해하는 물길처럼 생생하고 아름답게 흐르는데", "강인하기도 하고, 뿌리와 같은 힘줄이 있으며", "야생의 고기"처럼 날것인 데다, "강바닥에서 헤엄치는 물고기처럼 물기를 머금어 촉촉하다"라고 평했다. 그 글은 "뉴잉글랜드의 뗏장과 수액, 섬유질과 향기를" 품은 **미국** 문학이었다. 에머슨도 여전히 흥분하고 있었다. 그는 와일리 앤드 퍼트넘Wiley and Putnam에서 발행하는 《문학계》*Literary World*의 편집자, 에버트 듀이킹크에게 편지를 보내, 이 책은 "굉장한 장점"이 있어 자연을 사랑하는 이들, 문학을 연구하는 이들, "독창성과 심오함"을 사랑하는 독자들을 매료할 거라고 호언했다. 그는 이 책이 호손, 포, 멜빌의 책과 나란히 『미국의 책 총서』Library of American Books에 포함되기를 바랐다. 그렇지만 비판적 안목을 지닌 에머슨은 이미 앞으로 발생할 문제를 인지하고 있었다. 그 짧은 여행 이야기는 "소로처럼 큰 구슬과 금덩이를 꿰어 놓기에는 너무 가는 실"이었다.[57]

듀이킹크는 회의적이었을지 모른다. 소로가 좋은 책을 낼 가능성은 "천 번에 한 번" 정도라고 호손이 경고하지 않았던가. 하지만 좋은 작품을 기대해도 된다는 에머슨의 설득을 받아들여 그는《문학계》에 곧 소로의 책이 출간된다고 발표했다. 하지만 에머슨은 시기를 너무 앞당겼다. 소로는 준비가 되어 있지 않았다. 원고를 다듬다 한 달 또 한 달이 지나갔다. 5월 말에 겨우 완성한 원고를 듀이킹크에게 전달했지만, 너무 늦고 말았다. 듀이킹크가 글을 마음에 들어 하긴 했지만, 출판사에서 해고된 뒤였다. 초조하게 두 달이 흘렀을 때 와일리 앤드 퍼트넘이 출판을 거부한 것이 명백해졌다. 에머슨은 포기하지 않고 필라델피아의 출판인 W. H. 퍼니스에게 열정적으로 편지를 써 보냈지만, 이곳 역시 무명작가의 글을 봐 달라는 수많은 요청에 힘겨워하고 있었다. 윌리엄 에머슨은 뉴욕시에 있는 하퍼스Harpers도 타진해 봤지만, 그들 역시 출판을 거절했다. 9월이 다 가고 심지어 에머슨이 영국으로 떠난 뒤로도 소로는 계속 애를 태우다가 결국 11월에 마음을 접었다. 그는 출판사 네 곳이 모두 책의 출판을 거절했으며, 와일리 앤드 퍼트넘은 동의했지만 소로가 비용을 대는 조건이라고 에머슨에게 전했다. "책이 썩 마음에 든다면, 뒤로 미루지 않겠지요. 하지만 지금은 마음이 식었습니다. 어찌 됐든, 그냥 내버려 두라는 당신의 조언과 일치한다고 생각합니다."[58]

에머슨은 그런 조언을 한 적이 없었다. 한 달도 지체해선 안 된다고 에머슨이 영국에서 맞받아쳤다. "나라면 곧바로 인쇄하겠네. 그런다고 자네가 감당하지 못할 위험이 일어나지는 않을 걸세. 여기나 거기나 독자와 빚쟁이가 있기는 마찬가지라네." 헨리는 출판을 한 달 미루고 또 한 달 미루고, 다시 한 달을 미뤘다. 인내력이 다한 에머슨은 리디언에게 편지를 보냈다. "헨리 소로에게 언젠가 영국에 올 생각이 있다면, 인쇄를 하루도 더 미루지 않게 하시오. 영국에 올 생각이 없다 하더라도, 그 책만큼은 꼭 인쇄하게 하시오."[59] 하지만 어떻게 그럴 수 있겠는가? 소로가 충분히 "위험"을 "감당"할 수 있을 것이라는 에머슨의 확언에서 인쇄 비용이 나오진 않았다. 4년 뒤 에머슨은 엘러리 채닝이 첫 책을 출간할 수 있도록 재정적으로 지원했다. 하지만 소로는 이때 그런 제안을 받지 못했다. 인쇄 비용을 낼 수 없었던 소로는 책을 상자에 넣은 뒤 거절하기 어려울 만큼 명백하게 좋은 책이 되기 전에는 자신의 책이 출판될 수 없을 것이라고 결론지었다. 그래서 그는 시장에 관심을 끊고 책을 좀 더 다듬어 나갔다. 그사이 돈을 벌고자 「크타든」을 정리해 그릴리에게 보냈다. 그런 상황에서 그릴리가 몇 달 지나지 않아 「크타든」의 지면을 찾아냈을 뿐 아니라 꽤 괜찮은 원고료를 지급하고 글을 더 달라고 청하기까지 하니, 소로 입장에선 감사의 마음이 끓어오를 수밖에 없었다.

하지만 그릴리가 원한 건 **짧은** 글이었고 소로가 가진 건 책이었다. "내 책이 다시 손 밑에서 불어나고 있습니다"라고 그가 답장했다. "하지만 여유가 생기면 즉시 짧은 글을 쓰겠습니다. 그럼 이만."[60] 그릴리가 어떤 말을 해도 『일주일』을 가장 우선순위에 놓겠다는 그의 고집을 꺾을 수 없었다. 그는 두껍고 새로운 책을 써야만 에머슨의 그늘에서 벗어날 수 있다고 확신했다. 게다가 그 무엇도 존에게 바치는 책보다 우선일 순 없었다.

마침내 에머슨이 유럽에서 돌아왔다. 1848년 7월 27일 증기선을 타고 보스턴에 도착한 에머슨은 "맑은 정신으로, 건강하게" 콩코드의 집으로 직행했다. "에머슨은 코끼리를 보고 돌아왔다." 소로가 말했다. "혹은 이제, 코끼리가 아니라 영국의 사자를 보았고, 그 자신이 사자가 되어 돌아왔다고 말해야겠다." 짐을 풀고 사흘이 지나자 에머슨은 다시 가장의 자리를 넘겨받았고, 7월 30일에 소로는 문학의 사자로 등극한 위대한 시인과 가족을 남겨두고 텍사스 하우스로 돌아왔다. 엘런의 기억에 따르면 에머슨가는 그 뒤로 하숙인이나 다른 상주 손님을 들이지 않고 "평범한 가족"으로 살았다.[61] 헨리 소로는 그 후 다시는 자기 가족의 곁을 떠나지 않았다.

에머슨은 살림을 정비하고 정원을 가꾸고 가족을 돌보고 빡빡한 재정 문제를 해결하며 몇 달을 보냈다. 소로는 종종 들러 아이들을 보고, 루시 이모의 새집 마무리를 돕고, 올컷을 도와 에머슨의 새로운 호화 별장에 마지막 손길을 보탰다. 올컷을 도울 때 그는 자신이 "아무짝에도 쓸모가 없다"라고 투덜거렸다. 하지만 소로와 에머슨 사이의 편지를 채우던 따뜻한 물결은 점차 썰물처럼 빠져나가고 있었다. 에머슨은 "소로의 팔을 잡기보다는 차라리 느릅나무 가지를 잡겠다"라고 재차 일기에 적었다. 영국의 문명 수준에 감탄하고 있던 그는 소로가 일종의 광기와 노닥거리는 것은 아닌지 의심했다. "헨리 소로는 방랑하는 시인을 꾀어 멀리 데리고 가서는 벌거벗긴 채 넝쿨로 감싸고 나서 나뭇가지를 쥐어 주는 숲의 신과 같다. 마을을 벗어나 숲으로 갈 때는 아주 매혹적이지만, 결말은 곤궁과 광기일지니."[62] 이젠 소로가 아니라 채닝이 정기적으로 에머슨의 산책에 동행했다. 채닝과 함께 느긋하고 행복한 시간을 보낸 덕분에 에머슨은 다음 책, 『위인이란 무엇인가』 *Representative Men*을 집필하는 길고 힘겨운 시간에서 잠시나마 벗어날 수 있었다. 막대한 여행 비용을 벌충하기 위해서라도 하루빨리 책을 써야 했다.

돈 걱정은 소로도 마찬가지였다. 소로의 가족은 그의 도움이 절실했다. 소로 가족이 나무 필통을 생산해 납품하는 콩코드 스팀 밀 사Concord Steam Mill Company가 5월에 거대한 불길에 휩싸이며 강과 목초지를 훤히 밝혔다. 어떤 사람은 방화를 의심했다. 건물주들은 보험금을 받았지만 임차인들은 그러지 못했고, 그중에서도 소로 가족이 가장 큰 손해를 입었다. 헨리는 가족의 피해액이 400달러에서 500달러에 이른다고 추정했다. 집에 돌아오자마자 소로는 텃밭을 가꾸고 목공을 하고 벽지를 바르고 회반죽을 바르는 등 삯일을 하며 돈을 벌었고 그 돈을 모아 어머니에게 빌려주고, 아버지에게 다달이 생활비를 주고, 남는 시간에는 연필 공장에서 일했다.[63]

소로는 에머슨의 집에서 지내느라 여름 여행을 할 수 없었다. 1848년 여름에는 메인주로 떠나고 싶었지만 8월 말에 계획을 취소했다. 할 수 있는 일이라곤 채닝과 함께 멀리로 도보 여행을 가는 것뿐이었다. 9월 4일에 출발한 두 사람은 메리맥강 상류에 있는 던스터블을 거쳐 뉴햄프셔로 진입했고, 엉커누넉산을 오른 뒤 훅세트와 햄스테드를 경유해 집으로 돌아왔다. 자료 조사를 겸한 여행이었다. 이 경로를 지나며 9년 전 여행했던 시골이 어떻게 변했는지 가늠할 수 있었고, 그 변화를 책에 포함해 부피를 늘려 갔다. 던스터블 마을의 가장 좋은 집에 사는 젊은 여성에게 마을의 역사책을 입수하기도 했다. 소로는 그녀에게 혹시 그 집에 마을의 역사책이 있는지, "책을 그에게 '팔 수는 없는지' 물었다"(그녀는 책을 팔았다).[64] 두 사람은 100마일이 넘는 거리를 걸어 나흘 만에 집으로 돌아왔다. 마리아 고모는 시큰둥해서는 "틈만 나면 걸어 다니는 것 말고, 더 나은 일을 찾았으면 좋겠다"라며 코웃음을 쳤다.[65]

그해 가을 소로는 가족의 수입에 보탬이 될 수 있는 "더 나은 일"을 찾기 시작했다. 괜찮은 선택지가 둘 있었다. 측량과 강연이었다. 철도가 생긴 이래로 콩코드가 나날이 커지고 있어 측량 일은 수요가 많았다. 소로는 이미 기본 지식을 갖추고 있을뿐더러 그 무렵 몇 년 동안 간간이 측량을 해 보기도 했다. 야외에서 일하기를 즐겼고 수학이나 기계를 다루는 일에도 재능이 있었으니 그에게 딱 맞는 일이었다. 그해 가을 소로는 측량 공부에 필요한 책을 산더미같이 구하고 컴퍼스를 수리하고 측량 기록을 위해 새 노트와 제도 용지, 신발, 모자 등의 물품을 구입해야 한다고 메모했다.[66] 이듬해 봄 그는 마을에서 오랫동안 일한 측량사 사이러스 허버드에게 컴퍼스를 빌려 몇 차례 일을 했다. 그의 아버지가 바라 마지않던, 텍사스 하우스 앞으로 지나갈 도로의 부지가 그의 첫 번째 측량 업무였다.

1849년 4월 2일 콩코드 마을 이사회는 소로의 측량 결과를 수용하고 "벨냅 거리"의 건설을 승인한 뒤 도로 건설 일을 돕는 측량사로 소로를 고용했다. 다음으로 소로는 에머슨이 소유한 월든 호숫가의 땅 80에이커를 측량했다. 5월에는 플린트 호수 옆의 식림지를 측량했으며 그곳에 있는 희귀한 꽃들과 아름다운 폭포를 보존하기 위해, 그 땅을 구입하라고 에머슨을 설득했다. 소로는 "측량 현장 기록"Field-Notes of Surveys이라는 새 일지를 써 나갔다. 첫 번째 기록은 거대한 식림지를 측량한 것으로, 측량이 끝나자 토지 소유주는 나무를 베어 내고 그 땅을 택지로 분양했다. 이후 11년 동안 소로는 150회가 넘는 측량을 완수했다. 각기 며칠에서 몇 주가 걸리는 고된 일이었고, 멀게는 뉴저지까지 가야 했다. 택지, 식림지, 농장과 과수원, 마을 경계선, 콩코드의 미들 거리Middle Street와 뉴 베드퍼드 로드New Bedford Road, 그리고 말년에는 콩코드강의 길이까지 측량했다. 소로의 노력이 콩코드의 건물 마당, 경계선, 도로에 각인되어 그곳의 지도를 아주 실질적으로 그려 낸 셈이다.[67]

소로는 그때껏 모든 강연을 무료로 했다. 그러다 3년 전 세일럼으로 이사해 세관에서 일하고 있던 호손이 1848년 10월 세일럼 라이시움 강연을 20달러로 제안하면서부터 소로는 강연료를 받기 시작했다. 「크타든」이 《유니언 매거진》에 매달 연재되고 있었고, 「시민 정부에 대한 저항」이 거의 완성되었으며, 그릴리가 『월든』을 소개해 막 전국적 논쟁에 불을 붙인 상태였다. 게다가 국제도시 세일럼항에서 돈을 받고 일을 하게 되었다. 문학가의 삶에서 마침내 수익이 나는 듯 보였다. 소로는 월든 강연 3부작을 다듬고, 『월든』을 세상에 내놓고, 돈을 조금씩 벌고, 어느 정도 홍보도 하고, 새로운 청중 앞에 새로운 소재를 시험해 보기로 결심했다. 이런 속도라면 곧 한 권이 아니라 두 권의 저서를 낼 수도 있었다.

10월 말 난데없이 짜증나는 일이 생겼다. 하버드 시절부터 앙숙이던 제임스 러셀 로웰이 미국 문학의 샛별들을 꼬챙이에 꿰어 거부하기 힘든 맛깔스러운 문장으로 풍자한 소책자 『비평가를 위한 우화』*A Fable for Critics*를 낸 것이다. 에머슨에 관해서는 "모두가 우러러보지만, 정작 얼마 되지 않는 그의 여섯 개종자가/누구인지는 아무도 (그들 자신도) 모른다"라고 썼고, 올컷에 관해서는 "말은 청산유수이지만, 입을 다물게 하고 펜과 잉크와 종이를 쥐여 주면/가느다란 양초처럼 사그라진다"라고 평한다. 에머슨이야 그를 여유 있게 무시했고, 올컷은 오래전부터 온 나라의 웃음거리였지만, 소로에게 날린 화살은 과녁을 깊이 관통했다.

> 저기, 예를 들어, 그가 운동하는 희귀한 모습을 보라,
> 고통스러우리만치 짧은 다리로 에머슨의 경주로를 달리는 모습을,
> 그가 뛰어오르고, 용을 쓰고, 얼굴을 붉히는 꼴을,
> 교주의 자연스러운 속도를 따라잡느라 애쓰는 광경을!

10년 전에도 비슷한 조롱이 있었다. "저런, 망측하여라, 동료 시인이여, 당신에게도 좋은 과일이 있으니,/이웃집 에머슨의 과수원은 그냥 내버려 둘 순 없을까?" 로웰의 재기 넘치는 비난은 다음 세대 비평가들 사이에서도 반향을 일으켜 소로를 평생 쫓아다녔다. 소로는 대응하지 않고 묵묵히 글을 써 나갔다. 그는 「크타든」이 에머슨의 작품과 닮지 않았다는 사실을 알고 있었고, 「시민 정부에 대한 저항」이 에머슨의 지붕 아래에서 형태를 갖추기는 했지만 동시에 에머슨의 보호를 거부한다는 것도 알고 있었다. 하지만 오래된 상처는 치료되지 않았고, 로웰의 가시는 흉터를 남겼다.

소로는 그다음 여섯 달 동안 여섯 마을에서 『월든』에서 발췌한 내용을 아홉 번 강연했다. 이를 통해 100달러가 넘는 돈을 벌었고, 값으로 따질 수 없는 홍보 효과도 얻었다.[68] 늘 강연에 대한 비평이 발표되었는데 긍정적

평가도 있었지만, 대다수는 로웰에게서 단서를 얻어 소로를 에머슨의 모방자로 못 박아 버렸다. 그래도 그런 기사는 사람들의 궁금증을 불러일으켰고, 그 덕분에 소로는 시장이 어떻게 돌아가는지 잘 이해하게 되었다. 글루스터의 한 신문이 혹평을 내놓자 소로는 그것도 좋은 광고가 된다며 가볍게 무시했다. 세상 속으로 들어갈수록 옛 친구들과의 유대도 단단해졌다. 우선 너새니얼 호손 부부와의 관계가 그랬다. 너새니얼은 세일럼 지역의 친구들에게 자신이 초빙한 강연자가 그릴리의 신비로운 작가, 호수의 시인이라고 귀띔했고, 1848년 11월 22일 소로는 월든 강연으로 세일럼에서 "상당한 돌풍"을 일으켰다. 소로의 강연에는 "절묘한 유머"와 "이 시대의 어리석음에 대한 섬세한 풍자"가 있었다. 소피아 호손은 그의 강연에 매료되어 언니 메리에게 소로가 예전처럼 오만한 사람이 아니라 "모든 천재가 그래야 하듯 친절하고 소박하고 건강하고 온화한" 사람이 되었다고 편지했다. "그의 멋진 푸른 눈"에서는 빛이 났고, 그 빛이 "전에는 언제까지나 그를 버릇없는 사람으로 보이게 할 거라 생각했던 그 코에 그림자를 드리웠다".[69] 호손의 가족과 회포를 푼 헨리는 너새니얼과 케임브리지를 방문해 헨리 워즈워스 롱펠로와 저녁 식사를 했다. 호손은 사전에 롱펠로에게 사람을 지치게 만드는 소로의 "쇠 같은 무뚝뚝함"을 경고하면서도, 동시에 그가 깊은 사유와 독창성을 지닌 인물이라고 칭찬했다. 그보다 일주일 전에 이미 에머슨의 집에서 소로와 저녁 식사를 했던 롱펠로는 결국 소로에게 호감을 갖고 있었던 것으로 드러났다. 몇 달 뒤 롱펠로는 「시민 정부에 대한 저항」이 "굉장히 훌륭하다"라고 의견을 밝혔다.[70]

소로는 한마디로 대성공을 거두었다. 마리아 고모도 마침내 기뻐했다. 세일럼은 그에게 "멋지게 사로잡힌" 듯 보였다. 그들은 소로를 다시 초청했다. 게다가 메인주 포틀랜드에서도 강연이 예정되어 있었고 보수도 좋았다! "헨리가 책을 낼 준비를 하고 있었는데, 제목이 월딘Waldien(철자가 어떻게 되는지 모르겠네) 혹은 숲속의 삶이라고 해. 책은 몰라도 제목은 인기를 끌 것 같지 않아?"[71] 크리스마스 즈음에 세일럼 강연과 작가 대접이 다소 소홀했던 글루스터 강연이 끝나고, 새해가 되어 소로는 콩코드의 친근한 청중 앞에서 세 번째 월든 강연을 시험했다. 그런 뒤 2월에는 세일럼을 다시 방문했고, 3월 초에는 링컨을 방문했다. 2주 뒤에는 포틀랜드에서 춘분에 폭풍우가 지붕을 두드리는 동안 강연을 했다. 청중은 두 시간 동안 "졸지도 않고" 소로의 "고유하고 독창적이고 재미있고 그럴싸한" 사유에 귀를 기울였다.[72] 포틀랜드에서 보낸 찬사를 들은 그릴리는 1849년 4월에 이 자료를 이용해 월든의 소로를 홍보했고 그 기사는 전국 각지 신문에 잇따라 게재되었다. 일주일 뒤 그릴리는 일명 티머시 서러란 사람의 반응을 잡지에 실었다. 서러는 그런 삶이 이해가 되지 않아 아내에게 의견을 구했는데, 글쎄 **그녀**가 이 멍청한 작자는 분명 남자의 의무를 회피하는 "아무짝에도 쓸모가 없고, 이기적이고, 고약한 **인간**"일 거라 대답하더라는 것이었다. 그러자 그릴리는 분노에 찬 응수로 논쟁을 키웠고, 결국 그 일은 소로가 실제로 어떤 글을 썼는지와 무관하게 온 나라에 파장을 일으켰다. 그릴리의 묘기 같은 홍보는 어떤 깊은 감정을 건드렸으며, 그로부터 탄생한 소로의 캐리커처가 지금까지 이어지고 있다.[73]

소로는 우스터에서 일주일 간격을 두고 세 차례 월든 강연을 했고, 이 강연을 끝으로 전문 강연자로서 첫 번째 시기를 마무리했다. 우스터의 청중 가운데는 H.G.O. 블레이크와 그의 친구들도 있었다. 지역신문들은 그를 조롱했다. 한 신문은 "밀어줄 아일랜드인 한 명만 있다면 외바퀴 손수레가 세상에 더 큰 도움이 된다"라고 썼다. 하지만 일부 청중은 "숲속의 철학자"와 그가 전한 메시지에 공감했다.[74] 아마 이 강연 시리즈를 조직했을 블레이크와 그의 친구들이 소로를 다시 여러 번 초청해 결국 우스터는 콩코드 다음으로 중요한 시험 무대가 되었다. 그리고 그 과정에서 소로는 살아 숨쉬는 청중이 어떤 말에 반응하고 어떤 말을 흘려보내는지 관찰하면서 글을 전개하는 방법을 익혀 평생 사용했다. 소로가 쓴 책의 이면에는 웃고, 싸우고, 가끔은 인상을 찌푸리는, 고집이 세고, 도저히 예측할 수 없는 수천 명의 얼굴이 있다.

이 모든 일이 굉장한 책 홍보가 되었지만, 그가 원한 책은 아니었다. 전국의 청중이 『월든』의 신랄한 사회 비판에 관한 논쟁에 귀를 쫑긋 세우고 있던 그때, 소로는 그 책과는 완전히 다른 책 『콩코드강과 메리맥강에서 보낸 일주일』을 막 출간하려 하고 있었다. 시장에서 거둬들인 뒤로 책의 두께는 거의 두 배가 되었고, 에머슨이 걱정했던 멋진 구슬과 금덩이도 놀랄 만큼 불어났다. 1849년 초 소로는 원고를 보스턴에 위치한 롱펠로 소유의 출판사 티크너 앤드 컴퍼니Ticknor and Company에 보냈다. 『월든』은 출판하겠지만 『일주일』은 안 된다는 답이 돌아왔다. 나중에는 회사가 주장을 조금 누그러뜨렸다. 소로가 인쇄 비용을 선금으로 낸다면 『일주일』도 출판하겠다는 얘기였다. 반가죽 장정본으로 1,000부를 찍는 비용이 총 450달러였다.

달을 따 오라는 말이나 마찬가지였다. 소로는 제임스 먼로에게 문의했다. 먼로가 제시한 조건도 끔찍했지만 아예 불가능할 정도는 아니었다. 먼로는 1,000부를 인쇄하되 인쇄 비용을 자신이 먼저 내주는 대신 판매 수익에서 빼겠다고 제안했다. 책이 팔리지 않으면 소로가 전액 배상을 해야 할 판이었다. 소로 가족은 걱정했다. 마리아는 "책이 잘 팔릴 것 같지 않은데, 어떻게 그 돈을 배상하겠다는 건지 모르겠어"라며 우려했다. 그녀가 보기에는 "거의 신성모독에 가까운" 내용이 들어 있었다. 신시아도 헨리가 "넣지 말아야 할 내용을" 넣었다는 데 동의했고, 헬렌조차 걱정을 감추지 못했다. 하지만 헨리는 단호했다.[75] 어쨌든 에머슨도 똑같은 조건으로 먼로와 계약을 했지만 별 문제는 없었다. 게다가 에머슨은 책이 잘 팔릴 거라면서 그 정도 위험을 감수하더라도 꼭 출판을 해야 한다고 몇 번이고 강력히 권했다. 올컷도 『일주일』을 좋아했다. 올컷이 호손에게 소로가 드디어 책을 인쇄하고 있다고 전하자 호손은 그 책이 『월든』인 줄 알고 기뻐하면서 소로에게 성공을 장담했다. 소로는 감사를 표했다. "저는 그 책을 쓰는 동안 당신을 독자로 상상했습니다."[76] 출판사가 교정쇄를 찍어 내자 소로는 교정 작업에 돌입했다.

1849년 봄은 힘겨웠다. 소로는 악필이었고 알아볼 수 없는 글자들은 곧 오류로 남았다. 많은 강연과 처음으로 쏟아져 들어오는 측량 업무에 몸이 열 개라도 모자랐다. 엘리자베스 피보디가 「시민 정부에 대한 저항」에 관해 부탁했을 때 그는 과감하게, 시간이 없어 교정은 해 주지 못하겠다고 통보한 뒤 그 글도 작업 대기 중인 원고 더미에 포함했다. 그러나 다른 무엇보다, 누나 헬렌이 죽어 가고 있었다. 그녀는 오랫동안 교사와 사회운동가가 되기를 소망했지만 좋지 못한 건강이 발목을 잡았다. 이제 그녀에게 시간이 얼마 남지 않았다는 점은 고통스러우리만치 명백해졌다. 강연을 위해 메인주에 왔던 소로는 뱅고어 강연을 취소하고 꿈꾸어 오던 대처와의 두 번째 여행까지 연기하고는 서둘러 집으로 돌아왔다. 5월 1일에 헬렌은 자신의 장례식은 "절대 우울해선" 안 된다고 주장하고 있었다. 헨리는 은판사진사를 데려왔다. 에머슨 부부가 슬픔에 빠져 있을 때 그들을 위로해 준 것이, 존 소로가 주선해서 그려 두었던 어린 월도의 초상화였음을 알고 있었다. 존과 어린 월도 두 사람이 세상을 떠나기 몇 주 전이었다.[77] 이제 헨리가 누이들을 위해 똑같은 일을 하고자 했다. 사진 속에서 헬렌은 섬세하고 우아한 표정을 짓고 있는데 두 눈에는 단호한 빛이 어리고, 희미한 미소가 입가에서 맴돈다. 처음 찍은 사진이 마음에 들지 않아 다시 촬영한 소피아는, 마치 예상치 못한 순간 카메라에 포착된 듯 솔직한 모습이었고, 당장이라도 프레임 밖으로 뛰쳐나가 하루를 시작하고 싶은 것처럼 조급해 보였다. 헨리는 사진을 찍지 않았다. 근심에 사로잡힌 가족들 사이에서 그는 긴장을 잃지 않고 분주하게, 기대감 속에서 계속 일했다.

세상의 어떤 흥분도 첫 책의 출간을 지켜보는 작가의 마음에는 미치지 못한다. 1849년 5월 26일, 헨리 소로는 열차를 타고 보스턴으로 건너가 『콩코드강과 메리맥강에서 보낸 일주일』의 작가 증정본을 받았다. 갈색으로 장정한 소박하고 두꺼운 책이었다. 그는 우스터의 블레이크에게 송부해 달라며 한 권을 남겨 두고, 다른 한 권은 돌아오는 길에 브론슨 올컷에게 들러 직접 전했다. 올컷은 자리를 잡고 앉아 이틀 만에 책을 완독했다. 그리고 그것이 "미국의 책"이라며, "에머슨의 에세이와 나란히 책장에 꽂아 둘 만하다"라고 찬사를 보냈다.[78] 다른 반응이 나오기까지는 좀 더 시간이 걸렸다. 2주 후 그릴리가 근무하는《뉴욕 트리뷴》1면에 전국적 영향력을 지닌 최초의 대중적 논평이 실렸다. 큰 타격을 줄 만한 논조였다. 논평은『일주일』이 상당히 "신선하고 독창적이고 사려 깊은 작품"이거나 혹은 그에 거의 근접한 작품이며, 저자의 자연 묘사는 "아이올리스Aeolis* 의 달콤함"을 풍긴다는 말로 서두를 열었다. 하지만 그의 시는 "더듬거리고" 철학은 형편없는 수준이라 "신뢰할 수 없는 위험한 학파를 대표하는 나쁜 사례"라고 혹평했다. 가장 나쁜 것은 신성모독이었다. 소로 씨는 감히 브라만의 경전들이 "기독교 성서보다 못할 것이 없다"라고 주장했다. 이는 뛰어난 양식과 훌륭한 취미, 그리고 모든 일반적 견해를 향한 "역겨운" 공격으로, 저자는《뉴욕 트리뷴》지면을 통해 그 내용을 철회하고 고개 숙여 사과함이 마땅하다는 것이었다.[79]

소로는 깊은 상처를 입었다. 그 익명의 평자가 신뢰하는 친구, 그릴리라는 생각이 들었다. 그가 다시 한번 논쟁을 불러일으킬 심산이라고 짐작한 것이다. 하지만 소로의 분노와 원망은 방향이 잘못되었다. 서평자는 다른

* 소아시아의 해안 지역과 몇 개 섬이 있는 지역을 가리킨다.

사람, 조지 리플리였을 것으로 추정된다.[80] 한편 에머슨은 아무 말도 하지 않았다. 다만 소로가 작가 증정본을 수령하기 나흘 전 에머슨은 영국인 친구에게 "이곳에는 자네에게 말할 만한 사람도, 책도, 시인도, 예술가도 없다네"라고 써 보냈다. 소로의 책에 관해서는 사족 하나를 겨우 남겼다. 《매사추세츠 계간 평론》에 평을 기고해 달라는 시어도어 파커의 제안을 에머슨은 냉담하게 거절했다. "나는 소로의 책에 관해 서평을 써서는 안 되는 사람입니다. 우린 한 무리, 한 교구에 속한 사람이거든요." 하지만 다른 친구들의 작품이 나왔을 땐 거리낌 없이 서평을 써서 큰 도움을 주곤 했다. 그런데 소로의 경우에는 자기 대신 서평을 쓸 만한 다른 평자를 소개해 준 것이 전부였다. 오랫동안 소로에게서 의구심을 거두지 않던 파커는 소로의 책이 꽤 마음에 들어 스스로 놀라고 있었다. 그는 에머슨이 추천한 이들이 아니라 훌륭한 미적 판단을 가진 떠오르는 문학의 판관, 제임스 러셀 로웰에게 서평을 의뢰했다.[81]

최악은 면했다. 로웰은 6개월이나 마감을 미루다가 결국 뒤늦게 서평을 기고했다. 하지만 놀라울 정도로 균형이 잡혀 있었다. 로웰은 이 책에 찬사를 보낼 만한 부분이 많다는 점을 발견했다. 특히 매혹적인 자연 묘사가 그랬다. 소로의 시를 "다각화"의 시도쯤으로 일축한 것을 제외한다면 로웰이 쓴 가장 나쁜 평가는 책에 있는 수많은 여담이 "우리가 노를 저으며 물길을 편안하게 거슬러 오르거나 거세게 흔들리며 떠내려갈 때 유목流木처럼 우리의 배를 후려쳐 방향을 틀어 버린다"라는 것이었다. 마리아 고모는 로웰의 서평이 "아름다우며", "아주 정당하고 만족스러운 데다 어떤 구절은 웃음을 주기까지 해서 아주 즐겁게 읽었다"라고 말했다.[82] 하지만 로웰이 서평을 기고한 때는 1849년 겨울로, 너무 늦은 시점이었다. 책은 이미 숨이 끊어져 있었다.

문제는 서평의 양이 적다는 점이 아니었다. 에머슨은 친구들과 잠재적 평자들에게 책 75부를 우편으로 보내 소로를 도왔고, 덕분에 소로의 책은 미국과 영국에 널리 소개되었다. 서평의 내용도 문제가 아니었다. 많은 서평이 소로의 책에 우호적이었고, 부정적인 평조차 책에 대한 관심을 끌어냈다. 문제는 먼로였다. 그는 책을 출판한 게 아니라 그저 인쇄하기만 했다. 광고도 하지 않았고, 이렇다 할 유통망도 갖추고 있지 못했다. 소로의 책을 구입하려면 보스턴에 있는 먼로의 서점을 방문하거나 먼로에게 우편으로 주문해야만 했다. 에머슨의 경우 그가 이미 잘 알려진 작가이기도 하고 보스턴을 중심으로 명성이 높아 이런 사업 모델이 잘 통했다. 하지만 데뷔작을 팔고자 전국에서 독자를 찾아야 하는 무명작가에게 이런 방식은 재앙이었다. 호손도 먼로에게 한 방 먹은 적이 있었다. 1841년 먼로가 호손의 『두 번 들려준 이야기』*Twice Told Tales*를 인쇄하고 3년이 지났을 때, 창고에 무려 600부가 팔리지 않은 채 쌓여 있었다. 에머슨은 풀러의 첫 책도 먼로에게 가져가려 했고, 순진한 소로도 그녀에게 자비로 책을 출판하라고 강하게 권유했었다. 하지만 현명한 풀러는 책을 시장에 내놓을 수 없거나 내놓지 않을 위험이 없는 출판사를 골라 『1843년 호수에서 보낸 여름』을 맡겼다. 반면 소로는 심각한 상황에 처하고 말았다. 『일주일』은 200부가 조금 넘게 판매되었다. 28달러 12.5센트에 집을 지었다는 것을 자랑스럽게 여기는 사람이, 대략 자신의 1년 수입에 해당하는 290달러를 빚지게 된 것이다. 그가 1달러 1달러를 힘들게 벌어 이 돈을 다 갚기까지는 꼬박 4년이 걸렸다.

어쩌면 소로의 삶에서 가장 슬픈 아이러니는 그가 월든에 파묻혀 형이자 가장 가까운 친구인 존을 위해 쓴 애가가 다른 많은 상실—누나 헬렌, 에머슨과의 우정, 작가로서의 희망—에 대한 애가로 바뀌었다는 점일 것이다. 1849년 6월 14일 헬렌이 결핵으로 사망했다. 소로의 책이 세상에 나오고 2주가 흐른 시점이었다. 가문의 자부심과 기쁨을 함께하기에 충분한 시간이었고 실제로도 얼마간 축제 분위기였지만 그 배경에는 불안과 근심이 흘렀다. 이제 네 남매 중 헨리와 소피아만이 남았다. 가문의 여성들은 관습에 따라 헬렌을 거실에 정장을 입혀 안치했다. 나흘 뒤 마을의 두 성직자인 유니테리언교회의 바질라이 프로스트 목사와 삼위일체신론교회의 윌리엄 매더 목사가 소로가의 가족묘지에서 장례식을 주관했다. 두 목사는 노예 소유주에게는 활짝 열린 문이 노예 수호자에게는 닫혀 있다는 이유로 교회에 가기를 거부한 헬렌의 행동에 경의를 표했다.

매더 목사의 아내에 따르면, 헬렌과 마찬가지로 교회에 나온 적이 없는 헨리는 장례식이 진행되는 동안 가만히 앉아 아무 감정도 드러내지 않았다. 그러던 헨리가 사람들이 관을 들어 내리려 하자 자리에서 일어나 뮤직박스를 켰다. "단조로 흘러나오는 **달콤하고 부드러운** 곡이었는데, 마치 천상의 음악 같았다. 음악이 끝날 때까지 한 사람도 예외 없이 숨죽이고 음악에 귀를 기울였다."[83] 윌리엄 로이드 개리슨은 《해방자》에 다음과 같은 추도문을 게재했다. 헬렌은 짧은 일생을 바쳐 노예제 폐지 운동에 전념했고, 항상 성실하게 진실을 탐구했으며, 그 진실을 정직하게 받아들였을 뿐 아니라 남다른 도덕적 용기로 자신의 신념을 행동으로 표현했다. 헨리는 추도시에서 "후회는 지금/가까이 있을 때보다 더 단단하게/날 그대에게 묶는구나"라고 말했다. 그가 무엇을 후회했는지는 말하지 않았다. 지적인 헬렌보다 용감한 소피아를 더 가깝게 느꼈는지는 몰라도, 헬렌은 그에게 도덕적 지침이었다. 헬렌이 "헨리의 독특한 방식에 다른 누구보다 더 깊이 공감했을 것"이라고 목사의 아내가 추측했을 때 그녀 혼자만 그렇게 생각한 것은 아니었다.[84]

1849년 가을이 되자 에머슨에게 자신의 능력을 보여 주기 위해 쓴 그 책이 에머슨을 흡족하게 하지 못했다는 사실이 뼈저릴 만큼 분명해졌다. 그뿐 아니라 위험을 감수하고 책을 출간하라는 그의 조언을 따른 결과 소로는 재정적 재난에 가까운 빚을 지게 되었다. 봄에서 여름으로 가는 동안 둘 사이에 긴장감이 싹텄다. 소로가 느릅나무처럼 뻣뻣하다며 에머슨이 불만을 털어놓던 바로 그때, 소로는 일기장에 괴로운 마음을 더듬더듬 풀어놓았다. "(내 친구가 물리적으로 가까이 있을 때나 멀리 있을 때나 나는 그와 가까이 있어 본 적이 없다.) 하지만 나는, 그럼에도 불구하고 나는, 내가 차갑고 표리부동하다는 이 친구의 비난을 전해 듣고 있다. 내가 따뜻할 수 없고, 정직하게 말할 수 없는 시기에 말이다." 9월에 위기가 닥쳤다. 소로는 혼자 차갑고 씁쓸한 분노를 뱉어 냈다.

> 내겐 친구가 있었다. 책을 쓰고 나서 그에게 비판을 청했다. 나는 책의 좋은 점을 칭찬하는 소리밖에 듣지 못했다. 친구는 점차 소원해졌고, 그런 뒤 책의 나쁜 점을 비난하는 소리가 들려왔다. 그렇게 해서 마침내 내가 바랐던 비판을 듣게 되었다.
> 내 친구가 나의 친구인 동안 그는 내게 좋은 말을 늘어놓았다. 나는 그의 입에서 진실을 들은 적이 없었다. 그러다 그가 적이 되어 나에게 독화살을 쏘았다.
> 이 세계에는 사랑만큼이나 증오가 넘친다. 증오가 좋은 비평가다.[85]

그 후로 몇 년 동안 소로는 다듬어지지 않은 고통을 여러 차례 분출하면서 자신과 에머슨의 우정이 마침내, 돌이킬 수 없이 끝났다고 고통스럽게 선언했다. 하지만 소로의 무자비한 종언에도 두 사람의 관계는 완전히 끝나지 않았다. 소로도 잘 알고 있었다. "우리의 관계는 5막짜리 비극으로는 부족하다. 그런데 지금 비극의 5막에도 이르지 못했으니, 이런, 이런!"[86]

에머슨의 일기를 보면, 그는 평소와 다른 점을 인지하지 못한 듯하다. 에머슨은 오랫동안 소로를 매우 조심스럽게 대했을 뿐, 이 친구가 뻣뻣한 외면 아래에서 어떤 괴로움을 겪고 있는지 지각하지 못했다. 둘 다 상대방을 혼자 내버려 둘 생각은 하지 못했다. 결국 그들은 예전처럼 서로를 완전히 신뢰하진 않으면서도 겉보기에는 전과 다름없는 관계를 유지했다. 함께 산책을 하고, 헨리가 이런저런 일을 해 주면 에머슨이 대가를 지불하고, 헨리가 집으로 어슬렁대며 들어와 에머슨의 서재를 샅샅이 훑고, 손님들을 맞이하고, 리디언과 함께 시간을 보내고, 아이들과 뛰어놀았다. 긴장이 쌓이는 동안에도 소로는 스태튼 아일랜드에 있는 엘런에게 유쾌한 편지를 써서 에디의 다섯 번째 생일 파티가 어땠는지 알려 주었다. 아이들에게 "양파 피리와 호박 피리, 장군풀 호루라기"를 만들어 주었는데, "어린 새미 호어가 그 악기들을 가장 잘 연주하더군요. 가장 큰 소리를 만들어 냈죠. 거의 눈이 튀어나올 정도였습니다".[87] 두 사람이 서로의 성격 때문에 신경을 곤두세우고 플라토닉한 우정이라는 불가능한 이상 때문에 멀어졌다면, 바로 그 거리 때문에 두 사람은 서로 만나 걷고 대화하고 서로를 자극할 수 있었다. 소로의 반항적 말투에서 자립심을 엿본 에머슨은 제자의 도발을 참을 수 없었다. 1850년 에머슨이 언급했듯이 그들은 가끔 "살의를 품고, 서로의 약점을 노리며" 만났지만, 지적 스파링 상대로서 언제까지나 함께했다.[88]

『일주일』의 실패는 작가 소로에게 가장 중대한 사건이었다. 그 실패가 두 배로 슬픈 건 그 책이 결함을 지닌 걸작이긴 했지만 그래도 여전히 걸작이었기 때문이다. 그 책이 인쇄되어 서점에 놓이는 데 그치지 않고 제대로 출판되었더라면, 아마 호손의 『낡은 저택의 이끼』*Mosses from an Old Manse*와 멜빌의 『타이피족』과 나란히 독창적인 미국의 목소리를 낸 또 하나의 국보가 되어, 이후 등장한 호손의 『주홍글씨』, 멜빌의 『모비딕』, 작가 자신의 『월든』, 월트 휘트먼의 『풀잎』 등 1850년대의 획기적인 문학을 예고하는 작품이 되었을 것이다.[89] 소로는 첫 책에 대한 믿음을 버리지 않았다. 1851년에 소로는 과거를 돌아보며 그 책이 서재와 도서관 냄새가 아니라 "숲과 들판"의 냄새가 나는 책, 하늘과 온갖 날씨에 "활짝 열린 또는 지붕이 닫히지 않은" 책이라며 자랑스러워했다. 비록 그 책에 오래된 먼지투성이 글들—아무도 읽지 않은 《다이얼》의 에세이, 진부한 시, 식민지 역사에서 발췌한 건조한 문구들—을 너무 많이 집어넣긴 했지만, 월든 호수에서 쓴 글들은 야생의 신선한 공기를 내뿜는다.

『월든』에서 소로는 『일주일』을 "정교하게 짠 바구니"라 불러 그 책을 엮은 방법론의 단서를 제공했다. 바구니는 씨실과 날실로 엮는다. 뼈대가 되는 날실은 서사의 줄기로서, 형제가 함께한 2주간의 탐사 여행이었다. 여기에 소로는 독서와 사유라는 씨실을 엮어 단단함과 질감을 만들고, 로웰이 원했듯 여행을, 생각을 멈추기 위한 단순한 휴가로 삼은 것이 아니라 더 깊이 생각할 기회로 만들었다. 강과 책은 함께 나아가며 공간적 전진과 사유를 결합하고 목적과 임의성을 뒤섞는다. 존재론적 갈등은 표지 디자인의 열쇠가 된다. 줄거리의 열쇠는 존재론적 갈등, 즉 움직임과 정지, 목적과 우연, 순간적으로 번득이는 기억과 아련하게 가물거리는 기억의 순환이다. 이 모두를 하나로 붙잡는 것이 있다. 바로 형과 동생, 강과 배, 선형적 시간의 길고 긴 흐름과, 강의 물길을 따라 흐르거나 단단한 땅 위를 디디면서 시간의 내부와 외부를 동시에 경험하는 자유로운 자아의 역동적 결속이다. 책장을 넘길수록 여러 날이 흐르고 시간이 깊어지는데 그 시간의 깊이를, 형제는 여러 날 동안 강을 거슬러 올라갔던 복잡다단한 여행이 마지막 날 빠르게 집으로 돌아오면서 "실타래처럼 풀렸을" 때 비로소 깨닫는다.[90]

시인은 첫 페이지에서 "콩코드강"과 "머스케타퀴드, 즉 풀바닥 강"이 하나가 아니라는 사실을 알리며 이원론의 춤을 선보인다. 두 이름 중 하나만이 영구적이다. "이곳에 풀이 자라고 물이 흐르는 한, 강의 이름은 풀바닥일 것이다. 인간이 그 둔치에서 평화로운 삶을 영위할 때에만 그 이름은 콩코드강이다."[91] 인디언식 이름을 따라서는 풀과 물이 있는 영원한 강이 흐르고 자연과 시의 축軸이 펼쳐진다. 영어식 이름을 따라서는 농장과 운하의 강이 흐르고 역사와 정치의 축이 펼쳐진다. 소로는 강을 따라 나타나는 모든 장소에서 두 개의 이름을 언급하며 자신의 관심사가 두 종류임을 드러낸다. 하나는 자연에 따라 성장하고 조화로운 리듬을 유지하는 영원한 세계이고, 다른 하나는 역사적으로 변하는 인간 세계다. 이 두 번째는 시간의 강이 두 형제를 계속 과거로 떠밀고 그로 인해 평화가 흔들리고 조화가 금방 깨지는 세계다. 『일주일』은 복잡한 데다 층층이 겹쳐 있는 책이다. 저자가 10년에 걸쳐 글을 쓰면서 층과 층을 더해 넣고 몇 번이나 방향을 바꿨기 때문이다. 식민지 시대와 선주민의 역사를 자세히 기록하느라 그의 시간관념은 더 복잡해졌다. 공장이 생기고 댐이 건설되고 철도가 늘어남에 따라 풍경 묘사가 달라지고, 그러면서 시간이 슬며시 사라진다. 또한 멕시코 전쟁과 납세 거부에 따른 투옥 등 그때그때 벌어진 사건이 들어서, 평화롭고 목가적인 과거와 불안하고 험난한 미래가 뒤섞인다. 소로가 책을 쓰는 동안에도 시간은 변했고 누군가 그 책을 읽는 동안에도 시간은 끊임없이 변한다.

배가 이동수단이었다. 형제가 직접 만든 견고한 고기잡이배, '머스케타퀴드'호. 배의 이름은 형제가 바랐듯 인디언과의 동일시를 나타낸다. 인디언도 그들처럼 야외에서 생활했고, 시간 밖에서 살았다. 배는 수륙양용이었다. 소로는 눈을 찡긋하며 "두 요소로 이루어진 창조물"이라 말한다. 용골 밑에서 물고기가 헤엄을 치고, 면으로 된 돛 위에서 새들이 날아다닌다. 배는 두 가지 색으로 칠해졌다. 아래쪽은 땅을 나타내는 초록색이고, 위는 물과 하늘을 상징하는 파란색이었다.[92] 두 형제—한 명은 살아 있고 다른 한 명은 세상을 떠났다—가 수륙양용 배 위에서 현실과 이상, 표면과 깊이, 성과 속 등 온갖 증식하는 이원성을 탐사하고, 그것을 엮어 새롭고 고귀한 지혜를 얻어 냈다. 소로의 『일주일』은 이 책이 7일에 걸친 천지창조의 이야기이며, 지식의 창세기라고 선언한다. 따라서 물 위에서 보낸 하루하루는 각자 고유한 사유를 들려주고, 동시에 전체 여정은 안개 낀 산, 고대하는 절정을 향해 선회하듯 나아간다. 하지만 이미 「크타든」을 썼고 나이까지 든 소로는 존과 함께했던 첫 등반을 여기에 포함할 수 없었다. 그래서 시간이 이 책의 페이지 밖으로 벗어나고, 페이지 밖에서 밀려 들어온 힘으로 인해 당황스러운 여백과 생략이 생겨난다. 모든 독자는 소로의 이야기가 워싱턴산 정상에서 절정을 맞으리라 예상하지만, 그 대신 워싱턴산의 인디언식 이름 "아지오코축"AGIOCOCHOOK이란 단어와 함께 4분의 1 페이지가 텅 비어 있다. 소로는 이 신화적 장소에 경의를 표하는 방식으로, 서양 전통에 따른 영웅적 행위보다는 알곤킨어 이름이 가리키는 성스러운 침묵을 택했다.[93]

알고 보니 산에서 맞는 절정과 관련해서는, 이틀 전 새들백산 정상에서 홀로 깨어나 구름에 봉인된 세계로 들어간 이야기가 여담 형식으로 등장한다. 이레째에 집으로 돌아오는 과정은 순식간에 우리를 집으로, 친숙한 동시에 낯선 세계로 데려다 놓는다. 용골이 콩코드의 진흙을 "알아본다". "우리는 기쁘게 뭍으로 뛰어올라 배를 끌어 올리고 야생 사과나무에 묶는다. 나무의 줄기에는 봄 홍수 때 묶어 뒀던 닻줄에 쓸려 생긴 흔적이 그대로 남아 있다."[94] 닻줄을 맨 야생 사과나무는 이 책의 낯선 느낌이 어디서 기인하는지 가리켜 보인다. 소로가 새롭게 다시 쓴 이 창세기에서 소로의 지식의 나무는 사람들에게 재배되다가 야생으로 돌아간 강인하고 회복력 좋은 나무였다. 소로의 집에서 내다보이는 풍경 어디에나 흔하게 널려 있던 그 사과나무들은 그가 사랑한 다른 많은 것처럼 순식간에 사라져 가고 있었다. 말년의 소로는 그들의 이름을 자신의 자서전 제목으로 삼았다. "야생 사과"Wild Apples.

비평가들은 이 종잡을 수 없는 이중적 구조—혹은 소로가 장난스럽게 말했듯이, "머스케타퀴드적" 구조—에 화를 내다시피 했다. 하지만 강에서 벌어지는 파티에 초대받아 설교만 듣고 돌아가게 된 로웰은 더 중요한 문제를 겨냥해 혐오감을 표출했다. 소로는 단순한 시가 아니라 고상한 취미의 규범들을 모두 파괴하면서 이른바 근대의 "**경전**"을 쓴 것이다. "민족의 경전"을 편집해 《다이얼》에 실은 데 그치지 않고, 이제 소로는 기독교의 『신약성경』을 다른 세계의 종교 경전들과 같은 차원에 놓음으로써 위험한 불장난을 하고 있었다. "그리스도가 보여 준 삶의 아름다움과 의미를 이해하기 위해 꼭 기독교도가 될 필요는 없다"라고 그는 단언했다. "성경 독자들에게 말하고 싶다. 좋은 책을 읽고자 한다면 『바가바드기타』를 읽으라고. (…) 『바가바드기타』는 독실한 종교인들이 쓴 성스러운 글 가운데 하나로, 미국인들도 존경하는 마음으로 읽어야 할 책이다."[95] 이런! 이 한 줄을 통해 소로는 근대 세계를 무한히 더 깊고 넓은 신세계로 보내 버렸다. 어린 시절 성경 외에는 다른 책도 없이 안식일이 다 가도록 집 안에 갇혀 있을 때, 소로는 구름을 훑어보거나 매 한 마리가 하늘을 그어 열어젖히는 모습을 기다리며 창밖을 바라보았다. 이제는 그가 매의 날개를 달고 하늘을 날았다. "이렇게나 잘 읽히지 않는 책은 어디에도 없을 것이다. 이렇게 낯설고 이교적이고 인기 없는 책은 없을 것이다. (…) '너희는 먼저 하늘의 나라를 구하라.' '너희를 위하여 이 땅에 보물을 쌓아 두지 말라.'" "생각 좀 해 보시라, 미국인들이여!" 그는 조롱한다. "이 땅의 어떤 성직자가 설교단에서 여기 담긴 문장을 단 하나라도 올바르게 읽었다면, 그 교회당은 즉시 돌 하나도 돌 위에 남지 않고 다 무너졌을 것이오."[96] 겁에 질린 조지 리플리가 옳았다. 이 책은 심기를 거스른다. 저항한다.

책이 잘 팔렸다 하더라도 『일주일』이 광범위한 독자층을 얻지는 못했을 것이다. 소로는 오레스테스 브라운슨, 랠프 월도 에머슨, 브론슨 올컷, 시어도어 파커, 마거릿 풀러, 프레더릭 더글러스 같은 그 시대의 가장 급진적인 사상가들로부터 가르침을 받아 왔다. 그가 자유롭게 문학적 형식과 위험한 사고를 실험할 수 있었던 것은 자신이 단단한 지반 위에 서 있다고 여긴 덕분이었다. 다시 말해, 그의 선배들이 새로운 도덕적 틀—근대과학의 무게를 견딜 정도로 충분히 강하고, 과학자와 시인이 하나라고 주장할 수 있을 정도로 웅변적이며, 노예제·산업화·정복 전쟁 같은 윤리적 난제를 다룰 수 있을 만큼 충분히 날카로운 도덕적 틀—을 제시했기에 소로는 그다음 걸음을 내디딜 수 있었다. 마리아 고모는 어떤 편집자도 조카의 신성모독을 원문 그대로 인쇄하지 않기를 바랐지만, 헨리는 먼로를 통해 자비로 책을 출판했으니 그의 말은 편집자의 손을 거치지 않고 원고에서 책으로 직행했을 것이다. 천재가 자신의 말을 전하고 싶다면 청자를 너무 앞지르지 않을 필요가 있다. 소로는 청자를 너무 앞질렀다. 그럼에도 그의 기본적 통찰은 절대 흔들리지 않았다. "우리의 기본 틀은 세계의 원리를 담아야 한다. 다른 틀은 곧 무너져 내린다."[97] 그는 세계의 몸뚱이를 뚫고 밑바탕을 보고자 월든으로 갔다. 그리고 카타딘산에서 언뜻 그 일부를 목격했고, 월든 호수의 하늘 아래에서 그것을 확인했다. 소로는 자신이 발견한 모든 것을 공유할 수 있는 최고의 말들을 찾고자 10년을 보냈지만 결국 실패하고 말았다.

소로는 훌륭한 책 두 권을 썼다. 한 권은 출판을 끝냈고, 다른 한 권은 멀찍이 치워 놓았다. 이제 남은 선택지는 다시 시작하는 것뿐이었다.

7장

콩코드에서 우주로 : 과학에 눈을 돌리다

1849-1851

다른 사람들과는 달리

천재는 자신이 어디로 가고 있는지 안다.

—

헨리 데이비드 소로, 1858년 12월 27일

"드러내는 법칙"
: 케이프 코드

1849년 여름은 너무나 더웠기 때문에 아이들은 집 안에만 있어야 했고 에머슨의 정원사는 새로 심은 배나무들이 죽지 않게 끊임없이 물을 뿌려야 했다. 들판에선 옥수수 잎이 시들어 돌돌 말렸고, 7월 말에는 농부들도 살릴 수 있는 작물만 남겨 둔 채 나머지는 전부 베어 버렸다. 그런 더위에도 아랑곳없이 소로는 쉬지 않고 몸을 움직였다. 도토리는 아직 푸르지만 자리공이 보랏빛으로 익어 가던 9월에 그는 걸어서 왕복 하루 거리에 있는 모든 장소의 목록을 작성했다. "방대한 목초지, 베이커 농장, 커낸텀Conantum, 벡스토스Beck-Stows 늪, 그레이트 필즈"까지. 나고그Nagog 힐은 "허클베리로 유명한데, 거둬들이면 수백 자루는 될 법한 허클베리를 한꺼번에 보았다. 나쇼바는 인디언의 추억이 깃든 곳으로, 엉커누넉산이 훤히 보인다." 스트로베리 힐Strawberry Hill, 아너스넉Annursnuck, 폰코타셋Ponkawtasset, 월든 호수, 샌디 호수, 그리고 어쩌면 "신의 물방울"이란 이름이 더 잘 어울릴 법한 화이트 호수.[1] 그것은 가능성을 가득 품은 목록이었다. 소로의 변화를 눈으로 확인하기는 쉽지 않지만, 이 목록은 소로가 세계적 명성을 지닌 작가로 막 재탄생하고 있다는 징표였다.

소로는 항상 걸어 다녔다. 다른 교통 수단이 없는 사람에게 걷기는 유일한 이동 수단이었다. 그러나 전해에 소로는 "걸음이 저 스스로 확장된다"라는 것을 깨달았다. 오전 일을 마친 뒤 거의 매일 오후에 "수 마일씩 떨어진 새로운 언덕, 호수, 또는 숲"을 찾아갔다. 그렇게 1년을 보내자 이 긴 산책은 글쓰기와 구분이 되지 않았다. 산책은 그 자체로 글쓰기가 되고 가장 중요한 문학 프로젝트가 되었다. 그는 처음으로 진정한 자유를 느꼈다. 에머슨의 기대로부터, 문학 시장으로부터, 해외여행을 하고 싶다는 모든 희망으로부터 자유로웠다. 소로는 작가로서 일반적 경로가 끊기자 비포장 길로 방향을 바꿔 익숙한 풍경을 여행자의 눈으로 보는 법을 익혔다. "하늘이 한 곳에 머물지 않고 여행하듯이 (…) 계속 앞으로 나아가면서 (…) 강과 그 강이 흘러가는 모습을 바라보는" "전진하는 눈"이라고 에머슨이 말했다. 소로는 오랜 시간에 걸쳐 『콩코드강과 메리맥강에서 보낸 일주일』을 쓰면서 내부인인 동시에 외부인의 관점으로 미국의 역사와 사회를 들여다보는 눈을 만들어 냈다. 이제는 우주를 바라보는 더 큰 관점에 목이 말랐다. 그가 알고자 한 것은 일요일마다 배우는 "고대 유대의 천상도"가 아니라 "하늘의 지형"을 보여 주는 진정한 지리학이었다.[2] 그런 신성모독은 소로의 명석한 자연 묘사에 감탄하는 독자들까지 분노하게 만들었다. 하지만 소로에게 설교와 강가의 파티는 떼어지지 않는 하나의 개념이었다. 소로는 그저 모호한 종교적 범신론을 펼친 것이 아니라 진정한 "지구 기술記述학"geo-graphy, 즉 먼지 낀 책의 종잇장이 아니라 이 행성의 지층에 새겨진 땅의 글에 도달하고자 했다. 이를 위해서는 지각없이 신성모독이라고 외치는 사회적 관습을 넘어설 필요가 있었다.

"드러난 법칙이 아니라 드러내는 법칙에 따르라." 그는 이렇게 썼다.[3] 이 말은 찰스 라이엘의 『지질학 원리』*Principles of Geology*(1830~1833) 같은 과학책에 묘사된 법칙들을 가리킨다. 1840년 에머슨의 서가에서 빼낸 『지질학 원리』는 근대과학의 토대가 되는 작품이자 소로가 처음 읽은 근대과학 서적이었다. 도입부가 압도적이었다. 지질학자 라이엘은 창세기에서 벗어나 『마누법전』에 기록되어 있는 힌두교의 "위대한 해"Great Year에 도달했다. 그는 일찍이 세계에서 가장 오래된 종교들—힌두교, 이집트 종교, 그리스 종교—이 지구에 묻힌 화석을 통해 엄청난 시간 단위로 되풀이되어 온 세계의 창조와 파괴를 알아보았다고 말했다. 영겁의 시간을 보는 라이엘의 시각은 지구의 지층이 위대한 창조라는 책의 낱장에 해당한다는 것을 보여 줌으로써 성경의 연대기를 뒤집고 고대의 경전과 근대과학의 가장 깊은 통찰을 하나로 묶는다. 누구라도 다음과 같은 사실을 알 수 있다. 망원경으로 하늘을 바라보면 수백만 광년에 이르는 천문학적 거리를 측정할 수 있고, 창조되거나 붕괴하고 있는 모든 세계 체계를 확인할 수 있다는 것을. 또한 지질학은 그런 천체가 바로 인간의 발밑에 있음을 말해 준다. 라이엘이 입증했듯이 아주 작은 변화가 영겁에 걸쳐 누적되면 결국 큰 변화가 되고 행성이 변형된다. 지진이 일어나면 산은 한 뼘씩 융기하고, 빗방울이 떨어지면 돌멩이 입자는 하나씩 닳아 없어진다. 소로는 라이엘의 근본적 통찰을 자신의 일기에 거듭 아로새겼다. "우리는 현재의 불변하는 우주 질서 속에서 과거에 일어난 모든 변화의 원인을 발견한다." 현재는 과거의 열쇠이며, 동시에 미래의 열쇠다. 우주의 맥박은 지금도 뛰고 있다.[4]

라이엘의 책은 소로가 세계를 이해하는 방식을 뒤바꿔 놓았다. 소로는 라이엘의 통찰을 인간 세계로 확장했다. "지질학과 마찬가지로 사회제도에서도 우리는 현재의 불변하는 사회질서 속에서 과거에 일어난 온갖 변화의 원인을 발견할 수 있다. 우리가 이해할 수 있는 가장 큰 물리적 혁명은 가벼운 공기, 눈에 띄지도 않게 천천히 흐르는 물, 그리고 대지 아래서 타고 있는 불이다."[5] 하루 사이에 산이 융기하거나 침식되는 모습을 볼 수는 없지만, 우리는 상상력으로 창조의 과정이 작동하는 모습을 그려 볼 수 있다. 소로는 물질의 작용을 이해하고자 갈망했고 에머슨과 마찬가지로 그것이 시인의 일이라 믿었다. "시인은 과학과 철학의 결과를 이용하며, 그 결과의 가장 광범위한 추론을 일반화한다." 하지만 에머슨과 달리, 소로는 과학기술의 도구에 통찰의 초점을 맞췄다. "자foot-rule 하나로 얼마나 많은 관계를 드러낼 수 있는가. 또 얼마나 많은 것들이 아직 과학의 범위 바깥에 있는가!

다림줄*, 수평계, 측량 컴퍼스, 온도계, 기압계로 얼마나 많은 발견이 이루어졌고 또 이루어질 것인가! 관측소와 망원경이 있다면 제아무리 둔한 눈이라도 일거에 새로운 세계를 보게 될 것이다." 소로의 이 예찬을 들으면, 그가 다림줄과 컴퍼스를 들고 월든 호수를 측량하면서 얻은 발견이 이제 제 의미를 찾아가고 있음을 알게 된다. 1851년 초에 그는 "신의 물방울"인 화이트 호수에서 실험을 재개했고, 그 데이터를 『월든』에 포함했다.[6] 그의 눈이 원인과 과정을 탐색하는 동안이면 그의 손은 연필이든 자든 컴퍼스든 온도계든 지구든 세계든 똑같이 능숙하게 다루어 나갔다.

그렇다고 해서 초월주의를 포기한 것은 아니었다. 오히려 초월주의에 새로운 바람을 일으켰다. 에머슨은 『자연』에서, "자연은 정신의 상징"이며 자연의 사실들은 선험적으로 존재하는 "신의 마음에 있는 관념"이 물질화된 것이라고 선언했다. 소로가 맨 처음 이 글을 읽었을 때 그를 둘러싼 하버드라는 껍데기가 단숨에 깨졌다. 자연의 가장 작은 사물에도 감춰진 생명과 궁극 원인이 작동하고 있었다. 오랫동안 그에게 필요한 것은 그것뿐이었다. 하지만 『일주일』의 종반부에서 그는 번민하며 에머슨에게 항변한다. "우리는 신을 **볼** 수 없을까? 우리는 이 삶에서 뒤로 물러난 채 즐겨야만 하는가? 말하자면, 그저 알레고리로서? 대자연은, 제대로 읽어 낸다면, 사람들이 그저 상징이라고 생각하는 그 자연의 본질 아닐까?"[7] 카타딘의 차가운 고원에서, 소로는 외쳤다. **"접촉! 접촉하라!"** 그 의미는 말 그대로 다음과 같았다. 몸과 몸을 부대끼고, 향과 맛, 악취와 달콤함을 느끼고, 비에 흠뻑 젖고, 햇볕에 그을리고, 개똥지빠귀의 노래에 젖어 들고, 목초지의 진흙 속에 빠져라. 소로는 어느 요일에나 걸어서 다녀올 수 있는 황량한 장소의 목록을 작성한 뒤 그 이유를 이렇게 덧붙였다. "야생적인 것은 좋은 것과 얼마나 가까운가. 자연의 정수, 거기에 자연의 성스러운 술이 있다. 그것이 내가 사랑하

* 수직과 수평을 헤아릴 때 쓰는 도구.

는 와인이다. (…) 마을을 구하는 것은 정의로운 사람들이 아니라 마을을 둘러싼 숲과 늪이다."[8] 에머슨은 그 끝에 광기가 있다고 생각했다. 하지만 잃을 것이 없는 소로는 에머슨에게 저항하며 자신의 광기를 좇아 지혜의 끝까지 달려가고 있었다.

1849년 10월, 소로는 거친 대양의 가장자리까지 새로운 탐험 길에 나섰다. 여름이 두 번 지나는 동안 여행을 하지 못했던 소로는 이제 얼마든지 걸을 준비가 되어 있었고, 게다가 매사추세츠의 지도를 일별하기만 해도 어디로 가야 할지 금세 알 수 있었다. 바로 케이프 코드Cape Cod였다. 한번 보라! 케이프 코드의 외곽 해안을 따라 쭉 뻗은 해변이 족히 30마일은 되었다. 10월 9일 이른 아침 그는 엘러리 채닝과 함께 보스턴행 기차에 몸을 실었다. 거기서 여객선을 타고 만을 건너 프로빈스타운에 도착한 뒤 곶을 따라 남쪽으로 걸어서 본토와 연결된 곳으로 간다는 계획이었다. 하지만 보스턴항에 도착하니 거친 폭풍우가 바다를 휘젓는 바람에 배들이 꼼짝없이 묶여 있었다. 거리에는 불과 얼마 전에 작성된 전단이 붙어 있었다. "사망 사고! 코하셋에서 145명 사망!" 사흘 전 아일랜드의 골웨이에서 출발한 범선, '세인트 존'St. John호가 보스턴 바로 남쪽에서 암초에 부딪혀 거센 강풍과 거친 바닷속으로 사라졌다. 배에 탄 120명 가운데 생존자는 23명뿐이었다. 익사체가 멀게는 남쪽으로 시추에이트 해안까지 떠밀려 갔다. '세인트 존'호는 절박한 심정으로 전국적 굶주림에서 도망쳐 나온 아일랜드인들의 "기아선"이었다. 소로와 채닝은 급히 마차를 잡아타고 장례식에 참석하려는 수백 명의 아일랜드인 틈에 섞여 코하셋으로 향했다.

우연에 우연을 더한 듯 이 장례식을 주관하고 있던 사람이 바로 엘런 수얼—한때 소로가 사랑했던 아가씨—의 남편 조지프 오스굿 목사였다.

소로와 채닝은 목사관에 들러 엘런과 조지프를 만난 뒤 조지프와 함께 인근 해변으로 나갔다. 세 사람은 군중과 보조를 맞춰 걸었다. 실종된 친척을 찾는 아일랜드인들과 호기심을 품고 기념품이 될 만한 것을 찾는 사람들이었는데, 다들 방금 파낸 무덤이 "지하 저장고처럼 커다란" 입을 벌리고 있는 곳을 지나 줄지어 해변으로 나가고 있었다. 농장에서 온 마차들이 거친 판자로 짠 관을 세 개씩 싣고 해변에서 덜컹대며 올라오고 있었다. 그런 마차들이 1마일도 넘게 줄지어 서 있었다. 세 친구는 그 너머에 있는 해변을 천천히 걷다가 가끔씩 걸음을 멈추고 미처 천으로 덮지 못한 시신이나 난파선의 잔해를 살펴보았다. 실종자의 가족들이 파도를 바라보거나 관들이 실려 나가는 것을 하나씩 지켜보며 누이, 사촌, 형제를 애타게 찾았고 그러면서도 가족의 시신을 발견할까 두려워하고 있었다.

소로는 소름이 끼쳤다. 그 장면은 이성이나 계산으로는 도저히 이해할 수 없을 만큼 처절하고 그로테스크했다. 하지만 그 일과 무관한 사람은 누구도 괴로워하지 않았고, 애도의 기미도 찾아볼 수 없었다. 소로는 "창백해진 수많은 발과 헝클어진 머리들… 그리고 시퍼렇게 부어 엉망이 된 여자아이의 익사체를 보았다. 아마 어느 미국인 가정에 하녀로 일하러 가는 중이었을 것"이다. 소로의 집과 다르지 않은 가정이었을 것이다. 그의 집에도 아일랜드에서 온 상주 하인이 두 명 있었고, 그중 한 사람은 이 배와 같은 기아선을 타고 미국에 왔다. 절제의 미덕을 체득한 숙련된 언론인으로서 소로는 자신의 충격과 분노를 사실에 근거해 전달했다. "여성용 스카프, 가운, 밀짚 보닛"이 바람에 날리고 있었다. 난파된 배의 쇠 버팀목은 "바위에 부딪힌 달걀 껍데기" 같았다. 배의 목재는 완전히 썩어서 들고 있던 우산으로도 뚫릴 것 같았다. 사람들이 시신에서 해초를 걷어 내고 있었는데 시신보다는 해초에 더 관심이 있었다. "〔그들은〕 누가 익사했는지는 몰라도 해초가 값나가는 비료라는 것은 잊지 않았다. 이 난파 사고에도 사회의 구조는 별달리 동요하지 않았다."[9]

『케이프 코드』는 이 초현실적인 장면으로 시작한다. 소로는 그 장면을 그냥 지나칠 수도 있었다. "케이프 코드" 자체와는 아무 상관이 없었지만, 소로는 그 사건으로 책을 시작했다. 자연과의 접촉? 수많은 시신을 내던지고 짓이긴 자연의 무분별한 의지는 이후 모든 곳을 쫓아다녔다. 그가 카타딘에서 마주친 무시무시한 야생성은 코하셋까지 그를 쫓아왔고, 또다시 그에게 거친 자연 앞에 선 육신의 불확실성을 일깨웠다. 1857년 말에 다시 케이프 코드를 찾은 소로는 블레이크에게 편지를 써 보냈다. "{자네가} 자네와 물질의 관계를 깨닫기 위해서는 꼭 산에 올라야 하네. 자네 몸과의 관계도 마찬가지일세. **몸**은 거기 제자리에 있지만, **자네**는 그렇지 않기 때문이지." 여기엔 다음과 같은 역설이 있었다. 물질이 없으면 영혼은 생명을 갖지 못한다. 하지만 육화되어야 비로소 영혼이 존재한다는 것은, 죽을 수밖에 없는 신체를 통해서만 영혼이 세계와 "접촉"할 수 있다는 것을 의미한다. 이 경험이 글쓰기의 원천이 되어야 한다고 그는 블레이크에게 말했다. 그 경험으로 돌아가고 또다시 돌아가서 중요한 것을 모두 글에 담아내고 중요하지 않은 것은 모두 비워야 한다. 이런 작업은 나중에 집으로 돌아온 후에야 가능하다. 실제로 산꼭대기에 올랐을 때 우리는 무엇을 할 수 있을까? 바닥에 앉아 점심을 먹는다. "그 산을 다시 살피는 것은 집에 돌아온 이후에 할 수 있는 일이라네. 산이 무슨 말을 했던가? 산이 무엇을 했던가?"[10] 그 산을 "다시 살피고" 산이 한 말, 산이 한 일을 종이에 옮기는 데는 남은 생애 전체가 필요했다. 10년 동안 그는 『케이프 코드』로 거듭 되돌아갔고, 책은 사후에 출판되었다.

한편 그 해변에서 두 여행자는 식사를 어떻게 할지, 밤을 어디서 보낼지 걱정하고 있었다. 두 사람은 내륙으로 발길을 돌려 브리지워터에서 밤을 보냈다. 다음 날 아침 철도를 이용해 곶의 최남단으로 내려갔다. 이곳은 아직 폭풍이 거셌기 때문에, 두 사람은 만석이 된 비좁은 역마차에 끼어 타고 흠뻑 젖은 모랫길을 달렸다. 황량한 습지와 관목이 무성하게 자란 언덕을 지나자 곶이 "팔꿈치"처럼 북쪽으로 꺾여 올라가는 곳에 올리언스가 나타났다. 그곳에 도착하니 마치 "바다 한가운데에 있는 긴 모래톱 위에" 좌초한 느낌이었다. 연무가 잔뜩 낀 탓에 여관이 육지를 향해 있는지 바다를 향해 있는지 분간이 가질 않았다. 다음 날 아침에는 비가 쏟아졌다. 하지만 이미 산책을 계획했던 두 사람은 등 뒤로 우산을 펼치고 남풍을 받으며 북쪽으로 걸음을 옮겼다. 황량한 너셋 평원을 지날 때 너셋 항 너머로 대서양의 둔탁한 노호가 들렸다. 마침내 두 사람은 해변이 내려다보이는 절벽에 도착했다. 절벽 아래에서 그들은 펼친 우산을 돛처럼 사용하며 다시 북쪽으로 나아갔다. 흐린 하늘에서 쏟아지는 빗방울이 바람에 휘날리고, 해안 쪽으로 부서지며 달려오는 큰 파도가 박자를 맞춰 주는 가운데 그들은 비틀거리며 대양의 가장자리에 도착했다. 한 사람을 만났다. 조난선 구조 일을 하는 그 사람은 북쪽의 황량한 둑으로 갈 수 있는 좁은 길을 알려 주었다. 아래쪽으로 해변과 위쪽으로 둑을 오가며 두 사람은 계속 걸음을 옮겼다. 마침내 소로는 미소를 지었다. "케이프를 내 밑에 두고", 그 등에 안장 없이 올라타고서, "인간의 작품을 거침없이 난파시키는 해안"을 바라보았다.[11]

오후가 되자 소나기가 그치고 무지개가 떴다. 두 여행자는 흠뻑 젖은 채 추위에 떨며 조난자를 수용하기 위해 지은 "구호소"의 문을 두드렸다. 하지만 문은 굳게 닫힌 채 못이 박혀 있었고, 나무 벽 틈새로 안을 들여다보니 차가운 돌과 모직 담요 몇 장 말곤 아무것도 없었다. 계속 벌벌 떨며 내륙으로 발길을 돌려 한참을 걷자 집 한 채가 보였다. 문을 두드리자 존 영 뉴컴이란 사람이 나타났다. 뉴컴은 어렸을 때 벙커 힐Bunker Hill* 에서 총성을 직접 들었고 지금도 조지 워싱턴을 기억하고 있었다. 뉴컴은 물에 흠뻑 젖은 부랑자 꼴로 나타나 콩코드에서 왔다고 주장하는 두 사람을 문밖에 세워 둔 채 심문했고, 두 사람이 시험을 통과하고 나서야 집으로 들였다. "'그래,

* 보스턴에 있는 언덕으로 독립전쟁 시 전투를 치른 곳이다.

들어오시구려. 물 흘린 건 여자들이 치우게 내버려 두고'라고 그가 말했다." 저녁 내내 그들은 자신의 이야기를 들려주고 대화를 나누며 즐거운 시간을 보냈다. 그사이 "여자들"은 음식을 대접하고 뒷마당에서 실성한 아들을 돌봤는데, 그는 이렇게 중얼거리고 있었다. "빌어먹을 서적 행상인들, 늘 책에 대해서만 떠들어 대. 뭔가 제대로 된 일을 하는 게 나을 텐데. 망할 놈들. 내가 다 쏴 버리고 말 거야." 소로는 다음 해에 다시 뉴컴을 방문했고, 자신과 채닝이 처음 방문하고 며칠 뒤 프로빈스타운에서 은행 강도 사건이 발생했는데 그 범인으로 자신들이 의심받았다는 사실을 알게 됐다.[12] 나중에 소로는 뉴컴을 "웰플릿의 굴 따는 사람"The Wellfleet Oysterman이라 부르며 그를 추모했다. 그 추모사는 소로의 수많은 인물 스케치 가운데 가장 훌륭하고 재미있다.

10월 12일 새벽은 밝고 청명했다. 두 여행자는 기억에 남을 만한 아침 식사를 하고 나서 북서쪽에 있는 하일랜드 등대Highland Light를 향해 걸음을 옮겼다. 어느덧 호수처럼 잔잔해진 바다를 배경으로 항해 중인 배들이 수평선 위에 점점이 박혀 있었다. "이 평온한 바다가", 소로는 생각에 잠겼다. "어떤 날에는 화가 난 황소 떼의 우두머리처럼 인간의 몸을 갈기갈기 찢어 버리기도 하다니." 두 사람은 등대에서 밤을 보내기로 하고, 만 쪽에 있는 트루로를 조사하는 등 케이프의 척추에 해당하는 지역을 한가로이 돌아본 뒤, 늦지 않게 돌아와 "독특한 인내와 지성을 소유한" 등대지기로부터 난생 처음 등대 조명 사용법을 배웠다.[13] 다음 날 아침 소로는 잠에서 깨어 태양이 바다 너머에서 떠오르고 반짝이는 새벽 햇살 속에서 고등어 떼가 헤엄치는 것을 보았다. 도보 여행의 마지막 날이었다. 그들은 케이프의 손목에 해당하는 부분을 내처 걸어 결국 프로빈스타운의 풀러 호텔에서 이틀을 묵었다. 일요일에 두 사람은 추위와 바람을 견디며 인근의 늪이며 모래언덕을 기웃거렸다. 월요일에 그들은 마지막으로 마을을 둘러본 뒤 증기선 '노션'Naushon호를 타고 만을 건너 저녁에 보스턴에 도착했다.

소로는 우연한 여정을 책의 기본 틀로 삼았다. 그는 케이프 코드를 세 번 더 찾으면서 완전히 새롭게 조사를 시작했다. 소로에게 케이프 코드는 뉴잉글랜드가 어떻게 오래된 토착 지역에서 "새로운" "영국적인" 나라로 바뀌었는지를 알려 주는 열쇠인 것 같았다. 1849년 여름 소로는 새 노트를 펼친 뒤, 1602년 케이프 코드라는 이름을 붙이고 거기서 마주친 인디언들을 묘사한 영국인 항해자 바솔로뮤 고스놀드의 말을 옮겨 적으면서 첫 번째 여행을 준비했다. "해안은 해안선을 따라 달리는 사람들로 가득했다." 하지만 과연 그들은 누구였을까? 소로는 이것을 시작으로 열두 권에 이르는 "인디언 책"을 완성했다.[14] 채닝은 "그 자체로 하나의 도서관"이라고 말했다. 수백 개에 달하는 출처로부터 탐험가, 정착민, 선교사, 민속학자, 아메리카 선주민의 자기 묘사 등의 정보를 수집했다. 당시 선주민 작가들의 글이 출판되기 시작했다. 지역 도서관을 샅샅이 훑은 소로는 급기야 9월에는 하버드 대학 총장, 재러드 스파크스에게 대학이 보유한 장서를 확인하고 책을 콩코드의 집으로 반출할 수 있게 해 달라고 요청했다. "**저는 문학을 직업으로 선택했습니다.**" 그가 주장했다. 그 결과 일반적으로는 성직자들에게 주어지는 특혜가 그에게도 주어졌다. 스파크스는 "1년 동안"이라고 적었다.[15] 11월에 소로는 이 편지를 들고 하버드에 가서 조사를 이어 갔다. 그곳에서 오랜 친구이자 박물학자로서 하버드대학 도서관의 상근 사서로 일하는 태디어스 해리스를 만났다. 해리스는 아무것도 묻지 않고 소로가 원하는 책을 마음껏 보게 했다.

신발에 묻은 모래를 미처 털기도 전에 소로에게 일이 몰려들었다. 곧 1849~1850년 시즌에 세 번의 강연을 하기로 정해졌다. 마리아 고모는 소로의 일이 "아주 즐겁게, 좋은 반응을 얻으며" 진행되고 있다고 말했다. 콩코드에선 1월에 강연이 있었다. 하지만 강연은 이틀 동안 저녁 시간에만 진행했기 때문에 그는 앞부분을 잘라 내고 난파선 이야기와 해변 이야기 그리고 웰플릿의 굴 따는 사람을 만난 이야기를 했다. 으스스한 첫 번째 강연에는 다소 당황한 청중도 있었지만, 두 번째 강연에선 다들 "눈물이 나도록 웃어 댔다".[16] 에머슨은 소로가 대중을 즐겁게 만드는 법을 알고 있다는 얘기를 사우스 댄버스 지역에 흘렸고, 그 덕에 사우스 댄버스에서도 2월 18일에 소로를 강연자로 초청했다. 이번에는 단 하루 저녁 시간 강연이었기 때문에, 소로는 두 이야기를 하나로 요약했다. 그리고 이 축약본은 또 다른 여러 강연 기회를 불러왔다. 전체로 보면 일이 잘되고 있다고 올컷은 생각했다. 몇 해 전만 해도 소로와 친구들은 대중적 인지도가 없었을 뿐 아니라 "밉살스럽게" 받아들여지기까지 했다. 하지만 이제 소로조차 "확실한 환영"을 받으며 강연을 했다. 이듬해에 소로는 〈케이프 코드〉 강연문을 수정했다. 은행 강도로 의심받은 이야기를 비롯해 두 번째 방문에서 얻은 여러 흥미로운 소재를 곁들였고, 그 뒤로 강연을 세 번 더 했다. 강연 여행은 지역의 역사를 바라보는 새로운 창이 되어 주었다. 1850년 12월 소로는 뉴버리포트 마켓 홀Newburyport's Market Hall에서 〈케이프 코드〉 강연을 한 뒤 해당 지역 박물학자의 초대로 식물세포 안에서 체액이 순환하는 모습을 현미경으로 관찰하는 기회를 얻었다. 3주 뒤에는 매사추세츠주 클린턴의 비글로 기계공 강습소Bigelow Mechanics Institute에서 강연을 마치고 주최자의 안내로 방직공장 내부를 견학했다.[17]

호의적인 청중만 있진 않았다. 클린턴의 어느 솔직한 방직 노동자는 〈케이프 코드〉 강연이 "하찮은 내용에 불과하고 공기처럼 가볍다"라면서, 시간이 빠르고 즐겁게 지나가기는 했지만 딱히 배울 게 없었다고 말했다. 강연이라면 그저 시적 기발함만 있어서는 안 되고, 마땅히 자기 발전의 도구가 되어야 한다는 것이다. 포틀랜드의 한 심술궂은 청중은 "저런 헛소리를 들으며 시간을 보냈으니" 강연 위원회가 "내게 보상을 해 줘야 한다!"라고 웃음 띠며 불평했다. 어떤 이는 소로가 불경한 내용을 인용했다고 억지를 부리며 "그런 언행은 악취미"라고 화를 냈다. 반면 포틀랜드의 한 평자는 이 보기 드문 강연자의 장점에 찬사를 보냈다. 눈에 띄게 노력하는 기색도 없이 "그는 초월주의의 안개로 당신을 당황케 하고, 빛나는 묘사로 당신을 기쁘게 하고, 명백한 불경함으로 당신을 충격에 빠뜨리고, 익살맞은 재치로 당신을 뒤집어 놓는다." 소로의 스타일, 목소리, 태도는 모두 "그 자신의 일부"다. "독특한 외모는 뭔가 특별한 것을 기대하게 하고, 말보다 더 큰 효과를 발휘한다." 모두 글로 적기에는 어려우며, 실제로 그의 말을 들어 봐야 한다. 물론 이해가 느린 사람들은 당황하기도 했지만, 상상력이 좀 있는 사람이라면 그가 "큰 기쁨을 주는 사람"이며, 독특하고, 끝없는 즐거움을 줄 수 있는 진정한 미국인이라는 것을 알 수 있었다.[18]

이해가 느린 사람들은 여전히 소로의 무표정한 재치를 놓치고 있었지만, 그는 마크 트웨인이 대표하는 그 유머러스한 이야기를 자유자재로 구사했다. 예측이 불가능하고, 불경하고, 박식하고, 짓궂으면서 서정적이고, 어둠과 함께 무도를 펼치는 〈케이프 코드〉에 빠져 청중은 눈물이 날 때까지 웃음을 멈추지 못했다. 소로는 출판을 위해 이 강연문을 수정하면서 낮고 어두운 분위기를 더 심화하고 역사와 관련된 내용을 조정해 미국의 오만한 서사인 명백한 운명을 공격하기로 마음을 정했다. 메인주의 숲과 프랑스령 캐나다에 또 다른 전선이 있었다. 1850년대에 소로는 두 전선에서 힘찬 전진을 계속하며 인디언 책을 위한 노트를 한 권씩 채워 나갔고—1851년에 이미 제5권에 돌입했다—시간이 날 때마다 전선으로 달려가 현장을 조사했다. 비전이 명확해지자 그때부터는 혼자 케이프 코드를 방문했는데, 6월 25일부터 7월 1일까지, 프로빈스타운에서 출발해 최초의 동선을 거꾸로 여행했다. 이번에는 새로 온 등대지기를 인터뷰하고, 존 뉴컴을 방문하고, 항구에서 더 많은 시간을 보냈다. 첫 번째 여행은 가벼운 유희였지만, 손에는 노트를 들고 머릿속에는 책을 담은 이 두 번째 여행은 자료 조사를 위한 것이었다. 집으로 돌아온 그는 그 일기에서 초고를 한 장 한 장 찢어 가며 글을 써 나갔고, 결국 일기는 찢긴 흔적과 종잇조각밖에 남지 않았다. 남아 있는 한 조각에 이런 글이 적혀 있다. "씨앗이 내 안에서 부풀어 오르기 시작했다. 좋은 환경이 갖춰지면 싹을 틔우고 활짝 피어날 것이다."[19]

"올해가 그해일까" : 1850

1849년의 가뭄이 물러가고, 1850년 봄에 폭우가 쏟아져 들판이 물에 잠기고 월든 호수의 수위가 보기 드물게 높은 곳까지 올라갔다. "물이 관목 숲까지 차올라 산책하는 사람들이 호숫가에 접근하지 못하고", 소나무의 높은 가지들이 시들어 죽었다. 소로는 상쾌한 기분으로 빗속을 걸어 다녔다. "우리에게 주어진 생명은 강물과 같아서" 미지의 높이까지 차오르고 고지대를 침수시킨다. 그러니 "올해는 기록적인 해가 될지 모른다. 우리의 사향쥐가 모두 물에 빠져 죽는 해".[20] 정말 기록적이었다. 1850년 말에 소로는 자신의 자리를 찾아 삶과 글을 새로운 패턴으로 쓰기 시작했다.

여기에는 가족의 지원이 큰 힘이 되었다. 소로 가족은 연필 업계를 주도하는 회사 중 하나였다. 그러던 중 1849년 말에 예상치 못한 곳에서 수익이 나기 시작했다. 소로 연필이 높은 시장점유율을 점할 수 있었던 것은 곱게 분쇄한 질 좋은 흑연, "니상泥狀 흑연" 덕분이었다. 헨리가 분쇄 공정을 개발한 뒤로 경쟁 업체들보다 더 미세하고 부드러운 흑연을 생산할 수 있었다. 보스턴의 인쇄 회사 스미스 & 맥두걸Smith & McDougal에서 분쇄 흑연을 주문했을 때, 소로 가족은 혹시 그들이 경쟁자가 되진 않을까 우려했다. 하지만 인쇄 회사는 소로 가족에게 비밀을 지키겠다는 서약을 받은 뒤 그들이 흑연을 대량으로 주문하는 이유를 설명했다. 전기판을 이용한 새로운 인쇄술에 다량의 흑연이 필요하다는 것이었다. 그들은 소로 회사가 이 영업상의 기밀을 지켜 준다면 그 보답으로 소로 회사에서 물량을 전부 구입하겠다고 제안했다. 헨리 소로의 흑연 분쇄 기술은 최상품의 미국산 연필을 만들어 냈을 뿐 아니라 이제 막 걸음마를 뗀 대량 인쇄 기술을 키워 내기도 한 셈이다. 헨리는 여러 공장에서 수차례 분쇄 흑연을 실어 와서는 다시 가공하고 포장해 처음에는 보스턴으로, 결국에는 전국 곳곳으로 상품을 보냈다. 사업이 성장함에 따라 소로 가족은 점점 연필을 덜 만들게 되었고, 1853년 독일의 연필 제조사가 뉴욕 시장을 잠식하자 연필 제작을 완전히 중단했다. 친구들이 연필 제작을 중단한 이유를 물을 때마다 헨리는 이렇게 대답했다고 한다. "그러지 못할 게 뭔가? 난 한번 했던 것은 다시 하지 않네." 흑연 가격이 파운드당 10달러에서 2달러로 곤두박질치는 와중에도 수익은 꾸준했다. 소로 가족은 이 중요한 필수품을 1년에 최대 600파운드까지 판매했다. 하지만 친구들은 집 안이 미세한 흑연 먼지로 뒤덮여서 반들거리는 것을 알아챘다. 분명 헨리는 그 먼지를 마신 탓에 수명이 줄었을 것이다. 그가 매일 지치지 않고 밖에서 산책을 하지 않았더라면 수명은 더 짧아졌을지도 모른다.[21]

헨리는 텍사스 하우스를 언제나 좋아했다. 집은 마을 끝자락에 위치해 울창한 과실나무 숲에 둘러싸여 있었다. 방 창문을 열면 페어헤이븐 힐에서 소들이 풀을 뜯는 것을 볼 수 있었고, 마을을 지나지 않고도 월든이나 강으로 산책을 나갈 수 있었다. 하지만 신시아의 불면증이 도진 데다 이제 사업도 번창해 가고 있어, 소로 가족은 마을에서 가장 좋은 집을 알아보기로 했다. 중심가에 있는 "옐로 하우스"Yellow House가 눈에 띄었다. 오랫동안 세 들어 살았던 파크먼 하우스 바로 아래에 있고, 소매상 조사이어 데이비스가 한창 시절에 지었다가, 1837년 공황기에 파산하면서 팔게 된 집이었다. 그 집은 그렇게 이 주인 저 주인의 손을 거치다가 마지막에 상점주 대니얼 섀턱의 소유가 되었고, 이제 섀턱이 기쁜 마음으로 소로 가족에게 그 집을 팔았다. 1849년 9월 29일 아버지 존 소로는 1,450달러를 지불하고 옐로 하우스를 구입했다. 신시아는 수리와 개축이 필요한 곳을 빠짐없이 확인해 긴 목록을 작성했다. 천장 높이가 9피트가 되도록 집 전체를 들어 올리고, 새 가벽과 문을 설치하고, 창에 새 유리를 끼우고, 개수대를 바꾸고, 지붕널도 새로 가는 등 할 일이 많았다. 소로 가족은 목수를 고용했고, 헨리가 연필 상점을 (텍사스 하우스에서 뜯어 와) 집 뒤편에 옮겨 붙이는 일을 도왔다. 개보수가 완료되는 데 거의 1년이 걸려, 소로 가족은 1850년 8월 29일에야 이사를 할 수 있었다. 애초 이사를 "**전혀**" 원치 않았던 소로는 다시 중심가로 들어간다는 결정에 반대했지만, 결국에는 하는 수 없이 콩코드의 가장 부유한 지역에, 그것도 한복판에 거주하게 되었다.[22]

그런 그조차 자신이 머무를 새 공간이 멋지다는 점은 인정하지 않을 수 없었다. 그는 다락방 전체를 차지했는데, 건물의 세로 면을 따라 길게 지어진 그 방은 천장이 비스듬했고 방 가운데로 계단이 나 있었다. 소로는 마을이 내다보이는 창 쪽에는 책상을 두었고, 강이 내려다보이는 반대쪽 창에는 잠에서 깨면 바로 날씨를 확인할 수 있도록 침대를 두었다. 여름에는 너무 더워 몇 주 동안 아래층으로 내려가 가족들과 저녁 시간을 보내곤 했지만, 그 다락방이 충분히 넓어서 등나무 침대며 글을 쓰는 책상이며 유목流木으로 만든 책꽂이를 전부 들여놓을 수 있었다. 그뿐 아니라 다락방 구석구석에 기발한 공간이 있어 캔버스 텐트를 말아 숨겨 놓거나 화살촉, 인디언 유물, 식물표본, 이끼류, 지의류, 새 둥지, 새알, 광물 보관 상자, 곤충표본, 부화한 거북이 등 집으로 마구 가져온 것들을 진열해 놓을 수 있었다. 옐로 하우스의 다락방은 그의 침실이자 응접실이자 작업실이자 자연박물관이자, 세상을 내다보는 창이 되었다. 언젠가 소피아가 한 친구를 위층으로 안내하며 깨끗이 치우지 못했다고 양해를 구하자 헨리는 가구 위에 앉은 먼지는 "과일의 과분 같은 것이기 때문에 닦아 내선 안 된다"라고 말했다.[23] 그중에서도 가장 큰 기쁨은 길 하나 건너에 있는 엘러리 채닝네 뒤뜰에 콩코드강이 있다는 것이었다. 1849년 6월 그의 오랜 친구가 폰코타셋 농장을 팔고 강둑의 집을 구입한 덕분에 소로는 친구 집에 배를 대 놓을 수 있었다. 몇 년 후 존 소로는 인접한 부지들을 구입해 옐로 하우스의 뒤뜰을 확장했다. 헨리는 여기에 멋진 과수원을 만들고 자신이 사랑하는 "텍사스" 볼드윈 사과나무 중 한 그루를 가져와 심었다. 결국 이곳이 소로가 가장 바쁘고 행복하고 생산적인 시기를 보낸 집이 되었다.

소로는 자신의 생활비를 버는 데 익숙했다. 아버지에게 방세와 식대를 내고, 먼로에게 빚을 갚고, 책값과 여행 자금도 마련해야 했으니 안정적 수입이 중요할 수밖에 없었다. 강연으로 얻는 수입은 시원찮았다. 다른 지역에서 강연을 하면 대체로 20달러 정도를 받았는데 그곳을 오가는 여행 경비보다 적은 금액이었다. 육체노동도 마찬가지였다. 한번은 차익을 노리고 크랜베리에 투자할까 생각하기도 했다.[24] 수입이 훨씬 안정적인 일은 측량이었다. 1850년 소로는 전업 민간 공학자가 되었다. 측쇄를 포함해 측침 열 벌, 줄자, 제도용지, 그리고 각도기, 삼각자, T자와 직선자 등 다양한 도구를 마련했다. 특히 최고급 15인치 컴퍼스는 래커 칠을 한 것으로 황동으로 제작되었는데 은도금을 한 5인치 다이얼이 달려 있었다. 소로는 자신의 정확성을 보증하는 광고 전단을 인쇄해 홍보하기도 했다. "1도의 차이도 놓치지 않는 정확성, 다양한 컴퍼스 구비, 경계선을 다시 그려 드립니다."[25]

정확하다는 호언장담은 허풍이 아니었다. 소로의 측량 결과는 사후 마을 도서관에 보관되어 이후 수십 년 동안 마을 사유지의 경계선을 알려 주는 소중한 자료로 활용되었다. 뒷날의 측량 결과는 당시 소로의 작업이 얼마나 섬세했는지를 보여 준다. 그는 간단한 자침 방위를 사용하지 않고, 다들 좀처럼 하지 않는 작업인 "진자오선", 즉 진북을 찾는 단계를 자신의 작업에 포함했다. 이는 이틀이 걸리는 복잡한 과정으로, 1851년 초에는 옐로 하우스 앞에서도 이 작업을 했다.[26] 전업을 선언하자마자 일이 밀려들었다. 소로는 옐로 하우스 부지를 측량하고, 오랫동안 골머리를 앓아 온 토지 경계선 분쟁을 해결하기 위해 에머슨이 의뢰한 일을 했으며, 메리맥강 인근의 헤이버릴에 있는 60채의 주택 용지, 마을에 들어설 법원 부지, 기차역으로 이어지는 새 도로를 측량했다. 그 결과 신중하고 유능한 민간 공학자라는 명성을 얻었다. 한 의뢰인이 전하기를, 언젠가 10에이커의 식림지를 측량하는 도중에 해가 졌는데, 소로가 촛불을 밝히고 일을 마치더라는 것이었다.[27] 소로는 측량 업무를 1850년에 15건 이상, 1851년에는 18건 완수했다. 올컷의 말처럼, 그는 "컴퍼스로 책값을 벌었다".[28]

측량 업무는 잘 맞았지만, 자신이 측량을 통해 사랑하는 숲을 파괴하는 데 일조했다는 사실이 그에게 영향을 미치지 않은 건 아니었다. 1850년 11월 소로는 자신이 전해에 측량한 땅을 걷다가 땅의 소유주가 그곳을 깨끗이 밀고 주택 52채가 들어설 택지로 만든 것을 발견했다. 원래 그 자리는 소로가 어린 시절에 뛰어놀던 숲이었다. 소로는 나무를 베어 낸 덕에 멀리 있는 푸른 산이 잘 보인다며 스스로를 다독였다. 그렇다고 죄책감이 사라지지는 않았다. "나는 오늘 리기다소나무 숲을 걷다가, 어쩌면 머지않아 내가 목재 경매소의 의뢰를 받아 내 손으로 이곳을 측량하고 구획을 나누게 되리라는 것을 깨달았다. 그렇게 되면 나무들이 벌목꾼들에게 베이는 모습을 보게 되겠지." 하지만 나무는 다시 자라지 않던가? 유년의 기억 속 푸른 들판도 지금은 쾌적한 숲이 되었으니 말이다. 하지만 이틀 뒤 소로는 자책하며 괴로워했다. "나는 그 구획이 절반이나 불타 사라진 것을 보았다. (…) 속물적인 졸부 몇 명이 측량사를 데리고 토지 경계를 살피고 있었다." 그는 주변에서 노래하는 천사들을 외면한 채 "천국의 한복판에 뚫린 오래된 말뚝 구멍을 찾고 있었다. 내가 다시 수전노를 향해 눈을 돌렸을 때, 그는 악마들에게 둘러싸인 질퍽한 스틱스Styx의 늪 가운데에 서 있었다. (…) 다가가 보니 어둠의 왕자는 바로 그의 측량사였다." 소로는 악마에게 영혼을 판 걸까? "나의 직업은 손대는 모든 것에 저주를 내린다"라고 그는 우울하게 중얼거렸다.[29] 특히 어려웠던 측량 작업은 1851년 9월, 콩코드 마을의 경계를 답사한 일이었다. 그때 그는 "어떤 의미에서 자살행위를 했다는" 느낌을 받았다.[30] 너무 긴 시간을 측량에 쏟고 나면 그는 늘 언짢고 퉁명스러운 상태가 되었다.

하지만 소로는 측량을 통해 존경받는 전문가라는 정체성을 얻기도 했고, 그 역시 측량사로서 자신의 높은 기준과 유능함, 어떤 날씨에도 늪지와 가시덤불을 헤쳐 나가는 능력, 정확하고 정밀한 도면에 대한 자부심을 앞세워 모든 일을 훌륭하게 해냈다. 그를 내려다보던 마을 사람들도 이제는 중요한 일이 있을 때마다 그를 불렀고, 점차 소로의 일기장에도 토지 주인, 농민, 노동자를 곁에서 보고 간단히 관찰한 내용이 채워졌다. 시야를 좁히고 상상력을 차단할 수도 있었던 일이 그의 왕성한 호기심 덕분에 오히려 정반대의 효과를 일으켰다. 측량사의 눈은 여전히 활짝 열려 있었고, 전문적인 내용은 측량일지에 들어가는 만큼, 그의 사적인 일기는 그의 말을 빌리자면 "곁눈질"로 목격한 과학적·시적 관찰로 채워졌다. 소로는 직업 때문에 자신이 선택한 행로에서 벗어났지만, 동시에 새로운 눈으로 주변 세상을 볼 수 있었다. 덤불을 베며 나아갈 때조차 "모든 관목의 이름을 알아내겠다"라고 맹세했다.[31]

1847년 과학 탐사 여행을 꿈꾸던 시절 소로는 기쁨에 들떠 에머슨에게, 하버드가 드디어 "진정으로 잠에서 깨어나기 시작"했고, "시대를 앞서가고 있다"라고 썼다. 하버드가 미국에서 가장 성능 좋은 망원경을 구비했으며, 하버드 안에 새로 설립된 로렌스과학대학Lawrence Scientific School이 화학과에 호스퍼드 교수, 동물학과에 아가시 교수를 고용한 참이었다. 바로 길 건너에서는 콩코드의 아마추어 천문학자 퍼레즈 블러드가 천문학을 진지하게 연구할 수 있을 만큼 좋은 성능을 갖춘 망원경을 구입해 소로에게 토성의 고리와 달의 산맥을 보여 주었다.[32] 천문학은 소로의 관심 분야가 아니었으며, 하버드 학생 시절에 신임 천문학 교수 윌리엄 크랜치 본드에게서 육안으로도 충분히 과학에 봉사할 수 있다는 말을 들었을 땐 뛸 듯이 기뻐했다. 기뻐했지만, 지금 그는 모든 관목의 이름을 익히겠다는 맹세를 실천하고 있었다. 소로는 본드가 구입한 망원경을 보러 가는 길에도 창밖의 식물들을 연구했고, 콩코드와 케임브리지가 그렇게 가까운데도 불구하고 식물대가 완전히 다르다는 데 깜짝 놀랐다. 그 차이를 판별할 수 있었던 것은 하버드에 새로 온 (그리고 세계적인) 식물학자 아사 그레이의 책을 읽은 덕분이었다. 그는 루이스 아가시에게 가져갈 표본을 수집한 뒤 1848년 1월에 아가시의 두 번째 로웰 강연에서 마침내 위대한 과학자를 직접 만날 수 있었다. 소로는 아가시를 뱅고어 강연에 초빙하려 했다. 과도한 업무에 시달리던 아가시가 그 제안을 거절하긴 했지만, 두 사람은 에머슨과 제임스 엘리엇 캐벗을 공통의 친구로 둔 덕분인지 1850년대 내내 애정 어린 관계를 유지했다.[33]

지역적이고, 손으로 만질 수 있고, 즉각적이라는 것, 소로에게는 그것이 과학과 공학의 의미였다. 또한 긴급한 것이기도 했다. 소로는 조지 대처에게 "오늘날의 교육에는 증기 엔진을 이해하는 과정이 반드시 포함되어야 한다"라고 말했다. 조지의 10대 아들은 공학에 관심이 있었다. "자신이 타고 있는 이동 수단이 무엇인지도 모르는 이에게 기차를 탈 권리가 어디 있겠나?" 인근의 정비소, 제작소, 공장 등을 모조리 방문해 보아라. 그 자신도 공장이 보이면 내부 견학을 하지 않고는 그냥 지나치지 못해, 얼마 전 최대 규모의 기관차 생산 공장인 힝클리 앤드 드루리Hinckley and Drury의 공장에서 하루를 보낸 참이었다. 이제 그는 "모든 바퀴와 나사의 용처를 눈으로 보고 이해할 수 있었다. 준비만 된다면 내 손으로 엔진을 만들 수도 있다". 강연 때문에 매사추세츠 클린턴을 방문했을 때에도 소로는 아주 큰 깅엄gingham* 공장을 방문해서 천이 어떻게 제작되는지 확인하고 그 공정을 일기에 자세히 기록했으며, 나아가 이를 글 쓰는 기술에 적용했다. "정교한 기술은 우리에게 수많은 가르침을 준다. 직공의 철저한 정확성이 없다면 천은 한 뼘도 제작될 수 없다. 진수될 선박은 모든 결합부가 **완벽히** 맞아떨어져야 한다." 그 깨달음에는 소로 자신의 이름을 이용한 의도적 언어유희도 포함되어 있었다. 다시 말해, "철저하게thorough 충실한" 가공과 세공이 그의 표어가 되

* 줄무늬 또는 바둑판무늬의 무명천.

고 있었다.[34]

이후 세대는 과학과 기술에 대해 소로가 느끼던 즉각적이고 본능적인 접점을 잃었다. "과학"은 일부 엘리트 지식인이 종사하는 전문 분야가 되었고, "기술"은 블랙박스 같은 기계 안에서 마법처럼 작동하는 무언가가 되었다. 그러나 소로의 세계에서 기계를 통한 인간과 자연의 연결은 여전히 경이로웠다. 1850년 봄비가 내리던 일요일 오후에 들판 너머 "자작나무와 허클베리 덤불 사이에서 소의 목에 달아 놓은 방울에서 나는 듯 희미하게 딸랑거리는 소리"가 들려왔다. 소리가 나는 방향으로 다가갈수록 수수께끼는 더 깊어졌다. 텅 빈 들판이 말을 하는 것처럼 땅에서 소리가 올라왔다. 아직 알려지지 않은 개구리나 사향쥐가 내는 소리라면, 자연사의 발견이 될 수도 있지 않을까? 곧 진실이 밝혀졌다. 봉을 잃은 워낭 하나가 판자에 못질로 고정되어 있고, 장난감 물레방아가 작은 망치를 건드려 그 종을 때리도록 설치되어 있었다. "시냇물도 즐거운 듯 소리를 내며 작은 댐을 타고 넘어 물레방아 위로 졸졸 떨어졌다. 이 커다란 딸랑 소리가 기쁘고 자랑스럽다는 듯." 그날 밤 소로는 집에서도 그 소리가 들린다는 사실을 알았다. 그는 가족들을 창가로 불러 모았고, 가족들 모두 저 멀리서 들려오는 예쁜 소리에 귀를 기울이며 감탄했다. 이 워낭 소리의 원리는 소로의 글을 빛내는 또 다른 특징이 되었다. 그가 자신의 재료들을 물레방아처럼 배치하면 자연은 그를 방울처럼 울려 마을까지 소리를 전하고, 거리를 오가던 사람들은 발걸음을 멈추고 더 높은 누군가의 소리를 들을 것이다.[35]

소로만의 특별한 초월주의를 위해서는 이 획기적인 통찰이 필요했다. 과학은 그에게 모래알에서 우주를 발견하고 식림지의 연못에서 바다를 발견하는 법을, 페어헤이븐 클리프에서 산맥을 발견하고 월든 호수의 조약돌에서 빙하를 발견하는 법을 알려 주었다. 시는 그에게 그 중요성을 말해 줄 수 있는 목소리를 주었다. 1849년 말 소로는 새로운 종류의 독서에 뛰어들었다. 과학을 탐구한 알렉산더 폰 훔볼트의 책들과 그로부터 영감을 받아 새로운 눈으로 세계를 바라본 과학자들과 탐험가들을 독파해 나갔다. 위로는 오리노코강, 아래로는 안데스산맥에서 티에라델푸에고 제도까지, 반대쪽으로는 로키산맥에서 노스웨스트 끝까지, 남쪽으로는 남극, 북쪽으로는 북극까지, 저 너머 아시아의 스텝 지대와 아프리카의 사바나에 이르기까지 소로의 시야는 무한히 광대해졌다. 지구를 아우르는 독서를 하는 동안 그는 자신이 혼자 탐사 여행을 하고 있다고 상상했다. 당시 탐험가들이 하고 있던 일을 소로는 아주 작은 우주의 차원에서 혼자 할 수 있었다. 그가 여행하고 글을 쓰는 지구는 가장 미소하고 가장 지역적인 특성들이 우주를 밝히고, 또 우주 그 자체에 의해 밝게 빛나는 아주 작은 행성이었다. 소로는 당시 최첨단에 이른 과학에 자신만의 독특한 "우주 구조론"을 더했다. 1850년 11월에 그는 이 진리에 도달했으며, 1851년 9월에는 그 내용을 다음과 같이 표현했다. "작가, 즉 글을 쓰는 사람은 모든 자연의 말을 받아 적는 사람이다. 작가는 글을 쓰는 옥수수이자 풀이자 대기다."• [36]

하지만 우선 뛰어넘어야 할 간극이 있었다. 거의 10년 전에 마거릿 풀러는 소로에게 자연은 "당신이 더 깊이 자연의 것이 되기까지 자연은 당신의 것이 되지 않는다"라고 조언했다. 이에 화답하듯 소로는 여성의 권리를 주장한 풀러의 선구적 에세이를 읽은 뒤, 그 글이 하나의 "위대한 소송"이며 "글에서 대화가 여러 겹 중첩되어야 한다는 것"을 보여 준 "고귀한 글인 동시에, 손에 펜을 쥐고 글로 말을 하는 듯 빼어난 즉흥적 글쓰기"라며 감탄했다.[37] 그가 『일주일』에서 대화를 여러 겹 두텁게 중첩하고자 시도한 것은 풀러의 사례를 반영한 결과였다. 이후 풀러는 보스턴에서 뉴욕으로 이주해 그릴리가 일하는 《뉴욕 트리뷴》 지의 특파원으로 활동하며 다양한 사회문

• 이 말은 작가가 자연의 가르침을 받아 적는 자라는 뜻으로 이해할 수도 있고, 자연의 명에 따라 행동하는 자연의 산물이라는 의미로 해석할 수도 있다.(*Writing the Environment in Nineteenth-Century American Literature*, Ed. Steven Petersheim, Madison P. Jones IV, Lexington Book, 2015를 참조.)

제를 다루는 기사를 썼고, 그 뒤엔 유럽으로 건너가 그릴리의 해외 특파원으로 일했다.

로마에 자리 잡은 풀러는 1848년 혁명이 이탈리아를 휩쓸 때 로마공화국의 열렬한 지지자가 되어 그 혁명에 가담했다. 그녀가 전선에서 직접 목격한 내용을 바탕으로 읽는 이를 번민하게 만드는 생생한 기사를 쓰자 미국 독자들은 그녀의 글에 놀랐고 매료되었다. 또한 누구에게도 말하지 않았지만, 풀러는 이탈리아 혁명군이던 지오반니 오솔리 후작Giovanni the Marquis d'Ossoli과 결혼해(이 사실도 암시로만 돌았다) 아들 안젤로 또는 "니노"를 낳았다. 공화국이 패망하자 풀러는 영국으로 도피해 이탈리아 혁명의 역사를 일인칭으로 서술하는 글의 초고를 완성했다.[38] 그런 뒤 미국 언론인으로서 임무를 완수하겠다고 결심하고 영국 국적의 범선 '엘리자베스'호에 가족과 보모 첼레스타 파르데나, 친구 호러스 섬너의 자리를 예약했다. 풀러 일행은 1859년 5월 17일에 이탈리아를 떠나 뉴욕으로 출발했다. 믿을 만한 선원들과 유쾌한 친구들이 함께했고 선창에는 실크, 아몬드, 올리브유, 고형 비누, 모자와 밀집 보닛, 미술관에 걸어도 좋을 만한 훌륭한 그림들, 사우스캐롤라이나주 정부에 전해줄 존 칼훈*의 조각상, 카레라산産 대리석 150톤 등 각종 사치품이 쌓여 있었다.[39]

지브롤터에 도착한 직후 선장이 천연두로 사망하면서 불운이 시작됐다. 그들은 검역소에 머무르다 경험이 많지 않은 일등항해사 헨리 P. 뱅스의 통솔 아래 다시 미국으로 출발했다. 배가 뉴욕 근처에 다다른 때는 7월 중순이었는데, 그들은 역사에 남을 만큼 강력한 폭풍우가 그때 동부 연안을 휩쓸고 있다는 사실을 알지 못했다. 그뿐 아니라 자신들이 탄 배의 위치조차 정확히 알지 못했다. 뱅스 선장은 자신들이 뉴저지에서 멀리 떨어진 심해에서 안전하게 항해하고 있다고 생각했지만, 사실은 생각했던 지점에서

* 연방 하원 의원, 육군 장관, 부통령, 국무장관 등을 역임한 미국 정치인.

동쪽으로 60마일이나 떨어진 곳에 있었고, 파이어 아일랜드에 위험할 정도로 근접해 있었다. 7월 19일 새벽 4시를 조금 앞둔 시각에 우레와 같은 충격이 승객들을 잠에서 깨웠다. '엘리자베스'호가 모래톱과 정면으로 충돌한 것이었다. 거대한 파도가 뱃전을 때리면서 배가 모래톱 위로 밀려 올라갔고 그 바람에 대리석이 선창에 쏟아졌다. 파도가 배를 부수고 물이 선실로 쏟아져 들어왔다. 돛, 돛대, 구조선이 찢기고 부서졌으며, 공포에 질린 승객들은 잠옷 차림으로 갑판에 나왔다. 겨우 300야드 앞에 해안이 있었다. 조수는 낮아지고 있었고, 새벽부터 수백 명은 돼 보이는 많은 사람이 해변에 나와 있었다. 승객들은 당연히 구조 작업이 이뤄질 거라 믿었다. 하지만 곧 공포와 당혹감이 엄습했다. 군중이 그들을 외면한 채 해안으로 떠밀려 오는 여행 가방이며 상자들을 향해 몰려가고 있었다. 사람들은 가방과 상자를 부숴 옷가지, 각종 소지품, 상품을 수레에 싣고 가 버렸다.

버려진 승객들은 탈출을 시도했다. 물에 뛰어들어 해안까지 헤엄친 사람들은 파도에 따라 춤을 추는 목재에 얻어맞으면서도 결국 목숨을 구했다. 호러스 섬너를 비롯한 몇몇 이들은 물속에 가라앉아 목숨을 잃었다. 오솔리가 사람들은 서로 떨어지지 않고 한곳에 모여 겁에 질린 아이들을 달래며 구조선을 기다렸다. 그러나 구조선은 오지 않았다. 분노한 일등항해사는 훗날 소로에게 이렇게 말했다. "해변에 있던 사람들은 구조선을 띄울 용기조차 없었습니다." 군중이 한 일은 가만히 앉아 사고를 지켜보다가 이따금 "해변으로 밀려오는 모자"를 챙긴 것뿐이었다.[40] 오후가 된 지도 한참 지나 다시 밀물 때가 되자 남아 있던 배의 일부마저 부서지기 시작했다. 선원 한 사람이 니노를 팔에 안고 바다로 뛰어내렸다. 두 사람은 파도에 휩쓸려 익사했다. 이어 첼레스타와 지오반니가 물길에 휩쓸렸고, 마거릿은 이후 소로가 쓴 것처럼 "팔로 무릎을 감싼 채 앞 돛대에 등을 대고 앉아 있었다. 남편과 아이는 이미 그녀 곁을 떠났다. 곧 커다란 파도가 들이닥쳐 그녀를 씻어 갔다".[41] 어린 니노의 벌거벗은 시신은 선원의 가슴에 안겨 해변으로 떠밀려왔다. 아이의 부모는 끝내 시신이 수습되지 않았다.

그로부터 사흘이 채 지나지 않은 7월 22일 저녁에 불행을 알리는 소식이 콩코드에 도착했다. 에머슨은 밤새도록 자신이 직접 가는 게 좋을지 고민했지만, 날이 밝자 그 대신 소로(그가 "보낼 수 있는 가장 유능한 사람")를 파이어 아일랜드로 보냈다. "우리 모두를 대신해, 난파 현장에서 정보를 모조리 수집해 주고, 가능하다면 원고나 다른 물건들도 있는 대로 수거해 주게."[42] 소로는 에머슨에게서 일단 70달러를 받아 즉시 출발했다. 7월 24일 수요일 아침 그는 뉴욕에서 윌리엄 헨리 채닝과 만나 오전 9시 정각에 파이어 아일랜드로 향하는 기차에 올랐고, 탑승하기 전에 잠시 짬을 내어 부재 중인 그릴리에게 쪽지를 남겼다. 두 사람은 정오가 되어 파이어 아일랜드에 도착했다. 마거릿의 동생 아서 풀러와 호러스 섬너의 형인 찰스도 그날 밤 해변에 도착했다. 한편 콩코드에선 마거릿의 동생 엘런이 너무나 힘들어하는 바람에 친구들은 그녀가 정신을 잃지 않을까 노심초사했다. 엘런의 남편 엘러리 채닝 역시 마거릿이 지니고 있던 물건을 뭐라도 찾으려는 허망한 노력에 힘을 보태기 위해 파이어 아일랜드로 향했다.

현장에 도착하기 전까지 소로는 끔찍한 광경을 예상하고 있었지만, 실제로 목격한 광경은 그보다 더 끔찍했다. 아무것도, 거의 아무것도 없었다. 며칠 사이에 약탈자들이 해변을 휩쓸고 갔다. 한 목격자는 사흘 전 1,000명은 됨 직한 사람들 가운데 절반 이상이 "값나가 보이는 물건을 전부 챙기고 감춘 채" 몇 야드나 되는 모래밭을 걷고 있더라고 전했다. 소로는 작은 흔적 하나라도 찾기 위해 거듭 해변을 오가면서, 목격자라도 만나면 기존의 혼란스럽고 모순되는 증언들을 이해가 되게끔 맞춰 볼 요량으로 경찰관처럼 집요하게 질문을 던졌다. 끔찍하리만치 분명해진 사실은 조금이라도 가치가 있는 물건은 전부 약탈을 당했다는 것이었다. 누구도 이를 부정하지 않았다. "제대로 된 해적도 있긴 했지만, 그들 대부분은 그런 이름도 과분했다. 그들은 비열한 좀도둑이자 절도범에 불과했다." 이들은 망자의 친구들이 유품을 찾는 동안에도 저희끼리 전리품을 나눴다. "'이건 자네 아이한테 맞겠군. 이건 딱 자네 아내 것이군.' 이게 그들이 하는 말이었다. 나는 젊은 남자들이 자기들의 모자를 일렬로 세워 놓고 도미노 게임을 하는 것을 보았는데, 다들 익사자의 물건으로 몸치장을 한 상태였다." 그중에 풀러의 태슬과 리본이 있었다.[43]

목요일 아침에 소로는 인근 스미스 오크스의 집에서 에머슨에게 슬픈 보고서를 써 보냈다. 그곳은 유류품과 훔친 물건으로 가득한 "완벽한 해적의 집"으로, 생존자들과 수습한 시신들이 모여 있었다. 지오반니 오솔리의 유품은 그의 물건으로 추정되는 텅 빈 여행 가방과 신발 한 짝이 전부였다. 마거릿 풀러 오솔리의 유품으로는 자물쇠가 부서진 검은 가죽 여행 가방이 있었는데, 내부에 들어 있던 것은 20권에서 30권 남짓한 책과 작은 탁자를 겨우 덮을 정도의 문서 몇 장뿐이었다. 파란 무명 가방 안에 들어 있던 마거릿의 집필용 탁자는 부서져 있었고, 탁자 안에는 편지 몇 장이 들어 있었다. 원고는 없었다. 소로는 이등항해사로부터 어떤 남자가 육필 원고 뭉치를 펼쳐 보더니 아무 쓸모도 없다는 듯 해변에 내던지더라는 말을 들었다.

아직 약간의 단서가 남아 있었기 때문에 소로는 토요일 아침까지 머물면서 선창에서 쏟아져 나온 아몬드나 향나무 열매 더미를 발로 흐트러뜨려 가며 모래밭을 수색했다. 유류품이 해안으로 밀려올 수도 있었다. 소로는 롱아일랜드의 패초그와 세이빌까지 광고지를 붙여 가며 보이는 모든 집을 방문했다. 하지만 인간성에 대한 그의 관점을 수정하는 데 도움이 될 만한 것은 없었다. "어떤 이들은 후작 부인의 손가락에 있던 반지가 3,000달러나 한다는 말을 들었다." 그는 침울하게 말했다. "사람들은 서로에게서 물건을 훔친다. 누가 덤불 속에 물건을 숨겨 놓으면 다른 이가 그것을 훔쳐 간다." 그는 굴 채취선을 탔고 술에 취해 자신의 토사물 속에서 코를 골며 뒹구는 어부들 틈에 끼어 패초그로 이동했다. 패초그에서 소로는 망자의 옷을 입은 여성들을 보았다. 풀러의 드레스였다. 옷을 훔친 남자들의 아내들이었다.

여자들은 옷을 내주길 거부했다.[44] 마거릿이나 지오반니의 시신과 관련된 흔적은 발견되지 않았다. 그저 그들의 시신이 해안으로 밀려왔으며 옷, 보석, 돈 따위를 약탈한 사람들이 강도짓을 은폐하려고 시신을 몰래 묻었다는 소문만 끊이지 않고 떠돌았다.[45]

소로도 유류품 하나를 건졌다. 해변에서 남성용 코트 자락이 보이자 달려 있던 단추 하나를 뜯어냈다. 오크스의 집으로 돌아가 오솔리의 것으로 알려진 코트 단추와 비교해 보니 두 단추가 일치했다. 금요일에는 등대지기로부터 난파 지점에서 서쪽으로 5마일 떨어진 곳에 시신 한 구가 있다는 말을 전해 들었다. 다음 날 아침 소로는 그곳으로 향했다. 그곳에서 마침내 "인간 유골의 일부"를 찾았다고 그는 실의에 빠진 찰스 섬너에게 편지했다. 어쩌면 그의 형제인 호러스의 유골일 수도 있었지만, 소로는 유골이 남성의 것인지 여성의 것인지조차 알아볼 수 없었다. 소로는 등대지기에게 "믿을 만한 조사"가 이뤄지기 전까지 유골을 묻어 두고 묘지 위치를 표시하라고 당부했다. 비탄에 빠진 찰스는 유골의 신원을 파악할 수 없으리라는 생각에 동의했다. 수색은 또다시 헛되이 끝났다.[46] 하지만 그는 소로에게 깊이 감사했다. 그로부터 1년이 지나지 않아 섬너는 하원 의원 대니얼 웹스터가 면직된 뒤 그 자리에 선출됐고, 이후 소로에게 유용할 법한 정부의 과학 보고서들을 보내 이때의 친절에 보답했다.

해변에 있던 단추 하나와 약간의 유골. 수많은 생명이 스러졌고 많은 희망을 품었는데, 남은 건 그게 전부였다. 콩코드 집으로 돌아온 소로는 단추를 만지작거리며 생각에 잠겼다. "이른바 실제 단추라는 것에 사로잡혀 있다. 그것은 빛을 빼앗고 그림자를 드리운다. 하지만 그것과 연결된 모든 생명이 내게는 나의 가장 희미한 꿈보다 덜 실제적이다." 그랬다. 우리 몸은 "실제"의 물결 위를 떠다니고 "우리는 그 몸을 통해 연민한다." 하지만 그는 욕지기를 잔뜩 느끼며 이렇게 덧붙인다. "나는 실제에 관해서는 그리 많이 생각하지 않는다. (…) 그것은 불결한 사랑이 뒹구는 일종의 토사물이다."

며칠 뒤 더 차분해진 소로는 H.G.O. 블레이크에게 편지를 썼다. "우리의 사고가 우리 삶의 정점일세. 나머지는 우리가 여기 머무르는 동안 지나쳐 가는 바람의 기록에 불과하네."[47]

유골은 전혀 다른 방식으로 소로를 괴롭혔다. 유골은 깊은 인상을 남기기는커녕 "그저 해변 위의 뼈에 지나지 않았다". 하지만 몇 달이 지나도록 그 뼈들은 소로의 머릿속을 떠나지 않았다. 욕지기를 일으킨 게 아니라 아무것도 일으키지 않은 게 문제였다. 그것들은 "특별히 거슬리지 않았고", 오히려 "어떤 위엄"을 갖추고 있었다. "유골과 해변과 바다뿐이었다. 바다의 텅 빈 으르렁거림이 유골에게 말을 거는 것 같았다. 훌쩍대며 연민하는 나를 자연스레 빼놓은 채, 그들과 바다 사이에서만 어떤 소통이 이루어진 것처럼 보였다. 감동적이었다."[48] 파이어 아일랜드의 해변은 카타딘의 신비를 떠올리게 했다. 카타딘산에서 소로는 처음으로 육신의 무시무시한 본성을 꿰뚫어 봤다. "**몸**은 거기 제자리에 있지만, **자네**는 그렇지 않기 때문이지." 뼈와 바다는 그의 정신이 이해하고자 분투하는 것을 이미 이해하고 있었다. 모든 것은 사라지기 마련이라는 두리뭉실한 사실에 그치지 않고 그보다 더 깊은 통찰—존의 죽음 이후 맞닥뜨린, 몸의 죽음만이 영혼에 길을 내줄 수 있다는 통찰—. 다시 한번 비극적 죽음을 겪으면서 소로는 자연의 물질로부터 등을 돌리기보다는, 물질성이 지닌 근본적 이질감에 경탄하며 그리로 더 가까이 다가갔다. 당신이 더 깊이 자연의 것이 되기 전까지 자연은 당신의 것이 되지 않는다. 이 자연과의 공명이 풀러가 그에게 남긴 소중한 유산이었다.

엘러리 채닝은 채닝대로 비탄에 잠겨 다음과 같이 적었다. 풀러는 "어떤 신비한 흡인력으로" 친구들에게서 "소중한 비밀을 끄집어냈다. 편지 한 통 한 통으로 이뤄진 그물 전체에 그 비밀이 뜨거운 혈관을 따라 퍼져 있다. 그녀는 각각의 친구와 하나의 그물눈 안에서 서신을 주고받았다. 어떤 이에게는 질문에 답을 해줬고, 어떤 이에게는 바라는 바를 들어주었다". 소로는 자신이 가장 친애하는 서신 교환자에게 풀러의 선물을 넘겨주었다. 마지막으로 한 번 더 단추를 만지작거린 뒤 소로는 단추를 내려놓고 펜을 들어 블레이크에게 편지를 썼다. "나는 스스로에게 이렇게 말한다네. 네가 좋아한다고 고백한 그 일을 조금 더 해라. (…) 시도하고 싶은 실험이 있으면, 해라. (…) 아무도 대신해 줄 수 없는 것을 해라. 나머지는 모두 건너뛰어라." 사실 소로는 자기 자신에게 이보다 훨씬 더 대범하게 말했다. "못을 박을 수 있고 박을 못이 있으면, 망설이지 말고 박아라. 시도하고 싶은 실험이 있다면, 시도하라. 지금이 기회다. (…) 우주를 고향으로 삼아라."[49]

파이어 아일랜드에서 돌아온 지 두 달이 지났을 때 그런 못을 박을 기회가 소로와 엘러리 채닝에게 찾아왔다. 여름 내내 보스턴 사람들은 윌리엄 버가 제작한 "움직이는 거울"Moving Mirror에 관해 이야기꽃을 피웠다. 이야기와 음악을 삽입한 버의 연속 그림은 오대호에서 나이아가라폭포를 거쳐 세인트로렌스강에 이르기까지 물길을 따라 풍경을 보여 주는 "7마일 파노라마"Seven-Mile Panorama라는 회전 그림이었다. 이 그림을 본 100만 명 중에 소로도 있었다.[50] 버는 참가비 5달러를 내면 보스턴에서 몬트리올을 왕복하는 철도 여행을 세 차례 계획했다. 2달러만 추가하면 배를 타고 세인트로렌스강을 따라 퀘벡까지 갈 수도 있었다. 유럽 여행은 생각할 수도 없었던 소로에게 이 상품은 거부하기 힘든 기회였다. 여행객들은 열흘 만에 여행을 마치고 돌아와야 했지만, 그럼에도 1,346명의 참가자가 첫 번째 여행의 티켓을 구입했다. 소로와 채닝도 그 일행이었다. 번개처럼 순식간에 지나갈 여행이 되겠다는 생각에서 소로는 이 기회를 최대한 활용하기로 했다. 1년 내내 소로는 해가 뜬 동안에는 매일같이 걸어 다녔고, 해가 진 뒤에도 자주 그랬다. 아무리 많은 사람이 그를 보고 놀라도 상관하지 않고 달빛에 의지해 숲과 들을 탐험했다.[51] 북미 대륙에서 가장 긴 강을 따라 프랑스령 캐나다의 중심부를 여행한다니 생각만으로도 가슴이 벅차올랐다. 게다가 8월에 옐로 하우스로 이사하느라 열심히 일했으니 이제 쉴 때도 됐다. 한 달 뒤 소로는 몇 가지 여행 필수품을 꾸리고, "악천후용 옷"을 입고, 어딜 가든 갖고 다니는 우산을 들고 채닝과 함께 캐나다로 출발했다.

1850년 9월 25일 수요일 오전 7시 40분, 두 명의 자칭 "우산과 짐 꾸러미의 기사騎士"는 콩코드역에서 북쪽으로 가는 기차에 올라탔다. 틀림없이 어느 정도 이목을 끌었을 것이다. 다른 여행객들은 자신들이 가진 가장 좋은 옷을 빼입고 온 반면에 소로는 비가 내려도 끄떡없게 기름칠을 한 제일 낡은 가죽 신발을 신고, 가진 것 중 두 번째로 좋은 코트 위에 저렴한 갈색 리넨 더스터 코트를 걸치고, 종려나무 잎을 엮어 만든 여행용 모자를 쓰고 있었다.[52] 기차는 저녁 6시에 버몬트주 벌링턴에 도착했다. 이미 캄캄해져서 엄청나게 넓은 챔플레인 호수Lake Champlain를 볼 수 없었지만, 밤 동안 지연된 배편을 기다리다가 새벽 시간에 증기선에 올랐을 땐, 길고 좁은 호수가 두 푸른 산맥 사이에 끼어 있는 광경을 볼 수 있었다. 배는 리슐리외강을 따라 북쪽으로 올라가더니 눈에 보이지 않는 국경을 건너 캐나다로 진입했다. 생애 처음 외국에 발을 들인 순간이었다. 소로는 예민한 눈으로, 강변에 정박한 통나무배와 주택의 형태가 바뀌었고 생-장-쉬르-리슐리외Saint-Jean-sur-Richelieu라고도 알려진 변경, 세인트존스의 모든 이정표에 두 가지 언어가 적혀 있는 낯선 광경도 즉시 알아챘다.

붉은 제복을 입은 군인들이 열심히 훈련하고, 캐나다인들이 손으로 짠 옅은 갈색 옷을 입고 지나가는 모습을 세 시간 동안 구경한 뒤 여행객들은 육로를 통해 라프레리La Prairie로 이동했다. 라프레리에서 소로와 채닝은 세인트로렌스강을 건너는 여객선에 가장 먼저 탑승하기 위해 사람들을 헤치고 앞으로 나아갔다. 강의 너비가 무려 9마일이라니! 강을 건너자 몬트리올은 한창 건설 중인 뉴욕처럼 보였다. 이른 오후에 그들은 부두에 내려, 양키

들을 환영한다고 외치는 인파를 헤치고 곧장 프랑스 가톨릭교의 심장이자 온갖 새로움과 진기함을 간직한 노트르담 대성당으로 향했다. 미국 출신 청교도인 소로는 대성당의 서늘한 침묵에 완전히 압도되었다. 개신교회 1,000개에 버금가고, "우주가 당신에게 설교하는 소리를 들을 수 있는" 성스러운 장소, 콩코드 숲만큼이나 웅장하고 신성한 곳이었다. "확신할 순 없지만, 이 가톨릭교는 사제만 빼 버린다면 꽤 훌륭한 종교일 것"이라고 소로는 말했다. 범신론자인 그의 입에서 나온 말이니, 그건 칭찬이었다.[53]

소로가 감동하고 또 감동한 것은 프랑스어였다. 거리 이름부터 프랑스 혁명의 분위기가 물씬 풍겼다. 이제 모든 나라의 병사들은 머리와 심장을 전쟁이 아닌 "협력과 조화"에 바쳐야 한다. 시장에서 소로는 하버드에서 배웠으나 이미 녹슬어 버린 프랑스어를 더듬거리며 배와 사과 값을 흥정했고, 그렇게 구입한 과일을 증기선 갑판 위에서 우걱우걱 씹어 먹으면서 어스름에 마지막 일행이 배에 오르는 모습을 지켜보았다. 그날 밤 내내 증기선은 세인트로렌스강을 따라 하류의 퀘벡을 향해 180마일을 나아갔다. 소로는 지도를 유심히 들여다보며 푸앵-오-트렘블Point-aux-Trembles 같은 시적인 지명을 소리 내어 읽었다. 한때 그곳에서 사시나무tremble 잎이 흔들렸다tremble고 해서 붙은 이름이었다. "이름 하나에 세상의 모든 시가 담겨 있다. 수많은 사람이 그 시를 듣고, 읽는다. (…) 언젠가 그곳에서 사시나무가 자랐다는 가녀린 진실을, 온 세계가 거듭 말하고 있다."[54]

새벽에 배는 퀘벡의 웅장한 절벽에 다다랐다. 두 여행자는 뭍에 내리자마자 군중과 될 수 있는 한 멀리 떨어진 곳으로 향했다. 도로를 따라 올라가니 월터 스콧 경의 작품에 나올 법한 중세의 석조 성채가 나왔고, 계단을 오르니 꼭대기까지 이어졌다. 두 사람은 거대한 세인트로렌스강을 오른편에 둔 채 북동쪽을 겨냥하고 있는 대포들 사이에서 꽃을 꺾고 풍광에 감탄하면서 성채 위를 거닐었다. 왼편에는 아직 거의 탐사되지 않아 사람이 살지 않는 야생의 땅이 허드슨만까지 시원스레 뻗어 있었다. 기적 같은 광경이 그들을 완전히 압도했다. 이틀 전만 해도 콩코드에 있던 그들이 지금은 플린트 호수나 서드베리 들판을 어슬렁거리는 게 아니라 "영국이나 프랑스만큼 먼 곳"처럼 느껴지는 "외국 땅, 보포르Beauport의 영토인 캐나다에서 산책을" 하고 있었다. "자", 소로는 생각했다. "여기 외국 땅에 왔으니, 두 눈을 똑바로 뜨고 모든 것을 받아들이자."[55]

두 사람은 강둑을 따라 농장들이 좁고 길게 늘어선 곳으로 향했다. 몇 피트 간격으로 깔끔하게 회반죽을 칠한 석조 주택들이 정문이나 앞마당도 없이 쭉 이어져 거리를 형성하고 있었다. 들판에선 여자들이 남자들과 함께 일하며 감자를 캐거나 곡물을 한데 모으고 있었다. 일몰 무렵 두 사람은 몽모렌시 폭포 인근 보포르에 도착했다. 가까운 여관을 수소문할 때 영어로 말해 줄 수 있는 사람이 아무도 없다는 데 깜짝 놀랐다. 그곳에선 개도 프랑스어로 짖는다고 그들은 생각했다. 마침내 두 사람은 학교에서 배운 서툰 프랑스어를 동원해 지금 이 지역에는 애초 여행객이 없기 때문에 여관도 없다는 사실을 알아냈다. 그들은 집집마다 문을 두드리며 숙박을 청했으나, 남는 침대가 없다는 이유로 번번이 거절을 당하다 결국 폭포 아래쪽 제재소 주인집에 숙소를 얻게 됐다. 두 미국인은 요란한 폭포 소리를 배경으로 저녁 내내 "프랑스어로 얘기하거나 프랑스어를 살해하면서" 사람들을 즐겁게 해 주다가 손으로 짠 리넨 이불 속에 몸을 뉘었다.

다음 날 아침 두 사람은 몽모렌시 폭포의 전망을 제재소 주인의 사유지가 가로막고 있는 것을 보았다. 소로는 그 울타리를 허락 없이 넘으면서 자연의 경이는 사적 소유권으로부터 보호되어야 한다고 불평했다. 폭포에 도착해 보니 폭포 높이가 나이아가라보다 100피트는 높았다. 소로는 아무 말도 하지 못했다. 두 사람은 퍼붓는 빗속을 뚫고 진흙탕이 된 길을 따라 22마일 떨어진 생 안St. Anne 폭포를 향해 힘겹게 나아갔다. 길을 따라가던 도중 소박한 집들, 집 앞에 나와 세탁을 하거나 요리를 하는 사람들, 나무 십자가와 제단, 그리고 붉은색 모직 모자를 쓰고 붉은색 현장懸章*을 두른 사람들을 볼 수 있었다(밀짚모자에 얇은 더스터 코트를 걸친 채 덜덜 떨던 소로는 그들이 부러워졌다). 어딜 가나 "봉주르"라는 똑같은 인사말로 여행자를 환영했고, 어딜 가나 거대한 강의 웅장한 모습이 눈에 들어왔다. 강어귀에서 325마일이나 떨어진 곳에서도 마치 바다로 흘러드는 구간처럼 강폭이 넓었다. 그날 밤 묵기로 한 집 근처에 교회가 하나 있었는데, 교회 벽에는 기적을 통해 치유된 환자들이 두고 갔다는 목발들이 걸려 있었다. 하지만 소로의 눈에는 마을 목수가 새로 만든 것처럼 보였다. 두 사람은 빵과 버터, 차와 단풍당나무 설탕, 진한 수프, 그리고 그 지역의 주식인 삶은 감자와 고기로 아침을 먹었고, 이 "철저한 가톨릭 국가"에서 눈에 띄는 신교도는 그들뿐이라는 점을 의식하며 일요일을 보냈다.

생 안 폭포에서 소로는 "감각과 나침반으로" 3마일 거리의 삼림지대를 헤치고 나아가면서 엄청나게 깊은 협곡, "더없이 거칠고 험난하고 거대한 골짜기"를 무사히 내려갔다. 더는 도보로 갈 수 없어 두 여행자는 온 길을 따라 되돌아갔다. 그 나라는 "노르망디만큼 오래된 듯하고, 유럽과 중세에 관해 들었던 내용이 구현된 것 같다"라고 소로는 생각했다. "프로방스와 음유시인들을 꿈꾸게 하는" 성인들의 이름이 그랬고, 그의 근대적 감각을 뒤흔드는 봉건적 형태의 토지 소유가 그랬다. 더군다나 캐나다의 투표 인구 비율은 미국보다 높다는 것 아닌가.[56] 그날 밤은 한 농가에 여장을 풀었다. 두 사람은 자신들이 살해하고 있는 프랑스어로, 넓은 부엌을 내준 쾌활한 가족과 이야기를 나누면서 몸을 녹였다. 주인 가족은 기름 낀 식탁보를 걷어 낸 뒤 식탁 위에 자두, **세넬**(산사나무 열매), 윤이 나는 단단한 사과 등 그 지역에서 나는 식물과 작물로 저녁을 차려 주었고, 그 지역의 지리와 프랑스어 단어를 분필로 그려 가며 설명해 주었다. 소로는 처음부터 끝까지 모든 내용을 기록했다. 퀘벡에 돌아와서도 다른 폭포가 또 보고 싶었던 두 사

• 오른쪽 어깨에서 왼쪽 겨드랑이로 걸쳐 매거나 허리에 둘러매는 띠.

람은 이륜마차 한 대를 빌려 남동쪽으로 9마일 떨어진 소디에르Chaudière 폭포를 찾아갔다. 그때쯤 소로는 슬슬 폭포에 질렸지만, 폭포에 걸린 무지개에 넋이 빼앗겨 두 사람은 여객선을 놓치고 민박집에서 밤을 보내야 했다. 자상한 민박집 여주인이 소로의 밀짚모자에 따뜻한 모직 안감을 대 주었다.[57]

10월 1일 두 사람은 퀘벡으로 돌아왔지만, 소로가 감기에 걸리는 바람에 일정을 단축하고 몬트리올로 가는 배편을 예약했다. 배를 기다리는 동안 어퍼타운을 산책하며 울프와 몽칼름 장군 기념관을 방문하고, 미국의 침입에 대비해 캐나다인들이 배치한 32파운드짜리 대포 24문을 하나하나 세어 보았다. 큰 감흥을 받은 소로는 비밀 정찰 임무라도 수행하는 사람처럼 관문과 대포의 위치를 지도에 표시했다. 다시 도시로 내려와 시장을 방문한 소로는 케이크와 과일을 구입하고 지역 특산품을 찾아다녔다. 애석하게도 캐나다산 굽은목호박의 씨앗조차 보스턴에서 수입한 것이었다. 증기선이 닻을 올리기까지 한두 시간쯤 더 기다려야 하는 상황에서 소로는 식당으로 달려가 마호가니 탁자 앞에 서서 벽에 붙어 있는 커다란 캐나다 지도를 노트에 옮겨 그렸다. 그날 밤 소로는 증기선 선실에서 감기를 다스렸다.

몬트리올로 돌아온 소로는 도시 이름의 어원인 몽 루아얄Mount Royal에 오를 수 있을 만큼 건강을 회복해, 영국인이 플리머스 바위Plymouth Rock에 상륙한 것보다 100년이 앞선 1535년에 이 산 정상을 밟은 자크 카르티에의 발자취를 따라 산을 올랐다. 카르티에는 그곳에서 "신세계 내륙에 있는 인디언 마을"을 내려다봤지만, 소로는 "백인들의 화려하고 활기찬 석조 도시"와 바구니를 팔고 있는 "누추한" 인디언 몇 명만 볼 수 있었다.[58] 그날 오후 두 사람은 떠들썩한 미국인 동포들을 만났다. 두 사람은 철도와 증기선을 타고 왔던 길을 되짚어 하룻밤 하룻낮 동안 여행한 끝에 10월 3일 저녁에 콩코드에 도착했다. 여행을 떠난 지 정확히 일주일 하고 이틀이 된 날이었다. 두 사람은 1,100마일을 여행했고, 소로의 경우 여행 경비로 두 권의 안내서와 지도를 구입하는 데 든 1.12달러를 포함해 총 12.75달러를 지출했다.

소로가 캐나다를 봤다고 할 수 있을까? 그렇게 말하긴 어려웠고, 본인도 그걸 알고 있었다. 하지만 뭔가 깨달은 게 있었다. "내가 본 캐나다는 그저 철도가 끝나는 곳이나 범죄자가 도망치는 곳은 아니었다." 소로는 더 많은 걸 보고 싶었고, "캐나다에 있는 야생의 땅을 두 발로 더 오래 여행"하기를 바랐다. 결국에는 여행기, "캐나다의 미국인"A Yankee in Canada의 계약을 파기하고 출판을 뒤로 미뤘다.[59] 여행기를 쓰는 동안 소로는 단순한 견문록을 쓰기보다는 더 넓고 깊은 무언가를 그려 보기 시작했다. 새로운 자료를 폭넓게 조사해 가면서 더 전면적이고 더 국제적이고 더 **길게 지속되는** 역사, 다시 말해 뉴잉글랜드를 더 긴 시간과 더 넓은 지구적 공간으로 확대해서 보여 주는 "7마일 파노라마"를 소묘하기 시작했다. 캐나다는 그에게 풀어야 할 수수께끼를 던져 주었다. 친숙한 뉴잉글랜드와 낯선 뉴프랑스의 차이는 어디서 오는 것일까? 왜 프랑스인은 탐험가가 되고 영국인은 정착민이 되었을까? 왜 프랑스인은 인디언들 속으로 들어가 그들과 닮아 갔는데, 영국인과 미국인은 자신을 인디언과 분리시키고 인디언을 파멸시켰을까? 강과 산은 영국인, 프랑스인, 인디언의 생활 방식을 어떻게 빚었고, 또 그 민족들은 그들이 살아가는 땅을 어떻게 빚었을까? 소로는 메모와 관찰의 과정에서 신세계를 탐험하고 그곳에 정착하고 그곳을 산업화한 위대한 시대가 있었기에 신세계가 근대적 세계로 전환한 것이라고 확신하게 되었다. 그는 자신이 이 세계의 바깥에 서서 세계에 저항하도록 태어난 것처럼 보일지라도 결국에는 자신도 이 세계의 자식임을 알게 되었다. 그가 자신의 주변에서 일어나는 변화의 원인을 이해할 수 있었던 것은 그의 지식, 에너지 그리고 뛰어난 언어적 재능 때문인지도 몰랐다.

소로의 크고 통합된 상상력은 그가 "우주의 틀"이라 부른 더 큰 진실을 가리켰다. 수십 권의 자료 조사 노트와 수십 권의 꼼꼼한 일기, 지도 및 측랑도, 수천 쪽에 이르는 자연사 연구 관련 주석과 미발표 원고를 조사해 보면 그의 상상력이 얼마나 넓은지 가늠할 수 있다. 하지만 소로의 생각 전체를 보려면 그가 주석을 단 책 수백 권, 그가 모아 정리해 둔 데이터, 도표, 그래프 수백 종을 검토해야 한다. 이는 놀랄 만큼 야심 찬 비전이고 거의 불가능한 계획이다. 하지만 소로는 엄청난 에너지로 그 일을 해냈다. 이와 관련된 거의 모든 활동이 1850년부터 시작되었다. 이 광대한 전선에서, 특히 몇 가지 특별한 매듭이 일련의 책과 프로젝트로 구체화되었다. 『케이프 코드』와 『메인 숲』은 각각 야생의 궁극적 중심인 바다와 산 그리고 그 둘을 잇는 강을 탐구한다. 세 번째 매듭은, 사회적·경제적 삶에 초점을 맞춘 유럽식 서사를 버리고 토속적 서사를 보여 주려 한 "인디언 책"에서 그 형태를 갖췄다. 그리고 이 셋을 모두 연결하는 것이 자연사였다. 자연사는 그가 그려 낸 사회적·역사적 변화를 하나로 엮어 주는 환경 중심의 인식 틀이었다. 『일주일』에서도 콩코드강과 메리맥강이 자연을 중심으로 모든 자료를 통합할 수 있는 기준, 연구와 사유로 얻은 보석들을 하나로 꿸 수 있는 실이 되어 주었다. 소로가 서부로 여행을 떠나 "캐나다의 야생"을 답사할 수 있을 만큼 오래 살았더라면 이 짧은 캐나다 여행이 그의 더 큰 비전에 어떻게 부합하는지, 나아가 그 비전을 어떻게 예견하게 하는지 알아보기가 좀 더 쉬웠을 것이다.[60]

그릴리는 사람들에게 신선함을 줄 수 있을 때 얼른 캐나다 여행기를 발표하라고 충고했다. 하지만 그릴리가 못마땅해하는데도 소로는 야심 찬 연구 프로그램에 뛰어들었다. 그는 또다시 도서관 열람권을 얻어 산더미 같은 역사서를 검토해, 수백 장에 이르는 그 자료를 새로 마련한 "캐나다" 노트에 옮겨 적었다. 한술 더 떠, 캐나다 여행을 바탕으로 1850~1851년 시즌 강연을 준비해야 할 때 〈케이프 코드〉 수정 작업을 시작했다. 1851~1852년 시즌이 마침내 다가와 완전히 새로운 강연을 준비해야 할 때가 되어서야 소로는 캐나다에서 얻은 소재를 다시 꺼내 1851년 12월 30일 링컨 라이시움에서 〈캐나다 여행〉Excursion to Canada을 처음 공개했다. 여행에서 돌아온 지 1년은 족히 지난 시점이었다. 콩코드에서는 이 강연을 1852년 1월 7일과 3월 17일, 두 차례에 나눠서 했다. 그때쯤 소로는 〈캐나다 여행〉이 실패작인 데다 돈벌이 수단에 불과하다는 것을 알고 있었다. 그는 청중에게 너무 많은 기대는 하지 말라고 경고했다. 그의 캐나다 "방문"은 "벽을 향해 발사한 탄환이 벽에 잠시 머문 뒤 순식간에 납작해져서 튕겨 나오는" 과정과 같았다는 것이다. 일정상 서둘러 여행할 수밖에 없었기 때문에 청중에게 들려줄 이야기가 많지 않았다. "캐나다에 가서 얻은 것은 감기뿐입니다."[61]

모든 걸 뒤로 미뤄 둘 수도 있었다. 하지만 이번에도 돈이 절실했던 소로는 강연 원고를 그릴리에게 보냈다. "처치 곤란"이라고 그릴리는 불평했다. 너무 길고 시대에 뒤졌다. 그때쯤엔 이미 많은 사람이 캐나다를 여행했고 그 내용을 다룬 책도 많았다. 잇따라 퇴짜를 맞은 뒤 그릴리는 새로 창간하는《퍼트넘 먼슬리》*Putnam's Monthly*에서 지면을 구했다. 잡지의 주필 조지 커티스는 소로가 월든 집을 지을 때 도와준 사람이었다. 커티스는 소로가 쓴 강연 원고 〈캐나다 여행〉의 "처치 곤란한" 서사를 다섯 부분으로 조각내 1853년 1월 창간호부터 연재했다. 즉시 갈등의 불꽃이 튀었다. 커티스는 소로의 오랜 친구지만, 이단적인 내용이 포함된 글을 출판하지 않을 정도의 조심성은 있는 사람이었다. 커티스는 몬트리올의 노트르담 대성당에 관한 대목에서 사람들의 심기를 크게 거스를 수 있는 아이러니한 문장들을 삭제해 버렸다. "확신할 순 없지만, 이 가톨릭교는 사제만 빼 버린다면 꽤 훌륭한 종교일 것이다. 내가 사는 도시에 이런 장소가 있다면 월요일에 이따금 혼자 교회를 찾아도 좋을 듯하다." 글의 일부가 삭제된 것을 발견한 소로는 거의 친구 관계를 끊을 만큼 분노했다. 당황한 그릴리는 소로에게 진정하라고 애걸했다.《퍼트넘 먼슬리》는 필자의 이름을 넣지 않기 때문에 "(당신이 믿고 있는 도전적인 범신론처럼) 아주 심한 이단적 주장은 삭제할 수밖에 없는데, 그걸 왜 이해하지 못하는가?" 아니, 소로는 이해하지 못했다. 갈등은 계속됐고, 《퍼트넘 먼슬리》는 세 번째 글을 실은 뒤 연재를 중단했다. 소로는 블레이크에게 이렇게 토로했다. "편집자 커티스는 나와 상의도 하지 않고 이단적인 내용을 삭제할 자유를 요구하고 있다네. 캘리포니아를 준다 해도 그런 특권을 얻진 못하지."[62]

중단된 연재물에 다른 출판사가 손을 댈 리는 없었다. 「캐나다 여행」은 실패작이 되었다. 또한 이번 일이 반항적인 소로가 대중의 분노를 우려하는 편집자와 펜을 겨루는 마지막 사례일 리도 없었다. 〈케이프 코드〉와 〈체선쿡〉도 같은 운명을 만나 비슷한 결과를 맞을 터였다. 소로가 자신의 생각을 더 분명하게 깨닫고 더 크게 말하려 할수록 당대의 사회도덕을 지키는 사람들은 더욱 분노해 그의 혀를 자르려 했다. 돈벌이 수단에 불과한 「캐나다의 미국인」(나중에 다시 붙여진 이름이다) 같은 글조차 사람들의 적개심을 불러일으켰다. 하지만 소로의 반항적 정신 안에서 일요일에만 문을 여는 우주는 이미 폭발을 일으킨 상태였다. 그래서 신이 어디엔가 있다면 곧 모든 곳에 있으며, 따라서 콩코드의 집에, 자신의 발밑에도 있었다. 이를 범신론이라 부르든 이단이라 부르든, 다음과 같은 질문은 사라지지 않았다. 모든 사람이 보고 있는 메인 거리에서 어떻게 이 진리에 따라 **살고**, 어떻게 이 진리를 쓸 것인가. 또한 진리에 따라 살고 진리를 쓸 때, 어떻게 그 진리를 다른 사람 앞에 내놓을 것인가.

소로가 캐나다에서 돌아온 직후 한 일은 계산이나 논리로는 설명되지 않는다. 귀국한 이후 3주 동안은 그 전 10년과 똑같이 일기를 작업의 자료로 활용했다. 하지만 1850년 11월 8일 소로는 낮에 산책하면서 보고 생각한 것들을 모두 기록하며 긴 일기를 써 내려갔다. 해마다 이 무렵이 되면 모든 것이 마치 겨울이 오기를 기다리는 듯 고요하게 숨죽이고 있어 놀랍다는 내용으로 그날의 일기를 시작했다. 다음 날에도 똑같이 했다. 이번에는 마치 주변을 둘러보는 일이 과거의 시간을 돌이켜 보는 일과 같다는 듯 여러 층의 기억을 뚫고 풍경을 바라보는 데 집중했다. 다시 이틀 뒤—그 모든 것을 적는 데 하루가 더 필요했을 것이다—세 번째 일기를 적었다. "나는 스트로브잣나무 뿌리로 만든 울타리에 매료되었다"로 글을 시작해, "나는 풀을 잡아 뽑았다", "나는 들었다", "어제 나는 보았다", "나는 알아챘다" 등등 마치 걸으면서 글을 쓰듯 의식의 흐름에 따라 지면을 채워 나갔다.[63] 14일, 15일, 16일도 마찬가지였다—그는 아주 작은 시냇물에서 어떻게 오리노코강이나 미시시피강을 볼 수 있는지, 어떻게 하면 그처럼 기묘하고 새로운 관점으로 경험한 것에 대하여 글로 표현할 수 있는지를 방대하게 써 내려갔다. 이 새로운 실험을 통해 소로는 글 쓰는 행위 자체를 페이지 위에서 볼 수 있게 했다—마치 내가 이 글을 타이핑하고 있는 지금 이 순간 열린 창문을 통해 5월 오후의 온기가 어떻게 스며들어 오고 있다고 독자에게 말하는 것과도 같다. 잠시 중단되어도 괜찮았다. "지금 막 누가 문을 닫으면서 고양이 꼬리를 찧었다. 고양이는 큰 소리로 울부짖어catewaul〔원문대로〕 내 머릿속에서 두 세계를 몰아냈다."[64] 하지만 곧 소로는 "두 세계"를 되불러 와서 계속 종이를 채워 갔다. 다음 날에도 그렇게 했고 이틀 뒤, 사흘 뒤에도 그렇게 했다.

이 방법은 소로의 생각을 크게 흔들어 놓았다. 이때부터 그 방법을 절대 멈추지 않았다. 죽음을 앞두고 건강이 쇠약해져 펜을 들 수 없는 상황이 될 때까지 그는 마지막 일기를 공들여 작성했다. 1850년 11월 7일까지 그는 날짜를 부차적인 것으로 여겼다. 반면 1850년 11월 8일부터는 요일과 날짜를 예술의 핵심으로 삼았다. 날짜, 그리고 그가 그날 하루 동안에만 쓸 수 있는 삶은 이제 더 큰 탐색에 부차적으로 존재하는 요소가 아닌, 그 자체가 탐색이 되었다. 그때부터 삶이 끝날 때까지 거의 예외 없이 소로는 그날 자신의 생각을 사로잡은 것을 탐구하며 하루의 일기를 작성했다. 이전까지 그는 일기 전체를 가위로 잘라 내거나 종잇조각 몇 개와 책끈만 남겨 두곤 했지만, 이후로는 잘라 내는 양을 최소화했고, 얼마 후부터는 단 한 장도 잘라 내지 않고 일기를 한 권 한 권 온전하게 보존했다. 간단히 말해 소로는 아무 언급도 하지 않은 채, 자신의 일기를 다른 어딘가에 있는 "진짜" 예술의 수단으로 삼기를 중단하고, 예술이 요구하는 진정성을 다해 일기 **자체**를 예술로 대했다.[65] 어쩌면 그것은 **과학**이 요구하는 진정성일지도 몰랐다. 새로운 접근법을 도입하면서 그때부터 그의 일기는 규칙성과 완전성을 추구하는 일종의 과학 노트 또는 연구 기록 같은 무언가가 되었다.

글쓰기의 방향을 재조정하려면 일상생활의 패턴을 바꿀 필요가 있었다. 소로의 새로운 방침은 일관성이 핵심이었기 때문에 상당한 수준의 집중과 규율이 필요했다. 매일 외출을 하고 매일 언어를 다듬어 새로운 것을 찾고 연구해야 했다. 초기에 그의 전기를 쓴 작가에 따르면, 그는 "마치 콩코드의 농장을 측량하며 각도와 거리를 기록하듯 신중하게, 습관적으로" 글을 썼다.[66] 산책할 때 소로는 연필과 종이를 갖고 나가 현장에서 간단한 이름이나 문장을 적어 두고 다음 날 아침에 길고 시적인 일기를 썼으며—가끔 일기가 밀리거나 하면 한 번에 2~3일치를 쓰기도 했다—오후가 되면 다시 서너 시간 동안 산책하는 방식을 채택했다. 실험이 어느덧 습관이 된 1851년 10월에 소로는 이렇게 썼다. "오전에는 대개 창문 너머로만 자연을 본다. 오후에는 골짜기에 앉아 조사를 하거나 휴식을 취한다." 때로는 조금 변화를 줘서, 아침에 산책을 하고 오후에 글을 썼다. 가끔은 동트기 전에 산책을 하거나 자정이 훌쩍 넘을 때까지 밖에 있으면서 감각을 새롭게 했다. 어쨌든 매일 밖으로 나가 사실을 붙잡기 위해 쳐놓은 덫을 확인해야 한다고 그는 채닝에게 말했다. 에머슨이 말했듯, "그가 산책하는 시간의 길이가 글의 길이와 일치했다".[67]

소로는 주로 혼자 산책했지만, 때로는 채닝이 함께했다. 가끔은 짜증이 났다. "함께 산책을 할 때면 C는 종종 노트를 들고 와서 내가 하는 것처럼 글을 쓰려고 한다. 하지만 모두 허사다. 그는 금세 관두고 만다. 아니면 풍경을 적당히 소묘하는 데 그치거나. C는 내가 뭔가 끼적이는 모습을 오랫동안 바라보다가, **자신**은 관념에 머무를 테니—참으로 관념적인 말 아닌가—, 사실들은 내게 맡겨 두겠다고 말한다." 채닝의 핀잔에 소로는 자신이 그 많은 "사실들"을 가지고 무엇을 하고 싶은지를 자세히 적어 보았다. 소로는 사실들을 단순한 데이터가 아니라, "내가 쓰고 있는 신화의 재료", 더 폭넓게는 "마음이 인지한 사실들"로 다루었다. "나는 몸이 사실들을 가지고 사유한 생각을 다룬다." 소로의 산책은 몸의 수양일 뿐 아니라 정신의 수양이기도 한 일종의 명상이 되었다. 그는 정신은 다른 곳에 있고 몸으로만 숲속을 걷는 것, 즉 다른 일에 의식을 빼앗겨 말 그대로 눈이 멀게 되는 것을 경계했다. "다른 일에 의식을 빼앗겼을 때 나는 내 몸 바깥에 있다. 내 감각과 떨어져 있다. 산책을 하는 동안에는 새나 동물처럼 내 감각으로 돌아와야 한다. 내가 숲 바깥에 있는 다른 것을 생각한다면 숲에 있는 것이 다 무슨 소용이란 말인가." 동물의 의식은 그에게 하나의 전범이 되었다. 그는 여우처럼, 의식과 감각을 완전히 열어 둔 채 걷고자 애썼다. 사향쥐에 관해 말한 것처럼 말이다. "내가 녀석을 보는 동안 나는 녀석이 나를 어떻게 생각할지를 생각한다. 녀석은 다른 종류의 인간일 뿐이다."[68]

11월 26일, 소로는 일찍 내린 눈을 녹이고 있는 이슬비와 연무를 헤치고 나아가, 강변에서 천막을 치고 야영하는 페놉스코트 인디언과 한자리에 앉았다. 몇 주 전 세인트로렌스 강둑의 농장에서 프랑스령 캐나다인 가족과 함께했던 그날처럼, 이제는 콩코드 강둑에 있는 인디언의 집에서 그들과 한자리에 앉아 질문을 하고 그들의 답을 기록했다. 어떻게 살아갑니까? 그가 물었다. 어떻게 사냥하고, 요리하고, 카누를 만들고, 물을 끓이고, 자녀를 재웁니까? 그들이 답하면, 소로는 그들의 단어로 답을 받아 적었다. "키-농-군Kee-nong-gun은 젖먹이 요람", "제보건Jeborgon? 제봉건Jebongon?"은 썰매—여기에서 영어 단어 **터보건**toboggan*이 나왔다. 그리고 소로는 처음으로 그들이 보여 주는 물건을 일기장에 그렸다. "연필이 최고의 눈"이라고 루이스 아가시가 말했다. 아가시는 그 인기 많은 강연들을 하는 동안 칠판에 그림을 그리곤 했다. 소로가 옮겨 적고 있던 인디언 관련 서적들에도 그림이 가득했는데, 그도 이미 그런 그림을 노트에 베껴 그리고 있었다. 지금 페놉스코트족과 함께 앉아, 천막이 11월의 이슬비를 막아 주는 동안 그는 그저 눈으로만 보지 않고 귀와 손으로도 주위를 보고 있었다.[69]

노트에 옮기지 못한 것은 주머니에 넣어 오곤 했다. 그렇게 해서 옐로 하우스의 다락은 노트, 일기장, 책, 지도, 도표, 일람표, 자연사 표본, 골동품으로 들어차 소로의 확장된 정신적 세계를 보존하는 장소이자 물질적 기억 그 자체가 되었다. 마을 사람들도 이런저런 것을 가져오기 시작했다. 1849년 12월에는 한 이웃이 커다란 매가 자신의 암탉을 죽이자 부아가 치밀어서는 날고 있던 매를 사냥한 뒤 그 사체를 숲에 버려 썩게 하는 대신 소로에게 가져왔다. 소로의 대응도 놀라웠다. 그는 사체를 보스턴자연사학회BSNH: Boston Society of Natural History로 가져가, (제임스 엘리엇 캐벗의 형이자) 조류 학예사인 새뮤얼 캐벗에게 보여 주었다. 확실히 놀랍다면서 캐벗도 동의했다—소로가 가져온 것은 아름답고 희귀한 미국 참매였다. 소로의 기증으로 캐벗은 논란을 잠재울 수 있었다. 오듀본이 과거에 주장했듯이 유럽 참매와 같은 종이 아니라, 미국에 고유한 새로운 종이었던 것이다. 캐벗은 이제는 공식적으로 과학 표본이 된 새의 가죽을 벗기고 해부하여 치수를 잰 뒤 사체를 알코올에 담가 보존하고 가죽에 속을 채워 박제를 만들었다. 이 일로 에머슨은 소로가 마을에 진정한 봉사를 하고 있다고 여겼다. 확실히 모든 마을에는 의사나 변호사와 마찬가지로 현미경과 망원경을 지원받고 그 대가로 여러 가지 질문—"이 새는 뭐죠? 이 개구리는 뭐죠? 이 애벌레는 뭐죠?"—에 답해 줄 소로 같은 유능한 박물학자가 필요하다. 삼림 경비원이

• 바닥이 평평한 썰매의 일종.

필요하듯이.[70]

소로 또한 유용한 가르침을 얻었다. 그는 참매를 캐벗에게 가져다준 뒤, "과학은 무한에 유한한 규칙을 적용한다. 또한 무게를 달고, 치수를 재고, 멀리 옮길 수도 있는 것"이라고 일기에 적었다. "과학의 태양은 더는 우리를 눈멀게 하지 않고 우주를 빛으로 가득 채운다." 두 번째 가르침은 이듬해에 찾아왔다. 캐벗은 BSNH가 참매를 기증한 공로를 인정해, 연회비 부담 없이 "**회원 등급에 따른 모든 명예, 특권 등**을 부여하며" 소로를 객원 회원으로 선출했다는 소식을 전하러 찾아왔다. 그 대신 소로는 "교류 혹은 적절한 다른 방식을 통해 학회의 이익을 증진"해야 했다.[71] 그때부터 소로의 보스턴 방문에는 최소 두 곳의 기착지가 포함됐다. 태디어스 해리스와 역사책을 늘어놓고 자연에 관해 대화하는 하버드 도서관이 한 곳, 그리고 보스턴의 과학 중심지로, 수집품을 살펴보며 연구를 하거나 시대를 선도하는 박물학자들과 자신이 발견한 내용에 관해 얘기를 나눌 수 있는 BSNH의 방들이 또 한 곳이었다.

소로의 이야기는 워싱턴 D.C.까지 전해졌고, 1853년 초 미국과학진흥협회AAAS: American Association for the Advancement of Science는 소로를 회원으로 선출했다. 위원회의 초청을 받아들인 소로는 그들이 보낸 설문지를 즉시 작성해 제출했다. 그는 자신의 주요 관심사를 "문명인과 조우하기 전 알곤킨 인디언이 따르던 예절과 관습"이라고 적었다. "내가 잘 아는 분야는 아니지만, 내 분야 중 협회가 이해할 수 있는 주제는 그것뿐"이라고 양쪽의 자격을 저울질했다. 사실 그는 혼잣말로, "나는 신비주의자—초월주의자—인 동시에 자연철학자"라고 당당하게 선언했다. 이렇게 복합적인 사람을 AAAS가 이해하리라고는 기대할 수 없었다. 그해 말, 그는 다시 한번 편지를 보내, 회의에 참여할 수 없으니 회원 자격을 갱신하지 말아 달라고 요청했다.[72] 소로에게 과학은 지역 수준에서—그가 시인 중의 과학자이자 과학자 중의 시인이라는 것, 미국에서 시와 과학을 둘이 아닌 하나로 만들 수 있는 유일한 사람이라는 것을 인정해 주는 가까운 친구들 사이에서—하는 것이 가장 적절했다.

"허클베리 채집꾼 대장"

소로는 이때 두 갈래 삶을 살고 있었다. 보이는 삶과 보이지 않는 삶. 눈에 보이는 소로는 마을의 할 일 많은 측량사로, 시골 박물학자로, 활동적인 강연자로, 출판 작가로 살았고 또 가업을 돕기도 했다. 올컷은 그가 "독립적인 사람 중에서도 독립적인 사람", "진정한 독립선언서의 유일한 서명자이자 그 자체로 혁명인 사람"이라고 단언했다.[73] 하지만 에머슨은 이제 넉넉히 중년에 들어선 이 친구가 이뤄 낸 것이 거의 없다는 것에 실망하고 있었다. 소로가 "도무지 한자리에 붙어 있지 않는다"라고 에머슨은 불평했다. "콩을 두드려 수확하는 일은 제국을 두드려 무너뜨리는 목적으로 하루 정도를 쓰는 건 괜찮지만 몇 년 동안 콩만 두드린다면 남는 건 콩밖에 없을 것이다."• "그에게 야심이 없는 것은 잘못이라고밖에 할 수 없다. 야심이 부족해서 미국 전체를 개조하는 대신 허클베리 채집꾼 대장이 되었다."[74] 에머슨은 자신의 노트에 이렇게 질책하는 말을 썼지만, 후에 헨리에게 바치는 추도문에서 이 질책은 찬탄으로 돌변한다. 그는 소로가 사망한 후에야 그의 일기를 읽고 소로의 야심이 숨 막힐 정도로 컸다는 것을 알았으며, 소로가 "참나무 같은 강인함"과 "현장 노동자"의 손으로 이룬 지적 위업이 에머슨 자신의 위업보다 크다는 점을 인정하지 않을 수 없었다. 마치 그 자신이 선보인 "최초의 격투와 뜀뛰기"를 여러 명의 젊은이가 이어받아 "범접할 수 없는 힘으

• 에머슨은 'pounding beans'와 'pounding empires'를 비교하고 있다. 에머슨은 소로가 초월주의자로서 개인의 성장을 위해서나 양분을 얻기 위해 월든의 콩밭에서 잠시 일하는 건 나쁘지 않지만, 초월주의자로서 해야 할 공공의 의무, 즉 억압적이고 "제국적인" 정치권력을 타도하는 일을 너무 게을리한다며 불평하고 있다.

로 도약하고, 오르고, 회전하는" 묘기로 체육관을 가득 채운 것 같았다.[75]

그 범접할 수 없는 힘을 기르는 일이 1851년 내내 소로의 최우선 과제였다. 출판된 그의 일기는 어지러울 만큼 빠르게 번득이고 팽창하고 춤추면서 그해에만 446쪽을 가득 채운다. 1850년 11월, 실험에 돌입한 지 정확히 2주가 된 시점에 소로는 신비주의적 환각이라 부를 수 있는 경험을 했다. 숲의 먼 자락에 떨어지고 있는 햇빛이 그에게 기묘한 영향을 미쳤다. "아주 먼 장소—하지만 실제이며 우리가 가 본 곳인데도 (…) 마치 꿈의 나라를 들여다보는 것 같았다—. 나의 미래로 가는 길목 가운데 하나처럼." 그때 갑자기 "흐릿한 번개" 같은 섬광이 "잔잔한 빛"으로 온 세상을 뒤덮었다. "진동하는 그 빛을 오래 바라보기가 힘들었다." 매 두 마리가 물 위에서 완벽히 동작을 멈춘 채 매끄럽게 비행하는 것은 볼 수 있지만, "이것들이 정말로 무엇인지는 알지 못한다. 그런 대상은 내가 **이해하기**를 멈출 때 보이기 시작한다". "하지만 그 이상은 나아갈 수 없다"라며 그는 좌절의 말을 덧붙였다.[76] 이 역설은 겨울과 봄이 다 가도록 쉬지 않고 끓어올랐다. "나아간다"라는 것은 안다는 것을 의미하지만, 동시에 지금 알고 있는 것을 버린다는 뜻이기도 하다. 오직 그럴 때만 우리는 소로가 다음과 같이 정의한 참된 지식에 도달할 수 있다. "우리가 그 전까지 지식이라 불러 왔던 그 모든 것의 불완전함이 한순간에 드러나는 새롭고 웅장한 충격. 우주의 위엄과 영광에 대한 무한한 감각. 태양의 빛으로 그 안개를 밝히는 일."[77]

진정한 지식으로 향하는 첫걸음은 배울 수 있는 모든 것을 배우는 단계였다. 1851년이 다 가도록 소로는 과학 저술, 특히 아사 그레이의 식물학, 과학자이자 탐험가인 훔볼트와 미쇼의 글, 찰스 다윈의 『비글호 항해기』*Voyage of the Beagle*를 열심히 읽었다. 과학자들의 눈을 통해 보니 그의 세계가 "요정의 나라"로 변했다. "산책을 나가면 5마일도 채 못 갈 것이다. 도중에 너무나 많은 사건과 현상을 마주치기 때문이다. 숲의 주민들에게 아직 물어보지 못한 질문이 얼마나 많은지!"[78] 눈이 지칠 때면 달빛에 의지해 촉각,

청각, 후각으로 방향으로 잡으며 걸었다. 어둠 속에서 작은 생물들에게 놀라고 또다시 놀라면서. 혹은 "푹 젖기 위해" 강에 몸을 담그고, 수초들 틈에서 모랫바닥에 몸을 누인 채 모든 생각을 물속으로 가라앉히고, 공기와 수초가 그에게 씨앗을 심어 언젠가 싹을 틔울 수 있게 했다.[79] 그 보석 안에 얼마나 많은 것이 들어 있는가! "어느덧 34년을 살았지만, 내 삶은 거의 확장되지 않았다"라고 소로는 소리쳤다. 한 번의 생애에 이루기에는 그 규모가 너무나 거대했다. 하지만 그래서 어떻다는 말인가? "나는 만족한다. (…) 언제 끝나든, 들리는 음악에 맞춰 걸어야 한다." 그의 궁극적인 질문은 이러했다. "우리가 아는 과학 지식을 모두 동원한다면 그 빛이 언제 어떻게 영혼에 들어오는지 말할 수 있을까?" 답을 찾고 싶은 마음은 굴뚝같았지만 소로가 품은 의문은 너무나 커서 조바심을 낸다고 해결될 일이 아니었다. 조급할수록 시적인 무아경에서 멀어졌다. "하지만 정밀하게 관찰하는 이 습관. 훔볼트, 다윈, 그 밖의 다른 과학자들. 이 과학이라는 것은 오랫동안 유지되어야 하는 일 아닌가? 그러니 경험의 뒤를 바짝 쫓지 말라. 경험을 기록하지 말고 인상을 받아들일 것. 시는 인상과 표현 사이에 휴지기를 필요로 한다. 씨앗이 자연스럽게 발아할 때까지 기다리는 시간."[80]

그해 소로의 유일한 여행은 국내 여행이었고, 일행도 없었다. 여행기를 쓰진 않았지만, 이례적으로 만족스러운 여행이었다. 7월 25일 금요일, 소로는 플리머스항으로 출발했다. 청교도들이 뉴잉글랜드에 상륙해 첫 번째 식민지를 세운 곳을 직접 보고 싶었다. 보스턴에서 여객선을 타고 헐Hull로 간 소로는 남쪽 해안을 따라 덕스버리로 이어진 길을 걸으면서 다윈의 눈으로 모든 것—날씨, 지역 관습, 건물, 식물군, 침식된 섬의 형태 등—을 관찰하고 기록했다. 코하셋에서 하루를 보내며 바다와 해안을 살펴보았지만, 당황스럽게도 2년 전 일어난 '세인트 존'호 사고의 흔적은 전혀 남아 있지 않았다. 소로는 조지프와 엘런 수얼 오스굿을 다시 방문했고, 어부들이 "잘 차려입고 소로의 가게를 찾아왔던" 것을 기억하는 스노 선장도 만나 보았다.[81]

일요일에 장 소로의 손자는 시추에이트로 가서 엘런 수얼의 아버지를 방문한 뒤—그 집에는 특별한 기억이 있었다—오후에 갑작스러운 뇌우를 피해 차양 밑으로 뛰어다니며 덕스버리에 도착했다. 전하는 얘기에 따르면, 육지 사람인 소로는 조수潮水의 무서움을 모른 채 3마일가량 뻗은 간석지를 걸어 클라크스 아일랜드Clark's Island까지 갈 수 있을 거라고 자신만만했다 한다. 다행히 플리머스의 변덕스러운 파도가 그를 휩쓸어 가려는 순간 곁을 지나던 어부가 물에서 건져 올려 섬 위에 내려 주었다는 것이다. 이 얘기는 출처가 의심스럽다. 소로가 직접 남긴 이야기는 더 시적이고 덜 당혹스럽다. 해가 질 때 고등어잡이 범선을 타고 출항했으며, 감사하게도 목적지에 안전하게 내렸다는 것이다.[82]

1620년, 12월의 혹독한 날씨에 청교도들은 처음으로 '메이플라워'Mayflower호의 닻을 내렸다. 바로 그곳에서 소로는 뱃사람, 농부, 시인, 철학자인 "엉클 네드"Uncle Ned 왓슨을 만났다. 클라크스 아일랜드에서 태어난 그는 1690년에 집안이 그 섬을 양도받은 뒤로 3대째 그곳을 소유하고 있었다.[83] 엉클 네드는 86에이커나 되는 섬에서 거의 떠나지 않았다. 그와 함께 나흘 동안 섬을 탐사하면서 소로는 방대한 양의 메모를 휘갈겨 썼다. 네드는 소로에게 생애 처음으로 바다 항해법을 가르쳐 줌으로써 하버드에서 소로를 가르쳤던 벤저민 퍼스를 한발 앞서게 됐다. 먼저 항구에서 남쪽으로 내려와 방향을 돌린 뒤 플리머스로 건너갔는데, 그 덕에 소로는 231년 전 최초의 이주자들처럼 플리머스 바위를 밟아 볼 수 있었다. 네드는 소로에게 배스 물고기 낚는 법을 가르쳐 준 뒤 그를 플리머스에 내려 주었다. 거기서부터 1~2마일가량을 걸어가자 네드의 조카 마스턴 왓슨이 아내 메리와 함께 사는 유명한 집, "힐사이드"Hillside가 나타났다. 마스턴과 메리는 18세기를 대표하는 거대한 과수원 및 수목원 중 하나인 구식민지묘목원Old Colony Nurseries을 함께 만든 파트너였다.

플리머스는 오래전부터 사실상 해안의 콩코드였다. 1834년 그곳에서 강연했던 에머슨은 품위 있는 리디아 잭슨에게 이끌려 다시 찾아왔다. 그리고 1835년 그녀와 결혼하면서 그녀의 이름을 (듣기 좋다는 이유로) "리디언"으로 바꿨다. 리디언의 자매 루시도 콩코드에 머무르지 않을 때는 플리머스에서 살았고, 남동생인 과학자 찰스 T. 잭슨도 그곳에 자리를 잡았다. 리디언의 어릴 적 친구이자 지금은 마스턴 왓슨의 아내인 메리 러셀도 그곳에 살고 있었다. 1835년 플리머스에서 에머슨의 강연을 들은 마스턴은 자신을 세계 최초의 진정한 초월주의자 중 한 사람으로 여기며 자랑스러워했다. 그는 헨리와 함께 해리스 교수의 하버드자연사클럽Harvard Natural History Club을 창립한 이후 박물학에 매진하고 있었다. 헨리가 처음 월든에서 한 일 중 하나는 마스턴이 성공적으로 운영하는 원예 시설에 콩코드의 토종 산딸기와 씨앗을 보낸 일이었다. 하지만 이 수많은 연결 고리에도 불구하고 소로가 그를 찾아온 것은 이번이 처음이었다. 그다음 10년 동안 소로는 자주 이곳을 방문해 가끔 강연을 하기도 하고, 컴퍼스를 들고 와서는 왓슨의 80에이커 사유지를 정식으로 측량하기도 했다. 처음 방문한 그날 오후 그들은 법원 기록실에서 초기 청교도의 기록을 찾아보았고 필그림 홀Pilgrim Hall에 있는 유물을 조사했다. 차를 마시는 동안 메리의 아버지는 어렸을 때 에버니저 콥을 봤다고 회고했는데, 그때 콥은 자신이 어렸을 때 뉴잉글랜드로 이주한 필그림이 낳은 첫 번째 아이 페레그린 화이트를 만났다고 기억했다. 소로에게 역사란 책 속에 죽어 있는 것이 아니라 사람과 장소 속에 살아 있는 무엇이었다. 그날 저녁 함께 차를 마신 사람들로부터 청교도 건국자들까지는 사람의 생애를 셋 합쳐 놓은 시간에 불과했다.[84]

콩코드로 돌아오는 길에 소로는 BSNH에 들려, 새로 선출된 회원으로서 새로 만난 동료들에게 해파리와 해무의 원인에 관한 정보를 전해 주었다. 이 시기, 소로의 여행 패턴은 이러했다. 머릿속에 목적을 새기고 손에 노트를 든 채 집중해서 강도 높게 현장을 조사했으며, 수납이 용이하도록 주머니를 달아 만든 방수 배낭에 필요할 때마다 볼 수 있는 여행안내서와 매사추세츠 지도—큰 지도를 네 부분으로 나누어 필요한 부분만 가져갈 수 있었다(그는 왜 여행자에게 훨씬 편리한 휴대용 지도를 아무도 만들지 않느냐고 불평했다)—그리고 야책野册*과 줄자를 넣어 등에 메고 다녔다.[85] 그때부터, 고향에서나 타지에서나 소로의 철학은 똑같았다. "먼저 고향에서 여행을 시작하라!" "토박이로서 모든 지식을 갖추고, 거기에 여행자로서 지식을 더한" 사람을 상상해 보라. "그런 사람은 이 세계에 분명 큰 도움이 될 것이다. 천재성을 가진 사람만이 자신의 나라, 자신의 마을을 여행할 줄 안다." 『월든』에 적혀 있는 다음의 말은 틀림없는 진실이었다. "나는 콩코드를 수없이 여행했다."[86]

1851년 10월 어느 깊은 밤, 소로는 더없이 기묘한 꿈을 꿨다. 그는 항해법을 배우면서 먼바다에 닻을 내리고 있었다. 그때 익사자의 코트에서 떨어진 단추가 보였다. 그는 자기도 모르는 시를 올컷에게 읊었다. 그리고 꿈에서 깨어났을 때 문득 자신의 몸이 하나의 악기라는 생각이 들었다. 몸은 "플루트에서 나오는 음악처럼 날숨으로 소리가 나는 멜로디의 기관이자 통로다. 나의 몸은 여전히 긴장한 채로 떨리면서 소리를 내고 있다. 나의 신경은 리라의 현이었다." 잠시 후 그는 "너무나 안타깝게도", 그의 몸이 "흙이 가득 담긴 통에 지나지 않았다"라고 회고했다. 하지만 그 음악이 다시 찾아오리라는 것을 알고 있었다.[87]

그로부터 6주가 지난 1851년 11월 30일 소로는 무언가를 보고 그게 무엇인지도 모른 채 "일시적 기쁨"을 느꼈다. 눈앞에 층층이 서 있는 스트로브잣나무들일 수도 있고, 뒤에 있는 나무에서 뛰노는 다람쥐일 수도 있었

* 식물을 채집할 때 쓰는 간단한 도구.

다. 바로 그때 소로는 자연을 향해, 자신에게 계시를 내려 달라고 청하고 있었을지도 모른다. 문득 소로는 자신이 월든 오두막 부지에 있다는 것을 깨달았다. "내 집은 어디에 있는가? 오래된 지하 저장고의 구멍이 지금은 농사짓는 밭 속에서 희미한 흔적으로 변했듯이 내가 살던 집도 희미해졌다. (…) 나는 오두막 옆에서 한때 푸른 가지를 뻗었던 참나무의 그루터기에 앉아 있었다. 이런 자연이 우리가 살아온 환경이다."[88] 2년 전 좌절과 패배감 속에서 멀리 치워 두었던 원고가 바로 **자연을** 이야기하는 책이었다. 마침내 소로는 자연 그 자체가 **될** 책, "글을 쓰는 옥수수이자 풀이자 대기"가 **될** 책을 쓸 준비가 되었다.

그는 계시를 받았다. 자신이 월든 집터의 참나무 그루터기에 앉아 있다는 사실을 깨닫고 얼마 지나지 않아 소로는 오래된 원고를 꺼내 먼지를 털어 내고 작업을 시작했다.

8장

자연의 아름다움, 인간의 천박함

1851-1854

나는 우리 호수를 향해 걷는다.
하지만 인간이 천박하다면 아름다운 자연이 무슨 의미가 있겠는가?

—

헨리 데이비드 소로, 〈매사추세츠의 노예제〉

도망노예법 발효 이후 노예제 폐지와 개혁

1854년 7월 4일, 당시 최대 규모로 노예제 반대 집회가 열렸다. 거기에 널리 알려진 월든 호수의 은둔자가 나와 조기가 드리워진 높은 연단에 올라섰다. 은둔의 철학자는 찌는 듯한 더위 속에서 청중 2,000여 명을 앞에 두고 흉중을 터놓았다. "나는 우리 호수를 향해 걷는다."—그즈음에는 다들 어느 호수를 가리키는지 알고 있었다—"하지만 인간이 천박하다면 아름다운 자연이 무슨 의미가 있겠는가?" 이 질문은 1850년에 도망노예법*이 통과돼 자신의 뒤뜰까지 노예제가 확산된 이후로 거의 4년 동안이나 소로를 괴롭혔다. 창작력이 샘솟고 인생의 역작이 완성되었음에도—그 주에 출판사는 『월든』을 제본하고 있었다—소로는 자신이 믿고 지지하는 모든 것이 무너지고 있다고 느꼈다. 그가 청중에게 말했다. "우리나라를 떠올리면 산책할 마음이 사라지고 맙니다. 머릿속이 온통 국가를 죽여야겠다는 생각뿐이라 나도 모르게 반역을 꿈꿉니다."[1]

9년 전 소로가 월든 호수로 이사한 것은 노예제에서 벗어나지 못하는 미국 전역에 자유를 선언한 것이나 마찬가지였다. 호숫가에 집을 짓기 몇 주 전 소로는 프레더릭 더글러스가 "자신의 이름을 말하고, 주인의 이름과 도망쳐 온 장소"를 밝히면서 탈주한 경험을 글로 쓴 것을 알게 되었다. "부

* 도망한 흑인 노예를 소유주에게 되돌려 주기 위해 1793년과 1850년 두 차례에 걸쳐 미국 의회가 통과시킨 법률.

디 그런 일*이 일어나지 않기를!" 하고 당시 사람들은 수군거렸다.[2] 더글러스를 옭아맨 사슬은 일반 대중을 콩코드 예배당에 묶어 둔 사슬과 어떻게 다른가? 『월든』은 그런 의문에서 시작한 글이었다. 월든은 그 질문을 피하는 장소가 아니라 정면으로 부딪치고자 한 장소였다. 월든을 떠날 때 소로는 훨씬 더 어려운 질문과 대면하고 있었다. 사슬과 족쇄에 얽매인 세계에서 신념에 따라 자유롭게 생활하면 다인가? 평화로운 시절에는 그래도 된다고 소로는 생각했다. 하지만 세상이 천박하고 혼탁한 듯 보일 때면 자신이 실제 상황을 제대로 파악한 것이 아니라 맹목적 태도만 고수하고 있다고 느꼈다. 그는 이렇게 썼다. "아름다움을 인식하는 것은 도덕 시험과 같다."[3] 정의와 아름다움이 질서 정연한 세계의 틀이라고 확신한 소로는 날마다 숲에 가고 책상 앞에 앉았다. 평화로울 때는 이것으로 충분했다. 하지만 주변에서 미국이 미국과 싸우고, 눈앞에서 미국이 자연과 싸우는 상황에서 소로는 어깨에 짐이 무거워지는 것을 느끼며 걱정했다. 이따금 어떤 사건, 어떤 "도덕상의 대지진"이 일어나 그의 신념이 무너지면 자신의 신념을 새로이 다지기 위해 발걸음마다 목적을 부여하고, 더 절박하게 글쓰기에 매달렸다. 그런 투쟁 속에서 『월든』이 탄생했다.

아이러니하게도 남북전쟁을 촉발한 1850년의 도망노예법은 평화 유지를 위한 타협의 일환이었다. 에머슨은 "멕시코가 우리에게 독이 될 것"이라 내다보았고, 그가 옳았다. 1848년 멕시코 전쟁에서 승리한 미국이 멕시코의 절반에 해당하는 북부를 합병하자, 새로 생긴 주들은 노예주와 자유주 중 어느 쪽이 될지를 두고 의견이 엇갈렸다. 그러다 1850년 합의안을 통해 타협에 이르렀다. 캘리포니아는 자유주로 인정받았고, 유타와 뉴멕시코 지역은 자유주 여부를 직접 결정하기로 했다. 또한 워싱턴은 노예 매매—노예제가 아니라—를 금지했다. 그 대신 남부 주는 끔찍이도 바라던 것을 손

* "신이여 이곳을 산산조각 내소서"라고 외친 윌리엄 로이드 개리슨의 역설을 가리킨다.

에 얻었다. 바로 도망노예법을 강화한 것이다. "귀중한 자산"이 남부의 수도를 빠져나와 북부 지역으로 도망가는 일이 빈번했던 터라 연방 공무원, 주 공무원, 일반 시민 모두가 도망노예를 되찾아 와야 한다는 새로운 법이 필요했던 것이다. 도망노예로 의심받는 사람이면 누구든 붙잡히고 투옥되고 재판에 회부되었다. 설령 노예 신분에서 풀려나 자유민이 된 사람이라 할지라도 스스로 증언할 권리는 없었다. 또한 미국 시민은 누구나 소유물이 될 사람을 체포하고 구속하고 되돌려 받는 데 도움을 주어야 했다. 이에 응하지 않으면 6개월간 수감되고 1,000달러의 벌금을 내야만 했다. 어떤 주든, 심지어 매사추세츠주에서도 흑인을 보호할 권리는 없었다. 노예제는 이제 남부만의 제도가 아니라 국가의 법이 되었고, 모든 시민이 그 법에 따라야 했다. 노예사냥꾼이 되기를 거부하면 그 즉시 범죄자가 되었다.

매사추세츠주 상원의원 대니얼 웹스터는 도망노예법을 지지하면서 이 법을 반드시 통과시키겠다고 밝혔다. 그러자 에머슨은 "웹스터가 노예제를 옹호하기로 했다"라고 야유하면서, 인간을 "화폐와 같은 종류"[4]로 취급하는 데 동조함으로써 도덕에 어긋나는 행동을 했다고 주장했다. 매사추세츠주 사람들은 대부분 에머슨과 의견이 같았고, 결국 웹스터는 불명예스럽게 자리에서 물러났다. 공석이 된 상원의원 자리는 소로의 친구 찰스 섬너가 차지했다. 그는 거침없는 노예제 폐지론자로, 1851년 공식 취임했다. 그럼에도 도망노예법은 웹스터가 먼저 힘을 실어 준 덕분에 1850년 9월 18일에 발효되었다. 3주가량 지났을 때 보스턴이 시험대에 올랐다. 조지아주의 노예사냥꾼 두 명이 윌리엄·엘런 크래프트를 잡으러 온 것이다. 2년 동안 크래프트 부부는 대중을 상대로 자신들이 위험하게 도주해 온 이야기를 설득력 있게 풀어놓곤 했다. 보스턴 자경단自警團이 활동에 박차를 가해 크래프트 부부를 이 집 저 집으로 도피시키며 조지아주 노예사냥꾼들이 포기하고 돌아갈 때까지 포위망을 무력화했다. 도망노예인 루이스 헤이든—소로의 월든 집 출입구에서 자신의 이야기를 들려준 적이 있는—은 보스턴에 있는 자신의 브라운스톤 집에 크래프트 부부를 숨겨 주었고, 발각될 것 같으면 아예 그 집을 폭파하겠다고 맹세했다. 크래프트 부부는 체포될 위험에서 벗어나자마자 영국으로 도망쳤다. 한편 노예제가 고개를 들면서 보스턴은 평온이 깨지고 말았다. 무슨 일이 있어도 그들의 자유를 지켜 주겠다고 다짐한 사람 수천 명이 한자리에 모여 집회를 열었다.[5]

몇 달 뒤 콩코드가 가장 먼저 시험대에 올랐다. 1851년 2월 15일 보스턴에서 식당 종업원으로 일하던 도망노예 샤드락 민킨스가 체포되었다. 그의 공판에 참석하기 위해 시위자 수백 명이 보스턴 법원으로 몰려들었고, 루이스 헤이든에게 감동한 사람들이 경비를 뚫고 연방 사법 제도의 울타리 밖으로 몰래 민킨스를 빼냈다. 그날 밤 헤이든은 민킨스를 짐마차에 밀어 넣고 폭풍우 속에서 흙탕길을 달려 콩코드로 갔고, 새벽 3시에 소로의 이웃 앤과 프랜시스 비글로가 사는 집의 현관문을 두드렸다. 방문객들이 불 앞에서 몸을 말리고 요기를 하는 동안 비글로 부부는 민킨스를 서쪽으로 30마일 떨어진 레민스터로 데려다주었다. 해가 떴을 때 간밤에 무슨 일이 일어났는지 듣게 된 소로는 일기장에 이렇게 휘갈겨 썼다. "영국 국왕 조지 4세로부터 벗어난 다음에도 노예라는 편견에 예속되는 것은 무슨 일일까? (…) 도덕적 자유를 쟁취하는 수단으로서 정치적 자유가 갖는 가치는 무엇일까?"[6] 민킨스는 곧 안전하게 캐나다에 도착했고, 여러 해 동안 콩코드의 모반인이라는 정체를 비밀로 간직했다. 헤이든은 체포된 뒤 공개적으로 반항한 죄로 재판에 회부되었지만, 보스턴 배심원단은 그에게 유죄 판결을 내리지 않았다. 헤이든은 계속해서 수많은 도망노예를 도왔고, 기록에 남아 있지는 않지만 더 많은 도망노예를 콩코드를 거쳐 다른 지역으로 보냈다.

도망노예 토머스 심스가 4월 4일에 붙잡혔는데 그때는 보스턴 당국도 만반의 준비를 했다. 심스는 법원에서 공개 심문을 받는 대신 창문에 쇠창살이 달린 3층 감방에 수감되었다. 자경단 단원들은 비밀리에 계획을 짰고, 그동안 수천 명의 지지자가 심스의 석방을 바라며 공공장소에 모였다. 이번

법정에서는 심스의 죄뿐 아니라 그를 구속한 법의 합헌성도 심리할 예정이었다. 그런데 보스턴 법원이 이 법을 지지했고, 곧이어 4월 12일 어두컴컴한 꼭두새벽에 밤새 불침번을 서고 있던 노예제 폐지론자 100여 명이 깜짝 놀라는 일이 벌어졌다. 경찰 400명이 군도로 무장한 채 "보스턴 감옥"에서 나오는 심스를 호송하면서 스테이트 거리를 따라 배가 정박 중인 곳까지 행진했다. 노예제가 있는 사바나로 떠나는 배였다. 저항하는 사람에게는 "칼을 겨누고 베어 죽여라" 하는 명령이 내려졌다. 콩코드 삼위일체신론교회의 새 목사 대니얼 포스터를 포함해 시위에 참여한 군중은 분노와 수치심으로 울부짖으며 경찰을 따라갔다. 배가 떠나자 목사는 슬퍼하는 군중을 기도와 노래로 이끌었고, 이를 본 소로는 깊은 존경심을 품었다. "부두에서 기도하는 사람이 콩코드의 대니얼 포스터임을 확인했을 때 적잖이 자부심을 느꼈다." 포스터는 콩코드에서 가장 급진적인 노예제 폐지론자를 포용하는 것까지 목사의 임무로 받아들였고, 공회당에서 노예제 폐지를 설파했으며, 콩코드의 교회들이 소로처럼 "이단자"라고 낙인찍고 거부하는 마을의 농부들과 노동자들—마을에서 "가장 선한 자들"—에게도 스스럼없이 다가갔다.[7]

하지만 소로는 초조해하며 반문했다. 콩코드의 **나머지** 사람들은 어디 있는가? 역사상 처음으로 보스턴은 흑인에게 족쇄를 채워 노예 신분으로 돌려보냈다. 4월 19일 콩코드에서 독립혁명의 도화선이 된 전투를 기념하는 동안 심스는 조지아주에 도착해 수감되었고, 곧이어 공개 태형을 당했다. 이 눈먼 도덕과 모순이 버거웠던 소로는 치밀어 오르는 화를 일기장에 쏟아 냈다. "자유를 쟁취하기 위해 싸웠던 **그** 300만 명이 마치 다른 300만 명을 노예로 부리기 위해 나선 것 같다." 누군가는 "이 법을 짓밟"아야 한다고 말했다. 법의 "본령"이 시궁창이니 그러지 못할 것도 없었다. 2년 전 소로는 "여러분의 삶을 마찰력으로 바꿔 노예제라는 이름의 저 기계를 멈추게 하라"라고 주장했다. 그런데 이제는 부당함이 다가 아니었다. 완전히 새로운 정부 기관이 출현해 인간을 갈아 "소시지"로 만들었다. 만행이 사회 풍조로 자리 잡았다. 소로는 여러 장을 할애하여 열변을 토했지만 대중 앞에서 발표하지는 않았다. 오히려 2주 뒤 공개적으로 발언한 사람은 에머슨이었다. "작년에 우리는 어쩔 수 없이 정치에 깊이 관여했다"라고 그가 한탄했다. 그런 불명예스러운 일 앞에서 "아름다운 풍경은 사라지고, 시시각각 빛나는 햇살은 차단되며", 해마다 4월 19일과 7월 4일에 되풀이되는 자유, 기독교, 신의 법에 관한 말들은 헛소리가 된다. 심지어 에머슨은 소로가 쓴 「시민 정부에 대한 저항」에서 한 페이지를 인용했다. "부도덕한 법이 있으면 인간은 위험을 감수하고서라도 그 법을 깨야 한다."[8]

소로는 콩코드의 연례행사가 끝나고 나흘 뒤인 4월 23일에 라이시움에서 연설할 예정이었다. 그는 여러 달에 걸쳐 구상한 새 연설문 〈산책, 혹은 야생〉에서 에머슨이 **더 높은 법칙**이라고 말한 법칙을 언급하는데, 이는 그와 모순되는 국가의 법을 모두 무효화하는 최고 수준의 도덕규범을 의미했다. 이 용어는 대니얼 웹스터가 1850년 합의안을 지지한다고 발언한 지 나흘 뒤 뉴욕 상원의원 윌리엄 수어드가 "더 높은 법칙이 헌법에 우선한다"라고 웹스터를 반박하면서 사람들에게 알려졌다. 1851년 에머슨은 도망노예법을 규탄하면서 더 높은 법칙을 언급했고, 이는 곧 초월주의자들의 표준이 되었다. 소로 사후 발표된 소로의 에세이 「산책」도 애초 이 도가니에서 잉태했다. 한 손으로는 자유의 종을 울리고, 다른 한 손으로는 노예에게 족쇄를 채우는 사회에 실망한 소로는 진정한 자유가 있는 장소 그리고 그곳으로 매일 우리를 데려다주는 생활 방식이 필요하다고 주장했던 것이다.[9]

소로는 현재의 불명예스러운 일을 언급하는 대신 "더 폭넓고 유구한 화합"에 대해 말하는 이유를 설명하기 위해 도입부를 다시 썼다. "오늘 밤 이 자리에 오르는 사람이면 누구나 도망노예법을 주제로 자기 의견을 피력했을 텐데, 제가 그러지 않는 것에 대해 먼저 여러분에게 유감을 표하고자 합니다. 대신 저는 지금 자연에 대해 말할 준비가 되어 있습니다. 시민이 누리는 자유, 시민이 향유하는 문화가 아니라 절대적 자유와 야생성이 있는 곳에 대해서 말입니다. 자연은 인간을 사회의 구성원으로 보지 않고 서식 동물로, 자연의 일부로 여깁니다." 〈산책〉은 소로의 가장 유명한 연설문이 되었고, 그가 눈을 감는 날까지 여러 번 청중에게 전달되었다. 그리고 시간이 흐르면서 그의 생활철학을 대표하는 최고의 선언서로 자리 잡았다. 마을과 정치에서 벗어나 "자연"으로 걸어 들어가는 것은 휴양이 아니라 "일종의 전진하기 위한 운동이며 (…) 이단자의 손으로 이 성지를 되찾는 일"이라고 소로는 주장했다. 더 높은 법칙은 죄를 판가름하는 상소 법원이 아니었고, 그보다는 자유가 예외적 상태가 아닌 땅, 누구에게나 머무를 집이 되어 주는 땅이었다.[10]

한동안 소로는 노예제에 반대하는 신조를 개인적으로, 그것도 비밀리에 실행에 옮겼다. 소로의 집안은 오랫동안 언더그라운드 레일로드의 믿음직한 정거장으로 쓰였지만, 새로운 연방 정권하에서는 그 어느 때보다도 위험부담이 컸다. 한번은 소로도 위험에 빠질 뻔했다. 1851년 10월 1일, "헨리 윌리엄스라는 이름을 쓰는 도망노예를 캐나다행 차량에 실었다". 윌리엄스는 버지니아주에서 달아나 보스턴에 몸을 숨기고 있었다. 보안관보에게 추적을 당하고 있음을 알게 된 윌리엄스는 소로 가족에게 편지를 부친 후 걸어서 콩코드로 도망쳤다. 그러는 동안 소로 가족은 윌리엄스가 캐나다로 갈 수 있도록 해주려고 자금을 모았다. 소로는 돈을 챙겨 들고 윌리엄스에게 버몬트주 벌링턴행 기차표를 사 주기 위해 역으로 갔지만, 거기서 보스턴 경찰로 보이는 수상한 사람을 발견하고는 얼른 자리를 피했다. 소로는 계획을 바꾸어, 윌리엄스를 아마도 웨스트 피치버그로 보냈을 것이다. 소로는 윌리엄스에게 도망노예들이 어두운 밤에는 어떻게 길을 찾는지 물었다. 그러자 윌리엄스는 북극성과 별을 보고 간다고 대답했다. 그 외에도 전신선을 따라간다고 말했다. 또한 "전신선 위에 덮인 잔디", 얼마 되지도 않는 그 푸른 대지가 행운을 가져다주리라 믿는다고.[11]

이 일에 연루된 뒤 소로는 일기장에 별다른 기록을 남기지 않았다. 1853년 말에 이런 말을 적어 둔 것이 다였다. "자유민인 흑인 여성이 밤까지 우리 집에 머무를 예정이다." 그녀는 자신의 남편을 사들이기 위한 돈을 벌러 캐나다로 가는 중이었다. 버지니아주 노예인 그녀의 남편은 600달러에 어떤 남자에게 팔렸는데 그 남자는 800달러 이상을 내놓지 않으면 그녀에게 남편을 되팔 생각이 없다고 했다.[12] 그런데 뜻밖에도 다른 인물이 기록을 남겨 놓았다. 1853년 7월 26일에 소로를 만나러 온 버지니아주의 노예제 폐지론자 몬큐어 콘웨이는 소로가 그날 아침 자기 집 문을 두드린 도망노예를 보살펴 주는 것을 보았다. "나는 소로가 그 흑인에게 다정하고 예의 바르게 대하는 것을 보았다. 이따금 소로는 떨고 있는 흑인에게 가까이 다가가 밝은 목소리로 집처럼 편히 지내라고 이르고는 다시는 해를 입을 일이 없으니 두려워하지 말라고 당부했다. 노예사냥이 성행하는 시대였음에도 소로는 온종일 도망노예를 지켰다."[13] 소로 가족의 위기 대처 방식에 대해 콘웨이가 남긴 기록을 보면 그들이 여러 번 도망노예를 숨겼다가 떠나보내 주었다는 것을 알 수 있지만 누구를 몇 명이나 보살폈는지는 써 놓지 않았다. 소로 가족에게 도움을 받았던 한 사람—전해 오는 말로는 헨리 윌리엄스였다—은 답례로 소로에게 스태퍼드셔* 도자기로 만든 톰 아저씨와 에바**의 조각상을 줬고, 이후 그 조각상은 벽난로 선반에 자랑스럽게 놓여 소로의 집이 노예제 폐지론자가 사는 안전한 집이라는 것을 증명해 주었다.[14]

하지만 소로는 **조직화된** 노예제 폐지론을 거부했다. 콘웨이에서 퀘이커교도 친구 윌리엄 헨리 파커가 찾아왔을 때만 해도 소로는 틀림없이 그를 반겼을 것이다. 파커는 메릴랜드주 노예제 폐지론자로 언더그라운드 레

* 영국 도자기 산업의 중심지다.

** 톰은 팔려가던 도중 같은 배의 승객 에바의 생명을 구하게 되고, 이것이 인연이 되어 에바의 아버지 오거스틴 생클레어에게 팔려가 한동안 행복하게 지낸다.

일로드 운행에 소로가 도움을 줄 수 있는지 알아보러 온 것으로 짐작된다.[15] 그런데 1853년 6월에 매사추세츠노예제폐지협회 회원 세 사람이 소로 가족을 갑자기 찾아왔을 때 소로는 그들이 "과한 애정을 보이며 계속 볼을 부비고, 연인처럼 꼭 껴안고, 소가 제 송아지를 핥듯 하는" 그 방식을 끔찍이 싫어했다. 소로가 입을 여는 순간 한 사람이 "불쾌할 정도로 지나치게 공감하면서, 헨리, 당신이 무슨 말을 할지 다 압니다. 완벽하게 이해하죠. 나에게 아무것도 설명할 필요가 없어요"라고 말했다. 그런 뒤 다른 사람들을 향해 "헨리의 마음속으로 곧장 뛰어들고 있으니까요"라고 덧붙였다. 그러자 헨리가 날카롭게 쏘아붙였다. "아무렴요, 머리가 바닥에 부딪히지는 않으시겠죠."[16]

노예제 폐지는 여성의 권리 옹호와 짝을 이루는 대의였다. 마거릿 풀러가 여러 해 전에 말했듯이 "여성 보호를 하자고 가장 뜨겁게 외친" 사람은 바로 "흑인 노예를 옹호한 사람들"이었다. 이는 얼마간 원칙 때문이기도 하지만, 실제로 노예제 폐지론을 풀뿌리 차원에서 이끌어 가는 지도자는 남성이 아니라 여성이었기 때문이다. 풀러의 글은 여권운동의 토대가 되었다. 그녀는 이렇게 주장했다. "우리는 모든 전제專制의 장벽을 무너뜨려야 한다. 남성에게 그러하듯 여성에게도 모든 길을 활짝 열어야 한다." 이어 냉소적 말투로, 남성은 여성해방을 돕기에는 지나치게 "타성에 젖어" 있다고 말했다.[17] 풀러의 친구 소로는 여권신장을 위해 싸우지는 않았지만, 여권운동의 토대가 된 풀러의 글에 대해서는 찬사를 보냈다. 그리고 그 무렵 루크리셔 모트가 "노예제와 여성의 지위 하락"을 주제로 연설하는 것을 듣기 위해 뉴욕에 있는 퀘이커 교회에 가기도 했다. 연설을 들은 소로가 헬렌에게 말했다. "좋은 연설이었어요. 가장 온화한 형태의 초월주의로군요." 그러면서 퀘

이커교도의 소박한 스타일도 마음에 든다고 덧붙였다.[18]

5년 후 모트는 1848년 세네카폴스대회Seneca Falls Convention를 조직하는 데 일조했다. 여성 인권을 지지하고자 미국에서 처음으로 개최한 행사였다. 1850년 엘리자베스 오크스 스미스는《뉴욕 트리뷴》에 여성의 권리를 주제로 10부 시리즈 기사를 연재했고, 여성 최초로 라이시움에서 강연을 했다. 1851년 콩코드에서 스미스가 연단에 올랐을 때 소로는 그 사건을 기록으로 남겼다. "이 연설의 가장 중요한 점은 여성이 말한다는 것이다." 당시에 여성이 대중 연설을 하는 것은 금기시되어 있었다. 스미스는 소로가 말을 건네던 순간을 오래도록 기억했다. "19세기의 아르카디아* 사람 같은 신사가 내게 정중히 손을 내밀고는 짐짓 강한 어조로 '당신이 연설을 했군요!' 하고 말했다." 그녀를 초대한 브론슨 올컷이 "당신이 신탁을 전했다는 뜻이오!"라고 해석해 주었다. 하지만 소로는 일기를 쓸 때는 신사답지 않았다. "그녀도 결국 상식에서 거의 벗어나지 않았다." 그녀를 위해 잠시 강연 원고를 보관했던 저고리 주머니에서 향수 냄새가 풍기는 것에 대해 소로는 불쾌감을 드러냈다. "여권을 옹호하는 사람이 아직도 신사의 호의를 바라다니."[19]

그러나 메리 무디 에머슨은 달랐다. 소로는 1851년 11월에 에머슨은 "내가 아는 가장 재치 있고 쾌활한 여성"이라고 썼다. 메리는 "전혀 경박하지 않으면서도" "좋은 대화"를 이끌어 내는 사람이었다. 소로는 강인하고 단단하고 지적인 사람을 누구보다 높이 평가했다. 메리 무디 에머슨은 소로와 어울리는 것을 좋아했고 소로도 그녀의 비범함에 감탄했다. 그녀는 여자들이 거의 예외 없이 경박하다고 말했고, 또한 자신은 주로 남자들과 교류하는데 그 이유가 남자들은 자기 의견이 확실하기 때문이라고 말해서 소로와 의견이 같음을 드러냈다. 메리는 젊은 여성에게 이렇게 말하기도 했다. "쉿, 조용히 하세요. 저 남성 분들이 이야기하는 걸 듣고 싶군요."[20] 요컨대 소로

* 그리스의 목가적 이상향.

는 장벽을 무너뜨리고 자기만의 길을 나아가는 여성, 그의 표현을 인용하자면, "가파른 오르막길"에서 만날 수 있는 풀러 같은 여성을 존경했다. 그런 여성은 성이란 유동적인 것이며, 여성도 남성다워질 수 있다고 믿었다.[21] 반면 "경박한" 여성은 그저 유행을 따르거나 인습을 받아들이는데, 그런 여성에 대해 소로는 즉시 혐오와 경멸을 드러냈다. 소로는 자신의 어머니와 누이처럼 리더 역할을 하는 여성, 즉 용감하고 명석하고 박식하고 거침없이 말하는 여성과 어울리는 것을 좋아했다.

고향에 은둔하다

이 시기 소로의 삶은 조용하고 꾸준해 보였다. 매일같이 외출했지만 보스턴보다 더 먼 곳으로 간 적은 거의 없었다. 하버드 도서관과 보스턴자연사학회에 들렀다가 롱워프로 가서 바다를 바라보는 것이 다였다. 그리고 이례적으로 1852년 5월부터 1854년 가을까지는 연설 일정도 없었다. 소로는 조용한 나날 속에서 가장 왕성하게 창작 활동을 해 나갔다. 1852년과 1853년만 하더라도 그의 일기는 무려 1,253쪽에 이르렀고, 의미심장하고 선동적인 글로 가득했다. "인디언 책"에는 500쪽이 넘는 기록을 남겼고, 『월든』 초고를 두 배가량 늘려 두 권 분량으로 만들었다. 이 정도로 글을 쓴 것을 보면 그의 외적 삶이 안정되고 절제됨에 따라 내면의 삶도 다채로워지고 창작력으로 넘쳐 났음을 알 수 있다. 실제로 소로는 칩거 생활을 하면서 자신만의 방식으로 인생을 살아갈 수 있는 안정성을 확보했다. 에머슨은 집안의 가장으로, 호손은 내정된 정치인으로, 채닝은 가끔씩 매력적으로 느껴지는 염세주의자로, 올컷은 고된 노동을 하는 애비게일과 딸아이에게 기대어 이상을 좇는 이상주의자로 살아가는 데 반해, 소로는 필요한 것들을 간소하게 갖추고 지출을 최소화해 자유를 누리고 있었다.

이 시기에 소로는 은둔자가 아니었지만, 에머슨은 소로를 은둔자로 여기거나 혹은 그보다 더 나쁜 상태로 접어들었다고 생각했다. 소로는 불평하며 말했다. "내게 에머슨은 너무 버겁다. 그는 귀족이고, 망토를 입고, 점잔을 뺀다." 에머슨의 칭찬조차 소로에게는 거들먹거리는 것처럼 들렸다. 불만이 극에 달한 시기는 1852년 봄이었다. "내가 벗을 그리워하며 한탄할 때 그 벗은 내가 혼자 산책한다며 나를 비난하고, 심지어 내 습관에 대해 악담을 했다." 에머슨은 소로가 자신의 생각을 공유하지 않고 일기장에만 적는 것이 이기적이라고 비난했다. 그의 말에 상처를 입은 소로는 에머슨의 "끔찍한" 저주가 실현되기를 빌었다. "에머슨이 욕하는 냉정하고 지적인 회의론자가 나라면, 부디 그의 저주가 실현되기를, 내 삶의 원천들이 시들고 말라붙기를, 그래서 내 일기가 더는 나에게 기쁨이나 활력을 주지 않기를."[22] 한편 에머슨도 나름대로 불만을 털어놓았다. 그가 보기에 소로는 끝도 없이 일기만 쓰고, 공연히 꾸물대면서 실질적 성과를 미루고 있었다. 에머슨은 한숨을 내쉬며 말했다. "이미 수백 번이나 같은 노래를 불렀건만, 소로는 어젯밤에야 비로소 '확장'에 대해 온전한 주장을 내놓았다. 새롭게 들렸다." 정말 새로웠을 것이다. 에머슨은 언제나 기꺼이 들어주었고, 심지어 반론도 제기했다. 친구의 역량을 최대한 끌어올리기 위해서는 약간씩 반대도 하고, "이겼다는 자신감을 슬쩍 심어 주고, 북소리로 신바람을 끌어낼" 필요가 있음을 알고 있어서였다.[23] 이 과정에서 두 사람은 서로 오해하며 티격태격하기도 하고, 사이가 멀어지기도 했다.

그 와중에도 에머슨은 견실하고 유능한 이의 손을 빌려야 할 때면 소로를 불렀다. 1853년 11월, 노모가 눈을 감았을 때 에머슨은 소로에게 장례 준비를 맡겼고, 유명한 강연자를 초빙하거나 수행해야 할 때는 순조로운 진행을 위해 소로의 "정중한 언행과 조언"에 의지했다. 그럼에도 두 사람 사이의 거리는 좁혀지지 않았다. 소로는 『월든』에 자신들의 우정에 대한 슬픈 비문碑文을 적어 넣었다. "마을에 있는 그의 집에서 함께 '많은 계절을 친밀하게' 보냈네. 오랫동안 기억될 그 시절. 이따금 그가 나를 찾아오곤 했지만 이제 더는 어울릴 길이 없네."[24] 누군가와 어울리고 싶어지면 소로와 에머슨 둘 다 엘러리 채닝을 찾았다. 채닝은 소로의 썰든 집을 흥겨운 웃음소리와 진지한 대화로 가득 채워 주었다.

채닝과 산책할 땐 흥이 넘쳐 났다. 채닝은 에머슨에게 이렇게 외친 적이 있었다. "'날이 정말 좋지 않습니까? 이곳에 불멸이란 건 없습니다!'" 이 말에 에머슨은 채닝에게 "산책학 교수"라는 별명을 붙여 주었다. 소로 역시 채닝이 진정한 산책을 함께할 수 있는 유일한 사람이라고 말했다. 채닝만이 현재의 순간을 누리고, "풍경과 사건과 지형에 따라 변할 줄 알았다."[25] 채닝이 쓴 시가 지나치게 이상적으로 변해 가는 동안—소로는 "고상하면서도 엉성한" 시라고 말했다—에머슨은 그가 소로를 따라 하기 시작했음을 알아챘다. 주머니에 넣을 수 있는 작은 노트를 가지고 다니면서 날마다 새로 난 식물의 이름이나 꽃이 핀 날짜를 기록한 것이다.[26] 1852년 1월경 채닝은 크고 까만 뉴펀들랜드 강아지를 데리고 나타나서는, "방 안의 분위기를 환기하고 지독한 외로움을 해소"해 줄 친구라고 소개했다. 얼마 안 가서 마을 사람들은 채닝을 졸졸 따라다니는 충직한 강아지를 "진짜 교수"라고 불렀는데, 둘 중에 강아지가 더 똑똑하다는 뜻이었다. 그 후 몇 년 동안 소로는 "그 훌륭한 강아지"가 보여 주는 익살스러운 행동을 기록으로 남겼다. 깨끗한 송어를 진흙투성이로 만들기도 하고, 물속에 서 있다가 마치 물결이 살아 있다는 듯이 달려들고, 이상하게 생긴 나무 그루터기를 향해 괜히 짖어 대고, 똑바로 서 있는 물체에다 오줌을 누었다. 강아지가 식물에 물과 비료를 주는 것을 보고 소로는 녀석이 자연의 경제에 틀림없이 기여한다 생각하고는 흐뭇한 미소를 지었다.[27]

채닝에게도 어두운 면이 있었다. 소로는 채닝을 가리켜 "내가 본 사람 중 가장 변덕이 심한 사람"이라면서, 온순함과 난폭함을 모두 가진 얼룩소 같다고 덧붙였다. 채닝이 거칠게 굴면 친구들도 움찔했다. 언젠가 소로에게 배를 빌린 두 소년이 배를 다시 갖다 놓으려고 조용히 채닝의 집 안마당을 가로질러가자, 채닝이 웃통을 벗은 채 성큼성큼 걸어 나와 "마치 두 소년을 내쫓듯이" 그들 뒤에서 문을 닫아 버렸다. 때로 그는 잔인하기까지 했다. 어느 날 저녁 소로는 채닝이 부지깽이를 들고 고양이를 마구 때리는 것을 보았다. 고양이가 너무 크게 운다는 이유였다.[28] 이런 이야기를 듣는 사람은 당연히 그의 가족을 걱정하게 되는데, 실제로 넷째 아이 지오반니(삼촌인 오솔리 후작의 이름을 땄다)가 태어나자마자 불행이 닥쳐왔다. 변덕이 심한 무직자 남편과 가난하게 사는 데 지친 엘런은 시매부인 토머스 웬트워스 히긴슨에게 도움을 요청했다. 1853년 11월 18일에 히긴슨이 도착했고 엘런과 아이들은 짐을 싸서 그를 따라 집을 떠난 뒤 영영 돌아오지 않았다. 비참해진 채닝은 집 밖으로는 나가지 않았다. 그런데도 소문은 삽시간에 콩코드에 퍼졌다. 충격을 받은 프로스트 부인이 열을 올리며 채닝의 이야기를 늘어놓은 덕분이었다. 바로 다음 날 밤에 소로와 채닝은 "응접실에서 기념식을 열었다". 이를 두고 사람들은 분명 몰인정하다고 판단했을 것이다. 적어도 소로는 그것을 난처하고 곤란한 상황으로 여겼다. 상점에서 일하는 호러스 호스머는 엘런을 흠모했던 터라 "그때 채닝을 흠씬 두들겨 팼어야 했다"라고 털어놓았다. 그 이후로 채닝은 다시 바르게 처신했고, 에머슨의 집에서도 계속 환영받았으며, 한 번 정도는 신시아 소로가 차린 저녁 식탁에 함께하기도 했다. 하지만 그의 변덕스러움은 여전했다. 소로는 『월든』에 이렇게 썼다. "그가 언제 오갈지를 어느 누가 예측할 수 있을까?"[29]

브론슨 올컷은 소로가 정기적으로 만나 어울리는 사람 중 하나였다. 소로는 지인 중에 올컷이 "가장 온건한 제정신을 가진 사람일 것"이라 말했다. 딱히 지지하는 교리도 없고 단체에 가입하지도 않았으며 세상일에 초연한 것처럼 말하는 철학자였기 때문이었다.[30] 그는 조용하고 무관심한 태도를 보였고 아내와 딸들이 끊임없이 일하면서 근검절약했지만, 현실은 녹록지 않았다. 1848년 11월에 올컷이 힐사이드에서 공들여 땅을 일구던 행복한 시기가 저물어 가는 때였다. 가진 돈이 바닥나면서 가족은 다시 위기에 처했다. 올컷은 힐사이드를 팔려고 내놓았고, 가족과 보스턴으로 거처를 옮겼다. 그곳에서 아내와 딸들이 일자리를 구하는 동안 올컷은 자신이 이끄는 "대화"에 돈을 지불할 용의가 있는 청중을 찾아다녔다.

너새니얼 호손이 다시 콩코드로 돌아와 터전을 잡고 글을 쓰고자 할 무렵에는 한때 위용을 자랑했던 힐사이드가 상당히 쇠락한 상태였다. 1845년 10월에 어쩔 수 없이 올드맨스를 비워야 했던 호손은 가족을 데리고 세일럼으로 이주했다. 그는 세일럼의 세관 검사관으로 일하며 정치적 지위를 획득하고 명망과 수익을 얻었지만, 정신적으로는 나날이 피폐해졌다. 1848년 소로는 세일럼에서 호손 가족을 만났다. 공교롭게도 그 직후 소로와 호손은 약속이나 한 듯 동시에 불운을 겪었다. 당시 소로는 『콩코드강과 메리맥강에서 보낸 일주일』의 실패로 큰 타격을 입었고, 호손은 요직에서 밀려나면서 위기에 빠졌다. 가난에 직면한 호손은 다시 펜을 잡고, 『주홍글씨』*The Scarlet Letter*, 『일곱 박공의 집』*The House of the Seven Gables*, 『블라이드데일 로맨스』*The Blithedale Romance*를 잇달아 완성했다. 베스트셀러가 된 작품은 없지만 모두 호평을 받았고 돈도 충분히 벌었다. 호손은 올컷의 쓰러져 가는 낡은 집을 사려고 살펴보았다. 1852년 2월에도 여전히 매물로 나와 있었고, 호손은 그 집을 살 만한 자금이 있었다. 1852년 6월 호손 가족은 득의양양하게 콩코드로 돌아와 새로 단장한 힐사이드에 입주하고 집의 명칭을 "웨이사이드"Wayside로 바꾸었다. 아직도 유명한 그 집의 이름은 그렇게 탄생했다.

이듬해에(호손 가족이 다시 영국으로 이사하기 전까지) 소로는 웨이사이드의 현관으로 이어지는 산책로를 자주 거닐었다. 호손의 아들 줄리언은 1852년의 어느 하루를 기억했다. 일곱 살이 채 되지 않았을 때였다. 소로가 어깨에 측량 장비를 메고 나타났다. 무슨 일인지 궁금했던 소년은 "키가 작고 피부가 어둡고 모습이 추레한 흥미로운 어른"을 따라나섰다. 건물 측량이 이루어지는 동안 소년은 한 동작도 놓치지 않았고 한마디도 입 밖에 내지 않았다. 한참이 지나 측량이 끝났을 때 소로는 아이의 아버지를 돌아보고 말했다. "훌륭한 아이로군요! 눈도 밝고 과묵하네요." 줄리언은 소로의 또 다른 산책 친구가 되었다. "시골 지역을 걸을 때 소로는 모든 것을 살폈고, 말없이 고개를 끄덕이는 것으로 내게 눈에 보이지 않는 것들을 일러 주었다." 한번은 콩코드강 제방에 서 있을 때였다. 소로는 줄리언에게 수련이 해 질 녘에 꽃잎을 닫았다가 "아침 햇살이 첫 손길을 내밀어 잠에서 깨울 때 초록빛 꽃봉오리가 얼마나 아름답게 활짝 피는지를 알려 주었다. 소로는 '구경할 만하단다'라고 말하고는 '푸르디푸른 눈'으로 나를 응시했다. (…) 그 별스러운 어른이 내게 해 준 말은 모두 복음과 같았다. 나는 속으로 언젠가는 아침 일찍 일어나 그 장관을 꼭 확인해야겠다고 다짐했다."[31]

한편 보스턴으로 떠난 올컷 가족은 살아갈 방도를 찾으려 애썼다. 올컷은 돈을 벌기 위해 "머리를 쥐어짜 내기" 시작했다. 올컷은 누구와도—"아이들, 거지, 미치광이, 학자 등"—대화를 할 수 있으므로, "전 세계가 교차하는 고속도로에 카라반 숙소를 지어 놓고 모든 나라의 철학자들을 맞아야 한다"[32]라고 소로는 시시콜콜 설명했다. 이 말에 따라 올컷은 웨스트 거리에 있는 엘리자베스 피보디의 서점 옆에 공간을 임대해 좌담회를 열었고, 소로는 가능한 한 빠지지 않고 그 행사에 참석했다. 1849년 2월, 올컷은 도시와 시골 클럽Town and Country Club이라는 월례 좌담회를 열고 "19세기에 적합한 사상과 경향의 연구 및 확산"[33]을 목적으로 도시와 시골의 신사들을 선별하여 초빙했다. 이 좌담회에 초대받은 소로는 첫 모임에는 시간에 맞춰 참석했다가 이내 빠져나왔다. 채닝은 보스턴의 변호사와 시골 목사는 도저히 어울릴 수 없다며 비웃었고, 실제로 좌담회는 1년 뒤 해산되었다. 얼마 지나지 않아 올컷은 자신의 구상을 직접 시도한 끝에 훨씬 더 성공적인 토요클럽Saturday Club을 만들었다. 이 클럽의 진보적 잡지 《애틀랜틱》은 나중에 소로에게 몇몇 걸작을 발표할 지면을 제공했다.

올컷은 자신의 프로젝트를 계속 진행하면서 이따금 콩코드를 오가기도 하고, 서부 지방으로 장기간 강연 투어를 가거나 보스턴 일대를 순회하기도

했다. '사상과 경향 연구'가 환대받을 만한 곳이면 어디서든 올컷은 강연회와 좌담회를 열었다. 소로는 올컷이 염두에 둔 강연자 명단에서 빠진 적이 없었다. 소로가 다시 『월든』을 쓰고 있다는 것을 알게 된 올컷은 1852년 3월 그를 좌담회가 열리는 장소로 초청해 〈숲속 생활〉The Sylvan Life(올컷은 소로의 책 제목을 **실베이니아**Sylvania로 지어야 한다고 부추겼다)을 낭독하게 했다. 올컷이 모은 청중 60여 명은 소로의 강연을 "매우 즐겁게" 들었다.[34] 청중이 강연을 더 듣고 싶다고 아우성치는 바람에 올컷과 소로의 오랜 친구 히긴슨이 나서서 2주 뒤 두 번째 강연회를 열었다. 소로는 망설였다. 두 번째 강연은 명상적이고 지나치게 난해해 "대중이 **좋아하기**"는 어려울 것이라고 우려했다. 하지만 그는 돈이 필요했고 친구의 부탁을 도저히 거절할 수 없었다. 결과적으로 소로의 두 번째 강연은 끔찍한 악몽이 되고 말았다. 수십 년이 지난 뒤로도 히긴슨은 그때의 기억을 떠올리며 당혹해했다. 폭설이 내려 진입로가 막힌 데다 히긴슨과 소로가 좌담회 장소에 간신히 들어갔을 때 청중이라고는 올컷을 포함해 대여섯 명밖에 없었다. 올컷은 바로 옆 열람실에 있는 젊은이들에게 알려 합류시키는 것으로 사태를 일단락 지었다. 소로의 낭독이 적막 속에 울려 퍼졌고 청중은 지루함에 신문을 뒤적이거나 꾸벅꾸벅 졸았다. 나중에 어떤 사람이 이렇게 묻는 것이 들렸다. "무슨 강연을 한 거야?" 소로는 "그 말에 다리가 부들부들 떨렸다"라고 말했다.[35]

소로는 1852년 봄, 한 차례 더 강연을 했다. 마스턴과 메리 왓슨이 플리머스의 레이든 홀 회중Layden Hall Congregation을 위해 소로를 초빙했다. 종교와 상관없이 일요일마다 행해지는 강론으로, 교회에 가는 것을 거부한 사람들 앞에서 당대의 사회적·도덕적 문제를 논하는 자리였다. 일요일마다 각기 다른 강연자가 나와서 강연을 했고 아침과 저녁에 한 번씩 강연하는 대가로 10달러와 기타 경비를 받았다. 통상 강연비의 절반에 불과했지만 왓슨 부부가 주최하는 이 강연회는 인기를 끌었다. 에머슨, 채닝, 올컷은 물론 개리슨, 필립스, 그릴리, 히긴슨이 모두 강연자로 나선 적이 있었다. 소로는 두 번이나 초대받아, 2월 22일에는 『월든』을, 5월 23일에는 「산책, 혹은 야생」을 낭독했다. 다음 날 아침 소로의 열성 팬인 제임스 스푸너가 아침 기차를 타는 소로를 배웅하러 새벽에 달려왔다. 그런데 소로가 기차를 놓치자 스푸너는 존슨을 따라다닌 보즈웰*처럼 소로를 졸졸 따라다니면서 그의 일거수일투족을 기록했다. 두 사람은 묘지를 둘러보고, 과학자 찰스 T. 잭슨의 집을 방문했으며, 필그림 홀을 샅샅이 뒤졌다. 홀에는 왐파노아그 부족의 전사 킹 필립의 편지가 전시되어 있었다. 편지를 읽은 후 그들은 다시 기차역으로 향했고, 걸어가는 동안 소로는 보스턴에 있는 올컷 부인에게 주려고 마스턴의 정원에서 갖고 온 꽃다발을 손에 든 채 쉴 새 없이 재잘거렸다. 소로는 놓친 기차, 책, 바다, 날씨, 채닝, 에머슨, 올컷, 호손, 그리고 자신에 대한 철학적인 이야기를 멈추지 않았다. 스푸너는 소로가 기차에 오르기 전에 악수를 나누며 또다시 방문해 달라고 간청했다. 다음에는 더 오래 머물러 주시길.[36]

"기대하지 않던 목격자에게서 그렇게 많은 정보가 나올 수 있다니 놀라울 따름이다." 소로는 말을 이었다. "현명한 사람은 모든 것을 관찰해 유용하게 사용한다." 스푸너는 일하는 소로의 모습을 포착해 진기한 초상화를 남겼다. 소로는 끊임없이 움직였다. 사람들이 모닝커피를 두 잔째 따르기도 전에 그는 수 마일을 걸으며 뭔가를 탐색하고 관찰하고 질문하고 운반했다. 그는 예의 바르고 너그럽고 기민하고 결단력 있으며 가끔 퉁명스러웠다. 또한 채닝의 말마따나 "활기차고 지칠 줄 모르는" 두 다리로 매일 오랜 시간을 나다니며 농부, 아이, 노동자, 벌목꾼, 상인, 인디언, 철도 종사자, 사냥꾼, 낚시꾼을 심문했다. 간단히 말해 소로는 빈둥거리는 사람, 아무것도 하지 않고 "술집에서 노닥거리는 사람", 참고 봐줄 수 없는 사람을 제외하고 모든 사람에게 질문을 던졌다. 왜 모든 일에 끝없이 궁금해하느냐고 채닝이 묻자

* 새뮤얼 존슨의 전기 작가.

소로는 이렇게 대답했다. "그것 말고 인생에 달리 또 무엇이 있겠나?"[37] 그런 소로에게 퇴짜를 놓은 사람이 딱 한 사람 있었다. 콩코드의 진정한 은둔자 올리버 B. 트래스크로, 액턴 마을 언저리의 숲에서 살았다. 채닝에 따르면 "가난하고 제정신이 아닌" 트래스크는 소나무 아래에 흔들의자를 가져다 놓고 땅 한 뙈기를 개간해 목초와 호밀을 심었으며, 문에 맹꽁이자물쇠를 달고, 지붕에는 이런 간판을 달아 두었다. "이 집블 태우거나 홰손하는 잉간은 15년 징여게 처한다." 참 딱하다고 소로는 생각했다. "정신 이상일까, 아니면 온전하고 평온한 상태일까?" 후자이기만 하다면, "정말 기쁜 마음으로 그의 판잣집을 찾아갈 텐데". 하지만 간판이 걱정스러웠다.[38]

아일랜드인들도 소로가 계속 관심을 기울인 대상이었다. 아일랜드 난민이 점점 더 많이 콩코드에 정착하고 있었다. 1850년 라이어든 일가의 3대가 딥 컷 근처 판잣집으로 이사할 때 소로는 그들이 흙바닥 위에서 생활할 정도로 가난한 것을 보고 충격을 받았다. 하지만 그 난민들을 알아 갈수록 소로는 그 자신보다 그들이 그의 이상을 더 잘 실현하고 있는 것은 아닌가 하는 의문이 들었다. 아일랜드 난민들은 양키의 성공 기준에 혹하지 않고 땅과 가까운 관계를 유지하며 독립적으로 살았다. 소로는 특히 조니 라이어든이라는 어린 친구를 보고 감탄했다. 당시 콩코드의 유지들은 모피를 몸에 두르고 어기적거리며 다녔지만, 이 아이는 "귀뚜라미처럼 활기차게" 눈더미를 뛰어넘으며 학교에 갔다.[39] 1852년 1월 소로는 조니가 외투도 입지 않고 걸어가는데 신 밖으로 삐져나온 발가락 위에서 눈이 녹고 있는 것을 보고는 급히 신시아에게 달려가 그 사실을 알렸고, 신시아는 콩코드자선협회에 바느질을 맡겼다. 일주일 뒤 소로는 조니의 새 코트를 들고 딥 컷의 판잣집을 찾아갔다. "아일랜드인들과 소박한 관계를 맺게 되어 마음이 훈훈해졌다. (…) 난로에 불을 적게 지피는 대신 마음의 온기가 더해지면 어떨까?" 소로는 조니의 삼촌이 시내에서 《플래그 오브 아우어 유니언》*Flag of Our Union*이라는 아일랜드계 신문을 발행한다는 사실을 알게 되었다. 또한 학교에서 수재 소리를 듣는 조니가 "발이 푹푹 빠질 정도로 눈이 많이 와서 학교에 가지 못하고 집에 머물러 있는 것을 좋아하지 않는다"라는 "듣기 좋은 소식"을 이 신문을 통해 접할 수 있었다.[40]

소로 가족도 다른 이웃들과 마찬가지로 어린 아일랜드인을 하인으로 고용했다. 아이들은 미국식 생활 방식을 익히고 나서는 자기들끼리 외출을 하기도 했다. 1850년도 인구조사 기록을 보면, 아일랜드에서 태어난 열한 살 마거릿 돌랜드와 열세 살 캐서린 라이어든—조니의 큰 누나일 것이다—이 소로의 가족 구성원으로 등록되어 있다. 콩코드의 농부들 역시 아일랜드인 노동자를 고용했다. 그런데 아일랜드 케리 카운티에서 이민 온 마이클 플래너리가 미들섹스 카운티 농업박람회에서 열린 가래질 대회에서 우승했는데 그의 고용주가 상금 4달러를 착복하는 일이 일어났다. 이에 화가 난 소로는 모금을 해서 그 돈을 벌충하자고 탄원서를 작성했다. 그뿐 아니라 플래너리의 아내와 아이들을 아일랜드에서 데려올 수 있게 집집마다 다니며 기부금을 모으고, 소로 자신도 상당한 금액을 내놓았다. 1854년 3월에 50달러를 모두 마련한 소로는 플래너리가 가족을 데려올 수 있도록 편지 쓰는 것을 도왔다. 아마도 '세인트 존'호를 떠올렸는지, 소로는 플래너리가 다음과 같은 말을 써 달라고 할 때 가슴이 먹먹해졌다. "배가 흔들리는 것은 걱정하지 말아요. 그저 아이들이 배에서 떨어지지 않도록 조심하구려." 플래너리의 가족은 무사히 바다를 건넜고, 미국에서 완전히 자리를 잡을 때까지 소로 가족과 함께 지냈다.[41]

소로가 집에서 안정적이고 만족스럽게 살지 못했다면, 예전과 같은 방식으로 삶을 이어 나가지 못했을 것이다. 옐로 하우스에 있는 다락방은 곧 메인 거리의 월든 통나무집이 되었다. 모두가 도움을 주고받는 공평하고 상호 의존적인 가정에서 소로는 자기만의 방을 가졌다. 소로 가족은 나무를 패고, 불을 지피고, 물을 긷고, 요강을 비우고, 바닥을 쓸고, 카펫을 털고, 옷을 세탁하고, 침구를 말리고, 식료품을 사고, 텃밭에서 김을 매고, 음식을 만들고, 설거지하고, 하루에 두 번 우체국에 다녀와야 했다(이 일은 점차 소로가 맡았다). 신시아가 살림을 꾸렸기 때문에 소로는 보통 이 집을 "어머니" 집이라고 불렀다. 신시아는 어렸을 때 선술집에서 일했고 그 후 농장에서도 일했기 때문에, 뉴잉글랜드의 여러 단체에서 살림하는 법을 가르치기도 했다. 그중에는 하인을 철저히 감시하는 일도 포함되었다. 당시 집안일은 노동 집약적이었기 때문에 그 일은 모든 중산층 가정에 꼭 필요한 살림 기술이었다.

이 중 어떤 것도 특별하다고는 할 수 없지만, 단 하나 눈에 띄는 것이 있다. 소로는 다락방에 있으면 소음보다는 멜로디가 더 멀리까지 전달되는 것을 감지하게 된다고 자주 언급했다. 소로는 "여기 내 다락방까지 전달되는 피아노 선율"을 좋아했다. 다락방에서는 "감미롭고 음악적인 것"만 들렸다. 분명 소로는 그 소리를 따라 아래층으로 내려가 가족과 어울렸을 것이다. 소로에게는 가장 일상적인 소리조차 음악으로 들려서, 다락방까지 전달된 다양한 "멜로디"와 은은한 분위기가 그의 일기장 곳곳에 남아 있다. 무더운 여름밤에 이웃과 농부들이 "낮에 건초 만들기를 끝내고 나서 장을 보러 나올 때면 큰길에 수다스러운 소리가 가득하고, 집집마다 다채로운 악기 소리와 노랫소리가 울려 퍼진다". 포근한 10월 밤에는 길거리에서 소년들이 노는 소리, 이웃집에서 피리 부는 소리가 들렸다. 첫눈이 내린 아침이면 "바람에 날린 눈이 유리창을 덮었고" 굴뚝 아래 벽난로에서는 빨간 불꽃이 넘실댔으며, 이웃들이 현관에 쌓인 눈을 삽으로 치우는 소리가 들려왔다. 어느 날 아침 기차의 기적 소리에 잠이 깬 소로는 창밖으로 "껍질을 벗긴 거대한 소나무 목재 두 개가 옮겨지는 모습을 보았다. 그 나무는 북서부 지역에서 벌채한 것이며 포츠머스 해군 조선소로 가고 있다고 사람들이 알려주었다. 미처 소피아를 부르기도 전에 목재는 굽이진 길을 지났고, 뒷모습만 보이며 점점 자취를 감추었다".[42]

소로는 보기 드문 일이나 흥미로운 것을 볼 때마다 소피아를 불렀다.

그리고 유난히 아름다운 꽃을 발견할 때면 가족을 생각하면서, 수납 칸이 달린 안감을 대서 표본을 담을 수 있게 만든 자신의 특별한 "식물학 모자"에 꽃을 담아 집으로 가져왔다. "제철에 피어 이제 막 만개한 야생화를 물이 담긴 꽃병에 꽂아 매일 탁자 위에 두는 일은 얼마나 근사한가? 꽃 없이 집을 단장한다고 말할 수 있을까?"[43] 수련이 활짝 피면 소로는 그 꽃을 한 아름 가져와 집을 화사하고 향기롭게 꾸몄다. 소로가 채진목 열매를 가져왔을 때는 요리사가 용감하게 푸딩을 만들었고("상당히 퍼석퍼석"하다는 게 가족들의 판정이었다), 들통에 과꽃을 담아 왔을 때는 꽃이 예쁜 정도에 따라 소피아가 분류 작업을 하기도 했다.[44] 여러 해가 지나 가족의 한 친구는 그 집이 "깔끔하게 정돈되어 있었고 안락한 응접실에 온종일 햇볕이 잘 들었다"라고 기억했다. 소피아는 식물을 "풍성하게 꽃피우는" 재주가 있어서 창가의 화초들이 햇볕을 받아 눈이 부시게 반짝거렸다. 저녁에는 책을 낭독하고, 피아노를 연주하고, 함께 노래를 부르고, 체스와 백개먼backgammon 주사위 놀이를 하고 차를 마셨으며, 추운 겨울밤에는 특별 손님을 초대해 라이시움 강연을 들은 뒤 오랜 시간 이야기를 나누었다. 정기적으로 꾸준한 친목과 교류를 통해 소로는 자연과 문학을 더 깊이 연구할 수 있었다.[45]

가끔은 짧은 대화를 기록했다. 어느 일요일에 소로가 종교 서적을 읽지 않고 딴청을 피우자 마리아 고모가 벽 너머로 제인 고모에게 이렇게 외쳤다. "그런데 말이야, 헨리는 오늘 30분 동안 서서 개구리 울음소리나 듣고, 채머스의 생애는 읽지도 않더라!" 어느 날 밤에는 미국의 명사 중에 누가 진짜 천재인지를 두고 찰스 삼촌과 이야기를 나누었다. 다들 잠자리에 들고도 한참이 지났을 시각에 방문이 열리더니 찰스 삼촌이 "온 집안을 깨울 만큼 아주 우렁찬 목소리로 말했다. '헨리! 존 퀸시 애덤스가 천재더냐?' 나는 대답했다. '아뇨, 저는 그렇게 생각하지 않아요.' 찰스 삼촌이 이어 말했다. 그래, 나도 그렇게 생각한다".[46]

천재성은 소로가 항상 고민하는 문제였다. 천재성은 **타고난** 재능일까?

"사람들은 천재성이 타고난 그 무엇인 것처럼 이야기한다. 나는 천재성이 일반적 특권에 지나지 않는다고 생각한다. 우리는 지금 그 특권을 누리지 않더라도, 우리 **이웃**이 누리는 특권을 축하해줄 수는 있는 것이다."[47] 천재성은 사람이 갖고 태어나는 것이 아니다. 누구나 올바르게 살다 보면 비범한 재능이 생길 수 있다.

표면적으로는 집에서 조용한 생활을 이어 갔지만 소로의 내면은 뜨겁게 불타오르고 있었다. 조용한 나날을 보낼수록 더 왕성하게 글을 써 내려갔다. 글을 쓰는 동안에는 너무 일찍 판단하거나 편집하지 않는 것이 창의성의 핵심이라고 소로는 생각했다. "적절한 주제를 찾기까지 1,000가지 주제를 시도해 봐야 한다. 자연이 참나무 한 그루를 키우기 위해 도토리 1,000개를 만들어 내듯." 그리고 책에서 벗어나 땅과 가까이해야 한다. "안타이오스는 대지에서 오래 떠나 있기를 좋아하지 않는다." 그럴 때 문장은 "삶의 밑바닥에서 무수히 튀어 오르는 생명을 닮아간다".[48] 1852년 1월, 소로는 오랜만에 『월든』 원고를 꺼내, 쓰고 싶은 책을 새롭게 구상했다. 창밖으로 농부들이 땅을 비옥하게 하려고 언 목초지에서 토탄과 거름을 나르고 있었다. 문인도 마찬가지가 아닐까? 겨울에 거름을 주고 비옥하게 해야 여름에 게워낼 수 있다. "내 밭은 나의 일기장"이라고 소로는 농담으로 말했다. "썩은 문학이 최상의 토양이 된다."[49] 그는 이곳 월든에서 농부들의 잘난 체를 경험했지만, 농장을 사야겠다고 생각했을 때는 농부들에게 동질감을 느꼈다. 그들은 땅에서 살았다. 소로 역시 "흘러가는 계절과 함께 살아야만 했다. 공기를 마시고, 술을 들이켜고, 과일을 맛보면서" 계절을 온전히 느껴야 했다. 『월든』은 계절을 담아야 하고, 땅과 가까운 농업 서적이 되어야 했다. 그걸 쓰기 위해 소로는 거름을 깊이 파고 들어갔다. "아일랜드 사람이 삽을 사용할 때처럼 우리도 우리의 사고력을 끝까지 사용해야 한다."[50]

소로가 1849년에 깊숙이 치워 두었던 『월든』은 봄과 여름을 기록한 책으로, 소로가 통나무집을 짓기 시작할 때부터 사회의 거짓과 기만을 파헤쳐 진실을 밝히기까지 빛나는 날들을 추억했다. 하지만 1852년에 시작한 『월든』은 가을과 겨울까지 아우르면서 겨울 추위에 대비해 문을 걸어 잠갔던 일, 어두운 날 방문객들(인간과 동물 모두)이 찾아와 친구가 되어 준 일 등을 떠올렸다. 위대한 계절의 순환은 날씨의 변화만이 아니라 영적 삶에 필요한 심오한 형이상학의 틀이 되었다. "자신의 마음을 알고 싶은가, 하늘을 보라. 자신의 기분을 알고 싶은가, 날씨를 살펴라." 이 새로운 『월든』은 기나긴 밤을 주시하다 마치 새벽에 수탉이 소리 높여 울 듯 새 아침을 알릴 책이었다.[51] 소로는 정치와 전쟁에 끌려 신문에 깊이 빠졌지만, 이젠 그런 것에 관심을 두지 않았다. "두 주인을 섬길 수는 없다. 하루치 행복을 이해하고 소유하려면 온종일 몰두하는 것 이상으로 노력해야 한다." 그 대신 소로는 다른 전쟁 이야기, 즉 월든에서 벌어지는 "붉은 공화당과 검은 독재자/제국주의자"의 전쟁 이야기를 썼다. 철천지원수들이 목숨을 걸고 전투를 벌이는 이 이야기는 신문의 표제를 벗어나 더 넓은 "생각과 영혼"의 세계를 그렸고, 그렇게 해서 유명한 풍자 우화, "개미 전쟁"Ant War이 탄생했다.* 그런 뒤 소로는 글쓰기를 멈췄다. 어쨌든 그는 왜 월든을 떠났던가? 비록 상상 속이었으나 왜 돌아가야 한다고 느꼈을까? 아마 "완성되지 않은 그림을 사색함으로써 조화로운 완성을 이루었는지도 모른다". 마침내 "부분을 모아 전체를 완성"할 때가 되었다.[52]

* 『월든』의 한 챕터 「이웃의 동물들」에 나오는 우화를 가리킨다.

"더 높은 법칙",「체선국」부터『월든』에 이르기까지

소로는『월든』을 다시 쓰기 시작했다. 이제 문제는 책을 완성할 시간을 어떻게 확보하는가였다. 플리머스에서 벌어들인 푼돈으로는 오래 버티기가 힘들었다. 소로는 뉴욕에서 열리는 유명한 "대중 강연회"에 자리를 마련해 달라고 그릴리에게 편지를 썼지만, 그릴리는 그 생각에 찬물을 끼얹었다. 그 자리에 설 만큼 소로가 뛰어나지도, 유명하지도 않아서였다.

소로는 "야생 숲의 노트"를 돈으로 바꿀 수 있었을까? 그는『월든』에서 글 두 편—「철마」The Iron Horse,「농장을 산 시인」A Poet Buying a Farm—을 발췌해 캐나다 기행문과 함께 그릴리에게 보냈다. 캐나다 기행문은 지면을 찾지 못하고 이리저리 떠돌아다녔지만, 앞의 두 글은 그릴리가 즉시 1852년 7, 8월에 발간된《사르테인 유니언 매거진》*Sartain's Union Magazine*에 실었다. 하지만 잡지가 파산하면서 소로는 또다시 무보수로 글을 쓴 셈이 되고 말았다. 그릴리는 팔릴 만한 글, 칼라일의 에세이처럼 "냉정하고 면밀하고 공정한" 문장으로 에머슨의 인물평을 써 달라고 간청했다. 그렇게 하면 50달러를 즉시 보내 주겠다고 했다. 소로는 돈 때문에 우정을 이용하고 싶지는 않다고 재차 거절하면서, 그 대신 75달러를 빌려 달라고 부탁했다. 소로가 정말로 생활고에 시달린다는 징표였다.[53] 1853년 3월,《퍼트넘 먼슬리》는 연재를 중단한 소로의「캐나다 여행」기행문에 59달러를 지불했고, 그 덕에 소로는 그릴리에게 빌린 돈을 갚을 수 있었다. 캐나다 기행문은 실패로 끝났지만『월든』초고를 완성하는 데 필요한 시간은 확보되었다. 초고를 완성하는 동안 소로는 그릴리의 조언을 받아들여 플리머스 모임의 12월 강연회 초청도 마다하고 글쓰기에 집중했다. 플리머스에는 다음과 같이 핑계를 댔다. 지금 하고 있는 일이 완전히 "불경스럽지는" 않지만 너무 "범속하기 때문입니다". "신전의 공기가 너무 답답하여 밖에 나와 앉아 있습니다."[54] 새로운『월든』은 아직 공유할 준비가 되어 있지 않았다.

강연과 글이 모두 실패하는 동안 측량 조사가 돈벌이가 되어 주었다. 강연으로는 "내가 출간한 책의 인쇄비를 갚을 수 없었다"라고 소로는 불평했다. 하지만 측량을 잘하는 사람이 아무리 많다 해도 "나로 말하자면 질릴 때까지 측량을 할 수 있는 사람이다". 1853년 여름, 소로는 새로 난 베드퍼드 로드와 그 인근의 농장들을 측량하는 대형 프로젝트를 맡았다. 에머슨의 글에서 영감을 받아 그곳에 슬리피 할로 공동묘지라는 혁신적인 시설을 새로 지을 예정이었다. 고된 노동이었다. 6월에 콩코드는 "캘커타의 지하 감옥" 같았고, 8월에는 "밤에 창문과 문을 활짝 열어 두어도 후텁지근하고 모기가 들끓었다. 시트 한 장만 덮고 자도 견디기 힘들었다". 극심한 무더위로 뉴욕에서는 수백 명이 목숨을 잃었다.[55] 하지만 1854년 2월에 일꾼들이 얼어붙은 땅을 1피트 깊이로 파 가며 차가운 흙덩이를 퍼 나르자 소로가 그린 추상적인 선들이 현실로 바뀌어 갔다. 그 무렵 소로는 공동묘지 바닥에 구획 작업을 하고 있었는데, 이는 곧 9에이커 이상이 벌목되었다는 뜻이었다. 대처에게 보낸 편지에 따르면, 767.25달러에 해당하는 참나무와 소나무를 베어 냈다고 한다.[56] 블레이크에게는, 대체로 보아 고향에 머무르기 좋은 때라고 말했다. 수완을 부리는 것은 다른 사람들이 할 일이다. "오리건, 캘리포니아를 향하든 일본을 향하든" 서부 확장 사업에 "나는 전혀 관심이 없다". "서부 개척로를 **따라** 천국을 약탈하는filibustiering〔원문대로〕 일이라면 모를까, 관심 없다. 그들은 명백한 운명에 따라 자신들의 길을 가겠지만, 그건 분명 내 길이 아니다." 소로는 이렇게 토로했다. 다행히 가난 때문에 "내가 나고 자란 이 지역에 오랫동안 붙박이로 지냈으며, 그로 인해 이 땅을 점점 더 알아 가고 사랑하게 되었다"라고.[57]

그러나 소로는 "발을 들여놓을 수 없는 야생의 자연"을 갈망하기도 했다. 『월든』의 새로운 챕터인 「더 높은 법칙들」의 초안을 쓸 때 소로는 젊은이들에게 사냥과 낚시로 자연에 입문하라고 주장하면서도 정작 자신은 마멋보다 더 큰 동물은 사냥해 본 적이 없음을 깨달았다.[58] 그래서 조지 대처가 늦여름에 체선쿡 호수Lake Chesuncook로 사냥을 가자고 제안했을 때 소로는 생각해 볼 것도 없이 그러겠다고 대답했다. 1853년 9월 13일 화요일에 증기선 '페놉스코트'호가 보스턴항을 떠나 뱅고어로 향하는 동안 소로는 배 난간에 기대어 훈훈한 밤을 즐기며 호수처럼 잔잔히 흐르는 바다를 바라보았다. 다음 날 정오에 걸어서 대처 부부의 집으로 갔더니, 조지는 벌써 인디언 가이드를 고용하려고 올드타운으로 떠나고 없었다. 헨리도 바라던 바였다. 조지의 목표가 총으로 무스를 사냥하는 것이라면, 헨리의 목표는 펜으로 인디언을 추적하는 것이었으니까. 조지가 조 아이티언을 고용하고 돌아왔을 때 소로는 실망하지 않았다. 조는 페놉스코트 인디언 족장 존 아이티언의 아들로, 이미 체선쿡에서 무스를 사냥하려고 계획하고 있었던 터라 추가 비용을 약간만 받고도 기꺼이 자신의 사냥 계획을 수정했다.

조 아이티언은 그날 저녁 제시간에 도착했고, 다음 날 아침 무스헤드Moosehead 호수로 가는 역마차에 자작나무 껍질로 만든 자신의 카누를 실었다. 그러는 동안 조지와 헨리는 마차에 딱딱한 빵, 돼지고기, 훈제 소고기, 차, 설탕 등 "한 무리"가 먹고도 남을 식량을 실었다. 헨리는 조의 카누를 쓰는 비용으로 7달러를 내는 것이 불만이었지만—호수에 도착해 인디언과 카누를 고용하는 편이 낫다고 생각했다—조는 실내 좌석을 숙녀들에게 양보하고 휘몰아치는 비를 맞으며 온종일 바깥 좌석에 앉아서 갔다. 50마일을 올라간 뒤 소로와 대처는 몬슨에 있는 여관에서 하룻밤 묵었고, 이튿날 동이 트기 전에 출발했다. 거칠고 험한 무스헤드 호수의 기슭에서 출발하는 작은 증기선 '무스헤드'호를 타기 위해서였다. 그런데 거기서 합류한 조가 몸이 흠뻑 젖은 채로 나타났다. 조는 몸을 말리고 출발하기를 바랐지만, 이 증기선을 놓치면 나흘을 기다려야 했다. 그래서 기적 소리가 울릴 때 그들은 짐을 배에 싣고 북서쪽에 있는 호수 상류의 육상운반로로 출발했다. 배는 거친 폭풍우를 뚫고 38마일을 이동했다.

이 일을 계기로 조를 평가할 수 있게 되자 그에 대한 의심이 눈 녹듯 사라졌다. "그는 잘생긴 인디언이었다. 키가 작고 다부진 체구에 얼굴이 넓적하고 안색이 불그스름했으며", 눈꼬리가 위로 올라갔다. 아이티언은 숙련된 벌목꾼이었고, 배를 몰기에 적합한 실용적인 옷들, 모직 바지, 면내의, 빨간색 플란넬 오버셔츠, 검은색 코수스 모자*, 천연고무 우비(유일하게 날씨에 대비한 옷이었다)를 입고 있었다. 12시 30분에 그들은 육상운반로 초입에 도착했다. 작은 기차가 일행의 짐을 앞에서 끌고 페놉스코트강의 서쪽 지류인 웨스트 브랜치West Branch가 시작되는 곳으로 이동하는 동안, 사촌들은 앞서 걸어가고, 헨리는 식물들을 살펴보고, 조지는 자고새를 잡으려고 총을 꺼냈다. 육상운반로 북쪽 끝에 있는 벌목꾼 야영장에 도착하자 사촌들은 불을 지펴 저녁용 차를 끓이고, 아이티언은 카누에 송진을 발랐다. 관솔에서 지글지글 피어오르는 작은 불꽃을 자작나무 껍질 표면에 조심스럽게 불어 송진과 기름이 섞인 혼합물을 부드럽게 펴 바른 다음, 카누를 X자형 말뚝에 걸쳐 놓고 안에 물을 부어가며 새는 곳이 없는지 확인했다. "나는 그의 움직임을 주의 깊게 바라보았다"라고 소로는 기록했다. "그의 말도 귀 기울여 들었다. 나는 인디언의 행동 양식을 알아보려고 그를 고용했다 해도 과언이 아니기 때문이다." 소로는 아이티언이 욕하는 것을 단 한 번 들었다. "빌어먹을! 칼이 괭이처럼 무디네." 하지만 아이티언이 그렇게 철저히 관찰당하는 것을 어떻게 생각했는지는 기록하지 않았다.[59]

곧 그들은 카누에 올랐다. 짐을 가운데에 두고 아이티언은 선미의 가로대에 앉고, 사촌들은 뱃머리에 앉아 불평했다. 소로 역시 어떻게 앉아도 불편하다며 투덜댔다. 일행이 무스의 흔적을 찾아 노를 젓는 동안 소로는 아이티언에게 페놉스코트어로 명칭을 알려 달라고 졸랐다. 박새는 케쿠닐레수kecunnilessu, 곰은 와서스wassus, 마가목은 유파시스upahsis였다. 그는 한 번도 철자를 써 본 적이 없는 단어라고 생각했지만, 정보 제공자인 아이티

* 챙이 늘어진 모자.

언이 맞는다고 할 때까지 조심스럽게 발음했다. 그날 본 무스는 사냥꾼들이 밤에 야영지에다 남겨 놓고 간 썩어 가는 시체가 다였다. 그것을 본 소로는 순간 멈칫했지만, "인디언이 무스를 어떻게 죽이는지 알게 되었다고 슬퍼하지는 말자"라고 다짐했다. 그의 역할은 "기자나 목사처럼" 순수해야 했다. 그날 저녁 일행은 텐트를 치고 사냥하러 나갔다. 아이티언이 자작나무 껍질로 만든 피리를 불어 몇 번이고 무스를 유인했지만 들리는 것이라고는 근처에 있는 매목 조사자**들의 소리뿐이었다. 해 질 녘에 "중심이 단단히 들어찬 무언가가" 땅에 부딪히면서 내는 "둔탁하고 메마른 소리"가 울려 퍼졌다. 마치 "축축하고 덥수룩한 야생"으로 통하는 문이 닫히는 소리 같았다. 저게 무슨 소리죠? 일행이 아이티언에게 낮은 목소리로 물었다. "나무가 쓰러졌어요."[60] 소로는 우듬지에 걸린 아름다운 달빛을 잊을 수 없었다. 그러다 모닥불에서 나온 불똥이 전나무 사이로 날아오르는 것을 바라보다가 잠이 들었다.

다음 날 그들은 무스를 잡으러 나갔다. 소로는 인디언 가이드에 대한 신뢰감을 잃고 있었다. 조는 "그렇습죠"와 "그렇다마다요"라고 대꾸하거나 〈오! 수재나〉를 휘파람으로 불어 소로를 당황하게 했다. 그런데 오후가 무르익어 갈 무렵 잔가지들이 탁탁거리는 소리가 들리자 조가 몇 피트 뒤로 노를 저었고, 곧이어 큰 암컷 무스와 반쯤 자란 새끼가 모습을 드러냈다. 오리나무 근처에서 마치 "겁에 질린 토끼"처럼 그들을 바라보고 있었다. 조지가 어미에게 첫 발을 쏘았다. 어미는 즉시 놀라 달아났다. 그런 뒤 잠깐 멈춰 서서 떨고 있는 새끼를 돌아보았고, 그 사이에 조지가 새끼에게 다시 총을 겨누었다. 하지만 새끼는 언덕으로 달아났다. 조는 배를 물가에 대고 희생된 사냥감을 추적하기 시작했다. 그제야 헨리 소로는 깊은 인상을 받았다. "조는 빠르게 강둑으로 올라 특유의 경쾌한 몸짓으로 숲을 헤치고 나갔

** 임목林木의 흉고직경을 측정하는 사람.

다. 소리도 내지 않고 살금살금 발을 내디뎠고, 좌우를 살피면서 다친 무스가 지나간 희미한 경로를 정확히 찾아냈다. 이따금 핏방울이 떨어진 곳을 말없이 가리켰다."[61] 30분이 지나자 조는 포기했고—헨리는 포기하기엔 이르다고 생각했다—일행은 배에 올라 상류로 계속 나아갔다. 순간 물속에 쓰러져 있는 어미 무스가 눈에 띄었다. 죽었지만 아직 온기가 남아 있었다. 헨리가 무스의 귀를 붙잡고 있는 동안 조는 배를 물가에 댔다. 헨리와 조는 배를 매는 밧줄로 무스의 크기를 쟀다. 키는 7.5피트(부정확한 수치라고 나중에 결론지었다), 길이는 8피트 2인치였다. 이 "그로테스크하고 이상한" 동물이야말로 이곳 야생에서 살아가는 진정한 "위인"이라는 생각이 들었다.

곧이어 도축이 시작되었다. "이제, 내가 지켜보는 가운데 조는 주머니칼로 무스의 가죽을 벗겼다. 보는 것만으로도 끔찍했다. 아직 따뜻하고 심장이 뛰는 무스의 몸이 그의 칼에 잘려 나가고, 찢어진 젖통(네 개의 젖꼭지가 있었다)에서 따뜻한 젖이 흘렀다. 벌거벗은 피투성이 사체에서 겉옷을 벗겨 내는 듯 보였다. 가죽을 벗겨 낸 이후에도 어떤 근육은 계속 경련을 일으켰다." 사냥꾼들은 여기에서 만족하지 않았다. 저녁으로 무스고기를 시식한 뒤—소로는 송아지고기와 비슷하다고 생각했다—다시 일어나 떠다니는 통나무와 수풀을 헤치면서 상류로 올라갔다. 소로는 정신이 몽롱했다. 일행이 야영지로 돌아왔을 때 그는 이만하면 충분하다고 느꼈다. 아이티언과 대처가 하류로 다시 사냥하러 가자 소로는 뒤에 남아 모닥불 곁에서 조금 전에 느낀 속악한 충격과 공포에 대해 써 내려갔다. "오후에 일어난 비극과 내 감상을 여기에 남긴다. 그 일은 순수한 의도를 망가뜨리고, 모험의 즐거움을 파괴했다." 생계를 위해 사냥을 하는 수도 있지만, "이번 사냥은 단순히 살해하는 것에서 만족을 구했다. 심지어 가죽을 얻으려는 목적도 아니었다. 한밤중에 목초지로 나가 이웃의 말을 총으로 쏘는 것과 무엇이 다른가. 무스는 신의 말이자 나의 말이다". 사냥하러 갔던 사람들은 더는 무스를 보지 못하고 그날 밤 늦게 돌아왔다. 헨리가 고집을 부려 일행은 무스고기의

4분의 1만 배에 실었다. 그 정도만 해도 작은 카누가 휘청거렸다.[62] 고기를 야생에 남겨 두면 적어도 무의미하게 썩어 가는 일은 없었다.

일요일인 다음 날은 사냥을 하지 않았다. 그 대신 체선쿡 호수 상류에 있는 안셀 스미스 소유의 벌목꾼 야영지를 향해 노를 저었다. 아이티언의 친구들이 와서는 북쪽으로 올라가면 무스를 사냥할 수 있다고 알려 주었다. 대처는 더 사냥하고 싶었지만, 몸 상태가 안 좋아 그쪽에서 사냥하려던 계획을 포기했다. 소로는 산책에 나섰는데, 근처에서 인디언들이 야영하고 있다는 사실을 미리 알지 못한 것이 안타까웠다. 그들을 방문하기에는 너무 늦은 시각이라 소로는 아쉬운 대로 벌목꾼 야영지를 둘러보았다. 건물, 강배, 농장, 가축, 대장장이가 있었고 벌목꾼들이 먹을 무스고기가 지하 저장고에 시원하게 저장되어 있었다. 그날 밤 소로와 대처는 산장의 편안한 침실에서 묵었지만, 아이티언은 인디언 야영지에서 묵었다. 다음 날 그들은 페놉스코트강을 따라 호수 북쪽 끝에 있는 육상운반로로 되돌아갔다. 헨리는 이동하는 내내 조 곁에 머물렀다. 그러면서 조가 어떻게 그토록 힘차게 노를 젓고 조용히 걷는지 가까이에서 지켜보았다. 헨리는 온갖 사물의 이름을 페놉스코트어로 좀 더 받아 적었고, 조가 건넨 산딸기들을 모두 맛보았다. 육상운반로에 도착하고 보니 인디언 세 명이 그곳에서 무스고기를 훈제하고 무스 가죽을 보존 처리하면서 야영을 하고 있었다. 인디언들은 요리한 무스 혀(제대로 요리할 시간이 없어 고기가 질기다고 양해를 구했다)와 익힌 크랜베리를 내주었다. 며칠 동안 돼지고기와 딱딱한 빵에만 의존했던 터라 무척 맛있었다. 대처가 저녁을 준비하는 동안 소로는 아이티언이 무스 가죽을 보존 처리하는 모습을 구경했다. 대처의 오리 사냥탄 때문에 가죽에 흠집이 났는데도 아이티언은 아랑곳하지 않고 보존 처리를 해 나갔다.

그런 뒤 흥미로운 순간이 찾아왔다. 대처는 페놉스코트강에서 계속 사냥하기를 바랐다. 하지만 "어찌 된 일인지" 일행은 그 계획을 "취소했다". 좀 전에 인디언들이 함께 밤을 보내자고 청했지만, 대처는 근처 야영지에서 백인 벌목꾼들과 함께 밤을 보내고 싶어 했다. 잠시 대처의 의견이 우세한 것 같았다. 그의 사촌들이 벌목꾼 야영지로 향했기 때문이다. 하지만 도착해 보니 백인 벌목꾼들의 장소는 역겹고, "악취"가 나고, "갑갑하고 더러웠기" 때문에 소로는 인디언과 함께 묵겠다고 했다. 인디언이 "더 상냥하고, 심지어 더 품위 있는 사람들"이다. 일행은 다시 인디언들이 있는 곳으로 돌아갔다. 자정 이후 잠깐 사냥하러 나가자고 조가 제안했기 때문에 사촌들은 바닥에 널린 무스 가죽 위에 담요를 펼쳐 놓고 앉아 인디언들과 대화를 나누었다. 조의 친구이자 페놉스코트 부족인 세바티스 데이나Sebattis Dana와 퀘벡주 세인트 프랜시스강에서 온 아베나키Abenaki 인디언 타문트 스와센Tahmunt Swasen도 그 자리에 앉았다. 타문트는 헨리에게 자신의 이름을 적어 주었다.[63]

소로의 삶에서 중요한 밤이었다. 그 전까지 "인디언"은 소로가 자신의 세계 언저리에서 무심코 만나는 인물이거나 역사책과 로맨스 소설에서 그러하듯 세계와 동떨어진 채 소멸해 가는 전설이었다. 그날 밤 소로는 지난 몇 년간 이해하고자 했던 그 인디언들의 모습 이상을 발견했다. 밤새 와바나키 부족Wabanaki은 백인에게는 영어로, 같은 인디언끼리는 자신들의 언어를 쓰면서 "자신들이 사교적"이라고 말했다. 소로는 그들이 말하는 모든 단어를 기억하려고 애쓰면서 노트의 여러 페이지에 걸쳐 적었다. 무스 사냥과 무스 가죽의 쓰임새에 대해 이야기하고, 인디언 말의 의미에 대해서도 이야기했다. 타문트는 **페놉스코트**의 뜻이 "바위가 많은 강"이라고 알려 주었다. 조는 무스헤드 호수가 인디언 말로 **세바무크**sebamook라고 했지만, "타문트는 세베무크Sebemook라고 발음했다". 헨리는 무슨 뜻인지 물어 보았다. 타문트는 그 개념을 띄엄띄엄 영어로 설명했고, 헨리는 그것이 물이 안에서만 흐르고 밖으로는 빠져나가지 않는 "저수지"임을 알게 되었다. 질문은 계속되었다. **머스케타퀴드**는 무슨 뜻이죠? 인디언들은 **머스케티쿡**이라고 바로 잡아 주면서 그 뜻은 "고인 물"이라고 말했다. 콩코드의 다른 이름인 **폰코타**

셋은? **아너스넉**은? 인디언들은 고개를 저으며 그 명칭은 다른 언어라고 말했다. 그럼 퀘벡은 무슨 뜻이죠? 대처가 물었다. 타문트는 "돌아가!"라고 장난스럽게 대답했다.[64] 조지나 헨리가 그 농담을 알아들었는지는 확실하지 않다.

그날 밤에는 사냥을 하지 않았다. 어쩐 일인지 조는 사냥 일정을 잊어버렸고, 그에게 일러 준 사람도 없었다. 어둠이 짙게 내려앉았을 때 헨리는 담요를 덮고 누워 와바나키족 친구들이 나누는 대화를 감탄하며 들었다. "이들이 독특한 토착 인종임을 확인하고자 할 때, 이 불변의 인디언 구어를 듣는 것보다 더 놀라운 증거는 없을 것이다. 백인이 발화하거나 이해할 수 없는 언어다." 이 인디언들은 여기, 그들만의 세계에 살고 있다. 더할 나위 없이 완전하며, "우리로서는 도무지 이해할 수 없는" 사람들이다. 여러 주가 흐른 뒤에도 소로는 여전히 그날 밤을 떠올렸다. 그들의 언어를 들은 뒤로는 인디언이 "시인이 만들어 낸 것이 아니라" 실재하는 존재라고 믿게 되었다. 그가 발견한 그 모든 화살촉을 합친 것보다 더 확실했다. "나는 그 자리에 앉아 『엘리엇 인디언 성경』*에 적힌 언어로 페놉스코트 사람들이 수다를 떨고 웃고 시시덕거리는 것을 들었다. 뉴잉글랜드에서 이 언어가 얼마나 오랫동안 사용되어 왔는지 그 누가 알까? 이 소리와 말투는…." 소로는 자신이 자연 속에 사는 마지막 사람이라고 상상하기를 좋아했다. 하지만 정말 자연 속에 사는 사람들이 여기에 있었다. 소로와 똑같이 1853년의 세계에 존재하고, 풍성하고 생생한 자신들만의 언어로 대화하는 사람들. 이런 생각을 하기 시작하면서 소로는 자신이 알고 있는 모든 것을 다시 생각하게 되었다.[65]

다음 날 아침에는 청설모와 개구리 소리, 이슬비에 잠을 깼다. 사촌들이 다음 일정을 고민하며 꾸물거리는 사이 빗방울이 더 굵어졌다. 자연스레

* 청교도 목사 존 엘리엇이 『제네바 성경』을 매사추세츠 토착어로 번역해서 1663년에 출판했다.

일정이 정해졌다. 집으로 돌아갈 때가 된 것이다. 대처는 모자걸이로 쓰기에 적합해 보이는 무스뿔 한 쌍을 받고 그 대가로 아이티언에게 총을 주었다. 소로는 앞서 걸으면서 식물을 채집했고, 호젓한 호숫가에서 일행을 기다리며 생각에 잠겼다. 작은 기차 한 량이 짐을 끌고 대처와 함께 다가왔다. 증기선은 강 하류로 내려와 12시 30분쯤에 그린빌에 도착했다. 대처는 말과 마차를 되찾았다. 세 시간 뒤 일행은 몬슨 여관에 도착했고, 소로는 "불결함"에 치를 떨면서 침대로 직행했다. 다음 날 하루 종일 비가 내리는 바람에 카타딘산을 보고 싶었던 희망은 물거품이 되었다. 소로의 이야기에는 긴장감이 서려 있다. 대처가 무스를 죽인 뒤로 사촌들은 서로 어긋나기만 했다. 소로 역시 입을 다물고는 있었지만, 도덕적 분노가 일어 모험의 재미가 사라져 버렸다. 뱅고어에 도착한 뒤에야 분위기가 풀렸다. 일행은 인디언 아일랜드로 가서 부족장 존 넵튠을 방문했다. 86세인 그는 과거와 이어 주는 살아 있는 연결 고리였다. 넵튠은 양말을 신고 침대에 앉아 무스 사냥에 관한 여러 가지 이야기를 들려주며 방문객을 즐겁게 해 주었다. 그러던 중 그의 사위가 대화 주제를 바꾸어 페놉스코트 부족이 마을에 학교를 들이려고 싸운 일을 포함하여 지역 정치에 대해 언급했다. 사위는 이렇게 주장했다. "인디언도 교육을 받으면 돈을 모을 수 있다." 백인 사회가 점점 밀려들어 오는 상황에서 교육은 주권을 다시 찾기 위한 길이자, 미래와 지역에 대한 소유권 확립을 위한 길이었다.[66]

벌목꾼 야영지나 시골 여관과는 달리 페놉스코트족 마을은 깨끗했다. 이층집들이 흰색으로 칠해져 있었고, 활과 화살을 든 채 1페니를 달라고 조르는 명랑한 소년들이 활기를 불어넣었다. "인디언은 이 섬에서 매우 행복하게 살고 있으며, 올드타운 주민들로부터 대우를 잘 받는 것 같다"라고 소로는 기록했다.[67] 분주하게 카누를 만들고 있는 한 남자를 만났을 때 소로는 그를 자세히 인터뷰하고는 그 내용을 길고 세심하게 기록했다. "배를 만드는 과정은 세밀하게 묘사되어야 한다." 적어도 "백인의 기술만큼. 그 건조

과정을 일기에 적는 이유다." 다음으로 그들은 제재소와 강배 제조소를 차례로 둘러보았다. 소로는 모든 것을 기록에 남기고자 노력했다. 그는 사흘을 더 머물다가 9월 27일에 콩코드로 돌아갔다. 그리고 기념품 하나를 챙겨 왔다. 페놉스코트족이 만든 멋진 설피 한 켤레를 5달러에 샀다. 5일치 임금이었다.[68] 눈이 펑펑 내려도 겨울 숲속을 마음껏 누비고 다녔을 것이다.

나중에 출간된 기록에 따르면, 소로는 "잔잔하면서도 다채로운 풍경"을 지닌 고향에 돌아온 것에 안도했다. 고향의 숲과 들판은 "모든 마을의 공유재산이자 진정한 낙원"으로, 야생의 자연과 "돈을 들여 조성한" 공원 및 정원의 중간에 위치한다. 그럼에도 우리는 야생을 보호해야 한다고 결론지었다. 소로는 이렇게 묻는다. "국가에서 보존 구역을 지정하면 어떨까? 마을을 파괴할 필요도 없고, 곰과 흑표범이 살아가며, 사냥 대회까지 열리기도 하는 마을을 망가뜨리지 않도록 규제하는 보존 구역이 왜 아직도 존재하지 않는가? '지상에서의 문명화'는 불가피한 것인가?" "영감과 진정한 휴양을 위해 숲을 지킬 것인가? 아니면 악당처럼 나무를 뿌리째 뽑고 우리의 국유지를 짓밟아야 하는가?" 소로가 국립공원 제도를 꿈꾸기 시작한 것은 페놉스코트강에서 조 아이티언, 그의 친구들과 친척들이 그가 한 번도 들어 본 적이 없는 언어로 이야기하는 것을 들을 때였다. 과거에는 지역 공원과 환경보호를 위해 목소리를 냈다면, 이제는 "국유지"를 "국가적으로 보존"할 필요가 있다고 주장하기 시작했다. 이 "보존"에는 자신의 땅에서 계속 살아갈 권리를 가진 토착민이 포함되어 있었다.[69]

그해 가을 소로는 이렇게 썼다. "인간은 10월에 줄기와 잎사귀까지 무르익는다. 천재성이 만개한다."[70] 10월로 접어들기까지 「체선쿡」에 집중한 그는 11월 말 신간 잡지가 원고를 청탁하자 이 새 에세이를 보냈다. 창간 계획이 무산되어 그 잡지는 발간되지 않았지만 몇 년 후 토요클럽이 그 계획을 부활시켜《애틀랜틱》을 만들었을 때, 소로는 창간호에「체선쿡」을 실었다. 이제 소로는 콩코드 라이시움에서 새로운 강연을 할 준비가 되어 있었다. 그는 큐레이터로 재선출되었지만 또다시 고사했고, 이번 시즌에는 좋은 강연자가 부족하다는 의견을 피력했다. 소로 대신 큐레이터가 된 에머슨은 어디서 좋은 강연자를 찾아야 할지 정확히 알았고, 즉시 12월 14일에 소로가 강연할 수 있도록 일정을 잡았다. 그때 에머슨의 딸 이디스가 소로를 난처하게 만드는 질문을 던졌다. 소로의 강연이 "자기도 듣고 싶을 만큼 아주 재밌는 이야기인지 아니면… 관심에도 없는 고리타분한 철학 이야기인지"를 물은 것이다. 열두 살 소녀의 이 질문에 소로는 "곰곰이 생각에 잠겼다". 〈체선쿡〉 강연은 이디스의 기대에 부응했다. 아이들은 즐거워했고, 어린 에디까지 졸지 않고 강연을 들을 수 있었다고 리디언이 말해 주었다.[71]

이디스의 의견은 소로에게 중요했다. 이디스는 자라서 소로에게 여러모로 도움을 주는 친구가 되었고, 종종 꽃과 표본을 가져다주었다. 아름답고 화창한 가을에 소로는 갑자기 사교계의 바쁜 사람이 되었다. 엘런, 이디스, 에드워드를 데리고 코난텀에 있는 "매자나무"에 갔고, 엘러리 채닝을 배에 태웠으며, 소피아가 스케치를 할 수 있도록 배를 타고 페어헤이븐 베이에 갔다. 또한 엘리자베스 호어와 그녀의 친구를 배에 태워 어새벳강 상류에 데려다주고, 거기서 소피아와 신시아를 태우고 콩코드로 내려왔다. 그러는 동안 소로는 낙엽에 대해 메모를 했다. 낙엽이 그렇게 감동을 주기는 처음이었다. "저들은 어찌나 아름답게 무덤으로 가는지! 얼마나 점잖게 내려앉아 부엽토로 변해 가는지!" 저들은 "오르기 위해 자신을 낮춘다. 다가오는 해에 더 높이 올라가기 위해", 다시 한 해의 결실을 맺기 위해. "낙엽은 우리에게 가르쳐 준다. 어떻게 죽어야 하는지를."[72]『월든』은 봄과 재생에 역점을 둔 책이라 이렇게 어두운 성찰이 들어가기에는 적절하지 않았다. 소로가 제쳐 두었던 이 생각들은「가을의 빛깔」을 쓰는 데 씨앗이 되었다.

바쁜 사교 시즌은 겨울까지 이어졌다. 신시아의 친구이자 에버니저 록우드 호어 판사의 아내 캐럴라인 브룩스 호어가 아이디어를 냈다. 1853년 크리스마스에 마을이 진짜 축제를 열면 어떨까? 부유하든 가난하든 마을의 모든 아이에게 특별한 선물을 주기로 했다. 행사 주최자들은 16세까지 아이들 명단을 추리고—모두 700명—콩코드의 여성들은 몇 주 동안 각각의 아이에게 줄 선물을 준비하고, 기금을 모으고, 빈곤한 사람들을 위해 옷을 짓는 바느질 모임을 열었다. 크리스마스트리를 제공하기로 한 헨리는 12월 22일 링컨의 습지로 가서 작고 검은 전나무를 잘라 공회당으로 가져왔다. 작은 나무가 실내에 들어오자 갑자기 거대해져 무대를 꽉 채웠고, 너무 높아서 꼭대기를 잘라야 했다. 크리스마스이브 6시에 문이 열리자 아주 많은 아이가 홀 안으로 밀려들었다. 커다란 전나무 곳곳에 촛불이 밝혀졌다. 정말 아름다운 광경이었다(다만 소로는 타고난 기질에 따라, 별이 빛나는 12월의 밤하늘이 더 멋있다고 말했다). 나무 주변으로 선물 수백 개가 쌓여 있었다. 산타클로스가 무대 위로 올라와 아이들에게 사탕을 던져 주었고, 호명된 아이들에게 선물을 나누어 주었다.[73]

축제가 끝나자 뉴잉글랜드에 진짜 겨울이 찾아왔다. 엄청난 추위로 소로의 펌프가 거의 얼어붙었고, 그런 뒤 폭설이 내려 모든 길이 막히고 학교는 휴교에 들어갔다. 헨리는 새 설피를 신고 밖에 나가 보았는데, 거세게 몰아치는 바람에 커다란 설피 자국이 20분 만에 사라졌다. 거리는 황량하고, 집집마다 현관문과 창문턱에 눈이 높이 쌓였지만, 그 안에서 사람들은 어느 때보다 즐거워했다. 우체국에 도착하니 우체국 직원이 여행객 한 사람 한 사람에게 철도 운행 상황과 지나온 길의 적설량을 묻고 있었다. 소로는 자신의 2피트 자로 측정한 바로는 눈이 14~24인치 정도 쌓였다고 대답했다. 그런 뒤 추위가 몰려올 때처럼 갑자기 눈이 녹고 처마에서 물이 떨어졌다. "여기도 해빙기가 있다." 소로는 생각했다. "이제 1월 분위기다. (…) 엄혹한 현실에 꽁꽁 얼어붙었던 생각이 감정과 표정을 통해 흘러나오고 있다."[74]

얼음과 함께 소로의 마음도 누그러졌다. 분주한 사교 생활이 새해인 1854년까지 이어졌다. 10년 전 뉴욕의 자연 속 오두막에서 지낸 적 있는 지인 윌리엄 태펀이 1월 초 소로를 찾아왔다. 그는 말이 별로 없었지만 경중경중 뛰어다니며 아이처럼 즐거워했다.[75] 소로는 마지못해 새 코트를 맞췄다. 어색했다. "내가 이 코트를 입을 자격이 있을까? 나와 크기가 같은 악마의 사자를 위해 지어진 것 아닐까?" 하지만 1854년 1월 19일에 재산 분쟁의 감정인으로서 케임브리지 법정에 출두할 때 그 옷은 제 기능을 발휘했다. 소로의 의뢰인이 재판에 지기는 했지만, 그날 태디어스 해리스를 만났다. 해리스는 소로의 신비로운 고치가 천잠나비의 것이라고 확인해 주었다. 따뜻한 새 코트로 무장한 소로는 1월 말 오랫동안 만나기를 고대했던 블레이크와 우스터의 제자들을 만나 매서운 추위 속에서 함께 멀리까지 산책했다.[76]

하지만 그 시즌의 뉴스—**진짜** 뉴스—는 1853년 10월 28일 자였다. 팔리지 않은 『일주일』 706부가 도착하자 소로는 두 계단 위 다락방에다 책을 쌓아 올렸다. 높이가 소로 키 절반에 가까웠다. 소로는 이렇게 자조했다. "내겐 약 900권의 책이 있는 서재가 생겼는데, 그중 700권은 내가 쓴 것이다."[77] 그런 뒤 달콤 쌉싸름한 순간이 찾아왔다. 정확히 한 달 후 소로는 제임스 먼로 앤드 컴퍼니James Munroe and Company의 사무실로 찾아가 『일주일』의 인쇄비 290달러를 한 푼도 남기지 않고 갚아 버렸다. 이 돈을 갚기까지 4년 7개월이 걸렸다. 소로는 먼로와 새 계좌를 개설하고 『일주일』 열두 권을 판매용으로 맡겼다. 그리고 이렇게 투덜거렸다. "시인이 서적상과 계좌를 개설해 어떻게 살아갈 수 있단 말인가?" 소로가 첫 책으로 벌어들인 돈은 총 15달러였다.[78]

하지만 마침내 빚에서 벗어났다. 소로는 해방을 축하하는 의미로 『월든』의 마지막 교정에 몰입했다. 또한 1853년의 일기에 새로운 내용을 더했는데, 갑자기 찾아온 경이로운 해빙에 감탄하는 글을 추가하여 빛나는 "봄"

이 도래했음을 강조했다. "저 모래 위의 잎사귀 무늬!* 그걸 보면 자연은 아직 젊다는 것을 알게 된다." 대지는 "단지 죽은 역사의 조각이 아니라 (…) 나무의 잎처럼 살아 있는 시다".[79] 일주일 뒤 월든 호수에 천둥과 비바람이 휘몰아칠 때 소로는 비록 그날이 "너무 크고 차갑고 둔감해서 섬세함과는 거리가 멀지만" 얼마나 생기가 흘러넘치는지 감탄했다. 죽은 듯 보이는 겨울에도 자연은 인간이 알아챌 수 없는 변화에 주파수를 맞추고 모든 것에 생명을 가득 불어넣었다. "대지는 어디나 살아 있고, 감각 기관—**돌기**—으로 덮여 있다. 아무리 단단하고 큰 바위, 아무리 넓은 바다라 해도 온도계에 든 수은처럼 대기의 변화에 민감하다. 우리가 날씨의 변화를 감지하지 못하더라도 호수는 그걸 감지한다."[80]

『월든』이 완성되었다. 1854년 2월 말 소로는 인쇄소에 보낼 원고를 정서하고 있었고, 3월 중순에는 보스턴의 일류 출판사 티크너 앤드 필즈Ticknor and Fields와 2,000부를 찍기로 계약했다. 그릴리가 소로를 축하하고, 즉시 사람들에게 책에 관해 알렸다. 9년이라는 긴 시간을 보낸 만큼 모든 일이 신속히 진행되었다. 3월 28일 첫 번째 교정지가 도착하자 소로는 두 달 동안 글을 명료하고 힘 있게, 논리 정연하고 정확하게 다듬고 수정했다(화를 내는 인쇄업자에게 글씨를 또박또박 쓰겠다고 약속했다).[81] 교정 작업에 너무 열중한 나머지, 월든 호수에서 앉은부채가 처음 모습을 드러낸 날짜와 눈이 녹은 날짜를 기록하지 못했다. 하지만 휴식 시간을 가질 때마다 자신을 둘러싼 세계를 생생하게 느꼈다. "대지가 하나의 꽃인 양 온통 향기롭다." 5월 16일에는 이렇게 썼다. "이제 자연은 인간에게 더할 나위 없이 다정하다."[82] 5월 24일에는 동이 트기 전 에머슨 클리프로 갔다. 해가 동쪽에 넓게 펼쳐져 있는 안개를 갈퀴로 긁어내듯 걷어 가자 순간 세계가 새롭게 보였다. "해가 안개를 먹어치우고 있다." 소로는 벡스토스 늪으로 걸어 들어

* 모래의 느린 이동으로 모래언덕 표면에 생기는 무늬.

가 개구리와 마취목을 관찰하고, 오후에는 관목과 나무의 잎이 전개되는 시기들을 길게 작성했는데, 교정을 보느라 빼먹은 날짜의 수치도 모두 적어 넣었다.[83] 소로는 알지 못했지만, 바로 그날 보스턴의 한 옷가게에서 조용히 일하던 도망노예 앤서니 번스가 보스턴 연방 법원 집행관에게 붙잡혀 수감되었다.

이틀 후 소로의 친구들—히긴슨, 올컷, 시어도어 파커, 웬들 필립스—이 이끄는 성난 군중이 번스가 유치된 법원으로 몰려갔지만, 그를 석방시키는 데는 실패했다. 이어진 재판에서 에드워드 G. 로링 판사는 번스는 소유물이므로 주인에게 돌아가야 한다고 판결했다. 6월 2일 보스턴 사람들은 거리를 까맣게 뒤덮은 채 번스가 사슬에 매여 항구로 걸어가는 모습을 지켜보았다. 항구에는 그를 남쪽으로 데려갈 배가 정박되어 있었다. 총을 든 경찰, 무장한 연방 법원 집행관, 포병 연대 하나, 해병 소대 셋이 시민의 행렬을 감시했다. 해병 소대 중 하나는 대포로 무장하고 있었다. 독립혁명의 본거지가 사실상 계엄령 아래에 있었다.[84]

번스가 체포된 뒤에도 소로는 계속 산책을 하고 일기를 썼지만, 이내 불안한 문장이 고개를 내민다. "우리의 삶은 정말로 순수한가?" 그가 자문했다. "우리는 인간적으로 살고 있는가? 인간이나 짐승을 대할 때 우리의 생각과 행동은 과연 인간적인가?" 생명체에게 조금이라도 불필요하게 상해를 입히는 것은 "자살 행위다. 살인자가 어떻게 평화나 삶을 누릴 수 있겠는가?" 소로는 자기 자신을 돌이켜 보았다. 그때 소로는 아가시에게 제공할 표본을 다시 수집하고 있었다. 1847년에는 과학 연구를 위해 죽이는 것이 아무렇지 않았지만, 이제 더는 그렇지 않았다. "과학의 비인간성이 염려스럽다. 희귀한 뱀을 죽여 종을 확인하고 싶어질 때 이것이 진정한 지식을 얻는 방법은 아니라고 느껴진다." 다음 날 폭풍이 몰아쳤다. "무장한 사람들로 가득한 법원에 죄수를 붙잡아 놓고, 그 **인간**이 진짜 **노예**인지 아닌지를 두고 재판을 벌인다. (…) 이것이 매사추세츠주에서 벌어지는 재판의 실상이다. 한 인간을 석방하지 않고 주저할 때마다 매사추세츠는 그 자신이 유죄판결을 받게 된다."[85]

이때부터 6월 말까지 소로는 정치적 열기에 들떠, 해마다 봄이 되면 하루살이와 독수리, 개구리와 도요새, 구스베리, 철쭉, 레인보우 샤워 트리를 점호하던 일도 건너뛰었다. 3년 전 토머스 심스가 체포되었을 때 소로는 분노에 찬 글을 수십 쪽에 걸쳐 쏟아 냈지만 나서서 발언하지는 않았다. 이제 다시 정치에 몰입하여, 베개 밑에 연필을 두었다가 분노가 치밀어 밤잠을 이루지 못할 때면 글로 풀어냈다. 이번엔 연단에 설 준비가 되어 있었다. 6월이 다 가도록 소로는 심스가 구속될 때부터 쌓여 온 분노에 불을 지피고 그 분노를 연료로 삼아 열정적으로 글을 쓴 결과, 이 모든 것이 어우러져 〈매사추세츠의 노예제〉라는 선동적인 연설문이 탄생했다.[86] 1854년 7월 4일 티크너 앤드 필즈 출판사가 『월든』을 인쇄해 제본하고 있을 때 소로는 국기가 거꾸로 게양된 사우스 프레이밍햄의 하모니 그로브Harmony Grove 원형극장에 서 있었다. 소로와 함께 소저너 트루스, 웬들 필립스, 몬큐어 콘웨이, 윌리엄 로이드 개리슨이 참석했다. 개리슨은 개회사를 마칠 즈음에 "죽음과 계약하고 지옥과 합의한" 『미국 헌법』 한 부를 높이 들고 거기에 불을 붙였다. 분노의 야유, 조롱, 탄성, 울부짖음이 난무하는 가운데 개리슨은 손가락이 재로 뒤덮일 때까지 불타는 헌법을 높이 들고 있었다.[87]

소로가 마지막 연설자였다. 한 신문에서는 그의 연설을 "타오르는 말"이라 불렀다. "무장한 군인으로 가득한 보스턴 법원은 수감자를 붙잡아 놓고 그가 **노예**인지 **인간**인지를 판가름하고 있다. 정의의 여신이나 하나님이 로링 판사의 결정을 기다린다고 누가 생각할 수 있겠는가?" 선택지는 분명했다. 『미국 헌법』—그 재를 밟고 연설하고 있었다—의 법률에 따를 것인가, 더 높은 법칙에 따를 것인가. "에드워드 G. 로링의 신에게 복종할 것인가, 그냥 신에게 복종할 것인가." 한 목격자에 따르면, 소로는 어떠한 충격적인 말도 "무의식적으로 침착하게" 했기 때문에 차마 말할 수 없는 것까지도 얘기할 수 있었다고 한다. 이를테면 다수결의 원칙이 그런 역겨운 일을 만들어 냈다면 도덕적인 길로 분명히 나아가야 한다는 것이다. "국가가 나서서 노예주와의 연합을 끊게 하라. (…) 국가가 제 의무를 방기하고 있다면 시민 각자가 국가와의 연합을 끊어라." 소로는 대중에게 이렇게 말했다. 한 달 동안 그는 "이루 헤아릴 수 없는 막대한 손실"을 입었다는 기분으로 살았다. 어떤 손실이었을까? "마침내 내가 잃은 것이 국가라는 생각이 떠올랐다." 앤서니 번스라는 무고한 사람을 노예 신분으로 되돌려 보낼 수 있는 국가에서는 정말로 모든 삶이, 삶 그 자체가 하찮게 여겨진다. 자유가 부재하면 모든 것이 망가지고 파괴된다. 우리는 천국과 지옥의 중간쯤에서 사는 것이 아니라, 재와 숯덩이로 가득한 "완전한 지옥"에서 살게 된다.[88]

연설문의 마지막 부분에서 소로는 스스로에게 가혹한 질문을 던진다. "나는 우리 호수를 향해 걷는다. 하지만 인간이 천박하다면 아름다운 자연이 무슨 의미가 있겠는가?" 이는 결코 수사적 질문이 아니었다. 그 위기가 가장 깊은 두려움을 일깨운 만큼, 소로는 가장 깊은 배신감을 표출했다. 다시 말해, 자신이 월든 호수로 걸어 들어간 것은 물론이고, 작가로서 살아온 전 생애—생애 최고의 작품인 『월든』을 포함하여—를 부정하고 있었다. 그 책이 아름답다 한들 무슨 의미가 있겠는가? 『월든』도 재로 변했다. 정치가 자연을 폐허로 만들었기 때문이다. "우리나라를 떠올리기만 하면 산책할 마음이 사라지고 만다. 머릿속 생각은 국가를 죽이려는 것뿐이라서 나도 모르게 반역을 꿈꾼다." 하지만 죽음으로 다가가서는 안 되며, 그럴 수도 없었다. 놀랍게도 마지막 부분에서 그는 희망과 의지를 표현했다. "그러나 며칠 전 우연히 하얀 수련의 향을 맡으면서 내가 기다리던 계절이 찾아왔음을 깨달았다. 수련은 순수를 상징한다." 자태는 순결하고 향기는 달콤하지만,

"진흙과 오물이 들어찬 땅"에 뿌리를 내리고 있다. 수련은 "인간의 나태와 악덕, 인간성의 부패"에서 탄생할 수 있는—탄생**해야만 하는**—"순수와 용기"를 상징한다.[89] 불교에서 깨달음을 상징하는 이 미국 연꽃을 통해 소로는 그 자신의 존재와 믿음을 지탱해 주는 핵심 그리고 그 자신이 죄에서 구속救贖을 받는 이야기를 청중에게 말하고 있었다.[90]

앤서니 번스 사건으로 "도덕상의 대지진"을 겪은 뒤 소로는 도덕적 사유에 몰입했다. 그 자신이 성공과 평온을 함께 성취하려면 "세계와 하나가 되어야" 한다고 했으므로, 소로는 사람들이 다른 누구도—인간, 무스, 뱀 모두—해치지 않을 때 비로소 인간답게 살 수 있음을 인정해야만 했다. 그는 먼저 연구 대상으로 삼는 동물을 강제로 죽이는 과학에 이 도덕적 책임을 물었다. 다음으로는 법을 이용해 사람을 노예로, 인간을 물건으로 전락시키는 정치였다. 소로는 단호한 의지로 과학·정치·자연을 함께 엮었다. 인간의 가치를 검증해 인간이고 동물이고 할 것 없이 모든 존재가 그들 자신의 방식으로 살아가게 하려는 것이었다. 하지만 이 혹독한 검증을 거칠 때 비난을 비껴갈 사람은 단 한 명도 없다. 우리는 모두 진창에 뿌리를 내리고 있다. 소로는 연꽃을 통해 언급한 구속을 굳게 믿었다. 순수와 용기는 가장 불결한 오물, 심지어 "하수"의 오물—도망노예법을 낳은 (비록 사적인 자리에서만 사용한 표현이지만) 똥—이 혼합될 때 만들어진다. 우리는 "매주 자문해야 한다. 우리의 삶은 정말로 순수한가? 우리는 **인간적으로** 살고 있는가? 인간이나 짐승을 대할 때 우리의 생각과 행동은 과연 인간적인가?" 솔직히 말해, 어떤 대답도 충분하지 않을 것이다. 인간은 절대로 순수할 수가 없다. 하지만 우리는 **충분히** 순수해지려고 노력할 수 있다. "노예제와 노예 상태"로 말하자면, 그건 절대로 삶이 아니다. 부패해 악취를 풍기기만 한다. 살아 있는 사람들이 노예제를 묻어야 한다고 그는 결론지었다. "거름으로 쓰면 좋을 것이다."[91]

연설을 한 뒤로 소로는 가장 과격하고 급진적인 노예제 폐지론자 반열에 올랐다. 윌리엄 로이드 개리슨은 7월 21일 자 《해방자》에 「매사추세츠의 노예제」를 실었고, 8월 2일에는 호러스 그릴리가 《뉴욕 데일리 트리뷴》에 이 글을 다시 실었다. 그릴리는 신랄한 유머로 번뜩이는 "더 높은 법칙에 관한 **진정한** 연설"이라고 칭찬하면서, 많은 사람이 이 연설문을 잡지에 실은 자신들을 비난할 것이라고 말했다. "하지만 우리의 지지층은 넓기에 그런 비난쯤은 충분히 감당할 수 있다."[92] 《미국 반노예제 기치》는 8월 12일에 "타오르는 말"이라는 표제로 연설문을 실었지만, 소로가 에머슨을 모방하는 작가에 불과하다는 오랜 비난을 되풀이하며, 그의 주장이 "신성모독이나 다름없다"라고 혹평했다. 소로는 일기장에 이렇게만 적었다. "밤이 되어도 후텁지근하다. 아무것도 덮지 않았고 창문을 모두 열어 두었다. 오늘 오전 8시, 프레이밍햄." 그는 새로 핀 꽃의 이름을 몇 개 기록하고 일기장을 덮었다. "뜨거운 하루였다."[93]

다음 몇 주 동안 더위가 심해져 소로의 다락방은 오븐처럼 뜨겁게 달구어졌다. 하는 수 없이 그는 저녁마다 아래층에서 가족과 함께 시간을 보냈다. 그럴 때마다 친밀하고 방탕한, "값싸고 저속한", "침해당하고 구석에 몰린" 느낌이 들었다. 갑자기 그의 이름이 온 나라에 퍼졌다. 5월에는 뉴욕의 출판업자 찰스 스크리브너가 새로 발간할 『미국 문학 백과사전』*Cyclopaedia of American Literature*에 "미국 주요 작가"로 등재할 테니 프로필을 써달라고 요청해 왔다.[94] 6월 7일에는 출판업자 제임스 T. 필즈가 『월든』 교정지를 손에 들고 영국행 배를 탔다. 영국에서 그 책을 출판하고 저작권을 확보하기 위해서였다. 티크너 앤 필즈 출판사는 『월든』이 그 시즌에 가장 인기 있는 책이 되리라 믿고 출간에 공을 들이고 있었다. 필즈는 영국의 출판업자들에게 "월든은 평범한 책이 아니므로 반드시 성공할 것입니다"라고 쓰기까지 했다. 하지만 애석하게도 그는 영국으로 가는 길에 뱃멀미가 너무 심한 나머지 {캐나다의} 핼리팩스항에서 내려 보스턴으로 돌아올 수밖에 없었다. 필즈가 부재한 상황에서 영국의 어떤 출판업자도 미국 작가가 쓴 급진적인 책을 맡으려 하지 않았다.[95] 그릴리는 자신의 홍보망을 최대한 가동했다. 그 결과 7월에 소로가 프레이밍햄에서 항의 연설을 했다는 소문이 퍼져 나가고 있을 때, 발췌문까지 갖춰진 『월든』의 출간 고지 기사가 여러 신문에 게재되었다. 소로는 이제 급진적 노예제 폐지론의 불꽃 속으로 용감하게 걸어 들어간 "매사추세츠의 은둔자"로 불렸다. 그 빛 속에서 『월든』이 세상에 공개되었다.

『월든』의 공식 출간일은 8월 9일이었지만, 그 전에 책이 새어나와 8월 1일에 처음 판매되었고, 소로는 8월 2일에 책을 받았다. 곧이어 버지니아, 메인, 뉴올리언스, 샌프란시스코 등지에서 주문이 들어왔다. 8월 8일 소로는 그 모든 관심이 짐짓 귀찮다는 듯 블레이크에게 이렇게 썼다. "생각건대, 나는 지금까지 별로 유익하지 않은 여름을 보내고 있다네. 세상에 너무 많이 노출되었지." 8월 9일에 쓴 일기는 아래 두 줄이 전부다.

> 8월 9일 수요일 보스턴에 감
> 『월든』 출판. 딱총나무 열매 XXX. 노박덩굴 황변 X.[96]

보스턴에서 저자 증정본을 받은 소로는 브론슨 올컷과 저녁을 먹고 그에게 한 권을 주었다. 나머지는 콩코드로 가지고 돌아왔다. 마침내 소로는 수탉의 울음소리를 갖게 되었다. 과연 그 소리를 들어줄 사람이 있을까?

『월든』 읽기

『월든』은 친구나 이웃들과 직접 대화하는 과정에서 탄생했다. 사람들은 "무례한" 질문을 자유롭게 던지고 솔직한 답변을 듣고 싶어 했다. 1847년 초에는 그들이 눈앞에 있었기 때문에 소로는 월든의 집을 통해 모든 말을 증명해 보일 수 있었다. 와서 보시오! 하지만 1854년에는 월든이 더는 존재하지 않았다. 물론 호수는 그대로 있었지만 나무는 대부분 잘려 나갔고 집도 사라졌다. 풀이 무성한 지하 저장고만이 자리를 알려 주고 있었다. 그곳에서 지낸 시간의 의미를 살리려면 자신의 행동을 책으로 재창조하고, 물리적 공간—나무를 땐 연기와 축축한 양모 냄새가 풍기는 통나무집, 발밑에 스치는 솔잎들, 문에 그려진 쥐—을 언어의 공간으로 바꾸어야 했다. 소로의 또 다른 어려움은 독자를 상정하는 일이었다. 그는 뒤에서 비웃는 사람이 마을에 많다는 것을 알고 있었다. 하지만 그 자신과 비슷한 몽상가와 "가난한 학자들"이 절박하지만 조용히 살아간다는 것도 알고 있었다. 소로는 냉소하는 사람만이 아니라 세계를 있는 그대로 즐기며 받아들이는 "강인하고 용감한" 사람까지 모든 사람을 향해, 『월든』이라는 코트를 입어 보되 그 옷이 딱 맞는 사람들을 위해 그것이 망가지지 않도록 "솔기를 잡아당기지만 말아 달라" 하고 당부했다.[97]

『일주일』에서 삶은 돌이킬 수 없을 정도로 멀리 시간의 강을 떠내려갔지만, 『월든』에서는 삶이 열정으로 빛나고 고통이 하나의 다이아몬드로 탄생했다. 로버트 프로스트는 이 점을 인상 깊게 보았다. "한 인간의 모든 것이 한 단어로 된 제목 아래에 펼쳐지다니 얼마나 성공적인가."[98] 하지만 『월든』은 불멸성을 자랑하면서도 문학적·역사적 진실을 외면하지 않는다. 하지만 그러려면 거친 구절도 필요하다. 철로에서 들리는 기적 소리, 소로의 밭에서 콩을 갉아 먹는 마멋, 요리를 하다가 중얼중얼 욕을 하는 질파의 이야기 등. 물질성을 추구하는 이 태도는 『월든』의 관념적 내용에 힘차게 울려 퍼지고, 특히 개인과 사회의 정체성이 물리적 사실과 행동에 따라 어떻게 결정되는가에 시선을 집중시킨다. 긴 도입부로 시작하는 첫 장 「숲 생활의 경제학」에서 우리는 집을 짓는 일이 말 그대로 자아를 바닥부터 (다시) 지어 올리는 일임을 느끼게 된다. 하지만 **이번**에는 "의도적으로" 내린 선택에 따라 그 대가를 충분히 인식한 상태에서 지어 올리는 일이다. 『월든』의 화자가 우리에게 세 번에 걸쳐 이야기하듯, 소로가 독립기념일에 월든 집으로 이사할 때 우리는 삶의 조건을 물려받지 못했으나 그 조건을 만들어 낸 시민의 국가로서 미국이 설립되었음을 떠올리게 된다.

프레더릭 더글러스가 독립선언서는 거짓이라고 비난하는 것을 들은 뒤 소로는 더글러스의 노여움을 그 자신의 도덕적 분노로 변환시켰다. 기성세대는 위대한 독립혁명의 약속을 완수하는 대신 노예를 부려 상업적으로 성공하고 배를 두드림으로써 스스로의 이상을 모두 배신했다. 소로가 보인 분노와 경멸은 오늘날에도 유효하다. 지배자가 피지배자를 무시하는 관행은 모든 시민의 결정으로 이루어지는 민주국가에서는 용서할 수 없는 죄악이다. 이 때문에 해방은 자기반성에서 시작한다. "사람이 생각하는 그 자신의 모습 그것이 그의 운명을 결정하거나, 더 정확히 말하자면 암시한다." 또는 성 아우구스티누스가 『고백록』*Confessions*에 썼듯이, "나를 구속하고 있던 것은 타인이 내게 채운 족쇄가 아니라 내 의지가 채운 쇠사슬이었다". 소로가 물었다. 윌버포스*라 해도 그가 과연 우리의 자아를 해방할 수 있을까?

애초 『월든』은 소로가 자신만의 세계를 건설하고, 벽에 못을 박고, 콩밭을 매고, 철길을 따라 콩코드까지 걷고, 동전 하나하나를 세는 모습을 전면에 내세웠다. 소로는 양키 특유의 과장된 어조로 견고하고 따뜻한 집의 가격이 28달러 12.5센트라고 공언했다. 놀랍지 않은가! 더욱이 도덕적인 이야기가 너무 많아 공감을 잘하는 독자들마저 쉬이 피로감을 느낄 정도였다. 젊은 소로는 진실을 갈망하고, 거리에서 기성세대의 어리석음을 비난하고, 사람들이 야유를 보내면 특유의 재치로 신랄하게 받아넘기고, 호탕한 웃음으로 사람들을 지레 움츠러들게 했다. 이것이 1849년에 쓴 내용으로, 출판되지는 않았다.

1852년 소로는 실패에 단련되고 가족과 함께한 생활로 부드러워지면서 전혀 다른 사람으로 변했다. 월든에서 미리 대비한 덕분에 메인 거리에

* 영국의 정치인으로, 노예제 폐지 운동을 이끌었다.

서도 잘 대처한 것일까? 그렇지 않더라도, 소로가 월든에서 이룬 성과는, 순수하지만 한계가 있었다. 사회를 떠나야만 가치를 실현할 수 있다는 것이 한계였다. 월든이 모두의 이상향은 아니었다. 오래된 원고를 다시 꺼낸 소로는 마침내, 부분이 전체가 되기를 바라면서 청중에게 잔소리를 늘어놓는 입장이 아니라 그 이상의 존재를 꿈꾸었다. 이제는 변화의 매개자가 되기를 바랐다. 그러려면 책의 방향을 바꿔야 했다. 거의 절반가량은 호숫가의 은둔자가 아닌 메인 거리의 산책자로서—사람들과 그들의 행동에 도덕적 컴퍼스를 갖다 대면서 자신을 단련시키는 현실의 측량사로서—발견한 것들로 가득 채워졌다. 새로 쓴 장들은 나중에 "환경"이라 불리게 될 것에 초점을 두었다. 예전에는 그가 어떻게 생각하는지를 들려주었다면 이제는 어떻게 보는지를 보여 주었다. 그 장들은 "자연 수필"이라는 장르를 개척했지만, 소로는 자신의 삶 바깥에 존재하거나 마을의 경계 너머에 있는 것을 자연으로 이해하지 않았다. 자연은 그 자신과 사회를 아우르는 더 높은 진리였다. 이 역동적 진리를 들여다보면, 소로가 아닌 월든을 중심으로 온갖 형태의 삶이 소용돌이치며 전체를 이룬다.[99] 그 페이지들 위에서 『월든』은 지구와 한 인간의 삶을 보여 주는 홀로그램이 되고 지면 위에 햇빛을 굴절시키는 프리즘이 된다.

소로는 진부한 소재에서 새로운 소재로, 철학에서 시로 축을 옮기기 위해 역동적 장치를 고안해 냈고, 그래서 많은 독자를 잃기도 했다.[100] 「베이커 농장」에서 소로는 존 필드를 등장시킨다. 필드는 거름을 나르는 가난한 아일랜드인으로, 폭풍우가 쏟아질 때 소로에게 피신처를 제공해 준 적이 있었다. 그는 실패자의 전형이자, 『월든』의 화자가 비난을 해도 할 말이 없는 사람이다. 하지만 화자도 실패를 겪는다. 소로는 자신을 현학적인 잔소리꾼으로 등장시켜 가족들에게 끝없이 교훈을 늘어놓고, 가난한 아일랜드인 이민자들이 넋을 잃고 그를 바라볼 때 그들을 자신처럼 "철학자"로 탈바꿈시키는 대신 그들에게 혐오감을 드러내고 외면한다. 많은 사람이 소로가 다른 민족을 비방하는 이 부분만큼은 용서할 수 없다고 느낀다. 하지만 필드 가족은 중요한 은유를 전달하는 매개체다. 그 은유에 좀 문제가 있기는 하지만 말이다. 필드 가족은 옛날 방식에서 벗어나지 못하고 비극적 실수를 되풀이하는 독자들을 대표한다. 이를테면 돈을 많이 벌어 상품—차, 커피, 고기—을 더 많이 사려고 열심히 일하는 삶이 좋은 삶이라 생각하고, 노예노동을 착취하는 이 나라 경제체제에 가담하고, 세상을 파괴하고 영혼을 먹어치우는 운명의 여신 아트로포스Atropos에게 먹이를 공급하는 사람들을 말이다.

소로는 우리의 삶이 변하기를 바라는 사람, 적어도 우리에게 생활의 조건을 직면하게 하는 사람, 또는 삶의 조건을 바꾸지 않으면 우리가 얼마나 많은 잘못을 저지르게 되는지를 일깨워 주는 사람이다. 그렇지만 『월든』의 중반까지 화자인 소로는 전혀 변하지 않았다. 필드 가족과 다를 바 없는 독자들은 넋을 잃고 소로에게 감탄하지만, 잠시 뒤 예전과 똑같이 자신들의 삶을 팔아 자질구레한 상품들을 구매한다. 소로가 자기 집과 월든을 보여주면서 절박하고 굶주린 필드 가족을 면전에서 설득하지 못한다면, 자신이 살던 집이 폐허가 되고 월든도 사라진 먼 미래의 독자를 어떻게 설득할 수 있을까? 바로 이 순간 소로의 위대한 책은 그의 말대로 실패작이 된다.

소로의 자비는 존 필드 가족에게 낚시하는 법을 가르쳐 주는 것이었다. 하지만 물고기 한 두름을 들고 집으로 돌아오면서 『월든』의 화자는 동물의 고기를 먹고 싶어 하는 것에 부끄러움을 느낀다. 다음에 등장하는 「더 높은 법칙들」에서는 식욕 때문에 행해지는 살해에 대해 꺼림칙한 심정으로 자기반성을 한다. 이 장은 소로가 체선쿡에서 조지 대처의 무스 사냥을 목격한 일과 관련이 있다. 「체선쿡」에서는 이 폭력을 냉정하게 해부하지만, 『월든』의 화자는 야만적 식욕을 억누르면서 고뇌하는 청교도다. "본성은 극복하기 힘들지만, 그래도 극복해야 한다." 이 말에 소로는 더는 당황하는 체하지 않고 자신의 행동을 부끄러워한다. 우리가 진심으로 인간 본성을 존중

한다면, 힌두교 경전의 저자들처럼 "먹고, 마시고, 함께 살고, 대소변을 보는" 등의 신체 기능을 솔직하고 단순하게 말할 수 있지 않을까? 몸의 본성을 "극복"하려고 투쟁할 것이 아니라, 그 본성을 인정하고 되찾아야 한다.

그래서 소로는 『월든』의 터닝포인트가 되는 이 챕터의 마지막 부분에서 그 자신을 두 번째로 등장시킨다. 이번에는 9월 어느 저녁에 문지방에 앉아 있는 "존 파머"John Farmer로 나온다. 다시 말해, 우리가 『월든』의 여러 곳에서 만나는 소로는 이 책을 주도면밀하게 쓴 저자가 아니라 1년하고 하루 동안의 경험을 통해 완전히 변화하는 주인공이다. 이 변화의 다음 단계로, 존 파머는 휴식을 갈망하면서도 마음속으로는 내일의 노동 계획을 끊임없이 말한다. "그가 일하는 곳이 아닌 다른 영역에서" 흘러나오는 플루트 소리가 들렸다 사라졌다 하면서 그의 귀를 간질이더니 결국 거리와 마을과 국가를 머릿속에서 몰아내고는 그에게 이 "비천하고 고된 생활"에서 벗어나라고 속삭인다. 하지만 어떻게? "떠오르는 방법이라고는 새로운 고행을 실천하는 것, 정신을 몸속 깊이 가라앉혀 회복시키고, 그 자신을 조금씩 더 존경하는 것이 전부였다."[101] 하지만 적어도 시작은 될 수 있었다.

「이웃의 동물들」Brute Neighbors에서 책의 방향은 완전히 바뀐다. 소로는 자신의 세 번째 분신을 서두에 등장시킨다. 이번에는 사색에 잠긴 "은둔자"로, "시인"이 그를 방해한다. 시인은 충직한 개를 둔 쾌활한 엘러리 채닝이다. 시인은 은둔자에게 복잡한 생각에서 벗어나 낚시하러 가자고 부추긴다. 사색에 골몰하던 철학자는 금세 서정시인으로 바뀐다. 이웃인 오르페우스가 손에 낚싯대를 들고 강으로 가면서 묻는다. "왜 이 세상은 우리 눈에 보이는 이런 대상들로 이루어졌을까?" 그런 뒤 그의 손바닥에 앉아 치즈를 갉아먹는 작은 생쥐로 시작해 그 대상의 범위가 점점 확대되더니 어느덧 월든 숲이 그 혼자만의 삶이 아니라, 인간이 아닌 수많은 동물의 삶으로 가득 채워진다. 눈에 보이지 않는 세계가 마법처럼 생겨난다. 소로는 깨닫는다. "시는 전체적 진실을 **암시하고**, 철학은 진실의 일부를 **표현한다**."[102]

『월든』은 부활의 순환을 노래하는 쪽으로 방향을 틀었다. 그 결과 『월든』은 계절의 변화를 받아들이고, 나아가 "계절에 따라" 살다 보면 생활과 사고의 리듬이 어떻게 바뀌는지를 보여 주는 책이 되었다. 겨울은 삶을 "궁지로 몰아넣기"는 해도 "혹독"하기만 한 것이 아니며, 풍성하고 따뜻할 수도 있다는 점이 드러난다. 화자는 집으로 찾아온 방문객에게 둘러싸인다. 도망 노예, 가난한 노동자(소로 자신도 노동자 모임에 가입했다), 그의 곁에서 지낸 "이웃의 동물들"(그가 받아들인 말벌은 벽 틈 사이로 사라졌다) 등. 첫 장에서 언급한 인간의 "경제"가 새로운 개념으로 확장된다. 가정의 운영을 뜻하는 "에코-**노미아**"eco-nomia가 아니라 가족 그 자체를 말하는 "에코-**로지아**"eco-logia로 넓어진 것이다. 가족은 수많은 **목소리**로 구성된다. 쥐와 말벌, 토끼와 다람쥐, 어치와 박새 그리고 인간 친구인 브론슨 올컷, 엘러리 채닝, 에드먼드 호스머, (쌀쌀맞은) 랠프 월도 에머슨이 모두 그의 가족이 된다. 이들과 긴밀한 관계에 있는 소로는 그 유명한 친구들을 간단히 설명해 달라는 그릴리의 청을 들어주기도 한다. 다음으로 얼음에 뒤덮여 있는 월든 호수가 측량사의 눈에 들어오자 화자는 말 그대로 호수의 특징을 측정하기 시작한다. 오랫동안 없다고 알려진 호수의 바닥을 찾지만, 결국에는 바닥이 없다고 결론짓는다.

『월든』의 첫봄에 등장한 화자는 슬프고 화가 나 있었으며, 자신의 절망을 잘 알고 있기에 남들의 절망을 금세 알아보는 사람이었다. 그는 월든이라는 드넓은 세계에 내던져진 이스마엘* 이었다. 두 번째 봄에 화자는 다시 만들어지고 완성된다. 그는 치유되었고, 완전하고, 강인하다. 필드 가족에게 변화가 필요하다고 비난했던 남자는 철학자에서 농부와 은둔자를 거쳐 시인으로 바뀌는 부활의 순환을 겪으며 스스로를 변화시켰다. 애초 필드 가족과 불편하게 만났던 경험도 지난 일들을 모두 통합하는 시인의 등장으로

* 추방당한 사람, 세상에서 버림받은 자라는 의미로, 『구약성경』에서 아브라함과 아내 사라의 여종 하갈 사이에서 태어난 아들이다.

분열이 해소되고 결실을 맺게 된다. 철로에 "깊게 베인" 쓰라린 상처*가 아물자 흐르는 모래 위에 창조의 캔버스가 나타났다. 시인은 위대한 진리는 죽은 행성의 표면에 있는 것이 아니라 살아 있는 대지의 안팎에서 새잎처럼 돋아나는 것임을 알아차린다. 호수에서 함성이 터져 나오고, 눈이 녹으면서 빛나는 생명이 빠르게 모습을 드러낼 때 소로는 혼돈 속에서 우주가 나타나는 것을 본다. 깊은 영적 이해에 도달한 끝에 소로는 썩어 가는 말의 끔찍한 모습, 죽음 그리고 희생이 자연의 아름다움을 배반하는 것이 아니라 우리 삶의 한계를 초월하는 숭고하고 친밀하고 끔찍한 "우주적 순수"의 징표임을 이해한다. 형의 죽어 가던 몸을 끌어안았던 남자는 이제 우리의 몸도 파이어 아일랜드의 모래처럼 녹아서 흘러가리라는 처절한 진실을 받아들인다.

소로가 『월든』의 「맺는말」에서 제시한 부활의 우화 중에는 그 자신의 월든 실험이 포함되어 있다. 시간에 휩쓸려 간 그 실험이 예술의 손에 부활한 것이다. 소로는 2년 넘게 전력을 다해 『월든』을 완성했으며, 시간과 타협하지 않고 다른 모든 일은 제쳐 두었다. 소로가 마지막 필치를 가하자 "놀란 작가의 눈앞에서 갑자기 브라마의 가장 아름다운 창조물이 다시 피어났다". 그는 속표지에 자신의 모토를 새겼다. "나는 낙담의 시를 쓰지 않겠노라. 이웃들을 일깨울 수 있다면, 아침마다 홰에 올라 울어 대는 수탉처럼 기운차게 외치리라." 그리고 마지막 페이지에서 소로는 수탉의 울음으로 영원한 새벽을 맞이한다. "우리의 눈을 멀게 하는 빛은 우리에게 어둠이다. 우리가 깨어 있는 날은 반드시 동이 튼다. 동이 틀 날은 또다시 찾아온다. 태양은 아침마다 뜨는 별이니." 『월든』의 중반에서 삶의 문턱에 가로막혀 있던 소로는 이제 스스로 플루트를 부는 자가 되었다. 그 소리를 들은 사람들은 구속에서 벗어나 새벽을 향해 그들 자신의 여행을 시작할 것이다. 월든에서

* 상처가 난 곳은 호수 주변의 모래언덕이자 작가의 마음일 것이다.

거행된 의식이 『월든』에서 일종의 기적을 만들어 낸다. 에머슨이 상상했듯 시간의 안팎을 넘나드는 사람이 우리 시대의 경전을 쓴 것이다.

HENRY DAVID THOREAU

A Life

3부

—

삼림천이

9장

메인 거리의 '월든'

1854-1857

사람이 온 세상을 얻고도 제 목숨을 잃으면,

무슨 이득이 있겠느냐?

—

마가복음 8장 36절

〈무슨 이득이 있겠는가?〉
: '월든' 이후

"우리는 미국의 모든 떠오르는 별 가운데 헨리가 단연 왕이라고 생각한다. 미국의 모든 사자 가운데서도 헨리가 단연코 왕이라 생각한다." 에머슨이 말했다 "그는 흔들리지 않는 눈빛으로, 하지만 큰 기대감에 가슴을 두근거리며 콩코드를 배회하고 있다." 『월든』이 나온 지 3주밖에 되지 않았는데도 벌써 평론가들 때문에 헨리의 샌들에 날개가 돋치고 있었다. 헨리에게 첫 책을 받았던 브론슨 올컷은 그날 밤 바로 책을 완독하고 이튿날 다시 읽은 뒤, "시간이 지날수록 독자가 늘어나고 명성이 쌓이게" 될 것이라고 예견했다.[1] 히긴슨은 우스터에서 「매사추세츠의 노예제」에 대한 감사 편지를 보내왔다. 그는 자신이 보기에 이 글은 그 끔찍한 주에 나온 다른 어떤 글보다 뛰어나다고 말하고는, 『월든』의 교정지를 훔쳐본 뒤 두 권을 덥석 샀노라고 덧붙였다.[2] 리처드 풀러는 이건 "히트작"이며, 신념과 고결함이 가득하여 "해가 지날수록 더 황금색으로 익고 향기를 내뿜을" 과일 같은 책이라고 격찬했다. 찰스 섬너 상원의원은 "자넨 우리 모국어의 영원한 문학에 공헌을 한 거야"라고 단언했고, 에머슨은 이 책이 "즐겁고, 재기가 넘쳐흐르고, 읽기 쉬우며, 모든 장점을 고루 갖추었고, 때로는 매우 높은 곳까지 비상한다"라고 말했다.[3] 모든 사람이 감탄한 것은 아니었다. 금욕적인 수사 헤커는 브론슨에게 그 책의 "자만심, 허식, 무신론"을 조심하라고 경고했고, 호손은 선물용으로 두 권을 샀으면서도, 이 책을 끝까지 읽을 정도로 "결단력" 있는 독자는 거의 없을 것이라며 한숨을 내쉬었다. 하지만 소로가 마침내 문학가로서 명성과 부를 누릴 수 있는 위치에 (다행일까 불행일까?) 서게 되었다고는 인정했다.[4]

서평은 충분했다. 대부분이 우호적이었고, 가끔은 과장된 서평도 눈에 띄었다. 보스턴의 《데일리 비》*Daily Bee*는 다음과 같이 권유했다. "이 책을 구입하라. 모두 좋아할 것이다. 독창적이고 신선하며, **살아 있는** 사람의 뇌에서 나온 책." 뉴저지의 한 신문은 "야생에서 갓 나온 신선한 꽃다발. 향기롭고 감동적이다"라고 말했다. 뉴베드퍼드의 《머큐리》*Mercury*는 이 책의 신선함과 매력에 "홀렸다"라고 고백하면서, 그 책에 담긴 도덕적 진리의 씨앗이 "싹을 틔우고 번성하여 새로운 가정들을 아름답게 할 것"이라고 환호했다. 뉴욕의 한 평자는 소로의 "위대한 언어적 천재성"에 경탄했고, 다른 평자는 "반反광란 상태에서도 분별과 지혜가 살아 있는" 책이라고 말했다. 《크리스천 레지스터》*Christian Register*는 "현대인의 삶에 대한 날카롭고 지혜로운 비판"과 "재미있는 유머와 반짝이는 사고"가 잘 어우러졌다며 흡족해했다. 비록 보스턴의 한 비평가는 소로의 "이기적인 철학"에 짜증을 냈고, 기분이 상한 《뉴욕 타임스》*New York Times*는 "소로 씨는 진보를 가리키는 모든 것을 매도한다"라고 혹평했지만 말이다. 영국의 평론가들도 친절했다. 한 평자는 『월든』은 "100만 권 중에 하나 나올까 말까 한 용감한 책이며, 미국의 명예이자 인간에게 주어진 선물"이라고 썼고, 조지 엘리엇은 많은 독자를 가진 《웨스트민스터 평론》*Westminster Review*을 통해 소로의 "깊이 있는 시적 감수성"과 "탈속한 정신을 보여 주는 억센 감각"을 칭찬했다.[5] 소로로서는 더 바랄 게 없었다. 독자들이 『월든』을 찾고 있었다. 친구들과 가족에게 실망을 안겼다는 근심은 눈 녹듯 사라졌다. 이후 헨리 소로는 자신이 위대한 고전을 썼다는 점을 기억하면서 미래를 똑바로 마주할 수 있었다.

성공—그리고 명성—을 관리하는 것이 새롭고 복잡한 과제로 떠올랐다. 그해 가을 《뉴욕 데일리 트리뷴》은 다가오는 시즌의 강연자 명단에 소로의 이름을 올리면서, 그해 강연이 어느 때보다 "더 훌륭할 것"으로 예상했다. 힘이 난 소로는 블레이크에게, 플리머스와 필라델피아에서 차례로 강연 계획이 있고, 그 뒤 만일 사람들이 원한다면 서부에도 갈 계획이라고 용감하게 알렸다. 하지만 다시 생각해 보니 현기증이 났다. "무명과 가난" 속에서 그는 원하는 대로 살았다. 2년 동안이나 꽃과 함께 오붓한 시간을 보냈고, 나뭇잎의 빛깔이 변하는 것을 관찰하며 온 가을을 보냈다. "아, 나는 고독과 가난을 먹고 성장했구나! 이 장점은 아무리 과장해도 지나치지 않다." 그래도 대중이 그를 원한다면? "집을 떠나 강의를 한다면 잃어버린 겨울을 어떻게 만회할까?" 어쩌면 그의 성공 자체가 그의 부족함 때문이었고, 목적을 이루기 위해 "엄청난 희생"도 두려워하지 않는 성격이 그중 하나였을지 몰랐다.[6] 그럼에도 소로는 두려움을 떨쳐 버리고 순회강연을 하기로 굳게 결심하고서, 생애에서 가장 활동적이고 사교적인 시즌을 열어젖혔다.

소로는 살면서 이따금 자기 초상을 그리거나 찍게 했는데, 첫 번째는 『월든』이 나온 직후였다.[7] 보스턴에서 가장 유명한 삽화가 중 한 사람인 새뮤얼 우스터 로즈는 이전에 에머슨의 공식 초상화를 의뢰받았는데, 그때 소로와 한집에 하숙하면서 그의 이목구비에 흥미를 느낀 적이 있었다. 가족의 한 친구가 로즈의 작업 과정을 다음과 같이 기록했다. 2~3주 동안 로즈는 연필을 잡지 않고 소로의 얼굴을 연구했다. 그러다 "어느 날 아침 식사를 하다 말고 갑자기 용서를 구하며 식탁에서 일어난 뒤 온종일 나타나지 않았다". 소로의 얼굴에 스쳐 지나간 어떤 특별한 표정을 포착하려는 것이었다. 다음 날 아침 로즈는 분필과 목탄으로 온화해 보이는 젊은 시인을 섬세하게 묘사한 그림을 들고 내려왔다. 소로의 가족은 대부분 이 그림을 보고는 좋아했고 특히 소피아는 평생 그 그림을 보물처럼 간직했지만, 마리아 고모는 실물과 닮지 않았다면서 비웃었고, 소로의 친구들도 고개를 절레절레 흔들었다. 블레이크는 이 그림이 "아주 불충분하다"라고 생각했고, 프랭클린 샌번은 "다소 연약하다"라고 평가했으며, 올컷은 그의 친구를 "너무 신사로"

그렸다고 불평했다. 바로 그것이 화가의 의도였다. 로즈는 사실을 정확하게 그리기보다는 예술적 인상을 포착하고자 했다. 카메라가 예술계를 전복하고 있던 시대에 로즈는 자신의 의뢰인들을 빅토리아 시대의 중산층 신사 계급의 감상적 이미지로 이상화하여 명성을 얻었다. 이 온화한 몽상의 화신을 보고 헨리가 어떻게 반응했는지는 기록에 남아 있지 않지만 이후 그 그림은 소로를 보여 주는 19세기의 상징적 이미지가 되었다.[8]

그해 8월 세일럼의 식물학자 존 루이스 러셀도 소로를 만나러 왔다. 이틀 동안 함께 산책도 하고 배도 타면서 소로는 그에게 질문을 퍼부었다. 러셀은 콩코드에서 가장 희귀하고 중요한 식물로 이름이 난 아름답고 연약한 실고사리를 찾고 있었다. 뉴잉글랜드의 모든 양치류 중에 이 종만이 덩굴풀처럼 다른 식물을 감고 오른다. 그 고사리는 깊은 숲속의 덤불 한 곳에서만 자라고 있었는데, 소로는 1851년 11월 말에 이 장소를 발견한 뒤로 가장 신뢰하는 친구들에게만 비밀을 알려 주었다. 1854년 8월 14일에 엘리자베스 호어가 소로의 도움을 받아 화환에 쓰려고 소량을 채취했는데, 그녀는 신중하고 참을성 있게 그 섬세한 레이스 모양의 잎을 풀어냈다. 이틀 후, 8월 16일 화창한 아침에 소로는 자신이 소장할 목적으로 러셀을 그곳으로 데려가 그 희귀하고 아름다운 보물의 표본을 채집했다. 그 뒤로 두 사람은 친구로 남았다. 이듬해 3월 러셀은 "요정의 나라에서 미지의 구역을 탐사"했던 경험을 소재로 품위 있는 에세이를 써서 발표했다.[9] 2년 뒤 러셀은 다시 한번 그 들판을 거닐었고, 1858년 9월에는 소로와 함께 케이프 앤Cape Ann으로 탐험 여행을 가서, 즐겁게 강어귀의 식물을 조사하고 저녁에는 죽은 정향나무 덤불에 불을 지펴 차를 끓였다.[10]

『월든』이 출간되자 곧 팬레터가 쏟아졌고 새 친구도 생겼다. 프랑스인 가톨릭 신부, 아드리엥 루케트가 뉴올리언스에서 편지를 보내왔다. 루케트는 오레스테스 브라운슨과 아이작 헤커를 존경하는 열렬한 노예제 폐지론자로, 그로부터 얼마 후 도시를 떠나 선교사 겸 보호자로 촉토 인디언Choctaw Indian 마을에 들어가 그들의 옷과 말을 받아들이고 촉토족 이름인 "차타-이마"Chata-Ima로 살아가게 된다. 모국어인 프랑스어로 루케트는 『월든』에 대한 진정한 감탄을 표하고, 『콩코드강과 메리맥강에서 보낸 일주일』 한 부를 보내 달라고 간청했으며, 자신이 쓴 종교적인 시집 몇 권과 종교적 은둔자로서 자신의 삶을 성찰한 글들을 동봉했다. 소로는 "친할아버지의 모국어"인 프랑스어로 그렇게 뜨거운 인사를 받은 것에 대해 기뻐하면서 다음과 같이 멋진 말을 덧붙였다. "우리 조국의 관용과 운명을 되새기게 해 주시다니 크나큰 감동을 느꼈습니다."[11] 북아메리카의 프랑스인들과 한 민족이라는 의식이 짧은 캐나다 여행으로 점화된 뒤 사그라들지 않고 있었다.

다음으로 뉴베드퍼드에서 오래된 서한이 날아왔다. "친애하는 선생님"이라는 딱딱한 인사말로 시작된 편지는 즉시 찻주전자처럼 달아올라 자신이 자연을 얼마나 사랑하고 미들보러 호수Middleboro Ponds와 자신의 시골 은신처가 얼마나 아름다운지 쏟아부었다. 하지만 그에겐 아내와 네 명의 자식이 있고 나이도 어느덧 42세인지라 새로운 생활 방식을 채택하기에는 "조금 늦은" 것이 사실이다, 하지만 여전히 "뉴베드퍼드에서 3마일 떨어진 조용하고 한적한 곳에 위치한 12×14짜리 판잣집"에서 글을 쓰고 있다고 말했다. 그러더니 몇 페이지 뒤에서 필자의 토로가 갑자기 끝났다. "존경하는 월든 선생님, 오늘은 이만 줄이겠습니다. 대니얼 리케슨." 소로는 정중하고도 조심스럽게 답장을 써 내려갔다. 우선 상냥하게 인사를 하고, 책을 한 권 추천하고, 가벼운 농담을 던졌다. "직접 말씀하신 바와 같이, 선생님께서는 저보다 유리한 입장에서 서신을 교환하고 있으신 듯합니다. 저는 이미 저의 책을 통해 선생님께 훨씬 많은 정보를 드렸기 때문입니다. 선생님께서는 포탄을 날릴 표적이 훤히 보이시겠지요." 리케슨은 자신의 일기에 그 자신이 "성급하게 만족스럽지 못한 편지를 써 보냈다"라고 휘갈겨 쓴 다음, 깨끗한 종이 한 장을 집어 소로를 집으로 초대하는 편지를 썼지만 부치지는 않았다. 리케슨은 충동적이고, 성을 잘 내고, 예민하고, 말이 많은 사람이라 누가

봐도 "월든 씨"와 계속 교류하기는 어려울 것 같았다.[12]

리케슨의 건방진 편지를 책상에 올려놓고 답장 쓰기를 미루는 동안 소로는 열심히 순찰을 돌았다. 마침내 여름 가뭄이 끝나고 텃밭에 묻어 둔 거북 알들이 부화를 시작했다. 대지가 연약하기만 한 생명의 씨앗을 보듬어 키워 내는 것을 보면서 소로는 깊이 감동했다. 그리고 친구들과 자주 산책을 했다. 마이넛 프랫은 브룩팜의 농부였다가 콩코드에서 농장을 매입했고, 삽화가 로즈는 소로에게 예술가의 눈으로 보는 법을 가르치고 있었으며, 채닝은 길 건너편에서 아직도 괴로움과 외로움에 힘들어하며 홀로 남은 집 주변을 배회하고 있었다. 최근에 잉글랜드 슈롭셔에서 찾아온 호리호리한 신사, 토머스 콜몬들리—**컴리**라고 들렸다—와도 산책을 했다. 8월에 에머슨의 현관문을 두드린 그는 가으내 소로의 집에서 하숙을 했다. 옥스퍼드에서 공부한 콜몬들리는 뉴질랜드에서 수년간 양 농장을 운영한 경험을 바탕으로 뉴질랜드의 정치경제와 사회경제를 연구한 책 『울티마 툴레』*Ultima Thule*를 막 발표했다. 이제 그는 대영제국이 신세계에서 한 일을 눈으로 보고 싶어했다. 소로는 "소박한 습관과 진정한 자유 의식을 가진 영국의 시골 신사로, 언젠가 자신의 나라에서 정치에 참여할 사람"이라고 그를 칭찬했다.[13] 어찌어찌 두 사람은 서로를 좋아하게 되었다. 새해가 되자마자 콜몬들리는 영국으로 돌아가는 배를 타기 전 콩코드에 들러 자기와 함께 가자고 소로를 설득했다. 그들의 우정이 정말로 뜨거웠는지, 에머슨은 소로가 떠날지도 모른다고 걱정했다.[14]

가을 순회강연을 통한 홍보 계획은 출발이 좋았다. 소로를 가장 먼저 초대한 사람은 플리머스의 마스턴 왓슨이었다. 제임스 스푸너를 비롯한 몇몇 사람과 함께 소로를 다시 초대하려고 10달러를 모금한 것이다.[15] 가족이 살 집을 찾고 있던 올컷도 플리머스에 있었다. 왓슨은 소로가 올컷의 넓은 마당과 과수원을 측량하는 일도 해 주기를 바랐다. 소로는 싱글벙글하며 컴퍼스와 강연 원고를 같이 챙기고는 10월 7일에 플리머스로 출발했다. 하지만 이 초대에는 약간 신경 쓰이는 일이 있었다. 플리머스 사람들은 두 번의 강의를 요청했지만, 준비된 것은 하나뿐이었고 게다가 이미 플리머스에서 행한 강연이었다. 시간에 쫓긴 소로는 〈산책〉의 절들을 확장해서 기존에 계획하고 있던 서부 순회강연에 적합하도록 몇 번의 강의로 분할했다. 플리머스에서 소로는 〈달빛〉으로 첫 강연을 했는데, 달의 영묘한 빛에 이끌려 산책하는 것을 노래한 광시곡을 통해 소로는 "우리가 세속의 지구가 아닌 영적인 지구에 속한 존재"임을 보여 주었다.[16] 청중은 단출했다. 왓슨 부부, 헌신적인 스푸너, 올컷—여느 때처럼 협조적이었고, 소로의 새로운 강연이 "감탄할 만하다"라고 선언했다—그리고 몇 사람이 더 참석해 거의 "바느질 모임" 수준이었다. 소로는 그 여행을 기록하지 않았다. 살아오면서 항상 넉넉한 여유를 즐겼던 작가가 이번 가을에는 통 여유를 누리지 못했다. 그는 올컷과 한방을 쓰면서 잠이 들 때까지 이야기를 나눴고, 사흘 동안 힐사이드의 80에이커를 측정했다. 왓슨이 길 안내를 하고 올컷이 측쇄測鎖를 운반했다. 그런 뒤 10월 13일에 보스턴을 경유해서 돌아왔고, 올컷 가족을 방문했다.[17]

집에 오자마자 소로는 와추세트산에 갈 거라는 편지를 블레이크에게 써 보냈다. 거창한 여행은 아니며, 지금으로서는 그 정도밖에 할 수 없다고 덧붙였다. 미국의 산을 꼭 오르고 싶어 하는 콜몬들리가 이번 여행으로 최소한 시골 지역을 조금 둘러볼 수는 있었다. 출발일인 10월 19일, 가뭄에 시달린 나무들은 잎을 다 떨구었고 고지에는 첫눈이 설탕처럼 뿌려져 있었다. 일행은 웨스트민스터에서 대니얼 포스터의 집까지 걸어갔다. 콩코드 삼위일체신론교회 목사로 1년을 보낸 뒤 포스터는 이스트 프린스턴의 한 농장에 정착했다. 대니얼은 강연하러 나가고 없었지만, 그의 아내이자 소피아 소로의 친한 친구인 도라가 그들을 따뜻하게 맞아 주었다. 거기서 와추세트 꼭대기까지는 한달음에 갈 수 있는 2마일 거리밖에 되지 않았다. 그들은 정상에서 블레이크를 만났고, 헨리 소로의 망원경으로 보스턴항에 정박해 있

는 배들을 바라보며 감탄을 금치 못했다.[18]

포스터의 집에서 몇 시간 잠을 잔 뒤 세 사람은 새벽에 다시 정상에 올랐다. 동쪽은 "황금빛 안개에 가려져" 있었고, 서쪽으로는 와추세트의 그림자가 멀리 지평선을 이룬 후삭 산맥에 닿아 있다가 서서히 줄어들더니 그 아래 농장 지대에 뾰족한 피라미드를 만들어 냈다. 그들은 그날 콩코드로 돌아왔다. 대니얼 포스터는 자신이 그때 집에 없어 아쉬웠으며 소로라는 친구가 있어 "내 가장 소중한 목적에 특별히 큰 힘과 도움이 되고 있음"을 알아 달라고 편지를 써 보냈다.[19] 그 목적은 자신의 작은 땅에서 행복한 가정을 이루고서 "진리와 불멸의 삶을 추구하는 것"이었다. 가슴 아픈 소망이었다. 열렬한 노예 폐지론자였던 포스터는 이상을 좇아 캔자스 변방으로 가서 존 브라운의 반란에 가담했고, 남북전쟁에 참전했다가 사망했다. 계급은 미합중국 흑인군 37연대 대위였다.

와추세트에서 돌아온 소로는 다시 글쓰기에 매달렸다. 필라델피아의 명망 있는 스프링가든기계학교Spring Garden Mechanics Institute의 강연 시리즈에 두 번째 연사로 예약되어 있었다. 뉴잉글랜드 바깥에서는 처음 하는 강연이라 부담이 되었다. 소로는 자신의 주제가 "야생"이라고 발표했는데, 〈산책〉을 확장해 만들고자 계획하고 있는 일련의 강연 중 두 번째 이야기였다. 하지만 서부 투어 계획은 잘 실현되지 않고 있었다. 한 번은 오하이오주 아크론에서, 또 한 번은 온타리오주 해밀턴에서, 이렇게 입질이 두 번 오기는 했다. 소로는 당장 편지를 써서 두 번 다 1월 초에 하기로 일정을 잡고—2회 강연으로는 경비도 충당하기 어려웠으니—다른 강연을 낚아보려 했다. 또 한 프로비던스와 낸터킷에서 강연할 날짜를 조정하고, 보스턴 지역에서 또 다른 입질이 오자 낚싯줄을 당겼으나 소득은 없었다.[20] 계획이 아직 허공에

뜬 상태에서 11월 20일 필라델피아로 출발했다. 긴 하루가 될 것이었다. 일단 새벽 기차를 타고 보스턴으로 갔고, 거기서 급행열차로 갈아타고 뉴욕으로 갔으며, 저녁 무렵 세 번째 기차를 타고 뉴저지를 가로질러 캠던 페리로 간 뒤 델라웨어강을 건너 필라델피아에 도착하니 어느덧 밤 10시였다. 콩코드에서 열다섯 시간, 소로는 이렇게 적었다.[21]

미국 최초의 수도에서 소로는 단 하루 머물렀다. 아침에 가장 먼저 한 일은 13개 주의 대표들이 만장일치로 독립선언서를 채택한 주의회 의사당을 찾아간 일이었다. (위대한 사적지보다는 발밑에서 소란스럽게 돌아다니는 다람쥐들이 더 좋긴 했지만) 의사당의 돔 꼭대기에 올라가 도시를 내려다보았다. 에머슨이 필라델피아의 유니테리언 목사이자 대학 동창인 윌리엄 헨리 퍼니스에게 미리 기별을 넣어 소로에게 도시를 안내해 달라고 청해 두었다. 퍼니스는 소로에게 국립과학아카데미National Academy of Sciences를 보여주었다. 늘어나는 수집품을 수용할 수 있도록 목수들이 아카데미 건물에 네 개 층을 더 올리고 있었다. 소로는 모턴의 유명한 인간 두개골 컬렉션* 앞에서 한참을 서성거렸다. 두개골의 크기는 지능의 절대적 척도였다. 두개골이 클수록 인간은 더 똑똑하다고 하는데, 백인이 맨 윗자리를 차지했다. 미국철학회American Philosophical Society에 대해 소로는 그곳이 "늙은 여자들의 모임"이라 불린다고 지적했다. 하지만 필라델피아에서 발표한 〈야생〉The Wild은 소로에게 가장 중요했다. 그는 강연록의 속표지에 "이 글은 앞으로 쓸 모든 글의 개론이 될 것"이라고 휘갈겨 썼다. 강연회에 참석할 수 없었던 퍼니스는 교구 목사의 딸이 한 말을 에머슨에게 적어 보냈다. 강연은 "흥미로운 이야기로 가득했고" 강연자의 어조도 정말 "재미"있었지만 "청중이 어리석어서 그 내용을 잘 이해하지 못했다". 퍼니스 역시 노려보는 듯한 눈,

* 19세기에 인종학의 관점에서 인간 두개골을 수집하고 전시하는 풍조가 유행했다. 조지 모턴은 필라델피아의 과학자이자 의사였는데, 1820년 무렵부터 1851년까지 1,000개가 넘는 인간 두개골을 모았다고 알려졌다.

삐죽 나온 입술, 작은 턱, 더부룩한 머리, 맥貘처럼 구부러진 코 등으로 소로를 우스꽝스럽게 스케치했다.[22]

설령 소로가 필라델피아에서 낙담을 했더라도 이튿날 뉴욕에선 깨끗이 잊었을 것이다. 언제나 헌신적인 그릴리가 열과 성을 다해 자신의 새로운 출판 의뢰인을 유명 인사처럼 대접했다. 크리스털 팰리스Crystal Palace는 눈이 부셨는데, 두께가 50피트나 되는 단단한 석탄 기둥부터 철광석과 구리 광석, 수많은 조각품과 그림, 런던 타워에서 온 18세기 갑옷과 투구까지 별별 것들이 다 전시되어 있었다. 바넘 박물관Barnum Museum에서 소로는 패총에서 발굴한 인디언 유물, 키가 큰 기린(바넘이 주장한 만큼 키가 큰 것은 아니라며 측량사 소로는 코웃음을 쳤다), 바넘의 세계 축소 전시관을 둘러보면서 생각에 잠겼다. 월든에 집을 지은 사람으로서 그걸 보고 있자니 전 세계 집들은 거의 똑같이 생겼다는 생각이 들었다. 그릴리는 소로를《뉴욕 트리뷴》 직원들에게 소개한 뒤 그를 데리고 오페라극장으로 달려갔다. 파리에서 선풍을 일으켰고 빅토리아 여왕도 좋아하는 빈센초 벨리니*의 〈청교도〉I Puritani를 상연하고 있었다. 사환의 안내를 받아 오페라극장을 돌아다니고 이 그룹 저 그룹을 만나는 동안 소로는 이 모든 사교 활동에 어지러움을 느꼈다. "그릴리는 모르는 사람이 없었고, 사람들도 다 그릴리를 아는 것 같았다."[23]

집에 돌아와서도 쉴 틈이 없었다. 2주 후 프로빈스타운에 가서, "무슨 이득이 있겠는가?"라는 제목으로 완전히 새로운 강연을 하겠다고 약속한 터였다. 앞으로 그가 가장 자주 발표하고, 결국에는 그의 위대하고 논쟁적인 에세이 「무원칙의 삶」Life without Principle으로 발전할 이 강연이 대중 앞에 첫선을 보이는 자리였다. 〈달빛〉과 〈야생〉처럼 〈무원칙의 삶〉도 〈산책〉에서 갈라져 나왔지만, 이 세 번째 강연은 속죄하는 "만보자"漫步者의 눈과

* 19세기 중반 이탈리아의 오페라 작곡가.

무관하게 확장되었다. 모든 강연 중에서 소로는 이 두 강연, 〈산책, 혹은 야생〉과 〈무슨 이득이 있겠는가?〉를 출판하지 않고 강연으로 남겨 두었다가 임종의 자리에 누워서야 출판을 결정했다. 두 강연은 상호 보완하는 짝—자연과 인간—으로 구상되었기 때문에 둘을 합치면 소로가 주창한 주요 원리들을 꿰어서 볼 수 있었다. 샤드락 민킨스의 탈출이 이슈가 됐을 때 소로는 이렇게 물었다. "정치적 자유가 도덕적 자유의 수단으로 쓰이는 것 외에 다른 어떤 가치가 있을까?" 이 두 강연이 소로의 대답이었다. 〈산책〉에서 제시한 자유는 생계에 필요한 일에서 탈출해 오로지 더 높은 법칙 안에서만 거주하며 하루의 삶을 꾸려 갈 자유였다. 반면 이 새로운 강연에서 제시하는 자유는 정직하게, 더 나아가 시적으로 돈을 벌어 생계를 유지할 자유였다. 성경에서 따온 제목이 청중에게 묻고 있었다. "사람이 온 세상을 얻고도 제 목숨을 잃으면, 무슨 이득이 있겠느냐?"[24]

이 모든 상황에서 소로는 아이러니를 절감했다. 소로는 "사랑을 함으로써 생계를 꾸리라"라고 말하면서 생계비를 벌고 있었지만, 정작 자신이 하고 있는 일을 좋아하지는 않았다. 글쓰기와 계획된 일정으로 한동안 바쁘게 보낸 뒤인 12월 6일, 소로는 프로비던스로 가는 기차의 창가 자리에 맥없이 주저앉아 바깥 풍경을 하염없이 바라보았다. "얼음이 두껍게 얼었고 소년들은 프로비던스까지 얼음을 지치고 간다. 하지만 언제 얼음이 얼었는지도 몰랐구나. 강연 원고를 쓰느라 눈코 뜰 새가 없었다." 지난 9월에 우려하던 대로였다. "집을 떠나 강의를 한다면 잃어버린 겨울을 어떻게 만회할까?"[25] 하지만 그는 꿋꿋이 버텨 나갔다. 프로비던스 강연회의 주최자들은 "노예제에 대한 분노"를 감안할 때 이번 연사들은 개혁을 강조할 필요가 있다고 명시했다. 그들은 시어도어 파커, 웬들 필립스, 윌리엄 로이드 개리슨, T. W. 히긴슨을 초빙해 소로를 당대의 위대한 개혁 연설가 반열에 올려놓았다. 위대한 선동문 〈매사추세츠의 노예제〉로 강연을 했더라면 청중이 좋아했을 텐데 소로는 이미 발표된 자료를 되풀이하는 대신 그보다 덜 격하고 더 철학적인 〈무슨 이득이 있겠는가?〉로 강연을 했다. 반응은 차가웠고 소로는 낙심했다. "이대로는 대중의 주목을 얻지 못한다. 나에게 맞추지 말고 청중에게 더 맞춰야 한다." 사람들은 독창적인 것이 아니라 친숙한 것을 원했다. "청중을 좋아하고 그들과 공감하지 못한다면 그들의 관심을 끌어내기 어렵다." 그나마 다행은, "천우신조로" H.G.O. 블레이크와 절친한 사이인 {철학하는 재단사} 티오필러스 브라운이 참석한 것이다. "거기에 우스터의 토양이" 약간 있는 것을 알게 된 덕분에 소로의 강연은 "자갈밭"에 떨어지지 않았다.[26]

하지만 자갈밭이라 해도 작은 결실을 낼 수는 있다. 프로비던스에서 소로는 에머슨의 제자 찰스 킹 뉴컴을 만났다. 몇 년 전에 「두 명의 돌론」을 쓴 뉴컴은 소로를 데리고 로저 윌리엄스*의 바위와 내러갠셋Narragansett만으로 갔다. 하지만 소로는 씁쓸함을 지우지 못했다. 자신의 가치를 낮추고 사력을 다해 인기 강사가 되고자 했건만, 대체 뭘 위해 그랬단 말인가? 오늘 두 번째로 대도시의 청중이 그가 최선을 다해 준비한 내용을 들으며 하품을 했다. 그 모든 노력이 실패로 끝났다. 게다가 그 일을 하느라 다른 무엇보다 소중한 것, 즉 매일 자연으로 걸어 들어가 그날의 변화를 볼 수 있는 자유를 포기했다. "나도 모르는 사이에 겨울이 왔다." 프로비던스에서 돌아오는 길에 그는 다시 부루퉁해졌다. 책을 쓰는 게 나으리라. 그러다 보면 청중이 걸러질 것이다. 그가 청중에게 가기보다는 청중이 그에게 와야 한다.[27] 이 결심과 함께 서부 순회강연 계획은 순식간에 증발했다. 그런 순회여행은 에머슨에게 어울린다. 에머슨은 해마다 순회강연 여행을 한다. 그가 뉴잉글랜드 바깥에서 하는 강연은 이번이 마지막이다. 하지만 이미 한 약속은 어길 수 없는지라 크리스마스 다음 날 뉴베드퍼드 라이시움에서 〈무슨 이득이 있겠는가?〉를 강연하고 이틀 후 낸터킷에서도 같은 강연을 했다. 우

* 영국 식민지 시대 미국의 종교가.

울한 분위기 속에서 다행히 이 두 강연은 소로가 완전히 포기하지 않을 이유가 되어 주었다.

뉴베드퍼드는 대니얼 리케슨이 사는 지역이었다. 분명 리케슨은 소로가 온다는 소식을 듣자마자 즉시 지난 10월에 쓰다 만 편지를 다시 펼치고는 소로에게 하룻밤 묵어가라고 초대하는 글을 적어 우체통에 밀어 넣었다. 소로는 즉시 받아들였고, 리케슨은 회답 편지로 크리스마스 저녁 기차를 타라고 알려 주었지만, 자신이 그렇게 썼다는 사실을 그만 잊고 말았다.[28] 1857년 크리스마스 아침에 리케슨은 정오 기차를 맞이하러 역으로 달려갔고, 실망한 채 돌아왔다. 한편 소로는 리케슨의 지시를 따라 저녁 기차로 도착했지만 그를 기다리는 사람은 아무도 없었다. 리케슨이 현관 앞에서 눈을 치우고 있을 때 "한 남자가 한 손에 큰 여행용 가방을, 다른 손에는 우산을 들고 도로를 따라 걸어오고 있는" 게 보였다. "짙은 색의 긴 오버코트를 입고 검은 모자를 쓰고 있었다." 리케슨은 작은 물건을 파는 행상인이리라 짐작했지만, 그 행상인이 그에게 다가오더니 걸음을 멈추고 이렇게 말했다. "처음 뵙겠습니다." "나는 그 순간 즉시 내 앞에 서 있는 이 사람이 나와 편지를 주고받았고 내가 오늘 오전에 볼 것이라 기대했던 바로 그 사람이라는 생각이 뇌리를 스쳤다. 나는 마음속으로 억세고 건장한 사람을 그리고 있었는데, 이 사람은 키가 작고 약간 못나 보이는 사람이었다. 하지만 나는 실망감을 감추고 즉시 대답했다. '혹시 소로 씨이신지?'"[29]

이 어이없는 실책들 속에서 남다른 우정이 피어났다. 퀘이커 교도인 리케슨은 법조인의 길을 포기하고 증조부가 포경업으로 쌓은 재산을 물려받아 부유하게 살고 있었다. 그는 1년 내내 공부에 몰두하면서 선량한 마음으로 10여 가지 소일거리—에세이, 시, 지방의 역사, 박물학, 개혁, 노예제 폐지론—를 만지작거리는 아마추어 학자였지만, 건강염려증이 워낙 심해 잠자는 시간을 제외하고는 대부분의 시간을 자신의 "판잣집"에서 혼자 지냈다. 화롯불을 피워 '판잣집'은 따뜻했고 책과 문서로 가득했다. 불과 몇 피트 떨어진 곳에 훌륭한 저택, 브룩론Brooklawn이 서 있었는데, 저택의 안주인이자 아내인 루이자 리케슨이 네 아이—아서, 월턴(커서 유명한 조각가가 되었다), 애나, 에마—와 함께 활기차게 살고 있었다. 소로와 밤이 깊도록 대화하는 사이 대니얼의 실망은 눈 녹듯 사라졌다. 헨리가 느낀 효과는 즉각적이었다. "나는 R과 숲속을 산책했다. 놀라우리만치 화기애애하고 유쾌했다. (…) 마치 마음속에서 겨울이 다 녹아내리는 느낌이었다. 만일 집이었다면 시를 써 보려 했을 것이다."[30] 일주일 뒤 리케슨은 헨리에게 다시 방문해 달라고 초대하면서 "친애하는 월든 씨"라며 유쾌한 경례를 보냈다. 소로는 밝은 답장으로 화답했다. 어느새 두 사람은 오랜 친구처럼 친밀하고 솔직하며 격의 없는 사이가 되어, 서로를 잠깐씩 괴롭히다가 이내 다정하게 웃음으로 풀어 버리곤 했다.

두 사람은 온종일 숲속을 거닐고, 마차를 타고 주변 지역을 돌아다녔다. 이때 신경을 많이 쓴 리케슨은 몸이 좋지 않아 정작 소로의 강연이 있는 날에는 월턴과 함께 집에 남았고, 루이자와 "어린 친구들"만 뉴베드퍼드 라이시움으로 갔다. 청중은 많았고, 소로는 이번에도 당황했다. 한 청중은 "소로의 강연이 청중에게 조금 어려운 것 같았다"라고 말했다. 지역신문은 "사려 깊은 강연이었다"라고 인정하면서도 "그러나 확실히 독특했다"라고 평가했다. 리케슨은 새 친구에게 몇몇 "현명한" 사람은 그 강연을 좋아하더라 하면서 위로했다.[31] 달리 무엇을 기대할 수 있었을까? 뉴베드퍼드는 고래기름 사업으로 갑자기 번창한 항구도시라서 강연장은 부유한 상인, 선장, 목수, 통메장이*, 상륙 허가 시간에 나온 선원으로 가득했다. 모두가 바다에서 엄청난 이득을 거둬들이고 있었다. 이윤을 추구하면 영혼이 위태로워진다는 소로의 경고를 과연 그 사람들이 어떻게 이해할 수 있었을까?

다음 날 작은 물건을 파는 행상인처럼 보이는 작은 남자는 다시 한번

* 통을 만들거나 수선하는 사람.

〈무슨 이득이 있겠는가?〉를 주머니에 넣은 채 이슬비를 뚫고 거친 바다로 나갔다. 낸터킷까지는 30마일 거리였는데 "가는 내내 편두통에 시달렸다". 뱃멀미가 난 소로는 그날 저녁 나이 많은 포경선 선장 에드워드 W. 가디너의 집에서 몸을 추슬렀고, 가디너의 고래잡이 이야기를 들으면서 마음을 추슬렀다. 이 땅에서는 고래를 잡으러 한 번이라도 나가 본 사람만이 결혼을 할 수 있고, 작살로 고래를 찔러 본 사람만 춤을 출 수 있었다. 가디너의 친척도 에이헙••처럼 고래 때문에 익사했다. 낸터킷은 오래전에 나무가 사라졌는데, 은퇴한 이 선장은 새로 소나무 숲을 가꾸는 일을 자신의 사명으로 알고 있었다. 가디너는 소로를 데리고 섬 가장자리에 위치한 시아스콘셋으로 가서는, 소로가 귀를 기울이는 동안 자신이 식목한 나무들을 가리키며 잣나무 씨앗의 가격과 출처에 대해 설명했다. 소로는 "머지않아 이 재배지들이 이 섬의 모습을 바꿔 놓을 것이다"라고 적었다. 콩코드에서도 나무가 사라지고 있었다. 이렇게 하면 땅의 재생을 앞당길 수 있을까? 소로는 이 생각을 잘 간직해 두었다. 낸터킷 아테나이움•••에서 사람들은 소로에게 선원들이 남태평양에서 가져온 신기한 물건들을 보여 주었다. 하지만 막상 미국의 토착 인디언에 대해 소로가 묻자 그들은 그 섬의 마지막 인디언을 찍은 사진 한 장을 보여 줄 뿐이었다. 그의 손에 허클베리 열매 바구니가 들려 있었다. 너무 늦게 왔다. 그 남자는 죽은 지 채 한 달이 안 되었다.[32]

소로의 악명에 이끌려 많은 사람이 비와 진흙을 뚫고 걸어와 〈무슨 이득이 있겠는가?〉를 들었다. 소로는 지금까지 세 번 실패했지만, 낸터킷 사람들은 그의 강연을 좋아했다. 소로는 기뻐 소리쳤다. "나에게 꼭 맞는 청중을 만났다." 이튿날 아침 그를 태운 배는 안개에 갇혀 하이애니스 앞바다에서 길을 잃었다(한번은 우편선이 5주 만에 뭍에 닿았다고 가디너 선장이 말했다). 조심스럽게 수심을 재면서 나아가던 중 마침내 "기관차의 기적 소리와

•• 『모비 딕』에 등장하는 포경선 선장.

••• 낸터킷의 지역 문화회관.

구조선의 종소리"가 들려왔다.[33] 저녁에는 콩코드로 돌아올 수 있었다. 이틀 뒤 소로는 언 강을 걸어 페어헤이븐 베이에 갔다. 감탄이 절로 나왔다. "이토록 고요하고 평화로운 겨울 풍경이 어디 있을까?" 드디어 자유를 찾았으니, 남은 겨울은 모두 그의 것이었다. 그 시즌에 소로는 두 번 더 〈무슨 이득이 있겠는가?〉를 들고 청중을 만났지만, 둘 다 집에서 가까운 곳이었다. 나흘 뒤 그는 우스터에서 옛 친구들과 함께 근사한 시간을 보냈다. 퀸시가 몬드 호수 주변을 산책하고, 중간에 바구니를 짜는 와바나키족 사람과 전신선을 놓는 미스터 워시번이란 사람을 만나 이것저것 물어보았다. 6주 후인 1855년 2월 14일 소로는 이미 혹평에 시달리고 있는 〈무슨 이득이 있겠는가?〉를 한 번 더 읽고 시즌을 마무리했다. 하지만 강연 여행을 취소하기로 결심한 것을 후회하게 만드는 일은 일어나지 않았다. 소로는 거의 2년이 흐른 뒤에야 다시 연단에 올랐다.

병과 회복

12월에 소로는 겨울을 잃어버렸다며 괴로워했지만, 이제는 매일 한겨울을 즐겼다. 스케이트 타는 소년들을 부러워하기는커녕 이제 소로는 아이들과 어울려 몇 시간 동안 30마일이나 얼음을 지쳤다! 그야말로 "스케이팅의 겨울"이었다. 2월 4일에는 윌리엄 태펀과 함께 날렵한 새처럼 코트 뒷자락을 바람에 휘날리며 스케이트를 타고 팬트리 메도를 가로질렀다. "휘몰아치는 눈안개에 뒤덮여 눈부시게 반짝거리는 넓은 목초지 한가운데서, 우아한 악마처럼" 얼음을 지쳤고, 위험한 구멍을 만나면 폴짝 뛰어넘어 목숨을 구했다. 모두가 추위에 놀랐다. 마을 중심부까지 죄다 얼어붙은 탓에 은행 뒤편으로 나오면 "스케이트를 타고 콩코드강의 어느 유역이라도 갈 수 있었다".[34] 2월에는 추위 때문에 시계가 멈추고, 사람들이 자는 동안 얼굴 주변에서 이불이 얼었으며, 손가락이 굳어 "단추를 채우지 못하고 풀어 둔 채 두어야" 했다. 문을 열어 달라고 야옹거리던 고양이가 막상 문을 열어 주자 나가지 않으려 했고, 몇 시간 뒤 건초 냄새를 풍기며 헛간에서 돌아왔다. "우리는 모두 고양이를 안고 냄새를 맡았다. 향기로운 냄새가 났다." 집 안에서 소로는 잉크를 녹여 가며 글을 썼고, 집 바깥에서 그는 생쥐와 뇌조와 여우가 눈 위에 써 놓은 글을 추적하며 해독했다. 소로가 지켜보는 가운데 나무꾼 테리앙은 월든 집에 그늘을 드리우는 커다란 밤나무들을 찍어 쓰러뜨렸다. 나이테가 75개였고, 도끼가 부러졌으며, 날은 지독히 추웠다. 소피아의 화분들이 집 안에서 얼어 죽었다. 날씨를 묘사하는 게 중요한 이유는, "날씨가 우리의 감정에 영향을 미치기 때문"이라고 소로는 생각했다. "그때도 중요했으니 지금도 반드시 기억해야 할 만큼 중요하다."[35]

맹추위가 거의 물러가고 바람이 거세게 부는 3월에—너무 으스스해서 인내심이 바닥을 드러낼 때—소로는 미래의 전기 작가, 프랭클린 벤저민 샌번을 만났다. 야심 찬 이 하버드 4학년생은 작년 가을에 에머슨을 찾아왔고, 좋은 인상을 받은 에머슨은 즉시 샌번을 초빙해 콩코드에 학교를 열었다. 학교가 몹시 필요하던 차였다. 소로와 샌번은 1월에 우연히 마주쳤다. 소로는 자신에 대한 우호적 에세이를 《하버드 매거진》*Harvard Magazine*에 발표한 어느 학생에게 『일주일』 한 부를 주려고 하버드에 갔다. 샌번은 저자를 확인하지도 않고 그 책을 받아 의무적으로 전달해 주었다. 한 시간이 지난 뒤에야 샌번은 이것저것 종합해 그가 소로라고 추측했지만, 소로는 이미 태디어스 해리스와 진지하게 대화를 나누는 중이었다. 자신을 소개하기에는 너무 늦었다고 생각한 샌번은 학부생의 부주의한 경멸이 살짝 첨가된 번지르르한 편지를 써 보냈다. "당신의 철학을 어떻게 생각하는지 저에게 물어보신다면, 저는 그런 철학이 별 값어치가 없다고 대답하고 싶습니다." 답장을 쓸 때 소로는 득실을 고려해 현명하게 이 모욕을 무시했다.[36]

샌번은 빠르게 움직였다. 3월 13일 에머슨은 그에게 학생 스무 명을 가르쳐 달라면서, 교원 주택을 무료로 제공한다는 조건으로 연봉 850달러를 제안했다. 이틀 뒤 샌번과 그의 누이 세라가 콩코드에 도착해 엘러리 채닝의 2층 방들을 빌리고 길 건너 소로 집에서 식사를 하기로 약속을 잡았다. 나중에 샌번은 저녁 식사 풍경을 스케치했다. 귀가 들리지 않는 존 소로 씨가 말없이 상석에 앉은 가운데 소로가 대화를 이끌었고, "수다스러운" 신시아가 끼어들면 참을성 있게 기다렸다가, 그녀가 말을 다 마치는 순간 정확히 중단되었던 곳으로 돌아가 대화를 이어 갔으며, 소피아는 내내 열정적으로 참여했다. 소로가 새로 온 이웃들을 공식 방문했을 때 샌번은 그를 "에머슨의 포켓판"이라 평가했다. "어떤 재빠르고 정직한 동물, 은밀한 곳에 숨어 사는 철학적인 마멋이나 고결한 여우"처럼 거칠고 억센 사람이 몸에 맞지도 않는 옷을 고통스럽게 입고 있었다.[37] 소로는 종종 학생들—에머슨의 아이들, 올컷의 아이들, 호손의 아이들, 헨리 제임스의 아들 윌키와 밥, 존 브라운의 딸—을 이끌고 토요일 소풍을 나갔지만, 선생으로 오라는 이야기에는 고개를 가로저었다.[38] 5월 12일, 샌번의 하버드 동창 두 명이 케임브리지에서 그의 가구를 마차에 싣고 도착했다. 세 사람은 소로의 배(마침 그 집 뒷마당에 정박해 있었다)를 빌려 콩코드강을 한가롭게 유람했다. 샌번이 고향을 찾았다.

1855년에 들어서도 소로의 일기는 행복하게 끓어올랐다. 봄이 되자 모든 곳에서 죽이는 일이 시작되었다. 소로는 그 모습을 망원경으로 지켜보았다. 가필드는 하늘에서 붉은꼬리매를 쏘아 떨어뜨렸고, 사냥꾼들은 배를 타고 초지를 누비면서 사향뒤쥐를 사냥했다. 사냥이 멈춘 사이 소로는 죽어서 물 위에 떠 있는 아름다운 오리를 건져 올렸는데 알고 보니 희귀한 비오리였다. 제이콥 파머는 한 해에 덫으로 밍크 100마리를 잡았다고 말했고, 사냥꾼 굿윈은 월든에서 메기 25마리와 농어 한 마리를 잡았다. 총 대신 망원경으로 동물을 추적하던 소로는 재갈매기 한 마리가 "날개로 허공을 치는" 것을 목격했다. 소로는 맨손으로 사냥했는데, 어림짐작으로 그루터기 안에 손을 넣어 하늘다람쥐를 잡았다. 다람쥐는 저항하면서 소로의 손가락을 물었고, 소로는 다람쥐를 손수건에 싸서 집으로 데려왔다. 그날 저녁 내내 지켜보았지만 녀석은 날지 않았고, 가구에서 뛰어내리더니 바닥에 철퍼덕 떨어졌다. 우스꽝스럽기도 하고 애처롭기도 했다. 이튿날 소로는 그 가엾은 동물을 다시 똑같은 그루터기로 데려갔다. 다람쥐는 소로를 경계하면서 재빨리 근처 단풍나무로 올라가더니 "꿈에서 본 어떤 네발짐승보다도 더 새와 같은 놀라운 자세로 단풍나무에서 뛰어내려" 매처럼 나무 주위를 활공했다. "그런 네발짐승은 꿈에서도 본 적이 없었다."[39] 또한 소로는 옹이구멍에서 부엉이를 발견했을 때는 손을 넣어 부엉이를 쓰다듬었다. 어린 부엉이는 고양이처럼 "머리를 살짝 숙이고 눈을 감았다". 어느 날 빈둥거리는 사람 몇 명이 소로를 놀릴 때, 그는 준비가 되어 있었다. "이보게 소로, 새를 연구하고 싶을 때 그 새를 쏘고 싶은 적은 없나?" 소로가 되받아쳤다. "당신을 연구하고 싶다면 당신을 쏴야 할까요?"[40]

하지만 그해 5월 지독하게 나쁜 일이 일어나기 시작했다. 소로의 일기가 점점 짧아지고 성말라졌다. 불꽃도 희미해졌다. 6월 17일, 에머슨의 걱정이 깊어졌다. "올봄에 헨리 소로가 기력이 없고 쇠약해져서 다들 불안해하고 있다"라고 형 윌리엄에게 말했다. "우리는 일주일 동안 우리와 함께 지내며 기분을 전환하라고 소로를 설득했다." 열흘 뒤 소로는 블레이크에게 편지를 쓰면서 마침내 사실을 인정했다. "나는 지금 병이 들어 하릴없이 누워 있다네. 두세 달 동안 침대에 누워서 나아지기만을 기다리고 있지." 그러면서 여름 탐사 계획을 취소하자고 썼다. 거의 석 달 뒤에는 일기를 중단하면서 이렇게 고백했다. "네다섯 달 동안 병과 무기력함에 시달렸다."[41] 무릎에서 시작된 무기력이 점점 퍼져 나가더니 급기야 걸음도 거의 뗄 수가 없었다.

원인은 밝혀지지 않았다. 바틀릿 박사도 고개를 갸우뚱했다. 심신증psychosomatic*일까? 다시 말해, 『월든』을 완성한 뒤 앞으로 다시는 그런 성취를 이루지 못할 거라는 걱정 때문에 우울증이 생기고, 그로 인해 몸이 허약해진 것일까? 1854년 내내 뜨거운 야망에 사로잡혀 무리하게 일했다는 점을 감안할 때 그것도 일리는 있었다. 하지만 소로는 겨우내 원기 왕성했고, 일기에서는 환희가 흘러나왔고, 혹한의 날씨에 온종일 얼음을 지치고도 멀쩡했고, 깊은 눈을 헤치고 동물을 추적했으며, 바람이 휘몰아치는 으스스한 봄에는 배를 몰기도 하지 않았던가. 따라서 그보다는 만성적으로 앓고 있던 폐결핵이 악화된 것으로 봐야 한다. 폐에 있던 상처가 터져 악성 병원균이 온몸으로 퍼져 나갔으며, 무릎과 엉덩이에 머무른 세균이 뼈에 염증을 일으키고 근육을 퇴화시키고 있었다. 이미 4월에 소로는 뭔가 잘못됐다는 것을 깨닫고는 좋다는 처방은 모두 시도하고 있었다. 샌번은 소로를 처음 만났을 때 그가 목에 수염을 길렀다고 기록했다. 그건 유행이 아니라 "골웨이 수염"으로, 한쪽 귀에서 턱을 거쳐 반대쪽 귀까지 수염을 기르면 목을 따뜻하게 해서 폐병을 예방할 수 있다는 말이 있었다. 목 수염을 기른 채 신선한 바깥 공기를 쐬면서 열심히 운동하는 것이 그 불가사의한 소모성 질환을 막는 가장 좋은 방법이라고 알려져 있었다. 소로의 모든 행동은 합리적 예방책이라 할 수 있었다.

블레이크에게 슬픈 편지를 쓸 무렵 소로는 장기 요양을 통한 회복을 꾀하고 있었다. 카누를 타고 메인주의 깊은 숲속으로 들어가야 했다. 하지만 그러는 대신 그는 비탄에 잠겨 진심으로 외로워하고 있었다. "오늘은 혼자 산책했다." 그가 일기장에 심정을 토로했다. "가슴이 터질 것 같다. 감정이 생각의 흐름을 방해한다. 친구를 찾아 온 세상을 두드려 보지만 (…) 아무도 나타나지 않는다. 아마 아무도 내 생각을 하지 않는 듯하다." 비탄이 쌓일수록 더 외로워하더니, 결국 블레이크에게 편지를 쓰는 도중에 그와 함께 어딘가 가려던 계획을 취소하고 이렇게 말했다. 당장 와 주게! 그리고 우스터의 친구들에게도 충동적으로 한마디 던졌다. 콩코드에 와라. 반노예제

• 정신적·감정적·심적 원인에서 생기는 신체증상.

모임에 참석하고, 다음 날 함께 케이프 코드로 떠나자. 나 혼자서는 짧은 산책밖에 할 수 없지만, 친구들과 함께라면 **긴** 산책도 할 수 있다.[42] 블레이크와 브라운은 둘 다 너무 바빠 짬을 내지 못했지만, 제멋대로 사는 채닝은 기꺼이 와 주었다. 사실 채닝도 해변을 어슬렁거리며 걸을 생각을 하고 있었다. 아마도 케이프의 해변을….

4월부터 소로는 그 해변을 마음에 두고 있었다. 소로는 케이프 코드를 주제로 글을 썼지만, 그 원고는 《퍼트넘 먼슬리》의 편집자 조지 커티스의 책상 위에서 3년째 먼지를 뒤집어쓴 채 뒹굴고 있었다. 커티스가 "캐나다의 양키"A Yankee in Canada에서 반종교적 구절을 삭제하자 소로가 출판을 취소했고 그 바람에 케이프 코드에 관한 원고도 미아가 된 것이다. 그릴리는 소로에게 유익하고 믿을 만한 커티스와 단절하지 말라고 애걸했는데, 그 충고가 이제 결실을 맺고 있었다. 『월든』이 성공하자 커티스는 소로의 오래된 원고를 찾아내 먼지를 털어 낸 뒤 《퍼트넘 먼슬리》의 여름 여행 시리즈에 내기로 결심했다. 4월에 소로는 1회 차 분량의 교정쇄를 손보고 있었고, 7월 4일 소로가 채닝과 함께 공휴일 특별 기차를 타고 보스턴을 거쳐 케이프 코드로 향하던 그날에는 2회 차가 실린 7월 호가 서점가를 강타하고 있었다. 우산과 짐꾸러미의 두 기사knights, 소로와 채닝은 방랑자 행색이었던 과거와는 달리 유명인이 되어 돌아오고 있었다.

두 사람은 증기선 시간에 맞춰 서둘러 부두에 도착했지만, 선장이 공휴일에는 운항을 하지 않기로 결정했다는 말을 들었다. 하는 수 없이 그들은 보스턴 아테나이움의 전시실을 둘러보며 하루를 보냈다. 소로는 프레더릭 처치가 그린 숭고한 〈에콰도르의 안데스 산맥〉의 색 바랜 듯한 캔버스를 꼼꼼히 들여다보았고, 곤돌라 경주를 구경했으며, 친절한 올컷 부부의 집에서 밤을 보냈다. 올컷 부부는 뉴햄프셔주 월폴에 임대료 없는 집으로 이사하려고 짐을 꾸리는 중이었다. 이튿날 아침 두 사람은 배를 타고 프로빈스타운으로 갔고, 다음 날 아침에는 첫 번째 산책으로 노스 트루로까지 걸어가 오전 6시에 도착했고, 다시 안개를 뚫고 1마일을 더 걸어 하일랜드 등대에 도착했다. 지난 1850년 6월 소로가 그곳에 마지막으로 머문 이후로 등대지기 제임스 스몰이 하숙집을 운영하며 1주일에 3.5달러를 받고 있었다. 두 사람은 2주 동안 머물렀다. 지금 합류해도 늦지 않았다고 소로는 블레이크를 재촉했다. 식탁은 "바라는 만큼 깨끗하진 않지만" 프로빈스타운보다는 나으며, 스몰은 영리해서 상대하기 좋은 사람이다. 그러니 "꼭 오라"라고 소로는 간청했다. 우스터 친구들은 여전히 올 수 없었지만, 소로는 어쨌든 바다 안개와 상쾌한 북동풍을 맞으며 즐거워하고, 해변에서 멱을 감고, 여기저기 돌아다니며 식물을 채집하고, 지역 주민들과 이야기하고, 한동안 멀리하던 일기장에 하루하루의 일을 기록했다. 소로와 채닝은 7월 18일 아침에 그곳을 떠나 배를 타고 돌아왔는데, 바람이 너무 적게 불어 배가 속도를 내지 못하는 바람에 촛불을 켜고 난 다음에야 보스턴항에 도착했다. "생각건대, 건강이 좋아지기 시작했다"라고 소로는 블레이크를 안심시켰다.[43]

그러던 중 나쁜 뉴스가 찾아왔다. 《퍼트넘 먼슬리》가 8월에 〈케이프 코드〉의 3회 차인 「해변」을 인쇄하고, 소로가 원고료 지급에 감사하면서 9월분 원고를 교정해서 보내려는 순간, 커티스가 갑자기 시리즈 출판을 중단한 것이다. 왜 그랬을까? 소로가 이 시리즈를 확대하여 책으로 내려 한다는 말을 출판사 사람들이 들었기 때문이라고 그는 추정했다. 그런 계획은 금시초문이라고, 소로는 커티스에게 해명했다. 하지만 커티스는 얼버무렸다. 진짜 문제는 소로의 출판 계획이 아니라 원고 속 소로의 어투였다. 커티스는 이미 소로의 상스러운 구절들을 삭제했고, 소로는 그런 무단 삭제를 놀라울 정도로 조용히 받아들이고 있었다. 하지만 커티스는 다음 회 차인 「웰플릿의 굴 따는 사람」을 읽을 때 당황해서 기절했음이 분명하다. 불경하고 비속하기 이를 데 없으며, 콩코드의 청중이 "눈물 나도록 웃었던" 그 장이었다. 설상가상으로 수정을 통해 순화한 이전 장들에 대해서도 케이프의 주민들이 불쾌하게 여기면서 신문에 하소연하는 글을 올리고 있었다. 커티스는 솔직하게 말을 해서 과민한 소로의 분노를 들쑤시느니 적당히 변명하고 넘어가는 편이 낫겠다고 판단했다. 커티스는 원고를 그냥 소로에게 모두 보내라고 출판업자에게 써 보냈다. "그는 자존심이 보통이 아닙니다. (…) 그 때문에 몹시 괴로워하겠지요." 실제로 그랬다. 병들고 지친 소로는 남은 원고를 보내 달라고 커티스에게 무뚝뚝하게 요청했다. 다시 한번 소로는 미국의 소심하고 까다로운 출판에 깊이 실망했다. "출판을 하려면 많은 걸 희생해야 한다." 그가 탄식했다. "이쯤 되면 저자가 자신의 원고를 금고에 보관하는 편이 낫지 않을까?"[44]

소로는 『월든』이 바람을 일으켜 다른 책들도 잘 팔릴 것이라고 생각했다. 지난 4월 《퍼트넘 먼슬리》가 잠자고 있던 〈케이프 코드〉를 다시 발굴하자 용기를 얻은 소로는 출판업자들에게 이렇게 촉구했다. 『월든』이 나왔고 『케이프 코드』가 인쇄 중이니, 『일주일』을 재발행할 때가 되지 않았는가? 어쨌든 그의 다락방에는 700여 부가 쌓여 있었다. 하지만 거기 계속 묶여 있을 운명이었다. 9월 말 티크너 앤드 필즈 사는 『월든』이 팔리고는 있으나 잘 팔리고 있는 건 아니라고 대답했다. 처음 찍은 2,000부 중 아직 256부가 남았고, 처음에는 희망적이었지만 판매가 급락했다. "우리는 물론이고 당신을 위해서도" 대단히 유감스럽다.[45] 판매는 부진했다. 1857년 2월 단 16부가 남은 상태였지만, 1858년 12월에는 남아 있는 적은 부수로도 가까운 미래에 들어올 주문을 충분히 감당할 수 있다고 그들은 계산했다.[46]

소로는 글을 쓸 수 없을 만큼 아팠지만 집 안에 틀어박혀 있진 않았다. 강에서 멱을 감고 채닝과 함께 배를 탔으며, 그해 산딸기가 흉년이었지만 에머슨의 아이들과 더불어 여느 때처럼 산딸기를 채집했다. 심지어 측량도 했다. 8월 어느 날 소로는 삼각대와 컴퍼스를 끌고(혹은 누군가에게 끌게 하고) 슬리피 할로로 가서는, 지금의 작가의 언덕Author's Ridge 뒤편에 인공 호수를 만들기 위한 사전 작업으로 대지의 고도 차이를 측량했다.[47] 얼마 후 인부들이 땅을 파기 시작하면서부터 호수는 몇 년에 걸쳐 조금씩 깊어졌다. 선선한 가을 날씨가 다가오는 9월 중순 소로는 "네다섯 달 동안 병약해 아무 일도 하지 못했지만, 이제 몸속에서 활력이 느껴지기 시작"한다.[48]

소로가 그리워한 것은 자연이 아니라 사람이었다. 친구들이 달려왔다. 리케슨은 9월 21일에 도착해 즉시 콩코드의 모든 것에 전율했다. 채닝을 보고는 "자네는 나하고 환상적으로 들어맞는군"이라고 말했고, 에드먼드 "솔론"Solon 호스머에게는 "진정한 철학자"feelosopher라고 큰소리로 외쳤다. 두통 때문에 집에 일찍 돌아가긴 했지만, 귀가하자마자 기찻삯을 동봉해 소로를 초대했다. 그는 소로를 부끄럽게 하지 않으려고 "내가 아는 사람 중 자네가 유일한 '백만장자'일세"라고 말했다. "나에게 **차량**cars은 **배려**care와 똑같은 말입니다." 소로는 초대를 거절하려 했지만 갑자기 마음을 바꿨다. "어쩌면 그곳의 바다 공기가 나에게 좋을지 모르겠군요." 건강이 완전히 회복되진 않아서였다. 소로는 블레이크에게, "어떻게 하면 다리에 힘이 붙을지 정말 모르겠네"라고 말한 뒤, 전날 밤에 꿈을 꿨는데 "아주 높이 뛰어오를 수 있었다. 정말 기뻤고 **대단**했다"라고 씁쓸하게 덧붙였다.[49]

9월 29일, 콩코드의 모든 사람이 슬리피 할로 공동묘지 개관식에 모였을 때 소로는 리케슨의 집으로 가고 있었다. 그곳의 삶은 행복했다. 아서와 월턴, 두 소년이 방금 잡은 물고기를 줄에 꿰어 들고선 기차역으로 마중 나왔다. 이곳에서 소로는 강을 따라 산책을 하고, 호수나 뉴베드퍼드까지 말을 타고 나가고, 소년들이 모은 조개 및 인디언 유물이나 리케슨의 서재를 몇 시간이고 들여다보았다. 오두막에는 "철학"이 있었고, 거실에는 피아노와 함께 바이올린과 플래절렛 피리가 있었다. 함께 마차를 타고 "오래된 인디언 매장지"를 보러 나간 날 두 친구는 리케슨의 친구 존 로지어의 미망인을 만났다. 그녀는 인디언과 흑인의 혼혈이었다. 해안선을 따라 걸으며 조개와 유물을 탐색하던 중 늙은 인디언 부부가 낚시 중인 것을 발견했다. 리케슨이 멀찍이서 그들에게 외쳤다. "걱정하지 마세요. 해치려는 게 아닙니다." 그와 헨리는 "오래된 물건에 관심이 있는데, 이젠 그런 게 거의 없군요"라고 했다. "그래요", 원주민 여자가 쏘아붙였다. "당신네들은 그런 게 다 사라지길 바라잖수." 마지막 날 두 친구는 마차를 타고 플리머스에 갔다. 소로는 차를 마시면서 리케슨을 왓슨 부부에게 소개했다. 이튿날 아침 소로는 휴식을 위해 콩코드로 돌아왔고, 리케슨은 "매우 피곤한 상태로" 집에 돌아가 소로의 첫인상을 수정했다. "소로는 보통 사람들하곤 다르게 친해질수록 더 좋은 사람으로 보인다. 태도가 겸손하고 친절하며, 내가 아는 사람 중 학식과 지성이 가장 뛰어나다. (…) 다른 누구보다 그의 인품과 재능에 큰 존경심을 품게 되었다."[50]

집에 돌아와 보니 편지 두 통이 그를 기다리고 있었다. 하나는 하버드의 옛 급우인 윌리엄 앨런의 편지였다. 소로는 앨런에게 졸업 선물로 에머슨의 『자연』 필사본을 줬었고, 또 소로가 콩코드공립학교를 그만뒀을 때는 앨런이 후임으로 왔었다. 그는 주일학교 총회 때문에 콩코드에 올 텐데, 소로의 집에서 하숙을 하면서 옛날에 자주 갔던 곳을 다시 가고 싶어 했다. 앨런이 도착했을 때 소로는 앨런이 예전에 가르쳤던 학생들을 만나려 하지 않고 그저 콩코드의 뉴 베링 그라운드를 거닐며 묘비명을 들여다보길 원한 것에 적이 실망했다. 정문에서 그가 나오기를 기다리면서 소로는 "공동묘지에서 좋지 않은 냄새가 났다"라고 중얼거렸다.[51] 그의 동창은 아주 잘못 늙어 가고 있었다. 과거 속에 살면서 묘지—현재의 삶과 건강을 애타게 갈망하는 소로로서는 절대로 오고 싶지 않은 장소—나 염탐하다니. 두 번째는 훨씬 더 좋은 편지였다. 토머스 콜몬들리가 보냈다. 그는 크림전쟁에 병사로 입대했으며 전장에 나가기 전 주변 정리를 하는 중이었다. 그동안 소로에게 줄 깊은 우정의 징표로 "인도 서적을 한 아름" 수집하느라 바쁘게 뛰어다녔다. 그리고 전쟁에서 살아 돌아온다면, 영국 남부 해안에 월든같이 아담한 집을 살 테니 원하면 언제든 오시라, 방 하나는 항상 비워 두겠노라고 덧붙였다.[52]

소로는 쉬어야겠다고 리케슨에게 말했지만, 사실은 밤늦게까지 앉아 "무익하고 게으른, 이 지루한 몇 달이 지나면 무엇을 할지 진지하게 계획하고" 있었다.[53] 그는 슬리피 할로에서 지난여름에 자신이 측량한 호수를 인부들이 열심히 파는 것을 지켜보았고, 산등성이에서 에머슨가의 새 부지가 "소나무 언덕을 중심으로 얼추 경계를 갖추어 가는" 것을 내려다보았다. 그곳을 본 올컷은 자신도 나중에 여기, 은인과 친구 곁에 영원히 잠들기로 즉석에서 결심했다.[54] 주변은 온통 솔잎이 떨어져 미래의 토양이 될 준비를 하고 있었다. "썩는다는 것은 얼마나 아름다운가!" 소로는 그렇게 경탄하면서 참나무 잎 하나를 햇빛에 비춰 보았다. 분명 낙엽은 죽은 것이 아니라 무르익었을 뿐이다. 그는 자작나무와 단풍나무의 잎을 몇 개 집으로 가져와 흰 종이 위에 올려놓고 저녁 식사를 할 때 돌려 보게 했다. 어느 화가가 그린 것보다 더 아름답다며 모두가 그 빛깔에 감탄했다. 소로는 밤도 집으로 가져왔는데, 밤나무 가지에 돌을 던져 밤송이를 떨어뜨린 뒤 집에 와서는 나무에 폭력을 행사했다며 부끄러워했다. "오래된 나무는 우리의 부모. (…) 대자연의 비밀을 깨우치고자 한다면 남들보다 더 인간적이어야 한다."[55] 소로는 강물에 떠내려오는 유목을 주워 하나씩 집으로 가져왔고 불을 붙일 때 그 나무의 역사를 생각했다. 또 유목으로 책장을 만들어 콜몬들리의 책을 꽂아 두었다. 소로는 야생 사과로 주머니를 가득 채웠는데, 10월의 바람 속에서는 맛이 상큼하고 신선했지만 집에서는 떫고 거칠어서 먹지 못하고 뱉어 버렸다. 그 사과에는 "바람을 맞으며 먹을 사과"라는 상표가 붙을 만했다. 소로의 생각도 이 야생 사과와 같아서 산책하는 사람에게는 음식이 되지만 "집에서 먹는다면 입맛에 맞을지" 장담할 수 없었다.[56]

1855년 가을에는 먹기만 하는 것도 축복이었고 모든 산책이 축제였다. "낙엽이 질 때 온 세상은 누구나 걸어 들어갈 수 있는 공동묘지다." **여기는** 무익하거나 쓰러진 묘비가 없다. "마을 사람들은 좋은 자리를 차지하기 위해 큰돈을 지불하면서 공동묘지를 **봉헌**했지만 나는 내 부지를 구입하지 않았다. **여기에** 나를 위한 공간이 충분하기 때문이다."[57] 날이 짧아지고 나뭇잎이 떨어짐에 따라 새로운 소로, 시름과 슬픔에 잠긴 소로, 더 느리고 더 깊은 소로가 부상했다. 죽음과 싸우면서 기력을 회복하는 동안 소로는 의도적으로 가장 일상적인 활동과 가장 현세적인 필요에 신중하게 집중했다. 『월든』은 봄과 여름의 책이었다. 회복을 꾀하는 지금 그는 가을의 마음을 배워 가고 있었다. 이 음울하고 고뇌하는 일기장 페이지들에서 소로는 『월든』의 속편을 그려 보기 시작했다. 나중에 『야생 열매』*Wild Fruits*라 불릴 이 속편은 그의 마지막 수확물이 된다.

실질적으로 가난을 절감하는 데다 글을 쓰기조차 어려울 정도로 아픈 가운데 소로는 "소박하고 원시적으로" 살면서 자신의 삶을 최대한 고양하겠다는 약속을 되풀이했다. 하지만 월든에서 했던 일을 메인 거리에서 하기는 어려웠다. 여기서 자신만의 식량을 재배하고, 자신만의 집을 짓고, 자신만의 장작을 구해 봐야 무슨 소용이 있겠는가. 한 멍에에 연결된 사람들이 "수천 가지 다른 물건을 미친 듯이 원하고 소유하고자" 할 때 유용하려나. 모든 아이의 생일이 위기였다. 소로는 아이들에게 선물을 주고 싶었지만, 저마다 비싼 선물로 가득한 호화로운 박물관을 하나씩 갖고 있으니, 아이들에게 놀랄 만한 물건을 사 주려 한다면 1년치 수입을 쏟아부어야 했다. 하지만 그에겐 어떡하든 해내는 재주가 있었고 그는 그 재주를 발휘하며 즐거워했다. 11월 말의 어느 날 강에서 단단한 소나무 원목을 발견한 소로는 이 나무를 끌고 와 원반 두 개를 썰어 낸 다음 이 원반을 바퀴처럼 굴대—이것도 강에서 주웠다—에 달아 간이 수레를 만들고 여기에 자신의 배를 싣고 다녔다. 사흘 뒤 강이 얼자 그는 겨울에 대비해 배를 수레에 싣고 집으로 끌고 왔다. 소로는 과세 재산 목록을 확인받으려고 불려 갔을 때 조세 사정인이 쩔쩔맸던 일을 떠올리며 키득거렸다. 부동산은? 없다. 주식이나 채권은? 없다. 과세 대상 재산은? "내가 알기로는 전혀 없지만" 배가 있긴 하다. 어쩌면 그게 오락용 유람선이 될지 모른다고 그들은 생각했다. 이제 배 밑에다 바퀴를 달았으니 어쩌면 그들이 옳았을지도 모른다![58]

바로 그날 저녁에 콜몬들리가 보낸 책이 도착했다. 한 달 전 받은 편지에는 "내 팔 길이의 절반에 해당하는" 수하물 명세서가 들어 있었다. 즉시 소로는 먼 곳에서 아직 크림전쟁에 참전하고 있는 친구에게 기나긴 편지를 써서 감사를 표했었다. 드디어 책이 도착했다! 온 가족이 축제 분위기에 휩싸인 가운데 소로는 하나하나 책의 포장을 풀었고 어느덧 그 종이가 쌓여 더미를 이루었다. 소로는 책을 풀 때마다 모든 사람에게 책을 돌려 감탄할 기회를 줬고 자신의 그 보물들을 카펫 위에 펼치며 "인도 철학과 시 속으로 무릎을 꿇고 뒤뚱뒤뚱 걸어 들어갔다." 『마누법전』, 『우파니샤드』, 『리그베다』, 『비슈누 푸라나』, 그리고 처치의 그림 〈에콰도르의 안데스 산맥〉에서 태양을 등지고 있는 코타팍시 봉우리처럼 가장 신비한 빛을 내뿜는 책, 『바가바드기타』가 있었다! 콜몬들리는 그저 책 몇 권을 보낸 것이 아니라 아마 당시 미국에서 그런 종류로는 최고라 할 만한 장서들을 통째로 보낸 것이다. 영어, 프랑스어, 라틴어, 그리스어, 산스크리트어로 된 스물한 개 작품에, 권수로는 총 44권이었다.[59]

소로는 미리 유목으로 만들어 둔 책꽂이에 책들을 소중히 꽂았고, 이튿날 아침 아이처럼 기뻐하면서 눈을 떴는데 "실눈을 뜨고 그 눈부신 책등을 보고 나서야" 그게 꿈이 아니란 걸 믿을 수 있었다. 사실 소로는 그 책들을 상대적으로 많이 들여다보지 않았다. 그 이유는 그의 관심이 식민지 역사, 탐험, 미국 원주민 문학으로 옮겨 간 탓도 있지만, 오래전부터 힌두 철학과 시에 깊이 빠져 때로는 마치 『월든』이 그 전통을 계승한 것처럼 읽힐 정도로 그중 여러 권을 이미 읽고 또 읽었기 때문이다. 소로는 리케슨에게 "저는 이 책들을 잘 알고 있으며, 그 가치를 어떻게 활용해야 하는지도 알고 있습니다"라고 말했다. 여기에는 친구에게 빌려주는 일도 포함되어 있었다. 리케슨은 그런 "지나치게 감상적인" 책을 필요로 하는 사람이 아니기에 소로는 크리스마스에 그에게 편지를 쓸 때 다음과 같이 설명했다. "아기의 탄생을 묘사하듯 이 책들에 관한 정보를 자세히 적어 보냅니다."[60]

콜몬들리의 선물이 정말 중요했던 까닭은, 블레이크와 브라운, 왓슨 부부, 리케슨과 러셀 같은 친구들의 꾸준한 우정과 더불어 그 선물이 몇 달 동안 병환과 실망에 빠져 있던 소로에게 긍정의 힘을 불어넣어 주었기 때문이다. 근대사회의 흐름을 거스르며 파격적인 삶을 사는 중에도 그런 사람들을 존경하고 사랑했기에 소로는 자기 회의의 순간들을 넘길 수 있었다. 그는 미시간에 사는 새로운 제자, 캘빈 그린에게 이렇게 말했다. "내 책에 흥미를 느낀다고 하니 기쁘기 그지없군요. 그런 관심도 나에게 글을 더 쓰라는 격려가 됩니다."[61]

소로는 1856년 겨울을 열정적으로 시작했다. 깊은 눈 속에 발을 푹푹 빠뜨리며 돌아다녔고 지팡이에 몇 인치씩 눈금을 새겨 가는 곳마다 눈이 쌓인 높이를 측정했다. 꽁꽁 언 창꼬치가 되살아나는 것을 지켜본 뒤로는 얼음 밑의 수온을 측정하는 습관이 생겼고, 마을 한가운데 서 있던 거대한 느릅나무를 벴을 때는 과거와 현재를 이어 주는 생명의 고리가 사라지는 것을 애도한 뒤 크기를 재고 나이테를 셌다. 127년을 산 나무는 둘레가 9.5피트였다. 사람들은 길가에서 나무를 구경하며 나이를 추측했지만, 소로의 과학을 듣고 싶어 하는 사람은 거의 없었다. "사람들은 빛보다 어둠을 사랑하는 게 분명하다"*라고 탄식한 뒤 소로는 계속해서 다른 쓰러진 나무들을 측정했다. 소로는 까마귀와 생쥐가 눈 위에 남긴 발자국을 종이에 스케치하고, 거기 담긴 신비한 이야기들을 풀어냈다. 또 오래된 새 둥지를 수집하기 위해 나무에서 떼어 낼 때는 그 설계의 정확성에 감탄을 금치 못했다.[62] 어린 몰타 고양이가 새 가족으로 들어왔을 때 소로는 고양이의 변덕스러운 행동에 즐거워하고, 30분마다 장난을 걸었으며, 일기를 쓸 땐 잠시 펜을 멈추고 고개를 절레절레 흔들었다. "고양이의 기원과 운명에 대해 아무것도 모르다니, 우리는 얼마나 형편없는 철학자인가!"[63] 그는 남녀의 목소리도 열정적으로 기록했다. 거의 매일 우체국에 들러 우편물과 한담을 수집하고, 누구와도 흥미로운 이야기를 주고받았다. 그렇게 수다스럽지 않았다면 그렇게 많은 자료를 남기지 못했을 것이다. 가끔은 불화도 기록했다. 소로가 설탕을 만들려고 나무 수액을 모아 부엌에서 끓이고 있을 때 아버지가 참다못해 한마디 했다. 식료품점에서 더 싸게 살 수 있는데 뭐 하러 설탕을 만드는 거냐? "공부할 시간에 그런 짓을 하고 있느냐고 아버지가 말했다. 나는 이게 내 공부라고 말했다. 마치 다시 대학생이 된 듯한 기분이 들었다."[64]

소로는 훗날 작가들이 자신의 전기를 쓰리라는 걸 알고 있다는 듯 과거를 돌아보면서 가족의 역사를 기록했다. 가족이 살았던 집들, 어렸을 때 가족이 첼름스퍼드와 콩코드에서 운영했던 상점들, 존스 가문의 계보까지. 1856년 3월 27일, 사랑하는 괴짜 삼촌 찰스가 76세를 일기로 밤중에 사망했다. 기록적으로 많은 눈이 내린 이 겨울에 대지는 깊은 눈 속에 얼어붙어 있었다. 어떻게든 장례 준비를 해야 한다는 생각에 소로는 교회 관리인과 함께 땅이 얼지 않은 뉴 베링 그라운드를 장지로 결정했다. 이튿날 가족은 찰스 던바를 묻었다. 소로는 일기장에 짧은 송덕문을 남겼다. "그는 1780년 2월 폭설이 내린 겨울에 태어났고, 다시 한번 폭설이 내린 겨울에 세상을 떠났다. 폭설에 둘러싸인 삶이었다."[65] 노인들이 삼촌에 관한 이야기—카드

• 빛은 앎, 어둠은 무지를 의미한다.

마술, 모자 트릭, 상대를 "밀쳐 쓰러뜨리는" 씨름 기술, 사다리를 타고 12피트나 올라가서 그 반대편으로 내려오는 재주—를 주고받을 때 소로는 봄이 막 다가오고 있는 그 시기에 얼마나 많은 노인이 죽었는지를 언급했다. 속담에 틀린 말이 없었다. 수액이 돌기 시작하면 "병이 더 극성스러워진다".[66]

나무에 수액이 돌고 강물이 흐르기 시작했다. 배를 강둑으로 끌고 갈 때가 되었다. 수월하게 배를 끌고 가는 동안 문득 그 모든 일을 겪고도 자신이 아직 **살아 있다**는 생각이 스쳐 지나갔다. 왜일까? "어떤 큰일을 하라는 뜻일까? 봄이 올 때까지 죽지 않고 살아 있는 이유를 우리는 알아낼 수 있을까?"[67]

"우리의 관계는 무한하다"

그 답의 첫 번째 힌트가 4월 말 따뜻한 오후에 찾아왔다. 소로는 올드 말보로 로드 옆 농장의 경계를 측량하고 있었다. 소나무 숲이 잘려 나간 자리에서 참나무 싹이 돋는 게 흥미롭지 않나요? 그의 조수가 지적했다. 정말 그렇군, 소로가 고개를 끄덕였다. 실제로 얼마 전 잣나무 숲을 베어 낸 자리에서 "어린 참나무들이 올라오고 있었다". 소로는 즉시 **메모**했다. 숲이 사라진 자리에 가서 무엇이 돋아나는지 확인할 것. 그리고 2주가 흐르는 사이에 가설을 세웠다. 아주 조밀한 소나무 숲에서도 바닥을 보면 참나무 싹이 많이 있을 것이다. 그 싹들은 다람쥐가 숨겨 놓은 도토리에서 나왔을 것이다. 참나무 싹들은 어두운 그늘에서 투쟁하다가 대부분 죽을 것이다. 하지만 소나무들이 잘려 나가면 **제 세상이다**! "마침내 대지를 선점하게 된" 어린 참나무들이 쑥쑥 자라 숲을 이룰 것이다. 새와 다람쥐가 씨앗을 퍼뜨리는 역할을 한다고는 아무도 믿지 않겠지만, 분명 그들은 옛날 옛적부터 미래의 숲을 가꾸고 있었다.[68] 지난가을 소로의 눈에 대지가 공동묘지로 보였다면 이제는 육아실로 보였다.

소나무 숲이 참나무 숲으로 바뀌는 이상한 현상을 보고 콩코드 농부들은 오랫동안 의아해했다. 실제로 그들은 콩코드농부클럽Concord Farmers' Club을 조직해 그 문제를 토의하기도 했다. 해마다 농한기에 농부들은 매주 세미나를 열어 기록을 비교하고, 생각을 주고받고, 어떻게 하면 콩코드의 채마밭과 농장이 좋아질 수 있는지 연구했다. 모임이 열릴 때마다 쉰 명 남짓한 회원 중 한 사람이 정해진 주제를 놓고 발제를 했으며, 발제가 끝나면 오래도록 이어지는 열띤 토론을 피할 수 없었다. 클럽 의사록에는 (종종 객관적 사실만 적혀 있기도 했지만) 소로의 친구들과 이웃들이 현실적으로 걱정하는 문제들이 기록되어 있다. 돼지와 소를 어떻게 돌볼 것인가? 곡식과 건초, 사과와 복숭아, 포도와 크랜베리를 어떻게 재배할 것인가? 밭을 어떻게 가꾸고, 거름을 어떻게 주고, 작물을 어떻게 팔 것인가? 또한 아이들이 도시나 서부로 떠나지 않고 농장에 남게 하려면 어떤 교육을 받도록 해야 하는가?—교육이 중요하다는 점에는 모두가 동의했다—콩코드 농부들은 어떤 교육을 받아야 수학, 화학, 지질학, 육종학, 농학을 따라잡을 수 있는가? 농부들은 식민지 시대의 농장에 산업형 농업을 도입하고 싶어 했지만, 다른 한편으로는 지역을 보호하고, 콩코드를 자연의 아름다움이 살아 있는 곳으로 만들기를 간절히 원했다. 자기 집의 품위 있는 안마당, 가로수가 늘어선 거리, 공원처럼 조성한 혁신적인 공동묘지부터 농장, 들판, 강, 목초지, 숲에 이르기까지 모든 것을.[69]

몇몇 문제에 대해서는 모두가 공감했다. 문제 제기자는 헨리 소로였다. 소로는 농부클럽의 회원은 아니었지만 많은 회원이 그의 친구였다. 예를 들어 클럽을 창립하고 초대 회장을 지낸 제이콥 파머, 클럽의 헌신적인 간사 마이넛 프랫, 헨리의 어릴 적 친구인 조지프 호스머와 존 S. 키스, 읍내의 인쇄업자이자 사서인 앨버트 스테이시, 소로가 가을마다 채집하는 달콤한 야생 포도로 콩코드 포도를 만들어 낸 이프리엄 불, 월든 호수 근처에 아름다운 소나무-참나무 숲을 갖고 있는 에버니저 허버드가 소로의 친구였다. 농부들은 마을의 **가축**을 기르고 있었지만, 『월든』에도 적었듯 마을의 **"야생 가축"**을 기르는 일은 소로의 몫이었다. 한때 소로를 이상한 사람으로 취급했던 농부들도 이제는 자신들의 땅에 대해 해박한 지식을 가진 소로를 존경하게 되었다고 에머슨은 지적했다.[70] 콩코드농부클럽에서 콩코드의 정원을 빛내 줄 토착 야생화와, 안마당과 거리에 그늘을 드리워 줄 토착 수종을 찾을 때 그들은 소로에게 문의했다. 1850년대 말 농부들이 콩코드의 망가진 숲을 치유하는 일에 관심을 돌렸을 때도 소로가 그 방법을 알려 주었다.

소나무가 참나무로 천이遷移하는 기이한 문제에 소로가 즉답을 내놓자 더 많은 질문이 쏟아졌다. 한 고참 농부가 물었다. 씨앗이 그 자리에 파묻혀 동면하고 있었던 게 아니라고 어떻게 확신하는가? 어떤 농부들은 아예 씨앗은 필요 없다, 새로운 식물은 땅에서 곧바로, 자연발생적으로 나온다고 주장했다.[71] 소로는 이 주장이 명백히 틀렸다고 느꼈지만 이를 입증하려면 그 씨앗들이 어디서 왔는지, 어떻게 운반되거나 "퍼뜨려졌는지" 정확히 알아야 했다. 누가 그 일을 했을까? 다람쥐? 새? 바람? 물? 인간? 다른 동물들? 어떻게 땅속에 심겼거나 기어들어 갔을까? 실제로 일부가 살아남았다면 그들은 어떻게 살아남았을까? 대답보다 질문이 더 빠른 속도로 쌓여 갔다. 소로는 새로운 연구에 이끌려 들판으로 점점 더 깊숙이 들어갔다. 에머슨은 소로가 "최근에 책보다 자연을 더 많이" 읽는다고 지적했다.[72] 아직 이 새로운 과학에는 이름조차 없었다. 후세들은 거기에 "식생 천이"plant succession라는 이름을 붙이고, 소로에게 삼림경영학과 식물생태학 분야의 선구자라는 명예를 수여했다.[73]

1856년 봄이 물러간 자리에 뜨거운 여름이 몰려왔다. 물론 콩코드의 여름은 항상 뜨거웠지만, 이번에는 여느 해와 달리 습하고 눅눅했다. 덕분에 산딸기가 풍작을 이루고 야생 버섯이 만발했다. 다양한 버섯의 믿을 수 없는 색과 기이한 형태가 소로를 매혹했다. 특히 "완벽한 남근" 모양을 한 대곰보버섯은 죽은 쥐에서 나는 듯한 악취를 풍겼다. 소로가 하나를 따서 집으로 갖고 오자 온 가족이 아우성을 치며 항의했고, 소로 본인도 다락방을 완전히 환기하고 나서야 비로소 잠들 수 있었다. 도대체 자연은 무슨 생각을 하고 있을까? "자연은 똥을 푸는 사람들과 거의 같은 수준에 있다." 무더위 속에서도 그는 넋이 나간 사람처럼 연구에 몰두했다. "요즘은 상당히 긴 활시위를 당기고 있습니다." 소로는 캘빈 그린에게 이렇게 썼다. "화살을 쏘기 전에 사수에게 새로운 힘이 생기기만을 기원하고 있지요." 그러자 그린이 멋지게 대답했다. "화살을 날렸을 때 제게 알려 주시기 바랍니다."[74] 소로는 그린의 미시간 초대, 블레이크의 강연 요청, 그릴리의 일자리 제안을 모두 뒤로 미뤘다. 그릴리의 제안에 대해서는 잠시 생각을 해 보았다. 그릴리는 소로가 자신의 가족과 함께 뉴욕 농장에서 1년 정도 지내면서 두 아이의 개인 교사가 되어 주기를 바라고 있었다. 결국 소로는 아이들이 너무 어리다고 생각했고, 그릴리 부부는 소로의 판단을 우호적으로 받아들였다. 소로는 블레이크에게 이렇게 써 보냈다. "혼자 있기를 좋아해서가 아니라 높이 날기를 좋아하기 때문이라네." 그가 열망하는 높이까지 그를 따라올 수 있는 사람은 몹시 드물었다.[75]

그 드문 사람 중에 에머슨이 있었다. 채닝이 엘런과 화해하려고 도체스터로 간 사이, 콩코드에서는 두 친구가 화해를 시도했다. 순탄치 않았다. 에머슨은 소로가 지나가는 길에 들러서는 자기 생각을 "한 묶음" 풀어놓은 뒤 성큼성큼 걸어 나간다고 불평했다. 소로는 자신이 입을 열면 "장편 비극"과도 같은 두 사람의 우정에 더 금이 가지 않을까 두려워했다.[76] 하지만 1856년 5월 두 사람은 전과 같이 어깨를 나란히 하고 산책을 했다. 에머슨은 소로가 식물에 대해 기록하는 모습이 "마치 만기된 어음을 들여다보는 은행가 같다"라면서 미소 지었다. 하지만 꽃들이 그달 중 며칠에 피는지 알 수 있다고 소로가 자랑할 때는 진심으로 감탄했다. 그건 정말 해시계로 시간을 알리는 것과 같았다. 또한 헨리가 높이 날아오를 때 에머슨은 펄쩍 뛰며 기뻐했다. 어느 날 그는 소로에게 오래 찾던 새를 발견했다고 좋아하지 말라고 충고하면서, 그 순간 "인생은 그에게 더 보여 줄 것이 없을 것"이라 덧붙였다. 그가 말했다 "자네가 반평생 쫓아다녀도 찾지 못했던 것이 어느 날 온 가족이 둘러앉아 저녁을 먹을 때 불쑥 나타난다네. 그를 찾아다닐 땐 꿈을 꾸는 것 같지만, 그를 발견하는 순간 자넨 그의 먹이가 될 걸세." 에머슨은 일기장에 자신의 친구를 다정한 눈으로 스케치했다. "소로는 옆구리에 음악책을 끼고 와서 그 갈피에 꽃을 꽂고, 주머니에 망원경을 넣어 와서 새를 관찰하고, 현미경을 갖고 와서 수술의 개수를 세고, 억센 구두와 질긴 회색 바지 차림으로 일기, 잭나이프, 꼰 실을 갖고 와서 관목과 참나무와 망개나무를 헤쳐 가며 연구를 하고, 매 둥지를 확인하려고 나무에 오른다. 험한 숲을 걸어갈 때 그의 강한 두 다리는 그를 보호하는 갑옷의 중요한 일부분이다."[77]

소로를 상징하는 사진은 이때 찍은 것이다. 헨리, 소피아, 고모들이 우스터를 방문했을 때였다. 마지막 날인 6월 18일 해리 블레이크와 티오필러스 브라운이 헨리를 설득해 사진사 앞에 앉혔다. 이번만큼은 헨리가 고집을 꺾었다. 해링턴가 16번지에 있는 D. 맥스햄 사진관에서 소로는 장당 16센트로 은판사진 석 장을 찍었다. 그리고 사진이 나온 즉시 블레이크에게 한 장, 브라운에게 한 장을 주고, 나머지 한 장은 그린에게 보냈다. 그린이 미시간에서 『월든』의 저자를 꼭 한 번 봤으면 좋겠다고 열렬하게 써 보냈기 때문이다. "나는 직접 만나서 볼 만한 사람이 아닙니다. 말더듬이에 실수를 연발하는, 투박한 시골뜨기예요." 소로는 이렇게 답장했지만, 추억거리를 갖고 싶어 하는 친구들의 소망을 저버리지 않고 침착하게, 간신히 즐겁다는 표정으로 카메라를 응시했다. 다들 가장 좋은 옷을 입고, 옷깃을 똑바르게 하고, 머리를 깔끔하게 빗었지만, 소로는 그러지 않았다. 머리는 헝클어지고, 나비넥타이는 살짝 비틀어지고, 골웨이 수염은 제멋대로 자란 것이, 싫으면 관두라는 식으로 카메라 앞에 앉은 듯하다. 소피아는 그 사진을 싫어했고, 로즈가 그린 부드럽게 몽상적인 시인의 모습을 더 좋아했다. 올컷 역시 그늘진 부분에 소로의 병이 남아 있다면서 그 사진을 싫어했다. 소로는 사진을 그린에게 보내면서 자조 섞인 말을 덧붙였다. "친구들은 사진이 썩 잘 나왔다고 합니다. 실물보다 낫다는 뜻이겠지요."[78] 하지만 호러스 호스머는 그 사진을 좋아했다. "그 사진은 소로의 전성기를 보여 준다. (…) 그가 모자를 벗고, 거기에 실고사리를 꽂아 내게 보여 주면서, 그걸 발견했다는 뜻으로 왕관 또는 화관을 만들었을 때, 바로 그런 표정이었다. 그날 그에게서 보기 전까지 나는 그에게서 그렇게 행복하고 인간적인 모습을 본 적이 없었다."[79]

사교 시즌이 이어졌다. 소로가 우스터에서 사진을 찍던 바로 그때 콩코드에서는 리케슨이 그가 돌아오기를 기다리고 있었다. 예고도 없이 찾아온 리케슨은 친구가 없는 것을 알고 실망했지만, 집에 돌아가지 않고 헨리의 부모와 차를 마시면서 신시아의 입에서 끝도 없이 흘러나오는 아들 자랑을 참을성 있게 들어 주었다. 리케슨은 헨리의 조용한 아버지와도 친구가 되어 이튿날 그와 함께 공동묘지까지 산책했다. 그는 "구시대 신사의 훌륭한 표본"이라고, 리케슨은 평가했다. "정직한 성품이 표정에 그대로 드러난다. 이렇게 호감 가는 인상은 오랜만에 본다." 그날 오후 헨리가 집에 돌아오자 리케슨은 마침내 친구를 독점할 수 있었다. 두 사람은 강으로 나가 배를 탔다. 콩코드에 나흘 더 머무르는 동안 리케슨은 산책을 하면서 대화를 하고, 노를 저으며 배를 몰고, 에머슨을 비롯한 다른 콩코드의 명사들을 만났다. 자칭 성격 수집가인 리케슨은 에머슨이 친절하고 지적이긴 해도 "마음이 따뜻하진" 않다고 봤고, "우리 시대의 축복"이긴 하지만 권력은 크지 않다고 생각했다.[80]

소로는 리케슨과 함께 브룩론으로 가서 산책을 계속했다. 노숀 아일랜드의 깊은 숲에 들어가 오랫동안 도끼질로부터 보호받아 온 거대한 나무들—거대한 너도밤나무들, 널리 퍼지고 있는 커다란 참나무들, 지름이 3피트나 되는 층층나무들—을 탐험했다. 콩코드에서는 오래전에 자취를 감춘 사슴 두 마리가 그들을 보고는 놀라 달아났다.[81] 두 사람은 늙은 인디언 마사 시몬즈를 방문했다. 그녀는 뉴베드퍼드에 마지막 남은 인디언 "순수 혈통"으로, 정부로부터 받은 작은 인디언 땅에 오두막을 짓고 살았다. 소로는 "그녀의 얼굴은 넓적한 황갈색의 진짜 인디언 얼굴"이라고 썼지만, 그가 질문을 던질 때마다 단음절로 대답하자 머리가 텅 비었고 열의가 없다고도 생각했다. 바로 그 장소에서 태어났지만 아주 어렸을 때 백인 집에 하녀로 들어간 탓에 모국어를 한마디도 하지 못하고, 자신의 부족에 대해서도 아무것도 몰랐다. 하지만 소로가 어느 한 식물을 뭐라고 불러야 하느냐고 묻자 그녀는 눈을 반짝이며 대답했다. "그건 허스크뿌리husk-root라고 해. 배탈이 나서 아플 때 먹으면 좋지." 아, 그에게 모자 가득 식물이 있다면 얼마나 좋았을까! 게다가 "이웃에 사는 젠체하는 퀘이커교 목사가 경건한 목소리로 내게 말했다, '저는 인디언도 인간이었다고 생각합니다. 그렇게 생각하지 않으시오?'"[82]

일주일 뒤 소로를 보고 싶어 하던 엘러리 채닝이 지나는 길에 들렀다. 그날 밤 두 사람은 '판잣집'에서 야영했다. 다음 날 일찍 리케슨은 소로를 기차역까지 태워다 주었고, 채닝은 걸어서 마을로 돌아갔다. 사실 엘러리 채닝의 방문은 우연이 아닐뿐더러 즐거운 방문도 아니었을 것이다. 지난가을 엘런은 엘러리와 화해를 했다. 그녀의 가족은 격분했지만 두 사람은 한동안 잘 지냈다. 크리스마스 직후 엘러리는 인생의 새 장을 열기로 결심하고서 자기네가 뉴베드퍼드에 정착할 수 있게끔 도와 달라고 리케슨에게 부탁했다. 리케슨이 힘을 써 주었는지 채닝은 뉴베드퍼드《머큐리》의 보조 편집자로 일하기 시작했다. 하지만 그때부터 주중에는 늦게까지 일하고 주말에는 리케슨의 집에 들러붙어 있으면서 가족을 피했다. 당황한 리케슨은 소로에게 편지를 써서 도움을 청했다. 채닝이 곤경에 처한 것이 분명한데 사생활에 대해서는 도무지 입을 열지 않는다. 그에게 무슨… 안 좋은 일이 일어났을까? 그를 신뢰해도 될까? 소로는 즉시 리케슨을 안심시켰다. 채닝은 보시는 바와 같이 좋기도 하고 나쁘기도 한 사람입니다. 그는 콩코드 친구들 사이에서 오랫동안 문젯거리였는데, 이젠—오, 이런—리케슨에게도 문제라니, "문제 해결이 선생님께 달렸을지도 모르겠습니다". 대니얼과 루이자 리케슨은 최선을 다해 엘러리를 도왔고, 엘러리 모르게 엘런을 돕기도 했다.[83] 하지만 5월 중순 대니얼 리케슨은 엘러리의 "어두운 분위기"에 인내심을 잃고 "압박감"을 느꼈다. 한 달 뒤 대니얼이 예고 없이 소로를 찾아왔을 때는 채닝에 대해 물어보려는 뜻도 있었다. 직설적인 신시아가 대니얼에게 "길고 구체적인 이야기"를 해 주었다. 일단 헨리가 돌아온 다음에 두 사람은 머리를 맞대고 채닝 문제를 논의했다.[84]

그날 오후 채닝이 직접 찾아와 헨리와 단둘이 밤을 보냈다. 그들 대화는 십중팔구 음울했을 것이다. 중간에 낀 소로는 채닝 "문제"와 거리를 두려고 여러 해 동안 노력했다. 채닝은 한번 "먹통"이 되면 감정적으로 가까워지기가 불가능한 사람이었다.[85] 하지만 그날 밤 소로는 채닝의 말에 귀를 내어줄 수밖에 없었다. 채닝의 사연은 이랬다. 엘런이 방금 다섯째 아이를 낳았고, 아이 이름을 헨리로 지었는데(나중에 에드워드로 바꿨다), 출산으로 몸이 약해진 데다 폐병까지 걸린 탓에 살아나기 어려울 듯하다. 석 달 뒤인 9월 22일, 엘런 풀러 채닝은 결국 세상을 뜨고 말았다. 아서와 리처드 풀러는 누이를 매장하고, 다섯 아이를 여러 친척 집에 나누어 보냈다. 엘러리는 뉴베드퍼드에서 혼자 하숙하며 《머큐리》 사에서 일했고, 주말에는 '판잣집'으로 걸어와 불가에서 담배를 피웠다. 리케슨은 차마 돌려보낼 수도 없는 골치 아픈 손님을 무시하면서 몇 시간 동안 창가 탁자에 앉아 일기를 썼다.[86]

집에 돌아온 소로는 아침마다 일기를 썼고, 오후에는 그늘진 곳도 수은주가 화씨 98도까지 오르는 무더위 속에서도 힘든 줄 모르고 잡목림과 풀밭을 걸으며 "삼복더위"가 다가오는 것을 지켜보았다. 날이 너무 습해 압착해 둔 꽃들은 모두 곰팡이가 피었고 가족들의 빨래는 마르지 않았다. 하지만 그는 뜨겁고 습한 공기를 사랑해서 증기욕을 하듯이 폐 속 깊이 숨을 들이마셨다. 큼직큼직한 산딸기 열매를 단 나무들 "대여섯 종이 겹겹이 늘어서서" 산허리를 검게 물들였다. 8월 4일 그는 예년처럼 채집대를 이끌고 커낸텀을 누비며 엄지만 한 블랙베리와 총알만 한 허클베리를 땄다.[87] 8월 8일엔 태풍이 불어닥쳤다. 그날 헨리가 범람한 강을 살펴보려고 저녁 식사를 마치고 일어나려는 순간 하인 한 명이 문을 박차고 들어와, (목격자의 말을 옮기자면) "세상에나! 도야지가 우리를 뛰쳐나왔어요. 호어 판사님네 꽃밭을 뛰어다니는데, 나리의 친구 분이 완전히 겁에 질려 버렸네요"라고 외쳤다. 헨리, 존, 마이클 플래너리는 탈출한 돼지를 잡으러 달려갔고, 숙녀들은 "소동을 구경하려고 창가로 달려갔다". 나중에 소로는 이 일화를 글로 써서 마크 트웨인의 작품 못지않게 익살맞은 소동극, 「돼지 잡기」The Capture of the Pig를 발표했다.[88]

기력을 회복하자 소로는 쉬지 않고 일했다. 콩코드강의 9월이 몹시 궁금했던 소로는 코네티컷강을 본다면 콩코드강의 9월을 볼 때 도움이 될 거라 생각했다. 9월 5일에 그는 기차를 타고 버몬트주 브래틀버러로 향했다. 피치버그에서 웨스트민스터까지는 다음 열차를 기다리는 대신 철로를 따라 큰 가방을 멘 채 걸었다. 코네티컷강은 실망스러웠다. 최고 수위인데도 좁고 얕았다. "내 목적을 이루는 데는 콩코드강이 백배는 낫다"라면서 소로는 코웃음 쳤다. 하지만 식물을 채집하기에는 아주 좋은 곳이었고, 소로는 그곳에서 따뜻한 환대를 받기도 했다. 나흘 동안 소로는 그 지역에서 여학교를 운영하는 애디슨 브라운 목사, 그의 부인이자 식물학과 천문학에 조예가 깊은 앤, 그들의 딸인 프랜시스와 메리, 식물학자이며 신발을 만들기도 하는 그들의 친구 찰스 크리스토퍼 프로스트와 함께 산과 숲과 들판을 걸었다.[89] 브라운가의 딸들은 프랜시스가 완타스티켓Wantastiquet이라는 선주민 이름으로 부르는 인근의 산으로 소로를 안내해 주었다. 메리는 이 손님이 모르는 게 없는 것처럼 보이는데도 자신에게 답하기 어려운 질문을 끊임없이 던졌다고 기억했다. 마치 열네 살 소녀가 자신보다 더 많은 것을 알고 있다는 듯! 이듬해 3월 소로는 메리에게 편지로 산오름고비 표본을 보내며 그 식물이 자라는 과정을 설명했다. 그리고 점잖게 "산오름고비란 이름은 우아한 인디언 아가씨에게 어울리는 예쁜 이름이지요"라고 덧붙였다.[90] 그는 이 편지를 시작으로 메리에게 총 세 통의 편지를 보냈고, 메리는 그 편지들이 모두 자신의 소중한 물건이라고 말했다.

다음으로 소로는 브론슨 올컷과 하루를 보내기 위해 뉴햄프셔주 월폴로 향했다. 우선 기차를 타고 북쪽에 있는 벨로스 폴스로 간 다음 다시 남쪽으로 걸어 폴스산Falls Mountain을 지났다. 밑창이 닳은 가죽 구두를 신은 탓에 미끄러지고 굴렀기 때문에 코네티컷강에 들어가 몸을 씻었고, 그런 뒤 남은 1마일은 지나는 마차를 얻어 탔다. 마차를 태워 준 벌목꾼은 자신이 벨로스 폴스에서 400만 그루가 넘는 목재를 싣고 나왔다고 말했다. 그 가운데 소로가 목격한 것도 있었다. 철도로 운송되던 중 콩코드를 지났던 바로 그 돛대들이었다. 소로의 방문은 올컷에게 가뭄의 단비 같았다. 가족과 함께 월폴로 이사한 지 1년이 넘었는데도 올컷은 여전히 그곳 사람들을 낯설어하고 있었다. 아침에는 정치 이야기—프레몬트, 개리슨, 에머슨 등—를 하고, 오후에는 걸어서 코네티컷 계곡을 보러 갔다. 올컷은 그날 일을 일기장에 기록했다. "학자들 가운데, 이 걸어 다니는 지성인처럼 우주를 아우르는 학자는 많지 않다."[91] 소로는 기쁜 마음으로 코네티컷에서 수집한 새로운 식물들을 일기장에 빠짐없이 기록하고, 이를 자축했다. 콩코드강은 어느 모로 보나 코네티컷강보다 풍부하고 다채로워, "어떤 면에서든 가장 비옥하다"라고 적었다. 우주를 아우르는 연구의 진정한 이점은 고향을 명확히 보게 한다는 점이었다.

오랜 병을 앓고 난 지금 소로는 글을 써야 한다는 초조함과 시간의 압박을 느꼈다. 그러나 쉼 없이 돈을 벌어야 했던 소로는 콩코드를 떠나 뉴저지에서 한 달간 고된 측량 일을 해야 했다. 자리는 올컷이 마련해 주었다. 월폴에서 소로와 함께 시간을 보낸 뒤 그는 뉴욕시로 걸어 나가, 퍼스 앰보이 동쪽에 위치한 래리턴 베이의 이글스우드 정착촌에 들렀다. 가족이 살 새집을 물색하기 위해서였다. 이글스우드 정착촌은 자유주의 퀘이커 교도이자 열렬한 사회개혁가인 마커스와 레베카 스프링의 작품이었다. 1846년 스프링 부부는 마거릿 풀러를 데리고 유럽 여행을 간 적이 있었는데, 풀러가 이탈리아 혁명주의자가 되기로 결심한 것도 그때였다. 1852년 스프링 부부는 자신들만의 유토피아 공동체를 설립해 미래를 만들어 나가고자 했고, 브룩팜을 모델로 삼아 래리턴베이조합Raritan Bay Union을 설립했다. 하지만 이 계획은 재정적인 면에서는 실패였다. 올컷이 마을에 도착했을 당시 그들은 토지를 여러 구획으로 분할해, 질서정연하고 문화 시설이 풍부한 공동체에서 살기 원하는 뉴욕시 통근자들에게 매각하고 있었다.[92] 그들이 측량사가 필요하다는 말을 하자마자 올컷이 소로를 추천했다. 소로는 일을 필요로 할 뿐 아니라 문화적으로도 보탬이 될 만한 사람이었다. 그렇게 1856년 10월 24일, 헨리 소로는 컴퍼스와 삼각대 그리고 당장 낭독할 수 있는 강연 원고를 챙겨 뉴저지로 떠났다.

"참 희한한 곳이에요." 소로가 식구들에게 말했다. 마을을 이루고 있는 것은 커다란 석조 공용 건물, (소로가 머물고 있는) 스프링 부부의 주택, 상점 몇 개, 사무실 하나, 학교가 다였다. 소로가 엘리자베스 피보디와 함께 마차를 타고 도착한 것은 토요일 오후, 정기 무도회가 시작하는 시각이었다. 그 행사에는 **모든 사람**, 심지어 소로까지 참석해야 했다. "그들은 누구나 **사교**

를 원한다고 믿고 있어요!" 일요일 아침에는 퀘이커교 예배가 있었다. 어떤 사람이 미리 소로에게, 다들 소로의 영혼도 감화하기를 바란다고 말해 줬기 때문에, 소로는 "사람들이 약간 수긍하고, 분위기를 밝게 할 수 있는" 말 몇 마디를 준비했다. 또한 그날 밤에는 공동체 사람들—소로가 보니 대부분 아이들이었다—앞에서 〈무스 사냥〉Moosehunting을 읽었고, 월요일 아침에는 일에 착수했다. 아주 고된 일이었다. "숲과 계곡과 늪지를 돌아다니고, 해안으로 밀려드는 파도를 피하고, 청미래덩굴과 진흙과 도깨비바늘을 헤치면서 200에이커나 되는 땅을 측량했다. 주위를 둘러보거나 내가 지금 어디 있는지도 생각할 겨를이 없었다." 작업을 하는 동안 일이 점점 늘어났다. 스프링 부부는 그에게 과수원과 포도밭 측량도 맡겼고, 새로 들어온 토지 소유자 중 몇 사람도 그에게 측량을 의뢰했다.[93]

"당분간은 일에 매달릴 수밖에 없겠어. 여기서는 그저 측량사 소로일 뿐이라네." 소로는 파김치가 되어 블레이크에게 편지했다. 하지만 일이 전부는 아니었다. 11월 1일 토요일, 뉴욕에서 소로를 보러 온 올컷이 어려운 질문들을 건넸다. 공동체가 힘든 시기를 보내고 있는데 미래에는 어떻게 변할지, 그의 가족이 그곳으로 이사해도 좋을지. 올컷은 소로와 저녁 시간을 보내고 다음 날 아침 "자유와 책임"에 관한 좌담회를 이끌었으며, 그날 밤에는 소로의 〈산책〉 낭독을 들으며 고개를 끄덕였다. 올컷이 보기에는 특히 아이들이 그 이야기를 좋아하는 것 같았다.[94] 올컷에겐 계획이 잔뜩 있었다. 다음 토요일에 그는 소로와 함께 그릴리의 웨스트체스터 농장에 갔다. 그가 생각하기에 소로가 한두 해 정도 들어와 살면 이 농장에 큰 도움이 될 것 같았다. 소로의 의견은 기록에 없지만, 올컷은 농장 전체—논밭과 도랑, 헛간과 작물, 남자, 부인, 아이들—가 현재 진행 중인 재앙이라고 생각했다. 도시에서 하룻밤을 보낸 뒤 일요일에 두 사람은 브루클린 페리를 타고 이스트강을 건너 헨리 워드 비처 목사의 설교를 들으러 갔다. 교회는 발 디딜 틈이 없었고, 올컷은 그 엄청난 광경에 넋을 잃었다. 신도들이 그 복음 전도자의 마력에 빠져 울고 웃었다. 소로는 "그들이 이교적이며, 그 저변에는 불안이 깔려 있다고 말했다".[95]

다음으로 그들은 월트 휘트먼을 방문했다. 시인은 외출 중이었지만 시인의 어머니가 그들을 반겼다. 그녀는 오븐에서 갓 꺼낸 케이크를 대접하고는 아들이 선량하고 현명하며 늘 강자에 대항해 약자 편에 선다면서 애정 어린 아들 칭찬을 늘어놓았다. 그녀는 아들이 다음 날 아침에는 꼭 집에 돌아올 텐데 어쨌든 "먹고 마시고 글 쓰고 자는 것" 외에는 할 일이 없으니 두 사람을 반갑게 맞을 것이라고 그들을 안심시켰다. 올컷은 소로를 휘트먼에게 소개해 주고 싶어 안달이 나 있었다. 몇 주 전에 이 기이한 젊은 시인을 방문한 올컷은 그 즉시 휘트먼이 "야수 같은 힘", 천재성과 대담성으로 가득 차 있음을 알아보았다. 에머슨 역시 그 점을 알아봤고 특히 그의 대담성을 높이 샀다. 지난해에 휘트먼은 『풀잎』을 출간하고 나서 사본 한 부를 에머슨에게 보냈다. 에머슨은 이번에도 자신이 격려해 줄 훌륭한 신인을 알아보고는 지지의 뜻을 담아, 읽는 이를 흥분시키는 그 특유의 편지를 써 보냈다. 편지를 읽고 기분이 들뜬 휘트먼은 그 가운데 가장 인용하기 좋은 구절을 골라, 에머슨으로서는 섬뜩하게도, 다음 판의 책등에 적어 넣었다. "위대한 경력의 시작을 축하합니다." 휘트먼은 단숨에 현대의 표지 추천사 양식을 탄생시켰다. 에머슨의 허락도 받지 않고서.

드디어 소로의 차례가 되었다. 소로는 휘트먼에게 깊은 관심을 갖고 있었지만 아직 그를 어떻게 생각해야 할지 확신하지 못했다. 회동은 그리 부드럽게 흘러가지 않았다. 올컷은 세라 틴들을 데려왔다. 그의 표현을 빌리자면 "단단한 바다코끼리 같은 여자", "부담스러우리만치 솔직하면서도 상식에서 벗어나지 않는 친절함의 표본"이었다. 하지만 그 솔직함 때문에 대화가 더 편해졌는지는 확실치 않다. 현관에서 그들을 만난 휘트먼은 두 개 층을 올라 다락방으로 손님들을 안내했다. 방에 들어서자 요강이 보였고, 정리되지 않은 침대가 그와 "몸이 약한 형제"가 누웠던 흔적을 보여 주었다. 잠시 잡담을 나눈 뒤 그들은 다시 내려와 거실에 자리를 잡았다. 올컷은 소로와 휘트먼이 직접 대화를 나누도록 유도했다. 하지만 두 위인은 "두 마리 짐승처럼 상대가 어떻게 나올지, 상대를 덮쳐야 할지 달아나야 할지를 계산하면서" 서로를 노려봤다. 소로는 자신이 미국을 대변한다고 선언한 휘트먼에게, "나는 미국이나 정치 등을 그리 중요하게 생각하지 않는다"라고 대꾸한 뒤 첫걸음을 잘못 뗀 것을 걱정했다. "어쩌면 내 말이 그의 흥을 깼는지 모른다." 그러다 누군가 에머슨의 편지를 화제로 꺼내자 휘트먼은 방어적 태도를 취했다. 그건 "순진한 일"이었다며 기어들어 가는 목소리로 해명했고 에머슨에게도 일부 책임을 돌렸다. 두 시간이 지난 뒤 올컷은 면담을 끝내고 틴들 부인에게 "그를 독차지하게" 했다.[96] 일주일 뒤 소로는 블레이크에게 휘트먼을 어떻게 평가해야 할지 확신할 수 없다는 뜻으로 "여전히 곤혹스럽다"라고 말했다. 거칠고 상스러우면서도 한편으론 부드럽고 친절하며, 승합마차를 타고 마부 옆에 앉아 목청껏 호메로스를 낭독하면서 "온종일 브로드웨이를 오르락내리락하기를" 좋아하는 사람이었다.[97]

소로가 떠나기 전 휘트먼은 소로에게 1856년에 출간된 『풀잎』 2판—책등에 에머슨의 인사말이 적혀 있었다—을 선물했다. 소로는 콩코드에 오자마자 그 책을 정독했다. 마음에 들었다. 그는 "꽤 오랜만에 좋은 책을 읽고 감동했다"라고 블레이크에게 써 보냈다. 특히 「일몰의 시」The Sundown Poem(머잖아 「브루클린 나루터를 건너며」Corossing Brooklyn Ferry로 바뀌었다)와 「나 자신의 노래」Song of Myself가 좋았다. 휘트먼의 허세에 대해, 소로는 그에게 그럴 권리가 있다고 결론지었다. 수탉 하나가 다른 수탉에게 모자를 들어 보인 것이다. 소로는 휘트먼의 악명 높은 에로티시즘에 관해서는 "마치 짐승들이 입을 연 듯하다"라고 간단하게 말했지만, 이 말은 아주 가까이에서 워낙 깊이 공감하며 짐승들을 연구한 탓에 몇몇 사람에게서 직접 그런 말을 듣기도 했던 이가 내뱉은 복잡한 논평이었다. 마침내 소로는 마음을 굳혔다. 그는 휘트먼이 그런 불경한 글을 쓰지 않았으면 좋았을 것이라 생각하지 않고, "사람들이 충분히 순수해서 그의 글을 읽고도 상처 입지 않기를" 바랐다.[98] 자신의 의견을 분명히 드러내기 위해 소로는 에머슨이 나중에 휘트먼에게 전했듯 새로 구한 『풀잎』을 "붉은 깃발처럼 당차게" 들고서 콩코드를 쏘다녔다. 한편 휘트먼은 말년에 소로의 "무법성, 그의 저항 정신, 무슨 일을 당하든 아랑곳하지 않고 자신만의 절대적인 길을 간 것"에 찬사를 보냈다. 에머슨이 샌번에게 말한 내용에 따르면, 에머슨의 추도사에는 소로에게 깊은 인상을 남긴 세 사람이 있었는데, 그중 한 명이 휘트먼이었다고 한다. 그러나 이후에 소피아의 요청으로 결국 추도사에서 그의 이름은 제외되었다.[99]

휘트먼과 한자리에 앉아 대화를 나누고 2주가 흐른 뒤 소로는 이글스우드에서 모든 작업을 마쳤다. 마지막 일요일에 그는 강연 〈무슨 이득이 있겠는가?〉를 한 번 더 낭독했는데, "예상치 못하게 성공적"이어서 정말로 괴짜들만 이해할 수 있는 강연인 것 같았다. 소로가 더없이 그리웠던 블레이크는 소로에게 돌아오는 길에 우스터에 들러 한 번 더 강연을 해 달라고 간청했지만, 피로에 지친 소로는 하루라도 빨리 집으로 돌아가고 싶었다. 11월 24일 월요일, 소로는 두 손에서 뉴저지의 진흙을 씻어 내고 측량 장비를 챙겨 북쪽으로 향했다. 새벽 3시 30분, 기차가 우스터에 도착했다. 콩코드로 가는 연결편이 오기까지는 몇 시간 정도가 남아 있었다. 그는 피로에 멍한 채 중심가를 떠돌다가 티오필러스 브라운의 양복점을 지나칠 때 야경꾼의 주의를 끌었고, 하마터면 잠든 친구를 깨워야 할 수도 있었을 상황을 무사히 넘겼다.[100] 구골나무, 자작나무, 소나무가 모두 "황갈색 드레스를 차려입은" 뉴잉글랜드의 "모래밭, 건강한 땅"에 도착하자 안도감이 밀려왔다. 문을 열고 들어서자 고양이 민Min이 그를 반겼다. 한 달 만에 "어른 고양이가 다 돼 빵빵해진" 볼을 하고서는 두꺼운 겨울털로 뒤덮인 채 위풍당당하게 걸어오는 것을 보고 소로는 웃음을 터뜨렸다.[101]

그 역시 겨울에 대비해야 했다. 눈밭 위로 배를 끌어 집에다 옮겨 놓는 것만으로도 땀에 젖기에 충분했다. 진짜 일을 할 시간이다! 소로는 뉴저지에서 번 돈으로 눈이나 진창에도 방수가 잘되는 소가죽 장화 한 켤레를 샀다. 그날 밤 그는 행복하게 장화를 바라보면서 "먼 숲과 그 속에 펼쳐진 숲길들, 꽁꽁 언 길들과 질척거리는 길들을" 상상했다.[102] 이글스우드의 숨 막히는 공기에서 벗어나니 눈길 닿는 것마다 금으로 변했다. "자신의 일에만 신경 쓰고 나를 건드리지 않는 소박하고 말 없는 시골 사람들, 내 이웃들을 나는 얼마나 사랑하는지!" 그는 거침없이 말했다. "친구! 사회! 나는 그 둘을 부족함 없이 갖고 있다. 환호하고 공감할 만한 것들이 얼마나 많은가." 그는 모든 것이 "행복을 위해 만들어졌다"라고 친구에게 말했다. "숲, 대지, 곰팡이 등등, 이 모두가 기쁨을 위해 존재한다네. 콩코드강이 행복하지 않았다면 수백만 년 동안 클램셸 언덕을 지나고 헌츠 섬을 돌아 그렇게 흐를 수 있었겠는가?" 그리고 여기, "겨울이라는 이름의 가장 장엄하고 오래된 시"가 다시 돌아왔다. "나는 내가 온 세상에서 가장 존경할 만한 장소에서, 가장 적절한 때에 태어났다는 사실에 매 순간 놀라움을 금치 못한다."[103]

1856~1857년 겨울, 소로는 강연을 할 만큼 건강했지만 너무 많이 할 정도는 아니었다. 그는 초대받은 강연이 얼마 되지 않는다는 점을 감사히 여겼다. "나는 내 경험을 말할 여유가 없다. 특히 내 이야기에 전혀 관심을 보이지 않는 사람들에게는. 나는 경험을 하고 싶다."[104] 소로는 다시 글쓰기에 착수했다. 새로운 자료가 빠르게 쌓여 갔지만, 기존의 강연을 한 해 더 반복할 수도 있었다. 12월 8일—수은주가 화씨 영하 20도로 떨어져, 신문에서는 "몸이 덜덜 떨리는" 날이라고 말했다—에 그는 〈산책〉을 강연하기 위해 말 한 마리와 썰매를 마련해 뉴햄프셔주 애머스트로 갔다. 마지막 11마일을 가는 동안 한 손은 몸에 붙여 따뜻하게 했고 다른 한 손으로 고삐를 잡

았다. 고삐를 잡은 손이 추위에 무감각해지면 다른 손으로 바꿔 잡았다. 소로는 애머스트 회중교회 지하실에서 강연을 했으니 아마 지하실과 관련하여 농담을 했을 것이다. 하지만 그의 농담에 반응하는 사람은 아무도 없었고 다들 가만히 듣고만 있었다. 소로의 기대와는 딴판이었다. 그날 밤 그는 황량한 시골 여관에서 하룻밤 묵었는데 끊임없이 춤추는 소리가 들려 잠을 이룰 수 없었다. 게다가 여관 직원이 손가락으로 코를 푼 다음 부츠에다 문지르는 것을 보고는 진저리를 쳤다. 한밤중에는 땅이 갈라지는 바람에 깜짝 놀라 일어났다. "화약 공장이 폭발하듯" 건물이 흔들리고, 도로가 4분의 1인치가량 벌어졌다. 다음 날 아침 집으로 돌아오는 길에 소로는 말을 멈추고 얼어붙은 메리맥강 위를 걸었고, 그날 오후에는 월든 호수로 걸어갔다. 아닌 게 아니라 호수는 밤사이 꽁꽁 얼어붙었고 얼음이 너무 투명해 꼭 물 위를 걷는 느낌이었다.[105]

6주 후인 1857년 2월 3일에 그는 피치버그 아테나이움에서 또 한 번 〈산책〉을 강연했다. 강연 주제가 산책인데 아무도 산책을 하지 않는다는 것을 확인한 소로는 당황스러웠다. 눈 표면이 몇 마일에 걸쳐 발자국 하나 없이 온전했던 것인데, 이는 수천 명에 달하는 마을 사람이 그 좁고 붐비는 거리를 한 번도 밟지 않았다는 뜻이었다. 혹시 주민들의 마음이 운신의 폭만큼 좁은 것 아닌가 소로는 걱정했다. 아니나 다를까, 청중은 연단에서 이리저리 움직이는 그를 빤히 쳐다보기만 했다. "마치 사기꾼의 공중부양이나 줄타기 곡예" 또는 스케이트를 타고 얇은 얼음 위를 건너뛰는 놀이인 키틀리벤더스kittly-benders를 구경하듯이. 그래도 소로에게 힘을 주는 소식이 하나 있었다. 지역신문에 "라이시움 강연을 통틀어 가장 재치 넘치고 지혜로우며 시적인 강연"이라는 내용의 기사가 난 것이다.[106] 기사를 쓴 사람은 다름 아닌 블레이크였다. 열의에 가득한 블레이크의 초대로 소로는 우스터에서 또다시 강연을 하게 되었다. 2월 13일 소로는 새로 멋지게 보수한 우스터 브린리 홀Brinley Hall에서 한 번 더 〈산책〉을 강연했다. 이로써 소로는 너무 지쳐 강연을 못하고 서둘러 우스터를 떠났던 지난 11월 블레이크에게 한 약속을 지켰다.

그해 겨울은 유난히 추워 그간의 기록을 모두 갈아치웠다. 뉴잉글랜드 일대의 지면이 모두 갈라지고 있었다. 눈이 너무 적게 내려 단열 효과를 내지 못하기 때문이라고 소로는 생각했다. 크리스마스에 소로는 리 클리프 Lee's Cliff에 올라 쌓인 눈을 아래로 밀어 버리고 민에게 줄 신선한 캣닢catnip을 조금 땄다.[107] 1월 1일에는 나쇼턱 힐에 있는 리 농장Lee's Farm을 측량했다. 1635년 사이먼 윌러드가 콩코드의 세 강이 합류하는 곳에 교역소를 세우고 말뚝을 박아 경계를 표시한 바로 그 농장이었다. 이 집이 얼마나 오래되었다고 생각하시오? 새 집주인이 물었다. 레뮤얼 섀턱의 『콩코드의 역사』를 뒤적인 소로는, 그 집이 콩코드에서 가장 오래되었으며, 연대는 1650년대로 거슬러 올라간다고 추정했다. 그런데 몇 주 지나지 않아 이 집은 밤중에 불에 타 버리고 굴뚝만 덩그러니 남았다. 소로는 남아 있는 잉걸불 위에 판자를 깔고 다가가 오래된 굴뚝을 살펴보았다. 부서져 가는 회반죽 위에 글귀가 새겨져 있었다. "콩코드 준공. 1650년 10월." 이 회반죽이 벽돌에 덧대어진 점을 고려한다면, 불탄 집은 그보다 더 오래된 것이 분명했다. 소로는 유품으로 벽돌 하나를 갖고 집으로 돌아왔다.[108]

겨울이 깊어지고 추위가 극심해질 무렵 소로는 여기 콩코드에서도 그 자신 외에는 아무도 숲과 들판을 돌아다니지 않는다는 걸 깨달았다. 바로 이 점이 소로 자신과 그가 아는 사람들 간의 극명한 차이였다. 소로는 자신이 추운 겨울의 중심부로 왜 매일 들어가는지를 말로 풀어내 보고자 했다. 그 이유는 향수병을 앓는 사람의 귀향, 신실한 사람의 기도, 물 만난 고기, 답답한 방에서 창문을 여는 것과 같았다. "나는 진정한 **하늘빛**이 있어야 한다. (…) 그런 빛이 있어야 상냥한 사람들, 마을과 시골을 만날 수 있다. 콩코드농부클럽은 내게 하늘빛을 보여 주지 않는다. (…) 거긴 마냥 따분하다." 하지만 겨울의 고독이 지배하는 야생에서는 "비록 눈에 보이진 않지만 장대하고, 고요하고, 영원하고, 무한히 힘이 되는 어떤 친구를 만나 함께 산책할 수 있다". 그럴 때, 긴장이 풀어지고 감각이 되살아난다. 소로는 어린 시절부터 되풀이해 꾸는 꿈을 떠올렸다. 그가 "부침"Rough and Smooth이라 이름 붙인 그 꿈에서 그는 "무시무시하고 치명적인 표면"에서 흔들리다가 갑자기 "여름 바다처럼 상쾌하고 부드러운 표면에 눕는다". "나를 일깨우는 경험은 예나 지금이나 **항상** 거듭되는 그런 부침이었다. 바꿔 말하면 광기와 이성이라 할 수 있다."[109] 그는 정신이 "온전한" 상태일 때만 "우주의 질서를 편견 없이 보거나" 아니면 "존재의 문제", 즉 극단적으로 가혹한 겨울이 그에게 던진 문제를 다룰 수 있었다.

1월 들어 한겨울 추위가 절정에 달했다. 18일에 보스턴항이 얼어붙었다. 19일에는 푸주한과 우유 배달원이 일하러 나갈 수가 없었다. 20일에 에디 에머슨은 눈을 파서 만든 깊고 멋진 동굴을 헨리에게 보여 주며 자랑스러워했다. 램프를 하나만 켰는데도 벽이 등대의 반사경 역할을 해서 실내를 훤히 비추었고, 에디가 힘껏 소리를 질렀는데도 소리가 거의 들리지 않았다. 아이들과 헨리는 번갈아 동굴 안으로 기어들어가 눈이 소리를 흡수하는 실험을 해 보았다. 23일에는 소로의 잉크가 얼어붙었다. 24일에는 수은주의 눈금이 맨 아래로 떨어져, 소로는 화씨 영하 26도로 추정했다. 소로 역시 자신의 수은구 속으로 들어가 얼음처럼 단단해지고 명료해졌다. "나는 고독 속에서 비단 같은 거미줄 혹은 고치를 짰다. 지금 나는 훨씬 더 완벽한 생물로 나타나 더 높은 사회에서 날기를 꿈꾸는 번데기와 같다. 소박함, 흔히들 말하는 가난을 통해 내 삶은 체계가 없고 모순덩어리였던 과거와는 달리 구심점과 체계를 갖춘 코스모스Κόσμοσ 상태가 되었다."[110] 소로의 미래는 월트 휘트먼이었다. "맨해튼의 아들이자 코스모스인 나 월트 휘트먼"은 뉴욕의 거리를 달리며 사람들에게 호메로스를 외쳤다. 그 휘트먼이 또 하나의 코스모스, 콩코드의 아들이자, 수정 동굴 깊은 곳에 틀어박힌 번데기를 부르고 있었다.

그는 한계에 도달했다. 우선 에머슨과 부딪쳤다. "이제 또 하나의 우정이 끝났다." 1857년 2월 8일, 바로 그 코스모스의 날에 소로는 이렇게 썼다. 이번엔 정말 끝이다. 가장 오래되었고 가장 친했던 친구와 끝내 돌이킬 수 없이 틀어졌다. "당신을 생각하느니 내 발밑에서 대지가 사라지는 편이 낫겠다"라며 괴로워했다. 그리고 밤낮으로 "육체적인 고통, 일을 하는 데 지장을 주는 가슴 통증"에 시달렸다. 무슨 일이 일어났던 것일까? 에머슨은 아무런 단서를 남기지 않았다. 중서부 순회강연에서 이제 막 돌아온 에머슨은 한동안 후유증에 시달렸고, 이 시기에 정신적으로 한창 고양되어 있던 소로는 에머슨으로부터 잔인하게 따돌림을 당했다고 생각했다. 그러던 와중에 에머슨은 여행을 할 때 걸린 감기가 급성질환으로 악화하고 말았다. 에머슨이 고열에 시달리며 몸져눕자 소로는 극도로 흥분했고 에머슨이야말로 하나밖에 없는 자신의 영적 친구이며 이 사실은 절대 변하지 않으리라는 것을 깨달았다. 에머슨 없이는 살 수 없었고 에머슨 없는 삶은 상상할 수도 없었다. "내 친구였던 사람에게 영원한 작별 인사를 건넨 듯한 그 순간 불현듯 내가 그와 얼마나 가깝게 지내는지 깨달았다. 우리의 친밀함과 애정은 영원히 두텁고 유의미할 것이다. 그러므로 나는 무력한 죄수이며, 내게는 이 사슬을 끊을 재주가 없다. 고리를 하나 끊었다고 생각하는 동안 이미 또 다른 고리를 만들고 있기 때문이다."[111] 위기가 지나간 뒤 소로는 곧 에머슨 가족의 저녁 식사 자리에 참석했고 그 자리에서 루이 아가시와 활발한 논쟁을 벌였다. 5월 1일, 소로와 에머슨은 다시 사이좋게 멀리 산책을 나갔다. 소로에게 불어 닥친 감정적 폭풍으로 그들 사이에 남아 있던 불화는 말끔히 날아갔다. 그는 에머슨에 대한 자신의 사랑과 에머슨이 자신에게 베푸는 사랑에 두 번 다시 의문을 품지 않았다.[112]

정서적 균형과 온전한 정신을 위해 소로는 자연의 "하늘빛"을 필요로

했다. 그런데 실상을 들여다보면 그는 많은 사람과 친목을 도모하고, 깨뜨릴 수 없는 네트워크 사슬에 묶여 있었다. 아이러니하게도 바로 그 시기에 콜몬들리가 소로가 지닌 특징을 두고 예리한 평가를 내놓았고, 이는 앞서 말한 해석을 증명해 주는 것이었다. 10월에 소로는, 크림전쟁에 참전 중인 콜몬들리에게 편지를 보내 자신의 건강이 나빠지고 있다고 털어놓았다. 그렇지만 돌아오는 답장은 없었다. 그러다 12월이 되어 콜몬들리는 마침내 로마에서 소로의 편지를 발견했고 살아 있다는 기쁨에 들떠 길고 긴 편지를 썼다. 수십 장에 달하는 그의 편지는 전쟁, 인간, 풍경, 국가, 운명—콜몬들리 자신과 소로의 운명을 포함하여—에 대한 경험과 생각으로 가득했다. 콜몬들리는 자기 자신에게 소로식 약을 처방했다. 켄트의 몇 마지기 땅에다 소로가 방문할 수 있도록 충분한 방을 가진 오두막을 마련한 것이었다. 그런데 친구에게는 완전히 다른 처방을 내렸다. "자네는 내가 바라는 대로 전혀 살고 있지 않네. 사람들과 어울리며 지내야 하네. (…) 그렇지 않으면 나이가 들면서 썩기 십상이기 때문이지. **내 솔직한 말을 용서하시게**." 몇 년 전 풀러의 말에 따르면, 콜몬들리는 소로에게 자연에 대한 자신의 사랑은 "당신이 아직 발견하지 못한 사랑에 비하면 부수적"이라고 전했다고 한다. 너무 외롭게 은거하지 말라고 콜몬들리는 충고했다. "자네가 나뭇잎에 관심을 갖듯이 모든 사람에게도 관심을 갖고, 그들을 주의 깊게 살펴보시게." 매사추세츠나 콩코드의 역사를 써 보게. "그것은 엄청난 일이고 대단한 성취일 것이라네. 더욱이 그 일은 자네만 할 수 있다네."[113]

그것은 훌륭한 조언이었다. 그리고 그 편지를 받을 무렵—콜몬들리는 영국의 안전한 우편 서비스를 이용할 수 있는 2월에 이르러서야 자신이 쓴 장문의 편지를 보냈다—에 소로는 고독에 대해 냉철하게 생각하면서도 나뭇잎을 들여다보듯 친구와 이웃에 관심을 갖고 면밀히 연구하여 그 내용을 일기장에 기록하고 있었다. 휘트먼처럼 되기로 마음먹은 소로는 『풀잎』 한 부(『월든』과 에머슨의 『시집』*Poem*도 함께)를 콜몬들리에게 보냈다. 그리고

4월 2일에 그는 난롯가에서 멋진 휴가를 느긋하게 보내기 위해 리케슨의 집으로 떠났다. 한번 얼었던 물고기는 다시 살아날까? 이는 소로와 아가시가 오랫동안 논쟁을 벌인 문제였다. 물고기에 대해서는 아직 답을 찾지 못한 상태였다. 그렇다면 개구리는? 소로는 브룩론으로 가는 길에 꽁꽁 언 개구리를 주머니에 넣어 왔다. 결론은 불가능하다는 것이었다. 얼었던 개구리는 다시 살아나지 않았다.

하지만 그는 다시 살아날 수 있었다. 소로는 2주 동안 즐거움 속으로 녹아들었고 친구들 사이에서 편히 쉬었다. 올컷도 그곳에 머물렀다. 그리고 올컷이 "어느 때보다 정신이 온전하고 건전하다"라고 여긴 채닝이 이따금 걸어 내려와 파이프 담배를 피웠다. 어느 날 저녁 대니얼과 엘러리가 오두막에 들어섰을 때 루이자 리케슨은 응접실에서 스코틀랜드풍 〈캠벨이 온다〉The Campbells Are Coming를 피아노로 연주했다. 그들의 딸인 애나는 웃으면서 오두막이 울릴 만큼 큰 소리로 외쳤다. 와서 보세요! 소로가 갑자기 춤을 추면서 발끝으로 돌고, 가구 주변을 "인디언"처럼 미친 듯이 뛰고, 아이들을 즐겁게 해 주었다. 그 모습이 못마땅한 올컷이 창피해하며 소파에 몸을 깊숙이 파묻었고, 소로는 춤을 추다 그의 발을 밟았다.[114] 루이자가 〈톰 볼링〉Tom Bowling—존의 기억에 따르면, 헨리가 좋아하는 노래—악보를 가지고 피아노 앞에 앉아 소로에게 노래를 따라 불러 달라고 청하자, 그는 이렇게 말했다. "오, 제가 노래를 부르면 집 지붕이 날아갈지도 몰라 걱정입니다!" 그러더니 곧이어 "열정과 느낌"을 담아 그 뱃노래를 힘차게 불렀다. 나중에 루이자는 곡을 악보에 옮겨 적어 콩코드로 보내주었다. "덕분에 지금까지 여러 차례 그 노래를 불렀고 앙코르 요청도 받았습니다." 소로는 루이자에게 감사의 말을 전했다. "그리고 그 악보는 피아노를 치는 제 여동생에게 잘 전달했습니다."[115]

소로는 잠시 로맨틱한 감정에 사로잡혔다. 4월 13일에 소로와 리케슨은 퀸시가몬드Quinsigamond 호수 근처에 들러 케이트 브래디와 저녁 식사를 했다. 케이트는 반은 아일랜드인이고 반은 양키로, 리케슨의 집에서 한때 가정부로 일했다. 농장에서 자란 그녀는 말을 타고 쟁기질을 하고 낚시를 하고 양을 치고 실을 잣고 직물을 짜고 바느질을 할 줄 알았다. 또한 『월든』을 읽은 적이 있으며, 현재는 학교를 운영하며 살고 있었다. 케이트는 헨리와 함께 긴 산책을 하면서 자신에겐 큰 계획이 있다고 털어놓았다. 비록 동성 친구들이 놀리더라도, 케이트는 버려진 가족 농장으로 혼자라도 돌아가 "'자유롭게 생활'"하며 그곳을 다시 꽃피우고 싶어 했다. 깊이 감명한 소로는 "나는 소녀나 여성이 자연에 대해 그런 깊은 애정을 표현하는 걸 들어본 적이 없다"라고 썼다. 소로의 나이는 그때 마흔 살로 케이트보다 두 배 많았고, 결혼에 대해서는 문을 걸어 잠근 지 오래였지만("모든 자연이 나의 신부"라고 그는 생각했다) 케이트를 "황금시대 아이들"의 한 사람으로 그릴 때는 생기가 넘쳤다. 그녀는 양서를 사랑하는 강한 정신의 소유자이며, "자연 속에서 진정한 집을, 들판과 숲에서 가정"을 꾸릴 것이라고 소로는 묘사했다.[116]

집에 돌아온 소로는 더 많은 친구를 맞을 준비가 되어 있었다. 집을 비운 사이 블레이크가 방문했다는 사실을 알고 즉시 우스터 친구들에게 재방문을 청하는 초대 편지를 썼다. 여기에는 빙긋 웃음 짓게 하는 소로 특유의 짓궂은 말장난이 가미되어 있었다. "한 사람도 빠짐없이 오시게. (…) 와서 콩코드가 되어 주시게. 내가 우스터화된 것처럼."[117] 한편 소로는 나무를 심느라 분주하게 보냈다. 그의 아버지가 사 둔 옆집 땅에 사과나무를 새로 심고, 새 담장을 세우고, 삽으로 정원을 팠으며, 이웃 라이어든이 키우는 멋진 수탉이 자신을 졸졸 따라다니는 모습에 즐거워했다. "텍사스 하우스" 정원에는 콩을 심었고, 5월에는 에머슨에게 새 정자를 지어 주느라 사흘간 셔츠 바람으로 지냈다. 리케슨이 방문했을 때 에머슨 부부는 에머슨 클리프에서 그를 위해 가족 파티를 열었다. 그날 저녁 식사 자리에서 리케슨이 천둥 번개와 천벌이 두렵다고 고백하자 소로는 에머슨이 좋아할 법한 주장을 전개했다. 신의 심판을 두려워하는 것은 잘못된 신학이며 오히려 새로 심은 배나무가 진정한 종교다. "언제 봐도 황홀하고 열매가 말라죽은 적도 없다."[118] 다음 날 아침 리케슨이 평소 자주 그러듯 머리가 아프다고 토로하자 소로는 그를 데리고 나가 수영과 뱃놀이를 해서 그를 낫게 해 주었다. 이제 헨리는 "그런 변덕스러운 신경증 환자"를 진정시킬 정도로 "지난 2년에 비해 부쩍 강인한" 사람이 되었다."[119]

새로운 에너지를 얻어 숲과 들판을 누비는 동안 소로는 어린 소나무가 불과 1년 만에 훌쩍 자란 것을 보고 깊은 인상을 받았다. 황량한 들판이 하룻밤 사이에 어린 숲으로 변했고 작은 나무들은 하늘로 뻗어 나가더니 한 철 만에 3피트나 자랐다. 소로는 낸터킷에서 가디너 선장이 허허벌판에다 나무를 다시 심는 것을 본 적이 있었다. 이제 소로는 에머슨과 산책하면서 월든 숲에도 그 방법을 적용해 보면 어떠냐고 제안했다. 한 사람이 와이먼 들판을 쟁기질하고 다른 사람이 그 뒤를 따르면서 소나무 씨앗을 뿌리는 방법으로 숲 전체를 재생하는 겁니다. 모든 곳이 부활의 계절을 맞이하고 있었다. 리 클리프로 가는 길에 소로는 사과나무를 접붙이러 가는 농부의 아들과 잠깐 이야기를 나누었다. 그때 북서쪽 하늘에서 작은 먹구름이 낮게 깔리며 다가오는 것을 보았다. 고요하고 푸른 하늘이 남아 있는 페어헤이븐을 계속 걷자니 이내 빗방울이 세차게 떨어졌다. 잿빛 먹구름에서 폭우가 쏟아지자 소로는 리 클리프로 달려가서는 천둥 번개를 막아 주는 바위 틈새에 몸을 피하고 비를 맞으며 우렁찬 목소리로 〈톰 볼링〉을 불렀다.[120]

이틀 뒤 그는 언덕에서 쌀먹이새의 노래를 듣고 다시 한번 환희를 느꼈다. 처음에는 "촉촉한 목구멍에서 한두 음씩 동그랗게 맺혀 방울방울 떨어졌다". 마치 멜로디가 가득 담긴 꽃병 같았다. "오 당신의 예술을 더 펼치지는 마세요, 선생님. 당신의 선율을 전부 다 들려주진 마세요. 하지만 그가 노래를 시작하자 온 초원에 멜로디가 물방울처럼 튀어 나갔다."[121] 3년이라는 긴 시간 동안 헨리 소로는 자신의 예술을 활짝 펼치지 않고 자신의 선율을 남김없이 들려주지 않았다. 1857년 봄으로 접어든 지금 그는 목청껏 소리치며 끝까지 나아갈 준비가 되어 있었다.

10장

야생 열매

1857-1859

국가가 이런 종류의 열매를 맺고, 그 열매가 다 익어서 떨어질 때까지 기다려 준다면,
훨씬 더 완벽하고 영광스러운 국가로 나아갈 것이다.

—

헨리 데이비드 소로, 「시민 불복종」

케이프 코드와 메인 숲으로 떠난 마지막 여행

"이제 우리의 철학을 문밖으로 가지고 나갈 때가 되었다." 1857년 6월로 접어들자 귀뚜라미가 부르는 대지의 노래가 부드러운 바람에 실려 왔다. 소로는 긴 산책이 그리웠다. 채닝이 함께하겠다고 나서자 소로는 일정을 조정했다. 그러다 채닝이 약속을 취소했는데도 소로는 아랑곳하지 않고 혼자 길을 나섰다. 6월 12일 화창한 금요일 아침에 그는 광대하고 황량한 케이프 코드의 모래밭을 향해 출발했다. 플리머스에서 만난 마스턴 왓슨과 메리 왓슨이 소로를 클락스 아일랜드까지 태워주었다. 그들은 일요일을 맞아 네드 삼촌과 함께 바닷가재 통발과 찌르레기 둥지를 확인하러 가는 길이었다.[1] 월요일 아침 왓슨 부부는 숲속에 있는 제임스 스푸너의 농장을 방문한 뒤 헨리를 마노미트에 내려 주고서 배낭을 메고 홀로 해변으로 향하는 그의 모습을 안쓰럽게 지켜보았다.[2]

그다음 한 주 동안 소로는 만을 따라 걷다 동쪽으로 방향을 틀어 반도를 가로지르며 외곽에 위치한 모래톱을 지났고, 거기서 다시 북쪽에 위치한 프로빈스타운으로 향했다. 지도와 나침반으로 방향을 잡으면서 족히 80마일을 걸었다.[3] 이슬비 섞인 안개가 끼고 바람이 불어, 외곽에 위치한 모래톱에 닿을 즈음에는 온몸이 흠뻑 젖고 두 다리는 모래 알갱이로 뒤덮인 상태였다. 그는 차디찬 "휴메인 하우스"Humane House*에 들어가 벌벌 떨며 잠

* 휴메인협회Humane Society가 세운 임시 숙소. 해난구조 체계가 갖춰지기 전에 이 협회는 자선사업의 일환으로 해난구조를 지원했다.

시 휴식을 취한 뒤 웰플릿의 굴 따는 사람 존 뉴컴을 만나기 위해 바삐 걸음을 옮겼지만, 주민으로부터 뉴컴이 지난겨울에 95세를 일기로 사망했다는 얘기를 들었다. 그들이 나눈 대화는 분명 기이했을 것이다. 조금 전 쇠바다제비 사체를 발견한 소로는 완벽히 소로다운 논리에 따라 대피소를 찾으면 자세히 살펴볼 요량으로 그 사체를 우산에 묶어 가져왔기 때문이다. 소로도 인정했다. "그들은 나를 미친 사람으로 여겼을지 모른다." 그날 오후 소로는 하일랜드 등대에 도착해 이후 사흘 동안 모래언덕을 거닐고, 새로 지은 전신국을 방문하고, 등대지기며 주민들 그리고 등대 보수 작업을 하는 목수들과 담소를 나누면서 꿀 같은 시간을 보냈다. 한 대화 상대는 세상 가장 멋진 곳이 케이프 앤 해변이라고 호언장담했고, 소로는 그 말을 기록해 두었다. 일요일에는 "내겐 꽃처럼 달콤한" 사구의 고독감을 약처럼 들이마시며 프로빈스타운으로 향했다. 소로는 야생 고양이 울음소리가 들려오는 필그림 하우스Pilgrim's House*에서 빈대에 시달리며 밤을 보낸 뒤 6월 22일 보스턴행 증기선에 올랐고 저녁 시간에 맞춰 집으로 돌아왔다.[4]

기운을 돋워 주는 평온하고 만족스러운 여행이었다. 소로는 50쪽이 넘는 기록을 남겼지만, 그 가운데 『케이프 코드』에 수록된 내용은 거의 없다. 그는 책의 마지막 장을 수정하려 했지만, 대부분의 내용이 알차게 완성되어서 이제 독자에게 보여 줄 때가 되었다고 말하고 있었다. 결국 그는 다른 프로젝트에 주의를 돌렸다. 『케이프 코드』가 출간된 것은 그가 사망하고 거의 3년이 지난 1865년 봄이었다. 흥미롭게도 『케이프 코드』에 관한 가장 힘 있는 서평을 쓴 이는 소로와 오랫동안 소원하게 지냈던 가톨릭교도 아이작 헤커였다. 소로는 모든 종교 조직에 회의를 품었지만, 그는 소로의 "깊은 종교적 감정"을 간파해 냈다. "그가 15세기에 살았더라면 아마 사막의 신부가 되었을 것이다."[5] 헤커는 『월든』의 어두운 쌍둥이인 『케이프 코드』에서 어

* 케이프 코드에 있던 여관. 지금은 호텔이다.

떤 기묘함을 포착했다. 소로는 『월든』에서 억눌렀던 형이상학적 공포를 여기에 남김없이 털어놓았다. 첫 번째 여행에서 우연히 주어진 서사 구조는 조금도 바뀌지 않았다. 길고 지루한 역마차 여행, 연안 지역의 비정한 혼돈이 빚어 낸 비정상적 생물체로 가득했던, 기묘하게 방향감각을 잃게 만들었던 해변에서 받은 충격, 웰플릿의 굴 따는 사람의 신랄한 유쾌함, 등대 조명을 "말끔하게, 최후까지 빛을 발하게끔"[6] 관리하던 등대지기의 근면한 노동, 소로의 역사 탐구 등 모든 게 그대로였다. 그러나 그 모든 확실성의 토대는 시시각각 모습을 바꾸는 케이프의 모래밭과 사물의 형태를 뒤틀어 놓는 시간의 힘에 뜯겨 나가고 말았다.

무엇보다 중요한 것은 소로가 충격적인 도입부에 삽입된 이야기, 즉 파이어 아일랜드의 형언할 수 없는 고통 속에 뒤틀린 채 처박혀 있는 '세인트 존'호의 잔혹한 난파 사고 이야기를 그대로 두었다는 것이다. 그는 도입부의 실존적 어둠을 떨쳐 내려 하지 않았다. 오히려 문 잠긴 "인도주의 구호소"에서 벌어진 인간성의 장대한 침몰부터, 신선한 모래를 깔고 누운 사체가 되면 인간이나 짐승이나 그리 다를 것도 없어지는 "비인간적일 만큼 숨김없는" "벌거벗은 자연"의 씁쓸함에 이르는 노정에 그 어둠이 잘 드러나도록 배치했다.[7] 『케이프 코드』는 세기말적 자연주의 작품으로, 스티븐 크레인**의 여느 작품 못지않게 어두운 분위기가 짙게 깔려 있다. "이토록 탐욕적인 해변의 연대기라니! 난파선의 선원이 아니고야 누가 그런 것을 쓸 수 있으랴?" 소로는 크레인이 그랬듯 기이한 아름다움을 첨가해서 자신의 악몽을 부풀렸고, 다른 한편으로는 크레인과 달리 본능적 기쁨으로 그 악몽을 음미하며 이 어두운 책을 빛나게 했다. 『케이프 코드』는 혼돈의 끝자락에서 "봄들의 봄, 폭포들의 폭포"를 가로질러 빛을 비추는 소로 자신의 하일랜드

** 미국의 소설가 겸 시인, 신문기자. 그의 작품은 그다음 시대의 '사회적 사실주의'로 나아가는 길을 열었으며 또 속어를 섞은 간결한 문체와 상징적 수법으로 헤밍웨이를 비롯한 현대 미국 작가들에게 큰 영향을 주었다.

등대였으며, 바다에 떠 있는 모든 인류에게 신호를 보내는 봉화였다. 그 글은 이렇게 끝난다. "거기 한 남자가 미국 전체를 등 뒤에 두고 서 있을 것이다."[8]

새로운 여행을 떠날 준비가 되었다. 6월 11일 소로는 조지 대처에게 편지를 보내, 자신이 다시 기운을 되찾았으며 두 명 정도를 모아 카누를 타고 "느긋하고 경제적인 여행을" 할 생각이라 전했다. 말하자면 무스헤드 호수에서 알라가시Allagash강을 지나 프랑스령 캐나다로 향하는 수백 마일에 이르는 여정으로, 못해도 한 달은 걸릴 법한 여행이었다. 그 강 주변에서 자란 아들 조지*도 여행에 함께할 수 있지 않을까? 그러나 아버지 조지가 이를 거절하자 소로는 대신 인디언 안내인을 고용하기로 결정했다. 소로는 에벤 루미스에게도 편지를 보내, 셋이서 "느긋하게" 여행할 생각이 있는지 물었다. 루미스는 소로를 찾아와 함께 배를 타고 어새벳강으로 나갔다. 배럿의 제재소에서 마구 내버린 톱밥 더미가 메탄가스를 내뿜어 소로가 성냥불을 붙이자 두 사람 귀에 가스 폭발음이 들렸다. 하지만 루미스도 여행에는 동행할 수 없었다.[9] 다음 후보는 오래전 월든 숲에 불을 지를 때 소로를 도왔던 에드워드 호어였다. 그는 얼마 전 콩코드로 돌아왔다. 방랑벽이 있는 에드워드는 변호사 일을 하면서 사금을 캐기 위해 캘리포니아로, 또 페루로 이주했고, 그곳에서 아버지의 부고를 받았다. 가족을 돕고자 집에 돌아온 탕아는 고향에서 자신이 사려 깊은 사람이며 소로의 작업 방식을 존중하는 뛰어난 박물학자임을 입증하고 있었다. 훗날 호어는 소로의 방식을 다음과 같이 회고했다. "오래, 멀리 걷는 것. 발이 땀에 젖고, 그렇게 몇 시간을 더 나아가는 것. 온종일 노를 젓는 것. 먼 거리를 여행한 뒤 밤늦게 집에 돌아오는 것. (…) 무슨 일인가를 앞두고 움찔거린다면 당신은 그에게 아무런 쓸모가 없을 것이다." 소로는 몇몇 친구가 "오래 걷는" 진정한 야외 활동을 해

* 조지 대처의 10대 아들을 가리킨다. 아버지의 이름을 장남에게 물려주는 관습이 있었다.

낼 만큼 억센 사람들이라는 걸 알고 있었다.[10] 블레이크는 함께 가고 싶어 했지만 그럴 수 없었다. 하지만 과묵하고 유능한 에드워드 호어가 여행에 동참했다.

1857년 7월 20일 월요일에 두 사람은 뱅고어로 떠났다. 포틀랜드행 열차는 불에 탄 잔해처럼 뜨거웠지만, 메인주의 날씨는 봄처럼 신선하고 상쾌했다. 뱅고어행 증기선은 안개가 끼는 바람에 출발이 지연됐다. 두 사람은 이른 오후에 대처의 집에 도착했다. 지역 주민들은 인디언 안내인들이 더럽고 고집 세고, 걸핏하면 술을 마시는 데다 이해하기가 어려우니 고용하지 않는 편이 낫다고 경고했지만, 소로는 "무슨 일이 있어도 인디언을 데려갈 생각"이었다.[11] 그렇게 다음 날 아침 두 사촌은 마차를 타고 올드타운으로 가서 여객선에 올라 인디언 아일랜드로 향했다. 그런데 인디언 마을에 도착하니 마을이 텅 비어 있다시피 했다. 사냥을 떠났거나 조개를 채취하고 있거나, 카누를 타고 뉴잉글랜드의 물길을 나아가며 바구니를 팔러 떠나지 않은 사람은 전부 올드타운에 발발한 천연두 때문에 다른 인디언 정착지로 피신해 있었다. 대처와 소로는 처음 눈에 띈 사람에게 다가갔다. 몸이 다부진 사내는 견고해 보이는 2층 목조 가옥 앞마당에서 사슴 가죽을 손질하고 있었다. 대처는 그를 알아보고 오랜 친구라도 만난 듯 인사했다. 알고 보니 그는 대처와 어린 시절을 함께 보낸 조 폴리스라는 사내로, 지난해에는 폴리스의 형제가 대처의 안내인 역할을 하기도 했다. 우리를 알라가시강으로 데려다줄 수 있는가? 폴리스는 계속 사슴 가죽을 손질하면서, "좋다. 나는 무스를 잡아야 한다"라고 대답했다. 대처는 폴리스의 일당을 2달러에서 1.5달러로 깎았고(소로는 예산이 상당히 빠듯했다), 그렇게 그들은 손을 잡았다.[12]

소로에 따르면, 두 사람은 운이 좋았다. 폴리스는 "특별히 견실하고 믿을 수 있는 사람"으로 알려져 있었다.[13] 그 행운이 얼마나 큰 것인지는 시간이 말해 줄 터였다. 폴리스의 합류로 또 한 번 소년들의 모험이 될 뻔했던 여행이 민감한 문화적 전선을 사이에 두고 양측이 만나는 어른들의 탐험이 될 참이었기 때문이다. 폴리스는 깊은 숲속에서도 지도자였지만, 뉴욕과 필라델피아의 집에서도 똑같이 부족의 지도자였다. 그는 자신의 부족을 대표해 메인주 주 정부와 중앙정부를 만나 페놉스코트족의 광대한 땅을 거의 다 빼앗은 백인 지도자들을 상대하며 백인들의 세계 속에 페놉스코트족의 영구 거주지를 확보하는 데 일조했다. 협정을 통해 페놉스코트족은 선조의 고향 가운데 한 곳인 인디언 아일랜드의 소유권을 얻었다. 페놉스코트족은 그 작지만 안전한 영토를 근거지로 삼아 급격히 근대화하는 경제 속에 부족의 자리를 마련하고자 분투하고 있었다. 전통적 텃밭은 시장에 내다 팔 작물을 생산하는 농장이 되었고, 자급자족을 위한 사냥은 상업적 경제활동이 되었으며, 공예 기술과 공학 기술—무엇보다 바구니 세공품과 자작나무 껍질 카누—로는 상품을 생산해 미국 북서부 도심지까지 이어지는 상업적 연결망을 샅샅이 누비며 판매했다.

소로는 그런 사정을 어느 정도 알고 있었다. 콩코드강 연안이나 하버드대 인근 강변에서 야영하는 페놉스코트족과 정기적으로 대화를 나눈 덕이었다. 에드워드 호어도 잘 알고 있었다. 그는 어린 시절 페놉스코트 인디언이 메인주 해안을 따라 파도 바깥쪽으로 카누를 타고 남하한 뒤 배를 들고 로웰을 지나 콩코드강에 이르러 원뿔 모양의 나무껍질 오두막을 세우고 "직접 만든 그 향기로운 바구니"를 팔던 모습을 기억했다.[14] 하지만 페놉스코트족이 문화적 주권을 위해 싸우고 있다는 사실은 소로도 알지 못했다. 이 싸움에서도 지도자는 폴리스였다. 그의 부족은 **메테울린**meteoulin, 즉 스승이자 샤먼으로서 폴리스를 존경했다. 백인 탐험가들을 안내하기도 했던 폴리스는 백인 사회에 페놉스코트족의 세계를 가르칠 책임이 있었다. 그가 대처의 제안을 받아들였다는 것은 소로를 손에 넣는다는 의미이기도 했다. 어쩌면 이 미국인에게 페놉스코트족이 선조의 땅에서 살아가는 방식을 한두 가지쯤 가르칠 수 있을지도 몰랐다.

가르치는 과정은 그날 저녁 폴리스가 (직접 만든) 자작나무 껍질 카누를 들고 뱅고어 기차역에 도착한 순간부터 시작됐다. 소로는 어색한 분위기를 풀어 보려는 마음에 대처네 가족 얘기를 쉬지 않고 떠들었다. 소로의 말마따나 "누구보다 인디언다웠던" 폴리스는 100파운드짜리 카누를 머리에 이고 담배를 피우면서 이따금 '끙' 할 뿐이었다. 나중에 폴리스는 에드워드 호어에게 왜 너희는 의미 없는 질문을 계속 던져 대느냐고 버럭 소리쳤다. "너희가 말하는 방식은—괜찮아 보이긴 해도—인디언의 방식은 아닌 것 같다."[15] 다음 날 아침 폴리스는 두 고객과 그들이 챙겨 온 산더미 같은 장비를 자신의 작은 카누에 어떻게 실을지를 신중하게 연구했다. 잠시 후 그들은 역마차 지붕에 카누를 단단히 묶어 놓고 마차에 탑승했다. 소로는 폴리스가 입고 온 옷, 담요, 도끼, 총 외에는 아무것도 챙겨 오지 않은 것에 감탄했다. 폴리스에게 필요한 건 그게 전부였다. 승객을 가득 태운 채 폭풍우를 헤치고 무스헤드 호수까지 나아가는 역마차 속에서 폴리스는 일언반구 없이 무심하게 앉아 있었다. 무례한 승객 하나가 그를 조롱할 때조차 눈을 "조금 반짝" 할 뿐이었다. 소로에게 서광이 비춘 것은 "만취한 캐나다인"이 폴리스에게 말을 걸었을 때였다. "담배 피우시오?" "그렇소." "잠깐 파이프를 좀 빌려주겠소?" 그러자 폴리스는 특유의 "저 멀리 수평선"을 보는듯한 눈빛으로 "파이프 **갖고 있지** 않소"라고 답했다. 있으면서! 소로는 그날 아침 폴리스가 조심스럽게 파이프와 넉넉한 양의 담뱃잎을 챙겨 넣는 모습을 보았다.[16]

사나운 폭풍이 몰아쳐 그날 출발하려던 계획이 무산됐다. 대신 그들은 군중을 헤치고 나가 해안 근처 여관에서 숙박을 했다. 다음 날 아침 일찍 그들은 폴리스가 세심하게 감독하는 가운데(그는 카누가 뒤집히거나 바닥에 구멍을 내지 않을까 우려했다) 조심스럽게 카누에 올라 어슴푸레 날이 밝아 오는 구름 낀 새벽 속으로 들어갔다. 소로는 키네오Kineo산을 향해 노를 저으며 경치를 한껏 빨아들이고, 곁눈으로는 폴리스를 주의 깊게 관찰했다. 소로는 폴리스에게 당신과 함께 학교에 가서 당신네 언어를 배우고 싶다고 대담하게 말했다. 시간이 얼마나 걸릴까? 일주일, 폴리스가 답했다. 그 정도면 충분하다. 소로는 오리, 명금, 아비새 등 폴리스가 말해 주는 온갖 이름을 받아 적었다. 여러 장소의 이름도 들었다. 그는 폴리스가 **머스케타퀴드** 또는 (폴리스가 선호하는 발음으로) **머스케티쿡**Muskéeticook의 의미를 안다는 사실이 기뻤다.[17] 이 사실은 매사추세츠주와 메인주가 인디언들을 통해 연결된 한 세계의 두 기둥임을 입증했다. 대화로 기분이 좋아진 폴리스는 키네오산을 가리키며 자기 부족 안에서는 예로부터 저 산을 위대한 사냥꾼에게 죽은 거대한 무스로 여긴다고 말해 주었지만, 소로는 그 설화가 따분하고 "바보 같은 신비 현상"을 믿는 인디언 미신에 불과하다고 일축하며 폴리스가 말해 준 사냥꾼의 이름을 무시했다. 큰 실수였다. 폴리스는 페놉스코트 우주론의 핵심에 해당하는 가장 심원한 창조 신화를 들려주려 했던 것이다. 소로는 이를테면 쿠루Kouroo 예술가*의 시적이고 상징적인 차원은 얼마든지 이해할 수 있었지만, 폴리스가 그와 동일한 신화적 영역의 얘기를 들려줄 땐 귀를 닫고 말았다. 이 일은 소로가 19세기의 고정관념과 완전히 결별하지 못했음을 보여 준다. 불운하게도, 소로의 조롱은 폴리스에게 하나의 지침이 되어, 이후 그는 자신의 태도를 조정했다. 폴리스는 부족의 우주론에 관해서는 함구하고 오직 이름과 역사만 입에 올렸다. 소로는 자신의 무례가 어떤 결과를 낳았는지 영영 알지 못했다.[18]

그날 오후 일행은 키네오산 밑에 캠프를 차렸다. 폴리스는 소로와 호어에게 쏟아지는 빗속에서 젖은 장작으로 불을 지피는 법을 보여 줬다. 폴

* '쿠루'는 『월든』에 등장하는 고대 칸다하르의 도시로, 그곳의 예술가는 한 가지 목표를 추구하는 굳은 결심과 숭고한 믿음으로 완벽한 지팡이를 만들고, 그 지팡이에서 새로운 세계가 창조된다.

리스가 낚시를 하는 동안 소로와 호어는 산에 올라 저 아래의 키네오 하우스 호텔의 건물과 땅을 내려다봤다. 소로는 이 산이 콩코드에서 항상 주워 담았던 화살촉과 똑같은 각암角巖으로 이뤄져 있다는 걸 발견하고 기뻐했다. 그의 발밑에 있는 바로 그 바위가 타하타완이 화살촉을 만든 재료이자 원료였다. 이는 자신이 속한 월든의 세계와 조 폴리스가 속한 페놉스코트의 세계를 묶는 큰 연결망의 또 다른 고리였으며, 만약 소로가 잘 경청했더라면 폴리스로부터 전해 들었을 키네오 이야기의 더 깊은 의미를 가리키는 단서가 될 수도 있었다. 그날 밤 그들은 어둑한 숲속에서 불을 피우고 둘러앉았다. 폴리스는 건초를 만들고 감자를 경작하는 이야기를 들려준 뒤 변호사인 호어에게 백인의 재산법property law에 대해 자세히 물어보았다. 또한 폴리스는 울음소리로 뱀을 구별했고—소로는 뱀이 소리를 낸다는 말을 듣고 깜짝 놀랐지만, 그건 사실이었다—두 사람이 잠을 청하는 동안 어린 시절 예수회 선교사에게서 배운 자장가를 불렀다.[19] 소로는 자신이 오랫동안 읽고 있는 『예수회 보고서』*Jesuit Relations*[••]의 장면들이 생생하게 떠올랐다.

숲도 마찬가지였다. 자정 무렵 잠에서 깬 소로는 꺼져 가던 불을 지피다 마음 깊은 곳을 흔드는 광경을 발견했다. 완전히 타지 않은 장작의 끄트머리가 뜨거운 불꽃을 내면서 빛을 발하는 것이 아니라, 차가운 하얀빛을 발하며 타고 있었다. 여러 해가 흐른 뒤 호어는 소로가 자신을 깨우더니 손바닥 위에서 차갑게 타고 있는 흰 숯을 보여 준 일을 떠올렸다. 폴리스는 그것이 **아르투소쿠**Artoosoqu라고 설명하면서, 그런 불이 소리를 내면서 나무 꼭대기 높이로 지나가는 것을 그의 부족이 여러 번 봤다고 말했다. 이번에는 소로도 폴리스를 믿었다. 폴리스의 부족은 어느 계절, 어느 때나 자연 속에 퍼져 있던 사람들이어서, "자연이 아직 우리에게 보여 준 적 없는 수천 가지 비밀을 그들에게는 보여 주었을 것이다".[20] 거기서 소로가 원한 것은

•• 각국에 파견된 예수회 지부, 특히 북미 지부에서 본국인 프랑스로 보낸 보고서집.

과학이 아니라 순전한 경이였다. 갑자기 숲은 "화학이 지배하는 빈방이 아니라 사람이 거주하는 집이 되었다. 나는 잠시 숲과의 우정을 즐겼다".[21]

어느덧 소로는 폴리스에게 완전히 빠져들었다. 다음 날 이른 아침, 바람이 일기 전에 노를 저어 노스이스트 육상운반로로 가는 동안 소로는 그에게 부지런히 질문을 던졌다. 숲에선 어떻게 길을 찾나? 질문을 할수록 폴리스의 답변은 점점 모호해졌다. 폴리스가 보기에 진짜 수수께끼는 소로나 다른 백인들이 그런 방법을 전혀 **모른다**는 것이었다. 깊은 숲에서 길을 찾는 방법은 너무나 자연스러워 말로 옮길 수도 없었다. 안내자로 일하는 폴리스는 백인들이 잠깐만 내버려 둬도 이리저리 헤매다 완전히 길을 잃는다는 점을 잘 알고 있었고, 그럴 때마다 껄껄 웃으며 그들을 다시 캠프로 데려가곤 했다. 그래서, 무슨 방법을 **쓰는가**? 소로가 집요하게 물었다. "아, 말로는 **당신**에게 설명할 수가 없소. 나와 백인의 커다란 차이지."[22]

노스이스트 육상운반로가 시작되는 곳에서 일행은 세인트프랜시스 강변에 거주하는 아베나키족이 야영하고 있는 것을 발견했다. 4년 전 소로가 자신으로선 단 한마디도 알아들을 수 없는 언어로 이야기하는 소리를 듣고 자다가 깨어났던 곳이었다. 하지만 카누에 관해서는 이해할 수 있었다. 아베나키족이 카누를 만들고 있는 모습을 본 소로는 걸음을 멈추고 카누 만드는 법을 배웠다. 자작나무 껍질로 카누를 제작하는 기술도 언젠가는 사라질 거란 생각에 안타까운 마음이 들었다. 그날 밤 일행은 또 다른 폭풍우를 피하기 위해 일찍부터 야영을 했고, 젖은 숲에서 부화하는 모기떼를 연신 저주했다. 다음 날 소로는 안달하며 길을 떠나려고 했다. 폴리스가 그를 말렸다. 너무 서두르지 말자. 어떻게 안식일을 기리지 않을 수 있는가?[23] 어쩌면 모기 때문에라도, 그들은 해가 난 동안 잠깐이라도 인근 강과의 합류점에 있는 캠프까지 카누를 저어 가기로 타협했다.

폴리스는 그곳을 잘 알고 있었다. 소로도 나무 위에 새겨진 폴리스의 표식을 보고는 그가 이곳을 얼마나 잘 아는지 깨달았다. 나무에는 곰이 카누를 젓는 그림과 폴리스의 이름, "니아소셉 폴리스"Niasoseb Polis(오직 우리의 조지프 폴리스)라는 글귀와 함께 그가 다녀갔던 날짜가 새겨져 있었다. 폴리스가 1857년 7월 26일이라고 새 날짜를 새겨 넣는 동안, 소로는 "이곳이 그의 집들 가운데 한 곳"임을 깨달았다. 야생지로 알려진 이곳 구석구석이 실은 모두 그의 집이었다. 가르침은 계속되었다. 폴리스는 소로와 호어에게 검은 가문비나무와 흰 가문비나무를 구별하는 법, 가문비나무 뿌리를 파내 껍질을 벗기고 길게 쪼개 카누를 묶을 수 있는 질기고 탄력 있는 끈을 만드는 법을 알려 주었다. 폴리스가 할 때는 아주 쉬워 보였는데, 소로는 흉내조차 제대로 낼 수 없었다. 폴리스가 쉽게 구할 수 있는 식물들을 활용해 일주일 동안 매일 다른 허브차를 만들자 소로는 머리가 빙빙 돌았다. 당신이 아는 걸 모두 알려 주시오, 소로가 애원했다. 그러면 내가 아는 모든 걸 말해 주겠소.[24] 폴리스도 동의했다. 가르침은 계속되었다.

콩코드인들이 다음 날 알게 되었듯 수업이 그리 쉽지만은 않았다. 알라가시 호수에 도착하려면 머드폰드 육상운반로를 지난 뒤 카누를 타고 체임벌린 호수로 가야 했다. 머드폰드는 메인주에서 가장 물기가 많은 육상운반로였고, 계절은 1년 중 가장 축축한 때인 여름이었다. 폴리스가 카누를 띄우기 전 지침을 전달하는 동안 콩코드인들은 깊은숨을 들이마셨다. 그들은 각자 자신의 짐을 들고—소로가 계산해 보니 자신의 짐은 60파운드였다. 호어는 짐을 반으로 나눠 두 차례에 걸쳐 옮기기로 했다—폴리스의 발자국을 따라 걸었다. 하지만 이끼가 잔뜩 낀 숲길에서 폴리스의 자취를 찾을 수는 없었다. 2마일을 나아간 끝에 소로는 길을 잃었다는 사실을 깨달았다. 하지만 저 앞에 놓인 표지판은 체임벌린 호수를 가리키고 있었다. 길 찾기가 어려워 봐야 얼마나 어려우랴. 그들은 계속 나아갔다. 곧 진흙이 무릎까지 차올랐다. 소로는 풀숲에 짐을 던져 놓고 호어가 되돌아가 두 번째 짐을 가져오길 기다렸다. 오랜 시간이 흐른 뒤 두 번째 짐을 들고 온 호어와 깜짝 놀란 폴리스가 나타났다. 폴리스는 자신이 분명히 발자국을 남겼는데도 두 사람이 머드폰드로 이어지는 육상운반로가 아니라 체임벌린 호수로 이어지는 비포장길—거리가 두 배나 되는—로 들어선 것을 전혀 이해하지 못했다. 소로는 분하다는 듯 그가 "우리의 산행 능력은 고려하지 않은 게 분명했다"라고 썼다. 하지만 돌아가기엔 너무 멀리 왔다. 그들은 계속 앞으로 나아갔고, 폴리스는 되돌아가 카누와 나머지 장비를 체임벌린 호수로 들고 왔다.[25]

상황은 더 나빠졌다. 소로와 호어는 두 번째 늪에서 힘겹게 나아갔다. 이번 늪은 죽어 쓰러진 나무들이 머리 높이로 사방에 뒤엉겨 있었다. 몇 년 전 남쪽의 뱅고어로 통나무를 쉽게 운반하도록 체임벌린 호수에 댐을 만들어 알라가시강의 흐름을 거꾸로 돌린 탓에 나무들이 이렇게 죽은 것이다. 두 사람은 비참한 몰골로 웅덩이에서 웅덩이로, 한 나무에서 다른 나무 위로 나아갔다. 어느덧 그들 뒤에서 해가 지고 있었다. 엎친 데 덮친 격으로, 호어의 발이 장화(소로의 얇은 신발은 물을 잘 배출했지만, 호어의 장화는 물을 계속 머금고 있었다)에 쓸려 피부가 벗겨졌다. 걸음걸음이 고문이었다. 호어의 신체적 피로가 한계에 달하고 있었다. 어둠이 내리고 두 사람의 절망감이 커져 갈 때, 다시 한번 폴리스가 나타나 그들을 호숫가로 인도했다. 텐트를 펼칠 힘도 없었던 일행은 늦은 저녁을 먹은 뒤 바위 위에 몸을 뻗고 누워 밤을 보냈다. 밤하늘을 올려다보는 동안 폴리스가 별들의 이름을 가르쳐 주었고, 호수 건너편에서 아비새 우는 소리가 들려왔다. 그야말로 야생의 목소리로군, 소로가 생각했다. 어찌나 혹독한 하루였는지, 소로마저 "한동안은 걷기를 그리워하지 않을 것 같았다".[26]

다음 날 일행은 호수에서 몸을 씻은 뒤 노를 저어 알라가시 강어귀로 나아갔다. 선미에 자리를 잡은 폴리스는 불쌍한 호어가 졸다가 카누를 뒤집는 일이 없도록 계속 호통을 쳐야 했다. 댐 두 개를 지나 알라가시강의 일부인 이글 호수에 도착한 일행은 헤론 아일랜드라는 곳에 카누를 댔다. 세 사람은 이른 저녁을 씹어 삼키면서 앞으로의 계획을 따져보았다. 애초 소로는 그곳에서부터 북쪽으로 쭉 나아가 프랑스령 캐나다까지 갔다가 세인트존강을 타고 돌아올 생각이었다. 완벽하게 실현 가능한 계획이라고, 폴리스는 그들이 사용할 수 있는 여러 캠프를 가리켜 보이며 말했다. 폴리스는 그 경로를 잘 알았다. 게다가 위험한 급류로 가득한 거친 페놉스코트강을 통하는 것보다 더 쉬운 길이기도 했다. 그러면 어떤 길이 더 **야생적인가**? 소로가 묻자 폴리스가 대답했다, 페놉스코트. 캐나다 쪽 경로를 선택하면 이미 정착지로 자리 잡은 지역을 통과하게 된다. 이 땅에서 **북쪽**은 "야생"을 의미하지 않았다. 그 점이 다음 행로를 결정했다. 뱅고어에서 110마일 가까이 떨어진 헤론 아일랜드는 여정의 최북단이 됐다. 세 사람은 그곳에서 남동쪽으로 방향을 틀어 매해 봄이면 메인주의 목재를 하류에 있는 뱅고어의 제재소들로 운반하는 "벌목꾼 도로"를 따르기로 했다. 더 빠른 길이기도 했다. 이 말은 멀리서 그들을 부르는 카타딘산 정상에 잠깐 올라 볼 시간이 생긴다는 뜻이기도 했다.

그때쯤 다시 구름이 몰려들었다. 그날 일행은 뇌우가 그치는 틈틈이 서둘러 걸어, 밤이 찾아올 무렵 간신히 체임벌린 농장에 도착했다. 소로가 본채로 달려가 필요한 물품을 샀고, 그 뒤엔 폴리스가 인사를 하기 위해 본채를 방문했다. 폴리스는 잠시 들러 새로운 소식을 교환하지 않고 집을 지나치는 건 무례한 일이라고 설명했다. 소로와 호어는 웃으며 그를 배웅했다. 두 사람이 원한 건 야생이지, 길가에 있는 모든 오두막에 다 들러 수다를 떠는 게 아니었다. 폴리스가 방문한 집에 앉아 있는 동안, 콩코드 출신의 지친 모험가들은 텐트에 들어가 빗소리를 들으며 깊은 잠에 빠졌다.

소로에겐 그런 시간이 필요했을 것이다. 다음 날 가장 혹독한 시험이 기다리고 있었으니. 세 사람은 식사도 거른 채 이른 아침부터 체임벌린 호수를 그 기슭을 따라 건넜다. 폴리스는 몇 백 에이커쯤 되는 땅을 구입할 생각으로 언덕 사면을 유심히 지켜봤다. 자신의 땅에서 추방된 폴리스에게, 상업적인 성공은 곧 빼앗긴 페놉스코트의 땅을 다시 사들일 기회를 의미했다.[27] 세 사람의 진행 경로에는 알라가시강과 세인트존강이 갈라지기 시작하는 텔로스 호수를 통과한 다음, 페놉스코트강이 갈라지기 시작하는 웹스터 호수까지 인공 운하를 통과하는 길이 포함돼 있었다. 북쪽으로 흐르던 물길이 역류할 때 세찬 물살이 수로를 깎아 버리는 바람에 두 호수를 연결하는 운하는 돌투성이 수로로 바뀌고 말았다. 폴리스가 보기에 초보 고객들에겐 "쏟아지는 우레 속을 운항하는 것처럼" 극히 위험한 경로였다. 결국 급류에서는 폴리스가 자작나무 카누를 타고 가고, 고객들은 짐을 들고 육로를 지나 웹스터 호수에서 폴리스와 합류했다. 이제 유쾌한 기분으로 잔잔하게 흐르는 호수를 통과하는 동안 폴리스는 보스턴에 있는 대니얼 웹스터의 자택을 방문하여 그에게 존경심을 표하려 했던 일을 떠올렸다. 하지만 그 위대한 법률가가 자신을 기다리게 하고 너무 오랫동안 나타나지 않아 하는 수 없이 돌아와야 했다. 폴리스는 인내심을 갖고 다음 날에도 그를 찾아갔지만 이번에도 없는 사람 취급을 받았다. 그러다 폴리스는 열린 문 너머로 웹스터가 이리저리 오가면서도 자신을 못 본 체하는 모습을 보고 그에게 다가갔다. "원하는 게 뭔가?" 웹스터가 자신을 칠 것처럼 손을 올리며 따져 물었다. 명백한 운명의 설계자는 외교에 꽉 막혀 있었을 뿐 아니라 상식 수준의 예의도 갖추지 못한 사람이었다. 폴리스는 경멸감을 품고 자리를 떠났다. 어떤 인디언도 그자만큼 무례하진 않았다.[28]

다음 급류에서 문제가 시작됐다. 수면이 높고 물살이 거칠었다. 폴리스는 카누의 무게를 줄이기 위해 백인들에게 다시 한번 짐을 들고 물가를 따라 걷되 만일의 사태에 대비해 자신을 주시하라고 말했다. 그렇게 어느 정도 나아가다 소로가 잠시 멈춰 폴리스를 도와 카누를 바위 위로 끌어 올리고 나니, 이상하게도 에드 호어의 모습이 보이지 않았다. 소로가 그를 마지막으로 본 것은 그가 절벽 위를 맴돌며 해안으로 내려갈 길을 찾고 있을 때였다. 소로는 호어가 상당히 근시인 데다 발 상태가 엉망이라 오래 걷지도 못해 실은 상당히 힘들어한다는 것을 알고 있었다. 호어는 소로에게 다음 육상운반로에 도착할 즈음엔 "시체를 보게 될 것"이라고 속마음을 털어놓기까지 했다. 소로는 급히 절벽을 뛰어올라 호어의 흔적을 찾았다. 호어가 "땅 밑으로 꺼진 것만 같았다". 순간적 공포에 사로잡힌 소로는 행여 에드 호어의 뭉개진 시신을 발견하는 건 아닐까 하고 겁에 질려 절벽 기슭을 샅샅이 뒤지고 다녔다.[29]

그동안 폴리스는 강을 따라 호어의 흔적을 수색했다. 그가 돌아와 소로에게 호어의 자취를 찾았다고 전할 때 소로는 이미 발작적 불안에 빠져 완전히 이성을 잃고 있었다. 만약 호어가 발견되지 않는다면? 혼자서 집으로 돌아가 무슨 낯으로 에드의 가족을 본단 말인가. 해리와 에드가 숲에 불을 질렀을 때 사건을 수습한 것도 에드의 가족이 아니었던가? 폴리스는 과호흡 상태로 자신의 말을 들으려 애쓰던 소로를 겨우 진정시켰다. 해는 지고 있었고, 어둠 속에서 급류를 타고 내려갈 수는 없었다. 호어는 분명 강 아래로 이어지는 길을 찾았을 테고, 숲에는 그를 조금이라도 해칠 만한 것이 없었다. 밤이 된다 해도 목숨을 잃지는 않을 것이다. 하지만 헨리는 밤새 에드가 자신을 부르는 환청에 시달렸고, 마음 한구석에선 폴리스를 의심했다. 어쩌면 저 인디언이 자신을 속였을지도 모른다. 어쩌면 에드의 자취를 찾았다는 얘기도 그저 소로를 달래고 인디언 특유의 게으름을 숨기기 위한 거짓일지 모른다. 요컨대 소로는 완전히 망가진 상태였고 자신도 그 사실을 잘 알고 있었지만, 도무지 감정을 통제할 수가 없었다.

끔찍한 밤이 끝나기가 무섭게 소로는 폴리스를 흔들어 깨우며 아침 식사 전에 출발해야 한다고 주장했다. 폴리스는 소로의 말을 따를 의무가 있었다. 두 사람은 남아 있는 쉽지 않은 길을 헤쳐 나갔다. 소로는 쉬지 않고 에드의 이름을 외쳤다. 폴리스와 소로가 잔잔한 물길에 닿아 카누를 띄운 직후 기쁘고 또 기쁘게도, 마침내 그의 부름에 응답하는 에드의 목소리가 들려왔다. 에드의 외침에 소로가 일일이 소리쳐 답하자 결국 참다못한 폴리스가 "다 들었을 거야"라며 퉁명스레 쏘아붙였다. "마치 한 번이면 충분하다는 듯"한 말투였다고 소로는 건조하게 술회했다. 웹스터강이 시작되는 지점 바로 밑에서 에드 호어는 파이프를 빨며 모닥불 곁에 앉아 있었다. 정확히 폴리스가 추측한 행로를 지나온 참이었다. 다시 만난 세 사람은 호어가 지핀 모닥불로 아침 식사를 만들어 먹었다. 소로는 "입맛이 좋았다"라고 덧붙였다.[30]

그들은 강렬한 안도감 속에 아름다운 마타가몬 대호수Grand Lake Matagamon에 도착했다. 호수는 잔잔하고 고요하고 유리처럼 매끄러웠다. 평온한 순간이었다. 그때 폴리스가 소리쳤다. "무스! 무스!" 그가 여행에 동참한 것은 무스 사냥을 위해서였다. 그리고 저기, 무스가 있었다. 무스는 수심이 얕은 곳에 서서 세 사람이 접근하는 동안에도 태연하게 그들을 바라보고 있다가 곧 세 사람을 경계하며 높은 지대로 발걸음을 옮겼다. 폴리스가 총을 발사했지만 총알은 빗나갔다. 무스는 유유히 자리를 떴고 그사이 폴리스가 총을 장전해 두 발을 더 발사했다. 폴리스는 열다섯 살 소년처럼 흥분해 있었다고 호어는 말했다. 폴리스의 손이 덜덜 떨리고 있었다고. 하지만 탄환은 명중했다. 무스는 서 있던 자리에 그대로 쓰러져 "완전히 숨이 끊어졌다". 체선쿡에서 강한 거부감을 느꼈던 소로가 이제 막 두 번째 무스 사냥을 목격한 것이다.[31]

폴리스가 숙련된 솜씨로 신속하게 무스의 가죽을 벗기고 몸뚱이를 해체하는 동안, 소로는 얕은 흙탕물을 휘저으며 물고기를 찾았다. 폴리스는 커다란 등심 부위를 가죽으로 말끔히 싸서 카누 밑바닥에 보관했다. 100파운드 혹은 그의 말마따나 "사람 한 명" 무게는 나갈 법한 고깃덩어리가 실리자 이미 두 명의 고객과 그들의 장비로 가득한 카누가 진짜 만원이 되었다. 폴리스는 만약 두 사람이 잠깐 기다려도 좋다면 곧 새끼가 나타날 테니 마저 사냥해서 두 사람에게 주겠다고 제의했다. 소로는 화를 내며 폴리스와 언쟁을 벌였다. 예민한 문제였다. 폴리스는 사냥한 무스를 시장에 팔아 그 돈으로 전통문화를 지키고 자신의 땅을 되살 수 있었다. 하지만 폴리스가 가족을 부양하기 위해선 짐승을 죽일 수밖에 없다고 항변하자 소로는 "백인들의 흔한 주장"에 지나지 않는다고 반박했다. 소로는 『월든』에서 사냥의 경제학에 저항했지만, 소로의 철학이나 소로가 제시한 사례는 메인주에서 폴리스와 폴리스의 부족이 생존하는 데 아무런 도움이 되지 않았다. 하지만 그 강가에서 그런 논쟁은 결국 탁상공론에 지나지 않았다. 그들은 모두 절인 돼지고기에 신물이 나 있었으며, 소로는 장작불에 구운 무스고기가 "아주 달고 부드럽다"라고 인정할 수밖에 없었다.[32]

남은 여정은 훨씬 편했다. 과적이 된 카누를 타고 페놉스코트강을 지나가는 동안 폴리스는 배를 멈출 때마다 무스 가죽에서 털을 제거해 짐을 조금씩 줄여나갔고, 어느 날 밤 캠프에서 가죽을 잡아 늘렸다. 가르침은 계속됐다. 폴리스는 두 사람에게 자작나무 껍질 위에 검은 가문비나무 가지로 글을 쓰는 방법—그의 부족이 오랫동안 공유해 온 문자의 사용 방식—을 알려 주었고, 소로가 모닥불 옆에서 힘들게 글을 읽는 모습을 보고는 자작나무로 초를 만드는 법을 알려 주었다. 호어가 파이프를 잃어버렸을 땐 자작나무로 새 파이프를 만들어 주기도 했다. 무스를 사냥하고 이틀이 지난 8월 1일에 그들은 헌츠 하우스Hunts' House에 거의 도착했다. 상류를 타는 여정에서 그 숙소만 지나면 길은 카타딘으로 꺾였다. 소로는 1846년에 시도했던 등정을 완수하고 싶었다. 여전히 꿈자리를 괴롭히는 그 산에 대해 다시 한번 숙고해 볼 기회였다. 하지만 일은 그렇게 되지 않았다. 에드 호어가 거의 걷지 못했다. 체임벌린 호수 주변 늪지대를 몇 마일 걸은 후로 호어의 발은 상처투성이였다. 폴리스는 헌츠 하우스에서 부드러운 모카신을 구해 양말 몇 겹과 함께 신으면 호어도 걸을 수 있을 테고, 통기성 좋은 신발이니 발도 건조하게 유지될 거라 장담했다. 하지만 결국 세 사람은 강을 따라 내려갔다. 길을 잃고 위험에 빠진 일은 소로에게 큰 가르침을 주었지만, 대신 그가 늘 바라며 머릿속에 그렸던 원시의 산과 재대결할 기회를 앗아갔다. 폴리스는 폴리스대로 상심에 빠졌다. 곧장 집으로 돌아갈 줄 알았더라면,

등심 한 덩이가 아니라 무스고기 전부를 가족에게 가져갔을 것이다. 그는 그렇게 버려진 고기를 정말로 아쉬워했다.[33]

정착지가 가까워지자 폴리스가 분위기를 가볍게 하려고 애를 썼다. 웨트스톤 폭포 인근 육상운반로에 이르자 폴리스는 소로에게 경주를 제안했다. "나는 카누를 이고 당신은 나머지를 들고 나를 따라올 수 있겠나?" 소로는 대결을 받아들이고 짐을 꾸렸다("총, 도끼, 노, 주전자, 프라이팬, 접시, 국자, 깔개 등등"). 폴리스가 그 짐 위에 자신이 신고 있던 쇠가죽 장화를 벗어 던졌다. 소로가 헉헉거리며 물었다. "그것도?" "오, 물론." 맨발의 폴리스가 이렇게 외치며 카누를 머리에 이고 언덕 너머로 사라졌다. 소로는 짐을 그러모은 뒤 성큼성큼 나아가 그를 앞질렀지만, 그 순간 접시와 국자가 "날개가 달린 듯 꾸러미에서 빠져"나갔다. 소로가 떨어진 물건을 주워 담는 동안 다시 폴리스가 그를 제쳤다. 결국 소로는 검댕투성이의 주전자를 끌어안고 절걱절걱 달린 끝에 이번엔 꽤 먼 거리를 앞서 나갔다. "어디에 있었나?" 결승점에 먼저 도착한 소로가 폴리스를 약 올렸다. "바위에 발을 베서 말이야." 폴리스가 웃으며 말했다. "나는 가끔 장난치는 걸 좋아해. 육상운반로에서 자주 경주를 하지. 누가 먼저 건너는지." "나는 남은 여행 내내 주전자의 검은 흔적을 묻히고 다녔다"라고 소로는 덧붙였다.[34]

강을 따라 내려오다 보니 1846년 소로가 방문했을 당시엔 집이 한두 채만 있던 곳에 마을 하나가 떡하니 서 있었다. 꼭 한 번, 한 아이 엄마가 아이를 안고 창문 너머로 얼룩덜룩한 행색의 여행자들이 지나치는 모습을 내다봤다. 여정의 끝을 하루 앞둔 날 아침, 폴리스의 몸이 좋지 않아 세 사람은 링컨에 조금 못 미친 곳에서 하루를 보내야 했다. 짜증이 난 소로는 폴리스가 꾀병을 부린다고 생각해 그를 내버려 두고 뱅고어행 역마차에 오를까 생각했지만, 폴리스가 반대하자 그냥 그의 곁에 머무르기로 했다. 다음 날 아침 폴리스는 기운을 회복했다. 화약을 끓여 우려낸 물로 치료한 것이다! 폴리스는 소로에게, 자신은 숲속의 온갖 식물로 약을 만드는 방법을 알고 있다고 말했다. 세 사람이 마지막 급류에 가까워질 때 폴리스는 드디어 소로에게 진짜 카누 운용법을 가르쳐 주었다. 소로는 폴리스의 말을 듣고 어리둥절했다. 불과 얼마 전에 폴리스가 자신의 노 젓기를 칭찬하면서 "훌륭한 조타수"를 뜻하는 별명까지 지어 줬기 때문이다. 하지만 그때는 그때였고, 이번엔 진지했다. 폴리스는 정말로 소로의 도움이 필요했다. 그는 소로에게 손을 어디에 두어야 하는지, 카누의 측면을 어떻게 지주로 활용할 수 있는지 알려 주었다. 소로는 자신의 향상된 노 젓기 기술에 깜짝 놀랐고, 첫 번째 시험을 통과한 자신이 자랑스러웠다. 급류에 도달했을 때 폴리스가 "지금!"이라 외친 순간 노를 저어 배 안으로 물 한 방울 튀지 않고 급류를 통과한 것이다.[35]

2주 가까이 325마일을 함께 여행하면서 폴리스는 소로에게 자신이 살아온 이야기를 풀어놓았는데. 그 하나하나가 페놉스코트의 세계를 조금씩 보여 주었다. 이제 마지막 날이 되어, 폴리스는 부족의 역사 한 토막을 들려주었다. 그중에는 가톨릭 신부가 그들의 리버티 폴liberty pole*을 잘라 내려 할 때 폴리스가 기지를 발휘해 신부를 저지한 이야기도 있었다. 폴리스와 그의 추종자들에게 그 깃대는 근대적 교육에 대한 그들의 믿음을 상징했다. 폴리스는 페놉스코트의 자주권을 지키는 데 교육이 핵심 역할을 하리라 믿었다. 그는 소로에게, 당신이 대학에 가서 계산하는 법을 배웠다면 "재산을 지킬 순 있지 않은가. 교육 외에는 방법이 없다". 폴리스는 올드타운의 백인 학교에서 최우수 성적을 받은 아들을 자랑스럽게 여겼다. 폴리스 자신에 대해서는, 집에 돌아오니 기쁘지 않느냐는 소로의 질문에 이렇게 답했다. "나는 어디에 있든 아무 상관이 없다." 소로는 깊은 인상을 받았다. "그의 야생성은 흐트러지는 법이 없다." 그들은 폴리스의 "넓고 깔끔한" 집에서 한 시간가량 머물렀고, 소개를 받진 못했지만 폴리스의 부인도 봤다. 소로와 호

* 독립전쟁 때 자유의 모자와 깃발을 걸었던 기둥.

어가 뱅고어로 가는 다음 열차가 언제 있느냐고 묻자, 폴리스의 아들이 뱅고어 신문을 가져왔다. 소로가 보니 신문의 구독자는 "조지프 폴리스"였다.[36] 두 사람은 그날 밤 마지막 열차를 타고 뱅고어에 도착해 휴식을 취하고 기력을 회복했다. 그들은 뱅고어에서 사흘을 머무르며 소로의 사촌들에게 여행 이야기를 들려주었고, 오리를 사냥하거나 오래된 인디언 마을 부지를 기웃거렸다. 8월 7일 금요일에 두 사람은 집으로 향했고, 소로는 다음 날 아침 식사에 늦지 않게 집에 돌아왔다.

소로는 가으내 「알레가시Allegash〔원문대로〕와 동쪽 지류East Branch」를 쓰면서 페놉스코트 세계와 조우한 것이 어떤 의미였는지 밝히고자 씨름했다. 어렸을 때 그와 존은 인디언 놀이를 한 적이 있었는데, 그때 소로는 오래전 사라진 타하타완의 역할을 맡아, 백인 중심의 미국이 운영하는 "의회 회의실"을 조롱했다. 하지만 폴리스는 실제로 그 회의실에서 자신의 부족이 건강하고 생명력 있는 민족으로서 미래를 누릴 가치가 있음을 입증하고 있었다. 폴리스는 소로가 알고 있던 모든 지식을 뒤흔들었다. 그는 앞마당에서 동물 가죽을 무두질하는 한편, 깔끔하고 넓은 목조가옥에서 일간신문을 구독했다. 그는 필라델피아의 거리를 익숙하게 활보했고 대니얼 웹스터를 방문하거나 수백 에이커의 부동산을 매입하거나 50에이커나 되는 건초 및 감자 농장을 관리했다. 또한 "니아소셉/오직 우리의 조지프"로서 알라가시강 상류에서부터 카타딘의 경사면과 밀리노켓의 내해에 걸쳐 있는 그 모든 곳을 집처럼 여겼다. 그곳은 "아마 그가 살다 죽을 곳이자 미합중국의 소식이 들리지 않고 (…) 어느 유럽인 신사가 이름 붙인 대로, 아메리카 대륙의 소식이 들리지 않는 곳"이었다.[37]

그때부터 소로는 인디언을 칭송했으며, 친구들의 편견으로부터 방어할 기회를 모른 척 흘려보내지 않았다. 그는 『메인 숲』에 쓴 (최종적으로 누군가가 삭제한) 문장을 통해 자신을 안내해 준 인디언이 백인만큼이나 믿을 만한 사람이었으며, 백인보다 "훨씬 많은 가르침을 주는 동행인"이자 **"최상**

의 동료"였다고 밝혔다.[38] "우리가 지쳐 포기할 때 그는 움직이기 시작한다네." 소로는 귀가한 후 며칠 만에 블레이크에게 이야기를 쏟아 냈다. "그 인디언은 짐작도 할 수 없는 방법으로 숲에서 길을 찾아내고, 백인에겐 없는 어마어마한 지성을 소유하고 있다네. 그 모습을 관찰하는 것만으로도 내 능력이 향상되고, 그에 대한 믿음이 커지더군. 내가 아는 것과 다른 통로로 지성이 흐르는 것을 보고 어찌나 기쁘던지."[39]

하버드에서 소로는 과학이 "인디언과 그들의 언어와 풍습에 더 많은 주의를 기울이지 않은" 것은 실수라고 주장해 신입 사서 존 랭던 시블리를 놀라게 했다. 인디언은 많은 가르침을 줄 수 있다. 예를 들어, 그들이 삼나무를 "쉰 가지가 넘는 이름"으로 지칭한다면, 삼나무에 관해 무언가를 알고 있지 않을까? 소로의 안내인은 울음소리를 듣고 뱀의 위치를 알아냈다. 박물학자는 그 사실을 어떻게 설명할 수 있을까? 폴리스는 동물을 불러올 줄도 알았고, 물고기의 습속에 관해서라면 아가시가 애타게 알고 싶어 한 것보다 더 많이 알고 있었다.[40] 조지 커티스는 소로의 이야기가 소설이나 연극에 나오는 이야기와 완전히 다르게, "낭만이나 감상주의에 물들지 않은" 것에 충격을 받았다. 소로는 커티스에게, 인디언은 사라질 운명인 것이 아니라, "그들의 적이 역사가가 됨으로써 저주를 받은 것"이며, "'아, 우리의 사자들이 역사를 썼다면!'이라고 아쉬워하는 수밖에 없다"라고 말했다. 소로는 "인디언이 방향을 잃었다거나 절멸했다는 믿음으로부터 그들을" 변호하고, "그들은 문명화된 인간과 자연 사이의 공간을 점유하고 있으며, 앞으로도 반드시 그 자리를 지켜야 한다"라고 주장해 올컷과 에머슨에게 충격을 안겼다. 올컷은 그런 개념을 다음과 같이 일축했다. 숲과 짐승과 마찬가지로, "야만인은 백인의 우월함에 굴복할 수밖에 없는데", 그 이유는 "아직까지는 대체로 모두가 야만적이기" 때문이다. 에머슨은 흐뭇한 미소를 지으며 말했다. "그러자 헨리가 진부한 얘기를 집어치우고 모든 방문객에게 자작나무 껍질 이야기를 들려줬다."[41]

1857년 내내 소로는 인디언 책을 더해 나간 끝에 1858년 초에는 열 번째 책을 마무리했다. 1861년 4월 드디어 인디언 책의 마지막이자 열두 번째 책을 끝냈다. 수천 페이지에 달하는 기록을 통해 소로는 이른바 역사가라고 하는 사람들이 인디언에게 내린 온갖 저주를 기록하고, 그들의 생활과 관습에 관한 자료를 최대한 모두 모아 수록했다. 그의 출처는 대개 백인 저자들이었다. 글을 출판하는 데 성공한 아메리카 원주민은 거의 없었기 때문이다. 간혹 원주민 작가의 책을 발견하면 열심히 독파했다. 최초의 캐나다 원주민 작가 조지 콥웨이 혹은 카게가가보우Kah-ge-ga-gah-bowh가 슈피리어 호수 서안에 거주하는 오지브웨Ojibwe족의 역사를 기록한 책도 그중 하나였다. 소로는 책을 살 형편이 못 되었지만 그 책을 구입해 잔뜩 주석을 달고 자신의 장서에 더했다.

이 대규모 프로젝트를 통해 소로는 뭘 하려 했던 것일까? 어쩌면 정말 "인디언"에 관한 책을 쓰려 했을지 모르지만, 그랬다면 조 폴리스와 함께 그 계획이 마무리됐어야 한다.[42] 그러나 인디언을 향한 관심은 계속되었다. 소로의 『메인 숲』*은 살아 움직이는 인디언에 관한 반민족지counter-ethnography였다. 하지만 그와 동시에 「크타든」에 들어 있는 편견과 경멸에서 시작하여, 인디언의 인간성을 알아보고 놀라워하는 「체선쿡」을 거친 뒤, 문화적 경계를 탐사하는 결함투성이의 고된 모험인 「알레가시와 동쪽 지류」에 이르는 자기 성찰의 여정이기도 했다. 이 여정이 끝나자 소로는 목표를 전환했다. 다음 책에서 그는 인디언의 이름과 관습을 「야생 열매」에 나타난 두 개념, 계절에 따른 숙성 및 공유의 기쁨과 엮기 시작했다. 자연을 향한 소로의 선회는 원시주의로의 회귀가 아니라, 자연과 문화의 근원적 상호 뒤얽힘을 시대에 맞게 갱신하고자 하는 행위였다. 이 생각은 몇 년 전부터 그의 내면에 깊이 스며들고 있었다. 폴리스에게서 가르침을 받은 소로는 이제 어디

* 『메인 숲』은 「크타든」, 「체선쿡」, 「알레가시와 동쪽 지류」 총 3장으로 이루어진다.

에 초점을 맞추고, 어떻게 그 생각을 조직해야 할지 알 수 있었다. 1857년 가을부터 소로의 일기는 그의 가장 찬란한 통찰에 해당하는 것을 탐구하기 시작했고 그렇게 정련된 통찰은 그의 다음 책『야생 열매』가 되었다.

늘 그랬듯이 소로는 새로운 자료를 들고 청중을 찾아갔다. 그해에도 《뉴욕 트리뷴》에 광고를 냈지만, 수확은 1858년 1월 13일 보스턴 바로 북동쪽에 있는 린에서 한 차례 강연이 들어온 것에 그쳤다. 그래도 좋은 강연이었다. 린에서 소로는 노예제 폐지를 주장하는 퀘이커 교도이자 찰스 섬너의 친구인 매사추세츠주 상원의원 존 B. 앨리의 응접실에 모인 사람들 앞에서 「알레가시와 동쪽 지류」를 낭독했다. 소로의 말을 받아 적는 사람은 없었지만, 몇 주일 지나서 똑같은 청중 앞에서 강연을 한 올컷은 그들이 "사려 깊고 가톨릭적"이며, 열린 마음을 지닌 좋은 사람들임을 알아보았다. 소로의 강연이 아주 마음에 들었던 이 모임은 다음 해에도 소로를 초청했다. 존 러셀도 인근의 세일럼에 방문해 달라고 다시 한번 소로를 초대한 참이었다. 집에 돌아온 소로는 러셀에게 사과 편지를 써 보내야 했다. 나중에 그는 한 번에 한 곳 넘게 방문하면 급한 마음이 들기 때문이라고 그 이유를 설명했다.[43]

몇 주가 지난 2월 25일, 소로는 콩코드 회관에서 다시 한번 메인 숲을 주제로 강연했다. 일반적 경우에 비춰 보면 다음 단계는 발표였다. 그런데 그의 숙적 제임스 러셀 로웰이 《애틀랜틱》에 메인주 여행기를 써 달라고 청탁했을 때, 이상하게도 소로는 이를 거절했다. 그는 말했다. "거절의 결정적 근거는 나의 인디언 안내인이다. 나는 그의 말과 행동을 충실하게 전달했고, 그 점이 이야기의 가장 흥미로운 부분이기도 하다. 그는 글을 읽을 줄 알고 신문을 구독하기도 하니, 내 글 때문에 다시는 그를 못 만나게 될지도 모른다." 소로에게 일어난 사고의 전환이 이보다 분명하게 드러날 순 없었다. 그의 주제는 이제 상상 속에서 일반화된 인디언이 아니라, 소로의 솔직한 묘사를 읽을 게 확실한 구체적인 인물 조 폴리스였다. 그래도 아직 발표하지 않은 「체선쿡」이 있다. 이것이라도 괜찮을까? 다소 낡은 글이었지만 로웰이 승낙하자 소로는 수정 작업을 시작했다. 그런데 2월 말 소로는 로웰에게 이번 글에서는 실명을 사용할 것이라고 밝혔다. 3월 5일 소로는 로웰에게 「체선쿡」 원고를 발송하면서, 인디언 이름의 철자를 확인할 수 있도록 교정쇄를 보내 달라고 요청하고, 앞으로 책이 나올 경우에 대비해 출판권도 확보했다.[44] 소로가 보기에 이제 『메인 숲』은 반드시 다가올 현실이었다.

로웰은 1858년 6·7·8월에 여행 특집 기사를 낼 계획으로 「체선쿡」을 삼등분했다. 그리고 6월 호를 낼 때 눈에 가장 잘 띄는 곳에 소로의 글을 배치했다. 소로가 3년 만에 처음 쓴 「체선쿡」이 해당 호의 서두에 놓였다. 보스턴의 《트랜스크립트》*Transcript*는 소로가 그저 자기 복제를 하고 있으며 작가로서 실패했다고 공격했다. 전혀 정당하지 않은 비판이었다. 7월 호 연재분은 새끼를 돌보던 어미가 잔혹하게 도살되는 이야기를 극화한 소로의 힘 있는 사냥 비판으로 독자들을 강타했고, 8월 호에 실린 글은 그의 명쾌한 요구와 함께 끝을 맺고 있었다. "왕의 권위마저 거부한 우리가, 어째서 어떤 마을도 파괴될 필요가 없고, 곰과 표범과 나아가 포식류가 서식할 수 있고 '지구의 땅 위에서 문명화되어 버리지' 않는 국립 보호 구역을 갖지 못한단 말인가…?" 그는 이렇게 결론을 맺는다. "혹은 우리가 악당처럼 우리 자신의 영토를 침범해 그것들을 뿌리 뽑아야 한단 말인가?" 국가 공유지를 그린 그의 상상은 미국만의 독특한 국립공원, 국유림, 야생 보호 구역 체계를 만드는 단초가 되었다.[45]

소로는 다른 사람을 믿고 발행을 맡겼지만 돌아오는 것은 검열뿐이었다. 6월 22일에 교정쇄를 검토하던 그는 로웰이 자신의 지침을 무시하고 핵심 문장을 삭제한 것을 발견했다. 소로는 "소나무가 잘려 쓰러지고 나면, 죽은 사람의 시신이 더는 사람이 아닌 것만큼이나 그 나무 역시 더는 소나무가 아니다"라고 쓴 뒤 살아 있는 나무를 예우하는 것은 신성한 의무라고 마무리했다. "나무는 나만큼이나 불사의 존재이며, 어쩌면 천국처럼 높은 곳에, 나보다 더 높은 곳에 미동도 없이 서 있는 탑에 가게 될지도 모른다." 로웰은 이 마지막 문장을 삭제했고, 소로의 종교적 원칙에 관한 진술을 그저 시인의 개인적 기호로 바꿔 놓았다. 분개한 소로는 로웰의 "아주 비열하고 비겁한" 행동에 항의하는 편지를 보내, 로웰이 "편협하고 소심한" 탓에 자신에게 책임이 있다는 것조차 믿지 못할 거라며 분개했다. 저자와 편집자 사이의 근본적 계약을 깨뜨리는 행위다. "나는 누구에게도 내 의견을 받아들이라고 요구하지 않는다. 다만 내게 청탁이 들어오면, 사람들이 내 글을 그대로 게재하기를 기대한다. (…) 만일 세상의 책들이 이런 식으로 **삭제된 글**이었다면, 나는 책을 거의 읽지 않았을 것이다." 더 나쁜 것은, 그런 검열이야말로 "돈으로 내 주장을 억누를 수 있다고" 가정한 "모욕"이라는 점이다. 로웰의 답장은 현재 남아 있지 않다. 이번에는 연재가 중단되진 않았지만, 소로가 두 번씩이나 냉담한 편지를 보내 지급을 요청할 때까지 로웰은 원고료 198달러를 지급하지 않는 부당한 처사로 소로의 모욕감을 부풀렸다.[46] 소로는 로웰이 편집자 자리에서 물러날 때까지 《애틀랜틱》—미국의 선도적인 문학지—에 손도 대지 않았으며, 『메인 숲』은 소로가 사망하고 2년이 지난 1864년에야 출판되었다. 이로써 『월든』 이후 완성한 두 권의 책은 소로에게 실물을 보는 기쁨으로까지 이어지진 못했다.

공유지의 삶
: 마을, 산, 강

메인주에서 돌아오자 많은 편지가 소로를 기다리고 있었다. 마스턴 왓슨은 말 그대로 "빛나는 서신"을 보내왔다. 보석처럼 희귀하고 아름다운 반딧불이 여섯 마리를 보낸 것이다. 얼마 후 왓슨 부부가 소로를 방문한 날 세 사람은 머리를 맞대고 다 함께 반딧불이의 정체를 추측해 보았다. 한편 소로는 뉴베드퍼드 방문을 연기한 일로 리케슨에게 사과하는 편지를 썼다. 그런 뒤에는 더 까다로운 사과 편지를 한 통 썼는데, 메인 여행에 초대하지 않은 블레이크에게 보낼 편지였다. 블레이크가 깊은 상처를 받은 탓에 소로는 블레이크의 몸으로는 그 같은 여행이 무리였을 것이라고 솔직하게 말하는 대신 다른 이유를 댔다. "무용한" 여행이 됐을 테고, 자신도 갑작스레 떠날 수밖에 없었으며, 너무나 힘든 여정이라 그 억센 에드 호어마저 "상당히 고통스러워"했다. 늘 비가 내렸고, 모기가 극성이었으며, 카타딘에는 오르지도 못했다.[47] 블레이크에게 진 빚은 나중에 갚아야 했다. 하지만 당장에는 사교성 업무를 몇 건 처리해야 했다. 나티크로 가서 현지의 박물학자와 함께 인디언 구역을 둘러보고 그곳의 유명한 나무들을 살펴보았다. 에드 호어(이때부터 소로의 가장 꾸준한 친구 중 하나가 되었다)와 브룩팜의 옛 회원인 조지 P. 브래드퍼드하고는 애서벳을 탐험했으며, 에머슨과는 함께 산책을 했고, 무엇보다 브론슨 올컷과 긴 대화를 나눴다.[48]

브론슨은 돈이 궁해 힐사이드를 팔고 나서 거처를 찾고 있었다. 올컷 가족은 월폴의 고립된 생활을 싫어했으며, 딸 엘리자베스의 지병(성홍열을 달고 살았다) 때문에라도 급히 집을 구해야 했다. 결국 올컷 가족은 다시 콩코드로 돌아와 렉싱턴 로드의 옛집 바로 옆에 자리를 잡았다. 12에이커의 삼림지대와 질 좋은 사과나무 과수원이 있어 수입에도 도움이 될 것 같았다. 머잖아 그들은 그곳을 "과수원 집"이라 불렀다. 1857년 9월 22일, 소로가 부지를 측량하는 사이 계약을 마무리한 올컷 가족은 이제는 이웃집이 된 그들의 옛집에서 방 몇 칸을 잠시 임대해 그리로 거처를 옮겼다. 호손 가족은 아직 외국에 체류하고 있었다.[49] 1858년 7월 드디어 주택 보수가 완료되어 올컷 일가도 새집으로 들어갔다. 이 집은 훗날 루이자의 『작은 아씨들』로 유명세를 타게 된다. 소로는 그들이 자신의 일상으로 돌아온 것을 반겼다. 1858년 3월 엘리자베스가 사망했을 때는 장례식과 매장에 참석했고, 애나가 그의 친구 마이넛 프랫의 아들과 결혼했을 땐 결혼식에서 춤을 추었다.[50] 루이자가 반노예제 운동 기금 마련을 위한 연극—〈명백한 운명〉이 무대 위에서 "위스키 한 병을 구걸하며" 비틀거리는 동안 사제복을 입은 "노예제"가 성경 모양을 한 술병에서 술을 벌컥벌컥 마셨다—을 연출했을 때도 소로는 객석에 있었다. 연극이 끝나고 마을을 지나 집으로 돌아오는 길에 소로는 구름이 "마치 멀리서 난 불이 반사된 듯 뚜렷한 분홍빛 혹은 붉은빛"을 띤 것을 보았다.[51] 북극광 때문이었지만, 그때는 모두가 수평선 너머의 불길이라고 생각했다.

시골에 거주하는 동안 소로는 매년 열리는 "가축 쇼"Cattle Show, 좀 더 공식적인 표현으로는 미들섹스 카운티 농업박람회Middlesex County Agricultural Fair를 구경했다. 그런데 1857년 가을에는 관람객 역할에 머무르지 않았다. 그해 봄 그가 특허청에서 **"풍만한 황색 가슴"**Poitrine jaune grosse—큰 노란색 호박—이라 적힌 종자 여섯 개를 얻어 땅에 심었고 그 가운데 둘이 싹을 틔웠는데, 하나는 거대한 호박 네 개를 맺고 다른 하나는 123.5파운드짜리 호박을 맺어 가축 쇼에서 일등상을 차지한 것이다. 소로의 호박을 구입한 남자는 그 씨앗을 개당 10센트에 판매할 생각이었으나 호박이 너무 거칠어 먹을 수가 없었다. 소로는 이 호박이야말로 인공적인 조작 때문에 가장 단순하고 건강한 원예 식물이 잡초로 전락한 사례이자 인간의 "비열함과 과도한 생산성"이 빚어낸 불량품이라고 썼다.[52]

그의 비관주의는 모든 사람의 기분과 일치했다. 그해 가축 쇼의 화제는 단연 1857년의 공황이었다. "아무도 무엇 때문에 이 모든 문제가 일어났는지 모른답니다." 소로의 이웃인 패니 프리처드가 뉴욕에서 어머니에게 이렇게 써 보냈다. "힘든 시기라는 얘기만 들려와요. 다들 망했대요. 다들 커다란 고난과 만연한 범죄를 두려워하고 있어요."[53] 이유는 많았다. 크림전쟁이 끝나고 러시아가 다시 국제시장에 진입하면서 밀 값이 폭락했다. 서부 철도 회사들은 부도가 났고 은행들은 도산했다. 그뿐 아니라 허리케인으로 증기선 '센트럴 아메리카'Central America호가 침몰하면서 400명이 목숨을 잃고 캘리포니아산 금 13톤(현재 가치로 5억 달러에 달한다)이 바다 밑으로 가라앉았다. 북부의 모든 사업체가 파산해 많은 사람이 실직하고 도시 지역에서는 폭동이 일어났다. 지구 전체로 확산된 불황은 남북전쟁이 일어날 때까지 계속됐다. 다들 어쩔 줄을 몰랐다. 소로는 흥분했다. 대공황은 그가 여태 말해 온 것이 옳았음을 입증해 주었다. "수천 명이 일자리를 잃었다면", 그는 블레이크에게 지혜가 담긴 편지를 보냈다. "고용이 제대로 이루어지지 않는다는 말이 되네. 사람들은 왜 여기서 힌트를 얻지 못하는 건가?" 지난 수십 년 동안 여러 은행의 로마식 주랑현관portico에서는 부와 권력을 쥔 자들의 화강암 조각상이 쇠로 만든 금고 위에 우뚝 서서 소로의 초월론은 헛소리moonshine라고 비웃었다. 이제 그들 모두가 고꾸라졌다. 콩코드의 은행도 예외가 아니었다. 그런데 보라! "고요하고 차분하고 친절하고 변하지 않은 달빛moonshine이 비추고 있지 않은가."[54] 리케슨은 한껏 들떠, "이 힘든 시기에 자네의 철학이 얼마나 훌륭하게 맞아떨어지는지"라고 외쳤다. 무역을 하던 친구가 도산하자 리케슨은 갖고 있던 『월든』을 친구에게 건넸다.[55]

경제는 붕괴했지만 소로는 감당하기가 버거울 정도로 측량 작업 의뢰를 많이 받았다. 가을에는 업무가 과중해 일기를 거의 쓰지 못했다. 그는 자신이 아끼는 월든 숲이 아주 자세히 측량되어 있는 걸 보기 싫어했다. 부서질 듯 파삭거리는 오래된 증서들을 뒤지다 보면, 자신이 생각하는 "야생"이 실은 "주민들이 잘 알고 있는 식림지"로, "그들의 조상이 몇 대에 걸쳐 썰매로 장작을 나른 곳이거나, 과부가 남편에게 물려받은 유산에 불과했다는 사실"을 상기할 수밖에 없었다. 하지만 그 오래된 증서 중 하나에서 한줄기 구원의 빛을 발견하기도 했다. 1797년 소로의 월든 콩밭은 외할머니의 두 번째 남편인 조너스 미노트의 형제인 조지 미노트의 소유였는데, 그 땅을 물려준 사람은 월든 수도원장을 지낸 토머스 미노트였다.[56] 소로의 가족사가 월든 숲 깊은 곳, 나아가 그 호수의 이름에 깊이 새겨져 있었다.

일기를 쓰지 못한 대신 소로는 존 러스킨의 『근대 화가론』*Modern Painters* 다섯 권을 전부 읽었다. 마지막에 가서는 약간 실망했다. 소로는 자연을 보고자 했고 반면 러스킨은 예술을 통해 자연을 보고자 했다. 그래도 러스킨이 어떻게 예술가의 눈으로 가을을 볼 수 있는지 보여 준 덕에, 소로는 마치 인디언의 문신처럼 추상적 형태를 띤 붉은 월든Red Walden을 글로 그려 낼 수 있었다. 그해 가을 월든은 소로가 어딜 보든 인디언에 대해 말하고 있었다. 인디언은 그곳에서 쫓겨났을지언정 그들의 키네오 화살촉은 남아 있었다. "이런 것이 우리의 고대 유물이다. 이들이 우리의 조상이다. 왜 그리스와 로마에 관해서는 그렇게나 법석을 떨면서 인디언은 무시한단 말인가?"[57] 그의 통찰은 점점 확장되었다. "과학자가 먼저 실수를 저지르고, 전 인류가 그 뒤를 따른다. 그 실수는 다음과 같다. 자신과 관련되어 있어서 흥미로운 것이 아니라 자신과 무관해서 흥미를 불러일으키는 현상에 냉정하게 큰 관심을 기울이는 것이다." 그렇다면 그는 메인주의 소나무와 그 자신을 어떻게 **연관시켰던** 걸까? 콩코드에 집을 지으면서 사람들은 비버가 됐다. 댐을 만들어 물길을 가두고, 호수의 수면을 높이고, 전리품을 나라 밖으로 띄워 보낼 수 있도록 자연이 자연을 거스르게 했다. 그들은 만 마리의 쥐떼처럼 가장 고귀한 나무의 둥치를 갉아 먹어 쓰러뜨리고 끌어낸 뒤, "어딘가 또 다른 야생을 약탈하려고" 급히 달려간다. 무엇을 위해서? 부를 축적하기 위해서다. 하지만 그 부는 1857년 공황으로 물거품처럼 사라졌다. 증기선 '센트럴 아메리카'호와 함께 400명이 익사했다.* 그들이 금의 무게 때문에 바다 밑으로 가라앉을 때 "내 재산은 십만 달러다"라고 헐떡이며 말했을까?[58]

소로는 새 글을 쓰면서 큰 기쁨을 느꼈다. "시 쓰기는 젊은이의 전유물"이라고 낭만주의자들은 착각했다. 젊은이는 상상력을 갖고 있지만 진정한 시를 써 내려면 평생에 걸쳐 "그에 상응하는 꾸준한 노력"을 들여야 한

* 미국 동부 해안과 중앙아메리카를 운행한 일명 황금의 배Ship of Gold가 1857년 허리케인을 만나 승객과 선원 578명 중 425명이 금 3만 파운드(1만 4,000킬로그램)와 함께 바닷속으로 가라앉은 사건. 이는 1857년 공황의 한 원인이 되었다.

다. 그저 길을 보기만 하는 것이 아니라 직접 여행을 해야 한다. 그는 추수감사절에 강에서 보트를 끌어내 겨울에 대비하면서, 그런 여행은 진정한 결단을 요구한다고 생각했다. 그는 다가오는 추위로부터 자신의 목을 더 단단히 보호하기 위해 구레나룻을 (리케슨이 놀린 것처럼) "길고 끔찍한 턱수염"이 될 때까지 길렀다. 하지만 겨울은 시들했다. 1월의 공기는 온화했고, 눈은 내리지 않았고, 강은 얼지 않았다. 장갑조차 필요 없었다. "이 위도에서 눈과 얼음이 없는 겨울이란 대체 뭐란 말인가? 벌거벗은 대지는 보기 흉하다. 이번 겨울은 묘지에서 파낸 여름에 불과하다."[59] 잠시 괴팍한 기분에 사로잡힌 소로는 **인디언**을 비난하기까지 했다. "우리는 그들을 기독교화하고 교육하려고 부단히 노력했지만, 인디언은 모든 것을 체념하고 소멸해 가고 있다. (…) 분명한 사실은 백인종의 역사는 발전의 역사이고, 인디언의 역사는 변치 않는 관습의 역사, 침체의 역사라는 것이다."[60] 메인에도 간 적 없고 조 폴리스를 만나 보지 않은 사람이나 할 법한 얘기였다. 하지만 바로 그날 소로는 「체선쿡」을 《애틀랜틱》에 보내면서, (기독교화되고 교육받은 인디언인) 폴리스가 읽을 수 있다는 이유로 "알레가시와 동쪽 지류"는 싣지 않겠다고 고집했다. 사실 숙명론은 소로가 자주 하는 얘기는 아니었다. 어쩌면 소로는 굴복시키기에는 너무나 박식하다는 이유로 폴리스를 비난한 건지도 몰랐고, 혹은 번번이 야만을 행해서 사람을 침울하게 하는 로웰을 비난한 건지도 몰랐다.

긴장을 풀 수 없는 일이 또 있었다. 소리 없이 단단한 가족의 중심이었던 부친의 몸 상태가 크게 나빠진 것이다. 11월에 가족은 케임브리지포트에 사는 고모 제인과 마리아에게 곧 방문할 테니 준비하라고 알렸다. 새해가 되자 늘 달고 살던 기침이 더욱 심해졌다. 가족은 그가 죽어 가고 있음을 알았다. 1857년 공황이 가게를 뒤흔들고 있던 시기에 헨리는 가업을 떠안아야 했다. 많은 고객이 대금을 지불하지 못하거나 돈 대신 약식 차용증을 내밀었고, 헨리는 차용증이 종잇조각이 될까 걱정했다. 그는 측량 일을 늘려 보려 했으며, 대처가 방문했을 때는 사업과 관련한 조언을 얻기 위해 매달렸다. 한 가지 확실한 방법은 밖에서 도움을 찾는 것이었다. 1858년 5월 헨리는 그런 도움을 찾고자 뉴욕으로 가서 흑연 사업 중개업자를 물색했다. 소로의 부친이 대처에게 썼듯이 헨리는 중개자를 찾는 데 성공했지만, 대신 흑연 가격을 절반 수준으로 낮춰야 했다. 오랜 경쟁자인 먼로도 이미 가격을 내린 상태였고, 불황이 여전히 사업을 압박하고 있었다.[61]

침울한 기분은 봄이 다가오면서 조금씩 나아졌다. 3월 5일에 그는 「체선쿡」 원고를 로웰에게 발송했고, 래즐스 신부의 아베나키어 사전을 즐겁게 읽었다. 이 사전은 "아베나키 부족에 관한 밀도 있고 신뢰할 수 있는 자연사"였다. 인디언은 다시 흥미진진하고 생산적인 부족이 되었다. 바로 그날 저녁 소로는 "치페와이 인디언인 멍 무슨 박사"의 공연에 완전히 매료되었다. 멍구다우스Maungwudaus 혹은 조지 헨리는 캐나다의 미시소가 오지브웨Mississauga Ojibwe족으로, 소로가 소장한 책의 저자 조지 콥웨이의 친구이기도 했다. 노련한 연설가인 그는 키도 크고 당당했으며, 편안한 태도로 관객을 쥐락펴락했다. 그는 자신의 공연단을 이끌고 영국과 유럽 각지에서 공연을 하기도 했다. 천연두로 아내와 세 자녀를 잃은 뒤 멍구다우스는 혼자 미국을 순회하며 약초를 판매했다—그래서 "박사"라 불린 것이다. 소로가 주의 깊게 보는 가운데 멍구다우스는 관객들이 좋아하는, 연극적인 "인디언식" 복장을 하고서(고슴도치 가시로 장식된 버펄로 가죽 망토를 걸치고, 독수리 깃 머리장식을 꽂고서) 아시아에서 베링해협을 건너온 부족의 기원을 말해주고, 그들이 아이들을 달랠 때 어떻게 흔드는지를 보여 주고, 혼인 풍습을 세세하게 설명하고, 문자가 각인된 자작나무 껍질 바구니를 선보이고, 입으로 불어 쏘는 화살로 20피트 앞에 놓아둔 사과를 꿰뚫었다. 그는 페놉스코트족 친구의 도움을 받고 있었는데, 바로 조 폴리스의 형제 피엘폴Pielpole(혹은 피터) 폴리스였다.[62]

콩코드의 청중은 멍구다우스의 목소리를 듣고 웃었지만—폴리스와 페놉스코트족들이 흔히 그런 것처럼, 그는 모든 단어를 "엄"이나 "엠"으로 끝맺었다—소로는 그의 "당당한 인디언식 억양"이야말로 진정한 "활과 화살의 탕 소리!"라며 변호했다. 소로는 그날 본 것에 깊이 감동했다. "그동안 과학에만 의지했으니, 나는 **생명수**生命樹에 대해서는 아무것도 알지 못한 셈이다! 과학이 알려준 것은 그저 단어에 불과하다. 그것은 **생명**의 **나무**라 할 수 없다. 하지만 인디언이 나무와 나무의 여러 부분을 가리킬 때 쓰는 스무 가지나 되는 단어는 우리의 식물학에는 없는 말들이다. 이는 보다 실용적이고 쓸모 있는 과학이 존재할 수 있음을 의미한다." 아베나키의 어휘에 비춰 보자 "새로운 관점"으로 세계를 볼 수 있었고, "우리의 마을과 마을 사이에 놓인 숲들을 고요하게 연결하는 (…) 생명 안의 생명"이 드러났다. 며칠 뒤 버드나무 가지로 만든 인디언식 어망에 물고기가 가득했다. 그 교묘한 기술을 보니 마음 가득 아쉬움이 차올랐다. 만약 그의 아버지가 농장에 머무르면서 인디언 일꾼을 계속 고용했더라면 "어린 시절에 우리는 그들로부터 토착적인 방식을 얼마나 많이 배울 수 있었을까!" 어망을 조심스레 끌어당길 때, 인디언에게 말은 곧 사물이고 사물은 곧 말이라는 생각이 들었다. 어망 바구니를 짠 사람은 "그의 방식으로 작은 시 한 편을 엮은 것이다. 봄을 주제로 훌륭한 시절 하나를 쓴 것이나 다름이 없다."[63]

곧 소로는 자신의 손으로 봄의 시를 짜기 시작했다. 그해의 소재는 개구리였고 소로의 주제는 인내였다. "자리 잡고 기다리면서 지켜봐야 한다." 그는 개구리와 물고기 알을 집으로 가져와 부화하는 모습을 지켜봤다. 밤이면 작은 개구리들이 엎치락뒤치락하고 개굴개굴하며 그의 잠을 깨웠다. 소로는 개구리의 노래가 기온을 밀접하게 반영한다는 사실을 알아챘다. 개구리는 "완벽한 온도계이자 습도계이자 기압계"로, 목소리를 통해 "지구가 느끼는 바로 그 느낌"을 표현했다.[64] 에머슨은 "통나무들 틈새에 낀 통나무"가 되어 새와 개구리가 다가올 때까지 몇 시간이고 앉아 있는 소로의 능력에 감탄하면서도, 한편으론 이 친구가 연구를 너무 극단적으로 하는 것은 아닌가 생각했다. "사랑하는 헨리", 그가 썼다. "개구리는 늪에서 살도록 태어났지만, 인간은 늪에서 살도록 태어나지 않았다네. 늘 곁에 있는 R." 하지만 젊은이들은 소로의 무리에 속하고 싶어했고, 그 수는 점점 늘어 갔다. 이디스 에머슨은 야생 정원을 가꿨다. 바틀릿 박사의 아들 에드워드는 달팽이, 벌레, 도롱뇽으로 가득한 수족관을 갖고 있었고, 모두가 그를 부러워했다. 엘런 에머슨은 사촌에게 "이 계절이면 늘 그러듯 우리는 꽃과 새에 관심을 쏟고 있지. 모두가 소로 씨를 찾고 있어."[65] 다른 이들도 있었다. 메리 브라운은 버몬트주에서 또다시 꽃을, 우스터에서 친구들은 벌새 둥지를, 마스턴 왓슨은 힐사이드에서 배나무를 보내왔다. "마치 요정들이 살림을 봐주는 것 같아", 소로는 기쁘게 답장을 보냈다.[66]

"크타든은 여전히 그곳에 있다네." 메인주에서 돌아온 소로가 블레이크에게 편지를 썼다. "**진실**은 여전히 **진실**"이라는 듯. 1857년 가으내 카타딘산이 소로의 머릿속을 떠나지 않았다. 10월 말에는 그 산에 오르는 꿈을 꿨다. 그는 안개 낀 정상의 "헐벗고 길 없는 바위" 위에서 길을 잃고 두려워하면서도 "정화되고 고양되는" 느낌을 받았다. 이후 블레이크에게 이렇게 썼다. "자네와 물질의 관계를 깨닫기 위해서는 꼭 산에 올라야 하네. 자네와 자네 몸의 관계도 마찬가지일세. **몸**은 거기 제자리에 있지만, **자네**는 그렇지 않기 때문이지. (…) 진정으로 산을 탐사하는 것은, 그것이 가능하다면 말이지만, 집에 돌아온 뒤의 일이네."[67] "산을 탐사"하는 일이 그의 다음 프로젝트가 되었다. **산에서** 무언가를 보는 것이 아니라 **산 자체를** 보는 일이었다. 그리고 이를 위한 최고의 동행은 철학자 블레이크였다. 1858년 6월 2일 두 사람은 트로이 철도역에서 만나 바위로 뒤덮인 모내드녹 정상까지 4마일을 걸었다. 농부들이 늑대 서식지를 파괴하려고 산꼭대기에 불을 놓은 뒤로 주

변의 땅은 내내 척박했다.[68]

등산객이 그들만 있는 것은 아니었다. 모내드녹 등반이 큰 유행이 되어, 바로 그해에 한 지역 사업가가 산 중턱에 "하프웨이 하우스"Halfway House 호텔을 개장할 정도였다. 소로와 블레이크는 길이 없는 정상으로 향하지 않고, 바위에 낙서가 뒤덮여 있고 바닥에 신문지와 달걀 껍데기가 널려 있는 길을 택했다. 두 사람은 따로 마련된 야영지에서 밤을 보낸 뒤, 다음 날 산 정상을 가로지르는 양쪽의 산줄기를 중심으로 직경 1마일의 원을 그리며 산을 탐사했다. 일종의 생태학적 조사로, 소로는 고산식물과 새, 빙하에 긁혀 닳고 둥글어진 바위, 골짜기 사이에 틀어박힌 작고 축축한 습지까지 눈에 띄는 모든 것을 기록했다. 그는 이렇게나 높고 황량한 바위 웅덩이에 개구리가 있는 것을 보고 어리둥절했다. 저 개구리들이 어떻게 여기 있는 걸까? 밑에서 여기까지 올라왔다고는 믿을 수 없었다. "아가시라면 개구리가 이 산 정상에서 태어났다고 말할 것이다."* 하지만 그건 개구리들이 비처럼 떨어졌다는 말이나 마찬가지인 것 같았다. 게다가 어떻게 이런 곳에서 살아남았을까? 소로는 다음 날까지 이 문제를 골똘히 생각하며 걷다가, 철로와 인접한 곳에 우뚝 서 있는 거대한 스트로브 잣나무들과 마주쳤다. 그가 본 것 가운데 가장 거대했다. 아주 오래전 메인주에서 옮겨 심은 삼림지대였다. 소로는 입을 벌린 채 그 자리에 서서 곧고 크고 반질반질한 나무들이 하늘을 향해 뻗어 있는 것을 바라보았다.[69]

이후로도 소로는 머릿속에서 산을 떨쳐내지 못했다. 한 달이 지난 7월 2일 에드 호어가 말과 마차를 빌렸고, 소로도 거기에 배낭을 실었다. 두 사람은 "집시처럼" 생활하며 화이트 산맥 전역을 일주할 계획으로 덜컹덜컹 마차를 몰았다. 워싱턴산에서 블레이크와 브라운을 만날 예정이었다. 소로는 걷는 게 더 낫다고 투덜거렸다. "말이 있으면 많은 걸 희생해야 하네." 포

* 아가시는 다윈의 자연선택설을 믿지 않았다. 더 자세한 설명은 11장 앞머리에 있다.

장된 도로로만 다니며 따분한 길가 야영지나 "하찮은" 여관에서 묵어야 했고, 그러다 보면 "파리 떼나 선술집의 취객이 들러붙게 마련"이었다.[70] 그렇게 사흘이 지나 산맥이 시야에 들어오자 그의 기분도 나아졌다. 뉴햄프셔주 탬워스에서는 여관 관리인이 곰 이야기로 그들을 사로잡았다. 다음 날 밤 그들은 곰들을 죽이고 그 새끼들을 키우고 있다는 웬트워스라는 이의 집 근처에서 야영했다. 웬트워스를 워싱턴산 안내인으로 고용한 두 사람은 다음 날인 7월 7일 아침에 말을 타고 핑컴 노치를 거쳐 글렌 하우스로 간 뒤 그곳에서 웬트워스의 집으로 말을 돌려보냈다. 소로 일행은 석탄을 캐서 산 정상의 호텔 두 곳에 공급하는 쾌활한 광부 두 명과 함께 밤을 보냈다. 바람이 오두막을 흔드는 동안 다섯 남자는 식탁에 앉아 염소젖을 마시고 삶은 우설을 먹었다.

소로는 구름이 몰려오기 전에 정상에 도달해야 한다는 생각에 동이 트자마자 서둘러 길을 나섰다. 호어와 웬트워스가 그 뒤를 따르고 광부들도 염소 떼를 몰고 따라왔다. 뉴잉글랜드에서 가장 높은 워싱턴산 정상에 올랐지만 이번에도 깨달음을 얻진 못했다. 사람과 염소 떼와 함께 구름과 안개가 몰려왔다. 그들은 등산객들과 잡담을 나눴다. 산의 풍경을 담으려는 화가, 여행객을 두고 경쟁하는 호텔 서밋 하우스의 소유주 스폴딩과 팁톱 하우스의 소유주 홀이 있었다. 오전 8시 30분, 잡담에 지친 소로는 일행을 이끌고 바위산을 넘어 터커먼 협곡으로 향했다. 안개가 짙어 나침반으로 방향을 잡아야 했다. 땅이 너무 거친 탓에 그들은 목적지에 다다르지 못하고 어린 전나무들 사이에서 야영했다. 웬트워스가 소로의 조언을 무시하고 불을 피우는 바람에 전나무에 불이 옮겨붙고 말았다. 이내 산마루 전체가 불에 휩싸였다. 나쁠 게 없다고 웬트워스가 말했다. 나무가 많이 불타 없어지는 편이 좋다는 것이었다. 불이 산허리를 집어삼키는 동안 세 사람은 길을 헤치고 하류로 내려가 작은 호수에 이르러 거기서 소로가 가져온 하얀 캔버스 텐트를 쳤다. 위쪽에서 어렴풋이 "여보시오!"라는 소리가 들리자 소로는 합류하기로 한 블레이크와 브라운이 도착했음을 알아채고 허겁지겁 두 사람을 마중하러 뛰어갔다. 그들은 "흠뻑 젖고 기진맥진한 데다 먹파리에 뜯겨 피투성이가 되어 있었다". 소로는 안쓰러운 어조로, 자신이 블레이크에게 "연기와 흰 텐트를 찾아라" 하고 일러두었으며, "연기는 충분히 피워 두고 있었다"라고 썼다.[71]

비에 흠뻑 젖은 소로의 텐트 안에서 다섯 남자는 어렵사리 자리를 잡았다. 거기서 그들은 나흘 밤을 보내야 했다. 소로가 다음 날 발목을 접질리는 바람에 계획이 틀어진 것이다. 다른 이들이 한가롭게 이슬비를 맞으며 거니는 동안 그 와중에도 소로는 할 수 있는 일들을 해 나갔다. 모닥불을 피워 파리를 쫓고, 야영지 인근에서 볼 수 있는 것, 들을 수 있는 것, 손 닿는 것을 모조리 연구했다. 마침내 7월 12일 월요일—소로의 마흔한 번째 생일—에 일행은 짐을 싸서 산을 내려왔다. 그들은 웬트워스의 집에서 마차를 타고 산맥 기슭을 둘러 호를 그리듯 서쪽으로 나아가다가 남쪽으로 방향을 틀어 다음 목적지인 라파예트산으로 향했다. 비가 장막처럼 산맥의 경관을 가로막았다. 그러다 화요일 저녁 짧은 거리를 걸어 제퍼슨 힐에 오르자 프레지덴셜 연봉Presidential Range의 장엄한 풍광이 한눈에 들어왔다. 안개는 산 밑으로 물러가고 산봉우리 너머로 태양이 희미하게 비쳤다. 소로는 "내가 본 가장 웅장한 산의 풍경"이라며 감탄했다. 이틀 후 소로는 라파예트산 정상에 서서 남쪽과 서쪽으로 뻗은 무성한 숲을 내려다봤다. 북쪽과 동쪽에는 군데군데 벌목한 숲이 보였다. "땅에 표범 무늬처럼 구멍들이" 뚫려 있었다. 일행이 저녁을 먹는 동안 소로는 키 작은 가문비나무와 전나무를 잘라 나이테를 세어 보았는데, 그 키 작은 나무들의 수령이 수백 년인 것에 깜짝 놀랐다. 가장 큰 나무는 아마 천 년은 됐을 것이다. 웬트워스가 터커먼 협곡에 낸 불로 고대의 숲 하나가 타 버린 셈이었다.[72]

집으로 돌아오는 데만 나흘이 걸렸다. 우선 정남으로 방향을 잡은 소로는 플리머스를 통과하면서 산맥에 작별을 고했다. 프랭클린과 위어를 지나 주 경계선을 넘었고, 7월 19일 월요일 정오에 집에 도착했다. 그는 일기장에 미완의 에세이처럼 보이는 글을 길고 자세하게 남겼지만, 두 산의 여행 기록은 일기 이상으로는 발전하지 못했다. 모내드녹산을 방문한 일은 발전 가능성이 없지 않아, 소로는 1860년에 그곳을 다시 찾기도 했다. 하지만 화이트 산맥은 실패였다. 마차 여행은 "단순하지도 충분히 모험적이지도" 못했다.[73] 그 여행은 같은 해 여름 에머슨이 친구들과 함께 애디론댁산맥Adirondacks으로 떠난 사냥 여행과 다를 것이 없었다. 그곳에서 에머슨과 루이 아가시를 비롯한 몇몇 친구는 "맥주병 수십 개를 세워 놓고 총을 쏴서 하나씩 깨뜨렸다". 에머슨은 아가시를 위해 도요새를 사냥했다. 젊은 시절 총을 잡지 않겠다고 다짐하기 전까지는 명사수였던 소로는 "그가 난생처음 잡은 사냥감"이라며 코웃음을 쳤다. "도요새를 사냥해 (…) 아가시에게 주는 에머슨, 6로드 거리에서 총으로 (다 마신) 맥주병을 쏘는 에머슨을 상상해 보라!"[74] 야생은 이제 예전과 같은 야생이 아니었다. 실제로 온 세상이 소로가 깊이 혐오하는 무언가로 변해 가고 있었다. 그는 예년처럼 야생 열매 채집꾼들과 함께 허클베리 들판을 헤집고 다니다가, "무단출입 금지"라고 적힌 푯말을 보고 기함했다. "악마의 날"이 당도했다. 채집꾼이 야생 열매를 따려면 입장료를 지불해야 한다. 허클베리가 쇠고기 스테이크처럼 도륙되어 팔리고 있었다.[75]

하지만 아무도 신경 쓰지 않았다. 모두의 관심사는 대서양 횡단 전신에 가 있었다. 콩코드에 그 소식이 전해진 날은 빅토리아 여왕이 전신을 이용해 뷰캐넌 대통령에게 축하 메시지를 보낸 8월 5일과 16일이었다. 미국 전역에서 모든 마을이 너나없이 이 일을 기념했다. 콩코드에서는 기쁨의 종소리가 울리고, 건물 기둥에 화환이 장식되고, 현수막이 걸리고, 가구마다 파티 불빛을 밝혔다. 한 주민은 대포까지 쏘았고 불꽃놀이가 장관을 이뤘다. 숭고하고 영감을 주는 완벽한 신성神性의 발산이었다. 당신이 소로가 아니라면 말이다.[76] 물론 전신은 중요하다고 그는 가시 돋친 어조로 말했다.

하지만 그 진짜 **의미**가 대체 무엇이란 말인가? 진짜 의미는 술에 취해 발사한 대포의 수나 전신 개통을 축하하기 위해 각각의 마을이 거행한 행사와는 무관했다. 정말 중요한 것은 외면한 채 "사소하고 조잡한 것들"로 뉴스를 채우는 이들이 세상을 지배하고 있었다. 사태는 한계점에 도달했지만, 누구도 이를 알아채지 못하는 것 같았다. 심지어 개인적으로 가슴 아픈 일도 일어났다. 누군가 소로가 친밀감을 느끼던 오리를 쏴 죽인 것이다. 소로는 괴로웠다. 그 오리는 모든 사람의 오리였고 오리를 잡은 부인에게 권리가 있는 만큼 소로에게도 권리가 있었다. "하지만 죽은 오리를 맛볼 부인의 권리가 살아 있는 오리의 아름다움을 즐길 나의 권리보다 중요하게 여겨졌다."[77] 그해 여름 소로는 마을, 산, 강 어디서나 공유지가 공격받는 모습을 보게 되었다.

소로는 한 차례 더 여행을 했다. 케이프 코드의 목수가 한 말, 즉 케이프 앤의 해안에 비할 만한 해변은 없다는 말을 그는 잊지 않고 있었다. 그래서 9월 21일에 그는 다시 "우산과 짐 꾸러미의 기사들"knights of umbrella and bundle을 소집했다. 먼저 세일럼의 존 러셀을 방문한 소로와 엘러리 채닝은 러셀을 따라 마블헤드에서 식물채집을 했다. 다음 날 기사들은 러셀의 집에서 글루스터까지, 맨체스터의 "음악적인" 모래밭을 밟으며—실제로 해변에선 탁자를 문지르는 것 같은 끼익끼익 소리가 났다—걸었고, 별이 뜨는 모습을 보면서 항해용 빵과 염습지에서 잡은 청어로 저녁을 해결했다. 다음 날 아침 두 사람은 해변을 따라 남쪽으로 걸어간 뒤 온종일 곶 전체를 빙 둘러 글루스터로 돌아왔다. 정오에는 "샐비지스"Salvages의 바위투성이 모래톱이 보이는 케이프 앤의 가장 바깥쪽 지점에 도착했다.* 소로는 초기 항해자들이 그 지점을 기준으로 삼아 방향을 알아냈을 거라고 추측했다. 해 질 무렵 그들은 크고 둥근 돌들이 널려 있는 들판에서 소귀나무 장작불을 피

* 'salvage'는 '해난구조'라는 의미가 있다.

워 차를 끓이고, 차를 마시면서 달이 뜨는 광경을 지켜봤다. "달이야말로 그 중 제일 큰 바위였다." 달빛 아래에서 글루스터로 돌아가는 길을 잠시 잃기도 했다. 다음 날 소로는 세일럼의 동인도해양회관East India Marine Hall에서 진귀한 수집품들을 살펴봤다. 스라소니 가죽, 거북 화석, 콩코드 전투 때 버려진 영국군의 검 등이 있었다. 이 여행은 "흥미로운" 산책이긴 했지만 그 이상은 아니었다. 그나마 종잡을 수 없고 상대하기 피곤한 "기분파" 채닝과 다시 어울린 것이 소득이라면 소득이었다.[78]

이제 소로가 방문해 주기를 갈망하고 있는 리케슨과 다시 연락할 때가 되었다. 1858년 11월 말에 소요학파인 콜몬들리는 우울한 기분으로 편지를 보내, 그가 현재 몬트리올에서 남쪽으로 이동하고 있으며 서인도제도에서 겨울을 보낼 예정인데 소로도 동행했으면 한다고 전했다. 12월 7일에 소로는 영국 신사이자 모험가인 콜몬들리와 함께 리케슨을 방문했다. 세 사람은 오두막에 앉아 늦은 시간까지 영국 시인—그레이Gray, 테니슨, 워즈워스—에 관해 대화를 나누었고, 12월 10일 콩코드로 돌아가기 전까지 하루는 음산하고 차가운 이슬비 속을 산책을 하고, 하루는 불가에 앉아 "인류 그리고 인류와 현세 및 내세의 관계"에 대해 대화를 나눴다.[79] 그해 겨울 콜몬들리는 예정대로 남쪽으로 여행을 떠났지만 소로는 동행하지 않았다. 콜몬들리는 버지니아주까지 가서는 남은 여행 계획을 포기했다. 그는 돌아와서 소로에게 다시는 어디로도 여행을 가지 않겠다고 말했다. 두 사람은 계속 서신을 교환했지만 직접 만나 대화를 나눈 것은 그것이 마지막이었다. "그는 좋은 사람"이라고 소로는 리케슨에게 썼다. "그를 충분히 알아보지 못한 것은 아닌지 마음에 걸립니다."[80]

소로는 이 중 어떤 것도 일기에 쓰지 않았다. 소로의 내면은 『야생 열매』의 첫 장인 「가을의 빛깔」을 쓰느라 바빴다. 인간과 자연 세계가 공유하는 아름다움이 어떻게 창조되고 지각되는가에 관하여 열정적 사유를 드러낸 글이었다. 물질적 부를 얻을 수 있는 사람은 소수에 불과하지만 영혼의 부유함은 "공유지에 동등하게 분배되어" 모두에게 열려 있다. 10월에 자연이 축제를 열면 모든 나무가 자유의 깃대로 변해 수천 장의 밝은 깃발을 펄럭인다. 이 축제는 마을 설립자들이 거리를 따라 키 큰 나무의 묘목을 심은 덕분에 가능했다. 한 세대 후 높이 자란 나무들이 사람들에게 아름다운 축제, 살아 있는 제도를 선사한 것이다.[81] 그 나무들의 잎이 질 때 소로는 잔가지, 가죽 같은 갈색 나뭇잎, 물과 창문에서 반사된 "백 가지 은색 빛"을 그려 내면서 두 번째 에세이 「11월의 빛깔」November Lights을 소묘했다. **모든** 계절에 독특한 아름다움을 펼친다. 다른 이들이 그냥 지나치는 것을 소로는 포착했다. "갈색은 나를 위한 색"이라고 자랑했다. "우리의 코트와 일상의 색, 가난한 이들이 먹는 빵 덩어리의 색", "태양을 향해 옆구리를 내놓고" 드러누운 "위대한 어머니 표범"과 같은 대지의 색이었다.[82]

그해 가을 채닝은 새로운 현학 취미가 소로를 갉아먹고 있다고 불평했다.[83] 하지만 그 감춰진 도가니 안에서 소로는 오랫동안 축적해 온 과학적 내용을 용해해 새로운 종류의 도구—모든 사물을 저마다의 현으로 바꿔 기억과 의미라는 숨겨진 공간을 울리는 악기—로 변형시키고 있었다. 그는 이것을 자신의 "달력"Kalendar이라 불렀지만 거기엔 달력을 넘어선 교향악적 순환의 의미가 있었다. 그 웅장한 선율 덕분에 소로는 마음 깊이 알고 사랑하는 단 하나뿐인 뉴잉글랜드의 마을, 콩코드에 일생을 바칠 수 있었다. 젊은 시절 소로는 "콩코드라는 이름의 시"를 쓰는 것을 상상했다. 이제 녹색의 낡은 집필 책상 위에서 그 위대한 시가 형태를 잡아 가고 있었다.[84]

문제는 그가 쓴 글을 세상이 거절하거나 무시하거나 검열하는 상황에서 어떻게 자신의 목소리를 전하느냐였다. 소로의 외적 자아는 직업적인 면이 도드라졌지만—건조하고 장인 같은—그의 내면은 흡사 메인주의 도깨비불처럼 어둠 속에서 빛과 열기를 뿜어냈다. 새로운 물고기 종을 발견했을 때 그는 과학계 동료들에게 자신의 발견을 자랑스레 내보였고, 동료들은 그의 공을 정당하게 인정하고 생물학적 분류에 대해 토론을 벌였다. 하지만 개인적 차원에서 소로는 경외심에 사로잡힌 채 타하타완이 카누를 저어 같은 물 위를 지나간 이후로 사람들 기억에서 멀어져 갔던 "저 작은 줄무늬 잉어들이 월든 호수의 짙푸른 물속을 날고 있다"라고 썼다. 월든은 다시 야생이 되었고, 미국은 다시 젊음을 얻었다. 하지만 어떻게 해야 단순한 서술을 뛰어넘을 수 있을까? 소로는 자신의 사고를 "접고 짧은 순간이라도 잉어처럼 생각하기 위해 노력"했다. 보석과 음악과 시, 아름다움과 삶의 신비를 생각했다. "그 잉어는 충분히 자각하면서 생태계의 중심인 호수 안을 유영한다. 신의 또 다른 이미지." 소로가 전달해야 하는 가장 중요한 것은, 그 잉어가 "동시대를 살아가는 존재이자 신비감을 불러일으키는 존재"라는 것이었다.[85]

그런 이유로 소로는 나무에 영혼이 있다는 구절을 삭제한 로웰의 결정을 존재론적 위협에 준하는 일로 받아들였다. "표현의 자유!" 그가 일기에서 부르짖었다. "의미가 무엇인지 당신들은 마음속 깊이 이해하지 못하고 있다." 교회, 국가, 학교, 잡지의 의심스러운 자유는 "교도소 안마당의 자유"였다. 유명 잡지들을 보라. "나는 가장 자유주의적이라고 하는 잡지 두세 종을 상대했다. 그들은 온전한 문장, **솔직한** 문장, 자유롭게 발언한 문장을 두려워하여 지면에 싣지 않는다."[86] 1857년 공황, 낙서와 쓰레기, 신성한 산 정상에 우뚝 선 호텔, 폴리스와 멍구다우스를 조롱하는 웃음, 마을의 오래된 공유지에 세워진 "침입 금지" 표지판, 가장 역사적인 사건들을 하찮게 취급하는 신문에 포위된 상태에서 소로는 진정한 자유가 절실하다는 것을 어떻게 전달할 수 있을까?

1859년 1월 10일 밤 갑작스러운 한파로 땅이 폭발하듯 쩍 갈라지고 소로의 집이 흔들렸다. 다음 날 아침 소로는 문을 나서며 온도계를 확인했다. 오전 6시, 화씨 영하 20도였다. 소로는 소환장을 받고 바질라이 프로스트가 남긴 유언장의 진위를 증언하기 위해 케임브리지로 향했다. 열차는 기묘한 땅의 균열에 관한 이야기로 소란스러웠다. 헨리는 이 이야기를 간단히 기록했다. 기분이 침울했을 것이다. 3년 전 헨리는 아버지와 함께 프로스트의 유언과 유언장의 증인이 되었다. 이제 목사가 폐결핵으로 세상을 떠났고 아버지는 현재 폐결핵을 앓고 있기 때문에 혼자 이 일을 해야 했다. 이틀 뒤 그는 해리 블레이크에게 우스터 강연을 연기해 달라고 편지했다. 아버지의 몸이 너무 약해져 아래층에 있는 가족과도 함께할 수가 없었다. 헨리는 아버지를 간호하는 데 매달려야 했기 때문에 아주 짧은 여행도 다녀올 수 없었다. 한동안 아버지 존은 이듬해 봄을 볼 수 있기를 희망했으나, 2월이 오기도 전에 그 바람이 부질없다는 게 분명해졌다. 그는 다가올 죽음을 받아들이고 가족에게 작별 인사를 했다. 질질 끄는 죽음에 조바심이 날 때까지 작별 인사를 수차례 반복했다. 마침내 마지막 순간이 다가왔을 때 가족은 침상 주위에 모여 임종을 지켰다. 그는 “우리가 거의 알아채기도 전에” 세상을 떠났다. 남겨진 아들은 다락방으로 올라가 일기장을 펼치고 페이지 한가운데에 이렇게 적었다.

2월 3일 오후 3시 5분 전, 아버지 사망.[87]

헨리의 친구들 가운데 그의 아버지와 시간을 들여 교류한 적이 있는 사람은 대니얼 리케슨뿐이었다. 리케슨에게 부고장을 보내자 따뜻한 위로의 답장이 즉시 돌아왔다. 고인이 “전통적 의미로 진정한 신사이자, 진실로 정직함의 미덕을 체현한 분”이며, 자신의 아버지를 떠올리게 한다는 내용이었다. “두 분 다 표정에 염려와 슬픔을 담고 계셨네. 가장 해독하기 쉬운 문자로 삶의 경험을 드러내는 얼굴이었지.”[88] 소로는 추도문을 써 보냈다. 아버지는 “더 고귀한 목적을 위해 일하듯” 눈앞의 이익을 보고 질 낮은 제품을 팔기보다는 어떻게 하면 뛰어난 제품을 만들 수 있을지 늘 연구하는 장인—거의 예술가적인—이었다고 말이다. 헨리는 누구도 아버지만큼 콩코드의 역사와 사람들에 관해 잘 알지 못했다고 일기에 덧붙였다. 50여 년이라는 긴 세월 동안 그는 콩코드의 일부였다. "아버지는 특별한 방식으로 마을의 거리에 속한 분이셨다. 아버지는 상점이나 우체국에 앉아 신문 읽기를 즐겨 하셨다." 사람들은 그보다 늦게 마을에 왔거나, 그보다 냉담했다. 문득 프로스트 목사의 유언장에 서명한 4인 중 이제 살아 있는 이는 그 자신뿐이라는 사실이 뇌리를 스쳤다. "마침내 이다지도 갑작스럽게, 소리 없이 한 세대가 떠나가는구나!"[89]

리케슨에게 보낸 답장은 이런 생각과 함께 거의 마무리되었다. 하지만 일기에는 더 많은 내용이 적혀 있다. 아버지의 죽음은 알 수 없는 연결고리를 통해 아메리카 인디언의 죽음을 떠올리게 했다. 헨리는 떨치고 일어나 인디언을 "야생 짐승"으로 여기고 사살한 캘리포니아 황금광들의 행위 그리고 "총 대신 펜"을 들었을 뿐 어느 모로 보나 그에 버금가는 행위를 한 역사가들의 비인간성을 개탄했다. 이 두 가지 상실이 밀접하게 연관되어 상당히 직접적으로 다가왔다. "친구나 가까운 친척의 죽음을 애도하는 사이에 우리 자신도 조금씩 죽어 가는 것 같다. 그런 경험은 매번 우리 생명의 원천에 타격을 준다." 소로의 유일한 방어책은 쓰고 또 쓰는 것이었다. 처음에는 문장들이 "죽어" 있을지 모른다. 하지만 "모든 요소가 정렬되면", "신선한 생명이 약동하는" 문장이나 "원숙하게 잘 쓰인 문장에서 생명과 색채가 스미어 나와 그 위에 되비친다". 천천히, 작가는 최초의 모색에서 나온 "잡석과 토대"에 생명을 불어넣게 되고 주제에 도달하는 길을 찾아 "적절하고 올바른 관찰의 기록을 만들게 된다". 그런 글은 죽어 가는 이를 되살리고, 그들에게 목소리를 부여하고, 잠든 이들을 깨울 수 있었다. 3월에 그는 늦겨울의 일반적 작물인 "석기 열매"—새롭게 드러난 화살촉—를 주웠다. 그것은 "인간이 지구 표면에 새긴" 발자국이었다. 아니, 그는 자신의 말을 정정했

다. "그보다는 어디에나 널려 있는" 가장 오래된 인간 "정신의 자취"라고.[90]

사물은 정신의 자취. 소로의 관찰 대상들이 서로 연결되고 있었다. 4월에 그는 모피 무역을 힘차게 규탄하는 글의 초안을 썼다. "지구 표면의 넓은 면적을 통제하고 독점에서 이익을 누리는 유명 회사들의 한심한 사업이다." 멋진 모자를 만들고 법복을 사치스럽게 장식하기 위해 작은 동물들을 사냥하고 "**영어권** 미 대륙 구석구석을 흐르는 하천 기슭에 붉은 사체를 내버린다". 타하타완과 폴리스, 메인의 숲과 콩코드의 개간지, 거북 등껍질과 동물 가죽 무역까지, "우리가 혼란과 타락을 묵인하며 살아가는 한 우리의 옷자락을 깨끗이 유지하기란 거의 불가능하다". 그뿐인가. "우리가 사용하는 설탕과 목화조차도 노예에게서 훔쳐 온 것이다." 땅에서 한 줌 흙을 쥐었을 때 소로는 그 흙에 인디언이 지핀 모닥불에서 남은 숯이 섞여 있어 잿빛이 도는 것을 발견했다. "우리는 말 그대로 한 민족의 화로를 갈아엎고 그 잿더미 위에 작물을 심고 있다."[91] 소로는 고뇌했다. 그 자신을 포함하여 그가 아는 어떤 사람도 결백하지 않았다. 노예제라는 악, 인디언의 파멸, 동물 신체의 국제적 유통, 자연의 타락, 오랜 공유지의 사유화 등 이 시대의 국제경제와 연결된 가닥들이 그와 주변의 모든 사람을 파괴의 거미줄로 옭아매 인간성을 박탈하고 있었다. 22년 전 그의 주머니에 뿌리를 내린 타하타완의 화살촉이 가장 불길한 방향으로 열매를 맺고 있었다.

소로는 어떻게 글 쓸 시간을 냈을까? 아버지의 죽음으로 이제 그는 집안의 가장이 되어야 했다. 무일푼이었던 사람이 한순간에 5,500달러의 수익을 올리는 사람, 어머니를 비롯해 두 이모 루이자와 소피아 던바 그리고 여동생 소피아의 법적 보호자가 된 것이다. 가족의 흑연 사업도 운영해야 했다. 청구서를 발송하고 지불이 지연된 대금을 독촉하고 직원과 도급업자에게 보수를 지급하고, 끊임없이 밀려오는 각종 주문, 문의, 청구서를 처리해야 했다. 소로는 이 모든 일을 재빨리 처리하고 『야생 열매』의 초고를 휘갈겨 썼다. 또한 『사업가를 위한 법 안내서』*The Business Man's Assistant and Legal Guide*를 구입해 공부하고, 생산공정을 개선하는 일도 게을리하지 않았다. 비서인 워런 마일스가 새로운 방법을 제안하자 소로는 액턴에 있는 숲을 헤치고 다니며 적당한 맷돌을 찾았다. 마일스는 지금 사용하는 쇠구슬보다 돌이 더 낫다고 생각했다. 소로는 괜찮은 맷돌을 찾아 사용해 보고는 마일스의 생각에 동의했다.[92]

일은 불어났다. 5월에는 에머슨을 도와 그의 형제 벌클리의 장례식을 준비했다. 8월에는 9월에 있을 매사추세츠주 민병대 소집에 대비해 옐로 하우스를 정돈했다. 그때가 되면 6,000명의 군인과 비전투 종군자, 부랑자, 소매치기가 온 동네 하숙집에 들어차고 메인 거리를 가득 메울 게 분명했다. 정문에 달 자물쇠를 사서 돌아오는 길에 소로는 주지사 또한 방문한다는 소식을 들었다. 소로가 빈정댔다. "그럼 뒷문에 달 자물쇠도 사야겠군."[93] 10월에는 송사에 휘말린 마리아 고모를 위해 법원에 출두해 증언했다. 한 이웃이 마리아의 앞마당 통행권을 주장하면서 그녀의 울타리를 헐어버리고, 정문과 앞창이 있는 곳에서 불과 18인치 떨어진 곳에 "앙심에 찬 울타리"를 세운 것이다(마리아가 승소했다).[94] 소로는 그해가 다 가도록 압박감과 불안에 시달렸다. 그해 가을, 길고 훌륭한 철학적 편지가 목말랐던 소로는 블레이크에게, 글을 쓰기에는 자신이 "너무 사업가" 같으며, "지루한" 가족 문제에 둘러싸여 있다고 토로했다. 그는 일기에 "신경 써야 하는 일이 너무 많아 최근에는 늘 조급한 마음이 든다"라고 초조감을 드러냈다. 그가 보기에 이 문제는 치명적이었다. 예술 활동을 하려면 시간이 멈춰 있어야 했다. "예술가는 급해선 안 된다." 그는 급하게 휘갈겨 썼다.[95]

가족 문제 외에 다른 일도 불어났다. 1859년 3월 28일에는 하버드대 총장이 소로를 하버드자연사시험위원회Harvard Committee for Examination in

Natural History 위원으로 지명했다. 선별된 뉴잉글랜드 박물학자로 구성된 이 위원회는 매년 7월 중순에 모여, 아사 그레이 아래에서 식물학을 연구하는 하버드대 2학년생들의 기말고사를 지도했다. 소로는 이제 과학계의 공식 일원이었다.[96] 4월에는 자신만의 응용식물학 실습을 진행했다. 이틀하고 한나절에 걸쳐, 두 사내와 말과 수레의 도움을 받아 양지바른 목초지에서 신중하게 선별한 400그루의 어린 소나무를 뿌리 밑동까지 파낸 뒤 이를 한때 자신의 집이 서 있던 2에이커의 부지에 직접 옮겨 심은 것이다. 그리고 일주일 뒤 다시 돌아와 수령이 2년 된 영국 낙엽송 100그루를 마저 심었다.[97] 그가 심은 어린나무들은 사람들에게 가로수 주랑을 제공하는 멋진 숲이 되었고, 20세기까지 온전히 푸른빛을 유지하며 그를 기리는 일종의 기념관이 되었다.

소로는 강연도 게을리하지 않았다. 1859년 1월에는 「가을의 빛깔」이 거의 완성되었다. 2월 22일 그는 비탄에 빠진 가족에게서 오랫동안 벗어나 우스터 사람들 앞에 서서, 칠판에 크고 멋진 주홍색 참나무 잎을 삽화처럼 붙여 놓고 그 원고를 읽었다. 청중의 첫 반응은 실망스러웠지만—어떤 이는 고마워하면서도, 낙엽이야 자신도 많이 봤다고 말했다—히긴슨은 한 친구에게 그 시기 "최고의 강연 중 하나"를 놓쳤다고 말했다. 캐럴라인 힐리 돌은 소로는 그렇지 않지만 강연은 매력적이라고 생각했다. 돌이 받은 인상은 그해 12월 그녀가 콩코드 라이시움에서 〈유명 여성들의 삶〉Lives of Noted Women이라는 강연을 할 때 수정되었다. 여성이 문학 강연을 하는 것은 새로운 일이었고, 에머슨은 소로가 그런 강연에 참석할 리가 없다며 웃었다. 소로는 여성이 문학에 대해 할 말이 있을 거라고는 생각지 않는 친구다. 하지만 돌은 강연을 시작하고 얼마 되지 않아 녹색 재킷 차림의 노동자 한 사람이 강연장에 들어와 뒤쪽의 문 옆에 놓인 의자에 앉는 것을 보았다. 강연을 하는 동안 그는 "조금씩 가깝게 앞으로 옮겨 앉더니" 결국 그녀의 시야에서 사라졌다. 물론 그 노동자는 소로였다. "하지만 이 여성 강사는 무슨 말을 해야 할지 잘 알더군요!" 소로는 에머슨의 놀림에 이렇게 답했고, 돌에게는 자신의 집에 하루 더 머무르기를 청했다. 몇 년 뒤 그녀는, 소로의 집에 초대받았던 그날 "매력적인 대화가 흘러넘쳤다"라고 썼다. 소로를 향한 그녀의 찬사는 마치 에밀리 디킨슨의 시처럼 들린다. "그의 혀는 다마스커스의 검과 같아서 일반적 용도에는 적합하지 않지만, 그저 대상을 찢기만 하는 대부분의 무기와 달리, 단칼에 물질을 새로운 형태로 만들거나 잘라 버린다."[98]

우스터에서 블레이크와 함께 하룻밤 머무른 뒤 소로는 지난번과 똑같은 청중 앞에서 「앨러개시와 동쪽 지류」를 읽었다. 어느덧 소로의 새로운 작품이 청중을 찾아가는 중이었다. 일주일이 지난 3월 2일에는 콩코드 라이시움에서 「가을의 빛깔」을 재차 선보였고, "끊이지 않는 자연스러운 폭소"와 박수 소리를 들었다. 청중의 에너지에 기운을 얻은 소로는 다음 날 이렇게 적었다. "강연자는 청중이 가장 열심히 듣는 부분을 가장 열심히 읽게 마련이다."[99] 일주일 뒤 소로는 에머슨의 집에서 에머슨과 그의 젊은 친구들을 상대로 같은 글을 낭독했다. 언제나처럼 최고의 청중은 올컷이었다. "나뭇잎 하나가 우주가 되고 창세기가 되고 보존된 천국이 되는구나", 올컷이 경탄했다. 4월 26일 소로는 그해 시즌의 마지막 강연으로, 린에서 한 번 더 「가을의 빛깔」을 이야기했다. 기존 강연자가 강연을 취소하자 그가 급히 대타로 나선 것이었다. 지역신문은 청중이 그의 강연을 "진지하게" 들었다고 보도했다. 소로는 1860년 12월 죽음을 앞두고서 이 생명의 찬가를 마지막으로 낭독했다. 그것이 그의 마지막 강연이었다.[100]

소로는 책임져야 할 일이 늘었지만 그렇다고 측량 일을 마다하지는 않았다. 소로는 1859년의 대부분을 들판에서 보냈고, 들판에서 보낸 시간보다 더 많은 시간을 책상에 앉아 진이 빠지도록 정확히 도면을 그렸다. "내가 할 수 있는 가장 힘든 일이지." 그해 8월 소로가 대처에게 편지했다. "그 일을 할 때는 매일 낮에 무스헤드에 나가고 매일 밤 야영을 해야 한다네." 가족을 부양하는 또 다른 몽상가 블레이크에게 보낸 편지에서는, 저절로 돌아가지 않는 세계를 움직이려면 꾸준히 기름칠하고 자극을 가해야만 한다는 사실을 유감스럽게 생각했다. "간단히 말해, 두 농장을 동시에 운영해야 한다네. 지상의 농장과 머릿속의 농장을 말이야." 가족을 부양하고 형편을 유지하는 일은 머릿속 아이를 부양하는 일에 비하면 간단하다. 반면 독창적 사고의 힘을 유지하기 위해서는 다른 방법이 없다. "사고의 불을 꺼뜨리지 말아야 하네. 그 불만 지키면 모든 일이 잘될 테니."[101]

딱 한 번, 측량 업무를 할 때 "두 농장"이 하나로 겹친 적이 있었다. 1846년 1월 월든 호수의 수심을 측정했을 때였다. 1859년 여름 그는 다시 한번 두 농장을 하나로 만들었다. 콩코드농부클럽에 속한 친구들이 소로가 맡아본 것 가운데 가장 큰 일을 의뢰했다. 그들은 이스트 서드베리에서 빌레리카 밀스Billerica Mills 댐까지 총 22마일이 넘는 콩코드강을 측량해 달라고 요청했다. 이 일에 콩코드의 미래가 걸려 있었다. 콩코드강의 푸른 목초지는 몇 세대에 걸쳐 지역 농업의 중심이었다. 봄에는 강이 범람해 땅을 비옥하게 만들고, 여름이면 목초지가 풍성한 풀밭으로 변해 최상품 영국 건초를 뜯던 소들도 이곳의 건초가 내는 특유의 바스락 소리만 들어도 고개를 돌릴 만큼 질 좋은 건초를 만들어 냈다. 그리고 다시 그 소들이 만든 거름이 경작지를 비옥하게 해서, 나무가 많은 고지대는 장작과 목재를 구하기 좋은 숲으로 남을 수 있었다. 이 우아하고 지속 가능한 경제 덕분에 콩코드 유역은 두 세기 동안 푸르게 유지되었다.

하지만 뭔가 잘못되고 있었다. 강이 범람하는 봄이지만 수면이 지나치게 높아졌고 가을에도 범람이 반복됐다. 소중한 초원 수천 에이커가 고인 채 흐르지 않는 늪으로 변해 악취를 풍기고 초목을 부패시켰다. 농부들의 탄원서에 적혀 있듯 "어딜 가나 똑같이 사해"가 된 것이다. 그들이 보기에 재난의 원인은 명백했다. 빌레리카에 댐을 건설해 로웰 방직공장에 동력을 공급하는 미들섹스운하회사Middlesex Canal Company 때문이었다. 최근 이 회사는 3피트짜리 상승관을 새로 설치해 이미 심각한 문제를 더욱 악화시켰다. 댐 인근의 농부들은 참을 수가 없었다. 1859년 봄, 농부들은 강목초지 협회River Meadow Association를 설립하고 소송을 준비했다. 콩코드에서 소로와 아주 가깝게 지내는 친구들이 대부분이었다. 워런 마일스, 사이먼 브라운, 제이콥 파머, 샘 스테이플스, 앨버트 스테이시, 프랭클린 샌번, 마이넛 프랫, 에드먼드 호스머까지 모두가 마을의 행정위원들이었다.[102] 그들에겐 전문성을 갖춘 증인이 필요했다. 강을 친숙하게 잘 아는 사람, 변화를 목격하고 기록한 사람, 이 일에 무엇이 걸려 있는지 아는 사람, 그리고 지도를 그릴 수 있는 사람. 그들은 헨리 소로에게 도움을 청했다.

1859년 6월 4일 사이먼 브라운과 다른 세 사람이 소로에게 웨이랜드에서 빌레리카 밀스 댐까지 중간에 놓인 모든 다리의 조사와 평가를 의뢰했다. 곧 소로는 열성적으로 일에 뛰어들었고, 뉴베드퍼드《머큐리》사에서 사직한 채닝도 종종 그를 도왔다. 소로는 작은 배를 타고 한 곳도 빠짐없이 모든 다리를 조사하고 평가했다. 마을 기록을 뒤져 과거의 기록을 살펴보고, 지역 정보원들을 취재하고, 그들과 서신을 주고받았다. 6월 24일에는 콩코드 카운티의 의뢰로 강바닥 전체를 측량했다. 소로는 배를 저어 22마일에 이르는 강을 구석구석 답사하며 수심과 강폭을 측정하고, 모래톱과 수심이 얕은 곳과 잠재적 방해물의 위치를 기록하고, 강의 모든 곡류를 정리하고, 초목을 기록하고, 범람 지역을 표시하는 등 온갖 기록과 측정 결과로 종이 더미를 빼곡히 쌓아 나갔다. 에머슨은 어안이 벙벙했다. "헨리 T.는 강의 역사에 몰두하고 있습니다." 그가 엘리자베스 호어에게 말했다. "강을 측정하고 무게를 달고 여과기로 거르고 있지요. 언제까지나 말입니다."[103]

일을 진행할수록 강이 거대한 인간-자연 체계라는 사실을 말해 주는 자료는 높이 쌓여 갔다. 소로는 수면의 높이를 통해 그날이 무슨 요일인지 구별할 수 있었다. 상류의 제분소 노동자들이 아침에 출근하고, 밤에 퇴근하고, 안식일을 지키는 데 따라 수면이 오르락내리락했다. 소로는 자를 들고 수심을 측정하던 중 왜가리가 다리로 수심을 재는 모습을 보았다. 그는 침식 패턴과 물의 흐름, 모래의 점진적 퇴적, 녹아내리는 얼음덩어리에 따라 모래톱이 느리게 이동하고 강안江岸과 강바닥이 갑자기 변하는 과정을 그려 보았다. 또한 돌로 축조한 다리에서 인간의 역사를 읽어 내고, 강이 스스로 꿈틀거리며 곡류曲流를 만들어 내는 과정과 버드나무와 골풀이 가장 마음에 드는 자리를 찾아내는 방법도 연구했다. 소로는 커다란 도표를 만들어 모든 다리를 포함하고, 작업복 만드는 무거운 천을 여러 장 풀로 이어 붙여 7피트에 달하는 두루마리를 만든 뒤 1834년에 제작된 강의 지도를 확대해 그 위에 붙였다. 그리고 여기에 기초해 자신이 발견한 모든 내용을 기록해 두었다. 그 가운데 빌레리카 밀스 댐의 수면 상승 폭 측정 결과는 새로 설치한 수심 조절용 판자가 수면을 3피트가량 높여 강의 흐름을 막고 있다는 것을 보여 주었다. 그의 측정대로라면 22마일 길이의 강은 4피트 이상 수면이 낮아져, 빙하기에 그랬던 것처럼 하나의 거대한 내륙호가 되는 것을 간신히 모면하는 수준이었다.[104]

1860년 1월에 소송은 재판으로 이어졌다. 한 농부는 콩코드강이 "양쪽 끝이 댐으로 막히고, 가운데는 저주받았다"라고 증언했다.[105] 매사추세츠 의회는 이에 동의하고 댐 철거와 피해 보상을 명령했다. 이듬해에 주 위원회는 인력과 1만 달러의 예산을 투입해 소로의 작업을 되풀이했다. 그들은 소로가 만든 것과 상당히 유사하면서도 훨씬 더 세부적인 지도를 만들었고, 방대한 보고서를 통해 현상의 원인이 댐만은 아니라고 결론지었다. 결국 콩코드강을 복원하려면 엄청난 규모의 복원 프로젝트가 필요했다. 1862년 의회는 이전의 결정을 번복했다. 뭔가를 하기에는 이미 너무 늦어서였다. 농부들은 패소했다. 점점 더 심해지고 있는 강의 범람은 이제 엄연한 삶의 일부였다. 소로가 건초 수확을 바라보며 여름이 오고 가는 것을 가늠하던 대초원은 현재 부들에 둘러싸인 채 제방이 그 한가운데를 가로지르는 거대한 호수가 되어 물새들이 찾는 야생동물 보호 구역으로 지정되어 있다. 이제 소로는 강 주변의 언덕을 통해 위치를 찾고 나서야 자신이 어디 있는지 알 수 있었다. 언덕의 숲을 깨끗이 베어 내고 늪과 습지의 물을 제거해 경작지로 만든 농부들의 대처가 강의 목초지를 파괴하는 데 일조했다는 사실을 당시에는 누구도 알지 못했다. 헐벗은 언덕은 빗물을 가둬 놓을 수 없었고, 그 물을 받아 낼 습지마저 없었기 때문에 빗물은 그대로 강으로 흘러들었다. 강이 자주 범람하자 초원은 파괴되었고, 농부들은 그만큼 고지대의 나무를 베어 내 빈터에 영국 건초를 심거나 습지의 물을 빼 경작지로 만들었다. 소로의 짧은 생애 동안 이 악순환이 콩코드의 지형을 다시 그리고 있었다.[106]

10월 14일에 강을 측량하는 작업이 거의 마무리되자 소로는 오후 시간을 이용해 소나무와 낙엽송을 심은 장소를 찾았다. 시든 가을의 풀밭에서 작은 나무들이 견고한 초록빛을 뽐내며 열을 이루고 서서 멋진 미래를 보여 주었다. 다음 날 그는 언덕에 올라 대초원을 내려다봤다. 멀리 붉은 깃발을 흔드는 듯한 숲을 태양이 밝히는 모습을 보니 오래전 생각이 다시 떠올랐다. "도시마다 500에이커에서 1,000에이커 면적의 공원, 더 나아가 원시림을 보존해야 한다. 어떤 나뭇가지도 땔감으로 쓰기 위해 잘라 낼 수 없고, 교육과 여가를 위해서만 쓸 영원한 공유재산을 (…) 월든을 중심으로 한 월든 숲 전체를 우리의 영원한 공원으로 보존할 수도 있다." 그는 『야생 열매』를 통해 이 생각을 발전시켜 제안했다. 모든 마을은 "마을의 아름다움이 조금도 손상되지 않도록 살피는 위원회"를 만들어 강과 숲, 언덕과 절벽을 "달러와 센트"보다 고귀한 곳에 사용할 수 있도록 보존해야 한다. 마을의 입안자들은 "강을 영원히 공유재산으로 이용할 수 있도록" 강기슭을 개인에게 할당하지 말고 공공 산책로 겸 공원으로 개방해야 한다.[107]

메인 숲에 관한 한 소로는 아무런 영향력도 갖고 있지 않았다. 하지만 콩코드에서는 그의 목소리에 무게감이 실렸다. 1862년 3월 6일 그의 친구이자 인쇄업자, 서적 판매상, 임시 우체국장이기도 했던 앨버트 스테이시가 소로의 제안을 들고 콩코드농부클럽 앞에 섰다. "왜 모든 마을이 공공 기금을 지원받아 50에이커에서 100에이커* 면적의 공공 공원을 만들지 않는단 말입니까. (…) 콩코드에 언덕과 골짜기와 호수로 이루어진 100에이커 넓이의 공원이 산책로와 도로 사이에 아름답게 놓여 있다고 생각해 봅시다. 온갖 나무와 관목이 어우러진 완벽한 수목원이 이 부근에서 자라나는 것입니다. (…) 그러면 모든 주민의 휴양지가 되어 주지 않을까요. 모두에게 소리 없이 영향을 미쳐, 우리도 더 친근하고 온화한 사람이 되지 않을까요. 혼자서는 발현할 수 없는 인간의 온갖 좋은 특성을 끌어내 주지 않을까요?"[108] 소로의 말이 사람들에게 닿고 있었다. 콩코드농부클럽에 속한 그의 친구들은 소로의 생각을 실천으로 옮겼고, 곧 그의 말은 콩코드 너머까지 도달해 미국 전역에 "영원한 공유재산"으로 보존되는 공공 공원을 탄생시키고, 그렇게 해서 공유지가 잔존할 수 있었다.

"단연 초월주의자"
: 소로와 존 브라운

1854년의 혼란 이후로 소로는 자신이 속한 세계가 〈매사추세츠의 노예제〉에서 비난했던 "지옥"으로 점점 더 깊이 미끄러져 들어가는 것을 목격했다. 1856년 5월 19일에 소로의 친구인 찰스 섬너 상원의원이 상원에서 연설을 했다. 섬너는 노예제를 지지하는 폭도들이 캔자스주 정부의 통제권을 무력으로 탈취할 때 남부가 지원해 준 것을 통렬히 비난했다. 이틀 뒤 노예제를 지지하는 수백 명의 민병대가 뉴잉글랜드 이주자들이 200년 전에 세운 캔자스주의 자유주 마을 로렌스를 공격했다. 침략자들은 마을을 약탈하고 노획하고 불태우고, 마을의 남성 대부분을 살해했다. 살해당한 성인 남성과 남자아이가 200명에 이르렀다. 다음 날 섬너는 상원 의원석에 앉아 글을 쓰

* 소로는 '도시town마다 500~1,000에이커'라고 썼고, 스테이시는 '마을village마다 50~100에이커'라고 말하고 있다.

고 있다가 사우스캐롤라이나주의 하원의원 프레스턴 브룩스의 공격을 받았다. 브룩스는 머리 부분이 금으로 장식된 묵직한 지팡이로 섬너를 가격했다. 섬너가 피범벅이 되어 의식을 잃고 쓰러진 뒤에도 브룩스는 공격을 멈추지 않았고, 그동안 같은 사우스캐롤라이나주의 하원의원 로렌스 케이트가 공포에 질린 구경꾼들이 다가오지 못하도록 권총을 들고 그들을 막아섰다. 결국 지팡이가 부러지자 브룩스는 지팡이를 내던지고 유유히 걸어 나갔다. 이 행동으로 그는 300달러의 벌금을 물었을 뿐 수감조차 되지 않고 징계도 받지 않았다.

섬너는 살아남았지만 뇌 손상에서 회복하기까지 3년이 걸렸다. 캔자스에서 벌어지고 있는 대리전이 미국 권력의 중심부까지 번진 것이다. 사우스캐롤라이나 사람들이 사람을 죽일 듯 지팡이를 휘두르며 흡족해하는 동안, 에머슨은 집회에 모인 마을 사람들에게 "우리는 노예제를 폐지하든지 자유를 폐지하든지 해야 한다"라고 말하고 있었다.[109] 불과 이틀 전, 1856년 5월 24일에서 25일로 넘어가던 밤에 캔자스주와 맞닿은 전선에서 어느 양치기 겸 측량사가 노예제를 가장 지지하는 다섯 사람을 각자의 오두막에서 한 명씩 차례로 끌고 나와 포타와토미 크릭에서 살해했다. 그는 이제 수배자였고, 이름은 존 브라운이었다.

7개월이 지난 1857년 1월 초에 존 브라운이 매사추세츠주 보스턴에 있는 캔자스주위원회State Kansas Committee의 어둑한 사무실에 나타났다. 소로의 친구이자 이웃이면서 콩코드의 교사이기도 한 프랭클린 샌번이 이 위원회의 간사로 일하고 있었다. 샌번은 콩코드에서 오랫동안 활동해온 반노예제 활동가들에게 신선한 급진주의를 주입한 사람으로, 콩코드의 온건주의자들도 캔자스에서 벌어진 만행을 보고 그의 편에 서기 시작했다. 대표적 예로, 1856년 6월에 그가 캔자스 해방을 위해 모금 행사를 열었을 때 교도관 샘 스테이플스와 카운티 보안관 존 S. 키스가 행사를 지지했다. 또한 7월 4일에 샌번이 미주리 경계선을 침입한 이들이 매사추세츠 주민들을 억류하고 감금한 사건을 조사해 달라고 주지사에게 요청하는 탄원서를 들고 콩코드 곳곳을 방문했을 때, 탄원서에 가장 먼저 이름을 올린 사람은 화려한 존 핸콕식 서체로 서명한 주지사대리 사이먼 브라운이었고 에머슨과 헨리 소로, 존 소로, 존 S. 키스, 앨버트 스테이시가 그 뒤를 따랐다.[110] 그러니 존 브라운이 사무실에 찾아와, 현재 북동부를 일주하며 캔자스 해방군을 위한 기금을 마련하고 있다는 이야기를 꺼냈을 때 샌번은 고개를 끄덕일 준비가 되어 있었다. 샌번은 브라운에게 콩코드에 기꺼이 돈을 낼 사람들이 있다고, 꼭 그곳에 가서 이야기해 보라고 말했다.

브라운은 1857년 3월에 콩코드에 도착했다. 그는 여전히 채닝의 집에서 살고 있는 샌번과 함께 지냈다. 정오에 두 사람은 길을 건너 소로의 집에서 식사했다. 헨리는 브라운에게 매료되었다. 샌번이 학교로 출근한 후 소로와 브라운은 거실에 앉아 캔자스주에 관해 대화를 나눴다. 에머슨이 잠깐 얼굴을 비쳤을 때 소로는 두 사람을 서로에게 소개했다. 에머슨 역시 브라운이 마음에 들어 그를 초대하고 그날 밤 자신의 집에서 머물게 했다. 에머슨의 자녀들은 브라운이 "평화로운" 것들만 말해 주었다고 기억했다. 양의 얼굴은 저마다 고유해서 500마리를 모아 놓아도 브라운 자신은 얼굴을 구별할 수 있다는 등의 이야기였다.[111] 하지만 마을 모임에 참석한 브라운은 전혀 평화롭지 않았다. 그는 미주리주에서 악한들이 벌인 범죄와 캔자스주의 노예제 지지 세력 그리고 노예제를 묵인한 국가가 참회해야 할 일들에 대해 이야기했다. 또한 성경이나 독립선언서의 말들을 모독하느니 한 세대가 사라지는 편이 낫다고 말했고, 자신은 폭력을 혐오하지만 신의 뜻에 따라서 폭력을 행하기로 맹세했다고 주장했다. 마지막에는 미주리깡패단Missouri Ruffians과 캔자스 노예제 지지 세력이 존 브라운의 아들 존을 묶을 때 사용한 무거운 쇠사슬, 바지 밑으로 오른쪽 다리에 찬 칼집과 블랙잭 전투Battle of Black Jack에서 습득한 수렵용 칼을 사람들에게 보여 주었다. 브라운은 이렇게 모은 기금으로 창槍을 주문할 때 그 칼처럼 만들어 달라고 요청

했다.[112]

브라운은 콩코드 주민의 마음을 사로잡았지만 막상 모금액은 많지 않았다. 에머슨은 브라운이 "자신의 이야기를 잘 전했다"라고 여기고 50달러를 약속했다. 존 소로 시니어는 10달러를 기부했다. 브라운이 기금으로 무엇을 할지가 미심쩍었던 소로는 "푼돈"을 내놨다.[113] 이듬해 봄, 브라운은 원했던 액수를 채우지 못한 채 캔자스로 돌아갔다. 하지만 그는 아주 큰 보상을 해줄 결정적 인맥을 만들었다. 이 연락망을 통해 이후 계속해서 브라운의 군대에 자금을 마련해 줄 "비밀의 6인"Secret Six이 결성된 것이다. 소로는 그들을 모두 알고 지냈고 그중 몇몇은 가까운 친구였다. 그 6인은 프랭클린 샌번, T. W. 히긴슨, 시어도어 파커, 조지 루터 스턴스, 게릿 스미스, 새뮤얼 그리들리 하우였다. 또한 브라운의 진정한 비밀 지지자 가운데 두 사람인 루이스 헤이든과 프레더릭 더글러스도 소로는 알았으며, 1859년 5월과 6월 콩코드에 머물렀던 세 번째 지지자 해리엇 터브먼을 알았을 가능성도 높았다.[114]

증가하는 학살 사건, 노골적인 폭력, 노예 상태에 있는 수백만 미국인에게 헤아릴 수 없이 자주 가해지는 야만적 처우—바로 그들의 정부에 의한—속에서 소로와 그의 무리는 영웅을 갈망했다. 불행은 멈추지 않았다. 1857년 3월 6일 브라운이 콩코드를 방문하기 전날 밤 미국 연방 대법원은 악명 높은 드레드 스콧Dred Scott 판결을 언도했다. 노예는 사유재산이며 따라서 개인으로서의 권리 같은 것은 가질 수 없기 때문에, 자유 신분이든 노예 신분이든 모든 흑인은 시민은커녕 사실상 사람조차 아니라고 선언한 것이다. 노예제를 규제하는 것은 사유재산을 통제하거나 규제하지 않는 미국 정부의 권한 밖에 있다는 뜻이었다. 이 판결로 분쟁 지역인 캔자스와 네브래스카에서 노예 권력slave power* 으로부터 보호받을 수 있는 모든 조치가 즉

* 남북전쟁 전에 노예 소유주들이 연방 정부에 대해 갖고 있던 권력.

각 휴지 조각이 되었다.

이 판결로 인해 서부 지역 전체가 공포에 휩싸였고 "피 흘리는 캔자스"Bleeding Kansas에서 동부와 서부를 잇는 철로가 파괴되었으며 급기야 1857년 경제공황이 발생했다. 온 나라가 다시 한번 극과 극으로 갈라섰다. 도망노예법, 피 흘리는 캔자스, 1856년 대통령 선거가 극명한 증거였다. 선거 결과 자유토지free-soil* 출신의 존 C. 프리몬트가 북부의 모든 주에서 승리했지만 노예제 지지자인 제임스 뷰캐넌이 남부의 모든 주를 차지해 결국 남부가 미국 전체를 통제하는 상황이 되고 말았다. 전쟁은 이미 발발했다고, 소로는 콜몬들리에게 써 보냈다. 콩코드는 프리몬트를 광적으로 지지했지만, 소로는 프리몬트에게서 가능성을 발견하지 못했다. 캔자스에서는 자유인들이 영웅으로 변신하고 있었지만, 북부 사람들은 벌벌 떨고 있었다. 소로는 영국인 친구에게 고백했다. "나는 그저 나라도 현 상황에 대처할 능력을 더 많이 갖췄으면 하는 마음뿐이라네." 6개월이 지난 1857년 4월에 그는 친구 대니얼 포스터 목사가 가족과 사랑스러운 와추세트 농장을 버리고 캔자스로 건너가 브라운의 세력에 합류하는 것을 지켜보았다.[115]

1858년 차기 대통령 뷰캐넌이 캔자스주를 노예주로 연방에 편입시키려는 계획을 밀어붙이면서 지옥의 올가미는 더 단단하게 조여들었다. 캔자스에서 패주한 존 브라운은 새로운 전투 계획과 함께 동부로 돌아왔다. 어떻게든 전쟁을 국가의 심장부, "노예주의 여왕 버지니아주"로 끌고 올 심산이었다. 1859년 1월 10일 아버지가 병상에 누워 있을 때 소로는 에머슨과 함께 브라운의 '비밀의 6인' 가운데 한 명인 조지 루터 스턴스를 만났다. 냉정하고 부유한 보스턴의 사업가로 노예제의 종말을 두 눈으로 보기 위해 자신이 가진 모든 것을 바치기로 맹세한 사람이었다. 살을 에는 듯 추운 겨울날 월든 호수에서 스케이트를 타는 동안 스턴스는 소로에게 브라운이 신

* 노예 사용을 허용하지 않는 지역.

뢰할 수 있는 영웅이라며 설득했다.[116] 3월에는 점잖은 퀘이커 교도인 대니얼 리케슨조차 소로에게 편지를 보내 "폭정에 맞서기 위해 '신과 자연이 허락하는' 모든 수단을 활용할 필요가 있는" "위기가 다가오는 것 같다"라고 토로했다. 5월에 콩코드로 돌아온 존 브라운이 5월 8일 마을 공회당에서 두 번째로 연설을 했다. 비폭력 저항의 신봉자인 올컷도 깊이 감동했다. 각진 어깨와 강철 같은 눈을 가져 강렬한 인상을 풍기는 그 남자는 전신에 힘이 가득 차 있는 듯했고 사도처럼 보이는 길고 풍성한 수염이 우아함을 더해주었다. "에머슨, 소로, 호어 판사, 내 아내까지 우리 마을에서 가장 훌륭한 사람들이 그의 말을 경청했고, 일부는 세부 사항을 묻지도 않고 그의 계획을 지원하고자 뭔가를 기부했다. 그는 자신의 진실성과 능력만으로 그 같은 확신을 이끌어 냈다."[117] 그들은 자신들의 영웅을 발견했다.

1859년 10월 9일 소로는 다시 한번 북부를 "술 취한 졸음"에서 깨우고자 했다.[118] 앞서 〈가을의 빛깔〉 강연이 마음에 들었던 샌번은 제28보스턴회중협회Twenty-Eighth Congregational Society를 조직한 시어도어 파커에게 그 강연을 추천했다. 회중협회는 독립 교회로서 일요일마다 파커의 설교를 듣기 위해 2,000명 혹은 그 이상이 그들을 수용할 수 있는 유일한 곳인 보스턴음악의전당Boston Music Hall에 모여 예배를 드렸다. 근래에는 파커가 과로로 갑자기 건강이 나빠져 기력을 회복하고자 이탈리아로 요양을 떠난 상태였다. 교회 지도자들은 대체할 사람을 물색하고 있었다. 소로는 강연 제안을 받아들이면서, 다만 〈가을의 빛깔〉이 아니라 〈무슨 이득이 있겠는가?〉를 보다 쉽게 고친 〈낭비된 삶〉Life Misspent을 낭독하겠다고 알렸다. 청중으로부터 몇 번이고 거부당한 강연이었다. 하지만 파커가 이끄는 자유주의적 신도들은 존중과 호의를 보이며 그 강연을 경청했다. 에머슨은 소로가 성공적으로 강연을 마쳤다는 소식에 안도하고 기뻐했다. 그 평자는 "독창적이고 활기차고 괴상한" 연설이었다고 말했다. 다른 이는 "좋은 목소리와 기민하고 효과적인 웅변을 통해" 잘 전달되었다고 말했다. 비록 세 번째 평자는 청중이 소로의 "광신"에 찬동하는 모습이 역겨웠다고 했지만.[119] 소로의 강연 솜씨는 절정에 달해 있었다. 자신의 견해는 물론이고 그 견해를 전달하는 능력에도 확신이 있었다. 좋은 일이었다. 다음에 닥친 일은 그가 가진 모든 것을 요구했으니까.

존 브라운이 하퍼스 페리에서 연방 정부의 무기고를 습격하다 실패했다는 소식이 소로에게 전해진 것은 1859년 10월 19일, 그가 올컷과 함께 에머슨의 집을 방문했을 때였다. 브라운의 수감 소식을 들은 소로의 반응은 즉각적이고 본능적이고 극심했다. "우리의 정부가 (특히 오늘날) 노예제를 유지하고 노예의 해방자를 살해할 때처럼 정부가 부정의한 편에서 자신의 힘을 발휘할 때 그 힘은 얼마나 잔혹하게 느껴지는가! 아니, 잔혹한 것 이상이다. 악마적인 힘이다!" 폭정이 횡행했다. 비단 정부만 그런 것이 아니라 브라운을 비난하는 이웃들의 심장과 머릿속도 마찬가지였다. "그가 폭력에 의지하고 정부에 저항하고 자기 목숨을 내던졌다고 해서 그를 비난하다니! 과연 그들은 자기 목숨을 어디에 바쳐나 봤을까? 한 번이라도?" 바로 그 이웃들 역시 폭력 행위를 통해 이른바 평화를 유지하고 있었다. 경찰의 곤봉과 수갑, 감옥과 교수대까지, 모두 국가의 승인 아래서.[120]

그러나 브라운은 하늘을 갈라 쳐서 또 다른 질서, 즉 국가 자체의 범죄를 판결하는 초월적이고 더 높은 차원의 법칙을 보여 주었다. "여기 낮은 곳에서 폭정에 저항하는 대역죄는 그 자체로 고유한 기원이 있으며, 최초에 거기서 발생했다. 바로, 본래 인간을 만들고 영원히 재창조하는 힘이다." 소로는 남들이 아직 보지 못하는 것을 한눈에 이해했다. 브라운은 광인도 아니고 단순한 범죄자도 아니었다. 그는 소로 자신보다도 훨씬 이상한 존재이자 비범한 존재, 즉 국가가 자신의 국민을 노예로 삼고 야만적으로 대할 수 있는 권리를 덕목으로 내세우며 저 자신을 자유롭고 신성하다고 선언하는 논리에 균열을 내는 존재였다. 브라운이 체포되자 실존의 덫이 드러났다. 미합중국은 과연 자신을 보호하기 위해 브라운을 처형함으로써 그의 폭력에 자신의 폭력성으로 대응할 것인가, 아니면 폭력을 거부하고 그를 사면함으로써 자신의 엄청난 범죄를 자백할 것인가. 브라운을 파멸시키고 자신을 구할 것인가, 아니면 자신을 파멸시키고 정의를 구할 것인가. 어느 쪽이든 폭력을 택한 브라운의 결정은 역사적 균형에 위기를 불러왔음을 소로는 깨달았다. 소로가 곧바로 내다보았듯 브라운은 영원한 삶을 얻게 된다. "폭군이 권좌에 앉아 400만 노예를 속박하고 있다. 여기 그들의 영웅이 온다. 그가 실패한다고 해서 살아 있지 않은 사람이 될까?"[121]

다음 사흘간 소로는 격앙된 상태로 오랜 세월 억눌러 온 분노를 표현할 단어를 찾으며 글을 써 나갔다. 소로는 브라운이 촉발한 희생의 논리와 그 속에 담긴 초월적 성격이 기독교의 기반이 된 그 희생과 동일하다는 사실을 깨달았다. "기독교도인 척하면서 매일 100만 명의 그리스도를 십자가형에 처하는 정부라니!" "1,800년 전 그리스도는 십자가형을 당했다. 어쩌면 오늘 아침에 존 브라운은 교수형을 당했을지 모른다. 둘은 하나로 이어진 긴 사슬의 양 끝이다. 그것을 알게 되어 기쁘다." 브라운의 희생을 통해 새롭게 죄를 씻어 낸 미국을 세울 수 있을까? 정치적으로 중대한 국면이 아슬아슬 균형을 잡으며 그들을 찾아왔지만 미래는 불확실했다. 그 어떤 것도 그 어떤 섭리도 구원을 보장해 주지 않았다. 국가의 운명은 그들 자신의 손에 달려 있었다. "나는 이 사건이 미국 정부의 성격을 명백히 드러낼 시금석이라고 생각한다."[122] 과거와 현재와 미래가 다 함께 붕괴된 채 결정을 기다리는 성스러운 시간이 왔다. 기회의 신 카이로스Kairos가 그들을 찾아왔다. 다음에 무슨 일이 벌어지든, 그것은 진정한 미국을 드러내 보일 터였다. 영원히, 지울 수 없이.

이런 깨달음이 내면 깊숙이 스며들자 소로는 역사적 차원에서 사고를 전개해 나갔다. 그리스도에서 크롬웰, 1776년 독립 그리고 존 브라운으로 이어지는 해방사의 곡선을 그린 뒤 그 안에 하퍼스 페리를 위치시켰다. 그는 신성하고 역사적인 징후를 읽어 내면서 아무런 의미도 없는 그저 사소한 얘기로만 가득한 신문 기사에 목이 멜 정도로 분개했다.[123] 아무도 입을 열지 않으니 그가 발언을 해야 했다. 어떻게든 브라운—"단연 초월주의자"—을 변호해야 했다. 그와 더불어, 선고 소식을 듣고 이틀이 지난 뒤 소로는 자신의 청중을 머릿속에 그려 보았다. 효과적 변론을 위해서는 일대기적으로 생각할 필요가 있었기 때문에 그는 브라운의 행위와 말들을 통해 서사를 구성하여 브라운의 사람됨을 그려 내고자 했다. 그는 2년 전 자신이 브라운을 의심했다는 걸 깨닫고 소스라치게 놀랐다. 더 나쁜 것은, 브라운의 삶에 끼어들었다가는 원치 않아도 상상조차 할 수 없는 일들과 직면하리라고 생각했다는 것이다. "나는 누군가를 죽이거나, 죽고 싶지 않다. 하지만 내가 두 경우를 모두 피할 수 없는 상황이 오리란 것을 예견할 수 있다."[124] 소로는 머리맡에 연필과 종이를 두고 꾸준히 글을 써 나갔다. 10월 30일 일요일에 준비를 마쳤다. 아침이 되자 그는 마을로 걸어가 그날 저녁 존 브라운에 관한 이야기를 하겠다는 소식을 전했다. 이에 대해 가족들 사이에서 의견이 분분했다. 친구들은 침묵을 권했다. 황급히 캐나다로 달아났던 샌번은 기어이 며칠 만에 돌아와 이 상황과 마주했다. 특히 소로에게 침묵을 간청한 사람이 그였다. 소로는 눈 하나 깜짝 않고 대답했다. "나는 조언을 구하기 위해서가 아니라 내가 발언한다는 사실을 알리기 위해 소식을 전한 것이다."[125]

교회는 사람들로 꽉 차 있었다. 그 일은 중대한 사건이 됐고 소로가 붙잡은 순간은 콩코드 너머로 멀리, 아주 멀리 확산되었다. 그날 저녁까지 전국을 통틀어 대중 앞에서 존 브라운을 변호한 사람은 한 사람도 없었다. 소로가 나서서 연설을 하는 동안에도 브라운은 버지니아주 법정에서 반역죄로 재판을 받았고, 모든 신문이 1면에 그를 향한 히스테리를 뱉어 내고 있었다.

이 화약고 같은 분위기에서 혈혈단신 일어나 발언한다는 것은 소로에게 굉장한 정신적 용기가 필요한 일이었다. 마찬가지로 주민들이 한자리에 모여 예의와 존중을 갖추고 소로의 말을 경청하는 것 또한 정신적 용기가 필요한 일이었다. 브라운을 불쌍히 여겨 교회를 찾은 사람은, 설령 있다 하더라도 매우 적었다. 많은 이가 조롱을 기대하며 교회를 찾았다. 그보다 더 많은 이는 브라운을 어떻게 생각해야 할지 몰라 괴롭고 혼란스러운 마음으로 강연장을 찾았다. 소로는 그 모든 사람 앞에서 조용히, "분노를 누르고 담백하게" 「존 브라운 대령을 위한 탄원」Plea for Captain John Brown을 읽었다. 에드워드 에머슨이 보기에는 "마치 자신의 형제를 변호하듯 그는 진심을 다했으며, 연설은 예리하고 용감했다". 마이넛 프랫은 브라운을 향한 소로의 과도한 공감에 우선 놀랐고, 소로가 "불쌍한 노예들에게 품은" 연민이 "그토록 강했다"라는 데 더 크게 놀랐다. 소로의 연설을 다 들은 뒤 프랫은 그것이 "고귀하고 용기 있는 생각으로 가득"하다고 판단했다. 에드워드 에머슨이 간단히 정리한 것처럼 "비웃기 위해 이곳을 찾은 많은 사람이 기도를 하려고 남았다."[126]

다음 날 급하게 전보가 도착했다. "소로 화요일 저녁 형제회 강연 필요—더글러스 불참—서신 발송." 프레더릭 더글러스는 큰 인기를 끌고 있는 "형제회 과정"Fraternity Course의 일환으로 보스턴의 트레몬트 예배당에서 강연을 할 예정이었는데, 시어도어 파커의 신도들이 후원해 화요일 저녁마다 대중을 상대로 열리는 비종교적 강연이었다. 더글러스는 오랫동안 브라운과 협력해 왔지만, 하퍼스 페리 습격에는 가담하지 않았고 습격을 지원하는 일도 거부했다. 하지만 체포된 브라운의 주머니에서 더글러스의 편지가 나왔다. 더글러스를 직접 지목하는 증거였다. 체포 영장이 발부되자 더글러스는 캐나다로 도주했고, 형제회 과정은 강연자를 잃었다. 그러자 에머슨이 주최 측에 대체 강연으로 소로의 「존 브라운 대령을 위한 탄원」을 추천하는 편지를 보냈다. "공화국의 모든 사람"이 소로의 말을 들을 필요가 있다는 것이었다. 에머슨은 소로가 이미 콩코드에서 “상당히 다양한 입장”에 있는 청중들에게 “굉장한 설득력과 영향력”을 내뿜으며 이 원고를 읽었으며, 청중은 “불평 한마디 없이” 소로의 낭독을 들었다고 전했다.[127]

추천이 통했다. 11월 1일에 소로는 「탄원」 원고를 들고 2,500명 군중이 모인 보스턴 트레몬트 예배당으로 향했다. 연단에 오르자 수많은 얼굴이 차분히 그를 마주보았다. 소로가 입을 열었다. “프레더릭 더글러스가 여기 없는 이유, 그것이 바로 제가 여기 있는 이유입니다.” 이후 한 시간 반 동안 소로는 청중을 매료시켰다. 청중은 때때로 자기도 모르게 박수를 쳐 강연을 중단시켰다. 캐럴라인 힐리 돌은 놀라움 속에서 강연을 들었다. “나는 소로 씨가 **그저** 철학자라고만 생각했다.” 그녀가 “천박하다”라고 여긴 몇몇 날카로운 구절은 다소 불편하게 들렸지만, 그럼에도 돌은 소로의 강연이 “조지 워싱턴 이후 미국인에게 바치는 가장 진실하고 위대한 헌사”라고 생각했다. 젊은 윌리엄 딘 하우얼스는 소로가 중요한 지점을 포착했다고 생각했다. “브라운은 단순한 범죄자가 아니라 하나의 **사상**이 되었다”라는 점이었다.[128] 거기, 소로의 시선 아래서 역사의 물결이 바뀌고 있었다. 독설과 광신! 노예제를 지지하는 신문들은 침을 뱉었다. 하지만 브라운을 지지하는 파도는 커져만 갔다. 이제 웬들 필립스도 브라운을 변호하기 위해 일어섰고, 에머슨은 브라운이 “교수대를 십자가처럼 거룩하게” 만들었다는 데 동의했다.[129] 신문들은 소로의 강연을 활자로 인쇄해 전국으로 퍼 날랐다. “바로 내가 듣고 싶던 **그** 말이 살아 있는 목소리를 얻어 온 세상에 **큰 소리**로 말하고 있다”라고, 한 독자는 소로에게 편지했다.[130]

11월 3일 소로는 블레이크가 우스터의 메카닉스 홀Mechanics Hall에 불러 모은 열성적 청중 앞에서 다시 한번 「탄원」을 낭독했다. 역사는 빠르게 움직이고 있었다. 겨우 하루 전인 1859년 11월 2일 버지니아주 법원이 브라운을 한 달 뒤 사형하라고 선고한 참이었다. 소로는 강연 중 침울하게 그 날짜를 언급했다. 다음 날 그는 시장에 내다 팔 볼드윈 품종의 사과를 선별하느라 바쁘게 일하고 있는 올컷을 찾아갔다. "공통점이 많은 두 사람"이라고 올컷은 회고했다. 소로가 브라운의 미덕을 그렇게 잘 알아볼 수 있었던 것은 소로 자신이 그런 자질로 가득해서였다. 하지만 브라운은 "제도를 향해 직진했다. (…) 소로는 제도를 비난하고, 그러지 않을 때는 그냥 내버려 두고 만족했다." 할 수 있는 일이 없을까? 소로는 누군가가—에머슨?—버지니아 주지사에게 자비를 청하는 편지를 써야 한다고 생각했다. 소로는 여전히 브라운이 사면될 수 있다는 희망이 있었다. 그의 사면을 통해 국가의 영혼을 구원할 수 있다고 생각했다. 샌번은 올컷이 찾아가면 브라운을 중재하거나 최소한 브라운이 구조 작전을 받아들일지 알아볼 순 있을 것이라고 생각했다. 그러나 편지도 면회도 실현되지 않았다. 소로는 자신의 연설을 대중에게 직접 전달할 수 있도록 소책자를 만들기로 했다. 판매 수익은 가장을 잃은 브라운의 부인과 자녀들에게 기부할 계획이었다. 하지만 보스턴의 어떤 출판업자도 그 일을 손대려 하지 않았다. 소로의 말은 그저 축약되고 왜곡된 신문 보도로만 전해지고 있었다.[131] 그가 연설을 끝내기도 전에 세상은 다시 한번 그의 목소리를 틀어막았다.

이어지는 몇 주 동안 소로는 낙담하고 좌절했다. 1854년에는 수련이 그에게 희망찬 전망을 보여 주었지만 존 브라운이 유죄 판결을 받은 이후로 자연은 아무 위안도 되지 못했다. "작은 물까마귀" 새끼가 예전 그대로 강물에 뛰어들고 사람들이 아무 일도 없다는 듯 자신의 일을 처리하는 모습이 낯설게 보였다. 분노에 눈이 먼 채 소로는 가만 서서 해가 지는 모습을 바라보았다. 석양이 아름답다는 것을 알고 있었고 그 아름다움을 설명할 수도 있었지만, 그 아름다움을 **볼** 수는 없었다. 브라운의 운명은 "너무나 잘못된 일이라", "그 그림자가 세상의 모든 아름다움을 덮어 버렸다".[132]

소로는 자신이 할 수 있는 최소한의 일에 주의를 돌렸다. 우선 브라운의 형 집행을 기념하기 위해 12월 2일 금요일 오후 2시에 맞춰 추도회를 조직하기로 했다.[133] 그는 이 생각을 마을 곳곳에 전했다. 11월 28일 월요일 콩코드 주민 150명이 마을 회관에 모여 추도회 개최를 승인하고 소로와 에머슨, 사이먼 브라운, 존 S. 키스에게 행사 준비를 맡겼다. 또 주민들은 브라운의 교수형이 예정된 시각에 교회의 종을 울릴지를 두고 투표를 했다. 어떤 이—아마도 소로—는 미국의 국기를 뒤집어 조기로 게양하자는 의견을 냈다. 다음 날 소로는 콩코드 행정위원들에게 추도식에서 제일교구교회의 종을 울려 달라고 정식으로 요청했다. 하지만 위원들은 반발을 우려해 이 요청을 거절했다. 콩코드가 브라운을 지지하는 문제에 관해 하나로 뜻을 모았다고는 할 수 없었다. 바틀릿 박사는 자신이 "그 때문에 '500가지'(!) 저주를" 들었으며, 총을 들고 반대 시위를 하겠다는 위협이 있었다며 소로에게 경고했다. 소로는 콩코드 역시 버지니아와 거의 다를 게 없는 환경으로, "다들 제 자신의 그림자를 두려워한다"라고 생각했다. 하지만 소로는 "두려움이 위험을 만들고 용기가 위험을 떨쳐 버린다"라는 말을 되새겼다. 계획은 예정대로 진행됐다.[134] 키스는 "우리가 각자의 소감을 말했다간 반역죄로 몰릴 만한 말을 할 위험이 너무 크니" 연설문은 읽지 말자고 주장했다. 그들은 그 대신 시와 성경 그리고 브라운의 말에서 발췌한 내용을 읽는 데 동의했다. 소로는 찬송가 반주를 위해 집에 있던 피아노를 마을 회관에 가져다 놓았다.[135]

12월 2일 새벽이 밝아왔다. 희미한 구름이 낮게 걸렸고, 공기는 따뜻했지만 답답하리만치 습했다. 밤사이 반대 세력이 실물 크기의 브라운 인형을 마을 회관 앞 느릅나무에 목매달았다. 인형에는 존 브라운의 "유지와 유언"이 붙어 있었는데 다음과 같은 문구가 적혀 있었다. "H. D. 소로 님께 내 육신과 영혼을 남기노니, 그는 내가 하퍼스 페리에서 했던 일과 나의 인격을 천국의 성인들보다 더 고귀하다고 칭송했노라."[136] 소로의 지지자들은 밧줄을 잘라 내고 인형을 폐기했다. 오후 2시에는 마을 회관이 인파로 가득 찼다. 인근 마을에서도 많이 왔다. 사이먼 브라운이 식을 주관했다. 피아노 소리에 좌중이 조용해지자 웨이랜드에서 온 에드먼드 시어스 목사가 기도를 이끌었고, 다음으로 모든 참석자가 찬송가를 불렀다. 그런 뒤 소로가 자리에서 일어나 발언했다. 소로는 계획을 따르지 않고 "두서없이 어지러운 문장"을 덧붙여 키스를 짜증나게 했다.[137] 만약 키스의 말이 사실이라면, 소로가 즉흥적으로 말을 덧붙였을 것이다. 하지만 소로가 쓴 원고 "존 브라운의 순교"The Martyrdom of John Brown는 간결하고 격식을 잘 갖추었고 날카롭다. 에머슨, 키스, 올컷은 군소리 없이 그 글을 읽었다. 마지막으로 모든 청중이 자리에서 일어나 그 행사를 위해 샌번이 작곡한 애도가를 불렀다. 나중에 올컷은 종을 울리지 않은 것이 차라리 잘된 일이라고 생각했다. "종소리가 퍼져 분노한 마음을 일깨우기"보다는 비탄과 침묵이 깔린 억제된 분위기가 더 나았다.[138]

존 브라운과 관련된 소로의 일은 아직 끝나지 않았다. 그날 밤 늦게 샌번이 소로의 집 문을 두드렸다. 소로는 무슨 일이 있어도 동트기 전에 에머슨의 집에서 말과 마차를 빼내 샌번의 집에 머무르고 있던 "X" 씨를 사우스 액튼 역으로 데려간 뒤 다음에 출발하는 캐나다행 열차에 태워야 했다. 전날 오후 낮게 깔려 있던 구름이 밤사이 겨울을 몰고 온 탓에 소로는 이른 새벽의 한기에 입김을 내뿜으며 에머슨의 마차를 몰고 읍내를 가로질러 샌번의 집으로 향했다. 그러고는 빠르게 말했다. "그래, 난 지금 제정신이 아니오." 그는 지금 말을 몰고 있는 낯선 사람을 믿지 못해 즉시 에머슨에게 데려가 달라고 요구했다. 소로가 들은 체도 하지 않고 계속 말을 몰자 그는 더 불안해했다. "잘은 모르지만, **당신**이 에머슨이지, 그렇지 않나? 그 양반처럼 생겼는데." "아니, 다른 사람이오." 소로가 말을 재촉하며 대답했다. 흥분한 X 씨는 액튼 역에 도착하자마자 밖으로 뛰쳐나가 달아나려 했다. 무슨 수인가를 써서, 아마도 "적절한 완력"을 활용해 그를 진정시킨 소로는 X 씨를 북쪽으로 향하는 기차에 태우는 데 성공했고, 기차는 안전하게 몬트리올에 도착했다. 소로는 임종을 앞두고서야 샌번에게서 X 씨의 정체를 들을 수 있었다. 그는 브라운의 무리 중 한 명으로, 하퍼스 페리를 습격할 때 600달러의 금을 댔고 혼전 속에서 탈출한 뒤 캐나다로 달아나 그곳에서 훗날을 도모하며 브라운의 임무를 이어 가기로 결심한 프랜시스 잭슨 메리엄이었다. 상당한 현상금이 걸려 있던 메리엄은 어쩌면 그날 새벽 미국이 가장 애타게 찾던 사람이었을 것이다. 그러니 소로도 알고 보면 일급 범죄 공모자였다.[139]

소로의 「존 브라운 대령을 위한 탄원」은 제임스 레드패스가 브라운과 관련된 글을 모은 선집 『하퍼스 페리의 메아리』*Echoes of Harper's Ferry*의 첫 번째 글로 수록하고 싶다고 요청하면서 마침내 출간 기회를 잡았다. 레드패스는 스코틀랜드 출신 이민자로, 남부에서 호러스 그릴리의 위장 특파원으로 일한 경력이 있었다. 책 판매 수익금은 하퍼스 페리에서 사망한 "유색인"의 가족들에게 돌아갈 예정이었다. 레드패스는 이미 브라운의 전기를 쓰면서 소로를 취재한 적이 있다. 그는 빛의 속도로 책을 집필해 1860년 1월 5일에 전기를 출판했다. 전기가 출판된 날 레드패스는 "3쪽에 적힌 내용에 기분이 상하지 않기를 바랍니다"라고 소로에게 써 보냈다.[140] 소로는 저자가 증정해 준 그 책을 펼쳐 글을 읽었다. "신실한 이의 수호자인 웬들 필립스, 랠프 월도 에머슨, 헨리 D. 소로에게. 폭도들이 그를 보고 '미친 사람이다!'라고 외칠 때, 그들은 '성인이오!'라고 답했다. 겸허히, 감사한 마음으로 이 책을 그들에게 바친다."

레드패스의 선집은 1860년 5월에 출판되어 북부에서 존 브라운을 향해 솟아오르는 거대한 지지를 수백 쪽에 담아냈다. 그 거대한 파도는 1859년 10월 19일 소로의 펜에서 떨어져 일기장에 깊숙이 새겨진 첫 번째 한 방울에서 발원했다. 브라운은 제도를 향해 직진했지만, 소로는 주변에서 제도를 비난했을 따름이라는 올컷의 말은 옳았다. 하지만 소로와 필립스와 에머슨과 그 뒤를 따른 모든 이의 글이 없었더라면 브라운의 칼과 총은 그저 신체를 해하는 무기, 국가를 겨냥했다고 순식간에 방향을 틀어 브라운을 분쇄하게 된 폭력의 도구 이상은 되지 못했을 것이다. 존 브라운의 칼은 인상적이었지만, 그 글이 없었더라면 한낱 칼에 지나지 않았을 것이다. 「시민 불복종」 말미에서 소로는 일종의 야생 열매가 되기를 희망했다. 민주주의 사회에서 태어났지만 민주주의와 멀찍이 떨어져서 살고, 그러면서 "내가 상상했지만 아직 어디서도 목격되지 않은 더 완벽하고 영광스러운 국가"로 이어지는 길을 준비하는 야생 열매. 철학자이자 시인이었던 초월주의자는 브라운의 칼을 강력한 사상으로 전환했다. 그 사상은 노예제를 분쇄하고 나아가 소로가 평생 알고 유일하게 사랑했던 나라를 뒤흔들기에 충분했다.

11장

끝없이 이어지는 새로운 창조

1860-1862

이 나라는 얼마나 위대한 국민이 떠났는지
아직 알지 못하거나 조금밖에 모릅니다.

—

랠프 월도 에머슨, 「소로」

다윈의 해

"어느새 겨울"이라고 소로는 적었다. 1859년 12월 4일, X를 안전한 곳으로 몰래 피신시킨 다음 날 아침이었다. 지난 일주일 내내 소로는 그가 목격하고 있는 변화를 되돌아보았다. "북부에 갑자기 초월주의가 부상하여", 명백히 실패로 끝난 브라운의 반란에서 정의와 영광을 보고 있었다. 어린아이들조차 신이 왜 존 브라운을 지켜 주지 않느냐고 부모에게 물었다. 브라운을 성인으로 받드는 일이 주변에서 진행되고 있었기 때문에 소로는 한시름 덜고 안도했다. 문득 얼마 전 미국 문학의 거장 워싱턴 어빙이 세상을 떴으나 거의 주목받지 못했다는 사실이 떠올랐다. 진정한 문학, 중요한 문학은 어빙의 문학처럼 사전을 펼치고 암기해서 나오는 것이 아니라 소총에서 총탄이 발사되듯 나와야 한다. "내가 수사학 교수라면, 다음과 같이 주장할 것이다." 작가는 "**진실을 말해야** 한다. 첫째도 이것, 둘째도 이것, 셋째도 이것이다". 생각을 정리한 소로는 여름 신발을 겨울 부츠로 갈아 신고 겨울 산책을 나섰다.[1]

42세가 된 소로는 숲이 사라지는 것을 볼 정도로 나이가 들었지만, 동시에 허허벌판에서 새로운 숲이 생겨나는 모습을 볼 정도로 나이가 들기도 했다. 웃자란 숲이 눈에 덮여, 줄지어 선 작고 견고한 나무들이 더 돋보였다. "몇 년 후에는 어떻게 변할까? 이 작은 미역취 숲이 솔숲에 자리를 내줄까?" 겨울이 깊어지는 동안 소로는 곳곳에서 새로운 생명을 발견했다. 슬리피 할로 공동묘지 정원사는 소로가 설계하고 일꾼들이 완성한 지 몇 달 되지 않은 연못에서 메기와 커다란 강꼬치고기를 여러 마리 잡았다고 소로에게 알려 주었다. 출구는 없고 오로지 희미한 입구만 있는 곳에서 물고기들은 나름대로 길을 찾았다. 인공 연못은 생기가 넘쳤다. 모두 **씨앗** 덕분이라고 그는 생각했다. 새로운 나무는 모두 씨앗에서 생겨난다. 씨앗을 가꾸면 다시 숲을 얻게 되리라. 그렇다면 씨앗은 어디서 왔을까? 새로 내린 눈이 이미 씨앗을 뒤덮었지만, 자작나무와 오리나무의 미세한 씨앗들이 바람에 날려 사방으로 흩어졌다. 하루는 참나무 아래 눈밭에서 얼었다 녹은 사과를 우연히 발견했다. 어떻게 이곳에 사과나무가 있을까? 그건 까마귀가 지나간 경로 때문이었다. 소로만큼이나 달콤한 사과주를 좋아하는 까마귀가 눈밭에 사과 씨앗을 떨어뜨리는 바람에 훗날 나무가 자라 야생 사과를 맺을 수 있었다. 소로가 보는 곳마다 까마귀의 경로가 있었다. 한겨울에도 땅 밑에도 하늘 위에도, 약동하는 생명체로 가득한 숲에도 그 경로가 보였다. 심지어 들을 수도 있었다. "까마귀가 높이 날아올라 우리를 위해 하늘의 귀청을 건드리고, 하늘의 곡조를 드러낸다."[2]

1860년 새해 첫날 소로는 브론슨 올컷과 샌번의 친구인 개혁주의자 찰스 로링 브레이스와 함께 샌번의 집으로 걸어가 만찬에 참석했다. 유니테리언파 목사인 브레이스는 자신이 세운 아동자선협회Children's Aid Society(고아와 길거리 아이들에게 무상교육, 의료 서비스, 보육 시설, 직업을 제공하기 위해 뉴욕시에 설립한 기관)에 대해 강연하러 온 열렬한 노예제 폐지론자였다. 그는 대학교수이자 숙부인 아사 그레이를 만나러 케임브리지를 방문하고 온 참이었다. 브레이스의 숙부는 저명한 식물학자로 오랜 친구가 쓴 새 책을 이제 막 다 읽은 상태였는데, 그 책은 바로 런던에서 5주 전 발간된 찰스 다윈의 『종의 기원』이었다. 다윈이 그레이에게 출판사로부터 받은 신간을 하나 보내 주었던 것인데, 브레이스가 그 책을 빌려 샌번, 올컷, 소로에게 보여 주었다. 네 친구는 오후 내내 『종의 기원』을 돌아가면서 큰 소리로 읽었고, 다윈이 주장하는 "자연선택"이라는 놀라운 원리에 대해 의견을 나누었다. 브레이스는 다윈이 노예제의 과학적 근거를 뒤엎었다고 말했다. 그때까지 루이 아가시는 다윈의 책을 읽지 않았지만, 나중에 읽고 나서는 몹시 싫어했다. 그는 모든 자연종은 각각 신이 창조하는 것이고 영원히 변하지 않는다고 주장했다. 아가시의 주장에 따르면, 소로가 모내드녹 산꼭대기에서 발견한 개구리는 신이 바위틈 바로 그 자리에다 만들어 둔 것이다. 인간 종도 마찬가지였다. 신은 각 인종을 변하지 않는 자연종으로서 혼합되지 않게끔 개별적으로 창조했다. 그중에서도 단 하나, 백인종만 완전한 인간으로 만들었다. 나머지 인종은 완성이 덜 되었으며, 일부—그는 아프리카 인종이라고 명명했다—는 침팬지에 가깝다고 여겼다.[3]

다윈은 『종의 기원』에서 인간에 대해서는 거의 언급하지 않는데, 이는 논란이 생기면 사람들이 진화론을 제대로 받아들이지 못할까 우려해서였다. 하지만 그날 샌번의 응접실에 모인 네 사람은 다윈이 밝힌 획기적 이론이 인간에게 어떤 의미인지를 정확히 이해했다. 샌번이 흥분해서 시어도어 파커에게 썼듯이 다윈은 "하나의 종이 다른 종에서 파생될 수 있다"라는 것을 보여 주었다.[4] 이는 노예제 폐지론자와 존 브라운 지지자로 이루어진 이 구성원들이, 동물은 물론 인간마저 공통 조상으로 거슬러 올라간다는 점을 알아차렸다는 의미였다. 다윈은 모든 인종이 서로 밀접한 관계라면 노예제는 도덕적 혐오에 불과하게 되는 이유를 제시하여 인종주의적 과학에 타격을 가했다. 전 세계 모든 인종은 생물학적으로 인간이며 생김새와 크기와 색깔이 다르다 해도 모든 인간은 다양성을 지닌 한 단위, 동일한 과科였다.

다윈의 혁명적인 책은 몇 년에 걸쳐 여러 가지 의미를 갖게 되지만, 이 새해 첫날 샌번의 응접실에 모인 급진주의자 네 명은 『종의 기원』이 이른바 노예제의 과학적 근거를 가장 먼저 파헤친 주장이라고 여겼다. 브레이스는 다윈의 이론에 기초한 책을 집필해, 아가시 같은 노예제 지지자들이 장려하는 미국의 인종 과학을 반박했다.[5] 소로 역시 다윈을 활용해 자신의 글을 발전시켰다. 소로는 그다음 달 내내 『종의 기원』을 꼼꼼히 읽고, 발췌한 몇

몇 페이지를 노트에 필사했다. 그 결과 소로는 미국 땅에서 다윈의 『종의 기원』을 처음부터 끝까지 읽은 최초의 미국인이 되었다.[6] 소로가 필사한 글에는 그가 다윈의 주장을 면밀히 따라가며 직접 확인 가능한 구체적 사례들을 적어 놓은 것이 있다. 이를테면 평범한 가축이 야생종에서 기원한 증거들 그리고 자연선택의 설득력을 보여 주는 여러 가지 사실이 기록되어 있다.

"우리가 바라보는 이 대상들이 정확히 어떻게 세계를 구성하는가?" 그는 『월든』에서 이런 질문을 던졌다. 그 후로 소로는 성장과 파괴, 재생과 적응의 패턴을 연구했다. 비록 초창기에 쓴 『월든』에서는 씨 없는 사이프러스의 경제적 자유를 칭송했지만, 나중에는 발생과 창조의 생태적 자유로 관심을 옮겼다. 그가 바라보는 모든 대상—왜가리, 올빼미, 박새, 마멋, 개구리, 날다람쥐, 골풀, 버드나무, 소나무, 참나무—은 정확히 **그 자리**에서 살았다. 이는 어떻게든 "씨앗"이 그 자리를 발견하고 그곳에서 성장했기 때문이다. 문제는 씨앗이 어떻게 이동하는지를 알아내는 것이었다. 이를테면 자작나무와 오리나무 씨앗은 바람에 실려 운반되고, 사과 씨앗은 발효된 사과에 취한 까마귀에 의해 옮겨 가고, 도토리는 다람쥐 덕분에 땅에 묻히고, 바짓가랑이에 달라붙어 성가시게 하는 "도깨비바늘" 씨앗은 소로가 바지에서 떼어 내려고 앉는 곳에서 터를 발견한다. 소로는 섬에서 발견되는 동식물이 항상 인근 대륙에서 발견되는 동식물과 비슷하다는 다윈의 주장을 옮겨 적었다. 그런 다음 "따라서 그곳에서 창조된 것이 아니다"라고 소로는 의기양양하게 덧붙였다. 어떻게 생각하십니까, 루이 아가시 씨? 다윈은 소로에게, 올바른 길로 가고 있다고 알려 주었다. 씨앗은 **항상** 있었다. 땅 위나 물속 또는 공중에도 지정된 경로가 **항상** 있었다. "인간은 받을 준비가 되어 있는 것만 받는다." '다윈의 저녁 식사' 자리에 참석하고 나서 사흘 뒤 소로는 이렇게 썼다. "우리는 이미 어설프게 알고 있는 것만을 듣고 이해할 수 있다. (…) 따라서 사람은 저마다 평생토록 제 자신의 뒤를 좇는다."[7]

존 브라운을 뒤로한 채 「가을의 빛깔」을 완성한 소로는 "야생 사과" 원고 작업에 착수했다. 1855년 이후로 소로는 야생 나무나 방치된 과수원에서 자라 울퉁불퉁하고 흠집투성이인 사과가 주는 기쁨에 대해 쓰고 있었다. 1860년 2월 8일, 그는 콩코드 라이시움 연단에 올라, 올컷의 말을 빌리자면, 에덴동산의 사과와 콩코드 숲의 야생 사과를 망라하는 "자연의 무한성"을 칭송했다. 샌번은 그 연설이 "활기 넘치며 번뜩이는 재치로 가득하다"라고 말했고, 콩코드의 한 남학생은 시즌 최고라고 했다. 청중은 강연자에게 오랫동안 박수갈채를 보냈다. 라이시움에서 30년 경력을 쌓았음에도 이제야 사람들 눈에 띈 셈이었다.[8] "야생 사과"는 소로의 본질이었다. 유머러스한 자서전적 구절에 따르면 야생 사과는 "나와 같다. 이곳의 토착종에 속하지 않고 재배종으로서 숲에 잘못 들어선 존재". 작은 관목의 연한 잎은 소에게 먹히지만, 해를 입지 않도록 스스로 보호하기 위해 금세 빳빳하고 가시 돋친 가지를 울타리 위로 뻗는다. 20년쯤 지나면 "적들이 손댈 수 없는 내부의 싹이 기쁨에 겨워 위를 향해 달려간다. 그 싹은 고매한 소명을 잊지 않고 득의양양하게 자신만의 고유한 열매를 맺는다." 소로는 2월 14일 베드퍼드 라이시움에서 재치, 지혜, 슬픔이 뒤섞인 흥미로운 가을에 대해 다시 한번 강연했다. 청중 200여 명은 "그의 강연에 감탄하고 즐거워했다".[9] 훌륭한 강연이었고 박수를 받았지만, 그 강연을 다시 할 기회는 오지 않았다.

1860년 겨울은 춥고 반짝이는 날이 많아 강가를 산책하기에 더할 나위 없이 좋았다. "발아래에 수정같이 맑고 단단한 하늘이 있다." 소로는 얼음의 형태를 그린 그림으로 일기장을 가득 채웠다. 이렇게 여러 해를 살았어도 궁금증은 사라지지 않았다. "생각이 생각을 낳는다. 손 아래에서 생각이 자란다."[10] 소로는 최신 과학 연구인 다윈의 글에서 옛날 박물학자—아리스토텔레스, 탑셀, 게스너, 제라드의 『약초』*Herball*—로 관심을 옮겨 야생 사과처럼 마음을 휘어잡는 생각의 뿌리를 탐구했다. 3월 초에는 브리스터 힐에서 야영하는 인디언들을 만났다. 인디언들은 소로에게 바구니를 만들

때 쓰는 희귀한 검은 재를 어디서 구할 수 있는지 물었다. 엿새가 지나자 인디언들은 나무를 엮어 만든 독특한 바구니를 나무에 걸어 놓고 팔았다. 거기에는 견고한 부셸 용량의 바구니도 있었는데, 소로는 바구니의 테두리가 백참나무로 둘러져 있는 것을 보았다. 저런 크기와 스타일의 바구니는 인디언의 발명품이 아니었을까?[11] 그는 눈길이 닿는 곳곳에서 발명과 적응, 예술성과 복원력을 확인했다.

소로는 콩코드의 친구들에게서도 이를 확인했다. 에드 호어는 친구들이 우려한 것처럼 캘리포니아 금밭에 빠져드는 대신 똑똑하고 재치 넘치는 엘리자베스 프리처드와 결혼했다. 프리처드는 헨리가 어릴 적부터 알고 지낸, 말 그대로 옆집 소녀이자 친구였다. 시골 생활을 꿈꿔 온 에드는 인근 농장을 사들였고 헨리는 3월 말에 에드를 위해 측량 조사를 해 주었다. 그때부터 호어 부부의 집에 방문하는 일이 헨리의 일상이 되었다. 브론슨 올컷도 새로운 삶을 시작했다. 1859년 콩코드 카운티에서 나이 든 교육개혁가를 콩코드 교육감으로 임명했기 때문이다. 활기를 되찾은 올컷은 일에 몰두했고, 관례적으로 임명된 직책을 활용해 공립학교 제도의 모델을 만들고자 노력했다. 올컷의 첫 번째 연례 보고서에는 중요한 협업이 언급되어 있었다. 헨리 소로가 "학교를 위해 지리, 역사, 콩코드의 풍습으로 구성된 작은 교과서"를 준비하는 데 동의했다는 것이다. 1860년까지 올컷은 이 교과서를 "콩코드 지도책"이라 일컬으며 지역사회의 지원을 촉구했다. "다행히 우리에게는 일종의 상주 검사 주임이 있으며", 그가 "시민을 위해 삽화를 그려 넣은 지도책"은 야외 교육에 적합한 모델이자 아이들과 우리들 모두에게 선물이 될 것이다. "시는 이 출중한 사람을 활용할 방안을 마련해야 한다"라고 새 교육감은 소견을 밝혔다.[12]

그해 5월 소로가 애나 올컷과 존 프랫의 결혼식에서 춤을 추고 있을 때 그는 분명 애나의 동생 루이자 올컷이 작가가 되려고 한다는 사실을 알았을 것이다. 그렇지만 루이자가 이미 「우울」Moods이라는 소설의 초고를 쓰고 있다는 사실은 알지 못했을 것이다. 소설에 등장하는 여자 주인공은 사랑하는 두 사람 사이에서 한 명을 골라야 했는데, 한 사람은 자치自治에 관한 지혜를 가르쳐 주는 차분하고 친절한 목사이고, 다른 한 사람은 깊은 욕망을 해방해 주는 멋진 자연 탐험가였다. 루이자가 에머슨과 소로를 등장인물로 얄팍하게 위장한 이면에는 사실 그녀의 감정이 켜켜이 숨겨져 있다는 것이 남아 있는 일화, 편지, 조각난 일기로 드러났다. 에머슨이 신부에게 키스하는 모습을 봤을 때 루이자는 "저 영광이 나에게 온다면 결혼한 남자라도 괜찮을 것이다. 그는 내가 섬기는 우상이므로". 소로에 대해서는 그가 이미 "제비와 과꽃, 호수, 소나무"와 결혼했다고 썼다.[13]

호손도 소로의 모습을 소설에 담았다. 1860년 초에 출판된 소설 『대리석의 목신상』*The Marble Faun*의 주인공은 여러 해 전 호손이 소로에게서 발견한 반야생성을 보여 준다. 콩코드를 떠나 유럽으로 간 지 7년이 지난 1860년 6월에 호손 가족은 다시 콩코드로 돌아왔다. 그들이 돌아온 날, 여행 짐 때문에 어수선한 와중에 새 이웃 아바와 브론슨 올컷이 인사차 들렀고, 다음 날 오후에는 에머슨 가족이 귀향 환영 파티를 열어 크림 얹은 딸기를 먹으며 옛 친구들과 새 친구들이 호손 가족과 인사하는 자리를 가졌다. 호손의 머리가 하얗게 센 건 잊고서 소로는 자신의 오랜 친구가 기선을 타고 귀국하는 동안 햇볕에 그을리지도 않고 "여느 때처럼 소박하고 어린애 같은" 모습이더라고 여동생에게 전했다. 콩코드에 온 지 얼마 안 되는 샌번은 경외감에 소스라쳤다. 유명한 소설가의 "비범한 용모"를 마주할 준비가 되어 있지 않아서였다. 그때까지 샌번이 본 콩코드 작가 중 호손의 외모가 "가장 빼어났기" 때문이다.[14] 소피아 호손은 금세 마을에 적응했다. 언니인 메리 피보디 만은 남편이자 유명한 교육가인 호러스 만이 죽은 뒤 웨이사이드로 이사했는데, 호손 가족이 돌아오자마자 서드베리 로드에 있는 자신의 집으로 다시 이사했다. 그 집이 마침 샌번의 학교 옆이어서 두 자매의 자녀들인 호러스 2세와 줄리언 호손은 샌번의 학교에 같이 다녔다.

그러나 너새니얼 호손은 콩코드의 생활에서 제자리를 찾지 못했다. 콩코드는 변했고, 헨리가 공언한 것과는 달리 너새니얼도 변했다. 그의 친구들이 미국 민주주의를 배신하는 것*을, 새로운 세계주의자 호손은 혐오스럽게 여겼다. 브론슨 올컷은 "수줍어하는 천재"가 아무도 방문하지 않고 강연회에 참석하지도 않으며 수수한 뉴잉글랜드의 집에다 덧붙인 별난 이탈리아식 탑에서 좀처럼 벗어나지 않는 것을 애석하게 바라보았다. 호손은 "해자를 넓고 깊게 파 그 위에 놓여 있던 도개교가 모두 들어 올려졌다". 하지만 소로는 적어도 몇 번은 그 해자를 뛰어넘었다. 8월 20일에 소로는 호손의 소유지 20에이커를 측량했는데, 아홉 살 난 로즈는 그의 "부리부리한" 눈을 보고 깜짝 놀랐다. 그 눈은 동물의 눈처럼 날카로웠고, "구름의 틈새로 비치는 빛을 머금은 잿빛 가을 호수 같았다".[15] 너새니얼도 소로의 눈이 뇌리에서 떠나지 않았다. "고미 다락방"sky parlor에서 다음 소설의 초고를 쓰고자 애쓰는 동안 그는 바로 콩코드의 (허구 인물인) 셉티미우스 펠턴Septimius Felton 이야기를 생각해 냈다. 이 인물은 "인도인의 피가 흐르는 은둔형 학자"로, 콩코드 전투가 한창일 때 싸움을 벌이다 영국인 병사를 죽였다. 호손은 서문에 담고 싶어했던 소로의 모습을 끝내 완성하지 못했는데, 아마도 그가 다음과 같이 묘사한 가상의 모습 이상으로는 알아내지 못했기 때문일 것이다. "골똘히 생각에 잠겨 있다. 두 눈을 어떤 부스러기, 어떤 돌, 흔히 볼 수 있는 어떤 식물에 고정한 채… 마치 그것이 수수께끼를 푸는 단서와 지표라도 되는 듯." 그가 눈을 들면 "뭔가 당혹감을 느끼며 두 눈에 불만스럽고 예리한 기운이 서린다. 마치 그의 사색에는 끝이 없다고 말하는 듯하다."[16] 소로는 주변에 있는 작가들의 마음을 파고들었을뿐더러, 소로에 대해 쓰려는 전기 작가들이 벌써 등장하기도 했다.

호손이 미국 정치가 요란하고 사람들에게 해악을 끼치는 방향으로 선

* 옛 친구들이 '팽창주의'와 '명백한 운명'을 지지한 것을 말한다.

회한 것에 질색했다는 점을 감안할 때, 존 브라운의 반란으로 인한 극심한 충격이 막 가신 시점에 콩코드에 돌아온 것은 행운이었다. 브라운이 처형된 후 샌번은 브라운의 딸 애니와 세라를 무료로 학교에 다니게 해 주었다. 2월에 두 아이가 마을에 도착했을 때, 신시아와 소피아는 집에서 환영 파티를 열었다. 열여섯 살의 조숙한 애니는 헨리 소로를 보면 "아버지가 떠오른다"라고 올컷에게 말했다(헨리가 애니를 어떻게 생각했는지는 기록에 남아 있지 않지만, 애니는 분명 그에게 강한 인상을 남겼을 것이다. 하퍼스 페리 습격을 준비하는 동안 애니는 아버지가 사들였던 근처 농장을 운영했는데, 농장을 매입한 것은 비밀 회합을 감추기 위해서였다). 소로 가족, 에머슨 가족, 올컷 가족과 그 밖의 사람들은 힘을 합쳐 브라운의 딸들에게 옷과 숙소를 제공했다. 소피아 소로는 퀼트 이불을 만드는 모임을 조직했고, 마을의 여성들은 두 소녀의 어머니 메리 브라운에게 이불을 짜 주었는데 네모난 천 조각마다 글귀가 수놓아 있었다.[17]

존 브라운 가족에게 그런 도움과 위안을 주는 것은 {국가의 눈에는} 전투적 반항 행위였다. 브라운의 딸들이 콩코드에서 환영받고 있을 때 상원조사위원회는 존 브라운과 공모한 것으로 의심되는 사람에게 소환장을 발부했다. 제임스 레드패스는 소환에 응하지 않고 몸을 숨겼고, 소로에게 몰래 주소지를 보내고 샌번에게도 전하게 했다. 샌번 역시 소환을 무시하고 있었기에 문 두드리는 소리를 들을 때마다 늘 두려움이 들고는 했다. 4월 3일 화요일 저녁 9시에서 몇 분 지난 시각에 샌번이 슬리퍼를 신고 책상에 앉자 노크 소리가 들렸다. 맨발로 나간 샌번이 문을 열고 문턱에서 낯선 사람과 인사하려고 손을 뻗었을 때 그 낯선 사람은 샌번에게 수갑을 채웠고 곁에 있던 건장한 사람 넷이 우르르 몰려와 대기하고 있던 마차로 샌번을 끌고 가려 했다. 키가 크고 여윈 샌번은 발길질을 하며 구속영장과 당국에 불복한다고 끊임없이 소리쳤다. 여동생 세라가 이웃들을 불러낼 만큼 크게 울부짖은 뒤, 연방 보안관에게 달려들어 발로 차고 고함을 지르고 수염을 세게

잡아당겨 오빠를 바닥에 놓게 했다. 그동안 이웃인 메리 브룩스가 소리를 지르며 거리를 내달렸다.[18]

곧 서드베리 로드에 사는 모든 사람이 집에서 뛰쳐나왔다. 누군가가 제일교구교회로 달려가 종을 울렸다. 소로는 그 소리를 듣고 처음에는 불이 난 줄 알았는데, 사실 그런 셈이었다. 그는 나중에 "콩코드에서 목격한 가장 뜨거운 불이었다"라고 말했다. 샌번이 마차의 벽을 발로 차는 동안 여남은 명이 말들을 제지했다. 다른 사람들은 마차에 돌을 던졌다. 애나 휘팅은 마차 안으로 비집고 들어가 마부에게 주먹질을 했고, 그사이 애나의 아버지 휘팅 대령은 말들을 멈춰 세우려고 채찍을 휘둘렀다. 존 S. 키스는 혼전 속으로 뛰어들려다가 생각을 가다듬고 부리나케 호어 판사의 집으로 달려갔다. 호어 판사는 인신보호영장을 급히 휘갈겨 썼고, 키스는 그 영장을 연방 보안관들 앞에 들이밀었지만, 그들은 모른 체했다. 결국 카운티 보안관대리가 나서서 샌번을 풀어 주지 않으면 샌번이 직접 콩코드 시민들에게—이제 100여 명이 족히 넘었다—무력으로 콩코드의 교장을 되찾으라고 요청할 수 있다고 설명해 주었다. 상황을 이해한 보안관 다섯 명은 그제야 샌번을 풀어 주었고 크게 다친 사람 없이 폭동은 잠잠해졌다. 샌번은 6연발총으로 무장한 채 이웃의 집으로 서둘러 떠났고, 헨리 소로는 연방 보안관들이 다시 올까 봐 밤새 샌번의 집을 감시했다.[19]

다음 날 아침 샌번과 키스는 보스턴에 있는 주 대법원에 출두했다. 레뮤얼 쇼 판사는 연방 구속영장이 무효라고 선언했다. 판결 내용이 콩코드에 전해지자 환호하는 군중 수백 명이 역으로 몰려가 샌번과 키스가 축포에 맞춰 기차에서 내리는 모습을 보았다. 샌번은 수갑 찼던 손을 의기양양하게 쳐들었다. 사람들은 마을 회관으로 왁자지껄 몰려가 압제에 저항하는 "궐기대회"를 열었다—지금 이 저항은 존경하는 교장 선생님의 수갑 찬 손이 이뤄 낸 것입니다. 그는 다시 손을 번쩍 들어 올렸다. 당연히 샌번이 연설을 했고 레이놀즈 목사와 에머슨, 히긴슨도 이어서 연설을 했다. 물론 소로도 연설을 했는데, 그의 마지막 발언에 모든 사람이 포효했다. 신문들은 콩코드에서 이 사건을 "합법적이고 질서정연하게" 해결한 데 경의를 표한다. 하지만 그렇지 않다! 소로는 여기에 동의하지 않는다. "우리 콩코드 시민들은 법에 따라 종을 울린 것이 아니며—우리는 법에 따라 함성을 지른 것도 아니다—법에 따라 불만을 표출한 것도 아니다.—(우렁찬 박수 소리)—여기까지 말한 뒤 소로는 그 자신도 법에 따라 말을 하는 것이 아니므로 그만 발언하고 다른 연설자에게 자리를 넘기겠노라고 말했다."[20] 15년 전 콩코드는 헌법에 저항한 소로를 감옥에 가뒀지만, 이제는 그를 사람들이 한마음으로 이룬 시민 불복종의 지도자로 인정했다.

샌번은 아직 곤경에서 벗어나지 못했다. 연방 정부 공무원을 폭행했다는 혐의로 새로운 영장이 발부된 것이다. 며칠 동안은 집에 들어가기를 피하고 이웃의 집을 은신처 삼아 이곳저곳을 전전했다. 옆집인 메리 만의 집에서 하룻밤 묵는가 하면 인근의 소로 집에서 묵기도 했다. 1년 동안 샌번의 사건을 두고 상원에서는 의견이 분분했는데, 결국 사우스캐롤라이나주가 연방에서 탈퇴하면서 사건은 미결로 처리되었다. 한편 브라운은 계속해서 저항을 촉발했고 소로는 거기에 불을 지폈다. 존 브라운의 시신이 뉴욕주 노스 엘바의 고향 집 옆에 묻히자, 지지자들은 1860년 7월 4일에 추모식을 열기로 계획하고 소로를 연사로 초청했다. 소로는 「존 브라운의 마지막 나날」이라는 추모사를 썼지만, 뉴욕주 북부로는 가지 않고 주최자에게 추모사를 전달하고 대신 낭독해 달라고 부탁했다. 7월 27일《해방자》에 그 추모사가 게재되었다.[21] 잠시 빛났다 사라진 존 브라운의 생애를 기리는 소로의 마지막 발언이었다. 북부에 "갑자기 초월주의가 부상한" 상황에서, 소로는 "**진실을 말하는**" 말의 힘에서 희망을 보았다. 브라운의 승리는 무력으로 얻은 것이 아니라 "정신의 검"으로 얻은 것이었다. 다시 말해, 브라운은 더 이상 캔자스나 노스 엘바에서만 비밀리에 일하고 있지 않았다. "그는 대중 앞에서, 이 땅에 비추는 가장 밝은 빛 속에서 일하는 사람"이었다.[22]

소로는 적어도 한 번은 더 강연회에 초대를 받았는데, 7월 11일에 열릴 시어도어 파커의 교회 신도들의 연례 야유회였다. 소피아에게 쓴 편지에 따르면, 소로는 익히 알려진 대로 야유회를 몹시 싫어해 참석을 꺼렸다 한다. 하지만 한담을 나눌 필요가 없는 정치 집회, 이를테면 사흘 뒤 콩코드에서 개최된 미들섹스 카운티 반노예제 집회에는 기꺼이 연설자로 나섰다. 기도로 집회를 시작한 파커 필스버리는 존 브라운이 시작한 일을 끝내야 한다며 사람들을 독려한 다음 몇 가지 결의안을 발표하여 "우리 정부와 같은 정권에 반역하고 저항할" 의무와 가치를 확실히 했다. 이 정권은 우리의 권리를 짓밟고, 우리의 자유를 바로 문 앞에서 공격했으며, 심지어 타인을 노예화하는 데 동조했다. 소로와 올컷, 그 밖의 몇몇 사람이 자신의 생각을 발언했고 그런 뒤 "매우 신랄한" 결의안이 만장일치로 채택되었다. 필스버리는 섬너 상원의원이 에이브러햄 링컨을 지지한 것을 비난해야 한다고 주장했고(당시 강령에 따르면 대통령 출마는 급진주의자에게는 지나치게 온건한 방법이었다). 그래서 소로는 오랜 친구와의 공조를 지키고자 다음 날 섬너에게 〈노예제의 만행에 대하여〉를 연설한 것에 감사한다고 써 보냈다. 편협하게 한쪽으로 치우친 관점이 아닌 광범위한 윤리적 관점에서 그 문제를 거론한 것에 박수를 보낸다. 진실은 당연히 어느 정당에도 속하지 않으며, "정당이나 국가 정치라는 바퀴에 윤활유를 치기 위해" 사용해서는 안 된다.[23]

이런 분위기에서는 다른 이야기를 하기가 어려웠다. 그해 8월 풋내기 윌리엄 딘 하우얼스가 소로의 집 문 앞에 나타났다. 그런데 당시 이 젊은 청년은 소로의 외모를 보는 순간 자신이 영웅으로 삼은 사람에 대한 열렬한 존경심이 사그라드는 것을 느꼈다. 그가 보기에 소로는 "별스럽고 몸집 땅딸막한 사내"로, 유행에 뒤떨어진 옷을 입고 귀족 같은 얼굴에, "머리는 헝클어지고, 눈은 광기가 서려 있으며", 코는 매부리코인데도 "애처로운 작은 키"를 만회하지는 못했다. 소로는 산책하지 않는 방문자를 어떻게 접대해야 할지 모르겠다고 말한 적이 있는데, 안타깝게도 바로 이 하우얼스가 그 말처럼 응접실에 눌러앉아 있는 타입이었다. 게다가 하우얼스는 화제를 존 브라운으로 돌려, 이미 소로에게 진부한 상투어가 되어 버린 "존 브라운과 비슷한 사람, 존 브라운의 이상, 그리고 (모호하고 매혹적인 구절 사이마다 길게 이어지는 침묵과 더불어) 우리가 어떻게든 소중히 여기고 자양분으로 삼아야 하는 존 브라운의 원칙" 등과 같은 말을 늘어놓았다. 하우얼스는 소로를 만나기 직전에 호손과 한 시간을 보냈다. 호손 역시 이 젊은 숭배자 앞에서 말문이 막혀 버렸고, 자신의 손님이 담배를 피우며 생각할 수 있도록 언덕으로 데려가는 방법으로 상황을 모면했다. 겁 많은 그 청년이 소로를 따라 강가에서 한 시간도 즐기지 못한 것은 안타까운 일이었다. 사실 두 우상에 대한 인터뷰는 "나의 희망을 꺾는 정도에 그치지 않고, 완전히 소진해 버렸다". 결국 하우얼스의 "신격화"는 오후가 되기도 전에 흐지부지되었다.[24]

이 무렵 소로는 존 브라운 추모식에서 쓰고 남은 행사 안내문을 뒤집어 뒷면에 『야생 열매』 초고를 몇 장 썼다. 그는 여러 달에 걸쳐 글의 구조를 고심하고 있었다. 3월 말에 아이디어 하나가 떠올랐다. "3월의 이야기"를 쓰기로 한 것이다. 썰매의 방울이 진흙길을 달리는 마차의 종에게 길을 내주는 순간부터, "마부의 외투색" 또는 자신의 낡은 외투색—갈색에 녹색이 약간 섞여 있어 지주의 눈을 피해 야생 동물에게 다가갈 수 있는 색—으로 대지가 물들기 시작하는 "갈색의 계절"(즉 3월)을 담고자 했다.[25] 소로는 단념했다. 3월엔 "특별한" 이야기가 없었다. 해마다 3월은 **비슷한** 이야기를 들려주지만 **같은** 이야기를 두 번 하는 경우는 없었다. 소로는 자신의 일기에 해답이 있다는 것을 깨달았다. 거기에는 10년간의 3월이 기록되어 있었는데, 각각 비슷하면서도 달랐고, 모든 현상이 날짜별로 꼼꼼히 정리되어 있었다. 소로는 곧바로 작업에 들어갔다. 10년 치 일기를 뒤적여 월별·연도별로 발생한 현상을 거대한 도표로 그렸다. 여기에는 전엽기, 개화기, 열매와 씨앗이 맺히는 시기, 손가락이 얼어붙는 시기, 불을 밝히는 시기, 창문을 여는 시기, 세탁물을 야외에 너는 시기 등이 있었다. 그 결과 엄청난 정보가

수십 쪽을 가득 채웠다.[26]

이 도표들은 광범위한 상황에서 일어난 사소한 사건을 시각화하는 도구로, 계절의 거대한 주기를 점묘화처럼 자세히 보여 주었다. 올컷은 소로에게 "콩코드 지도책"을 써 달라고 의뢰했는데, 소로의 데이터 항목에는 일반적인 지도책에는 없는 세부 사항이 그려져 있었다. 이렇게 세부를 확장하자 아주 작은 관찰도 놀라운 결과로 이어졌다. 6월 4일에 만개한 리기다소나무에 나뭇조각을 던지자 송홧가루가 멀리 퍼져 나가는 것이 보였다. 50피트 떨어진 곳에서도 보일 정도였다. 몇 주 뒤 소로는 호수와 연못 표면에 송홧가루—그는 **"폴리노미터"**pollinometers* 라 불렀다—가 얇게 뒤덮여 있는 것을 확인했다. 가장 가까운 소나무에서 한참 멀리 떨어진 곳까지 날아온 것이다. 송홧가루는 얼마나 멀리 이동했을까? 소로는 소나무에서 최대한 멀리 떨어진 연못을 찾아냈고, 비가 내린 후나 계절이 끝나갈 무렵에도 그 연못에 노란 송홧가루가 떠 있는 것을 발견했다. 송홧가루가 한창때는 공기를 타고 어디에나 떠다닌다는 뜻이었다. 이상한 계절성 질병은 송홧가루 때문에 발생하는 것일까? 더욱이 자연의 아름다움은 송홧가루처럼 도처에 널려 있어 풍경화를 그리는 화가조차 그 아름다움을 알아채지 못하고 연녹색과 진녹색으로만 칠한다. 하지만 식물학자는 수만 가지 풀의 종류에 따라 초록색도 천차만별이라는 것을 안다. 그리고 존재를 형성하는 필수 과정에는 "제각기 다른 아름다움"이 깊이 맞닿아 있음을 본다. 알면 알수록 더 많은 아름다움이 보인다. 소로의 도표는 망원경이자 시각적 도구이며, 더 적절하게 이름 붙이자면, 대지가 쓴 시고詩稿였다.[27]

소로는 다윈의 연구에서 어떻게 동식물이 "복잡한 관계망으로 긴밀하게 엮여" 있는지 읽었다.[28] 지금 그는 주기 속의 주기, 순환 속의 순환을 찾고 있었다. 다윈은 갈라파고스제도 같은 해양도에서 그 관계망 일부를 풀었

* 꽃가루pollen와 척도barometer의 합성어.

다. 소로는 이번 여름에 헐벗은 바위투성이 모내드녹 정상, 하늘로 솟은 산중의 섬에 다시 가서 **모든 것**을 연구할 수 있을 정도로 오래 야영하면서 이 산의 실체를 전체적으로 이해하기로 마음먹었다. 1860년 8월 4일 토요일 오전에 소로는 모든 준비를 마친 채닝(캠핑을 한 번도 한 적이 없는 사람)을 이끌고 모내드녹 정상의 바로 그 골짜기를 향하여 비바람을 헤치며 힘겹게 걸었다. 소로가 정한 장소는 2년 전 블레이크와 야영을 한 곳이었다. 두 사람은 일단 전나무로 막사를 짓고 불을 피운 다음 고기를 구울 때처럼 불 앞에서 빙글빙글 돌았다. 이내 젖은 몸이 마르고 환희가 흘러넘쳤다. 산의 정령은 여름 관광객을 모조리 몰아내고 콩코드에서 온 순례자 두 명을 맞이했다. 그날 밤 폭풍우가 그친 뒤 구름 조각이 별을 쫓아다녔다. 머리 위에서는 쏙독새가 사냥을 하고, 젖은 바위와 그 사이에서 올라온 어린 나뭇가지가 불빛에 어른거렸다. 소로는 자신만의 천국에 있었다.

그곳에 오래 있고 싶었다. 모내드녹산을 다 파악할 만큼 충분한 시간을 보내고 싶었다. 소로는 몇 주라도 머무를 의지가 있었지만, 닷새 밤을 보낸 뒤 채닝은 그만 가서 주간 업무에 복귀해야 한다고 말했다. 첫 야영지에서 이틀 밤을 보낸 후 그들은 더 나은 야영지를 발견했는데 이곳에서는 고개를 들지 않아도 누워서 온 세상이 다 보였다. 소로는 나흘 동안 아침마다 해돋이를 보기 위해 일어났고 식사로는 블루베리와 야생 크랜베리를 먹었다. 저녁에는 두 사람 모두 빵과 소금에 절인 소고기를 먹으며 일몰을 바라보았다. 나흘 내내 소로는 낮에 돌아다니고, 조사하고, 기록을 남기고, 먼 곳을 응시하고, 생각에 잠겼다. 산에는 두 사람만 있는 게 아니었다. 하루에 적어도 100여 명이 산 정상에서 큰소리로 함성을 지르고, 쌍안경으로 먼 곳을 보고, 바위에 이름을 새기고, 열매를 따 모았다. "마치 사람들이 들판에 선 전망대에 모여든 것처럼 형형색색의 옷을 입은 남자, 여자, 아이들"이 산 정상을 뒤덮고 있었다.[29]

소로의 기록은 25쪽이 넘어가고 있었다. 그는 나무, 풀, 이끼 등 온갖 식물, 철새와 텃새, 포유류(토끼 배설물과 호저 두개골, 이 두 가지가 전부였다), 곤충, 개구리에 대해 기록했고, 당연히 인간과 인간이 나름대로 산을 개발하는 방식도 적어두었다. 소로는 산 정상을 지도로 그렸고, 습지를 연구했으며, 강이 각각 어디에서 흘러나오는지를 추정했다. 또한 바위를 스케치하면서 바위를 덮은 얼음의 선을 묘사했다. 그 선은 정확히 북서쪽에서 남동쪽을 향해 일직선으로 나 있었기 때문에 안개 속에서도 그 선을 보고 방향을 잡을 수 있었다. 그는 발아래로 보이는 구름과 안개, 빛의 변화, 공기의 느낌, 측정이 불가능한 산 위에서의 거리와 멀리서 들려오는 소리 등을 연구했다. 하늘의 푸른색을 측정하는 기기인 훔볼트의 시안계cyanometer가 있었다면 틀림없이 그걸 사용했으리라.

마지막 기록으로 소로는 다음번에 챙겨야 할 물건(달걀은 빼고 달콤한 케이크는 넉넉하게)과 관찰할 대상을 메모했다. 소로는 자신의 실험실에서 "지구가 완성되기 전의 모습을 보여 주는 표본"을 발견했다. 이 산 중 섬에서 그는 콩코드의 얽히고설킨 미로 같은 풍경이 어디서 시작했는지를 추적할 수 있었다. 이 산은 그에게 갈라파고스제도였다. 그의 일기는 기쁨으로 가득 차 있다. 모내드녹산은 생태학의 실험실일 뿐 아니라 영적 중심지이자 보통 사람, 지역의 직공, 농부의 아들딸들을 끌어당기는 자석이었다. 이곳은 아름다움과 모순이 공존하는 장소로서 사람들의 관심을 끌었다. 소로는 다시 집으로 돌아왔다. 에머슨의 아이들은 바위와 열매에 대해 소로가 들려주는 이야기에 온통 마음을 빼앗겨, 다들 헨리를 가이드로 앞세우고 모내드녹산에 한번 가야 한다고 아우성쳤다.[30]

모내드녹의 일출에 자신의 시계를 맞춘 이 사내에게 이제 필요한 것은 약간의 시간뿐이었다.

산에서 돌아온 소로는 글을 쓸 준비가 되었다. 콩코드농부클럽은 지난 봄 회의에서 "삼림수"森林樹를 집중적으로 다루었고, 이후 활발한 논의를 거치면서 농부들은 나무에 관한 더 정확한 지식이 필요하다고 입을 모았다.

각기 다른 소나무 종과 단풍나무 종을 구분하는 방식처럼 쉬운 문제도 있었지만, 훨씬 더 어려운 문제도 있었기 때문이다. "같은 토양에서 서로 다른 나무가 잇달아 자란다는 것을 알게 되었다. 소나무를 베고 나면 참나무가 자란다. 참나무를 베고 나면 이어서 소나무가 자란다." 다만 어떤 토양에서는 소나무 대신 **참나무**가 자란다. 이상한 일이 아닐 수 없다. 사람들은 언쟁을 벌였다. 누군가가 삼림수를 가지치기라도 하는 것일까? 나무를 다시 심었나? 아니면 자연적으로 씨앗에서 뿌리가 난 것일까? 이런 질문들은 흔한 것이어서 다윈은 자신 있게 말할 수 있었다. "미국의 삼림수를 베고 나면 완전히 다른 식물이 자란다고 모두가 들어 알고 있다."[31] 왜 그럴까? 다윈의 글을 읽은 뒤 콩코드농부클럽에서 다시 제기된 그 문제를 듣는 순간 소로는 정신이 번쩍 들었다. 그는 그 이유를 알고 있었다. 게다가 일찍이, 이미 1856년에 알아낸 것이었다. 9월 1일 소로는 이렇게 썼다. 빠진 부분은 **씨앗**이었다. 우리는 큰 나무를 작은 씨앗과 연관 짓지 않기 때문에, 대개 거기까지는 생각이 미치지 못한다. 하지만 영국과 독일처럼, "이 주기적인 천이가 끝나고 우리 인간이 나무를 심어야 할 때"가 올 것이다. 미들섹스 카운티 농업박람회의 주최자는 올해의 명예 연사가 헨리 소로이며 연설 주제는 "삼림수의 천이"가 될 것이라고 발표했다.

1860년 9월 20일 목요일에 비가 내리고 날씨가 사나워 농업박람회를 열기엔 적합하지 않았다. 그럼에도 모든 사람이 대체로 즐거워했으며, 많은 사람이 물에 젖고 약간 취기가 올랐지만, 오후가 되자 한 콩코드 시민의 "훌륭한 연설"을 듣기 위해 마을 회관 안으로 밀려들었다. "신사 숙녀 여러분", 소로는 유쾌하게 연설을 시작했다. "소 품평회에는 누구나 참석할 수 있습니다. 초월주의자까지도 말입니다." 그렇게 사람들을 한바탕 웃게 한 뒤 소로는 농담을 멈추고 곧장 본론으로 들어가 친숙한 식림지에 대해 재기발랄하게 설명했고, 자신이 겪은 곤혹스러운 문제와 발견, 폭넓은 이해를 설명해 가며 사람들을 매료했다. 그리고 특허청에서 얻은 좋은 씨앗 여섯 개로 호박 310파운드를 거둬들여 품평회에서 입상한 이야기로 연설을 마무리했다. "씨앗이 없었던 곳에서 식물이 자라날 순 없습니다." "저는 씨앗을 굳게 믿습니다." 저에게 씨앗이 주어진다면 경이로운 일이 일어날 겁니다. 천년이 걸리더라도 사람들이 "정의로운 통치"의 씨앗을 심기 시작하면 놀라운 일이 일어날 것입니다.[32]

소로의 옛 교수이자 현재 하버드대학의 총장인 코닐리어스 펠턴이 자리에서 일어나 옛 제자를 향해 박수를 보냈다. 상당히 유난스러웠던 펠턴은 학생들에게 "한층 더 발전하기 위한 수단으로서 고차원의 문화"를 강조했다고 소로는 언급한 적이 있다. 박람회 회장 조지 S. 바웃웰—매사추세츠 전 주지사이자 현재 주 교육위원회 총장—은 "쉽고 실용적"이면서도 면밀한 관찰력이 드러나는 연설을 듣게 된 데 대해 청중에게 축하의 말을 전했다. 그러면서 소로는 모든 사람이 따라야 할 모델이라고 말했다. "소로가 자신의 실험과 연구에서 보여 준 정신을 청중이 조금이나마 실천한다면 그들 자신과 사회 전체에 큰 도움이 될 것이다."[33] 산 정상에서 내려온 소로는 이렇게 새로운 청중을 발견했다.

소로가 평생 동안 발표한 글 중 사람들이 가장 많이 읽은 것은 「삼림수의 천이」이다. 호러스 그릴리의 노력으로 이 글은 즉시 《뉴욕 위클리 트리뷴》*New York Weekly Tribune*에 실렸고, 이후 전국 곳곳에서 다시 인쇄되었다. 글의 저자가 그릴리에게 원고를 돌려 달라고 부탁하면서 "'씨앗의 확산'Dispersion of Seeds에 들어갈 내용이기 때문입니다"라고 말했을 때 분명 그릴리는 득의양양하여 눈썹을 치켜들었을 것이다.[34] 소로가 새 책을 쓴다? 그 자신도 주말 농부였던 그릴리는 『월든』을 출판할 때와 마찬가지로 이번에도 대중의 인기를 끌어모을 준비가 되어 있었다. 그는 소로가 잘못 생각하고 있었음을 밝히는 열띤 편지를 길게 썼다. 몇 마일에 걸쳐 잡초가 자라지 않는 곳인데도 불에 탄 자리에서 잡초가 갑자기 나타나는 현상은 오직 자연발생설로만 설명할 수 있었다. 소로는 상세하고 예리한 답장을 써 보냈고, 그릴리는 두 사람이 주고받은 글을 신문에 실어 전국적 논쟁에 불을 지폈다. 다윈의 『종의 기원』에 대해 의견이 분분한 때였음을 감안하면 이는 영국의 상황과 기가 막히게 비슷했다. 게다가 더 유리한 점은 바로 그 시점에 대량 삼림 벌채로 지주, 농부, 메인주와 미네소타주 일대의 주민들이 어려움을 겪고 있었기 때문에 소로가 새로 쓴 글은 그들의 "쉽고 실용적인" 관심사에 해답을 제시했을 뿐 아니라 펠턴 총장이 주장한 "고차원의 문화"로 관심의 초점을 끌어올려 주었다.[35]

이제 소로는 새 책을 한 권이 아니라 두 권을 쓰고 있었다. 그는 「삼림수의 천이」를 쓰면서 예전 일기장을 넘겨본 뒤 다윈의 『종의 기원』을 새로운 관점에서 다시 읽어 나갔다. 갑자기 다윈의 이론이 생생하게 다가왔다. 소로는 새로운 의문을 가지고 서둘러 숲으로 돌아갔다. 농부들은 그들 자신의 숲을 망치고 있었고, 본인들도 그 사실을 알고 있었다. 그렇지만 소로는 농부들이 식림지를 망칠 의도로 그렇게 한 것이 아니었음을 깨달았다. 그저 지식이 부족했던 것이다. 엉망이 된 스미스 힐Smith's Hill을 예로 들어 보자면, 거기는 헐벗고 침식된 사면의 전형이었다. 하지만 스미스가 작은 히커리나무 묘목을 잘라 내지 않고 계절이 몇 번 바뀌는 동안만 소를 들여놓지 않으면 머지않아 빽빽하고 값진 히커리나무 숲을 보게 될 것이다.[36] 참나무로 말하자면, 1860년은 놀라운 해였다. 백참나무가 그토록 풍성하게 열매를 많이 맺은 건 그때껏 아무도 본 적이 없었다. 나무에서 떨어진 도토리가 숲 바닥을 빈틈없이 뒤덮었다. 다람쥐—소나무 아래에 미래의 참나무 숲을 심느라 바쁜 녀석들—의 먹이로도 충분했을 뿐 아니라, 농장주들은 콩코드 곳곳에 새로 생길 새로운 참나무 숲을 그리며 남은 도토리를 가져가 심을 정도였다. 에머슨도 직접 도토리를 주워 모아 심었다. 이 모든 것이 더없이 아름다웠다. 어떤 곳이든 인간이 땅을 온화한 손길로 대하면 자연의 설계가 작동하는 것처럼 보였다.

그 후 뭔가 이상한 일이 일어났다. 9월 28일에 "검은 서리"가 강타해 거의 일주일간 대지를 뒤덮었다. 10월 3일에 소로가 본 것은 시들고 쪼그라든 잎뿐이었다. 가을빛으로 영글기도 전에 죽어 버린 것이다. 숲에서는 온통 썩는 냄새가 났다. 열흘 뒤 소로는 여전히 도토리 풍년에 기뻐했지만, 도토리 몇 개를 까 보자 안이 썩어 있었다. 그래도 남은 것이 많았기 때문에 도토리를 조금 더 주워 모으면서 자연의 풍성함을 만끽했다. 소로는 씨앗과 숲의 경로, 식림지와 예전 경작지를 따라가고, 분계선을 넘고, 그루터기와 묘목을 조사하고, 씨앗의 중요성과 숲의 유연한 환경에 놀라며 일기장을 눈덩이처럼 부풀려 갔다.[37] 10월 18일에는 모든 것이 합쳐졌다. 모내드녹산의 개구리, 슬리피 할로의 물고기, 지천이 없는 벡 스토Beck Stow 습지의 수초 등은 "어떻게 그곳에 갔을까?" 그는 **무엇인가가 어딘가에** 어떻게 가닿았는지가 핵심이라고 썼다. "우리는 연못만큼 생물이 많은 곳을 생각해 낼 수 없다." 그릴리와 루이 아가시 둘 다 틀렸다. 모든 것은 사실상 물질적 씨앗에서 비롯되며, 따라서 다윈이 옳다. 모든 씨앗은 본래 하나의 씨앗에서 나오는데 이것이 증가하고 확산되어 새로운 종—지질학자가 연구하는 백합 화석부터 우리가 교회에 가져가는 흰 백합에 이르기까지—으로 진화했다. 모든 것은 씨앗에 의해 확산되며, 모두가 새로운 형태와 새로운 생명으로 진화한다. "진화론은 자연의 위대한 생명력을 보여 준다. 자연은 훨씬 유연하고 순응적인 데다 **새로운** 창조를 끝없이 계속하기 때문이다."[38]

하지만 문제가 남아 있었다. 소로는 그 백참나무를 다시 조사하려고 돌아갔다. 도토리는 여전히 나무에 달려 있었는데 이것은 불길한 조짐이었다. 그 무렵이면 도토리가 모두 여물어 땅으로 떨어져야 했기 때문이다. 소로는 나무에서 도토리 몇 개를 따서 열어 보았다. 죽어 있었다! 속이 시커멨다. 썩고 무른 것이다. 땅에 떨어진 도토리도 **전부** 똑같은 상태였다. 그는 아연실색하여 우뚝 멈춰 섰다. 생육 조건이 어땠기에 요람 속 어린 존재가 모두 죽은 것일까? 그는 지금껏 문제를 해결할 열쇠를 손에 쥐고 있다고 확신했지만, "자연에는 확실히 불완전함이 있다. 그 때문에 이 참나무들이 올해 일구어 낸 결실이 이렇게 사라진 것이다". 이 삼림지대의 모든 생물—비둘기, 어치, 다람쥐—은 이 헤아릴 수 없는 손실 때문에 "빈곤해졌다". "겉으로 낭비처럼 보이는 이 현상에 어떤 큰 목적이 담겨 있는지 알기는 어려웠다."[39]

다윈의 획기적 발견은 그가 자연선택의 열쇠는 하나가 아니라 둘이라는 것을 깨달았을 때 완성되었다. 두 개의 열쇠란 자연의 생산력과 죽음의 압박이었다. 다윈의 진화론은 차별적 생존, 즉 "적자생존"에 기초해 있었다. 소로의 생각도 비슷했다. 그는 씨앗이 대부분 죽는 것을 알았지만, 동물에게 먹힌 것들은 여전히 생명을 지탱해 주고 있다고 판단했다. 자연의 설계에 따라 거대한 호혜의 순환이 계속되고 있었다. 하지만 이렇게 참나무가 한 해 동안 일궈 낸 풍성한 도토리가 놀랍게도 무의미하게 소멸해 버린다는 것은 다른 힘이 작용해 변칙적이고 우발적인 사건과 기묘한 잔혹 행위가 벌어진다는 뜻이었다. 소로는 자신이 과학의 첨단에 서서 다윈의 이론을 현장에서 처음으로 응용하고 있다는 걸 알았다. 이제 그는 훨씬 강력한 무언가가 있음을 깨달았다. 배울 것도 많고 이해하지 못하는 것도 많았다. 소로는 다윈조차 곤혹스러워하는 문제의 해답을 찾아 나섰다.

소로는 사실 매일 밖으로 나가 새로운 장소를 찾아내고, 관찰하고, 질문하고, 수를 세고, 수집했다. 그의 일기는 급격히 늘어나 9월에 28쪽이었던 것이 10월에는 104쪽이 되었고, 11월에는 거기서 81쪽이 더 늘어났다. 박스버러의 노숙림oldgrowth forest* 인치스 숲Inches Woods을 베어 낼 예정이라는 소식을 들은 소로는 기차를 타고 현장을 보러 갔고, 드넓게 펼쳐져 있는 참나무들 사이를 경외하며 거닐었다. 그는 한 번도 나무가 잘려 나간 적 없는 이곳 뉴잉글랜드의 숲에서 삼림수의 천이를 연구하며 천이의 기원을 비롯해 회전 그림처럼 펼쳐지는 전반적 변화를 엿볼 수 있었다. 그는 뉴잉글

* 늙은 숲을 가리킨다.

랜드의 숲이 퍼석퍼석 부서지는 오래된 재산 증서에만 존재하는 일이 없도록 농장주에게 간청하여 나무 몇 그루를 그대로 남겨 두게 했다. 이제 소로는 영국인이 처음 정착하기도 전에 생겨난 그 숲이 자신의 행동을 **스스로** 기록하고 있는 것을 보았다—이제 그 기록을 읽을 수 있었다. "그리하여 당신은 콩코드 숲의 역사가 적힌 썩은 파피루스를 내 앞에 펼친다."[40]

"내 운명은 이곳에서 만들어지고 바뀌었다." 소로는 이것이 자신의 현판이 되어야 한다고 블레이크에게 농담 삼아 말했다.[41] 아버지가 돌아가시고 난 해에는 힘든 일과 스트레스가 많아 매사에 서두르게 되고 궁지에 몰리기도 했다. 하지만 올해는 그럭저럭 자신의 운명을 바꾸었다. 삶의 균형을 회복하고, 다시 산책과 글쓰기에 몰두하고, 더 심오한 사회적 목적에 집중했다. 그는 마을 회관과 콩코드공립학교 교실에 모인 사람들부터 자신의 목소리가 닿지 않는 곳에 있는 독자까지 다양한 청중과 어느 때보다 좋은 관계를 맺고 있었다. 소로도 자신이 역사의 흐름을 바꾸었다고 느낄 정도로, 청중이 소로의 말에 깊이 감응해 주었다. 1860년 11월 29일 추수감사절은 소로가 일생일대로 깊이 고마워한 날이었다. 오전 7시에 그는 강둑으로 걸어가 겨울에 대비해 배를 끌고 왔다. 오후에는 페어헤이븐 힐의 숲을 조사했는데, 히커리나무 묘목장이 눈길을 끌었다. 그날을 마무리하며 그는 시인이나 철학자는 허튼소리를 하는 것이 아니라 "영속적 가치"를 다루기 때문에 결코 힘든 시간을 보내는 것이 아니라고 생각했다.[42]

정오 무렵 올컷이 12월 2일에 열리는 존 브라운 추모식 행사 계획을 들고 찾아왔다. 함께 머리를 맞대고 추모식 프로그램을 상의하는 동안 아마 올컷은 주초에 외풍이 심한 마을 회관에서 수많은 사람과 함께 교사협의회를 진행하느라 감기에 걸린 것 같다고 밝히면서 미안하다고 했을 것이다. 다음 날 올컷은 집을 나설 수 없었다. 그다음 날에는 아예 앓아누웠는데, 열이 나고 목이 아프고 기침을 심하게 하는 바람에 일주일 동안 일기도 쓰지 못했다. 12월 9일 일요일이 되어서야 약간 기운을 차렸지만, 여전히 목이

쉬었고 "몸이 천근만근이었다".[43]

올컷과 회의를 하고 사흘이 지난 뒤 소로도 감기에 걸렸다. 그는 분명 그냥 감기라고 생각했을 테고, 온종일 돌아다녀야 했기 때문에 감기에 걸린 것을 성가시게 여겼을 것이다. 소로는 히커리나무를 더 연구하기 위해 페어헤이븐 힐에 다시 갔고, 집으로 돌아가던 길에 이웃을 만나 존 브라운에 대해 또다시 열띤 논쟁을 벌였다. 코를 훌쩍거렸지만 일은 계속해 나갔다. 다음 날에는 소로가 "납치"한 덕에 토론토(캐나다에서는 자유를 누렸다!)에 갈 수 있었던 도망노예를 예기치 않게 만났다. 그런 뒤에는 모뉴먼트 로드로 가서 주택지 측량을 마쳤다.

이것이 소로의 마지막 조사였다. 소로의 일기도 여기서 중단된다. 몇 주가 지나서야 미약하게나마 생기를 되찾고 몇 쪽을 더 쓴다. 소로가 콩코드의 산비탈을 가로지르거나 습지를 돌아다니거나 소나무 사이에서 참나무 묘목을 발견하는 일은 두 번 다시 없었다. 단순 감기나 독감에 걸린 것이었지만, 잠복결핵에 감염되어 있던 사람에게는 종말의 시작이었다.

"내가 말하는 서부"
: 마지막 여정

아직은 소로를 포함하여 누구도 그게 감기가 아니라는 걸 알지 못했다. 처음에는 그냥 버텼다. 순회강연을 더 하고 싶은 마음에 소로는 광고를 늘렸고, 로체스터와 버팔로에서 하기로 한 강연을 취소하는 대신, 9월에 로웰의 유심론자들 앞에서 두 번 강연을 했다. 아마도 오전에 〈산책〉을 낭독하고 오후에 〈낭비한 삶〉을 낭독했을 것이다. 그리고 12월 11일에는 코네티컷주 워터베리의 청년학교Young Men's Institute에서 강연했다. 병세가 일주일간 지속되고 있었지만 12월 10일 북동풍에 눈비가 흩날리는 날씨에도 아랑곳하지 않고 저녁 때 옛 친구들을 만나려고 우스터행 기차에 올랐다. 모임에는 블레이크 부부, 브라운 부부 그리고 해리의 친구인 E. 할로 러셀을 포함해 몇 사람이 더 있었다. 러셀은 1893년 블레이크에게서 소로의 원고를 물려받고 소로의 전기를 쓰게 된다. 러셀은 소로를 딱 한 번 만난 그날 저녁을 잊지 못했다. 그가 외투를 벗는 동안 안쪽에서 소로의 "깊은 음악적인 목소리"가 들려왔다. 응접실로 들어가자 소로는 벌떡 일어나 다정하게 손을 내밀며 인사했다. "만나서 반가워요, 러셀." 러셀은 소로가 확실히 신중한 어조로 말했다고 기록했다. "단호한 말을 내뱉지 못하는 것 같았다. 아니면 힘과 무게를 더하기라도 하듯 잠시 말을 참는 것 같았다." 이는 에머슨의 행동과도 비슷했지만, 러셀은 소로가 에머슨을 모방했다기보다는 말하기 전에 "생각을 들여다보는" 그만의 방식이라고 여겼다. 그는 소로의 쉰 목소리와 기침에 대해서도 기록했다. 그리고 나중에서야 그게 심각한 증세임을 깨달았다.[44]

다음 날 워터베리에 도착할 즈음 소로는 녹초가 되어 있었다. 그는 청중이 좋아하는 「단풍」을 준비했고, 그 시즌 중 가장 추운 밤인데도 꽤 많은 사람이 그의 강연을 들으러 왔다. 하지만 청중은 몹시 실망했다. 소로의 강연은 "따분하고 진부하며, 만족스럽지 못했다". 실용적이지도 않고 시적이지도 않을뿐더러 어떤 장점도 느낄 수 없는 "단조로운" 이야기였다. 평론가는 그해 시즌만이 아니라 협회 역사를 통틀어 최악의 강연이었다고 매몰차게 결론지었다.[45] 소로는 심하게 병든 채 이 실패를 안고 집으로 돌아왔다. 가벼웠던 감기가 더 깊어지더니 폐에서 잠자고 있던 결핵에 불을 붙이고 말았다. 청중, 특히 젊은 청중과 연결되고자 하는 그의 열망은 수포가 되고 말았다.

크리스마스가 되자 독감 증상이 누그러졌다. 휴일에 소로는 병석에서 일어나 올컷 부부를 방문했다. 소로는 에머슨의 근간 『삶의 지침』*The Conduct of Life*이 초기작과 같은 "열기와 힘"이 없다며 마구 비난했다. 자신만만하게 건방진 소리를 하더니, 자신의 집필 책상으로 돌아와 다시 글쓰기에 매달렸다. 건강을 추스르는 동안 새로운 생각들을 분석했으니, 이제 멋지게 글을 쓸 차례였다. "야생 열매"와 신작 "씨앗의 확산"을 동시에 진행할 계획으로, 소로는 다시 일기를 들춰 보면서 두 권의 초고를 작성해 나갔다. 우선, 이다음 강연에서 낭독할 「허클베리」가 중요했다. 며칠 동안 그는 블루베리를 따는 황금 같은 순간을 되살렸고, 예전 책에서 사과를 다루었듯 이번에는 블루베리를 중심에 놓고 시와 논증을 적절히 버무려 인류의 역사를 멋지게 서술했다. 1월 중순에는 다시 씨앗으로 돌아가 다윈의 글을 나름대로 개작한 "**생물**의 기원"[46]을 써 내려갔다.

젊은 시절 읽은 라이엘의 책부터 10월 서리에 죽은 도토리까지 기나긴 과정을 통해 소로는 새로운 시야를 확립했다. 그가 보기에 세계는 갑자기 새롭게 창조된 것이 아니라, "기존의 법칙에 따라 꾸준히 진보해 왔다." 씨앗은 그 법칙의 작동 원리를 추적할 수 있는 실질적 수단이었다. 파괴는 갑작스럽고 눈에 잘 띄기 때문에 알아보기 쉬웠다. 나무가 쓰러지면 누구나 그 요란한 소리를 듣게 된다. 하지만 나무가 자라는 소리, 끊임없이 천천히 이루어지는 창조의 소리는 누가 들을까? "자연은 느리지만 확실하다." 인내의 경쟁에서는 자연이 승리한다. 자연은 씨앗의 종을 번식시킬 뿐 아니라 씨앗의 용도가 얼마나 많은지도 알고 있다. "올해 난 도토리가 모조리 죽었다 해도 두려워하지 말라! 앞으로 많은 시간이 남아 있으니."[47] 이것이 백참나무 흉작에서 얻은 그의 해답이었다. 인간의 척도로는 이해할 수 없는 것이 자연의 척도로 시간 단위를 늘이면 충분히 이해할 수 있었다. 이제 살날이 얼마 남지 않은 사내는 말 그대로 세상의 시간을 다 가진 듯 흡족해했다.

야외 활동을 좋아하는 소로가 집에만 갇혀 있는 것이 얼마나 힘든지를 알고 있었기에 채닝은 걱정하고 올컷은 안타까워했다. 하지만 머지않아 봄이 영험한 약 기운을 몰고 오리라 믿고서 소로는 일기장들을 펼쳐 놓고 "마음속으로 새 책을 구상하듯"[48] 주제별로 쓸 내용을 정리하면서 바쁘고 즐거운 시간을 보냈다. 혹시 그 책이 콩코드의 지도책 아니냐고 올컷이 슬쩍 떠보았다. “그러나 그는 자신만의 방식과 시간에 맞춰 일해야 했고”, 어떤 결과물이 나오든 놀라움을 자아내고 기다릴 가치가 있을 게 분명했다. 올컷은 다가오는 콩코드공립학교 박람회 프로그램에 소로를 포함했고, 채닝은 소로가 계절 도표를 업데이트할 수 있도록 새로운 정보를 가지고 왔다. 에머슨은 자신의 생각을 확장하기 위해 들렀다. “헨리 T.는, 시에는 모든 음악이 담겨 있지만 곡은 그렇지 않으며 곡에는 현의 떨림이 담겨 있을 뿐이라 한다. 사람들이 노래를 부르거나 곡을 연주할 때는 그 곡에 들어 있는 하나의 시만을 표현한다는 것이다.” 월도는 이 말에 동의하지 않고 친구에게 반론을 제기했다. 하지만 스스로 생각을 정립할 만큼 오랫동안 소로의 말을 생각한 뒤 그는 헨리의 말에서 결국 만족할 만한 의미를 포착했다.[49]

채닝은 조바심을 이기지 못하고 소중한 친구가 심하게 기침을 하고 체중이 줄어들고 있다고 메리 러셀 왓슨에게 근심 가득한 편지들을 보냈다.[50] 2월 말에 그는 소로를 데리고 밖으로 나가 한두 차례 마을을 산책했다. 저건 파랑새인가? 어느 따뜻한 날 오후, 소로는 신이 나서 말했다. 3월 1일에는 블레이크와 브라운이 소로를 만나려고 우스터에서 순례자처럼 먼 길을 걸어왔다. 올컷은 진창길을 걸어 여기까지 오는 건 조금 과하다고 생각했지만 두 친구의 행동에 깊은 인상을 받았다. “나는 당대의 훌륭한 사람들”이 보여 준 “이 사려 깊고 충직한 행동보다 더 소로에게 명예로운 것은 없으리라고 생각한다”.[51] 학교 박람회가 열린 3월 14일, 소로는 병세가 악화되어 참석하지 못했지만, 이제 올컷이 “마을에서 가장 성공한 사람”이 되었고 학교에서 이룬 업적으로 널리 칭송받아 환하게 빛날 것이라고 리케슨에게 자랑스럽게 써 보냈다. 소로는 자신이 비록 죄수처럼 집에 붙박여 있지만 여전히 행복하고, 일도 열심히 하고 있으며, 따뜻한 봄기운이 돌면 감기가 나으리라 희망한다고 모두에게 강조했다.[52]

하지만 봄기운을 타고 온 것은 내전이었다. 소로는 정치적 상황에서 눈을 떼지 않았다. 3월에 소로는 링컨이 대통령 직에 오르고 나서—겨우

한 달 지났을 때—"전혀 통치하지 않고" 비겁하게 군다며 대처에게 비난의 말을 쏟아 냈다. "국고를 훔치거나 정치적 근거로 살인을 저지르는 등의 반역 행위"를 한 남부인이 그간 한 명도 처벌받지 않았다. 그러므로 북부는 "자유주와 노예주 간의 **연합**이 불가능"하다는 것을 알아야 하고, "그에 따라 선거하고 행동해야만 한다".[53] 이 "지옥"은 2주 후인 1861년 4월 12일에 끝났다. 연방 수비군이 주둔하고 있는 찰스턴항의 섬터 요새에 사우스캐롤라이나 군대가 포격을 가한 것이다. 상황은 몇 달 전으로 거슬러 올라갔다. 링컨이 당선되자 남부가 발끈했고 크리스마스 직전에 사우스캐롤라이나주가 연방에서 탈퇴했다. 뒤이어 남부 주 여섯 곳이 빠져나갔고, 1861년 2월에는 탈퇴한 일곱 주가 남부연합을 결성해 제퍼슨 데이비스를 대통령으로 선출했다. 링컨은 취임 연설에서 남부의 행동에 법적 효력이 없다고 선언했다. 그리고 남부의 반란을 인정하지 않으니 발포 또한 하지 않겠다고 말했다. 소로가 화가 난 건 이 때문이었다. 이런 일이 벌어지는데도 아무런 조치를 취하지 않다니! 하지만 섬터 요새Fort Sumter에 대한 공격으로 모든 것이 바뀌었고, 오랫동안 분노가 들끓었다. 요새를 탈환하기 위해 링컨이 자원병 7만 5,000명을 모집하자 콩코드의 열기는 고조되었다. "모두 흥분에 휩싸였다"라고 루이자 메이 올컷은 기록했다. 젊은 남성들과 남자아이들은 "진지하게 훈련받았고", 여성들과 여자아이들은 군복을 만들었다. 노인들은 "신문지상에서 쏟아 내는 국가의 운명을 받아들였고, 아이들은 드럼과 파이프를 요란하게 연주하며 거리를 떠들썩하게 했다."[54]

그런데 4월 19일 남성 40명으로 구성된 콩코드민병대가 전쟁터로 출발한 날, 소로의 일기에는 친구들이 가져다준 표본과 그에 대한 관찰 기록만 적혀 있다. 자주 찾아오는 어린 친구는 메리의 장남인 호러스 만이었는데, 호러스는 얼마 전부터 소로의 눈과 귀와 손이 되어 주고 있었다. 소로는 전쟁을 차마 인정할 수 없었다. 파커 필스버리는 친구를 위해 『월든』 한 부를 주문하겠노라고 침착하게 운을 뗐지만, 곧 화를 내면서 "가뜩이나 이런 시기에 '개미들의 전쟁'을 읽고 싶어 하다니"라고 말했다. 세상에! "노예제라는 리바이어던이 시시각각 '늙은 에이브'를 요나처럼 집어삼키려 하는 마당에,* 누가 물에서 '담수어'와 노는 법을 읽고 싶어할까?" 소로의 생애의 역작이 순식간에 쓸모없고 무의미한 허접쓰레기로 전락하고 말았다. 집 안에 갇혀 꼼짝할 수 없는 상황이었지만 소로는 확고한 입장을 드러냈다. "그 친구 분이 섬터 요새Fort Sumpter〔원문대로〕와 늙은 에이브를 포함하여 그 모든 걸 무시했으면 좋겠군. 이 책은 가장 치명적인 단 하나의 무기, 즉 악을 겨누는 무기라네." "빛의 천사"가 어둠의 행보를 일일이 따질 일이 있을까? "나는 이 나라에 불어닥친 현 상황이 유감스럽긴 하지만, 귀에 들리는 만큼 유감스럽지는 않다네."[55]

링컨은 잘못 판단했다. 남부 주 탈퇴 사태는 치안 활동만으로 진압할 수 있는 국지적 반란이 아니었다. 앞으로 몇 달, 아니 몇 년에 걸쳐 소로가 목격하지 못할 사건들이 일어나 끔찍한 진실과 재앙이 펼쳐질 터였다. 봄에 전쟁의 열기가 뜨거운 가운데 바틀릿 박사는 소로에게 뉴잉글랜드에 겨울이 다시 찾아오면 폐가 낫지 않을지도 모른다고 말했다. 그러니 요양하기에 좋은 장소, 이를테면 서인도제도 같은 곳으로 "떠나야" 한다. 서인도제도가 너무 덥다고 생각한 소로는 대신 미네소타에 가기로 마음을 정했다. 지금은 그것이 이상한 선택처럼 보이지만, 당시에는 중서부의 북쪽 지역이 결핵 환자 요양에 특히 좋은 기후로 거론되곤 했다. 소로 입장에서는 거기로 가야 할 다른 이유도 있었다. 그는 항상 서부에 가 보고 싶었다. 어린 시절 소로는 "**나는** 무슨 일이 있어도 서부로 가야 한다"라고 존에게 호소했다. 그리고 예전에 미시간으로 오라는 캘빈 그린의 초대에 귀가 솔깃해 이렇게 말한 적도 있었다. "서부에는 내게 흥미로운 장소가 많습니다. 특히 호수 지방과 인디언들이 그렇죠."[56] 마거릿 풀러도 서부 여행을 계기로 새로운 책을 썼

* 요나는 고래에게 잡아먹혀 배 속으로 들어가게 된 성경의 인물이다.

고, 그 여행기가 소로의 『콩코드강과 메리맥강에서 보낸 일주일』의 모델이 되었다. 에머슨은 정기적으로 서부를 방문하고 그곳에서 여러 계약을 맺었기 때문에 소로는 친구들과 멀어지지 않을 수 있었다. 서부에는 가족도 있었다. 조지 대처의 형인 새뮤얼 대처 2세가 메인주에서 미네소타주 세인트앤서니로 이사했는데, 그곳에서 폐병을 깨끗이 떨치고 행복하게 살고 있었다. 그 대처 가족이 근거지이자 연락처가 될 수 있었다. 소로에겐 미네소타가 제격이었다.

하지만 누구와 함께 가야 할까? 소로가 맨 먼저 선택한 사람은 채닝이었지만 그는 애매한 태도를 취했다. 다음으로 소로는 블레이크에게 도움을 요청했다. 블레이크는 다정하고 현명하며 늘 헌신적인 제자였다. 소로는 천천히 여유를 갖고 가야 한다고 주의를 주었다. 어쩌면 석 달쯤 걸릴 것이고, 돌아올 때는 매키노와 몬트리올을 경유하는 다른 길로 와야 한다고 말했다. 캐나다를 향한 소로의 애정이 여전했기 때문이다. 병약한 소로는 "나는 누구에게도 동행자가 될 자격이 없다"라며 양해를 구했다. 하지만 블레이크라면 소로와 이 여행을 함께할 수 있지 않을까?[57] 블레이크는 어쩔 수 없는 사정으로 소로의 제의를 거절했다. 그 대신 세심하고 어린 열일곱 살 호러스 만 2세가 소로의 동행자로 나섰다. 호러스는 오하이오에서 자랐고, 안티오크대학의 설립자이자 초대 총장으로 명성이 자자한 아버지를 따라 미시간에 간 적이 있었기 때문에 서부에 대해 어느 정도 알고 있었다. 무엇보다 호러스는 하버드로렌스과학대학에 진학하여 아가시와 그레이의 연구에 참여하고 자연과학자가 되기를 바라고 있었다. 소로가 알고 있는 하버드대학의 여러 지인이 호러스에게 완벽한 교수가 될 수 있었다. 게다가 호러스도 기침을 달고 살았다. 그도 미네소타에 가 볼 필요가 있었을지 모른다. 어린 호러스는 수줍음이 많고 상냥하며, 기꺼이 도움을 주려 하고, 맡은 바를 주저하지 않고 우직하게 해내는 아이였다. 호러스의 어머니—교사이자 소피아 호손의 언니이며, 《다이얼》과 「시민 불복종」을 펴낸 엘리자베스 피보디의 동생—도 호러스가 소로와 여행하는 것을 허락했다. 그들에게 헨리 소로는 사실 가족의 일원이나 다름없었다.

에머슨은 "그건 큰 잘못"이라고 주장했다. 소로 일행이 떠나기 전날 소로에게 지도를 가져다주고 돌아온 엘런에게 에머슨은 소로가 서부로 가는 대신 "마이넛 씨의 농가"를 사는 편이 낫다고 말했다. 그날 저녁 식사에 초대받은 소로는 오랜 친구와 자연사와 정치를 주제로 토론했다. 결국 에머슨은 소로를 설득하지 못했다. 다음 날 아침 에머슨은 작별 인사를 적은 메모와 함께 병약한 여행자에게 도움과 편의를 제공해 줄 "좋은 사람들"의 명단을 보내 주었다.[58]

그리하여 1861년 5월 11일 토요일 오후에 헨리 소로와 호러스 만 2세는 기차에 올라 푸른색 연합군 유니폼을 바쁘게 찍어 내고 있는 웨스트 콩코드의 다몬 공장을 순식간에 지나쳤다.[59] 두 사람은 우스터에서 이틀 밤을 묵고, 해리스 블레이크의 안내를 받아 퀸시가몬드 호수를 구경했다. 소로에게는 마지막 방문이었다. 우스터에서 그들은 기나긴 서부 철도를 타고 나이아가라폭포로 갔다. 피츠필드를 지날 때, 소로는 머리를 길게 빼고 지평선 위로 솟은 그레이록산을 보았을 것이다. 올버니에 도착해서는 마을에서 가장 좋다고 하는 델러밴 호텔에서 묵었다. 소로는 "가격만큼 좋진 않았다"라고 불평하며 여행 경비를 걱정했다. 호러스는 소로가 "잘 지내고 있으며, 좀 피곤해할 뿐"이라고 말해서 어머니를 안심시켰다. 그들은 다음 날 아침에는 하숙집을 찾아야겠다고 계획하고 우선 나이아가라폭포 근처에서 하룻밤 묵으며 쉬려 했지만, 숙소마다 손님으로 가득 차 있었다. 관광 시즌이 시작되는 5월 15일이었기 때문이다. 결국 그들은 하루 1달러를 주고 아메리칸 하우스에 묵었다. 호러스는 예의 바르게 앉아 또다시 집에 편지를 썼다. 소로는 벌써 아주 좋아졌어요. 글을 쓸 때도 나이아가라폭포 소리가 들립니다.[60]

소로도 집에 편지를 썼다. 세계에서 가장 유명한 폭포는 "기차가 달려

오거나 기관차가 증기를 내뿜는 듯한" 소리를 냈다. 콩코드에서 듣던 소리와 너무나도 비슷해서 거의 차이를 느낄 수 없다. 소로는 폭포가 "그때까지 본 광경 중 가장 인상적"이었으며, 마치 케이프 코드 해안을 보는 것 같았다고 적었다.[61] 그들은 고트 아일랜드를 돌아다니며 식물을 채집했다. 소로는 이 여행의 첫 번째 표본을 수집해 야책에 끼워 넣고 수십 개에 이르는 목록을 작성했다. 나이아가라폭포의 최고 경치를 보기 위해 캐나다로 건너갔을 때는 다른 이들처럼 관광객이라는 이유로 바가지를 쓰고 무려 5달러를 내야 했다. 소로는 탐사할 수 있는 작은 야생 지역을 모두 둘러보았다. 춥고 축축하다고 느낀 그는 기침이 잦아들도록 "트로키" 사탕을 샀다.

두 사람은 나이아가라폭포에서 시카고로 향했다. 5월 20일 월요일에 온타리오 남부이자 캐나다 서부 지역을 경유하는 기차를 탔다. 소로는 항상 이 지역을 탐험하고 싶어 했다. 창밖으로 보이는 "조화롭게 다양한" 풍경과 북쪽으로 뻗은 "바다와 같은" 온타리오 호수가 마음에 들었다. 그렇지만 탐험은 하지 않았다. 그들은 윈저에서 배를 타고 디트로이트로 건너갔다. 소로와 편지를 주고받는 캘빈 그린이 북쪽으로 몇 마일 떨어진 곳에 살고 있었지만 힘에 부쳐 방문은 할 수 없었다. 소로는 미시간 활엽수림을 통과하는 기차를 타고 미시간주 서쪽으로 향했고 인디애나의 해안선에 있는 높은 사구 사이를 지나 저녁 무렵 시카고에 도착했다. 두 사람은 다음 날 급히 처리해야 할 일이 있었기 때문에 하룻밤에 1.5달러나 하는 유명한 메트로폴리탄 호텔에서 이틀 밤을 묵었다. 호러스는 매사추세츠의 은행에서 발행한 어음을 금화로 바꾸어야 했다. 때마침 시카고는 금융 위기로 혼란을 겪고 있었다. 이 도시의 은행들은 남부의 증권회사들에 의지하고 있었는데, 지금은 전쟁 중이어서 영업을 전면 중단하고 있었다. 호러스 만은 자신의 연락망을 가동하여 매사추세츠의 은행에서 발행한 100달러짜리 수표를 환전해 줄 가족의 친구를 찾았다. 작은 기적이 일어나기라도 한 듯 소로와 열렬한 편지를 주고받다가 지금은 은행원으로 일하고 있는 벤저민 와일리가 수표를 금화로 바꾸어 주었다.

직접 방문해야 할 곳이 몇 군데 있었다. 먼저 찾은 곳은 로버트 콜리어 목사의 안락한 소파였다. 열렬한 노예제 폐지론자이자 유니테리언 목사인 콜리어는 전쟁, 서부, 문학에 대해 이야기했으며, 나중에 소로가 음악적인 낮은 목소리로 말했고 적확한 단어를 찾으려고 자주 머뭇거렸고 "가슴 통증을 이겨 내려고 절절하게 인내하며" 숨을 골랐고, "훌륭한 가수의 노랫말처럼 분명하고 진실한 말"로 문장을 완벽하고 온전하게 이어 갔다고 기억했다.[62] 그날 저녁 콜리어는 소로에게 짧은 편지를 써 보냈다. 서부에 관해 좋은 책을 써 주길 바랍니다. "우리에게 특별한 책이 될 그런 작품을 말입니다." 서부의 모든 독자가 간절히 바라고 있습니다. 그날 오후 호러스와 헨리는 가족의 친구이자 초월주의자인 제임스 프리먼 클라크의 동생 윌리엄 헐 클라크와 함께 시내를 둘러보았다. 클라크는 시카고에 하수관 223마일을 설계한 기술자로, 소로의 마음을 사로잡았다. 여름에 콩코드강의 낙수량을 계산했던 측량사 소로는 이렇게 기록했다. "하수구나 주요 배수관의 경사도가 1마일당 2피트에 불과하다." 다음 날 오전 호러스는 우체국으로 달려가 모든 일이 순조롭다는 소식을 편지에 담아 보냈다. 소로는 식수에 섞인 석회 때문에 "장에 약간 문제가 생겼지만" 그것 말고는 "아주 잘 지내고 있습니다".[63] 그들이 다음 편지를 보낼 장소는 미네소타주 세인트 앤서니였다.

다음 행선지까지는 사흘이 걸렸다. 일리노이 대초원을 온종일 가로지르고, 1839년에 엘러리 채닝이 일구려 했던 160에이커의 농장도 지나쳤다. 열차가 속력을 내자 소로는 실망감에 젖어 목을 길게 빼고 분홍색 꽃이 만발한 나무를 보았다. 야생 사과나무일까? 알아볼 방법이 없었다. 이스트 더뷰크에 이르자 철로가 끝나고 미시시피강이 나타났다. 거기서부터는 배를 타고 이동했다. 다음 날 오전 그들은 '이타스카'Itasca호를 타고 미시시피강을 천천히 건너 오후에 위스콘신주 프레리 두 치엥에 도착했다. 다음 날 저녁에는 미네소타주 레드 윙을 지나갔고, 5월 26일 일요일 이른 아침 세인트폴에 정박했다. 몇 년 전 소로는 회전 그림처럼 펼쳐진 미시시피강을 보면서 그 모습이야말로 미국의 황금기를 담은 그림이라고 칭송했었다. 하지만 미시시피강의 현실은 덜 대단해 보였다. 어마어마하게 쌓인 밀짚 그늘에 밀밭과 집과 사람들이 웅크리고 있었는데, 그 모습이 마치 "쥐가 자신의 재산인 밀짚 더미에 둥지를 튼 것 같았다". 하지만 강 여행은 매혹적이었다. 거리가 하나뿐인 작은 마을은 그 자체로 드라마였다. 증기선이 위풍당당하게 다가오자 휘파람 소리와 종소리가 울려 퍼졌다. 우체국장이 가방을 들고 달려오고, 승객들이 우왕좌왕하고, 개와 돼지가 소란을 피웠다. 멀리 거대한 절벽이 보였다.[64] 세인트폴에서 아침 식사를 한 뒤 그들은 폭풍우를 뚫고 9마일을 천천히 이동해 세인트 앤서니에 도착했다. 여기까지 오는 데 꼬박 두 주가 걸렸다. 이제 대처 가족이 따뜻하게 맞아 주면 푹 쉴 수 있었다.

하지만 대처 가족은 큰 시름에 잠겨 있었다. 새뮤얼 대처가 마차에 치였는데 부상이 심해 목숨이 위태로웠다(실제로 얼마 지나지 않아 목숨을 잃었다). 당연히 소로와 호러스는 대처의 집에 머무르지 않았지만, 대처는 친구인 찰스 L. 앤더슨 박사에게 두 친구를 부탁하는 짧은 편지를 어렵사리 적어 주었다. 지역의 의사인 앤더슨은 강 건너 미니애폴리스에 살고 있었다. 소로는 강이 내려다보이는 트레몬트 하우스 객실에서 곤경에 처한 친척의 이야기를 소피아에게 써 보냈다. 호러스는 또다시 어머니를 안심시키는 편지를 썼다. 두 사람은 9일 동안 세인트 앤서니를 탐색했다. 미래의 박물학자 호러스는 지역의 약국에서 5갤런짜리 통을 사서 알코올을 채웠다. 친절한 약국 주인이 통을 가게에 두는 것을 허락해 호러스는 매일 총으로 사냥한 동물을 그 속에 담아 둘 수 있었다. 통이 가득 차면 호러스는 입구를 밀봉한 뒤, 나중에 해부와 연구를 하려고 잘 간수했다. 총으로 사냥하는 데 신이 난 호러스는 새와 작은 동물을 쏘아 댔지만, 오래전 총을 내려놓은 헨리는 식물을 채집하고 초원의 새를 관찰하는 데 전념했다. 소로는 분명 호러스에게 자신의 철학을 설명했을 것이다. 함께 보낸 몇 주 동안 젊은 청년은 사냥은 적게 하고 식물채집을 더 많이 했다. 실제로 호러스 만은 하버드에서 그 시대의 유망한 젊은 식물학자로 성장하면서 아사 그레이에게 후계자로 지목받았다. 소로가 일궈 낸 또 다른 변화였다.

두 사람은 화요일에 미네소타주의 지질학자 앤더슨 박사를 만났다. 앤더슨은 대처가 보낸 편지를 읽자마자 두 사람을 저녁 식사에 초대하고, 오후에는 자신의 마차에 태워 칼훈 호수Lake Calhoun로 데려갔다. 다음 날에는 미네하하 폭포Minnehaha Falls—이 이름은 롱펠로의 하이어워사Hiawatha*를 따서 지은 것으로 유명했지만, 소로는 그것이 완전히 허구라고 퉁명스럽게 기록했다—에 데려갔고, 그다음에는 남자 300명이 전장으로 떠난 스넬링 요새를 방문했다. 앤더슨은 아낌없이 베푸는 주인이었다. 나중에는 두 손님을 북서부에 있는 거대한 수목림으로 데리고 갔고 자신의 서재를 개방하기도 했다. 날씨가 춥고 비 내리는 날이면 헨리는 난롯가에 몸을 웅크리고 앉아《위스콘신주 농업학회 회보》나《미네소타 역사학회 연보》를 읽었다. 헨리는 위스콘신에서 들소가 마지막으로 발견된 때(1832)와 비버가 마지막으로 발견된 때(1819), 인디언의 야생 쌀 문화, 그리고 다음 연구를 위해 읽으면 좋을 책들을 노트에 기록했다.

아직은 장래를 생각하고 있었다. 여기 서부 대초원에 흥미롭고 새로운 풍경, 다시 말해 그의 생각을 검증해 볼 수 있는 완전히 새로운 실험실이 펼쳐져 있었다. 소로가 기록한 식물은 모두 상호 관계를 맺고 있었는데 이 관계는 꽃과 씨앗의 풍경 변화, 새로운 동물군, 원주민이 땅을 이용해 온 오랜 역사, 정착, 파괴, 재생에 중요했다. 소로는 특히 "참나무 공터"oak openings**가 궁금했다. 화재를 겪은 뒤 참나무들이 듬성듬성 자랐고, 하나하나가 둥그런 왕관 형태를 이루고 있었다. 그런 "참나무 공터" 한가운데에 미네소타 대학이 서 있었는데 이상하게 인위적으로 보였다. 그는 불을 사용해 숲을

* 롱펠로의 시에 나오는 아메리카 인디언의 영웅.

** 참나무가 우위를 점하고 있는 사바나.

개간한 인디언들과 인치스 숲을 떠올렸을까? 소로는 여기저기 돌아다니며 휴식을 취하고, 연구하고, 메모하고, 열심히 작업하면서 현장 노트를 빼곡히 채우고, 앞으로 할 연구의 기반을 다졌다. 평소와 같은 방식이었다. 현장에서 치밀하고 압축적으로 기록한 것을 일기에 옮겨 적고 그 일기를 수정해 연설문, 에세이, 책을 썼다. 다시 말해, 서부에 관한 새로운 장을 쓰기 시작한 것이다.

미니애폴리스에서 남서쪽으로 4마일 떨어진 칼훈 호수는 그냥 들렀다 가기에는 너무나 매력적인 곳이었다. 6월 5일 수요일에 그들은 그 지역에 최초로 정착한 주민이자 과부인 해밀턴 부인이 호반에서 운영하고 있는 하숙집으로 갔고, 9일 동안 대초원의 가장자리에서 한가로이 지내며 생선 요리를 먹고 수영을 하고 탐험을 즐겼다. 지역 벌목꾼들과 마주쳤을 때 소로는 여러 질문을 던졌다. 벌목꾼들은 미네소타는 페놉스코트에 비하면 아무것도 아니라고 말했다. 그리고 이곳에서도 소로는 마침내 야생 사과나무를 발견했다. 해밀턴 가족이 몇 그루를 옮겨 심어 봤지만 관리가 까다로워 끝내 살리지 못했다고 했다. 원예가이자 이웃인 조너선 그라임스가 심은 나무들도 마찬가지였다. 하지만 그라임스가 자신의 목초지에 몇 그루가 자란다고 일러 준 덕에 소로는 드디어 야생 사과나무를 직접 발견하고 "그 꽃의 산방꽃차례를 따서 나의 식물표본에 넣을 수 있는" 기쁨을 누렸다.[65]

그러나 이 목가적인 생활은 오래가지 못했다. 애초에는 몇 달쯤 머물 생각이었지만, 3주 뒤 소로는 떠날 채비를 했다. 건강이 악화되어 회복할 희망이 사라졌을까? 아니면 여행 자금이 바닥났을까? 아마 전선에서 들려오는 소식 때문이었을 것이다. 6월 10일에 처음 대규모 교전이 발생한 빅 베델 전투에서 북부연방군이 밀려나고 남부연합군이 승리했다는 긴급한 보도가 신문에 쏟아졌다. 이는 이 전쟁이 일시적 교전이 아니라 오랜 기간 계속될 유혈 충돌임을 분명히 보여 주는 첫 번째 신호였다. 북부연방군이 죽어가는 사이 남부연합군은 세력을 확장하고 있었다. 소로는 전쟁을 회피하려

했지만, 칼훈 호수에서 가장 가깝게 지내는 앤더슨 박사와 조너선 그라임스가 모두 버지니아 사람이었다. 전쟁 이야기가 모든 일에 영향을 미쳤다. 소로는 "우리의 얼굴은 이미 고향을 향해 있다"라고 샌번에게 써 보냈다.[66]

그런데 소로에게 거부할 수 없는 기회가 찾아왔다. 신문에서 10달러에 왕복 여행이 가능한 특별 여행 상품을 본 것이다. 미네소타강을 따라 약 200마일을 배를 타고 레드우드에 있는 로어 수 관리청Lower Sioux Agency까지 여행하는 프로그램이었다. 이 도시에는 정부가 지급하는 연금을 받기 위해 해마다 인디언 5,000명이 모여들었다. 조약에 따르면 수족(지금은 다코타족으로 알려진)은 1858년에 새로 생긴 미네소타주 중 남부 지역 절반을 포기하는 대가로 연금을 받기로 되어 있었다. 시기적으로 분위기가 한껏 고조될 때였다. 6월 14일 금요일에 두 사람은 세인트 앤서니로 돌아왔고, 호러스는 생물을 가득 담은 통을 집에 보낼 수 있었다. 그들은 주말에 세인트폴로 이동한 다음, 월요일에 외륜 기선 '프랭크 스틸'Frank Steele호에 올랐다. 소로는 이 배에 "길들이지 않은 자연에 처음으로 도끼를 휘두른 백인"의 이름이 붙어 있다고 기록했다. 그날 오후 두 사람은 구불구불한 미네소타강(혹은 "하늘빛 강")을 따라 "로어 수 관리청으로 가는 그랜드 유람 여행"을 시작했다.[67]

시즌 말이었고 강의 수위가 낮았기 때문에 배가 급격히 방향을 틀어 흔들리거나 어딘가에 부딪혀 후진하는 경우가 있어 느린 속도로 여행을 했다. 강가를 지나치면서 구경할 시간이 많았던 두 사람은 가까운 쪽에 손을 뻗어 식물을 채집할 수 있었다. 선상에서는 흥에 겨운 사람 100여 명이 독일 밴드의 음악에 맞춰 댄스파티를 벌이고 있었다. 선상에는 남북전쟁 격전지로 향하는 기차를 타기 위해 리질리 요새로 가는 군인 25명, 미네소타 주지사 알렉산더 램지와 그의 아내, 새로운 인디언 관리관 토머스 갤브레이스와 몇몇 관리, 그리고 우연히도 올컷의 사촌이자 샌번과 하버드대학 동급생인 조지프 메이가 있었다. 미네소타에서 만난 사람들 절반 정도가 매사추세츠주 출신이라고 소로는 추정했다. 배 위를 우르르 몰려다니거나 의자나 갑판에서 잠을 자거나 여행 가방을 팽개쳐 놓은 사람들을 피해 헨리와 호러스는 객실에 머물며 조용히 시간을 보냈다.

두 사람은 나흘 뒤인 6월 20일 오전 9시에 레드 윙에 도착했다. 남쪽으로 몇 마일 걸어가 대초원을 볼 시간은 충분했다. 헨리는 시간이 더 많다면 20마일이나 30마일 떨어진 곳까지 가서 들소 떼를 보면 좋겠다고 생각했다. 하지만 두 사람은 1시에 열릴 협의회를 지켜보기 위해 발길을 돌렸다. 인디언 "추장"에게 100달러, "전사"에게 20달러씩 할당된 연금은 결국 그날 지급되지 않는다고 공표되었다. 그럼에도 수많은 연설이 계속 이어졌다. 주지사 램지는 새로운 리질리 요새는 인디언에게 위협을 가하지 않을 것이며, 포악한 백인의 공격을 막아 주려는 뜻일 뿐이라고 인디언들에게 단언했다. 갤브레이스는 "아버지가 아이들을 돌보듯" 인디언들을 보살피겠다고 약속했다. 소로는 빈정거리는 투로 다코타족이 "굶주린 것"처럼 보이며, 귀하게 자란 아이들 얼굴처럼 "윤이 나고 둥근 얼굴은 아니"라고 썼다. 인디언의 대변인은 레드 아울Red Owl이었다. 그는 피부가 가무잡잡하고 건장한 므데와칸턴Mdewakanton족으로 워배시Wabash 부족 특유의 지적인 얼굴을 하고 있었으며, 열정적이고 언변이 좋았다. 레드 아울은 여러 가지를 들어 정부를 신랄하게 비판했다. 연금은 얼마 되지도 않고, 약속한 식량과 물자는 다른 데로 가거나 사라졌고, 짓기로 한 학교도 들어서지 않았다. 전체적으로 인디언들은 상당히 불만스러워했다고 소로는 기록했다. "아마 그럴 만한 이유가 있을 것이다." 인디언들은 늘 "성실성과 진지함에서는 우리보다 한 수 위이므로 그의 말은 신빙성이 있었을 것"이라고 덧붙였다.[68]

연설이 끝나고 소 두 마리가 끌려 나왔다. 인디언들은 한 마리를 도살하고 조리해서 성대한 만찬을 열었다. 이어서 춤판이 벌어졌다. 소로가 세어 봤을 때 서른 명에 이르는 남자들이 반나체로 열두 명의 음악가가 연주하는 음악에 맞춰 춤을 추고 있었다. 피리를 부는 사람도 있었고 화살로 활을 두드리는 사람도 있었다. 모두 "발과 어깨를 번갈아 가며 혹은 동시에"

움직이면서 흥겨워했다. 소로가 다코타족을 어떻게 생각했는지는 알려지지 않았지만, 다른 구경꾼의 보고문이 신문에 실렸다. 인디언의 춤은 거친 울음소리와 격렬한 몸짓을 되풀이하는 "저속하기 짝이 없는 뜀뛰기"에 불과했다. "한심하고 역겨운 광경"을 보건대 그런 야만성을 근절하지 않으면 이 "딱한 어린애 같은 사람들"은 결코 인간이 되지 못할 것이다.[69]

춤이 끝나자 술에 취한 여행객들은 다시 세인트폴로 향했다. 댄스 밴드는 모카신을 신고 퀼트를 두른 채 발을 굴렀고, 주지사가 점잔 빼듯 성명을 발표할 때마다 "아아" 하고 외쳐 사람들을 웃음 짓게 했다. 물론 헨리와 호러스는 객실로 피해 그 광경을 보지 않았다. 소로는 많은 사람이 눈에 띠는 붉은 캐틀리나이트 점토암을 정교하게 깎아 만든 의식용 파이프를 50센트나 1~2달러를 주고 기념품으로 사는 것을 기록했다. 소로는 관광 상품이 아니라 기능적인 옷을 손에 넣었다. 대다수 다코타족은 자신의 원주민 복장을 유럽인의 바지, 외투, 드레스와 어쩔 수 없이 교환해야 했다. 소로는 옷가지를 두고 인디언들과 흥정을 했을지도 모르고 헌 옷 더미에서 몇 개 골랐을지도 모른다. 그가 가져온 물건은 술이 달린 멋진 남성용 사슴 가죽 재킷과 각반, 술과 구슬이 아름답게 달린 여성용 사슴 가죽 드레스, 정교한 구슬 장식이 달리고 등자 가죽에 인장이 찍힌 질 좋은 작업용 안장이었다. 또한 소로는 "가장 중요한 추장의 이름은 리틀 크로Little Crow"라고 적었는데, 그는 나중에 다코타 전쟁의 지도자가 되었다.[70] 레드 아울은 다가오는 혹독한 겨울을 견디지 못하고 눈을 감았고, 근처에 살던 리틀 크로가 아울의 자리를 대신했다.

결국 연금은 지급되었지만, 그들은 최후의 다코타족이 되고 말았다. 그 해 여름에는 야도충이 옥수수를 덮쳤고, 이어진 겨울마저 유난히 매서웠다. 이듬해 여름, 사람들은 배를 곯았다. 갤브레이스는 무능함을 보였다. 그는 몇 번이고 뚜렷한 이유 없이 인디언들에게 절실히 필요한 연금을 미루고 지급하지 않았다. 다코타족을 위한 식량이 창고에 저장되어 있었지만, 그들은 돈이 없어 그걸 이용할 수 없었다. 8월에는 팽팽하던 긴장감이 마침내 폭발하여 젊은 다코타족 네 명이 백인 정착민 다섯 명을 죽이는 사건이 발생했다. 그러자 전쟁이 벌어졌고, 백인 수백 명과 정확히 몇 명인지 알 수 없는 다코타족이 전사했다. 램지 주지사는 미네소타주에 사는 수족 인디언을 남김없이 "전멸시키거나 주 국경 너머로 영원히 추방해야 한다"라고 말했다.[71] 인디언과 맺은 조약은 무효화되고 보호 구역은 해제되었다. 살아남은 다코타족은 무장 감시병에게 이끌려 스넬링 요새로 가거나 주 서쪽 경계 밖으로 쫓겨났다. 다코타족 303명이 교수형을 선고받았다. 링컨 대통령이 감형을 지시했지만 그중 38명은 공개적으로 처형되었다. 미국 역사상 가장 큰 규모의 사형 집행이었다.

사형된 사람 중 일부는 소로가 직접 만났을 테고 어쩌면 이야기도 나누었을 것이다. 리틀 크로는 서부로 달아났다. 1863년 7월, 크로는 아들과 블루베리를 따다 백인 정착민의 총에 맞아 사망했다. 그의 무덤—만약에 있다면—에 대해서는 알려진 바가 없다. 그의 머리와 팔은 미네소타역사협회에 공개적으로 전시되었다가 1971년이 되어서야 그의 후손에게로 돌아갔다. 후손들은 비공개로 장례식을 열고 그를 땅에 묻어 주었다. 존 브라운을 변호했던 소로가 살아서 리틀 크로의 필사적 전투에 대해 들었다면 어떤 말을 썼을까? 정부가 인디언과 맺은 조약을 폐기하고, 소로가 만났던 바로 그 다코타족을 강제로 쫓아내고, 조약상의 권리와 조상 대대로 물려받은 땅을 수호하고자 했던 다코타족 38명을 처형하고, 참수된 리틀 크로의 머리를 역사박물관에 공개적으로 전시하는 것에 대해 소로는 어떻게 반응했을까? 여기에서도 소로의 삶은, 활짝 피지 못하고 요람에서 시들고 만 대안적 역사의 서막처럼 느껴진다.

'프랭크 스틸'호가 로어 수 지역을 떠나고 이틀 뒤 헨리와 호러스는 세인트폴로 돌아왔다. 그들은 하룻밤을 묵고 6월 23일 일요일에 레드 윙을 향해 하류로 내려갔다. 그곳에서 사흘을 머물며 편지를 찾고, 미시시피강에서 수영을 하고, 반블러프Barn Bluff산 경사면을 탐험하고, 정상에서 레드 윙Red Wing 추장의 무덤을 보고, 햄린대학에 가서 호러스 윌슨 교수를 만났다. 6월 26일에 그들은 증기선 '워 이글'War Eagle호를 타고 계속해서 미시시피강을 따라 내려왔고, 다음 날 아침에는 프레리 두 치엥에서 내려 기차를 타고 위스콘신에서 밀워키로 넘어갔다. 6월 27일에는 매디슨을 통과했는데, 이 도시에는 세워진 지 1년밖에 안 된 대학교가 있었다. 바로 그날 스물세 살의 존 뮤어가 포티지에 있는 자신의 집을 향해 북쪽으로 걸어가고 있었다. 지질학·식물학·화학을 공부하는 학생인 뮤어는 불과 얼마 전에 첫 학기를 끝냈다. 몇 년 뒤 학교를 그만두고 "야생 대학"에 입문할 때에야 뮤어는 소로에 대해 듣게 되고 그를 영웅으로 삼게 된다. 그리고 새롭게 떠오르는 소로의 환경 운동은 뮤어의 연구를 통해 전국적 정치 활동으로 무르익는다.

밀워키에 도착하니 은행이 파산하고 폭동이 일어나 도시에 계엄령이 내려져 있었다. 레이크 하우스 여관에서 감시를 받으며 하룻밤을 보낸 소로는 다음 날 아침 앤더슨 박사에게 감사 편지를 보낸 뒤 '에디스'Edith호에 승선했다. 화물로 밀가루와 금고 세 개를 실은 배는 미시간호 북쪽 구간을 가로질러 다른 주를 향해 나아갔다. 호러스는 맥키노 아일랜드에서 여름을 보낸 기억이 있었기에 6월 30일 오전 2시에 배가 섬에 정박했을 때 곧장 메인 거리를 따라 소로를 맥키노 하우스 여관으로 안내했다. 두 사람은 여기서 나흘을 보냈다. 미네소타는 불쾌할 정도로 무더웠지만('프랭크 스틸'호에서 어떤 사람이 온도계를 봤는데, 그늘에서 화씨 102도였다), 여기는 너무 서늘해 7월 2일에 소로는 난롯불을 쬐어야 했다. 소로가 맥키노에서 발견한 식물 목록은 수십 쪽에 달했다. 아직은 활동적이고 호기심이 강했다.[72]

7월 4일 두 사람은 화물선을 겨우 얻어 타고 휴런호를 가로지르며 긴 여행을 했다. 다음 날 저녁 온타리오주 고드리치에 도착해 하룻밤을 묵었고, 다음 날 오전에 토론토행 기차에 올랐다. 캐나다에서도 전쟁의 소용돌이를 피할 수 없었다. 폭력 사태가 증가하자 캐나다인들은 국경수비대를 요청했다. 그들은 전쟁이 북쪽까지 침투하여 캐나다에서 격전이 벌어질까 봐 두려워했다. 이곳은 이미 도망노예들이 새로운 생활을 찾은 곳이었다. 그뿐 아니라 캐나다인들은 북부연방군이 남부 항구를 막으면 영국의 공장으로 보낼 목화를 확보하지 못할 테고, 그로 인해 캐나다 경제가 불안정해질 것을 우려했다. 결국 이런 위협에 대처하고자 새로운 정부를 세우기 위해 특별 선거가 치러졌다. 투표는 7월 7일 일요일 오후 늦게 마감되었고, 그 시각에 헨리와 호러스는 철도 승강장에 발을 디뎠다. 시내에 있는 여관 로신 하우스로 가는 도중 당선자가 발표되었다. 이곳에서도 세상은 떠들썩했다.

다음 날 두 사람은 토론토대학 캠퍼스를 둘러본 뒤 그랜드 트렁크 철도를 타고 온타리오 호수를 따라 동쪽으로 갔고, 이어서 세인트로렌스 호수 북쪽으로 올라갔다. 프레스콧 합류점에 도착한 두 사람은 페리를 타고 뉴욕 주 오그덴스버그로 갔다. 때는 7월 9일 새벽이었고, 보스턴으로 가는 오전 4시 기차를 타려면 몇 시간 기다려야 했다. 헨리의 기록은 여기서 멈춘다. 호러스도 마지막 편지를 집으로 보낸 뒤였다. 지친 두 여행자는 뉴욕 최북단을 지나고, 버몬트와 뉴햄프셔를 가로지르고, 메리맥강을 따라 매사추세츠로 내려오는 길고도 힘겨운 여정을 끝냈다. 소로는 한때 익숙했던 풍경을 바라보며 산업화가 20년간 일으킨 변화를 확인했을 것이다. 그들은 보스턴에 도착했지만 콩코드로 가는 마지막 기차를 타기에는 시간이 너무 늦었다. 보스턴에는 친구들이 있었으니 그들을 불러내도 되었겠지만, 두 사람은 집으로 가는 첫차를 타기 위해 밤새 기다렸다. 7월 11일 목요일 오전에 마지막으로 그들은 콩코드역부터 두 블록을 걸었다. 서드베리 로드에 있는 호러스 만의 집에서는 호러스의 어머니가 아들을 반겼다. 조금 더 떨어진 헨리의 집에서는 그의 어머니, 여동생, 고모가 두 달 동안 긴 여행을 무사히 마치고 귀가한 그를 보고 안도했다.

시원섭섭한 귀향이었다. 소로는 여전히 희망을 품었고, 여전히 모험을 시도했으며, 여전히 미래의 연구를 계획했다. 하지만 소로는 기껏해야 몇 달밖에 살지 못하리라는 것을 집으로 돌아오는 길에 알았다. 가족과 친구들에겐 엄청난 충격이었다. 집으로 보낸 편지에서 소로는 건강 이야기는 한마디도 없이 풍경과 모험에 관해서만 이야기했고, 호러스는 언제나 소로의 기력이 "상당히 정정"하고 병이 나아지려 한다고 말했다. 호러스는 자신의 기침에 대해서도 언급하지 않았는데, 더더군다나 가슴 아프게도 과학계에서 중요한 업적을 이루기 직전인 스물여섯 살에 그도 폐결핵으로 숨을 거두게 된다. 두 사람이 집으로 돌아왔다는 보도를 읽은 올컷은 소로의 서부 여행이 "처음부터 운명 지어진 것"이며, 소로의 "피로"는 그가 콩코드에 싫증이 나서 새 지역을 찾으려 한다는 신호에 지나지 않는다고 애써 희망적으로 생각했다. 하지만 이제 진실은 모두에게 명백했다. 몬큐어 콘웨이는 불런 전투—남북전쟁 최초의 중요한 전투로, 여기서도 북군이 패주했다—가 끝난 직후인 7월 21일에 소로를 찾아왔다. 콘웨이가 보기에 이 오랜 친구는 콩코드에서 유일하게 행복한 사람으로, "국가가 도덕적으로 갱생하고 있다"라고 흥분했지만, "슬프게도 건강이 좋지 않았다". 어쩌면 소로가 직접 쓴 것일 수도 있는데, 곧 《뉴욕 트리뷴》은 유명한 박물학자 겸 시인의 "건강이 위독하다"라는 사실을 세상에 알렸다.[73] 작별의 시간이 시작되고 있었다.

"낙엽은 우리에게 어떻게 죽어야 하는지를 일러 준다"

앞서 1860년 10월에 소로는 대니얼 리케슨이 보낸 편지를 열어보고 이 오랜 친구가 몹시 화가 났다는 걸 알게 되었다. "나의 친구 소로, 당신의 침묵으로 추론하건대 나와 더는 연락도 교류도 하지 않을 텐가?" 난처해진 소로는 자신이 관심이 없었던 것이 아니라 바빴을 뿐이라고 답장을 보냈다. 그러다 1861년 3월에 소로는 걱정스러워하는 리케슨에게 자신이 "기관지염"에 걸렸다고 말해야 했다. 미네소타에서 막 돌아온 소로는 범상치 않은 편지가 온 것을 발견했다. 편지에는 오랜 퀘이커 교도 친구가 기독교로 개종했다는 소식이 담겨 있었다. "뭐라 말해야 할지 모르겠군요." 소로가 답했다. "판단하기 전에 당신을 만나야겠습니다." 물론! 리케슨이 답신을 보냈다. 여기로 오시게. 당신에게 필요한 건 휴식과 가벼운 소일거리라네. 완벽한 리케슨식 치유법이었다.[74] 8월 19일에 오랜 두 친구는 역에서 만났고, 리케슨은 자신의 치유법을 실행에 옮겼다. 오두막 난롯가에서 오랫동안 이야기를 나눴고, 마차를 타고 천천히 호수를 둘러보았다. 하지만 소로를 지켜볼수록 그의 마음은 혼란스러웠다. 소로의 상황은 심각했다. 기침이 심했고 몸은 수척했다. 하지만 그의 정신은 온전했고, 그건 병마와 계속 싸워 나갈 힘이었다.

이틀 뒤 맑고 따뜻한 오전에 리케슨은 사진가 E. S. 던시의 스튜디오로 소로를 데려가 억지로 자리에 앉혀 놓고 유리판 사진 두 장을 찍게 했다. 밝게 나온 사진은 리케슨이 소장하고, 어둡고 강렬하게 나온 사진은 스튜디오에 남겨 두었다. 소로의 가족은 이 사진을 보고 기뻐했다. 특히 실물과 똑같으면서도 건강이 나빠진 것은 거의 드러나지 않는다고 입을 모아 말했다. 타원형 사진틀 속에 담긴 나이 든 소로는 진지해 보인다. 정장을 차려입었고, 수염은 깨끗이 다듬었으며, 콧수염은 희끗희끗하고, 머리는 솔방울로 빗은 듯하다. 그의 시선이 우리의 눈길을 사로잡는다. 고정된 회색 눈이 레퀴엠처럼 심오하고 슬프다. 올컷은 이 사진에서 소로에게 깃든 병색을 보았고, 에머슨은 수염 때문에 소로의 얼굴이 흉해 보인다고 생각했다. 하지만 리케슨이 두 번째 사진을 소피아에게 보냈을 때 그녀는 "잃었던 오빠를 다시" 보게 되어 눈물을 멈출 수가 없었고, "소로의 두 눈에 지친 기색이 약간 드리워져 있을 뿐"이라고 했다.[75] 이것이 소로의 마지막 사진이었고, 그가 집 밖을 나선 마지막 여정이었다.

리케슨은 아픈 친구를 보고만 있을 수 없었다. 그는 자신의 주치의인 데니스턴 박사를 설득해 소로를 방문했다. 두 사람은 9월 2일에 도착했다. 의사는 자신의 온천에서 2주 동안 머무는 것을 시작으로 수水 치료를 진행하자고 했지만, 소로는 그의 제안을 정중히 거절했다. 리케슨은 소로가 낫고 있다고 확신하며 집으로 돌아왔다. 다른 사람들 생각도 마찬가지였다. 채닝은 한 달 더 회복 시간을 가지면 건강해진 소로를 다시 볼 수 있을 거라고 메리 러셀 왓슨에게 써 보냈다. 호어 판사는 소로에게 말과 마차를 빌려주었고, 덕분에 화창한 가을날 헨리는 소피아를 마차에 태워 데리고 나갔다.[76] 9월의 어느 날, 두 사람은 함께 월든 호수까지 가기도 했는데 소피아는 소로가 앉아서 호수를 응시하고, 머리 위의 포도나무에서 포도를 따서 맑은 물속에 던지는 모습을 스케치했다. 어릴 적 꿈결에 보았던 호수[77]를 방문한 것은 이날이 마지막이었다. 10월에 소로는 자신의 건강이 전반적으로 좋아졌다면서 리케슨을 안심시켰다. 하지만 "말하기는 쉽지만 글쓰기는 어렵다"[78]라고 고백했다. 그것이 리케슨에게 보낸 마지막 편지였다. 두 사람은 두 번 다시 만나지 못했다.

11월 3일에 소로는 마지막으로 일기장을 꺼냈다. 처음 감기에 걸린 이후로는 규칙적으로 적지 않았고, 미네소타를 다녀온 뒤에는 일기장을 꺼낸 경우가 몇 번에 불과했다. 그것도 가족이 기르는 여러 고양이와 새로 태어난 새끼 고양이를 애정을 담아 관찰한 내용이 전부였다. 그러다 1861년 11월 3일 정오에 소로는 밖을 내다보았다. 맹렬한 폭풍이 막 사그라들고 있었다. 그는 자신이 본 것에서 만족스러운 결론을 얻었다. 바람에 실려 몰아친 비에 조약돌 뒤쪽의 땅이 자로 잰 듯 깎여 나갔고, 이것으로 폭풍의 방향을 정확히 읽을 수 있었다. "이 모든 것은 관찰력 있는 눈에만 분명히 보인다"라고 그는 썼다. "하지만 대부분은 쉽게 지나칠 수 있다. 이렇게 모든 바람은 저마다 자기 보고를 한다."[79] 이것으로 소로의 일기, 자기 보고의 위대한 기념비는 영원히 마감되었다.

겨울 추위가 들이닥치면서 소로가 그동안 보인 진전은 모두 수포로 돌아갔다. 글쓰기는 힘들었지만, 소로가 리케슨에게 털어놓았듯 말하기는 쉬웠다. 글로 표현하는 목소리가 잠잠해지는 대신 말로 전하는 목소리가 그의 생명줄이 되었다. 가족의 친구 한 사람은 지난겨울 저녁에 소로의 뺨이 상기되고 두 눈이 "심상치 않은 빛을 발해 한없이 아름다웠던 그의 모습을 바라보고 있자니 얼마나 가슴이 아팠는지"를 기억했다. 소로의 대화는 "훌륭"했고 사람들을 사로잡았으며, "그 약한 목소리마저 명료하게 낼 수 없을 때까지" 이야기했다. 12월에 가족과의 저녁 식사 자리에서 허약해진 소로가 책, 인간, 국가의 "내정 문제" 등을 광범위하게 이야기했으며, "시세에 영합하는" 정치인과 당면한 문제에 "무관심"한 국민을 언제나처럼 견디지 못했다고 올컷은 회고했다. 소로는 가족과 함께하는 저녁 식사 자리를 가능한 한 오래 지켰다. 그리고 채닝에게 "혼자 식사를 하면 사람들과 만날 수 없겠지"라고 이야기했다.[80] 소로가 계단을 오르내릴 수 없을 정도로 몸이 약해지자 소피아는 그의 등나무 침대를 응접실 앞쪽으로 가지고 와서 오빠가 식물과 꽃에 둘러싸여 강을 내려다볼 수 있게 했다. 잠자리에 들 시간이 되면 소피아는 가구를 옮겨 램프 불빛으로 벽에 멋진 그림자가 생기게 했다. 잠 못 이루는 소로를 즐겁게 해 주려는 것이었다. 또한 소피아 호손이 자기가 갖고 있던 "감미로운 뮤직박스"를 보내준 덕에 소로는 몸을 뒤로 기대고 뮤직박스에서 나오는 곡조를 들으며 꿈을 꾸듯 쉴 수 있었다. 이웃들은 꽃을 더 많이 가져오고, 입맛을 돋우는 간식을 들고 매일 찾아왔다. 젤리 한 접시, 갓 잡은 사냥감, 달콤한 사과, 병에 담긴 사과주 등.[81]

처음에 마을 아이들은 아픈 사람에게 방해가 될까 두려워 소로를 멀리했다. "아이들이 왜 나를 보러 오지 않지?" 아이들이 지나가는 것을 보고 소로가 소피아에게 말했다. "나는 저 아이들을 내 자식처럼 사랑한단다." 소피아가 리디언에게 이 말을 전하고, 리디언은 이디스에게 이야기하고, 이디스는 동네에 소문을 냈다. 그 후로 아이들이 종종 찾아왔다. 언제나 선생님이었던 소로는 새 둥지를 빼앗은 몇몇 아이에게 그런 잔혹함 때문에 들판과 숲이 얼마나 큰 고통을 겪는지 알고 있느냐고 묻기도 했다.[82] 소로가 친한 친구들에게만 내보였던 보통의 친절함이 세상 밖으로 드러났다. 에머슨은 금욕적인 헨리가 "상냥한 태도를 거의 보이지 않았다"라고 말했던 반면, 에드 호어는 헨리가 "매우 다정한" 사람이긴 하지만 사람들이 의도와 다르게 말한다는 것을 이해할 필요가 있다고 설명했다. 하지만 이제 사람들의 방문과 꽃이 끊이지 않자 "사람들을 향한 그의 감정이 크게 달라졌다. 그리고 이럴 줄 알았더라면 그렇게 쌀쌀맞게 굴지 않았을 거라고 말했다".[83]

정식으로 방문한 사람들은 소로가 회갈색의 싸구려 코듀로이가 아니라 멋진 검은색 정장을 입고 안락의자에 앉아 있는 모습을 보았다. 가까운 친구들은 소로가 책과 원고 더미에 둘러싸여 분주하고 생기가 넘쳤으며, 재치 넘치는 말로 그들을 기쁘게 해 주는 모습을 보았다. 1월 어느 날은 블레이크와 브라운이 소로와 몇 시간을 보내려고 프레이밍햄에서 눈보라를 뚫고 스케이트를 타고 왔다. "자네들, 강에서 스케이트를 타겠군." 소로가 두 사람에게 말했다. "이제 난 다른 강에서 스케이트를 탈 거야." 그러다 대화가 흰머리로 흘러갔을 것이다. 소로는 자신의 삶에 아무런 문제가 없었다고 장난스럽게 말했다. 적어도 열네 살 이후부터 괜찮아졌는데, 그때 잠시 잘못한 일에 대해 죄책감을 느꼈다고 했다. "하지만 내가 아는 한 그 후론 문제가 없었다. 그래서 머리가 빨리 세지 않았다. 하지만 블레이크는? 쥐처럼 머리가 하얗게 셌다."[84] 정통파인 루이자 이모가 "헨리, 하나님과는 화해했니?"라고 묻자 그는 유쾌하게 대답했다. "우리가 싸운 적이 있었는지 몰랐어요, 이모." 파커 필스버리가 방문했을 즈음 소로의 목소리는 속삭임에 가까웠다. "이게 자네가 할 수 있는 최선이로군." 필스버리가 소로의 손을 잡고 말했다. "이제 현장에서 일하긴 어렵겠어." "그래", 소로는 미소 지으며 속삭였다. "그래도 얼음이 갈라지고 버틸 때까진." 이 말은 남자아이들이 이제는 사라진 저수지 얼음 위에서 키틀리벤더스 놀이를 할 때 하던 말이었다. 필스버리가 말을 이었다. "자네 앞엔 어두운 강이 흐르고 있겠지. 반대편이 어떻게 보이는지 궁금하네." 그러자 "한 번에 한 세계씩"이라고 소로가 말했다.[85]

소로는 말하는 목소리가 나오지 않자 문학적 목소리에 주의를 기울였다. "친구들에게 재산을 남기는 건 좋은 일이지요." 소로가 널려 있는 원고 한가운데 앉아 있는 레이놀즈 목사에게 속삭였다. 새 글을 쓰는 건 불가능했다. 메리 스턴스는 소로가 존 브라운의 전기를 쓰지 못하게 된 것을 안타까워했다. 존 브라운의 전기는 "천국의 바람"[86]이 쓰도록 놔둘 수밖에 없었다. 『야생 열매』나 『씨앗의 확산』도 기대할 수 없었다. 소로는 가으내 수백 장을 써서 모아 둔 글을 그해 겨울에 신중하게 정리했고, 두꺼운 원고 뭉치들을 포장하고 끈으로 묶은 뒤 후세를 위해 잘 치워 두었다.[87] 다음에는 남아 있는 문학작품으로 관심을 돌렸다. 그해 겨울 어느 날 『월든』의 출판인 제임스 필즈가 소로의 연설문들을 《애틀랜틱》에 싣자고 제안했다. 필즈는 소로가 용납할 수 없었던 제임스 러셀 로웰로부터 잡지사를 인수한 참이었다. 1862년 2월 11일, 깃펜도 들 수 없을 만큼 몸이 약해진 소로는 연필로 쓴 답장을 소피아에게 옮겨 적게 한 뒤 우편으로 보냈다. 좋습니다.《애틀랜틱》에 발표하겠습니다. 다만 두 가지 조건이 있었다. 필즈가 소로의 동의 없이 "문장이나 감정"을 변경해서는 안 된다는 것, 그리고 소로가 저작권을 가진다는 것.

거래는 성사되었다. 소피아는 간병인과 친구 역할 외에도 대필자와 보조 편집자 역할까지 도맡았고, 나중에는 유저遺著 관리를 담당했다. 소피아는 헨리의 손으로 원고를 한 장씩 넘겼다. 소로의 눈이 감겨 있을 때는 초안을 크게 소리 내어 읽었으며, 수정 사항을 기재하고, 변경해야 할 부분이 너무 많이 뒤섞이면 사본을 많이 만들어 두고, 소로가 불러 주는 편지글을 받아쓰고,《애틀랜틱》의 소유주인 티크너와 필즈에게 잇달아 에세이를 보냈다.[88] 가장 시급히 손보아야 할 글은 「가을의 빛깔」이었다. 일주일 동안 글을 다듬은 뒤 소로는 책에 새길 수 있도록 그가 신중히 고른 진홍색 참나무 잎을 넣어 보냈다. 그는 임종 때 이렇게 말했다. 낙엽은 "우리에게 어떻게 죽어야 하는지를 일러 준다. 사람들은 (…) 단풍처럼 무르익어 우아하게 내려앉는 때가 언제 도래할지 궁금해한다. 인디언의 여름처럼 평온하고 침착하게 자신의 몸을 떨구고, 머리카락과 손톱마저 땅에 떨구는 그 순간이."[89]

다음은 『월든』이었다. 그들은 개정판을 내기로 협의했다. 소로는 한 가지를 수정했는데, "숲의 생활"이라는 부제를 삭제한 것이다. 『월든』은 그 이상의 것을 다루고 있었기 때문이다. 그다음은 「더 높은 법칙들」이었다. 소로는 『월든』 이후에 쓴 연설문, 〈무슨 이득이 있겠는가?〉를 수도 없이 수정한 끝에 글을 완성하고 이 제목을 붙였다. 하지만 필즈가 새 제목을 탐탁지 않게 여기자 소로는 제목을 다시 바꾸었고, 마지막 순간에 이 위대하고 논쟁적인 에세이 제목은 「무원칙의 삶」으로 결정되었다. 3월이 되었다. 소로는 「무원칙의 삶」과 짝을 이루는 에세이 「산책, 혹은 야생」을 손보고 있었다. 죽어 가는 눈으로 서부를 보고 돌아온 사내는 이렇게 말했다. "내가 말하는 서부는 야생의 또 다른 이름이다. 내가 말하고자 하는 바는 야생에서는 세상이 보존된다는 것이다." 3월의 남은 나날 동안 교정쇄를 읽는 사이사이에 헨리와 소피아는 "야생 사과"의 초안을 검토해서 묶어 냈고, 이 일을 하는 동안 소피아는 엘리자베스 호어를 조수로 고용했다.

이제 헨리는 촌각을 다투고 있었다. 혹시 제가 보관하고 있는 『콩코드강과 메리맥강에서 보낸 일주일』을 인수해 재발행하지 않으시겠어요? 좋습니다, 그들은 동의했지만, 조건이 좋지 않다며 양해를 구했다. 괜찮습니다. 소로는 협상할 시간이 없었다. 『메인 숲』을 급히 손봐야 했고, 특히 조 폴리스에 대해 쓴 미완의 3장을 끝내야 했다. 처음에는 "앨러개시와 웹스터강"The Allegash and Webster Stream이라고 제목을 붙였었다. 하지만 『메인 숲』은 대니얼 웹스터에게 경의를 표하지도 않고, 웹스터가 인디언을 무례하게 대했다는 폴리스의 이야기를 담고 있지도 않았다. 소로는 문제가 되는 제목을 지우고 그 위에 "동쪽 지류"East Branch라고 썼다. 그리고 몇 주 동안 그는 너무 명랑해 마음을 아프게 하는 문장들을 우울한 기분으로 모두 삭제했다.[90] 아마 인디언은 "친한 친구"라고 신이 나서 옹호한 부분도 이때 사라졌을 것이다. 하지만 결말은 여전히 미궁에 갇혀 있었다. "그건 내가 풀 수 없는 매듭"이라고 소로는 샌번에게 털어놓았다. 그리고 끝내 그 글을 미완으로 남겨 두었는데, 이로써 소로는 인디언 아일랜드에 있는 폴리스에게 할 작별 인사를 영원히 미루었다. 소로는 자신이 그린 폴리스에 대해 폴리스가 읽고 어떤 반응을 보일지 걱정했다. 1864년 『메인 숲』이 발표되었을 때 폴리스는 당당한 시민으로서 북부를 위해 싸웠고 전쟁 중 팔을 하나 잃은 상태였다. 소로가 그린 폴리스에 대해 그가 어떻게 생각했는지는 기록이 없다.[91]

친구들은 죽어 가는 소로를 보며 깊은 생각에 잠겼다. 1월 초 티오필러스 브라운은 소로의 정신 상태가 "몹시 고양되어" 있는 것을 확인하고는 "건강할 때도 좋지만 아플 때도 좋았다"라고 주장했다. 3월에 소로는 어느 열광적 독자에게 이렇게 써 보냈다. 그는 살날이 얼마 남지 않았다고 추측했지만, "그 어느 때보다 살아 있음을 즐기고 있으며, 후회는 없습니다".[92] 며칠 뒤 샘 스테이플스는 임종을 앞둔 소로를 만나고 가면서 "그렇게 행복하고 평화롭게 죽어 가는 사람은 본 적이 없다"라고 밝혔다. 게다가 스테이플스는 콩코드에서 소로를 정말로 아는 사람은 거의 없다고 에머슨에게 말했다. 슬픔을 애써 억누르며 소피아는 성인군자 같은 오빠가 자신의 운명에 대해 "아이와 같은 믿음"을 갖고 있었다고 리케슨에게 써 보냈다. "마치 오빠는 대부분의 죽음처럼 평범하게 죽어 가고 있다기보다는 다른 형태로 전환되고 있는 것 같습니다."[93] 흥분해서 제정신이 아닌 친구에게 헨리는 **속히** 오라고 꾸짖고 "기운 내세요"라고 덧붙였다. 그때부터 리케슨은 기운 나게 하는 편지를 연달아 보냈지만 직접 방문을 하지는 않았다. 반면 채닝은 소로의 곁을 거의 떠나지 않았다. 채닝은 사랑하는 친구가 모든 아편 제제를 거부하고 "진통제 때문에 뿌연 꿈속으로 빠져드느니 고통이라는 최악의 형벌을 맑은 정신으로 견디겠다고 한결같이 주장해서" 깊이 감동했다고 토로했다. 소로는 채닝에게, 잠을 자면 악몽을 꾼다고 말했다. 어느 날 밤 소로는 자신이 철로에서 절단되어 땅에 묻히고 자신의 허파가 철로에 관통되

는 꿈을 꾸었다.[94]

5월 4일 일요일에 올컷은 소로의 집으로 가다가 채닝이 이미 도착해 있는 것을 발견하고는 함께 친구를 보러 안으로 들어갔다. 올컷은 소로의 죽음이 채닝에게 "커다란 슬픔"이 되리라는 걸 알았기에 이 친구를 걱정했다. 채닝은 그날 올컷이 몸을 숙여 헨리의 이마에 입을 맞추던 모습을 잊지 못했다. "헨리는 몰랐겠지만, 그의 이마에 죽음의 습기와 땀이 서려 있었다." 그 모습은 최고 사제인 올컷이 진행하는 "종부성사" 같았다. 아마 올컷이 소로가 "무스"와 "인디언"이라고 중얼거리는 말을 들은 것도 그때였을 것이다. 다음 날 리케슨의 마지막 편지가 도착했고, 소피아가 편지를 헨리에게 크게 읽어 주었다. 못 말리는 낙관론자가 "친애하는 동료 순례자"에게 말했다. "이 편지로 **치유**되기를 바라네."[95] 그날 늦은 오후 소피아는 집 앞을 지나가던 호스머가의 자매 중 한 사람을 붙잡고서, 그들의 오빠가 와서 밤새 곁에 있어 주기를 헨리가 바란다고 전했다. 월든에서 집을 지어 올릴 때 도와줬던 "현명한" 농부이자 철학가인 에드먼드는 도착하자마자 헨리에게, 여기로 걸어오는 길에 개똥지빠귀의 노랫소리를 들었다고 말했다. "이 세상은 아름답지요." 헨리는 속삭였다. "하지만 이제 곧 더 좋은 세상을 보겠지요. 난 자연을 사랑했습니다…." 소로의 부탁으로 소피아는 헨리가 특별히 간직하고 있던 『콩코드강과 메리맥강에서 보낸 일주일』을 가지고 내려왔다. 거기에는 존의 머리카락이 보관되어 있었다. 헨리는 살아 있는 친구 중 가장 나이가 많은 에드먼드의 손에 그 책을 쥐어 주었다.[96]

5월 6일 화요일 오전 7시에 호어 판사는 봄 내음 가득한 히아신스 꽃다발을 들고 길을 건너 소로를 방문했다. 헨리는 꽃향기를 맡고 흡족해했다. 그런 뒤 소로는 점점 불안정해졌고, 8시에는 몸을 일으켜 달라고 요청했다. 소피아, 신시아, 루이자 이모가 지켜보는 가운데 그의 숨결은 점점 잦아들고 더 잦아들다가 오전 9시에 멈췄다. 마지막 순간까지 오빠의 정신은 맑았다고 소피아는 말했다. 소피아가 소로에게 존과 강을 여행했던 대목을 읽어 주자 소로는 "이제 좋은 항해가 시작되겠구나"[97]라고 말했다. 44세의 헨리 소로는 이렇게 마지막 봄과 또 한 번의 새벽을 맞이하고 숨을 거뒀다.

말은 빠르게 퍼져 나갔다. 채닝이 올컷 부부에게 소식을 전하고, 에머슨이 블레이크와 제임스 필즈에게 편지를 쓰고, 누군가가 올드맨스에 말을 전했다. 그곳에서 세라 리플리는 친구에게 편지를 썼다. "오늘 아침은 청명하지만 슬픈 날입니다. 우리는 지금 철학자이자 숲의 주민이었던 헨리 소로를 애도하고 있습니다." 사람들의 동의에 따라 올컷이 제일교구교회에서 소로의 장례식을 주관하기로 했다. 소로가 존 브라운을 위해 준비했던 추모식을 본떠 올컷이 공개적인 마을 행사를 준비했다. 그는 학교 교장으로서 마을 선생님들이 그날은 수업을 일찍 마쳐 아이들이 행사에 참석할 수 있게 했다. 소로가 사람들 앞에서 존 브라운을 변호했던 교회는 5월 9일 목요일 3시에 또다시 사람들로 가득 찼다. 애나 올컷 프랫과 루이자 메이 올컷은 아버지를 모시고 일찍 도착해 헨리 소로가 야생화와 나뭇가지에 싸여 안치되어 있는 것을 보았다. 전통에 따라 소로가 살아온 해마다 한 차례씩 모두 마흔네 번 교회 종이 울리는 동안 사람들이 줄을 지어 들어왔다. 메인주에서 소로의 가족과 조지 대처, 에머슨 가족, 우스터에서 온 해리스 블레이크와 티오필러스 브라운, 보스턴에서 온 제임스와 애니 필즈, 너새니얼과 소피아 호손과 우나, 줄리언, 로즈, 그리고 그 밖에 많은 사람이 모였다. 소피아 호손은 한 친구에게 다른 사람이 없는 데서 애도하는 편이 나을지도 모른다고 말했지만, 콩코드에 "아주 커다란 공백"을 남기고 떠난 사람을 "그녀가 깊이 존경하고 사랑한다"라는 것을 사람들에게 보여 주기 위해 그 자리에 참석했다.[98]

소로의 목소리가 멈춘 곳에서 다른 목소리들이 울려 퍼졌다. 레이놀즈 목사는 성경 구절을 인용하는 것으로 식을 시작했고, 성가대는 엘러리 채닝이 가사를 쓴 찬송가를 불렀다. "그의 완벽한 믿음이 계속 불을 지피리라/그의 영예로운 평화가 모든 상실을 없애리라!" 브론슨 올컷이 일어나 소로의 초기 시 「인생은 그런 것」과 『콩코드강과 메리맥강에서 보낸 일주일』에서 발췌한 구절을 낭독했다. "우리는 신을 **보지** 않을 수 있을까?" 올컷을 통해 소로가 질문했다.[99] 에머슨의 추도사는 너무 길어 오후 내내 이어졌다. 평생의 친구에게 바치는 추도문의 마지막에 이르러 그는 이렇게 말했다. "그가 진행한 연구는 그가 오래 살지 않으면 안 될 만큼 방대했습니다. 우리는 그가 갑자기 떠난 것을 받아들일 준비가 안 되어 있습니다. 국가는 얼마나 위대한 국민이 떠났는지 아직 알지 못하거나 조금밖에 모릅니다." 레이놀즈 목사가 기도를 끝내자 소로의 친구 여섯 명이 관을 어깨에 짊어지고 베드퍼드 로드를 가로질러 뉴 베링 그라운드의 묘지로 향했다. 그 뒤를 소로의 친구들과 콩코드의 학생 300명이 행렬을 지어 따라갔다. 묘지 주변에는 제비꽃이 피고 소나무가 서 있었다. 사람들은 소로의 형과 아버지 사이에 소로를 눕혔다. 소피아 호손은 "콩코드 그 자체였던 한 사람"[100]이 떠났다고 생각했다.

여러 해가 흐른 뒤—아무도 정확한 날짜를 기록할 생각을 하지 않았다—헨리 소로와 그의 가족이 묻힌 묘는 베드퍼드 로드 뒤쪽 사면을 떠나 슬리피 할로가 내려다보이는 언덕마루 끝으로 옮겨졌다. 에머슨 부부, 올컷 부부, 호손 부부가 묻힌 곳으로, 주민들은 이곳을 "작가의 언덕"이라 불렀다. 슬리피 할로가 생겼을 때 소로는 이곳을 좋아하지 않았고 준공식을 해선 안 된다고 주장했지만, 건축가들이 언덕마루 뒤 목초지에 새 연못을 만들어야 한다고 요구하자 소로는 측량에 참여했다. 이 측량은 그의 병이 처음으로 생명을 위협한 1855년 여름에 그가 승낙한 유일한 작업이었다. 그 후로 소로는 그곳을 자주 방문했고, 일꾼들이 목초지에서 인공 연못을 파내고 1859년 여름 공동묘지가 완공되는 모습을 계속 회의적인 시선으로 바라보았다.

그다음에 일어난 일을 보고 소로는 깜짝 놀랐다. 고작 몇 개월 지났을 뿐인데 공동묘지 정원사들은 상당히 큰 물고기—메기와 강꼬치고기!—를 포획했고, 1년이 채 지나지 않은 1860년 10월에는 크고 작은 노란 수련이 연못에 아름답게 피어 있는 것을 보았다. 계획에도 없었고 예상하지도 않았던 이 야생 이주자들은 어디서 왔을까? 이는 계시였다. "너희가 연못을 파자마자 자연이 그곳을 채우기 시작할 것이다." 그는 경탄했다. "그러므로 죽음 속에서도 우리는 살아 있다."[101] 이 통찰은 그가 월든 호수에서 깨달음을 얻었을 때처럼 큰 충격을 주었다. 그 후 1860년 가을 내내 소로는 매일 야외를 돌아다니며 자연의 무한한 생명력이 주는 일종의 황홀감을 글로 표현했다. 작가의 언덕에 있는 그의 무덤도 위치가 어찌나 잘 맞는지! 소로는 자신이 만든 호수와 죽음 속에서 뛰어오르는 야생 생물을 내려다보고 있다. 끝없이 이어지는 새로운 창조를.

타하타완의 화살촉으로 말하자면, 소로는 그것을 만든 사람을 찾지 못했다. 하지만 혼자 서부에서 로키산맥으로 여행을 떠나려는 에드워드 에머슨에게 소로가 마지막으로 건넨 조언이 있었다. 주머니에 화살촉을 넣어 갖고 다니면서 그 제작 비밀을 알려 줄 사람을 찾을 때까지 만나는 모든 인디언에게 화살촉을 높이 들어 보이라는 것이다.[102] 1837년 9월 헨리가 머스케타퀴드 강둑에서 부여받은 임무는 그렇게 후계자들의 손으로 넘어갔다.

감사의 말

워싱턴주 머서 아일랜드의 아일랜드 북스Island Books 서점에 들어가 서가에 꽂혀 있던 『월든』을 발견한 뒤로 아주 오랜 여정을 이어 왔다. 우선 그 훌륭한 독립 서점이 여전히 번창하고 있다는 말을 할 수 있어서 기쁘기 그지없다. 그날 이후 수십 년 동안 말 그대로 천 근 같은 마음의 빚을 지고 살아온 탓에, 감사의 말을 전해야 할 이들이 너무나 많다. 소로에 대한 나의 집착을 참을성 있게 받아 주고, 나아가 날카로운 질문과 논의로 그 집착을 키워 준 모든 친구, 동료, 학생, 청중에게 깊이 감사드린다. 워싱턴대학의 마사 밴타와 로버트 에이브럼스는 열정을 학문으로 전환하는 방법을 처음으로 알려 주었다. 아이오와대학의 로버트 세이어는 소로가 쓴 최고의 글은 출판된 적이 없다는 충격적인 소식과 함께 내게 초월주의를 소개해 주었다. 거의 10년이 지나, 인디애나대학의 리 스터른버그는 나를 과학계에 소개해 주었고, 케네스 존스턴, 짐 유스터스, 크리스토프 로만, 캐리 울프의 지원, 스콧 러셀 샌더스와 크리스토프 이름셔의 격려, 리처드 내시와 과학 및 문학 연구회Science and Literature Affinity Group 동료들의 자극으로 나는 자유롭게 소로의 글을 탐구했다. 특히 성급하기만 했던 그 시기에 우리에게 다원성을 전해 준 도나 해러웨이와 브뤼노 라투르에게 깊이 감사한다. 이들과의 풍성한 교류가 토대가 되고, 조지 레빈이 너그럽게 출판에 이르도록 힘써 준 덕분에 나의 책 『새로운 세계를 바라보기: 헨리 데이비드 소로와 19세기 자연과학』*Seeing New Worlds: Henry David Thoreau and Nineteenth-Century Natural Science*이 빛을 볼 수 있었다. 그 세월 동안 나는 라파예트 칼리지에서 학생들을 가르치고 있었다. 그곳에서도 일일이 언급하기 어려울 만큼 많은 사람에게 빚을 졌다. 내가 그래도 첫 책으로 소로에게 진 빚을 갚았다고 말하자 너무 확신하지 않는 편이 좋을 거라고 말해 준 제임스 울리에게 감사를 표하지 않을 수 없겠다. 그가 옳았다.

나는 상상할 수 있는 최고의 방식으로 소로학계에 소개되었다. 1991년 소로학회 50주년 행사에 토론자로 참석한 것이다. 무명의 대학원생이었던 나를 토론자로 참석하게 해 준 에드먼드 스코필드, 그 자리에서는 물론 그 이후에도 나를 여러 차례 너그럽게 받아 준 동료 토론자 밥 새텔메이어와 빌 로시를 언제까지나 잊지 못할 것이다. 소로학회는 모든 종류의 소로주의자들에게 편안한 집이 되어 주었으며, 그곳에서 수많은 친구와 동료를 처음 만난 이후로 그 모든 시간과 숱한 회의를 거치는 동안 그들에게 늘 깊은 감사의 마음을 품어 왔다. 그중에서도—언급할 사람이 너무 많다!—우리가 사는 시대로 소로를 불러들인 월터 하딩, 스러시 앨리의 월터 브레인, 우리를 하나로 묶어 준 톰 포터, 소로의 생가를 보존해 온 조 휠러, 그리고 늘 변함없이 프린스턴대학 출판부에서 소로 전집의 중심을 잡아 주고 신간이 나올 때마다 새로운 사실을 세상에 밝혀 준 베스 위더렐에게 감사를 표하지 않을 수 없겠다. 마이크 버저, 셜리 블랭크, 론 보스코, 크리스틴 케이스, 패트릭 추러, 제임스 핀리, 마이크 프레더릭, 제인 고든, 론 호그, 서맨사 하비, 밥 허드스퍼스, 로셸 존슨, 링크 존슨, 존 쿠시치, 존 맥과 로나 맥, 댄 맬러추크, 이언 마셜, 앤드루 머나드, 오스틴 메러디스, 웨스 모트, 댄 펙, 니키타 포크로브스키, 데이비드 로빈슨, 딕 슈나이더, 코린 호스펠드 스미스, 리처드 스미스, 로버트 소르슨, 그리고 더운 여름날 콩코드의 프리메이슨 예배당Masonic Temple에서 기꺼이 우리와 함께 땀을 흘리고 콩코드의 콜로니얼 인Colonial Inn에서 함께 음료를 마시며 더위를 식혔던 모든 분에게도 특별한 감사를 전하고 싶다. 이 명단은 얼마든지 이어질 수 있다. 누구보다 프랑스의 프랑수아 스페크, 동지애를 나눈 샌디 페트룰리오니스, 그리고 마지막으로, 영원히, 브래드 딘에게 감사를 전한다. 그를 아는 사람은 누구나 브래드 안에 소로가 살아 있었다는 사실을 잘 알고 있다.

헤아릴 수 없을 만큼 다양한 경로로 나를 지원해 준 래리 뷰엘에게 가장 뜨거운 감사를 표한다. 밥 리처드슨에게는 말로 다 할 수 없을 만큼 많은 빚을 졌다. 뛰어난 학문적 능력과 넉넉한 관대함이 서로 배타적인 것이 아님을 보여 준 밥 그로스에게도 감사를 표하지 않을 수 없다. 내게 여러 번에 걸쳐 지원과 지혜를 보내 준 웨이 치 디모크, 나와 함께해 준 필리스 콜과 야나 아버싱어에게 감사를 전한다. 얼마나 열광적인 사람들인지! 소로에 관한 나의 이해는 조엘 마이어슨의 여전히 계속되는 지원과 지적 자극이 없었더라면 지금보다 훨씬 앙상했을 것이다. 이 전기는 사우스캐롤라이나대학에서 그와 나눈 대화 속에서 탄생했다. 거기서 보낸 시간 동안 나는 폴라 펠트먼의 단단한 지혜, 데이비드 실즈의 반짝이는 재치, 존 머켈바우어의 끊임없는 지적 번뜩임, 제리 월룰리스의 깊이 있는 우아함, 에드 매든의 흔들림 없는 지지에서 엄청나게 많은 것을 얻었다. 사우스캐롤라이나대학의 대학원생들은 내가 긴장을 유지하고 계속 그곳에 있을 수 있었던 이유였다. 특히 꾸준히 나를 믿어 준 제시 브레이, 존 히긴스, 브래드 킹, 제프리 매칼라, 그리고 나의 자료 조사원 마이클 웨이젠버그에게 감사를 표한다.

이 전기는 노트르담대학과 윌리엄 P. 앤드 헤이즐 B. 화이트 재단William P. and Hazel B. White Foundation의 아낌없는 지원이 없었더라면 완성되지 못했을 것이다. 문을 열어 준 노트르담대학 예술문학대학College of Arts and Letters의 학장 존 맥그리비, 내가 가는 길에 빛을 비춰 준 존 시터, 초월주의의 도덕적 경각심을 생생하게 간직하고 있는 발레리 세이어스에게 깊은 감사를 전한다. 노트르담대학은 어떤 곳보다도 흥미진진한 지식의 거처였다. 영어학과의 모든 동료에게 감사를 전하며, 특히 나를 지원해 준 스티브 팰런, 제시 랜더, 우리 시대에 문학·예술·과학이 생생하게 살아 있게 해 준 케이트 마셜, 스티브 프레드먼, 스티브 토머숄러와 마리아 토머숄러에게 감사드린다. 과학사와 과학철학 프로그램History and Philosophy of Science Program 동료들은 풍부한 학제 간 통찰을 열어 주었다. 그중 캐서린 브레이딩, 아난 차크라바르티, 크리스 햄린, 돈 하워드, 필립 슬로언에게 고맙다. 지속가능성 프로그램Sustainability Program의 친구들이 있어 나는 오늘날 소로가 왜 여전히 의미 있는 인물인지를 매일같이 되새길 수 있었다. 그 가운데서도 필 사키모토, 레이첼 노빅, 셀리아 딘-드러먼드에게 특별한 감사를 전한다. 마지막으로, 소중한 친구이자 동료인 재크 브로건에게, 그녀의 시와 지적 열정, 그리고 무엇보다 초고 상태에 있던 이 책의 원고를 읽어 준 그녀의 용기에 경의를 표하고 싶다. 노트르담대학의 대학원생들은 우리에게 무언가를 걸고 싸워 볼 만한 미래가 있다는 점을 일깨워 주었다. 에릭 라슨, 조엘 던컨, 알렉산드라 허낸데즈, 마거릿 맥밀런, 타일러 가드너, 케이틀린 스미스, 저스틴 색스비, 제이 밀러, 여러분 모두가 따로 또 같이, 소로와 초월주의를 의미 있는 것으로 만들고 있다. 또한 이 책이 보다 나은 책이 될 수 있게 해 준 인내심 많은 자료 조사원 에릭, 조엘, 알렉스에게 특별한 감사를 표하고자 한다.

주요 재단들의 재정적 지원이 없다면, 우리 선생들은 책 쓸 시간이 없어 꿈만 꾸다가 평생을 보낼 것이다. 이 책을 시작할 수 있도록 연구비를 지원해 준 구겐하임재단Guggenheim Foundation, 끝낼 시간을 마련할 수 있도록 연구비를 지원해 준 국립인문학재단National Endowment for the Humanities에 깊고도 깊이 감사한다. 출판 비용의 일부는 노트르담대학 예술문학대학 교양학부의 지원을 받았다. 특히 연구 지원금 신청과 집행에 이르기까지 전 과정에서 절대적으로 큰 도움을 준 교양학부 부학장 켄 가르시아에게 깊이 감사드린다.

이 책은 콩코드무료공립도서관Concord Free Public Library의 풍부한 자료를 열람하게 해 준 레슬리 페린 윌슨, 상당히 많은 이미지를 모아 준 코니 마놀리의 도움이 없었더라면 완성되지 못했을 것이다. 나는 가치를 따질 수 없을 만큼 귀중한 콩코드박물관Concord Museum의 캐럴 헤인즈 덕분에 봉사 활동에 대해 다시 생각할 수 있었고, 데이비드 우드 덕분에 소로의 글을 생생하게 붙잡을 수 있었다. 말 그대로 소로가 소유했던 귀중한 물품들을 내 손에 쥘 수 있었다. 소로가 아꼈던 풍경과 그의 유산을 지키기 위해 힘쓰는 월든숲프로젝트Walden Woods Project와 캐시 앤더슨, 그리고 월든 숲에 터를 잡고서 자신의 지식과 소로 관련 자료를 너그럽게 공유해 준 소로협회Thoreau Institute의 제프 크레이머에게도 감사를 전한다. 또한 소로의 가장 소중한 원고들을 주의 깊게 관리하고 있는 모건도서관Morgan Library의 직원들과 크리스틴 넬슨, 친절한 직원들이 보물과 보물을 연이어 꺼내 보여 준 보스턴공립도서관Boston Public Library과 뉴욕공립도서관New York Public Library 산하 베르그 컬렉션Berg Collection, 폴 샤흐트, 앨런 하딩, 뉴욕주립대학-게네세오SUNY-Geneseo 하딩 컬렉션Harding Collection의 헌신적인 큐레이터들에게 마음 깊이 감사드린다. 영화감독 휴이(제임스 콜먼)의 안내와 깨우침이 없었더라면 나의 여정은 완전하지 못했을 것이다. 나는 다큐멘터리 영화 〈헨리 데이비드 소로: 영혼의 측량사〉Henry David Thoreau: Surveyor of the Soul를 제작하는 과정에 끼어들어 그와 함께 일하면서 플롯과 내러티브에 대한 감각을 날카롭게 다듬을 수 있었다. 소로에게 결정적이었던 메인 숲 여행은 그를 환대하고 그의 시야를 넓혀 준 인디언 아일랜드의 페놉스코트족 원로들이 아니었더라면 단순한 관광에 그치고 말았을 것이다. 오늘날 페놉스코트 네이션Penobscot Nation이 얼마나 풍성한 삶을 영위하고 있는지를 알 수 있도록 도와준 페놉스코트 네이션의 민족문화역사 보존과Cultural and Historic Preservation Department의 제임스 프랜시스와 크리스 소칼렉시스, 페놉스코트 지역 안내인 찰리 브라운(크리스 프랜시스), 그리고 인디언 아일랜드에 있는 페놉스코트네이션박물관Penobscot Nation Museum의 코디네이터 제임스 넵튠, 그리고 그 밖에 페놉스코트 네이션 구성원에게 겸허한 마음으로 감사를 표한다.

시카고대학 출판부는 책을 만드는 모든 과정에서 모범적인 전문성을 보여 주었다. 크리스티 헨리는 지원과 격려로 출발점을 열어 주었다. 케리 벤트의 뛰어난 편집 감각으로 이 책은 한 무더기의 인쇄물에서 읽을 만한 책으로 한 단계 올라설 수 있었다. 요해나 로젠봄은 그 결과물을 한층 더 매끄럽게 매만져 주었고, 디자이너 질 시마부쿠로는 책을 보기 좋게 만들어 주었다. 레비 스탈은 열성을 다해 책을 세상 밖으로 안내했고, 랜디 페틸로스와 제니 프라이는 이 모든 과정을 순조롭게 진행시켰다. 모든 과정에 걸쳐 직원 모두가 출판 과정에 기쁨을 불어넣었다. 그리고 누구보다, 빈틈없는 조언을 해 주고 꾸준히 나의 방향을 인도해 준 앨런 토머스에게 영원히 감사할 것이다. 이 책이 상아탑에 가닿는다면 그것은 대체로 그의 덕이다. 이 책의 찾아보기를 담당한 랜들 콘래드는 그 밖에도 너무나 많은 것을 해 주었다. 원고를 읽어 준 익명의 독자들은 모난 부분을 수없이 다듬어 주고 여러 오류를 바로잡아 주었다. 남아 있는 것들은 물론 모두 내 몫이다. 언젠가 2판을 통해 수정할 수 있기를 바란다.

부모님 존 대소와 에설 대소는 당신의 자식이 월든 호수를 곁에 둘 수 있게 해 주었다. 나의 조부모, 존 다이어와 폴리 다이어는 시애틀의 지평선을 가로지르는 야생 지역을 지키기 위해 있는 힘껏 싸웠다. 마지막으로, 그 무엇보다, 이 모든 과정을 함께 했던 밥 월스에게 가장 깊고 큰 사랑을 담아 감사의 마음을 보낸다. 그는 길고 긴 여정에서 어디에 있든 한순간도 빠짐없이 내 곁을 지켜 주었다.

옮긴이의 말

이 책을 번역하는 동안에는 현실 감각을 잃을 줄 알았다. 그나마 남아 있는 빈약하기 짝이 없는 내 현실감마저 『월든』, 「시민 불복종」의 책갈피 속에 말려들어 바스락거리는 단풍잎 신세가 되지는 않을까.

이런 걱정은 사치라는 듯, 한창 번역에 몰입해야 할 시기에 절친한 친구가 암 선고를 받았다. 폐암 3기라 했다. 젊은 시절부터 37년 동안 함께 노래하고 술잔을 기울이며 음악·문학·예술·정치·사회·역사를 논했던 소중한 친구. 소외된 계층을 위해 문화 예술 운동에 젊음을 바쳤고, 그 뒤에도 부르는 곳이면 어디든 달려가 아름다운 노래로 자리를 훈훈하게 지펴 주던 민중 가수. 그 친구가 50대 중반에 사랑하는 아내와 어여쁜 두 딸을 남기고 암 선고 몇 달 만에 홀연히 세상을 떠났다.

한밤중에 길을 잃은 듯했다. 장례식장에 모인 친구들은 서로를 위로할 여유조차 갖지 못한 채 홀연한 작별을 안타까워하고 때 이른 죽음에 자기 자신을 투사했다. 두렵고 막막했다, 삶의 행보와 그 마지막이…. 그때 시를 쓰는 당찬 후배가 제안했다. 이렇게 망연히 떠나보내지 말고 떠난 사람과 남은 사람을 위해 어떤 형식으로든 무언가를 하자고. 우리는 후배의 제안에 따라 스피커와 마이크를 준비하고 친구의 영안실에 작은 무대를 마련했다. 한 사람씩 나와 시를 낭송하거나 노래를 부르고 떠나간 친구에게 각자 한 마디씩 마음을 표했다. 생이 다할 때까지 그댈 기억하겠노라고. 그대가 걸어왔던 길을 항상 추억하며 기리겠노라고. 반주도 없는 공연이 진행되는 동안 애도의 감정이 하나로 모여 제법 큰 물길을 이루어, 그 안에서 우리는 조금 더 여유를 가지고 삶과 죽음을 받아들였다. 짓눌렸던 마음에 숨 쉴 공간이 생기고, 삶과 죽음이 하나로 이어져 더 크고 유연한 사건이 되었다.

공연이 끝날 즈음 우리를 억누르던 실존의 무게가 한결 가벼워졌다. 그래, 죽음은 삶의 끝이 아니야. 추억하고 기릴 것이 있다면, 허투루 끝나는 삶이 어디 있을까. 죽음은 허무하기만 한 게 아니다. 죽음은 떠난 사람의 문제라기보다는 남겨진 사람의 문제다. 아무에게도 알리지 않고 나무 밑에 조용히 뼈를 묻으면 되는 일이 아니다. 죽음은 그렇게 산 자들에게 어떤 의미를 던져 주고 점잖게 퇴장했다.

정신을 차리고 초고를 교정하면서 나는 '옮긴이의 말'에 쓸 글감을 찾아 모았다. 30년 동안 번역 일을 하면서 생긴 (스스로 생각하기에) 기특한 버릇이다. 글감은 한 아름이었다. 소로는 세계 최초로 "생태" 개념을 완성한 박물학자이자, 세계 최초로 "국립공원" 개념을 제시한 환경주의자다. 또한 반제국주의, 반노예제, 페미니즘, 사회 개혁을 외치고 몸소 실천한 진보주의자다. 소로의 시민 불복종 사상은 간디에게 영향을 미쳐 비폭력 무저항주의의 디딤돌이 되었고, 그의 영성 추구는 특정 종교에 매이지 않고 인간의 정신과 우주의 섭리를 연결한다는 점에서 놀라우리만치 크고 광활한 그림을 보여 주었다. 하지만 지은이의 한국어판 서문을 마주한 순간 나의 글감은 한 아름에서 한 줌으로 줄어들었다. 로라 대소 월스가 본문에서 보여 준 엄청난 문장력을 다시 한번 보여 주며 실로 감탄스러운 서문을 보내온 것이다. 순간 손과 머리가 얼어붙고 말았다. 후기에 뭘 써야 하지? 한동안 멍했지만, 어쩌랴, 번역하는 사람의 애환이라도 늘어놓아야지. 떠나간 친구 이야기를 써 볼까. 그것도 어찌 보면 번역의 일부였으니.

소로가 남긴 글과 정신은 우리에게 값진 거름이 된다. 그 귀중한 유산 중에서도 특히 "더 높은 법칙"에 마음이 끌렸다. 헌법이 인종차별을 외면하고, 노예제를 보장하고, 제국주의 침략을 허락하고, 여성의 정치 참여와 평등을 가로막는다면 그것이 과연 '인간'을 위한 헌법일 수 있을까? 그 유명한 〈매사추세츠의 노예제〉를 강연하는 날, 소로는 앞선 강연자가 불태워 재로 변해 버린 『미국 헌법』을 구둣발로 짓밟고서 이렇게 외쳤다.

> "무장한 군인으로 가득한 보스턴 법원은 수감자를 붙잡아 놓고 그가 **노예**인지 **인간**인지를 판가름하고 있다. 정의의 여신이나 하나님이 (…) 판사의 결정을 기다린다고 누가 생각할 수 있겠는가?" 선택지는 분명했다. 미국 헌법의 법률에 따를 것인가, 더 높은 법칙에 따를 것인가. (…) "국가가 나서서 노예주와의 연합을 끊게 하라. (…) 국가가 제 의무를 방기하고 있다면, 시민 각자가 국가와의 연합을 끊어라." (…) 자유가 부재하면 모든 것이 망가지고 파괴된다. 우리는 천국과 지옥의 중간쯤에서 사는 것이 아니라, 재와 숯덩이로 가득한 "완전한 지옥"에서 살게 된다. (…) "나는 우리 호수를 향해 걷는다. 하지만 인간이 천박하다면 아름다운 자연이 무슨 의미가 있겠는가?"

많은 이가 소로를 『월든』과 동의어로 본다. 하지만 소로에게는 『월든』만큼 혹은 그 이상으로, 그 안의 한 챕터로 들어가 있는 에세이 「더 높은 법칙들」이 중요했다. "정치가 자연을 폐허로" 만든다면 『월든』도 『미국 헌법』처럼 재가 될 수밖에 없다는 것이다.

이 대목에서 『총, 균, 쇠』를 쓴 재러드 다이아몬드의 말이 떠오른다. 세계의 기후 위기는 과학이나 공학의 문제가 아니라 **정치적 의지**의 문제라는 그 한마디가. 우리는 전쟁, 팬데믹, 기후 위기 같은 세계적 위협에 직면해 있다. 지금 상황에서 그런 위협을 이겨 내는 일에는 과학기술의 혁신이 필요한 것이 아니라 일국과 세계의 정치 혁신이 절실하다는 것이다. 과학과 기술은 우리를 배신한 적이 없다. 반면에 정치는 우리를 **수시로** 배신해 왔다. 그렇다면 우리가 품어야 할 희망은 무엇일까? 소로의 정신에 따르면 그 희망은 자연 그 자체가 아니라 자연을 자연답게 가꾸고 만들고자 하는 합의와 제도, 인간을 인간답게 지켜 내고 살게 하는 정치일 것이다. 『월든』의 소로를 '위선자'라고 비난해 온 사람들은 소로를 절반도 모르는 셈이다.

어느 전기에서나 마지막 순간은 뭉클함을 자아낸다. 죽음은 생의 끝이 아니라 산 자들에게 무언가를 남겨 자신과 타인의 존재를 존속시키는 일이다. 그 사실을 가장 잘 보여 주는 것이 전기다. 나는 지금까지 전기를 네 권 번역했다. 『체사레 보르자』, 『아이작 뉴턴』, 『젊은 아인슈타인의 초상』, 『빈센트가 사랑한 책』(근간). 모두 마지막에 큰 감동과 의미를 주었기에 아름답다는 표현이 넘치지 않는다. 로라 대소 윌스가 쓴 『헨리 데이비드 소로』도 감동과 전율이 그에 못지않다. 소로는 살아서 시대와 장소를 초월하는 사상을 확립했을뿐더러, 죽음을 통해서도 먼 나라, 다른 시대에 사는 우리에게 묵직한 의미를 던져 주었다. 소로는 눈을 감고도 자연과 사람들 속으로 스며들었다. 죽은 것이 아니라 (인간이 존재하는 한) 영원히 살아 숨 쉬는 존재가 된 것이다. 나는 개인적으로, 소로의 삶과 죽음으로부터 나와 우리의 실존적 의미를 받아들였다. 그래, 오늘 친구에게 찾아가 나지막이 일러 줘야겠다.

2020년 8월

김한영

축약어

ABAJ *The Journals of Amos Bronson Alcott*. Edited by Odell Shepard. Boston: Little, Brown, 1938.

ABAL The Letters of Amos Bronson Alcott. Edited by Richard L. Herrnstadt, Ames: Iowa State University Press, 1969.

CC Henry David Thoreau. *Cape Cod*. Edited by Joseph J. Moldenhauer. Princeton, NJ: Princeton University Press, 1988.

CEP Henry David Thoreau. *Collected Essays and Poems*. Edited by Elizabeth Hall Witherell. New York: Library of America, 2001.

CFPL Concord Free Public Library

CHDT *The Correspondence of Henry David Thoreau*. Edited by Walter Harding and Carl Bode. New York: New York University Press, 1968.

Corr., 1 Henry David Thoreau. *The Correspondence, Volume 1: 1834~1848*. Edited by Robert N. Hudspeth. Princeton, NJ: Princeton University Press, 2013.

Corr., 2 Henry David Thoreau. *The Correspondence, Volume 2: 1849~1856*. Edited by Robert N. Hudspeth. Princeton, NJ: Princeton University Press, forthcoming.

Corr., 3 Henry David Thoreau. *The Correspondence, Volume 3: 1857~1862*. Edited by Robert N. Hudspeth. Princeton, NJ: Princeton University Press, forthcoming.

Days of HT Walter Harding. *The Days of Henry Thoreau: A Biography*. 1965. New York: Dover, 1982.

E &L Ralph Waldo Emerson. *Essays and Lectures*. Edited by Joel Porte. New York: Library of America, 1983.

EEM Henry David Thoreau. *Early Essays and Miscellanies*. Edited by Joseph J. Moldenhauer et al. Princeton, NJ: Princeton University Press, 1975.

Exc Henry David Thoreau. *Excursions*. Edited by Joseph J. Moldenhauer. Princeton, NJ: Princeton University Press, 2007.

J Henry David Thoreau. *The Journal of Henry David Thoreau*. Edited by Bradford Torrey and Francis Allen. 14 vols. Boston: Houghton Mifflin, 1906; New York: Dover, 1962.

JMN *The Journals and Miscellaneous Notebooks of Ralph Waldo Emerson*. Edited by William Gilman et al. 16 vols. Cambridge, MA: Harvard University Press, 1960~1982.

LRWE *The Letters of Ralph Waldo Emerson*. Edited by Ralph L. Rusk and Eleanor M. Tilton. 10 vols. New York: Columbia University Press, 1939~1991.

MW Henry David Thoreau. *The Maine Woods*. Edited by Joseph J. Moldenhauer. Princeton, NJ: Princeton University Press, 1972.

PEJ Henry David Thoreau. *The Journal of Henry D. Thoreau* (Princeton edition Journal). 8 vols. to date. Princeton, NJ: Princeton University Press, 1981~.

RP Henry David Thoreau. *Reform Papers*. Edited by Wendell Glick. Princeton, NJ: Princeton University Press, 1973.

Thoreau as Seen William Harding, ed. *Thoreau as Seen by His Contemporaries*. New York: Holt, Rinehart and Winston, 1960; New York: Dover, 1989.

Thoreau Log Raymond R. Borst. The Thoreau Log: A Documentary Life of Henry David Thoreau, 1817~1862. New York: G. K. Hall, 1992.

THOT Sandra Harbert Petrulionis, ed. *Thoreau in His Own Time*. Iowa City: University of Iowa Press, 2012.

TL I Bradley P. Dean and Ronald Wesley Hoag. "Thoreau's Lectures before *Walden*: An Annotated Calendar", *Studies in the American Renaissance* (1995): 127~228.

TL II Bradley P. Dean and Ronald Wesley Hoag. "Thoreau's Lectures after *Walden*: An Annotated Calendar", Studies in the American Renaissance (1996): 241~362.

To Set This World Sandra Harbert Petrulionis. *To Set This World Right: The Antislavery Movement in Thoreau's Concord*. Ithaca, NY: Cornell University Press, 2006.

Translations Henry David Thoreau. *Translations*. Edited by Kevin P. Van Anglen. Princeton, NJ: Princeton University Press, 1986.

TSB *Thoreau Society Bulletin*.

Walden Henry David Thoreau. *Walden*. Edited by J. Lyndon Shanley. Princeton, NJ: Princeton University Press, 1971.

Week Henry David Thoreau. *A Week on the Concord and Merrimack Rivers*. Edited by Carl F. Hovde et al. Princeton, NJ: Princeton University Press, 1980.

미주

한국어판 출간에 부쳐

1 Laura Dassow Walls, *Henry David Thoreau: A Life*(Chicago: Chicago University Press, 2017), p. 444 (한국어판 『헨리 데이비드 소로』 605, 606쪽). 또한 다음을 보라. Henry David Thoreau, "Huckleberries", in *"Wild Apples" and Other Natural History Essays*, ed. William Rossi (Athens and London: University of Georgia Press, 2002), 166~202.

2 *Walden*, 92.

3 *Walden*, 111.

4 *Walden*, 10.

들어가는 말

1 Ralph Waldo Emerson, "History", opening paragraph(*E & L*, 237); *Walden*, 9.

2 Emerson, "History", in *E & L*, 254.

3 *Walden*, 82; Henry S. Salt의 *The Life of Henry David Thoreau* (London: Richard Bentley, 1890; George Hendrick, Willene Hendrick, 그리고 Fritz Oehlschlaeger가 편집한 1908년 개정판. Urbana: University of Illinois Press, 1993, 2000), 55에서 엘러리 채닝의 말을 인용. Alan D. Hodder, *Thoreau's Ecstatic Witness* (New Haven, CT; Yale University Press, 2001), 190을 보라; 또한 Philip Cafaro의 Thoreau' Living Ethics: Walden and the Pursuit of Virtue (Athens: University of Georgia Press, 2005)도 보라. 소로의 간소함의 윤리를 잘 소개하고 있다.

4 *Exc*, 202. 소로와 기후과학에 관해서는 다음을 보라. Richard B. Primack, *Walden Warming: Climate Changes Comes to Thoreau's Woods* (Chicago: University of Chicago Press, 2014). **생태학**ecology이라는 용어는 소로가 사망하고 4년 후인 1866년 독일의 과학자이자 아티스트인 에른스트 헤켈이 창안했다. Donald Worster, *Nature's Economy: A History of Ecological Ideas* (Cambridge: Cambridge University Press,

1977), 191~193.

5 Henry Seidel Canby, *Thoreau* (Boston: Houghton Mifflin, 1939), xvi–xx.

6 As Sophia Thoreau wrote to Ellen Sewall Osgood, May 23 [1875?]. 5월 23일 소피아 소로는 엘런 수얼 오스굿에게 다음과 같은 편지를 썼다. "사랑하는 존의 편지 한 장만이 그 화염을 피해 살아남았습니다. 부탁하신 대로 그 편지를 동봉합니다. 가족의 편지를 파기하는 일은 고통스러웠습니다. 가문의 마지막 일원에게는 여러 가지 슬픈 의무가 부과되는 듯합니다." Thoreau-Sewall-Ward Papers, IVJ: Ellen Sewall Papers, letter 70, Thoreau Society Archives, Henley Library.

7 소로의 생애와 사상에 관해서는 다양한 학과에서 최고의 연구가 이루어진 상태이며, 그 연구를 광범위하게 소개한 뛰어난 글들이 여러 훌륭한 선집에 포함되어 있다. 훌륭한 총론으로는 다음과 같은 것들이 있다. Kevin P. Van Anglen and Kristen Case, eds. *Thoreau at 200: Essays and Reassessments*. Cambridge: Cambridge University Press, 2016; Joel Myerson, ed., *The Cambridge Companion to Henry David Thoreau* (Cambridge: Cambridge University Press, 1995); William E. Cain, ed., *A Historical Guide to Henry David Thoreau* (Oxford: Oxford University Press, 2000); François Specq, Laura Dassow Walls, and Michel Granger, eds., *Thoreauvian Modernities: Transatlantic Conversations on an American Icon* (Athens: University of Georgia Press, 2013); and Henry David Thoreau, *Walden, Civil Disobedience, and Other Writings*, ed. William Rossi (New York: Norton Critical Edition, 3rd ed., 2008). 『월든』은 다음 책에서 다시 고찰되었다. Sandra Harbert Petrulionis and Laura Dassow Walls, eds. *More Day to Dawn: Thoreau's "Walden" for the Twenty-First Century* (Amherst: University of Massachusetts Press, 2007); 환경 측면에서 고찰한 저술로는 다음 글을 보라. Schneider, ed., *Thoreau's Sense of Place* (Iowa City: University of Iowa Press, 2000); 정치와 철학은 다음 글들에 소개되어 있다. Jack Turner, ed., *A Political Companion to Henry David Thoreau* (Lexington: University Press of Kentucky, 2009) and Rick Anthony Furtak, Jonathan Ellsworth, and James D. Reid, eds., *Thoreau's Importance for Philosophy* (New York: Fordham University Press, 2013). 이 밖에도 프린스턴판(Princeton edition) 헨리 D. 소로 저작 모음집에 실린 역사적 개론들이 권위 있는 정보와 수준 높은 관점을 제시한다.

8 Richard M. Lebeaux, "From Canby to Richardson: The Last Half-Century of Thoreau Biography", in *Thoreau's World and Ours: A Natural Legacy*, ed., Edmund A. Schofield and Robert C. Baron (Golden, CO: North American Press, 1993), 127.

9 1977년에 하딩이 직접 이렇게 말했다. 그 어떤 사람도 소로 자신이 밝힌 사실들에 기초하여, 소로가 상상은 했지만 직접 쓰지 않은 이야기를 아직도 구축하지 않은 것이 "놀랍기만 하다". "분명히 나는 그 주제에 대한 결정적인 말을 쓰려고 의도하지도 않았고, 그러기를 바라지도

않았다" (Walter Harding, "Thoreau Scholarship Today", *TSB* 139 (Spring 1977): 1). 나는 월터 하딩의 관대함에 감사하고, 이 책에 대한 그의 예견에 찬성한다!

서장 풀바닥 강의 땅

1 PEJ, 1: 9 (October 29, 1837). "머스케타퀴드"Musketaquid는 그 강의 이름이자, 강 유역과 그 주변에서 살던 부족의 이름이었다.

2 PEJ, 1: 5 (October 22, 1837).

3 Lemuel Shattuck, *A History of the Town of Concord* (Boston: Russell, Odiorne; Concord, MA: John Stacy, 1835), 50~51; Ruth R. Wheeler, *Concord: Climate for Freedom* (Concord, MA: Concord Antiquarian Society, 1967), 49~54.

4 Shattuck, *History of Concord*, 32; Jean O'Brien, *Firsting and Lasting: Writing Indians Out of Existence in New England* (Minneapolis: University of Minnesota Press, 2010), xi~xii; 또한 그녀의 다음 책을 보라. *Dispossession by Degrees: Indian Land and Identity in Natick, Massachusetts, 1650~1790* (Cambridge: Cambridge University Press, 1997). 울버턴의 지적에 따르면, 생계 수단으로 원주민 공예를 한 것은 일종의 경제적 저항이었다 한다: 다음을 보라. Nan Wolverton, "'A Precarious Living': Basket-Making and Related Crafts among New England Indians", in *Reinterpreting New England Indians and the Colonial Experience*, ed. Colin G. Calloway and Neal Salisbury (Boston: Colonial Society of Massachusetts and the University of Virginia Press, 2003), 360.

5 PEJ, 3: 130~131; Richard D. Brown, "'No Harm to Kill Indians': Equal Rights in a Time of War", *New England Quarterly* 81.1 (March 2008): 34~62.

6 *J*, 7: 132~137 (January 24, 1855), in William Wood, *New England's Prospect* (1633).

7 Brian Donahue, *The Great Meadow: Farmers and the Land in Colonial Concord* (New Haven, CT: Yale University Press, 2004), 61, 69, 111~112; Shattuck, *History of Concord*, 379; *Walden*, 183.

8 Donahue, *Great Meadow*, 79와 도처에, 107; *Walden*, 195.

9 브라이언 도나휴는 이 붕괴를 기록했다. "Henry David Thoreau and the Environment of Concord", in *Thoreau's World and Ours: A Natural Legacy*, ed. Edmund A. Schofield and Robert C. Baron (Golden, CO: North American Press, 1993), 181~189.

10 PEJ, 4: 166~169. 소로와 그의 고향 풍경의 이 "시적 공생 관계"에 대해서는 다음을 보라. J. Walter Brain, "Thoreau's Poetic Vision and the Concord Landscape", in *Thoreau's World and Ours: A Natural Legacy*, ed. Edmund A. Schofield and Robert C. Baron

(Golden, CO: North American Press, 1993), 281~297.

11 *Walden*, 182.

12 Robert M. Thorson, *Walden's Shore: Henry David Thoreau and Nineteenth-Century Science* (Cambridge, MA: Harvard University Press, 2014); 특히 96~99, 106~111, 135~148을 보라. 도슨의 상세한 묘사에 따르면, 월든 호수는 더 정확히 말해 "지하수가 있는 네 개의 구혈 호수에 물이 채워져 생긴 병합형 호수"라고 한다 (144).

13 Shirley Blancke and Barbara Robinson, *From Musketaquid to Concord: The Native and European Experience* (Concord, MA: Concord Antiquarian Museum, 1985); Jean O'Brien, *Firsting and Lasting*, 3. 클램셸 힐은 현재 에머슨 병원이 있는 자리다.

14 Donahue, *Great Meadow*, 34; 또한 다음을 보라. William Cronon, *Changes in the Land: Indians, Colonists, and the Ecology of New England* (New York: Hill and Wang, 1983), ch. 3.

15 Shattuck, *History of Concord*, 2.

16 R. Wheeler, *Concord*, 19; Shattuck, *History of Concord*, 4; Donahue, *Great Meadow*, 75.

17 Cronon, *Changes in the Land*, 58~66.

18 Shattuck, *History of Concord*, 20~24; 28~31.

19 Ibid., 76~87.

20 *J*, 9: 160.

1부 성장

1장 콩코드의 아들딸

1 Maria Thoreau to Jennie M. LeBrun, Bangor, Maine, January 17, 1878, Thoreau Family Correspondence, vault 35, unit 3, Concord Free Public Library (이하 CFPL); Franklin Benjamin Sanborn, *Henry D. Thoreau* (Boston: Houghton Mifflin, 1882), 6; Days of HT, 6. 샌번의 종조부 레비 멜처는 장 소로 가게의 점원이었다. Sanborn, *The Life of Henry David Thoreau* (Boston: Houghton Mifflin, 1917), 5.

2 이름이 장이지만, 어쩌면 필리프일 수도 있다.

3 *J*, 7: 325~327. 헨리 데이비드 소로의 종조부 피에르/피터 소로가 쓴 편지들(1801년 장의 죽음을 알리는 엘리자베스 소로의 편지에 대한 답장)을 통해 콩코드의 소로 일가는 저지의 가족에 대한 소식을 알았다. 헨리 데이비드 소로는 1855년 4월 21일에 그 편지들을 일기에 옮겨 적고, 1810년에 피에르/피터가 사망한 뒤로 편지가 끊긴 것은 저지의 소로 일가 중 그

만이 영어를 쓸 줄 알았기 때문이라는 마리아 고모의 지론을 적었다. 다음을 보라. Wendell Glick, "The Jersey Thoreaus", *TSB* 148 (Summer 1979): 1~5.

4 *EEM*, 113; CC, 183; William Ellery Channing II, *Thoreau: The Poet-Naturalist*, ed. F. B. Sanborn (Boston: Charles E. Goodspeed, 1902), 2.

5 *J*, 9: 132~133.

6 Jayne E. Triber, *A True Republican: The Life of Paul Revere* (Amherst: University of Massachusetts Press, 1998), 133; *Days of HT*, 4~5.

7 PEJ, 6: 194~195. 의심 많은 헨리는 이 가족 이야기를 확인하기 위해 존 애덤스의 일기를 참조했다.

8 Ibid., 3: 337.

9 Annie Russell Marble, *Thoreau: His Home, Friends, and Books* (New York: Thomas Y. Crowell, 1902), 35~36; Maria Thoreau to Harriet Lincoln Wheeler, Bangor, December 5, 1876, Thoreau Family Papers, vault 35, unit 3, CFPL.

10 존 소로는 자신뿐 아니라 엘리자베스를 제외한 모든 누이가 세일럼 거리와 하노버 거리 사이인 리치먼드 거리에서 태어났다고 회고했다. 그곳은 폴 리비어의 집과 올드노스 교회 인근 노스 보스턴 프린스 거리 뒤편의 거리일 것이다(*J*, 11: 381). 장 소로와 제인 "제니" 번스 소로 사이에서 태어난 아이들은 다음과 같다. 엘리자베스 또는 "벳시"(1782~1839), 존(1783~1784), 제인(1784~1864), 메리(1786~1812), 존(헨리 데이비드 소로의 아버지, 1787~1859), 낸시(1786~1815), 새러(1790~1829), 데이비드(1792. 7. 15.~1792. 12.), 마리아(1794~1881), 그리고 데이비드(1796~1817).

11 *J*, 11: 381, 9: 131, 132.

12 Ibid., 10: 252, 275, 278~279(그 이웃은 윌리엄 먼로 부인이었다).

13 Maria Thoreau to Harriet Lincoln Wheeler, December 5, 1856, Thoreau Family Correspondence, vault 35, unit 3, CFPL.

14 Robert A. Gross, "Faith in the Boardinghouse: New Views of Thoreau Family Religion", *TSB* 250 (Winter 2005): 1.

15 Gross, "Faith in the Boardinghouse", 1; Marble, *Thoreau: Home, Friends, Books*, 35.

16 샌번의 글에 따르면, 아이작 허드 박사의 아들이자 조지프 허드(장 소로의 토지에서 상당한 소득을 올렸다)의 조카인 아이작 허드가 자기 아버지에게 빚을 졌고, "빚을 갚지 못해 한동안 콩코드 교도소에 있었다"라고 한다. 따라서 존 소로가 젊은 시절에 빚을 진 것은 존 허드 때문이었다고 추론할 수 있다 (Sanborn, *Life of Thoreau*, 43).

17 *J*, 11: 436; Robert A. Gross, *The Transcendentalists and Their World* (New York: Farrar, Straus and Giroux, forthcoming), ch. 5, mss. pp. 5~8.

18 Anne McGrath, "Cynthia Dunbar Thoreau", *Concord Saunterer* 14.4 (Winter 1979): 9.

19 Edmond Hudson, "The Wide Spreading Jones Family" (1917), *TSB* 221 (Fall 1997):

6. 결국 영국 정부는 이 가족의 특별한 희생과 애국 행위를 인정하고, 살아남은 존스 형제 중 네 명에게 각각 100파운드라는 많지 않은 돈을 하사했다. 미국에 남은 메리와 네 형제는 단 한 푼도 받지 못했다 (ibid., 11).

20 PEJ, 4: 445~446 (April 14, 1852), 3: 15. 소로의 일기(PEJ)에 적힌 이야기와 달리 탈출한 사람은 시미언이 아니라 조사이어 존스였다. 시미언은 그때 조사이어의 탈출을 도운 죄로 수감되어 있었다. 소로는 가족의 기억에 의존해 최선을 다해 메리의 형제들을 기록했는데, 네 명이 메인주 뱅고어에서 만을 가로질러 노바스코샤주(캐나다)로 탈출했다고 한다. 1795년 메리가 딸 소피아, 루이자, 신시아를 데리고 그들을 방문할 때 그들이 탄 배가 거의 난파당할 뻔한 일도 있었다. 하지만 이 극적인 이야기의 결말은 소로의 일기에서 찢겨 나간 페이지들과 함께 실종되었다 (ibid., 3: 15~16).

21 다음을 보라. Sanborn, *Life of Thoreau*, 18~19, 534; and E. Harlow Russell, "Thoreau's Maternal Grandfather Asa Dunbar: Fragments from His Diary and Commonplace Book", *Proceedings of the American Antiquarian Society*, April 19, 1908, 66~76.

22 메리 존스 던바의 아이들은 다음과 같다. 폴리, 세일럼에서 1773년 출생; 윌리엄, 웨스턴에서 1776년 출생; 찰스, 하버드에서 1780년 출생; 소피아, 하버드에서 1781년 출생; 루이자, 킨에서 1785년 출생; 신시아 (헨리 데이비드 소로의 어머니), 킨에서 1787년 출생; 다음을 보라. S. G. Griffin, *A History of the Town of Keene* (Keene, NH: N.p., 1904), 586~587.

23 Joseph C. Wheeler, "Where Thoreau Was Born", *Concord Saunterer*, n.s., 7 (1999): 8; Robert A. Gross, *The Minutemen and Their World* (1976; New York: Hill and Wang, 2001), 59, 63.

24 *J*, 9: 381; Marble, *Thoreau: Home, Friends, Books*, 55~56; W. E. Channing II, *Poet-Naturalist* (1902), 3; J. Wheeler, "Where Thoreau Was Born". 소로의 생가는 현재 소로 농장Thoreau Farm의 중심이자 교육기관이다. 다음을 보라. http://thoreaufarm.org/thoreau-birth-house/ (2016년 3월 17일 최종 접속).

25 *J*, 9: 213.

26 George Hendrick, ed., *Remembrances of Concord and the Thoreaus: Letters of Horace Hosmer to Dr. S. A. Jones* (Urbana: University of Illinois Press, 1977), 4, 10~11. 대니얼 리켓슨은 신시아가 "보기 드문 지적 능력"과 "특이한 활발함"을 갖고 있었으며, 헨리의 "뛰어난 대화술"은 어머니에게서 영향을 받은 것이라고 지적했다 (Marble, *Thoreau: Home, Friends, Books*, 42).

27 *Days of HT*, 8.

28 *J*, 14: 329~330; Leslie Perrin Wilson, *In History's Embrace: Past and Present in Concord, Massachusetts* (Concord, MA: Concord Free Public Library, 2007), 39~42.

29 *J*, 11: 436; Wilson, *In History's Embrace*, 42.

30 T. D. Seymour Bassett, "The Cold Summer of 1816 in Vermont: Fact and Folklore",

New England Galaxy 15.1 (Summer 1973): 16.

31 Middlesex Gazette, July 19, 1817; William R. Baron, "1816 in Perspective: The View from the Northeastern United States", in C. R. Harrington, ed. *The Year without a Summer? World Climate in 1816* (Ottawa: Canadian Museum of Nature, 1992), 125~126; Bassett, "Cold Summer", 19.

32 *J*, 9: 411, 8: 64. 데이비드 헨리는 하버드를 졸업할 무렵 자신의 이름 두 개의 순서를 바꿨다.

33 W. E. Channing II, *Poet-Naturalist* (1902), 3.

34 *J*, 8: 65; Marble, *Thoreau: Home, Friends, Books*, 36.

35 Hendrick, *Remembrances*, 20; Sanborn, *Life of Thoreau*, 33.

36 *J*, 8: 93~94.

37 Ralph L. Rusk, *The Life of Ralph Waldo Emerson* (New York: Charles Scribner's Sons, 1949), 84~86; Gay Wilson Allen, *Waldo Emerson: A Biography* (New York: Viking, 1981), 113~114; *JMN*, 14: 327~328, September 1859.

38 *J*, 8: 23.

39 PEJ, 2: 173~174.

40 *Days of HT*, 15; *J*, 8: 245~246, 12: 38.

41 John Farmer and Jacob P. Moore, eds., *Collections, Historical and Miscellaneous; and Monthly Literary Journal* (Concord, NH: Jacob B. Moore, 1823), 30~31; *Middlesex Observer*, November 9, 1822, 3.

42 콩코드의 연필 제조사에 관해서는 다음을 보라. Robert A. Gross, *Transcendentalists and Their World*, ch. 5, mss. pp. 28~42에 있는 명확한 설명; "윌리엄 먼로의 회고", *Memoirs of the Members of the Concord Social Club*, 2nd series (Cambridge, MA: N.p. 1888): 145~156; Hendrick, *Remembrances* 23~25; Lemuel Shattuck, *A History of the Town of Concord* (Boston: Russell, Odiorne; Concord, MA: John Stacy, 1835), 218. 또한 다음을 보라. Henry Petroski, *The Pencil: A History of Design and Circumstance* (New York: Knopf, 1990), ch. 9.

43 Gross, *Transcendentalists and Their World*, ch. 5, mss. pp. 11, 42. 『헨리 소로의 나날』*The Days of Henry Thoreau*을 쓴 하딩은 1825년 10월의 이 신문 공고를 Milton Meltzer and Walter Harding, *A Thoreau Profile* (New York: Thomas Y. Crowell, 1962), 138에 전재했다. 또한 *Days of HT*, 16~17을 보라. 하딩의 말에 따르면, 존 소로는 1820년 세일럼의 조지프 딕슨에게서 연필 제조 공정을 배웠다고 하지만(Meltzer and Harding, *Profile*, 136), 나는 이 정보를 확인할 수 없었다. 딕슨은 미국에 처음으로 나무로 감싼 흑연 연필을 도입한 사람으로 널리 인정받고 있지만, 1829년에 비로소 (저지시티에 있는 조지프 딕슨 크루서블 컴퍼니에서) 연필을 제조하기 시작했으므로, 이 이야기도 믿기 어렵다.

44 Edward Waldo Emerson, *Henry Thoreau as Remembered by a Young Friend* (1917;

Concord, MA: Thoreau Foundation, 1968), 32.

45 *J*, 11: 437; *CHDT*, 543 (Daniel Ricketson to HDT, February 9, 1859), 546 (HDT to Daniel Ricketson, February 12, 1859).

46 Marble, *Thoreau: Home, Friends, Books*, 39; Hendrick, *Remembrances*, 93; 관상수협회의 기록, CFPL. 46.

47 Sanborn, *Henry D. Thoreau*, 24; *JMN*, 15: 489; Edward Emerson, *Thoreau as Remembered*, 13, 14; Jean Munro LeBrun, neighbor to the Thoreaus, in Meltzer and Harding, *Profile*, 3; *J*, 12: 38 ("수다 떠는 협회").

48 Hendrick, *Remembrances*, 15, 77; Alfred Munroe, *Thoreau as Seen*, 49에서 인용.

49 〔Joseph Hosmer?〕, "J. H.", "A Rare Reminiscence of Thoreau as a Child", *TSB* 245 (Fall 2003): 1~2; W. E. Channing II, *Poet-Naturalist* (1902), 5.

50 *J*, 8: 94; *EEM*, 15; Edward Emerson, *Thoreau as Remembered*, 14~15.

51 *EEM*, 15~16; W. E. Channing II, *Poet-Naturalist* (1902), 5~6; Sanborn, *Life of Thoreau*, 39.

52 *Autobiography of Hon. John S. Keyes* (CFPL online), 6; Gross, *Transcendentalists and Their World*, ch. 4, p. 7; *Walden*, 330.

53 Tom Blanding, "Beans, Baked and Half-Baked (6)", *Concord Saunterer* 12.4 (Winter 1977): 14.

54 *Autobiography of Hon. John S. Keyes* (CFPL online), 31.

55 Ann Bigelow가 McGrath, "Cynthia Dunbar Thoreau", 12~13에서 인용함; Hendrick, *Remembrances*, 92~93. 헨리가 일곱 살 때 월든의 모래톱에서 주전자에 잡탕 끓이는 일을 도왔다고 회고했다 (*Walden*, 180).

56 Sanborn, *Life of Thoreau*, 39; JoAnn Early Levin, "Schools and Schooling in Concord: A Cultural History", in *Concord: The Social History of a New England Town, 1750~1850*, ed. David Hackett Fischer (Waltham, MA: Brandeis University, 1983), 366~368; *Autobiography of Hon. John S. Keyes* (CFPL online), 5; *J*, 8: 94~95.

57 밀 댐에 대한 세부 묘사는 다음 두 책에서 가져왔다. Gross, *Transcendentalists and Their World*, ch. 4, pp. 3~7, *Autobiography of Hon. John S. Keyes* (CFPL online), 7~9.

58 Edward Jarvis, *Traditions and Reminiscences of Concord, Massachusetts, 1779~1878*, ed. Sarah Chapin (Amherst: University of Massachusetts Press, 1993), 41.

59 Gross, *Transcendentalists and Their World*, ch. 1, pp. 30~48; *Autobiography of Hon. John S. Keyes* (CFPL online), 7; Jarvis, *Traditions and Reminiscences*, 39~41.

60 이어지는 내용은 Gross, "Faith in the Boardinghouse"에 크게 의존한다.

61 PEJ, 4: 458~459; *J*, 8: 270~271; Gross, "Faith in the Boardinghouse", 3~4.

62 *Week*, 72~73; *Walden*, 98.

2장 고등교육, 콩코드에서 하버드로 1826-1837

1 Edward Jarvis, *Traditions and Reminiscences of Concord, Massachusetts, 1779~1878*, ed. Sarah Chapin (Amherst: University of Massachusetts Press, 1993), 109~118.

2 Robert A. Gross, "Men and Women of Fairest Promise: Transcendentalism in Concord", *Concord Saunterer*, n.s., 2.1 (Fall 1994): 7. 그 시민들은 윌리엄 휘팅(그의 아들이 콩코드센터 문법학교에서 교우들에게 두들겨 맞아 멍이 든 채 집에 온 적이 있었다), 새뮤얼 호어, 조사이어 데이비스, 애비엘 헤이우드와 네이선 브룩스였다. 그들은 아카데미 레인Academy Lane 옆에 땅을 매입하고 학교를 지었다. 콩코드의 아들들만이 아니라 딸들도 환영한다는 그들의 정책은 당시로서는 진보적으로 비춰졌다.

3 앨런은 콩코드에 처음 와서 몇 달 동안 소로네 집에서 하숙했다. 신시아는 1828년에 두 학기 동안 존을 등록시켰고, 1828년 가을부터 1833년 졸업 때까지 헨리를, 1833년에 소피아를 등록시켰다(앨런이 제 역할을 다하지 못했음에도). 다음을 보라. Kenneth Walter Cameron, "Young Henry Thoreau in the Annals of the Concord Academy (1829~1833)", *Emerson Society Quarterly* 9.4 (1957): 19; Hubert H. Hoeltje, "Thoreau and the Concord Academy", *New England Quarterly* 21.1 (March 1948): 103~109.

4 *Autobiography of Hon*. John S. Keyes (CFPL online), 10, 30; *Corr.*, 1: 308 (HDT to Henry Williams Jr., September 30, 1847).

5 Phineas Allen, letter to the editor, *Concord Freeman*, September 21, 1838; 다음에 전재되어 있다. *TSB* 193 (Fall 1990): 4~5; Gladys Hosmer, "Phineas Allen, Thoreau's Preceptor", *TSB* 59 (Spring 1957): 1, 3.

6 *Autobiography of Hon*. John S. Keyes (CFPL online), 10, 33~34; Thomas Blanding, "Beans, Baked and Half-Baked (6)", *Concord Saunterer* 12.4 (Winter 1977): 14. 레슬리 페린 윌슨은 "'Treasure in My Own Mind': The Diary of Martha Lawrence Prescott, 1834~1836", *Concord Saunterer*, n.s., 11 (2003): 92~152에서 이 소녀 중 한 명의 일기를 편집했다. 또한 K. W. Cameron, "Young Henry", 5~14에 필사된 조지 무어의 일기를 보라.

7 Gross, "Men and Women of Fairest Promise", 7~9, 15.

8 K. W. Cameron, "Young Henry", 3~8 (이 클럽에 대한 기록은 남아 있지 않다); Dorothy Nyren, "The Concord Academic Debating Society", *Massachusetts Review* 4.1 (Autumn 1962): 81~84.

9 홀브룩의 성명서는 다음 책에 인용되어 있다. Carl Bode, *The American Lyceum* (New York: Oxford University Press, 1956), 12. 홀브룩을 깊이 감동시킨 강연자는 《미국 과학 저널》*American Journal of Science*을 창간한 벤저민 실리먼이었다.

10 Robert A. Gross, "Talk of the Town", *American Scholar* (Summer 2015), 34~35; Yeoman's Gazette, January 17, 1829; 콩코드 라이시움의 기록, CFPL. 콩코드토론클럽이 더는 필요 없게 되자 해산한 회원들이 라이시움에 합류했다.

11 K. W. Cameron, "Young Henry", 10; Ruth R. Wheeler, *Concord: Climate for Freedom* (Concord, MA: Concord Antiquarian Society, 1967), 152.

12 William Ellery Channing II, *Thoreau: The Poet-Naturalist*, ed. F. B. Sanborn (Boston: Charles E. Goodspeed, 1902), 13.

13 George Frisbie Hoar, *Autobiography of Seventy Years*, 2 vols. (New York: Charles Scribner's Sons, 1903), 1: 86; K. W. Cameron, "Young Henry", 7, 14.

14 W. E. Channing II, *Poet-Naturalist* (1902), 13; Thoreau, "Class Autobiography", *EEM*, 114.

15 Hoar, *Autobiography*, 1: 82.

16 Edmund A. Schofield, "Further Particulars on Thoreau's Harvard Scholarship Awards", *TSB* 264 (Fall 2008): 4~6. 상금 누계액은 기록에 없다. 윌리엄과 랠프 월도 에머슨도 제임스 펜 유산 장학금을 받았지만, 하버드의 연말 "학예" 상금처럼 하버드 법인이 배분하는 것이 아니라 보스턴의 제일그리스도교회First Church of Christ가 배분했다.

17 *Autobiography of Hon. John S. Keyes* (CFPL online), 53; Henry Williams, ed., *Memorials of the Class of 1837 of Harvard University* (Boston: George H. Ellis, 1887), 23~24.

18 Andrew Preston Peabody, *Harvard Reminiscences* (Boston: Ticknor, 1888): 196~197; Hoar, Autobiography 1: 119.

19 Franklin Benjamin Sanborn, *The Life of Henry David Thoreau* (Boston: Houghton Mifflin, 1917), 154.

20 그들이 집에 간 날은 10월 6일 토요일이었다. John Thoreau, letter to George Stearns, Concord, October 18, 1833, in K. W. Cameron, "Young Thoreau", 15~16.

21 *Autobiography of Hon. John S. Keyes* (CFPL online), 55; Harriet Martineau (소로가 하버드에 있을 때 그곳을 방문했다), in *Retrospect of Western Travel* (1838), in William Bentinck-Smith, *The Harvard Book: Selections from Three Centuries* (Cambridge, MA: Harvard University Press, 1960): 338~340. 조지 티크너는 프랑스어와 에스파냐어를 가르치는 스미스 석좌교수가 되기 전 독일에서 공부한 사람으로, 소로가 도착하기 직전에 넌더리를 내며 하버드를 그만두었다. 그는 개혁을 위해 13년 동안 노력했지만 이제 희망이 보이지 않는다며 한탄했다. "우리 과에서는 완전히 성공했지만, 이 변화를 더 확장할 수가 없

다." George Ticknor to C. S. Daveis, January 5, 1835, in *Life, Letters and Journals of George Ticknor*, 2 vols. (Boston: James R. Osgood, 1876), 1: 400.

22 Peabody, *Harvard Reminiscences*, 200; Hoar, Autobiography, 1: 127; James Freeman Clarke, *Autobiography, Diary, and Correspondence*, ed. Edward Everett Hale (Boston: Houghton Mifflin, 1891), 43.

23 Charles W. Eliot, *Harvard Memories* (Cambridge, MA: Harvard University Press, 1923), 53~54.

24 *Corr.*, 1: 287~288 (HDT to Horatio Robinson Storer, February 15, 1847); Edward Waldo Emerson, *Henry Thoreau as Remembered by a Young Friend* (1917; Concord, MA: Thoreau Foundation, 1968), 18; John Weiss, "Thoreau", *Christian Examiner*, July 1865, 96.

25 *Thoreau as Seen*, 204; Weiss, "Thoreau", 97.

26 *Autobiography of Hon. John S. Keyes* (CFPL online), 50.

27 Frederick T. McGill Jr., "Thoreau and College Discipline", *New England Quarterly* 15.2 (June 1942): 349~350.

28 Marshall Tufts, *A Tour through College* (Boston: Marsh, Capen, and Lyon, 1832), 40. 터프츠는 자신의 책을 익명으로 인쇄했으며, 소로의 급우들은 이 책을 비밀리에 읽고 탄원을 고려했다. Kenneth Walter Cameron, *Transcendental Apprenticeship: Notes on Young Henry Thoreau's Reading* (Hartford, CT: Transcendental Books, 1976), 270~299에 전재되어 있다.

29 새로운 시험을 통과하고 품행 증명서를 제출하는 학생에 한해서만 다음 연도에 복학할 수 있었다. K. W. Cameron, *Transcendental Apprenticeship*, 268; Weiss, "Thoreau", 101; *Days of HT*, 41~43.

30 McGill, "Thoreau and College Discipline", 349~353.

31 Weiss, "Thoreau", 101~102.

32 Peabody, *Harvard Reminiscences*, 201~202; Clarke, *Autobiography*, 38.

33 Tufts, *A Tour through College*, 5.

34 Robert D. Richardson Jr., *Henry David Thoreau: A Life of the Mind* (Berkeley: University of California Press, 1986), 14; Hoar, *Autobiography*, 1: 103.

35 Horatio Hale, *Remarks on the Language of the St. John's, or Wlastukweek Indians with a Penobscot Vocabulary* (Boston: N.p., 1834).

36 Hoar, *Autobiography*, 1: 100~102; *Walden*, 52.

37 Hoar, *Autobiography*, 1: 101.

38 Clark A. Elliott, *Thaddeus William Harris (1795~1856): Nature, Science, and Society in the Life of an American Naturalist* (Bethlehem, PA: Lehigh University

Press, 2008), 178~179, 194; T. W. Higginson 191에서 인용함.

39 Caroline Winterer, *The Culture of Classicism: Ancient Greece and Rome in American Intellectual Life, 1780~1910* (Baltimore: Johns Hopkins University Press, 2002), 2, 60, 77~83을 보라.

40 *Walden*, 144.

41 하버드에서 소로가 읽은 서적에 대한 완전한 설명으로는 다음을 보라. Robert Sattelmeyer, *Thoreau's Reading: A Study in Intellectual History with Bibliographical Catalogue* (Princeton, NJ: Princeton University Press, 1988), 3~24.

42 소로의 친구들은 1835년부터 1838년까지 문예지 《하버디아나》를 발행했다. 거기에 소로는 없다.

43 Henry Seidel Canby, *Thoreau* (Boston: Houghton Mifflin, 1939), 50. 소로가 피니어스 앨런의 학교에서 보낸 시기의 에세이는 열두 살 때 쓴 「계절」The Seasons 한 편만 존재한다. 이 글은 어조는 어린애 같지만 감각적 인상을 불러일으키고 월든의 계절 주기에 관해 썼다는 점에서 다른 수천 편의 에세이와 똑같다.

44 *E & L*, 59; Hoar, *Autobiography*, 1: 87.

45 Sandra M. Gustafson, *Imagining Deliberative Democracy in the Early American Republic* (Chicago: University of Chicago Press, 2011), 22~23; Peabody, *Harvard Reminiscences*, 87~88.

46 *EEM*, 110.

47 헨리가 도착했을 때 헤이스티푸딩클럽 도서관에는 책이 약 1,400권 있었지만, 1836년에는 홀워시 2관2 Holsworthy으로 이사를 해야 할 만큼 장서의 규모가 커졌다. 다음을 보라. Kenneth Walter Cameron, *Thoreau and His Harvard Classmates* (Hartford, CT: Transcendental Books, 1965), 106~113.

48 퀸시 총장이 자신이 기록해 놓은 숫자를 잘못 본 것이다. 4,068로 적혀 있는 소로의 점수를 4,668로 계산했고, 아무도 이 실수를 알아보지 못했다. 만일 알아봤더라도 소로는 1837년 졸업식 행사에서 한자리를 따냈을 테지만, 등수는 19등이 아니라 21등이었을 것이다.

49 McGill, "Thoreau and College Discipline", 350.

50 1835년 7월 13일, "데이비드 H. 소로"는 카이사르에 대항해 로마 공화국을 옹호하는 카토 역을 연기했다. 소로의 본문은 *Translations*, ed. Kevin P. Van Anglen, 145~147(그리스어로 되어 있음), 279~280(영어로 번역되어 있음)에 전재되어 있다. 소로가 출처로 삼았던 희곡 『Cato』의 저자 Joseph Addison과 관련해서는 다음을 보라. Ethel Seybold, "The Source of Thoreau's 'Cato-Decius Dialogue'", *Studies in the American Renaissance* (1994): 245~250.

51 W. E. Channing Ⅱ, *Post-Naturalist*, 32.

52 Orestes Brownson, "Independence Day Address at Dedham, Massachusetts", *Works*

in Political Philosophy, vol. 2: 1828~1841, ed. Gregory S. Butler (Wilmington, DE: ISI Books, 2007), 115, 120, 121; *RP*, 64.

53 *EEM*, 60~61.

54 *Corr.*, 1: 30 (HDT to Orestes Brownson, December 30, 1837); *Days of HT*, 46 (John Thoreau to Helen Thoreau, June 24, 1836); Brownson, "Independence Day Address", 124.

55 *Corr.*, 1: 2~4 (Augustus Peabody to HDT, May 30, 1836), 7~8 (HDT to Henry Vose, July 5, 1836), 12~14 (HDT to Charles Wyatt Rice, August 5, 1836).

56 *Walden*, 50; *J*, 8: 66.

57 Philip Gura, *American Transcendentalism* (New York: Hill and Wang, 2007), 69.

58 William Simmons, "Report to the Overseers", in K. W. Cameron, *Thoreau's Harvard Years*, 8~9; *Days of HT*, 47.

59 *Autobiography of Hon. John S. Keyes* (CFPL online), 48~49.

60 이 친구는 찰스 헤이워드 2세다. 몇 주 후 헤이워드는 하버드 신학대학 첫 학기 중에 사망했다. 찰스 스턴스 휠러가 쓴 헤이워드 부고 기사에서 인용. K. W. Cameron, *Transcendental Apprenticeship*, 257.

61 Morton Berkowitz, "Thoreau, Rice and Vose on the Commercial Spirit", *TSB* 141 (Fall 1977): 1~5.

62 *EEM*, 115~118.

3장 초월주의 수련 1837-1841

1 *E & L*, 65.

2 *Corr.*, 1: 16 (James Richardson to HDT, September 7, 1837); *EEM*, 103; PEJ 1: 36, March 14, 1838.

3 "Sic Vita", in *CEP*, 542~543.

4 *Thoreau as Seen*, 71, 153.

5 다음을 보라. Dick O'Connor, "Thoreau in the Town School, 1837", *Concord Saunterer* , n.s., 4 (Fall 1996): 150~172.

6 그 건물은 아직도 건재하다. 현재 프리메이슨 로지로 사용되고 있으며, 오랫동안 소로학회 Thoreau Society의 연례행사가 그곳에서 열렸다.

7 William Ellery Channing II, *Thoreau: The Poet-Naturalist* (Boston: Roberts Brothers, 1873), 24; Edward Waldo Emerson, *Henry Thoreau as Remembered by a Young Friend* (1917; Concord, MA: Thoreau Foundation, 1968), 20~21.

8 에드워드 월도 에머슨 인터뷰 노트, box 1, folder 14, CFPL; *Thoreau as Seen*, 216; Martin Bickman, *Uncommon Learning: Henry David Thoreau on Education* (Boston: Houghton Mifflin, 1999), xvii. 제인 듀런트의 경우 진짜 훈육 문제였을 것이라고, 오코너가 다른 증거에 기초해 말했다 ("Thoreau in the Town School", 161~163).

9 *Corr.*, 1: 19~20 (HDT to Henry Vose, October 13, 1837); Prudence Ward to Caroline Ward Sewall, September 25, 1837, Thoreau-Sewall-Ward Letters, letter 14, Thoreau Society Archives, Henley Library.

10 Sanborn, *The Life of Henry David Thoreau* (Boston: Houghton Mifflin, 1917), 128~129; *JMN*, 5: 349 (August 2, 1837). 에머슨의 글은 "Self-Reliance"에도 있다. 하면 스미스는 두 사람이 처음 만난 시기를 1837년 4월로 본다. 다음을 보라. *My Friend, My Friend: The Story of Thoreau's Relationship with Emerson* (Amherst: University of Massachusetts Press, 1999), 6~8.

11 PEJ, 1: 5.

12 Ibid.; Ralph Waldo Emerson, *The Early Lectures of Ralph Waldo Emerson, 1833~1842*, ed. Stephen E. Whicher, Robert E. Spiller, and Wallace E. Williams, 3 vols. (Cambridge, MA: Harvard University Press, 1959~1972), 2: 261; *EEM*, 8~9.

13 "Likeness to God", in William Ellery Channing I, *The Works of William E. Channing*, 6 vols., 8th ed. (Boston: James Munroe, 1848), 3: 235. 보스턴의 유력한 유니테리언 목사 윌리엄 엘러리 채닝과 하버드의 에드워드 티렐 채닝은 형제였다. 소로와 절친한 친구가 된 엘러리 채닝은 그들의 조카였고, 개혁가 윌리엄 헨리 채닝도 그들의 조카였다.

14 "Nature", in *E & L*, 7; Emerson, *Early Lectures*, 2: 215.

15 Ralph L. Rusk, *The Life of Ralph Waldo Emerson* (New York: Charles Scribner's Sons, 1949), 266. 리디아 잭슨과 랠프 월도 에머슨은 1835년 9월에 결혼했고 그 뒤 에머슨은 그녀를 "리디언"Lidian이라 불렀다. 아마 듣기 좋아서였을 것이다. 리디언 에머슨은 이 이름을 흔쾌히 받아들였다 (ibid., 213).

16 Emerson, *Early Lectures*, 2: 215~216; *LRWE*, 7: 22.

17 17 *JMN*, 5: 452, 453, 460. 이 무렵 헨리는 닭들이 텃밭에서 씨앗을 파헤치지 못하도록 "소가죽으로 작은 신발을 솜씨 좋게" 만들어 리디언의 마음을 사로잡았다. Ellen Tucker Emerson, *The Life of Lidian Jackson Emerson* (East Lansing: Michigan State University Press, 1992), 68.

18 *Thoreau as Seen*, 180에 있는 제임스 러셀 로웰의 말, Ibid., 120에 있는 에드나 리틀핼 체니의 말. 또한 다음을 보라. Henry S. Salt, *The Life of Henry David Thoreau* (London: Richard Bentley, 1890; 1908년 개정판, George Hendrick, Willene Hendrick, and Fritz Oehlschlaeger 편집. 동급생 데이비드 해스킨스의 비슷한 생각에 대해서는 Urbana: University of Illinois Press, 1993, 2000), 29~30을 보라. 해스킨스는 에머슨이 자기에

게도 자석과 같은 효력을 미쳤다고 말했다. 에머슨과 소로는 "콩코드의 조용한 농담거리"가 되었다고 몬큐어 콘웨이는 말했다. 콘웨이는 두 사람이 단지 외양만 닮았다고 생각했다. Moncure Daniel Conway, *Autobiography, Memories and Experiences*, 2 vols. (Boston: Houghton Mifflin, 1904), 1: 143.

19 James Russell Lowell, "Fable for Critics", in *Thoreau as Seen*, 4; W. E. Channing, *Works*, 3: 381.

20 PEJ, 1: 73~74.

21 Ibid., 38. 〈사회〉라는 강연의 내용을 알려주는 현존하는 구절은 소로의 일기에서 「스크랩」Scrapes이 전부다 (ibid., 35~39).

22 Ibid., 31~32 (March 4, 1838); *Corr.*, 1: 36~37 (HDT to John Thoreau, March 17, 1838).

23 *Thoreau as Seen*, 180~181에 수록된 프리실라 라이스 에디스의 말. Sophia, John and Henry D. Thoreau, "Nature and Bird Notes", Berg Collection, New York Public Library. 식물 표본들은 앨범에서 나와 따로따로 봉투에 보관되었다. 그 표본들이 언제 수집되고 어떻게 위치가 정해졌는지는 알 수 없다.

24 *Translations*, 148, 281. 헨리도 알고 있었듯 '기념비'cenotaph라는 단어는 그리스어로 "텅 빈empty(kenos) 무덤tomb(taphos)"이라는 의미다.

25 *Corr.*, 1: 27~30 (HDT to John Thoreau, November 11 and 14, 1837). 워드의 편지가 보여 주듯이 1838년 4월에 소로 일가는 체로키족이 추방당한 것에 소리 높여 항의했고, 에머슨도 1838년 4월 23일에 항의 편지를 썼다. 흉미롭게도 "호프웰"은 미합중국과 체로키 인디언이 맺은 1785년 호프웰 조약을 상기시킨다. 사우스캐롤라이나주에 있는 어느 장소의 이름이 붙은 그 조약은 원래 미국의 서쪽 경계를 정하고 체로키족의 주권을 인정했다. 역사가 말해 주듯이 그 조약은 미국이 깨뜨렸다.

26 Kenneth Walter Cameron, *Thoreau and His Harvard Classmates* (Hartford, CT: Transcendental Books, 1965), 91~93.

27 *To Set This World*, 11, 16~19; Michael Sims, *The Adventures of Henry Thoreau: A Young Man's Unlikely Path to Walden Pond* (New York: Bloomsbury, 2014), 91.

28 Henry Petroski, *The Pencil: A History of Design and Circumstance* (New York: Knopf, 1990), 110~114; Edward Waldo Emerson Papers, series 1, box 1, folder 11(EWE가 워런 마일스를 인터뷰한 내용), CFPL. 그 백과사전 항목에 관한 이야기로는 다음을 보라. Edward Waldo Emerson, *Thoreau as Remembered*, 32.

29 품질 좋은 흑연을 찾는 것은 계속 문제였다. 브리스톨 흑연을 다 소모하자 소로 가족은 스터브리지의 튜더 광산에서 흑연을 구입했고 그다음에는 캐나다에서 흑연을 수입했다.

30 *Corr.*, 1: 31~32 (HDT to Orestes Brownson, December 30, 1837), 34~35 (HDT to David Haskins, February 9, 1838).

31 Ibid., 37 (HDT to John Thoreau, March 17, 1838).

32 PEJ, 1: 46 (May 10, 1838).

33 W. E. Channing II, *Poet-Naturalist* (1873), 2.

34 《자작농 신문》에 실린 광고 (Milton Meltzer and Walter Harding, *A Thoreau Profile* 〔New York: Thomas Y. Crowell, 1962〕, 38). 돈을 낼 수 없는 학생은 무료로 입학시켰다 (*Days of HT*, 76). 정원이 차고 모든 학생이 수업료를 완납할 경우 형제의 총수입은 1년에 600달러로, 책값과 제반 경비를 합친 금액보다 적었다. 헨리 소로가 콩코드센터 문법학교 교사일 때 연봉이 500달러였던 것과 비교해 볼 수 있다.

35 초월주의와 교육개혁에 대해서는 다음을 보라. Wesley T. Mott, "Education", in *The Oxford Handbook of Transcendentalism*, ed. Joel Myerson, Sandra H. Petrulionis, and Laura Dassow Walls (Oxford: University of Oxford Press, 2010), 153~171; and Martin Bickman, *Minding American Education: Reclaiming the Tradition of Active Learning* (New York: Teacher's College Press, 2003).

36 *E & L*, 67, 70.

37 Sanborn, *Life of Thoreau*, 204; Edward Waldo Emerson, *Thoreau as Remembered* 22; George Hendrick, ed., *Remembrances of Concord and the Thoreaus: Letters of Horace Hosmer to Dr. S. A. Jones* (Urbana: University of Illinois Press, 1977), 73; *Thoreau as Seen*, 109.

38 Sanborn, *Life of Thoreau*, 205~206; 소로는 자신의 측량 도구에 대해 "수준측량기와 측각 나반을 결합"한 것이라고 일기장에 적었다 (PEJ, 1: 197).

39 Edward Waldo Emerson Papers, series 1, box 1, folder 8 (interview of EWE with Thomas Hosmer), CFPL.

40 *Corr.*, 1: 49 (HDT to Helen Thoreau, October 6, 1838); 에드먼드 수얼의 일기, March 28, 1840, American Antiquarian Society; Hendrick, *Remembrances*, 73~74.

41 Hendrick, *Remembrances*, 74~76.

42 Edward Waldo Emerson Papers, 벤저민 리와의 인터뷰 기록, series 1, box 1, folder 10, 그리고 벤저민 톨먼과의 인터뷰 기록, box 1, folder 18, CFPL; *Thoreau as Seen*에 들어 있는 존 S. 키스의 말, 206.

43 Edward Waldo Emerson Papers, series 1, box 1, folder 8 (EWE가 토머스 호스머를 인터뷰한 내용), CFPL.

44 *Walden*, 109~110.

45 ABAJ, 127; PEJ, 1: 172, 194; *Thoreau Log*, 59~60.

46 PEJ, 1: 38~39, 69~70.

47 Ibid., 74 (June 22, 1839); "Sympathy", *J*, 1: 76~77 (June 24, 1839) and *CEP*, 524~525.

48 *Days of HT*, 78~79; *JMN*, 7: 230~231; Ralph Waldo Emerson, and Thomas Carlyle, *The Correspondence of Emerson and Carlyle*, ed. Joseph Slater, 2 vols (New York: Columbia University Press, 1964), 1: 246; *LRWE*, 2: 244.

49 Clayton Hoagland, "The Diary of Thoreau's 'Gentle Boy'", *New England Quarterly* 28.4 (December 1955): 488.

50 PEJ, 1: 79~81. 또한 다음을 보라. Shawn Stewart, "Transcendental Romance Meets the Ministry of Pain: The Thoreau Brothers, Ellen Sewall, and Her Father", *Concord Saunterer* , n.s., 14 (2006): 4~21.

51 Thoreau-Sewall-Ward Letters, IVJ: Ellen Sewall Papers, Thoreau Society Archives, Henley Library.

52 이 긴장을 파헤친 것으로 유명한 두 전기는 Henry Seidel Canby, *Thoreau* (Boston: Houghton Mifflin, 1939), ch. 9과 Richard M. Lebeaux, *Young Man Thoreau* (1975; New York: Harper, 1978), esp. ch. 4와 6이다.

53 *Thoreau Log*, 47~48; *Thoreau as Seen*, 218; Elizabeth Hoar, undated letter to the Bowles family of Springfield, Massachussetts, *TSB* 138 (Winter 1977): 5.

54 *Week*, 116.

55 Ibid., 196.

56 Ibid., 296.

57 Ibid., 303; *Days of HT*, 92.

58 *Week*, 215; *Days of HT*, 92.

59 *Week*, 334.

60 Ibid., 393.

61 PEJ, 1: 124~126, 134~137 (June 11~21, 1840).

62 *JMN*, 7: 238.

63 Joel Myerson, *The New England Transcendentalists and the "Dial": A History of the Magazine and Its Contributors* (Cranbury, NJ: Associated University Presses, 1980), 30~32.

64 PEJ, 1: 100; cf 1: 209. 베리는 1838년에 퇴학당해 한 달 동안 맥린정신병원McLean Asylum에 갇혀 있었다. 베리가 풀려난 후 에머슨이 그의 글을 모아 『에세이와 시』*Essays and Poems*(1839)를 펴냈다.

65 PEJ, 1: 132; 엘리자베스 오스굿 대븐포트와 루이스 오스굿 코프만의 합동 진술, Thoreau-Sewall-Ward Letters, Thoreau Society Archives, Henley Library; PEJ, 1: 158.

66 Tom Blanding, "Passages from John Thoreau, Jr.'s Journal", *TSB* 136 (Summer 1976): 4~6. 존 소로의 일기는 거의 남아 있지 않다.

67 PEJ, 1: 193.

68 Ellen Sewall to Prudence Ward, November 18, 1840, 28 in IVJ: Ellen Sewall Papers, Thoreau-Sewall-Ward Letters, Thoreau Society Archives, Henley Library.

69 엘런 수얼의 일기, March 8, 1841, 29 in IVJ: Ellen Sewall Papers, Thoreau-Sewall-Ward Letters, Thoreau Society Archives, Henley Library.

70 The romance seems to have been, in Henry Seidel Canby's words, "an experiment in the philosophy of love", with little if any physical attraction (Thoreau, 121~122). Sophia's oft-quoted statement comes down to us from Ellen's granddaughter by way of her grandmother, by way of her mother—a long chain indeed! Louise Osgood Koopman, "The Thoreau Romance", *Massachusetts Quarterly* 4.1 (Autumn 1962): 66; cf. *Days of HT*, 104.

71 *Autobiography of Hon. John S. Keyes* (CFPL online), 69~70; Hendrick, *Remembrances*, 72; PEJ, 1: 149~150. "반"은 민주당 후보, 마틴 밴 뷰런을 가리킨다. 그는 1837년 공황의 주범으로 찍혀 재선 공천을 받지 못했다.

72 *LRWE*, 2: 290, 311.

73 Joel Myerson, "A Calendar of Transcendental Club Meetings", *American Literature* 44.2 (May 1972): 205.

74 *LRWE*, 2: 323~324, n315, 322, 326.

75 다음을 보라. Joel Myerson, Sandra Harbert Petrulionis, and Laura Dassow Walls, eds., *The Oxford Handbook of Transcendentalism*, ed. (Oxford: Oxford University Press, 2010), s.v. "The *Dial*", by Susan Belasco, 373~379.

76 *Corr.*, 1: 70 (Margaret Fuller to HDT, December 1, 1840), 1: 93, (Margaret Fuller to HDT, October 18, 1841).

77 "Sic Vita"는 *Dial* 2.1, July 1841에 실렸고, "Friendship"은 *Dial* 2.2, October 1841에 실렸다.

78 *Corr.*, 1: 70 (Margaret Fuller to HDT, December 1, 1840).

79 Ibid., 72 (HDT to "Mr Clerk", January 6, 1841). 편지의 전문은 다음과 같다. "목사님,/저는 이 마을에서 제일교구의 회원으로 여겨지기를 바라지 않습니다./헨리 D. 소로." 1833년 국교가 폐지된 후로 많은 사람이 소로처럼 탈회했다.

80 Hendrick, *Remembrances*, 131.

81 PEJ, 1: 277 (March 3, 1841); *Corr.*, 1: 72~73 (HDT to Samuel Gridley Howe, March 9, 1841).

82 PEJ, 1: 263, 291, 297; Ellen Sewall Diary, April 8, 1841, Thoreau-Ward-Sewall Letters, 29 in IVJ Ellen Sewall Papers, Thoreau Society Archives, Henley Library. 농장은 홀로웰 지역에 있었고, 면적이 30에이커였다. 4월 25일 자 엘런의 기록에 따르면, 비록 『월든』에서는 헨리가 허세를 부렸으나 가족은 그가 크게 실망한 것을 알아보았다고 한다.

83 PEJ, 1: 265, 273, 301.

84 Ibid., 295, 302.

85 *The Letters of Nathaniel Hawthorne, 1813~1843*, ed. Thomas Woodson, L. Neal Smith, and Norman Holmes Pearson (Columbus: Ohio State University Press, 1984), 528~529 (Hawthorne to Sophia Peabody, April 13, 1841).

86 *LRWE*, 2: 389 (RWE to William Emerson, March 30, 1841).

87 Ibid., 394 (RWE to Margaret Fuller, April 22, 1841).

88 PEJ, 1: 304 (April 26, 1841).

89 *E & L*, 275; cf. *JMN*, 7: 201, 이 구절의 초고에 "나의 용감한 헨리"my brave Henry라고 적혀 있다.

90 Emerson and Carlyle, *Correspondence*, 1: 300 (RWE to Thomas Carlyle, May 30, 1841); *JMN*, 7: 454.

91 PEJ, 1: 311, 320; *Letters of Margaret Fuller*, ed. Robert N. Hudspeth, 6 vols. (Ithaca, NY: Cornell University Press, 1983), 2: 210 (Margaret Fuller to Richard Fuller, May 25, 1841).

92 *Corr.*, 1: 75 (RWE to HDT, June 7, 1841); "To the Maiden in the East", *Dial* 3.2 (October 1842), 222~224; cf. *CEP*, 550~551.

93 Charles Capper, *Margaret Fuller: An American Romantic Life, the Private Years* (Oxford University Press, 1992), 170.

94 *Corr.*, 1: 94~95 (Margaret Fuller to HDT, October 18, 1841). 이 편지에서 풀러가 언급한 "**멋진 일주일**"은 소로의 책을 가리키는 것일 리가 없다(강조는 원문대로). 그는 아직 존과 한 그 여행을 『일주일』로 펴낼 계획조차 세우지 않았기 때문이다. 이 편지에서 풀러가 둘만 알고 있는 몇몇 "도시들"을 감질나게 언급한 것도 여전히 미스터리로 남아 있다.

95 *Corr.*, 1: 79 (HDT to Lucy Jackson Brown, September 8, 1841); Elizabeth Hall Witherell, "Thoreau as Poet", in *Cambridge Companion to Henry David Thoreau*, ed. Joel Myerson, (Cambridge: Cambridge University Press, 1995), 57~70.

96 출판업자 루퍼스 그리스월드는 답장을 하지 않았고, 그의 책은 소로에 대해 언급하지 않았다. 다음을 보라. Robert Sattelmeyer, "Thoreau's Projected Work on the English Poets", *Studies in the American Renaissance* (1980): 239~257. 소로는 1841년 11월 29일부터 12월 10일까지 하버드에 있었고, "졸업생 거주자" 신분으로 하버드 도서관 사용의 특권을 누렸다.

97 PEJ, 1: 321, 337~338.

98 Ibid., 347, 354.

4장 길을 잃다 1842-1844

1 Ellen Sewall Diary, April 27, 1841, Thoreau-Sewall-Ward Letters, 29 in IVJ: Ellen Sewall Papers (4월 25일로 잘못 필사되어 있다), Thoreau Society Archives, Henley Library; PEJ, 1: 354~355.

2 Letter to W. S. Robinson from an unknown correspondent, printed in Max Cosman, "Apropos of John Thoreau", *American Literature* 12.2 (May 1940): 242; PEJ, 1: 362 (January 8, 1842); *THOT*, 2.

3 Cosman, "Apropos", 242. 아직도 파상풍 치료법은 발견되지 않았다. 근육이완제를 투여해 경련을 억제할 순 있지만 신경 손상은 영구적일 수 있다.

4 *Corr.*, 1:107 (HDT to Isaiah Williams, March 14, 1842); *THOT*, 2, letter, Lidian Jackson Emerson to Lucy Jackson Brown, January 11~12, 1842.

5 "Mr. Frost's Sermon on the Death of John Thoreau Jr.", Thoreau-Sewall Ward Letters, Thoreau Society Archives, Henley Library.

6 *LRWE*, 3: 4 (RWE to William Emerson, January 24, 1842); Edward Waldo Emerson, *Henry Thoreau as Remembered by a Young Friend* (1917; Concord, MA: Thoreau Foundation, 1968), 26; PEJ, 1: 237.

7 *LRWE*, 3: 6~8; 9 (RWE to Margaret Fuller, February 2, 1842).

8 *JMN*, 8: 165~166.

9 PEJ, 1: 364~366 (February 20~21, 1842).

10 Ibid., 365, 369 (February 20, 1842).

11 *CEP*, 595~596; *The Collected Poems of Henry Thoreau*, ed. Carl Bode (Baltimore: Johns Hopkins University Press, 1965), 316. 스태튼 아일랜드에 도착한 직후 소로는 헬렌에게 이 시를 음울한 형태로 써 보내 불안한 예감을 불러일으켰다.

12 *Corr.*, 1: 102 (HDT to Lucy Jackson Brown, March 2, 1842), 105~106 (HDT to RWE, March 11, 1842).

13 *E & L*, 473; *Corr.*, 1: 107 (HDT to Isaiah Williams, March 14, 1842). 또한 PEJ 1: 369를 보라.

14 *JMN*, 8: 375 (1843). 에머슨은 다음 글로 이 언급에 불멸성을 부여하기로 결정했다. "Thoreau", in *The Collected Works of Ralph Waldo Emerson*, ed. Ronald A. Bosco and Joel Myerson, 10 vols. (Cambridge, MA: Harvard University Press, 2013), 416.

15 PEJ, 1: 368, 393.

16 *LRWE*, 3: 47 (RWE to Margaret Fuller, April 10, 1842), 75 (RWE to Margaret Fuller, July 19, 1842).

17 *Exc.*, 3~28. 핑크는 더 광범위한 독자에게 소개하는 방식으로 소로의 자연사를 자세히

설명한다. Steven Fink, *Prophet in the Marketplace: Thoreau's Development as a Professional Writer* (Princeton, NJ: Princeton University Press, 1992), allusion to p. 43. 문화적 힘을 얻기 위한 노력에서 이 에세이를 중요한 순간으로 본 날카로운 분석으로는 다음을 보라. Kevin P. Van Anglen, "True Pulpit Power: 'Natural History of Massachusetts' and the Problem of Cultural Authority", *Studies in the American Renaissance* (1990): 119~147.

18 ABAL, 88; Nathaniel Hawthorne, *The American Notebooks*. Columbus: Ohio State University Press, 1932, 1960, 1972, 355.

19 Ellen Tucker Emerson, *The Life of Lidian Emerson* (East Lansing: Michigan State University Press, 1992), 71, 79~80. 에머슨은 그 모든 사람과 어울렸다. 브룩팜의 뉴컴에게 콩코드로 오기를 설득하면서 그는 이렇게 썼다. "공동체를 믿지 않는 사람들도 이웃과 함께 사는 마을은 믿는다네. 아마 천국이 그런 곳이리라 믿으면서 말일세." (*LRWE*, 3: 51).

20 "The Old Manse", in Nathaniel Hawthorne, *Tales and Sketches* (New York: Library of America, 1982), 1145~1147.

21 *Days of HT*, 137; Hawthorne, *American Notebooks*, 353~354.

22 Hawthorne, *American Notebooks*, 356~357; *Thoreau as Seen*, 88~89; William Ellery Channing II, *Thoreau: The Poet-Naturalist* (Boston: Roberts Brothers, 1873), 257.

23 Richard Fuller, "Visit to the Wachusett, July 1842", *TSB* 129 (Fall 1972): 2.

24 *Corr.*, 1: 94 (Margaret Fuller to HDT, October 18, 1841).

25 *Exc.*, 29~46.

26 Sophia, John, and Henry D. Thoreau, "Nature and Bird Notes", Berg Collection, New York Public Library. 소로는 "활발한 창의적 정신으로" 물리적 세계에 반응했으며, 그 정신은 "자연에서 일어나는 사건들과 미세한 물리적 현상을 마주할 때 드러났다"라고 로빈슨은 적절하게 표현했다 (David N. Robinson, *Natural Life: Thoreau's Worldly Transcendentalism* 〔Ithaca, NY: Cornell University Press, 2004〕, 26). 여기서 우리는 소로의 강력한 통찰력이 어떻게 시작되었는지를 볼 수 있다.

27 PEJ, 2: 378; *Exc.*, 405. 다음을 보라. Kevin P. Van Anglen, "Thoreau's Epic Ambition: 'A Walk to Wachusett' 그리고 Persistence of the Classics in an Age of Science", in *The Call of Classical Literature in the Romantic Age*, ed. Kevin P. Van Anglen and James Engell (Edinburgh: Edinburgh University Press, 근간).

28 *LRWE*, 2: 253; Emerson, "New Poetry", *Dial* 1.2 (October 1840): 222.

29 *LRWE*, 3: 41, 571; *Corr.*, 1: 153~154 (Ellery Channing to HDT, April 6, 1843), 157 (Ellery Channing to HDT, May 1, 1843).

30 *JMN*, 8: 352; Robert N. Hudspeth, "Dear Friend: Letter Writing in Concord", *Concord Saunterer*, n.s., 11 (2003): 84.

31 Hawthorne, *Tales and Sketches*, 1141; Hawthorne, *American Notebooks*, 357.

32 Robert N. Hudspeth, *Ellery Channing* (New York: Twayne, 1973), 139. ABAJ, 164.

33 ABAJ, 164.

34 *LRWE*, 3: 96, 7: 517; Franklin Benjamin Sanborn, *The Life of Henry David Thoreau* (Boston: Houghton Mifflin, 1917), 470~471에 인용된 워드의 말.

35 *Liberator*, September 28, 1838; Edson L. Whitney, *American Peace Society: A Centennial History*, 3rd ed. (Washington, DC: American Peace Society, 1929), 44; *Days of HT*, 142.

36 *Corr.*, 1: 124 (HDT to RWE, January 24, 1843); ABAJ, 151. 이상은 스테이플스의 설명이 세간에 퍼져 나간 내용이다. 다음을 보라. Caroline Ward Sewall to Edmund Sewall (Sr.), January 25, 1843, Thoreau-Ward-Sewall Letters; 에드워드 에머슨이 샘 스테이플스를 인터뷰한 내용, box 1, folder 17, CFPL.

37 *Corr.*, 1: 125 (HDT to RWE, January 24, 1843); Barry Kritzberg, "The Mr. Spear Who Ought to Have Been Beaten into a Ploughshare", *TSB* 183 (Spring 1988): 4~5. 펠리코의 책 『나의 옥중기』에는 10년 동안 오스트리아에 수감된 이탈리아 애국자 이야기가 자세히 적혀 있다. 찰스 M. 스피어는 개리슨의 뉴잉글랜드무저항협회 창립 멤버로, 후에 사형에 격렬히 반대하고 감옥 개혁을 주장했다.

38 Charles Lane, "State Slavery—Imprisonment of A. Bronson Alcott—Dawn of Liberty", *Liberator*, January 27, 1843, 16.

39 *LRWE*, 3: 230 (RWE to Margaret Fuller, December 17, 1843).

40 2.5달러의 연회비로 회원들은 지역·전국·국제 신문과 저널(*London Phalanx, New-York Tribune, Dial, National Anti-Slavery Standard, Boston Miscellany*)을 읽을 수 있었다. 모두 소로와 에머슨이 기증한 것들이었다. 다음을 보라. Keith Walter Cameron, *Transcendentalists and Minerva*, 3 vols. (Hartford, CT: Transcendental Books, 1958), 1: 290~295.

41 *Days of HT*, 143에서 인용함; Walter Harding, "Thoreau and the Concord Lyceum", *TSB* 30 (January 1950): 2.

42 *LRWE*, 3: 129; *Days of HT*, 143~144; *THOT*, 3; *Corr.*, 1: 135 (HDT to RWE, February 10, 1843).

43 더 자세한 이야기로는 다음을 보라. *To Set This World*, 26~30.

44 Ibid., 30~32.

45 *LRWE*, 3: 39; Hawthorne, *American Notebooks*, 361~362; *LRWE*, 3: 90~93.

46 *LRWE*, 3: 90~91n334; *JMN*, 8: 257.

47 *Corr.*, 1: 272 (Daniel Waldo Stevens to HDT, May 24, 1845); Kevin P. Van Anglen, *Translations* 서문, 218; PEJ, 1: 436 ("단지 설탕의 달콤함–(테니슨의 운문은) 달콤한 설

탕에 불과하다").

48 Ralph Waldo Emerson, "Veeshnoo Sarma", *Dial* 3.1 (July 1842), 82~85. 다음을 보라. Arthur Versluis, *American Transcendentalism and Asian Religions* (New York: Oxford University Press, 1993), ch. 2 and 3; Alan D. Hodder, *Thoreau's Ecstatic Witness* (New Haven, CT: Yale University Press, 2001), ch. 5; and Robert D. Richardson Jr., *Henry David Thoreau: A Life of the Mind* (Berkeley: University of California Press, 1986), esp. 106~109, 204~207.

49 Richardson, *HDT: Life of the Mind*, 107; *EEM*, 128~129, 130, 139; PEJ, 1: 427. 『마누법전』은 소로가 다음 책에서 속기한 것이다. *Institutes of Hindu Law, or The Ordinances of Menu, According to the Gloss of Culluca,* trans. Sir William Jones, new edition, collated with the Sanscrit text, by Graves Chamney Haughton, 2 vols. (London: Rivingtons and Cochran, 1825).

50 *EEM*, 141, 148; PEJ, 1: 426.

51 *Corr.*, 1: 245 (HDT to RWE, October 17, 1843), 2: 43 (HDT to H. G. O. Blake, November 20, 1849).

52 PEJ, 1: 447; *Corr.*, 1: 117~118 (HDT to Richard Fuller, January 16, 1843); Lidian Emerson in *THOT*, 3.

53 *Corr.*, 1: 123~124 (HDT to RWE, January 24, 1843); *LRWE*, 3: 75; Ellen Tucker Emerson, *Life of Lidian Emerson*, xlv; *Corr.*, 1: 126 n6.

54 *Corr.*, 1: 145~146 n6; 120 (HDT to Lucy Jackson Brown, January 24, 1943).

55 *Corr.*, 1: 138~139 (RWE to HDT, February 12, 1843), 141 (HDT to RWE, February 15, 1843).

56 Joel Myerson, *The New England Transcendentalists and the "Dial": A History of the Magazine and Its Contributors* (Cranbury, NJ: Associated University Presses, 1980), 83; *Corr.*, 1: 147 (Elizabeth Peabody to HDT, February 26, 1843); *LRWE*, 3: 165. 에머슨은 더 원활한 배포를 위해 피보디에서 제임스 먼로로 출판업자를 바꿨다. Myerson, New England Transcendentalist, 90을 보라.

57 *Corr.*, 1: 149 (HDT to RWE, March 1, 1843); *LRWE*, 3: 158.

58 *Days of HT*, 10 (the editor was Epes Sargent); *Corr.*, 1: 124 (HDT to RWE, January 24, 1843).

59 *Corr.*, 1: 152 (HDT to Richard Fuller, April 2, 1843); Hawthorne, *American Notebooks*, 369, 371.

60 *Corr.*, 1: 158~159 (Elizabeth Hoar to HDT, May 2, 1843); *LRWE*, 3: 172.

61 *Corr.*, 1: 159~161 (HDT to Cynthia Thoreau, May 11, 1843).

62 '아늑한 곳'은 1855년 화재로 소실되었고 흔적도 남아 있지 않다. 그 동네는 아직도 에머슨

힐이라 불린다.

63 *Week*, 181; 풀러의 말은 여기서 인용했다. Ronald A. Bosco and Joel Myerson, *The Emerson Brothers: A Fraternal Biography in Letters* (Oxford: Oxford University Press, 2006), 343.

64 *Corr.*, 1: 184 (HDT to John and Cynthia Thoreau, June 8, 1843); *LRWE*, 3: 182, 162~163.

65 *Corr.*, 1: 170 (HDT to Sophia Thoreau, May 22, 1843), 174 (HDT to RWE, May 23, 1843), 198 (HDT to Cynthia Thoreau, July 7, 1843).

66 Ibid., 174~175 (HDT to RWE, May 23, 1843).

67 Ibid., 181, 185 (HDT to RWE, June 8, 1843), 210 (HDT to Helen Thoreau, July 21, 1843).

68 Ibid., 184. 에머슨도 이런 불평을 했다. "이 길쭉한 도시에서 나는 **공간**의 독재를 느낀다. 지리를 잘 알지 못하는 사람은 서너 집을 방문하는 데도 **꼬박** 하루가 걸린다." (*LRWE*, 3: 27, 강조는 원문대로).

69 *Corr.*, 1: 171~172 (HDT to Sophia Thoreau, May 22, 1843), 175 (HDT to RWE, May 23, 1843).

70 Ibid., 174 (HDT to RWE, May 23, 1843), 180~181 (HDT to RWE, June 8, 1843).

71 Ibid., 181~182 (HDT to RWE, June 8, 1843); 198 (HDT to Cynthia Thoreau, July 7, 1843); 윌리엄 에머슨의 말은 Bosco and Myerson, *Emerson Brothers*, 343에서 인용했다.

72 *LRWE*, 7: 542~543; *Corr.*, 1: 163 (Henry James Sr. to HDT, May 12, 1843), 179 (HDT to RWE, June 8, 1843), 252 (RWE to HDT, October 25, 1843); *LRWE*, 7: 566~567.

73 *Corr.*, 1: 180, 210 (HDT to Helen Thoreau, July 21, 1843), 225 (HDT to Cynthia Thoreau, August 29, 1843), 238 (HDT to Cynthia Thoreau, October 1, 1843). 헨리 매킨도 전에 에머슨 밑에서 편집 일을 했다.

74 Ibid., 211 (HDT to Helen Thoreau, July 21, 1843).

75 *RP*, 35, 42. 소로의 평론은 이 무렵 에머슨이 소로에게 칭찬한 호손의 "The Celestial Railroad"와 비슷하다. 다음을 보라. *Corr.*, 1: 192 (RWE to HDT, June 10, 1843).

76 *Corr.*, 1: 214 (John O'Sullivan to HDT, July 28, 1843), 250 (HDT to Helen Thoreau, October 18, 1843).

77 Ibid., 185 (HDT to John and Cynthia Thoreau, June 8, 1843), 238 (HDT to Cynthia Thoreau, October 1, 1843).

78 Ibid., 224 (HDT to Cynthia Thoreau, August 29, 1843), 233~234 (HDT to RWE, September 14, 1843), 238 (HDT to Cynthia Thoreau, October 1, 1843).

79 Ibid., 199 (HDT to Cynthia Thoreau, July 7, 1843), 218~219 (HDT to Cynthia Thoreau, August 6, 1843), 221 (HDT to RWE, August 7, 1843).

80 Ibid., 164 (RWE to HDT, May 21, 1843), 174 (HDT to RWE, May 23, 1843), 203 (HDT to RWE and LJE, July 8, 1843).

81 *JMN*, 9: 9~10. 하지만 채닝은 이 에세이를 좋아했고, 그릴리는 1843년 10월 27일 자 《뉴욕 데일리 트리뷴》과 1843년 11월 4일 자 《뉴욕 위클리 트리뷴》*New-York Weekly Tribune*에 일부를 발췌해 실었다.

82 *Corr.*, 1: 229 (RWE to HDT, September 8, 1843), 245 (HDT to RWE, October 17, 1843). 에머슨은 소로가 전하고자 하는 메시지를 누그러뜨려 그의 산문을 중화했다. 다음을 보라. Francis B. Dedmond, "'Pretty Free Omissions': Emerson Edits a Thoreau Manuscript for the *Dial*", *TSB* 227 (Spring 1999): 8.

83 *Corr.*, 1: 208, 222, 229, 252 (에머슨이 소로에게 재촉한 내용), 216 (HDT to O'Sullivan, August 1, 1843), 234 (HDT to RWE, September 14, 1843).

84 Ibid., 164~165 (RWE to HDT, May 21, 1843), 192 (RWE to HDT, June 10, 1843). 채닝이 에머슨의 면전에서 「겨울 산책」을 적극 옹호하면서 소로와의 우정을 지키고, 소로가 채닝의 막 나온 시집을 진심으로 칭찬한 것도 이런 상황에 긍정적으로 작용했다. "그의 시집을 두 세 번 읽었는데, 읽을 때마다" 더 깊이 빠져들었다. "리틀 앤드 브라운에서 어떤 사람이 채닝의 시집을 사는 것을 봤습니다. 그에게 그렇게 전해 주십시오." (ibid., 175).

85 *Thoreau Log*, 94; *Corr.*, 1: 164 (RWE to HDT, May 21, 1843); *JMN*, 8: 399.

86 *LRWE*, 3: 137, 149, 183. 에머슨과 월도 그리고 태펀에 대해서는 다음을 보라. Harmon Smith, "Henry Thoreau and Emerson's 'Noble Youths'." *Concord Saunterer* 17.3 (December 1984): 4~12; 또한 다음을 보라. Smith, *My Friend, My Friend: The Story of Thoreau's Relationship with Emerson* (Amherst: University of Massachusetts Press, 1999), 78~94.

87 Harmon, "Henry Thoreau and Emerson's 'Noble Youths'", 5에서 인용한 자일스 월도의 말; *Corr.*, 1: 180 (HDT to RWE, June 8, 1843), 207 (RWE to HDT, July 20, 1843).

88 *Corr.*, 1: 187 (Charles Lane to HDT, June 9, 1843).

89 Ibid., 199 (HDT to Cynthia Thoreau, July 7, 1843), 208 (RWE to HDT, July 20, 1843), 211~212 (HDT to Helen Thoreau, July 21, 1843).

90 Ibid., 224 (HDT to Cynthia Thoreau, August 29, 1843); 228 (RWE to HDT, September 8, 1843).

91 Ibid., 218 (HDT to Cynthia Thoreau, August 6, 1843); 240 (HDT to Cynthia Thoreau, October 1, 1843).

92 PEJ, 1: 465 (September 24, 1843), 478 (October 21, 1843).

93 자세한 이야기는 다음을 보라. Sterling F. Delano, "Thoreau's Visit to Brook Farm", *TSB* 221/222 (Fall 1997/Spring 1998): 1~2; and Edmund A. Schofield, "The Date(s) and Context of Thoreau's Visit to Brook Farm", *TSB* 258 (Spring 2007): 8~10.

94 Delano, "Thoreau's Visit", 221~222.

95 *JMN*, 8: 433; *Corr.*, 1: 258 (Charles Lane to HDT, December 3, 1843).

96 *Corr.*, 1: 202 (HDT to RWE and LJE, July 8, 1843); PEJ 1: 495.

97 *LRWE*, 3: 4, 168; *Corr.*, 1: 191 (RWE to HDT, June 10, 1843), 228 (RWE to HDT, September 8, 1843).

98 *JMN*, 9: 7; *Corr.*, 1: 229 (RWE to HDT, September 8, 1843), 171 (HDT to Sophia Thoreau, May 22, 1843).

99 *Corr.*, 1: 239 (HDT to Cynthia Thoreau, October 1, 1843), 246 (HDT to RWE, October 17, 1843).

100 Hawthorne, *American Notebooks*, 395~396; *Corr.*, 1: 236 (Margaret Fuller to HDT, September 25, 1843); *JMN*, 7: 590.

101 마셜 마일스에 대한 에드워드 에머슨의 인터뷰 기록, series 1, box 1, folder 11, CFPL.

102 PEJ, 2: 289; *JMN*, 9: 77.

103 *LRWE*, 7: 597; 그 화가는 캐럴라인 스터지스다. 구식 연필은 1~4까지 숫자로 나뉘어 있었던 반면 품질 좋은 새 제도용 연필은 S(soft)와 H(hard), 즉 알파벳으로 나뉘어 있었다. 오늘날에는 두 체계가 모두 사용되는데, 가장 흔히 쓰이는 연필은 "2번"이지만, 화가들의 연필에는 "무름"을 뜻하는 알파벳으로 S가 아닌 B가 붙어 있다.

104 *Days of HT*, 157~159; Henry Petroski, "H. D. Thoreau, Engineer", *Invention and Technology* 5.2 (Fall 1989): 8~16.

105 *JMN*, 9: 45.

106 "Homer. Ossian. Chaucer", in *EEM*, 154~155, 173; PEJ, 2: 59. 화살촉 제작에 관한 소로의 글은 다음을 보라. PEJ, 2: 58~60.

107 *To Set This World*, 36~40.

108 Helen Thoreau's Scrapbook, CFPL; Robert A. Gross, "Helen Thoreau's Anti-slavery Scrapbook", *Yale Review* 100.1 (January 2012): 103~120.

109 *JMN*, 9: 70~71; "Young American", in *Collected Works of Emerson*, 1: 226. 오설리번의 《데모크라틱 리뷰》가 1845년 7~8월에 미국의 텍사스 합병과 관련하여 그 말을 만들고 사용한 결과 12월에는 그 말이 유명해졌다. 에머슨의 언어가 그대로 메아리친다.

110 소로는 1844년 3월 10일 오전 10시 30분과 오후 7시 30분에 연설했다. 오후에는 "무저항"을 주제로 토론이 있었다. 소로가 토론에 참석했는지는 확실하지 않지만 참석했을 가능성이 높다. 다음을 보라. TL I, 143; *E & L*, 593, 598, 607, 608. 또한 다음을 보라. Linck C. Johnson, "Reforming the Reformers: Emerson, Thoreau, and the Sunday Lectures at Amory Hall, Boston", *ESQ* 〔*Emerson Society Quarterly*〕 37.4 (1991): 235~289.

111 *RP*, 182~183; *Corr.*, 1: 250~251 (HDT to Helen Thoreau, October 18, 1843).

112 *RP*, 183~185.

113 로저스의 말은 Ibid., 49~51에서 인용했다. 소로의 최초 강연은 책으로 출간되지 않았지만, 그의 메모는 남아 있다. 다음을 보라. Ibid., 379~392.

114 로저스의 말은 *To Set This World*, 39~40에서 인용했다.

115 *LRWE*, 3: 243, 7: 595.

116 David S. Reynolds, *Walt Whitman's America: A Cultural Biography* (New York: Knopf, 1995), 82; Sanborn, *Life of Thoreau*, 129; *E & L*, 465; Elizabeth Hall Witherell, "Thoreau as Poet", in *The Cambridge Companion to Henry David Thoreau*, edited by Joel Myerson (Cambridge: Cambridge University Press, 1995), 60, 68n10.

117 PEJ, 3: 75~76.

118 Ibid., 80, 85

119 대니얼 F. 포터 (학교에서 소로에게 나무 주걱으로 맞은 학생으로, 이제 어른이 되었다), 에드워드 에머슨의 인터뷰 기록, series 1, box 1, folder 14, CFPL.

120 A. H. 휠러의 딸이 한 말은 *Days of HT*, 161에서 인용했다. Edmund A. Schofield, "'Burnt Woods': Ecological Insights into Thoreau's Unhappy Encounter with Fire", *Thoreau Research Newsletter* 2.3 (July 1991): 3.

121 PEJ, 3: 76~78, 4: 68~69.

122 그는 기차나 마차를 타서 이 여정을 단축했을 것이다. 다음을 보라. Thomas Woodson, "Thoreau's Excursion to the Berkshires and Catskills", *Emerson Society Quarterly* 21.1 (1975): 82~92; 또한 다음을 보라. *Week*, 202~209.

123 *Week*, 182. 그 여자는 잠정적으로 레베카 달링 에디라고 알려져 왔다. 소로는 그녀를 보고는 사촌이 떠올랐다고 했는데, 레베카 대처일 가능성이 있다. 소로는 1838년 메인주 뱅고어에서 교직을 구하던 중 그녀를 만났다. 다음을 보라. Donald Murray and Susan Denault, "Thoreau's Dark Lady Was Probably a Darling", *TSB* 165 (Fall 1983): 1~3.

124 *Week*, 183~190; 채닝의 말은 다음 출처에서 인용했다. Bernard A. Drew, "Thoreau's Tarn Identified: Guilder Pond", *Concord Saunterer* , n.s., 9 (2001): 128.

125 *Walden*, 323; W. E. Channing II, *Poet-Naturalist* (1902), 34.

126 PEJ, 2: 155. Drew, "Thoreau's Tarn Identified", 이 호수는 길더 호수Guilder Pond라고 알려져 있다.

127 *To Set This World*, 40~43.

128 애나 휘팅과 조지 커티스 두 사람 모두 이 사건을 목격하고, 그에 대해 이야기했다. 조지 커티스의 이야기에 대해서는 다음을 보라. Sterling Delano and Joel Myerson, "'The General Scapegoat': Thoreau and Concord in 1844", *TSB* 264 (Fall 2008): 1~2; 애나 휘팅이 《자유의 선구자》에 보고한 내용에 대해서는 다음을 보라. *To Set This World*, 44.

129 *Corr.*, 1: 267 (HDT to James Munroe and Company, October 14, 1844), 275 (James Munroe and Company to HDT, September 17, 1844); 다음을 보라. Richardson, *HDT:*

Life of the Mind, 146.

130 *Corr.*, 1: 257 (Charles Lane to HDT, December 3, 1843). 소로처럼 헤커도 생애 초기에 오레스테스 브라운슨을 만났다. 찰스 레인은 헤커와 소로에게 서로 만나 보라고 독려했다.

131 *Thoreau Log*, 106; *Corr.*, 1: 259 (Isaac Hecker to HDT, July 31, 1844).

132 *Corr.*, 1: 261~262 (HDT to Hecker, August 14, 1844).

133 Ibid., 264 (Isaac Hecker to HDT, August 15, 1844), 266 (HDT to Hecker, after August 15, 1844).

134 조지 커티스의 말은 다음에서 인용했다. Delano and Myerson, "General Scapegoat", 2; *Walden*, 10.

135 *JMN*, 9: 103.

2부 월든의 탄생

5장 월든, 그대인가? 1845-1847

1 헨리 데이비드 소로가 아버지와 목수의 도움으로 집을 지었다고 추정되어 왔지만, 뉴잉글랜드의 겨울을 나면서 막대한 시간과 품을 들여 몇 달 만에 집을 완성했다는 것은—중요한 문서도 남기지 않고—믿기 어려운 일이다. 그런데 새로이 발견된 프랜시스 제인 핼릿 프리처드가 쓴 서신을 보면 소로 가족이 집을 구입해 다른 부지로 옮겼다는 내용이 나온다. "집 짓기와 집 옮기기가 요즘 유행인 것 같아요. 소로 부인은 마셜 부인이 살던 집을 샀는데, 로링 씨에게서 얻은 자기네 부지에다 옮길 예정이에요. (…) 진취적인 시민에게 집을 옮겨다 놓는 일은 별것 아니지요. 그래서 지금은 엄마가 저희를 어디서 찾게 되실지 말씀드릴 수가 없어요" (Frances Jane Hallett Prichard to her mother Jane Hallett Prichard, April 16, 1844, Prichard, Hoar, and Related Family Papers, vault A45, Prichard unit 2, box 2, folder 4, CFPL). 안타깝게도, 소로의 집은 귀중한 연필과 그 밖의 공예품들과 함께 1938년 불타 버렸고, 남은 옛터는 1959년에 철거되었다.

2 이 일은 1844년 9월 14일에 기록되었으며 존, 신시아, 헬렌, 헨리 소로가 증인이었다. 다음을 보라. *TSB* 191 (Spring 1990): 5~6. 존 소로는 1855년 9월에 텍사스 하우스 융자금을 갚았다. *Thoreau Log*, 363.

3 Annie Russell Marble, *Thoreau: His Home, Friends, and Books* (New York: Thomas Y. Crowell, 1902), 265.

4 *J*, 14: 99, October 3, 1860.

5 *LRWE*, 3: 262~263; Ralph Waldo Emerson and Thomas Carlyle, *The Correspondence of Emerson and Carlyle*, ed. Joseph Slater, 2 vols (New York: Columbia University

Press, 1964), 2: 369. 토머스 와이먼의 소유권 및 자세한 사항을 참조하려면 다음을 보라. W. Barksdale Maynard, "Emerson's 'Wyman Lot': Forgotten Context for Thoreau's House at Walden", *Concord Saunterer* , n.s., 12/13 (2004~2005): 63~68.

6 *LRWE*, 3: 263; CCE, 2: 101~102; ABAJ, 178. 또한 다음을 보라. Raymond Adams, "Emerson's House at Walden", *TSB* 24 (July 1948): 1~5.

7 *Corr.*, 1: 94 (HDT to Margaret Fuller, October 18, 1843), PEJ, 1: 347. 여러 가지 관습과 이상에 관해 소로가 나눈 대화와 시골과 교외로 은둔했던 그 시절 유행을 살피려면 다음을 보라. W. Barksdale Maynard, "Thoreau's House at Walden", *Art Bulletin* 81.2 (1999): 303~325.

8 *LRWE*, 3: 231; Harmon Smith, "Henry Thoreau and Emerson's 'Noble Youths", *Concord Saunterer* 17.3 (December 1984): 4~12.

9 Charles Lane, "Life in the Woods", *Dial* 4.4 (April 1844): 422, 424. 소로는 레인의 에세이를 보고 '월든, 숲속의 생활'Walden, or Life in the Woods이라는 부제를 처음에 달았지만, 제2판에서는 삭제되었다.

10 Robert N. Hudspeth, *Ellery Channing* (New York: Twayne, 1973), 31; *Corr.*, 1: 268 (Ellery Channing to HDT, March 5, 1845).

11 ABAJ, 178~179; Adams, "Emerson's House". 에머슨의 오두막은 물론 탑도 결국 지어지지 않았다.

12 Francis B. Dedmond, "George William Curtis to Christopher Pearse Cranch: Three Unpublished Letters from Concord", *Concord Saunterer* 12.4 (Winter 1977): 6.

13 *LRWE*, 8: 13, 15~16 (RWE to Samuel Gray Ward, March 13?, 1845).

14 "Wendell Phillips before Concord Lyceum", in *RP*, 60~61. *Narrative of the Life of Frederick Douglass, an American Slave*. 개리슨과 필립스가 이 책의 서문을 썼으며, 몇 달 후 출간했다.

15 *RP*, 61; *Corr.*, 1: 181 (HDT to RWE, June 8, 1843).

16 PEJ, 2: 121, 124; *RP*, 74.

17 PEJ, 2: 107; "Reminiscences of Thoreau", *Concord Freeman* (September 1, 1882), TL I, 146에서 인용됨.

18 PEJ, 2: 134~135; *Walden*, 43~44. 에머슨은 판잣집의 잔해를 칼라일에게 설명했다. *Correspondence of Emerson and Carlyle*, 1: 399 (May 14, 1846)를 보라.

19 *Walden*, 42; PEJ, 2: 140; ABAJ, 317 ("지독한 반대자"); "브룩팜에 있는 여느 아르카디아 사람과 다를 바 없는 생활"이라고 조지 커티스가 집 짓기에 대해 말했다 (Dedmond, "Three Unpublished Letters", 8).

20 *Walden*, 54~55, 155, 251; PEJ, 2: 129, 158~159. 콩밭의 위치는 지난 수십 년 동안 소로의 집 바로 위 평지에 있는 것으로 잘못 알려졌다. Bradley P. Dean, "Rediscovery

at Walden: The History of Thoreau's Bean-Field", *Concord Saunterer*, n.s., 12/13 (2004~2005): 86~137을 보라.

21 *Walden*, 20~21; cf. PEJ, 2: 132~133.

22 PEJ, 2: 155.

23 "Walden", in *CEP*, 516; *Walden*, 193.

24 *JMN*, 9: 195, 1845. 집터를 발굴한 롤런드 로빈스는 다음과 같이 말했다. "소로가 월든 호숫가 집에 대해 100번쯤 언급했다면 그중 약 80번은 '집'이라고 말한다. '산장'은 세 번, '거주지'는 두 번, '방'은 두 번, '농가'는 한 번 사용한다. '산막'이라는 단어 역시 딱 한 번 쓴다." Roland Wells Robbins, *Discovery at Walden* (1972; Lincoln, MA: Thoreau Society, 1999), 10.

25 *RP*, 193; William Ellery Channing II, *Thoreau: The Poet-Naturalist*, ed. F. B. Sanborn (Boston: Charles E. Goodspeed, 1902), 7~8. 에머슨은 깜짝 놀랐다. "요즘 엘러리가 호숫가에서 소로와 지낸다더군. 게다가 자기 아내도 없이!" (*LRWE*, 8: 52).

26 에드워드 에머슨의 인터뷰 기록, Mrs. White, box 1, folder 20, CFPL.

27 PEJ, 2: 156.

28 Nathaniel Hawthorne, *The American Notebooks* (Columbus: Ohio State University Press, 1932, 1960, 1972), 369; *JMN*, 9: 121.

29 PEJ, 2: 156~157, 165.

30 브래드 딘은 《보스턴 데일리 이브닝 트랜스크립트》*Boston Daily Evening Transcript*에 실린 시간표로 다음과 같이 계산했다. 1846년에는 매일 열 대의 기차가 월든 호수를 지나갔는데 여객용 열차가 여덟 대, 화물용 열차가 두 대였다. 1847년에는 그 수가 두 배로 늘어났다(딘에게서 직접 들음).

31 PEJ, 2: 156, 170~174.

32 Ibid., 148, 151~152, 160~161.

33 *Walden*, 153; *Thoreau as Seen*, 94, 106.

34 *Walden*, 157; George Hendrick, ed., *Remembrances of Concord and the Thoreaus: Letters of Horace Hosmer to Dr. S. A. Jones* (Urbana: University of Illinois Press, 1977), 53.

35 다음에서 인용했다. Henry Seidel Canby, *Thoreau* (Boston: Houghton Mifflin, 1939), 216 (January 20, 1846).

36 Mabel Loomis Todd, *Thoreau as Seen*에서 인용함. 187; Marble, *Thoreau: Home, Friends, Books*, 129; John S. Keyes, *Thoreau as Seen*에서 인용함, 174.

37 Edward Waldo Emerson, *Henry Thoreau as Remembered by a Young Friend* (1917; Concord, MA: Thoreau Foundation, 1968), 61~62.

38 *Corr.*, 1: 276 (RWE to HDT, October 8, 1845), 282 (RWE to HDT, late September

1846); *J*, 10: 61~62. 에머슨의 임금 지불에 대해서는 이 책에 기록되어 있다. Walter Harding, "Thoreau in Emerson's Account Books", *TSB* 159 (Spring 1982): 1~3.

39 Stanley Cavell, *The Senses of Walden: An Expanded Edition* (Chicago: University of Chicago Press, 1992), 11; *Exc.*, 47, 54.

40 리베카 솔닛은 다음 에세이에서 이 점을 다루었다. "Mysteries of Thoreau, Unsolved: On the Dirtiness of Laundry and the Strength of Sisters", *Orion*, May~June 2013, 18~23. 소로가 간혹 기거하던 집에서는 집사가 세탁을 담당했으며, 당시에 그것은 일반적인 일이었다. 미국 중산층 사람들은 빨래를 직접 하지 않았다.

41 *Days of HT*, 182.

42 David Wood, *An Observant Eye: The Thoreau Collection at the Concord Museum* (Concord, MA: Concord Museum, 2006), 10~13, 57~59; Mary Hosmer Brown, *Memories of Concord* (Boston: Four Seas, 1926), 95, 98.

43 Joseph Hosmer, ed. Hendrick, *Remembrances*, 140~142; PEJ, 3: 22.

44 *Walden*, 242~243.

45 Ibid., 140; PEJ, 2: 160.

46 PEJ, 2: 176~177, 210~211.

47 Ibid., 207~209, 414~416; *Walden*, 261~262. 코일은 1845년 10월 1일 브리스터 힐 아래 월든 도로에서 사망했다. 이틀 후《콩코드 프리먼》*Concord Freeman*에 부고가 실렸다. "휴 코일은 월든 호수 인근에 살며 평소 과음을 하던 사람으로, 지난 수요일 오후 집 근처 길가에서 숨진 채로 발견되었다. 그가 사망하기 전 목격된 바에 의하면, 얼굴이 일그러지고 기력이 없는 상태였다. 사인은 섬망증으로 추정된다. 그는 워털루전투에 참전한 퇴역 군인이었다." Henry David Thoreau, *Walden: A Fully Annotated Edition*, ed. Jeffrey S. Cramer (New Haven, CT: Yale University Press, 2004), 255.

48 Elise Lemire, *Black Walden: Slavery and Its Aftermath in Concord, Massachusetts*를 보라 (Philadelphia: University of Pennsylvania Press, 2009), 122~127.

49 Lemire, *Black Walden*, 162~163.

50 질파 화이트Zilpah White의 부고는 다음을 참조하라. Thoreau, Walden: A Fully Annotated Edition, 248n15; 소로는 그녀의 이름을 "질파"Zilpha라고 표기했다 (*Walden*, 257). 프리먼 가족에 대해서는 Lemire, *Black Walden*, 163~171을 보라. 브리스터 프리먼의 손자이자 프리먼가의 마지막 생존자인 존 프리먼은 여덟 살에 열병으로 사망했다. "월든 숲에 거주한 지역 노예 중 마지막 자손이었다" (ibid., 181).

51 *Walden*, 258~261; Lemire, *Black Walden*, 162~163.

52 Lemire, *Black Walden*, 157.

53 *Walden*, 264.

54 PEJ, 2: 159, 235~236 (강조는 원문 그대로).

55 Ibid., 2: 162; Joseph Hosmer repr. in Hendrick, *Remembrances*, 142; Marble, *Thoreau: Home, Friends, Books*, 120. 프루던스 워드의 매력적인 어린이 소설 "The Story of the Little Field Mouse", in the Thoreau-Ward-Sewall Papers, Thoreau Society Archives, Henley Library를 참조하라.

56 PEJ, 2: 225~226 ("Jean Lapin"); cf. *Walden*, 281. 가장 과장된 이야기는 프레더릭 L. H. 윌스가 쓴 것이다 (루이자 메이 올컷의 어릴 적 친구로, 『작은 아씨들』의 "로리"를 연상케 한다): *Thoreau as Seen*, 134, 150을 보라.

57 *Thoreau as Seen*, 183.

58 John Hartigan Jr., *Aesop's Anthropology: A Multispecies Approach* (Minneapolis: University of Minnesota Press, 2014), 25를 보라.

59 PEJ, 2: 159.

60 *Walden*, 59; PEJ, 2: 177, 241.

61 PEJ, 2: 242.

62 Ibid., 2: 166, 227.

63 Patrick Chura, *Thoreau the Land Surveyor* (Gainesville, FL: University Press of Florida, 2010), 30~44. 소로가 1846년 처음으로 측정 결과를 출판하려고 했을 당시에는 측정한 수심을 많이 삭제하고, 비율을 줄이고, 나침반의 방향을 자북磁北에서 '진자오선'眞子午線으로 바꾸어(북극으로 방향을 조절하는 것은 며칠이 걸릴 정도로 고된 일이었다) 내용을 간단하게 '축소'했다. 1854년에 마련한 이 '축소된 계획'은 조판공이 전문적 양식으로 공식 표기법을 따라 다시 만들어 낸 것이다 (ibid., 114~120).

64 *JMN*, 9: 329, *Walden*, 287.

65 PEJ, 2: 240; 1846년 4월 18일에서 5월 3일 사이에 씀.

66 *Walden*, 98.

67 *JMN*, 9: 430~431; Daniel Walker Howe, *What Hath God Wrought: The Transformation of America*, 1815~1848 (Oxford: Oxford University Press, 2007), 686.

68 Howe, *What Hath God Wrought*, 703; *To Set This World*, 52, 178n37.

69 Howe, *What Hath God Wrought*, 752. 에스타도스 유니도스 멕시카노스Estados Unidos Mexicanos 혹은 '멕시코합중국'은 국가의 공식 명칭이었다 (기록 날짜까지 남아 있다).

70 에드워드 월도 에머슨이 샘 스테이플스를 인터뷰함, Edward Waldo Emerson Papers, series 1, box 1, folder 17, CFPL. 인두세에 관한 유용한 기사로는 다음을 보라. John C. Broderick, "Thoreau, Alcott, and the Poll Tax", *Studies in Philology* 53.4 (October 1956): 612~626.

71 원래는 『시민 정부에 대한 저항』*Resistance to Civil Government*으로 출판되었다 (1849).

72 그는 무혐의로 풀려났다. *Days of HT*, 204. 교도관 샘 스테이플스는 한동안 미들섹스 호텔의 매니저였다.

73 Fritz Oehlschlaeger and George Hendrick, eds., *Toward the Making of Thoreau's Modern Reputation* (Urbana: University of Illinois, 1979), 199~201.

74 *RP*, 82~83; cf. PEJ, 2: 262~264.

75 Oehlschlaeger and Hendrick, *Thoreau's Modern Reputation*, 201; EWE가 샘 스테이플스를 인터뷰한 기록, box 1, folder 17, CFPL.

76 *RP*, 83~84. 평소 허클베리를 수확하는 일행에 관한 설명은 다음에서 발췌. Ellen Tucker Emerson, *The Life of Lidian Jackson Emerson* (East Lansing: Michigan State University Press, 1992), 107.

77 *RP*, 84. 소로는 실비오 펠리코의 회고록을 언급한다 (above, ch. 4, n. 37).

78 *To Set This World*에서 인용, 59; 에드워드 에머슨이 조지 바틀릿과 진행한 인터뷰 기록, box 1, folder 1, CFPL.

79 PEJ, 2: 262~264.

80 ABAJ, 179 (May 4, 1846), 183.

81 *JMN*, 9: 445~447.

82 *LRWE*, 3: 340.

83 이 행사에 대한 상세하고 탁월한 묘사는 다음 글에서 얻은 것이다. *To Set This World*, 60~62, and Randall Conrad, "Realizing Resistance: Thoreau and the First of August, 1846, at Walden", *Concord Saunterer* 12/13 (2004~2005): 165~193. 월든 호수에서는 피크닉도 여러 차례 열렸다 (하지만 소로는 기록으로 남기지 않았다). 예를 들어 에머슨은 1847년 7월 5일 '젊은 콩코드'라는 이름의 피크닉이 열렸다고 언급한다 (*LRWE*, 3: 403).

84 *Walden*, 140.

85 *To Set This World*, 61을 보라. 하딩은 남북전쟁이 끝난 후에는 노예제 폐지 운동이 존중을 받지 못했다고 지적한다. 노예제를 폐지해야 할 필요성이 사라졌기 때문이다. (*Days of HT*, 201).

86 Anna Whiting, "First of August in Concord", *Liberator*, August 7, 1846.

87 콩코드에서 한 헤이든의 연설은 기록으로 남아 있지 않다. 이 이야기는 1년 후 미국노예해방협회에서 한 연설에서 가져온 것이다. Conrad, "Realizing Resistance", 177~178, 181.

88 Oehlschlaeger and Hendrick, *Thoreau's Modern Reputation*, 143; Edward Emerson interview with Bigelow, box 1, folder 2, CFPL; *To Set This World*, 63~65, 18n59.

89 ABAJ, 190; *Walden*, 152; *To Set This World*, 62~63.

90 ABAJ, 193 (March 1847); PEJ, 2: 167, 1: 46.

91 PEJ, 1: 172, 418. 에머슨도 1843년 콩코드에 온 페놉스코트족에 대해 기록했다. "여름에 페놉스코트 인디언들이 강둑에 와서 바구니를 만들어 준다" (*JMN*, 8: 385). 소로의 급우 허레이쇼 헤일은 1834년에 하버드 근처에 진을 친 한 부족을 보고 영감을 받아, 페놉스코트 인디언 언어에 관한 소논문을 쓰기도 했다.

92 PEJ, 2: 281. 다음을 보라. Richard S. Sprague, "Companions to Katahdin: Henry David Thoreau and George A. Thatcher of Bangor", in *Thoreau Journal Quarterly* 12.1 (January 1980): 41~65.

93 *MW*, 4; 소로는 찰스 T. 잭슨에게서 정보를 얻었다. 잭슨은 미국의 지질학자이자 에머슨의 처남으로, 1837년 페놉스코트강을 탐험하고 카타딘산에도 올랐다. 소로는 산 이름을 "Ktaadn"이라는 철자로 쓴다.

94 PEJ, 2: 281~283, *MW*, 6.

95 PEJ, 2: 284.

96 Ibid., 286~288.

97 Ibid., 289; *MW*, 14~16; PEJ, 2: 293~294.

98 PEJ, 2: 294~298; *MW*, 16~21.

99 PEJ, 2: 298~302; *MW*, 21~26.

100 PEJ, 2: 302~307; *MW*, 26~31.

101 PEJ, 2: 307~310; *MW*, 31~35.

102 PEJ, 2: 311~315; *MW*, 35~41.

103 PEJ, 2: 315~320; *MW*, 41~45.

104 PEJ, 2: 278, 330~332; *MW*, 53~55.

105 PEJ, 2: 332~337; *MW*, 56~62. 카타딘산의 실제 정상인 백스터봉은 강 하구에서는 보이지 않는다. 소로는 남쪽 봉우리를 본 것이었다.

106 PEJ, 2: 338~340; cf. *MW*, 64~65.

107 PEJ, 2: 278; *MW*, 70~71.

108 *MW*, 81~82; PEJ, 2: 352~354.

109 PEJ, 2: 175.

110 Ibid., 249~251; *Corr.*, 1: 284~288 (Horatio Storer and HDT, January 17 and February 15, 1847); 보고서를 쓴 필자는 허레이쇼의 아버지인 데이비드 험프리스 스토러였다.

111 Christoph Irmscher, *Louis Agassiz: Creator of American Science* (Boston: Houghton Mifflin, 2013), 92~93; *Corr.*, 1: 290~291 (James Elliot Cabot to HDT, May 3, 1847).

112 *Corr.*, 1: 292~294 (HDT to James Elliot Cabot, May 8, 1847), 299~300 (Cabot to HDT, May 27, 1847), 303~304 (Cabot to HDT, June 1, 1847).

113 *LRWE*, 3: 397 (May 4, 1847); *Corr.*, 1: 301n1.

114 *LRWE*, 3: 288, 290, 293; PEJ, 2: 256~257.

115 *LRWE*, 3: 383; PEJ, 2: 370~371, *Walden*, 297~298. 다음을 참조하라. Wai Chee Dimock, *Through Other Continents: American Literature across Deep Time* (Princeton, NJ: Princeton University Press, 2003), 9~22; and Alan D. Hodder,

Thoreau's Ecstatic Witness (New Haven, CT: Yale University Press, 2001), 212~213. 두 학자는 소로가 인도와 콩코드를 머릿속으로 오가며 상상한 것은 일방적 관계가 아니라 순환적이고 호혜적인 관계였다고 강조한다. 디모크는 간디가 소로에게 진 빚을 분석하며 이 점을 지적했다 (*Through Other Continents*, 20~22). 스탠리 카벨에 따르면, "『바가바드기타』는 『월든』과 마찬가지로 18장으로 된 경전"으로, 처음에는 영웅이 절망에 빠져 있다가 나중에는 행동에 나서 문제를 해결하는 식으로 끝맺는다. Cavell, *Senses of Walden*, 117~118.

116 PEJ 4: 275, 276; *Walden*, 323.

117 *LRWE*, 3: 413, 415; Ellen Tucker Emerson, *Life of Lidian Jackson Emerson*, 108. 에머슨이 탄 비좁은 객실을 소로가 묘사한 부분에 대해서는 다음을 보라. *Corr.*, 1: 310 (HDT to Sophia Thoreau, October 24, 1847).

6장 작가의 삶 1847-1849

1 ABAJ, 194; *Corr.*, 1: 308 (HDT to Henry Williams, September 30, 1847).

2 Ellen Tucker Emerson, *The Life of Lidian Jackson Emerson* (East Lansing: Michigan State University Press, 1992), 108쪽 ("예언자의 골방"); *Corr.*, 1: 316 (HDT to RWE, November 14, 1847). 새 집을 짓는 동안 루시 잭슨 브라운은 바로 옆 주 건물에 거주하고 있었다.

3 *Corr.*, 1: 313. 소로는 시어도어 파커의 1841년 저술 「기독교의 일시성과 영원성에 관한 설교」Discourse of Transient and Permanent in Christianity를 바탕으로 언어유희를 하고 있다.

4 Ibid. 에머슨의 재정 관리자 에이블 애덤스와 자주 상의해야 했다.

5 Ibid., 313~314; *LRWE*, 3: 455 (즉, 원래 그럴 수 있는 사람이 아닌데도 헨리는 아버지 혹은 좋은 사람이 되어 주었다).

6 *Corr.*, 1: 316, 325 (RWE to HDT, December 2, 1847).

7 Ellen Tucker Emerson, *The Life of Lidian Jackson Emerson*, 105, 107; *Days of HT*, 224~226.

8 마리아는 헨리가 종교개혁가 소피아 포드로부터 흥미롭게도 배의 난파 원인을 조사하는 학회에 가입하라고 권유하는 "혼란스러운" 편지를 받았다고 전했다. 소로는 그 얼마 전 '세인트 존'호의 잔해를 보고 돌아온 참이었다. Maria Thoreau to Prudence Ward, November 15, 1849, Thoreau-Sewall Papers, 1790~1917, HM 64936, Huntington Library, San Marino, California. 또한 *Days of HT*, 224~226; Milton Meltzer and Walter Harding, *A Thoreau Profile* (New York: Thomas Y. Crowell, 1962), 66을 보라.

9 *JMN*, 10: 116~117; *Days of HT*, 217.

10 *LRWE*, 3: 411, 413.

11 ABAJ, 196~197; Maria Thoreau to Prudence Ward, September 25, 1847 ("구름 위에서 떨어질 때면 한 사람도 빠짐없이 폭신한 착지점을 찾기 바랍니다"라고 마리아 소로는 덧붙였다). Thoreau-Sewall-Ward Letters, Thoreau Society Archives, Henley Library.

12 *Corr.*, 1: 314; ABAJ, 197.

13 *Days of HT*, 219; Franklin Benjamin Sanborn, *The Life of Henry David Thoreau* (Boston: Houghton Mifflin, 1917), 300~301; *LRWE*, 3: 411n; Walter Harding, "Thoreau in Emerson's Account Books", *TSB* 159 (Spring 1982): 1~3 〔이하 EAB〕. 마스턴 왓슨은 올컷의 여름 별장을 아주 마음에 들어해서, 1854년 플리머스에 위치한 자신의 사유지에 또 다른 여름 별장을 지어 달라고 의뢰했다.

14 EAB, September 28, 1847; *Corr.*, 1: 338~339 (HDT to RWE, January 12, 1848). 소로의 망가진 집을 구매한 농부는 칼라일 로드에 거주하는 제임스 클라크였다. 더 자세한 내용은 다음을 보라. Bradley P. Dean, "Rediscovery at Walden: The History of Thoreau's Bean-Field", *Concord Saunterer*, n.s., 12/13 (2004~2005): 97~102.

15 David Wood, *An Observant Eye: The Thoreau Collection at the Concord Museum* (Concord, MA: Concord Museum, 2006), 125; 이후 1868년 채닝과 함께 그 폐허를 방문한 월턴 리케슨이 잔해 몇 조각을 가져왔고, 그 조각들은 지금 콩코드 박물관에 보존되어 있다. *Days of HT*, 224에는 조금 다른 내용이 나온다.

16 *Corr.*, 1:317 (HDT to RWE, November 14, 1847), 325 (RWE to HDT, December 2, 1847); *LRWE*, 4: 110; *Corr.*, 1: 378 (HDT to RWE, May 21, 1848). 1848년 8월 31일, 피치버그 철도 회사는 에머슨에게 보상금 50달러를 지급했다. *Corr.*, 1: 381n5.

17 *Walden*, 191~192. 1854년 월든 호수 주변은 기존 면적의 10퍼센트를 조금 넘기는 정도의 숲만 겨우 남아 있었다. Lawrence Buell, "Thoreau and the Natural Environment", in *The Cambridge Companion to Henry David Thoreau*, ed. Joel Myerson (Cambridge: Cambridge University Press, 1995), 173.

18 *Corr.*, 1: 345 (HDT to RWE, February 23, 1848), 2: 27 (HDT to Ellen Emerson, July 31, 1849). *Penny Magazine of the Society for the Diffusion of Useful Knowledge*은 자연사에 관한 지식을 대중 친화적으로 전달하는 매체였다.

19 *LRWE*, 4: 40~41.

20 Lidian Emerson to RWE (May 17, 1848), *THOT*, 3; *LRWE*, 4: 80~81.

21 *LRWE*, 4: 33.

22 PEJ, 3: 17~18, 125~126; 또한 44~46을 보라.

23 Ibid., 2: 245~246, 3: 7; *EEM*, 275. 소로는 마거릿 풀러가 에세이 「위대한 소송」The Great Lawsuit에서 묘사한 것처럼, 부부는 "우리 앞에 펼쳐진 더 영예로운 미래를 얻게 될 것"이라는 고귀한 혹은 "종교적" 유형의 결혼 관념을 그대로 되풀이하고 있다(32~33). 또한 소로가 사

랑을 "결혼보다 훨씬 초월적인 것"으로 상상하는 PEJ, 3: 211, 그리고 가장 흥미로운 내용으로, 1852년 9월에 써서 H. G. O. 블레이크에게 보낸 소로의 에세이 「사랑」Love과 「순결과 관능」Chastity & Sexuality을 보라 (*EEM*, 268~273, 274~278).

24 Emerson, "Thoreau", 415, 416~417.

25 *Walden*, 219~221; *EEM*, 274.

26 *EEM*, 277; Emerson, "Thoreau" 767n5.

27 *Walden*, 79 (소로는 페르시아의 전통 시인 사디Saadi를 인용하고 있다). 월터 하딩은 다음 책에서 동성을 향한 소로의 끌림을 뒷받침하는 광범위한 증거를 제시한다. "Thoreau's Sexuality", *Journal of Homosexuality* 21.3 (1991): 23~45. 하딩은 인용한 다른 인물들과 마찬가지로 소로의 창조성도 동성애적 에로티시즘의 승화에서 비롯된 것이라고 결론짓는다. 소로의 (동)성애에 관한 논의는 1970년대 말부터 한동안 활발했다. 이 주제는 오늘날 다시 검토해 봐도 좋을 만큼 충분히 무르익어 있다. George Whitmore, "Friendship in New England: Henry Thoreau. I.", *Gai Saber* 1.2 (Summer 1977): 104~111; Whitmore, "Friendship in New England: Henry Thoreau. II.", *Gai Saber* 1.3~4 (Summer 1978): 188~202; Michael Warner, "Walden's Erotic Economy", in *Comparative American Identities: Race, Sex, and Nationality in the American Text*, ed. Hortense Spillers (New York: Routledge, 1991), 157~174; Warner, "Thoreau's Bottom", *Raritan* 11.3 (Winter 1992): 53~79; 그리고 Henry Abelove, "From Thoreau to Queer Politics", *Yale Journal of Criticism* 6.3 (1993): 17~27을 보라.

28 *Corr.*, 1: 357 (H. G. O. Blake to HDT, before March 27, 1848).

29 *Corr.*, 1: 359~362 (HDT to H. G. O. Blake, March 27, 1848). 소로와 블레이크가 주고받은 서신 전체는 Henry David Thoreau, *Letters to a Spiritual Seeker*, ed. Bradley P. Dean (New York: Norton, 2004)을 보라.

30 *Corr.*, 1: 332 (HDT to RWE, December 29, 1847).

31 *EEM*, 224, 232, 264~265.

32 Ibid., 243, 250~251, 254, 257 (강조는 원문대로).

33 *Corr.*, 1: 365~366 (Horace Greeley to HDT, April 17, 1848), 372~373 (Greeley to HDT, May 17, 1848); Ralph Waldo Emerson, and Thomas Carlyle, *The Correspondence of Emerson and Carlyle*, ed. Joseph Slater, 2 vols (New York: Columbia University Press, 1964), 1: 422 (Carlyle to Emerson, May 18, 1847).

34 *Corr.*, 1: 286 (Greeley to HDT, February 5, 1847); J. Lyndon Shanley, *The Making of "Walden", with the Text of the First Version* (Chicago: University of Chicago Press, 1957), 106; cf. PEJ, 2: 142. 분명 소로가 이 강연을 처음 한 것은 1847년 1월 19일 링컨에서였다; TL I, 148~150을 보라.

35 *LRWE*, 3: 378; *THOT*, 5; *Days of HT*, 187~188.

36 Shanley, *Making of "Walden"*, 153.

37 *Corr.*, 1: 339 (HDT to RWE, January 12, 1848); 올컷의 말은 TL I, 153에서 인용.

38 Shanley, *Making of "Walden"*, 141.

39 *Corr.*, 1: 350 (HDT to James Elliot Cabot, March 8, 1848), 366 (Greeley to HDT, April 17, 1848).

40 Ibid., 373, 375, 383 (Greeley to HDT, May 17 to May 25, 1848).

41 Ibid., 388~390 (Greeley to HDT, October 28 and November 19, 1848).

42 *LRWE*, 4: 56; *Corr.*, 1: 378~380 (HDT to RWE, May 21, 1848); *LRWE*, 4: 81.

43 ABAJ, 201.

44 *Thoreau Log*, 153, 157, 160에서 인용. 영국에선 페미니스트이자 자유사상가이며, 스스로를 "새빨간 공화주의자"로 칭한 소피아 돕슨 콜릿이 런던의 《피플 리뷰》*People's Review*를 통해 소로의 에세이에 주목해야 한다고 주장했다 (*Days of HT*, 207). 에세이의 작업 원고가 유실된 탓에 발표된 에세이가 애초 강연과 얼마나 달라졌는지는 알 수 없다. 2쇄 출간 시 제목인 "시민 불복종"은 아마 소로가 지은 제목으로 보이지만, 확실한 증거는 없다. 이를 통해 동일한 에세이가 혼동을 일으키며 두 가지 제목으로 나오는 이유를 알 수 있다. 로런스 로센스월드의 다음 글이 이를 살펴보는 좋은 출발점이 될 것이다. Lawrence Rosenswald, "The Theory, Practice, and Influence of Thoreau's Civil Disobedience", in *A Historical Guide to Henry David Thoreau*, ed. William E. Cain (Oxford: Oxford University Press, 2000), 153~179; 또한 Anthony J. Parel, "Thoreau, Gandhi, and Comparative Political Thought", in *A Political Companion to Henry David Thoreau*, ed. Jack Turner (Lexington: University Press of Kentucky, 2009), 372~392.

45 *RP*, 63~64.

46 *JMN*, 9: 446; *RP*, 67, 84.

47 Frederick Douglass, *Narrative of the Life of Frederick Douglass, an American Slave*, in *Autobiographies* (New York: Library of America, 1994), 64.

48 *RP*, 68. 이후 더글러스는 코비에게 저항하며 자신을 자유 **시민**이라 주장했다.

49 Ibid., 78~79, 85.

50 Ibid., 73~77.

51 Ibid., 89~90.

52 *Week*, 77.

53 PEJ, 2: 205~206.

54 *Week*, "Historical Introduction" 453.

55 Ibid., 451. 풀러와 소로가 주고받은 영향에 관해서는 다음을 보라. Marie Urbanski, "Henry David Thoreau and Margaret Fuller", *Thoreau Journal Quarterly* 8.4 (1976): 24~30.

56 *LRWE*, 3: 338 (RWE to Charles Newcomb).

57 ABAJ, 213~214; *LRWE*, 3: 384.

58 *The Letters of Nathaniel Hawthorne, 1843~1853*, edited by Thomas Woodson, L. Neal Smith, and Norman Holmes Pearson (Columbus: Ohio State University Press, 1985), 106 (Hawthorne to E. A. Duyckinck, July 1, 1845); *Corr.*, 1: 316 (HDT to RWE, November 14, 1847).

59 *Corr.*, 1: 325 (RWE to HDT, December 2, 1847); *LRWE*, 4: 16.

60 *Corr.*, 1: 376 (HDT to Greeley, May 19, 1848).

61 Ibid., 376, 384 (HDT to George Thatcher, August 24, 1848); Ellen Tucker Emerson, *Life of Lidian Jackson Emerson*, 109.

62 *JMN*, 10: 343, 344, 347.

63 *Corr.*, 1: 377 (HDT to RWE, May 21, 1848); PEJ, 3: 3. 샌번은 소로가 자신이 시를 쓴 종이의 뒷면에 아버지에게 줘야 할 돈을 아무렇게나 갈겨 써 놓은 것을 책에 실었다. "1840년 12월 8일, 아버지 41.73달러" 등의 내용이었다(Sanborn, *Life of Thoreau*, 241).

64 William Ellery Channing II, *Thoreau: The Poet-Naturalist* (Boston: Roberts Brothers, 1873), 26~27; *Days of HT*, 233~234. 엉커누넉산은 그 이름("유방"이라는 뜻)에서 분명히 드러나고 소로도 지적한 것처럼 두 개의 산봉우리로 이루어져 있다. 그들이 어느 산봉우리를 올랐는지는 확실치 않다.

65 Maria Thoreau to unknown correspondent, September 7, 1848. "Thoreau Memorial Scrap Book", item 17, Thoreau-Ward-Sewall Papers, Thoreau Society Archives, Henley Library.

66 Keith Walter Cameron, *Transcendentalists and Minerva*, 3 vols. (Hartford, CT: Transcendental Books, 1958), 2: 374~376.

67 CFPL은 특별 수집품이라는 분류 아래 소로의 측량 작업을 온라인으로 공개하고 있다 (http://www.concordlibrary.org/scollect/Thoreau_surveys/Thoreau_surveys.htm). 또한 Marcia E. Moss, *A Catalog of Thoreau's Surveys in the Concord Free Public Library*, Thoreau Society Booklet 28 (Geneseo, NY: Thoreau Society, 1976); 그리고 다음을 보라. Patrick Chura, *Thoreau the Land Surveyor* (Gainesville: University Press of Florida, 2010). 소로는 식민지 시대부터 이어진 경계선 분쟁을 해결하기 위해 에머슨이 소유한 월든 인근의 토지를 오랜 세월에 걸쳐 세 차례 측량했다. *LRWE*, 8: 210~211n34를 보라.

68 이 시즌에 소로가 한 월든 강연의 전체 일정은 구체적인 내용과 함께 TL I, 155~184에 제시되어 있다.

69 *Corr.*, 1: 391 (HDT to George Thatcher, December 26, 1848); TL I, 157~159.

70 *Thoreau as Seen*, 117; *Thoreau Log*, 153.

71 TL I, 165~166; Maria Thoreau to Prudence Ward, February 28, 1849, Thoreau-Sewall

Papers, 1790~1917, HM 64932, Huntington Library, San Marino, California.

72 TL I, 169~170.

73 *Thoreau Log*, 145.

74 TL I, 177.

75 Maria Thoreau to Prudence Ward, February 28, 1849, Thoreau-Sewall Papers, 1790~1917, HM 64932, Huntington Library, San Marino, California; Maria Thoreau to Prudence Ward, March 15, 1849, Thoreau-Sewall Papers, 1790~1917, HM 64933, Huntington Library, San Marino, California.

76 *Corr.*, 2: 12 (HDT to Nathaniel Hawthorne, February 20, 1849).

77 Maria Thoreau to Prudence Ward, May 1, 1849, Thoreau-Sewall Papers, 1790~1917, HM 64935, Huntington Library, San Marino, California; *JMN*, 15: 165.

78 ABAJ, 209. 책에 대한 주요 논평의 내용을 대강이나마 훑어보고 싶다면 "Historical Introduction", in *Week*, 472~477을 보라.

79 Anon., "H. D. Thoreau's Book", *New-York Daily Tribune*, June 13, 1849; Myerson, ed. *Emerson and Thoreau: The Contemporary Reviews* (Cambridge: Cambridge University Press, 1992), 341~343에 재수록.

80 PEJ, 4: 310; *Week*, "Historical Introduction", 472.

81 *LRWE*, 4: 145, 151.

82 Myerson, *Emerson and Thoreau: Reviews*, 352~359; Maria Thoreau to Prudence Ward, December 17, 1849, Thoreau-Sewall Papers, 1790~1917, HM64937, Huntington Library, San Marino, California; *Days of HT*, 251.

83 Walter Harding, "Amanda Mather's Recollections of Thoreau", *TSB* 188 (Summer 1989): 2.

84 *Liberator*, June 22, 1849 (글쓴이가 개리슨인지, 메리 브룩스인지는 불확실하다); "Farewell", in *CEP*, 622~623; Harding, "Mather's Recollections", 2.

85 PEJ, 3: 19, 26.

86 Ibid., 3: 29.

87 *Corr.*, 2: 27 (HDT to Ellen Emerson, July 31, 1849); 또한 에머슨이 엘런에게, 소로에게 어떻게 편지를 쓰면 좋은지 아버지로서 조언한 편지를 보라 (*LRWE*, 4: 154, July 4, 1849).

88 *JMN*, 11: 283. 순탄치 않았던 것으로 유명한, 잘 알려진 두 사람의 우정이 맞이한 파국과 그 부분적 회복에 관한 논의를 찾아보려면 Robert Sattelmeyer, "'When He Became My Enemy': Emerson and Thoreau, 1848~1849", *New England Quarterly* 62.2 (June 1989): 187~204; 그리고 William Rossi, "Performing Loss, Elegy, and Transcendental Friendship", *New England Quarterly* 81.2 (June 2008): 252~277을 보라.

89 Linck C. Johnson, *Thoreau's Complex Weave: The Writing of "A Week on the*

Concord and Merrimack Rivers", with the Text of the First Draft (Charlottesville: University Press of Virginia, 1986), 252, 259~260; 존슨의 저서는 소로의 중요한 첫 책을 다룬 단일한 분석 가운데 가장 뛰어나고 철저하다. 또한 Steven Fink, *Prophet in the Marketplace: Thoreau's Development as a Professional Writer* (Princeton, NJ: Princeton University Press, 1992), 특히 8장을 보라.

90 *Walden*, 19; *Week*, 353.

91 *Week*, 5.

92 Ibid., 15~16.

93 Alan D. Hodder, *Thoreau's Ecstatic Witness* (New Haven, CT: Yale University Press, 2001), 123을 보라.

94 *Week*, 393.

95 *EEM*, 238; *Week*, 67, 142. 1846년 4월 16일에 엘리자베스 호어가 예수를 주제로 한 올컷의 「대화」Conversation를 "근대 문화의 천재"로 추켜세우자 소로가 "얼마간 맹렬하게" 반박했다는 점을 알아 두자 (ABAJ, 175~176).

96 *Week*, 72~73.

97 Ibid., 70, 140.

7장 콩코드에서 우주로: 과학에 눈을 돌리다 1849-1851

1 *LRWE*, 4: 156~157; PEJ, 3: 23~24.

2 *Corr.*, 2: 42 (HDT to H. G. O. Blake, November 20, 1849); *JMN*, 11: 240; *Week*, 70.

3 PEJ, 3: 201.

4 Ibid., 1: 191 (October 18, 1840), 411~412 (transcribed 1842). 소로가 라이엘을 통해 시와 과학을 잇는 통로를 만든 과정에 관해서는 다음을 보라. William Rossi, "Poetry and Progress: Thoreau, Lyell, and the Geological Principles of *A Week*", *American Literature* 66.2 (June 1994): 275~300; and Laura Dassow Walls, *Seeing New Worlds: Henry David Thoreau and Nineteenth-Century Natural Science* (Madison: University of Wisconsin Press, 1995), 42~45.

5 *Week*, 128.

6 Ibid., 363; PEJ, 4: 385, *Walden*, 290.

7 *E & L*, 20, 25; *Week*, 382.

8 PEJ, 3: 27.

9 *CC*, 5~7.

10 *CHDT*, 498 (RWE to H. G. O. Blake, November 16, 1857). Bradley P. Dean, "Natural

History, Romanticism, and Thoreau", in *American Wilderness: A New History*, ed. Michael Lewis (Oxford: Oxford University Press, 2007): 78~79를 보라.

11 *CC*, 23, 32, 50.

12 Ibid., 79, 139. 10월 23일, 소로와 채닝이 보스턴으로 돌아오고 얼마 지나지 않아, 남성 2인조 강도가 프로빈스타운의 유니언 와르프 워프 사에 침입해 1만 5,000달러를 강탈했다. 뒤이은 조사 과정에서 경찰은 소로와 채닝을 추적했고, 뉴컴을 비롯해 두 사람이 접촉한 모든 사람을 심문했다. 1850년 6월 소로가 돌아왔을 때에도 사건은 해결되지 않은 상태였지만, 그때까지 그가 용의선상에 올라 있을 가능성은 거의 없었다. James H. Ellis, "The Provincetown Burglary", *TSB* 162 (Winter 1983): 3을 보라.

13 *CC*, 98, 137.

14 이 글을 쓰는 현 시점에서 소로가 쓴 인디언 책자 열두 권—"Canada & c"와 다른 열한 권—은 현재 일부만 출판되어 있다. 모건 라이브러리Morgan Library에서 불완전한 원고를 볼 수 있다.

15 William Ellery Channing II, *Thoreau: The Poet-Naturalist* (Boston: Roberts Brothers, 1873), 55; *Corr.*, 2: 35~36 (HDT to Jared Sparks, September 17, 1849; 강조는 원문대로). 에머슨도 1846년 자신의 자격을 주장했고, 동일한 특권을 얻었다 (*LRWE*, 3: 335~336).

16 Maria Thoreau to Prudence Ward, December 17, 1849, Thoreau-Sewall Papers, 1790~1917, HM 64937, Huntington Library, San Marino, California; Corr 2: 50 (RWE to HDT, February 6, 1850).

17 ABAJ, 227; PEJ, 3: 161 (뉴버리포트에서 소로에게 현미경을 들여다볼 기회를 제공한 강연 주최자는 헨리 코이트 퍼킨스 박사였다), 170~172 (클린턴으로 소로를 초청하고 방직공장 견학을 하도록 해 준 주최자는 공장장 프랭클린 포브스였다). 소로의 강연은 1851년 1월 1일 에머슨, 그릴리, 헨리 워드 비처의 강연을 포함한 연속 강연 가운데 하나로 이뤄졌다; TL I, 191~193을 보라.

18 TL I, 193 (Clinton, Mass.), 194~196 (Portland, Maine)에서 인용.

19 PEJ, 3: 43.

20 Ibid., 3: 133, 4: 32, 3: 84.

21 *Days of HT*, 261~263; Henry Petroski, "H. D. Thoreau, Engineer", *Invention and Technology* 5.2 (Fall 1989), 8~16, pp. 14~15; Petroski, *The Pencil: A History of Design and Circumstance* (New York: Knopf, 1990), 148~151; Randall Conrad, "The Machine in the Garden: Re-imagining Thoreau's Plumbago Grinder", *TSB* 243 (Fall 2005): 5~8. 소로 가족은 액턴에 위치한 에벤 우드Eben Wood의 공장을 이용했고, 콘라드에 따르면 1853년 이후에는 워런 마일스의 공장을 이용했다; 그 외에도 다른 공장들을 이용했을 수 있다.

22 Maria Thoreau to Prudence Ward, November 15, 1849, Thoreau-Sewall Papers, 1790~1917, HM 64936, Huntington Library, San Marino, California.

23 PEJ, 3: 326; *J*, 9: 83. 소로의 식물표본집에는 최종적으로 900종 넘는 표본이 포함됐다. 다음을 보라. Ray Angelo, "Thoreau as Botanist: An Appreciation and a Critique", *Arnoldia* 45.3 (Summer 1985): 20.

24 PEJ, 7: 168~169. 소로는 크랜베리가 보스턴에서 살 수 있는 것보다 싼값에 뉴욕에서 팔리는 것을 알게 되었고 그래서 이 계획을 포기했다.

25 소로의 광고 전단은 여기에 실려 있다. Milton Meltzer and Walter Harding, *A Thoreau Profile* (New York: Thomas Y. Crowell, 1962), 169, and Patrick Chura, *Thoreau the Land Surveyor* (Gainesville, FL: University Press of Florida, 2010), 85.

26 Chura, *Thoreau the Land Surveyor*, 73~80. 측쇄는 100개의 쇠고리가 총 네 개의 로드에, 66피트 길이로 연결된다. 소로의 컴퍼스는 보스턴 브로드 거리에 있는 C. G. 킹 사의 제품으로, 현재 CFPL에서 소장하고 있다; 그의 측량 장비 가운데 일부는 콩코드 뮤지엄에 전시되어 있다. 진북을 찾는 복잡한 과정과 소로가 그 결과를 정신적으로 활용한 내용은 여기에 훌륭하게 설명되어 있다. Patrick Chura, *Thoreau the Land Surveyor*, 114~121. 1852년 매사추세츠 등기부The Massachusetts Register에는 소로가 "민간 공학자"로 등재되어 있다; *Thoreau Log*, 240을 보라.

27 *Thoreau Log*, 173~174. 정작 소로는 그 일에 관해 별 감흥이 없었다. 그는 "마지막에 측정한 두 값은 어두워진 후에 잰 것이라 쓸모가 없었다"라고 기록해 두었다. Marcia E. Moss, *A Catalog of Thoreau's Surveys in the Concord Free Public Library*, Thoreau Society Booklet 28 (Geneseo, NY: Thoreau Society, 1976), 12.

28 ABAJ 239 (January 22, 1851).

29 PEJ, 3: 134~135, 139, 315.

30 Ibid., 4: 77ff; 85. 소로는 작업할 날을 손꼽아 기다렸지만, 제 손으로 직접 지저분한 경계선 분쟁에 판결을 내리면서는 불쾌함을 느꼈다. 다음을 보라. Chura, *Thoreau the Land Surveyor*, 98~100.

31 PEJ, 4: 203~204.

32 *Corr.*, 1: 310 (HDT to Sophia Thoreau, October 24, 1847), 315~316 (HDT to RWE, November 14, 1847).

33 PEJ, 3: 296~299 (Harvard observatory, July 9, 1851); *Corr.*, 2: 23~26 (HDT to Louis Agassiz, June 30, 1849, and Agassiz's reply, July 5, 1849).

34 Ibid., 2~3 (HDT to George Thatcher, February 9, 1849); PEJ, 3: 170~177.

35 PEJ, 3: 49~53; 장난감 물레방아에 관한 내용을 더 읽고 싶다면 다음을 보라. Laura Dassow Walls, "Romancing the Real: Thoreau's Technology of Inscription", in *Historical Guide to Henry David Thoreau*, ed. William E. Cain (Oxford: Oxford

University Press, 2000), 123~151. 이때 연상된 에올리언하프 소리는 소로를 사로잡았다. 1852년, 그는 딥 컷에 깔린 철로를 따라 설치된 전신주의 전선을 바람이 흔들며 내는 소리를 들으며 반복적으로 황홀경에 빠지곤 했다. 소로는 창틀에 놓을 수 있는 작은 에올리언하프를 만들어 가족이 함께 사는 집에서 바람의 소리를 들을 수 있도록 했다. 이 하프는 콩코드 박물관에 소장되어 있다.

36 *Walden*, 320; PEJ, 4: 28. 소로와 젊은 시절의 다윈에 관해서는 다음을 보라. Robert D. Richardson Jr., *Henry David Thoreau: A Life of the Mind* (Berkeley: University of California Press, 1986), 240~245. 존 올드리치 크리스티는 소로가 읽은 각기 다른 172종의 여행기 목록을 작성했다. 그 가운데 146종은 단행본이며, 그 외에는 정기간행물과 선집이다. *Thoreau as World Traveler* (New York: Columbia University Press, 1965)를 보라. 나는 *Seeing New Worlds: Henry David Thoreau and Nineteenth-Century Natural Science* (1995)에서 자연과학과 관련된 소로의 독서에 관해 길게 논의했다. 나는 여기서 소로가 알렉산더 폰 훔볼트와 그가 이룩한 과학 전통에 진 빚에 관한 기본적 분석을 전개한다. 해당 전통에 관한 자세한 내용은 *Passage to Cosmos: Alexander von Humboldt and the Shaping of America* (Chicago: University of Chicago Press, 2009).

37 *Corr.*, 1: 94 (Margaret Fuller to HDT, October 18, 1841), 203 (HDT to RWE and LJE, July 8, 1843).

38 에머슨이 그녀가 비밀에 부친 가족에 관해 처음 안 것은 1849년 10월로, 그는 가족 모두가 미국에 돌아와야 한다고 생각했다. 하지만 1850년 4월에 정치적 상황이 안정되는 듯하자 에머슨은 이탈리아에서의 삶이 "새로운 명성과 경탄의 빛을 네게 안겨, 너를 스타로 만들어 줄 것"이라며 그녀에게 그곳에 머무르라고 강력히 권유했다. *LRWE*, 4: 168, 199.

39 Charles Capper, *Margaret Fuller: An American Romantic Life, the Public Years* (Oxford: Oxford University Press, 2007), 495~503.

40 "Thoreau's First Draft of His Account of the Wreck of the *Elizabeth* and the Aftermath", in *Corr.*, 2: 66~75, in a footnote to Thoreau's July 24, 1850, letter to Emerson. 소로는 이 메모에 기초해 보고서를 썼다. 그리고 집으로 돌아와 월도와 리디언에게 그 내용을 읽어 주었다; 이 원고는 뿔뿔이 흩어졌고 대부분은 아직 회수되지 않았다. 그 중 한 장의 일부 내용이 다음에 기록되어 있다. Steve Grice, "A Leaf from Thoreau's Fire Island Manuscript", *TSB* 258 (Spring 2007): 1~4.

41 *Corr.*, 2: 63~64 (HDT to RWE, July 25, 1850).

42 *LRWE*, 8: 254, 4: 219.

43 Bayard Taylor, "The Wreck on Fire Island", *New-York Daily Tribune* July 24, 1850, 1; "Thoreau's Account of the Wreck."

44 PEJ, 3: 99~100; Grice, "Thoreau's Fire Island Manuscript".

45 미국 보안관국US Marshal's office은 이후 스미스 오크스와 다른 여섯 명의 남성을 '엘리자

베스'호에서 훔친 장물을 소유한 혐의로 기소했다. 다음을 보라. Grice, "Thoreau's Fire Island Manuscript", 2n6; "From Fire Island-Proceedings against the Plunderers of the Elizabeth", *New-York Daily Tribune*, July 31, 1850, 4.

46 *Corr.*, 2: 76 (HDT to Charles Sumner, July 29, 1850), 76~77 (Sumner to HDT, July 31, 1850).

47 PEJ, 3: 95; *Corr.*, 2: 78 (HDT to H. G. O. Blake, August 9, 1850).

48 PEJ, 3: 95; *CC*, 84~85 (cf. PEJ, 3: 127~128).

49 엘러리 채닝이 Robert N. Hudspeth, "Dear Friend: Letter Writing in Concord", *Concord Saunterer* , n.s., 11 (2003): 84; *Corr.*, 2: 78; PEJ, 3: 96~97에서 재인용함.

50 *Exc.*, 471. 당시엔 파노라마 관람이 대유행이었다. 비슷한 시기에 소로는 라인강과 미시시피강의 파노라마도 관람했다. 다음을 보라. PEJ, 3: 181; Joseph J. Moldenhauer, "Thoreau, Hawthorne, and the 'Seven-Mile Panorama'", *ESQ: A Journal of the American Renaissance* 44.4 (1998): 227~273; and Richard J. Schneider, "Thoreau's Panorama of the Mississippi: Its Identity and Significance", *TSB* 245 (Fall 2003): 5~6.

51 PEJ, 3: 110.

52 *Exc.*, 101~105.

53 Ibid, 88~89.

54 Ibid., 93~94.

55 Ibid., 103.

56 Ibid., 122~125, 131~132.

57 Ibid., 117 (소로는 그 안감을 "목줄"snells이라고 표기했다); "Headnote", in *Exc.*, 471~496, p. 474.

58 Ibid., 161.

59 Ibid., 126, 163. 또한 다음 표현을 보라. PEJ, 3: 328: "오로지 진실을 발견하기 위해 책들이 있었던 곳." {퀘백을 가리킴}

60 소로의 사유와 작업의 이와 같은 개화에 관한 연구를 위해서는 다음 자료가 좋은 출발점이 될 것이다. Robert Sattelmeyer, *Thoreau's Reading: A Study in Intellectual History with Bibliographical Catalogue* (Princeton, NJ: Princeton University Press, 1988), 92~110, 이어 Richardson, *HDT: Life of the Mind*, esp. 219~223, 279~287을 보라.

61 PEJ, 4: 7~8 (August 22, 1851); TL I, 202.

62 *Corr.*, 2: 102 (Greeley to HDT, March 18, 1852); *Exc.*, 88~89; *Corr.*, 2: 139 (Greeley to HDT, January 2, 1853), 145 (HDT to H. G. O. Blake, February 27, 1853).

63 *Corr.*, 2: 102 (Greeley to HDT, March 18, 1852); *Exc.*, 88~89; *Corr.*, 2: 139 (Greeley to HDT, January 2, 1853), 145 (HDT to H. G. O. Blake, February 27, 1853).

64 Ibid., 141~142.

65 소로의 일기가 그 자체로 하나의 완성된 예술 작품이라는 획기적 통찰은, 샤론 캐머런의 중요한 책, *Writing Nature: Henry Thoreau's Journal* (Chicago: University of Chicago Press, 1985)에서 처음 제기되었다.

66 Franklin Benjamin Sanborn, *Henry D. Thoreau* (Boston: Houghton Mifflin, 1882), *THOT*, 132에서 인용.

67 PEJ, 4: 133, 329; W. E. Channing II, *Poet-Naturalist* (1873), 47; Emerson, "Thoreau", 419. 또한 소로가 현장에서 기록을 남기고 그 기록을 확장하는 정확한 방식에 관한 채닝의 자세하고 유창한 설명을 보라. *Poet-Naturalist* (1902), 65~66.

68 PEJ, 4: 170 ("내가 다루는 것들"), 3: 150 ("나의 감각과 떨어져"), 151 ("다른 종류의 인간").

69 Ibid., 3: 152~154 (November 26, 1850).

70 Ibid., 3: 41~42; *Corr.*, 2: 48 (Samuel Cabot to HDT, before December 10, 1849); *JMN*, 11: 277~278.

71 PEJ, 3: 44; *Corr.*, 2: 89 (Samuel Cabot to HDT, December 27, 1850). BSNH는 현재는 보스턴과학박물관Museum of Science, Boston이 되었다.

72 PEJ, 5: 469~470 (March 5, 1853); *Corr.*, 2: 151~153 (HDT to Spencer Fullerton Baird, before March 5, 1853), 181~182 (HDT to Spencer Fullerton Baird, December 19, 1853). 흔히 소로가 AAAS를 경멸하며 회원 자격을 거부하고, 설문지를 1년 동안이나 무시하고 묵혀 두었다가 돌려주었다고 알려져 있다. 하지만 1853년 AAAS 기록에는 그가 회원으로 등재되어 있고, 소로 자신도 설문지를 받고 얼마 지나지 않아 자신의 과학적 관심사를 기술해 돌려보냈다고 언급한 바 있다. 개인적으로는 그들을 비난했을지라도 아마도 스펜슨 풀러튼 베어드의 이름으로 발행된 AAAS의 초청을 소로는 영광으로 여겼던 듯하다.

73 ABAJ, 238; 1851년 1월 22일, 소로는 〈숲 생활의 경제학〉 강연을 위해 메드퍼드에 가는 길에 올컷을 찾았다.

74 *JMN*, 11: 404 (July 1851) ("pounding beans"), 400 (draft of "captain of a huckleberry party"); Emerson, "Thoreau", 429를 보라.

75 *JMN*, 15: 352~353.

76 PEJ, 3: 148; cf. 192~193: 여기서 이 구절을 다시 쓰면서 중요한 순간이었다고 표시했다.

77 Ibid., 198.

78 Ibid., 245 (June 7, 1851).

79 Ibid., 302~303, 329~330. 소로가 촉각을 어떻게 활용했는지 말해 주는 하나의 예: 어느 무더운 날 그는 뮤레인 잎을 만져 보고는 살아 있는 잎은 서늘한 느낌이 나지만, 죽은 잎은 따뜻한 느낌이 난다는 점을 알아챘다 (ibid., 280).

80 Ibid., 313 ("음악에 맞춰 춤을"), 306 ("모든 과학 지식을 동원하여"), 331 ("그러나 이런 방식은"). 치과의사에게 이를 뽑는 경험(1851년 5월 12일)조차 소로에게는 새로운 경험, 말하자면 에테르에 취하는 경험을 탐구할 기회가 되었고, 그는 그 기회를 정신과 신체의 관계를

탐구하는 실험으로 삼았다. 그때 사람은 "장기가 없는 온전한 정신으로 장기를 찾으려 하고", "겨울의 나무처럼, 자신의 뿌리에" 존재한다. 그는 장난스러운 경고를 더한다. "내가 비록 가짜 치아를 심었을지언정 나는 내 의식이 가짜가 아님을 확신한다" (ibid., 218).

81 Ibid., 337.

82 Ibid., 3: 338~340. "Mary Russell Watson's Reminiscences of Thoreau", *Concord Saunterer* 9.2 (June 1974): 1~6에서 토머스 블랜딩은 이야기의 다양한 판본을 상술한다.

83 PEJ, 3: 341. 소로는 1690년이라고 말하지만, 로런스 D. 겔러는 1700년이라고 말한다. 이어지는 수많은 정보의 출처인 그의 저서 *Between Concord and Plymouth: The Transcendentalists and the Watsons* (Concord, MA: Thoreau Foundation; Plymouth, MA: Pilgrim Society, 1973)를 보라.

84 PEJ, 3: 348~349.

85 Ibid., 352; *Days of HT*, 293; W. E. Channing II, *Poet-Naturalist* (1873), 35.

86 PEJ, 3: 357; *Walden*, 4. 소로가 쓰기도 한 것처럼, 여행자는 "가장 오랜 거주자도 발견하지 못한 것"을 볼 수 있다 (PEJ, 3: 384).

87 Ibid., 4: 154~155.

88 Ibid., 200~201.

8장 자연의 아름다움, 인간의 천박함 1851-1854

1 *RP*, 108; PEJ, 8: 200.

2 PEJ, 2: 123; *RP*, 61.

3 PEJ, 5: 120.

4 Ralph Waldo Emerson, *Emerson's Antislavery Writings*, ed. Len Gougeon (New Haven, CT: Yale University Press, 1995), 79.

5 *To Set This World*, 77~78.

6 PEJ, 3: 194; *To Set This World*, 80~83.

7 Elizabeth Hoar to Frances Jane Hallett Prichard, April 1851, Prichard, Hoar, and Related Family Papers, vault A45, Prichard unit 2, box 5, folder 11, CFPL; PEJ, 3: 204~205, 4: 288.

8 PEJ, 3: 202~207; Emerson, "Address to the Citizens of Concord" (May 3, 1851), in *Emerson's Antislavery Writings*, 57.

9 수어드는 1850년 3월 11일에 연설을 했다. Albert J. von Frank, *The Trials of Anthony Burns: Freedom and Slavery in Emerson's Boston* (Cambridge, MA: Harvard University Press, 1998), 281~282; 다음을 참조하라. Wesley T. Mott, ed., *Encyclopedia*

of Transcendentalism, s.v. "Higher Law", by Linck C. Johnson, 82~84; and Sandra Harbert Petrulionis, "The 'Higher Law': Then and Now", *TSB* 262 (Spring 2008): 5~7.

10 TL I, 199 인용. *Exc.*, 185. 다음을 보라. Daniel S. Malachuk, *Two Cities: The Political Thought of American Transcendentalism* (Lawrence: University Press of Kansas, 2016). 그리고 특히 5장, "'So we saunter to the Holy Land': Thoreau and the City of God"을 보라.

11 PEJ, 4: 114~115. 그 후 헨리 윌리엄스가의 운명이 어떻게 되었는지는 알려지지 않았다.

12 Ibid., 7: 134~135.

13 Moncure Daniel Conway, *Autobiography, Memories and Experiences*, 2 vols. (Boston: Houghton Mifflin, 1904), 1: 141; 다음을 참조하라. Annie Russell Marble, *Thoreau: His Home, Friends, and Books* (New York: Thomas Y. Crowell, 1902), 198~199. 마블은 두 가지 사건을 합쳤다.

14 David Wood, *An Observant Eye: The Thoreau Collection at the Concord Museum* (Concord, MA: Concord Museum, 2006), 46~47. 조각상은 콩코드 박물관에서 전시하고 있다.

15 PEJ, 7: 102~103; *To Set This World*, 94~95.

16 PEJ, 6: 212~213. 그 세 사람은 앤드루 T. 포스 목사, H. C. 라이트 목사 그리고 로링 무디였다.

17 Margaret Fuller, "The Great Lawsuit", *Dial* 4.1 (July 1843): 10, 14.

18 *Corr.*, 1: 199 (HDT to Cynthia Thoreau, July 7, 1843), 211 (HDT to Helen Thoreau, July 21, 1843).

19 *Thoreau Log*, 206; PEJ, 4: 233. 스미스는 1851년 12월 31일에 콩코드 라이시움에서 연설했다.

20 PEJ, 4: 183~184, 266.

21 "사랑", *EEM*, 270.

22 PEJ, 4: 309~310, 426.

23 *JMN*, 13: 26~27, 183.

24 *LRWE*, 4: 413, 426; *Walden*, 270.

25 *JMN*, 13: 20; PEJ, 3: 302; 또한 다음을 보라. *Walden*, 267~268.

26 *JMN*, 13: 61.

27 PEJ, 5: 293; 채닝의 개에 관한 소로의 묘사는 다음에 있다. 4: 286, 4: 20, 6: 10, 4: 418.

28 Ibid., 4: 170 ("가장 변덕이 심한 사람"), 6: 150~151 ("그들을 내쫓듯이"), 7: 247 ("채닝이 고양이를 때리다").

29 George Hendrick, ed., *Remembrances of Concord and the Thoreaus: Letters of Horace Hosmer to Dr. S. A. Jones* (Urbana: University of Illinois Press, 1977), 26;

Walden, 268. 까다로운 엘러리 채닝에 관한 내용은 다음을 참조하라. Frederick T. McGill Jr., *Channing of Concord: A Life of William Ellery Channing II* (New Brunswick, NJ: Rutgers University Press, 1967); and Robert N. Hudspeth, Ellery Channing (New York: Twayne, 1973).

30 *Walden*, 268~269, PEJ, 6: 101~102.

31 *Thoreau as Seen*, 165, 166.

32 *Walden*, 268~269, 또한 PEJ, 6: 294를 보라.

33 *Corr.*, 2: 13~14 (Bronson Alcott to "Dear Sir", February 20, 1849).

34 PEJ, 4: 451; TL I, 206.

35 PEJ, 4: 487; TL I, 206~208; *RP*, 168.

36 TL I, 209~211.

37 PEJ, 3: 92; William Ellery Channing II, *Thoreau: The Poet-Naturalist*, ed. F. B. Sanborn (Boston: Charles E. Goodspeed, 1902), 10~11; J. Lyndon Shanley, *The Making of "Walden", with the Text of the First Version* (Chicago: University of Chicago Press, 1957), 60n7.

38 PEJ, 4: 491~492, 582n.

39 Ibid., 4: 216. 로버트 그로스 덕분에 당시 콩코드에서 학교에 다니는 것이 자발적인 일이었음을 확인했다. 다시 말해, 조니가 학교에 가기로 한 용감한 선택은 자의였다(로버트 그로스와 직접 대화함).

40 PEJ, 4: 336~337. 더 자세한 내용은 내가 쓴 에세이를 보라. "'As You Are Brothers of Mine': Thoreau and the Irish", *New England Quarterly* 88.1 (March 2015): 5~36. 1850년 11월 말 소로는 「작은 아일랜드 소년」The Little Irish Boy이라는 시의 초안을 썼다. 이 시는 윌리엄 블레이크의 「작은 흑인 소년」The Little Black Boy을 모델로 삼았다 (PEJ, 3: 155~156); 소로는 조니 라이어든에 대한 에세이도 썼는데, 발간되지는 않았다 (*J*, 3: 242~244, January 28, 1852). 두 작품 모두 좀 더 조명을 받아 마땅하다.

41 *Corr.*, 2: 176 (HDT to various recipients, October 12, 1853), 175 (HDT to various recipients, October 12, 1853); PEJ, 7: 102~103, 134~135; 플래너리의 말을 인용함, 8: 33~34. 또한 다음을 참조하라. Bradley P. Dean, "Thoreau and Michael Flannery", *The Concord Saunterer* 17.3 (December 1984): 27~33. 플래너리의 돈을 착복한 사람은 아비엘 휠러로, 그는 1844년 자신의 식림지를 불태웠다는 이유로 소로에게 앙심을 품고 있었다.

42 PEJ, 4: 194 ("피아노 선율"), Henry S. Salt, *The Life of Henry David Thoreau* (London: Richard Bentley, 1890; 1908 개정판, edited by George Hendrick, Willene Hendrick, and Fritz Oehlschlaeger. Urbana: University of Illinois Press, 1993, 2000), 69; PEJ, 3: 325 ("집집마다 들리는 노랫소리", 4: 134 ("포근한 10월 저녁"); *J*, 8: 70 ("눈"); PEJ, 6: 241

("소피아를 부르다"). 상세히 서술한 다음 글을 참조하라. Michael Sims, *The Adventures of Henry Thoreau: A Young Man's Unlikely Path to Walden Pond* (New York: Bloomsbury, 2014), 특히 Alan D. Hodder, *Thoreau's Ecstatic Witness* (New Haven, CT: Yale University Press, 2001), 184~185; 호더가 지적한 것처럼, 소로가 느끼는 "청각적 환희"는 일기의 중심 주제였고, 심오한 자기 성찰을 유도하기도 했다. 기관차의 경적이나 전신선의 윙윙거림, 개똥지빠귀 노랫소리, 심지어 멀리서 개가 짖는 소리 등 사실 모든 소리가 소로를 깊은 황홀경에 빠지게 했다.

43 PEJ, 5: 188; 다음 부분도 확인하라. 117, 121~122; 188. 소로가 "식물학 상자"라고도 묘사한 밀짚모자는 안에 안감을 든든히 대서 식물 표본을 담을 수 있었다. ibid., 126, and *J*, 9: 157.

44 PEJ, 6: 244, 7: 30~33.

45 Sarah Gertrude Pomeroy, "Sophia Thoreau", in *Little-Known Sisters of Well-Known Men* (Boston: Dana Estes, 1912), 259~261에서 인용.

46 PEJ, 6: 41 ("마리아 고모"), 5: 417 ("찰스 삼촌").

47 Ibid., 5: 403.

48 Ibid., 4: 41, 178.

49 Ibid., 4: 269, 392; cf. "Walking", in *Exc.*, 209.

50 Ibid., 7: 15, 4: 252.

51 Ibid., 4: 291; 6: 172.

52 Ibid., 4: 270~273, 277. 『월든』 구성에 대한 기본 근거는 다음을 참조했다. Shanley, *Making of "Walden"*; 유용하고 간결한 논의는 다음을 보라. Robert Sattelmeyer, "The Remaking of *Walden*", in *Writing the American Classics*, ed. James Barbour and Tom Quirk (Chapel Hill: University of North Carolina Press, 1990): 53~78; repr. in Henry David Thoreau, "Walden", "Civil Disobedience", and Other Writings, ed. William Rossi (New York: Norton, 3rd edition, 2008), 489~507.

53 그릴리와 소로가 주고받은 편지에 대해서는 다음을 보라. *Corr.*, 2: 100~104, 111~112 (February 24~July 8, 1852).

54 *Corr.*, 2: 137~138 (HDT to Benjamin Marston Watson, December 31, 1852).

55 Ibid., 140 (HDT to H. G. O. Blake, February 27, 1853), PEJ 7: 201; PEJ, 6: 234 (June), 303 (August), 7: 3, 310.

56 PEJ, 8: 6; *Corr.*, 2: 197~198 (HDT to George Thatcher, February 25, 1854).

57 *Corr.*, 2: 140~141 (HDT to H. G. O. Blake, February 27, 1853); PEJ, 7: 156.

58 PEJ, 6: 236, 245.

59 *MW*, 95.

60 *MW*, 97, 99; PEJ, 7: 51~58.

61 PEJ, 7: 61~63.

62 Ibid., 66, 69~70.

63 Ibid., 80~82. 세바티스 데이나의 신원은 페니 하디 엑스톰의 기록을 따른 것이다. 엑스톰은 자신의 친구를 "스와센 (조아킴) 타문트"라고 밝혔다. "Notes on Thoreau's 'Maine Woods'", *TSB* 51 (Spring 1955): 1. 세바티스 데이나는 "세바티스 솔로몬"과 동일 인물이 아니다. 소로에 따르면, 세바티스 솔로몬은 조 아이티언과 함께 올드타운에서 대처의 집으로 이동해 그의 헛간에서 하룻밤 묵은 다음, 체선쿡에서 조와 존 아이티언을 만나 무스 사냥을 하기 전 뱅고어에 며칠 머무는 중이었다 (ibid., 41).

64 Ibid., 83~86.

65 Ibid., 83~84, 117. 소로가 생각을 재정비하는 데 크게 영향을 미친 페놉스코트족의 역할에 관해서는 다음을 보라. Phillip Round, "Gentleman Amateur or 'Fellow-Creature'? Thoreau's Maine Woods Flight from Contemporary Natural History", in *Thoreau's World and Ours: A Natural Legacy*, ed. Edmund A. Schofield and Robert C. Baron (Golden, CO: North American Press, 1993), 316~329.

66 PEJ, 7: 90, 93; *MW*, 149.

67 PEJ, 7: 119; *MW*, 150. 이렇게 가까이에서 인디언을 관찰하면서, 과거 1846년 페리를 타고 지나가다 무심코 인디언 아일랜드를 비난했던 것을 철회했다.

68 PEJ 7: 95; D. Wood, *Observant Eye*, 54~55. 물푸레나무와 단풍나무 테에 생가죽 띠가 둘러진 소로의 이 신발은 인디언의 독특한 기술을 보여 준다고 우드는 지적한다. 당시 설피는 올드타운에서 만들어졌지만, 이 설피는 아마 페놉스코트족이 만들었을 것이다.

69 *MW*, 155~156.

70 PEJ, 7: 160.

71 TL I, 212~213.《애틀랜틱》을 창간한 프랜시스 언더우드가 소로를 강연에 초청했다.

72 PEJ, 7: 99, 103~107.

73 Ibid., 7: 201, 203; Leslie Perrin Wilson, *In History's Embrace: Past and Present in Concord, Massachusetts* (Concord, MA: Concord Free Public Library, 2007), 43~45; Jane Hallett Prichard to Moses B. Prichard, December 15, 1853, Prichard, Hoar, and Related Family Papers, vault A45, Prichard unit 2, box 6, folder 6, CFPL.

74 PEJ, 7: 209~210("설피를 신어 봄"), 211("적설량 측정"), 224, 259("해빙기").

75 Ibid, 224, 233.

76 *Corr.*, 2: 192~193(HDT to H. G. O. Blake, January 21, 1854); PEJ, 7: 241("새 코트"), 245("해리스"). 법정 소송 사건에 관한 자세한 내용은 다음을 보라. PEJ, 7: 349~351; 소로는 1월 26일에 돌아와야 했다.

77 PEJ, 7: 123. 자세한 내용은 다음을 보라. Steven Fink, *Prophet in the Marketplace: Thoreau's Development as a Professional Writer* (Princeton, NJ: Princeton University

Press, 1992), 211~213.

78 PEJ, 7: 176, 216.

79 Ibid., 276("모랫빛 잎사귀"), 268("살아 있는 대지").

80 Ibid., 285~286.

81 소로를 연구하는 학자들은 1854년 4월에 피치버그 철도 요금이 1.30달러에서 1.55달러로 올랐을 때 소로가 꼼꼼하게 교정지를 손보았다고 지적하기를 좋아한다. Shanley, *Making of "Walden"*, 32; PEJ, 8: 49, 51.

82 PEJ, 8: 57, 61, 125.

83 Ibid., 148~154.

84 *To Set This World*, 98~100. 또한 다음을 보라. von Frank, *Trials of Anthony Burns*. 번스는 곧 보스턴의 활동가 레너드 그림스 목사가 사들였다. 보스턴에서 자유를 되찾은 번스는 캐나다로 이주했고, 1862년에 결핵으로 사망했다. 소로가 결핵으로 사망하기 약 13주 전이었다.

85 PEJ, 8: 161~162 (cf. 278, 과학을 위해 상자거북〔*Cistudo*〕을 죽이는 것에 관한 구절), 164.

86 Sandra Harbert Petrulionis, "Editorial Savoir Faire: Thoreau Transforms His Journal into 'Slavery in Massachusetts'", *Resources for American Literary Study* 25.2 (1999): 206~231.

87 *To Set This World*, 103; Bradley P. Dean, "More Context for Thoreau's 'Slavery in Massachusetts,'" *Thoreau Research Newsletter* 1.3 (July 1990): 12.

88 *RP*, 92, 96; Conway, *Autobiography, Memories and Experiences*, 1: 184~185; *RP*, 104, 106; von Frank, *Trials of Anthony Burns*, 284. 소로는 시간 부족으로 준비한 내용대로 연설을 끝마치지 못했다. 연설 시간이 얼마나 소요되었는지 혹은 크게 낭독한 부분이 어디인지는 정확히 기록되어 있지 않다.

89 *RP*, 108~109.

90 소로는 호숫가에서 흔히 볼 수 있는 흰색 연꽃을 "우리 연꽃"이라 불렀고, 그것을 불교의 연꽃과 분명히 연결 지었다. 또한 봄날 안식일 아침이면 젊은 사람들이 연꽃을 한 아름 안고 교회에 가곤 했기 때문에 기독교의 상징으로도 보았다.

91 PEJ, 8: 161~162; *RP*, 109.

92 *New-York Daily Tribune*, August 2, 1854; 그릴리가 서문으로 쓴 단락이 『소로의 일기』에 실려 있다. *Thoreau Log*, 298. 소로가 "개혁과 개혁자"의 수도사처럼 침묵을 지키다가 "급진적 활동가로서 날카로운 목소리"를 내는 것으로 변하는 내용은 다음을 보라. Linck C. Johnson, "Reforming the Reformers: Emerson, Thoreau, and the Sunday Lectures at Amory Hall, Boston", *ESQ* 〔*Emerson Society Quarterly*〕 37.4 (1991): 280~281.

93 "Historical Introduction", in *RP*, 331~332; PEJ, 8: 221.

94 PEJ, 8: 247; *Corr.*, 2: 213~214 (Charles Scribner, circular letter, May 1854). 스크리브

너의 『미국 문학 백과사전』은 1855년에 출판되었다. 소로에게 알리는 내용은 다음에 등장한다. 2: 653~656.

95 필즈와 에머슨 모두 영국의 출판업자 리처드 벤틀리에게 영국에서 『월든』을 출판하는 것에 대해 편지를 썼다. 필즈는 『월든』의 복사본을 벤틀리의 대리인에게 보내 책을 출판해 줄 런던의 출판사를 알아봐 달라고 부탁했다. 7월 2일 필즈는 벤틀리에게 교정지 견본을 다시 보내 출판을 고려해 달라고 부탁했다. 그렇지만 벤틀리는 흥미를 보이지 않았다. 1884년까지 『월든』은 영국에서 출판되지 않았다. 1886년에야 영국에서 초판본이 발간되었다("Historical Introduction", in *Walden*, 370).

96 *Corr.*, 2: 221 (HDT to H. G. O. Blake, August 8, 1854); PEJ, 8: 259. 소로는 식물의 계절별 개화기와 단풍이 드는 시기 등 주기적으로 발생하는 변화의 강도를 나타내기 위해 X를 사용했다.

97 *Walden*, 4, 8, 16.

98 Martin Bickman, *"Walden": Volatile Truths* (New York: Twayne, 1992), 18 인용.

99 소로의 글에서 나타나는 이 특징을 가장 잘 다룬 연구를 확인하려면 다음을 보라. Lawrence Buell, *The Environmental Imagination: Thoreau, Nature Writing, and the Formation of American Culture* (Cambridge, MA: Harvard University Press, 1995).

100 『"당신은 나의 형제이므로"』에서 나는 이 주장을 자세히 전개했다.

101 *Walden*, 221~222. "이중의식"의 문제점에 대해서는 다음을 보라. Joel Porte, *Consciousness and Culture: Emerson and Thoreau Reviewed* (New Haven, CT: Yale University Press, 2004), 3~10. 존에게서 헨리로 전해지는 플루트 선율의 중요성에 대해서는 다음을 보라. "Thoreau's Flute", Louisa May Alcott's elegy for her friend, in *THOT*, 53~54. 여기서 플루트 선율이 상징하는, 소로의 미묘한 변화 과정에 대해서는 다음을 보라. Lawrence Buell, "Thoreau and the Natural Environment", in *The Cambridge Companion to Henry David Thoreau*, ed. Joel Myerson (Cambridge: Cambridge University Press, 1995), 186.

102 *Walden*, 223~225; PEJ, 4: 291, January 26, 1852 (강조는 원문대로).

3부 삼림천이

9장 메인 거리의 '월든' 1854-1857

1 *LRWE*, 4: 460; ABAJ, 273~274.

2 *Corr.*, 2: 235~236 (T. H. Higginson to HDT, August 13, 1854). 히긴슨은 한 권은 자신이 소장하고 다른 한 권은 해리엇 프레스콧 스포퍼드에게 주었다. 유망한 젊은 작가가 좋아

했을 것이다.

3 *Corr.*, 2: 238~239 (Richard Fuller to HDT, August 31, 1854), 267 (Charles Sumner to HDT, October 31, 1854); *LRWE*, 4: 460.

4 *Thoreau Log*, 327, 330. 호손은 『월든』 두 권을 영국의 친구에게 보냈다. 그중 한 사람인 멍크턴 밀네스는 새벽 2시까지 앉아서 그 책을 다 읽었다. 다음을 보라. Edward C. Peple Jr., "Hawthorne on Thoreau: 1853~1857", *TSB* 119 (Spring 1972): 2.

5 Joel Myerson, ed., *Emerson and Thoreau: The Contemporary Reviews* (Cambridge: Cambridge University Press, 1992), 371~406에서 인용한 『월든』 서평; 또한 다음을 보라. Bradley P. Dean and Gary Scharnhorst, "The Contemporary Reception of Walden", *Studies in the American Renaissance* (1990): 293~328.

6 *New-York Daily Tribune*, September 20, 1854; Corr 2: 245~246 (HDT to H. G. O. Blake, September 21, 1854; 강조는 원문대로); *J*, 7: 46, 48. 소로는 다른 사람들의 강연 스타일을 연구해 자신의 강연을 준비했고, 친구들의 비평을 통해 진정한 성실성을 자신의 목표로 정했다. 이를테면 다음을 보라. PEJ, 4: 249~250 ("녹스", 채닝의 이름을 빌린 자기 비평), 274 ("히긴슨"), 284~285 ("포스터"), 303~304 ("채닝").

7 분명 1857년 1월에 유리판 사진을 찍어 네 번째 초상이 탄생했지만, 엘런 에머슨에 따르면, "너무 충격적이고 유령 같아서 사진사에게 돌려주었다고 한다. 소로가 다시 가져왔을 것으로 보이지만, 지금까지 그런 사진은 발견되지 않았다. *The Letters of Ellen Tucker Emerson*, ed. Edith E. W. Gregg, 2 vols. (Kent, OH: Kent State University Press, 1982), 1: 125.

8 로즈의 작업 과정을 기록한 친구는 에벤 루미스였다. 다음을 보라. Thomas Blanding and Walter Harding, *A Thoreau Iconography* (Geneseo, NY: Thoreau Society Booklet 30, 1980), 1~4; and Mark W. Sullivan, *Picturing Thoreau: Henry David Thoreau in American Visual Culture* (Lanham, Maryland: Lexington Books, 2015), 2~8.

9 John Lewis Russell, "Visit to a Locality of the Climbing Fern", *Magazine of Horticulture*, March 1855, 132.

10 PEJ, 8: 273~276; *J*, 8: 421~425, 11: 170~180. 또한 다음을 보라. Ray Angelo, "Thoreau's Climbing Fern Rediscovered", *Arnoldia* 45.3 (Summer 1985): 24~26.

11 *Corr.*, 2: 268~269 (Adrien Rouquette to HDT, November 1, 1854), 274 (HDT to Adrien Rouquette, November 13, 1854).

12 *Corr.*, 2: 227~231 (Daniel Ricketson to HDT, August 12, 1854), 248~249 (HDT to Daniel Ricketson, October 1, 1854), 256~258 (Daniel Ricketson to HDT, October 12, 1854); Anna Ricketson and Walton Ricketson, *Daniel Ricketson and His Friends* (Boston: Houghton Mifflin, 1902), 280.

13 *Corr.*, 2: 275~276 (HDT to Bronson Alcott, November 15, 1854).

14 *LRWE*, 4: 479.

15 On September 29, 스푸너가 직접 콩코드로 와서 약속을 받았다; 다음을 보라. Francis B. Dedmond, "James Walter Spooner: Thoreau's Second (though Unacknowledged) Disciple", *Concord Saunterer* 18.2 (December 1985): 35~44; 그리고 Annie Root McGrath, "As Long as It Is in Concord", *Concord Saunterer* 12.2 (Summer 1977): 9~11.

16 〈달빛〉과 소로의 달빛 산책에 관한 놀라운 논의로는 다음을 보라. David N. Robinson, *Natural Life: Thoreau's Worldly Transcendentalism* (Ithaca, NY: Cornell University Press, 2004), 140~147.

17 TL II, 249~255.

18 *Corr.*, 2: 258~259 (HDT to H. G. O. Blake, October 14, 1954); *J*, 7: 64~65.

19 *J*, 7: 64~65; *Corr.*, 2: 272 (Daniel Foster to HDT, November 6, 1854).

20 현존하는 편지들은 다음에 있다. *Corr.*, 2: 259~260 (Asa Fairbanks to HDT, October 14, 1854), 264 (Charles B. Bernard to HDT, October 26, 1854), 270 (Asa Fairbanks to HDT, November 6, 1854), 278 (HDT to William E. Sheldon, November 17, 1854), 278 (HDT to Charles B. Bernard, November 20, 1854), 279 (HDT to John D. Milne, November 20, 1854), 280 (Andrew Whitney to HDT, November 27, 1854).

21 *J*, 7: 72~73.

22 TL II, 259; *J* 7: 74~75; Blanding and Harding, *Thoreau Iconography*, 4~6.

23 *J*, 7: 75~76. 베르너 헤어초크의 영화 〈피츠카랄도〉Fitzcarraldo의 팬이라면 이 영화에서 아일랜드인 몽상가가 아마존의 심장부로 갖고 들어가는 것이 바로 오페라 〈청교도〉와 그 배우들임을 떠올릴 수 있을 것이다.

24 PEJ, 3: 194, *RP*, 174; 마가복음 8장 36절 인용. 또한 TL II, 243을 보라.

25 *J*, 7: 46, 79.

26 *Corr.*, 2: 259~260 (Asa Fairbanks to HDT, October 14, 1854); *J*, 7: 79; *Corr.*, 2: 283 (HDT to H. G. O. Blake, December 19, 1854).

27 *J*, 7: 79.

28 *Corr.*, 2: 256~258 (D. Ricketson to HDT, October 12, 1854); Ricketson and Ricketson, *Ricketson and His Friends*, 280; *Corr.*, 2: 289 (HDT to D. Ricketson, December 19, 1854), 290~291 (D. Ricketson to HDT, December 20, 1854).

29 Thomas Blanding, "Daniel Ricketson's Reminiscences of Thoreau", *Concord Saunterer* 8.1 (March 1973): 8~9; 이 이야기의 나중 버전으로는 다음을 보라. Ricketson and Rickeston, *Ricketson and His Friends*, 11~12, repr. in *Corr.*, 2: 291.

30 *J*, 7: 90.

31 TL II, 266; *Corr.*, 2: 300~301 (D. Ricketson to HDT, January 9, 1855).

32 *Corr.*, 2: 298~299 (HDT to D. Ricketson, January 6, 1855); *J*, 7: 92~93. 재식림에 관한

소로의 생각을 엿볼 수 있는 다른 출처로는 다음을 보라. Robert D. Richardson Jr., *Henry David Thoreau: A Life of the Mind* (Berkeley: University of California Press, 1986), 303~305.

33 TL II, 267~268; *J*, 7: 96.

34 *J*, 7: 166, 172.

35 Ibid., 171~173, 202, 215.

36 *Corr.*, 2: 310 (Franklin Sanborn to HDT, January 30, 1855). 그 익명의 학생은 에드윈 모턴이었다.

37 샌번의 말은 *Days of HT*, 353에서 인용.

38 Leslie Perrin Wilson, *In History's Embrace: Past and Present in Concord, Massachusetts* (Concord, MA: Concord Free Public Library, 2007), 66.

39 *J*, 7: 263~267.

40 Ibid., 364~365; *Thoreau as Seen*, 79~80.

41 *LRWE*, 4: 512; *Corr.*, 2: 332 (HDT to H.G.O. Blake, June 27, 1855); *J*, 7: 417.

42 *J*, 7: 417; *Corr.*, 2: 333~334 (HDT to H.G.O. Blake, June 27, 1855).

43 *J*, 7: 431~443; *Corr.*, 2: 337 (HDT to H.G.O. Blake, July 14, 1855).

44 "Historical Introduction", in *CC*, 262~277; *J*, 7: 455.

45 *Corr.*, 2: 353 (William D. Ticknor and Company to HDT, September 29, 1855).

46 *CHDT*, 465~466 (Ticknor and Fields to HDT, n.d.), 532~533 (Ticknor and Fields to HDT, December 15, 1858).

47 슬리피 할로는 선구적 조경건축가 로버트 코플랜드 호러스 클리블랜드가 1855년에 설계했다. 건축가들을 고용한 에머슨과 그 밖의 공동묘지위원회 위원들은 인간의 도덕성과 자연의 영원한 순환 과정 사이의 관계를 알려 주는 녹지 공원을 조성하고자 했다. 슬리피 할로와 에머슨의 글은 프레더릭 로 옴스테드에게 강한 영향을 미쳤다. 다음을 보라. Wesley T. Mott, ed., *Encyclopedia of Transcendentalism*, s.v. "Landscape Architecture", by Daniel Joseph Nadenicek, 99~100, and "Sleepy Hollow Cemetery", by Nadenicek, 199~200.

48 *J*, 14: 109, 7: 417. 이것은 9월 16일 자로 쓰인 글인데도 일기장에서는 6월 11일 난에 적혀 있다. 아마도 그때까지 소로는 메모를 일기장에 옮겨 적을 힘조차 없었던 것으로 보인다. 병환이 심할 동안 채닝이 식물과 관찰 기록을 가져다준 덕에 소로는 기록을 이어 갔을 것이다.

49 *Corr.*, 2: 345~346 (D. Ricketson to HDT, September 23, 1855), 354 (HDT to D. Ricketson, September 27, 1855), 349 (HDT to H. G. O. Blake, September 26, 1855).

50 Ricketson and Ricketson, *Ricketson and His Friends*, 281~283; *J*, 7: 463~482.

51 *Corr.*, 2: 354~355 (William Allen to HDT, October 3, 1855); *J*, 7: 505 (October 21, 1855).

52 *Corr.*, 2: 355~356 (Thomas Cholmondeley to HDT, October 3, 1855).

53 Ibid., 367 (HDT to D. Ricketson, October 16, 1855).

54 ABAJ, 281~282.

55 *J*, 7: 485, 495 ("참나무 잎"), 513~514 ("오래된 나무").

56 Ibid., 7: 502 ("유목에 불을 붙임"); *J*, 8: 18, 25 ("책장"); 7: 521 ("바람을 맞으며 먹을 사과").

57 Ibid., 7: 527 (강조는 원문대로).

58 Ibid., 8: 7~8, 36~37.

59 *Corr.*, 2: 378~379 (HDT to Thomas Cholmondeley, November 8 and December 1, 1855); 수하물 목록에 대해서는 다음을 보라. 371~375 (John Chapman to HDT, October 26, 1855).

60 Ibid., 378~379; 394 (HDT to D. Ricketson, December 25, 1855).

61 *CHDT*, 485 (HDT to Calvin Greene, July 8, 1857).

62 *J*, 8: 146, 104~114.

63 Ibid., 8: 158, 192~193, 9: 178~179.

64 Ibid., 8: 217 (March 21, 1856).

65 Ibid., 229~230.

66 *J*, 12: 38 ("사다리"); *J*, 8: 269 ("봄의 수액").

67 Ibid., 8: 269.

68 Ibid., 315, 335.

69 CFPL에는 콩코드농부클럽에 관한 방대한 기록이 담겨 있다. 농부클럽의 강연 필사록과 자세한 회의록에는 너무나 풍부해 미처 다 활용하지 못한 정보들로 가득하다.

70 Emerson, "Thoreau", 424~425.

71 다음을 보라. *Corr.*, 2: 469 (Sarah Alden Bradford Ripley to HDT, September? 1856?): 이 편지는 소로와 리들리가 이미 1856년 가을에 자연발생적 재생 문제를 이야기하고 있었음을 암시한다.

72 *LRWE*, 5: 42.

73 **생태학**은 1866년에 에른스트 헤켈이 처음 만든 단어다. 소로를 생태과학의 개척자로 볼 수 있는 정보의 출발점으로는 다음을 보라. 내가 쓴 *Seeing New Worlds* (1995); Michael Benjamin Berger, *Thoreau's Late Career and "The Dispersion of Seeds": The Saunterer's Synoptic Vision* (Rochester, NY: Camden House, 2000); and Frank Egerton, "History of Ecological Sciences, Part 39: Henry David Thoreau, Ecologist", *Bulletin of the Ecological Society of America* 92.3 (2011): 251~275.

74 *J*, 9: 115~117 (1906년 편집자들은 대곰보버섯을 너무 사실적으로 그린 소로의 그림들을 삭제했다; *Corr.*, 2: 449 (HDT to Calvin Greene, May 31, 1856); 454 (Greene to HDT,

June 29, 1856).

75 *Corr.*, 2: 440~441 (Horace Greeley to HDT, May 7, 1856), 447 (HDT to H. G. O. Blake, May 21, 1856).

76 *JMN*, 14: 76, c. March 1856; *J*, 8: 199 (March 4, 1856).

77 *JMN*, 14: 91~92; 에머슨도 비슷한 내용을 묘사했다. 다음을 보라. "Thoreau", 423.

78 Blanding and Harding, *Thoreau Iconography*, 11~19; M. W. Sullivan, *Picturing Thoreau*, 17~21; *Corr.*, 2: 452 (HDT to C. Greene, June 21, 1856).

79 George Hendrick, ed., *Remembrances of Concord and the Thoreaus: Letters of Horace Hosmer to Dr. S. A. Jones* (Urbana: University of Illinois Press, 1977), 5~6.

80 Ricketson and Ricketson, *Ricketson and His Friends*, 286~287.

81 *J*, 8: 392~394, Ricketson and Ricketson, *Ricketson and His Friends*, 290~294.

82 *J*, 8: 390~392.

83 *Corr.*, 2: 406~407 (D. Ricketson to HDT, February 26, 1856), 414~415 (D. Ricketson to HDT, March 3, 1856), 420 (HDT to D. Ricketson, March 5, 1856), 424 (D. Ricketson to HDT, March 7, 1856).

84 Ibid., 442 (D. Ricketson to HDT, May 10, 1856; 리케슨은 1857년 8월이 되어서야 이 편지를 발송했다); Ricketson and Ricketson, *Ricketson and His Friends*, 285.

85 *J*, 8: 199 (March 4, 1856); 소로가 이 일기장의 같은 페이지에서 언급한 또 다른 "친구"는 엘러리 채닝이라고 나는 확신한다.

86 Ricketson and Ricketson, *Ricketson and His Friends*, 209~210, 297. 리케슨의 두꺼운 일기는 어렸을 때부터 1898년 사망하기 전까지 쓴 것으로, 그의 두 아이, 애나와 월튼 리케슨의 손에 대부분 찢겨 나갔다. 다음을 보라. Don Mortland, "Thoreau's Friend Ricketson: What Manner of Man?" *Concord Saunterer* 18.2 (December 1985): 1~19; and Mortland, "Ellery Channing and Daniel Ricketson: Thoreau's Friends in Conflict", *Concord Saunterer* 19.1 (July 1987): 22~43.

87 *J*, 8: 438~439, 444~445.

88 Anonymous, *THOT*, 168; *J*, 8: 451~456, with a sequel in 9: 26~28.

89 *J*, 9: 65; *Corr.*, 2: 303~304 (Ann Wetherbee Brown to HDT, January 25, 1855).

90 *CHDT*, 472 (미발표 편지); *Corr.*, 3: 〔근간, 지금까지는 미출간〕 (HDT to Mary Brown, March 8, 1857).

91 ABAJ, 283~285.

92 Carl J. Guarneri, *The Utopian Alternative: Fourierism in Nineteenth-Century America* (Ithaca, NY: Cornell University Press, 1991), 322~326.

93 *Corr.*, 2: 477~480 (HDT to Sophia Thoreau, November 1, 1856). 그 심령회를 보고 소로가 한 말에 대해서는 TL II, 355를 보라.

94 *Corr.*, 2: 483 (HDT to H. G. O. Blake, November 19, 1856); ABAL, 209, ABAJ, 287.

95 ABAJ, 287~289.

96 Ibid., 290~291, ABAL, 210~211; *Corr.*, 2: 484 (HDT to H.G.O. Blake, November 19, 1856), 489 (HDT to H.G.O. Blake, December 7, 1856).

97 *Corr.*, 2: 483~484 (HDT to H. G. O. Blake, November 19, 1856).

98 *J*, 9: 149; *Corr.*, 2: 488~489 (HDT to H. G. O. Blake, December 7, 1856).

99 Walter Harding, "Thoreau's Sexuality", *Journal of Homosexuality* 21.3 (1991): 37; Franklin Benjamin Sanborn, "Emerson and His Friends in Concord", *New England Magazine* III (1890), repr. in *Concord Saunterer* 16.1 (Spring 1981): 21~22; *THOT*, 112. 또한 샌번은 에머슨, 올컷, 소로가 1860년 휘트먼을 콩코드로 초대하려 했지만 리디언, 애비게일, 소피아 모두 이 초대를 용인하지 않았다고 주장했다 (Sanborn, *Life of Thoreau*, 310).

100 *Corr.*, 2: 486~487 (HDT to H. G. O. Blake, December 6, 1856).

101 *J*. 9: 139, 141.

102 Ibid., 150.

103 Ibid., 151, 160 ("시골 사람들"), 207 ("기쁨을 위해 존재한다네"), 167 ("장엄하고 오래된 시"), 160 ("nick of time").

104 Ibid., 214 (January 11, 1857).

105 Ibid., 187~190 (December 18, 1856).

106 Ibid., 236~238; TL II, 285.

107 *J*, 9: 195, 198.

108 Ibid., 258.

109 Ibid., 210~211 (January 7, 1857).

110 Ibid., 246~247.

111 Ibid., 249~250, 276; *LRWE*, 5: 63.

112 다음을 확인하라. Harmon Smith, *My Friend, My Friend: The Story of Thoreau's Relationship with Emerson* (Amherst: University of Massachusetts Press, 1999), 165~166.

113 *Corr.*, 2: 501~503 (Thomas Cholmondeley to HDT, December 16, 1856).

114 ABAL 1857; Franklin Benjamin Sanborn, *Recollections of Seventy Years*, 2 vols. (Boston: Gorham Press, 1909), 2: 397. "익명의" 어떤 사람은 헨리가 피아노 소리를 듣고 아래층으로 내려와 열심히 노래를 불렀던 때를 기억했다. 소로는 곧 춤을 추기 시작했다. "혼자서 경쾌하게 빙글빙글 돌면서 최고의 유연함과 민첩함을 보여 주었다." 그러다가 "그는 마침내 중앙 탁자를 뛰어넘어 깃털이 내려앉듯 반대쪽으로 착지했다". 이어서 그는 전혀 숨 가쁜 기색 없이 열정이 사그라질 때까지 계속 왈츠를 추었다 (*THOT*, 170).

115 Walton Ricketson, Edward Waldo Emerson, *Henry Thoreau as Remembered by a Young Friend* (1917; Concord, MA: Thoreau Foundation, 1968), 145에서 인용; *CHDT*, 480 (HDT to D. Ricketson, May 13, 1857). 에드워드 에머슨은 〈톰 볼링〉(혹은 〈보라인〉bowline)—바다에서 사라진 선원을 애도하는 곡—이 "그〔소로〕에게 잃어버린 형을 의미한다고 늘 생각했다. 왜냐하면 이 곡에는 연민과 예찬이 담겨 있고, 그가 노래를 부를 때마다 울음 섞인 목소리"로 불렀기 때문이다 (Harding, *Thoreau as Remembered*, 220).

116 *J*, 7: 467~468, 9: 335~337; Walter Harding, "Thoreau and Kate Brady", *American Literature* 36.3 (November 1964): 347~349.

117 *CHDT*, 476 (HDT to H. G. O. Blake, April 17, 1857).

118 *J*, 9: 377~378, *JMN*, 14: 143.

119 *CHDT*, 480 (HDT to D. Ricketson, May 13, 1857); *J*, 9: 379.

120 *J*, 9: 373~374, *JMN*, 14: 144; *J*, 9: 391~393.

121 *J*, 9: 397~398.

10장 야생 열매 1857-1859

1 *J*, 9: 403; *CHDT*, 484 (HDT to H. G. O. Blake, June 6, 1857); *J*, 9: 414~420. 또한 다음을 보라. Ellen Watson in *THOT*, 178~179; 그녀는 분명 1851년 7월 소로가 처음으로 떠난 클락스 아일랜드 여행을 1854년 (클락스 아일랜드를 여행했을 가능성이 있는) 플리머스 강연, 또는 지금의 이 여행과 뒤섞어서 기억하고 있다.

2 *J*, 9: 420; Francis B. Dedmond, "James Walter Spooner: Thoreau's Second (though Unacknowledged) Disciple", *Concord Saunterer* 18.2 (December 1985): 40.

3 *J*, 9: 435~436.

4 Ibid., 439~455.

5 〔Isaac Hecker〕, 『케이프 코드』에 관한 서평, *Catholic World* 2.8 (November 1865): 281.

6 *CC*, 137.

7 Ibid., 59, 147.

8 Ibid., 128, 215.

9 *CHDT*, 485~486 (HDT to George Thatcher, July 11, 1857); *J*, 9: 481.

10 Edward S. Burgess Papers, vault A45, Burgess unit 1 〔에드워드 S. 호어와의 인터뷰〕, folder 4b, CFPL; *J*, 9: 402. 에드워드 호어에 관한 정보는 다음을 보라. Ray Angelo, "Edward S. Hoar Revealed", *Concord Saunterer* 17.1 (March 1984): 9~16.

11 PEJ transcript (the Princeton edition transcript of Thoreau's Journal) manuscript 23: 221 (이하 PEJ transcript). 1906년 출간된 『소로의 일기』에는 편집자가 판단하기에 『메

인 숲』과 중복되는 내용이 전혀 수록되어 있지 않았다; 소로의 첫 반응을 보려면 일기 원본을 봐야 한다. 1906년 당시 일기에는 날짜가 기록되어 있지 않지만 온라인 자료에서는 확인이 가능하다. "The Writings of Henry D. Thoreau", 〈http://thoreau.library.ucsb.edu/new_main.html〉 (accessed September 10, 2016).

12 PEJ transcript, 23: 221~222; cf. *MW*, 158.

13 PEJ transcript, 23: 222.

14 Edward S. Burgess Papers, vault A45, Burgess unit 1, folder 4b, CFPL. 에드워드 호어의 아버지가 "인디언" 바구니 구입을 거절한 일은 소로에게, 『월든』이 드러내고 있는 대안 경제 시스템의 이미지를 심어 주었다. 버제스가 호어를 인터뷰한 내용은 다음을 보라. Marcia E. Moss, "Edward S. Hoar's Conversations on Concord with Edward S. Burgess", *Concord Saunterer* 17.1 (March 1984): 17~33.

15 PEJ transcript, 23: 361.

16 Ibid., 230 (강조는 원문대로); cf *MW*, 162~163. 소로는 "우리가 그를 폴리스라 부르는 동안" 폴리스가 그의 고객을 이름으로 부른 적이 없었다고 말했다. (PEJ transcript, 23: 235).

17 PEJ transcript, 23: 237; *MW*, 169.

18 *MW*, 172. 소로는 일기에서 "힘센 인디언 사냥꾼"의 이름을 기입하기 위해 공간을 남겨 두었지만, 결국에는 "잊어버림"이라고 연필로 휘갈겨 썼다. (PEJ transcript, 23: 239). John J. Kucich의 중요한 저술 "Lost in the Maine Woods: Henry Thoreau, Joseph Nicolar, and the Penobscot World", *Concord Saunterer*, n.s., 19/20 (2011~2012): 22~52; 그리고 Phillip Round, "Gentleman Amateur or 'Fellow-Creature'? Thoreau's Maine Woods Flight from Contemporary Natural History", in *Thoreau's World and Ours: A Natural Legacy*, edited by Edmund A. Schofield and Robert C. Baron (Golden, CO: North American Press, 1993), 325~327을 보라.

19 PEJ transcript, 23: 242, 244~245.

20 Edward S. Burgess Papers, vault A45, Burgess unit 1 〔Edward S. Hoar와의 인터뷰〕, folder 4b, CFPL; PEJ transcript, 23: 247 and *MW*, 180~181.

21 *MW*, 181.

22 PEJ transcript, 23: 251; *MW*, 185.

23 다음을 보라. PEJ transcript, 23: 263; cf. *MW*, 193~194. 소로는 폴리스가 "아주 종교적이어서" 아침저녁으로 무릎을 꿇고 "인디언 말로 아주 크게" 기도를 했다고 적었다 (PEJ transcript, 23: 263).

24 PEJ transcript 23: 267 and *MW*, 199~200; PEJ transcript, 23: 273; *MW*, 168. 오늘날에는 폴리스의 서명을 "아버글리프"arborglyph라 부른다.

25 PEJ transcript, 23: 283 and *MW*, 217.

26 PEJ transcript 23: 286.

27 Ibid., 304.

28 Ibid., 316; *MW*, 253; Kucich, "Lost in the Maine Woods", 45.

29 PEJ transcript, 23: 322; cf. *MW*, 258. 출판된 소로의 기록은 여행을 이어 갈 호어의 능력과 자신의 감정적 혼란을 모두 대수롭지 않은 것처럼 그렸다.

30 PEJ transcript 23: 325~326.

31 Ibid., 328~329.

32 Ibid., 331~332.

33 PEJ transcript, 24: 356; cf. *MW*, 284.

34 PEJ transcript, 24: 358; cf *MW*, 285~286.

35 *MW*, 295~296; PEJ transcript, 24: 366.

36 PEJ transcript, 24: 354~355; *MW*, 297. 폴리스가 자신의 카누를 구입하지 않겠느냐고 제안했으나 소로는 거절했다.

37 *MW*, 235~236.

38 다음을 보라. Courtney Traub, "'First-Rate Fellows': Excavating Thoreau's Radical Egalitarian Reflections in a Late Draft of 'Allegash'", *Concord Saunterer* 23 (2015): 74~96.

39 *CHDT*, 491 (HDT to H. G. O. Blake, August 18, 1857).

40 "Private Journal of John Langdon Sibley of Harvard University Library", 1846~1882, 2 vols., 1: 443~445, Harvard University Archives, repr. in Keith Walter Cameron, *Transcendentalists and Minerva*, 3 vols. (Hartford, CT: Transcendental Books, 1958), 2: 485~486.

41 *THOT*, 79~80; ABAJ, 325, *JMN*, 14: 166.

42 다음을 보라. Robert F. Sayre, *Thoreau and the American Indians* (Princeton, NJ: Princeton University Press, 1977), 119.

43 TL II, 291; *CHDT*, 503~504. 소로에게 앙코르 강연을 요청한 것은 성직자 찰스 C. 셰크퍼드였다.

44 *CHDT*, 504 (HDT to James Russel Lowell, January 23, 1858), 509 (HDT to Lowell, February 22, 1858, and March 5, 1858).

45 Bradley P. Dean and Gary Scharnhorst, "The Contemporary Reception of Walden", *Studies in the American Renaissance* (1990): 328; *MW*, 156.

46 *MW*, 121~122; *CHDT*, 515~516 (HDT to Lowell, June 22, 1858), 520~521 (HDT to Lowell, September 1, 1858 and October 4, 1858).

47 *J*, 10: 4; *CHDT*, 491 (HDT to H. G. O. Blake, August 18, 1858).

48 *J*, 10: 10~13, 14 (나티크의 박물학자는 오스틴 베이컨이었다).

49 ABAL, 248. 주택 가격은 600달러였고 토지 가격은 345달러였다; 올컷은 부족한 금액을 에

머슨이 만든 연금에서 빌려 집을 구입했다. 소로는 그 연금에 다 합쳐도 1달러가 안 되는 큰 돈princely sum을 넣어 두었다. *LRWE*, 5: 159~160; *Days of HT*, 380.

50 ABAJ, 307, 326. 애나 올컷과 존 프랫은 1860년 5월 23일 결혼했다.

51 *To Set This World*, 126~129; *J*, 10: 266 (January 28, 1858).

52 *J*, 10: 49, 12: 343; 또한 *Exc.*, 182. 소로가 표찰을 정확히 기억하지 못했을 수 있다. "가슴" 혹은 "흉곽"을 뜻하는 단어는 poitrine이고, "호박"을 뜻하는 단어는 gourde 혹은 courge다.

53 Frances Jane Hallett Prichard (Fanny) to Jane Hallett Prichard, October 22, 1857, Prichard, Hoar, and Related Family Papers, vault A45, Prichard unit 2, box 2, folder 7, CFPL.

54 *J*, 10: 92~93; *CHDT*, 496 (HDT to H. G. O. Blake, November 16, 1858).

55 *CHDT*, 500 (D. Ricketson to HDT, December 11, 1858).

56 *J*, 10: 219, 233~234.

57 Ibid., 69, 80 ("러스킨"); 75~76, 118 ("붉은 월든"). 소로와 러스킨에 관해서는 다음을 보라. Robert D. Richardson Jr., *Henry David Thoreau: A Life of the Mind* (Berkeley: University of California Press, 1986), 358~360.

58 *J*, 10: 165~166, cf. PEJ transcript, 24: 610~611 (November 5, 1857). 1906년 출간물의 편집자들은 『메인 숲』 자료에 흩어져 있는 더 큰 맥락에서 단지 "과학적 인간"에 대한 소로의 견해를 발췌했고, 그 결과 과학적 객관성에 대한 소로의 가장 혁신적인 비판을 뒷받침할 수 있는 사회적 맥락을 놓치고 말았다.

59 *J*, 10: 202, 253~254.

60 PEJ transcript, 25: 55 (January 23, 1858).

61 *CHDT*, 495 (HDT to George Thatcher, November 12, 1857), 502 (HDT to Thatcher, January 1, 1858); *Days of HT*, 397.

62 *J*, 10: 291~293. 조 폴리스의 형제 이름은 Fanny Hardy Eckstorm, "Notes on Thoreau's Maine Woods", *TSB* 51 (Spring 1955): 1에서 가져왔다. Maungwudaus (George Henry)에 관해서는 다음을 보라. Donald B. Smith, *Mississauga Portraits: Ojibwe Voices from Nineteenth-Century Canada* (Toronto: University of Toronto Press, 2013), 126~163.

63 *J*, 10: 291~295, 313~314.

64 Ibid., 369, 388, 404.

65 *JMN*, 14: 203~204; *The Letters of Ellen Tucker Emerson*, ed. Edith E. W. Gregg, 2 vols. (Kent, OH: Kent State University Press, 1982), 1: 142.

66 *Corr.*, 3: [근간, 미발표 편지] (Mary Brown to HDT, April 23, 1858); *CHDT*, 511 (HDT to Marston Whatson, April 25, 1858).

67 *J*, 10: 142~144; *CHDT*, 491 (HDT to H. G. O. Blake, August 18, 1858), 497~498 (HDT

to H. G. O. Blake, November 16, 1858).

68 *J*, 10: 452~480. 모내드녹은 이제 지표면에서 솟은 척박한 바위투성이 봉우리의 일반적 명칭이 되었다.

69 *J*, 10: 467~468, 477~480.

70 Ibid., 11: 3~8.

71 Ibid., 16~29.

72 Ibid., 29~49.

73 *CHDT*, 521 (HDT to Ricketson, October 31, 1858), 538 (HDT to Blake, January 1, 1859). 블레이크는 이 의견에 동의한 것처럼 보이지만, 브라운은 민망해하면서도 여행이 즐거웠다고 시인했다 (ibid., 562, Theo Brown to HDT, October 19, 1859).

74 *J*, 11: 120.

75 "대지의 야생 열매는 문명 앞에서 그 전에 사라지거나 큰 시장에서만 찾을 수 있다." Ibid., 78~79.

76 *Letters of Ellen Tucker Emerson*, 146; Jane Hallett Prichard to Moses B. Prichard, August 17, 1858, Prichard, Hoar, and Related Family Papers, vault A45, Prichard unit 2, box 6, folder 7, CFPL. 전신은 연결 상태가 약한 것으로 드러났고 채 한 달도 되지 않아 연결이 끊겼다. 1866년에야 개량된 전선이 등장해 대서양 너머로 전신을 안정적으로 주고받을 수 있었다.

77 *J*, 11: 86~87, 107.

78 Ibid., 170~180; *CHDT*, 521 (HDT to Ricketson, October 31, 1858), 527 (D. Ricketson to HDT, November 10, 1858).

79 *CHDT*, 528~529 (T. Chomondeley to HDT, November 26, 1858); Anna Ricketson and Walton Ricketson, *Daniel Ricketson and His Friends* (Boston: Houghton Mifflin, 1902), 309~310.

80 *CHDT*, 540 (HDT to H. G. O. Blake, January 19, 1858), 547 (HDT to D. Ricketson, February 12, 1859). 두 사람은 소로가 사망할 때까지 서신을 교환했고, 콜몬들리는 1863년 4월에 사망해 그의 미국인 친구보다 그리 오래 살아 있지는 못했다.

81 *J*, 11: 218~221.

82 Ibid., 12: 97.

83 *JMN*, 14: 158.

84 PEJ, 1: 330 (September 4, 1841).

85 *J*, 11: 358~359.

86 Ibid., 324~325.

87 Ibid., 396, 435.

88 *CHDT*, 543 (D. Ricketson to HDT, February 9, 1859).

89 *J*, 11: 436~437; *CHDT*, 546 (HDT to D. Ricketson, February 12, 1859). 또한 장례식을 집전한 그린돌 레이놀즈 목사에게 소로가 표한 감사에 관해서는 *Days of HT*, 408을 보라.

90 *J*, 11: 437~439, 12: 88~93.

91 Ibid., 12: 120~123, 175.

92 Ibid., 316 (September 5, 1858); *Days of HT*, 409.

93 *LRWE*, 5: 149~150; *CHDT*, 555~556 (HDT to G. Thatcher, August 25, 1859); *J*, 13: 272. 행정위원의 1859년 보고서는 공공 기물 파괴 행위에 대한 마을의 공포를 자세히 드러내고 있다; 많은 사람이 소로의 농담을 이해했을 것이다.

94 자세한 내용은 *CHDT*, 559~560을 보라.

95 *J*, 12: 344.

96 또한 소로의 하버드 도서관 기부금 5달러에 관해서는 *CHDT*, 541, 545를 보라. 소로는 위원회 사람들에게 5달러는 "지난 넉 달 동안 했던 모든 일로" 벌어들인 수입보다 많은 금액이라고 말했다. 소로는 1859년 7월 13일과 1860년 7월 13일, 두 차례 기말고사를 감독했다; 시험은 아사 그레이의 식물학 교과서에서 출제됐다. 하버드자연사시험위원회의 임명 편지는 다음을 보라. *Corr.*, 3: [in press] for March 28, 1859, June 7, 1859, and June 7, 1860. 또한 다음을 보라. Robert D. Richardson Jr., "Thoreau and Science", in *American Literature and Science*, ed. Robert J. Scholnick (Lexington: University Press of Kentucky, 1992), 123. 다른 위원들로는 그의 친구인 존 러셀, 마스턴 왓슨, 새뮤얼과 제임스 엘리엇 캐벗, 어거스터스 굴드와 장차 대법관이 될 호러스 그레이 주니어가 있었다.

97 *J*, 12: 152~155, 166.

98 *THOT*, 47~48. 돌의 강연은 1859년 12월 14일에 열렸다. "Caroline Dall in Concord", *TSB* 62 (Winter 1958): 1을 보라.

99 TL II, 297; *Letters of Ellen Tucker Emerson*, 1: 174; *J*, 12: 9.

100 TL II, 299~303.

101 *CHDT*, 555 (HDT to G. Thatcher, August 25, 1859), 558 (HDT to H. G. O. Blake, September 26, 1859).

102 *J*, 11: 287; "Report of the Joint Special Committee upon the subject of the Flowage of on Concord and Sudbury Rivers", January 28, 1860 (Boston: William White, to the State, 1860), 15, 18.

103 *LRWE*, 8: 622.

104 소로의 "Plan of Concord River from East Sudbury & Billerica Mills, 22.15 Miles"는 (관련 기록과 함께) CFPL이 소장 중이며, 온라인으로 확인할 수 있다: 〈http:// www.concordlibrary.org/scollect/Thoreau_surveys/107a.htm〉 (accessed September 4, 2016).

105 *J*, 13: 149 (마이넛 프랫이 데이비드 허드의 증언을 기록한 것이다).

106 다음을 보라. Brian Donahue, *The Great Meadow: Farmers and the Land in Colonial Concord* (New Haven, CT: Yale University Press, 2004), 230~234. 도나휴는 소로가 목격한 의도치 않은 생태학적·사회적 질서의 교란을 자세하게 기록했다.

107 *J*, 12: 387; Henry David Thoreau, *Wild Fruits: Thoreau's Rediscovered Last Manuscript*, Bradley P. Dean (New York: Norton, 2000), 236~238.

108 Records of the Concord Farmers' Club, 1852~1883, vault A10, unit 3, series 1, vol. 6, 170~172, CFPL.

109 Ralph Waldo Emerson, *Emerson's Antislavery Writings*, ed. Len Gougeon (New Haven, CT: Yale University Press, 1995), 107.

110 *To Set This World*, 114; 탄원서는 복원되어 *Concord Saunterer* 15.4 (Winter 1980): 1~6에 게재되었다.

111 Ellen Tucker Emerson, *Life of Lidian Jackson Emerson*, 131.

112 Franklin Benjamin Sanborn, *Recollections of Seventy Years*, 2 vols. (Boston: Gorham Press, 1909), 1: 102~108; *To Set This World*, 120~123.

113 *JMN* 14: 125~126; *J*, 12: 437. Edward J. Renehan Jr., *The Secret Six: The True Tale of the Men Who Conspired with John Brown* (Columbia: University of South Carolina Press, 1997), 118.

114 *To Set This World*, 127~129. 포타와토미 학살에서 존 브라운이 맡은 역할을 소로가, 혹은 무리 가운데 누군가가 인지했는지에 관한 질문이 자주 제기된다. 브라운이 1857년 방문했을 때나, 하퍼스 페리 습격에 뒤이어 1859년 가을에 방문했을 때나 포타와토미 학살은 북동부 지역신문에 대대적으로 보도된 상태였다. 소로와 그의 동료들은 아마 이 같은 보도를 노예제 지지자들의 프로파간다로 여겨 무시했을 것이다. 하지만 풀러는 소로의 친구이자 '비밀의 6인'의 일원인 T. W. 히긴슨이 연방켄자스위원회의 대리인으로 1856년 9월 캔자스주를 방문하는 동안 자유주 캔자스의 주지사 찰스 로빈슨과 그 살인 사건에 관해 논의했다고 지적한다. 그가 대표하는 자유주 캔자스와 마찬가지로, 로빈슨은 그 살인 사건이 자신들이 내세우는 대의에 이롭다고 여겼다. 미주리의 노예제 지지군의 무장 공격을 견제할 수 있기 때문이었다. 이후 히긴슨은 학살에 개인적으로 불편함을 느꼈음을 인정했다. 샌번은 그에 관해 알지 못했다고 주장했다. 소로가 포타와토미 학살을 알고 있었는지, 알았다면 얼마나 자세히 알았는지에 관한 문제는 해결되지 않은 채로 남았다. David G. Fuller, "Thoreau and John Brown's Pottawatomie", *TSB* 210 (Winter 1995): 2~3을 보라.

115 *CHDT*, 435~436; *To Set This World*, 125.

116 브라운의 말은 *To Set This World*, 127~128에서 인용; *Days of HT*, 416.

117 *CHDT*, 550 (D. Ricketson to HDT, March 6, 1859); ABAJ, 315~316.

118 리케슨의 표현으로, *CHDT*, 560 (D. Ricketson to HDT, October 14, 1859)에서 인용.

119 TL II, 304~308; *LRWE*, 8: 639.

120 *J*, 12: 400~402. 나의 해석은 테드 A. 스미스의 날카로운 논의에 빚지고 있다. *Weird John Brown: Divine Violence and the Limits of Ethics* (Stanford, CA: Stanford University Press, 2015). 또한 다음을 보라. Jack Turner, "Thoreau and John Brown", in *A Political Companion to John Brown*, ed. Turner (Lexington: University Press of Kentucky, 2009), 151~177.

121 *J*, 12: 401~402, October 19, 1859.

122 *J*, 12: 404, 406, 420.

123 소로가 읽은 신문 기사에 관해서는 다음을 보라. David G. Fuller, "Correcting the Newspapers: Thoreau and 'A Plea for Captain John Brown'", *Concord Saunterer*, n.s., 5 (Fall 1997): 165~175.

124 *J*, 12: 420, 437.

125 랠프 월도 에머슨이 전하는 소로의 표현으로, 다음에 인용되어 있다. TL II, 311~312 (책은 에드워드 에머슨이 전하는 또 다른 형태의 이야기를 포함해 동일한 이야기의 몇 가지 각기 다른 형태를 수집해 수록하고 있다).

126 에드워드 에머슨과 마이넛 프랫의 말은 다음에 인용되어 있다. TL II, 312~313; 또한 다음을 보라. Edward Waldo Emerson, *Henry Thoreau as Remembered by a Young Friend* (1917; Concord, MA: Thoreau Foundation, 1968), 71.

127 *CHDT*, 564 (Charles W. Slack to HDT, October 31, 1859); 또한 다음을 보라. Milton Meltzer Walter Harding, *A Thoreau Profile* (New York: Thomas Y. Crowell, 1962), 전보의 사진 촬영본; 에머슨은 *To Set This World*, 137에서 인용.

128 소로와 돌은 TL II, 316에서 인용 (강조는 원문대로); 하우얼스는 ibid., 319에서 인용 (강조는 추가된 것). 해당 출처는 유용하게도 신문과 다양한 미출간 원고들에서 나온 광범위한 반응들을 수록하고 있다.

129 *JMN*, 14: 333, n.d. 이 인상적인 구절은 에머슨의 것이 아니다. 그는 노예제 폐지론자이자 여성 인권 옹호자인 마티 그리피스를 인용하고 있다. 존 브라운의 반란에 대한 다른 노예제 폐지론자들의 최초 반응은 다음을 보라. *To Set This World*, 135~136.

130 *Corr.*, 3: 〔근간, 미발표 편지〕 (Mary Jane Tappan to HDT, November 7, 1859).

131 ABAJ, 321~322; *CHDT*, 566 (HDT to C. Greene, November 24, 1859). 1859년 11월 29일, 에머슨은 소로가 존 브라운 가족을 위한 위로금으로 10달러를 기부했다고 기록했다.

132 *J*, 12: 447~448, 443.

133 《리버레이터》*Liberator*는 미국반노예제협회American Anti-Slavery Society를 통과한 결의안을 출간했다. 자유의 지지자들에게 적절한 추도식을 통해 브라운의 사형을 기념할 것을 촉구하는 내용이었다. 윌리엄 로이드 개리슨은 나아가 교회 종을 한 시간 동안 울릴 것을 권고했다; 다음을 보라. Michael Meyer, "Discord in Concord on the Day of John Brown's Hanging", *TSB* 146 (Winter 1979): 1.

134 *J*, 12: 457~458; ABAJ, 322; *J*, 12: 443.

135 "John Shepard Keyes's Unpublished Account", *TSB* 143 (Spring 1978): 4; ABAJ, 322; *Days of HT*, 420.

136 기록 전체는 다음을 보라. *To Set This World*, 140; and Meyer, "Discord in Concord", 3. 소로는 일기에 인형을 목매단 이들 가운데 콩코드에 오래 거주한 주민은 아무도 없다고 기록했다 (*J*, 13: 15).

137 "키스의 미발표 기록."

138 *RP*, 141; ABAJ, 323; 추도식 프로그램 안내서는 다음에 게재되어 있다. *RP*, 대면 페이지 233. 에머슨은 소로가 지불한 인쇄비 3달러를 보전해 주었다.

139 *To Set This World*, 142. 페트룰리오니스가 다음에서 소로와 메리엄의 이야기를 전한다. *To Set This World*, 1~2; 소로 본인이 *J*, 13: 3~4에서 이 말을 한다. 샌번이 전하는 이야기는 다음을 보라. *Thoreau as Seen*, 53~55.

140 *Corr.*, 3: 〔근간, 미발표 편지〕 (James Redpath to HDT, January 5, 1860).

11장 끝없이 이어지는 새로운 창조 1860-1862

1 *J*, 13: 4~14.

2 Ibid., 30 (월든 솔숲), 41 (슬리피 할로 연못의 물고기), 50 (씨앗에 주목함), 76 (까마귀와 사과), 115 (하늘로 날아오르는 까마귀).

3 이 "다윈 만찬"과 네 명의 참석자에 대해서는 다음을 보라. Randall Fuller, *The Book That Changed America: How Darwin's Theory of Evolution Ignited a Nation* (New York: Viking, 2017).

4 Franklin Benjamin Sanborn to Theodore Parker, January 2, 1860 (Franklin Benjamin Sanborn Papers, vault A35, Sanborn, unit 1, series 3, folder 23, CFPL).

5 Charles Loring Brace, *Races of the Old World: A Manual of Ethnology* (London: Charles Murray, 1863).

6 소로는 1860년 2월 6일에 『종의 기원』(영국에서 나온 초판본)의 필사를 끝마쳤다. Henry David Thoreau, "Extracts Mostly upon Natural History", 1856~1861, Berg Collection, New York Public Library. 필사본을 제공해 준 랜들 풀러에게 감사드린다. 또한 다음을 보라. Fuller, *Book that Changed America*, 126~136.

7 *Walden*, 225; *J*, 13: 77; Robert D. Richardson Jr., *Henry David Thoreau: A Life of the Mind* (Berkeley: University of California Press, 1986), 384. 소로는 『월든』에서 그랬던 것과는 달리, "씨앗의 희망"The Dispersion of Seeds을 플리니우스를 인용하는 것으로 시작하면서 열매를 맺지 않는 사이프러스 같은 나무들의 **불행**을 언급한다고 리처드슨은 지적한다.

"Thoreau and Science", in *American Literature and Science*, ed. Robert J. Scholnick (Lexington: University Press of Kentucky, 1992), 125.

8 ABAJ, 326; 샌번의 말은 TL II, 332~333에서 인용.

9 *Exc.*, 281, 280, 270~274; Bronson Alcott quoted in TL II, 333.

10 *J*, 13: 141, 145.

11 Ibid., 186~187, 192.

12 Amos Bronson Alcott, "Superintendent's Report for the Concord Schools… for the Year 1859~1860", 11; "Superintendent's Report for the Concord Schools… for the Year 1860~1861", 26, in *Essays on Education by Amos Bronson Alcott*, ed. Walter Harding (Gainesville, FL: Scholars Facsimiles and Reprints, 1960).

13 ABAJ, 326~327; Louisa May Alcott, "Thoreau's Flute", in *THOT*, 55~56.

14 ABAJ, 328; *CHDT*, 582; 샌번은 Philip McFarland, *Hawthorne in Concord* (New York: Grove, 2004), 229에서 인용.

15 ABAJ, 334~336, 339; Rose Hawthorne quoted in *THOT*, 145~146.

16 Nathaniel Hawthorne, "Septimius Felton", in *The Elixir of Life Manuscripts*, Centenary Edition of the Works of Nathaniel Hawthorne, vol. 13 (Columbus: Ohio State University Press, 1977), 6; see Larry J. Reynolds, *Righteous Violence: Revolution, Slavery, and the American Renaissance* (Athens: University of Georgia Press, 2011), 130.

17 *To Set This World*, 146~148; 애니 브라운은 147에 인용되어 있다.

18 Sanborn, *Recollections*, 1: 208~210; *To Set This World*, 148~151.

19 *To Set This World*, 151~152; Sanborn, *Recollections*, 1: 210~212; *Liberator*, April 13, 1860.

20 TL II, 359에서 인용.

21 J. R. 힌턴이 노스 엘바로 가던 도중 소로의 집에 들러 직접 추모사를 받았는데, 힌턴은 소로의 글이 추모 행사에 쓰여 영광이라고 여겼다.

22 *RP*, 147, 152~153.

23 *CHDT*, 585 (HDT to Charles Sumner, July 16, 1860); *Liberator*, July 31, 1860.

24 *J*, 10:74; William Dean Howells, *Literary Friends and Acquaintances* (New York: Harper, 1911), 59~60.

25 *J*, 13: 218, 231.

26 이 도표와 더불어 종합적 시론 분석을 보려면, 크리스틴 케이스의 독창적 연구 중 최근 에세이부터 참고하라. "Knowing as Neighboring: Approaching Thoreau's Kalendar", *J19: The Journal of Nineteenth-Century Americanists* 2.1 (Spring 2014): 107~129.

27 *J*, 13: 328, 364~367 (강조는 원문대로), 14: 3.

28 Charles Darwin, *On the Origin of Species by Means of Natural Selection* (London: John Murray, 1859), 73; 소로는 『종의 기원』 본문 가운데 이 인용문으로 처음 몇 줄을 시작하는 페이지의 구절들을 자신의 노트에 필사했다.

29 *J*, 14: 36. 채닝은 캠핑의 피로함과 불결함에 대해 심하게 불평했지만, 그의 장편시 "The Wanderer"에서 서사적 절정에 해당하는 것은 소로와 모내드녹산을 탐험하고 대화를 나눈 부분이라고 말했다.

30 *J*, 14: 52; *The Letters of Ellen Tucker Emerson*, ed. Edith E. W. Gregg, 2 vols. (Kent, OH: Kent State University Press, 1982), 1: 216~217.

31 Jacob Farmer, Concord Farmers' Club Records, Vault A10, Unit 3, series 1, vol 4, p. 130, CFPL (1860년 4월 12일 회의 의사록, "삼림천이"에 관하여); Darwin, *Origin*, 74. 소로는 다윈이 『종의 기원』에서 미국의 삼림에 대해 언급하는 부분의 그 구절을 자신의 노트에 필사했다.

32 *Exc.*, 181~182.

33 TL II, 339~341; *Days of HT*, 33.

34 *CHDT*, 530 (HDT to Horace Greeley, September 29, 1860). 소로의 미완성 원고 "씨앗의 확산"은 나중에 『씨앗에 대한 믿음』*Faith in a Seed*으로 발간되었다. *"The Dispersion of Seeds" and Other Late Natural History Writings*, ed. Bradley P. Dean (Washington, DC: Island Press, 1993), 23~173.

35 *Corr.*, 3: 〔근간〕, Horace Greeley to HDT, December 13, 1860; HDT to Horace Greeley, December 30, 1960; "Are Plants Ever Spontaneously Generated", *New-York Weekly Tribune*, February 2, 1861.

36 *J*, 14: 93~94.

37 Ibid., 97 (서리가 모든 것을 죽이다); 112, 132, 139 (씨앗의 중요성 탐구).

38 Ibid., 146~147 (강조는 원문대로); 다음을 보라. Thoreau, *Faith in a Seed*, 101~102, 여기서 소로는 "진화론"이라는 문구를 구체적으로 다윈과 연결 짓는다. 소로와 진화론을 연구하는 학자들은 소로의 후기 연구가 다윈의 연구를 기반으로 하며, 로버트 체임버스의 『창조 자연사의 흔적』*Vestiges of the Natural History of Creation* (American edition, 1845)—이 연구에서는 에머슨이 간단히 "발달 지체와 점진적 발달"이라 부른 이론을 제시했다—은 참조하지 않았다고 말한다. 소로가 다윈에 대해 쓴 기록은 아주 많은 반면, 체임버스에 대해서는 딱 한 번 언급했는데 (1851년 9월 28일 일기의 도입부에서 〔PEJ, 4: 107〕), 그 스코틀랜드 기자가 "실제로는 규칙인 것을 예외로 서술하여" "은연중 부정"을 저지른 것에 대해 비난한다. 새텔메이어의 말을 그대로 빌리자면, 그는 "자연이 역동적으로 거듭 진화하는 상태"가 아닌 예외 상태로 규정했다. 다음을 보라. Robert Sattelmeyer, *Thoreau's Reading: A Study in Intellectual History with Bibliographical Catalogue* (Princeton, NJ: Princeton University Press, 1988), 86~90; Michael Benjamin Berger, *Thoreau's Late Career*

and "The Dispersion of Seeds": The Saunterer's Synoptic Vision (Rochester, NY: Camden House, 2000), 48~53; William Rossi, "Evolutionary Theory", in *The Oxford Handbook of Transcendentalism*, ed. Joel Myerson, Sandra Harbert Petrulionis, and Laura Dassow Walls (Oxford: Oxford University Press, 2010), 583~596; and William Howarth, *The Book of Concord: Thoreau's Life as a Writer* (New York: Viking, 1982), 181~197.

39 *J*, 14: 148~149.

40 Ibid., 11: 299, 14: 152.

41 *CHDT*, 579 (HDT to H. G. O. Blake, May 20, 1860).

42 *J*, 14: 279~284.

43 Edmund A. Schofield, "The Origin of Thoreau's Fatal Illness", *TSB* 171 (Spring 1985): 2.

44 TL II, 349에서 인용.

45 ibid., 352에서 인용.

46 ABAJ, 330~331; *J*, 14: 295, 310 (거대한 캘리포니아 삼나무의 씨앗조차 아주 작으며, "모든 씨앗, 즉 생물의 기원도 마찬가지다"; 따옴표 강조는 추가한 것).

47 *J*, 14: 310~312.

48 ABAJ, 333~334.

49 *JMN*, 15: 112 (February 1861).

50 Francis B. Dedmond, "The Selected Letters of William Ellery Channing the Younger (Part Three)", in *Studies in the American Renaissance* (1991): 289~290.

51 *J*, 14: 320; *CHDT*, 609 (HDT to D. Ricketson, March 22, 1861), ABAJ, 337.

52 *CHDT*, 609 (HDT to D. Ricketson, March 22, 1861); *Corr.*, 3: [근간] (HDT to G. Thatcher, March 31, 1861).

53 *Corr.*, 3: [근간] (HDT to G. Thatcher, March 31, 1861).

54 Quoted in *To Set This World*, 154.

55 *Corr.*, 3: [근간, 미발표 편지] (Parker Pillsbury to HDT, April 9, 1861); *CHDT*, 611 (HDT to Parker Pillsbury, April 10, 1861).

56 *CHDT*, 425 (HDT to C. Greene, May 31, 1856).

57 *CHDT*, 615 (HDT to H. G. O. Blake, May 3, 1861).

58 *Letters of Ellen Tucker Emerson*, 1: 250; *CHDT*, 616 (RWE to HDT, May 11, 1861); 안타깝게도 그 명단은 사라졌다.

59 Corinne Hosfeld Smith, *Westward I Go Free: Tracing Thoreau's Last Journey* (Winnipeg: Green Frigate Books, 2012), 62. 이어지는 본문 내용은 미네소타로 향하는 소로의 여정을 공들여 생생히 복원해 준 스미스에게 힘입은 바 크다.

60 *J*, 14: 340; Walter Harding, ed., *Thoreau's Minnesota Journey: Two Documents* (Geneseo, NY: Thoreau Society Booklet No. 16, 1962), 47. 이 소책자는 소로의 "서부 여행 기록"을 하딩이 옮겨 쓴 사본(캘리포니아 산마리노 헌팅턴 도서관 소장)과 미네소타로 여행하는 중 호러스 만 2세가 집에 보낸 편지를 인쇄한 것이다; 다음에 나오는 내용도 이 자료에서 발췌했다.

61 *Corr.*, 3: 〔근간, 앞서 언급한 미발표 편지〕 (HDT to Cynthia and Sophia Thoreau, May 15, 1861); Harding, *Thoreau's Minnesota Journey*, 1.

62 *Thoreau as Seen*, 130~131.

63 Harding, *Thoreau's Minnesota Journey*, 3, 48.

64 Ibid., 4~5.

65 Ibid., 17~18; *Exc.*, 271~272; cf. C. H. Smith, *Westward I Go Free*, 229~231.

66 *CHDT*, 622 (HDT to F. B. Sanborn, June 25, 1861).

67 Harding, *Thoreau's Minnesota Journey*, 12; C. H. Smith, *Westward I Go Free*, 251; 소로가 '프랭크 스틸'호를 타고 여행한 내용에 대해 더 자세히 살펴보려면 다음을 보라. C. H. Smith, 251~284.

68 *CHDT*, 621 (HDT to F. B. Sanborn, June 25, 1861).

69 Harding, *Thoreau's Minnesota Journey*, 22; C. H. Smith, *Westward I Go Free*, 264.

70 *CHDT*, 621 (HDT to F. B. Sanborn, June 25, 1861). 안장과 섬세한 다코타족 의복은 콩코드 박물관에서 소장하고 있다.

71 C. H. Smith, *Westward I Go Free*, 270에서 인용.

72 Ibid., 285~347; Harding, *Thoreau's Minnesota Journey*, 25~27.

73 ABAJ, 340; Daniel Moncure Conway, *Autobiography*, Memories and Experiences*, 2 vols. (Boston: Houghton Mifflin, 1904), 1: 335;* New-York Tribune, July 30, 1861.

74 *CHDT*, 593 (D. Ricketson to HDT, October 14, 1860), 599~600 (HDT to D. Ricketson, November 4, 1860), 609 (HDT to D. Ricketson, March 22, 1861); *Corr.*, 3: 〔근간〕 (D. Ricketson to HDT, June 30, 1861), *CHDT*, 625 (HDT to D. Ricketson, August 15, 1861); *Corr.*, 3: 〔근간〕 (D. Ricketson to HDT, August 16, 1861).

75 Thomas Blanding and Walter Harding, *A Thoreau Iconography* (Geneseo, NY: Thoreau Society Booklet 30, 1980), 20~23; Anna Ricketson and Walton Ricketson, *Daniel Ricketson and His Friends* (Boston: Houghton Mifflin, 1902), 147, 317~319. 리케슨이 갖고 있던 사진은 현재 콩코드 박물관이 소장하고 있다. 소피아 소로가 간직하고 있던 어둡고 "강렬한" 소로의 사진은 1910년에 도난당한 이후 아직 발견되지 않았다.

76 Ricketson and Ricketson, *Ricketson and His Friends*, 320~322; Dedmond, "Letters of Channing", 302 (October 2, 1861); Annie Russell Marble, *Thoreau: His Home, Friends, and Books* (New York: Thomas Y. Crowell, 1902), 175.

77 Ricketson and Ricketson, *Ricketson and His Friends*, 135; *Thoreau Log*, 599.

78 *CHDT*, 629 (HDT to D. Ricketson, October 14, 1861).

79 *J*, 14: 346.

80 익명의 저자 인용. *THOT*, 170; ABAJ, 343; William Ellery Channing II, *Thoreau: The Poet-Naturalist* (Boston: Roberts Brothers, 1873), 323.

81 Sophia Thoreau to Daniel Ricketson, in Ricketson and Ricketson, *Ricketson and His Friends*, 141~143; *Days of HT*, 462 (뮤직박스); 올컷은 사과와 사과주를 가져왔다 (*Thoreau Log*, 604).

82 익명의 저자 인용. *THOT*, 154~155; 이디스 에머슨은 *Days of HT*, 463 ("나는 저 아이들을 내 자식처럼 사랑한다")에서 인용.

83 *JMN*, 15: 441; Edward S. Burgess Papers, vault A45, Burgess unit 1 〔에드워드 S. 호어와의 인터뷰〕, folder 4b, CFPL.

84 Sarah Alden Bradford Ripley in *THOT*, 49 ("멋진 검은 정장을 입고", letter to Sophia Thayer, 1862); Ricketson and Ricketson, *Ricketson and His Friends*, 214 ("이 강에서 스케이트를 타다"); 익명의 저자 인용. *THOT*, 155 ("쥐처럼 하얗게 새다").

85 Edward Waldo Emerson, *Henry Thoreau as Remembered by a Young Friend* (1917; Concord, MA: Thoreau Foundation, 1968), 117~118 ("저희가 싸운 적이 있는 줄 몰랐어요"); Parker Pillsbury quoted in *Thoreau as Seen*, 101.

86 E. W. Emerson, *Henry Thoreau as Remembered*, 117 ("재산을 남기는 것은 존경할 만한 일"); *Corr.*, 3: 〔근간, 앞서 언급한 미발표 편지〕 (Mary Stearns to HDT, February 23, 1862). 메리 스턴스는 조지 루터 스턴스의 아내로, 브라운의 "숨겨진 자식 여섯 명" 중 하나이자 리디아 마리아 차일드의 조카였다.

87 나중에 E. 할로 러셀은 이 원고 묶음을 풀어 주변 사람들에게 뿌렸다. 지금 이 원고들은 위대한 작가의 자필본으로서 가치가 있을 것이다. 브래드 딘은 자신의 짧은 생애를 대부분 소로의 원고들을 다시 모으는 데 할애했다. 그는 『야생 열매』 (New York: 2000)와 『씨앗에 대한 믿음』 (Washington, DC: Island Press, 1993)을 출판했다. 『야생 열매』가 재조명을 받은 기점에 대해서는 다음 책에 실린 랜스 뉴먼의 명징한 글을 보라. *Our Common Dwelling: Henry Thoreau, Transcendentalism, and the Class Politics of Nature* (New York: Palgrave Macmillan, 2005), 171~183.

88 소피아 소로가 소로의 사후 출판물을 편집하고, 미래 세대를 위해 오빠의 글을 온전하게 보호하는, 중요하고도 크게 인정받지 못한 역할을 한 것에 대해서는 다음을 보라. Kathy Fedorko, "'Henry's Brilliant Sister': The Pivotal Role of Sophia Thoreau in Her Brother's Posthumous Publications", *ESQ: A Journal of the American Renaissance* 84.2 (2016): 222~256.

89 *CHDT*, 635~636 (HDT to the editors of *Atlantic Monthly*, February 11, 1862), and

640 (HDT to Ticknor and Fields, March 11, 1862); *Exc.*, 241~242. 소로는 백참나무 잎도 새기기를 바랐다. 독자들이 맞은편 페이지와 비교해 볼 수 있게 하려는 의도였다. 그렇지만 음각에 비용이 너무 많이 들어 하나만 새겼다.

90 *Exc.*, 202; 필스버리와 채닝 모두 소로가 그 주에 재미있는 부분을 삭제했다고 기록했다. Pillsbury in *Thoreau as Seen*, 101; 채닝은 Franklin Benjamin Sanborn, *The Life of Henry David Thoreau* (Boston: Houghton Mifflin, 1917), 171에서 인용. 블랜딩은 소로가 마지막으로 출판한 두 에세이의 필적을 감정했는데, "야생 사과"와 "앨러개시와 웹스터 강"은 엘리자베스 호어의 필체였다. Thomas Blanding, "Beans, Baked and Half-Baked", *Concord Saunterer* 11.3 (Fall 1976) 11~14, 13.

91 Mary P. Sherwood, "Thoreau's Penobscot Indians", *Thoreau Journal Quarterly* 1.1 (January 1969), 6.

92 Ricketson and Ricketson, *Ricketson and His Friends*, 214; *CHDT*, 641 (HDT to Myron Benson, March 21, 1862).

93 *JMN*, 15: 246; Ricketson and Ricketson, *Ricketson and His Friends*, 137.

94 W. E. Channing II, *Poet-Naturalist* 1902), 337; W. E. Channing II, *Poet-Naturalist* (1873), 320, 322.

95 ABAJ, 346; W. E. Channing II, *Poet-Naturalist* (1902), 343; *CHDT*, 650~651 (D. Ricketson to HDT, May 4, 1862). 월터 하딩이 인용한 채닝의 말("'무스'와 '인디언'")은 잘못되었다 (*Days of HT*, 466); 채닝은 1873년과 1902년 개정판에서 모두 복수로 "인디언들"이라고 썼다.

96 *Walden*, 267 ("현명한 농부"); Mary Hosmer Brown, *Memories of Concord* (Boston: Four Seas, 1926), 105~106.

97 소로가 마지막으로 한 말에 대한 전반적 논란에 대해서는 다음을 보라. Kathy Fedorko, "Revisiting Henry's Last Words", *TSB* 295 (Fall 2016): 1~4.

98 *THOT*, 50 (세라 리플리의 말 인용), 49 (소피아 호손의 말 인용).

99 Ricketson and Ricketson, *Ricketson and His Friends*, 138; ABAJ, 348. 올컷의 "낭독"은 몹시 엉망이었다.

100 Ralph Waldo Emerson, "Thoreau", 431; 소피아 호손은 *THOT*, 49에서 인용. 의미심장하게도, 소로가 죽고 나서 마을의 서기관은 그의 직업을 "박물학자"라고 기록했다.

101 *J*, 14: 109~110 (October 10, 1860).

102 *LRWE*, 5: 278~279; Emerson, "Thoreau", 425. 에드워드는 소로의 장례식이 끝나고 사흘이 지난 1862년 5월 12일에 혼자 서부로 여행을 떠났다.

참고문헌

Abelove, Henry, "From Thoreau to Queer Politics", *Yale Journal of Criticism* 6.3 (1993): 17~27.

Adams, Raymond, "Emerson's House at Walden", *Thoreau Society Bulletin* 24 (July 1948): 3~7.

Alcott, Amos Bronson, *Essays on Education by Amos Bronson Alcott*, edited by Walter Harding, Gainesville, FL: Scholars Facsimiles and Reprints, 1960.

______, *The Journals of Amos Bronson Alcott*, edited by Odell Shepard. Boston: Little, Brown, 1938. 〔ABAJ〕

______, *The Letters of Amos Bronson Alcott*, edited by Richard L. Herrnstadt. Ames, Iowa: Iowa State University Press, 1969. 〔ABAL〕

Allen, Gay Wilson, *Waldo Emerson: A Biography*, New York: Viking, 1981.

Angelo, Ray, "Edward S. Hoar Revealed", *Concord Saunterer* 17.1 (March 1984): 9~16.

______, "Thoreau as Botanist: An Appreciation and a Critique", *Arnoldia* 45.3 (Summer 1985): 13~23.

______, "Thoreau's Climbing Fern Rediscovered", *Arnoldia* 45.3 (Summer 1985): 24~26.

Arsić, Branka, *Bird Relics: Grief and Vitalism in Thoreau*, Cambridge, MA: Harvard University Press, 2016.

Bassett, T. D. Seymour, "The Cold Summer of 1816 in Vermont", *New England Galaxy* 15.1 (Summer 1973): 15~19.

Belasco, Susan, "*The Dial*", in *The Oxford Handbook of Transcendentalism*, edited by Joel Myerson, Sandra Harbert Petrulionis, and Laura Dassow Walls, 373~379, Oxford: Oxford University Press, 2010.

Bennett, Jane, *Thoreau's Nature: Ethics, Politics, and the Wild*. Walnut Creek, CA: Alta Mira Press, 2000.

Bentinck-Smith, William, *The Harvard Book: Selections from Three Centuries*, Cambridge, MA: Harvard University Press, 1960.

Berger, Michael Benjamin, Thoreau's Late Career and "The Dispersion of Seeds": The Saunterer's Synoptic Vision, Rochester, NY: Camden House, 2000.

Berkowitz, Morton, "Thoreau, Rice and Vose on the Commercial Spirit", *Thoreau Society Bulletin* 141 (Fall 1977): 1~5.

Bickman, Martin, *Minding American Education: Reclaiming the Tradition of Active Learning*, New York: Teacher's College Press, 2003.

________, ed. *Uncommon Learning: Henry David Thoreau on Education*, Boston: Houghton Mifflin, 1999.

________, *"Walden": Volatile Truths*, New York: Twayne, 1992.

Blancke, Shirley, and Barbara Robinson, *From Musketaquid to Concord: The Native and European Experience*, Concord, MA: Concord Antiquarian Museum, 1985.

Blanding, Thomas, "Beans, Baked and Half-Baked", *Concord Saunterer* 11.3 (Fall 1976): 11~14.

________, "Beans, Baked and Half-Baked (6)", *Concord Saunterer* 12.4 (Winter 1977): 14~15.

________, ed. "Daniel Ricketson's Reminiscences of Thoreau", *Concord Saunterer* 8.1 (March 1973): 6~11.

________, "Mary Russell Watson's Reminiscences of Thoreau", *Concord Saunterer* 9.2 (June 1974): 1~6.

________, "Passages from John Thoreau, Jr.'s Journal", *Thoreau Society Bulletin* 136 (Summer 1976): 4~6.

Blanding, Thomas, and Walter Harding, *A Thoreau Iconography*, Geneseo, NY: Thoreau Society Booklet 30, 1980.

Bode, Carl, *The American Lyceum*, New York: Oxford University Press, 1956.

Borst, Raymond R, *The Thoreau Log: A Documentary Life of Henry David Thoreau, 1817~1862*, New York: G, K, Hall, 1992. 〔*Thoreau Log*〕

Bosco, Ronald A., and Joel Myerson, *The Emerson Brothers: A Fraternal Biography in Letters*, Oxford: Oxford University Press, 2006.

Brain, J, Walter, "Thoreau's Poetic Vision and the Concord Landscape", in *Thoreau's World and Ours: A Natural Legacy*, edited by Edmund A. Schofield and Robert C. Baron, 281~297, Golden, CO: North American Press, 1993.

Broderick, John C., "Thoreau, Alcott, and the Poll Tax", *Studies in Philology* 53.4 (October 1956): 612~626.

Brownson, Orestes, "Independence Day Address at Dedham, Massachusetts", in *Works in Political Philosophy*, Vol. 2: 1828~1841, edited by Gregory S. Butler, 111~124, Wilmington, DE: ISI Books, 2007.

Buell, Lawrence, *The Environmental Imagination: Thoreau, Nature Writing, and the*

Formation of American Culture, Cambridge, MA: Harvard University Press, 1995.

_____, "Thoreau and the Natural Environment", in *The Cambridge Companion to Henry David Thoreau*, edited by Joel Myerson, 171~193, Cambridge: Cambridge University Press, 1995.

Cafaro, Philip, *Thoreau's Living Ethics: Walden and the Pursuit of Virtue*, Athens: University of Georgia Press, 2005.

Cain, William E., ed. *A Historical Guide to Henry David Thoreau*, Oxford: Oxford University Press, 2000.

Cameron, Kenneth Walter, *Thoreau and His Harvard Classmates*, Hartford, CT: Transcendental Books, 1965.

________, "Thoreau's Early Compositions in the Ancient Languages", *Emerson Society Quarterly* 8.3 (1957): 20~29.

________, *Thoreau's Harvard Years*, Hartford, CT: Transcendental Books, 1966.

________, *Transcendental Apprenticeship: Notes on Young Henry Thoreau's Reading*, Hartford, CT: Transcendental Books, 1976.

________, *Transcendentalists and Minerva*, 3 vols., Hartford, CT: Transcendental Books, 1958.

________, "Young Henry Thoreau in the Annals of the Concord Academy (1829~1833)", *Emerson Society Quarterly* 9.4 (1957): 1~21.

Cameron, Sharon, *Writing Nature: Henry Thoreau's Journal*, Chicago: University of Chicago Press, 1985.

Canby, Henry Seidel, *Thoreau*, Boston: Houghton Mifflin, 1939.

Capper, Charles, *Margaret Fuller: An American Romantic Life, the Private Years*, Oxford: Oxford University Press, 1992.

_______, *Margaret Fuller: An American Romantic Life, the Public Years*, Oxford: Oxford University Press, 2007.

Carey, Patrick W, *Orestes Brownson: American Religious Weathervane*, Grand Rapids, MI: William B, Eerdmans, 2004.

Case, Kristen, "Knowing as Neighboring: Approaching Thoreau's Kalendar", *J19: The Journal of Nineteenth-Century Americanists* 2.1 (Spring 2014): 107~129.

_____, "Thoreau's Radical Empiricism: The Kalendar, Pragmatism, and Science", in *Thoreauvian Modernities: Transatlantic Conversations on an American Icon*, edited by François Specq, Laura Dassow Walls, and Michel Granger, 187~199, Athens: University of Georgia Press, 2013.

Cavell, Stanley, *The Senses of Walden: An Expanded Edition*, Chicago: University of

Chicago Press, 1991.

Channing, William Ellery, *The Works of William E, Channing, D.D*, 6 vols. 8th edition, Boston: James Munroe, 1848.

Channing, William Ellery II, *Poems of Sixty-Five Years*, 1901, New York: Arno Press, 1971.

_________, *Thoreau: The Poet-Naturalist*, Boston: Roberts Brothers, 1873.

_________, *Thoreau: The Poet-Naturalist*, New edition, edited by F. B. Sanborn, Boston: Charles E. Goodspeed, 1902.

Christie, John Aldrich, *Thoreau as World Traveler*, New York: Columbia University Press, 1965.

Christy, Arthur, *The Orient in American Transcendentalism: A Study of Emerson, Thoreau, and Alcott*, New York: Columbia University Press, 1932.

Chura, Patrick, *Thoreau the Land Surveyor*, Gainesville: University Press of Florida, 2010.

Conrad, Randall, "The Machine in the Garden: Re-imagining Thoreau's Plumbago Grinder", *Thoreau Society Bulletin* 243 (Fall 2005): 5~8.

_______, "Realizing Resistance: Thoreau and the First of August, 1846, at Walden", *Concord Saunterer* 12/13 (2004~2005): 165~193.

_______, "A Thoreau Christmas", *Thoreau Society Bulletin* 272 (Fall 2010): 3.

Conway, Moncure Daniel, *Autobiography, Memories and Experiences*, 2 vols. Boston: Houghton Mifflin, 1904.

Cooke, George Willis, *An Historical and Biographical Introduction to Accompany the "Dial", in Two Volumes*, New York: Russell and Russell, 1961.

Cosman, Max, "Apropos of John Thoreau", *American Literature* 12.2 (May 1940): 241~243.

Cronon, William, *Changes in the Land: Indians, Colonists, and the Ecology of New England*, New York: Hill and Wang, 1983.

Dean, Bradley P., "More Context for Thoreau's 'Slavery in Massachusetts'", *Thoreau Research Newsletter* 1.3 (July 1990): 12.

_____, "Natural History, Romanticism, and Thoreau", in *American Wilderness: A New History*, edited by Michael Lewis, 73~89, Oxford: Oxford University Press, 2007.

_____, "Rediscovery at Walden: The History of Thoreau's Bean-Field", *Concord Saunterer*, n.s., 12/13 (2004~2005): 86~137.

_____, "Thoreau and Michael Flannery", *Concord Saunterer* 17.3 (Dec. 1984): 27~33.

Dean, Bradley P., and Gary Scharnhorst, "The Contemporary Reception of Walden",

Studies in the American Renaissance (1990): 293~328.

Dean, Bradley P., and Ronald Wesley Hoag, "Thoreau's Lectures after Walden: An Annotated Calendar", *Studies in the American Renaissance* (1996): 241~362. [TL I]

_____, "Thoreau's Lectures before Walden: An Annotated Calendar", *Studies in the American Renaissance* (1995): 127~228. [TL II]

Dedmond, Francis B., "George William Curtis to Christopher Pearse Cranch: Three Unpublished Letters from Concord", *Concord Saunterer* 12.4 (Winter 1977): 1~7.

_________, "James Walter Spooner: Thoreau's Second (though Unacknowledged) Disciple", *Concord Saunterer* 18.2 (December 1985): 35~44.

_________, "The Selected Letters of William Ellery Channing the Younger (Part Three)", *Studies in the American Renaissance* (1991): 257~343.

_________, "'Pretty Free Omissions': Emerson Edits a Thoreau Manuscript for the *Dial*", *Thoreau Society Bulletin* 227 (Spring 1999): 8~9.

Delano, Sterling F., *Brook Farm: The Dark Side of Utopia*, Harvard University Press, 2004.

______, "Thoreau's Visit to Brook Farm", *Thoreau Society Bulletin* 221/222 (Fall 1997/ Spring 1998): 1~2.

Delano, Sterling F., and Joel Myerson, "'The General Scapegoat': Thoreau and Concord in 1844", *Thoreau Society Bulletin* 264 (Fall 2008): 1~2.

Dimock, Wai Chee, *Through Other Continents: American Literature across Deep Time*, Princeton, NJ: Princeton University Press, 2006.

Donahue, Brian, *The Great Meadow: Farmers and the Land in Colonial Concord*, New Haven, CT: Yale University Press, 2004.

________, "Henry David Thoreau and the Environment of Concord", in *Thoreau's World and Ours: A Natural Legacy*, edited by Edmund A. Schofield and Robert C. Baron, 181~189, Golden, CO: North American Press, 1993.

Douglass, Frederick, *Narrative of the Life of Frederick Douglass, an American Slave*, in *Autobiographies*, 1~102, New York: Library of America, 1994.

Dowling, David, *Emerson's Protégés: Mentoring and Marketing Transcendentalism's Future*, New Haven, CT: Yale University Press, 2014.

________, *Literary Partnerships and the Marketplace: Writers and Mentors in Nineteenth-Century America*, Baton Rouge: Louisiana State University Press, 2012.

Drew, Bernard A., "Thoreau's Tarn Identified: Guilder Pond", *Concord Saunterer*, n.s., 9 (2001): 126~139.

Egerton, Frank, "History of Ecological Sciences, Part 39: Henry David Thoreau,

Ecologist", *Bulletin of the Ecological Society of America* 92.3 (2011): 251~275.

Elliott, Clark A., *Thaddeus William Harris* (1795~1856): *Nature, Science, and Society in the Life of an American Naturalist*, Bethlehem, PA: Lehigh University Press, 2008.

Ellis, James H., "The Provincetown Burglary", *Thoreau Society Bulletin* 162 (Winter 1983): 3.

Emerson, Edward Waldo, *Henry Thoreau as Remembered by a Young Friend*, 1917, Concord, MA: Thoreau Foundation, 1968.

Emerson, Ellen Tucker, *The Letters of Ellen Tucker Emerson*, edited by Edith E. W. Gregg, 2 vols., Kent, OH: Kent State University Press, 1982.

________, *The Life of Lidian Jackson Emerson*, East Lansing: Michigan State University Press, 1992.

Emerson, Ralph Waldo, *The Collected Works of Ralph Waldo Emerson*, edited by Ronald A. Bosco and Joel Myerson, 10 vols., Cambridge, MA: Harvard University Press, 2013.

________, *The Early Lectures of Ralph Waldo Emerson, 1833~1842*, edited by Stephen E. Whicher, Robert E, Spiller, and Wallace E, Williams, 3 vols., Cambridge, MA: Harvard University Press, 1959~1972.

________, *Emerson's Antislavery Writings*, edited by Len Gougeon and Joel Myerson, New Haven, CT: Yale University Press, 1995.

________, *Essays and Lectures*, edited by Joel Porte, New York: Library of America, 1983, 〔*E & L*〕

________, "Henry D. Thoreau", in *Uncollected Prose Writings*, edited by Ronald A. Bosco and Joel Myerson, *The Collected Works of Ralph Waldo Emerson*, 10: 411~431.

________, *The Journals and Miscellaneous Notebooks of Ralph Waldo Emerson*, edited by William Gilman et al. 16 vols., Cambridge, MA: Harvard University Press, 1960~1982. 〔*JMN*〕

________, *The Letters of Ralph Waldo Emerson*, edited by Ralph L. Rusk and Eleanor M. Tilton, 10 vols., New York: Columbia University Press, 1939~1991. 〔*LRWE*〕

________, "New Poetry", *Dial* 1.2 (October 1840): 220~232.

Emerson, Ralph Waldo, and Thomas Carlyle, *The Correspondence of Emerson and Carlyle*, edited by Joseph Slater, 2 vols., New York: Columbia University Press, 1964.

Fedorko, Kathy, "'Henry's Brilliant Sister': The Pivotal Role of Sophia Thoreau in Her Brother's Posthumous Publications", *ESQ: A Journal of the American Renaissance* 64.2 (2016): 222~256.

_______, "Revisiting Henry's Last Words", *Thoreau Society Bulletin* 295 (Fall 2016): 1~4.

Fink, Steven, *Prophet in the Marketplace: Thoreau's Development as a Professional Writer*, Princeton, NJ: Princeton University Press, 1992.

Fischer, David Hackett, ed. *Concord: The Social History of a New England Town, 1750~1850*, Waltham, MA: Brandeis University, 1983.

Frost, Geneva, "An Early Thoreau's Bangor", *Concord Saunterer* 19.1 (July 1987): 44~53.

Fuller, David G. "Correcting the Newspapers: Thoreau and 'A Plea for Captain John Brown'", *Concord Saunterer*, n.s., 5 (Fall 1997): 165~175.

_____, "Thoreau and John Brown's Pottawatomie", *Thoreau Society Bulletin* 210 (Winter 1995): 2~3.

Fuller, Margaret, "The Great Lawsuit", *Dial* 4.1 (July 1843): 1~47.

Fuller, Randall, *The Book That Changed America: How Darwin's Theory of Evolution Ignited a Nation*, New York: Viking, 2017.

Fuller, Richard, "Visit to the Wachusett, July 1842", *Thoreau Society Bulletin* 129 (Fall 1972): 1~4.

Furtak, Rick Anthony, Jonathan Ellsworth, and James D, Reid, eds. *Thoreau's Importance for Philosophy*, New York: Fordham University Press, 2012.

Geller, Lawrence D., *Between Concord and Plymouth: The Transcendentalists and the Watsons*, Concord, MA: Thoreau Foundation; Plymouth, MA: Pilgrim Society, 1973.

Glick, Wendell, "The Jersey Thoreaus", *Thoreau Society Bulletin* 148 (Summer 1979): 1~5.

Greeley, Dana McLean, "The Grandparents of Henry David Thoreau", *Concord Saunterer* 14.4 (Winter 1979): 2~5.

Grice, Steve, "A Leaf from Thoreau's Fire Island Manuscript", *Thoreau Society Bulletin* 258 (Spring 2007): 1~4.

Griffin, S. G., *A History of the Town of Keene*, Keene, NH: Sentinel Printing, 1904. Accessed September 4, 2015, 〈https://archive.org/details/historyoftownofk00grif〉.

Gross, Robert A., "Cosmopolitanism in Concord: The Transcendentalists and Their Neighbors", *Thoreau Society Bulletin* 261 (Winter 2008): 1~4.

_____, "Faith in the Boardinghouse: New Views of Thoreau Family Religion", *Thoreau Society Bulletin* 250 (Winter 2005): 1~5.

_____, "Helen Thoreau's Anti-Slavery Scrapbook", *Yale Review* 100.1 (January 2012): 103~120.

_____, "Men and Women of Fairest Promise: Transcendentalism in Concord", *Concord*

Saunterer, n.s., 2.1 (Fall 1994): 5~18.

_____, *The Minutemen and Their World*, 1976, 25th Anniversary Edition, New York: Hill and Wang, 2001.

_____, "Talk of the Town", *American Scholar* 84.3 (Summer 2015): 31~43.

_____, "'That Terrible Thoreau': Concord and Its Hermit", in *A Historical Guide to Henry David Thoreau*, edited by William E. Cain, 181~241, Oxford: Oxford University Press, 2000.

_____, "Thoreau and the Laborers of Concord", *Raritan* 33.1 (June 2013): 50~66.

_____, *The Transcendentalists and Their World*, New York: Farrar, Straus and Giroux, forthcoming.

Guarneri, Carl J., *The Utopian Alternative: Fourierism in Nineteenth-Century America*, Ithaca, NY: Cornell University Press, 1991.

Gura, Philip, *American Transcendentalism: A History*, New York: Hill and Wang, 2007.

Gustafson, Sandra M., *Imagining Deliberative Democracy in the Early American Republic*, Chicago: University of Chicago Press, 2011.

Hale, Horatio, *Remarks on the Language of the St. John's, or Wlastukweek Indians with a Penobscot Vocabulary*, Boston: 1834, 8.

Harding, Walter, ed. "Amanda Mather's Recollections of Thoreau", *Thoreau Society Bulletin* 188 (Summer 1989): 1~2.

_______, *The Days of Henry Thoreau: A Biography*, 1965, New York: Dover, 1982. [*Days of HT*]

_______, ed. *Thoreau as Seen by His Contemporaries*, New York: Holt, Rinehart and Winston, 1960; New York: Dover, 1989. [*Thoreau as Seen*]

_______, "Thoreau and the Concord Lyceum", *Thoreau Society Bulletin* 30 (January 1950): 2~3.

_______, "Thoreau and Kate Brady", *American Literature* 36.3 (November 1964): 347~349.

_______, "Thoreau in Emerson's Account Books", *Thoreau Society Bulletin* 159 (Spring 1982): 1~3.

_______, "Thoreau Scholarship Today", *Thoreau Society Bulletin* 139 (Spring 1977): 1~2.

_______, ed. *Thoreau's Minnesota Journey: Two Documents*, Geneseo, NY: Thoreau Society Booklet No. 16, 1962.

_______, "Thoreau's Sexuality", *Journal of Homosexuality* 21.3 (1991): 23~45.

Hartigan, John, Jr., *Aesop's Anthropology: A Multispecies Approach*, Minneapolis:

University of Minnesota Press, 2014.

Harrington, C. R., ed. *The Year without a Summer? World Climate in 1816*, Ottawa: Canadian Museum of Nature, 1992.

Hawthorne, Nathaniel, *The American Notebooks*, Columbus: Ohio State University Press, 1932, 1960, 1972.

__________, "Septimius Felton", in *The Elixir of Life Manuscripts*, Centenary Edition of the Works of Nathaniel Hawthorne, vol. 13, 3~194, Columbus: Ohio State University Press, 1977.

__________, *Tales and Sketches*, New York: Library of America, 1982.

Hendrick, George, ed. *Remembrances of Concord and the Thoreaus: Letters of Horace Hosmer to Dr. S. A. Jones*, Urbana: University of Illinois Press, 1977.

Herrick, Gerri L., "Sophia Thoreau—'Cara Sophia'", *Concord Saunterer* 13.3 (Fall 1978): 5~12.

Hoagland, Clayton, "The Diary of Thoreau's 'Gentle Boy'", *New England Quarterly* 28.4 (December 1955): 473~489.

Hoar, George Frisbie, *Autobiography of Seventy Years*, 2 vols., New York: Charles Scribner's Sons, 1903.

Hodder, Alan D., *Thoreau's Ecstatic Witness*, New Haven, CT: Yale University Press, 2001.

Hoeltje, Hubert H., "Thoreau and the Concord Academy", *New England Quarterly* 21.1 (March 1948): 103~109.

[Hosmer, Joseph?] "J. H", "A Rare Reminiscence of Thoreau as a Child", *Thoreau Society Bulletin* 245 (Fall 2003): 1~2.

Howarth, William, *The Book of Concord: Thoreau's Life as a Writer*, New York: Viking, 1982.

Howe, Daniel Walker, *What Hath God Wrought: The Transformation of America, 1815~1848*, Oxford: Oxford University Press, 2007.

Hudson, Edmund, "The Wide Spreading Jones Family", 1917, reprinted in *Thoreau Society Bulletin* 221 (Fall 1997): 4~12; 222 (Spring 1998): 5.

Hudspeth, Robert N., "Dear Friend: Letter Writing in Concord", *Concord Saunterer*, n.s., 11 (2003): 77~91.

_________, *Ellery Channing*, New York: Twayne, 1973.

Irmscher, Christoph, *Louis Agassiz: Creator of American Science*, Boston: Houghton Mifflin, 2013.

Jarvis, Edward, *Traditions and Reminiscences of Concord*, Massachusetts, 1779~1878, edited by Sarah Chapin, Amherst: University of Massachusetts Press, 1993.

Johnson, Linck C., "The Life and Legacy of Civil Disobedience", in *The Oxford Handbook of Transcendentalism*, edited by Joel Myerson, Sandra Harbert Petrulionis, and Laura Dassow Walls, 629~641, Oxford: Oxford University Press, 2010.

_______, "Higher Law", in *Encyclopedia of Transcendentalism*, edited by Wesley T. Mott, 82~84, Westport, CT: Greenwood, 1996.

_______, "Reforming the Reformers: Emerson, Thoreau, and the Sunday Lectures at Amory Hall, Boston", *ESQ* [*Emerson Society Quarterly*] 37.4 (1991): 235~289.

_______, *Thoreau's Complex Weave: The Writing of "A Week on the Concord and Merrimack Rivers", with the Text of the First Draft*, Charlottesville: University Press of Virginia, 1986.

Judd, Richard W., *Second Nature: An Environmental History of New England*, Amherst: University of Massachusetts Press, 2014.

Keyes, John Shepard, *Autobiography of Hon. John S. Keyes*, Concord, Massachusetts: Concord Free Public Library, 2010, Accessed September 4, 2015, ⟨http://www.concordlibrary.org/scollect/Keyes/index.html⟩.

Kohlstedt, Sally Gregory. "Creating a Forum for Science: AAAS in the Nineteenth Century", in *The Establishment of Science in America: 150 Years of the American Association for the Advancement of Science*, edited by Sally Gregory Kohlstedt, Michael M. Sokal, and Bruce V. Lewenstein, 7~49, New Brunswick, NJ: Rutgers University Press, 1999.

Koopman, Louise Osgood, "The Thoreau Romance", *Massachusetts Quarterly* 4.1 (Autumn 1962): 61~67.

Kucich, John J., "Lost in the Maine Woods: Henry Thoreau, Joseph Nicolar, and the Penobscot World", *Concord Saunterer*, n.s., 19/20 (2011~2012): 22~52.

Lane, Charles, "Life in the Woods", *Dial* 4.4 (April 1844): 415~425.

____, "State Slavery–Imprisonment of A. Bronson Alcott—Dawn of Liberty", *Liberator*, January 27, 1843, 16.

Lebeaux, Richard M., "From Canby to Richardson: The Last Half-Century of Thoreau Biography", in *Thoreau's World and Ours: A Natural Legacy*, edited by Edmund A. Schofield and Robert C. Baron, 126~135, Golden, CO: North American Press, 1993.

_______, *Young Man Thoreau*, 1975, New York: Harper, 1978.

_______, *Thoreau's Seasons*, Amherst: University of Massachusetts Press, 1984.

Lemire, Elise, *Black Walden: Slavery and Its Aftermath in Concord, Massachusetts*,

Philadelphia: University of Pennsylvania Press, 2009.

Levin, JoAnn Early, "Schools and Schooling in Concord: A Cultural History", in *Concord: The Social History of a New England Town*, 1750~1850, edited by David Hackett Fischer, 343~400, Waltham, MA: Brandeis University, 1983.

Malachuk, Daniel S., *Two Cities: The Political Thought of American Transcendentalism*, Lawrence: University Press of Kansas, 2016.

Marble, Annie Russell, *Thoreau: His Home, Friends and Books*, New York: Thomas Y. Crowell, 1902.

Marx, Leo, *The Machine in the Garden: Technology and the Pastoral Ideal in America*, Oxford: Oxford University Press, 1964.

_____, "The Two Thoreaus", in The Pilot and the Passenger: Essays on Literature, Technology, and Culture in the United States, edited by Leo Marx, 83~100, Oxford: Oxford University Press, 1988.

Maynard, W. Barksdale, "Emerson's 'Wyman Lot': Forgotten Context for Thoreau's House at Walden", *Concord Saunterer* 12/13 (2004~2005): 60~84.

________, "Thoreau's House at Walden", *Art Bulletin* 81.2 (1999): 303~325.

________, *Walden Pond: A History*, Oxford: Oxford University Press, 2004.

McFarland, Philip, *Hawthorne in Concord*, New York: Grove, 2004.

McGill, Frederick T. Jr., *Channing of Concord: A Life of William Ellery Channing II*. New Brunswick, NJ: Rutgers University Press, 1967.

______, "Thoreau and College Discipline", *New England Quarterly* 15.2 (June 1942): 349~353.

McGrath, Anne, "As Long as It Is in Concord", *Concord Saunterer* 12.2 (Summer 1977): 9~11.

________, "Cynthia Dunbar Thoreau", *Concord Saunterer* 14.4 (Winter 1979): 8~14.

Meltzer, Milton, and Walter Harding, *A Thoreau Profile*, New York: Thomas Y. Crowell, 1962.

Mesa-Pelly, Judith Broome, "Thoreau's 'Basket of a Delicate Texture': Weaving History in A Week", *Concord Saunterer*, n.s., 4 (Fall 1996): 174~185.

Meyer, Michael, "Discord in Concord on the Day of John Brown's Hanging", *Thoreau Society Bulletin* 146 (Winter 1979): 1~3.

Moldenhauer, Joseph J., "Thoreau, Hawthorne, and the 'Seven-Mile Panorama'", ESQ: *A Journal of the American Renaissance* 44.4 (1998): 227~273.

Mortland, Don, "Ellery Channing and Daniel Ricketson: Thoreau's Friends in Conflict", *Concord Saunterer* 19.1 (July 1987): 22~43.

________, "Thoreau's Friend Ricketson: What Manner of Man?", *Concord Saunterer* 18.2 (December 1985): 1~19.

Moss, Marcia E., *A Catalog of Thoreau's Surveys in the Concord Free Public Library*, Thoreau Society Booklet 28, Geneseo, NY: Thoreau Society, 1976.

_____, "Edward S. Hoar's Conversations on Concord with Edward S. Burgess", *Concord Saunterer* 17.1 (March 1984): 17~33.

Mott, Wesley T., ed. *Biographical Dictionary of Transcendentalism*, Westport, CT: Greenwood, 1996.

____, ed. *The Bonds of Affection: Thoreau on Dogs and Cats*, Amherst: University of Massachusetts Press, 2005.

____, "Education", in *The Oxford Handbook of Transcendentalism*, edited by Joel Myerson, Sandra Harbert Petrulionis, and Laura Dassow Walls, 153~171, Oxford: Oxford University Press, 2010.

____, ed. *Encyclopedia of Transcendentalism*, Westport, CT: Greenwood, 1996.

Munroe, William, Jr., "Memoir of William Munroe", Memoirs of the Concord Social Club, 2nd Series, Cambridge, MA: N.p., 1888.

Myerson, Joel., "A Calendar of Transcendental Club Meetings", *American Literature* 44.2 (May 1972): 197~207.

________, ed. *The Cambridge Companion to Henry David Thoreau*, Cambridge: Cambridge University Press, 1995.

________, ed. *Emerson and Thoreau: The Contemporary Reviews*. Cambridge: Cambridge University Press, 1992.

________, *The New England Transcendentalists and the "Dial": A History of the Magazine and Its Contributors*, Cranbury, NJ: Associated University Presses, 1980.

Myerson, Joel, Sandra Harbert Petrulionis, and Laura Dassow Walls, eds. *The Oxford Handbook of Transcendentalism*, Oxford: Oxford University Press, 2010.

Neufeldt, Leonard N., *The Economist: Henry Thoreau and Enterprise*, New York: Oxford University Press, 1989.

Newman, Lance, *Our Common Dwelling: Henry Thoreau, Transcendentalism, and the Class Politics of Nature*, New York: Palgrave Macmillan, 2005.

Nyren, Dorothy, "The Concord Academic Debating Society", *Massachusetts Review* 4.1 (Autumn 1962): 81~84.

O'Brien, Jean M., *Dispossession by Degrees: Indian Land and Identity in Natick, Massachusetts, 1650~1790* (Cambridge: Cambridge University Press, 1997).

_______, *Firsting and Lasting: Writing Indians out of Existence in New England,*

Minneapolis: University of Minnesota Press, 2010.

O'Connor, Dick, "Thoreau in the Town School, 1837", *Concord Saunterer*, n.s., 4 (Fall 1996): 150~172.

Oehlschlaeger, Fritz, and George Hendrick, eds. *Toward the Making of Thoreau's Modern Reputation: Selected Correspondence of S. A. Jones, A. W. Hosmer, H. S. Salt, H.G.O. Blake, and D. Ricketson*, Urbana: University of Illinois Press, 1979.

Parel, Anthony J., "Thoreau, Gandhi, and Comparative Political Thought", in *A Political Companion to Henry David Thoreau*, edited by Jack Turner, 372~392, Lexington: University Press of Kentucky, 2009.

Peabody, Andrew Preston, *Harvard Reminiscences*, Boston: Ticknor, 1888.

Peck, H. Daniel, *Thoreau's Morning Work: Memory and Perception in "A Week on the Concord and Merrimack Rivers", the "Journal", and "Walden"*, New Haven, CT: Yale University Press, 1990.

Peple, Edward C. Jr., "Hawthorne on Thoreau: 1853~1857", *Thoreau Society Bulletin* 119 (Spring 1972): 1~4.

Petroski, Henry, "H. D. Thoreau, Engineer", *Invention and Technology* 5.2 (Fall 1989): 8~16.

_______, *The Pencil: A History of Design and Circumstance*, New York: Knopf, 1990.

Petrulionis, Sandra Harbert, "Editorial Savoir Faire: Thoreau Transforms His Journal into 'Slavery in Massachusetts'", *Resources for American Literary Study* 25.2 (1999): 206~231.

_________, "The 'Higher Law': Then and Now", *Thoreau Society Bulletin* 262 (Spring 2008): 5~7.

_________, ed. *Thoreau in His Own Time: A Biographical Chronicle of His Life, Drawn from Recollections, interviews, and Memoirs by Family, Friends, and Associates*, Iowa City: University of Iowa Press, 2012. 〔*THOT*〕

_________, *To Set This World Right: The Antislavery Movement in Thoreau's Concord*, Ithaca, NY: Cornell University Press, 2006. 〔*To Set This World*〕

Petrulionis, Sandra Harbert, and Laura Dassow Walls, eds. *More Day to Dawn: Thoreau's Walden for the Twenty-First Century*, Amherst: University of Massachusetts Press, 2007.

Pomeroy, Sarah Gertrude, "Sophia Thoreau", in Little-Known Sisters of Well-Known Men, 253~274, Boston: Dana Estes, 1912.

Porte, Joel, *Consciousness and Culture: Emerson and Thoreau Reviewed*, New Haven, CT: Yale University Press, 2004.

Primack, Richard B., *Walden Warming: Climate Change Comes to Thoreau's Woods*, Chicago: University of Chicago Press, 2014.

Renehan, Edward J. Jr., *The Secret Six: The True Tale of the Men Who Conspired with John Brown*, Columbia: University of South Carolina Press, 1997.

Reynolds, David S., *John Brown, Abolitionist: The Man Who Killed Slavery, Sparked the Civil War, and Seeded Civil Rights*, New York: Knopf, 2005.

________, *Walt Whitman's America: A Cultural Biography*, New York: Knopf, 1995.

Reynolds, Larry J., *Righteous Violence: Revolution, Slavery, and the American Renaissance*, Athens: University of Georgia Press, 2011.

Richardson, Robert D., *Jr. Henry David Thoreau: A Life of the Mind*, Berkeley: University of California Press, 1986.

__________, "A Perfect Piece of Stoicism", *Thoreau Society Bulletin* 153 (Fall 1980): 1~5.

__________, "Thoreau and Science", in *American Literature and Science*, edited by Robert J. Scholnick, 110~127, Lexington: University Press of Kentucky, 1992.

Ricketson, Anna, and Walton Ricketson, *Daniel Ricketson and His Friends*, Boston: Houghton Mifflin, 1902.

Robbins, Roland Wells, *Discovery at Walden*, 1972, Lincoln, MA: Thoreau Society, 1999.

Robinson, David N., *Natural Life: Thoreau's Worldly Transcendentalism*, Ithaca, NY: Cornell University Press, 2004.

Rosenwald, Lawrence A., "The Theory, Practice, and Influence of Thoreau's Civil Disobedience", in *A Historical Guide to Henry David Thoreau*, edited by William E. Cain, 153~179, Oxford: Oxford University Press, 2000.

Rossi, William, "Evolutionary Theory", in *The Oxford Handbook of Transcendentalism*, edited by Joel Myerson, Sandra Harbert Petrulionis, and Laura Dassow Walls, 582~596, Oxford: Oxford University Press, 2010.

_____, "Performing Loss, Elegy, and Transcendental Friendship", *New England Quarterly* 81.2 (June 2008): 252~277.

_____, "Poetry and Progress: Thoreau, Lyell, and the Geological Principles of A Week", *American Literature* 66.2 (June 1994): 275~300.

_____, "Roots, Leaves, and Method: Henry Thoreau and Nineteenth-Century Natural Science", *Journal of the American Studies Association of Texas* 19 (Oct. 1988): 1~22.

Rossi, William, and John T. Lysaker, eds. *Emerson and Thoreau: Figures of Friendship*, Bloomington: Indiana University Press, 2010.

Round, Phillip, "Gentleman Amateur or 'Fellow-Creature'? Thoreau's Maine Woods

Flight from Contemporary Natural History", in *Thoreau's World and Ours: A Natural Legacy*, edited by Edmund A. Schofield and Robert C. Baron, 316~329, Golden, CO: North American Press, 1993.

Rusk, Ralph L., *The Life of Ralph Waldo Emerson*, New York: Charles Scribner's Sons, 1949.

Russell, E. Harlow., "Thoreau's Maternal Grandfather Asa Dunbar: Fragments from His Diary and Commonplace Book", *Proceedings of the American Antiquarian Society*, April 19, 1908, 66~76.

Russell, John Lewis, "Visit to a Locality of the Climbing Fern", *Magazine of Horticulture*, March 1855, 126~134.

Salt, Henry S., *The Life of Henry David Thoreau*, London: Richard Bentley, 1890; revised version of 1908, edited by George Hendrick, Willene Hendrick, and Fritz Oehlschlaeger, Urbana: University of Illinois Press, 1993, 2000.

Sanborn, Franklin Benjamin, "Emerson and His Friends in Concord", *New England Magazine* III (1890), reprinted in *Concord Saunterer* 16.1 (Spring 1981): 3~22.

________, *Henry D. Thoreau*, Boston: Houghton Mifflin, 1882.

________, *The Life of Henry David Thoreau*, Boston: Houghton Mifflin, 1917.

________, *The Personality of Thoreau*, Boston: Charles E. Goodspeed, 1901.

________, *Recollections of Seventy Years*, 2 vols., Boston: Gorham Press, 1909.

Sattelmeyer, Robert. "Journals", in *The Oxford Handbook of Transcendentalism*, edited by Joel Myerson, Sandra Harbert Petrulionis, and Laura Dassow Walls, 291~308, Oxford: Oxford University Press, 2010.

__________, "The Remaking of Walden", in *Writing the American Classics*, edited by James Barbour and Tom Quirk, 53~78, Chapel Hill: University of North Carolina Press, 1990, reprinted in *"Walden", "Civil Disobedience", and Other Writings*, by Henry David Thoreau, edited by William Rossi, 489~507, New York: Norton Critical Edition, 3rd edition, 2008.

__________, *Thoreau's Reading: A Study in Intellectual History with Bibliographical Catalogue*, Princeton, NJ: Princeton University Press, 1988.

__________, "Thoreau and Melville's Typee", *American Literature* 52.3 (November 1980): 462~468.

__________, "Thoreau's Projected Work on the English Poets", *Studies in the American Renaissance* (1980): 239~257.

__________, "'When He Became My Enemy': Emerson and Thoreau, 1848~1849", *New England Quarterly* 62.2 (June 1989): 187~204.

Sayre, Robert F., *Thoreau and the American Indians*, Princeton, NJ: Princeton University Press, 1977.

Schneider, Richard J., ed. *Approaches to Teaching Thoreau's "Walden" and Other Works*, New York: Modern Language Association of America, 1996.

_________, *Henry David Thoreau: A Documentary Volume*, Dictionary of Literary Biography 298, Farmington Hills, MI: Gale, 2004.

_________, "Thoreau's Panorama of the Mississippi: Its Identity and Significance", *Thoreau Society Bulletin* 245 (Fall 2003): 5~6.

_________, ed. *Thoreau's Sense of Place: Essays in American Environmental Writing*, Iowa City: University of Iowa Press, 2000.

Schofield, Edmund A., "'Burnt Woods': Ecological Insights into Thoreau's Unhappy Encounter with Forest Fire", *Thoreau Research Newsletter* 2.3 (July 1991): 1~9.

________, "The Date(s) and Context of Thoreau's Visit to Brook Farm", *Thoreau Society Bulletin* 258 (Spring 2007): 8~10.

________, "Further Particulars on Thoreau's Harvard Scholarship Awards", *Thoreau Society Bulletin* 264 (Fall 2008): 4~6.

________, "The Origin of Thoreau's Fatal Illness", *Thoreau Society Bulletin* 171 (Spring 1985): 1~3.

Schofield, Edmund A., and Robert C. Baron, eds. *Thoreau's World and Ours: A Natural Legacy*, Golden, CO: North American Press, 1993.

Seybold, Ethel, *Thoreau: The Quest and the Classics*, New Haven, CT: Yale University Press, 1951.

_______, "The Source of Thoreau's 'Cato-Decius Dialogue'", *Studies in the American Renaissance* (1994): 245~250.

Shanley, J. Lyndon, *The Making of "Walden", with the Text of the First Version*, Chicago: University of Chicago Press, 1957.

Shattuck, Lemuel, *A History of the Town of Concord*, Boston: Russell, Odiorne; Concord, MA: John Stacy, 1835.

Sherwood, Mary P., "Thoreau's Penobscot Indians", *Thoreau Journal Quarterly* 1.1 (January 1969): 1~13.

Sims, Michael, *The Adventures of Henry Thoreau: A Young Man's Unlikely Path to Walden Pond*, New York: Bloomsbury, 2014.

Smith, Corinne Hosfeld, *Westward I Go Free: Tracing Thoreau's Last Journey*, Winnipeg: Green Frigate Books, 2012.

Smith, Donald B., *Mississauga Portraits: Ojibwe Voices from Nineteenth-Century*

Canada, Toronto: University of Toronto Press, 2013.

Smith, Harmon, "Henry Thoreau and Emerson's 'Noble Youths'", *Concord Saunterer* 17.3 (December 1984): 4~12.

_____, *My Friend, My Friend: The Story of Thoreau's Relationship with Emerson*, Amherst: University of Massachusetts Press, 1999.

Smith, Ted A., *Weird John Brown: Divine Violence and the Limits of Ethics*, Stanford, CA: Stanford University Press, 2015.

Solnit, Rebecca, "Mysteries of Thoreau, Unsolved: On the Dirtiness of Laundry and the Strength of Sisters", Orion, May~June 2013, 18~23.

Specq, François, Laura Dassow Walls, and Michel Granger, eds. *Thoreauvian Modernities: Transatlantic Conversations on an American Icon*, Athens: University of Georgia Press, 2013.

Stewart, Shawn, "Transcendental Romance Meets the Ministry of Pain: The Thoreau Brothers, Ellen Sewall, and Her Father", *Concord Saunterer*, n.s., 14 (2006): 4~21.

Stowell, Robert E., *A Thoreau Gazetteer*, Princeton, NJ: Princeton University Press, 1970.

Sullivan, Mark W., *Picturing Thoreau: Henry David Thoreau in American Visual Culture*, Lanham, MD: Lexington Books, 2015.

Sullivan, Robert, *The Thoreau You Don't Know: What the Prophet of Environmentalism Really Meant*, New York: HarperCollins, 2009.

Thoreau, Henry David, *Cape Cod*, edited by Joseph J. Moldenhauer, Princeton, NJ: Princeton University Press, 1988. 〔CC〕

_______, *Collected Essays and Poems*, edited by Elizabeth Hall Witherell, New York: Library of America, 2001. 〔*CEP*〕

_______, *The Collected Poems of Henry Thoreau*, edited by Carl Bode. Baltimore: Johns Hopkins University Press, 1965.

_______, *The Correspondence, Volume 1: 1834~1848*, edited by Robert N. Hudspeth, Princeton, NJ: Princeton University Press, 2013. 〔*Corr.*, 1〕

_______, *The Correspondence, Volume 2: 1849~1856*, edited by Robert N. Hudspeth, Princeton, NJ: Princeton University Press, forthcoming. 〔*Corr.*, 2〕

_______, *The Correspondence, Volume 3: 1857~1862*, edited by Robert N. Hudspeth, Princeton, NJ: Princeton University Press, forthcoming. 〔*Corr.*, 3〕

_______, *The Correspondence of Henry David Thoreau*, edited by Walter Harding and Carl Bode, New York: New York University Press, 1968. 〔*CHDT*〕

_______, *Early Essays and Miscellanies*, edited by Joseph J. Moldenhauer et al., Princeton, NJ: Princeton University Press, 1975. 〔*EEM*〕

_______, *Excursions*, edited by Joseph J. Moldenhauer, Princeton, NJ: Princeton University Press, 2007. [*Exc.*]

_______, *Faith in a Seed: "The Dispersion of Seeds" and Other Late Natural History Writings*, edited by Bradley P. Dean, Washington, DC: Island Press, 1993.

_______, *The Journal of Henry D. Thoreau*, 8 vols., to date, Princeton, NJ: Princeton University Press, 1981~. [PEJ]

_____, *The Journal of Henry David Thoreau*, edited by *Bradford Torrey and Francis Allen*, 14 vols., Boston: Houghton Mifflin, 1906; New York: Dover, 1962. [*J*]

_____, *Letters to a Spiritual Seeker*, edited by Bradley P. Dean, New York: Norton, 2004.

_____, *The Maine Woods*, edited by Joseph J. Moldenhauer, Princeton, NJ: Princeton University Press, 1972. [*MW*]

_____, *Reform Papers*, edited by Wendell Glick, Princeton, NJ: Princeton University Press, 1973. [*RP*]

_____, *Translations*, edited by Kevin P. Van Anglen, Princeton, NJ: Princeton University Press, 1986. [*Translations*]

_____, *Walden*, edited by J. Lyndon Shanley, Princeton, NJ: Princeton University Press, 1971. [*Walden*]

_____, *Walden: A Fully Annotated Edition*, edited by Jeffrey S. Cramer, New Haven, CT: Yale University Press, 2004.

_____, *"Walden", "Civil Disobedience", and Other Writings*, edited by William Rossi. New York: Norton Critical Edition, 3rd edition, 2008.

_____, *A Week on the Concord and Merrimack Rivers*, edited by Carl F. Hovde et al., Princeton, NJ: Princeton University Press, 1980. [*Week*]

_____, *Wild Fruits: Thoreau's Rediscovered Last Manuscript*, edited by Bradley P. Dean, New York: Norton, 2000.

Thorson, Robert M., *Walden's Shore: Henry David Thoreau and Nineteenth-Century Science*, Cambridge, MA: Harvard University Press, 2014.

Traub, Courtney, "'First-Rate Fellows': Excavating Thoreau's Radical Egalitarian Reflections in a Late Draft of 'Allegash'", *Concord Saunterer* 23 (2015): 74~96.

Tufts, Marshall, *A Tour through College*, Boston: Marsh, Capen, and Lyon, 1832.

Turner, Jack, ed. *A Political Companion to Henry David Thoreau*, Lexington: University Press of Kentucky, 2009.

______, "Thoreau and John Brown", in *A Political Companion to Henry David Thoreau*, 151~177, Lexington: University Press of Kentucky, 2009.

Urbanksi, Marie, "Henry David Thoreau and Margaret Fuller", *Thoreau Journal*

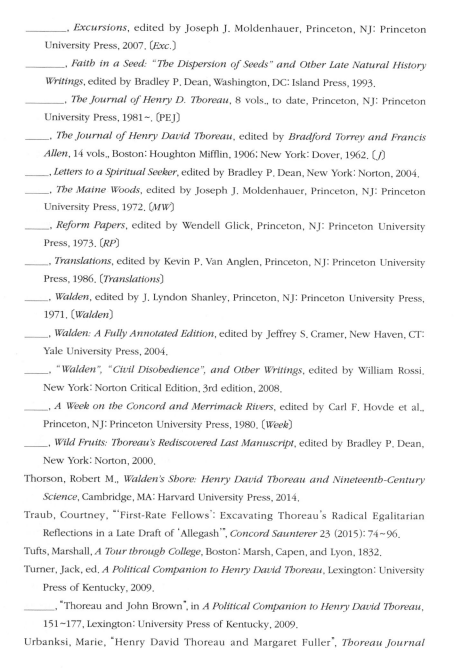

Quarterly, 8.4 (1976): 24~30.

Van Anglen, Kevin P, introduction to *Translations*, by Henry David Thoreau, 159~233, edited by Kevin P, Van Anglen, Princeton, NJ: Princeton University Press, 1986.

__________, "Thoreau's Epic Ambition: 'A Walk to Wachusett' and the Persistence of the Classics in an Age of Science", in *The Call of Classical Literature in the Romantic Age*, edited by Kevin P. Van Anglen and James Engell, Edinburgh: Edinburgh University Press, forthcoming.

__________, "True Pulpit Power: 'Natural History of Massachusetts' and the Problem of Cultural Authority", *Studies in the American Renaissance* (1990): 119~147.

Van Anglen, Kevin P., and Kristen Case, eds. *Thoreau at 200: Essays and Reassessments*, Cambridge: Cambridge University Press, 2016.

Versluis, Arthur, *American Transcendentalism and Asian Religions*, New York: Oxford University Press, 1993.

Von Frank, Albert J., *The Trials of Anthony Burns: Freedom and Slavery in Emerson's Boston*, Cambridge, MA: Harvard University Press, 1998.

Walls, Laura Dassow, "Articulating a Huckleberry Cosmos: Thoreau's Moral Ecology of Knowledge", in *Thoreau's Importance for Philosophy*, edited by Rich Anthony Furtak and Jonathan Ellsworth, 91~111.

Fordham University Press, New York: Fordham University Press, 2012.

______________________, "'As You Are Brothers of Mine': Thoreau and the Irish", *New England Quarterly* 88.1 (March 2015): 5~36.

______________________, *Emerson's Life in Science: The Culture of Truth*, Ithaca, NY: Cornell University Press, 2003.

______________________, Foreword to Corinne Hosfeld Smith, *Westward I Go Free: Tracing Thoreau's Last Journey*, Winnipeg: Green Frigate Books, 2012.

______________________, "From the Modern to the Ecological: Latour on Walden Pond", in *Ecocritical Theory: New European Approaches*, edited by Axel Goodbody and Kate Rigby, 98~110, Charlottesville: University of Virginia Press, 2011.

______________________, "Greening Darwin's Century: Humboldt, Thoreau, and the Politics of Hope", *Victorian Review* 36.2 (Fall 2010): 92~103.

______________________, "The Man Most Alive", introduction to *Material Faith: Thoreau on Science*, ix~xviii, NY: Houghton Mifflin, 1999.

______________________, "Of Compass, Chain and Sounding Line: Taking Thoreau's Measure", in *Reasoning in Measurement*, edited by Alfred Nordmann and Nicola Mößner, London: Routledge, 2017.

________________________, *The Passage to Cosmos: Alexander von Humboldt and the Shaping of America*, Chicago: University of Chicago Press, 2009.

________________________, "Rethinking Thoreau and the History of American Ecology", With Frank Egerton, *Concord Saunterer*, n.s., 5 (Fall 1997): 4~20.

________________________, "Romancing the Real: Thoreau's Technology of Inscription", in *Historical Guide to Henry David Thoreau*, edited by William E. Cain, 123~151, Oxford: Oxford University Press, 2000.

________________________, *Seeing New Worlds: Henry David Thoreau and Nineteenth-Century Natural Science*, Madison: University of Wisconsin Press, 1995.

________________________, "Textbooks and Texts from the Brooks: Inventing Scientific Authority in America", *American Quarterly* 49.1 (March 1997): 1~25.

________________________, "*Walden* as Feminist Manifesto", *ISLE: Interdisciplinary Studies in Literature and Environment* 1.1 (1993): 137~144, Reprinted in Henry David Thoreau, *"Walden", "Civil Disobedience", and Other Writings*, third edition, edited by William Rossi, 521~527, New York: Norton, 2008.

Warner, Michael, "Thoreau's Bottom", *Raritan* 11.3 (Winter 1992): 53~79.

______, "Walden's Erotic Economy", in *Comparative American Identities: Race, Sex, and Nationality in the American Text*, edited by Hortense Spillers, 157~174, New York: Routledge, 1991.

Weiss, John, "Thoreau", *Christian Examiner*, July 1865, 96~117.

Wheeler, Joseph C., "Where Thoreau Was Born", *Concord Saunterer*, n.s., 7 (1999): 4~31.

Wheeler, Ruth R., *Concord: Climate for Freedom. Concord*, MA: Concord Antiquarian Society, 1967.

_______, "Thoreau Farm", *Thoreau Society Bulletin* 42 (Winter 1953): 2~3.

Whitmore, George, "Friendship in New England: Henry Thoreau. I", *Gai Saber* 1.2 (Summer 1977): 104~111.

_________, "Friendship in New England: Henry Thoreau. II", *Gai Saber* 1.3~4 (Summer 1978): 188~202.

Wilson, Leslie Perrin, *In History's Embrace: Past and Present in Concord, Massachusetts*, Concord, MA: Concord Free Public Library, 2007.

______, "'Treasure in My Own Mind': The Diary of Martha Lawrence Prescott, 1834~1836", *Concord Saunterer*, n.s., 11 (2003): 92~152.

Winterer, Caroline, *The Culture of Classicism: Ancient Greece and Rome in American Intellectual Life, 1780~1910*, Baltimore: Johns Hopkins University Press, 2002.

Witherell, Elizabeth Hall, "Thoreau as Poet", in *The Cambridge Companion to Henry David Thoreau*, edited by Joel Myerson, 57~70, Cambridge: Cambridge University Press, 1995.

Wolverton, Nan, "'A Precarious Living': Basket Making and Related Crafts among New England Indians", in *Reinterpreting New England Indians and the Colonial Experience*, edited by Colin G, Calloway and Neal Salisbury, 341~368, Boston: Colonial Society of Massachusetts and the University of Virginia Press, 2003.

Wood, David, *An Observant Eye: The Thoreau Collection at the Concord Museum*, Concord, MA: Concord Museum, 2006.

Wood, Gillen D'Arcy, *Tambora: The Eruption That Changed the World*, Princeton, NJ: Princeton University Press, 2014.

Woodson, Thomas, "Thoreau's Excursion to the Berkshires and Catskills", *ESQ* (Emerson Society Quarterly) 21.1 (1975): 82~92.

찾아보기

HDT=헨리 데이비드 소로H. D. Thoreau
RWE=랠프 월도 에머슨R. W. Emerson

〈인명〉

ㄹ

ㅅ

ㅈ

ㅊ

ㅎ

〈저작·강연·간행물〉

ㄱ

ㄴ

ㄷ

ㄹ·ㅁ

ㅂ

ㅅ

ㅇ

〈기타 용어〉

ㄷ

ㄹ

ㅁ

ㅅ

ㅇ

Henry
David
Thoreau

나는 흥미 위주의 평전을 다소 의심해 왔다. (…) 그러나 이 책은 두 번 만에 다 읽었다. 이 평전은 단순히 흥밋거리로 읽을 책이 아니다. 절대로. (…) 월스는 소로의 출간물과 미출간 저작을 샅샅이 훑어, 아름다우리만치 거칠면서도 미국 특유의 향기가 짙게 밴 삶의 정경을 속도감 있는 문체로 독자에게 선사한다. (…) 월스는 혼란스러움과 당혹스러움을 겪는 야생의 소로를 어떤 평전 작가보다도 더 세밀하게 묘사한다.

— 존 카그, 《크로니클 오브 하이어 에듀케이션》

화려하고 (…) 넘치도록 풍부한 책. 월스는 영민하고 복잡한 한 남자의 초상을 감동적으로 그려 낸다.

— 펜 몬테인, 《뉴욕 타임스》

탁월한 조사와 문학적 저술로 완성된 이 초상은 위대한 미국 작가이자 뛰어난 박물학자에 대한 우리의 이해를 넓혀 준다. (…) 굉장하다. (…) 이 따뜻하고 솔직한 초상은 소로라는 비범한 미국인의 사생활과 공적 생활을 완벽하게 보여 준다.

— 《커커스 리뷰》

"죽은 껍질이 아닌 살아 있는 존재를 연구하라." 고집 세고 때론 까다롭지만 언제나 우리의 흥미를 끄는 작가 월스는 결정적인 소로 평전에서 이 말을 실현했다. (…) 월스는 정말 대단하게도, 사람들의 입에 함부로 오르내리는 작가이자 미국 문학 연구자에게 난제로 여겨지는 소로의 삶을 세밀하고 풍부한 이야기로 확장해 더 많은 면모를 보여 준다. (…) 월스는 독자를 이끌고 소로가 살았던 환경, 들판, 초지, 숲, 콩코드의 거리로 깊숙이 들어간다. 월스의 책은 무엇보다도 엄청난 공감의 산물이지만, 또한 놀라운 문학적 성취다. 어떤 평전 작가도 뼈저리게 춥고 수정처럼 반짝이는 뉴잉글랜드의 겨울날을 월스보다 잘 그려 내지 못했다. 월스의 글 덕분에, 바로 그 나날이 한때 소로에게 그랬듯이 우리에게도 반짝이고 가물거리고 으스스하게 다가온다. (…) 월스는 이 책으로 위대한 상상을 구현했다. 소로를 키우고 보호해 준 공동체 속에 그를 다시 확실히 위치시킨 것이다.

— 《위클리 스탠더드》

이 빛나는 평전에서 로라 대소 월스가 밝혔듯, 소로는 비정상이라 할 정도로 높은 법칙을 고수하는 독립적인 사람이자, 괴팍할지라도 그 자신만의 방식으로 세계를 통찰한 까다로운 사람이었다. (…) 월스는 소로의 시적인 편지와 일기를 파헤치고, 당대 사람들의 날카로운 성찰을 들춰내고, 활기와 설득력 넘치는 초상을 그려 자기 자신의 이름을 높이 새겼다.

— 제이 파리니, 《타임스 리터러리 서플리먼트》

나는 40년 동안 헨리 데이비드 소로의 저작과 그에 관한 책을 읽어 왔다. 소로에 관한 책을 직접 쓰기도 했다. 하지만 로라 대소 월스의 매혹적인 이야기를 읽으며 "이건 정말 몰랐어"라거나, "그런 생각은 해 본 적이 없어"라고 중얼거렸다. 나는 뉴잉글랜드의 이 생생한 삶에 여러 번 빠져들었다. (…) 월스는 엄밀한 학문에 기초하면서도 소설가 같은 공감 능력과 필치로 소로의 삶을 부활시킨다.

— 마이클 심스, 《워싱턴 포스트》